注釈
破産法［上］
第1条－第147条

田原 睦夫・山本 和彦［監修］
全国倒産処理弁護士ネットワーク［編集］

一般社団法人 金融財政事情研究会

はしがき

　本書は、「全国倒産処理弁護士ネットワーク」の編集による破産法の注釈書である。全国倒産処理弁護士ネットワーク（以下「全倒ネット」という）は、2002年11月、倒産法改正作業が進められる中、全国各地で倒産事件の処理に当たる弁護士が情報交換、相互研鑽、後進育成等を目的として結成した組織である。全倒ネットは、日常的にメーリングリスト等で情報・意見交換を行うとともに、各地域で研修会を開き、さらに毎年1回全国大会・シンポジウムを開催し、それらの研究成果に基づき多くの貴重な書籍を刊行してきた。注釈書としても、定評ある『新注釈民事再生法上・下』（金融財政事情研究会）が版を重ねている。

　本書については、2014年秋の全国大会の際に、その刊行が正式に企画され、その後約1年の間に完成に至ったものである。その期間は、この種の書物としては極めて迅速なものであったが、その間の執筆・検討・編集の作業は、他に類を見ないほど濃密なものであった。すなわち、破産法の各条文を一定の塊ごとに各地区に割り当て、各地区の編集責任者が執筆者を指名し、でき上がった原稿の検討・調整の作業を行うとともに、その原稿を他のブロックの担当者がチェックするというダブルチェックを行った。その後、各地区から上がってきた原稿を全国の編集責任者が集まる編集会議で上記のダブルチェックをも踏まえて逐条で検討した。そこでは、記述内容の調整や分量のバランス等形式的な検討はもちろん、原稿の中身（判例や学説の評価等）に及ぶ綿密な検討作業が行われた。その成果は各地区に持ち帰られ、執筆者にフィードバックされて原稿の書き直しがされた。そして、新たな原稿は再び地区の編集会議にかけられ、さらに全国の編集会議に上げられた。このような作業が数回にわたって繰り返され、最終的な完成稿に練り上げられていったものである。通常の書物を作り上げるための数年分の作業量が1年に凝縮されたものということができよう。

　言うまでもなく、倒産法の中核である破産法については数多くの優れた注釈書が既に刊行されている。本書がそれらの中で有する特色は以下の点にあると思われる。

　第1に、本書が全国各地の実務家の手になるものであるという点である。注釈書としては稀有のことであるが、本書の叙述の9割以上は全国35弁護士会に所属する167名に及ぶ中堅・ベテランの弁護士の執筆にかかり、裁判所に関わる部分が一部裁判官の執筆によっているものの、研究者は一切執筆に関与していない。その結果、本書の内容は、実務家にとって関心の強い分野や実務に有用な問題に関する叙述が厚くなり、逆に主として理論的な問題については必要最小限度の叙述に止められている。その意味で、本書全体の構成は実務家にとって大変使いやすいものになっていると考えられる。ただ、このことは本書の理論水準が低い、単なる実務書

であることを意味しない。全倒ネットに集まった倒産処理弁護士の力量と日頃の研鑽の成果を示すものとして、過去の理論の蓄積を十分咀嚼するとともに、最終の編集会議までに公表された重要な裁判例や諸論文も検討の対象として、実務に必要な部分を取り出すという作業が先行してあり、研究者からみても十分な理論的水準を保っていると評価されよう。

　第２に、本書が綿密な相互議論に基づいている点である。注釈書は、往々にして執筆者に担当条文を割り当て、あとは担当者に「丸投げ」となることも多い。しかし、本書は、前述のように、何段階にもわたって執筆者と編集者、他の条文の執筆者等とが議論を繰り返し、（最終的には執筆担当者の責任に委ねられながらも）叙述内容が練り上げられていくというプロセスを経ている。その結果、当初の原稿の叙述とは大きく異なる内容となった条文解説も数多い。第１稿に存在したケアレスミスは排除され、叙述内容は精緻さを増し、条文相互のリファーも充実したものとなっていき、最終的には、注釈書として何よりも必要な網羅性・信頼性を確保し得ているものと考える。

　以上のような特色を有する本書は、全国の弁護士、裁判官はもちろん、破産実務に携わる全ての方々にとって有益なものとなったことを確信している。本書が多くの倒産実務家の座右の書となることを期待したい。

　ただ、注釈書は適時の持続的な改訂作業が不可欠である。本書も、現在国会に提出されている民法改正法案及びそれに伴う破産法の整備法案の内容を一部反映させている。ただ、同法案は本書刊行時には未だ成立しておらず、それを完全に組み込むには至っていない。今後も法律改正、新判例の出来、実務の変遷などがこの分野で繰り返されていくことは必定である。本書においても将来の改訂の機会が与えられるよう、読者諸賢からのご叱正を乞う次第である。

　最後になったが、企画段階から編集・校正に至るまで多くの作業を献身的にサポートし、スケジュール通りの刊行を可能にしていただいた一般社団法人金融財政事情研究会金融法務編集部の方々に対して心より御礼を申し上げたい。

2015年10月

田原睦夫
山本和彦

全国倒産処理弁護士ネットワーク参加のお勧め

　倒産処理は、「大型企業の再建」から「消費者破産」まで対象事案は幅広く、各手続には多数の利害関係者が関わるため、複雑な法律問題や解決すべき課題が多く発生します。適切かつ迅速な倒産処理への社会的要請の高まりは、1999年から2004年にかけての倒産法制の大改正を実現させましたが、新倒産法制を活かすも殺すも、その運用の中心的役割を担う法曹とりわけ弁護士の双肩にかかっているといっても過言ではありません。

　このような状況下、全国倒産処理弁護士ネットワーク（全倒ネット）は、2002年に、全国各地で倒産事件の運用を担う人材、特に倒産処理に堪能な弁護士を育成するべく設立されました。爾後、各地域単位、全国単位で研修や協議の場を設け、会員間でのインターネットを利用した意見交換・情報提供や人的交流を通じて、倒産処理人材の育成を図りつつ、裁判所との連携により各地の倒産事件に対する実務運用の適正化を推進するとともに、年1回の全国大会や各地区会での講演会・シンポジウム等を通じ、より良い運用のあり方を提言し、また、その研究活動の成果につき、雑誌、書籍等を通じ広く情報発信をして参りました。こうした活動を通じて会員は全都道府県に及び、2014年10月時点で4,900名を超えています。

　会員間においてはメーリングリストを活用した情報交換や質疑応答を適宜行い、日々自主的な研鑽に努めています。このメーリングリストは、倒産処理の実務において生起する問題・疑問点を自ら発信者となって提起し、倒産処理に携わる他の弁護士から回答を受けることにより、多様な意見・経験を共有でき、実務上非常に有益であると評価されています。

　このように、各会員の年齢・経験や活動地域を越え、また、リアルタイムで情報共有・意見交換ができるのは、メーリングリストならではの利点といえるでしょう。そして、このメーリングリストの精神は、そのまま全倒ネットの精神といえます。

　また、このメーリングリストのなかで出された問題を集約、発展させ、2007年には『破産実務Q&A150問』、2008年には『個人再生の実務Q&A100問』、2009年には『通常再生の実務Q&A120問』、2010年には『新注釈民事再生法〔第2版〕上・下』、2011年には『私的整理の実務Q&A100問』、2012年には、実務に必須といわれるようになった『破産実務Q&A150問』に大幅な追加と改訂を加えた『破産実務Q&A200問』、2013年には『会社更生の実務Q&A120問』など実務に役立つ出版を継続的に行い、昨年には『私的整理の実務Q&A100問〔追補版〕』、『倒産法改正150の検討課題』を刊行いたしました。

　全倒ネットが、今後ともより一層充実した活動ができるように、現在倒産処理に携わっておられる方はもちろんのこと、倒産処理に関心をお持ちの方、とりわけ新

iv　全国倒産処理弁護士ネットワーク参加のお勧め

　入会員の方は、どうぞ奮ってご参加ください。会員には通信費として年5,000円のご負担をお願いしておりますので、ご了解ください。なお、これまで会員の皆さんに全倒ネット編集の上記書籍等を、原則として無料でお送りしております。

　参加をご希望の方は、事務局である一般社団法人金融財政事情研究会・金融法務編集部が運営する全倒ネットのホームページ（http://www.zentoh-net.jp/）にアクセスしていただき、「入会方法」をご参照のうえ、参加の手続きをお取りいただくようお願い申し上げます。

2015年10月

全国倒産処理弁護士ネットワーク
理事長　　中井康之

〔出版活動〕
『論点解説　新破産法（上）・（下）』（2005年1月・2月）
『新注釈　民事再生法（上）・（下）』（伊藤眞・田原睦夫監修）（2006年11月）
『倒産手続と担保権』（2006年11月）
『破産実務Q&A150問～全倒ネットメーリングリストの質疑から～』
　　　　　　　　　　　　　　　　　　　　　　　　（2007年10月）
『個人再生の実務Q&A100問～全倒ネットメーリングリストの質疑から～』
　　　　　　　　　　　　　　　　　　　　　　　　（2008年11月）
『通常再生の実務Q&A120問～全倒ネットメーリングリストの質疑から～』
　　　　　　　　　　　　　　　　　　　　　　　　（2010年1月）
『新注釈 民事再生法〔第2版〕（上）・（下）』（才口千晴・伊藤眞監修）
　　　　　　　　　　　　　　　　　　　　　　　　（2010年12月）
『私的整理の実務Q&A100問』（2011年12月）
『破産実務Q&A200問～全倒ネットメーリングリストの質疑から～』
　　　　　　　　　　　　　　　　　　　　　　　　（2012年12月）
『会社更生の実務Q&A120問』（2013年12月）
『私的整理の実務Q&A100問〔追補版〕』（2014年7月）
『倒産法改正150の検討課題』（2014年11月）
　（いずれも全国倒産処理弁護士ネットワーク編、金融財政事情研究会刊）

監修者・編集委員・執筆者一覧（＊所属は2015年10月末現在）

◎監修者（50音順）

田原　睦夫	前最高裁判所判事・弁護士（大阪弁護士会）
山本　和彦	一橋大学大学院法学研究科教授

◎編集委員（50音順、＊は編集責任者）

縣　　俊介	弁護士（東京弁護士会）	柴田　義人	弁護士（第二東京弁護士会）
阿部　弘樹	弁護士（仙台弁護士会）	島田　敏雄	弁護士（第一東京弁護士会）
石井　教文	弁護士（大阪弁護士会）	清水　靖博	弁護士（東京弁護士会）
石川　貴康	弁護士（千葉県弁護士会）	染谷　　翼	弁護士（福岡県弁護士会）
伊藤　　尚	弁護士（第一東京弁護士会）	高尾　和一郎	弁護士（第一東京弁護士会）
岩渕　健彦	弁護士（仙台弁護士会）	髙木　裕康	弁護士（第二東京弁護士会）
上田　　慎	弁護士（第一東京弁護士会）	田川　淳一	弁護士（東京弁護士会）
上野　　保	弁護士（第二東京弁護士会）	富永　浩明	弁護士（東京弁護士会）
岡　　伸浩	弁護士（第一東京弁護士会）	中井　康之	弁護士（大阪弁護士会）
桶谷　和人	弁護士（札幌弁護士会）	長屋　憲一	弁護士（第二東京弁護士会）
小畑　英一	弁護士（第一東京弁護士会）	野村　剛司	弁護士（大阪弁護士会）
籠池　信宏	弁護士（香川弁護士会）	服部　一郎	弁護士（愛知県弁護士会）
片上　誠之	弁護士（第二東京弁護士会）	平岩　みゆき	弁護士（福岡県弁護士会）
片山　英二	弁護士（第一東京弁護士会）	開本　英幸	弁護士（札幌弁護士会）
木村　真也	弁護士（大阪弁護士会）	馬杉　栄一	弁護士（札幌弁護士会）
木下　清午	弁護士（仙台弁護士会）	松尾　幸太郎	弁護士（東京弁護士会）
黒木　和彰＊	弁護士（福岡県弁護士会）	丸山　和貴	弁護士（群馬弁護士会）
小林　信明	弁護士（東京弁護士会）	森　　晋介	弁護士（徳島弁護士会）
小堀　秀行	弁護士（金沢弁護士会）	山田　尚武	弁護士（愛知県弁護士会）
斉藤　芳朗	弁護士（福岡県弁護士会）	吉川　　武	弁護士（札幌弁護士会）
佐藤　昌巳	弁護士（愛知県弁護士会）		

◎執筆者(50音順)

縣　俊介	弁護士(東京弁護士会)	
秋葉　健志	弁護士(第二東京弁護士会)	
浅井　悠太	弁護士(京都弁護士会)	
浅沼　雅人	弁護士(東京弁護士会)	
阿多　博文	弁護士(大阪弁護士会)	
熱田　雅夫	弁護士(島根県弁護士会)	
阿波連　光	弁護士(沖縄弁護士会)	
阿部　弘樹	弁護士(仙台弁護士会)	
綾　克己	弁護士(東京弁護士会)	
有元　大	弁護士(熊本県弁護士会)	
飯島　章弘	弁護士(茨城県弁護士会)	
池上　哲朗	弁護士(京都弁護士会)	
池田　聡介	大阪地方裁判所判事	
池田　伸之	弁護士(愛知県弁護士会)	
石井　教文	弁護士(大阪弁護士会)	
石井　三一	弁護士(愛知県弁護士会)	
石川　貴康	弁護士(千葉県弁護士会)	
石部　雄一	弁護士(熊本県弁護士会)	
石渡　圭	仙台地方裁判所石巻支部判事補	
五十川　伸	弁護士(福岡県弁護士会)	
井出　ゆり	弁護士(東京弁護士会)	
伊藤　尚	弁護士(第一東京弁護士会)	
伊藤　孝至	東京地方裁判所判事補	
伊東　満彦	弁護士(仙台弁護士会)	
岩崎　晃	弁護士(第一東京弁護士会)	
岩渕　健彦	弁護士(仙台弁護士会)	
上田　慎	弁護士(第一東京弁護士会)	
上田　裕康	弁護士(大阪弁護士会)	
上野　保	弁護士(第二東京弁護士会)	
植村　京子	弁護士(第一東京弁護士会)	
碓井　啓己	弁護士(大分県弁護士会)	
浦田　和栄	弁護士(大阪弁護士会)	
大石　健太郎	弁護士(東京弁護士会)	
大川　治	弁護士(大阪弁護士会)	
岡　伸浩	弁護士(第一東京弁護士会)	
奥野　修士	弁護士(広島弁護士会)	
桶谷　和人	弁護士(札幌弁護士会)	
小畑　英一	弁護士(第一東京弁護士会)	
加々美　博久	弁護士(東京弁護士会)	
籠池　信宏	弁護士(香川弁護士会)	
加瀬野　忠吉	弁護士(岡山弁護士会)	
片上　誠之	弁護士(第二東京弁護士会)	
金山　伸宏	弁護士(東京弁護士会)	
金澤　秀樹	福島地方裁判所部総括判事	
金丸　由宇	弁護士(宮崎県弁護士会)	
鐘ヶ江　洋祐	弁護士(第一東京弁護士会)	
川東　祥次	弁護士(香川弁護士会)	
河本　茂行	弁護士(京都弁護士会)	
菅野　修	弁護士(仙台弁護士会)	
北野　知広	弁護士(大阪弁護士会)	
木下　清午	弁護士(仙台弁護士会)	
木村　真也	弁護士(大阪弁護士会)	
桐山　昌己	弁護士(大阪弁護士会)	
草野　克也	那覇地方・家庭裁判所沖縄支部判事補	
熊谷　善昭	弁護士(福岡県弁護士会)	
久米　知之	弁護士(兵庫県弁護士会)	
黒木　和彰	弁護士(福岡県弁護士会)	
桑田　寛史	弁護士(第二東京弁護士会)	
桑野　貴充	弁護士(福岡県弁護士会)	
鯉渕　健	弁護士(第二東京弁護士会)	
国分　史子	盛岡地方裁判所判事	
小島　伸夫	弁護士(東京弁護士会)	
小林　信明	弁護士(東京弁護士会)	
小堀　秀行	弁護士(金沢弁護士会)	
小松　陽一郎	弁護士(大阪弁護士会)	
小向　俊和	弁護士(仙台弁護士会)	
斉藤　芳朗	弁護士(福岡県弁護士会)	
三枝　知央	弁護士(東京弁護士会)	
坂本　泰朗	弁護士(札幌弁護士会)	
坂本　隆一	大阪地方裁判所判事	
佐谷　道浩	弁護士(茨城県弁護士会)	
佐藤　昌巳	弁護士(愛知県弁護士会)	
柴田　憲史	岡山地方・家庭裁判所津山支部長判事	

監修者・編集委員・執筆者一覧

柴田　眞里	弁護士（兵庫県弁護士会）
柴田　義人	弁護士（第二東京弁護士会）
柴原　多	弁護士（東京弁護士会）
志甫　治宣	弁護士（東京弁護士会）
島田　敏雄	弁護士（第一東京弁護士会）
清水　靖博	弁護士（東京弁護士会）
清水　祐介	弁護士（東京弁護士会）
下山　和也	弁護士（熊本県弁護士会）
進士　肇	弁護士（東京弁護士会）
新宅　正人	弁護士（大阪弁護士会）
新保　勇一	弁護士（第二東京弁護士会）
洲崎　達也	弁護士（宮崎県弁護士会）
鈴木　隆文	弁護士（千葉県弁護士会）
須藤　力	弁護士（仙台弁護士会）
関端　広輝	弁護士（東京弁護士会）
髙井　章光	弁護士（第二東京弁護士会）
高尾　和一郎	弁護士（第一東京弁護士会）
髙木　裕康	弁護士（第二東京弁護士会）
髙橋　修平	弁護士（東京弁護士会）
髙松　康祐	弁護士（福岡県弁護士会）
髙山　崇彦	弁護士（第一東京弁護士会）
田川　淳一	弁護士（東京弁護士会）
竹下　育男	弁護士（滋賀弁護士会）
武田　昌則	弁護士（沖縄弁護士会）
竹原　正貴	弁護士（群馬弁護士会）
田島　啓己	弁護士（沖縄弁護士会）
舘脇　幸子	弁護士（仙台弁護士会）
田中　宏岳	弁護士（大阪弁護士会）
田中　祥博	弁護士（和歌山弁護士会）
多比羅　誠	弁護士（東京弁護士会）
千綿　俊一郎	弁護士（福岡県弁護士会）
土屋　毅	東京地方裁判所判事
鶴巻　暁	弁護士（東京弁護士会）
出水　順	弁護士（大阪弁護士会）
赫　高規	弁護士（大阪弁護士会）
富岡　武彦	弁護士（東京弁護士会）
富永　浩明	弁護士（東京弁護士会）
中井　康之	弁護士（大阪弁護士会）
中川　利彦	弁護士（和歌山弁護士会）
長沢　美智子	弁護士（第二東京弁護士会）
永嶋　久美子	弁護士（千葉県弁護士会）
長島　良成	弁護士（東京弁護士会）
中西　達也	弁護士（奈良弁護士会）
中根　弘幸	弁護士（広島弁護士会）
長橋　正憲	那覇地方裁判所判事補
中森　亘	弁護士（大阪弁護士会）
長屋　憲一	弁護士（第二東京弁護士会）
中山　誠一	大阪地方裁判所判事
中山　孝雄	東京地方裁判所部総括判事
西脇　明典	弁護士（愛知県弁護士会）
野上　昌樹	弁護士（大阪弁護士会）
野口　祐郁	弁護士（新潟県弁護士会）
野城　大介	弁護士（大阪弁護士会）
野中　英匡	弁護士（第二東京弁護士会）
野村　祥子	弁護士（大阪弁護士会）
野村　剛司	弁護士（大阪弁護士会）
長谷川　健太郎	東京地方裁判所判事補
畑　知成	弁護士（沖縄弁護士会）
服部　郁	弁護士（愛知県弁護士会）
服部　一郎	弁護士（愛知県弁護士会）
服部　敬	弁護士（大阪弁護士会）
樋口　正樹	千葉家庭裁判所（市川出張所）判事
平岩　みゆき	弁護士（福岡県弁護士会）
開本　英幸	弁護士（札幌弁護士会）
廣瀬　正剛	弁護士（第二東京弁護士会）
藤田　浩司	弁護士（東京弁護士会）
古里　健治	弁護士（第二東京弁護士会）
別所　卓郎	釧路地方・家庭裁判所帯広支部判事
辺見　紀男	弁護士（第一東京弁護士会）
堀田　次郎	東京地方裁判所判事
堀部　俊治	弁護士（岐阜県弁護士会）
増市　徹	弁護士（大阪弁護士会）
馬杉　栄一	弁護士（札幌弁護士会）
俣野　紘平	弁護士（第二東京弁護士会）
松尾　幸太郎	弁護士（東京弁護士会）
松永　和宏	弁護士（沖縄弁護士会）
丸山　和貴	弁護士（群馬弁護士会）
三浦　久徳	弁護士（金沢弁護士会）

監修者・編集委員・執筆者一覧

三森　仁	弁護士（第二東京弁護士会）	安田　孝一	弁護士（埼玉弁護士会）
蓑毛　良和	弁護士（東京弁護士会）	安田　真道	弁護士（栃木県弁護士会）
三村　藤明	弁護士（東京弁護士会）	山形　康郎	弁護士（大阪弁護士会）
宮﨑　純一	弁護士（京都弁護士会）	山崎　昌彦	弁護士（札幌弁護士会）
宮崎　信太郎	弁護士（東京弁護士会）	山下　善弘	弁護士（静岡弁護士会）
深山　雅也	弁護士（第二東京弁護士会）	山田　大仁	弁護士（仙台弁護士会）
宮本　圭子	弁護士（大阪弁護士会）	山田　尚武	弁護士（愛知県弁護士会）
村上　亮二	弁護士（愛媛弁護士会）	山野　史寛	弁護士（熊本県弁護士会）
村松　剛	弁護士（横浜弁護士会）	山宮　慎一郎	弁護士（東京弁護士会）
室木　徹亮	弁護士（三重弁護士会）	山本　陽一	大阪地方裁判所判事
森　恵一	弁護士（大阪弁護士会）	柚原　肇	弁護士（愛知県弁護士会）
森　純子	大阪地方裁判所部総括判事	吉川　武	弁護士（札幌弁護士会）
森　晋介	弁護士（徳島弁護士会）	吉田　和雅	弁護士（第二東京弁護士会）
森　倫洋	弁護士（第一東京弁護士会）	米谷　康	弁護士（仙台弁護士会）
森川　和彦	弁護士（広島弁護士会）	若杉　洋一	弁護士（大阪弁護士会）
森本　純	弁護士（大阪弁護士会）	渡辺　耕太	弁護士（大分県弁護士会）
八木　宏	弁護士（福井弁護士会）	渡辺　裕介	弁護士（熊本県弁護士会）

法令・判例・文献等の表記

1．法令等の表記

(1) 本文中の法令等の表記

法令名等は略称ではなく正式名称を用いた。ただし、破産法および破産規則は次のように略記した。

法	破産法（平成16年法律第75号）
規則	破産規則（平成16年最高裁判所規則第14号）
旧法	旧破産法（平成16年法律第75号による廃止前の破産法〔大正11年法律第71号〕）

(2) 改正民法等の表記

次のように略記した。

改正民法案	民法の一部を改正する法律案（第189回国会閣法第63号）
改正破産法案	民法の一部を改正する法律の施行に伴う関係法律の整備等に関する法律案（第189回国会閣法第64号）

2．判決（決定）の表記

判決・決定は、次のように表記した。
例：最高裁判所平成18年12月21日第一小法廷判決　→　最判平18.12.21
　　東京地方裁判所平成12年12月8日決定　→　東京地決平12.12.8

最判は、上記の通り法廷名は記載せず、登載判例集は下記の通り示した。
例：最判昭43.3.15（民集22巻3号625頁）

3．判例集・法律雑誌の表記

判例集・法律雑誌は、次のように略記した。
- 民集　　最高裁判所（大審院）民事判例集
- 刑集　　最高裁判所（大審院）刑事判例集
- 民録　　大審院民事判決録

法令・判例・文献等の表記

- 刑録　　　大審院刑事判決録
- 集民　　　最高裁判所裁判集民事
- 高民　　　高等裁判所民事判例集
- 高刑　　　高等裁判所刑事判例集
- 高民時報　東京高等裁判所民事判決時報
- 高刑速報　高等裁判所刑事裁判速報集
- 刑月　　　刑事裁判月報
- 家月　　　家庭裁判月報
- 下民　　　下級裁判所民事裁判例集
- 下刑　　　下級裁判所刑事裁判例集

- 金法　　　金融法務事情
- 債管　　　事業再生と債権管理
- ジュリ　　ジュリスト
- 判時　　　判例時報
- 判タ　　　判例タイムズ
- 金判　　　金融・商事判例
- 自正　　　自由と正義
- 曹時　　　法曹時報
- 民商　　　民商法雑誌
- 法時　　　法律時報
- 法協　　　法学協会雑誌
- 法学　　　法学（東北帝国大学法学会）
- 新聞　　　法律新聞
- 民訴　　　民事訴訟雑誌
- 銀法　　　銀行法務21
- 関法　　　法学論集（関西大学法学会）
- 法教　　　法学教室
- 労判　　　労働判例
- 労旬　　　労働法律旬報

4．主要参考文献とその表記

主要参考文献は、原則として次のように表記した。

○破産法
- 『注解（上）・（下）』：斎藤秀夫・麻上正信・林屋礼二編『注解破産法〔第三版〕（上）・（下）』（青林書院、1998年・1999年）
- 『概説』：青山善充・伊藤眞・井上治典・福永有利『破産法概説新版増補2版』（有斐閣、2001年）
- 『一問一答』：小川秀樹編著『一問一答新しい破産法』（商事法務、2004年）
- 『概説新破産法』：小川秀樹・沖野眞已・菅家忠行・髙山崇彦・堂薗幹一郎・中島基至『概説新破産法』（金融財政事情研究会、2004年）
- 『論点解説（上）・（下）』：全国倒産処理弁護士ネットワーク編『論点解説新破産法（上）・（下）』（金融財政事情研究会、2005年）
- 『条解規則』：最高裁判所事務総局民事局監修『条解破産規則』（法曹会、2005年）
- 『基本構造』：伊藤眞・松下淳一・山本和彦編『新破産法の基本構造と実務（ジュリスト増刊）』（有斐閣、2007年）
- 『新・実務大系』：園尾隆司・西謙二・中島肇・中山孝雄・多比羅誠編『新・裁判実務大系第28巻新版破産法』（青林書院、2007年）
- 『大コンメ』：竹下守夫編集代表『大コンメンタール破産法』（青林書院、2007年）
- 『理論と実務』：山本克己・瀬戸英雄・山本和彦編『新破産法の理論と実務』（判例タイムズ、2008年）
- 『はい6民』：大阪地方裁判所第6民事部編集『破産・個人再生の実務Q&Aはい6民ですお答えします』（大阪弁護士協同組合、2008年）
- 『運用と書式』：大阪地方裁判所・大阪弁護士会破産管財運用検討プロジェクトチーム編『破産管財手続の運用と書式〔新版〕』（新日本法規出版、2009年）
- 『条解』：伊藤眞・岡正晶・田原睦夫・林道晴・松下淳一・森宏司『条解破産法〔第2版〕』（弘文堂、2014年）
- 『手引』：中山孝雄・金澤秀樹編『破産管財の手引〔第2版〕』（金融財政事情研究会、2015年）
- 『破産200問』：全国倒産処理弁護士ネットワーク編『破産実務Q&A200問』（金融財政事情研究会、2012年）

- 『実践マニュアル』：野村剛司・石川貴康・新宅正人『破産管財実践マニュアル〔第2版〕』（青林書院、2013年）
- 『書記官事務の研究』：裁判所職員総合研修所監修『破産事件における書記官事務の研究』（司法協会、2013年）
- 『破産実務』：東京地裁破産再生実務研究会編著『破産・民事再生の実務〔第3版〕 破産編』（金融財政事情研究会、2014年）
- 『伊藤』：伊藤眞『破産法・民事再生法〔第3版〕』（有斐閣、2014年）
- 『基本法コンメ』：山本克己・小久保孝雄・中井康之編『新基本法コンメンタール　破産法（別冊法学セミナー）』（日本評論社、2014年）
- 『破産法大系Ⅰ・Ⅱ・Ⅲ』：竹下守夫・藤田耕三編集代表『破産法大系（全3巻）』（青林書院、2014年・2015年・2015年）

○倒産法全般
- 『最高裁判例解説〔民事篇〕○年度』：『最高裁判所判例解説〔民事篇〕』（法曹会、各年版）
- 『新しい国際倒産法制』：深山卓也編著『新しい国際倒産法制』（金融財政事情研究会、2001年）
- 『倒産判例百選〔第4版〕』：青山善充・伊藤眞・松下淳一編『倒産判例百選〔第4版〕（別冊ジュリスト184号）』（有斐閣、2006念）
- 『破産民再実務（上）・（中）・（下）』：西謙二・中山孝雄『破産・民事再生の実務〔新版〕（上）・（中）・（下）』（金融財政事情研究会、2008年）
- 『個人の破産再生』：日本弁護士連合会倒産法制等検討委員会編『個人の破産・再生手続：実務の到達点と課題』（金融財政事情研究会、2011年）
- 『破産民再概論』：山本克己編著『破産法・民事再生法概論』（商事法務、2012年）
- 『松嶋古稀』：伊藤眞・門口正人・園尾隆司・山本和彦編『松嶋英機弁護士古稀記念論文集　時代をリードする再生論』（2013年、商事法務）
- 『田原古稀（上）・（下）』：一般社団法人金融財政事情研究会編『田原睦夫先生古稀・最高裁判事退官記念論文集 現代民事法の実務と理論（上）・（下）』（金融財政事情研究会、2013年）
- 『弁護士倫理』：日本弁護士連合会倒産法制等検討委員会『倒産処理と弁護士倫理　破産・再生事件における倫理の遵守と弁護過誤の防止』（金融財政事情研究会、2013年）
- 『倒産判例百選〔第5版〕』：伊藤眞・松下淳一編『倒産判例百選〔第5版〕（別冊ジュリスト216号）』（有斐閣、2013年）

- 『倒産と訴訟』：島岡大雄・住友隆行・岡　伸浩・小畑英一編『倒産と訴訟』（商事法務、2013年）
- 『ソリューション』：岡正晶・林道晴・松下淳一監修『倒産法の最新論点ソリューション』（弘文堂、2013年）
- 『検討課題』：全国倒産処理弁護士ネットワーク編『倒産法改正150の検討課題』（金融財政事情研究会、2014年）
- 『伊藤古稀』：高橋宏志・上原敏夫・加藤新太郎・林道晴・金子宏直・水元宏典・垣内秀介編『民事手続の現代的使命　伊藤眞先生古稀祝賀論文集』（有斐閣、2015年）
- 『倒産法概説』：山本和彦・中西正・笠井正俊・沖野眞已・水元宏典『倒産法概説〔第2版補訂版〕』（弘文堂、2015年）
- 『今中傘寿』：田邊光政編集代表『会社法・倒産法の現代的展開　今中利昭先生傘寿記念』（民事法研究会、2015年）
- 『事業再生判例精選』：小林信明・山本和彦編『実務に効く　事業再生判例精選（ジュリスト増刊）』（有斐閣、2014年）

○民事再生法
- 『一問一答民再』：深山卓也・花村良一・筒井健夫・菅家忠行・坂本三郎『一問一答民事再生法』（商事法務研究会、2000年）
- 『一問一答個再』：始関正光編著『一問一答個人再生手続』（商事法務研究会、2001年）
- 『通再120問』：全国倒産処理弁護士ネットワーク編『通常再生の実務Q&A120問』（金融財政事情研究会、2010年）
- 『新注釈民再（上）・（下）』：才口千晴・伊藤眞監修／全国倒産処理弁護士ネットワーク編『新注釈民事再生法（上）・（下）〔第2版〕』（金融財政事情研究会、2010年）
- 『民再の実務と理論』：事業再生研究機構編『民事再生の実務と理論』（商事法務、2010年）
- 『条解再生』：園尾隆司・小林秀之編『条解民事再生法〔第3版〕』（弘文堂、2013年）
- 『民再実務』：東京地裁破産再生実務研究会編著『破産・民事再生の実務〔第3版〕　民事再生・個人再生編』（金融財政事情研究会、2014年）

○会社更生
- 『条解会更(上)・(中)・(下)』:兼子一監修／三ケ月章・竹下守夫・霜島甲一・前田庸・田村諄之輔・青山善充著『条解会社更生法(上)・(中)・(下)』(弘文堂、1973年・1973年・1974年)
- 『一問一答会更』:深山卓也編『一問一答新会社更生法』(商事法務、2003年)
- 『実務大系・会更・民再』:門口正人・西岡清一郎・大竹たかし編『新・裁判実務大系 第21巻 会社更生法 民事再生法』(青林書院、2004年)
- 『会更基本構造』:伊藤眞・松下淳一・山本和彦編『新会社更生法の基本構造と平成16年改正(ジュリスト増刊)』(有斐閣、2005年)
- 『実務会更』:東京地裁会社更生実務研究会編『最新実務会社更生』(金融財政事情研究会、2011年)
- 『伊藤会更』:伊藤眞『会社更生法』(有斐閣、2012年)
- 『会更120問』全国倒産処理弁護士ネットワーク編『会社更生の実務Q&A120問』(金融財政事情研究会、2013年)
- 『会更の実務(上)・(下)』:東京地裁会社更生実務研究会『会社更生の実務(上)・(下)〔新版〕』(金融財政事情研究会、2014年)

○私的整理
- 『ADR実践』:事業再生実務家協会事業再生ADR委員会『事業再生ADRの実践』(商事法務、2009年)
- 『私的整理100問』:全国倒産処理弁護士ネットワーク編『私的整理の実務Q&A100問〔追補版〕』(金融財政事情研究会、2014年)

○刑法
- 『注釈特別刑法』:伊藤榮樹ほか編『注釈特別刑法5巻Ⅰ 経済法編Ⅰ』(立花書房、1986年)
- 『条解刑法』:前田雅英編集代表『条解刑法〔第3版〕』(弘文堂、2013年)

［上巻］目　次

はしがき ……………………………………田原睦夫・山本和彦　　i
全国倒産処理弁護士ネットワーク参加のお勧め ………………　iii
監修者・編集委員・執筆者一覧 …………………………………　v
法令・判例・文献等の表記 ………………………………………　ix

第1章　総　則

前　注 …………………………………………………馬杉栄一　　2
第1条　目　的 ……………………開本英幸・吉川武・馬杉栄一　　7
第2条　定　義 ……………………坂本泰朗・吉川武・馬杉栄一　12
第3条　外国人の地位 ……………桶谷和人・吉川武・馬杉栄一　25
第4条　破産事件の管轄 …………開本英幸・吉川武・馬杉栄一　28
第5条 ………………………………開本英幸・吉川武・馬杉栄一　31
第6条　専属管轄 …………………開本英幸・吉川武・馬杉栄一　41
第7条　破産事件の移送 …………開本英幸・吉川武・馬杉栄一　43
第8条　任意的口頭弁論等 ………山崎昌彦・吉川武・馬杉栄一　47
第9条　不服申立て ………………山崎昌彦・吉川武・馬杉栄一　51
第10条　公　告　等 ………………山崎昌彦・吉川武・馬杉栄一　57
第11条　事件に関する文書の閲覧等 …坂本泰朗・吉川武・馬杉栄一　64
第12条　支障部分の閲覧等の制限 ……坂本泰朗・吉川武・馬杉栄一　69
第13条　民事訴訟法の準用 ………………………………土屋　毅　76
第14条　最高裁判所規則 …………………………………石渡　圭　80

第2章　破産手続の開始

前　注 …………………………………………………多比羅誠　86
第1節　破産手続開始の申立て
第15条　破産手続開始の原因 ……………………………小林信明　94
第16条　法人の破産手続開始の原因 ……………………小林信明　98

第17条	破産手続開始の原因の推定	小林信明	**101**
第18条	破産手続開始の申立て	小林信明・清水靖博・松尾幸太郎	**103**
第19条	法人の破産手続開始の申立て	山宮慎一郎	**120**
第20条	破産手続開始の申立ての方式	長島良成	**122**
第21条	破産手続開始の申立書の審査	中山孝雄	**137**
第22条	費用の予納	長谷川健太郎	**142**
第23条	費用の仮支弁	富岡武彦	**149**
第24条	他の手続の中止命令等	三村藤明	**153**
第25条	包括的禁止命令	綾　克己	**166**
第26条	包括的禁止命令に関する公告及び送達等	綾　克己	**173**
第27条	包括的禁止命令の解除	綾　克己	**176**
第28条	債務者の財産に関する保全処分	藤田浩司	**181**
第29条	破産手続開始の申立ての取下げの制限	多比羅誠	**191**

第2節　破産手続開始の決定

第30条	破産手続開始の決定	富永浩明	**197**
第31条	破産手続開始の決定と同時に定めるべき事項等	進士　肇	**220**
第32条	破産手続開始の公告等	宮崎信太郎	**229**
第33条	抗　　告	清水祐介	**240**

第3節　破産手続開始の効果

第1款　通　則

第34条	破産財団の範囲	蓑毛良和	**254**
第35条	法人の存続の擬制	田川淳一	**268**
第36条	破産者の事業の継続	田川淳一	**273**
第37条	破産者の居住に係る制限	鶴巻　暁	**275**
第38条	破産者の引致	鶴巻　暁	**278**
第39条	破産者に準ずる者への準用	鶴巻　暁	**280**
第40条	破産者等の説明義務	鶴巻　暁	**281**
第41条	破産者の重要財産開示義務	髙橋修平	**287**
第42条	他の手続の失効等	関端広輝	**291**
第43条	国税滞納処分等の取扱い	縣　俊介	**304**
第44条	破産財団に関する訴えの取扱い	縣　俊介	**309**

第45条	債権者代位訴訟及び詐害行為取消訴訟の取扱い………	柴原　多	**319**
第46条	行政庁に係属する事件の取扱い………………………	三枝知央	**327**

第2款　破産手続開始の効果

第47条	開始後の法律行為の効力 ……………………………	三枝知央	**329**
第48条	開始後の権利取得の効力 ……………………………	三枝知央	**332**
第49条	開始後の登記及び登録の効力………………………	金山伸宏	**336**
第50条	開始後の破産者に対する弁済の効力 ………………	金山伸宏	**341**
第51条	善意又は悪意の推定 …………………………………	金山伸宏	**344**
第52条	共有関係 ………………………………………………	富岡武彦	**345**
第53条	双務契約 ………………………………………………	加々美博久	**347**
第54条	…………………………………………………………	加々美博久	**371**
第55条	継続的給付を目的とする双務契約 …………………	植村京子	**375**
第56条	賃貸借契約等…………………………………………	辺見紀男	**380**
第57条	委任契約 ………………………………………………	髙尾和一郎	**390**
第58条	市場の相場がある商品の取引に係る契約 ……………………………………… 森　倫洋・鯉渕　健		**396**
第59条	交互計算 ………………………………………………	上田　慎	**405**
第60条	為替手形の引受け又は支払等………………………	上田　慎	**407**
第61条	夫婦財産関係における管理者の変更等……………	上田　慎	**410**

第3款　取戻権

第62条	取戻権 …………………………………………………	髙山崇彦	**413**
第63条	運送中の物品の売主等の取戻権……………………	岩崎　晃	**425**
第64条	代償的取戻権…………………………………………	岩崎　晃	**429**

第4款　別除権

第65条	別除権 …………………………………………………	伊藤　尚	**434**
第66条	留置権の取扱い………………………………………	島田敏雄	**463**

第5款　相殺権

第67条	相殺権 …………………………………………………	岡　伸浩	**469**
第68条	相殺に供することができる破産債権の額 …………	岡　伸浩	**480**
第69条	解除条件付債権を有する者による相殺 ……………	岡　伸浩	**482**
第70条	停止条件付債権等を有する者による寄託の請求…	岡　伸浩	**484**

第71条	相殺の禁止	小畑英一	**488**
第72条		小畑英一	**499**
第73条	破産管財人の催告権	小畑英一	**504**

第3章　破産手続の機関

前　注		佐藤昌巳	**510**

第1節　破産管財人

第1款　破産管財人の選任及び監督

第74条	破産管財人の選任	佐藤昌巳	**532**
第75条	破産管財人に対する監督等	佐藤昌巳	**540**
第76条	数人の破産管財人の職務執行	室木徹亮	**545**
第77条	破産管財人代理	室木徹亮	**549**

第2款　破産管財人の権限等

第78条	破産管財人の権限	服部一郎	**553**
第79条	破産財団の管理	山田尚武	**569**
第80条	当事者適格	山田尚武	**572**
第81条	郵便物等の管理	柚原　肇	**581**
第82条		柚原　肇	**585**
第83条	破産管財人による調査等	山田尚武	**587**
第84条	破産管財人の職務の執行の確保	堀部俊治	**593**
第85条	破産管財人の注意義務	石井三一	**595**
第86条	破産管財人の情報提供努力義務	服部　郁	**606**
第87条	破産管財人の報酬等	国分史子	**609**
第88条	破産管財人の任務終了の場合の報告義務等	池田伸之	**613**
第89条		池田伸之	**619**
第90条	任務終了の場合の財産の管理	西脇明典	**622**

第2節　保全管理人

第91条	保全管理命令	小堀秀行	**627**
第92条	保全管理命令に関する公告及び送達	小堀秀行	**634**
第93条	保全管理人の権限	八木　宏	**636**

第94条	保全管理人の任務終了の場合の報告義務	八木　宏	**640**
第95条	保全管理人代理	三浦久徳	**642**
第96条	準　　用	三浦久徳	**644**

第4章　破産債権

| 前　注 | | 出水　順 | **650** |

第1節　破産債権者の権利

第97条	破産債権に含まれる請求権	上田裕康・北野知広・田中宏岳	**653**
第98条	優先的破産債権	木村真也	**659**
第99条	劣後的破産債権等	服部　敬	**662**
第100条	破産債権の行使	森　恵一	**669**
第101条	給料の請求権等の弁済の許可	野村剛司	**674**
第102条	破産管財人による相殺	竹下育男	**679**
第103条	破産債権者の手続参加	浦田和栄	**681**
第104条	全部の履行をする義務を負う者が数人ある場合等の手続参加	中井康之	**689**
第105条	保証人の破産の場合の手続参加	中井康之	**705**
第106条	法人の債務につき無限の責任を負う者の破産の場合の手続参加	野村祥子	**706**
第107条	法人の債務につき有限の責任を負う者の破産の場合の手続参加等	野村祥子	**708**
第108条	別除権者等の手続参加	野上昌樹	**709**
第109条	外国で弁済を受けた破産債権者の手続参加	野上昌樹	**714**
第110条	代理委員	野城大介	**717**

第2節　破産債権の届出

第111条	破産債権の届出	野村剛司	**723**
第112条	一般調査期間経過後又は一般調査期日終了後の届出等	中森　亘	**736**
第113条	届出名義の変更	山形康郎	**742**
第114条	租税等の請求権等の届出	若杉洋一	**747**

第3節　破産債権の調査及び確定

第1款　通則

第115条　破産債権者表の作成等 …………………………… 柴田憲史　**752**
第116条　破産債権の調査の方法 …………………………… 宮﨑純一　**756**

第2款　書面による破産債権の調査

第117条　認否書の作成及び提出 …………………………… 宮本圭子　**758**
第118条　一般調査期間における調査 ……………………… 浅井悠太　**767**
第119条　特別調査期間における調査 ……………………… 河本茂行　**773**
第120条　特別調査期間に関する費用の予納 …………… 池田聡介　**779**

第3款　期日における破産債権の調査

第121条　一般調査期日における調査 ……………………… 新宅正人　**781**
第122条　特別調査期日における調査 ……………………… 新宅正人　**791**
第123条　期日終了後の破産者の異議 ……………………… 池上哲朗　**794**

第4款　破産債権の確定

第124条　異議等のない破産債権の確定 …………………… 石井教文　**796**
第125条　破産債権査定決定 ………………………………… 増市　徹　**807**
第126条　破産債権査定申立てについての決定に対する異議
　　　　　の訴え ………………………………………………… 服部　敬　**814**
第127条　異議等のある破産債権に関する訴訟の受継 …… 木村真也　**820**
第128条　主張の制限 ………………………………………… 中西達也　**828**
第129条　執行力ある債務名義のある債権等に対する異議の
　　　　　主張 …………………………………………………… 阿多博文　**832**
第130条　破産債権の確定に関する訴訟の結果の記載 …… 柴田憲史　**840**
第131条　破産債権の確定に関する訴訟の判決等の効力 … 赫　高規　**842**
第132条　訴訟費用の償還 …………………………………… 田中祥博　**845**
第133条　破産手続終了の場合における破産債権の確定手続
　　　　　の取扱い ……………………………………………… 中川利彦　**848**

第5款　租税等の請求権等についての特例

第134条　………………………………………………………… 若杉洋一　**855**

第4節　債権者集会及び債権者委員会
第1款　債権者集会

第135条　債権者集会の招集 …………………………………… 別所卓郎 **860**
第136条　債権者集会の期日の呼出し等 ………………………… 長橋正憲 **866**
第137条　債権者集会の指揮 ……………………………………… 森　純子 **870**
第138条　債権者集会の決議 ……………………………………… 中山誠一 **874**
第139条　決議に付する旨の決定 ………………………………… 山本陽一 **877**
第140条　債権者集会の期日を開く場合における議決権の額
　　　　　の定め方等 …………………………………………… 坂本隆一 **881**
第141条　債権者集会の期日を開かない場合における議決権
　　　　　の額の定め方等 ……………………………………… 坂本隆一 **886**
第142条　破産債権者の議決権 …………………………………… 柴田眞里 **888**
第143条　代理人による議決権行使 ……………………………… 久米知之 **889**

第2款　債権者委員会

第144条　債権者委員会 …………………………………………… 小松陽一郎 **892**
第145条　債権者委員会の意見聴取 ……………………………… 小松陽一郎 **899**
第146条　破産管財人の債権者委員会に対する報告義務 ……… 森本　純 **901**
第147条　破産管財人に対する報告命令 ………………………… 森本　純 **903**

事項索引 ………………………………………………………………………… **905**
判例索引 ………………………………………………………………………… **920**

［下巻主要目次］

第5章　財団債権
第6章　破産財団の管理
第1節　破産者の財産状況の調査
第2節　否　認　権

　　　　第 3 節　法人の役員の責任の追及等
第 7 章　破産財団の換価
　　　　第 1 節　通　　則
　　　　第 2 節　担保権の消滅
　　　　第 3 節　商事留置権の消滅
第 8 章　配　　当
　　　　第 1 節　通　　則
　　　　第 2 節　最後配当
　　　　第 3 節　簡易配当
　　　　第 4 節　同意配当
　　　　第 5 節　中間配当
　　　　第 6 節　追加配当
第 9 章　破産手続の終了
第10章　相続財産の破産等に関する特則
　　　　第 1 節　相続財産の破産
　　　　第 2 節　相続人の破産
　　　　第 3 節　受遺者の破産
第10章の 2　信託財産の破産に関する特則
第11章　外国倒産処理手続がある場合の特則
第12章　免責手続及び復権
　　　　第 1 節　免責手続
　　　　第 2 節　復　　権
第13章　雑　　則
第14章　罰　　則

第1章

総　　則

前　注

1　総則の意義

　破産法はその全体構成をできる限り手続の流れに合わせ、時系列に沿って配列する方式を採用している。

　すなわち、まず「第2章　破産手続の開始」で破産手続開始の申立てと決定、及び破産手続が開始されたときの実体的権利変動に関する規律、更に取戻権、別除権、相殺権について定め、次に「第3章　破産手続の機関」で、破産手続上の主要な機関である破産管財人及びその前駆的機関である保全管理人について規定し、「第4章　破産債権」では、破産債権者の権利内容及びその手続規定である破産債権の届出、調査、確定に関する定めの整備を行い、「第5章　財団債権」の章では財団債権の内容や取扱いについての規律をおき、「第6章　破産財団の管理」と「第7章　破産財団の換価」の2章で財産状況の調査、否認権、換価通則、担保権の消滅等に関して定め、「第8章　配当」で配当原資の分配の手続を規定し、第9章で「破産手続の終了」をまとめて定めている。以下特殊な場面の対処として第10章で「相続財産の破産等に関する特則」を、第10章の2で「信託財産の破産に関する特則」を、第11章では「外国倒産処理手続がある場合の特則」を設けている。最後に個人破産手続に関して「第12章　免責手続及び復権」の制度を定め、更に付随的規定として登記に関する手続等を「第13章　雑則」で定め、第14章で破産手続に関する「罰則」を置くとの構成となっている。

　「第1章・総則」は以上の破産法の構造の前提となる、手続全体の目的、共通規定、通則の主要な事項を定めたものである。

2　総則の内容

　総則の各条項の概要は以下のとおりである。

(1)　目的（1条）

　破産法の立法理念は、支払不能又は債務超過にある債務者の財産等の適正かつ公平な清算を目的とする破産手続について、公正さを確保しつつ、その合理化及び迅速化を図るとともに、利害関係人の権利関係の調整に関する規

律を現代の経済社会に適合するものに改めることにあった。

　この立法理念に沿って本条により破産法の目的が定められている。すなわち、まず、①清算型の倒産処理手続としての破産法の位置付けを明確にするとともに、②この法律において、債権者等の利害及び債権者・債務者間の権利関係の適切な調整を行うことを直接の目的として示し、③これを通じて「適正かつ公平な清算」を図ることを制度の大目的であることを明らかにし、④併せて、免責手続及び復権の制度を定め、これによって債務者の経済生活の再生の機会の確保を図ることについても、法律の目的としたものである。

(2)　定義（2条）

　破産法上の主要な概念についての定義規定が置かれている。定義規定としては比較的詳細な立法と評価されているが、否認権は定義付けられておらず、また別の条文に定義規定が定められているものもある（例えば法97条4号「租税等の請求権」や同条6号「罰金等の請求権」など）。

　本条において定義が定められている各概念は、それぞれが破産法上基本的かつ重要なものであるが、特に支払不能（本条11項）については、破産手続開始原因、否認、相殺制限などの解釈に重要な意味を有するものであり、これを明確に示しておく必要があるとの観点から、現在の通説に基づいて定義付けたとされている。

(3)　外国人の地位（3条）

　本条は、破産手続、免責手続及び復権手続における外国人又は外国法人の地位について定めたものである。

　これに関して従前は相互主義を採用していたが、内外の立法動向に照らして相互主義を撤廃して、完全な内外人平等主義を採用したものである。

(4)　破産事件の管轄（4条）

　本条は、破産事件の国際管轄について定めるものである。

　本条1項は、債務者が個人である場合にあっては、日本国内にその営業所、住所又は居所があるとき、債務者が法人その他の社団又は財団である場合にあっては、日本国内にその営業所又は事務所があるときに、それぞれ破産事件の国際管轄を認め、これに加えて、日本国内に財産があるにすぎない場合にも破産事件の国際管轄を認めている。

この財産のうち債権は無形であってその所在が明確には観念し難いものであることから、本条2項で、民事訴訟法の規定により裁判上の請求をすることができる債権は、日本国内にある債権とみなし、所在地を明確にしている。

(5) 管轄、移送（5条、6条、7条）

　本条は、破産事件の国内管轄について定めるものである。

　破産手続は多数の関係者が参加し、迅速に行わなければならない手続であるところ、これを審理する裁判所の選定を申立人に委ねることは相当ではなく、公益的な観点から規律する必要がある。他方で、手続の迅速性や効率性の観点から管轄原因を広く認め、事案に応じて適切に裁判所を選択することができることも望ましいといえる。これらの考慮から、本条は、債務者の営業所の所在地や普通裁判籍の所在地を原則的土地管轄とした上で（法5条1項・2項）、親子会社、法人とその代表者、主債務者と保証人、夫婦の場合など、経済的に密接な関連に立つ債務者の場合（法5条3項～7項）、及び大規模な破産事件の場合（法5条8項・9項）につき特則を定め、広く付加的土地管轄を認めている。

　本条は一般的な破産事件の管轄について定めるものであり、相続財産に関する破産事件や信託財産に関する破産事件の管轄は別途定められている（法222条2項、法244条の2第2項）。また、牽連破産の場合は、先行する再生手続等が係属する裁判所が破産事件の管轄を有する（民事再生法249条1項、同250条1項等）。なお免責事件は、法248条1項により、破産裁判所に対して申立てをすることとされている。

　そして、上記の公益性の観点から、破産法に規定する裁判所の管轄は専属管轄とされている（法6条）。

　また破産法が、原則的管轄と競合する管轄を広く認めていることに伴い、事件を取り扱うのに最も適した裁判所で破産手続を進めることを可能とするために、職権で破産事件を他の裁判所に移送できるものとしている（法7条）。

(6) 任意的口頭弁論（8条）

　本条は破産手続等の審理に関する基本原則を規定している。

　破産事件は手続進行の迅速性、適時性、効率性が要求されることから、破

産手続等の審理について、口頭弁論を開くかどうかを裁判所の裁量に委ねることにしたものである。また裁判所は職権で必要な調査ができる。

(7) 不服申立て（9条）

破産手続等に関する裁判において発せられた決定や命令は、迅速に手続を確定させる必要があるため、不服申立ては抗告ではなく、不服申立てに制限のある即時抗告を、特別に定めのある場合に限って認めることとしたものである。

(8) 公告等（10条）

破産事件では多数の関係者が存在することから、広く一般に裁判等を周知できる制度が必要であり、総則中に公告に関する規定を設けている。公告は、官報に掲載してする。その効力は掲載があった日の翌日に生ずる。また、破産法により送達をしなければならない場合には、公告をもって、これに代えることができるものとしている（いわゆる代用公告の制度）。なお公告がなされたときは、一切の関係人に対して当該裁判の告知があったものとみなされている。

(9) 文書の閲覧等及びその制限（11条、12条）

破産事件において、債権者その他の利害関係人の手続関与を実質的に保障し、その利益を適切に保護するためには、裁判所が保管している事件に関する文書等の閲覧等を認める必要がある。しかし非公開を前提とする破産事件においては、裁判の公開を前提に訴訟記録の閲覧等を定める民事訴訟とは異なる配慮が必要となる。そこで、法11条では、請求権者、閲覧等の対象、閲覧等を請求することができる時期等につき破産事件に適合した制度を定めている。

また、閲覧等請求権の例外として、支障部分についての閲覧制限に関する規定が設けられている（法12条）。

(10) 民事訴訟法の準用（13条）

破産手続等に関しては特別の規定がある場合を除いて、民事訴訟法の規定を準用している。

(11) 最高裁判所規則への委任（14条）

破産手続等の細目的事項は、社会・経済情勢の変化に適切に対応することができるよう、他の倒産処理手続と同様に最高裁判所規則に委任され、この

委任を受けて、破産規則（平成16年最高裁判所規則第14号）が制定施行されている。なお、規則においては、特別の定めがある場合を除いて、民事訴訟規則が準用されている（規則12条）。

（馬杉栄一）

第1条　目　的

> この法律は、支払不能又は債務超過にある債務者の財産等の清算に関する手続を定めること等により、債権者その他の利害関係人の利害及び債務者と債権者との間の権利関係を適切に調整し、もって債務者の財産等の適正かつ公平な清算を図るとともに、債務者について経済生活の再生の機会の確保を図ることを目的とする。

1　本条の趣旨

本条は、破産法の目的を定める、いわゆる目的規定である。旧法は目的規定を設けていなかったが、現行法は、旧法下の理論と実務を踏まえてこれを冒頭に設けた[1]。本条は、破産法の各規定の意義を体系的に理解する際の基礎となり、また、各規定の解釈や運用において指針として機能するものである[2]。

本条は、達成手段、直接の目的、そして究極的な目的（大目的）から構成される。すなわち、①「支払不能又は債務超過にある債務者の財産等の清算に関する手続を定めること等」という達成手段により、②「債権者その他の利害関係人の利害及び債務者と債権者との間の権利関係を適切に調整」することを直接の目的をし、もって③「債務者の財産等の適正かつ公平な清算を図る」とともに、④「債務者について経済生活の再生の機会の確保を図ること」を大目的とするものである[3]。

2　破産法が規律する対象

まず、本条における「支払不能又は債務超過にある債務者の財産等の清算に関する手続を定めること等」とは、破産法が規律する対象を示している。
すなわち、「支払不能又は債務超過にある債務者の財産等」とは、破産手

1　『一問一答』27頁、『条解』23頁。
2　『条解』23頁。
3　『大コンメ』14頁〔小川秀樹〕、『基本構造』17頁〔小川秀樹発言〕。

続開始原因（法15条、16条、223条、244条の3）のある債務者の財産、相続財産（法222条以下）、又は信託財産（法244条の2以下）を意味している。そして、「清算に関する手続を定めること等」とは、倒産処理手続における破産法の位置付けを明らかにする。すなわち、民事再生法・会社更生法といった再建型の倒産処理手続は、収益を生み出す基礎となる債務者の財産を一体として維持し、債務者自身又はそれに代わる第三者がその財産を基礎として経済活動を継続し、収益を上げる手続を意味する。これに対して、清算型の倒産処理手続は、債務者の総資産を金銭化し、金銭化された総負債から弁済することを目的とするものであるが、破産法は後者に属するとされる[4]。更に、破産手続に付随するが独立の手続である免責手続及び復権（法第12章）をも規律することを意味し、これらを規律することによって破産法の直接の目的及び大目的を達成するものである。

3　利害関係人の利害及び権利関係の調整

次に、「債権者その他の利害関係人の利害及び債務者と債権者との間の権利関係を適切に調整」することが、破産法の直接の目的として明らかにされている。清算が債務者の総資産を金銭化して分配することを意味し、しかも破産原因が存在する場合には、総資産の額が総負債の額に及ばないことが通常であるため、適切に権利関係を調整する必要がある。

破産法は、私人間の権利義務等の法律関係を規律する民事法の1つであるところ、その規律する法律関係は、「債権者その他の利害関係人の利害」と「債務者と債権者との間の権利関係」とされる。

ここで「利害関係人」とは、清算の対象となる債務者の財産について法律上又は事実上の利益若しくは関係を有する主体をいう[5]。これには、破産債権者（法2条6号）のみならず、別除権者（法2条10号）、取戻権者（法62条）、財団債権者（法2条8号）、破産者との双務契約の相手方（法53条）、財産所持者（法32条1項4号）、否認権行使の相手方（法160条1項1号・2号など）等が含まれる。

4　『条解』1頁。
5　『条解』26頁。

そして、「利害関係人の利害」と「債務者と債権者との権利関係」の適切な調整については、次のようなものを念頭に置いたものである。すなわち、適正かつ公平な清算手続の実現のために、債務者の財産の管理処分権が奪われ、破産管財人がこれを取得し（法78条1項）、他方で破産債権者の個別的な権利行使は制限され（法42条1項、100条等）、個人の債務者についての免責（12章）がされる等、債務者又は債権者の権利について様々な制限や変更が行われる。更に、破産手続開始の効果として、破産者と利害関係人との間の権利関係に対する各種調整（法第2章3節第2款から第5款まで等）が行われるほか、破産手続内で否認権（法第6章第2節）や担保権の消滅（法第7章第2節）等の権利調整のための仕組みが設けられており、これらの制度を念頭に置いたものである[6]。

　ところで、再建型倒産手続である民事再生法1条は、「当該債務者とその債権者との間の民事上の権利関係を適切に調整」すること、会社更生法1条は、「債権者、株主その他の利害関係人の利害を適切に調整」することを目的とする旨規定しており、本条の文言とは相違がみられる。しかしながら、再生手続等においても、債務者の資産について利害関係人が手続に関与し、再生債務者等や管財人の権限行使の相手方になることに変わりはない。それゆえ、利害関係人の利害及び権利関係の調整の点では、本条との間に本質的な違いはないものと解される[7]。

4　債務者の財産等の適正かつ公平な清算

　そして、本条は、破産法の大目的の1つとして、「債務者の財産等の適正かつ公平な清算を図る」ことを明らかにしている。破産法が主として規律する破産手続は清算型の倒産処理手続であるから、債務者の財産等の清算を行うものであるが、それは「適正かつ公平」になされるべきという一般的規律が示されている。

---

[6]　『大コンメ』15頁〔小川秀樹〕。なお、『基本法コンメ』14頁〔山本克己〕は、「利害関係人の利害」の調整とは、破産財団に対する法的な利害を有する者、とりわけ破産財団に関係する権利を有する者相互間の利害調整を指し、「債務者と債権者との間の権利関係」の調整とは、主として破産手続が破産財団を原資とする配当という形で、集団として観念された債権者に対して満足を与えていく手続を念頭に置くものと説く。
[7]　『条解』26頁、『基本構造』20頁〔竹下守夫発言〕。

ここで清算の「適正」とは、清算の方法に関するものであり、各利害関係人から中立な手続機関である破産管財人が、法定の手続に従って資産の管理及び換価、負債の確定を経て配当を行うこと、その職務遂行が裁判所の監督に服することを中核とすること[8]、あるいは、破産法が定める優先順位のルールが、破産手続固有の必要がない限り、破産財団に関係する権利の実体法が定める処遇をできるだけ反映したものでなければならないこと[9]を意味するものとされている。

また、清算の「公平」とは、清算の基準に関するものであり、否認権の行使（法173条1項）を通じて、詐害行為等の効果を覆滅し（法167条1項）、相殺の禁止（法71条、72条）を通じて、破産債権者の間の平等を確保し、その上で実体法秩序を踏まえた優先劣後の順位に即した分配がされること[10]、あるいは、破産法の優先順位ルールにおいて、同一のカテゴリーに分類された権利者相互間で平等な扱いがされなければならないこと[11]を意味するものとされている。

5　経済生活の再生の機会の確保

更に本条は、「債務者について経済生活の再生の機会の確保を図ること」も、破産法のもう1つの大目的としてあげている。これは清算型の倒産処理手続である破産法が、個人の債務者の経済的な再生をも目的としていることを明らかにするものである。ここで「経済生活の再生」とは、債務者がその資産と収入を基礎として、自らとその家族の生計を支えることができる状態に復帰することを意味する[12]。

この経済生活の再生の機会の確保という大目的は、主として個人の債務者の免責手続についての制度目的を念頭に置いたものということができる[13]。免責手続の目的は、「破産終結後において破産債権を以て無限に責任の追求(ママ)を認めるときは、破産者の経済的再起は甚だしく困難となり、引いては生活

---

[8] 『条解』27頁。
[9] 『基本コンメ』15頁〔山本克己〕。
[10] 『条解』27頁。
[11] 『基本コンメ』15頁〔山本克己〕。
[12] 『条解』27頁。

の破綻を招くおそれさえないとはいえないので、誠実な破産者を更生させるために、その障害となる債権者の追求を遮断する必要が存するからである。」[14]とされており、免責手続が債務者の経済的な再生のためのものであることが確認されている。昭和27年の破産法の改正により導入された免責手続は、破産手続の付随的な制度という側面が強かったものの、現状では個人の破産事件が全体の事件数の大部分を占め、また個人の破産事件は主に免責決定を得ることに主眼があるという実態から、倒産実務において免責制度の重要性は高いものといえる。

ところで、民事再生法1条は、債務者の「事業又は経済生活の再生を図ること」を目的として定めている。民事再生手続において、再生計画が遂行され、又はこれと同視できる段階に至ったときは、経済生活の再生が実現されたものと評価してよい。これに対して、免責の制度は債務からの解放であり、経済的生活の再生の可否は債務者の努力にかかっている。このため、その「機会の確保」という位置付けがされたものである[15]。かかる経済的生活の再生に関する破産法と民事再生法の相違に着目して、民事再生手続の破産手続に対する優位を説く、すなわち破産手続よりもできるだけ民事再生手続を選択して申立てをすべきであるという考え方がある。しかし、現行法の解釈としては、経済生活の再生の方法のために、民事再生手続と破産手続のいずれを選択するかは申立人の選択に委ねるべきであるとされている。自ら積極的な再生の意思を有しない者に民事再生手続の選択を強制しても、再生計画の成立や遂行は期待しがたいこと等がその理由である[16]。

(開本英幸・吉川武・馬杉栄一)

---

13 『一問一答』30頁、『大コンメ』16頁〔小川秀樹〕。なお、破産財団は破産手続開始の時に破産者が有する一切の財産によって構成されるとする固定主義(法34条1項)、破産手続開始時の破産者の財産のうち破産財団に属しない自由財産に関する制度(法34条3項以下)等も、この大目的に沿うものである(**本書34条の解説**参照)。
14 最決昭36.12.13(民集15巻11号2803頁)。
15 『基本構造と実務』17頁〔小川秀樹発言〕。
16 『条解』28頁、『破産200問』3頁〔桶谷和人〕、『一問一答個再』46頁。

第2条　定　義

① この法律において「破産手続」とは、次章以下（第12章を除く。）に定めるところにより、債務者の財産又は相続財産若しくは信託財産を清算する手続をいう。

② この法律において「破産事件」とは、破産手続に係る事件をいう。

③ この法律において「破産裁判所」とは、破産事件が係属している地方裁判所をいう。

④ この法律において「破産者」とは、債務者であって、第30条第1項の規定により破産手続開始の決定がされているものをいう。

⑤ この法律において「破産債権」とは、破産者に対し破産手続開始前の原因に基づいて生じた財産上の請求権（第97条各号に掲げる債権を含む。）であって、財団債権に該当しないものをいう。

⑥ この法律において「破産債権者」とは、破産債権を有する債権者をいう。

⑦ この法律において「財団債権」とは、破産手続によらないで破産財団から随時弁済を受けることができる債権をいう。

⑧ この法律において「財団債権者」とは、財団債権を有する債権者をいう。

⑨ この法律において「別除権」とは、破産手続開始の時において破産財団に属する財産につき特別の先取特権、質権又は抵当権を有する者がこれらの権利の目的である財産について第65条第1項の規定により行使することができる権利をいう。

⑩ この法律において「別除権者」とは、別除権を有する者をいう。

⑪ この法律において「支払不能」とは、債務者が、支払能力を欠くために、その債務のうち弁済期にあるものにつき、一般的かつ継続的に弁済することができない状態（信託財産の破産にあっては、受託者が、信託財産による支払能力を欠くために、信託財産責任負担債務（信託法（平成18年法律第108号）第2条第9項に規定する信託財産責任負担債務をいう。以下同じ。）のうち弁済期にあるものにつき、一般的かつ継続的に弁済することができない状態）をいう。

⑫ この法律において「破産管財人」とは、破産手続において破産財団に属

する財産の管理及び処分をする権利を有する者をいう。
⑬　この法律において「保全管理人」とは、第91条第1項の規定により債務者の財産に関し管理を命じられた者をいう。
⑭　この法律において「破産財団」とは、破産者の財産又は相続財産若しくは信託財産であって、破産手続において破産管財人にその管理及び処分をする権利が専属するものをいう。

1　本条の趣旨

　本条は、破産法において用いられる基本概念について、定義を定める規定である。
　なお、本条のほか、概念の定義を定めた規定として、租税等の請求権（法97条4号第2括弧書）、罰金等の請求権（法97条6号括弧書）、劣後的破産債権（法99条1項柱書第1括弧書）、約定劣後破産債権（法99条2項括弧書）、債権届出期間（法111条1項括弧書）、一般調査期間・一般調査期日（法112条1項第1括弧書・第2括弧書）などがある。

2　破産手続（本条1項）

　「破産手続」とは、破産法第2章以下に定めるところにより、債務者の財産又は相続財産若しくは信託財産を清算する手続をいう。免責手続及び復権の手続について規定した第12章は除かれており、免責手続及び復権の手続は、破産手続と区別されるが、これら手続は、破産手続等と総称される（法3条第2括弧書）。
　本条1項は、債務者のほか、法人格のない特別財産である相続財産及び信託財産についても破産能力が認められることを明らかにし、相続財産の破産については第10章第1節（法222条ないし237条）が、信託財産の破産については第10章の2（法244条の2ないし244条の13）が、それぞれ特則を設けている。

3　破産事件（本条2項）

　「破産事件」とは、破産手続に係る事件をいう。破産事件は、原則とし

て、破産手続開始の申立てにより成立し、破産手続を終了させる裁判により終了する。

4　破産裁判所（本条3項）

　3項は、破産事件の職分管轄が地方裁判所に帰属すること（法5条）を前提に、「破産事件が係属している地方裁判所」を「破産裁判所」と定義している。

　講学上、破産裁判所という概念には、①個々の破産事件を担当する裁判官により構成される機関としての裁判所（狭義の破産裁判所）と、②狭義の破産裁判所が属している官署としての裁判所（広義の破産裁判所）の2つの意味がある。本項は、広義の破産裁判所の意味であり、破産法において、狭義の破産裁判所は、単に「裁判所」と呼ばれている。破産法が「破産裁判所」の概念を設ける理由の1つは、一定の事項について争いが生じた場合に同一地方裁判所に属する別の裁判体が審理・判断する可能性を認めるためである[1]。破産債権の査定の申立てを例にとると、査定決定は、当該破産事件を担当している「裁判所」が行うが（法125条1項・3項）、査定決定に対する異議の訴えは「破産裁判所」の専属管轄とされ（法126条2項）、破産事件が係属している裁判体と異なる裁判体が担当することが可能となる（**本書125条の解説2(3)参照**）。破産債権査定異議の訴えについて、実務上は、裁判所内部の事務分配によって査定決定をした裁判体と異なる裁判体が担当することが多く、また望ましいとされている[2]。

5　破産者（本条4項）

　「破産者」とは、債務者であって、破産手続開始の決定（法30条1項）がされている者をいう[3]。

　なお、破産法では、破産手続開始の決定を受ける前の債務者を単に「債務

1　『条解』31頁。
2　『条解』891頁。
3　相続財産破産や信託財産破産における「破産者」については争いがある。現在の通説は、財産の集合体である相続財産や信託財産を破産者としているが、これは、本条の定義の例外となる（『条解』32頁）。

者」と呼び（法15条1項・2項、法91条1項など）、「破産者」とは区別している。

6 破産債権（本条5項）及び破産債権者（本条6項）

(1) 破産債権の意義

「破産債権」とは、破産者に対し破産手続開始前の原因に基づいて生じた財産上の請求権であって、財団債権に該当しないものをいう。なお、5項は、破産手続開始前の原因に基づいて生じた債権といえるか疑義のある債権や、破産手続開始後の原因に基づき生じたともみられる債権であっても、政策的に破産債権として処遇されるべき債権（法97条各号に掲げる債権）が破産債権に含まれることを明示している。

a 破産債権の要件

破産債権の要件として、財団債権ではないことのほかに、①財産上の請求権であること、②破産者に対するものであること、③その強制的実現を図ることができること（執行可能性）、④破産手続開始前の原因に基づいて生じたものであることが必要とされている。本項は、①、②及び④を明示しているが、③の執行可能性も、解釈上当然のものとされている[4]。

ア 財産上の請求権

破産債権は、財産上の請求権でなければならない。これは、破産手続の中心的目的が破産者の財産を金銭に換価し、破産債権者に対し金銭配当を行うことにあるため、破産手続に参加する債権者の権利は、金銭配当によって満足を受ける性質のものでなければならないからである。

もっとも、財産上の請求権は、金銭債権に限らず、金銭的評価が可能なものであれば非金銭的請求権でもよい（法103条2項1号イ）。代替的作為請求権（建物の収去、工作物の設置、建物の瑕疵修補など）は、代替執行（民法414条2項、民事執行法171条）に要する費用を基準として金銭的評価が可能であるから、財産上の請求権に当たる。これに対し、不代替的作為請求権（絵画の制作、演劇への出演など）や不作為請求権（競業避止、騒音を出さないことなど）は、間接強制（民事執行法172条1項）は可能であるが、権利自体を金銭的に評価できない

---

[4] 『条解』34頁、『大コンメ』20頁〔小川秀樹〕、『伊藤』260頁、『倒産法概説』55頁〔沖野眞已〕。

ため、財産上の請求権に含まれない[5]。もっとも、不代替的作為請求権や不作為請求権についても、破産手続開始前の不履行に基づいて損害賠償請求権が発生していれば、財産上の請求権に当たる。

　身分上の権利については、夫婦間の同居請求権（民法752条）のように金銭的評価ができないものは、財産上の請求権に当たらないが、離婚に伴う財産分与請求権（民法768条1項、771条）や扶養料請求権（民法877条以下）は、財産上の請求権に当たる。

　株式会社の破産における株主の自益権や共益権のような社員権も財産上の請求権に当たらないが[6]、破産手続開始前に剰余金配当請求権（会社法105条1項1号）が現実化していた場合には財産上の請求権に当たる。

　イ　破産者に対する請求権

　破産債権は、破産者に対する請求権（人的請求権）でなければならない。人的請求権とは、物権のように、破産者の財産を直接に支配する権利ではなく、破産者の行為を介して財貨を獲得し、又は財産的利益を享受する権利を意味し、実体法上の概念でいえば、ほぼ債権に対応するとされる[7]。

　これに対し、物権的請求権は、破産者に対する請求権ではあるものの、その本質は、特定物に対する支配権である物権から派生する権利であるから、破産債権とはならず、取戻権（法62条）の基礎となる。また、特定財産上の担保権も、破産債権とならず別除権（法2条9項）の基礎となる。ただし、一般の先取特権は、破産者の総財産上に成立するものであり、別除権とはならず、その被担保債権が優先的破産債権となる（法98条1項）。

　ウ　執行可能な請求権

　破産手続は、請求権を強制的に実現する手続（包括的執行手続）としての性質をもつことから、強制的実現の可能性のない請求権は破産債権となり得な

---

[5] 『条解』33頁、『大コンメ』400頁〔堂薗幹一郎〕、『理論と実務』358頁〔田邊誠〕。ただし、『条解』33頁は、不代替的作為請求権、例えば、芸術的役務提供請求権、秘密保持請求権、ゴルフ会員権に付随する優先的施設利用権、いわゆるポイントに基づく割引販売請求権などについても、それに対応する財産的出えんがなされており、評価が可能な場合には、財産上の請求権として扱うことも考えられるとしている。

[6] 『大コンメ』401頁〔堂薗幹一郎〕。なお、『条解』33頁は、株主の自益権や共益権のような社員権は、社員の地位である株式の内容であるとみれば、破産者に対する請求権に当たらないと解する余地があるとする。

[7] 『条解』33頁。

い。そのため、不法原因給付の返還請求権（民法708条）、利息制限法に違反する超過利息債権、免責許可の決定（法253条1項柱書本文）が確定した場合の破産債権（ただし、免責の法的性質について、自然債務説を前提とした場合。免責の法的性質については**本書253条の解説7(1)参照**）などの、いわゆる自然債務と呼ばれる請求権は、破産債権とならない。なお、個別執行の場合と異なり、破産債権は、債務名義を備えている必要はない。

エ　破産手続開始前の原因に基づいて生じた請求権

　破産債権は、「破産手続開始前の原因に基づいて生じた」ものでなければならない。清算の対象となる破産財団の範囲を破産手続開始時の破産者の財産に限定していること（法34条1項、固定主義の原則）に対応して、破産債権についても、破産手続開始前の原因に基づいて生じたものに限定している。

　「破産手続開始前の原因」の意義については、破産債権の発生原因の全部が手続開始前に備わっていなければならないとする全部具備説と、主たる発生原因が備わっていれば足りるとする一部具備説の争いがあるが、現在は、後説が通説となっている[8]。

　したがって、履行期未到来の債権、条件付債権、将来の請求権なども、債権の発生原因が破産手続開始前であれば、破産債権となる（法103条3項・4項参照）。

　不法行為に基づく損害賠償請求権については、発生原因である不法行為が破産手続開始前であれば、損害が破産手続開始後に顕在化した場合でも、破産債権となる。もっとも、交通事故の後遺症などについては、損害が顕在化していない損害賠償請求権者に破産債権の届出を期待することができるのか、損害額算定をどう処理するかなどの問題がある[9]。継続的不法行為については、破産手続開始前の行為に基づく損害賠償請求権が破産債権となり、破産手続開始後の行為に基づく損害賠償請求権は破産債権とはならない[10]。もっとも、破産財団に属する建物によって土地の不法占有が継続されているような場合には、破産手続開始後の不法占有に基づく損害賠償請求権は、破産管財人の不作為によって生じたものとして財団債権（法148条1項4号）と

8　『条解』34頁、『伊藤』261頁、『倒産法概説』56頁〔沖野眞已〕。
9　『伊藤』262頁、『理論と実務』360頁〔田邊誠〕。
10　『条解』35頁、『大コンメ』401頁〔堂薗幹一郎〕。

18　第1章　総　則

なる[11]。

　養育費請求権については、破産手続開始時に支払時期が到来しているものは、破産債権となるが、支払時期が到来していないものについては争いがある。東京地方裁判所では、養育費請求権が未成熟の子に対する所定の親族関係を前提に日々発生するものであるという点を考慮し、破産手続開始前の原因に基づいて生じた請求権とはいえないとしている。婚姻費用分担請求権（民法760条）及び扶養料請求権（民法877条以下）についても、養育費請求権と同様に考えられる（**本書253条の解説5(4)参照**）[12]。

　無委託保証人の破産手続開始後の弁済に基づく求償権が破産手続開始前の原因に基づくものかについては争いがあったが、判例は、「保証契約が主たる債務者の破産手続開始前に締結されていれば、当該求償権の発生の基礎となる保証関係は、その破産手続開始前に発生しているということができる」として破産債権該当性を肯定した（**本書72条の解説2(1)参照**）[13]。

b　破産債権の行使

　破産債権は、破産法に特別の定めがある場合を除いて、破産手続によらなければ、行使することができない（法100条1項）。

　具体的には、債権者は、破産債権の届出をし（法111条）、債権調査及び確定手続を経て（法117条以下）、確定した債権に基づいて配当を受けることになる（法193条以下）。

(2)　破産債権者

　「破産債権者」とは、破産債権を有する債権者をいう（本条6項）。

7　財団債権（本条7項）及び財団債権者（本条8項）

(1)　財団債権の意義

　「財団債権」とは、破産手続によらないで破産財団から随時弁済を受けることができる債権をいう。財団債権は、破産財団を責任財産とする点では破

11　最判昭43.6.13（民集22巻6号1149頁）。
12　『破産実務』410頁、『手引』285頁、『破産200問』99頁〔木内道祥〕。
13　最判平24.5.28（民集66巻7号3123頁）。ただし、同判決は、破産手続開始決定後の弁済に基づく求償権を自働債権とする相殺は、破産法72条1項1号の類推適用により許されないとしている。

産債権と同様であり、財団債権とされる意義は、①破産手続によらない随時弁済性、及び②破産債権に対する優先性にあるとされている。本項は、このうち①の随時弁済性に重点を置いた定義規定であり、②の優先性は、破産法151条において規定されている[14]。破産手続によらない随時弁済性とは、破産債権のような届出、調査及び確定の手続を経ることなく、破産配当の手続によらず、本来の履行期にしたがった履行が受けられることを意味する。

財団債権の主要なものは破産法148条に列挙されているが、それ以外に財団債権を定めた規定として、54条2項後段、56条2項、132条、149条、150条4項、168条1項2号・2項1号・3号などがある。また、破産財団不足の場合の財団債権相互の優先順位については、破産法152条に規定がある。

(2) 財団債権の債務者

自然人の破産事件において、破産手続が異時廃止又は同時廃止で終了し、財団債権について未弁済部分がある場合に、破産者本人がその未弁済部分について責任を負うかの問題を中心に[15]、財団債権の債務者が誰であるかの議論が提起されており、破産者説、破産債権者団体説、破産財団説、管理機構としての破産管財人説の諸説が対立している。

近時は、管理機構としての破産管財人が財団債権の債務者であるとして、破産手続終了後に破産者が財団債権について責任を負うことはないとする説や、手続遂行費用の性格を有する財団債権は、管理機構としての破産管財人を債務者とし責任財産を破産財団に限定すべきであるが、租税債権や労働債権など政策的に財団債権とされるものは、破産者を債務者とし破産手続終了後は破産者が負担すべきとする説が有力である[16]。財団債権の債務者、破産手続終了後の財団債権の取扱いについては、**本書第5章前注**参照。

(3) 財団債権者

「財団債権者」とは財団債権を有する債権者を意味する。

なお、第三者が租税債権や労働債権などの財団債権を弁済し、当該債権を

---

14 『大コンメ』20頁〔小川秀樹〕。
15 法人の場合、破産手続の終了により原則として法人格が消滅するため、その後の責任を論じる意味はなく、この問題は個人破産固有のものである。また、配当による終了の場合も、財団債権が完済されていることが前提となるため、問題とならない(松下淳一「財団債権の弁済」民事訴訟雑誌53号44頁以下)。
16 『条解』991頁、『倒産法概説』90頁〔沖野眞已〕、松下・前掲注15・44頁以下。

代位取得した場合に、第三者は当該債権を財団債権として行使できるのかという問題がある[17]。判例は、財団債権たる給料債権について、弁済による代位により給料債権を取得した者は、破産手続によらないで給料債権を行使できるとした[18]。これに対し、租税債権の保証人が租税債権を代位弁済した場合については、多くの裁判例が破産手続上の財団債権性、再生手続上の一般優先債権性を主張できないとしている[19]。財団債権の弁済による代位については、**本書第5章前注**参照。

8 別除権（本条9項）及び別除権者（本条10項）

(1) 別除権の意義と種類

「別除権」とは、破産手続開始時に、破産財団に属する財産につき特別の先取特権、質権又は抵当権を有する者がこれらの権利の目的である財産について破産手続によらないで行使することができる（法65条1項）権利をいう。

a 典型担保

民法が規定する留置権、先取特権、質権、抵当権の4つの典型担保のうち、本項が別除権として定義するのは、特定財産上の担保権である特別の先取特権、質権又は抵当権である。一般の先取特権については、特別の先取特権に後れ（民法329条2項）、債務者の総財産を対象とするため、別除権とすると、その無限定性から一般債権者を害することになることから、別除権とは扱われない。一般先取特権の担保権としての優位性は、その被担保債権が優先的破産債権として扱われるにとどまる（法98条1項）。民事留置権についても、破産財団に対しその効力を失うとされており（法66条3項）、別除権とは扱われない。これに対し、商法又は会社法の規定による商事留置権は、特別の先取特権とみなされるため（法66条1項）、別除権の基礎となる。

---

17 『条解』813頁注5、988頁、『伊藤』298頁注143、『破産200問』280頁〔籠池信宏〕、三森仁「弁済による代位と債権の優先性に関する考察」『ソリューション』136頁以下。
18 最判平23.11.22（民集65巻8号3165頁）。なお、最判平23.11.24（民集65巻8号3213頁）は、再生手続における共益債権（双方未履行双務契約の解除にともなう価格賠償請求権）についても、弁済による代位により原債権を取得した者は、共益債権として行使できるとした。
19 破産につき、東京高判平17.6.30（金法1752号54頁）、東京地判平17.3.9（金法1747号84頁）。民事再生につき、東京地判平17.4.15（金法1754号85頁）。

b 非典型担保

仮登記担保については、抵当権と同様に扱われるため（仮登記担保契約に関する法律19条1項）、別除権の基礎となる。譲渡担保や所有権留保などの非典型担保については、別除権として扱うのが多数説である。

(2) 別除権の要件と内容

a 破産手続開始時に存在する担保権

別除権とされるためには、「破産手続開始の時に」おいて担保権を有することが必要である。なお、担保権者がその権利を第三者に対して主張するために実体法上対抗要件の具備が求められている場合には、破産手続開始前に対抗要件を備えていなければ、破産手続において対抗することができない。

b 破産財団に属する財産

別除権は、「破産財団に属する財産」を目的とするものでなければならない。したがって、破産者以外の者が破産債権を被担保債権として物上保証をしていた場合は別除権とはならない。

なお、破産者が連帯保証人兼物上保証人の場合、保証債務が別除権付破産債権に当たるかは議論があるが、破産者は主債務者の債務を物上保証しているにすぎず、被担保債権が保証債務でない以上、当該保証債務は別除権付破産債権には該当しないとされている[20]（**本書65条の解説2(1)参照**）。

別除権付破産債権の場合、債権者は破産債権者として権利行使できるが、その範囲は別除権の行使によって弁済を受けることができない債権の範囲にとどまる（法108条1項本文、不足額責任主義）。

(3) 別除権者

「別除権者」とは、別除権を有する者をいう（本条10項）。

9 支払不能（本条11項）

(1) 支払不能の意義

「支払不能」とは、債務者が、①支払能力を欠くために、②その債務のうち弁済期にあるものにつき、③一般的かつ継続的に弁済することができない状態をいう。

---

20 『破産実務』342頁、『手引』266頁。

支払不能は、旧法では、破産原因としてのみ規定されていたが（旧法126条1項）、現行法では、破産手続開始原因（法15条1項）であるとともに、相殺禁止（法71条1項2号、72条1項2号）及び偏頗行為否認（法162条1項1号）の時的基準としても定められており、破産手続全体において重要な意味を持つものになっている。特に相殺禁止や否認の要件としての支払不能は、破産手続が開始された後に時間をさかのぼって判断されるために、対象となる行為がなされた時期が支払不能と判断されるかどうかは、関係者の利益に重大な影響を生じる。そこで、11項では、破産手続開始原因並びに相殺禁止及び否認の要件として破産手続における基本的な概念である「支払不能」について、これを明確に示す観点から、従来の通説的見解に基づき定義規定を設けている[21]。支払不能の意義については、本条のほか、**本書15条、71条1項、162条1項の解説**参照。

(2) 支払能力の欠乏

支払能力は、債務者の財産、信用及び労務の三要素から構成され、三要素のいずれをとっても、債務を支払う能力がないことを意味する[22]。したがって、財産があっても換価が困難であれば支払不能となるし、反対に、財産がなくとも信用や労務によって収入を確保することができる場合には支払能力が認められることもある。

また、支払不能は、客観的な状態であり、債務者自身が財産や信用を過小評価して主観的に弁済不可能と判断しても、客観的に支払不能と判断されないことがあり、反対に債務者自身、弁済能力があると判断していても、客観的には支払不能と判断されることがある。

弁済対象となる債務は金銭債務に限られるかという問題があるが、不履行によって金銭債務（損害賠償債務）に転化し得る財産上の債務であれば金銭債務に限られないと解されている。

---

[21] 『一問一答』30頁、『条解』40頁、『大コンメ』21頁〔小川秀樹〕。なお、定義規定を置いた現行法下では、手続開始要件としての支払不能と否認・相殺の基準時としての支払不能は統一的に解釈されることになる（『基本構造』21頁〔小川秀樹発言〕、山本和彦「支払不能の概念について—偏頗行為否認の要件を中心に—」新堂幸司・山本和彦編『民事手続法と商事法務』（商事法務、2006年）171頁）。
[22] 東京高決昭33.7.5（金法182号3頁）。

(3) 弁済期にある債務

　支払不能は、本来、弁済期の到来した債務の支払可能性を問題とする概念であるため、弁済期の到来していない債務を将来弁済できないことが予想される場合が支払不能に該当するかについては争いがある。伝統的な見解は、弁済期の到来している債務を弁済している限りは、弁済期未到来の債務を将来弁済できないことが確実に予想されても、支払不能ではないとしている[23]。

　もっとも、この見解によっても、表面上は、弁済期の到来した債務を支払っていても、①返済の見込みのない借入れや財産の投売りなどによって調達した資金によって延命を図っている場合や、②再建計画が明らかに合理性を欠き、支払不能の時期を先送りにするだけの目的で現在弁済期にある債務につき期限の猶予を得たような濫用的事例については、支払不能と認定される可能性がある[24]。

　更に進んで、弁済期が到来していなくても、将来の債務不履行が高度の蓋然性をもって確実に予測される場合には支払不能となり得るとする見解も主張されている[25]。

(4) 一般性・継続性

　「一般的」とは、弁済することができない債務が債務者の債務の全部又は大部分を占めていることを意味する。どのくらいの割合が大部分となるかは、破産制度の目的を考慮し社会通念に従って決められる[26]。「継続的」とは、一時的な資金不足を支払不能から除外する趣旨である[27]。

---

[23] 立案担当者（『一問一答』31頁、『大コンメ』21頁〔小川秀樹〕）及び全国銀行協会（川田悦男「全銀協通達『新破産法において否認権および相殺禁止規定に導入された「支払不能」基準の検証事項について』の概要」金法1728号36頁）の見解である。裁判例として、東京地判平19.3.29（金法1819号40頁）、東京地判平22.7.8（判時2094号69頁）。

[24] 『大コンメ』21頁〔小川秀樹〕。

[25] 『論点解説（上）』188頁〔中西正〕、山本和彦「支払不能の概念について─偏頗行為否認の要件を中心に─」『民事手続法と商事法務』151頁以下、清水祐介「支払不能と支払停止をめぐる考察」『ソリューション』159頁以下。

[26] 『理論と実務』77頁〔中西正〕。

[27] 『一問一答』31頁、『条解』42頁。

24　第1章　総　則

10　破産管財人（本条12項）

　「破産管財人」とは、破産手続において破産財団に属する財産の管理及び処分をする権利を有する者をいう。破産管財人の職務には、破産財団に属する財産の管理及び処分のほか、破産債権の調査及び確定、配当の実施などが含まれるが、本条12項は、このうち破産財団に属する財産の管理処分権を有することに重点を置いた定義規定となっている[28]。

　破産管財人の地位の理論的性格や破産管財人の実体法上の地位については、**本書第3章前注**参照。

11　保全管理人（本条13項）

　「保全管理人」とは、法91条1項の規定により債務者の財産に関し管理を命じられた者をいう。

　破産手続が開始されれば、破産財団に属する財産の管理処分権は、破産管財人に専属するが（法78条1項）、破産手続開始の申立てから決定までの間に、債務者によって財産が散逸・毀損されるおそれがあることから、現行法は、このような事態を防止するため、保全管理命令の制度（法91条ないし96条）を設けている。

　保全管理人の選任手続、保全管理人の法的地位については、**本書91条の解説**参照。

12　破産財団（本条14項）

　「破産財団」とは、「破産者の財産又は相続財産若しくは信託財産であって、破産手続において破産管財人にその管理処分権が専属するもの」をいう。

　講学上、「破産財団」は、①法の予定する破産財団である法定財団、②現に破産管財人の管理下にある財産によって構成される現有財団、③配当原資たる配当財団に区別される。本条14項が定義する「破産財団」は法定財団の意味である[29]。三者の関係であるが、破産手続開始決定時に破産管財人の管

---

[28]　『大コンメ』22頁〔小川秀樹〕。

理下に入った財団（現有財団）は、破産管財人の否認権行使、取戻権の承認等により、本来あるべき財団（法定財団）の範囲の不一致が解消されて、配当の基礎となる財団（配当財団）となるというものである。

本項は、破産財団が破産管財人の管理処分権の対象となるという性質に重点を置いた規定であり、「破産財団」を構成する財産の範囲について、破産法は、破産者の財産については34条、相続財産については229条、信託財産については244条の5が定めている。

（坂本泰朗・吉川武・馬杉栄一）

第3条　外国人の地位

> 外国人又は外国法人は、破産手続、第12章第1節の規定による免責手続（以下「免責手続」という。）及び同章第2節の規定による復権の手続（以下この章において「破産手続等」と総称する。）に関し、日本人又は日本法人と同一の地位を有する。

1　本条の趣旨

本条は、外国人又は外国法人（以下、「外国人等」という）も、破産手続、免責手続及び復権手続（以下、「破産手続等」と総称する）において、日本人又は日本法人（以下、「日本人等」という）と平等に扱われ、同一の法的地位を有することを定めたものである。このことは、無条件平等主義又は内外人平等主義とも呼ばれ、民事再生法3条や会社更生法3条にも同様の規定が設けられている。

2　外国人（自然人）が破産手続開始の申立てをする場合[1]

日本に居住する外国人（自然人）が破産手続開始の申立てをする場合、そ

29　法34条、78条1項の「破産財団」は法定財団を、62条の「破産財団」は現有財団を、法209条1項の「配当をするのに適当な破産財団に属する金銭」は配当財団を指すものと解されている（『伊藤』234頁注1）。

の手続は日本人と変わらない。すなわち、申立人である当該外国人は、その住所、居所を管轄する地方裁判所へ申立書と疎明資料を提出して申立てを行うのであり、日本人が申立てを行う場合と何ら変わりない[2]。

ただし、外国人の場合、出身国等における財産の有無・内容を調査・確認したり、出身国にいる家族への仕送りをしているなら、その必要性・許容性を説明する報告書等を添付したりするなど、外国人の自己破産申立てに特有の準備が必要になる場合がある[3]。

3　外国法人が破産手続開始の申立てをする場合

外国法人とは、外国法に準拠して設立された法人をいう（民法35条、会社法2条2号参照）。日本の株式会社の完全子会社であっても、設立準拠法が外国法であれば、外国法人である[4]。

外国法人が破産手続開始の申立てをする場合、外国人（自然人）と同様に、その申立手続は日本法人と変わらない。ただし、当該外国法人の破産管財人になる者は、当該外国法人の設立準拠法に精通した弁護士であることが望ましいので（規則23条1項参照）、その適任者は自ずと限られる。したがって、申立て前に行う破産裁判所との事前相談は必要不可欠であろう[5]。

4　外国人等が債権者として破産手続に関与する場合[6]

外国人等が債権者として破産手続に関与する場合も、日本人等が破産手続に関与する場合と変わらない。外国人等が有する債権が破産債権（優先的破産債権及び劣後的破産債権を含む）であっても、財団債権であっても同様である。ただし、以下の点には注意が必要である。

1　東京地方裁判所における外国人・外国法人の破産手続開始の申立ての運用について、『破産実務』559頁。
2　従前は外国人住民の場合、住民票が発行されないため外国人登録原票の記載事項証明書を提出することが求められていたが、現在では外国人住民も住民基本台帳法の適用対象に加えられたため、外国人住民も住民票を提出することが可能になった。
3　『破産200問』22頁〔吉野晶〕。
4　『条解』47頁。
5　裁判所との事前相談について、『破産200問』33頁〔西脇明典〕。
6　東京地方裁判所における外国債権者の債権届出について、『破産実務』561頁。

(1) 法人の資格証明書

　法人が債権届出を行うときには、代表者事項証明書や現在事項証明書などのいわゆる資格証明書の提出が求められることがある[7]。債権届出を行おうとする法人が外国法人登記（外国会社の代表者登記について会社法817条1項、933条1項を参照）をしていれば日本の法務局で資格証明書の発行を受けることができるが、外国法人登記をしていない外国法人の場合は、そのような資格証明書は発行されない。そのため、法人が設立された当該外国で発行される証明書とその翻訳文が必要であるのか、又はその代替手段としてどのような書類が必要かについて破産裁判所と相談のうえ債権届出を行ったり、必要書類を追完したりすることが求められる。

(2) 送達場所

　外国人等が債権届出をする場合、債権届出書に記載する送達場所は日本国内に限られる（法13条、民事訴訟法104条1項）。当該外国人が破産会社の従業員であった場合など、破産手続が終了する前に日本を出国して出身国に戻る場合もある。その場合であっても、その出身国の住所を送達場所にすることはできないので、注意が必要である。

　同様に、当該外国人に対する配当実施時や労働債権など財団債権の支払について、外国銀行への送金時に生じる高額な手数料や手間を避けるため、日本国内の金融機関を配当金等の受領口座として届出を求める工夫も見られる。

(3) 破産債権の金額

　外国通貨建金銭債権（民法403条参照）では破産手続開始時の評価額が破産債権の金額である（法103条2項1号ロ）。この評価額は、破産手続開始決定日の前日の東京外国為替市場における対顧客電信為替売相場（TTS）の終値を基準として認否するのが東京地方裁判所の運用である[8]。

　外国通貨建金銭債権は円貨に評価して債権届出をしなければならず、外貨建のままで届出がされた場合、届出債権者に対して補正を求めるのが原則である。しかし、実務上は、破産債権者が後に届出事項の変更として評価額を

7　『運用と書式』230頁。ただし提出を求めない運用をする裁判所もある。
8　『破産実務』561頁。

記入したり、破産管財人が換算、評価を行うなどしたりして処理している例も見られる[9]（**本書103条の解説 2(3)**参照）。

（桶谷和人・吉川武・馬杉栄一）

> **第4条** 破産事件の管轄
>
> ① この法律の規定による破産手続開始の申立ては、債務者が個人である場合には日本国内に営業所、住所、居所又は財産を有するときに限り、法人その他の社団又は財団である場合には日本国内に営業所、事務所又は財産を有するときに限り、することができる。
> ② 民事訴訟法（平成8年法律第109号）の規定により裁判上の請求をすることができる債権は、日本国内にあるものとみなす。

1 本条の趣旨

本条1項は、破産事件の国際管轄について定めるものである。また、本条2項は、本条1項により個人等「財産を有する」場合における、債権の所在地を明らかにするものである[1]。

2 国際管轄

(1) 趣　　旨

本条1項は、債務者が個人である場合には、「営業所、住所、居所又は財産」を、法人その他の社団又は財団である場合には、「営業所、事務所又は財産」を日本国内に有するときに限り、国際裁判管轄を認めるものである。

破産事件の国際管轄は、債務者との密接な経済的結び付きが認められる国、すなわち、債権者その他の利害関係人の多くが所在する国又は債務者の財産の多くが所在する国に認められるべきであると考えられる。そして、個人の債務者が日本国内にその営業の拠点又は生活の本拠等がある場合、法人

---

9 『手引』284頁。

の債務者が日本国内にその営業又は事業活動の拠点がある場合には、債権者その他の利害関係人又は債務者の財産の多くが日本国内に所在する蓋然性が高いと考えられるという理解に基づくものである[2]。

他方で、債務者の営業の拠点又は生活の本拠が日本国内にない場合には、債務者と日本との間に密接な経済的結び付きがあるとはいえないときがあり、より密接な経済的結び付きを有する国で開始された破産手続等を「外国倒産処理手続の承認援助に関する法律」により承認し、これに協力することで十分であるともいえる。しかし、国内債権者は一般に国内に所在する財産を前提に与信していると考えられ、外国の倒産手続が開始されない限り、債務者の国内にある財産から弁済を受けられないことは不合理であるし、外国倒産処理手続が開始されても国内の債権者がこれに参加することは事実上困難であることは少なくない。これらの事情を考慮して、日本国内の「財産」の所在地についても、破産事件の国際管轄が認められている[3, 4]。

(2) 債務者が個人である場合

日本国内に「営業所、住所、居所又は財産」を有することが管轄原因となる。

ここで「営業所」とは、営利活動を行う個人の業務に従事する場所をいう。「住所」とは、個人の生活の本拠であり、一般の生活関係においてその中心となる場所をいい（民法22条）、「居所」とは、住所同様に生活関係において中心となる場所ではあるが、住所ほど確定的な関係を生じるに至らない場所をいう。

(3) 債務者が法人その他の社団又は財団である場合

日本国内に「営業所、事務所又は財産」を有することが管轄原因となる。

---

1 国際倒産法制の整備を図った「民事再生法等の一部を改正する法律」（平成12年法律第128号）の立法経緯について、『大コンメ』26頁〔深山卓也〕、『条解』48頁、『伊藤』212頁、谷口安平「国際倒産の現状とその問題（上）」NBL384号10頁）参照。

2 『大コンメ』27頁〔深山卓也〕。

3 『条解』50頁、『大コンメ』27頁〔深山卓也〕。旧法が平成12年に一部改正される以前は、日本国の土地管轄を定める基礎として国際破産管轄を解釈により決定する、いわゆる逆推知説によっていた（最判昭56.10.16民集35巻7号1224頁、最判平9.11.11民集51巻10号4055頁）。

4 ここでいう「財産」が差押可能財産であることを要するかについては疑問である（『条解』750頁）。

「営業所」とは、個人の場合と同義であり、「事業所」とは、社団又は財団がその事業を行う場所である。

3 並行倒産

本条1項は国際破産管轄を定めたものであるが、債務者が日本国内に財産を保有する場合を含めて、日本の裁判所に破産の申立てをすることを幅広く許容する内容となっている。他方で、同一の債務者について外国に倒産処理手続が係属していることが、破産の申立てをする場合の障害になることを定めた規定はないことから、本条は、一人の債務者について国際的に複数の倒産処理手続が並行して進行する、いわゆる並行倒産を幅広く許容している[5]（**本書第11章前注、245条、246条、247条の解説**参照）。

4 債権の所在地

本条1項により、債務者が日本国内に財産を有する場合には、日本の裁判所に破産事件の国際管轄が認められる。この点、動産や不動産などの有体物の場合には、その所在地は明確であるが、「債権」では一義的に明らかではない。このため、本条2項は、「民事訴訟法の規定により裁判上の請求をすることができる債権」について日本国内にあるものとみなす規定を設けることによって、これを明確にした。すなわち、債権が国内の財産と認められるには、当該債権を訴訟物とする訴えについて日本の裁判所に物的及び人的管轄権があると認められなければならない[6]。

「裁判上の請求をすることができる」場合とは、平成23年の改正による民事訴訟法3条の2以下の国際裁判管轄に関する規定に従い、日本の国際裁判管轄を有するものであるか否かによって、国内の「財産」とみなされるか否かが決まるということになる[7]。

また、債権の他にもその所在地が問題となる財産が存在するが、日本において差押可能な財産であれば、日本国内にあるものと理解されるべきであ

---

5 『大コンメ』28頁〔深山卓也〕。
6 『大コンメ』28頁〔深山卓也〕。
7 『基本法コンメ』24頁〔早川吉尚〕。

る[8]。

(開本英幸・吉川武・馬杉栄一)

第5条

① 破産事件は、債務者が、営業者であるときはその主たる営業所の所在地、営業者で外国に主たる営業所を有するものであるときは日本におけるその主たる営業所の所在地、営業者でないとき又は営業者であっても営業所を有しないときはその普通裁判籍の所在地を管轄する地方裁判所が管轄する。

② 前項の規定による管轄裁判所がないときは、破産事件は、債務者の財産の所在地（債権については、裁判上の請求をすることができる地）を管轄する地方裁判所が管轄する。

③ 前2項の規定にかかわらず、法人が株式会社の総株主の議決権（株主総会において決議をすることができる事項の全部につき議決権を行使することができない株式についての議決権を除き、会社法（平成17年法律第86号）第879条第3項の規定により議決権を有するものとみなされる株式についての議決権を含む。次項、第83条第2項第2号及び第3項並びに第161条第2項第2号イ及びロにおいて同じ。）の過半数を有する場合には、当該法人（以下この条及び第161条第2項第2号ロにおいて「親法人」という。）について破産事件、再生事件又は更生事件（以下この条において「破産事件等」という。）が係属しているときにおける当該株式会社（以下この条及び第161条第2項第2号ロにおいて「子株式会社」という。）についての破産手続開始の申立ては、親法人の破産事件等が係属している地方裁判所にもすることができ、子株式会社について破産事件等が係属しているときにおける親法人についての破産手続開始の申立ては、子株式会社の破産事件等が係属している地方裁判所にもすることができる。

④ 子株式会社又は親法人及び子株式会社が他の株式会社の総株主の議決権の過半数を有する場合には、当該他の株式会社を当該親法人の子株式会社

---

[8] 『大コンメ』28頁〔深山卓也〕。

とみなして、前項の規定を適用する。
⑤　第１項及び第２項の規定にかかわらず、株式会社が最終事業年度について会社法第444条の規定により当該株式会社及び他の法人に係る連結計算書類（同条第１項に規定する連結計算書類をいう。）を作成し、かつ、当該株式会社の定時株主総会においてその内容が報告された場合には、当該株式会社について破産事件等が係属しているときにおける当該他の法人についての破産手続開始の申立ては、当該株式会社の破産事件等が係属している地方裁判所にもすることができ、当該他の法人について破産事件等が係属しているときにおける当該株式会社についての破産手続開始の申立ては、当該他の法人の破産事件等が係属している地方裁判所にもすることができる。
⑥　第１項及び第２項の規定にかかわらず、法人について破産事件等が係属している場合における当該法人の代表者についての破産手続開始の申立ては、当該法人の破産事件等が係属している地方裁判所にもすることができ、法人の代表者について破産事件又は再生事件が係属している場合における当該法人についての破産手続開始の申立ては、当該法人の代表者の破産事件又は再生事件が係属している地方裁判所にもすることができる。
⑦　第１項及び第２項の規定にかかわらず、次の各号に掲げる者のうちいずれか１人について破産事件が係属しているときは、それぞれ当該各号に掲げる他の者についての破産手続開始の申立ては、当該破産事件が係属している地方裁判所にもすることができる。
　　一　相互に連帯債務者の関係にある個人
　　二　相互に主たる債務者と保証人の関係にある個人
　　三　夫婦
⑧　第１項及び第２項の規定にかかわらず、破産手続開始の決定がされたとすれば破産債権となるべき債権を有する債権者の数が500人以上であるときは、これらの規定による管轄裁判所の所在地を管轄する高等裁判所の所在地を管轄する地方裁判所にも、破産手続開始の申立てをすることができる。
⑨　第１項及び第２項の規定にかかわらず、前項に規定する債権者の数が1000人以上であるときは、東京地方裁判所又は大阪地方裁判所にも、破産

手続開始の申立てをすることができる。
⑩　前各項の規定により2以上の地方裁判所が管轄権を有するときは、破産事件は、先に破産手続開始の申立てがあった地方裁判所が管轄する。

1　本条の趣旨

　本条は、破産事件の国内管轄について定めるものである。

　破産手続は多数の関係者が参加する手続であるところ、これを審理する裁判所の選定を申立人に委ねることは相当ではなく、公益的な観点から規律する必要がある。他方で、手続の迅速性や効率性の観点から管轄原因を広く認め、事案に応じて適切に裁判所を選択することができることも望ましいといえる。これらの考慮から、本条は、債務者の営業所の所在地や普通裁判籍の所在地を原則的土地管轄とした上で（本条1項・2項）、経済的に密接な関連に立つ債務者の場合（本条3項～7項）、及び大規模な破産事件の場合（本条8項・9項）につき特則を認めている[1]。

　本条は一般的な破産事件の管轄について定めるものであり、相続財産に関する破産事件の管轄は破産法222条に、信託財産に関する破産事件の管轄は破産法244条の2に定められている（**本書222条、244条の2の解説**参照）。また、牽連破産の場合は、先行する再生手続等が係属する裁判所が、破産事件の管轄を有する（民事再生法249条、250条、会社更生法251条、252条、会社法574条）。そして、免責事件の管轄は、破産法248条1項により、破産裁判所とされている（法2条3項）。

2　職分管轄

　本条1項は、破産事件を担当する裁判所の職分及び土地管轄を定める。ここで職分管轄とは、裁判権の種々の作用をどの種類の裁判所に分担させるかの定めであり、土地管轄とは、同種の裁判所間において日本国内を地域に分けてどのように分担させるかの定めであるが、本条1項により、負債額の多寡、債務者が自然人か法人かにかかわらず、すべての破産事件の職分管轄は

1　『一問一答』31頁、『条解』53頁。

地方裁判所に帰属する（裁判所法25条）。破産事件は必要的合議事件ではないので、通常は単独体により審理されているが、事件の規模やその難易により合議体で取り扱われることもある（裁判所法26条）。

破産手続開始の申立ての却下ないし棄却決定（原決定）に対する即時抗告について、抗告裁判所が原決定を取り消し、破産手続を開始すべきであるとの心証に達した場合に、原決定の取消しに加えて、破産手続開始決定そのもの、及びこれと同時に行う破産管財人の選任等の処分（同時処分、法31条）を高等裁判所である抗告裁判所と地方裁判所である原裁判所のいずれが行うべきかについて、見解が分かれている[2]。

この点、破産管財人の選任を含む同時処分は将来の管財手続の運営を見通して行われるものであり、原裁判所のもっとも重要な判断の1つであるが、抗告裁判所にその判断材料があることは期待し難い。一方、抗告裁判所にあっても、強制執行等に関する中止命令等の財産保全措置をとることができる（法33条2項）。そして、破産管財人の選任等の同時処分は破産手続開始決定と分離せずに行われること（法31条）をも考慮すると、抗告裁判所は原裁判を取り消すだけで、開始決定等をせずに速やかに原裁判所に差し戻し、原裁判所が開始決定とともに同時処分をすることが相当である[3]（**本書33条の解説2(7)参照**）。

3　土地管轄

(1)　原則的土地管轄（本条1項）

破産事件の原則的な土地管轄は、債務者が、①営業者であるときはその主たる営業所の所在地、②営業者で外国に主たる営業所を有するものであるときは日本におけるその主たる営業所の所在地、③営業者でないとき又は営業者であっても営業所を有しないときはその普通裁判籍の所在地を管轄する地方裁判所が管轄する。

「営業者」とは、商人や会社といった、業として営利活動を行う者をいう。「営業所」とは、営利活動を行う者がその業務を行う場所であり、「主た

2　『条解』54、294頁。
3　『条解』54、295頁、『理論と実務』120頁〔笠井正俊〕。民事再生法の理論状況につき、『新注釈民再（上）』30頁〔林圭介〕、『条解民再』16頁〔笠井正俊〕。

る営業所の所在地」とは、通常は会社法上の定款所定の本店（会社法4条、27条3号、576条1項3号）を意味するものである。

ここで、形式上（商業登記簿上）の本店と実質上（現実の営業上）の本店とが異なる場合にいずれの所在地を管轄と認めるかについては、争いがあるが、破産法が「主たる営業所」と定めていること等からみて、実質上の本店所在地に管轄を認める見解が通説である[4]。もっとも、形式上の本店所在地の地方裁判所に破産手続開始申立てがなされたときにも、当然に管轄違いとすべきではなく、管轄を認めて、移送（法7条）の余地を認めることで足りるとする見解も有力である[5]。

「普通裁判籍」とは、土地管轄の発生原因となるもの（裁判籍）のうち、専属管轄が定められているものを除くすべての事件について共通に認められるものであり、民事訴訟法4条がこれを定める。すなわち、個人の場合には、①住所により、②住所がないとき又は知れないときは居所により、③これらがないとき又は知れないときは最後の住所により定まる。法人その他の社団又は財団の場合には、①その主たる事務所又は営業所により、②事務所又は営業所がないときは代表者その他の主たる業務担当者の住所により定まる。

(2) 補充的土地管轄（本条2項）

原則的土地管轄がないときは、債務者の財産の所在地を管轄する地方裁判所が補充的管轄裁判所となる。この「財産」とは、破産法34条所定の、不動産、動産、債権その他破産財団に所属し得る一切の財産をいう[6]。

なお、財産の所在地が複数ある場合には、複数の管轄裁判所が生ずることになり、いずれの裁判所に対しても破産手続開始の申立てをすることができる。

(3) 経済的に密接な関連に立つ複数の債務者の特則（本条3項～7項）

近時の社会経済情勢の中では、経済主体が活動範囲を地域的に相当程度広げており、その大規模化・複雑化・広域化等を考慮すると、本条1項及び2

---

[4] 『条解』56頁、民事再生法につき『条解民再』16頁〔笠井正俊〕。この見解によって形式上の本店所在地の管轄を否定した場合でも、管轄違いによる移送（法13条、民事訴訟法16条1項）がされるとする。
[5] 『伊藤』207頁注58。
[6] 『条解』57頁。

項が定める限定的な土地管轄のみでは適正な破産手続の遂行が困難となる場面が生ずるおそれがある。そこで、経済的に密接な関係に立つ複数の債務者については、同一の裁判所で同時並行的に処理することを認めることで、効率的な処理が可能となるなど、手続経済の面で合理的である。また、破産事件に限らず、異種の倒産事件が係属している場合についても同時並行的に効率的な処理が必要となることは同様であることから、本条3項から7項までの特則が定められた[7]。

これらの特則は破産事件等が「係属している」ことを要件としているが、破産事件等においては申立てが受理されたことにより係属が生ずるものと解される。

そして、いずれも「第1項と第2項の規定にかかわらず」と定められていることからしても、1項及び2項の例外となるものであるが、原則的管轄及び補充的管轄に加えて認められる競合管轄である。

a 親子関係にある場合（本条3項・4項）

ア 子株式会社（本条3項）

法人（会社に限定されない）が株式会社の総株主の議決権の過半数を有する場合において、当該法人（親法人）について破産事件、再生事件又は更生事件が係属している裁判所に対し、当該株式会社（子株式会社）について破産手続開始の申立てが認められるとともに、逆に、子株式会社についての破産事件、再生事件又は更生事件が係属している裁判所に対し、親法人について破産手続開始の申立てが認められる。経済的な密接な関係にある親法人と子株式会社の特則である。なお、ここで「子会社」という略称を用いると、会社法上の「子会社」概念との混同が生ずるおそれがあるため、いわゆる連結子会社を含まないという趣旨で「子株式会社」という用語が用いられた[8]。

議決権の数の計算については、株主総会において決議をすることができる事項の全部につき議決権を行使することができない株式（会社法108条1項3号、308条2項等）についての議決権を除くが、特別清算事件との関係で議決権を有するとみなされる株式（会社法879条3項）についての議決権を含む。

---

[7] 『一問一答』31頁、『条解』57頁。
[8] 『大コンメ』35頁〔小川秀樹〕。

イ　孫会社（本条4項）

　子株式会社が単独で、又は、親法人と子株式会社とがあわせて他の株式会社（孫会社）の総株主の議決権の過半数を有する場合には、孫会社を子株式会社とみなして本条3項を適用することとして、子株式会社の場合と同様の管轄の特則が適用される。

b　連結関係のある場合（本条5項）

　いわゆる大会社と連結子会社に関して、大会社についての破産事件、再生事件又は更生事件が係属している裁判所に対して、連結子会社についての破産手続開始の申立てが認められるとともに、逆に、連結子会社についての破産事件、再生事件又は更生事件が係属している裁判所に対し、大会社についての破産手続開始の申立てが認められる。既に会社更生法5条2項5号において導入されたものであり、大会社と連結子会社の場合については経済的な一体性があるため、親子関係にある場合に準じた処理が適当と考えられたことによるものである[9]。

　なお、管轄権の有無は最も基本的な手続開始の要件であることから、手続的安定を図るため、管轄原因となる連結関係については、直前の決算期において連結計算書類が作成され、かつ、定時総会において当該連結計算書類が報告されたものに限ることにより、その判断を形式的かつ容易にしている[10]。

c　法人と代表者（本条6項）

　法人とその代表者に関して、法人についての破産事件、再生事件又は更生事件が係属している地方裁判所に当該法人の代表者の破産手続開始の申立てが認められるとともに、逆に、法人の代表者についての破産事件又は再生事件が係属している裁判所に当該法人の破産手続開始の申立てが認められる。実際上、法人に対する与信の際には、代表者は担保徴求や個人保証を求められることから、法人が経済的破綻に陥るときは、その代表者についても同時に倒産処理手続が係属することも少なくなく、両者の倒産事件を一体的・整合的に進行させることにより、適正な倒産処理を図る必要性が高いことによ

---

[9] 会社更生法につき、『一問一答会更』36頁。
[10] 『一問一答』32頁、『条解』60頁。

るものである[11]。

d その他の個人についての特則（本条7項）

①相互に連帯債務者の関係にある個人、②相互に主たる債務者と保証人の関係にある個人、③夫婦については、その個人の一方について破産事件が係属している裁判所に、他方が破産手続開始の申立てをすることができる。これらの関係にある場合には、密接な経済的関係又は牽連関係があるのが通常であることから、手続の合理化を図る観点から設けられたものである。

なお、本項においては、破産事件が係属している場合に限定されており、再生事件が係属している場合は含まれない。これは、破産事件と再生事件とでは、それぞれの手続の目的が清算か再建かで大きく異なるなどの理由により、これらの手続を同一の裁判所で一体のものとして進行させる必要性に乏しいと考えられたことによるものである[12]。

(4) 大規模な破産事件の特則（本条8項・9項）

倒産処理において困難な事件は債権者多数の大規模事件であるところ、近年ではゴルフ場経営会社の破産事件や投資詐欺等の消費者被害型の破産事件も少なくないが、本法は、債権者が多数である大規模破産事件について特則を設けている。

これは、大規模な破産事件を適切かつ迅速に処理するためには、破産債権の届出や調査等の事件処理の経験やノウハウの蓄積等が重要であり、破産事件を専門的・集中的に処理する体制が整っている裁判所で処理することが有効と考えられ、大規模な破産事件に適した破産管財人を選任するためにも、候補となる人材が豊富な比較的規模の大きい地方裁判所で手続を進めるのが適当と考えられたことによるものである[13]。

a 債権者数が500人以上の場合（本条8項）

第1に、破産手続開始の決定がされたとすれば破産債権となるべき債権を有する債権者の数が500人以上であるときは、これらの規定による管轄裁判所の所在地を管轄する高等裁判所の所在地を管轄する地方裁判所にも、破産手続開始の申立てをすることが認められる。

---

11 花村良一「総則・破産手続開始の申立て」ジュリ1273号14頁。
12 脚注11に同じ。
13 『一問一答』33頁、『条解』61頁。

b　債権者数が1000人以上の場合（本条9項）

　第2に、第8項に規定する債権者の数が1000人以上であるときは、東京地方裁判所又は大阪地方裁判所にも、破産手続開始の申立てをすることが認められる。これは特に大規模な破産事件と評価できる場合には、この種の大規模な破産事件の経験が豊富であり、より専門性が高い体制の整った専門部のある東京地方裁判所と大阪地方裁判所に競合管轄を認めるべきとの理解によるものである[14]。

　なお、債権者数が1000人以上である場合は、常に500人以上であるといえるため、8項と9項が重複的に適用されることになる。

　これら特則の債権者の数は、裁判所が債権者一覧表（法20条2項参照）等から、この要件を判断することになる[15]。この債権者数について、法律上の基準を満たさないにもかかわらず判断を誤った場合の取扱いについては、法律上管轄原因がない以上は、管轄違いによる移送（法13条、民事訴訟法16条1項）をすることになるものと思われる[16]。他方で、破産手続開始後に、債権譲渡や債権者の合併等により債権者の数が減少した場合であっても、管轄の判断の基準時は申立時（法13条、民事訴訟法15条）であることから、管轄原因がないことにはならない。

　これら特則による競合的管轄権に基づき破産事件が係属する場合には、破産債権者が破産手続に参加する場合の利便性の点で、破産債権者に不利益とみられる事態も生じ得る。しかし本法は、手続参加の方法を柔軟かつ容易にし、債権者にとって負担となる可能性の高い破産債権査定異議の訴えを原則的管轄裁判所に移送する制度（法126条3項）や、破産事件自体の移送の制度（法7条）を設けており、債権者に著しい不利益が生じないための配慮をしている[17]。

(5)　金融機関等の破産事件の特例

　金融機関、証券会社及び保険会社（以下「金融機関等」という）の破産事件の

14　『大コンメ』38頁〔小川秀樹〕。
15　『一問一答』33頁、『条解』61頁。
16　『大コンメ』39頁〔小川秀樹〕、『基本構造』50頁、民事再生法につき『条解民再』19頁〔笠井正俊〕。
17　『一問一答』33頁、『条解』62頁。

管轄については、金融機関等の更生手続の特例等に関する法律496条1項の特例が適用され、本条8項・9項、法7条4号ロ・ハの各規定の適用については、破産手続開始の決定がされたとすれば破産債権となるべき債権を有する債権者の数が1000人以上であるものとみなされている[18]。

4　2以上の管轄裁判所がある場合の取扱い（本条10項）

以上の規定により、2以上の裁判所が管轄権を有するときは、破産事件は、先に破産手続開始の申立てがあった裁判所が管轄するものとされている。旧法と異なり本法では土地管轄を拡大したことから、管轄裁判所間の調整規定が設けられたものである。

5　管轄決定の基準時

管轄決定の基準時は、破産手続開始の申立時である（法13条、民事訴訟法15条）。

したがって、申立ての時にその裁判所に管轄権が存在していた以上、その後に住所等の変更が生じても、管轄権には影響はないとされる。他方で、申立時には管轄権がなかったものの、申立てに関する裁判の前に管轄が生じた場合には管轄違いの瑕疵は治癒され、申立時点まで遡及することにより、当該裁判所が管轄権を有するものとされている[19]。

管轄違いの破産手続開始の申立てについて、債務者の住所が破産手続開始の申立て後移送決定までに変動した場合には、申立時の管轄裁判所ではなく、移送決定時の管轄裁判所に移送すべきである[20]。

（開本英幸・吉川武・馬杉栄一）

18　『大コンメ』39頁〔小川秀樹〕。
19　『大コンメ』40頁〔小川秀樹〕。
20　東京高決昭45.9.9（判時611号39頁）。

第6条　専属管轄

> この法律に規定する裁判所の管轄は、専属とする。

1　本条の趣旨

本条は、本法が規定する裁判所の管轄が、土地管轄も含めて、すべて専属管轄であることを定めるものである。

破産事件は、すべての関係者の利害を集団的に処理するところ、その処理は公平、迅速に行われなければならないという公益性があるからである[1]。本条は、破産事件の管轄（法5条、222条2項、244条の2第2項）のほか、各種訴え及び否認の請求の管轄（法126条2項、173条2項、175条2項、180条2項）などにも適用される。

2　専属管轄の効果

(1)　合意管轄等の効力

専属管轄である以上、申立人と特定の利害関係者との間の事情によって影響を受けることはなく、合意管轄や応訴管轄（民事訴訟法11条、12条）は認められない。裁判所は、職権により管轄の有無を調査し（法8条2項）、管轄がないと判断されたときは、管轄を有する裁判所に移送しなければならない（法13条、民事訴訟法16条1項、**本書5条の解説**参照）。

また、本法が定める管轄原因は広く、複数の裁判所が管轄裁判所となり得るので、専属管轄であっても裁量移送が可能である（法7条）。裁量移送の場合には、即時抗告ができる旨の規定がないため、不服申立てはできない（法9条）[2]。

なお、破産手続開始の申立てを受けた裁判所が、管轄を欠くことが判明した場合においても、申立てを受理して、移送をすることなく事件を自庁処理

1　『条解』64頁。
2　『大コンメ』47頁〔小川秀樹〕。

(民事調停法4条1項ただし書参照）することはできない[3]。

(2) 専属管轄違反の裁判所が行った手続の効果

　民事訴訟法における移送の場合には、被告の利益を考慮して、移送前に行った手続は効力を有しないと解されているが、本法の移送の場合には、破産手続における関係人の利益調整や手続の安定性を確保すべきことから、移送裁判所が移送前に行った手続は移送後も効力を有すると解される[4]。

(3) 管轄違いを理由とする移送決定に対する不服申立ての可否

　この場面における不服申立ての可否については、見解に対立がある。

　これを肯定する見解は、管轄違いの移送決定は民事訴訟法16条1項の規定によるものであり、その不服申立ての方法（民事訴訟法21条）も準用されると理解し、即時抗告が可能とするものである[5]。

　他方で、これを否定する見解は、法9条にいう「破産手続に関する裁判」を本法で定められた裁判に限定する必要はなく、文言どおりに解釈すべきであること、管轄違いの移送決定は破産手続等に関する裁判の1つであり、法9条の制限が及ぶといえること、法9条は手続の迅速性を重視しており、裁量移送と管轄違いの移送とを区別するのは相当ではないことを理由として、即時抗告が許されないとしており[6]、否定説が相当である。

　そして、管轄違いの移送決定に対する即時抗告が許されないこととのバランスから、移送申立てを却下した決定に対する即時抗告も否定されるべきである[7]。

(4) 専属管轄違反の破産手続開始決定に対する不服申立ての可否

　専属管轄のない裁判所が破産手続開始決定をした場合に、開始決定に対する即時抗告の理由として専属管轄違反を主張できるかについて、見解に対立がある。

　これを否定する見解は、移送決定に対する即時抗告が否定されることとの権衡上消極的であるべきとする[8]。

3　『条解』64頁。
4　『大コンメ』42頁〔小川秀樹〕。
5　『国際倒産法制』104頁。
6　『条解』65頁。
7　『条解』65頁。民事再生法につき、『新注釈民再（上）』35頁〔林圭介〕。
8　会社更生法につき、『条解会更（上）』169頁参照。

他方で、これを肯定する見解は、専属管轄違反は上訴の理由となるのが原則であり、移送決定に対する判断がなく、専属管轄違背を看過してされた破産手続開始の決定に対して、専属管轄違背が抗告理由にならないとはいえないとしており、妥当である[9]。

　専属管轄違背は再審理由（民事訴訟法338条）とはならないので、管轄のない裁判所による開始決定が確定すれば、もはや争う余地はない。

（開本英幸・吉川武・馬杉栄一）

第7条　破産事件の移送

> 　裁判所は、著しい損害又は遅滞を避けるため必要があると認めるときは、職権で、破産事件（破産事件の債務者又は破産者による免責許可の申立てがある場合にあっては、破産事件及び当該免責許可の申立てに係る事件）を次に掲げる地方裁判所のいずれかに移送することができる。
> 　一　債務者の主たる営業所又は事務所以外の営業所又は事務所の所在地を管轄する地方裁判所
> 　二　債務者の住所又は居所の所在地を管轄する地方裁判所
> 　三　第5条第2項に規定する地方裁判所
> 　四　次のイからハまでのいずれかに掲げる地方裁判所
> 　　イ　第5条第3項から第7項までに規定する地方裁判所
> 　　ロ　破産手続開始の決定がされたとすれば破産債権となるべき債権を有する債権者（破産手続開始の決定後にあっては、破産債権者。ハにおいて同じ。）の数が500人以上であるときは、第5条第8項に規定する地方裁判所
> 　　ハ　ロに規定する債権者の数が1000人以上であるときは、第5条第9項に規定する地方裁判所
> 　五　第5条第3項から第9項までの規定によりこれらの規定に規定する地

9　『条解』65頁。なお、旧会社更生法下の事件である東京高決平14.5.30（判時1797号157頁）は、管轄違背が抗告理由となることを前提として、原決定を取り消し、管轄裁判所への移送決定をしている。

> 方裁判所に破産事件が係属しているときは、同条第1項又は第2項に規定する地方裁判所

1　本条の趣旨

　本条は、破産事件等の移送について定めるものである。

　破産法は、原則的管轄（法5条1項・2項）と競合する管轄（法5条3項〜9項）を複数認めている。このため、事件を取り扱うのに最も適した裁判所で破産手続を進めることを可能とするために、裁判所は、著しい損害又は遅滞を避けるため必要があると認めるときは、職権で、破産事件を他の裁判所に対して移送することができるとした[1]。

　なお、本条以外には、民事再生法248条、会社更生法280条に基づき、破産事件を移送する場合がある。これらは、破産手続開始申立て又は開始決定後に、再生手続等の開始決定がされた場合、再生手続等が目的を遂げずに途中で挫折して破産手続が復活する事態に備えて、職権により破産事件を移送することを認めるものである。

2　移送の対象事件

　移送の対象となる事件は破産事件である。破産事件とは、破産手続に係る事件であるから（法2条2号）、査定異議（法126条）、否認事件（法173条2項）等の関連訴訟は本条の対象にならない。

　ただし、免責事件は、破産事件との一体的処理の必要性が高いことから、破産事件の債務者又は破産者によって免責許可の申立て（法248条1項）がされている場合には、破産事件とともに免責事件も移送することができる（法7条柱書の括弧書）[2]。

3　移送の要件

　移送の要件は、著しい損害又は遅滞を避けるために必要があることであ

1　『一問一答』34頁、『条解』67頁。
2　『条解』69頁。

る。「損害」については、破産者のみならず債権者その他の利害関係人全体にとって、費用や労力等の負担が大きいかが考慮される。また、「遅滞」については、現に係属する裁判所よりも移送先の裁判所で取り扱う方が、破産財団の換価や債権調査等の手続が迅速に遂行できるかなどが考慮されるべきである。損害と遅滞とは、両者相俟って関係人に不利益が生じることであるから、密接に関連し、総合的に考慮される[3]。

「著しい」の要件については、厳しく解釈すべきではない。厳格に判断をすると、破産手続の申立人に有利な地位を与えることとなり、多数の利害関係者が関与している破産手続にとって望ましくないからである。

4 移送先

本条に基づき移送できる裁判所は広範囲にわたり、本条1号から3号までは本来は破産事件の管轄権を有しない裁判所である。具体的な移送先となる裁判所は、以下のとおりである。

(1) 管轄裁判所以外の裁判所

a 債務者の主たる営業所等以外の営業所等の所在地を管轄する地方裁判所（本条1号）

営業者が主たる営業所等を移転した直後に破産手続開始申立てをした場合など、営業者である債務者の主たる営業所等以外の営業所等の所在地を管轄する地方裁判所で事件処理をすることが相当である場合に、移送を認めるものである。

b 債務者の住所等の所在地を管轄する地方裁判所（本条2号）

債務者の住所等を管轄する裁判所で事件処理をすることが相当である場合に移送を認めるものである。債務者が個人の営業者であり、主たる営業所等の所在地を管轄する裁判所よりも、その住所の所在地を管轄する裁判所に移送する場合、債務者が個人であり、住所の所在地を管轄する裁判所よりも、その居所の所在地を管轄する裁判所に移送する場合が考えられる。

c 法5条2項に規定する地方裁判所（本条3号）

債務者の財産の所在地を管轄する地方裁判所で事件処理をすることが相当

---

[3] 『条解』68頁。

である場合に移送を認めるものである。債務者の営業所や普通裁判籍の所在地を管轄する地方裁判所から、財産の所在地を管轄する地方裁判所に移送する場合が考えられる。

(2) **競合管轄裁判所への移送**

　a　法5条3項から7項までに規定する地方裁判所（本条4号イ）

　原則的又は補充的管轄裁判所に係属した破産事件について、経済的に密接な関係を有する法人等についての事件が他の地方裁判所に係属している場合に、一体処理をする観点から、法5条3項から7項までの付加的な管轄権を有する地方裁判所で事件処理をすることが相当であるときに、移送を認めるものである[4]。

　b　破産債権者の数が500人以上であるときは高等裁判所所在地の地方裁判所、1000人以上であるときは東京又は大阪地方裁判所（本条4号ロ・ハ）

　破産債権者の数が500人又は1000人以上の大規模破産事件における競合的管轄裁判所を移送先と認めるものである。

(3) **原則的管轄裁判所への移送**（本条5号）

　法5条3号から9号までの規定による管轄裁判所に係属した破産事件について、むしろ原則的な管轄裁判所で事件処理をすることが相当である場合に移送を認めるものである。

5　移送決定

　移送決定は裁判所が職権で行うものであり、関係人からの申立てがあったとしても職権発動を促すものにすぎず、裁判所はこれに応答する義務はない。移送の時期については法律上の制限はないが、手続の早期の段階で行われることが実務では一般的といえる移送決定に対する即時抗告は許されないとする見解が有力である（**本書6条の解説**参照）。

　移送決定は受移送裁判所を拘束し、他の裁判所に移送することはできない（法13条、民事訴訟法22条1項・2項）。ただし、移送決定が確定した後に生じた新たな事由にもとづく再移送は可能であるし、管轄違いを理由とする受移送裁判所が本条に基づき移送をすることも可能である[5]。

4　『条解』69頁。

なお、本庁で受け付けた事件を支部に移し、支部で受け付けた事件を本庁又は他の支部に移すというように、破産手続開始の申立てを受け付けた裁判所が管轄を有する場合でも、本庁と支部との間又は支部相互間において事件を回付することができる。回付とは、同一裁判所内での事務分配に関するものであるから本条の適用はなく、回付決定に対して即時抗告をすることはできない（法9条）[6]。

6　移送の効果

　移送の裁判が告知されて確定することによって、当該破産事件がはじめから受移送裁判所に係属していたものとみなされる（法13条、民事訴訟法22条3項）。したがって、債権者による破産手続開始の申立てにより債権の消滅時効は中断されるが[7]、その効力は移送によっても消滅しない[8]。

（開本英幸・吉川武・馬杉栄一）

第8条　任意的口頭弁論等

① 破産手続等に関する裁判は、口頭弁論を経ないですることができる。
② 裁判所は、職権で、破産手続等に係る事件に関して必要な調査をすることができる。

規則
（調書）
第4条　破産手続等における調書（口頭弁論の調書を除く。）は、特別の定めがある場合を除き、作成することを要しない。ただし、裁判長が作成を命じたと

5　『条解』71頁。民事再生法につき、『新注釈民再（上）』39頁〔林圭介〕、『条解民再』24頁〔笠井正俊〕。
6　『書記官事務の研究』29頁。なお、支部ではなく本庁処理が適当と申立代理人が判断した場合には、本庁処理が適当である理由を記載した上申書を添付して本庁に申し立てるなどの対応が必要である（『破産200問』26頁〔須藤力〕）。
7　最判昭35.12.27（民集14巻14号3253頁）、最判昭45.9.10（民集24巻10号1389頁）。
8　『条解』70頁。

きは、この限りでない。

1　本条の趣旨

　本条は、破産手続等に関する裁判の審理方式について任意的口頭弁論を採用すること（1項）、破産手続等に係る事件に関する判断資料の収集について職権で調査をすることができること（2項）を定めるものである。

　破産手続等は、当事者間の実体的な権利義務の存否を確定するものではなく[1]、多数の関係者が多様な利害関係をもって関与するため、それに関する裁判は対審構造をとりにくいばかりか、手続進行の迅速性、適時性、効率性が要請される。そこで、本条1項は、破産手続等に関する裁判の審理方式について、口頭弁論を開くかどうかを裁判所の裁量に委ねるものとした（任意的口頭弁論）。

　また、上記のことに加えて、破産手続等は多数の利害関係者に重大な影響を及ぼす手続であるから、裁判所に後見的役割が期待される。そこで、本条2項は、破産手続等に係る事件の判断資料について、公益の観点から、裁判所がこれを職権で自ら収集できるものとした（職権調査）[2]。

2　任意的口頭弁論（本条1項）

　破産手続等に関する裁判の審理において、口頭弁論を開くかどうかは裁判所の裁量に委ねられる。

(1)　破産手続等に関する裁判

　「破産手続等」とは、破産手続（法2条1項）、免責手続（法第12章第1節）及び復権手続（法第12章第2節）の総称であり（法3条）、「破産手続等に関する裁判」とは、当該破産手続等が係属している裁判体（狭義の破産裁判所であり、法文上、単に「裁判所」と規定されている）が、破産手続等の目的との関係で、手続内においてする裁判をいう[3]。

　したがって、破産手続開始（法30条）、免責許可（法252条）、復権（法256

1　最決昭45.6.24（民集24巻6号610頁）、最決平3.2.21（金法1285号21頁）。
2　『条解』72頁。
3　『大コンメ』48頁〔榎本光宏〕。

条)、破産債権査定（法125条）、役員責任査定（法178条、179条）などの各裁判はそれに該当して、口頭弁論は任意的となる。

これに対し、各種の訴え、例えば破産債権査定決定に対する異議の訴え（法126条）、否認の訴え（法173条）、否認請求認容決定に対する異議の訴え（法175条）、役員責任査定決定に対する異議の訴え（法180条）などの各裁判は、「広義の破産裁判所（法2条3項の破産裁判所）」が管轄する訴訟手続であるからこれに該当せず、口頭弁論は必要的となる（法13条、民事訴訟法87条1項）。

なお、否認の請求（法174条）は、広義の破産裁判所が管轄するとされているが（法173条2項）、決定手続であることから口頭弁論は任意的となる（法13条、民事訴訟法87条1項ただし書）。

(2) 審理の方式

任意的とは、最初に口頭弁論を開くかどうかが裁判所の判断に委ねられるばかりでなく、一度口頭弁論を開いた後、途中から書面審理に移すことも裁判所の裁量に任せられているという意味である。また、任意的口頭弁論として開かれる口頭弁論は、書面審理を補充する第二次的性質を有し、裁判所に不明瞭な事実関係を明らかにさせる目的で事実を口頭で報告させる釈明的意義を持つものである[4]。

実務上、破産手続等に関する裁判において、口頭弁論が開かれる例はほとんどなく、書面審理が中心となっているが、この場合も関係者を審尋（書面審尋を含む）[5]することができる（法13条、民事訴訟法87条2項）[6]。特に、実体的権利義務の存否に直接関わる破産債権査定（法125条4項）、否認の請求（法174条3項）、役員責任査定（法179条2項）などの審理においては、防御の機会を保障するため、破産法上も審尋が必要的とされている。

口頭弁論が開かれた場合には調書が作成されるが、その他の破産手続等における調書は、特別の定めがある場合（規則55条5項の審尋調書等）を除き、作成することを要しない（規則4条）。ただし、裁判長が作成を命じたときは、

---

[4] 秋山幹男ほか『コンメンタール民事訴訟法Ⅱ〔第2版〕』（日本評論社、2006年）190頁。
[5] 審尋とは、裁判所が当事者その他の関係人に、個別的又は一緒に、書面又は口頭で陳述する機会を与えることを意味する（秋山ほか・前掲注4・192頁）。破産の実務では、書面審尋が多い。
[6] 『条解』73、81頁。

この限りでない（同条ただし書）。

任意的口頭弁論である以上、口頭弁論を開くか否かにかかわらず、裁判の形式は原則として決定となる（法13条、民事訴訟法87条1項ただし書）[7]。

(3) 公開主義との関係

破産手続等に関する裁判について任意的口頭弁論とすることが憲法82条の裁判の公開主義に反しないかは問題である。判例は、旧法下の破産宣告決定及びその抗告棄却決定について、「いずれも裁判所が当事者の意思いかんにかかわらず終局的に事実を確定し当事者の主張する実体的権利義務の存否を確定することを目的とする純然たる訴訟事件についての裁判とはいえない」として[8]、また、免責の裁判についても同様の理由により[9]、ともに憲法82条に反せず合憲とした。

通説は、手続保障を充実させる必要は必要的口頭弁論によらなければ満たされないとはいえ、実務上、審尋の方法によって手続保障と迅速な手続の要請との調和が図られているとして、憲法に反しないとしている[10]。

3 職権調査（本条2項）

破産手続等に係る事件に関して、裁判所は、職権で必要な調査をすることができる。

(1) 破産手続等に係る事件

破産手続等に係る裁判においては、裁判所は、当事者が主張しない事実を斟酌することができ、当事者の自白にも拘束されず、職権で証拠調べができる。つまり、事実及び証拠の提出は、弁論主義ではなく職権探知主義をとるものである。

裁判所（狭義の破産裁判所）が職権で調査できる対象は、裁判所としての職責を果たす必要が認められる全範囲に及ぶものであって、破産手続等に関する裁判をするために必要な基礎資料に限られるわけではない。そして、破産手続等の公益性から、裁判所には公権的役割を果たすことが求められるので

---

7 破産手続開始申立書の却下は命令の形式となる（法21条6項）。
8 最決昭45.6.24（民集24巻6号610頁）。
9 最決平3.2.21（金法1285号21頁）。
10 『条解』74頁。

ある。それゆえ、広く破産手続に関する事実関係を明瞭にし、裁判所が手続を進行させるために様々な措置を適切に行うための職権調査も認められる[11]。具体的には、破産手続開始原因や破産障害事由、免責不許可事由の存在についての調査嘱託等が挙げられる。

(2) 職権調査の方法

裁判所はいつ職権調査を実施してもよく、また、職権調査の方法に制限はなく、証人尋問（民事訴訟法190条）、調査嘱託（同186条）、鑑定（同212条）、検証（同232条）などのほか、民事訴訟法所定の方式に拘束されない任意の方法による資料収集が可能である。

裁判所による職権調査は、実務上、申立人等や破産管財人が手を尽くしても判断資料が収集できないようなときに、補充的に行われている[12]。

(3) 不告不理の原則との関係

本条2項は、裁判所の判断に必要な資料を収集する局面において、裁判所も職権で調査ができるとしたものであって、裁判所に当該判断を求める局面では、破産手続等においても一般に不告不理の原則がとられている。このため、当事者の申立てを待たずに職権によって破産手続を開始することはできない。

しかし、破産手続等における裁判所の後見的役割を反映して、上記原則の例外が広く認められている（法7条、24条1項、25条1項、28条1項、34条4項、75条2項等）。

（山崎昌彦・吉川武・馬杉栄一）

第9条　不服申立て

> 破産手続等に関する裁判につき利害関係を有する者は、この法律に特別の定めがある場合に限り、当該裁判に対し即時抗告をすることができる。その期間は、裁判の公告があった場合には、その公告が効力を生じた日から起算して2週間とする。

---

11 『条解』75頁。
12 『条解』75頁。

52　第1章　総　則

> 規則
> （即時抗告に係る事件記録の送付・法第9条）
> 第5条　①　即時抗告があった場合において、裁判所が破産手続等に係る事件の記録を送付する必要がないと認めたときは、破産裁判所の裁判所書記官は、抗告事件の記録のみを抗告裁判所の裁判所書記官に送付すれば足りる。
> ②　前項の規定により抗告事件の記録が送付された場合において、抗告裁判所が破産手続等に係る事件の記録が必要であると認めたときは、抗告裁判所の裁判所書記官は、速やかに、その送付を破産裁判所の裁判所書記官に求めなければならない。

1　本条の趣旨

　本条は、破産手続等に関する裁判に対する不服申立ての通則規定であり、同裁判につき利害関係を有する者は、この法律に特別の定めがある場合に限り即時抗告をすることができること（前段）、及び同裁判の公告があった場合の即時抗告期間（後段）を定めるものである。
　破産手続等に関する裁判は原則として決定によるものであり、本来、これに対する原則的な不服申立方法は抗告であるところ（民事訴訟法328条）、破産手続の早期確定の必要から、法は不服申立てを特別の定めがある場合に限って即時抗告ができるとすることによって、破産手続の迅速な進行をはかった。

2　即時抗告ができる裁判

(1)　破産法で即時抗告が認められている裁判（本条前段）

　即時抗告の対象となる裁判は、「破産手続等に関する裁判」（**本書8条の解説2(1)参照**）のうち、「この法律に特別の定めがある場合」に限られる。
　破産法に特別の定めがある場合としては、破産手続開始の決定（法33条1項）、破産手続開始の申立てを棄却又は却下する決定（同）、自由財産の範囲の拡張の申立てを却下する決定（法34条6項）、保全管理命令及び同変更・取消決定（法91条5項）、否認権のための保全処分及び同変更・取消しの申立てについての裁判（法171条4項）、役員の財産に対する保全処分及び同変更・取

消決定（法177条4項）、担保権消滅許可の申立てについての裁判（法189条4項）、配当表に対する異議の申立てにより配当表の更正を命ずる決定（法200条3項）、同時廃止決定（法216条4項）、異時廃止決定（法217条6項）、免責許可決定・不許可決定（法252条5項）、免責取消しの申立てについての裁判等（法254条3項）等があげられる[1,2]。

(2) 訴えによる不服申立方法が定められている裁判

他方、破産法において、即時抗告の対象とはされずに、訴えによる不服申立方法が定められている裁判がある。実体的権利義務の存否に直接関わる破産債権査定決定（法126条1項）、否認請求認容決定（法175条1項）、役員責任査定決定（法180条1項）がそれであり、これらについては、対審構造による審理を保障する必要から、即時抗告ではなく、異議の訴えの提起による不服申立方法が定められている。また、管轄違いに基づく移送決定とこれに対する即時抗告の可否については、**本書6条の解説2(3)**参照。

(3) その他

民事訴訟法の準用（法13条）によってなされた裁判については、その裁判に対する不服申立手段もいわばセットで認められる場合がある。例えば文書提出命令に対する即時抗告（民事訴訟法223条1項・7項）も可能であると解されている[3]。

3 即時抗告ができる者と方法

(1) 即時抗告の申立権者（本条前段）

即時抗告をすることができる者は、破産手続等に関する裁判について「利害関係を有する者」である。「利害関係」とは、当該裁判の結果に対して自らの法律上の地位に影響を受けることをいい、事実上の利害関係では足りず、法律上の利害関係を有することが必要である[4]。この利害関係の有無は、当該裁判との関係で個別に判断される[5]。

---

1 『破産実務』22頁。
2 債権届出に対する却下決定に対する即時抗告につき、東京高決平22.10.21（金法1917号118頁）。
3 『条解』78頁。
4 『条解』79頁。
5 『伊藤』181頁。

(2) 即時抗告の申立方法

申立権者が、原裁判所に対して抗告状を提出する方法により行う（法13条、民事訴訟法331条本文、同286条1項）。

4 即時抗告ができる期間

即時抗告期間は、破産手続等に関する裁判について公告（官報掲載による（法10条1項））がなされたか否かで異なる。

(1) 公告がない場合

公告がない場合、「裁判の告知を受けた日から1週間の不変期間内[6]」に、即時抗告をしなければならない（法13条、民事訴訟法332条）。

「告知」とは、送達又は通知その他相当と認める方法による告知（法13条、民事訴訟法119条）であり、また、期間の計算上、初日は算入しない（法13条、民事訴訟法95条1項、民法140条本文）。

(2) 公告がある場合（本条後段）

公告がなされた場合、「その公告が効力を生じた日から起算して2週間」の不変期間内に、即時抗告をしなければならない。

「公告が効力を生じた日」とは、公告の掲載があった日の翌日であるが（法10条2項）、期間が午前0時から始まるので初日が算入される（法13条、民事訴訟法95条1項、民法140条ただし書）。上記(1)の1週間に対し、ここで2週間とされるのは、基準となる公告の周知性が考慮されたためである。

(3) 送達等と公告の双方がある場合

裁判について送達又は通知（上記(1)の1週間）と公告（上記(2)の2週間）の双方がなされた場合、送達又は通知を受けた者については、いずれの即時抗告期間が適用されるのかが問題となる。

このような事態は、①破産法上、送達又は通知と公告の双方が必要とされている場合（例えば、破産手続開始決定（法32条1項・3項）、保全管理命令（法92条）の場合）と、②特別な利害関係人に対する送達とともに、いわゆる代用公告（法10条3項）がなされた場合（免責許可決定（法252条3項）の場合）に生じる。

---

6 不変期間を徒過した場合の追完につき民事訴訟法97条（法13条）参照。

第9条　不服申立て　55

　これについては、多数の利害関係人についての集団的処理の必要性に鑑みて不服申立期間は画一的に定まることが望ましく、また、上記①と上記②で取扱いを異にするのは相当でないから、送達又は通知を基準とせずに、公告を基準として2週間と解するのが相当である[7]（旧破産法下の破産宣告についての判例[8]、免責決定についての判例[9]も同旨である。保全管理命令に対する不服申立てにつき、**本書91条の解説**参照）。

5　即時抗告の効果

(1)　確定遮断効・執行停止効

　即時抗告によって、その対象たる裁判の確定が遮断されるとともに、執行停止の効力が生ずる（法13条、民事訴訟法334条1項）[10]。

　しかし、執行停止効については、破産手続の迅速な進行の要請などから、個別に執行停止の効力を有しない旨の規定が設けられている[11]。具体的には、破産手続開始の決定（法30条2項）、保全管理命令及び同変更・取消決定（法91条6項）、否認権のための保全処分及び同変更・取消しの申立てについての裁判（法171条5項）、役員の財産に対する保全処分及び同変更・取消決定（法177条5項）、同時廃止決定（法216条5項）等がそれに当たり、これらに対する即時抗告は執行停止の効力を有しない。

(2)　破産手続開始決定に対する即時抗告中の管財業務

　ところで、破産手続開始の決定に対して即時抗告がなされた場合、破産管財人は、抗告審係属中にどこまでの管財業務を行うことができるかという問題がある。

　これについては、この場合の即時抗告には執行停止の効力がないこと、破

---

[7]　『条解』79頁、『破産実務』27頁。脚注8、9の最判以前のものとして、公告が必要な場合につき、大決大13.8.22（新聞2308号16頁）、大阪高決昭35.5.19（下民11巻5号1129頁）、大阪高決昭50.10.8（判時810号40頁）は公告を基準とし、高松高決昭44.6.3（判タ238号141頁）は送達を基準とした。

[8]　最決平13.3.23（金法1615号64頁）。

[9]　最決平12.7.26（民集54巻6号1981頁）、長谷川浩二「判解」『最高裁判所判例解説　民事篇平成12年度（下）』691頁。大阪高決平6.8.15（高民47巻2号149頁）は送達を基準とした。

[10]　秋山幹男ほか『コンメンタール民事訴訟法Ⅵ』（日本評論社、2006年）446頁。

[11]　『破産実務』22頁。

産財団に属する財産が日々劣化することから、通常どおり管財業務を行うのが相当であるとするのが実務の大勢である[12]。

6 即時抗告後の手続

(1) 原裁判所の措置

原裁判所は、抗告状を受理して、再度の考案により裁判を更正することができ（法13条、民事訴訟法333条）、抗告に理由がないと認めるときは、意見を付して事件を抗告裁判所に送付しなければならない（法13条、民事訴訟規則206条）。

(2) 抗告審の審理・裁判

抗告裁判所は、口頭弁論を命じること（任意的口頭弁論）、又は抗告人その他の利害関係人を審尋することができる（法13条、民事訴訟法335条）。実務上は書面又は口頭による審尋によって審理されるのが通例である。

抗告裁判所は、即時抗告が不適法であれば却下し、理由がなければ棄却し、理由があれば原裁判を取り消した上、自判し又は事件を原審に差し戻すが、不利益変更禁止の原則（法13条、民事訴訟法331条、304条）により、原判決の取消し・変更は、抗告人の不服申立ての限度においてのみ行うことができる。なお、破産手続開始の申立てを棄却する決定に対する即時抗告において抗告裁判所が破産手続開始の申立てをする場合の同時処分（法31条）の可否につき、**本書5条、33条の解説**参照。

抗告審の裁判に対する不服申立方法は、最高裁判所への特別抗告（法13条、民事訴訟法336条）と許可抗告（法13条、民事訴訟法337条）であるが、いずれも確定遮断効や執行停止効はない。

(3) 抗告審裁判以外の終了事由

抗告審の終局裁判がなされるまでは、即時抗告の取下げ（相手方の同意は不要である。）、又は即時抗告権の放棄をすることができる（法13条、民事訴訟法331条、292条、284条）。

（山崎昌彦・吉川武・馬杉栄一）

---

[12] 『破産実務』125頁、『条解』291頁、『書記官事務の研究』69頁、『実践マニュアル』85頁。

第10条　公告等

① この法律の規定による公告は、官報に掲載してする。
② 公告は、掲載があった日の翌日に、その効力を生ずる。
③ この法律の規定により送達をしなければならない場合には、公告をもって、これに代えることができる。ただし、この法律の規定により公告及び送達をしなければならない場合は、この限りでない。
④ この法律の規定により裁判の公告がされたときは、一切の関係人に対して当該裁判の告知があったものとみなす。
⑤ 前２項の規定は、この法律に特別の定めがある場合には、適用しない。

規則
（公告事務の取扱者・法第10条）
第６条　公告に関する事務は、裁判所書記官が取り扱う。

（破産管財人による通知事務等の取扱い）
第７条　裁判所は、破産手続（法第２条第１項に規定する破産手続をいう。以下同じ。）の円滑な進行を図るために必要があるときは、破産管財人の同意を得て、破産管財人に書面の送付その他通知に関する事務を取り扱わせることができる。

（通知等を受けるべき場所の届出）
第８条　① 破産債権者（法第２条第６項に規定する破産債権者をいう。以下同じ。）が第32条第２項第２号又は第35条第１項第２号に規定する通知又は期日の呼出し（以下この条において「通知等」という。）を受けるべき場所を届け出たときは、破産手続及び免責手続（法第３条に規定する免責手続をいう。以下同じ。）において、当該破産債権者に対して書面を送付する方法によってする通知等は、当該届出に係る場所（当該破産債権者が第33条第１項の規定により通知等を受けるべき場所の変更を届け出た場合にあっては、当該変更後の場所）においてする。

② 前項に規定する通知等を受けるべき場所の届出をしない破産債権者が法第13条において準用する民事訴訟法（平成 8 年法律第109号）第104条第 1 項の規定により送達を受けるべき場所を届け出たときは、当該破産債権者に対する前項に規定する通知等は、当該届出に係る場所においてする。
③ 第 1 項又は前項の規定により破産債権者に対してされた通知等が到達しなかったときは、当該破産債権者に対し、その後の通知等をすることを要しない。ただし、法第197条第 1 項（法第209条第 3 項において準用する場合を含む。）、第201条第 7 項、第204条第 2 項及び第211条の規定による通知については、この限りでない。
④ 裁判所又は裁判所書記官が前項本文の規定により破産債権者に対する通知等をしないときは、裁判所書記官は、当該破産債権者に対してされた通知等が到達しなかった旨を記録上明らかにしなければならない。

（官庁等への通知）
第 9 条　① 官庁その他の機関の許可（免許、登録その他の許可に類する行政処分を含む。以下この項において同じ。）がなければ開始することができない事業を営む法人について破産手続開始の決定があったときは、裁判所書記官は、その旨を当該機関に通知しなければならない。官庁その他の機関の許可がなければ設立することができない法人について破産手続開始の決定があったときも、同様とする。
② 前項の規定は、破産手続開始の決定の取消し若しくは破産手続廃止の決定が確定した場合又は破産手続終結の決定があった場合について準用する。

1　本条の趣旨

　本条は、破産手続等における裁判等の告知方法のうち、多数の利害関係人の集団的処理に適する公告について、公告の方法（ 1 項）、公告の効力発生時期（ 2 項）、送達に代わる公告（代用公告。 3 項）、公告の効力（ 4 項）、規定の適用排除（ 5 項）を定めるものである。
　破産手続等における多数の利害関係人との関係では、裁判の告知等は、迅速かつ経済的、集団的になされる必要がある。本条は、個別に到達させる手

段のみならず、公告という方式を認め、公告に関する規律を定めている。

2 公告の方法（本条1項）

(1) 官報掲載

破産法の規定による公告は、「官報に掲載」することによって行う。

官報とは、法律、政令、条約等の公布をはじめとして、国の機関としての諸報告や資料を掲載する国の機関紙であり、行政機関の休日を除いて毎日発行（内閣府発行）されており、その編集・印刷を独立行政法人国立印刷局が行っている[1]。

(2) 事務取扱者

公告に関する事務は、破産管財人が行う配当公告（法197条1項）を除き、裁判所書記官が行う（規則6条）[2]。

3 公告の効力発生時期（本条2項）

公告は、官報に「掲載があった日の翌日」に、その効力を生ずる。

「掲載があった日」の意義については、官報発行日とする見解[3]と、国民がその内容を了知し得る状態におかれた日とする見解があるが、現在では官報公告がその発行日のうちにインターネット上に掲示されているから、後者の見解によっても、特別の事情がない限り、官報発行日に、国民がその内容を了知し得る状態におかれたといえる[4]。

公告の効力発生時期は、公告があった場合の即時抗告期間（法9条後段）を算定する場合などに、その起算日を確定するために必要となる。

なお、公告と送達が併用された場合の即時抗告期間の起算点については、**本書9条の解説4(3)**参照。

---

1 独立行政法人国立印刷局ホームページ参照。
2 裁判所書記官は、独立行政法人国立印刷局官報グループに対して破産法所定の公告事項を記載した原稿の掲載を電子入稿により依頼している（『破産実務』134頁）。
3 『条解民再』43頁〔園尾隆司〕。
4 『条解』86頁。

4 送達に代わる公告（本条3項）

(1) 送達に代わる公告

　破産法の規定により送達をしなければならない場合には、「公告をもって、これに代えること」ができる。

　この公告は、一般に代用公告と呼ばれている。その趣旨は、破産手続には多数の利害関係人が関与しているので、それに対する裁判等の告知方法については、個別的な送達よりも、手続的・費用的負担が軽減されて、画一的に効力が生ずる集団的処理の方が適当な場合があることによる。

　下記(2)、(3)に該当しないものについて代用公告を実施するかどうかは、裁判所の裁量事項である[5]。

(2) 公告及び送達を要するものの除外

　個別の規定により「公告及び送達」の双方を行うことが要求されている場合は、公告をもって送達に代えて、代用公告だけで足りるとすることはできない（本条3項ただし書）。

　送達があった時に裁判の効力が発生するとされるなど、送達をする必要性が高い場合であり、例えば包括的禁止命令（法26条）、保全管理命令（法92条1項・2項）が、それに当たる。

(3) 個別規定による適用排除（本条5項）

　裁判等の送達を義務付ける個別の規定中に、本条3項本文の適用を排除する旨の規定が設けられている場合も、公告をもって送達に代えることはできない。

　これに該当するものとしては、自由財産の範囲の拡張の決定及びその即時抗告についての裁判（法34条7項）、破産債権査定申立ての決定（法125条5項）、否認権のための保全処分等及びその即時抗告についての裁判（法171条6項）、否認の請求を認容する決定（法174条4項）、役員責任査定決定（法179条3項）、担保権消滅許可申立てがあった場合の申立書等（法186条5項）、担保権消滅許可申立てについての裁判及びその即時抗告についての裁判（法189条5項）、異時破産手続廃止の申立てを棄却する決定（法217条5項）、免責許可決

---

[5] 『条解』86頁。

定（法252条3項）、同不許可決定（法252条4項）、それらに対する即時抗告についての裁判（法252条6項）、免責取消決定（法254条2項）などがある。

5　公告の効力（本条4項）

(1)　裁判の告知の効力

裁判の公告がされたときは、一切の関係人に対して当該裁判の告知があったものとみなされる。

破産手続には多数の利害関係人が関与するので、効力の発生時期を一律に定める必要があるためである。したがって、関係人が現実に了知できたか否かを問わず、一切の関係人に対して告知があったものとみなされる。

この公告と送達等の双方があった場合において、送達等を受けた者の即時抗告期間の算定については、**本書9条の解説4(3)参照**。

(2)　個別規定による適用排除（本条5項）

個別の規定中に本条4項の適用を排除する旨の規定が設けられている場合には、公告による本条のみなし規定は働かない。

これに該当するのは、保全管理命令及びその変更又は取消しの決定（法92条1項・3項）だけである。保全管理命令では、公告と送達の双方が要求されているが（法92条1項・2項）、個別の送達によって、その効力が生じることになる[6]。保全管理人は、発令後直ちに保全管理業務に着手する必要があるので、債務者に対する決定正本の送達は、執行官送達によることが相当であり、実務上そのようになされる場合が多い[7]。

6　通　　知

(1)　意　　義

公告とともにする個別告知については、破産法又は破産規則上、通知の制度が設けられている。通知は裁判所書記官がすることになるが（規則12条、民事訴訟規則4条6項）、普通郵便、葉書、電話、ファクシミリ、Eメール、口頭

---

[6] 『伊藤』160頁、『条解』89、702頁。保全管理命令に対する即時抗告期間は2週間とされるが（**本書91条の解説**参照）、民事再生法につき1週間とする見解もある（『条解民再』45頁〔園尾隆司〕）。

[7] 『破産実務』154頁、『条解』702頁。

による伝達等の相当と認められる方法によることができる（規則12条、民事訴訟規則4条1項）。裁判所書記官は、通知をした旨及びその方法を訴訟記録上明らかにしなければならない（規則12条、民事訴訟規則4条2項）。

　通知の制度によるものとされた告知としては、包括的禁止命令の知れたる債権者及び債務者に対する通知（法26条1項）、破産手続開始決定の通知（法32条3項）、同決定の取消決定の通知（法33条1項）、債権者集会期日の労働組合等への通知（法136条3項）、配当等に関する破産債権者への通知（法197条1項）、最後配当額等の通知（法201条7項）、簡易配当に関する通知（法204条2項、206条）、中間配当・追加配当に関する配当額・配当率等の通知（法209条3項、211条、215条5項）、破産手続終結の決定の破産者への通知（220条2項）が挙げられる[8]。

(2) 破産管財人による通知事務等の取扱い

　裁判所は、破産手続の円滑な進行を図るために必要があるときは、破産管財人の同意を得て、破産管財人に書面の送付その他通知に関する事務を取り扱わせることができる（規則7条）。

　これは、破産手続において多数の債権者に対する通知等を同時に行う必要がある場合等には、通知事務等について一定の補助を受ける必要があり得るところ、正確な通知がされることができる破産管財人に、その同意を得ることを条件として、通知事務を取り扱わせることができるとしたものである。ただし、通知の主体は裁判所又は裁判所書記官であることから、破産管財人に行わせることができるのは、宛名書き、送付する文書の複写、封入、送付等の通知に関する補助的な事務に限られる[9]。

(3) 通知等を受けるべき場所の届出

　破産債権者は、破産債権の届出又は届出名義の変更をする際に、通知又は期日の呼出を受けるべき場所を届け出なければならない（規則32条2項2号、35条1項2号）。

　この通知等を受けるべき場所が届け出られたときは、破産手続及び免責手続において書面を送付する方法によってする通知等は、届出場所に宛ててす

---

8 『条解』87頁。
9 『条解規則』19頁。

ることになる（規則8条1項）。破産債権者が、通知等を受けるべき場所の届出をしない場合においても、民事訴訟法の規定による送達場所の届出（法13条、民事訴訟法104条）をしたときは、その届出に係る場所に宛てて通知する（規則8条2項）。

　上記の通知場所又は送達場所にあてた通知等が到達しなかったときには、原則として、その破産債権者に対し、その後の通知等（不到達となった通知に係る事務の再度の通知を含む）をすることを要しない（規則8条3項本文）。これによって、被通知人が所在不明であるかどうかの調査を省略することができる[10]。これに対して、破産管財人がする配当に関する通知については一定の法律上の効果があることから、通知を省略することは相当でないものとして、規則8条3項本文の適用から除外されている（規則8条3項ただし書）。なお、破産債権者に対する通知等を省略したときは、裁判所書記官は、通知等が到達しなかった旨を記録上明らかにしなければならない（規則8条4項）。

(4) 官庁等への通知

　官庁その他の機関の許可がなければ開始することができない事業を営む法人又は設立することができない法人について破産手続開始の決定があったときは、これら期間の監督権行使の便宜等に供するため、裁判所書記官は、その旨をその機関に通知しなければならない（規則9条1項）。

　「官庁その他の機関」とは行政庁のほか、特定の事業について許可の権限を有する公共団体を指す。「許可」には、行政法上の許可だけではなく、「免許」、「登録」、「特許」又は「認可」とされているものも含まれる[11]。

　また、破産手続が開始決定後に終了したときも、同様の通知をしなければならない（規則9条2項）。

7　適用排除（本条5項）

　上記4(3)、5(2)のとおりである。

（山崎昌彦・吉川武・馬杉栄一）

10　『条解規則』22頁。
11　『条解規則』25頁。

第11条　事件に関する文書の閲覧等

① 利害関係人は、裁判所書記官に対し、この法律（この法律において準用する他の法律を含む。）の規定に基づき、裁判所に提出され、又は裁判所が作成した文書その他の物件（以下この条及び次条第1項において「文書等」という。）の閲覧を請求することができる。

② 利害関係人は、裁判所書記官に対し、文書等の謄写、その正本、謄本若しくは抄本の交付又は事件に関する事項の証明書の交付を請求することができる。

③ 前項の規定は、文書等のうち録音テープ又はビデオテープ（これらに準ずる方法により一定の事項を記録した物を含む。）に関しては、適用しない。この場合において、これらの物について利害関係人の請求があるときは、裁判所書記官は、その複製を許さなければならない。

④ 前3項の規定にかかわらず、次の各号に掲げる者は、当該各号に定める命令、保全処分又は裁判のいずれかがあるまでの間は、前3項の規定による請求をすることができない。ただし、当該者が破産手続開始の申立人である場合は、この限りでない。
　一　債務者以外の利害関係人　第24条第1項の規定による中止の命令、第25条第2項に規定する包括的禁止命令、第28条第1項の規定による保全処分、第91条第2項に規定する保全管理命令、第171条第1項の規定による保全処分又は破産手続開始の申立てについての裁判
　二　債務者　破産手続開始の申立てに関する口頭弁論若しくは債務者を呼び出す審尋の期日の指定の裁判又は前号に定める命令、保全処分若しくは裁判

規則
（事件に関する文書の閲覧等・法第11条）
第10条　① 法第11条の規定は、この規則（この規則において準用する他の規則を含む。）の規定に基づき、裁判所に提出され、又は裁判所が作成した文書その他の物件について準用する。

② 法第11条第1項又は前項に規定する文書その他の物件の閲覧若しくは謄写、その正本、謄本若しくは抄本の交付又はその複製の請求は、当該請求に係る文書その他の物件を特定するに足りる事項を明らかにしてしなければならない。
③ 第3条第2項の規定により書面の写しが提出された場合には、当該書面の閲覧又は謄写は、提出された写しによってさせることができる。

1 本条の趣旨

本条は、破産事件に関して裁判所に提出され、又は裁判所が作成した文書その他の物件の閲覧及び謄写、その正本、謄本若しくは抄本の交付等に関する規定である。

破産手続において、債権者その他の利害関係人の手続関与を実質的に保障し、その利益を適切に保護するためには、裁判所が保管している事件に関する文書等の閲覧等を認める必要がある。破産手続においても、民事訴訟における記録の閲覧等に関する民事訴訟法91条及び92条が準用されるが（法13条）、非公開を前提とする破産手続においては、裁判の公開を前提に訴訟記録の閲覧等を定める民事訴訟とは異なる考慮が必要となる。そこで、本条は、民事訴訟法91及び92条の特則として、請求権者、閲覧等の対象、閲覧等を請求することができる時期等につき破産手続に適合した制度を定めている[1]。

2 文書等の閲覧（本条1項）

1項は、利害関係人が、裁判所書記官に対し、文書等の閲覧を請求することができることを定めた規定である。

(1) 請求権者

閲覧請求ができるのは、利害関係人に限られる。民事訴訟法は、何人も記録の閲覧を請求できるとしているが（民事訴訟法91条1項）、破産事件の集団的特質や公開の法廷で行われる訴訟事件との性質の違いから公開を原則として

---

1 『一問一答』37頁、『条解』90頁、『大コンメ』54頁〔榎本光宏〕。

いない破産手続においては、利害関係人に閲覧を認めれば足りるからである[2]。

利害関係人とは、当該破産手続に関して法律上の利害関係を有する者をいい、事実上又は経済的な利害関係を有するにすぎない者は含まれない。利害関係人の例としては、破産者、破産債権者、財団債権者、別除権者、取戻権者、保全管理人、破産管財人などが挙げられる[3]。これに対し、破産者と従前取引関係にあったが現在は債権債務のない者[4]、破産財団所属の不動産の買受希望者[5]は、利害関係人に含まれない。また、破産財団に対して債務を負担する第三債務者も利害関係人に含まれない[6]。破産者が株式会社である場合の株主については争いがあるが、東京地方裁判所は、株主は通常破産手続の進行に法的な利害関係を有しないとして否定している[7]。

なお、利害関係については、閲覧請求者が請求に当たって疎明しなければならない。

(2) 閲覧請求の対象

閲覧請求の対象となる文書等は、法及び規則（破産法及び破産規則において準用する他の法律及び規則を含む[8]）に基づいて裁判所に提出され、又は裁判所が作成した文書その他の物件である。裁判所に提出される文書として、①破産手続開始申立書（法18条、20条）、②破産管財人作成の報告書（法157条）、③破産債権の届出書（法111条）、④破産管財人の債権認否書（法117条）、⑤配当表（法196条）、⑥破産管財人等が裁判所に提出した許可申請書（法36条等）、⑦破産管財人の任務終了の計算報告書（法88条1項）、⑧申立書の添付書類等（規

2　『条解』91頁、『大コンメ』55頁〔榎本光宏〕。
3　『条解』91頁、『書記官事務の研究』200頁。
4　『書記官事務の研究』200頁。
5　『破産実務』91頁。
6　東京地決平24.11.28（金法1976号125頁）。本件は、旧法が適用される事件であるが、裁判所は、破産事件記録は、旧法108条が準用する民事訴訟法91条2項の「公開を禁止した口頭弁論に係る訴訟記録」に準じて当事者及び利害関係を疎明した第三者に限り、同項及び同条3項に基づき閲覧謄写をすることができるとの前提に立った上で、「利害関係を疎明した第三者」とは、破産手続によって直接的に自己の私法上又は公法上の権利ないし法律的利益に影響を受ける者を意味するとして、破産財団に対して債務を負担する第三債務者は、利害関係人に含まれないと判断した。
7　『破産実務』91頁。
8　破産法において準用する他の法律としては法13条で準用される民事訴訟法がある。

則2条3項、14条2項・3項、21条、57条2項)、⑨届出書の添付書類(規則32条4項)、⑩否認権のための保全処分に係る手続の続行の届出書(規則55条1項)、⑪配当実施の報告書(規則63条1項)などがある[9]。また、裁判所が作成した文書として、命令・決定等の裁判書(法30条)、破産債権者表(法115条)、調書などがある[10]。その他の物件とは、写真や図面などの準文書、検証物である[11]。

これに対し、申立代理人や破産管財人から裁判所に対し、手続の進行方法や法的な問題点を協議するために提出された文書(上申書・メモ・参考資料など)は、法や規則の規定に基づいて提出された文書ではなく、内部文書にすぎないため、閲覧請求の対象には含まれない[12]。

(3) 閲覧の方法

a 請求手続

閲覧請求者は、各裁判所に備え付けの「民事事件記録等閲覧・謄写票」を用いて請求する。請求に当たっては、当該請求に係る文書等を特定するに足りる事項を明らかにしてしなければならないが(規則10条2項)、同票の「閲覧等の部分」に記載して特定し、書ききれない場合には、別紙で特定し添付して引用する[13]。

文書等の特定事項としては、文書名、提出者名、提出日時、提出又は作成の根拠となった法令の規定などが考えられるが、基本的には、裁判所書記官が、請求の対象となっている文書等を識別できる程度に請求を特定すれば足りると考えられている[14]。

b 手数料

手数料は、事件1件につき、請求ごとに150円であるが(民事訴訟費用等に関する法律7条、別表第2の1の項)、事件係属中に当事者等が請求する場合に

---

9 『破産実務』91頁、『条解規則』28頁。
10 『破産実務』91頁。なお、破産手続の調書(口頭弁論の調書を除く)については、特別の定めがある場合を除き、作成することを要せず、裁判長が作成を命じた場合に限り作成するものとされている(規則4条)。
11 『条解』92頁。
12 『条解』92頁、『破産実務』92頁。
13 『書記官事務の研究』202頁。
14 『条解』92頁、『条解規則』29頁。

68　第1章　総　則

は、手数料は不要である（同表第2の1の項上欄括弧書）[15]。

　c　判断権者

　閲覧・謄写の判断権者は裁判所書記官である（本条1項・2項）。通達（平成9年8月20日付け最高裁総三第97号総務局長通達「事件記録等の閲覧等に関する事務の取扱いについて」）では、事件担当書記官とされている[16]。

3　文書等の謄写等（本条2項）

　2項は、利害関係人が裁判所書記官に対し、文書等の謄写、その正本、謄本若しくは抄本の交付又は事件に関する事項の証明書の交付を請求することができる旨を定めた規定である。謄写等の請求権者、対象、方法は、1項の閲覧の場合と同様である。

4　録音テープ等の複製（本条3項）

　3項は、文書等のうち、録音テープ又はビデオテープ等については、2項の規定を適用せず、その複製の請求を許す旨を定めた規定である。3項は、民事訴訟法91条4項と同趣旨の規定であり、録音テープ又はビデオテープは、文書と異なり見読可能な状態にならず、謄写や正本等の交付という概念になじまないために設けられた規定である[17]。

5　閲覧等を請求することができる時期（本条4項）

　4項は、閲覧等の時的制限を定めた規定である。破産手続の初期の段階では、債権者の駆け込み的な取立行為や債務者による財産隠匿行為がなされるおそれがあることから、手続の密行性を確保する必要がある。そこで、閲覧等の請求に関し、一定の範囲の者には時的制限が課されている[18]。

(1)　破産手続の申立人

　申立人に対しては、時的制限は設けられていない（本条4項ただし書）。手

15　『書記官事務の研究』202頁。
16　『書記官事務の研究』202、203頁。
17　民事訴訟法91条4項の趣旨につき、秋山幹男ほか『コンメンタール民事訴訟法Ⅱ〔第2版〕』（日本評論社、2006年）227頁参照。
18　『条解』93頁、『大コンメ』56頁〔榎本光宏〕。

続を自ら申し立てた者については密行性を確保する必要がないからである。

(2) 債務者以外の利害関係人

債務者以外の利害関係人は、①中止命令（法24条1項）、②包括禁止命令（法25条2項）、③保全処分命令（法28条1項）、④保全管理命令（法91条2項）、⑤否認権のための保全処分命令（法171条1項）、⑥破産手続開始申立てに係る裁判のいずれかがあるまでは、閲覧等の請求は認められない。これは、①ないし⑥の各裁判があるまでは、手続の密行性を保持する必要がある反面、各裁判がなされた後は、公告や登記等の方法で公示され破産手続開始の申立てが公になり、密行性を保持する必要性がなくなるほか、利害関係人が①ないし⑥の裁判に対して即時抗告をして争う上で、情報開示の必要性が高まるためである[19]。

(3) 債権者申立事件の債務者

債務者は、債務者以外の利害関係人に関する上記①ないし⑥の裁判があった場合のほか、⑦破産手続開始申立てに関する口頭弁論期日の指定、⑧債務者を呼び出す審尋期日の指定の裁判があった場合に閲覧等が認められる。これらの裁判がなされた場合には、債務者は破産手続が係属したことを知ることから、密行性を保持する必要がなくなるほか、債務者の防御権行使を保障する必要が生じるからである[20]。

（坂本泰朗・吉川武・馬杉栄一）

第12条　支障部分の閲覧等の制限

① 次に掲げる文書等について、利害関係人がその閲覧若しくは謄写、その正本、謄本若しくは抄本の交付又はその複製（以下この条において「閲覧等」という。）を行うことにより、破産財団（破産手続開始前にあっては、債務者の財産）の管理又は換価に著しい支障を生ずるおそれがある部分（以下この条において「支障部分」という。）があることにつき疎明があった場合に

---

[19] 『条解』93頁、『大コンメ』56頁〔榎本光宏〕。
[20] 『条解』93頁、『大コンメ』56頁〔榎本光宏〕。

は、裁判所は、当該文書等を提出した破産管財人又は保全管理人の申立てにより、支障部分の閲覧等の請求をすることができる者を、当該申立てをした者（その者が保全管理人である場合にあっては、保全管理人又は破産管財人。次項において同じ。）に限ることができる。

一　第36条、第40条第1項ただし書若しくは同条第2項において準用する同条第1項ただし書（これらの規定を第96条第1項において準用する場合を含む。）、第78条第2項（第93条第3項において準用する場合を含む。）、第84条（第96条第1項において準用する場合を含む。）又は第93条第1項ただし書の許可を得るために裁判所に提出された文書等

二　第157条第2項の規定による報告に係る文書等

② 前項の申立てがあったときは、その申立てについての裁判が確定するまで、利害関係人（同項の申立てをした者を除く。次項において同じ。）は、支障部分の閲覧等の請求をすることができない。

③ 支障部分の閲覧等の請求をしようとする利害関係人は、破産裁判所に対し、第1項に規定する要件を欠くこと又はこれを欠くに至ったことを理由として、同項の規定による決定の取消しの申立てをすることができる。

④ 第1項の申立てを却下する決定及び前項の申立てについての裁判に対しては、即時抗告をすることができる。

⑤ 第1項の規定による決定を取り消す決定は、確定しなければその効力を生じない。

規則
（支障部分の閲覧等の制限の申立ての方式等・法第12条）
第11条　① 法第12条第1項の申立ては、支障部分（同項に規定する支障部分をいう。以下この条において同じ。）を特定してしなければならない。

② 前項の申立ては、当該申立てに係る文書その他の物件の提出の際にしなければならない。

③ 第1項の申立てをするときは、当該申立てに係る文書その他の物件から支障部分を除いたものをも作成し、裁判所に提出しなければならない。

④ 法第12条第1項の規定による決定においては、支障部分を特定しなければ

ならない。
⑤ 前項の決定があったときは、第1項の申立てをした者は、遅滞なく、当該申立てに係る文書その他の物件から当該決定により特定された支障部分を除いたものを作成し、裁判所に提出しなければならない。ただし、当該申立てにより特定された支障部分と当該決定により特定された支障部分とが同一である場合は、この限りでない。
⑥ 前条第3項の規定は、第3項又は前項本文の規定により作成された文書その他の物件が提出された場合について準用する。

1　本条の趣旨

　本条は、法11条に基づく破産事件に関する文書等[1]の閲覧等の例外として、閲覧等がされると破産財団等の管理又は換価に著しい支障を生ずるおそれがある部分（支障部分）についての閲覧等の制限とこれに関連する諸手続を定めた規定である。
　債権者その他の利害関係人の手続関与の権利を実質的に保障するためには、文書等の閲覧等の請求はできる限り認められるべきである。他方で、破産管財人や保全管理人が資産処分や否認権行使等の管理、換価業務に関して作成した文書等が広く閲覧等の対象となると、当該業務に悪影響を与えて破産手続の適正な執行を阻害することになりかねない。また、これを懸念して裁判所に十分な情報が提供されないと、かえって、破産手続の円滑な進行を妨げることになりかねない。そこで、本条は、文書等を提出した破産管財人又は保全管理人の申立てにより、裁判所は、一定の文書等について支障部分の閲覧等の請求をすることができる者を、その申立てをした者に制限し得るとした[2]。

---

[1] 本条1項の「文書等」とは、破産法（破産法において準用する他の法律を含む）の規定に基づき、裁判所に提出され、又は裁判所が作成した文書その他の物件である（法11条1項第2括弧書）。
[2] 『一問一答』38頁、『条解』95頁、『大コンメ』58頁〔榎本光宏〕。

2 支障部分の閲覧等の制限（本条1項）

(1) 申立権者

閲覧等の制限の申立てをできるのは、当該文書等を裁判所に提出した破産管財人又は保全管理人である。

(2) 対象者

閲覧等の制限の対象者は、当該文書を提出した破産管財人又は保全管理人以外の利害関係人全てであり、破産者も含まれる[3]。例外として、文書等を提出した者が保全管理人である場合においては、その後に選任された破産管財人が支障部分の閲覧等を請求できないものとするのは相当ではないので、破産管財人は、支障部分の閲覧等の制限を受けないものとされている[4]。

(3) 対象文書

次の許可及び報告の文書等が閲覧等の制限の対象となる。支障部分の閲覧制限は、利害関係人に対する情報開示に重大な影響を与えるため、閲覧制限の対象となる文書は、限定列挙と解される[5]。

a 許可の文書（本条1項1号）

① 破産管財人が破産者の事業継続許可を得るために裁判所に提出した文書等（法36条）

② 破産管財人又は保全管理人が破産者の従業者に破産に関し説明義務を課することの許可を得るために裁判所に提出した文書等（法40条1項ただし書等）

③ 破産管財人又は保全管理人が不動産の任意売却その他裁判所の許可を得なければならないものとされた行為の許可を得るために裁判所に提出した文書等（法78条2項等）

④ 破産管財人又は保全管理人が警察上の援助を求めるための許可を得る

---

[3] 民事再生手続における再生債務者等（民事再生法17条1項）、会社更生手続における更生会社（会社更生法12条1項）には閲覧等の制限が及ばないのと異なる。これは、清算を目的とする破産手続においては、債務者は、閲覧等を請求できないものとしても特段の問題はなく、かえって、閲覧等を認めることにより財産の隠匿等の弊害も考えられるためである（『大コンメ』59頁〔榎本光宏〕）。

[4] 『一問一答』39頁、『条解』96頁。

[5] 『条解』96頁。

ために裁判所に提出した文書等（法84条等）
⑤　保全管理人が債務者の常務に属しない行為の許可を得るために裁判所に提出した文書等（法93条１項ただし書）

b　報告の文書（本条１項２号）

破産管財人が法定の報告事項（法157条１項）以外の事項を裁判所に報告することを命じられた場合の報告に係る文書等（法157条２項）

c　制限の具体例

東京地方裁判所で閲覧等の制限をした事例として、①破産管財人が事業譲渡をするにつき、譲渡内容の金額的評価に関する記載や契約の相手方との秘密保持契約によって生じた秘密保持部分について閲覧等の制限をした事例、②破産管財人が仮差押えの許可を得るために裁判所に提出した許可申立書等について閲覧等の制限をした事例がある[6]。

(4)　閲覧等制限の要件

閲覧等制限の要件は、閲覧等を行うことにより、破産財団（破産手続開始前にあっては、債務者の財産）の管理又は換価に著しい支障を生ずるおそれがあることである[7]。

(5)　閲覧等制限の手続

a　申立手続

ア　支障部分の閲覧等制限の申立ては、書面で行い（規則１条１項）、当事者の氏名等や申立ての趣旨を記載し（規則２条）、支障部分を特定してしなければならない（規則11条１項）。支障部分が特定されていないと、閲覧等の事務を取り扱う裁判所書記官が、どの部分についての閲覧等を拒絶すべきかの判断ができず、事務処理に困難を来すからである。このような規定の趣旨から、支障部分の特定のない申立ては不適法と解されている[8]。

イ　申立ては、対象となる文書等を裁判所に提出する際に行わなければならない（規則11条２項）。申立てが遅れると支障部分が利害関係人の閲覧等に

6　『破産実務』94頁。
7　著しい支障の意味については、特定の利害関係人が閲覧等することによる支障ではなく、記載内容にかかる情報が利害関係人に開示されること自体によって、事業譲渡などが困難又は不可能になるおそれがあることと解されている（『伊藤』231頁注121）。
8　『条解規則』30頁。

供され、閲覧等の請求をした時期により関係者間で取扱いが区々になるおそれがあるためである。もっとも、文書等が提出された後に申立てがあった場合でも、それが直ちに不適法になるわけではない[9]。

　　ウ　申立人は、申立てに際し、当該文書等から支障部分を除いたものをも作成し、裁判所に提出しなければならない（規則11条3項）。一個の文書等の一部について支障部分があるとして閲覧等の制限の申立てがされた場合であっても、利害関係人は、支障部分以外の部分の閲覧等の請求をすることはできるから、支障部分を確実に除外したものを円滑迅速に利害関係人の閲覧等に供することができるようにするためである[10]。

　裁判所書記官は、この支障部分を除外した文書等を閲覧等させることができる（規則11条6項、10条3項）。

　　エ　申立人は、閲覧等を行うことにより、破産財団（破産手続開始前にあっては、債務者の財産）の管理又は換価に著しい支障を生ずるおそれがあることを疎明しなければならない。

　　オ　この申立てについて、申立手数料は不要である。

　　b　決　　定

　裁判所は、閲覧等を制限する決定をする場合、支障部分を特定しなければならない（規則11条4項）。閲覧等を制限する決定があったときは、申立人は、遅滞なく、当該申立てに係る文書等から、決定により特定された支障部分を除いたもの（申立てによって特定された支障部分と同一である場合を除く）を作成し、裁判所に提出しなければならない（規則11条5項）。規則11条3項と同様に、支障部分を確実に除外し、かつ、円滑迅速に利害関係人の閲覧等に供することができるようにするためである[11]。

　裁判所書記官は、この支障部分を除外した文書等を閲覧等させることができる（規則11条6項、10条3項）。

3　閲覧等制限の申立ての効果（本条2項）

　閲覧等の制限の申立てがあったときは、その申立てについての裁判が確定

9　『条解規則』30頁、32頁。
10　『条解規則』31頁。
11　『条解規則』31頁。

するまで、利害関係人は、支障部分の閲覧等の請求をすることができない。閲覧等の制限の申立ての裁判が確定するまでに一定の期間を要するが、その間、利害関係人の閲覧等を可能とすると、後に閲覧等の制限を認める裁判が確定しても無意味となることから、申立て自体に閲覧等の請求を制限する暫定的な効果を認めたものである[12]。

4 閲覧等の制限決定の取消し（本条3項・5項）

(1) 申立て

支障部分の閲覧等の請求をしようとする利害関係人は、破産裁判所に対し、本条1項に規定する閲覧制限の要件を欠くこと又はこれを欠くに至ったことを理由として、同項の規定による決定の取消しの申立てをすることができる（本条3項）。取消しの申立ても、書面で行い（規則1条1項）、当事者の氏名等や申立ての趣旨を記載しなければならない（規則2条）。なお、この申立てについても、申立手数料は不要である。

(2) 決定

閲覧等の制限を取り消す決定は、確定しなければ効力を生じない（本条5項）。そのため、利害関係人は、同決定が発令されてもただちに閲覧等をすることはできない。同決定にただちに効力を生じさせると、閲覧等が可能となり、抗告審で取り消されたとしても無意味となるからである[13]。

5 即時抗告（本条4項）

①閲覧等の制限申立てを却下する決定、及び②閲覧等の制限決定の取消しの申立ての決定に対しては、即時抗告をすることができる。

即時抗告が認められる者は、①閲覧等の制限申立てを却下する決定の場合には、破産管財人又は保全管理人であり、②閲覧等の制限決定の取消しの申立ての決定については、これを認める決定の場合には破産管財人又は保全管理人、これを却下する決定の場合には利害関係人である。

これに対し、閲覧等の制限を認める決定に対しては、何人も即時抗告をす

---

12 『条解』98頁。
13 『条解』99頁。

ることができない。

(坂本泰朗・吉川武・馬杉栄一)

第13条　民事訴訟法の準用

> 破産手続等に関しては、特別の定めがある場合を除き、民事訴訟法の規定を準用する。

規則
(民事訴訟規則の準用・法第13条)
第12条　破産手続等に関しては、特別の定めがある場合を除き、民事訴訟規則(平成8年最高裁判所規則第5号)の規定を準用する。

1　本条の趣旨

　本条は、破産手続等(破産手続、免責手続及び復権の手続をいう。法3条)に関して、特別の定めがある場合を除き、民事訴訟法の規定を準用する旨を定めるものである。法は、破産手続等の非訟事件としての性格や、集団的処理の要請等からくる多数の特別規定を置くが、そのような特別の定めがない事項については、本条により、民事訴訟法の規定が包括的に準用されることになる。

　なお、法は、手続の細目的事項について規則に委任しているが(法14条)、本条にいう「特別の定め」には、規則によるものも含まれる[1]。また、民事訴訟法も手続の細目的事項について民事訴訟規則に委任しているが(民事訴訟法3条)、規則において、特別の定めがある場合を除き、民事訴訟規則の規定を準用している(規則12条)。そのため、本条とあわせて、民事訴訟法及び民事訴訟規則の規定が包括的に準用されることになる。

1　『条解』101頁参照。

2 準用される民事訴訟法の規定の範囲

(1) 総論

　法は、第1章において通則として一般の民事訴訟に対する特別規定を置くほか、個別に多数の手続的な特別規定を置いている。他方で、前記のように法が規定を置いた事項についても、その趣旨に反しない限度で、民事訴訟法の規定が準用される余地がある。また、法に個別の規定を欠く事項についても、例えば、判決手続に固有の事項に関する規定や、必要的口頭弁論及び弁論主義を前提とする規定[2]については、破産手続等の性質上、準用の余地がないと解される。結局、民事訴訟法の規定で準用されるものは、法に「特別の定め」がなく、かつ、破産事件等の性質に反しないものということができる。以下、民事訴訟法の通則的規定を中心に、問題となるものを検討する。

(2) 管轄及び移送（民事訴訟法1編2章2節）

　法は、管轄及び移送に関して特別の定めを置いている（法4条～7条）が、これらの規定に加えて、民事訴訟法の規定のうち普通裁判籍（法5条1項）（民事訴訟法4条2項～5項）、管轄裁判所の指定（同法10条）、管轄の標準時（同法15条）、管轄違いを理由とする移送（同法16条1項）、移送の裁判の拘束力等（同法22条）に関する規定は準用されるものと考えられる。他方で、破産事件に関する管轄が専属管轄と定められた（法6条）趣旨から、合意管轄（民事訴訟法11条）や応訴管轄（同法12条）の規定は準用されない[3]。

　法7条に基づく移送の裁判に対して即時抗告をすることはできない（法9条）が、民事訴訟法16条1項の準用による管轄違いを理由とする移送の裁判に対し、同法21条の準用により即時抗告が許されるかという問題がある（**本書6条、33条の解説**参照）。

(3) 除斥及び忌避（民事訴訟法1編2章3節）

　除斥・忌避の制度は、裁判の公正及びそれについての信頼を担保するために設けられているものであり、破産事件等についても準用を認めるべきであ

2　その例としては、陳述の擬制（民事訴訟法158条）、自白の擬制（同法159条）、自白（同法179条）、請求の認諾（同法266条）等がある。『条解』100頁、『大コンメ』62頁〔榎本光宏〕参照。

3　『条解』101頁。

るとする説が従前から有力であった[4]。そのうち、忌避に関する規定の準用については、非訟事件手続法（平成23年法律第51号による改正前のもの）が除斥に関する規定のみを置き、忌避に関する規定を置いていなかったことから、忌避に関する規定の準用を否定した裁判例もある[5]が、現行の非訟事件手続法12条等は裁判所職員に対する忌避の規定を明文で置いたため、前記のような理由で準用を否定することは困難となった。そこで、裁判所職員の除斥・忌避に関する民事訴訟法の規定も準用されると考えられるが、多数の者の利害を集団的に処理する破産手続において、通常の訴訟事件と同様に忌避の申立てを認めた場合には、手続遅延のおそれ及び弊害が大きいことから、多数債権者の1人と担当裁判官が親族関係にあるなどの事情があっても直ちに忌避事由に該当しないと解釈するなど忌避事由を制限的に解する説[6]や、非訟事件手続法における除斥・忌避の申立てがあった場合の手続の停止の例外又は簡易却下の規定（同法13条4項・5項）の類推適用を認める説[7]等が提唱されている。

(4) 当事者（民事訴訟法1編3章）

　当事者能力及び訴訟能力並びに訴訟代理人及び補佐人に関する規定（1節、4節）は、準用され得る。もっとも、弁護士代理の原則（民事訴訟法54条1項）については、裁判所の判断を求めて訴訟当事者に準ずる地位につく場合には準用されるが、法が特別の定めを置く場合（法40条、77条、95条、110条、121条、143条、230条）や、債権届出その他の裁判以外の行為については準用されない[8]。

　訴訟参加に関する規定（3節）については、破産手続等が当事者対立構造をとっていないことから全体として準用は困難であるとする見解と、補助参加に関する規定に関しては、補助参加の制度は厳格な二当事者対立構造を前提とするわけではないとして準用を肯定する見解[9]とがある。

---

4 『注解（下）』19頁〔安藤一郎〕参照。
5 東京高決昭28.5.16（高民6巻3号224頁）〔特別清算の事案〕。
6 『条解』102頁参照。
7 『条解民再』79頁〔園尾隆司〕参照。
8 『条解民再』80頁〔園尾隆司〕参照。
9 『注解（下）』20頁〔安藤一郎〕参照。

(5) 訴訟費用（民事訴訟法 1 編 4 章）

訴訟費用に関する規定は、当事者対立構造を前提とするものであって、基本的に準用されないと解されるが、実質的に相手方と認められるものが存在する裁判に係る費用については、準用する余地がある[10]。訴訟上の救助の規定が破産手続開始の申立てに関して準用されるとするのが通説である[11]が、敗訴者から猶予費用を取り立てるという手続構造にないことなどを理由に準用されないとの見解もある[12]。この点については、前者の見解に立ったとしても、現実に救助の申立てが是認されることはほとんどないと指摘されている[13]。

(6) 訴訟手続（民事訴訟法 1 編 5 章）

訴訟の審理等に関する規定（1節）のうち、任意的口頭弁論及び職権探知主義（法6条）をとる破産手続の性質に反する規定（民事訴訟法87条、89条、90条）が準用される余地はないが、審尋に関する規定（同法88条）は準用され、期日及び期間に関する規定（2節）、送達に関する規定（3節）、裁判に関する規定（5節）のうち決定に関する部分（同法119条以下）も準用される。

記録の閲覧及びその制限については、法11条、12条に特別の定めがあるが、この規定は民事訴訟法91条、92条の規定が準用される前提で立法されたものとされており[14]、これらの規定の準用は認められる[15]。もっとも、同法92条による閲覧等の制限の規律は裁判所と対立当事者という構造を前提としたものであるため、同条にいう「当事者」等については、破産手続等の性質に即して解釈する必要がある。自己申立てに係る破産手続において、破産者が提出した文書の中にその私生活についての重大な秘密や営業秘密が記載等されている場合には、申立人となる「当事者」は破産者となり、閲覧等をすることができる「当事者」は、破産者のほか破産管財人、保全管理人と解すべきことになろう[16, 17]。

---

10 『条解』103頁、『国際倒産法制』104頁参照。
11 『条解』103頁参照。
12 直接的には再生手続における訴訟上の救助に関する規定の準用の当否を論じるものであるが、『条解民再』80頁〔園尾隆司〕参照。
13 『条解』103頁参照。
14 『一問一答』37〜38頁参照。
15 『条解』93頁、99頁参照。

手続の中断・中止（6節）のうち、手続の中断に関しては、破産手続は職権探知主義により進められる上、多数の関係者が存在するため、そのうちの1名に前記事由が生じたとしても手続全体を停止させることは適切でなく、少なくとも破産手続開始決定がされた場合には、原則として、中断に関する規定の適用はないと解される[18]。他方で、破産手続開始前に債務者について相続が開始した場合には法に特則が設けられているほか、破産手続開始決定前の段階での申立てや抗告審の手続においては、民事訴訟法の規定の準用の余地がある[19]。また、手続の中止に関する規定（民事訴訟法130条、131条）についても、準用の余地がある[20]。

(7) その他

その他の民事訴訟法の規定で準用され得るものには、抗告、準再審に関するものなどがある。

（土屋　毅）

第14条　最高裁判所規則

> この法律に定めるもののほか、破産手続等に関し必要な事項は、最高裁判所規則で定める。

16　他の倒産手続における同様の問題につき、『条解民再』76頁〔園尾隆司〕、『新しい国際倒産法制』100頁参照。
17　破産者以外の利害関係人による記録の閲覧等の制限については、法12条に定める場合に加えて、民事訴訟法92条の準用により記録の閲覧等の制限を図らなければならないような事例は通常想定し難いとの指摘がある（『破産実務』96頁）。
18　『条解』104頁参照。なお、訴訟の前駆手続である債権の査定、否認の請求、損害賠償請求権の査定の各手続については、民事訴訟法上の中断に関する規定が準用される余地がある。再生手続に関し、『条解再生』84～85頁〔園尾隆司〕参照。
19　『条解』104頁参照。
20　『条解』105頁参照。なお、再生手続について、前掲注18の訴訟の前駆手続の場合を除き、手続の中止に関する規定の準用がないと解するものとして、『条解民再』85頁〔園尾隆司〕参照。

1 本条の趣旨

　本条は、破産法で個別に定めるもののほか、破産手続等[1]に関し必要な事項は、最高裁判所規則に包括的に委任することを定めるものである。

　破産手続等の細目的事項については、法律に詳細な規定を設けるよりも、他の倒産処理手続等と同様[2]に、破産手続等の運用に当たる裁判所において、最高裁判所規則をもって定める方が社会経済状況の変化に柔軟かつ適切に対応することができると考えられたことから、本条が設けられた[3]。

　本条を受けて、破産規則（平成16年最高裁判所規則第14号）が制定・公布されており、施行は、破産法の施行の日である平成17年1月1日である[4]。

2 破産規則の特色等

　破産規則の特色としては、以下の4つの点が指摘されている[5]。

(1) 手続の円滑な進行の実現

　迅速で合理的な手続の進行を図るため、以下のような規定が設けられている。

a 申立て等の方式（規則1条）

　破産手続等に関する申立て、届出、申出及び裁判所に対する報告の方式について、書面によることを原則としつつも（規則1条1項）、破産管財人が期日において申立て等をする場合（同条2項）や裁判所が必要と認める場合（同条3項）には、口頭ですることができるものとされている（規則1条）。

b 破産管財人による通知事務等の取扱い（規則7条）

　裁判所は、破産手続の円滑な進行を図るために必要があるときは、破産管

---

[1] 破産手続等とは、破産手続、破産法第12章第1節の規定による免責手続及び同章第2節の規定による復権の手続をいう（法3条）。
[2] 民事再生法19条、会社更生法14条、外国倒産処理手続の承認援助に関する法律16条参照。
[3] 『一問一答』40頁、『条解』108頁。
[4] 破産法と同様、破産規則の施行前に申立てがされた破産事件及び免責に関する事件については、なお従前の例によることとされている（規則附則3条）。
[5] 菅野雅之「破産規則の概要」判タ1159号4頁。他に破産規則について解説するものとして、花村良一「破産規則の制定」ジュリ1281号136頁、花村良一「破産規則の概説」NBL796号49頁、前澤達朗「破産規則の要点」金法1722号42頁等がある。

財人の同意を得て、破産管財人に書面の送付その他通知に関する事務を取り扱わせることができるものとされている。

c 通知等を受けるべき場所の届出（規則8条）

破産債権者に通知や期日の呼出しを受けるべき場所の届出を義務付ける（規則32条2項2号、35条1項2号）等した上で、その場所に宛てた通知等が到達しなかったときは、その後の通知等をすることを要しないものとされている（規則8条3項）。

d 破産管財人との進行協議（規則26条）

裁判所と破産管財人は、破産手続の円滑な進行を図るために必要があるときは、破産手続の進行に関し必要な事項についての協議を行うものとされている（規則26条1項）。

(2) 柔軟な運用の実現

機動的、弾力的な実務の運用を可能にする[6]とともに、関係者の負担を極力減らし、無駄を省くため、以下のような規定が設けられている。

a 申立人に対する資料の提出の求め（規則15条）

申立書の記載事項や添付書面等を必要最小限にとどめつつも、裁判所は、申立人に対し、破産手続の円滑な進行を図るために必要な資料の提出を求めることができるものとされている（規則15条）。

b 破産手続開始の決定と同時に定めるべき事項等（規則20条）

破産債権の届出期間を同決定の日から2週間以上4カ月以下とするなど、破産手続開始の決定と同時に定めるべき事項等につき、裁判所の裁量が認められている（規則20条1項）。

c 破産債権の届出の方式（規則32条）

破産債権の届出書について、裁判所が写しの提出を求めることができるものとされ、写しの提出の要否が裁判所の裁量に委ねられている（規則32条5項）。

---

[6] 柔軟な運用を可能とするための規定が設けられた趣旨として、前澤・前掲注5・42頁においては、「破産手続は、すべての個人、法人に共通する手続であり、破産事件はその内容においてきわめて多様なものがあること、破産事件については現行法下での運用の蓄積があり、その適正迅速な処理に向けた多様な運用上の試みがされていることを考慮し」たものとされている。

(3) 利害関係人に対する情報開示の充実

利害関係人への情報開示を進め、手続の透明性を高めて、関係人の理解を得やすくするため、以下のような規定が設けられている。

a 通知をしない場合における周知方法

大規模な破産事件において破産債権者に対する通知をしないこととした場合（法31条5項）に、日刊新聞紙への掲載やインターネットを利用する等の周知方法を採ることができるものとされている（規則20条3項）。

b 財産状況報告集会の期日を定めない場合の措置等（規則54条）

財産状況報告集会の期日を定めない場合につき、財産状況報告書の要旨を知れている破産債権者に周知させるため、財産状況報告書の要旨を記載した書面の送付、適当な場所における同報告書の備置きその他の適当な措置を執ることが義務付けられている（規則54条3項）。

c 任意売却等に関する担保権者への通知（規則56条）

担保権者に対して担保権の処分等の適切な機会を与えるため、破産管財人が担保権付き不動産の任意売却をする場合や、破産者が法人である場合に担保権付き不動産の放棄をするときに、その旨を通知しなければならないものとされている（規則56条）。

(4) 利害関係人等の手続関与の促進

利害関係人の手続への関与を促し、関係者の協力を得ながら手続を進めることを容易にするため、以下のような規定が設けられている。

a 申立人に対する協力の求め

破産管財人は、破産手続開始の申立てをした者に対し、資料の提出や情報の提供その他の破産手続の円滑な進行のために必要な協力を求めることができるものとされている（規則26条2項）。

b 財団債権の申出（規則50条1項）

財団債権者は、破産手続開始の決定があったことを知ったときは、速やかに、財団債権を有する旨を破産管財人に申し出るものとされている（規則50条1項）。

c 破産債権者による意見申述の方式

破産債権者が、異時廃止や免責について意見を述べるときは、意見の理由をも述べなければならないものとされている（規則71条2項、76条2項）。

3　個別の委任規定

　本条による包括委任のほか、以下の事項については、破産法の各条において、最高裁判所規則への個別的な委任規定が設けられている。

① 　破産手続開始の申立書及び債権者一覧表の記載事項（法20条1項、2項本文）

② 　破産管財人の行為につき、裁判所の許可を不要とする基準となる金額（法78条3項1号）

③ 　個別の配当額が少額となる場合における配当の特則の適用基準となる債権額（法111条1項4号）

④ 　破産債権についての届出事項（法111条1項5号）

⑤ 　租税等の請求権等についての届出事項（法114条）

⑥ 　破産債権者表の記載事項（法115条2項）

⑦ 　書面等投票の具体的方法（法139条2項2号）

⑧ 　債権者委員会の承認要件としての委員の数の上限（法144条1項1号）

⑨ 　貸借対照表の作成及び提出を省略することができる基準となる破産財団に属する財産の総額（法153条3項）

⑩ 　担保権の消滅制度における買受けの申出をする際の保証の額及び方法（法188条5項）

⑪ 　免責許可の申立てをする際の債権者名簿の記載事項（法248条3項本文）

〔石渡　圭〕

第 2 章

破産手続の開始

前　　注

1　本章の対象

　本章は、第1節　破産手続開始の申立て、第2節　破産手続開始の決定、第3節　破産手続開始の効果から成り立っている。
　本章は、破産手続開始の申立て及び破産手続の開始決定という破産手続の初期の段階を規定している。

2　「第1節　破産手続開始の申立て」

(1)　概　　要

　破産手続が開始されるには、まず債権者又は債務者の申立てが必要であり（法18条。例外は民事再生法250条、会社更生法252条）、破産手続開始原因が存在し（法15条、18条、223条、244条の3）、費用が予納され（22条）、破産能力などが存在しなければならない。
　破産手続開始原因は、支払不能である（法15条1項）。支払停止は、独立した開始原因ではなく、支払不能を推定する事実である（同条2項）。なお、債務超過は、存立中の合名会社及び合資会社以外の法人並びに信託財産について、付加的な開始原因であり（法16条1項・2項。244条の3）、相続財産についての唯一の破産原因である（法223条）。
　申立てがあると、債権者は債権の回収を図ろうとするし、債務者は、財産の隠匿や特定債権者へ偏頗弁済をする可能性がある。そこで破産財団である財産を保全するために、裁判所は、利害関係人の申立てに基づき、又は職権で、保全処分として、債務者の財産に関する保全処分（法28条）、他の手続の中止命令（法24条）、包括的禁止命令（法25条）などを発令することができる。
　また、濫用的な申立てを避けるために、破産手続の申立てをした者が、前記の保全処分を得た後、開始決定前に申立てを取り下げる場合には、裁判所の許可を必要とする（法29条）。

(2)　破産申立ての様々な側面

a　個人の自己破産申立て

　破産法は「債務者の財産等の適正かつ公平な清算を図るとともに、債務者

について経済生活の再生の機会の確保を図ることを目的とする」(法1条)。
　破産法は、この2つの目的を有しているが、後者の「債務者について経済的生活の再生の機会の確保を図ること」は、個人債務者を対象としており、個人債務者について、免責及び復権を通じて再生の機会を確保しようとするものである。
　民事再生法は、債務者の「経済生活の再生を図ることを目的とする」(同法1条)。再生手続では、本則(通常再生手続)の場合でも、また特則(個人再生手続)の場合でも、一般債権者の同意を得て成立した再生計画の遂行を通じて経済生活の再生を図ることになる。
　一般債権者に対する弁済原資が乏しく、同意を得る見込みのある再生計画案を作成できないと予想される場合、個人債務者の再生の多くは、自己破産の申立てによることになる。自己破産の申立てを決めた場合には、債務者の債務が増加し、債権者の損害の拡大を防止するため、また債務者の財産の散逸・減少を防止するため、速やかに破産申立てを行うことが求められる。

b　法人の自己破産申立て

ア　法人の破産

　法人の経営が破綻した場合、まず再建できるか否かを検討する。再建できないと判断した場合には、清算型手続(債務者の資産全部を換価し、弁済することを目的とする手続)を選択する。清算型には、破産、特別清算、私的整理がある。
　破産は裁判所による管理型清算手続であり、特別清算は裁判所による後見型清算手続[1]、私的整理は裁判所が関与しない合意型清算手続である。

イ　株式会社以外の法人のケース

　株式会社以外の法人は、清算するために、特別清算を利用できない。医療法人、学校法人など株式会社以外の法人については、法的清算型倒産処理手続を選択せざるをえない場合、破産手続によることになる(**本書30条の解説3**参照)。

ウ　一般債権者に配当できないケース

---

[1]　破産と特別清算との手続選択の基準については、多比羅誠「他の倒産処理手続との関係」『破産法大系Ⅰ』25頁。

法人破産事件において異時廃止の事案が増えている（**本書217条の解説 2** 参照）。

最高裁判所が公表している司法統計年報によると、法人等の破産の異時廃止（全国）は現行破産法が施行された平成17年では67％、平成25年では71.5％と増加している。

公租公課や労働債権等の財団債権や優先債権を支払って、弁済原資が尽きてしまい、一般債権者に対する弁済ができない場合、弁済計画案を作成しても、一般債権者からの同意は得られにくい。この場合には債権者の同意を要しない破産手続を選択するしかない。

エ　破産財団からの放棄が見込まれるケース

破産管財人は、裁判所の許可を得て、破産財団に属する権利の放棄をすることができる（法78条 2 項12号）。権利の放棄には、別除権の目的物を破産財団から放棄する等の破産財団に属する権利を破産財団から除外することも含まれると解されている。

破産財団からの放棄は、オーバーローンの状態にある不動産について、担保権者が破産管財人において相当と考える金額での任意売却に協力しない場合などに行われる。

「財団からの放棄」に相当する「権利の放棄」は破産手続以外には認められていない。オーバーローンで売却困難な不動産を所有しているなど、財団からの放棄が必要となりそうなケースは特別清算より破産手続が適している（**本書184条の解説 6** 参照）。

オ　事業譲渡が見込まれるケース

破産においては事業譲渡をする場合、裁判所の許可で足りる（法78条 2 項 3 号）。ただし、裁判所は許可をする場合には、労働組合等の意見を聴かなければならない（同条 4 項）。事前に事業譲渡の交渉をし合意の見込みがあり、内容が合理的であれば、破産手続開始決定直後に事業譲渡契約を締結することも可能である。債権者の意見を聴く手続が不要のため、民事再生、会社更生、特別清算より破産の方が迅速に進む。

カ　賃金の立替払いを利用するケース

1 年以上の事業を行っていた労働者災害補償保険の適用事業の労働者で、破産手続開始の申立てなどの 6 カ月前の日から 2 年の間に退職した人は、未

払の賃金及び退職手当の合計額の原則として80％の金額を労働者健康福祉機構から立替払いを受けることができる。

　勤め先が倒産し、賃金及び退職手当の大半の支払が見込めないケースは、破産手続開始の申立て、破産手続開始決定があると、立替払いを利用できる。

　破産の他、民事再生、会社更生、特別清算の場合にも利用できる。法的倒産手続以外でも、中小企業事業主に該当し、労働者の申請に基づき、①事業活動が停止し、②再開する見込みがなく、③賃金の支払能力がないことについて、労働基準監督署長が認定した場合は利用できる。

　ただし、退職後6カ月以内に、破産等の申立てや労働基準監督署長への認定申請などがなされなかった場合には、立替払いの対象にならない。

c 債権者申立て破産

　かつては、債権者が債権回収の目的で破産手続開始の申立てをなし、破産手続開始決定に移るまでに、弁済を受ける等自己に有利な条件を債務者から引き出した上で、これを取り下げるという事例が見られた。しかし、現在では、破産手続開始の申立てから開始決定までの時間が大幅に短縮されたため、前記のような濫用的申立てはほとんどなくなった（**本書18条の解説2参照**）。

　最近では、ある団体が違法性ないし反社会性を帯びた事業活動を行っている場合に、被害者等が損害賠償請求権等の債権に基づいて、破産手続開始申立てを行い、その団体を清算することによって、被害者の救済をさせ、最終的にはその団体を消滅させ、その事業活動を終了させる目的で、債権者による破産申立てを行うことがある[2]。

(3) 法人破産申立ての受任から申立てまでの期間

　法人について自己破産の申立てを受任してから申立てまで数カ月間かかっているケースが少なくない[3]。

　その原因は、受任すると、まず受任の通知を出し、債権届出を促し、債権

2　伊藤眞「破産制度の目的」『破産法大系Ⅰ』11頁。
3　日本弁護士連合会倒産法制等検討委員会「中小規模裁判所における法人破産事件処理の在り方－各地の実情を踏まえた中小規模の裁判所での法人破産事件処理を中心に－」金法1982号9頁。

届出がそろってから自己破産の申立てをしていることと、売掛金等の回収や賃貸建物の明渡し等を済ませてから申立てをしていること等による。

　法人破産の場合には、原則として、受任通知を発送すべきではなく、迅速に破産手続開始の申立てをすべきである[4]。

　法人の自己破産の申立ては、法人の経営破綻の直前直後が多い。そのような状況下で、申立て前に自己破産の申立てを前提とした受任通知を出し、債権届出を促すと、金融機関からは預金を相殺されるし、公租公課を滞納している場合には課税庁により滞納処分がなされる可能性があるし、債権者からは商品等の引上げや債権の取立て、担保の要求等があり、混乱するばかりである。しかし、事業停止後、日数が経過している場合には、受任したこと及び破産申立てを予定していることを通知することは妥当である。もっとも、その場合でも、破産申立て迅速に行うことである。

(4)　少額管財手続の活用

　少額管財手続は、財団収集業務がないか、又は短時間でこれを終えることができると見込まれる代理人申立ての破産事件について、原則として20万円の予納金により、破産管財人を選任して公平な清算を行う実務運用である[5]。

　少額管財手続は、費用が足りないために管財手続を利用できないという事態が発生したり、予想される破産財団の規模が小さいものの、調査の必要がある事案が同時廃止で処理されたりするといった不都合をできるだけ避けるとともに、利害関係人である債権者が破産手続に参加する機会を保障して、債権者に対する情報の開示を図ることによって、破産手続の透明性や公正さに対する国民の信頼を確保することに寄与する[6]。

　費用がないために破産手続を利用できないとなると、事件屋、暴力団等の喰い物にされたり、財産を隠したり、厳しい取立てから逃れるために夜逃げをしたり、また、公平性に欠ける不平等・不当な私的整理をしかねない。

　予納金を低額化し、破産管財人をつける範囲を広げるには、破産管財人の

---

[4] 東京弁護士会倒産法部会編『破産申立マニュアル〔第2版〕』（商事法務、2015年）49頁〔進士肇〕、107頁〔進士肇〕。『手引』28頁

[5] 園尾隆司「少額管財手続の創設・発展および現状と立法課題」園尾隆司ほか編『少額管財手続の理論と実務』（経済法令研究会、2001年）20頁。

[6] 『手引』4頁。

業務を合理化・簡略化しつつ、申立代理人の協力を得て、管財人の負担を減らし、報酬の低額化を図ることが必要となる。

少額管財手続の各地の運用は様々である。少額管財手続として扱うことに厳格な要件、例えば債権者数・負債額・資産総額に一定額の限度を設けている裁判所もある。更に、申立段階において、①賃借物件の明渡しが完了していること、②リース物件を返還しておくこと、③換価業務がほとんど終了していることなどを要求している裁判所もある[7]。

他方、東京地方裁判所のように、少額管財手続が管財手続の標準的な手続になっているところもある。同裁判所では、少額管財手続において手続の簡素化、迅速化が工夫され、引継予納金最低20万円、債権者集会と免責審尋期日の同時開催、予納金の申立代理人から破産管財人への直接的な引継ぎ、換価基準の設定、債権届出書の直送、債権者集会での口頭による報告・決定の活用、廃止事業における債権調査の結果発表の留保などの処理方式が、可能な限り、管財手続全体に採用されている[8]。

3 「第2節 破産手続開始の決定」

(1) 概　　要

破産手続開始の申立てがあると、裁判所は、開始原因があると認めるときは、予納金の納付がないとき、又は不当な目的での申立て、その他申立てが誠実にされたものでないときを除き、開始決定をする（法30条）。

裁判所は、破産手続開始決定と同時に、破産管財人の選任、債権届出期間、財産状況報告集会の期日、破産債権調査期間などを定めなければならない（法31条1項。同時処分）。また、開始決定後直ちに、破産手続開始決定の主文、破産管財人名、債権届出期間、財産状況報告集会期日、破産債権調査期間その他一定事項を公告、通知、登記嘱託をしなければならない（法32条、257条、258条。付随処分）。

破産手続開始の申立てに対する裁判に対しては、即時抗告することができる（法33条）。

7 　日本弁護士連合会倒産法制等検討委員会・前掲注3・12頁。
8 　『破産実務』137～140頁。

(2) 開始決定までの日数

法人等の自己破産申立ての日から開始決定までの平均処理期間[9]について、最高裁判所事務総局民事局によると、次の通りである。

平成16年：1.0カ月（現行破産法が成立したのが、平成16年。施行は平成17年1月から）

平成25年：0.6カ月（17.8日）

半月以下の裁判所もあれば、1カ月以上かかる裁判所もあるという。

破産の申立てがあると、債権者の中には破産会社の在庫品の回収を図ったり、債権の取立てを行う者も出てくる。また時間が経過すると破産会社の資産価値や事業価値が下がることになる。したがって、開始決定は、特別の事情のない限り、早ければ早いほどよい。

4 「第3節 破産手続開始の効果」

(1) 第1款 通則

手続開始時において破産者が有する一切の財産が破産財団となる（法34条）。手続開始決定により、破産者は居住制限（法37条）、引致（法38条）等の制約を受け、説明義務や重要事項開示義務を負う（法40条、41条）。破産した法人は破産の目的の範囲内で存続する（法35条）。

開始決定後は、破産債権や財団債権に基づく破産財団に対する強制執行等は禁じられ、既に係属している手続は失効する（法42条）。破産財団に対する訴訟手続、債権者代位訴訟や詐害行為取消訴訟は中断し、破産管財人が受継することができる（法44条、45条）。

(2) 第2款 破産手続開始の効果

法47条ないし50条は、手続開始後に破産者らが行った法律行為の効力について定めている。双方未履行双務契約については、破産管財人は契約を履行するか解除するかの選択権を有し（法53条）、管財人が履行を選択した場合、相手方の債権は財団債権となる（法148条1項7号）。これに対して、解除した場合、相手方の原状回復請求権は取戻権又は財団債権となるが（法54条2項）、相手方の損害賠償債権は破産債権となる（同条1項）。その他に、契約の

---

9 **本書29条の解説6**参照。

種類に応じて開始決定による特則を定めている（法55条ないし61条）。

(3) 第3款　取戻権

破産者に属しない財産を有する第三者はこれを破産財団から取り戻すことができる（法62条）。

その他運送中の物品の売主等の取戻権（法63条）や代償的取戻権（法64条）が定められている。

(4) 第4款　別除権

破産財団に属する財産上の担保権、つまり特別の先取特権、質権、又は抵当権は別除権となり、破産手続によらずに行使することができる（法65条）。

商事留置権は特別の先取特権とみなし、民事留置権は破産財団に対しその効力を失う（法66条）。

(5) 第5款　相殺

破産債権者が、破産手続開始時において破産者に対して債務を負担する場合、破産手続によらずに相殺をすることができる（法67条1項）が、開始後に債務を負担したとき、その他、他の債権者との関係で不公平になる相殺は禁じられる（法71条、72条）。

破産債権者の債権が期限付又は解除条件付でも相殺できる（法67条2項）。また、停止条件付債権等を有する者による寄託の請求（法70条）や破産管財人による相殺の催告（法73条）が定められている。

（多比羅誠）

第1節　破産手続開始の申立て

第15条　破産手続開始の原因

① 債務者が支払不能にあるときは、裁判所は、第30条第1項の規定に基づき、申立てにより、決定で、破産手続を開始する。
② 債務者が支払を停止したときは、支払不能にあるものと推定する。

1　本条の趣旨

債務者の財産状態が破産手続の開始を必要とする程度に悪化したものとして法律が定めた一定の事由を破産手続開始原因というが、本条は、支払不能が、法人・個人を通じて一般的に破産手続開始の原因となる事実であること（本条1項）を定め[1]、さらに、破産手続開始原因の立証を容易にするために、支払停止により支払不能が法律上推定されること（本条2項）を定める。なお、付随的に、①破産手続の開始は原則として申立てに基づく旨（申立てに基づかない破産手続開始として、民事再生法250条、会社更生法252条がある）、②破産手続開始は、法30条1項各号の条件が満たされない場合にされる旨、③破産手続開始の裁判は決定の形式でされる旨（いずれも本条1項）を定める[2]。

2　支払不能の意義

(1) 支払不能の意義

支払不能とは、「債務者が、支払能力を欠くために、その債務のうち弁済期にあるものにつき、一般的かつ継続的に弁済することができない状態」と定義されている（法2条11項）。

1　この特則として、法人（存立中の合名会社と合資会社を除く）及び信託財産については、債務超過が付加的な破産手続開始原因となり（法16条、244条の3）、相続財産については、債務超過のみが破産手続開始原因となる（法223条）。
2　『条解』122頁。

破産法においては、支払不能は、本条の破産手続開始原因にとどまらず、否認権（偏頗行為否認）及び相殺禁止の要件（法162条、71条1項2号、72条1項2号）とされている。これらの規定は、債務者が支払不能状態になった場合には、債権者間の平等の取扱いが要請され、一定の要件の下で債務者の自由な財産管理処分の行使が制限されることに基づくものである。

どのような場合に支払不能といえるかは、具体的な事案に応じて判断されるが、支払停止による推定に基づかない場合には、債務者において弁済期の到来した債務をどの程度負担しているかを認定しつつ、その債務の弁済可能性について容易に換価可能な資産を含めて弁済原資となり得る資産をどれだけ有しているかを認定判断するという経過をたどるとされる[3]。もっとも、破産事件の多くは、債務者が申し立てる自己破産申立てであり、この場合には、債務者自身が支払不能や支払停止を基礎づける資料を提出できるから、破産手続開始原因の有無の判断に際して、債務者が支払不能かどうかはあまり争いにならない。支払不能かどうかが争いになるのは、債権者申立ての場合や債務者法人の理事等が申し立てる準自己破産の場合である（法16条）[4]。

また、支払不能は、前記の通り、否認権行使や相殺禁止の要件となっているため、その場面では、支払不能の意義や該当性が争われることが多い。

支払不能の意義・態様については、**本書2条9号の解説**を参照されたい。

(2) 破産手続開始原因の判断時期

破産手続開始原因は、破産事件に関して裁判する当時に存在することが必要である。したがって、破産手続開始の申立て時には債務者が支払不能状態であったとしても、裁判時に支払不能状態でなければ開始原因があるとはされず破産手続は開始されない。また、第1審の裁判時に支払不能状態にあり、破産手続が開始されたとしても、その後抗告審の裁判時に支払不能状態でなければ開始原因があるとはされず破産手続開始決定は取り消される[5]。

---

[3] 『新・実務大系』111頁〔中山孝雄〕。
[4] 『新・実務大系』108頁〔中山孝雄〕。
[5] 『大コンメ』66頁〔小川秀樹〕、花村良一「破産開始の要件」『破産法大系Ⅰ』139頁。

3 支払停止

(1) 意　義

　支払停止とは、支払不能の旨（すなわち、「支払能力を欠くために弁済期が到来する債務を一般的かつ継続的に弁済することができない」旨）を外部に表示する債務者の行為をいう[6]。支払停止自体は、破産手続開始原因ではないが、破産手続開始原因たる支払不能を法律上推定させる事実となる。支払不能は客観的な状態であり、これを証明することは必ずしも容易ではないことから、支払停止による法律上の推定を設けることで、破産手続開始原因の証明を容易にするものである。法律上の推定である以上、債務者が支払不能状態でないことを立証することで推定を覆すことは可能である。

　また、支払停止は、偏頗行為否認における要件たる支払不能を推定する事実としても位置付けられる（法162条3項。なお、相殺禁止における支払停止と支払不能の関係については、71条1項3号本文とただし書、72条1項3号本文とただし書を参照）とともに、それ自体としても否認権の要件となっている場合がある[7]（法160条1項2号、164条）。実務上、支払停止かどうかが争われることが多いのは、破産手続開始の申立てにおける債権者申立てや準自己破産の場合と、否認権や相殺禁止の要件に関する場合である。

(2) 支払停止の態様

　支払不能の旨を外部に表示する債務者の明示的な行為としては、一般的かつ継続的に弁済できない旨（したがって、特定の債務のみを弁済できない旨では足りない）の債権者への通知・張り紙・広告等が、また黙示的な行為としては、債権者から逃れるための夜逃げ、廃業等がある[8]。ただし、支払をしない理由が同時履行の抗弁権の行使や消滅時効など正当なものである場合には、その支払をしないことが支払能力を欠くためではないから支払不能を外部に表示したことにはならない[9]。また、債務者が弁護士との間で債務整理のため

---

[6]　最判昭60.2.14（金法1100号82頁）参照。
[7]　岡伸浩「支払停止概念の再構成と判断構造」『伊藤古稀』755頁以下は、支払停止が支払不能推定機能を有する場合とそれ自体として危機時期確定機能を有する場合があることを踏まえて支払停止概念を検討する。
[8]　東京高判昭36.6.30（金法282号7頁。否認事案）、東京地判平7.5.29（判時1555号89頁。否認事案）参照。

に破産手続開始申立ての方針を決めただけでは、他に特段の事情のない限り、外部への表示行為がないから支払停止ではない[10]。

　典型的な支払停止事由とされるのは、手形の不渡りである。手形の不渡りは特定の手形債権者に対する支払をしないことであるが、手形交換所規則によって、資金不足によって手形が6カ月以内に2回不渡りになれば手形振出人は銀行取引停止処分という重大な処分を受けるところ、それにもかかわらず不渡りが生じたということは、一般的・継続的に債務を弁済できないことを表示したということができる。銀行取引停止処分を避けられなかったことを重視すれば2回目の不渡りによって支払停止ということになるが、1回目の不渡りの手形の金額や残高不足の理由・態様によっては、1回目の不渡りをもって支払停止と認められることもあり得る[11]。

　さらに、手形の不渡りが間近に迫りながら手形債務の決済資金を入金しなかった行為や社債弁済期前に弁済資金を入金しなかった行為を支払停止とする裁判例[12]がある。

　近時、私的整理において、返済猶予の要請をすることが支払停止に当たるかが問題となっている。個人債務者が債務整理開始通知（いわゆる介入通知）を債権者宛に一斉に送付する行為や、各金融機関に債務返済繰り延べの申入れをして元金利息の返済の猶予を求めたことは支払停止に当たるとする裁判例[13]がある。他方、支払の免除又は猶予を求める行為であっても、準則型私的整理である事業再生ADR手続において、合理性のある再建方針や再建計画が債権者に示され、これが債権者に受け入れられる蓋然性があると認められる場合には、一般的かつ継続的に債務を弁済できない旨を表示する行為とはいえないとして、支払停止には該当しないとする裁判例[14]がある。

　なお、支払停止が破産手続開始決定まで継続していることを必要とするか

9　『条解』124頁。
10　最判昭60.2.14（金法1100号82頁）。
11　『条解』125頁。最判平6.2.10（集民171号445頁。否認事案）、東京地判平9.4.28（判時1628号60頁。否認事案）、東京地判平19.3.29（金法1819号40頁。相殺禁止事案）。
12　前者につき東京地判平19.3.29（金法1819号40頁。相殺禁止事案）、後者につき大阪地判平21.4.16（金法1880号41頁。否認事案）。
13　前者につき最判平24.10.19（金法1962号60頁。否認事案）、後者につき東京地判平22.11.12（判時2109号70頁。否認事案）。

については、これを肯定する説もあるが、支払停止が途絶えた場合には、支払不能の推定を破る間接事実となるにすぎず、かかる持続は不要であるとの否定説が有力である[15]。

（小林信明）

第16条　法人の破産手続開始の原因

① 債務者が法人である場合に関する前条第1項の規定の適用については、同項中「支払不能」とあるのは、「支払不能又は債務超過（債務者が、その債務につき、その財産をもって完済することができない状態をいう。）」とする。
② 前項の規定は、存立中の合名会社及び合資会社には、適用しない。

1　本条の趣旨

本条は、債務者が法人（存立中の合名会社及び合資会社を除く）である場合の特則として、支払不能に加えて債務超過も破産手続開始原因となる旨を定める。

2　適用対象

支払不能に加えて、債務超過も破産手続開始の原因とされるのは、存立中の合名会社・合資会社を除く法人である。債務超過が破産手続開始原因とさ

---

[14] 東京地決平23.8.15（判タ1382号349頁①事件・②事件）、東京地決平23.11.24（金法1940号148頁）（いずれも否認事案）。なお、最判平24.10.19（金法1962号60頁）の須藤正彦裁判官の補足意見も同旨を述べる。
　この考え方を支持する学説として、伊藤眞「債務免除等要請行為と支払停止概念」NBL670号17頁、同「『私的整理の法理』再考」金法1982号30頁がある一方で、これに否定的な学説として、松下淳一「偏頗行為否認の諸問題」『田原古稀（下）』244頁、同「一時停止通知と『支払停止』」『伊藤古稀』1049頁、金春「私的整理における一時停止の制度についての一考察」『今中傘寿』550頁もある。この問題の根底には、私的整理においては、商取引債権の弁済がなされるところ、この弁済が後の法的倒産手続において否認されるのは不当であるとの判断がある（『条解』125、126頁参照）。

[15] 肯定説として『注解（下）』121頁〔谷合克行〕、山木戸克己『破産法』（青林書院新社、1974年）47頁。否定説として『伊藤』111頁、『基本法コンメ』48頁〔杉山悦子〕。

れた理由は、有限責任原則の下では、法人の財産のみが債権者の引当財産となるからである。

存立中の合名会社・合資会社については、会社の債務につき無限責任を負う社員がいるため（会社法580条１項）、その社員の財産・信用・労力により弁済を続けることが可能であることから、債務超過は破産手続開始の原因とされていない。もっとも、これらの人的会社も、いったん解散し、清算段階に入っている場合には、残余財産の分配が重要であり、債務超過の場合には通常の清算手続よりも厳格な破産手続によって清算することが相当であるから、本条の適用除外とされるのは、存立中の合名会社及び合資会社に限ることとされた。

存立中の特例無限責任中間法人にも本条２項が準用される[1]。また、組合について破産能力が認められる場合には、構成員が団体の債務につき無限責任を負うことから、本条２項が類推適用される[2]。

なお、相続財産破産については、債務超過が唯一の破産手続開始原因であり（法223条）、信託財産破産については、支払不能と債務超過のいずれもが破産手続開始原因である（法244条の３）。

3　債務超過

(1) 意　義

債務超過とは、「債務者が、その債務につき、その財産をもって完済することができない状態」をいう。債務超過の判断に当たっては、支払不能と異なり、信用や労力・技能は考慮されないが、他方で、弁済期が到来した債務だけではなく、期限未到来の債務も考慮される。なお、債務超過は、民事再生や会社更生において株主の保護を要するかどうかの観点から重要な役割を果たすから（民事再生法43条１項、166条の２第３項、会社更生法46条８項、166条２項等）、その場面で争われることが多い。

(2) 資産評価

債務超過の判断においては、資産評価が重要である。これについては、大

---

[1] 一般社団法人及び一般財団法人に関する法律及び公益社団法人及び公益財団法人の認定等に関する法律の施行に伴う関係法律の整備等に関する法律28条。
[2] 『伊藤』115、106頁、『条解』127頁。

きく、①法人の清算を前提とする清算価値[3]によるべきとの見解、②法人の事業継続を前提とする継続事業価値[4]によるとの見解、③いずれか高い方を基準とする見解がある[5]。

この点、債務者の事業が停止している場合には、債権者が引当としている債務者の資産の価値は清算価値とならざるを得ないから、債務超過の判断も清算価値を基準とするのが相当である。

債務者の事業が継続している場合において、継続事業価値が清算価値を上回るときには、債権者は、債務者の事業継続から得る利益からも弁済を受け得ることを考えると、債務超過の判断は継続事業価値を基準とするべきである。他方、継続事業価値が清算価値を下回っているときには、清算価値を基準とすれば債務超過でないのであれば、あえて破産手続によって債権者に公平に分配すべき状況とは言えないから清算価値を基準とするべきである。したがって、債務者の事業が継続している場合には、継続事業価値と清算価値のいずれか高い方を基準とするという見解が妥当である。

なお、資産評価の際には、債務者の財産のみを考慮すべきであり、代表者個人による保証や担保提供の事実は考慮すべきではないとする裁判例がある[6]。

(3) 債　　務

債務超過の判断の際には、弁済期が到来しているかどうかに関わりなく債務を判断要素に含めることになる。債務名義により確定している必要はなく、債権の存否や額が争われている場合には、裁判所が債務超過の判断に必要な限りでそれらの判断をすることになる[7]。

3　清算価値とは資産を処分して得られる価値をいうが、その処分について早期処分という条件の下での価値とするのか、そのような条件を付さない価値とするか見解が分かれ得る。

4　事業継続価値の算定は、DCF法等を用いた収益還元法などが考えられるが、一般に公正妥当と認められる企業会計の基準や事業再生ADRの資産評価基準によることも不当とはいえない（東京高決平23.9.16金判1381号33頁参照）。

5　①につき『注解（下）』127頁〔谷合克行〕、②につき谷口安平『倒産処理法〔第2版〕』（筑摩書房、1980年）76頁、『大コンメ』69頁〔世森亮行〕、『伊藤』115頁、花村良一「破産開始の要件」『破産法大系Ⅰ』144頁、③につき福岡高決平9.4.22（判タ956号291頁）、『条解』128頁、『基本法コンメ』49頁〔杉山悦子〕。

6　東京高決昭56.9.7（金法996号46頁）。保証人や物上保証人が債権者に弁済した場合、債務者に対し代位債権や求償権を有するから、資産と負債のバランスは変わらない。

非金銭債務は、金額による額面を有していないから債務超過の判断の際に考慮すべきではなく、破産手続開始の決定をするかどうかの判断をする時点で債務不履行により損害賠償債務という金銭債務に転化していれば、それによって初めて考慮されるという見解が有力である[8]。しかし、非金銭債務について、破産手続開始の判断時点で損害賠償債権に転化していなくとも、将来の損害賠償債権への転化が確実でその金額の評価が可能であると判断されるのであれば、債務として考慮し得る余地もあるのではなかろうか。

(4) 判断時期

支払不能と同じである。**本書15条の解説2**参照。

(小林信明)

第17条　破産手続開始の原因の推定

> 債務者についての外国で開始された手続で破産手続に相当するものがある場合には、当該債務者に破産手続開始の原因となる事実があるものと推定する。

1　本条の趣旨

債務者について外国で開始された手続で破産手続に相当するものがある場合において、その債務者の財産が日本国内にあるときは、当該財産から債権者が個別的に弁済を受けたり、又は個別執行などをしたりすることによって、債権者間の平等が害される可能性が生じる。それらに対する対処としては、日本の倒産手続を開始する方法が考えられるところ[1]、本条は、外国で破産手続に相当する倒産手続が開始されたときには、日本国内においても破

7　『条解』127頁、『基本法コンメ』50頁〔杉山悦子〕。東京地決平8.3.28（判時1558号3頁）参照。
8　『条解』127頁。『基本法コンメ』46、50頁〔杉山悦子〕は支払不能については金銭債務との均衡から非金銭債務含めて判断すべきとしつつ、債務超過については金銭債務に転化されたもののみを評価するとしている。

産手続開始の原因となる事実があるものと推定（法律上の推定）することとして、破産手続開始の申立人の立証上の負担を軽減したものである。なお、本条と類似する規定として、民事再生法208条及び会社更生法243条がある。

2　外国で開始された手続で破産手続に相当するもの

法律上の推定がされる要件としては、債務者につき外国で「破産手続に相当する手続」が開始されたことである。この「破産手続に相当する手続」かどうかは、外国において倒産手続の態様が様々であるため問題となるが、一義的には明確ではないものの以下の点が考慮されるべきものと考えられる[2]。

すなわち、まず、①債務者の総財産を対象として、債務者に対する総債権への弁済を目的とする、包括的手続であること、②債務者の全財産を清算し、法人格の消滅をもたらすものであること（日本における破産手続においても事業譲渡がなされ得ることを考えれば、事業譲渡によって事業が存続することも許容されると解される）、が必要であると考えられる。他方、③裁判所の開始決定は必要ではなく、裁判所の開始決定が観念されない手続（例えば、米国連邦倒産法における自己申立事件（連邦倒産法301条））であっても本条は否定されず、④必ずしも裁判所における手続である必要はなく、行政庁等[3]が行う手続も一律に排除されないと考えられる。

3　開始原因の推定

債務者について外国で開始された手続で破産手続に相当するものがあることを、破産手続開始の申立人が証明した場合には、一般的破産手続開始の原因となる事実である支払不能の存在が推定され、加えて、債務者が法人（存立中の合名会社・合資会社を除く）である場合には、債務超過も推定される。破産手続開始の原因たる事実の不存在を積極的に基礎づける事実が明らかになるなどしてその推定が覆らない限り（裁判所が、①債務者が自然人である場合は、

---

[1] その他の方法としては、「外国倒産処理手続の承認援助法」に基づき、外国管財人等が当該外国倒産手続につき承認を経た上で他の手続の中止等の各種の援助処分を得る方法（外国倒産処理手続の承認援助に関する法律25条）がある。
[2] 『条解』129頁以下参照。
[3] 法的強制力がない私的整理手続は本条の対象ではないと考えられるので、行政庁等が行う手続の実態が問われることになろう。

支払不能にないとの心証を得た場合、②債務者が上記法人である場合には、支払不能でないことに加えて、債務者超過でもないという心証を得た場合に、本条の推定は覆る）、破産手続開始原因たる事実は存在することが証明されたことになる[4]。

（小林信明）

第18条　破産手続開始の申立て

① 債権者又は債務者は、破産手続開始の申立てをすることができる。
② 債権者が破産手続開始の申立てをするときは、その有する債権の存在及び破産手続開始の原因となる事実を疎明しなければならない。

1　本条の趣旨

　破産手続は、原則として申立てに基づき開始される[1]。本条は、1項において、破産手続開始申立権者の一般規定を設け、債権者及び債務者に申立権を認め、2項において、債権者申立ての場合の債権の存在及び破産手続開始原因となる事実の疎明義務を定めている。
　本条以外でも、法19条（法人）、法224条1項（相続財産）、法244条の4（信託財産）及び法246条（外国倒産手続がある場合）が、破産者の種類等に応じた申立権者の特別規定を設けている。また、破産法以外の特別法でも、金融機関や農林水産業協同組合の監督官庁に申立権を認めている（金融機関等の更生手続の特例等に関する法律490条1項、農水産業協同組合の再生手続の特例等に関する法律29条1項）。

2　債権者による破産手続開始の申立て

(1)　申立権の趣旨

　債権者に申立権が認められるのは、破産手続が強制執行手続とともに配当手続を通じて債権者の権利実現を目的とすることによる[2, 3]。債権者は、破

4　『大コンメ』71頁〔世森亮次〕。

産手続を通じて、債務者の総財産を清算して平等弁済での満足を得ることができる。破産手続では、債権の完全な満足を期待することができないが、債務者が危機時期にある場合は、他の債権者への偏頗弁済、財産隠匿等により弁済額が相対的に減少する可能性があるため、債権者には正当な平等弁済を確保するために破産手続開始を申し立てる利益が認められる（**本書第2章前注2参照**）[4]。

(2) 申立債権の内容・存在時期等

破産手続が開始された場合に破産債権者となるべき者は、申立権を有する。申立権を基礎づける債権（以下「申立債権」という）には、債権の金額の制限はない（会社更生法17条2項1号参照）。期限付債権、金額不確定の債権、条件付債権、将来の請求権でも差し支えない[5]。非金銭債権でも財産上の請求権として評価により破産債権として扱われるものであれば、申立権が認められる（法103条2項ないし4項参照）。申立債権は債務名義を取得している必要はないが[6]、申立債権の帰属を確定できなければならないため、譲受債権である場合は、第三者対抗要件を具備する必要はある[7]。

申立債権は、破産手続開始決定時に現実に存在していることが必要である。申立時に申立債権が存在しても、開始決定前に消滅した場合は、申立ては不適法なものとして却下される。他方、開始決定後、抗告審の係属中に申立債権が弁済・免除等で消滅した場合は、開始決定はその確定を待たずに総債権者の利益のために効力を有するため（法30条2項）、確定時まで申立債権は存在する必要はなく、他の債権者があるときは、開始決定を取り消すべきではないとするのが通説であり[8]、これに従った実務例が多い[9]。ただ、抗告

1 　例外的に職権で開始されるのは牽連破産の場合である（民事再生法250条、会社更生法252条、会社法574条1項・2項）。
2 　『伊藤』121頁、『大コンメ』73頁〔世森亮次〕。
3 　破産手続開始申立ての時効中断効については、**本書20条の解説6**参照。
4 　『条解』133頁。
5 　連帯保証人の事前求償権に基づく更生手続開始の申立てにつき、大阪高決平23.12.27（金法1942号97頁）。
6 　福岡高決平23.3.16（判タ1373号245頁）参照。
7 　『大コンメ』74頁〔世森亮次〕。
8 　『条解』133頁、『大コンメ』74頁〔世森亮次〕、『伊藤』123頁、『新・実務大系』101頁〔堀田次郎〕。

審の係属中に債権届出期間が経過し、届出債権者が１人もいないときには、手続続行の利益もないことから、開始決定を取り消すべきか否か見解が分かれる（**本書33条の解説２(6)参照**）。

　直接の債権者でなくても、その債権を行使する第三者、すなわち、債権者代位権を行使する代位債権者（民法423条）、債権質権者（民法366条）、差押債権者（民事執行法155条）は、第三債務者について申立権が認められる。逆に、債権が質権の目的とされた場合、質権設定者は、質権者の同意があるなど特段の事情のない限り、当該債権に基づき申立てをすることはできない[10]。債権を差し押さえられた被差押債権の債権者も同様に申立権は否定される。債権者代位権が行使された場合、これを了知した被保全債権の債務者については被代位債権の処分権限が制限されることから[11]、申立権は否定されている[12]。もっとも、「民法の一部を改正する法律案」（平成27年３月31日国会提出）では、債権者代位権が行使された場合であっても、被保全債権の債務者は被代位権利について取立てその他の処分権限が制限されないことになるため[13]、改正がされた後は、被保全債権の債務者の申立権も肯定されることになると思われる。

(3)　債権の優先性と申立権

　優先的破産債権者については、優先的破産債権者の平等弁済の確保の必要性に加え、債務者の総財産が劣位の一般債権者の満足に供され、優先的破産債権の完全な満足が確保されなくなる事態を防止する利益を有するため、申立権が認められる。また、劣後的破産債権も、平等弁済の利益にあずかる可能性がないとはいえないことから、申立権は認められる。

　別除権者については、不足額部分がない場合は、破産手続によらず被担保債権全額の満足を得られる可能性があることから、申立時点で別除権の放棄

9　大決昭3.10.13（民集7巻787頁）、『新・実務大系』101頁〔堀田次郎〕参照。なお、大決昭9.9.25（民集13巻1725頁）は反対であるが、抗告審の時点で破産債権の届出が全て取り下げられていた事案である。
10　最決平11.4.16（民集53巻4号740頁）。
11　現行民法下の判例として、大判昭14.5.16（民集18巻557頁）、最判昭48.4.24（民集27巻3号596頁）。
12　『条解』134頁、『大コンメ』74頁〔世森亮次〕。
13　改正民法案423条の５。

又は不足額の疎明を必要とする見解もあるが[14]、申立の審理で不足額の存否まで判断しなければならないのは開始決定の迅速性を害するおそれがある上に、破産手続進行中に別除権の放棄（法108条1項後段）がされて担保されない破産債権が生ずる可能性もあるため、申立時点で被担保債権が存在すれば、別除権の放棄又は不足額の疎明は必要とせず、申立権を認めるのが通説・実務である[15]。同様の議論は、相殺権を有する債権者についても妥当する。

財団債権者については、破産手続によらずに随時弁済を受けられることから、租税等の請求権を念頭に、申立権を否定する見解が多い[16]。これに対して、現行法では、旧法と異なり、財団債権や一般の先取特権に基づく強制執行を禁止し（法42条1項2項）、財団不足の場合に財団債権の按分弁済をするものとして（法152条2項）、財団債権者間の平等を図っており、財団債権者の平等弁済の利益にも配慮されている（**本書42条、152条の解説3**参照）。さらに、本条1項も「債権者」に申立資格を認めていること、財団債権と破産債権が破産手続上の区別であり、同一の債権でも財団債権とされる部分と破産債権とされる部分があること、実質的にも財団債権者たる債権者が予納金などの負担を引き受けて申立てをすることを禁ずる理由に乏しいことから、財団債権者の申立権を認める余地があるとの見解もある[17]。また、租税等の請求権については申立権を否定しつつ、労働債権については、現行法で一部財団債権化されたこと（**本書149条の解説**参照）、労働債権者の財団債権の平等弁済を求める利益は保護に値するとして、申立権を認める見解も有力である[18,19]。

(4) 疎　明

債権者申立ての場合、申立債権の存在及び破産手続開始原因となる事実を

---

[14] 東京高決昭35.7.16（下民11巻7号1504頁）参照。
[15] 名古屋高決昭50.8.11（金判485号43頁）、『条解』134頁、『大コンメ』73頁〔世森亮次〕、『破産実務』61頁、松下淳一「優先権を有する債権者の倒産手続についての権利」伊藤眞・高橋宏志・高田裕成・山本弘・松下淳一編『民事手続法学の新たな地平―青山善充先生古稀祝賀論文集』（有斐閣、2009年）853頁参照。
[16] 東京区決大15.4.29（新聞2545号5頁）、『大コンメ』74頁〔世森亮次〕、『注解（下）』173頁〔谷合克行〕等。
[17] 『伊藤』122頁、『基本法コンメ』52頁〔杉山悦子〕参照。

疎明しなければならない。単なる嫌がらせや威嚇の手段にするための申立てなど濫用的・有害的な申立てを排除するためである。

　申立債権の存在は、破産手続開始決定の形式的要件の1つであり、申立債権の疎明がない場合は、申立ては不適法なものとして却下される[20]。

　疎明は、即時に取り調べることのできる証拠によってしなければならない（法13条、民事訴訟法188条）。申立債権の疎明は、判決書、和解・調停調書、公正証書、貸金証書、手形・小切手、契約書等を提出するが、実務上、これらの文書により確実に疎明でき、抗弁の排斥も比較的容易である場合を除いては、書面審理を中心とする審尋手続で申立債権を疎明することは困難なことも多い。債務超過の証明には、債務者の税務申告書や直近の貸借対照表、信用調査会社等による報告書、財産目録などを提出し、支払不能の推定規定に依拠する場合は、支払停止の証明として、資金不足を理由とする不渡り付箋手形、銀行取引停止処分があった旨の手形交換所の証明書等を提出する[21]。

　申立債権の存在は、開始決定によって確定されるべきではないため、法文どおり「疎明」をもって足りるとするのが通説・判例である[22]。申立債権の存否が争われ、本案訴訟が係属する場合でも、申立債権の疎明がなされる限り、破産裁判所は訴訟の結果を待つためだけに審理を継続する必要はない[23]。なお、申立債権の存否が争いになっても、本案訴訟と異なり申立債権の正確な金額まで認定する必要はなく、一定の申立債権が存在すれば足りる。

18　『条解』134頁、松下・前掲注15・842頁。
19　財団不足の場合にも、破産手続の目的や財団債権の優先順位の変更などの視点から検討し、財団債権の按分弁済は破産手続の本来の目的を達成できない場合の「後始末」と位置付け、なお、財団債権者の申立権を否定する見解もある（山本和彦「財団債権者・共益債権者の倒産手続開始申立権」『今中傘寿』411頁）。
20　『新・実務大系』101頁〔堀田次郎〕、『新・実務大系』116頁〔中山孝雄〕。
21　『条解』136頁、『大コンメ』75頁〔世森亮次〕、『新・実務大系』104頁〔堀田次郎〕参照。債務超過の有無の認定のため鑑定を実施した事例として、福岡高決平9.4.22（判タ956号291頁）参照。
22　『大コンメ』75頁〔世森亮次〕、『伊藤』136頁、『新・実務大系』102頁〔堀田次郎〕、大決大3.3.31（民録20輯256頁）、大決大3.7.7（民録20輯647頁）、大決昭14.9.5（新聞4481号7頁）。
23　『破産実務』151頁、『新・実務大系』104頁〔堀田次郎〕。ただし、迅速な手続進行を望むならば債務名義の取得が望ましいとする。

他方で、裁判所が破産手続開始決定をするには、開始決定が、債務者、債権者その他の利害関係人に重大な影響を及ぼすことから、破産手続開始原因の「証明」を必要とするのが通説・実務である[24]。申立債権が債務者の債務の大部分を占める場合等、申立債権の存否が破産手続開始原因の存否に影響する場合は、申立債権についても、「証明」を必要とし、証明がなければ申立てが棄却される。

(5) 破産申立権制限契約（債権者の申立権の放棄）

債権者・債務者間で破産手続開始の申立権を放棄する旨の合意をした場合に、債権者から申立てがされた場合の合意の効力が問題となる。債権者による破産手続開始の申立ては自己の権利実現を目的とするものであるから、債権者が自らの意思により申立権を放棄することが許容されないものではなく、不執行の合意と同様[25]、当該合意の効力を認め、債務者は申立ての却下を求めることができるとの見解が一般である[26]。ただし、個別具体的な事情によっては、合理的な意思解釈ないし約款の拘束力の問題として合意の効力が否定されるとの見解や[27]、申立権の放棄の有効性を原則として認めつつ、個人投資家等を相手方にして約款により一律の放棄の合意をした場合は公序に反するとの見解もある（**本書30条の解説4(5)**参照）[28]。

3　債務者による破産手続開始の申立て

(1) 申立権の趣旨

債務者が破産手続開始を申し立てる場合を自己破産という。自己破産が認められるのは、債務者が個人である場合には、主に免責許可決定を得て（法252条1項柱書）、早期に経済生活の再生を図るためであり、また法人・個人のいずれの場合でも個々の債権者からの厳しい取立てや強制執行を免れ、債権

---

[24] 『大コンメ』75頁〔世森亮次〕、『破産実務』152頁、『新・実務大系』103頁〔堀田次郎〕、『新・実務大系』117頁〔中山孝雄〕、高松高決昭46.1.23（下民22巻1・2号49頁）。
[25] 最判平5.11.11（民集47巻9号5255頁）参照。
[26] 『条解』136頁、『破産実務』73頁。
[27] 『破産実務』73頁、『伊藤』122頁参照。
[28] 山本和彦「債権流動化のスキームにおけるSPCの倒産手続防止措置」金融研究17巻2号120〜124頁、『倒産法概説』314頁〔水元宏典〕、なお、後藤出「資産流動化取引における倒産不申立て特約と責任限定特約」ジュリ1441号92頁参照。

者に平等の弁済をしつつ、従来の事業を解体することを可能にするためである[29]。実務上は、破産事件は自己破産がそのほとんどを占める[30]。

(2) 法人の自己破産

　債務者が法人の場合、本条の自己破産というためには、法律に定める正規の手続を経て意思決定を行った上で代表権限を有すると認められる者が申立てをする必要がある。取締役会設置会社の代表取締役が取締役会の決議を経て申し立てる場合は、自己破産の申立てとなるが、取締役会決議を示す資料として取締役会議事録を添付する[31]。

　この点、法19条が役員全員一致か否かで疎明の要否を区別しているため（**本書19条の解説2**参照）、役員全員の申立てによるか、役員全員の同意の下で代表者が単独で申し立てる場合のみが本条の自己破産に該当するとの見解もあるが[32]、役員の全員一致がなくても過半数による取締役会等の意思決定機関の決定に基づいて代表者が申し立てる場合、それが会社の意思決定になるため（会社法362条4項、369条1項）、本条の自己破産として扱ってよいと解される[33]。

　会社の自己破産の申立てにおいて取締役会決議の不存在が明らかになったとき、法19条1項による準自己破産の申立てとして扱うことが可能か否かについては、かかる取扱いを認める裁判例もあるが[34]、破産原因の疎明等、自己破産と準自己破産とで法律上の手続が異なり（法19条3項参照）、手続の明確性等に欠けることから、再度、準自己破産の形式で申立てを促すのが妥当とされる[35]。

　外国法人の日本における代表者が当該法人を代表する申立てについては、日本の代表者が当該法人の日本における業務に関する権限しか有しない場合（会社法817条2項）、国外において有する財産にも効力が及ぶ（法34条1項）破

---

29 『条解』132頁。
30 比良香織・中野香織「平成26年における倒産事件申立ての概況」NBL1051号23頁。
31 『破産実務』62頁。
32 『注解（下）』177頁〔谷合克行〕、山内八郎「破産申立権者と申立義務者」判タ830号29頁。
33 『条解』132頁、『伊藤』125頁、佐村浩之「破産手続開始の申立て」『倒産法大系Ⅰ』128頁。
34 東京高決昭28.11.4（高民時報4巻6号178頁）。
35 『新・実務大系』105頁〔堀田次郎〕。

産手続の開始を求めることは、当該代表者の権限外の事項と解されるので、申立ては認められないとの見解がある[36]。

(3) 疎　　明

自己破産の場合、破産手続開始原因の疎明は要求されない（法18条2項参照）[37]。債務者自身が破産を選択し、申立てをしたこと自体が破産手続開始原因の存在を事実上推定し、申立権の濫用を抑制する必要性も少ないためである。

(4) 破産申立権制限契約（債務者の申立権の放棄）

債権者・債務者間で破産手続開始の申立権を放棄する旨の合意は、破産手続が総債権者に対して平等に分配を図るという公益的な制度目的を有する点を重視し、すべての債権者との合意によらない限り、債務者に対して効力を有せず、債務者の申立てを認める見解が有力である（**本書30条の解説4(5)**参照）[38]。債務者と一部の債権者（労働組合）との間で、債務者が自己破産の申立てをなす場合に、あらかじめ事前協議・同意を得る旨の約定が締結されていたが、債務者が約定に反して事前協議・同意を経ずに自己破産の申立てをしても、破産手続開始の申立てが違法、無効になるものではないとした裁判例もある[39]。

4　申立代理人の地位と義務

(1) 債務者（依頼者）に対する義務

申立代理人は、債務者との間で、破産手続開始の申立てに関して委任契約を締結することで債務者の代理人となる。申立代理人は、依頼者である債務者の利益を擁護実現すべき義務を負うとともに、委任契約に基づき、債務者（依頼者）に対して善管注意義務を負っている（民法644条）。

破産手続は、債務者に財産管理処分権の剥奪等の効果を生じさせる点で債務者に重大な影響を与える。申立代理人となる弁護士は、破産手続開始の申

36　『条解』132頁。
37　大阪高決昭58.11.9（判タ524号230頁）。
38　『条解』136頁、『伊藤』124頁、『倒産法概説』314頁〔水元宏典〕、山本和彦「債権流動化のスキームにおけるSPCの倒産手続防止措置」金融研究17巻2号112～114頁。
39　東京高決昭57.11.30（判時1063号184頁）。

立てを受任するに際し、依頼者である債務者に対し、①事件処理の方針及び見通し、②弁護士報酬及びその他の費用、③不利益事項の説明をしなければならない[40]。①事件処理の方針及び見通しについては、破産手続開始の申立ての方針のみならず、同時廃止ないし管財事件のいずれかの見通し、免責不許可の可能性、破産とそれ以外の選択肢（私的整理、個人再生等）の違い、保証人等関係者への影響の有無等の適切な説明を行うことが求められる。また、②弁護士報酬及びその他の費用については、弁護士報酬のほかに予納金、印紙代・郵券代等の実費、依頼者が経済的に困窮する場合は法律扶助制度の存在も説明を行うことが求められる。そして、③債務者の不利益事項としては、破産手続開始により債務者の財産管理処分権が剥奪されること、破産者として説明義務（法40条）や重要財産開示義務（法41条）を負うこと、これらの義務に違反すれば刑事上の罰則（法268条、269条）を受け、免責不許可事由（法252条1項11号）となること、偏頗行為（法252条1項3号）や虚偽の債権者名簿の提出（同条項7号）が免責不許可事由となること、郵便の制限（法81条、82条）や資格制限があること、個人信用情報に登録されること等について適切な説明を行うことが求められ、破産手続について依頼者である債務者の十分な理解を得た上で申立てを決断させることが必要である[41]。この点、債務整理に係る法律事務を受任した弁護士が特定の債権者の債権について消滅時効の完成を待つ方針をとる場合においては、委任契約に基づく善管注意義務の一環として、債務者（依頼者）に対して上記方針に伴う不利益やリスクを説明するとともに、他の選択肢を説明すべき義務を負うとした判例[42]もあり、留意を要する[43]。

---

[40] 弁護士職務基本規定29条1項、日本弁護士連合会制定「債務整理事件処理に関する規律を定める規定」（平成23年2月9日会規第93号）4条1項参照。

[41] 受任時の説明の内容については、『弁護士倫理』21頁〔木村裕二〕、東京弁護士会倒産法部編『破産申立マニュアル〔第2版〕』（商事法務、2015年）22頁〔長島良成〕、70頁〔大島義孝〕参照。

[42] 最判平25.4.16（民集67巻4号1049頁）。なお、同最判の田原睦夫補足意見では、債務整理事件における受任時及び受任後の説明義務や受任事務の遂行にかかる善管注意義務の根拠、内容等について述べられており、実務上参考になる。

[43] その他に債務整理に関する委任契約上の善管注意義務違反が問題となった裁判例として、東京地判平24.11.27（判時2188号66頁）、福岡高裁宮崎支判平22.12.22（判時2100号50頁）、東京高判平24.8.30（金判1442号26頁）等がある。

申立代理人が上記の説明を怠ったり、債務者（依頼者）が早期の申立てを希望したにも関わらず、合理的な理由もなく、申立てを長期間放置したりしたような場合には、債務者（依頼者）との関係で善管注意義務違反や弁護士倫理違反の問題が生じ得る。

(2) 申立代理人の地位と責務

申立代理人は、債務者（依頼者）の利益を擁護実現すべき義務を負うことに加え、破産手続が債権者その他の利害関係人の利害や債務者と債権者との間の権利関係を適切に調整することによって、債務者の財産等の適正かつ公平な清算を図ることを目的とする手続（法1条）である以上、依頼者である債務者以外の多数の利害関係人の利害や権利関係を適切に調整するという役割を担っており、破産手続の目的の実現に寄与するように行動する公的な責務を負っているといえる[44]。

したがって、申立代理人には、申立時期を適切に判断すること（破産手続が円滑に進行するように適時の申立てをすること）、破産管財人が破産手続の目的を達成するための活動をできるように申立てに当たって十分な準備（財産や負債の調査等）を行うこと、破産手続開始決定までに破産管財人が破産手続の趣旨や目的を全うできるように引継ぎ（資料や財産関係の引渡しなど）を行うこと、破産手続開始決定後も、破産管財人の管財業務に必要な協力をすることが要請され、例えば、依頼者である債務者が偏頗弁済や財産の不当処分等の債権者の利益・平等を損なう行為をしないように指導し、破産財団を構成すべき財産が債務者の行為により不当に減少して債権者に損害が発生しないように財産保全に努め、可及的速やかに破産手続開始の申立てをして財産を損なうことなく破産管財人に引き継ぐことなどが求められる。

(3) 債権者（破産財団）に対する義務

a 裁 判 例

破産手続開始の申立てを受任した申立代理人である弁護士が、財産散逸防止義務に違反するとして、不法行為責任が認められた以下の裁判例がある。

① 弁護士法人である申立代理人が破産会社から破産手続開始の申立てを

---

[44] 『条解』156頁（ただし、後述の通り法的な義務ではないとする）、申立代理人の役割については、東京弁護士会倒産法部編・前掲注41・2頁〔小林信明〕、26頁〔綾克己〕。

受任して、その旨を債権者に通知した後2年間申立てを放置し、その間に会社財産が債権者への偏頗弁済や役員報酬等に費消されて減少・消失した場合において、破産手続開始の申立てを受任し、その旨を債権者に通知した弁護士には、法令上明文の規定に基づく要請ではないが、破産制度の趣旨に照らして、可及的速やかに破産手続開始の申立てをし、破産管財人に引き継がれるまで債務者の財産が散逸しないように措置する法的義務が認められるとして、その減少・消失した財産の相当額につき損害賠償責任を負うとされた事例[45]

② 弁護士である申立代理人が破産会社から破産手続開始の申立てを受任して、その旨を債権者に通知した後に、その代表者が破産会社から高額の役員報酬を受領して同人の個人債務の返済に充てるなどして費消したことにより、破産財団を構成すべき会社財産が減少した場合において、破産申立てに関する委任契約を締結した弁護士は、破産制度の趣旨に照らして財産散逸防止義務を負うほか、正式な委任契約締結前であっても依頼者の相談内容等に応じた善管注意義務を負うとして、委任契約後の破産会社の資産管理は原則として申立代理人が行うことの説明やそれに伴う具体的な指示等を行うべきであったこと、役員報酬は一般の破産債権であって原則として役員報酬の受領は認められないことの説明を行うとともに、役員報酬のうち労働債権性を有する部分について必要かつ妥当な範囲で支払うなどの対応をとる必要があったところ、これらに関する必要な説明も破産会社の財産を適切に管理するための方策もとらなかったとして、当該役員報酬相当額につき損害賠償責任を負うとされた事例[46]

③ 弁護士である申立代理人が破産会社から破産手続開始の申立てを受任する前に締結されていた事業譲渡契約に基づく譲渡代金が、債権者に対して受任通知を発送した後に、事業譲渡先（申立代理人の顧問会社である）から破産会社以外の第三者の口座に振り込まれて費消された場合において、自己破産の申立てを受任し、その旨を債権者に通知した弁護士は、破産制度の趣旨に照らし、速やかに破産手続開始の申立てを行い、また、財産散逸を防止する

---

[45] 東京地判平21.2.13（判時2036号43頁）。
[46] 東京地判平25.2.6（判時2177号72頁）。

義務を負うとして、申立代理人が事業譲渡先の顧問弁護士であり、本件の申立ても事業譲渡先の紹介で受任したことなどからすると、少なくとも申立代理人が事業譲渡先を知った後に行われた譲渡代金の第三者の口座への振込みは、事業譲渡先に依頼してこれを防止することができたとして、当該振込金額相当額につき損害賠償責任を負うとされた事例[47]（もっとも、本事例については、控訴審において破産管財人が請求を放棄して終了したようである[48]）

④　弁護士である申立代理人が破産会社の破産手続開始の申立てを受任し、その申立日（なお、同日に破産手続が開始されている）の前日に、破産会社からの預かり金を原資として、否認対象行為となる取締役等に対する退職金及び特別功労加算金等の支払をなし、破産財団を毀損させた場合において、破産申立てに関する委任契約を締結した弁護士は、破産制度の趣旨に照らし、財産散逸防止義務を負い、ことに預り金口座等に破産会社の現金を受け入れ、破産会社の財産を管理する状況となった弁護士は、財産が散逸しないようにする義務を負うことから、破産手続開始決定後に財団債権となるべき債権など、それを弁済することによって他の債権者を害しないと認められる債権を除いては、これにつき弁済をしないよう十分に注意する義務があるとし、上記支払を行った時点では、その翌日に破産手続開始の申立てをすることが予定されていたなどからすれば、支払の適否が問題（本事例では取締役の労働者性等が問題となっている）となる債務については原則として弁済すべきではなく、破産手続の中における判断に委ねるべきであるとして、破産管財人の否認権行使による回収の可否如何に関わらず、原則として、その逸失した金額相当額につき損害賠償責任を負うとされた事例[49]（本事例では、過大な申立代理人報酬に関する否認権行使も別途争点になっている）

b　債権者（破産財団）に対する義務の法的根拠

ア　申立代理人の地位と責務に関連し、裁判例のように、破産手続開始の申立てを受任した弁護士は、破産制度の趣旨から当然に求められる法的義務として、財産散逸防止義務が認められるとする見解もある[50]。また、債務超

---

[47]　東京地判平26.4.17（判時2230号48頁）。
[48]　園尾隆司「事業再生と倒産法制－債務者の破産申立義務をめぐって」債管148号55頁。
[49]　東京地判平26.8.22（判時2242号96頁）。
[50]　『手引』14頁。

過状態にある債務者は、自己の資産を保全し、かつ債権者を平等に取り扱うことが債権者に対する信認義務として一般的に課せられることを前提として、このような債務者を代理する債務者代理人も債権者に対して直接の信認義務を負い、債務者代理人となる弁護士は、弁護士法1条2項に基づく誠実義務の発現として、債権者に対して、債務者が申し立てた倒産手続が開始されその目的を実現するため、債務者の財産管理処分及び事業遂行に意を用いなければならず、専門家として適切な措置をとらなければならない法的義務を負うと主張する見解もある[51]。

イ　しかしながら、上記見解や裁判例のように、明文の規定の根拠もないのに、破産手続の趣旨・目的といった抽象的な理念や弁護士の誠実義務（弁護士法1条2項、30条の2第2項、弁護士職務基本規程5条）から、依頼者である債務者だけではなく、債権者（破産財団）に対して、迅速な申立てを行うことや財産散逸防止措置を講ずる法的義務を負っていると解することには議論の飛躍がある[52]。

そもそも、破産手続開始前の申立準備段階では、債務者の財産の処分については、後に否認権行使を受ける可能性はあるものの、債務者の財産管理処分権自体が法的に剥奪されているわけではなく[53]、また債務者は破産手続開始の申立義務を負うものでもなく[54]、債権者に信認義務を負うとの明文の根拠もない。加えて、弁護士の誠実義務は、依頼者に対して負担する委任契約上の善管注意義務が弁護士の職務の専門性や公共性から加重されたものとするのが多数説[55]であり、債務者（依頼者）に対する義務を根拠として、債権者（破産財団）に対してまで法的義務を負担するとすることはそもそも誠実義務が想定している範囲を超えているといえ、法的根拠として妥当ではない。申

51　債務者代理人の地位・責務を分析検討するものとして、日本民事訴訟法学会『民事訴訟雑誌(61)』100頁以下・132頁以下の松下祐記教授の各発言、松下祐記「再生債務者代理人の地位に関する一考察」『伊藤古稀』1072頁参照。
52　『条解』157頁。
53　破産手続開始に至っていれば、債務者は財産管理処分権を喪失するし、様々な義務も負担するから、申立代理人の立場も変容するといえよう。
54　債務者は破産申立義務がない点を立法経過より論じるものとして、園尾・前掲注48・55頁参照。
55　日本弁護士連合会調査室編著『条解弁護士法〔第4版〕』（弘文堂、2007年）12頁、日本弁護士連合会弁護士倫理委員会編著『解説弁護士職務基本規程〔第2版〕』11頁。

立代理人は、上記のような地位にある債務者（依頼者）の利益を実現することが第一次的な義務となるのであり、他の民事裁判手続と同様、依頼者である債務者の意向に反した行動をとることはできず[56]、依頼者である債務者の財産管理処分権の行使を制限する権能も有していない。申立代理人が法的な権限がないことについて法的な義務を負うとすることは不合理であり、債務者（依頼者）本人も負担していないような法的義務を負担することについても合理的な根拠が乏しいものと思われる。

さらに、申立代理人の抽象的・一般的な財産散逸防止義務を過度に強調し、このような抽象的・一般的な義務の存在から、現実の財産散逸の結果が生じた場合に演繹的に法的責任を負わせるのは妥当とはいえず、破産事件の受任に当たり萎縮効果が働き、申立代理人が事件処理に慎重になるなど、かえって破産手続の目的を阻害するおそれもある。破産手続開始前の不適切な財産散逸行為については、破産手続開始後に破産管財人の否認権の行使等によって破産財団から逸出した財産を回復する制度が別途設けられていることも考慮する必要がある。

したがって、弁護士が債務者（依頼者）との間で破産手続開始の申立てに関する委任契約を締結し、申立代理人の地位に就任したのみの段階では、債権者（破産財団）に対して直接の財産散逸防止義務を負うべきとの根拠はなく、申立代理人の地位と責務については、広く抽象的・一般的に債権者（破産財団）に対する法的義務まで規律したものと理解すべきものではないと考えられる。

ウ　もっとも、破産手続開始の申立てを受任した後の申立代理人の具体的な対応によって債権者に対して衡平な清算への期待を生じさせた場合には、債権者の信頼を保護すべく、信義則上、申立代理人に誠実かつ衡平な対応が要請される場合もあろう。例えば、債務整理や破産手続開始の申立てを受任した弁護士が、その対象となる債権者に受任通知及び債務整理についての協

---

[56] 弁護士職務基本規程21条。この規程は、依頼者の利益とせず、「正当」な利益としており、依頼者の恣意的な欲求や願望をすべて盲従的に実現しなければならないことを意味するものではないとされている（日本弁護士連合会弁護士倫理委員会編著・前掲注55・43頁）。したがって、債務者（依頼者）の意向であったとしても財産隠匿行為に加担するようなことはできないであろう。しかし、この「正当」な利益性から、債務者（依頼者）の意向に反して破産手続の開始を申し立てることを導くことは無理があろう。

力依頼の旨を通知した場合には、債権者は、正当な理由のない限りこれに誠実に対応し（貸金業法21条1項9号、債権管理回収業に関する特別措置法18条8項参照）、合理的な期間は強制執行等の行動に出ることを自制すべき注意義務を負担し、それに違反する場合には不法行為責任を負うものと解されている[57]。このような場合、個別的権利行使を控えさせた債権者の衡平な清算への信頼を保護すべきと考えられることから、申立代理人がかかる受任通知を発したような場合については、これが重要な要素の1つとなり、その対象となる債権者に対して、誠実にかつ衡平に対応すべき信義則上の義務を負う場合があると考えることもできよう[58]。

c 申立代理人の誠実衡平な対応をすべき信義則上の義務の内容

ア 申立代理人が誠実かつ衡平に対応すべき信義則上の義務は、債権者（破産財団）に対して財産散逸防止義務を負担することを当然に導くわけではない。破産手続開始前の申立準備段階において申立代理人が置かれる状況は、依頼者である債務者の事件処理の意向・態度、事件処理の経緯等に応じて種々の状況が考えられるのであり、申立代理人の誠実かつ衡平な対応の具体的な内容も個別の事案に応じて異なる。具体的な事案において、受任通知の発送などにより債権者に対して衡平な清算への期待を生じさせたかどうか、申立代理人が依頼者である債務者による財産散逸行為を予見し、当該行為を回避するためにどのような措置を講じる可能性があったのかなどを個別具体的に総合考慮し、倒産実務処理において申立代理人がとるべき誠実かつ衡平な対応の具体的内容を導くべきであり、申立代理人が、このような観点から要請される誠実かつ衡平な対応を怠り、その結果、債権者（破産財団）に相当因果関係のある損害が生じた場合に、はじめて申立代理人に損害賠償責任が発生すると考えられる[59]。具体的には、受任通知の発送などの対応をしたにも関わらず、申立代理人が積極的に依頼者の財産散逸行為に関与した場合、依頼者に対して早期に破産手続開始の申立てをなすこと[60]や否認対象

---

57 東京高判平9.6.10（判時1636号52頁）参照。
58 最判平25.4.16（民集67巻4号1049頁）の田原睦夫補足意見。
59 申立代理人としては、申立代理人の地位・責務を自覚し、場合によっては義務違反を問われ、損害賠償責任の追及や懲戒処分の対象になり得ることを念頭に置いて適切に事件処理を進める姿勢が大切である。

行為[61]となる財産散逸行為を止めることを指導せずに放置した場合などに問題になるであろう。

　イ　このような観点から上記の裁判例をみると、上記①の裁判例のように、受任通知を発送して債権者に個別的権利行使を控えるよう要請した後、特段の事情もなく2年間も事件処理を放置してその間に破産財団を散逸させるなど、申立代理人の対応に重大な問題がある場合には、申立代理人は債権者（破産財団）に対して誠実かつ衡平に対応しているといえず、かかる事件処理の懈怠と相当因果関係のある損害について損害賠償責任を負うこともやむを得ないといえる側面もある。

　他方で、上記③の裁判例のように、受任通知を発送して債権者に個別的権利行使を控えるよう要請したものの、依頼者の財産管理処分権の行使について依頼者以外の第三者の行為を阻止することまでを申立代理人に義務付けるような場合は、依頼者以外の第三者の行為を阻止する措置を申立代理人がなすことは困難であることを考慮すると、申立代理人に対してあまりに広範に法的義務の違反を認めることは慎重であるべきと考える。さらに、上記②・④の裁判例のような事案では、依頼者に対し、依頼者の行為が否認対象行為となり得ることなどの問題点を適切に説明すべきであったとの議論はあり得るものの、依頼者の意向に結果として従わざるを得ないような場合には、依頼者の意向に反する措置を申立代理人がなすことはできないから、法的義務の違反について慎重に検討すべきであろう。なお、上記④の裁判例は、申立代理人が債権者に対して受任通知をするなどしてその個別的権利行使を控えるよう要請したわけではないことから、申立代理人が債権者（破産財団）に対して直接の法的責任を負う根拠の重要な要素の1つがないと考えられるこ

60　依頼者である債務者が、特段の事情もなく、早期の申立てに反対していた等の事情がある場合には、申立代理人は依頼者の意向に反する行為はできないので、できる限りの説得や説明を尽くし、依頼者の意向が翻意されない場合には、申立代理人を辞任して債権者に辞任通知をするなどして、債権者に対して個別的権利行使を控えることの要請を撤回するなどの対応策を講じることが検討されることになろう。ただし、申立代理人としては、依頼者に対して後見的な見地から配慮が求められ、最終的に辞任せざるをえないとしても、適切な説明を行うことで依頼者にその事態を理解させ、今後の対処法を検討する機会を保障した上で、辞任等の措置を講ずることが求められる（『弁護士倫理』73頁〔石岡隆司・森晋介〕、東京地裁立川支判平23.4.25判時2117号28頁）。
61　依頼者の否認対象行為への対応については、『弁護士倫理』〔石岡隆司〕44頁以下参照。

とにも留意する必要があろう。

(4) 申立代理人の報酬の適切性

　申立代理人の活動が破産手続における利害関係人の適切な利害や権利関係の調整、適正で公平な財産の清算に資するものでなければならないということから、申立代理人が依頼者から受領した報酬額が、役務提供と合理的な均衡を失している部分があれば、破産手続開始後、破産管財人から当該部分は破産財団を詐害するものとして否認することが認められている[62]。

　そして、具体的な報酬の額が支払の対価である役務の提供と合理的均衡を失するか否かの判断は、「客観的な弁護士報酬の相当額との比較において行うのが相当であり、その判断に当たっては、日本弁護士連合会の弁護士の報酬に関する規程2条を基準として、当該事件の『経済的利益、事案の難易、時間及び労力その他の事情』を総合考慮」して判断するとした裁判例[63]がある。

　その他に申立代理人の報酬に関して問題があるとされた裁判例もある[64, 65]。申立て前に申立代理人により過払金の回収が行われることがあるが、過払金報酬については一定の規制が設けられているので[66]、留意を要する[67]。

　なお、個人の破産手続開始申立事件において、申立代理人が受任の際に、委任契約書において、免責許可決定の確定した場合に申立代理人に成功報酬を支払うと定める実例もある。着手金を低廉化して申立ての遅延を防ぐ側面もある一方、このような成功報酬を受領することにつき、成功報酬債権は免

---

[62] 『条解』158頁。

[63] 東京地判平23.10.24（判時2140号23頁）。

[64] 神戸地裁伊丹支決平19.11.28（判時2001号88頁）、東京地判平21.2.13（判時2036号43頁）、東京地判平22.10.14（判タ1340号83頁）。

[65] 『弁護士倫理』27頁〔富永浩明〕、『手引』19頁。

[66] 日本弁護士連合会制定「債務整理事件処理に関する規律を定める規定」（平成23年2月9日会規第93号）15条では、「回収した過払金の金額を経済的利益として、当該経済的利益に、25パーセントの範囲内で規則で定める割合を乗じた金額を超える金額としてはならない。」とし、これを受けて同施行規則4条では、「訴訟によらずに回収したときにあっては20パーセントとし、訴訟により回収したときにあっては25パーセントとする。」と規定する。日本司法支援センターの民事法律扶助業務を利用した場合につき、民事法律扶助業務運営細則33条参照。

[67] 申立代理人による過払金回収と弁護士報酬については、我妻学「破産手続と過払金返還請求」伊藤眞・上野泰男・加藤哲夫編集委員『民事手続における法と実践－栂善夫先生・遠藤賢治先生古稀祝賀』（成文堂、2014年）989頁参照。

責対象債権ではないか、また、免責後の依頼者の経済的更生を弁護士が阻害することは弁護士倫理から見て問題ではないか、との観点から問題点を指摘する見解もある[68]。

（小林信明・清水靖博・松尾幸太郎）

第19条　法人の破産手続開始の申立て

> ①　次の各号に掲げる法人については、それぞれ当該各号に定める者は、破産手続開始の申立てをすることができる。
> 　一　一般社団法人又は一般財団法人　理事
> 　二　株式会社又は相互会社（保険業法（平成7年法律第105号）第2条第5項に規定する相互会社をいう。第150条第6項第3号において同じ。）　取締役
> 　三　合名会社、合資会社又は合同会社　業務を執行する社員
> ②　前項各号に掲げる法人については、清算人も、破産手続開始の申立てをすることができる。
> ③　前2項の規定により第1項各号に掲げる法人について破産手続開始の申立てをする場合には、理事、取締役、業務を執行する社員又は清算人の全員が破産手続開始の申立てをするときを除き、破産手続開始の原因となる事実を疎明しなければならない。
> ④　前3項の規定は、第1項各号に掲げる法人以外の法人について準用する。
> ⑤　法人については、その解散後であっても、残余財産の引渡し又は分配が終了するまでの間は、破産手続開始の申立てをすることができる。

1　本条の趣旨

本条は、法人については、代表権を有しない理事や取締役も役員の資格で破産手続開始の申立てができること、その場合に破産手続開始の原因となる

---

[68]　高橋宏志「個人破産申立て代理人弁護士の成功報酬と免責」『伊藤古稀』915頁。

事実を疎明する必要があること、解散後であっても、残余財産の引渡し又は分配が終了するまでの間は、破産手続開始の申立てができることを定めている。代表権の有無にかかわらず、役員に法人の破産手続開始の申立権を認めることで、速やかな破産手続開始を可能にすることがその趣旨である。そして、本条による申立事件は、実務上「準自己破産事件」と呼ばれることがある。

2 法人の破産手続開始の申立権者・申立義務

本条1項では、法人の区分に応じて、申立権を有する役員を定めている。一般社団法人又は一般財団法人にあっては理事、株式会社又は相互会社にあっては取締役、持分会社（合名会社、合資会社又は合同会社）にあっては業務執行社員であるが、2項で、清算中の法人にあっては清算人に申立権を認めている。また4項では、1項各号に掲げる法人以外の法人への準用も認められている。このうち、清算人には、法人の債務超過が明らかとなった場合に申立義務が課せられており（一般社団法人及び一般財団法人に関する法律215条1項、会社法484条1項、656条1項）、その義務に違反したときの過料の制裁も定められている（一般社団法人及び一般財団法人に関する法律342条17号、会社法976条27号）。したがって、申立義務を負う清算人としては、破産手続開始の申立てを不当に遅延させ、破産者の財産を減少させることのないよう留意する必要がある。もっとも、清算人が申立義務を負う場合でも、民事再生手続開始の申立てや会社更生手続開始の申立てを行うことは妨げられない（民事再生法22条、会社更生法18条）。

3 開始原因の疎明義務

役員が本条の定めにより破産手続開始の申立てをする場合、役員の全員が申立てをする場合を除いて、破産手続開始の原因となる事実を疎明しなければならない（本条3項）。役員の一部から破産手続開始が申し立てられた場合、役員間で破産手続開始の原因の有無について意見の一致が見られないとか、役員間の内紛が原因で破産手続開始の申立てがなされる可能性があるため、申立てに当たり開始原因となる事実の疎明を求めたものである（疎明については**本書18条の解説2(4)**参照）。

4 法人解散後の破産手続開始の申立て

　法人について、解散後であっても、破産原因の存在が明らかになれば、以後破産手続を通じて財産分配を進める必要があることから、破産手続開始の申立てができるとする一方、一旦完結した清算手続が根底から覆されると法的安定性が害されることから、破産手続開始の申立てができる時期は、残余財産の引渡し又は分配が現に終了するまでの間とされている（本条5項）。法人の清算結了登記がなされていても、いまだ残余財産の引渡し又は分配が終了していなければ、法人の破産手続開始の申立てをすることは妨げられない[1]。

（山宮慎一郎）

第20条　破産手続開始の申立ての方式

> ①　破産手続開始の申立ては、最高裁判所規則で定める事項を記載した書面でしなければならない。
> ②　債権者以外の者が破産手続開始の申立てをするときは、最高裁判所規則で定める事項を記載した債権者一覧表を裁判所に提出しなければならない。ただし、当該申立てと同時に債権者一覧表を提出することができないときは、当該申立ての後遅滞なくこれを提出すれば足りる。

規則
（破産手続開始の申立書の記載事項・法第20条）
第13条　①　法第20条第1項の最高裁判所規則で定める事項は、次に掲げるものとする。
　一　申立人の氏名又は名称及び住所並びに法定代理人の氏名及び住所
　二　債務者の氏名又は名称及び住所並びに法定代理人の氏名及び住所
　三　申立ての趣旨

1　『条解』139頁、『注解（下）』135〜136頁〔谷合克行〕。

四　破産手続開始の原因となる事実
②　破産手続開始の申立書には、前項各号に掲げる事項を記載するほか、次に掲げる事項を記載するものとする。
　一　債務者の収入及び支出の状況並びに資産及び負債（債権者の数を含む。）の状況
　二　破産手続開始の原因となる事実が生ずるに至った事情
　三　債務者の財産に関してされている他の手続又は処分で申立人に知れているもの
　四　債務者について現に係属する破産事件（法第２条第２項に規定する破産事件をいう。以下同じ。）、再生事件又は更生事件（会社更生法（平成14年法律第154号）第２条第３項に規定する更生事件又は金融機関等の更生手続の特例等に関する法律（平成８年法律第95号）第４条第３項若しくは第169条第３項に規定する更生事件をいう。）があるときは、当該事件が係属する裁判所及び当該事件の表示
　五　法第５条第３項から第７項までに規定する破産事件等があるときは、当該破産事件等が係属する裁判所、当該破産事件等の表示及び当該破産事件等における破産者（法第２条第４項に規定する破産者をいう。以下同じ。）若しくは債務者、再生債務者又は更生会社若しくは開始前会社（金融機関等の更生手続の特例等に関する法律第４条第３項に規定する更生事件にあっては、当該更生事件における更生協同組織金融機関又は開始前協同組織金融機関）の氏名又は名称
　六　債務者について外国倒産処理手続（法第245条第１項に規定する外国倒産処理手続をいう。以下同じ。）があるときは、当該外国倒産処理手続の概要
　七　債務者について次のイ又はロに掲げる者があるときは、それぞれ当該イ又はロに定める事項
　　イ　債務者の使用人その他の従業者の過半数で組織する労働組合　当該労働組合の名称、主たる事務所の所在地、組合員の数及び代表者の氏名
　　ロ　債務者の使用人その他の従業者の過半数を代表する者　当該者の氏名及び住所
　八　債務者について第９条第１項の規定による通知をすべき機関があるときは、その機関の名称及び所在地

九　申立人又は代理人の郵便番号及び電話番号（ファクシミリの番号を含む。）

（破産手続開始の申立書の添付書類等・法第20条）
第14条　法第20条第2項の最高裁判所規則で定める事項は、次に掲げる債権を有する者の氏名又は名称及び住所並びにその有する債権及び担保権の内容とする。
　　一　破産手続開始の決定がされたとすれば破産債権（法第2条第5項に規定する破産債権をいう。以下同じ。）となるべき債権であって、次号及び第3号に掲げる請求権に該当しないもの
　　二　租税等の請求権（法第97条第4号に規定する租税等の請求権をいう。）
　　三　債務者の使用人の給料の請求権及び退職手当の請求権
　　四　民事再生法（平成11年法律第225号）第252条第6項、会社更生法第254条第6項又は金融機関等の更生手続の特例等に関する法律第158条の10第6項若しくは第331条の10第6項に規定する共益債権
②　債権者が破産手続開始の申立てをするときは、前項に規定する事項を記載した債権者一覧表を裁判所に提出するものとする。ただし、当該債権者においてこれを作成することが著しく困難である場合は、この限りでない。
③　破産手続開始の申立書には、次に掲げる書類を添付するものとする。
　　一　債務者が個人であるときは、その住民票の写しであって、本籍（本籍のない者及び本籍の明らかでない者については、その旨）の記載が省略されていないもの
　　二　債務者が法人であるときは、その登記事項証明書
　　三　限定責任信託に係る信託財産について破産手続開始の申立てをするときは、限定責任信託の登記に係る登記事項証明書
　　四　破産手続開始の申立ての日の直近において法令の規定に基づき作成された債務者の貸借対照表及び損益計算書
　　五　債務者が個人であるときは、次のイ及びロに掲げる書面
　　　イ　破産手続開始の申立ての日前1月間の債務者の収入及び支出を記載した書面
　　　ロ　所得税法（昭和40年法律第33号）第2条第1項第37号に規定する確定申告書の写し、同法第226条の規定により交付される源泉徴収票の写し

その他の債務者の収入の額を明らかにする書面
　六　債務者の財産目録

（破産手続開始の申立人に対する資料の提出の求め）
第15条　裁判所は、破産手続開始の申立てをした者又はしようとする者に対し、破産手続開始の申立書及び法又はこの規則の規定により当該破産手続開始の申立書に添付し又は提出すべき書類のほか、破産手続開始の決定がされたとすれば破産債権となるべき債権及び破産財団に属すべき財産の状況に関する資料その他破産手続の円滑な進行を図るために必要な資料の提出を求めることができる。

1　本条の趣旨

　本条は、破産手続開始の申立ての方式（1項）と、申立てにおける債権者一覧表の提出（2項）について定めた規定である。

　本条1項は、破産手続開始の申立てを書面（申立書）ですることを法律上義務づけ、申立書に記載すべき具体的な事項は、最高裁判所規則に委任している。規則13条1項はその委任に基づき申立書の必要的記載事項を定めている。

　本条2項は、債権者以外の者が破産手続開始の申立てをする場合には申立てと同時に債権者一覧表を提出することを義務付け（同項本文。同項ただし書では、申立てと同時に債権者一覧表の提出ができないときは申立後遅滞なく提出すれば足りることを規定している）、債権者一覧表に記載すべき具体的な事項は、最高裁判所規則に委任している。規則14条1項はその委任に基づき債権者一覧表の必要的記載事項を定めている。

　その他、破産規則は、法14条の包括的な委任に基づき、申立書の訓示的記載事項（規則13条2項）、債権者の申立てにおける債権者一覧表の提出（規則14条2項）、申立書の添付資料（規則14条3項）、申立書、債権者一覧表、添付書類以外の資料の提出（規則15条）について定めており、法20条、規則13条ないし15条が相まって破産手続開始の申立ての方式を規定していることとなる。

本条1項で申立てを書面ですることを要することとした趣旨は、書面化により、破産手続を開始するか否かを判断する裁判所にとっては、破産者の主体や属性、破産原因等の開始の判断に必要な正確な情報を、破産手続開始直後から迅速に管財業務を開始しなければならない破産管財人にとっては、破産に至った経緯や資産・負債の状況等の管財業務に必要な情報を、多数の利害関係人にとっては、記録の閲覧等により申立ての内容を、それぞれ得ることに資することにある。

本条2項で債権者一覧表の提出を要することとした趣旨は、裁判所において破産手続開始原因の有無や予納金の額、手続進行の見込み、どのような破産管財人を選任すべきか等を判断するために債務者の負債の状況（額や債権者の属性等）を確認するとともに、破産手続開始決定がされた場合に通知を要する破産債権者（法32条3項1号）を把握する必要があることにある。

2　破産手続開始の申立書の記載事項

法20条1項の委任を受けて、規則13条1項は、破産手続開始申立書の必要的記載事項、訓示的記載事項を定めているが、東京地方裁判所破産再生部や大阪地方裁判所第6民事部のような大規模庁では、破産手続開始申立書その他破産申立てに必要な書類のひな形を公表している（以下、東京地方裁判所破産再生部のひな形を「東京ひな形」[1]、大阪地方裁判所第6民事部のひな形を「大阪ひな形」[2]という）。

(1) 申立書の必要的記載事項（規則13条1項）

破産手続開始決定をする上で最低限必要な申立人、対象、求める決定の内容と決定の要件に関する事項である。この記載が欠けると、裁判所書記官の補正処分（法21条1項）や裁判所の補正命令（法21条5項）の対象となり、これらの処分に申立人が従わず、申立書の不備を補正しない場合には、裁判長は命令で申立書を却下しなければならない（法21条6項）。

---

[1] いずれも自己破産用（法人については準自己破産の場合も兼ねる）で、法人用と自然人用の2種類がある。
[2] いずれも自己破産用（法人については準自己破産の場合も兼ねる）で、法人用と自然人の管財事件用と同時廃止用の3種類がある。

a 申立人の氏名又は名称及び住所並びに法定代理人の氏名及び住所（規則13条1項1号）

申立人及び法定代理人を特定するために必要な事項である。

申立人が自然人の場合はその氏名及び住所を、法人の場合はその名称及び主たる事務所（一般社団法人及び一般財団法人に関する法律4条等）又は本店の所在地（会社法4条）を記載する[3]。申立人が未成年者その他の訴訟無能力者の場合は法定代理人の氏名（具体的には、例えば申立人本人が未成年者の場合は、「法定代理人親権者父（又は母）B」という記載となる）及び住所を記載する。

また、申立人に関する事項としては、訓示的記載事項であるが、申立人が法人又はこれに準ずる者である場合は代表者の氏名（「代表者代表取締役A」（株式会社の場合）、「日本における代表者A」（外国法人の場合）、「代表者A」（権利能力なき社団の場合））及び住所[4]（法13条、規則12条、民事訴訟規則18条、同2条1項1号）を記載する[5]。

なお、必要的記載事項でも任意的記載事項でもないが、東京ひな形及び大阪ひな形の全ひな形共通で、申立人兼破産者の氏名又は名称にふりがなを振る欄が、自然人用の全ひな形共通で、旧姓、生年月日、年齢を記載する欄が設けられている[6]。

b 債務者の氏名又は名称及び住所並びに法定代理人の氏名及び住所（規則13条1項2号）

破産手続の対象となる債務者を特定するために必要な事項である。

---

[3] 東京ひな形及び大阪ひな形のいずれにおいても、登記簿ないし住民票と住所が異なる場合の住所を記載する欄が設けられている（東京ひな形は居所も記載する欄がある）。これは必要的記載事項でも訓示的記載事項でもないと考えられるが、実務的に記載が要請されている。

[4] 実務的には、代表者の住所の記載は求められていない。

[5] これも訓示的記載事項であるが、任意代理人又は法令上の訴訟代理人によって破産手続開始の申立てをする場合は、当該代理人の氏名（「代理人弁護士A」（弁護士による任意代理の場合）、「亡A相続財産相続財産管理人B」（相続財産管理人の場合））及び住所を記載する（法13条、規則12条、民事訴訟規則2条1項1号）。

[6] 東京ひな形の自然人用のひな形には通称名の記載欄が設けられ、大阪ひな形の自然人・管財事件用のひな形には通称・屋号の記載欄が設けられているが、大阪ひな形の同時廃止用のひな形には通称・屋号の記載欄が設けられていない。また、東京ひな形の自然人用のひな形には申立人自身の電話番号の記載欄は設けられていないが、大阪ひな形の自然人用（管財事件用・同時廃止用いずれも）にはその記載欄が設けられている。

申立人が債務者である自己破産の申立てにあっては、**a**の記載が**b**の記載を兼ねる。その内容は**a**で説明したものと同様である。

特殊な場合としては、相続財産の破産の場合は、債務者の名称として「被相続人亡Ａ相続財産」、住所として死亡時の住所を記載することによって特定し（**本書第10章前注3(4)**参照）、信託財産の破産の場合は、債務者の名称として信託財産の概要（信託の目的、受託者、受益者など）を記載することとなるが、実際にはその内容は申立ての趣旨に記載し、「申立ての趣旨記載の信託財産」などと標記することが考えられ、代表者として信託の受託者の氏名又は名称を記載し、住所としては受託者の住所を記載することによって特定することとなる（**本書第10章の2前注**参照）。

c　申立ての趣旨（規則13条1項3号）

破産手続開始決定の主文に対応する結論を記載する。

具体的には、自己破産申立事件では「申立人について破産手続を開始する」、債権者申立事件、準自己破産申立事件では「債務者Ａについて破産手続を開始する」、相続財産の場合は「被相続人亡Ａの相続財産について破産手続を開始する」となる。

信託財産の破産の場合は、例えば「委託者Ａと受託者Ｂ間の平成○年○月○日付信託契約に基づく信託財産について破産手続を開始する。」というように、信託財産を特定することができる程度に信託財産の記載をしなければならない。上記の例で、例えば、委託者Ａと受託者Ｂ間に同日付の信託契約が複数ある場合には、さらに詳細な特定を要することとなる。

d　破産手続開始の原因となる事実（規則13条1項4号）

破産手続開始決定の中心的要件である。個人の場合は支払不能（法15条1項）、法人の場合は支払不能又は債務超過（法16条1項）、相続財産の場合には債務超過（法223条）、信託財産の場合には支払不能又は債務超過（法244条の3）であり、それぞれに応じて該当する事情を記載する。

東京ひな形及び大阪ひな形は、債権者一覧表、資産目録（東京ひな形は報告書（陳述書）を含む）を引用（大阪ひな形は債権額、債権者数及び財産の回収見込額を具体的に転載）して、法人については債務超過又は（及び）支払不能、自然人については支払不能の状態にあることを記載する体裁となっている（大阪ひな形のうち同時廃止用については、債権者一覧表及び財産目録を引用し、債権の種類に関

わりなく債権者数及び債権総額と保証債務及び住宅ローンを控除した債権総額を具体的に記載し、破産財団を構成すべき財産がほとんどなく、支払不能状態であること及び破産手続の費用を支弁するに足りないことを記載することとなっている）。

(2) 申立書の訓示的記載事項

　規則13条2項は、破産手続開始の申立書の訓示的記載事項として、裁判所が事件を正確に理解し、開始の可否や手続進行の見込みを判断するに際して、また破産管財人の初動のための情報として重要な事項を定めている。これらは記載されることが望ましいが、自己破産申立てであれば、申立人がこれらを詳細に把握できるとしても、債権者申立事件等では、それが困難な場合もあるとの配慮から必要的記載事項とはしていない。しかしながら、訓示的記載事項に留めた上記趣旨に鑑み、債権者申立事件であっても、親会社が子会社の破産処理を行う場合のように債務者と密接な関係を有する場合は当然として、可能なかぎりの記載がなされるべきである[7]。

　必要的記載事項ではないので、該当事項の記載がなくとも、そのことだけで裁判所書記官の補正処分（法21条1項）や裁判所の補正命令（法21条5項）の対象となったり、裁判長の申立の却下命令（法21条6項）につながったりするものではない。

　規則13条2項が定める具体的な訓示的記載事項は、以下の通りである。

a　債務者の収支並びに資産及び負債（債権者数を含む）の状況（規則13条2項1号）

　破産手続開始の原因である支払不能（法15条1項）又は債務超過（法16条1項）を裏付ける具体的な事情である。債権者数の記載を求めている理由は、債権者が多数の場合の管轄の特例（法5条8項・9項）、移送（法7条4号ロ・ハ）、通知を省略する旨の決定（法31条5項）に関する判断材料として必要であること、予納金の金額の決定に当たって考慮されるべき事情であること（法22条1項、規則18条1項）[8]、債権者の数を把握することにより破産事件の規模や管財業務の分量が推測され、破産管財人をどのような人にするかの判断や破産手続の円滑な進行のためにも重要であること等にある。

7　『条解規則』40頁注5。
8　『条解規則』37頁。

b　破産手続開始の原因となる事実が生ずるに至った事情（規則13条2項2号）

裁判所にとっては開始決定の可否の判断をするために、破産管財人にとっては管財業務の初動を迅速かつ適切にするために役立つ事情である。

c　債務者の財産に関してされている他の手続又は処分で申立人に知れているもの（規則13条2項3号）

債務者の財産状態の把握だけでなく、他の手続の中止命令（法24条1項）、包括的禁止命令（法25条1項）の発令の要否等を判断するために必要な情報である。「他の手続又は処分」には、強制執行、仮差押え・仮処分、企業担保権実行手続、責任制限手続、担保権の実行としての競売手続、特別清算手続、国税滞納処分が含まれる。

d　債務者について現に係属している倒産事件があるときは当該事件に係わる事項（規則13条2項4号）

債務者に再生手続又は更生手続が既に開始されているときは破産手続開始の申立ては却下される（民事再生法39条1項、会社更生法50条1項）。また先行する再生手続又は更生手続が廃止等により終了した場合において破産手続開始の決定をするときは、裁判所は破産債権の届出を要しない旨の決定をすることができる（民事再生法253条1項、会社更生法255条1項）。更に、債務者について先行する破産手続開始決定があった場合には、後にされた破産手続との関係では、先行する破産手続において破産債権を有する者は準別除権者として取り扱われる（法108条2項）。したがって、債務者について係属している他の倒産事件の有無は、破産手続開始決定の可否の判断の資料となるだけでなく、破産手続の進行の見込みに影響を及ぼす事項である。

具体的には、当該事件が係属する裁判所、事件番号及び当該事件の表示を記載する。

e　管轄の特例の対象となる倒産事件に係わる事項（規則13条2項5号）

一体的処理をするかどうか等の判断に必要な情報である。

具体的には、管轄の特例の対象となる倒産事件の債務者の氏名又は名称、当該事件が係属する裁判所、事件番号及び事件の表示を記載する。

f　外国倒産処理手続の概要（規則13条2項6号）

債務者について開始された外国倒産処理手続がある場合、当該債務者に破産手続開始の原因となる事実があるものと推定される（法17条）ほか、外国

管財人が手続に関与する可能性（法246条、247条）もあるので、当該債務者に関する手続開始の可否、その後の手続進行の見通しを判断するのに必要な情報である。「当該外国倒産処理手続の概要」としては、当該外国倒産処理手続の係属する国名、裁判所その他の機関の名称、事件番号、事件の表示等、当該外国倒産処理手続を特定するに足りる事実を記載するほか、外国管財人の氏名又は名称、連絡先、事案の概要、進行状況、外国主手続か外国従手続かの別などが考えられる（外国倒産処理手続の承認援助に関する法律2条1項2号・3号、外国倒産処理手続の承認援助に関する規則14条1項1号等）。

g 債務者の使用人その他の従業者の過半数で組織する労働組合等（規則13条2項7号）

債務者に対して破産手続開始決定がなされた場合には、裁判所は、破産者の使用人その他の従業者の過半数で組織する労働組合に対し、又はそのような労働組合がないときは破産者の使用人その他の従業者の過半数を代表する者に対し、破産手続開始決定につき公告すべき事項を通知する必要があり（法32条3項4号）、裁判所が破産管財人による営業又は事業の譲渡につき許可をする場合には、その意見を聴かなければならず（法78条4項）、債権者集会の期日を通知しなければならない（法136条3項）ことから記載が求められるものである。具体的には、債務者の使用人その他の従業者の過半数で組織する労働組合があるときはその名称、主たる事務所の所在地、組合員の数及び代表者の氏名、債務者の使用人その他の従業者の過半数を代表する者がいる場合にはその者の氏名及び住所である。

h 通知すべき機関の名称及び所在地（規則13条2項8号）

債務者について、規則9条1項によって、破産手続開始決定を通知すべき機関（官公庁など）がある場合に、その機関を特定するために必要な情報である。

i 申立人又は代理人の郵便番号及び電話番号（規則13条2項9号）

通知、送達、その他の連絡事務を円滑に進めるために、必要な情報である。電話番号にはファクシミリ番号を含む。

(3) 申立書のその他の記載事項

申立書には、法20条や規則13条に規定されている事項以外にも、裁判所が事件の概要を的確に把握し、事件処理に適切と考えられる破産管財人を選任

し、破産管財人が、特にその初動において的確かつ効率的に管財業務を行えるようにするために記載されるべきものがある。

　a　債権者申立ての事案にあっては、申立債権の存在である（法18条2項）。

　b　準自己破産の申立ての事案にあっては、申立てについて取締役会の決議、理事会の決議等が得られなかった具体的理由である。

　c　その他、裁判所に提出する書面に記載することが要求される事項

事件の表示、付属書類の表示、作成年月日、裁判所の表記、申立人又は代理人の記名押印、送達を受けるべき関係から送達場所の記載なども必要である（規則12条、民事訴訟規則2条）。

　d　**申立書関係書類ひな形記載の事項**

実際の破産実務では、過去の事件処理の運用やノウハウの蓄積に基づき、裁判所が、手続開始後の手続の円滑な進行に役立つ事項を抽出し、類型化したものを、申立書及びこれと一体となるべき説明資料の書式を開示し、破産手続開始の申立てをしようとする者に対する参考に供している。申立てに当たっては、申立てを予定する裁判所の開示する書式を参考として、その要求する内容を充足するような申立書及び説明資料を準備すべきである。

東京ひな形においても申立書自体の書式のほか、法人については申立代理人弁護士の報告書、代表者等の陳述書、資産目録（一覧・明細）、各種目録、次に説明する債権者一覧表が用意され、自然人については資産目録（一覧・明細）、陳述書・報告書、家計状況、次に説明する債権者一覧表が用意されている[9]。また、大阪ひな形においても同様のものが用意されている[10]。

3　債権者一覧表の提出

(1)　債権者一覧表の提出義務（法20条2項本文）

　a　債権者以外の者が破産手続開始の申立てをするときは、債権者一覧表の提出が必要的であるので、債権者一覧表を提出しない破産手続開始の申立て、又は規則14条1項に規定される事項を記載していない債権者一覧表を提出した破産手続開始の申立てに対しては、裁判所書記官からそれらの点の補

---

[9] 東京弁護士会倒産法部編『破産申立マニュアル』（商事法務、2015年）379頁以下。
[10] 『運用と書式』321頁以下。

正が事実上求められることとなろう。なお債権者一覧表の提出がない申立てや債権者一覧表の内容が不十分な申立てが、裁判所書記官の補正処分（法21条1項）、裁判所の補正命令（法21条5項）、裁判長の申立書の却下命令（法21条6項）の対象となるか否かについては、認める立場[11]もあるが、否定説[12]が相当と思われる（**本書21条の解説2(2)参照**）。

　　b　債権者以外の者が破産手続開始の申立てをする場合とは、債務者による自己破産の申立て（法18条1項）、法人の理事・会社の取締役などによる準自己破産の申立て（法19条）である。その他、相続財産の破産については、相続債権者以外の申立人となる相続人、受遺者、相続財産管理人、遺言執行者（法224条1項）が申し立てる場合（ただし、受遺者に関しては提出義務を認めるべきでないとの理由から疑義を述べる見解がある[13]）、信託財産の破産については、信託債権を有する者以外の申立人である受益者のほか、受託者又は信託財産管理者、信託財産法人管理人若しくは信託法170条1項の管理人が申し立てる場合（法244条の4第1項）、破産手続開始の申立義務を課されている申立人（一般社団法人及び一般財団法人に関する法律215条1項に規定される清算人、清算株式会社及び清算持分会社の清算人（会社法484条1項、656条1項）など）が申し立てる場合にも、債権者一覧表の提出が必要的となっている。

　　c　破産手続開始の申立てと同時に債権者一覧表を提出することができないときは、当該申立ての後遅滞なく提出すれば足りることとされ（法20条2項ただし書）、債権者一覧表が提出されない段階で、申立書や添付された疎明資料によって破産手続が開始されるべきとの心証が形成される場合には、破産手続開始決定を発令することも可能と思われるが、破産手続開始決定に関して公告すべき事項を通知しなければならない（法32条1項・3項）こととの関係で、債権者一覧表の提出が急がれることとなろう。

(2) 債権者一覧表の必要的記載事項（規則14条1項）

　　a　債権者一覧表の記載事項に関する法20条2項の委任を受けて、規則14条1項が、債権者一覧表の記載事項を定めている。具体的には、前記**1**に記載した債権者一覧表が求められる趣旨から、規則14条1項1号は、破産手

11　『伊藤』130頁。
12　『条解』161頁。
13　『条解』148頁。

続開始の決定がなされたとすれば破産債権となるべき債権につき、2号以下は、その他破産手続開始前の原因に基づく財団債権となることが見込まれる請求権につき、債権者の氏名又は名称及び住所並びにその有する債権及び担保権の内容の記載を要求している。

　b　破産手続開始前の原因に基づく債権のうち財団債権になるものには、①租税等の請求権の一部（法148条1項3号）、②破産者の使用人の給料の請求権及び退職手当の請求権の一部（法149条1項）、③先行する再建型手続における共益債権（民事再生法252条6項、会社更生法254条6項）等がある。このうち、租税等の請求権及び破産者の使用人の給料等の請求権については破産手続開始日がいつになるかによって財団債権となるか破産債権となるかの扱いが異なってくるため、破産手続開始日が具体的に明らかではない申立段階では、申立人が財団債権となる部分と破産債権となる部分を切り分けることは困難である。そこで、破産債権となるべき請求権のうち租税等の請求権及び破産者の使用人の給料等の請求権については、破産債権と財団債権の区別なく債権者一覧表に別途記載することとしている（規則14条1項2号・3号）。

　c　請求権について記載すべき事項（規則14条1項柱書）

①　債権者の氏名又は名称及び住所は、債権を有する者の特定事項である。債権者が法人であればその名称及び主たる事務所（一般社団法人及び一般財団法人に関する法律4条）又は本店の所在地（会社法4条）、債権者が個人であればその氏名及び住所である。

②　債権の内容は、債権の種類（租税債権（税目まで記載する）、貸金債権、売買代金債権等）、債権が金銭債権であれば債権額及び弁済期、非金銭債権であれば債権の目的、履行期等である。

③　担保権の内容は、担保権の種類、目的物のほか、破産債権・財団債権となることが見込まれる債権のうち当該担保権によって担保される範囲等である。

(3)　債権者申立ての場合の債権者一覧表の提出（法20条2項、規則14条2項）

　破産手続にあっては、債権者一覧表は、債務者の負債の状況を把握し、破産債権者に対する通知（法32条3項）を行うために必要な情報であるため、債権者申立ての事案であっても可能な限り債権者一覧表が提出されることが望ましい。もっとも、債権者が、他の債権者の有する債権の内容を調査し把握

することは一般的に困難である。そこで、規則14条2項は、債権者申立ての事案にあっては、一定の調査を行い、申立債権者において把握できた範囲の債権者を記載した債権者一覧表の作成及び提出を求めるものの、これを訓示的なものに留め（同項本文）、申立債権者において債権者一覧表の作成が著しく困難な場合は提出を要しないものとしている（同項ただし書）。

(4) 債権者一覧表ひな形

　東京地方裁判所破産再生部や大阪地方裁判所第6民事部は、債権者一覧表のひな形も公表しているので、申立てを行う裁判所においてひな形が定められていない場合には、これを参照することが便宜である[14]。

4　申立書の添付書類

(1) 破産規則に規定された添付書類（規則14条3項）

　破産法には、債権者一覧表以外に破産手続開始の申立てに当たって提出すべき書類についての規定はないが、規則14条3項が、破産手続開始の申立書の添付書類について規定している。この規定も訓示的規定で、申立書にこれらの添付がなくとも、裁判所書記官の補正処分、裁判所の補正命令、裁判長の申立書の却下命令の対象にはならない。具体的な添付書類は以下の通りである。

a　個人の債務者については本籍が省略されていない住民票の写し、法人の債務者については登記事項証明書（規則14条3項1、2号）

　債務者の存在と基本的事項の確認のために提出を求めるものである。住民票に関して本籍の記載が省略されていないものを要求するのは、破産手続開始決定によって各種の資格制限等の公法上の効果が生じる（法30条の解説参照）ことに鑑み、破産者の特定の誤りを防止するためである。

b　限定責任信託に係る信託財産について破産手続開始の申立てをするときは、限定責任信託の登記に係る登記事項証明書（規則14条3項3号）

　限定責任信託は、受託者が当該信託のすべての信託財産責任負担債務について信託財産に属する財産のみをもってその履行の責任を負う信託であり

---

[14]　東京弁護士会倒産法部編・前掲注9・388頁以下、420頁以下、『運用と書式』333頁以下、369頁以下。

（信託法2条12項）、信託法232条の定めるところにより登記をすることによって限定責任信託としての効力を生ずるものである（信託法216条1項）が、仮想的な取引主体である限定責任信託の存在と基本的事項の確認のために提出を求めるものである。

  c **破産手続開始の申立ての日の直近において法令の規定に基づき作成された債務者の貸借対照表及び損益計算書（規則14条3項4号）**

 債務者の財産状況・収益状況を把握するために提出を求めるものである。

  d **債務者が個人であるときに、破産手続開始の申立ての日の前1月間の債務者の収入及び支出を記載した書面、並びに確定申告書の写し、源泉徴収票の写しその他債務者の収入の額を明らかにする書面（規則14条3項5号イ・ロ）**

 営業者であるなど例外的場合を除いて貸借対照表等が作成されることがまれな個人の債務者につき、財産状況・収益状況を把握するために提出を求めるものである。

  e **財産目録（規則14条3項6号）**

 債務者の財産状況を把握するとともに、手続費用の予納金額（法22条、規則18条）を決め、その他手続進行の見込みを把握するために求めるものである。

(2) **申立書のその他の添付書類、資料**

 破産手続開始の申立書には、規則14条3項に規定されているもののほか、申立てに当たって疎明を求められている事項（債権者申立て事案における申立債権の存在など）、更に破産手続開始の原因事実や申立書に記載した事情を裏付ける書類や資料を添付して提出する必要がある（破産手続開始の原因事実について証明を要することに関し、**本書30条の解説5(3)**参照）。

5 破産手続開始の申立人に対する資料の提出の求め

 裁判所は、破産手続開始の申立てをした者又はしようとする者に対し、破産手続開始の申立書及び破産法又は破産規則に基づき申立書に添付し又は提出されるべき書類のほか、破産手続開始の決定がされたとすれば破産債権となるべき債権及び破産財団に属すべき財産の状況に関する資料、その他破産手続の円滑な進行を図るために必要な資料の提出を求めることができる（規則15条）。この規則15条も訓示的な規定である。

破産手続にあっては、裁判所は職権で必要な調査をすることができ（法8条2項）、その一環として破産手続開始の申立人に対して必要な資料の提出を求めることができるので、規則15条は、裁判所が申立人等に求めることができる資料が規則上明示された記載事項及び添付書類に限定されないことと、申立人が提出すべき資料が破産手続開始の申立て自体に限らず、破産手続の円滑な進行のために必要な資料一般に及ぶことを明らかにするために確認的におかれた規定である[15]。

なお前述の通り、実際の破産実務では、裁判所が申立書等の書式や添付書類等を公表しているので、申立てに当たってはその要求に応じて準備すべきである。

6　破産手続開始の申立てと時効中断

債権者による破産手続開始の申立てによって、当該債権者が債務者に対して有する債権の消滅時効が中断されるのか、という問題点がある。

判例及び通説的見解は、破産手続開始の申立てが、民法147条1号の裁判上の請求に当たるとして、時効中断の効力を認める[16]。

破産手続開始の申立てによる時効中断効は、申立てが取り下げられても、債務者に対する催告（民法153条）としての効力を有するので、取り下げから6箇月以内に訴えの提起等をすることによって、確定的な時効中断とすることができる[17]。

（長島良成）

第21条　破産手続開始の申立書の審査

① 前条第1項の書面（以下この条において「破産手続開始の申立書」という。）に同項に規定する事項が記載されていない場合には、裁判所書記官は、相当の期間を定め、その期間内に不備を補正すべきことを命ずる処分をしな

15　『条解規則』50頁注2。
16　大判明37.12.9（民録10輯1578頁）、最判昭35.12.27（民集14巻14号3253頁）、最判昭45.9.10（民集24巻10号1389頁）。
17　最判昭45.9.10（民集24巻10号1389頁）。

ければならない。民事訴訟費用等に関する法律（昭和46年法律第40号）の規定に従い破産手続開始の申立ての手数料を納付しない場合も、同様とする。
② 前項の処分は、相当と認める方法で告知することによって、その効力を生ずる。
③ 第１項の処分に対しては、その告知を受けた日から１週間の不変期間内に、異議の申立てをすることができる。
④ 前項の異議の申立ては、執行停止の効力を有する。
⑤ 裁判所は、第３項の異議の申立てがあった場合において、破産手続開始の申立書に第１項の処分において補正を命じた不備以外の不備があると認めるときは、相当の期間を定め、その期間内に当該不備を補正すべきことを命じなければならない。
⑥ 第１項又は前項の場合において、破産手続開始の申立人が不備を補正しないときは、裁判長は、命令で、破産手続開始の申立書を却下しなければならない。
⑦ 前項の命令に対しては、即時抗告をすることができる。

規則
（破産手続開始の申立書の補正処分の方式・法第21条）
第16条　法第21条第１項の処分は、これを記載した書面を作成し、その書面に処分をした裁判所書記官が記名押印してしなければならない。

1　本条の趣旨

　本条は、裁判所が破産手続開始の申立書を受け付けるに当たり、その必要的記載事項（法20条１項、規則13条）が記載されているか否か及び必要な手数料が納付されているか否かについて審査する手続を定めたものである。裁判所書記官の審査権限と補正処分（本条１項・２項）、補正処分に対する異議の申立て（本条３項・４項）、裁判所の補正命令（本条５項）と裁判長の申立書却下命令（本条６項）等を定める。

2　裁判所書記官による申立書の審査及び補正処分

(1)　審査及び補正処分の権限を裁判所書記官に付与した理由

　民事訴訟手続では、訴状に必要的記載事項が記載されているか否か及び訴え提起に必要な手数料の納付があるか否かの審査は、いずれも裁判長が行い、それらに不備がある場合は、裁判長がその補正を命ずる（民事訴訟法137条）。民事再生法及び会社更生法においても民事訴訟法が準用され（民事再生法18条、会社更生法13条）、裁判長が開始申立書の必要的記載事項の審査を行うことになっている。旧法でも、民事訴訟法の準用（旧法108条）がされ、裁判長がその審査及び補正命令を行うこととされていた。

　しかし、破産手続開始申立書の必要的記載事項や手数料の納付の有無の審査は、破産手続開始原因を除いていずれも容易に判断が可能である。また、破産手続開始原因（支払不能や債務超過）に関する記載の有無及び内容についても、経験の積み重ねを踏まえて定型的な判断が可能である[1]。また、実務的にも、個人破産事件であると法人破産事件であるとを問わず、裁判所書記官において、申立書の不備について事実上補正を求め、あるいは不足する疎明資料について追完を促すなどの対応がとられてきており、このような運用が破産事件の円滑な運用に貢献してきた[2]。

　以上の経緯を踏まえ、破産手続開始の申立てを書面により行うことを義務付けるとともに（法20条1項）、その必要的記載事項を最高裁判所規則に委任することにより（規則13条1項）、申立ての方式を明確にした上で、裁判所書記官に申立書に関する第一次的な審査権限を付与して、その審査を義務付け、もって、迅速に手続の進行を図ろうとしたものである。

　ちなみに、民事再生法や会社更生法では、破産法と異なり、裁判所書記官に申立書の審査権限に関する規定はない。その理由としては、それらの倒産手続では、破産手続に比べ、手続開始原因がより複雑であり、申立書の記載事項も相当複雑かつ詳細な事項が定められていることによるとされている[3]。

1　『条解』160頁、『一問一答』46頁。
2　『大コンメ』81頁〔佐藤満〕。
3　『大コンメ』83頁〔佐藤満〕。

(2) 裁判所書記官による審査の手続と補正処分の対象

破産手続開始の申立てがされた裁判所に所属する裁判所書記官は、規則13条1項が定める必要的記載事項（①申立人及び債務者の氏名及び住所等、②申立ての趣旨、③破産手続開始原因となる事実）が記載されているか否か、民事訴訟費用等に関する法律で定められた申立ての手数料[4]が納付されているか否かを審査し、それらに不備がある場合は、補正を命ずる処分をしなければならない。

裁判所書記官の必要的記載事項の審査は、記載された事実の有無について実体的な観点から審査を行うものではなく、申立書に記載すべき事項が記載されているか否か、記載を求められている事項が記載内容として足りているか否かという観点から形式的に行う審査である。

規則13条2項が定める訓示的記載事項や、規則14条3項及び15条に基づき申立人に提出が求められる書類又は資料の提出、添付については、実務上は、裁判所書記官により事実上の補正がされる場合が多い。しかし、これらの不備を理由として補正処分を発令することはできない。債権者一覧表（法20条2項）が提出されない場合や、債権者一覧表に必要的記載事項（法20条2項、規則14条1項）が記載されていない場合についても同様であると解する。文言上本条の審査の対象から除外されていると解さざるを得ないことや、債権者一覧表については、申立て時に提出できないときは、申立て後に遅滞なく提出すれば足りる（法20条2項ただし書）とされているからである[5]。

なお、実務的には、裁判所書記官が事実上の補正を求めることにより申立人がこれに応ずる可能性がある場合は、補正処分を命ずるまでもなく、事実上の補正により手続の進行を図っている現状にある[6]。裁判所書記官において本条の補正処分を発令する事態は希である。

---

4 手数料は、平成27年9月現在、債権者申立ての場合は2万円（民事訴訟費用等に関する法律3条1項・別表第1の12の項）、それ以外の場合は、1000円（別表第1の16の項）である。なお、免責許可申立てには別途500円の手数料が必要である（同法3条4項、別表第1の17の項）。

5 『条解』161頁、『基本法コンメ』59頁〔中尾彰〕。『伊藤』130頁は反対。実際には、裁判所書記官が事実上の補正を求めることにより補正がされる場合がほとんどである。

6 『大コンメ』84頁、『書記官事務の研究』10頁。

(3) 補正処分の手続

　裁判所書記官は、必要的記載事項の記載又は申立手数料の納付に不備があり、事実上の補正では足りず、本条1項の補正処分を行う必要があると判断するときは、相当の期間を定めてその補正を命ずる処分を行う。この補正処分については、裁判所書記官がこれを記載した書面を作成し、裁判所書記官が記名押印しなければならない（規則16条）。補正処分に対し、申立人が異議を申し立てず、補正にも応じない場合には、破産手続開始の申立書が却下されるという効果（本条6項）が生ずることから、補正処分の内容を明確にして、申立人に理解させる必要があるからである[7]。

　裁判所書記官の補正処分は、相当と認める方法で告知することによってその効力を生ずる（本条2項）。実務の運用としては、補正処分に対して異議の申立てが認められることから（本条3項）、異議申立期間の起算日（処分の告知日）を明確にするために、補正処分書の正本を送達する手続をとることになろう[8]。

3　補正処分に対する異議の申立て

　裁判所書記官による補正処分に対しては、申立人は、告知を受けた日から1週間の不変期間内に異議の申立てをすることができる（本条3項）。異議の申立ての宛先は、補正処分を命じた裁判所書記官が所属する裁判所である（法13条、民訴121条）。この異議の申立てには執行停止の効力があるので（本条4項）、告知によって生じた補正処分の効力は停止するから、異議の申立てに対する裁判があるまで補正処分の効力は生じない。

　異議の申立書を受理した裁判所は、異議の申立てに理由があると認めるときは、決定で補正処分を取り消す。理由がないと認めるときは、決定で異議の申立てを却下する。その際、裁判所は、破産手続開始の申立書に裁判所書記官が補正を命じた不備以外の不備があると認めるときは、相当の期間を定め、その期間内にその不備を補正すべきことを命じなければならない（本条5項）。裁判所において不備を発見した場合は、裁判所が更に申立人に対し

---

[7]　民事訴訟手続における訴訟費用確定処分に関しても、民事訴訟規則26条に同様の規定がある。
[8]　『書記官事務の研究』11頁。

て補正を命じて、申立人に不備を補正する機会を付与し、申立書の適否に関する判断をまとめて行えるようにしたものである[9]。

異議の申立てを却下する決定に対しては、不服申立ては許されない。破産手続開始申立書が却下された場合には即時抗告が認められていることから（本条7項）、独自に不服申立てを認める必要が乏しいからである。

4　破産手続開始申立書の却下命令

裁判所書記官による補正処分（本条1項）又は裁判所による補正処分（本条5項）に対し、異議の申立てをせず、かつ定められた期間に補正をしない場合は、裁判長は、命令で破産手続開始の申立書を却下しなければならない（本条6項）。

この却下命令に対しては、申立人は、1週間の不変期間内に即時抗告をすることができる（本条7項）。

5　破産手続の円滑な進行と裁判所書記官による事実の調査

破産事件の実務では、裁判所書記官は、申立書の記載事項に関する調査のほかにも、破産手続の円滑に進行を図る上で参考となる事実（負債総額、破産財団を構成する資産の状況、予想される換価業務等）について、申立て前の事前相談や申立て時の事情聴取を通じて、これを把握してきた。このような実務的運用を踏まえ、裁判所は、相当と認めるときは、裁判所書記官に対し、破産手続開始原因（法15条1項、16条1項）又は破産障害事由（法30条1項1号・2号）に関わる事実の調査を行わせることができるものとした（規則17条）[10]。

（中山孝雄）

第22条　費用の予納

> ①　破産手続開始の申立てをするときは、申立人は、破産手続の費用として裁判所の定める金額を予納しなければならない。

---

[9] 『一問一答』46頁。
[10] 民事再生規則15条及び会社更生規則14条にも同旨の確認規定がある。

② 費用の予納に関する決定に対しては、即時抗告をすることができる。

規則
（費用の予納・法第22条）
第18条　① 法第22条第1項の金額は、破産財団となるべき財産及び債務者の負債（債権者の数を含む。）の状況その他の事情を考慮して定める。
② 破産手続開始の決定があるまでの間において、予納した費用が不足するときは、裁判所は、申立人に、更に予納させることができる。

1　本条の趣旨

　本条は、破産手続の申立人に対して、破産手続の費用として裁判所の定める金額を予納する義務があることを定めるとともに、費用の予納に関する決定に対して即時抗告ができることを定めた規定である。

　破産手続においては、破産手続開始決定等の各種決定の官報公告や破産債権者への通知を行うことが当然に予定されている上、破産財団の管理・換価を行うための費用や破産管財人報酬等が必要となることから、破産手続の申立てに際して、申立人に破産手続に必要となる費用の予納義務を負わせている。そして、申立人が費用を予納しない場合には、破産手続開始決定ができないこととされている（法30条1項1号）。

2　予納すべき費用

(1)　予納義務者

　費用の予納をすべき者は、申立人である。したがって、債務者申立ての場合には債務者、債権者申立ての場合には債権者が予納義務者となるが、第三者が代わって予納することも許されると解される。この場合、第三者が予納することについて許可申請を求める運用をしている裁判所も存在する[1]。実務上は、日本司法支援センター（法テラス）により援助開始決定がされた生

1　『書記官事務の研究』17頁。

活保護受給者の破産管財事件について、法テラスが第三者予納を行う事例が多い。

(2) 予納すべき費用の額

　破産手続の費用には、各種決定の送達・通知・公告費用、保全処分が行われた場合に要する費用、破産財団の占有・管理・換価に要する費用、破産管財人が行う否認訴訟等の法的手続の費用、配当手続の費用、破産管財人の報酬等がある[2]。

　費用として予納すべき具体的な額は、裁判所が裁量により定めることになるが（法22条1項）、一般に、破産財団の規模や負債総額が大きい場合には、財団の管理・換価や資産調査の範囲が広がるものと考えられ、また、債権者数が多い場合には、各種通知のための事務処理等の負担が大きくなると考えられることから、予納金の額を定める際には、破産財団となるべき財産の状況、債務者の負債の状況、債権者の数その他の事情を考慮するものとされている（規則18条1項）。実務上は、多数申し立てられる破産事件について個別に予納金を定めることは困難であることから、一定の予納金の基準を定めていることが一般である。

　具体的な基準は各裁判所によって異なるが、同時廃止事件については、官報公告費用と破産債権者への通知のための郵送料を念頭に、一律に1万円から2万円程度の金額を定めている。管財事件については、最低の予納金額を法人であれば50万円から100万円、個人であれば20万円から50万円とした上で、負債総額や債権者数の増加に応じて段階的に増額する基準を定めている例が多いが[3]、東京地方裁判所民事第20部（破産再生部。以下「東京地裁破産再生部」という）において、申立代理人である弁護士があらかじめ事実関係及び法律関係の問題点について十分な調査を行うとともに、破産管財人の管財業務に協力することを前提に、個々の管財手続を簡素化・合理化して予納金を20万円という低廉な金額に定める少額管財手続が導入されて以降、呼称や適用範囲は異なるものの、地域の実情に応じて同様の運用を行う裁判所が増加している[4]。このような運用の対象となる事件については、通常の管財事件

2　『条解』166頁。
3　『書記官事務の研究』15頁。

における予納金の基準よりも低い額が基準額として定められているが、本人申立事件や債権者申立事件など、少額管財手続に必ずしも適さない類型の事件については、通常の管財事件における基準に従って金額が定められることが多いであろう（なお、**本書第2章前注2(4)**参照）[5]。

(3) 予納金の額が増額・減額される場合

a 予納金が増額される場合

各裁判所で定めている予納金の基準は、大量に申し立てられる事件を迅速かつ合理的に進行させるために定めた一応の基準であるため、個々の事件の内容に応じて予納金が増額される場合がある。一般的に言えば、破産財団の管理・換価のために多額の費用が生じることが予想される場合、破産手続開始決定後直ちに費用を支払う必要がある場合、事案が複雑困難・事務量が多いなどの理由で破産管財人の負担が大きいと予想される場合などに予納金が増額されると考えられる。基準以上の予納金の納付がなければ管財業務に支障が生じるおそれがある場合として、次のような例が挙げられている[6]。

① 債権者数が著しく多数である、又は財団の構成が複雑で数量・金額が大きい場合
② 外国にある財産の確保が必要である場合
③ 明渡し未了の賃借不動産があり、明渡し（原状回復）に費用を要する場合
④ 処分すべき土地に産業廃棄物や土壌汚染などがあり、その処理に費用を要する場合
⑤ 従たる営業所がある場合
⑥ 所有不動産が多数又は遠隔地にあるなど処分に手間や費用がかかると予想される場合
⑦ 否認権行使等の訴訟で費用がかかると予想される場合
⑧ 売掛金の回収が多数であり、回収作業が困難である場合

---

4 『大コンメ』88頁〔重政伊利〕、『書記官事務の研究』16頁。なお、東京地裁破産再生部における少額管財手続の詳細については、『手引』2頁以下Ｑ１参照。
5 東京地裁破産再生部における債権者申立事件及び本人申立事件の予納金の額については、『破産実務』75頁参照。
6 『大コンメ』88頁〔重政伊利〕、『書記官事務の研究』15頁。

⑨　什器備品や車両等高価な動産の売却処理が多数ある場合
⑩　仕掛品の処理費用が至急必要である場合

　より具体的には、多数の在庫等の管理のために倉庫の費用を支出せざるを得ない（①、⑨）、小売業等で多数の店舗が存在し、処理に手間と費用がかかる（⑤）、工事途中の建築現場を至急保全する必要がある（⑩）、債権者が多数な上、一般の消費者が多く、破産管財人に対して多数の問い合わせがあることが予想される（①）などの理由により、多額の費用が必要になることが考えられる。このほかにも、管財手続において事業継続をする必要がある場合（事業の継続によって破産財団がより増殖することが見込まれる場合や、入院中の患者がいるなどの理由で当面事業継続せざるを得ない場合）には、事業継続のための費用を賄うことができる程度の予納金が必要になると考えられる。また、債権者申立事件については、申立て時に債務者の財産・負債の状態が必ずしも明らかではなく、予想される管財業務が複雑・困難で破産手続開始決定後に破産者の協力が得られない場合もあることから、事案によっては基準よりも増額した予納金が定められる場合がある。

b　予納金が減額される場合

　規則18条1項は、破産財団となるべき財産の状況を考慮して予納金の額を定める旨を規定していることから、破産手続を開始すれば取得できるであろう財産が見込める場合には、予納金額を基準から下げることも検討されてよいとの指摘や[7]、予納金はあくまでも手続費用を担保するためのものである以上、現金やこれと同視できる国債・公債等が確実に引き継がれることが予想される場合はもちろん、破産財団となるべきその他の財産についても、その換価・換金が確実にでき、早期に財団の形成が見込まれる場合には、予納金を思い切って減額することが可能であるとの指摘がされている[8]。現金と同視できる財産（預金や保険の解約返戻金等）が財団に引き継がれることが予想される場合には、金額にもよるが、手続費用を賄うための財団が形成できる見込みが高いため、予納金の減額が考慮されてよい事案があると思われる。他方、現金と同視できるとはいえないまでも、容易に換価できるその他の財

---

[7]　『大コンメ』88頁〔重政伊利〕。
[8]　『新・実務大系』55頁〔西謙二〕。

産が存在すると見込まれる場合については、予想に反して換価できなかった場合に破産手続に必要な費用が確保できず、手続に支障を来す可能性があるため、換価の確実性やその価値について比較的慎重に検討せざるを得ないであろう。この点、減額の方向で修正を加えるべき事情があることを、申立人が説得力のある根拠と資料を示して申し出た場合には、修正を加えるべきときがあることは否定できないとする指摘がある[9]。

(4) 予納の方法

　原則的には、申立人が予納金の全額を裁判所に納付した上で、これを破産財団に組み入れる方法により予納することになるが、手続の簡素化や破産財団への迅速な入金を目的として、官報公告費用相当額のみを破産手続開始決定前に裁判所に納付させ、その余の予納金を引継予納金として破産手続開始決定後速やかに破産管財人に直接に引き継ぐ運用を行っている裁判所も多い[10]。

(5) 追加予納

　破産手続申立て後、破産手続開始決定があるまでの間に、予納金が不足することが明らかになった場合には、裁判所は、申立人に対し、更に不足した費用を予納させることができる（規則18条2項。追加予納命令）。債権者申立事件において、審理の中で負債総額や予想される管財業務について新たな事情が判明した場合などに、追加予納を求められることがある。申立人が追加予納命令に応じないときは、予納命令に応じない場合と同様に、裁判所は、破産手続開始の申立てを却下又は棄却する。同項は、追加予納命令ができる時期を破産手続開始決定前までに限定しているが、破産手続開始決定後にも追加予納命令をすることが認められるとする見解がある[11]。ただし、このような見解を採用したとしても、追加予納命令に従わないことを理由に、既に行われた破産手続開始決定の効力を覆して申立てを却下又は棄却することはできない。

(6) 分割予納

　本来、破産手続に必要な費用は裁判所の定める期間内に一括して納める必

9　『条解』168頁。
10　『書記官事務の研究』17頁、東京地裁破産再生部の運用につき『手引』101頁。
11　『大コンメ』89頁〔重政伊利〕。

要があるが、予納金を一括で準備することが困難な場合などには、例外的に予納金の分割納付を認めることも許されると解される。分割納付の方法としては、破産手続開始決定前に予納金の全額を分割で納付させる方法と開始決定後の分割納付を許す方法が考えられる。破産手続開始決定前に全額の納付を求める方法では、開始決定までに日数が経過してしまうという問題がある。他方、破産手続開始決定後の納付を認める方法では、開始決定後に予納がされず、管財費用や破産管財人報酬が支払えなくなるおそれが生じるという問題がある。全国的には、分割予納を認めない裁判所が多いようである[12]。上記のような問題点があるため、仮に分割予納を認める場合であっても、分割を認める期間や納付の確実性について検討する必要があろう。なお、東京地裁破産再生部では、4回までの分割納付を認め、遅くとも第1回債権者集会の1週間前までに全額納付させる運用をしている[13]。

3 費用の予納に関する決定に対する不服申立て

申立人が裁判所の定めた予納金を納付しない場合には、裁判所は、申立人に対して、一定期間内に予納することを命ずる決定（予納命令）をする。予納命令に対しては、即時抗告をすることができる（法20条2項）。

4 費用の予納がない場合の措置

予納命令があったにもかかわらず、費用の全額の予納をしない場合には、破産手続開始の申立てが却下又は棄却される（法30条1項1号。この場合に、却下の裁判をすべきか棄却の裁判をすべきかには争いがある[14]）。費用の予納がないことを理由とした破産手続開始の申立ての却下又は棄却決定に対しては、即時抗告をすることができるところ（法33条1項）、この即時抗告において、予納金の額（予納命令）が不相当であることを理由とすることができるかが問題となる。予納命令に既判力があるわけではないことを理由として、これを肯定する見解も示されているが[15]、法があえて予納命令に独立の不服申立を認

---

12 『書記官事務の研究』18頁。
13 『手引』103頁。
14 『条解』230頁。**本書30条の解説4(1)**も参照。
15 『大コンメ』90頁〔重政伊利〕。

めていることからすれば、予納金に関する不服は予納命令に対する即時抗告によって争うべきであるといえるから、これを否定すべきである[16]。

(長谷川健太郎)

第23条　費用の仮支弁

> ①　裁判所は、申立人の資力、破産財団となるべき財産の状況その他の事情を考慮して、申立人及び利害関係人の利益の保護のため特に必要と認めるときは、破産手続の費用を仮に国庫から支弁することができる。職権で破産手続開始の決定をした場合も、同様とする。
> ②　前条第1項の規定は、前項前段の規定により破産手続の費用を仮に国庫から支弁する場合には、適用しない。

1　本条の趣旨

(1)　本条1項前段の趣旨

　破産手続の費用は、財団債権（法148条1項1号）として、破産財団の負担に帰すべきものであって、費用の仮支弁の制度は、国が破産手続の費用を一時的に立て替える制度にすぎず、破産手続の費用は、最終的には、破産財団又は破産者（債務者）の負担に帰すことになる。また、自己破産の申立ての大多数を占める個人債務者の自己破産の申立ては、免責許可を受けるという債務者の利益のために申し立てられ、公益的な要素は乏しいという点をも考慮すると、債権者以外の者が破産手続開始の申立てをする場合にも、破産手続費用の予納義務を課した上で、必要がある場合には、費用の仮支弁の制度で対応する方が合理的であると考えられる。

　そこで、全ての申立人について、破産手続費用の予納義務を課す一方（法22条1項）、本条1項前段は、破産手続が、債権者及び債務者をはじめ様々な利害関係人の利益を調整するとともに、公益的な要素をも含む手続であるこ

16　『条解』170頁。

とを考慮し、裁判所が、申立人及び利害関係人の利益を保護するため特に必要がある場合に限って、破産手続の費用を仮に国庫から支弁することができることを定めたものである[1]。

(2) 本条1項後段の趣旨

本条1項後段は、職権で破産手続開始の決定がなされる場合[2]にも、破産手続の費用を仮に国庫から支弁することができることを定めたものである。

職権で破産手続開始決定がなされる場合、基本的には、様々な利害関係人の利益を調整したり、公益的な配慮に基づいたりするものであり、本条1項前段が定める仮支弁の要件を定型的に満たしているとともに、費用を予納させるべき申立人が存在しないことから、破産手続の費用について、特別の要件を付することなく国庫からの仮支弁を認めることとされた[3]。なお、職権で破産手続開始の決定がなされた場合であっても、仮支弁は必要的ではない[4]。

(3) 本条2項の趣旨

破産手続の費用を仮に国庫から支弁した場合には、破産手続を進行させるための費用は、仮支弁された金員から支出されるので、申立人において破産手続の費用を予納させる必要がなくなる。本条2項は、破産手続の費用の予納がない場合に破産手続開始の決定ができないとする、法30条1項1号の適用がされないことを明確にするために、法22条1項の予納義務の解除を明確に規定したものである[5]。申立人に予納義務が課されないことから、予納義務の懈怠を理由とする破産手続開始申立却下（法30条1項1号）の余地もない[6]。

---

[1] 『一問一答』47頁、『条解』172頁。
[2] 民事再生法250条、会社更生法252条、会社法574条等。
[3] 『条解』175頁。
[4] 『大コンメ』92頁〔佐藤満〕。『基本法コンメ』62頁〔中尾彰〕は、「実際には、債務者からの財産の引継ぎや、民事再生等先行する手続の予納金により破産手続の費用を確保しており、職権で破産手続開始決定を行う場合にも、費用の仮支弁は利用されていない。」とする。
[5] 『条解』176頁。
[6] 『伊藤』134頁。

2　費用の仮支弁の要件

　本条1項前段は、「申立人の資力、破産財団となるべき財産の状況その他の事情を考慮して、申立人及び利害関係人の利益の保護のため特に必要と認めるとき」に、破産手続の費用を仮に国庫から支弁することができるものとされている。

　仮支弁の制度は、破産手続開始申立てに当たって、その申立人が申立て時において破産手続の費用を支払う資力を有している場合には適用する必要がないことから、「申立人の資力」としては、申立人に予納金を納付する資力がない場合でなければならないと解されている[7]。

　また、国庫による仮支弁が立替えである以上、最終的に破産財団から弁済する見込みがある場合、すなわち、破産手続によって破産財団を形成していく過程で破産手続の費用を弁済する見込み[8]があるか否かについても、「破産財団となるべき財産の状況」として、考慮する必要があると解されている[9]。

　「申立人の資力、破産財団となるべき財産の状況その他の事情」は、申立人及び利害関係人の利益の保護のために、仮支弁による破産手続開始の特別の必要性の有無を判断する際の考慮事情であることから、本条1項前段に規定する、「その他の事情」には、申立人以外の破産債権者の資力・意向や利害関係人の利害が含まれると解されている[10]。具体的には、申立人の破産手続を必要とする状況のほか、破産債権者や財団債権者の意向や破産手続を必要とする状況が「その他の事情」に含まれると解されている[11]。

　そして、これらの事情を考慮して、本条1項前段は、「申立人及び利害関係人の利益[12]の保護のため特に必要と認めるとき」に、国庫からの費用の仮支弁を認めている。国庫から仮に支弁するのは、破産手続が多くの利害関係

---

[7]　『基本法コンメ』62頁〔中尾彰〕。
[8]　破産管財人による債権の取立て、否認権行使などにより財団を増殖することができる見込みなど（『条解』173頁、『基本構造』70頁〔松下淳一発言〕）。
[9]　『大コンメ』92頁〔佐藤満〕。
[10]　『条解』173頁、『基本構造』68頁〔福永有利発言〕。
[11]　『条解』173頁は、「その他の事情」から、公益上の要請が全く排除されるものと理解すべきではなく、申立人及び利害関係人の利益保護を基本としながら、補充的な要素として公益上の要請にも考慮を加えていくべきとする。「公益上の要請」を検討しているものとして、『条解』173頁以下、『基本構造』68頁以下を参照。

人に関係する手続であって、支払不能・債務超過に陥った債務者の財産を破産財団としてできる限り集約し、債権者に対しこれを分配するという公益的要素が認められることを理由とするものであることから、国庫から仮に破産手続の費用を支弁してでも破産手続を進めることが、申立人のみならず利害関係人の全体の利益を確保することにつながり、その必要性が特にある場合に認めることが相当であり[13]、申立人の利益のみに係るような事案を排除していると解されている[14]。

この通り、申立人に予納をするだけの資力がないだけでは、本条1項前段の要件を満たしたことにはならず、他方、破産財団から手続費用を償還できる見込みがあり、かつ、破産手続を開始することの必要性が「特に」高い場合に限って、仮支弁が認められると解されている[15]。したがって、実際には、極めて限定された場合にのみ仮支弁が許されるものと解されている[16]。

3 仮支弁金の回収手続

(1) 破産財団からの回収手続

仮支弁が行われた場合、国の仮支弁金返還請求権は、財団債権（法148条1

---

[12] 「利害関係人の利益」を検討しているものとして、『条解』173頁以下、『基本構造』68頁以下を参照。
[13] 『大コンメ』92頁〔佐藤満〕。
[14] 『条解』174頁脚注2、『理論と実務』97頁〔杉本正則〕。これに対し、『基本構造』69頁〔福永有利発言〕は、申立人と利害関係人の両者の利益保護のためである必要はなく、そのいずれかの利益保護のためであれば足りるとする。
[15] 『条解』173頁。
[16] 『条解』173頁。旧法下の裁判例であるが、広島高決平14.9.11（金判1162号23頁）は、「自己破産の申立ての場合も、仮支弁した費用を回収する見込みがなければ、原則として仮支弁を行うことはできず、ただ、個人消費者の自己破産申立ての場合であって費用を負担させることが酷であるとか、公益上の要請が特に強いなどの例外的な場合に限り、仮支弁することができるにとどまる、と解するべきである。」と判示し、費用の仮支弁を認めなかった。

これに対し、新法下の裁判例として、福岡地決平25.4.26（金法1978号138頁）は、質屋営業の許可を得たいわゆる偽装質屋として実質的に貸金業法に違反する年金担保貸付の営業を行っていた債務者に対し、債務者が有している預金等を平等に分配する目的でなされた債権者破産の申立てについて、費用の仮支弁を認めている。悪質な商法により多数の被害者を出していた事案で、多数の破産債権者に対する救済のために破産手続が必要であるのに、破産者自らの申立ては期待できず、破産債権者の申立てもその資力、生活状況から困難な事案であったと解されている（『条解』175頁脚注）。

項1号）となり、破産財団から償還を受けることができると解されている[17]。

(2) 破産者本人からの回収手続

破産財団不足のため、破産財団から弁済が得られなかった場合には、破産者本人から国庫に返済させることとなる。国の仮支弁金返還請求権は、財団債権（法148条1項1号）に属するものであるから、免責の対象とならない（免責許可の効力が及ばない）と解されている[18]。破産手続終了後、国は、債務者に対し、国の債権の管理等に関する法律の手続にしたがって、回収を図ることとなる[19]。

（富岡武彦）

第24条 他の手続の中止命令等

① 裁判所は、破産手続開始の申立てがあった場合において、必要があると認めるときは、利害関係人の申立てにより又は職権で、破産手続開始の申立てにつき決定があるまでの間、次に掲げる手続又は処分の中止を命ずることができる。ただし、第1号に掲げる手続又は第6号に掲げる処分についてはその手続の申立人である債権者又はその処分を行う者に不当な損害を及ぼすおそれがない場合に限り、第5号に掲げる責任制限手続については責任制限手続開始の決定がされていない場合に限る。

一 債務者の財産に対して既にされている強制執行、仮差押え、仮処分又は一般の先取特権の実行若しくは留置権（商法（明治32年法律第48号）又は会社法の規定によるものを除く。）による競売（以下この節において「強制執行等」という。）の手続で、債務者につき破産手続開始の決定がされたとすれば破産債権若しくは財団債権となるべきもの（以下この項及び次条第8項において「破産債権等」という。）に基づくもの又は破産債権等を被

---

[17] 『条解』176頁。国の仮支弁金返還請求権は、実務上、第1順位である破産管財人報酬に次いで第2順位となると解される（『手引』364頁、『破産実務』155頁）。
[18] 法253条1項柱書本文参照。『条解』177頁。
[19] 『条解』176頁、司法研修所編『破産事件の処理に関する実務上の諸問題』（法曹会、1985年）49頁、道下徹・高橋欣一編『裁判実務大系(6)破産訴訟法』（青林書院、1985年）51頁〔高橋欣一〕。

担保債権とするもの
二　債務者の財産に対して既にされている企業担保権の実行手続で、破産債権等に基づくもの
三　債務者の財産関係の訴訟手続
四　債務者の財産関係の事件で行政庁に係属しているものの手続
五　債務者の責任制限手続（船舶の所有者等の責任の制限に関する法律（昭和50年法律第94号）第3章又は船舶油濁損害賠償保障法（昭和50年法律第95号）第5章の規定による責任制限手続をいう。第263条及び第264条第1項において同じ。）
六　債務者の財産に対して既にされている共助対象外国租税（租税条約等の実施に伴う所得税法、法人税法及び地方税法の特例等に関する法律（昭和44年法律第46号。第103条第5項及び第253条第4項において「租税条約等実施特例法」という。）第11条第1項に規定する共助対象外国租税をいう。以下同じ。）の請求権に基づき国税滞納処分の例によってする処分（以下「外国租税滞納処分」という。）で、破産債権等に基づくもの
② 裁判所は、前項の規定による中止の命令を変更し、又は取り消すことができる。
③ 裁判所は、第91条第2項に規定する保全管理命令が発せられた場合において、債務者の財産の管理及び処分をするために特に必要があると認めるときは、保全管理人の申立てにより、担保を立てさせて、第一項の規定により中止した強制執行等の手続又は外国租税滞納処分の取消しを命ずることができる。
④ 第1項の規定による中止の命令、第2項の規定による決定及び前項の規定による取消しの命令に対しては、即時抗告をすることができる。
⑤ 前項の即時抗告は、執行停止の効力を有しない。
⑥ 第4項に規定する裁判及び同項の即時抗告についての裁判があった場合には、その裁判書を当事者に送達しなければならない。

1　本条の趣旨

破産手続開始決定後は、債権者の個別的権利執行は禁止されて、破産財団

に属する財産に対する強制執行、仮差押え、仮処分、一般の先取特権の実行及び企業担保権の実行の手続で、破産債権若しくは財団債権に基づくもの又は破産債権若しくは財団債権を被担保債権とするものはすることができない（法42条1項）とされ、かつ、前記強制執行等の手続で破産財団に属する財産に対して既にされているものは、破産財団に対してはその効力を失う（法42条2項）とされており、破産債権のみならず財団債権に基づくものや財団債権を被担保債権とするものも禁じ、また既にされている手続は失効するとされている。

　本条は、このような規定の趣旨を破産手続開始前の保全処分段階にも及ぼして、破産債権のみならず財団債権に基づく強制執行等や財団債権を被担保債権とする先取特権の実行等も禁じたものである[1]。

　すなわち、破産手続開始の申立てによって、債務者が倒産状態にあることが明らかとなると、債務者側が、破産手続開始の決定により財産が破産管財人の管理処分下に入ることから（法78条1項）、それを免れるために財産を隠匿、処分したり特定の債権者に偏頗な弁済をしたりする可能性が出てくる。一方債権者側も、破産手続開始決定による権利行使の制限（法100条1項）を免れるために、破産手続開始決定前に強制執行等で債権の取立てを図ろうとする。こうした事態を放置しておくと、破産手続が開始されても、破産財団が散逸し手続の円滑な進行が困難となるし、配当等を通じての債権者への公平な弁済も困難となる。そこで、債務者の財産の散逸の防止や債権者間の公平を図る趣旨から、申立てから破産手続開始の決定前に、債務者の財産処分や本条のような債権者の権利行使を禁止する保全処分が認められたのである[2,3]。

　もっとも、東京地方裁判所破産再生部では、自己破産申立事件について速

1　『破産実務』82頁。
2　『条解』178頁。
3　旧法では、破産宣告前の保全処分について、破産財団に関し仮差押え、仮処分その他の必要な処分を命ずることができるとの規定があったのみで（旧法155条）、それ以外の保全処分の許否については、この規定の解釈に委ねられていたが、制度として十分とはいえないとの批判がなされていた。そこで現行法では、債務者の財産の散逸の防止や債権者間の公平を図る観点から、様々な類型の保全処分を設け、破産手続開始前の保全処分を充実させた（『一問一答』48頁）。

やかに破産手続開始の決定の判断をすることができる体制が整っており、緊急に債務者の資産を保全する必要がある場合でも、破産手続開始の決定自体を早期に発令することで足りるため（破産申立日当日に破産手続開始の決定をする事例も少なくない）、債務者の財産に関する保全処分を発令することは少なく、保全処分の要否が問題となるのは主に債権者申立事件の場合及び第三者に対する保全処分の場合であるとされる[4]。なお、現行法施行後現在に至るまで中止命令が発令された事例は、東京地方裁判所においては存在せず、大阪地方裁判所においても数件しか存在しないとのことである。

2　他の保全処分との関係

破産手続開始の効果として、大きく(i)破産者の財産に対する管理処分権の剥奪と、(ii)債権者による個別的権利行使の禁止の2つがあるが、この効果は開始決定前には生じない。そこで(i)を前倒しするものとして、債務者の財産保全のため、債務者に一定の行為を命じたり、一定の行為をしないことを命じたりする保全処分（法28条1項）、保全管理命令（法91条1項）があり、(ii)を前倒しするものとして、本条1項の強制執行等の手続の中止命令及びこれらの手続の取消命令（本条3項）、及び包括的禁止命令（法25条1項）が用意されている[5]。

また、民事保全法上の保全処分が（対立当事者間の）民事訴訟の本案の権利行使実現を保全するためのものであり（民事保全法1条）、個別権利者のために行われるものであるのに対し、本条の保全処分等は、申立てに基づく場合を含めて、申立人のみの利益のためにされるのではなく、総債権者（破産手続が開始された場合に配当を受けうる破産債権者や弁済を受け得る財団債権者）の利益のために、破産財団となるべき財産を保全するために行われる点で決定的に異なる。そのため、個別権利者を前提とする被保全権利や本案の民事訴訟は想定されておらず、保全処分により法的な影響を受ける個別の権利者・義務者を前提とした担保の提供が原則として要求されていない[6]。

4　『破産実務』80頁。
5　『基本法コンメ』63頁〔八田卓也〕。
6　『条解』179頁。

3　中止命令の対象の手続

(1)　債務者の財産に対する強制執行、仮差押え、仮処分と一般の先取特権の実行又は民事留置権による競売

　債務者の財産に対する強制執行、仮差押え、仮処分と一般の先取特権の実行又は民事留置権による競売（以下「強制執行等」という）いずれも、「既にされている」もの、すなわち、当該手続の申立てがされている必要があり、当該手続が開始しているか否かを問わない。したがって、将来の申立てを見込んで、申立前のものの中止を求めることはできない。

　また、ここで中止命令の対象となる強制執行等は、破産手続開始の決定がされたとすれば破産債権若しくは財団債権となるべきもの（以下「破産債権等」という）に基づくか、又はこれらの債権を被担保債権とするものでなければならない（本条1項1号）。本条が財団債権となるべき債権に関しても対象に含むとしたのは、本来、財団債権は、破産債権に先立って随時に弁済されるものであるが（法151条）、破産財団が不足する場合には優先順位（法152条2項）に従って弁済されないおそれもあり、また同順位の財団債権者相互間の平等を害する帰結になるからである[7]。したがって、別除権として破産手続によらないで権利の実行を保障されている特定財産上の担保権（法2条9号・10号、65条1項、66条1項）は中止命令の対象とされない。取戻権たるべき権利に基づく強制執行が対象とならないのは当然である[8]。更に、開始決定前に既にされている国税滞納処分は、破産手続開始に基づく中止の対象とならないため（法43条2項）、中止命令の対象にされていない[9]。

　なお、一般の先取特権は別除権とならず優先的破産債権となり（法98条1項）、民事留置権は破産手続開始決定により消滅する（法66条3項）ことから、これらの実行手続は中止命令の対象に含まれる[10]。

　また、本号の場合、中止命令の発令に加重要件があることは後述の通りである。

7　『条解』181頁、『基本コンメ』64頁〔八田卓也〕。
8　『伊藤』145頁、『条解』181頁。
9　『伊藤』145頁脚注184、『条解』181頁。
10　『基本法コンメ』64頁〔八田卓也〕。

(2) 債務者の財産に対する企業担保権の実行手続

この手続についても(1)と同様に、「既にされている」ものであること、また、破産債権等に基づくものである必要がある（本条1項2号）。

破産債権等に基づく企業担保権の実行手続は、破産手続開始の決定がなされたとすれば、することができず、既にされているものも破産財団に対して効力を失うこと（法42条1項・2項）から、同決定前に同様の効果を実現することを認めたものである。

(3) 債務者の財産関係の訴訟手続

強制執行等に対する中止命令や包括的禁止命令の対象となる強制執行等は、これに制限を加えないと破産手続の目的実現が妨げられるという理由から中止を命じられる。これに対して権利確定のための訴訟手続等は、破産財団たるべき財産の管理に直接影響するものではない。しかし、破産手続開始決定後は、財産の管理処分権が破産管財人に専属し（法78条1項）、財産の帰属や債権の存否などに関する訴訟手続も中断することに鑑みると（法44条1項、法45条1項）、開始決定前でも、裁判所が必要と認めるときには、これらの手続を中止させることができるとした（本条1項3号）[11]。典型的には、貸金、保証履行、損害賠償等の訴訟であろう。

また、債務者の財産に関する訴訟であれば足りるので、必ずしも債務者が訴訟の当事者である場合に限られない。債権者代位権、詐害行為取消権に基づく訴訟については、破産法45条1項が、破産債権者又は財団債権者が提起したもので破産手続開始当時に係属するものは中断されると規定していることから、本号に含まれると解される[12]。しかしこうした代位型の訴訟手続以外の債務者の財産関係の訴訟手続で、債務者が訴訟当事者でないものについても、その訴訟手続の帰趨が破産手続の進行に実際上、大きな影響を与えるような場合には、本条の中止命令を考える余地がある[13]。以上に対して、純然たる会社組織上の訴訟、人格権に関する非財産的請求訴訟や離婚等一身専属的権利に関する訴訟は中止できない[14]。

---

11 債務者が、訴訟追行に熱心でなくなってしまう可能性があるからという理由もある（『基本法コンメ』64頁〔八田卓也〕、『破産民再概論』77頁〔山本克己〕）。
12 『条解』182頁。
13 『条解』182頁。

(4) 債務者の財産関係の事件で行政庁に係属しているもの

　行政庁に係属する破産者の財産関係の手続のうち「破産財団に関する事件」は、破産手続開始の決定によって当然に中断する（法46条）。そこで、この手続も、必要がある場合には、破産手続開始前であっても中止できるとしたのである（本条1項4号）。

　ここに「行政庁に係属しているものの手続」とは、租税に関する不服申立手続（国税通則法75条、地方税法19条）や特許に関する拒絶査定不服審判手続（特許法121条）等が該当する[15]。

(5) 債務者の責任制限手続（船舶の所有者等の責任の制限に関する法律第3章・船舶油濁損害賠償保障法第5章）

　本号は、旧法155条の2に相当する規定である（本条1項5号）。破産手続開始の申立てと責任制限手続の開始の申立てが競合した場合には、裁判所は、責任制限手続の中止を命ずることができるものとした。これは、責任制限手続は、債務者の財産の一部を清算する手続であるのに対し、破産手続は、債務者の財産の全部を清算する手続であることから、両手続が競合する場合には、全部清算としての破産手続を優先させるのが合理的であるからである[16]。もっとも、責任制限手続の開始の決定がされた後は、両手続はそれぞれが別の手続として進行することが予定されている（法263条参照）ので、責任制限手続の中止を命ずることができないとされている（本条1項柱書ただし書参照）。

(6) 共助対象外国租税の請求権に基づく外国租税滞納処分で破産債権等に基づくもの

　外国租税滞納処分は、共助の対象となる外国租税等の請求権の実行のために国税滞納処分の例によって行うものであるが（租税条約等の実施に伴う所得税法、法人税法及び地方税法の特例等に関する法律11条）、国税滞納処分と異なって、既にされている外国租税滞納処分も破産手続開始決定によって失効する（法42条2項）ことより、それを反映して、中止命令の対象としている（本条1項6号）[17]。

14　『条解』182頁、会社組織上の訴訟に関して『伊藤』147頁参照。
15　『条解』183頁、『大コンメ』96頁〔杉浦徳宏〕。
16　『大コンメ』96頁〔杉浦徳宏〕。

4 申 立 人

　本条の中止命令は、利害関係人の申立て又は職権で命ずることができる（本条1項柱書本文）。

　ここで利害関係人とは、破産手続開始の申立権を有する債務者・債権者（法18条1項）、法人の理事・株式会社の取締役等（法19条1項・2項）のほか、広く利害関係を有する者が含まれると解されている[18]。その他、相続財産破産の場合の相続債権者・受遺者・相続人等（法224条1項）や、信託財産破産の場合の信託債権者・受益者・受託者等（法244条の4第1項）も含まれる。債権者であれば、破産債権者（劣後的破産債権者や約定劣後破産債権者も含む）に限らず、財団債権者も含まれる。別除権者も、破産債権者になり得る立場を有しており、破産手続開始の申立段階でも不足額が生じるかについて一応の審査が可能であることから、中止命令の申立人になると解される。なお株主に申立権は認められないと解される[19]。

　監督官庁、特に破産者の事業についての許可権限（許可が法人設立や事業開始の要件となっているような場合）を有し、破産裁判所の書記官から破産手続開始の決定通知を受ける官庁（規則9条）に、本条の中止命令の申立権があるかが問題となる。この点につき、監督官庁の観点から、破産手続開始の決定まで猶予できない事態が発生しているような場合で、破産手続開始の申立人による保全処分の申立てが期待できないときは、例外的に、公益的見地から、監督官庁が本条の中止命令の申立てをする余地を認めておくべきとする見解がある[20]が、他方で、職権による中止命令発令を促せば足りるとの見解もある[21]。

17　『伊藤』148頁。
18　『大コンメ』96頁〔杉浦徳宏〕。
19　『条解』187頁、『伊藤』144頁。
20　『条解』188頁。
21　『伊藤』144頁脚注178。

5 申立ての要件

(1) 原則的な要件——必要性

すべての手続に共通する要件として、①破産手続開始申立てがあること、②中止命令の必要があると認められることが必要である。

②の必要性は、破産手続の開始が予想されるにもかかわらず、中止の対象となる手続が放置され続行するに任せると破産手続開始の決定がなされても、債務者の財産が処分されるなどして、破産債権者・財団債権者間の実質的な平等・公平が害されるおそれがあることだと理解されている[22]。

そして、ここで平等・公平とは、債権者間の優先順位の遵守と同一順位の債権の平等取扱いを意味すると考えられる[23]。

(2) 加重要件——債権者の不当な損害等

a 不当な損害を及ぼすおそれがないこと

強制執行等の手続（本条1項1号）と外国租税債権に係る国税滞納処分（本条1項6号）の中止については、「その手続の申立人である債権者又はその処分を行う者に不当な損害を及ぼすおそれがない」（本条1項柱書ただし書）ことが加重要件とされている。

破産配当・破産弁済による満足が強制執行等の手続による満足に劣ることは、不当な損害に該当しない。しかし、例えば破産手続開始の決定までに強制執行による満足を受けないと、執行債権者自身が倒産するおそれが強い場合など、個別執行の中止を受忍させることが社会的にみて不相当と評価されるときは不当な損害発生のおそれがある場合に当たる[24]。その他、競売の対象物件が季節性の高い商品であり時期を失したときはその価値が暴落するおそれがある場合[25]、あるいは扶養料債権や労働債権を有する者が権利行使をしないと生活に支障をきたす場合[26]などが挙げられている[27]。

---

22 『条解』188頁、『一問一答』50頁。
23 『基本法コンメ』65頁〔八田卓也〕。
24 『条解』189頁、『伊藤』146頁。
25 『理論と実務』98頁。
26 『基本法コンメ』65頁〔八田卓也〕。

b　責任制限手続開始の決定がされていないこと

　債務者の責任制限手続の中止（本条1項5号）については、責任制限手続開始の決定がされていないことが加重要件とされている。前述の通り、責任制限手続開始の決定がされた後は、両手続はそれぞれが別の手続として進行することが予定されている（法263条参照）ので、責任制限手続の中止を命ずることができない（法24条1項柱書ただし書）からである。

(3)　申立て・疎明・審理

　申立権者は、本条の申立ては規則1条1項の「破産手続等に関する申立て」に該当するので[28]、破産規則2条1項の必要的記載事項（当事者の氏名・名称、住所等、申立ての趣旨）を記載した書面により申立てを行う必要がある。申立書には、「申立てを理由づける具体的な事実」（規則2条2項1号）として、前記(1)及び(2)の申立要件を基礎付ける具体的な事実を記載するとともに、「立証を要する事由ごとの証拠」（規則2条2項2号）として疎明方法を記載し、疎明資料の写しを添付する必要がある（規則2条3項）。

　なお前記(1)及び(2)の申立要件（必要性、加重要件）については立証の必要はなく、民事保全法の保全処分（民事保全法13条2項）に準じて、疎明で足ることに異論はない[29]。また、破産手続開始の申立権を有しない者の申立てでは、申立ての利害関係を疎明する必要がある。

　申立てについての審理は、本条の保全処分も破産手続等に関する裁判（法8条）であるので、口頭弁論を経ないで行われる。

6　中止命令の効力等

(1)　効　力

　対象となった手続の中止である。当該手続は凍結され、先に進まない。中止命令にもかかわらず手続が続行された場合には、手続は無効となると解されている[30]。

27　破産手続が開始されれば、破産配当のみを期待できるにすぎない破産債権者にとっては、不当な損害発生のおそれが認められるのは極めて限局された場合であると思われる（『伊藤』145脚注186）。
28　『条解規則』2頁。
29　『条解』189頁。
30　『条解』190頁、『理論と実務』99頁、『大コンメ』97頁〔杉浦徳宏〕。

中止されたのが強制執行の場合、実際にこれを止めるには執行機関に中止命令の正本を執行停止文書として提出する必要がある（民事執行法39条1項7号）。しかし、その提出なく続行された場合にも無効と考えるのが通説と思われる[31]。

もっとも、効力は以上であり、新たな同種の申立てを妨げることはできない。

(2) 効力の存続期間

中止命令の効力は、破産手続開始の申立てにつき決定があるまでの間持続する。申立てから同決定までに時間を要することが見込まれるような場合には、確定期限を設定して中止を命ずることもできる。

中止命令による効力は、破産手続開始の決定による効力の前倒しであることから、破産手続開始の決定があると、何らの手続を要しないで自動的に失効する（**本書42条の解説3** 参照）。

逆に、破産手続開始の申立てを棄却ないし却下する決定が確定し破産手続の開始に至らない場合でも、中止命令は、何らの手続を要しないで当然に失効し、中止されていた手続は、再び進行を始めることとなる[32]。

7 中止命令の変更・取消し（本条2項）

本条の中止命令は、職権で変更又は取り消すことができる。

変更とは、中止の対象となる強制執行等の範囲や中止の期間を変更することであり、取消しは、発令後の事情の変更により中止によって不当な損害が発生するとみとめられる場合はもちろんのこと、不要となった場合、あるいは発令当初から中止命令が不相当であった場合も認められる[33]。

発令後の変更、取消しは、破産債権者等多数の関係者の利害に関わる事項となることから、裁判所の職権により、変更、取消しという是正が図られることになる。この点が、当事者の申立てによって保全異議（民事保全法26条）や保全取消し（同法27条）が行われる民事保全法上の保全処分と異なる点である。

---

31 『基本法コンメ』65頁〔八田卓也〕。
32 『条解』191頁。
33 『条解』191頁、『条解会更（上）』340頁、『伊藤』145頁。

8　中止した強制執行等の手続の取消し（本条3項）

　強制執行等と共助対象外国租税の請求権に基づく外国租税滞納処分に対する中止命令の手続は、中止されても差押等の効果は残っているので、債務者は対象財産を換価することはできない。しかし短時間のうちに減価するような財産については、開始決定前に売却して得た金銭を破産手続開始決定後の配当原資にすることが破産債権者一般の利益につながる場合もある[34]。そのような場合を考慮し、法は、中止した手続について、更に取消命令を発令することができると定めている。

　ただし、職権による発令は認められておらず、「保全管理人の申立て」による必要がある。

　発令要件は、①「債務者の財産の管理及び処分をするために特に必要があると認め」られること、②保全管理命令が発令されていること、③担保を立てること、である。

　取消命令の発令は、執行債権者の地位そのものを覆す効果を持つため、厳しい要件が定められている。①の特別の必要とは、手続の開始を待たずに強制執行等を取り消して、財産を処分する必要がある場合であるが、具体例としては、暫定的に営業を継続して、強制執行等の手続の対象となった仕掛かり中のものや原材料を製品に仕上げるような場合[35]、大規模な企業における優良部門だけを早期に他の企業にそのまま譲渡するような場合[36]等が挙げられている。

　②の要件は、財産の管理及び処分の対価が破産手続に組み込まれることを制度上保障するため手続開始決定に準ずる保全管理命令が要求されている。なお、保全管理命令が発令される債務者は法人に限られることより（法91条1項）、取消命令は債務者が法人である場合のみに可能である。

　③の要件は、手続の取消後、破産手続開始の申立てが棄却等された場合には、取り消された手続の申立人である執行債権者が、強制執行等によって得ていた優先的な地位を失うことによる損害を被るおそれがある。そこで、こ

34　『条解』192頁。
35　『基本構造』74頁〔松下淳一発言〕。
36　『大コンメ』97頁〔杉浦徳宏〕。

うした債権者の利益を保護するために、取消しに当たっては、担保を立てることを必要なものとしている[37]。この場合には、担保権利者とその損害を具体的に観念できるからであり、民事保全法4条1項（及び同条2項で準用されている民事訴訟法77条、79条、80条）に準じた取扱いがされることになる。

9　不服申立て（本条4項・5項）

　中止命令（本条1項）、中止命令の変更・取消決定（本条2項）、強制執行等の手続の取消命令（本条3項）に対しては、即時抗告が認められている（本条4項）。いずれの命令・決定とも、中止された手続の申立人の権利行使を制約するなど利害関係人の権利関係に大きな制約を課するものであるからである（申立却下決定に対しては認められない）。

　この即時抗告は、執行停止の効力を有しない（本条5項）。中止命令が、暫定的かつ緊急を要するものである以上、即時抗告されたことによって、中止命令の対象とした手続が続行されることを認めるのは、保全処分としての発令を認めた趣旨に反し相当でないからである[38]。

　即時抗告の期間は、法10条3項本文の公告がされた場合には、その効力発生日から2週間（法9条）であり、公告がされないで後述**10**の裁判書の送達がされた場合には、当該送達を受けてから1週間（法13条、民事訴訟法332条）である[39]。

10　中止命令等の裁判書の送達（本条6項）

　中止命令・中止命令の変更・取消決定、強制執行等の手続の取消命令及び、それらに対する即時抗告についての裁判がなされた場合には、裁判書を当事者に送達しなければならない（法24条6項）。これらの裁判が当事者の権利に重大な影響を与えるため、裁判書の内容を確実に告知させて不服申立ての機会を確実に与えるため、送達を要することにしたものである。ただし、法10条3項本文の適用が除外されていないので、公告をもって送達に代えることができる。

37　『一問一答』51頁、『条解』192頁。
38　『条解』193頁。
39　『条解』193頁。

ここでいう「当事者」とは、申立人のほか、債務者（申立人でない場合）、当該決定によって不利益を受ける債権者等である[40]。

（三村藤明）

第25条　包括的禁止命令

① 裁判所は、破産手続開始の申立てがあった場合において、前条第１項第１号又は第６号の規定による中止の命令によっては破産手続の目的を十分に達成することができないおそれがあると認めるべき特別の事情があるときは、利害関係人の申立てにより又は職権で、破産手続開始の申立てにつき決定があるまでの間、全ての債権者に対し、債務者の財産に対する強制執行等及び国税滞納処分（国税滞納処分の例による処分を含み、交付要求を除く。以下同じ。）の禁止を命ずることができる。ただし、事前に又は同時に、債務者の主要な財産に関し第28条第１項の規定による保全処分をした場合又は第91条第２項に規定する保全管理命令をした場合に限る。

② 前項の規定による禁止の命令（以下「包括的禁止命令」という。）を発する場合において、裁判所は、相当と認めるときは、一定の範囲に属する強制執行等又は国税滞納処分を包括的禁止命令の対象から除外することができる。

③ 包括的禁止命令が発せられた場合には、債務者の財産に対して既にされている強制執行等の手続及び外国租税滞納処分（当該包括的禁止命令により禁止されることとなるものに限る。）は、破産手続開始の申立てにつき決定があるまでの間、中止する。

④ 裁判所は、包括的禁止命令を変更し、又は取り消すことができる。

⑤ 裁判所は、第91条第２項に規定する保全管理命令が発せられた場合において、債務者の財産の管理及び処分をするために特に必要があると認めるときは、保全管理人の申立てにより、担保を立てさせて、第３項の規定により中止した強制執行等の手続又は外国租税滞納処分の取消しを命ずることができる。

---

[40] 『条解』193頁、『大コンメ』98頁〔杉浦徳宏〕。

> ⑥　包括的禁止命令、第４項の規定による決定及び前項の規定による取消しの命令に対しては、即時抗告をすることができる。
> ⑦　前項の即時抗告は、執行停止の効力を有しない。
> ⑧　包括的禁止命令が発せられたときは、破産債権等（当該包括的禁止命令により強制執行等又は国税滞納処分が禁止されているものに限る。）については、当該包括的禁止命令が効力を失った日の翌日から２月を経過する日までの間は、時効は、完成しない。

1　本条の趣旨

　破産手続は破産手続開始決定により開始されることになっており（法30条２項）、破産手続の目的である債務者の財産等の適正かつ公平な清算（法１条）を行うためになされる債務者の財産管理処分権の制約（法78条１項）や債権者の権利行使の制約（法２条５項、100条１項）等も、原則として破産手続開始決定による効力として規定されている。しかしながら、破産手続開始の申立てがなされると事実上債務者の倒産状態が対外的に明らかになるため、債務者による財産処分や債権者の権利行使を自由に許しておくと、破産手続の目的である適正かつ公平な清算ができなくなる可能性がある。そこで、法は破産手続開始の申立てがあれば開始決定前であっても、債務者の財産処分や債権者の権利行使の自由を制約できる保全処分の制度を設けている。

　法24条は、破産手続開始の申立てがあった場合には、裁判所が必要と認めるときは、債権者が債務者の財産に対して既になされている強制執行等の手続又は処分の中止を命ずることができるとしているが、強制執行等が同時期に多数申立てがなされるおそれのある場合は、個別の中止命令では事務負担は膨大なものとなり対応しきれず、債務者の財産の保全に支障をきたして適正かつ公平な清算ができなくなるおそれがある。

　そこで、本条は、裁判所が、全ての債権者を対象に、既に係属している手続に限らず将来行われることが予想される強制執行等についても包括的に禁止することができることを定めたものである。

　破産法改正の際に、倒産手続開始の申立てがあれば申立ての効果として権利行使が禁止されるとするアメリカ連邦破産法の自動停止の制度（automatic stay）の導入が検討されたが、その濫用が危惧されたことから、その利点に配慮しつつ、厳格な要件を設けて、裁判所の判断を介在させることによりその趣旨を取り入れたものである[1]。

　本条は、平成12年以降の倒産法改正の過程の中で規定された民事再生法27条及び会社更生法25条と同様に破産法においても規定されることになったものであるが、本条の危惧するような事態は、破産手続開始申立てと同時に破産手続開始決定をするなどの運用をすることにより避けられる場合が多いと思われる。ただ、債権者申立て等により破産手続開始原因の疎明に時間がかかる場合や債務者申立てでも保全管理命令を発令して事業継続をしながら事業自体を高価に換価しようとする場合などに、その必要性がある場合がある[2]。

2　包括的禁止命令の対象となる手続

(1)　強制執行等

　包括的禁止命令の対象となる手続は、まず、債務者の財産に対する強制執行、仮差押え、仮処分又は一般の先取特権の実行若しくは留置権（商法（明治32年法律第48号）又は会社法の規定によるものを除く）による競売（以下この節において「強制執行等」という）の手続（法24条1項1号）である。

　また、対象となる債権者は、債務者につき破産手続開始の決定がなされたとすれば破産債権若しくは財団債権となるべきもの（以下「破産債権等」という）に基づくもの又は破産債権等を被担保債権とするもの（法24条1項1号）を含むのは当然であるが、包括的禁止命令は、「全ての債権者に対し」発令することができるとされているため破産債権者等以外の債権者も対象となる。しかし、実際上その強制執行等の権利行使が問題となるのは、破産手続開始前の原因に基づいて生じた財産上の請求権が通常であり、破産債権者等以外の債権者として問題となるようなものを想定することは困難であるとさ

1　民事再生法27条に関し、『伊藤』776頁。
2　東京地方裁判所破産再生部では、法人の民事再生事件で再生手続が廃止された場合、当該法人について職権で破産手続に移行させ、再生手続廃止の決定と同時に保全管理命令を発令し、従前の監督委員を保全管理人に選任する運用をしているが、国税滞納処分のおそれがある場合には、保全管理人の意見を聴いた上で包括的禁止命令を発令しているとのことである（民事再生法251条1項1号、『破産実務』84頁）。

れる[3]。

(2) 国税滞納処分（国税滞納処分の例による処分を含み、交付要求を除く）

　国税滞納処分だけでなく、地方税や各種社会保険料の債権に基づく国税滞納処分の例による処分を含む（**本書43条の解説2**参照）。交付要求を除くのは、交付要求は配当要求の実質を有し手続とはいい難いほか、交付要求を禁止するとその分の配当が租税債権等に劣後する債権者に回ってしまい、かえって債権者間の平等・公平を害するからであるとされる[4]。

(3) 外国租税滞納処分

　共助対象の外国租税債権に基づく滞納処分も、国税滞納処分の例による処分として、包括的禁止命令の対象となる（法25条3項）[5]。

(4) 対象手続からの除外（**本条2項**）

　包括的禁止命令を発令する場合に、裁判所は、相当と認めるときは、「一定の範囲に属する強制執行等又は国税滞納処分を」その対象から除外することができる。包括的禁止命令は、破産手続開始前に債権者の権利行使を一律に禁止する強力な手続であり、債権者の権利行使に対する制約が大きい。発令後に、債権者に不当な損害を及ぼすおそれがある場合には包括的禁止命令を解除できるとする制度はあるが（法27条）、類型的に解除の申立てがあればそれを認めざるを得ない債権者もいて、常にそのような過重な手続負担を課するのも不都合である。例えば、租税債権者について高率の延滞税が発生する場合や労働債権について労働者の生活に大きな影響を及ぼす場合等である[6]。そこで、包括的禁止命令発令の段階で、一定の類型に属する強制執行等又は国税滞納処分を対象から除外することにより、類型的に把握できる債権者の利益保護を図ったものである。

　本条により、特定の債権者に対する包括的禁止命令が発令できるか問題となる。特定の債権者に対して包括的禁止命令を発したり、一定の範囲に属する手続のみを禁止の対象としたりすることもできるとする説もあるが[7]、破

---

[3] 『条解』196頁。
[4] 『基本法コンメ』67頁〔八田卓也〕。
[5] 外国租税滞納処分は既になされたものであっても包括的禁止命令によって中止されることに関連し、**本書24条の解説3(6)**参照。
[6] 『理論と実務』100頁。
[7] 『新注釈民再（上）』132頁〔髙木裕康〕。

産手続においてはその必要性もあまり多くないと思われ、包括的禁止命令は全ての債権者を名宛人とするものであること（債権者の包括性）からすると困難であると考えられる[8]。

包括的禁止命令の対象から除外された債権者の強制執行等の手続に、包括的禁止命令の対象として権利行使を禁じられている債権者が配当要求をして配当を受けることができるかという問題がある。包括的禁止命令の効力が及んでいる債権者には、執行手続における配当受領権限が認められないから、債務者や保全管理人は配当異議（民事執行法89条1項）の方法によって配当参加を排除できると解すべきであり、配当がなされた場合には、債務者、保全管理人や破産管財人が、不当利得としてその返還を求められると解する見解もあるが[9]、配当要求自体を不可とすると優先順位が狂うことがあることから、配当要求自体は可能だが、その配当金は供託すべきという見解もある[10]。

3 申立権者等

包括的禁止命令は、「利害関係人の申立てにより」又は「職権で」、発令される。破産手続開始前の保全処分は、利害関係人の申立てにより発令されるとされているが（法24条1項、28条1項）、包括的禁止命令は債権者の権利行使を一律に禁止する強力な保全処分ではあるものの、利害関係人の解釈において同条と異なるところはない。債務者、破産債権者等広く破産手続に利害関係を有する者が含まれる。

なお、裁判所が職権で発令することも可能ではあるが、包括的禁止命令が強力な保全処分であることに鑑みると、利害関係人の申立てもなく発令することは一般的には考えにくい。

---

8 『条解』198頁。
9 『伊藤』154頁注202。
10 『基本法コンメ』67頁〔八田卓也〕。

4　包括的禁止命令発令の要件

(1) 個別的中止命令では破産手続の目的を達成できないおそれのある特別の事情があること

包括的禁止命令は、「前条第1項第1号又は第6号の規定による中止の命令によっては破産手続の目的を十分に達成することができないおそれがあると認めるべき特別の事情があるとき」に発令されるが、多数の財産が全国各地に存在し、強制執行等の申立てが多発的に行われ、破産債権者ないしその申立代理人がこれらに迅速に対応することが困難であるような場合が挙げられている[11]。

(2) 債務者の財産に関する保全処分又は保全管理命令が発令されていること

包括的禁止命令が発令されるのは、「事前に又は同時に、債務者の主要な財産に関し第28条第1項の規定による保全処分をした場合又は第91条第2項に規定する保全管理命令をした場合に限る。」とされている。債権者の権利行使を包括的に禁止しながら、債務者による財産処分等を無制限に認めることは、バランスを欠き債権者の利益を害する可能性があるからである。

5　包括的禁止命令の効力等

(1) 強制執行等の禁止

包括的禁止命令が発令されると、原則として、将来の強制執行等及び国税滞納処分が禁止される。

(2) 既になされている強制執行等の中止（本条3項）

また、債務者の財産に対して既になされている強制執行等の手続及び外国租税滞納処分は中止するが、既になされている国税滞納処分は中止されない。破産手続開始の決定によっても、既に破産財団の属する財産に対してなされている国税滞納処分の続行を妨げないこと（法43条2項）及び既になされている国税滞納処分が破産法24条の中止命令の対象にならないことと平仄を合わせたものである。これに対して、外国租税滞納処分は、国税滞納処分と違って優先権が付与されていないことから、一般債権に基づく強制執行等と

11　『条解』199頁、『大コンメ』100頁〔杉浦徳宏〕。

同様に中止することとされている[12]。

(3) 既になされている強制執行等の取消し（本条5項）

　裁判所は、保全管理命令が発令された場合において、債務者の財産の管理及び処分をするために特に必要があると認めるときは、保全管理人の申立てにより、担保を立てさせて、中止した強制執行等の手続又は外国租税滞納処分の取消しを命ずることができる。強制執行等を中止するだけでは手続の効力は消滅しないが、短期間のうちに価値の減少が予測される財産や事業について、破産手続の開始前の段階で早期に処分することにより、配当原資が増殖でき債権者の利益となる場合があり、そのような場合に中止した手続の取消しを認めて、その対象となった財産を換価したり、利用したりすることができるようにしたものである[13]。ただ、債権者が既に強制執行等により得ていた優先的地位を奪うことになるから、保全管理命令が発令されている場合に、保全管理人の申立てによってのみ認められることとして対象財産の換価代金が確実に破産財団に組み込まれることとし、破産手続開始の申立てが棄却された場合には債権者を害することになるから、その利益を保護するため担保を立てさせることを必要的としたものである[14]。

(4) 効力の存続期間

　包括的禁止命令は、「破産手続開始の申立てにつき決定があるまでの間」存続する。破産手続開始の決定がある場合又は破産手続開始の申立てが棄却ないし却下された場合には、当然に失効する[15]。破産手続開始に至らない場合には、中止されていた強制執行等の手続及び外国租税滞納処分の手続は、再び進行を始める。

(5) 時効の完成に関する特例（本条8項）

　包括的禁止命令が発せられたときは、破産債権等については、当該包括的

12　外国租税滞納処分は国税滞納処分と異なり優先権が付与されておらず、既になされたものであっても包括的禁止命令によって中止されることに関し**本書24条の解説3(6)**参照。
13　取消しを認める趣旨や要件の内容等が法24条の中止命令と同様であることにつき**本書24条の解説8**参照。
14　『大コンメ』101頁〔杉浦徳宏〕。
15　当然に失効するのは法24条の中止命令と同様であることにつき**本書24条の解説6(2)**参照。

禁止命令が効力を失った日の翌日から2カ月を経過する日までの間は、時効は完成しない。包括的禁止命令が発令されると、破産債権者等は、強制執行の申立て等をすることによる消滅時効の中断（民法147条2号）を図ることができなくなるからである。

6 包括的禁止命令の変更・取消し（本条4項）

包括的禁止命令を発令した裁判所は、一度発令した包括的禁止命令を職権で変更し、取り消すことができる。発令後の事情変更により強制執行等の債権者や国税滞納処分権者に不当な損害が発生すると認められる場合や、そもそも包括的禁止命令の発令が相当でなかったという場合もあり得るからである。

7 包括的禁止命令に対する不服申立て（本条6項・7項）

包括的禁止命令（本条1項）、包括的禁止命令の変更又は取消し（本条4項）、強制執行等の手続又は外国国税滞納処分の取消し（本条5項）については、利害関係人による即時抗告ができる。法26条に基づき判決書の送達を受ける債務者及び申立人だけでなく、効力の及ぶ債権者も即時抗告をすることができる。効力の及ぶ債権者は重大な利害関係を有するから、決定主文の通知を受ける知れている債権者に限らない[16]。

なお、破産手続の実効性を確保するため執行停止の効力は有しない[17]。

（綾　克己）

第26条　包括的禁止命令に関する公告及び送達等

> ①　包括的禁止命令及びこれを変更し、又は取り消す旨の決定があった場合には、その旨を公告し、その裁判書を債務者（保全管理人が選任されている場合にあっては、保全管理人。次項において同じ。）及び申立人に送達し、か

---

16 『条解』202頁。
17 即時抗告につき執行停止の効力を有しないことにつき**本書24条の解説9**参照、また、即時抗告の起算日につき**本書26条の解説3**参照。

つ、その決定の主文を知れている債権者及び債務者（保全管理人が選任されている場合に限る。）に通知しなければならない。
② 包括的禁止命令及びこれを変更し、又は取り消す旨の決定は、債務者に対する裁判書の送達がされた時から、効力を生ずる。
③ 前条第6項の即時抗告についての裁判（包括的禁止命令を変更し、又は取り消す旨の決定を除く。）があった場合には、その裁判書を当事者に送達しなければならない。

1　本条の趣旨

本条は、包括的禁止命令が債務者のみならず債権者一般に広く影響を及ぼすことから、包括的禁止命令及びその変更・取消決定につき、告知方法や効力発生時期について定めるものである。

また、包括的禁止命令等に対する即時抗告についての裁判の告知方法についても定めている。

2　包括的禁止命令等の公告・送達・通知（本条1項）

法13条で準用される民事訴訟法119条によれば、「決定及び命令は、相当と認める方法で告知することによって、その効力を生ずる。」とされているが、包括的禁止命令及びその変更・取消しについては、債務者のみならず債権者一般に広く影響を及ぼすことから、同条の特則として、次の通り関係者への告知方法を定めている。
① 包括的禁止命令及びその変更・取消決定があった旨を公告すること
② その裁判書を債務者（保全管理人が選任されている場合は保全管理人）及び申立人に送達すること
③ その決定の主文を知れている債権者及び債務者（保全管理人が選任されている場合）に通知すること

①の公告は、包括的管理命令等が債務者のみならず全ての債権者に影響があることから要求されているものであり、公告は、書記官が（規則6条）官報に掲載して行い（法10条1項）、掲載があった日の翌日に効力が生ずる（法10条2項）。

②の裁判書の送達は、裁判の直接的な名宛人である債務者又は保全管理人及び申立人に行う。公告だけでなく送達もしなければならず、公告をもってこれに代えることはできない（法10条3項ただし書）。

③の通知は、直接的な名宛人ではないが、間接的にその効力を受ける利害関係人である知れている債権者及び保全管理人が選任されている場合の債務者については、その裁判内容が明らかになるその主文のみを通知すれば足りるとした。通知については、相当と認める方法によれば足りるので（規則12条、民事訴訟規則4条）、簡単な書面の送付でもファクシミリの送信等の方法でもよい[1]。

3　包括的禁止命令等の効力発生時期（本条2項）

包括的禁止命令及びその変更・取消の効力は、債務者に対する裁判書の送達がされた時から、効力を生ずる。法13条で準用される民事訴訟法119条によれば「決定及び命令は、相当と認める方法で告知することによって、その効力を生ずる。」とされているが、包括的禁止命令は、法24条の個別の中止命令で対処できない特別の事情があるときに発せられるものであるから、その変更・取消も含めて、その効力を早期かつ一律に生じさせる必要があり、裁判の中心的な当事者である債務者（保全管理人が選任されている場合は保全管理人）への送達によって、債権者を含む全ての利害関係人との関係で包括的禁止命令等の効力が発生するとしての同条の特則を定めたものである[2]。

包括的禁止命令及びその変更・取消しに対する即時抗告（法25条6項）期間の起算日が、公告の時点か、債務者（保全管理人が選任されている場合には、保全管理人）に対する送達の時点かが問題となるが、包括的禁止命令及びその変更・取消しは、債務者のみならず債権者一般に広く影響を及ぼすことを考えると、公告の時点を基準とし、公告が効力を生じた日である官報に掲載された日の翌日（法10条1項・2項）から即時抗告期間を起算させることにより画一的に確定させる方が妥当であろう[3]。

1　『条解』204頁。
2　『条解』205頁。

4　即時抗告についての決定の送達（本条3項）

　包括的禁止命令及びその変更・取消決定並びに中止した強制執行等の手続又は外国租税滞納処分の取消命令に対して即時抗告ができるが（法25条6項）、その即時抗告があった場合の裁判書は当事者に送達しなければならない。これも、法25条1項と同様に法13条で準用される民事訴訟法119条の特則であるが、法25条1項と異なり公告や知れている債権者等への通知をしなくてよいのは、不特定多数の利害関係人に影響を与えるものではないからである。

　送達をする当事者は、即時抗告をした者とその相手方である。保全管理人が選任されている場合に、即時抗告をした者が債務者であれば相手方は保全管理人となる。即時抗告をした者が債務者及び保全管理人以外の者であれば保全管理人が選任されている場合の相手方は保全管理人、保全管理人が選任されていない場合の相手方は債務者ということになる。なお、法10条3項本文の適用除外規定はないから、公告をもって送達に代えることもできる。

（綾　克己）

第27条　包括的禁止命令の解除

① 　裁判所は、包括的禁止命令を発した場合において、強制執行等の申立人である債権者に不当な損害を及ぼすおそれがあると認めるときは、当該債権者の申立てにより当該債権者に限り当該包括的禁止命令を解除する旨の決定をすることができる。この場合において、当該債権者は、債務者の財産に対する強制執行等をすることができ、当該包括的禁止命令が発せられる前に当該債権者がした強制執行等の手続で第25条第3項の規定により中止されていたものは、続行する。

② 　前項の規定は、裁判所が国税滞納処分を行う者に不当な損害を及ぼすお

3　旧法下で送達及び公告を要するとされていた免責決定及び破産宣告決定に対する即時抗告期間の起算日について、前者については最決平12.7.26（民集54巻6号1981頁）が、後者については最決平13.3.23（金法1615号64頁）が、それぞれ公告の時点を基準に起算するものとしている。

それがあると認める場合について準用する。
③　第1項（前項において準用する場合を含む。次項及び第6項において同じ。）の規定による解除の決定を受けた者に対する第25条第8項の規定の適用については、同項中「当該包括的禁止命令が効力を失った日」とあるのは、「第27条第1項（同条第2項において準用する場合を含む。）の規定による解除の決定があった日」とする。
④　第1項の申立てについての裁判に対しては、即時抗告をすることができる。
⑤　前項の即時抗告は、執行停止の効力を有しない。
⑥　第1項の申立てについての裁判及び第4項の即時抗告についての裁判があった場合には、その裁判書を当事者に送達しなければならない。この場合においては、第10条第3項本文の規定は、適用しない。

1　本条の趣旨

　包括的禁止命令は、法24条における個別の債権者が債務者の財産に対して既に行っている強制執行等の手続又は処分の中止命令では破産手続の目的である適正かつ公平な清算ができないおそれがあると認めるべき特別の事情がある場合に、全ての債権者を対象に、既に係属している手続に限らず将来に行われることが予想される強制執行等についても包括的に禁止することができることを定めたものである。その発令に当たっては、禁止により債権者に不当な損害を及ぼすかどうかといった個別の事情は考慮されることはない。しかしながら、包括的禁止命令は債権者の権利行使について強力な制限をかけるものであり、法24条が個別の債権者の強制執行等の中止命令を発令するに当たって、その手続の申立人である債権者又はその処分を行う者に不当な損害を及ぼすおそれがない場合に限って発令できるとされていることを考えると、包括的禁止命令が発令された場合でも債権者又は処分を行おうとするものに不当な損害を及ぼすおそれがある場合には禁止を解く手段を与えないと不都合な結果となり、また法24条とのバランスを欠くことになる。そこで、本条は、裁判所が強制執行等の申立人である債権者や国税滞納処分を行う者に不当な損害を及ぼすおそれがあると認める場合には、当該債権者や処

分を行おうとする者に限り、当該包括的禁止命令を解除することができると
したものである。

なお、法25条2項は包括的禁止命令を発令する場合に一定の範囲に属する
強制執行等又は国税滞納処分をその対象から外すことができるとするが、本
条とその機能において通じるものがある。しかし、法25条2項は発令に際し
ての債権者の類型的判断であるのに対し、本条は包括的禁止命令が発令され
た後に個々の債権者等の個別の損害等について判断するものである点で異な
る。

2　包括的禁止命令の解除の要件

(1)　当該債権者の申立てがあること

包括的禁止命令を解除するためには、不当な損害を受けるおそれのある強
制執行等の申立人である債権者からの申立てが必要であり、裁判所が職権で
解除することはできない。本条の趣旨は前述のようなものであるため、不当
な損害を受けるおそれのある債権者からの申立てがなく認める必要性は乏し
いからである。包括的禁止命令発令の前に強制執行等の申立てをした者だけ
でなく、これから強制執行等の申立てをしようとする者も含まれるが、強制
執行等をすることを予定していない債権者が含まれないのは当然である[1]。

(2)　強制執行等の申立人である債権者に不当な損害を及ぼすおそれがあると認めるとき

裁判所は、強制執行等の申立人である債権者に不当な損害を及ぼすおそれ
があると認めるときに、当該債権者に限り包括的禁止命令を解除する旨の決
定をすることができるが、本条の趣旨が前述のようなものであるため、その
要件は法24条1項ただし書と同義と考えられる。「不当な損害」の有無につ
いては、強制執行等により債務者が受ける不利益の程度（すなわち、債務者の
財産の保全に支障をきたして破産手続の目的である適正かつ公平な清算ができなくなると
いう不利益の程度）と強制執行等の中止等によって債権者に生じる不利益の程
度とを具体的に比較衡量して判断されることになる[2]。例えば、扶養料債権

1　『条解』208頁。
2　『条解』208頁。

や労働債権を有する者が、権利行使をしないとその生活に支障を来すような場合が考えられる[3]。

申立人は、申立ての要件を疎明すれば足りるのか、証明することが必要なのかという問題がある。包括的禁止命令を保全処分の一種と考えれば民事保全法上の保全取消しの場合（民事保全法38条2項、39条2項）に準じて疎明で足りることになるし、破産法24条の強制執行等の中止命令と同様であり早期の判断が必要であることを考えても疎明で足りると解するのが相当である[4,5]。

3　包括的禁止命令の解除の効果

包括的禁止命令の解除がなされると、当該債権者は債務者の財産に対する強制執行等をすることができ、当該包括的禁止命令が発せられる前に当該債権者がした強制執行等の手続で法25条3項の規定により中止されていたものは続行することができるようになる。

包括的禁止命令の解除後、債権者が債務者の個々の財産について行った強制執行等について、債務者は法24条の申立てにより対抗することは可能である。「不当な損害」の有無は、個別事情の比較衡量判断によって定まるものであるから、当該強制執行等の目的となる財産の性質いかんによっては、債務者に生ずる不利益が当該強制執行等ができないことによる債権者の不利益を上回るところもありうるところであり、このような個別の強制執行等に対する中止命令が解除趣旨に反するわけではない[6,7]。

また、包括的禁止命令により生じていた2カ月の時効が停止する期間は解除の決定があった日の翌日から開始する（法27条3項、25条8項）。解除決定を受けた当該債権者は、自らの債権について消滅時効中断のための措置を取ることができるようになるからである。

3　『大コンメ』105頁〔杉浦徳宏〕。
4　『条解』209頁。
5　本条の解除の申立てに対する審理が口頭弁論を経ないですることができること（法8条1項）との関連につき**本書8条の解説2**参照。
6　『条解』210頁。
7　**本書24条の解説**参照。

4 国税滞納処分への準用（本条2項）

国税滞納処分を行う者も解除の申立てをすることができ、裁判所は国税滞納処分を行う者に不当な損害を及ぼすおそれがあると認める場合には、当該滞納処分を行おうとする者に対して包括的禁止命令の解除をすることができる。国税滞納処分の場合、既になされている国税滞納処分は中止されないし、破産手続開始決定になってもその続行は妨げられない（法43条2項）ことからすると[8]、強制執行等の債権者より包括的禁止命令の解除が認められる必要性は高い場合が多いといえる[9]。

5 不服申立て（本条4項・5項）

包括的禁止命令の解除の申立てについての裁判に対しては、包括的禁止命令の帰趨について利害関係を有する者は即時抗告をすることができる。利害関係を有する者について、債務者は解除を認容する決定に対して、解除の申立てをした債権者は解除を却下する決定に対して、それぞれ即時抗告ができるが[10]、包括的禁止命令の申立人や債権者で当該解除の申立てをしていない者もその帰趨に利害関係を有すると考えられることから、即時抗告の利益を認めるべきであろう[11]。

この即時抗告については、破産手続の実効性を確保するため、執行停止の効力を有しない[12]。

6 送達（本条6項）

本条の解除の申立てに対する裁判及び同裁判に対する即時抗告についての裁判については、その裁判書を当事者に送達しなければならない。包括的禁止命令及びその変更・取消しの裁判の裁判書も債務者及び申立人に送達することとされているが（法26条1項）、解除の裁判も当事者に送達することとし

---

8 **本書43条の解説**参照。
9 『条解』210頁。
10 『大コンメ』106頁〔杉浦徳宏〕。
11 『条解』210頁。
12 **本書25条の解説**参照。

（法27条6項前段）、当事者に重大な影響を与えることから、法13条で準用される民事訴訟法119条の「相当と認める方法」でよいとすることの特則を定めたものである。この場合においては、法10条3項本文の規定は適用しないとされていることから、公告をもって代えることはできない（法27条6項後段）。

(綾　克己)

第28条　債務者の財産に関する保全処分

① 裁判所は、破産手続開始の申立てがあった場合には、利害関係人の申立てにより又は職権で、破産手続開始の申立てにつき決定があるまでの間、債務者の財産に関し、その財産の処分禁止の仮処分その他の必要な保全処分を命ずることができる。
② 裁判所は、前項の規定による保全処分を変更し、又は取り消すことができる。
③ 第1項の規定による保全処分及び前項の規定による決定に対しては、即時抗告をすることができる。
④ 前項の即時抗告は、執行停止の効力を有しない。
⑤ 第3項に規定する裁判及び同項の即時抗告についての裁判があった場合には、その裁判書を当事者に送達しなければならない。この場合においては、第10条第3項本文の規定は、適用しない。
⑥ 裁判所が第1項の規定により債務者が債権者に対して弁済その他の債務を消滅させる行為をすることを禁止する旨の保全処分を命じた場合には、債権者は、破産手続の関係においては、当該保全処分に反してされた弁済その他の債務を消滅させる行為の効力を主張することができない。ただし、債権者が、その行為の当時、当該保全処分がされたことを知っていたときに限る。

1　本条の趣旨

本条は、債務者の財産に関する保全処分について規定する。

破産手続開始決定があると、破産財団に属する財産の管理処分権は破産管財人に専属し、債務者の財産管理処分権が剥奪される（法78条1項）。一方、破産手続開始の申立てから破産手続開始決定までの間は、法的には債務者の財産管理処分権が制限されるわけではない。しかし、破産手続開始の申立てがなされ、実質的には倒産状態にあるにもかかわらず、債務者が財産を処分・隠匿し、あるいは特定の債権者に弁済する等の行為を行った場合、破産財団が散逸し、あるいは債権者間の平等が害され、その後の破産手続に支障を来すことになる。そこで、本条は、破産手続開始の申立てについての決定がなされるまでの間、債務者の行為を制限するための保全処分を認めたものである[1]。

　民事保全法上の保全処分が個別の債権者のために行われるのに対して、本条の保全処分は総債権者のために行われるものである[2]。また、法24条が、破産手続開始の申立てがあった場合に、債権者の権利行使にかかる法的手続の中止等を命じるものであるのに対して、本条は、債務者の財産に関する保全処分を規定したものである（**本書24条の解説2**参照）。

2　実務の運用

　一般的には、自己破産申立ての場合には、破産手続開始決定までの時間が短く、また、破産手続開始決定までの間は申立代理人弁護士による管理・指導によって債務者の財産が保全されることが期待されていることから、債務者の財産に関する保全処分を行うことは少ない。本条による保全処分が問題になるのは、主として債権者による破産手続開始の申立てがなされた場合である[3]。

1　『条解』212頁、『大コンメ』107頁〔杉浦徳宏〕、『基本法コンメ』70頁〔八田卓也〕、『理論と実務』102頁、『破産実務』80頁、『伊藤』136頁。
2　『条解』179頁。
3　東京地方裁判所の運用について『破産実務』80頁、旧法155条について『注解（下）』260頁〔麻上正信〕。

3 保全処分の内容

(1) 総　論

本条1項は、「債務者の財産に関し、その財産の処分禁止の仮処分その他の必要な保全処分」を命じることができると規定する。破産手続の目的を達成するため、具体的な状況に応じて、必要な保全処分を柔軟に認める趣旨と解される。ただし、本条の保全処分は破産手続開始決定による債務者の財産処分の制限を前倒しで認めるものであるので、例えば、担保権実行禁止の保全処分のように、破産手続開始後にも認められない内容を目的とする保全処分はできないと解されている[4]。

以下、具体例について検討する。

(2) 処分禁止の仮処分

本条1項は「財産の処分禁止の仮処分」を例示している。債務者の財産の散逸を防止するために、財産の処分を禁止するものである。旧法155条では「破産財団ニ関シ仮差押、仮処分・・・ヲ命スルコトヲ得」と規定されていた。民事保全法上の「仮差押え」と「仮処分」は、被保全権利、目的、効果に違いがあるが、本条による保全処分は、財産の散逸防止が目的であるので、対象財産に応じて効果的な方法を選択すればよいと解されている[5]。具体的には、動産・不動産に対する仮差押え、処分禁止の仮処分、占有移転禁止の仮処分[6]、債権等の仮差押えなどが考えられる[7]。

登記・登録のある財産について保全処分があったときは、裁判所書記官の嘱託により登記・登録がなされる（法259条1項1号、262条）。この登記・登録

---

[4]　『条解』213頁。

[5]　『条解』213頁。仮差押えは金銭債権を保全するものであるのに対して、本条の保全処分は特定の金銭債権を保全するものではないので、仮差押えは本条の保全処分にそぐわないとする見解がある（『破産民再概論』74頁〔山本克己〕参照）。一方、動産を対象とする場合、仮処分では目的物の特定が必要であるが、仮差押えでは目的物の特定が不要である（民事保全法21条ただし書）等、両者には差異があるので、適宜の方法を選択すべきであるとの指摘（『理論と実務』103頁参照）、仮差押えと処分禁止の仮処分では、保全命令に違反して第三者に処分されたときの登記の抹消方法と本執行への移行の可否で違いが生じるとの指摘（『新・実務大系』79頁〔武笠圭志〕、島崎邦彦「破産手続開始決定前の保全処分」『破産法大系Ⅰ』156頁）、民事保全法52条1項では、登記・登録のない動産に対する仮処分の執行は仮差押えの例によるとされているので、議論の実益は乏しいとの指摘（『基本法コンメ』71頁〔八田卓也〕参照）がある。

に反する処分行為は、破産手続との関係では、相手方の善意悪意にかかわらず無効となる（**本書259条4(1)、262条の解説2**参照）[8]。

動産の現実の占有を確保する保全処分としては、執行官保管の仮処分が考えられる[9]。

全財産を対象とする保全処分が認められるかが問題となるが、認められるとするのが通説的見解である[10]。ただし、個別の財産を特定しない保全処分は公示が不十分となるため、登記・登録のない財産が、執行官保管などの個別の執行がなされないまま、この保全処分に反して処分された場合の効力について問題となる。公示方法に欠ける保全処分については、それに反する処分は有効とする説[11]と、処分の相手方が悪意の場合には無効とする説がある。後述するように、本条6項では、弁済禁止保全処分に反する弁済については、債権者が悪意の場合は無効であると規定されているが、それとの均衡上、処分の相手方が悪意の場合には無効とする説が有力である[12]。

(3) その他必要な保全処分

a 保全処分の例

その他の保全処分として、弁済禁止の保全処分、借財禁止の保全処分、商業帳簿等の保管・閲覧の保全処分、債務者が自然人の場合の財産管理人の選任などが考えられる。

弁済禁止の保全処分については後述する。

b 商業帳簿等の保管・閲覧の保全処分

商業帳簿は、事業者たる破産者の財産を把握するために極めて重要である。商業帳簿が改ざん、隠匿、破棄されると、財産の把握や偏頗弁済の把握

---

6 占有移転を阻止するために本条の保全処分を行う場合、民事保全法上の占有移転禁止の仮処分と異なり、本案訴訟のための当事者恒定効（民事保全法62条）は問題とならず、現実の占有の確保が重要なので、専ら執行官保管の仮処分によるべきであるとの指摘がある（『条解』216頁）。

7 『注解（下）』262頁〔麻上正信〕、『破産実務』81頁。

8 『条解』213、1734頁。

9 『条解』216頁。

10 『条解』213頁。

11 『条解会更（上）』386頁。

12 『条解』213頁、東條敬「倒産法における保全処分」鈴木忠一・三ヶ月章監修『新・実務民事訴訟講座⒀』（日本評論社、1981年）37頁。

が困難になる。そこで商業帳簿の存在を確保し、また改ざんを防止する必要性は高い。一方、商業帳簿が執行官保管された者の事業への影響は甚大であり、また特定の債権者に商業帳簿の閲覧を許すと個別回収の端緒を与えることにもなりかねない。したがって、債務者が事業を継続している場合には商業帳簿等の保管・閲覧の保全処分の発令は慎重になされるべきであり、発令する場合でも債権者の閲覧を許さないことが多いと言われている[13]。債務者が営業を既に停止しており、帳簿類の改ざん、隠匿等のおそれがある場合には、商業帳簿等保管の保全処分を発令すべきであろう[14]。

執行の方法は、執行官による保管によることになるが、現在では経理情報が電子データで管理されているケースも多いであろうから、具体的な執行方法は適宜工夫すべきであろう。

c 債務者が自然人の場合の財産管理人の選任

裁判所は、破産手続開始の申立てがあった場合において、債務者の財産の管理及び処分が失当であるとき、その他債務者の財産の確保のために特に必要があると認めるときは、利害関係人の申立てにより又は職権で、破産手続開始の申立てにつき決定があるまでの間、債務者の財産に関し、保全管理人による管理を命ずる処分をすることができるが、保全管理人の選任は債務者が法人である場合に限られている（法91条１項）。しかし、債務者が自然人である場合にも、債務者の財産の確保のために財産の管理人を選任する必要がある場合がある。そのようなときに、本条１項による保全処分として財産の管理命令を発令するケースがある[15]。

(4) 第三者を名宛人とする保全処分

破産法では、第三者を名宛人とする保全処分として、債権者の抜け駆け的

---

13 園尾隆司・深沢茂之編・東京地裁破産再生実務研究会『破産・民事再生の実務（上）』（金融財政事情研究会、2001年）73頁〔國井恒志〕、『条解』216頁、『理論と実務』103頁。
14 園尾ほか編・前掲注13・73頁〔國井恒志〕。なお、債務者が事業を停止しており、破産開始決定を出すことがほぼ確実である場合には、債権者の協力によって破産財団を構成する財産を把握する要請が強いとの理由から、債権者の閲覧を認めてよいとの指摘がある（石川明・田中康久・山内八郎編『破産・和議の実務と理論』（判例タイムズ社、1994年）37頁〔野口忠彦〕）。
15 『破産実務』87頁では、市場内の仲卸業者が自然人の場合、破産手続開始決定の前に事業譲渡をするために事業及びこれに附帯する一切の権利について管理人による管理を命ずる例が紹介されている。

な権利行使に対応するために、中止命令（法24条）、包括的禁止命令（法25条）、否認権のための保全処分（法171条）の規定を設け、また法人の役員の責任追及のために役員の財産に対する保全処分（法177条）の規定を設けている（**本書24条の解説3、25条の解説4、171条、177条の解説3**参照）。しかし、それらの規定ではカバーできない第三者の行為について、本条による債務者の財産に関する保全処分として、第三者を名宛人とする保全処分ができるかが問題となる。債権者に債務者の土地への立ち入りを禁じる仮処分、債権者に財産の持ち出しを禁じる仮処分などが考えられる[16]。

　また、債務者の第三債務者に対する債権について、債権者が債権譲渡通知書の交付を受けているような場合に、債権者に通知書の発送を禁止するような例が考えられる。民事再生法31条の担保権の実行手続の中止命令として発令された例や[17]、会社更生手続において発令された例がある。しかし、民事再生手続では担保権実行手続の中止命令が規定され（民事再生法31条）、会社更生手続では担保権の実行が中止命令の対象に含まれており（会社更生法24条1項2号）、それらの点で破産手続とは異なる。民事再生手続、会社更生手続では、手続開始の申立てから開始決定までに相応の期間を要するのが一般的であるのに対して、破産手続では、自己破産申立ての場合は開始決定まで比較的短期間であるのが一般的であり、破産手続開始決定の効果により目的を達し得ることが多い。また、債権者による破産手続開始の申立ての場合には、必要であれば保全管理命令による対処の方が有効である。更に、第三者を名宛人として上記のような命令を発しても任意の履行を期待する効果しかないと考えられること等の理由から、破産手続において、その可否を論ずる実益は乏しいとの指摘がある[18]。

---

[16] 東條・前掲注12・36頁、『基本法コンメ』71頁〔八田卓也〕。
[17] 民事再生手続における担保権実行手続の中止命令として、債権譲渡担保権者に対して債権譲渡通知の禁止を命じた事案について、第1審（東京地判平16.2.27金法1722号92頁）は当該中止命令の有効を前提として債権譲渡の効力を否定したが、控訴審（東京高判平18.8.30金判1277号21頁）では当該中止命令は民事再生法上の要件を欠き無効とされ、上告棄却・上告不受理（最決平19.9.27金判1277号19頁）とされた事例、集合債権譲渡担保権について中止命令を有効とした事例（大阪高決平21.6.3金法1886号59頁）がある。
[18] 『条解』214頁。

4 申立権者

利害関係人の申立て、又は職権で発令される。具体的には、破産手続開始の申立てをした債権者による申立ての例が多いと思われるが、その他の利害関係人にも申立権が認められる（**本書24条の解説4**参照）。

5 申立ての要件

(1) 保全の必要性

本条では、中止命令（法24条）や包括的禁止命令（法25条）に関する規定のように要件が明示されているわけではないが、保全処分の発令には「保全の必要性」を要すると解されている。具体的には、債務者による財産処分のおそれや不当な財産管理のおそれなどである[19]。

本条による保全処分の要件として、破産手続開始の要件を満たしている必要はないとの見解もあるが[20]、破産手続開始の可能性がないのに本条の保全処分を行うことは相当でない（**本書24条の解説5**参照）[21]。

(2) 対象財産

本条による保全処分の対象財産は「債務者の財産」であるが、債務者が破産した場合に破産財団を構成する財産（法34条3項参照）が対象になると解されている。したがって、例えば、給料のうち差押えが禁止される部分は対象外となる[22]。

---

[19] 『条解』217頁。

[20] 『条解』217頁、『注解（下）』265頁〔麻上正信〕、『伊藤』139頁脚注157、東條・前掲注12・30頁。ただし、これらの見解も、破産手続開始の要件は、保全処分の申立ての前提である破産手続開始の申立てにおいて判断されるとしており、破産手続開始の要件を必要とする説と不要とする説で、実質的な差は大きくないように思われる。

[21] 『理論と実務』102頁。東京地裁の実務運用では、債権者による破産手続開始の申立てがなされ債務者の財産に対する保全処分が必要と考えられる場合に、本条による保全処分は破産手続開始の原因の疎明が必要であるのに対し、民事保全法上の仮差押えではそのような疎明は不要であるので、通常の仮差押えによる方が容易であり、通常はそちらによっているとのことである（『破産実務』154頁）。

[22] 『条解』217頁、福岡高判昭59.6.25（判タ535号213頁。退職金に関する裁判例）。

6　申立ての方法・審理など

(1) 申立書

　申立ては書面でしなければならず（規則1条1項）、申立書には当事者の氏名又は名称、住所など、及び申立ての趣旨を記載しなければならない（規則2条1項）。また、申立てを理由づける具体的事実と、その疎明方法を記載し、疎明資料の写しを添付する（規則2条2項・3項）。

(2) 疎　明

　発令の要件について、証明の必要はなく、疎明で足りるとされている（民事保全法13条2項参照）[23]。

(3) 審理の方法

　審理は、口頭弁論を経ないで行われる（法8条1項）。

(4) 担　保

　民事保全法上の保全処分は債権者に担保を立てさせて発令するのが普通である（民事保全法14条1項）。それに対して、本条では担保が必要とされていない。本条による保全処分は申立人のみの利益のためになされるのではないことが理由の1つとされている[24]。しかし、債権者による疎明の程度によっては、債務者が被る損害を担保するために、担保の提供を発令の要件とする余地もあるであろう[25]。

7　弁済禁止保全処分とその効力

(1) 弁済禁止保全処分の趣旨

　本条6項は、「債務者が債権者に対して弁済その他の債務を消滅させる行為をすることを禁止する旨の保全処分」について規定する。

　再建型手続である民事再生手続、会社更生手続では、裁判所が債務者による手続開始の申立てを受理すると、直ちに弁済禁止の保全処分（民事再生法30条6項、会社更生法28条6項）が発令されるのが一般的である。民事再生手続、会社更生手続では、手続開始の申立てから開始決定に至るまで、一定の期間

---

[23] 『条解』217頁。
[24] 『条解』179頁、『理論と実務』102頁。
[25] 『条解』218頁、『注解（下）』265頁〔麻上正信〕。

を要するのが普通であるが、その間、債権者間の平等を確保し、債務者財産の散逸を防止する必要がある。また、債権者の権利行使に対抗する手段を債務者に与えるとともに、銀行取引停止処分が回避できるという債務者のメリットもある[26]。これに対し、自己破産申立ての場合は、短期間で開始決定がなされる例が多く、また、一般的には事業継続を想定していないため、弁済禁止の保全処分がなくても債権者からの弁済要求を債務者が拒むことは事実上十分可能であり、弁済禁止の保全処分がなされる例は少ない[27]。

(2) 弁済禁止保全処分の効力

　弁済禁止の保全処分は、債務者による任意の債務消滅行為を禁止するものであり、債権者を名宛人として取立権を奪うものではない。したがって、債権者が債権の給付訴訟を提起し給付判決を取得することは可能であり、強制執行等も妨げられない[28]。強制執行等を中止させる必要がある場合は、中止命令（法24条）や包括的禁止命令（法25条）により対処することになる。なお、弁済禁止保全処分の濫用防止のために法29条が規定されている（**法29条の解説3** 参照）。

　弁済禁止の保全処分が発令されても、履行期が変更されるわけではないが、債務者は裁判所の命令により弁済できない状態となり、不履行についての帰責性がないことになる。したがって、債権者は、履行遅滞による遅延賠償を請求し、あるいは債務不履行による契約解除を主張することはできない[29, 30]。ただし、金銭債務の遅延賠償は不可抗力をもって抗弁とすることができない（民法419条3項）ので、遅延損害金は発生する[31, 32]。また、弁済禁止の保全処分より前に生じた解除原因に基づく解除は認められる[33]。

26　『伊藤』137頁、清水研一「弁済禁止保全処分とその運用」判タ866号98頁、『新注釈民再（上）』133頁〔髙木裕康〕。
27　『注解（下）』263頁〔麻上正信〕。
28　『条解』219頁、『伊藤』141頁、会社整理について最判昭37.3.23（民集16巻3号607頁）。
29　会社更生手続について最判昭57.3.30（民集36巻3号484頁）参照。民事再生手続について最判平20.12.16（民集62巻10号2561頁）田原睦夫判事補足意見参照。
30　平成27年3月に国会に提出された改正民法案では、契約解除の要件として債務者の帰責事由が除外された（改正民法案542条参照）。その結果、弁済禁止の保全処分によって弁済ができなくなった場合には不履行についての帰責性がないため債務不履行による契約解除はできないとの従来の通説的な見解は変更される可能性がある。

弁済禁止の保全処分に反して債務消滅行為がなされた場合、債権者がその行為の時点で保全処分がなされていたことを知っていた場合には、債務消滅行為は無効となる（本条6項）[34]。悪意の立証責任は債務消滅行為の無効を主張する者が負う[35]。

8　効力の存続期間

本条による保全処分の効力は、「破産手続開始の申立てにつき決定があるまでの間」（本条1項）存続する。破産手続開始決定があったとき、あるいは破産手続開始の申立てが棄却あるいは却下されたときは、本条による保全処分は失効する。特定の財産になされた保全処分の登記・登録については、保全処分が失効した場合、裁判所書記官は抹消の嘱託をしなければならない（法259条2項、262条）。執行官保管とする保全処分に基づく執行官の占有は、破産手続開始決定後は破産管財人に引き継がれる[36]。

9　保全処分の変更・取消し

裁判所は、職権で、本条の保全処分を変更し、あるいは取り消すことができる（本条2項）。特定の財産になされた保全処分の登記・登録について、保

31　札幌高判昭31.6.27（下民7巻6号1645頁）、『条解』219頁、野村秀敏「更生手続開始前の会社の業務・財産に関する保全処分」判タ866号89頁、清水・前掲注26参照。これに対し、弁済禁止の保全処分により債務の履行をしないのは違法性がなく、したがって、遅延損害金も発生しないという考えもあるが、通説は、違法性の問題ではなく「帰責性」の問題であり、遅延損害金は発生するとしている。

32　破産手続開始決定後の不履行により遅延損害金が発生することについて**本書97条の解説**参照。

33　『条解』220頁脚注8。

34　会社更生事件（旧会社更生法）のケースであるが、債務者との当座勘定取引契約により手形の支払をしていた銀行が、債務者から弁済禁止保全処分の通知を受けたにもかかわらず、手続上の過誤により債務者振出しの手形の支払をしたため、銀行が、手形金を受領した手形権利者に対して不当利得返還請求訴訟を提起した事案において、銀行の不当利得返還請求を認めた例がある（東京高判平16.2.25金法1712号69頁）。当該判決は、債務者から銀行に対する弁済禁止保全処分の通知により、手形の支払委託が撤回されたものとし、銀行による手形金の支払は法律上の原因がなく行われたものであるとする。また同事案は手形権利者も弁済禁止保全処分について悪意であったケースである。

35　『条解』220頁、『伊藤』143頁。

36　『条解』218頁。**本書79条の解説**参照。

全処分の変更あるいは取消しがあった場合、裁判所書記官はその旨の嘱託をしなければならない（法259条2項、262条）。

10　不服申立て

本条による保全処分及びその変更決定・取消決定に対して、即時抗告をすることができる（本条3項）。ただし、この即時抗告には執行停止の効力はない（本条4項）[37]。

11　裁判書の送達

本条による保全処分及びその変更決定・取消決定、並びにそれらの裁判に対する即時抗告についての裁判があった場合には、その裁判書を当事者に送達しなければならない（本条5項1文）。法13条で準用される民事訴訟法119条では、決定は相当と認める方法で告知することによって効力が生じると規定されているが、本項はその特則である。また、法10条3項本文の規定が適用されないため、公告をもって送達に代えることはできない（本条5項2文）。

当事者とは、各裁判の申立人と相手方である。

（藤田浩司）

第29条　破産手続開始の申立ての取下げの制限

> 破産手続開始の申立てをした者は、破産手続開始の決定前に限り、当該申立てを取り下げることができる。この場合において、第24条第1項の規定による中止の命令、包括的禁止命令、前条第1項の規定による保全処分、第91条第2項に規定する保全管理命令又は第171条第1項の規定による保全処分がされた後は、裁判所の許可を得なければならない。

---

[37] 中止命令及び包括的禁止命令とそれらの変更・取消し・解除などについての即時抗告に関して、**本書24条、25条、27条の解説**参照。

1　本条の趣旨

　本条は、破産手続開始の申立てをした者は、破産手続開始の決定前に限り、当該申立てを取り下げることができること（本条前段）及び保全処分（他の手続の中止命令、包括的禁止命令、債務者の財産に関する保全処分、保全管理命令、否認権のための保全処分）がされた後は、破産手続開始の決定前であっても、裁判所の許可を得なければ、破産手続開始の申立てを取り下げることができないこと（本条後段）を定めたものである。

2　申立ての取下げ（本条前段）

　破産手続開始の申立ての取下げに関する本条は、平成16年に制定された現行法で新設されたものであり、旧法には、申立ての取下げに関する規定はなかった。
　現行法は、「破産手続開始の申立てをした者は、破産手続開始決定前に限り、当該申立てを取り下げることができる。」（本条前段）と定め、取下げの時期を明確にした。
　清算法人・清算株式会社・清算持分会社の清算人のように法律上破産手続開始の申立てをなすべき義務を負う者（一般社団法人及び一般財団法人に関する法律215条1項、会社法484条1項、656条1項）が申し立てた場合を除外していないことから、清算法人等の清算人が義務の履行としてなした申立ても取り下げることができると解される。
　破産手続開始決定は確定前であっても効力が生じ（法30条2項）、その効力は、破産者の管理処分権の制約や破産債権者の権利行使の制約その他利害関係人に対し多岐にわたる効力を生じさせることから、本条前段が、取下げができる時期を開始決定前に限定したことは妥当である。

3　破産手続開始の申立ての取下げ制限（後段）

　本条後段は、申立ての取下げを、保全処分がなされた後は、裁判所の許可を得なければできないとしている。
　保全処分を得ることのみを目的として、あえて破産手続開始の申立てをし、債権者に対して、弁済を拒むということが考えられ、濫用防止のための

策として[1]、規定が設けられた。

　取下げの制限が生ずるのは、「保全処分がされた後」、すなわち包括的禁止命令の場合は債務者に対し裁判書が送達され（法26条2項）、その他の保全処分の場合は当事者に対し裁判書が送達され（法24条6項、28条5項、92条2項、171条6項）、保全処分の効力が生じた以後である。保全処分が職権又は即時抗告で取消された場合は、取下げ制限の効力はなくなる[2]。

　取下げの可否を裁判所の許可にかからしめたのは、破産手続開始決定がされているわけではなく、申立ての取下げが保全処分の濫用ではなく、合理的理由に基づく場合に制限する必要がないためである[3]。許可についての裁判は、口頭弁論を経ないですることができる（法8条1項、**本書8条の解説2**参照）。

　取下げの許否の裁判に対して不服を申し立てることはできない（法9条）。

　取下げにつき裁判所の許可が必要となる保全処分は、次の通りである。

①24条1項による中止命令

　強制執行、仮差押え、仮処分、一般の先取特権の実行、民事留置権による競売（同項1号）、企業担保権の実行（同項2号）、訴訟手続（同項3号）、行政庁に係属する手続（同項4号）、責任制限手続（同項5号）に対する中止命令。

②包括的禁止命令（法25条）

③法28条1項による保全処分

　処分禁止の仮処分、弁済禁止の仮処分、借入禁止の仮処分、商業帳簿等の保管・閲覧の仮処分、執行官保管の仮処分等。

④法91条2項による保全管理命令

⑤法171条1項による否認権のための保全処分

　なお、取下げ制限の効果が生ずる保全処分の中に、法177条の役員の財産に対する保全処分が含まれていないが、この保全処分は、役員に対する損害賠償請求権の存在を前提とする通常の保全処分に近い性格を有するもので、

1　平成9年12月公表の法務省民事局参事官室「倒産法制に関する改正検討事項　補足説明」11頁（第1部第1章第1、6(2)エ）（法務省民事局参事官室編『倒産法制に関する改正検討事項補足説明（別冊NBL No.46）』（商事法務研究会、1999年）11頁）。
2　『条解』226頁。
3　『条解会更（上）』437頁参照。

保全処分の濫用のおそれは少なく、また債務者と役員という内部関係者間に関することであって、当事者以外の破産手続の利害関係者が保全処分の発令を覚知しにくく、集団的な債務処理が行われるという期待が生じるとは必ずしもいえないことから[4]、その保全処分の有無によって、取下げの当否を判断する必要性に欠けるため、除外されている。

4　申立ての取下げの方式

　申立ての取下げは書面で行うことを要する（法13条。民事訴訟法261条3項）。債権者申立ての場合であっても債務者の同意は不要である。
　破産手続の費用を予納しないでされた破産手続開始の申立てについて取下げがあった場合、その効力を認めるのではなく、法30条1項1号による破産手続開始の申立ての却下決定をすべきであろうとの見解がある[5]。

5　申立ての取下げの効果

　破産手続開始の申立ての取下げがなされると、破産手続は終了する。
　債権者による破産手続開始の申立ては、裁判上の請求（民法147条1号）として時効中断の効力を認めるのが判例である[6]。申立てが取り下げられた場合、裁判上の請求としての時効中断の効力は失うが、債務者に対する催告（民法153条）としての効力を有する[7]。したがって、当該債権者は取下げの時から6カ月以内に訴えの提起等をすると時効の中断の効力が生ずる[8]。
　許可を得て申立てを取り下げた場合、破産手続は遡及的に失効し保全処分も当然に失効する[9]。

6　申立ての取下げの現状

　かつては、債権者が債権回収の目的で破産申立てをなし、破産手続開始決

4　『基本構造』84頁〔山本和彦発言・小川秀樹発言〕。『条解』226頁。
5　『条解』228頁脚注8。
6　大判明37.12.9（民録10輯1578頁）、最判昭35.12.27（民集14巻14号3253頁）、最判昭45.9.10（民集24巻10号1389頁）。
7　最判昭45.9.10（民集24巻10号1389頁）。
8　『条解』156頁。
9　『条解』227頁。

定に移るまでに、弁済を受ける等自己に有利な条件を債務者から引き出した上で、これを取り下げるという事例が見られた[10]。

申立債権者に破産手続開始決定を欲する意思はなく、破産手続を自己の債権の満足を得る手段として利用するのであるから、破産申立ての濫用といえる。

その背景には、破産手続開始の申立てから破産手続開始決定まで非常に時間がかかっていたことが影響していた。ちなみに、昭和27年度から昭和37年度までを見ると、申立てから3カ月以内に破産宣告がなされた件数は、破産宣告全事件のうち、全国平均で27.95％である。7割以上が3カ月以上かかっていた[11]。これでは債権者申立ての濫用が可能となる。

法人等の自己破産申立てから開始決定までの日数（全国平均）は、現行法が成立した平成16年は30日、平成22年は21日[12]、平成24年は19日[13]と短くなっている。

債権者申立事件についても、東京地方裁判所破産再生部では、破産手続開始の原因の存在が認定できる場合は、申立て後速やかに破産手続開始の決定が発令されている[14]。

破産手続開始の申立てから破産手続開始決定までの時間が大幅に短縮されたため、前記のような濫用的申立てはほとんどなくなり、したがって、申立ての取下げもほとんどなくなった。

債権者申立事件で、債務者会社の有する多数の貸金債権及び不動産の評価額について、見解が大きく分かれ、債務超過を疎明できず、申立てを取り下げたケースがあった。

自己破産申立てで取り下げられるケースとしては、申立て後に任意整理ないし再生手続の見込みが立った場合などが考えられるが、東京地方裁判所では、申立ての取下げの事例はほとんどない。法人破産の申立ての場合、早期

---

[10] 山本英雄「破産申立の取下と申立権の濫用」石川明ほか編『破産・和議の実務と理論（判例タイムズ臨時増刊）』830号39頁。
[11] 司法研修所編『破産事件の処理に関する実務上の諸問題』（法曹会、1985年）15頁。
[12] 多比羅誠「倒産手続に関する裁判所実務の課題と展望（上）」NBL988号31頁。
[13] 日本弁護士連合会倒産法制等検討委員会「中小規模裁判所における法人破産事件処理の在り方」金法1982号19頁。
[14] 『破産実務』79頁。

に（急ぐ場合には、申立日に）破産手続開始の決定が発令されるため、保全処分などを行う事例は少ない。

　保全処分後に申立てを取り下げる場合には、取下げ後に、どのような債務の処理を行うのか、債権者等利害関係人に説明し、取下げについて同意を得ているかどうか等[15]が、裁判所の許可の判断の際に参考になると思われる。

（多比羅誠）

15　『条解』227頁。

第2節　破産手続開始の決定

第30条　破産手続開始の決定

> ①　裁判所は、破産手続開始の申立てがあった場合において、破産手続開始の原因となる事実があると認めるときは、次の各号のいずれかに該当する場合を除き、破産手続開始の決定をする。
> 　一　破産手続の費用の予納がないとき（第23条第1項前段の規定によりその費用を仮に国庫から支弁する場合を除く。）。
> 　二　不当な目的で破産手続開始の申立てがされたとき、その他申立てが誠実にされたものでないとき。
> ②　前項の決定は、その決定の時から、効力を生ずる。

規則
（裁判所書記官の事実調査）
第17条　裁判所は、相当と認めるときは、破産手続開始の原因となる事実又は法第30条第1項各号に掲げる事由に係る事実の調査を裁判所書記官に命じて行わせることができる。

（破産手続開始の決定の裁判書等・法第30条）
第19条　①　破産手続開始の申立てについての裁判は、裁判書を作成してしなければならない。
②　破産手続開始の決定の裁判書には、決定の年月日時を記載しなければならない。

1　本条の趣旨

　本条は、破産手続開始の決定の要件及び破産手続開始の決定の効力を生ずる時期についての規定である。なお、再生手続については、民事再生法33条、21条、25条が開始の決定の要件を定めており、更生手続については、会

社更生法41条、17条が開始の決定の要件を定めている。

2 破産手続開始の要件（本条1項）

(1) 概　　要

　本条1項は、破産手続開始の決定の要件について定める。破産手続開始の決定をするためには、破産手続開始の原因となる事実があると認められること及び本条1項各号に定める事由がないことが必要となる。

　なお、破産手続開始の決定をするためには、本条1項に定める要件のほか、債務者が破産能力を有すること、申立人が申立権を有すること（破産手続開始の申立てをすることができる者であること）（法18条1項、19条1項・2項・4項、224条1項、244条の4第1項、246条1項等）、申立人に当事者能力や訴訟能力があること、申立ての適式性（法20条、規則13条1項）及び裁判所の管轄権（法4条、5条）も必要となる。

　また、債権者が破産手続開始の申立てをするときは、その有する債権の存在及び破産手続開始の原因となる事実を疎明しなければならない（法18条2項。なお、法224条2項、244条の4第2項・3項、246条2項）。

　更には、他の倒産手続に関する破産障害事由がないことも必要である（民事再生法39条1項、会社更生法50条1項、会社法515条1項等）。他の倒産手続に関する破産障害事由とは、債務者につき更生手続、再生手続又は特別清算の開始決定がされたこと等である。

(2) 破産手続開始の原因となる事実

　破産手続開始の原因となる事実は、自然人については支払不能であり（法15条1項）、法人については、支払不能又は債務超過（法16条1項）である。ただし、法人であっても、存立中の合名会社及び合資会社については、支払不能である（法16条2項）。

　なお、相続財産については、破産手続開始の原因となる事実は、債務超過（相続財産をもって相続債権者及び受遺者に対する債務を完済することができないと認めるとき）（法223条）である。また、信託財産については、破産手続開始の原因となる事実は、支払不能又は債務超過（受託者が、信託財産責任負担債務につき、信託財産に属する財産をもって完済することができない状態をいう）（法244条の3）である。

3 破産能力

　破産能力とは、破産手続開始の決定を受け得る債務者の資格をいう。つまり債務者が破産者となり得る資格を意味する[1]。民事訴訟における当事者能力に相当するものである。破産法には、破産能力が誰に認められるかについての明文の規定はない。しかし、民事訴訟法において、当事者能力の認められる者には、原則として、破産能力があると解されている[2]（法13条、民事訴訟法28条、29条）。したがって、自然人、法人、法人でない社団又は財団で代表者又は管理人の定めがあるもの（民事訴訟法29条）については、原則として、破産能力があると解されている。

(1) 自　然　人

　自然人については、全て破産能力が認められる（法13条、民事訴訟法28条、民法3条）。行為能力の有無や商人性を問わない[3]。

　自然人は、死亡によって、破産能力を失う。ただし、破産手続開始決定後に、自然人である破産者について相続が開始した場合には、相続財産に対して破産手続が続行される（法227条）。

　なお、外国人又は外国法人についても、法3条で「外国人又は外国法人は、破産手続、・・・免責手続及び・・・復権の手続に関し、日本人又は日本法人と同一の地位を有する。」と規定されて、日本人又は日本法人と同一の破産能力を有する[4]。そのため、「外国人・外国法人に対する破産申立ても日本人に対する申立てと同様に行うことができる。東京地方裁判所破産再生部でも、外国人を破産者とする破産事件は少なくない」[5]とされる。

---

1 『破産実務』64頁、『伊藤』80頁、『倒産法概説』347頁。
2 『伊藤』80頁、『倒産法概説』347頁〔山本和彦〕、『基本法コンメ』75頁〔小久保孝雄〕。なお、『条解』232頁以下、『基本法コンメ』43頁以下〔杉山悦子〕参照。
3 『破産実務』64頁。
4 旧法は、平成12年の改正前は、2条において、「外国人又ハ外国法人ハ破産ニ関シ日本人又ハ日本法人ト同一ノ地位ヲ有ス　但シ其ノ本国法ニ依リ日本人又ハ日本法人カ同一ノ地位ヲ有スルトキニ限ル」と規定していた。しかし、平成12年の改正によって、相互主義に関する規定である但書（但シ其ノ本国法ニ依リ日本人又ハ日本法人カ同一ノ地位ヲ有スルトキニ限ル）の規定は削除された。改正の理由について、『新しい国際倒産法制』366頁参照。
5 『破産実務』559頁。

(2) 法　人
a 私法人

私法人は、公益法人、営利法人の別を問わず、また、学校法人・宗教法人・信用金庫・各種の協同組合のように特別法によって設立された法人であっても、一般的に破産能力を有すると解されている[6]。

b 公法人

公法人のうち、国及び地方公共団体は、民事訴訟法上、当事者能力が認められる。しかし、破産能力に関しては、国及び地方公共団体が、「本源的な統治団体」[7]であり、破産手続により清算を行い法人格が消滅することは、統治団体としての機能を阻害し、法秩序上容認できないため、破産能力は否定される[8]。

国及び地方公共団体以外の公法人について、破産能力が認められるかどうかについては、争いがある。しかし、公法人であるからといって、支払不能又は債務超過になった場合に、最終的に破産手続によって財産等の適正かつ公平な清算を図る余地を否定する理由はないと考えられる。したがって、特別法等で破産能力を否定されていない限り、国及び地方公共団体以外の公法人について破産能力を認めて差し支えないと考えられる[9,10]。

---

[6] 『伊藤』82頁、『破産実務』64頁、『倒産法概説』348頁〔山本和彦〕。
[7] 山木戸克己『破産法』（青林書院新社、1974年）38頁。
[8] 『伊藤』82頁、『破産実務』64頁、『倒産法概説』348頁〔山本和彦〕。
[9] 『伊藤』82頁は、「公法人の事業がいかに公益的であっても、支払不能や債務超過に陥り、清算の必要があるときには、破産手続の開始を認めるのが合理的である。・・・いわゆる本源的統治団体と呼ばれる国家や地方自治体などについては、・・・破産能力を否定すべきであるが、それ以外の公法人については、破産能力を肯定できないものは、その法人限りで資産と負債の清算をする必要のないものだけである。もちろん、立法政策の問題として特別の清算手続を設け、破産能力を否定することはありうるが、それは法に特別の規定がある場合に限られ、それ以外の場合には、破産能力を肯定すべきである」とする。
[10] 『破産実務』65頁は、国及び地方公共団体以外の公法人の破産能力に関して、「それ以外の公法人について、実務で問題となった事例は乏しいが、健康保険組合のように清算の必要がない（健康保険法26条）ものや特別法で破産能力が否定されているものを除き、基本的に破産能力を有すると考えるべきである。なお、財産区について、公法人であることを理由として破産能力を否定した判例（大決昭12.10.23民集16巻1544頁）があるが、破産能力を認めても良い場合があるとの見解が有力である。」とする。

(3) 法人格なき社団又は財団

　法人でない社団又は財団で代表者又は管理人の定めがあるものについては、当事者能力が認められる（民事訴訟法29条）。そこで、破産能力もあると解される（法13条）[11]。

(4) 相続財産

　相続財産法人（民法951条）は、法人であることから、破産能力を有する。

　相続財産法人でない、相続財産についても、破産法は、破産能力を認め、相続財産の破産等に関する特則を定めている（**本書第10章前注 3** 参照）。

(5) 信託財産

　平成18年の信託法の改正に伴って、破産法に「信託財産の破産に関する特則」（法第10章の 2 ）が設けられ、破産法は、信託財産にも破産能力を認めた。信託財産の破産の制度は、「信託財産がその債務に比して過少となった場合等における債権者間の公平な弁済を確保するため、相続財産の破産の制度に倣い、整備法による改正後の破産法第244条の 2 ないし第244条の13において新設したもの」[12]である（**本書第10章の 2 前注**参照）。

4　破産障害事由

(1) 破産手続の費用の予納がないとき（本条 1 項 1 号）

　現行法においては、債権者申立ての場合に限らず、債務者申立てを含む、全ての申立ての場合について、破産手続の費用の予納が必要となった[13]。そこで、現行法は、「破産手続開始の申立てをするときは、申立人は、破産手続の費用として裁判所の定める金額を予納しなければならない。」（法22条 1 項）としている[14]。その結果、破産手続の費用の予納がないことは、「すべての破産手続開始の申立てに共通の破産障害事由」[15]となった[16]。なお、裁判

11　『倒産法概説』348頁〔山本和彦〕。
12　寺本昌広『逐条解説　新しい信託法』（商事法務、2007年）364頁脚注。
13　予納についての旧法での扱い及び現行法において、全ての申立てについて破産手続の費用の予納が必要となった趣旨等については、**法22条の解説**参照。
14　予納金の東京地方裁判所の基準額については『破産実務』75頁及び150頁。大阪地方裁判所の基準額については『運用と書式』44頁以下参照。
15　『一問一答』56頁。
16　予納金の分納に関する東京地方裁判所の運用については『破産実務』76頁及び529頁。大阪地方裁判所の運用については『運用と書式』44頁以下参照。

所が予納命令で定めた期間を徒過しても、破産手続開始申立てを却下（又は棄却）する前に、予納がなされた場合は、予納は有効となり、破産手続開始申立てを却下（又は棄却）することはできない[17]。

また、法23条1項に基づいて、破産手続の費用を仮に国庫から支弁する場合には、破産手続の費用の予納がないことは、破産申立てについての破産障害事由とならない（法23条2項）[18]。

(2) 申立てが誠実にされたものでないとき（本条1項2号）

破産法は、「支払不能又は債務超過にある債務者の財産等の清算に関する手続を定めること等により、債権者その他の利害関係人の利害及び債務者と債権者との間の権利関係を適切に調整し、もって債務者の財産等の適正かつ公平な清算を図るとともに、債務者について経済生活の再生の機会の確保を図ることを目的とする」（法1条）。したがって、破産手続を、債務者の財産等の適正かつ公平な清算を図る目的ではなく、専ら他の目的に利用しようとする場合には、破産手続開始の決定をすることは相当でない。そこで、破産法は、「解釈上異論のない『不当な目的で破産手続開始の申立てがされたとき、その他申立てが誠実にされたものでないとき』が破産障害事由であることを規定上明確にし」[19]、破産手続開始の決定をすることが出来ないとしている。

「不当な目的で破産手続開始の申立てがされたとき、その他申立てが誠実にされたものでないとき」の典型的な事例としては、「再生手続の場合と同じく、例えば、真に破産手続の開始を求める意思や、真に破産手続を進める意思がないのに、一時的に債権者からの取立てを回避し、時間稼ぎを図ること等、専ら他の目的をもって、破産の申立てをする場合などが考えられるであろう。」[20]とされている。そのほか、「例えば、破産による清算を目的とするのではなく、自己の債権回収のため、申立ての取下げを条件として有利に債務者と交渉することを専らの目的とする申立てや破産清算を目的とせず、

---

17 『条解』242頁、『大コンメ』111頁〔大寄麻代〕、『基本法コンメ』74頁〔小久保孝雄〕。
18 なお、債権者破産申立てについて、法23条による国庫仮支弁が認められた事例として、福岡地決平25.4.26（金法1978号138頁）。
19 『一問一答』56頁。
20 「破産法等の見直しに関する中間試案補足説明」14頁。

人的関係を背後として専ら嫌がらせの目的で申立てを行う場合あるいは、個人破産事件では、直近に免責が不許可となった場合において清算の必要性がないにもかかわらずもっぱら免責を得る目的で再度の申立てを行う場合などがこれに当たる」[21]とされている[22, 23]。

---

21 中山孝雄「破産手続開始原因の審理」『新・実務大系』116頁。
22 東京地方裁判所で、「『不当な目的で破産手続開始の申立てがされたとき』に当たるとして、破産手続開始の申立てが却下された事案」について、『破産実務』71頁参照。
23 再生手続開始の決定に対して即時抗告がされた事案について、東京高決平24.9.7（金判1410号57頁）は、「連帯保証債務を負担していても、その負担を免れるため、民事再生手続における否認権行使を利用しようとしたと考えられる。このような連帯保証債務の取消しのみを目的とした申立ては、・・・民事再生法25条4号（特に、不当な目的で再生手続開始の申立てがされたとき）に該当する」と判示し、再生手続開始の申立てを棄却した。
 この決定に対して、山本和彦教授は、「そもそも否認権の行使を再生手続開始申立ての主要な動機とすること自体には何の問題もないと思われる。否認制度は、倒産手続の本来の目的である債権者に対する公平かつ多額の弁済を図るための主要なツールである。そこには、再生手続の目的との齟齬はまったくなく、『不当な目的』という前提を欠く。」とされる（山本和彦「再生申立権の濫用について—東京高決平成24年9月7日を手掛かりとして」NBL994号20頁）。
 その後、上記の再生手続開始の決定に対して即時抗告をした債権者（株主）が、再生申立てをした取締役等に対して損害賠償訴訟を提起した。
 当該損害賠償訴訟の第1審判決である東京地判平25.11.6（判タ1401号174頁）は、「本件申立てにおいて、訴外会社が無償行為である本件連帯保証債務について否認権を利用することを目的の一つとしていることは、否認制度の本来的な利用であって、民事再生手続の本来の目的から逸脱した濫用的な目的とはいえないから、民事再生法25条4号に該当しない。」と判示し、（再生手続開始の申立を棄却した）「東京高裁決定は妥当な判断とはいえない。」として、当該債権者の請求を棄却した。
 また、当該損害賠償訴訟の控訴審判決である東京高判平26.4.24（公刊物未登載）も、「否認の制度は、再生手続における債権者間の平等を図るために認められた制度であり、上記の目的を達成するための手段、方法である。したがって、否認権の行使を目的とし、事業の再建という民事再生法の目的を伴わない再生手続開始の申立てなどというものはおよそ考え難いところである。」と判示して、当該債権者の控訴を棄却した。
 再生手続開始の申立てを棄却した東京高決については、「特殊な事情のもとでの事例判断とみるべきであって、再生手続開始申立てを棄却した本決定の『結論』は支持できる」（安達拓「判批」金法1998号6頁）という見解もある（なお、『条解』247頁）。しかし、同東京高決において、「否認制度は民事再生法1条の目的を効果的に実現するために債権者平等を図る制度」（前掲東京地判）であること及び「倒産手続は、（たとえDIP型の再生手続であっても）経営者のためにあるのではなく、債権者その他の利害関係人のためにあること」（山本和彦「再生申立権の濫用について—再論」NBL1036号29頁）という点が理論的に十分検討されたかは疑問である。そして、民事再生の目的である債務者の事業の再生を図るという点についても、「民事再生法25条によれば、同法21条1項の要件が存在するときであっても、再生手続開始の申立ては棄却しなければならな

なお、直近に免責が不許可となった場合において免責を得る目的で再度の申立てを行うことについては、「免責不許可の決定を受けた者が再度破産手続開始の申立てをした場合は、既に裁判所が免責の許否について判断していることからすると、破産手続を開始するかどうかについては、・・・更に慎重に審理・判断することになり、安易に再判断を求めるような申立てについては、不誠実な申立てであるとして破産手続開始の申立て自体が却下される例が多い（破30条1項2号）」[24]とされる[25, 26, 27]。

(3) 他の倒産手続の申立てないし開始決定のないこと

倒産手続においては、「優先順位の高い手続から順に挙げれば、更生手続、再生手続、特別清算手続、破産手続となる」[28]。そのため、破産手続以外の他の手続の申立てや開始決定等がなされている場合には、破産手続を進めることが出来ないのが原則である。したがって、他の倒産手続の申立てや開始決定のあることは、破産手続の開始決定の障害事由となる。

a 破産手続と民事再生手続とが競合する場面

ア　民事再生手続の優先の原則

(ア)　概　　要

破産手続と民事再生手続とが競合する場面では、原則として、民事再生手続が優先する（民事再生法26条1項1号、39条1項、184条）。事業等の再生が可能であれば、事業等を清算するよりも、債務者、債権者及びその他の利害関係人にとっても有利と考えられる。また、清算してしまえば、その後に再建は

い」と判示して、いわば形式的な判断を行い、債権者等の利害関係人の利益を十分に考慮せず、再生手続開始の申立てを棄却し、破産に至らしめたことは極めて疑問である。

[24] 『破産実務』547頁。
[25] 前回の破産手続において、法定の期間内に免責許可の申立てをせず、免責を受けられなかった破産者が、再度破産手続開始の申立て及び免責許可の申立てをして、免責が認められた事例（免責が認められた免責許可決定に対する即時抗告が棄却された事例）として東京高決平25.3.19（金法1973号115頁）。逆に、破産宣告と同時にする破産廃止の決定を受けた破産者が、免責申立期間徒過後、再度破産宣告と同時破産廃止決定を得てした免責申立が認められなかった事例（免責申立を不適法却下した事例）として仙台高決平元.6.20（判タ722号274頁）。
[26] 「免責許可の決定を受けることのみを目的とする再度の破産申立ては許されるか」については、『破産実務』544頁以下参照。
[27] 本条1項2号の制定に至る経緯等について『条解』242頁以下参照。
[28] 『倒産法概説』36頁〔水元宏典〕。

できないこととなる[29]。そこで、再建型の倒産処理手続である民事再生手続が、清算型の倒産処理手続である破産手続に優先する。
　(イ)　具体的内容
　具体的には、裁判所は、再生手続開始の申立てがあった場合、再生手続開始の申立てにつき決定があるまでの間、破産手続の中止を命ずることができる（民事再生法26条1項1号）。また、再生手続開始の決定があったときは、破産手続開始の申立てはすることができず、破産手続は中止する（民事再生法39条1項。ただし、同法249条1項）。破産手続が中止にとどまるのは、再生手続開始の決定の取消しや再生手続廃止の決定等があった場合に、破産手続を続行させる必要があるためである。更には、再生計画認可の決定が確定したときは、民事再生法39条1項の規定により中止した破産手続は、その効力を失う（民事再生法184条本文。なお、民事再生法250条2項）。
　イ　民事再生手続の優先の修正
　民事再生法は、再生手続開始の申立ての棄却事由として、「裁判所に破産手続・・・が係属し、その手続によることが債権者の一般の利益に適合するとき」と定める（民事再生法25条2号）。これは、再生手続よりも、係属中の破産手続による方が、債権者に対して多くの弁済や早期の弁済が期待出来るような場合には、破産手続によるとするものである。この場合には、民事再生手続の優先の原則が修正される。「債権者の一般の利益に適合するか否かを判断する際は、弁済率、弁済期及び弁済期間等を総合的に検討し、特定の債権者ではなく債権者全体の利益になるか否かを検討して決定する。なお、破産等の手続の係属は、その手続の申立てがあれば足り、手続開始の決定がされている必要はない」[30]とされる。
　b　破産手続と会社更生手続とが競合する場面
　ア　会社更生手続の優先の原則
　(ア)　概　要
　破産手続と会社更生手続とが競合する場面でも、原則として、会社更生手続が優先する（会社更生法24条1項1号、50条1項、208条）。会社更生手続も、民

29　『倒産法概説』36頁〔水元宏典〕。
30　『民再実務』90頁。

事再生手続と同様、事業の再建を目的とする再建型の倒産処理手続である。しかも、会社更生手続は、再生手続より強力で、担保権を制約し（会社更生法47条1項）、租税等の請求権も制約し（会社更生法47条1項、169条）、株主の権利の変更（会社更生法167条1項1号）をも行なうことが出来る再建型の倒産処理手続である。そのため、再建型の倒産処理手続である会社更生手続が、清算型の倒産処理手続である破産手続に優先する。

(イ)　具体的内容

具体的には、裁判所は、会社更生手続開始の申立てがあった場合、会社更生手続開始の申立てにつき決定があるまでの間、破産手続の中止を命ずることができる（会社更生法24条1項1号）。また、会社更生手続開始の決定があったときは、破産手続開始の申立てはすることができず、破産手続は中止する（会社更生法50条1項）。更には、更生計画認可の決定があったときは、会社更生法50条1項の規定により中止した破産手続は、その効力を失う（会社更生法208条）。

イ　会社更生手続の優先の修正

会社更生法は、更生手続開始の申立ての棄却事由として、「裁判所に破産手続・・・が係属し、その手続によることが債権者の一般の利益に適合するとき」と定める（会社更生法41条2号）。これは、会社更生手続を新たに開始するよりも、係属中の破産手続による方が、債権者に対して多くの弁済や早期の弁済が期待出来るような場合には、破産手続によるとするものである[31,32]。この場合には、会社更生手続の優先の原則が修正される。

---

[31] なお、「裁判所に係属する破産手続等は、必ずしもそれぞれの手続開始の決定があることを要しないし、更生手続開始申立て後にそれらの手続開始が申し立てられたものであっても差し支えない。」（『実務会更』96頁）。

[32] この点について、『伊藤会更』42頁は、「破産または特別清算によって株式会社の財産の清算価値を分配する方が利害関係人一般にとってより多くの利益をもたらすと認められるときには、更生手続を開始する意味がない。いいかえれば、更生手続による分配は、破産や特別清算による分配を上回るものでなければならないことを意味し、講学上の清算価値保障原則を現したものである。」とする。

c　破産手続と特別清算とが競合する場面
　ア　特別清算の優先の原則
　(ｱ)　概　　要
　破産手続と特別清算とが競合する場面では、原則として、特別清算が優先する（会社法512条1項1号、515条1項・2項）。これは、「特別清算は、債務超過状態に陥っていると疑われる株式会社についての清算手続であるので、破産と共通の目的をもつが、法は、協定による簡易な清算としての長所を特別清算に認め、破産手続に優先させることとしたものである」[33]。
　(ｲ)　具体的内容
　具体的には、裁判所は、特別清算開始の申立てがあった場合、特別清算開始の申立てにつき決定があるまでの間、破産手続について破産手続開始の決定がされていない場合に限り、破産手続の中止を命ずることができる（会社法512条1項）。破産手続開始の決定がされていない場合に限ったのは、「破産手続開始決定によって解散した会社は、特別清算の前提となる清算会社となりえないので、会社法では、開始決定後の破産手続は中止命令の対象から除外されている」[34]ためである。
　また、特別清算開始の決定があったときは、破産手続開始の申立てはすることができず、破産手続（破産手続開始の決定がされていないものに限る）は中止する（会社法515条1項）[35]。特別清算開始の命令が確定したときは、会社法515条1項の規定により中止した手続又は処分は、特別清算の手続の関係においては、その効力を失う（会社法515条2項）[36]。
　イ　特別清算の優先の修正
　会社法は、特別清算開始の申立ての棄却事由として、「特別清算によることが債権者の一般の利益に反することが明らかであるとき」と定める（会社法514条1項3号）。これは、「特別清算によるほうが破産手続によるよりも債

---

[33] 『伊藤』119頁。
[34] 山口和男編『〔新会社法対応〕特別清算の理論と裁判実務』（新日本法規出版、2008年）10頁〔中山雅弘〕。
[35] 特別清算開始決定がなされると破産手続開始の申立てが出来なくなる理由について、山口編・前掲注34・109頁〔新田和憲〕参照。
[36] 特別清算開始の命令が確定した場合に破産手続が失効する理由について、萩原修他『逐条解説　新しい特別清算』（商事法務、2006年）86頁脚注参照。

権者に有利である（不利にならない）ことを要求することにより、債権者の利益の保護を図ろうとするものである」[37]。したがって、特別清算によるほうが破産手続によるよりも債権者に不利であることが明らかな場合には、特別清算の優先の原則が修正される[38]。具体例としては、「仮に破産手続を選択したとする場合に、破産手続により実現されるであろう清算価値の予想値と特別清算により実現されるであろう清算価値の予想値とを比較して、前者が後者を上回ることが明らかな場合である。他にも、明らかな否認対象行為があり、破産管財人が否認権を行使したならば、債権者の配当率が上がることが明らかな場合なども考えられる」[39]とされる。

(4) 複数の債権者の要否

破産手続は、多数債権者の競合する場合に債権者間の公平な満足を得させることを目的とする制度である。そこで、破産手続開始の決定には、多数（2人以上）の債権者の存在を要するかどうかが、問題となる。この点については、「通説は、債権者の数は、債権調査を経てはじめて確定されること、かりに債権者が1人であることを理由としてその者の破産手続開始申立てを排斥しても、債権の分割譲渡によって作為的に複数債権者をつくるのは容易なことなどを挙げて、複数債権者の存在は開始の要件でないとする」[40]とされる[41]。また、判例[42]も「破産開始ノ要件トシテ毫モ債権者ノ多数存在スルコトヲ前提トセス単ニ破産原因アルトキハ申立ニ因リ破産ヲ宣告スル旨ヲ規定スルニ過ギザルヲ以テ債権者一人ナル場合ニ於テモ破産開始ノ要件ニシテ

---

[37] 萩本修編『逐条解説　新しい特別清算』（商事法務、2006年）76頁。
[38] 「明らかという要件が加重されているのは、・・・特別清算の開始いかんの判断の迅速性を損なわないためである。」（松下淳一・山本和彦編『会社法コンメンタール13』（商事法務、2014年）32頁〔松下淳一〕）。
[39] 山口編・前掲注34・64頁〔針塚遵〕。
[40] 『伊藤』79頁。
[41] 山木戸克己『破産法』（青林書院、1979年）43頁は、複数債権者の存在を開始の要件としない理由について、「破産法は多数債権者の存在を破産宣告の要件とする旨を積極的に規定することなく、かつ、債権者の数は債権届出をまたなければ調査が困難であり、また債権を分割譲渡すれば、容易に多数債権者をつくることができ、他方、債権者は破産により否認権に基づいて個別執行にまさる保護を受けることができ、さらに債務者が破産により受けうべき免責の利益や課せられるべき懲戒の効果を債権者が一人であるか否かによって左右するのは適当でない」とする。
[42] 大決昭3.10.2（民集7巻769頁）。

存在スル限リ破産手続ヲ開始シ得ルモノト解スルヲ相当トス」と判示して、債権者が一人でも破産手続開始決定が出来ることを認めている。

(5) 破産手続開始の申立ての制限条項

債務者と債権者との間において債務者が破産手続開始申立てをするときには事前協議をする旨の約定が成立している場合に、債務者が事前協議をしないで行った破産手続開始申立てが認められるか、債務者が事前協議をしなかったことが破産障害事由になるかという問題がある（**本書18条2(5)の解説**参照）。

この点に関して、「債務者と一部の債権者との間に、破産法に基づく破産申立てをする場合には事前協議をする旨の約定が成立している場合に、債務者が右事前協議を経ないで破産申立てをしたとしても、右一部特定の債権者に対する債務不履行となりうることがあるのは格別、その破産申立てを違法、無効なものということはできない。けだし、破産手続は、総債権者に対する債務を完済することができない状態にある場合に、強制的にその者の全財産を管理換価し総債権者に公平な金銭的満足を与えることを目的とする裁判上の手続であり、いわば総債権者の利益のためのものであって、一部特定の債権者その他の権利者との間の合意によってその申立てを制限されるとするのは相当でないからである。」と判示する裁判例[43]もある[44, 45]。

これに対して、債権者と債務者の間で債権者が破産手続開始の申立てをしない旨の合意をした場合等、債権者の申立権の制限に関しては、「債権者の申立権については、専ら当該債権者の利益保護を目的としているから、事業者（債務者）が消費者（債権者）を相手方として約款等で一律に申立権放棄の

---

[43] 東京高決昭57.11.30（判時1063号184頁）。
[44] 『倒産法概説』324頁〔水元宏典〕も、「債権者や債務者において、裁判上の倒産手続を申し立てない旨、あるいは裁判外の倒産処理をまず最初に試みる旨が合意されたときでも、そのような手続開始申立権の放棄・制限は、少なくとも債務者については効力を有しないと考えられている。」とする。
[45] ただし、『伊藤』124頁は、「債権者と債務者間の破産手続開始申立制限契約が債権者のみならず、債務者に対しても拘束力を有するかどうかについては、総債権者に対して公平な分配をするという破産手続の目的を重視して、これを否定する説が有力である（条解破産法126頁）。確かに、免責の取得などを考えると、消費者である債務者に対する拘束力を否定すべきではあるが、特定目的会社（SPC）の存在などを考えると、債権者すべてとの間で破産手続開始申立制限契約が締結されている場合には、債務者についても、その拘束力を認めることが合理的といえよう。」とする。

合意を調達するなどの例外的な場合を除いて、その放棄・制限が認められてよい。しかし、すべての債権者について申立権放棄の合意が調達できないときは、不同意債権者による手続開始の申立ては妨げられない」[46]とされている。

5 破産手続開始の申立ての審理

(1) はじめに

　破産手続開始の決定は、「破産手続等に関する裁判」（法8条1項）である。したがって、破産手続開始の決定については、口頭弁論を開くか否かは裁判所の裁量に任されており、口頭弁論を開かないで決定をすることができる（法8条1項）[47]。

　裁判所は、職権で、破産手続等に係る事件に関して必要な調査をすることができる（法8条2項）。したがって、裁判所は、破産手続開始の決定に関しても、職権で、必要な調査をすることができる[48]。また、規則17条は、「裁判所は、相当と認めるときは、破産手続開始の原因となる事実又は法第30条第1項各号に掲げる事由に係る事実の調査を裁判所書記官に命じて行わせることができる。」と規定する。したがって、裁判所は、相当と認めるときは、破産手続開始の原因となる事実について、裁判所書記官に命じて調査を行わせることができる。

(2) 申立債権の存在

　「債権者が破産手続開始の申立てをするときは、その有する債権の存在・・・を疎明しなければならない」（法18条2項）とされている。

---

[46] 『倒産法概説』324頁〔水元宏典〕。
[47] 破産宣告決定が口頭弁論すなわち公開の法廷における対審を経ないでなされたものであるから、憲法82条に違反し、ひいては、憲法32条及び76条3項にも違反すると主張された事案について、最決昭45.6.24（民集24巻6号610頁）は、「破産裁判所がする破産宣告決定は・・・裁判所が当事者の意思いかんにかかわらず終局的に事実を確定し当事者の主張する実体的権利義務の存否を確定することを目的とする純然たる訴訟事件についての裁判とはいえない・・・。してみれば、破産裁判所がする破産宣告決定・・・は・・・固有の司法権の作用に属する裁判に該当しないことは明らかであり、・・・これらの裁判は、憲法82条の規定にいう裁判には該当しない」として憲法に反しないと判示した。
[48] 職権調査の運用に関して、中山・前掲注21・119頁参照。

判例実務は、申立債権の存在について争いがある場合、申立債権の存在を認定するには、破産債権の存在が破産手続開始決定によって確定されるものでないことから、疎明をもって足りるとする[49, 50]。

(3) 破産原因の存在

「債権者が破産手続開始の申立てをするときは、・・・破産手続開始の原因となる事実を疎明しなければならない。」(法18条2項)とされている。

破産手続開始の原因となる事実について、疎明で足りるか、証明を要するかという議論があった[51]。

しかし、「破産原因の有無は破産手続開始に関する決定の確定によって確定する」[52]ものであること、「破産手続の開始決定が、債務者のみならず、債権者その他の利害関係人に甚大な影響を及ぼす」[53]ことから、「現在、学説上も実務上も、破産裁判所が破産原因の存在につき確信を得たときにはじめて破産手続を開始することができる(「証明」が必要である)とする証明説が定着していて争いがないところである」[54]とされている[55]。なお、破産手続開始決定を行うために破産原因の証明が必要であるのは、債権者申立ての場合に限らず、自己破産の場合も同様である(**本書18条の解説2(4)**参照)[56]。

6 破産手続開始の決定

破産手続開始の決定に関しては、破産規則において、「破産手続開始の申

---

49 堀田次郎「破産手続の開始要件に関する諸問題」『新・実務大系』102頁、『基本法コンメ』74頁〔小久保孝雄〕。なお、堀田前掲論文・102頁は、「申立人の債権が債務者に対する債権の大部分を占め、その不履行を主たる根拠として破産原因としての支払不能を認定するような場合には、申立債権の存否が直ちに破産原因の存否に影響するので、その存否が争われたときには、申立債権についても単なる疎明では足りずに、証明までをも要するとも考えられる。」とする。また、中山・前掲注21・115頁も、「当該債権の存在が債務超過という破産手続開始原因を基礎付ける関係にあるときは、その債権の存在についても証明が必要であると解さざるを得ないものと思われる。」とする。
50 なお、申立債権の存在について証明を要するとする説(証明必要説)について、『条解』253頁以下参照。
51 『条解』253頁。
52 堀田・前掲注49・103頁。
53 中山・前掲注21・117頁。
54 堀田・前掲注49・103頁。
55 『条解』253頁、『大コンメ』111頁〔大寄麻代〕、『基本法コンメ』74頁〔小久保孝雄〕。
56 『伊藤』136頁。

立てについての裁判は、裁判書を作成してしなければならない。」（規則19条1項）と規定され、書面によらなければならない[57]。また、「破産手続開始の決定の裁判書には、決定の年月日時を記載しなければならない」（規則19条2項）と規定され、決定の年月日時を記載することも定められている[58]。

破産手続開始の申立てについての裁判について、裁判書を作成して書面によることが規定されたのは、「破産手続開始の申立てについての裁判は、破産手続等に係る裁判の中で最も重要な裁判である」[59]ためである。

また、破産手続開始の決定の裁判書には、決定の年月日時を記載することが規定されたのは、「破産手続開始の決定は、他の手続の失効（法42条1項）、破産債権の個別的行使の禁止（法100条1項）のほか、破産財団の管理処分権が破産管財人に移転する（法78条1項）など関係者の権利に重大な影響を生ずるものであり、その効果は決定の『時に』生ずることとなる（法30条2項）から、本条2項において、効力発生時点を明確にするため、裁判書に『決定の年月日時』を記載することとした」[60]ためである。

7 破産手続開始の決定の効力発生時（本条2項）

(1) 趣　　旨

破産手続開始の決定は、その決定の時から、効力を生ずる。これは、破産手続開始の決定の確定を待たず、速やかに破産手続開始決定の効力を発生させることが、破産財団の保全に資するためである。すなわち、速やかに破産手続開始決定の効力を発生させて、破産財団に属する財産の管理及び処分をする権利を破産管財人に専属（法78条1項）させ、破産管財人が破産財団に属する財産の管理に着手（法79条）できるようにすることで、債権者又は債務者による破産財団に属すべき財産の隠匿、損壊、不利益な処分その他の破産財団の価値を不当に減少させる行為等が行われることを防ぐためである。

破産手続開始の決定が、決定の時から効力を生ずるため、破産手続開始の

---

[57] 破産手続開始決定の東京地方裁判所の書式については『破産実務』99頁以下、大阪地方裁判所の書式については『運用と書式』395頁以下参照。
[58] 旧法では、規則ではなく、旧法141条で「破産決定書ニハ破産宣告ノ年月日時ヲ記載スルコトヲ要ス」と定められていた。
[59] 『条解規則』55頁。
[60] 『条解規則』55頁。

決定に対する即時抗告（法33条1項）には、執行停止の効力（民事訴訟法334条1項）が認められない。法30条2項の規定が、法13条の「特別の定め」となる[61]。

(2) 「決定の時」の意義──破産手続開始の決定の効力が生じる具体的時期

法30条2項で、破産手続開始の「決定は、その決定の時から、効力を生ずる。」とされている。「決定の時」がいつであるかについて、決定が言渡しにより告知されていない場合について、旧法時代から学説が分かれている。

a 決定が口頭弁論で言渡しにより告知された場合

破産手続開始決定が、口頭弁論で言渡しにより告知された場合は、言渡しの時が、効力発生時であり、決定の時となる。この点については、争いはない[62]。

b 決定が口頭弁論で言渡しにより告知されていない場合

ア 学説の状況

破産手続開始決定が、口頭弁論で言渡しにより告知されていない場合については、いつの時点で、「決定の時」となり、決定の効力が発生するかについて、争いがある。学説の状況は、次の通りである[63]。

① 決定書への署名捺印時であるとの説（裁判官が破産宣告（破産手続開始決定）の意思を確定して決定書に署名捺印した時と解する説）

② 決定を書記官に交付した時とする説（書記官交付時説）（裁判官が決定書に署名捺印して書記官に交付した時と解する説）

③ 裁判所書記官が送達機関にその決定正本を交付した時とする説

④ 裁判官の署名捺印した決定書が利害関係人に宛てて発送された時とする説

⑤ 決定書記載説（裁判官が決定書を作成するに際して、破産宣告（破産手続開始決定）の効果を発生せしめる時として決定書に記載した時であるとする説）

イ 検　　討

破産手続開始の決定も、決定である。そこで、民事訴訟法の原則に従って

---

61 『条解』291頁。
62 『注解（上）』32頁〔斎藤秀夫〕、『条解』256頁、『大コンメ』113頁〔大寄麻代〕、『伊藤』165頁。
63 学説の状況は『注解（上）』32頁〔斎藤秀夫〕による。なお、『条解』256頁、『大コンメ』113頁〔大寄麻代〕参照。

「相当と認める方法で告知することによって、その効力を生ずる」（法13条、民事訴訟法119条）として、決定が口頭弁論で言渡しにより告知されていない場合には、破産手続開始の決定の効力は、決定が破産管財人又は債務者に告知された時に生ずる[64]とするのは理論的な帰結とも考えられる。その点からは、「決定が破産管財人又は債務者に告知された時に生ずる」という説、又は、その修正[65]である「裁判官の署名捺印した決定書が利害関係人に宛てて発送された時とする説」が妥当とも考えられる。

しかし、そのような解釈をした場合には、破産手続開始の決定の効力が生じる時点は、事案毎に告知（又は発送）された時間を確認しないと分からないことになる。破産手続は、「特定の債務者が経済的に破綻したためその全弁済能力をもつてしても総債権者に対する債務を完済することができなくなった場合に、その債務者の有する全財産を強制的に管理、換価して総債権者に公平な配分をすることを目的とする手続」[66]である。したがって、多数の利害関係人が想定され、集団的な処理がなされるものである。そのため、破産手続開始の決定があった場合には、破産財団に属する財産の管理及び処分をする権利は、破産者が喪失して破産管財人に専属する（法78条1項）。また、破産財団に属する財産に対する強制執行は破産財団に対してはその効力を失い（法42条2項）、破産財団に属する財産に対する国税滞納処分はすることができない（法43条2項）こととなる。このように破産手続開始の決定は、多くの利害関係人に影響を及ぼす。そこで、破産手続開始の決定の効力の発生時期を、一義的に明確にすることが、破産手続の円滑な進行のためには必須であると考えられる。

規則19条2項が「破産手続開始の決定の裁判書には、決定の年月日時を記載しなければならない」としているのも、破産手続開始の決定の効力の発生

---

[64] 『伊藤』165頁。
[65] 『条解』257頁は、「決定が破産管財人又は債務者に告知された時に生ずる」という説を取った場合、「破産手続開始の決定の効力が生ずる裁判の告知時である破産者に対する告知（通知）について、現実に相手方（破産者となるべき債務者）に到達することが必要であるとの考え方をとると、決定書に記載された時点と決定の効力発生時点がずれる事態が少なからず生ずることになる。」「破産手続開始の決定書を破産者（となるべき債務者）にあてて発送した時点で、本条2項の趣旨から、破産手続開始の決定の裁判としての告知の効力も発生するとの解釈をとるべきであろう。」とする。
[66] 最決昭45.6.24（民集24巻6号610頁）。

時期を一義的に明確にする趣旨も含まれると考えられる。

そうである以上、破産手続開始の決定は、破産管財人又は債務者に告知されなくても、「裁判官が決定書を作成するに際して、破産宣告（破産手続開始決定）の効果を発生せしめる時として決定書に記載した時」に生ずる（決定書記載説）[67]と解することが相当と考えられる。

また、そのように解しても、実務的には、通常の場合は、破産手続開始決定の日時は事前に破産者に伝えられているので、破産者に特段の不利益が生じることもないと考えられる。ただし、債権者申立ての破産事件で、債務者の側が争っており、事前に破産手続開始決定の日時を破産者に伝えることが困難な場合等には、「破産宣告（破産手続開始決定）の効果を発生せしめる時として決定書に記載した時」に破産者に対する告知を行う等の配慮をすることが相当である。

8　破産手続開始の決定の効力

(1)　破産法上の効力

破産手続開始の決定によって、破産手続が開始となる。破産手続開始の決定の効力は多岐にわたる。主な効力としては、以下の通りである[68]。

a　破産者の有する財産の関係

破産手続開始決定により、破産者の有する財産については、「破産者が破産手続開始の時において有する一切の財産は、破産財団」（法34条1項）となり、「破産財団に属する財産の管理及び処分をする権利は、裁判所が選任した破産管財人に専属する」（法78条1項）。そして、「破産者が破産手続開始後に破産財団に属する財産に関してした法律行為は、破産手続の関係においては、その効力を主張することができない。」（法47条1項）こととなる。

b　破産者に対する債権の関係

破産者に対する債権については、「破産者に対し破産手続開始前の原因に

---

[67] 『注解（上）』34頁〔斎藤秀夫〕。
[68] なお、破産手続開始に伴う手続及び東京地方裁判所の運用については、『破産実務』102頁以下参照。また、大阪地方裁判所における郵便回送嘱託及び破産登記の運用については、『運用と書式』99頁及び100頁参照。更に、破産者の本籍地の市区町村長に対する通知（最高裁平16.11.30民三第113号民事局長通達）については、『大コンメ』115頁〔大寄麻代〕、『条解』261頁参照。

基づいて生じた財産上の請求権であって、財団債権に該当しないもの」(法2条5項)は、「破産債権」となる。そして、破産債権は、破産法に「特別の定めがある場合を除き、破産手続によらなければ、行使することができない」(法100条1項)こととなる。

c　破産者に対する関係

破産者に対する関係では、破産者は、説明義務を負い、「破産管財人若しくは債権者委員会の請求又は債権者集会の決議に基づく請求があったときは、破産に関し必要な説明をしなければならない」(法40条1項1号、なお、法83条1項)。また、破産者は、重要財産開示義務も負い、「破産手続開始の決定後遅滞なく、その所有する不動産、現金、有価証券、預貯金その他裁判所が指定する財産の内容を記載した書面を裁判所に提出しなければならない」(法41条)。更に、破産者には、居住に係る制限が加えられ、「破産者は、その申立てにより裁判所の許可を得なければ、その居住地を離れることができない」(法37条1項)。その他、通信の秘密(憲法21条2項)に対する制限も、可能となり、破産管財人の職務の遂行のため必要があると認めるときは、破産者にあてた郵便物等が破産管財人に配達され、破産管財人が、破産者にあてた郵便物等を受け取ったときは、これを開いて見ることができる(法81条1項、82条)。加えて、破産者の引致(法38条1項)[69]も可能である。

d　訴訟の関係

訴訟の関係では、「破産手続開始の決定があったときは、破産者を当事者とする破産財団に関する訴訟手続は、中断する」(法44条1項)。また、「破産債権者又は財団債権者の提起した」債権者代位訴訟及び詐害行為取消「訴訟が破産手続開始当時係属するときは、その訴訟手続は、中断する」(法45条1項)。

e　強制執行等の関係

強制執行等の関係では、破産手続開始の決定があった場合には、「破産財団に属する財産に対する強制執行、仮差押え、仮処分、一般の先取特権の実行、企業担保権の実行又は外国租税滞納処分で、破産債権若しくは財団債

---

[69] 引致については、「破産手続開始の申立てがあったときは、裁判所は、破産手続開始の決定をする前でも、債務者の引致を命ずることができる。」(法38条2項)。

に基づくもの又は破産債権若しくは財団債権を被担保債権とするものは、することができない」(法42条1項)。また、破産財団に属する財産に対する「強制執行、仮差押え、仮処分、一般の先取特権の実行及び企業担保権の実行の手続並びに外国租税滞納処分で、破産財団に属する財産に対して既にされているものは、破産財団に対してはその効力を失う」(法42条2項)。更に、「破産手続開始の決定があった場合には、破産財団に属する財産に対する国税滞納処分は、することができない」(法43条1項)[70]。

f その他

その他、「双務契約について破産者及びその相手方が破産手続開始の時において共にまだその履行を完了していないときは、破産管財人は、契約の解除をし、又は破産者の債務を履行して相手方の債務の履行を請求することができる」(法53条1項)こととなる。また、破産債権者は、「破産手続開始後に破産財団に対して債務を負担したとき」には、「相殺をすることができない」(法71条1項1号)。更に、「破産者に対して債務を負担する者は」、「破産手続開始後に他人の破産債権を取得したとき」には、相殺をすることができない(法72条1項1号)こととなる。

(2) 破産法以外の法令の規定による効力(公私の資格制限等)

a 自然人

ア 自然人の資格制限

自然人の場合、破産手続開始決定を受けても、権利能力や行為能力には影響がない[71]。また、破産法自体は、非懲戒主義を取っているので、破産法に基づく資格制限は存在しない。

しかし、各法律において、破産者について、政策的に、資格制限を行っているものがある。具体例としては、公法上の資格制限としては、破産者であって復権を得ない者は、弁護士(弁護士法7条5号)、弁理士(弁理士法8条10号)、公認会計士(公認会計士法4条4号)、税理士(税理士法4条3号)となる資格を有しない。また、不動産鑑定士(不動産の鑑定評価に関する法律16条3号)、宅地建物取引士(宅地建物取引業法18条1項3号)、中小企業診断士(中小企業診

---

[70] なお、破産財団に属する財産に対して国税滞納処分が既にされている場合には、破産手続開始の決定は、その国税滞納処分の続行を妨げない(法43条2項)。
[71] 『伊藤』174頁。

断士の登録等及び試験に関する規則5条3号)、マンション管理業務主任者(マンションの管理の適正化の推進に関する法律59条1項1号)の登録を受けることができない。更に、警備員となることもできない(警備業法14条1項、3条1号)。

私法上の資格制限としては、破産者は、後見人(民法847条3号)、後見監督人(民法852条、847条3号)、保佐人(民法876条の2第2項、847条3号)、遺言執行者(民法1009条)となることができない。また、持分会社の社員は破産手続開始の決定により退社する(会社法607条1項5号)。

イ　取締役の欠格事由

取締役の欠格事由に関して、会社法では、旧商法(旧商法254条ノ2第2号)と異なり、「破産手続開始の決定を受け復権していない者」が取締役の欠格事由とされていない。これは、「中小企業の破産の場合には、経営者が会社の債務につき個人保証をした結果、経営者自身も破産に追い込まれるケースも多く、このような破産者に再度の経済的再生の機会をできるだけ早期に与えることが国民経済上有益であるとの観点によるものである」[72]。

なお、「株式会社と役員及び会計監査人との関係は、委任に関する規定に従う。」(会社法330条)。そして、委任は、委任者又は受任者が破産手続開始の決定を受けたことによって終了する(民法653条2号)。そのため、取締役が破産手続開始の決定を受けたときは、委任契約が終了し、取締役を退任することとなる。

ただし、上述の通り、会社法は、「破産手続開始の決定を受け復権していない者」を取締役の欠格事由としていない。そのため、破産手続開始の決定を受けたことにより退任した取締役を、再度、「取締役に選任することの適否については、当該会社における株主総会の判断に委ねることとしている(会社法331条)」[73]こととなる。

ウ　本籍地通知(最高裁平16.11.30民三第113号民事局長通達)

旧法下においては、「破産宣告が確定したことが・・・各種法令の欠格事由とされていることに照応して、自然人に対する破産宣告が確定した場合には、裁判所は破産者の本籍地の市町村長に破産宣告の通知をする取扱いとさ

---

[72] 相澤哲・葉玉匡美・郡谷大輔編著『論点解説　新・会社法』(商事法務、2006年)280頁。
[73] 相澤哲編著『一問一答　新・会社法〔改訂版〕』(商事法務、2009年)112頁。

れ（昭30・2・2民甲第30号最高裁民事局長通知。明27・4・23司法省民刑第104号訓令参照）」[74]ていた。

　しかし、「実務上、自然人の多くは、破産宣告後短期間のうちに免責許可を受けて復権していることに鑑み、現行破産法下においては、復権の見込みがないことが明らかになった」[75]場合にのみ、本籍地通知がなされることとなった。すなわち個人に破産手続開始の決定がされた場合のうち、「①破産手続開始の決定が確定した日以後1か月を経過した時点で当該破産手続に係る免責手続が係属していないとき、②破産手続開始の決定が確定した日以後1か月を経過した後に当該破産手続に係る免責許可の申立てが取り下げられたとき、③破産手続開始の決定が確定した日以後1か月を経過した後に当該破産手続に係る免責許可の申立てについて、これを却下し又は棄却する裁判が確定したとき、④破産者について免責不許可の決定が確定したとき、又は⑤破産者について免責取消しの決定が確定したときには、裁判所書記官は、破産者の本籍地の市区町村にその旨を通知する（最高裁平16.11.30民三第113号民事局長通達）。」扱いとされている[76]。

b　法　　人

　法人の場合、破産手続開始の決定によって解散する（会社法471条5号、641条6号、一般社団法人及び一般財団法人に関する法律148条6号、202条1項5号、私立学校法50条1項5号、医療法55条1項6号、宗教法人法43条2項3号等）。

　なお、「他の法律の規定により破産手続開始の決定によって解散した法人又は解散した法人で破産手続開始の決定を受けたものは、破産手続による清算の目的の範囲内において、破産手続が終了するまで存続するものとみな」される（法35条）。

（富永浩明）

---

[74]　『大コンメ』115頁〔大寄麻代〕。
[75]　『大コンメ』115頁〔大寄麻代〕。
[76]　『破産実務』133頁。

第31条　破産手続開始の決定と同時に定めるべき事項等

① 裁判所は、破産手続開始の決定と同時に、1人又は数人の破産管財人を選任し、かつ、次に掲げる事項を定めなければならない。
　一　破産債権の届出をすべき期間
　二　破産者の財産状況を報告するために招集する債権者集会（第4項、第136条第2項及び第3項並びに第158条において「財産状況報告集会」という。）の期日
　三　破産債権の調査をするための期間（第116条第2項の場合にあっては、破産債権の調査をするための期日）
② 前項第1号及び第3号の規定にかかわらず、裁判所は、破産財団をもって破産手続の費用を支弁するのに不足するおそれがあると認めるときは、同項第1号の期間並びに同項第3号の期間及び期日を定めないことができる。
③ 前項の場合において、裁判所は、破産財団をもって破産手続の費用を支弁するのに不足するおそれがなくなったと認めるときは、速やかに、第1項第1号の期間及び同項第3号の期間又は期日を定めなければならない。
④ 第1項第2号の規定にかかわらず、裁判所は、知れている破産債権者の数その他の事情を考慮して財産状況報告集会を招集することを相当でないと認めるときは、同号の期日を定めないことができる。
⑤ 第1項の場合において、知れている破産債権者の数が1000人以上であり、かつ、相当と認めるときは、裁判所は、次条第4項本文及び第5項本文において準用する同条第3項第1号、第33条第3項本文並びに第139条第3項本文の規定による破産債権者（同項本文の場合にあっては、同項本文に規定する議決権者。次条第2項において同じ。）に対する通知をせず、かつ、第111条、第112条又は第114条の規定により破産債権の届出をした破産債権者（以下「届出をした破産債権者」という。）を債権者集会の期日に呼び出さない旨の決定をすることができる。

規則
(破産手続開始の決定と同時に定めるべき事項等・法第31条)
第20条　① 法第31条第1項の規定により同項各号の期間又は期日を定める場合には、特別の事情がある場合を除き、第1号及び第3号の期間はそれぞれ当該各号に定める範囲内で定め、第2号及び第4号の期日はそれぞれ当該各号に定める日とするものとする。
　一　破産債権の届出をすべき期間　破産手続開始の決定の日から2週間以上4月以下（知れている破産債権者で日本国内に住所、居所、営業所又は事務所がないものがある場合には、4週間以上4月以下）
　二　財産状況報告集会（法第31条第1項第2号に規定する財産状況報告集会をいう。第54条第1項において同じ。）の期日　破産手続開始の決定の日から3月以内の日
　三　破産債権の調査をするための期間　その期間の初日と第1号の期間の末日との間には1週間以上2月以下の期間を置き、1週間以上3週間以下
　四　破産債権の調査をするための期日　第1号の期間の末日から1週間以上2月以内の日
② 前項（第2号を除く。）の規定は、法第31条第3項の規定により同項に規定する期間又は期日を定める場合について準用する。この場合において、前項第1号中「破産手続開始の決定の日」とあるのは、「法第31条第3項の規定による定めをした日」と読み替えるものとする。
③ 裁判所は、法第31条第5項の決定をしたときは、破産管財人が、日刊新聞紙に掲載し、又はインターネットを利用する等の方法であって裁判所の定めるものにより、次に掲げる事項を破産債権者が知ることができる状態に置く措置を執るものとすることができる。
　一　法第32条第4項本文及び第5項本文において準用する同条第3項第1号、第33条第3項本文並びに第139条第3項本文の規定により通知すべき事項の内容
　二　債権者集会の期日

1　本条の趣旨

本条は、破産手続開始決定における同時処分事項について定めたものである。本条1項は旧法142条1項に相当し、2項ないし5項は新設の規定である。

2　破産手続開始決定の同時処分事項（本条1項）

(1)　同時処分

裁判所は、破産手続開始決定と同時に、破産手続の遂行に不可欠な基本的事項を定める必要があり、これを「同時処分」という[1]。

1項は同時処分の事項として、①破産管財人の選任、②破産債権の届出期間、③財産状況報告集会の期日、及び④破産債権の調査期間又は期日を挙げる。破産手続開始決定によって、破産財団に属すべき財産についてはその管理処分権は破産管財人に専属するので（法78条1項）、破産管財人を破産手続開始決定と同時に選任する必要があるのは明らかである[2]。②ないし④の事項は、破産債権者等多くの関係者に知らせる必要があり、これらの事項の周知措置を別途行うのは合理性を欠くので、同時処分事項に含められている。

同時処分事項は破産手続開始決定との同時性を要求されているだけであり、破産手続開始決定書と同一書面での決定を要求されているわけではないが、実務的には同一書面で行われている[3]。

同時処分事項は、破産手続開始決定書に記載されるとともに、決定後直ちに、公告及び通知される（法32条1項～3項）[4]。②ないし④の期間又は期日

---

[1] 『伊藤』166頁。同時処分に対して、破産手続開始決定に付随して、その後速やかに行う措置を「付随処分」という（『伊藤』168頁）。①公告（法32条1項・2項、10条1項、規則6条）、②債権者等への通知（法32条3項）、③破産登記・登録の嘱託（法257条、258条、262条）、④郵便等の転送嘱託（法81条1項）、⑤主務官庁への通知（規則9条）、本籍地通知（最高裁平16.11.30民三第113号民事局長通達）、が挙げられる（『破産実務』103頁）。なお、付随処分の書記官事務につき、『書記官事務の研究』58頁。

[2] 本条1項柱書の「同時に」につき、破産手続開始決定と破産管財人選任との同時性を厳格に考えるものとして、『条解』264頁。『大コンメ』118頁〔大寄麻代〕は、破産手続開始決定と近接した時という意味であり、時間的同時でなくても良いとするが、主に②ないし④を念頭に置いていると思われる。

[3] 『破産実務』99頁、『書記官事務の研究』41頁以下。

は、原則として規則20条1項各号の時期的基準に従って定められることになるが、具体的には裁判所が個々の事案に従って定めるものであり、ゆえに同条項は訓示的な規定であると解されている[5]。

(2) 破産管財人の選任（柱書）

破産管財人は複数選任でき（柱書）、また法人を破産管財人として選任することもできる（法74条2項）。しかし、破産事件はその処理において多くの法律問題の解決が必要であり、法律知識及び法律問題の処理の経験が求められており、実務上弁護士1名が選任されるのがほとんどである。

また実務では、破産管財人が事案を早期に把握して円滑に管財業務に着手できるように、破産手続開始決定前に裁判所が候補者を内定した上で、所用の連絡及び資料（申立書副本、疎明資料等）の提供がなされている[6]。

(3) 破産債権の届出をすべき期間の決定（本条1項1号）

破産債権の届出期間は、特別の事情がある場合を除き、破産手続開始決定の日から2週間以上4月以下の期間を定めることとされている（規則20条1項1号）。また、知れている破産債権者で日本国内に住所、居所、営業所又は事務所がないものがあるときは、かかる破産債権者の届出の機会を確保するために、通知に要する時間も考慮して、4週間以上4月以下の期間を、それぞれ定めることとされている（同号括弧書。民事再生規則18条1項1号、会社更生規則19条1項1号参照）。

例外としての「特別な事情がある場合」とは、多数の債権者が存在する場合、又は外国債権者が存在する等の理由により、債権届出期間の周知に相当の時間や手間を要する場合等が考えられる[7]。

(4) 財産状況報告集会の期日の決定（本条1項2号）

破産者の財産状況を報告するために招集する債権者集会は「財産状況報告集会」と略称されている（法31条1項2号括弧書）。旧法で定められていた第1回債権者集会の法定決議事項（旧法170条、194条）が現行法では廃止されたことに伴い、第1回目の債権者集会を財産状況報告集会として位置付けたもの

---

4 公告の書式につき、『書記官事務の研究』58頁。
5 『条解規則』57頁。
6 『破産実務』103頁。
7 『条解規則』57頁。

である。財産状況報告集会の期日は、特別の事情がある場合を除き、破産手続開始決定の日から3月以内の日とされている（規則20条1項2号）[8]。

債権調査期日と第1回債権者集会期日とを併合できる旨の規定（旧法142条2項参照）は置かれていないが、これは当然のことを定めたにすぎず、現行法においても当然に可能と解されており、現に実務では、裁判所・関係人の便宜及び費用の節約のために、そのようにする運用が多い（期日の「一括指定」）[9]。

(5) 破産債権の調査のための期間又は期日の指定（本条1項3号）

破産債権の調査は、法文上は書面による債権調査（期間方式）が原則となっているが（法116条1項、117条、118条）、裁判所が必要と認めるときは口頭による債権調査（期日方式。法116条2項、121条）もできるので、かかる債権調査の方法に応じて、一般調査期間又は一般調査期日を指定することになる[10]。

時期的基準であるが、一般調査期間は、特別の事情がある場合を除き、その期間の初日と債権届出期間の末日との間には1週間以上2月以下の期間をおき、1週間以上3週間以下の範囲内でとされている（規則20条1項3号）[11]。

また、一般調査期日は、特別の事情がある場合を除き、債権届出期間の末日

---

[8] 民事再生手続、会社更生手続では財産状況報告集会の期日を原則として各手続の開始決定日から2月以内と定めているが（民事再生規則60条1項、会社更生規則25条4項）、これら再建型法的整理手続と異なり、破産手続においては債務者側の協力が必ずしも期待できない中で、破産管財人が第三者的な立場で財産調査せざるを得ないこと、清算型手続であるがゆえに財産状況報告の必要性が相対的に低いことから、上記再建型の手続よりも時期的に遅い開催とすることを可能にしたものである（『条解規則』58頁）。

[9] 『書記官事務の研究』35頁。東京地方裁判所破産再生部では、原則として財産状況報告集会、破産手続廃止に関する意見聴取のための集会、任務終了による計算報告集会を同一期日に開催し、併せて債権調査期日を同日に定めている（『破産実務』101頁）。

[10] 東京地方裁判所破産再生部では、原則として期日方式によることとしている。その理由は、①同部では、債権者の手続保障及び情報の配当という観点から管財事件全件について債権者集会を開催する運用であり、その期日に同時に債権調査を行うことが可能であること、②配当の可能性がある事案についてのみ債権調査を行い、配当の可能性がない事案については債権調査を留保するといった柔軟な運用が可能になり、事件を迅速に進行させるという観点から合理的であること、③破産手続では認否のために必要となる資料の入手が困難であることも多く、定められた期間内に認否を行うことが容易でないことも予想されるところ、債権調査期日を続行することで柔軟な対応が可能であること、などにある（『破産実務』46頁）。

から1週間以上2月以内の日に定める（同項4号）とされている。

3　債権届出期間等の決定の留保（本条2項・3項）

(1)　破産財団をもって破産手続の費用を支弁するのに不足するおそれがあるときの決定の留保（本条2項）

　破産債権の届出・調査は、破産債権者が配当に参加するために行われるものであるところ、破産財団をもって破産手続の費用を支弁するのに不足するおそれ（いわゆる異時廃止のおそれ）があると認められるときは、届出・調査の必要性・実益に乏しいことから、破産債権の届出をすべき期間や、破産債権の調査のための期間又は期日を定めないことができる。実務で「留保型」と呼ばれているものである[12]。

　破産債権の届出自体は、債権届出期間が定められていなくてもすることができるので、届出期間の指定の有無に拘わらず、時効中断効（民法152条）を生じさせる必要のある破産債権者は、そのために破産債権の届出をすることができる（**本書111条の解説2(2)参照**）[13]。

(2)　破産財団をもって破産手続の費用を支弁するのに不足するおそれがなくなったときの決定（本条3項）

　本条2項の規定により、債権届出期間等の定める決定を留保した場合に、その後、破産財団をもって破産手続の費用を支弁するのに不足するおそれがなくなったと認めるとき、すなわち配当の見込みが生じたときは、速やかに債権届出期間等を定めなければならないことを定める。配当の前提として債権の届出・調査が必要となるからである。

　定められた債権届出期間等は直ちに公告する（法32条4項）。時期的基準については、同時処分事項としてこれらの期間等を定める場合の時期的基準が

11　規則20条1項3号と民事再生規則18条1項2号は同旨規定であるのに対し、会社更生規則19条1項2号は、債権届出期間の末日から一般調査期間の初日までの期間を1週間以上4カ月以下とし、若干長い猶予期間を付与している。これは、更生担保権の認否によるする時間と手間を考慮したからである（『条解』58頁）。

12　東京地方裁判所破産再生部の通常管財係では、原則として全件につき債権調査期日を指定しており、「留保型」を採用していないが、特定管財係では、申立段階で租税債権額や収集可能財団の規模などから異時廃止となる可能性が高いと判断できる場合には「留保型」を採用する場合もあるとのことである（『破産実務』101、434頁）。

13　『一問一答』59～60頁。

準用されている（規則20条2項、1項）。

4　財産状況報告集会の期日の指定を省略できる場合（本条4項）

(1)　財産状況報告集会

　旧法では、監査委員の設置・不設置、扶助料の給与、営業の廃止又は継続並びに高価品の保管方法などの法定決議事項について決議を行うこと（旧法170条、194条）、破産債権者への情報開示という2つの目的から、第1回債権者集会は必要的に開催されることとなっていた（旧法142条1項2号）。しかし、破産債権者数が膨大な場合には債権者集会の開催自体が困難であり、費用も膨大にかかる。また、破産債権者数が少ない小規模の破産事件が大多数であるという実情からすれば、債権者集会を開催しても参加債権者数がゼロ又はごく少数ということが多い。ゆえに第1回債権者集会の招集を一律に必要とすることは必ずしも合理的とは言えない。

　そこで、現行法では、上記法定決議事項については、廃止又は裁判所の許可に代え、他方で、破産債権者への報告や情報提供の目的については、第1回債権者集会を財産状況報告集会と位置付けて破産債権者のために情報を提供するという機能を担わせ、裁判所は原則としてこれを開催しなければならないが（法31条1項）、「破産債権者の数その他の事情を考慮して、財産状況報告集会を招集することを相当でないと認めるときは」、招集しないことができるという形に再構成した（本項）。

(2)　「財産状況報告集会を招集することを相当でない場合」とは

　「財産状況報告集会を招集することを相当でない場合」とはいかなる場合を指すかが問題になるが、①破産債権者の数が膨大な場合、②破産財団の規模が小さい、破産債権者の数が少ない等の理由で、出席が見込まれる破産債権者が少ない場合、などが挙げられる[14]。

(3)　債権者への情報提供を担保するための制度

　実務では、原則として財産状況報告集会を開催するという運用を行っており[15]、破産財団の規模が小さく、配当が見込まれないような事件であって

---

[14]　『一問一答』178頁。
[15]　『条解』252頁。東京地方裁判所の実情について、『破産実務』104頁。

も、そのことだけを理由に財産状況報告集会を招集しないということはない。

なお、財産状況報告集会の招集の有無にかかわらず、破産管財人は、破産債権者に対する情報開示の観点から、財産状況報告書を裁判所に提出しなければならない（法157条1項）。同報告書は、閲覧・謄写等の対象になる（法11条）。また、財産状況報告集会が招集されなかった場合には、破産管財人は、破産債権者に対して財産状況報告書の要旨を記載した書面を送付すると共に、適当な場所に財産状況報告書を備え置く等、周知の措置を執らなければならない（規則54条3項）。なお、裁判所は、破産手続開始決定後、相当と認めるときは、職権によりいつでも債権者集会を招集できる（法135条2項）。

5　大規模破産事件の特例（本条5項）

(1)　趣　旨

大規模破産事件の特例として、知れている破産債権者の数が1000人以上であり、かつ、相当と認めるときは、破産債権者に対する一定の通知を省略し、かつ破産債権の届出をした破産債権者を債権者集会期日に呼び出さない旨の決定をすることができることを定めた規定である（同旨の規定として、民事再生法34条2項、会社更生法42条2項参照）。

破産債権者数が極めて多数の場合には、通知のための費用や事務処理の負担が過大となり、費用対効果の点で不合理となる場合があり得るので、本項が定められたものである[16]。この決定をしたときは、破産手続開始決定の公告・通知と合わせて、その後の破産債権者に対する個別の通知で一定のもの及び債権者集会への個別の呼出しをしない旨の公告・通知をしなければならない（法32条2項・3項）。

裁判所は、法31条5項の決定をしたときは、公告（官報に掲載してするもの。法10条1項）を補充するものとして、破産管財人において、日刊新聞紙又はインターネットのホームページへの掲載等の方法により、通知すべき情報の周知を図る措置（破産債権者が知ることができる状態に置く措置）を執ることを定めることができる（規則20条3項）。なお、この周知措置を実効的なものとす

16　『一問一答』61頁。

るために、周知措置の具体的態様（掲載される新聞紙の名称、インターネットのアドレス等）自体が破産債権者に周知される必要があることは言うまでもない[17]。

(2) 省略できるもの

破産債権者に対する通知及び呼出しのうち、省略できるものは次の通りである。

① 破産手続開始決定時に定めることを留保した後に、異時廃止のおそれがなくなったとして定めた破産債権の届出期間及び一般債権調査期間・期日について、知れている破産債権者に対してする通知（法32条4項本文が準用する同条3項1号）。

② 破産管財人の氏名又は名称、破産債権の届出期間又は財産状況報告集会期日の変更について、知れている破産債権者に対してする通知（法32条5項本文が準用する同条3項1号）。

③ 破産手続開始決定を取り消す決定が確定した場合の取消決定の主文について、知れている破産債権者に対してする通知（法33条3項本文）。

④ 債権者集会の決議における議決権行使の方法として定めた書面等投票ができる期間について、議決権者（法138条）に対してする通知（法139条3項本文）。

⑤ 届出をした破産債権者（法111条、112条又は114条の規定による破産債権の届出をした破産債権者）の債権者集会の期日への呼び出し（法136条1項本文）。

なお、破産手続開始決定の主文及び同時処分事項の通知（法32条3項）や免責についての意見申述期間の通知（法251条2項）は省略できない。また、一般調査期間又は期日の変更、特別調査期間又は期日の定め又は変更は、通知ではなく送達することとされているので（法118条3項、119条6項、121条9項・10項、122条2項）、本項による省略の対象ではない。

6 抗告審において破産手続開始決定がされた場合

破産申立却下又は棄却決定に対して即時抗告がされ、抗告審で原決定を取り消した場合に、旧法142条1項各号の同時処分事項をどの裁判所が定める

---

[17] 『条解規則』60頁。『破産実務』101、434頁によれば、本項はあまり利用されていないとのことである。

べきかについては、旧法下で見解が分かれており、①抗告裁判所が自判として破産手続開始決定及び同時処分を行うとする見解、②抗告裁判所が同時処分のうち、破産管財人の選任のみをなすとする見解、③事件を原審に差し戻し、原審が破産手続開始決定及び同時処分をするとの見解に分かれていた。この点については現行法でも特段の手当てはされていないので、旧法下での上記議論が当てはまる。

　法33条2項が破産財団の散逸を防ぐ手段として、保全処分等の発令の可能性を認めていることを踏まえると、抗告審としては、財産の散逸を防ぐ必要がある場合にはこれらを発令すればよい、同時処分事項を判断するのに必要な情報は原審に備わっていることが多いといった理由で、破産管財人の選任等の処分は原審に委ねるべきであるとの見解が有力である[18]。詳細については、**本書33条の解説2(7)**を参照されたい。

（進士　肇）

第32条　破産手続開始の公告等

> ①　裁判所は、破産手続開始の決定をしたときは、直ちに、次に掲げる事項を公告しなければならない。
> 　一　破産手続開始の決定の主文
> 　二　破産管財人の氏名又は名称
> 　三　前条第1項の規定により定めた期間又は期日
> 　四　破産財団に属する財産の所持者及び破産者に対して債務を負担する者（第3項第2号において「財産所持者等」という。）は、破産者にその財産を交付し、又は弁済をしてはならない旨
> 　五　第204条第1項第2号の規定による簡易配当をすることが相当と認められる場合にあっては、簡易配当をすることにつき異議のある破産債権者は裁判所に対し前条第1項第3号の期間の満了時又は同号の期日の終了時までに異議を述べるべき旨

---

[18] 『基本法コンメ』84頁〔小久保孝雄〕、『条解』294頁、『伊藤』185頁、『大コンメ』122頁〔大寄麻代〕。

②　前条第5項の決定があったときは、裁判所は、前項各号に掲げる事項のほか、第4項本文及び第5項本文において準用する次項第1号、次条第3項本文並びに第139条第3項本文の規定による破産債権者に対する通知をせず、かつ、届出をした破産債権者を債権者集会の期日に呼び出さない旨をも公告しなければならない。

③　次に掲げる者には、前2項の規定により公告すべき事項を通知しなければならない。
　一　破産管財人、破産者及び知れている破産債権者
　二　知れている財産所持者等
　三　第91条第2項に規定する保全管理命令があった場合における保全管理人
　四　労働組合等（破産者の使用人その他の従業者の過半数で組織する労働組合があるときはその労働組合、破産者の使用人その他の従業者の過半数で組織する労働組合がないときは破産者の使用人その他の従業者の過半数を代表する者をいう。第78条第4項及び第136条第3項において同じ。）

④　第1項第3号及び前項第1号の規定は、前条第3項の規定により同条第1項第1号の期間及び同項第3号の期間又は期日を定めた場合について準用する。ただし、同条第5項の決定があったときは、知れている破産債権者に対しては、当該通知をすることを要しない。

⑤　第1項第2号並びに第3項第1号及び第2号の規定は第1項第2号に掲げる事項に変更を生じた場合について、第1項第3号及び第3項第1号の規定は第1項第3号に掲げる事項に変更を生じた場合（前条第1項第1号の期間又は同項第2号の期日に変更を生じた場合に限る。）について準用する。ただし、同条第5項の決定があったときは、知れている破産債権者に対しては、当該通知をすることを要しない。

1　本条の趣旨

　本条は、破産手続開始決定をした場合における公告及び通知、破産手続開始決定後に変更が生じた場合における公告及び通知について定めたものである。旧法143条の相当する規定が改正されたものである。

本条に基づき破産手続開始の決定の際に公告、通知をする趣旨は、破産手続開始決定は、債務者、債権者その他多数の利害関係人に大きな影響を与えるため、関係人に破産者について破産手続開始の決定がなされた事実を知らしめ、権利行使の機会を与え、第三者が不測の損害を受けることを防止する点にある[1]。また、破産手続開始決定後に変更が生じた場合、関係人に変更の事実を知らしめる必要がある点は同様である。

2　破産手続開始の決定時の公告（本条1項・2項・4項）

(1)　公告事項

破産裁判所は、破産手続開始の決定をしたときは、直ちに以下の事項を公告しなければならない（法32条1項）[2]。

① 　破産手続開始の決定の主文
② 　破産管財人の氏名又は名称
③ 　破産債権の届出期間、破産債権の調査期間又は調査期日、財産状況報告集会期日（法31条1項の規定により定めた期間又は期日）
④ 　財産所持者（破産財団に属する財産の所持者）に対する破産者に対する当該財産の交付の禁止、及び破産者に対して債務を負担する者に対する破産者に対する弁済の禁止
⑤ 　簡易配当をすることについて異議のある破産債権者は、裁判所に対し、破産債権の調査期間の満了時又は調査期日の終了時までに異議を述べるべき旨（いわゆる開始時異議確認型の簡易配当（法204条1項2号）をする場合[3]

このうち、③については、異時廃止のおそれがあるため破産債権の届出期間等が開始時に定められなかった場合（法31条2項）は、破産手続開始決定時の公告は問題とならないが、破産手続が進行し異時廃止のおそれがなくなり、破産債権の届出期間、破産債権の調査期間又は調査期日が定められた場合（法31条3項）は、その時点で直ちに定められた期間・期日を公告しなければならない（法32条4項本文。後述 **4** 参照）[4]。

---

1 『条解』276頁。
2 同時廃止の際の公告については法216条3項に規定がある。
3 東京地方裁判所においては、開始時異議確認型の簡易配当手続は採用していない。『破産実務』104頁。

④の禁止事項ないし禁止命令は、法47条、50条の規定による不利益を、財産の交付又は弁済の相手方に受けさせないようにするための警告的な意味を持ち、この禁止事項の公告によって、財産所持者や破産者に対して債務を負担する者に、新たな義務を発生させるものではない[5]。

⑤は、最終配当に代えて実施することのできる簡易配当の3つの類型のうち、破産手続開始の決定時点で、破産債権者の異議の有無を確認する類型を採用する場合に必要となる公告事項である[6]が、詳細については**本書204条の解説2(2)**を参照されたい。

①から⑤までの公告事項に加え、大規模破産事件について破産債権者に対する通知・期日の呼出しを省略する決定をした場合[7]（法31条5項）には、当該決定の内容を公告しなければならない（法32条2項）[8]。

(2) 公告の方法及び効力

公告は、破産手続開始決定後直ちにしなければならず（法32条1項）、公告の方法は、官報掲載による（法10条1項）。公告に関する事務は、裁判所書記官が取り扱う（規則6条）。公告は、掲載があった日の翌日にその効力を生じ（法10条2項）、法32条3項の規定による個別の通知がされたか否かに関わらず、一切の関係人に対して破産手続開始の決定の告知があったものとみなされる（法10条4項）。破産手続開始の決定の公告前に破産者がした弁済又は登記等は善意でしたものと、公告後にしたものは悪意でしたものとそれぞれ推定される（法51条、60条3項）。

3　破産手続開始の決定時の通知（本条3項・4項）

破産手続開始の決定をした裁判所は、公告すべき事項と同一の事項を一定

---

[4] 東京地方裁判所においては、財産状況報告集会・債権調査期日と同一の日時に、異時廃止の意見聴取のための集会及び任務終了による計算報告のための集会に加え、個人破産事件の場合は免責審尋期日を併せて指定する運用をしており、その旨の公告をするとともに、免責意見申述期間（免責審尋期日までを意見申述期間とする）の公告も同時に行っている。『破産実務』104頁。通知に関し**3(1)**参照。

[5] 『条解』277頁。

[6] 『条解』277頁。

[7] 東京地方裁判所においては、かかる決定を利用していない。『破産実務』104頁。

[8] この場合は、通知が省略された事項及び呼出しが省略された債権者集会期日を、新聞やインターネットにより情報提供することができる（規則20条3項）。

の関係人に通知しなければならない。通知は、破産手続開始の効果発生を明らかにし、利害関係人の利益を損なわないための措置であるが、破産法上特段の法的効果は結びつけられていない[9]。

(1) 通知の相手方となる関係人と通知内容

通知の相手方となる関係人は、以下の通りである。

① 破産管財人、破産者及び知れている破産債権者
② 知れている財産所持者等（財産所持者及び破産者に対して債務を負担する者（法32条1項4号））
③ 保全管理人（法91条2項）
④ 労働組合等（破産者の使用人その他の従業員の過半数で組織する労働組合、当該労働組合がないときは、破産者の使用人その他の従業員の過半数を代表する者）

通知の相手方については、旧法143条2項の規定による送達では、①のうちの知れている破産債権者だけであったところ、現行法では、破産管財人、破産者が追加されている。

①のうち破産者に関しては、旧法下では明文上送達の対象とされていなかったが、直接の利害関係人である破産者には、実務上破産決定正本を交付送達しており、その法的根拠は、破産手続に関する裁判は職権で送達しなければならないとする規定（旧法111条）にあると解されていたようであり、この送達は破産決定の告知方法（法13条、民事訴訟法119条）の意味も持っていたと考えられる[10]。ここで、法30条2項で破産手続開始の決定は、その確定[11]を待つことなく「決定の時」から即時に効力を生ずるとされているが、民事訴訟法119条により、相当と認める方法によって告知をしない限り決定の効力は生じないとされている。破産手続開始決定が口頭弁論における言渡し以外の方法で告知された場合に、同項の「決定の時」がいつかについて、告知の名宛人や発生時期をどう見るかに関連し見解が分かれている[12]。議論の詳細は**本書30条の解説7**を参照されたい。

「破産者」については、相続財産破産や信託財産破産の場合は、通知の相

---

9 『条解』282頁。
10 『条解』279頁。
11 公告日の翌日から2週間の期間における即時抗告が認められている（法33条1項）。
12 『条解』279頁。

手方である破産者とは誰かが問題となる。相続財産破産の場合には相続人（法232条）、信託財産破産の場合には受託者（法244条の8）が通知の相手方となると解される。相続人不在の場合には、家庭裁判所に職権による相続財産管理人の選任を求め通知する、あるいは申立人の申立てにより特別代理人（法13条、民事訴訟法35条）を選任し通知するといった考え方もあり得るが、通知とは別に公告がされることに鑑みると、通知をするためだけに相続財産管理人や特別代理人を選任するまでの必要はないと考えられる[13]。

①の知れている破産債権者の「知れている」とは、破産手続開始決定直後の通知時に、記録上氏名・名称、住所・事務所が判明している者を意味するが、一旦通知をした後に判明した者にも通知をすべきである[14]。実務上は、破産手続の進行後に新たに破産債権者等が判明した場合には、その住所氏名につき破産管財人等から裁判所宛の上申を受け、その者に対して通知を行っている[15]。また、破産者が当該債権の存在を争っている場合であっても、破産手続開始決定時に記録上破産債権を有する可能性があれば、通知を行うべきと考えられる[16]。これら関係人にできるだけ多く手続に参加させその権利を保護する必要があるからである[17]。旧法143条2項は、知れたる債権者と規定していたことから、債権者には、破産債権者のほか財団債権者、別除権者、取戻権者も含まれるとの解釈が一般的であったが、改正後は文言上破産債権者となっていることから、財団債権者、別除権者、取戻権者については、通知が不要ということになった。もっとも、実務上は、それら利害関係人との間では、弁済、別除権の受戻し、物件の引渡し等が問題となるため周知を図ることが通常である[18]。

③の保全管理人及び④の労働組合等は、現行法制定に伴い通知の相手方として加えられた。保全管理人は、破産手続開始の決定時に債務者の財産管理処分権を失う一方（法91条1項）、任務終了後は、破産管財人が財産を管理することができるに至るまでは必要な処分をしなければならない（法96条1項、

---

13 『条解』280頁。
14 『条解』279頁。
15 『条解』279頁、『大コンメ』125頁〔大寄麻代〕。
16 『条解』279頁。
17 債権の存否は、債権調査手続を通じて確定させることができる。
18 『条解』280頁、『大コンメ』125頁〔大寄麻代〕。

法90条1項）という点で利害関係を有する。また、労働組合等は、労働者の利益を代表する立場にあり破産手続について重要な利害関係を有する[19]。なお、ここでいう労働組合とは企業内組合に限るものではない。従業員の過半数を代表する者とは、監督・管理の地位にある者を除き、選出目的を明らかにして実施される投票等の方法によって選出された者である（労働基準法施行規則6条の2）。また、従業員とは正社員だけではなくパートタイム従業員を含む[20]。

通知の内容に関し、裁判所により実務上の工夫がなされている例がある[21]。

(2) 通知の方法等

破産手続開始の決定の伝達方法としては、旧法143条2項においては送達とされていたが通知で足りることとなった。

通知は、裁判所書記官が相当と認められる方法により行い、通知した旨及び通知の方法を事件記録上明らかにしなければならない（規則12条、民事訴訟規則4条1項・2項）。裁判所書記官が行う場合には、実務上普通郵便で通知されることが多い。

旧法143条2項においては、知れている破産債権者や財産所持者等に対する公告事項を記載した書面の送達について民事訴訟法上予定されている送達の方法によることなく、通常の郵便に付し、又は信書便事業者の提供する信書便の役務を利用して送付する方法によりすることができるとされていた。この場合の送達は、利害関係人の注意を喚起するために行われるものであり、厳格な方式によるものとする必要性に乏しいものと考えていたからである。そうした考慮から、現行法制定に伴い、伝達の方式を一層緩和して、破産手続開始の決定については、送達ではなく通知をするものとして、事案に応じて相当と認める方法（民事訴訟規則4条1項）によることを許容することとした。

---

19 『条解』280頁、『大コンメ』125頁〔大寄麻代〕、『一問一答』58頁。
20 『条解』949頁。
21 東京地方裁判所においては、前述2(1)の公告の内容に合わせ、異時廃止に関する意見聴取のための集会及び任務終了に伴う計算報告集会を実施する旨の通知や、個人破産事件の場合は免責審尋を行う旨と免責意見申述期間の通知も行っている。『破産実務』104頁。

破産手続においては、本条3項の規定による通知に限らず、破産手続の円滑な進行を図るために必要があるときは、破産管財人の同意を得て、本来裁判所又は裁判所書記官が実施すべき書面の送付その他通知に関する事務を破産管財人に取り扱わせることが認められている（規則7条）[22]。破産管財人が本条3項の規定による通知に関する事務を行った場合であっても、通知の法律上の主体は、裁判所書記官であり、実際に破産管財人に行わせることができるのは、宛名書き、通知に関する文書の複写、封入及び送付など通知に関する補助的な事務である。実務では、破産管財人の同意を得て、本条3項による通知を破産管財人に取り扱わせている運用例が多い[23,24]。

(3) 通知が欠ける場合等の効力

特に破産債権者に対し、本条3項の規定による通知がなされなかった場合や、通知が到達しなかった場合に、破産手続開始の決定の効力が及ぶか否かが問題となる。

破産債権者に対する通知が欠ける場合であっても、別途公告がなされている以上、破産手続の進行に影響を及ぼさず、開始決定の効力、特に失権や免責の効果等も破産債権者に及ぶとされている[25]。ただ、破産債権者に対する配当に関し、旧法下におけるものではあるが、知れたる破産債権者が、破産宣告の送達がなされず配当を受けることができなかったとして国家賠償を求めた事案において、旧法143条の規定は、破産手続に債権者の参加を得て手続の適正な進行を図るとともに、債権者が破産債権の届出等を通じ積極的に自らの利益を確保するための手続的権利を行使する機会を与えたものであり、（中略）、この規定による通知書面の不送達は、国家賠償法上の違法行為であるとして、配当を受けることができたはずの損害賠償金の支払を命じた裁判例がある[26]。この判例に関しては、旧法143条2項の規定による送達が専ら利害関係人に対する情報提供・注意喚起の機能しか有しないことより伝

---

[22] 理論的根拠について、『条解規則』18頁。
[23] 『条解』281頁、東京地方裁判所の運用については、『手引』367頁、大阪地方裁判所の運用については、『運用と書式』93頁、『実践マニュアル』79頁。
[24] 通知に関する実務上の工夫に関し、『書記官事務の研究』61頁以下が詳しい。
[25] 『条解』282頁、谷口安平『倒産処理法〔第2版〕』（筑摩書房、1980年）124頁注1、旧会社更生法に関する裁判例として、東京高決昭35.9.19（下民11巻9号1928頁）、横浜地判昭41.6.10（民集23巻12号2439頁）、東京高判昭44.4.1（金法552号27頁）など。

達の方式が通知に改められ、通知には破産法上特段の法的効果は結びつけられていないたことから、現行法下においては妥当しないとの見解が有力である[27]。

4　破産手続開始の決定後の公告・通知（本条4項・5項）

(1)　破産手続開始の決定の後にする公告・通知

　本条が定める公告・通知は、破産手続開始の決定時にするものが基本であるが、例外的に破産手続開始の決定の後にする公告・通知がある。以下の3つの場合である。

　a　破産手続開始の決定の際には、異時廃止のおそれがあると認めて法31条2項の規定により定めないこととした破産債権の届出期間及び破産債権の調査期間又は調査期日について、破産手続開始の決定の後に、同条3項の規定により、異時廃止のおそれがなくなったと認めて定めた場合（本条4項、2(1)参照）

　この場合に、関係人に対する通知の必要性があることは明らかであるから、当該期間・期日を直ちに公告するとともに、破産管財人、破産者及び知れている破産債権者に通知しなければならない（本条4項本文）。破産債権者の届出期間及び破産債権の調査期間・調査期日は、財産所持者や破産者に対して債務を負担する者（財産所持者等）、保全管理人、労働組合等には関係がない事項であるから、これらは通知の相手方としていない。

　b　破産手続開始の決定の後に、破産管財人の氏名又は名称に変更が生じた場合（本条5項、1項2号）

　この場合も、関係人に対する周知の必要性のあることは明らかであるから、変更後の破産管財人の氏名又は名称を直ちに公告するとともに、破産管財人、破産者及び知れている破産債権者並びに知れている財産所持者等に通知しなければならない（本条5項本文）。

26　大阪高判平18.7.5（判時1956号84頁）、なお、本件原審においては、旧法143条2項は訓示規定であって、裁判所に個別の利害関係人に対する送達義務を負わせるものではないとして、請求を棄却している（大阪地判平17.10.28判時1956号88頁）。

27　『条解』282頁、森田浩美「判批」倉田卓次・後藤勇編『平成19年主要民事判例解説（別冊判例タイムズ22号）』（判例タイムズ社、2008年）92頁。

保全管理人や労働組合等には、破産手続開始の決定を通知すれば足りるとする考え方から、この通知の相手方となっていない。

c　破産手続開始の決定の後に裁判所が破産債権の届出期間又は財産状況報告集会の期日を変更した場合（本条5項、1項3号）

この場合も関係人に対する周知の必要性があることは明らかであるから、変更後の当該期間又は期日を直ちに公告するとともに、破産管財人、破産者及び知れている破産債権者に通知しなければならない。破産債権の届出の手続については、知れている財産所持者等、保全管理人及び労働組合等は関与しないから、変更後の期間等の通知の相手方となっていない。なお、一般調査期間又は期日に変更が生じた場合には、別途送達による伝達の規定が設けられている（法118条3項、法121条9項）。

(2)　大規模破産事件の特例

前述aからcまでのいずれの場合においても、大規模破産事件について、通知を省略する旨の決定（法31条5項）がされている場合には、知れている破産債権者に対する通知は省略することができる（本条4項ただし書、5項ただし書）。

5　破産手続開始の決定時のその他の通知

破産手続開始の決定に関連する通知は、本条3項の規定によるものの他、以下のものがある。

(1)　法人破産について官庁等への通知（規則9条など）[28]

破産手続開始の決定がなされた法人について、その設立または事業について許可がなされている場合、その監督官庁（官庁その他の機関）があるときは、これらの機関の監督権行使の便宜等に供するため、裁判所書記官は、当該法人に破産手続開始の決定があった旨を通知しなければならない（規則9条）。旧法125条、民事再生規則6条、会社更生規則7条2項・3項に同趣旨の規定がある。規則9条における「官庁その他の機関」とは、行政庁のほか特定の事業について許可の権限を有する地方公共団体を意味し、「許可」とは、行政上の必要から一般的には禁止され、特定の場合に官庁その他の機関

---

[28] 『条解規則』25頁。

から禁止を解除されてはじめて適法に事業を行うとされている場合の禁止の解除の処分を意味し、法文上「許可」とされているもののほか、「免許」、「登録」、「特許」又は「認可」とされているものも含まれる[29]。

　規則9条に基づく通知とは別に、特別の法律で、裁判所書記官が破産手続に関する一定の事項を監督官庁に通知すべき旨が定められている場合がある。例えば、金融機関（預金保険法137条の2第1項）、認可金融商品取引業協会（金融商品取引法77条の6第4項）、金融商品取引所（金融商品取引法154条）、農水産業協同組合（農水産業協同組合貯金保険法118条の2第1項）などについて破産手続開始の決定があったときは裁判所書記官は監督官庁にその旨を通知しなければならない。また、金融機関、証券会社及び保険会社について破産手続開始の申立てがあったときは、監督庁自身が申立てをした場合を除き、裁判所書記官は、監督庁にその旨を通知しなければならない（金融機関等の更生手続の特例等に関する法律492条、499条2項、516条2項）。

　いずれの通知についても、本条3項による通知と同様に、裁判所書記官が相当と認める方法により行い、通知をした旨および通知の方法を事件記録上明らかにしなければならない（規則12条、民事訴訟規則4条1項・2項）。

(2) 個人破産についての通知

　個人について破産手続開始の決定があった場合において、免責不許可決定の確定など、当該破産者に復権の見込みがないことが明らかになったときは、裁判所書記官は、当該破産者の本籍地の市町村長に対し、当該破産者に係る破産手続開始の決定が確定した旨を通知しなければならない（最高裁平成16年11月30日民三第113号民事局長通達、詳細は**本書30条の解説8**(2)参照）。

(3) そ の 他

　旧法144条では、破産犯罪等の犯罪捜査の端緒を与えるため、破産宣告をした旨を検察官に通知することとされていた。しかし、現実には、犯罪捜査に関し実効性に乏しい等の理由から、現行法制定に伴い廃止された。

（宮崎信太郎）

---

[29] 『条解』284頁、『条解規則』25、26頁、具体例に関し『書記官実務の研究』42頁。

第33条　抗　告

① 破産手続開始の申立てについての裁判に対しては、即時抗告をすることができる。
② 第24条から第28条までの規定は、破産手続開始の申立てを棄却する決定に対して前項の即時抗告があった場合について準用する。
③ 破産手続開始の決定をした裁判所は、第1項の即時抗告があった場合において、当該決定を取り消す決定が確定したときは、直ちにその主文を公告し、かつ、前条第3項各号（第3号を除く。）に掲げる者にその主文を通知しなければならない。ただし、第31条第5項の決定があったときは、知れている破産債権者に対しては、当該通知をすることを要しない。

1　本条の趣旨

本条は、破産手続開始の申立てについての裁判に対する即時抗告及び破産手続開始の決定が取り消された場合の取扱いについて定める。

破産手続等に関する裁判について即時抗告ができるのは、本法に特別の定めある場合に限られている（法9条）（民事再生法9条・会社更生法9条参照）。本条1項は、法9条の特別の定めの1つの場合に該当し、破産手続開始の申立てについての裁判に対して即時抗告が可能である（民事再生法36条1項・会社更生法44条1項参照）。

2　即時抗告（本条1項）

(1)　即時抗告の対象となる裁判

「破産手続開始の申立てについての裁判」には、破産手続開始決定、破産手続開始の申立てを棄却する決定及び却下する決定が該当する。

この他、原裁判所が原決定に対する即時抗告に基づき再度の考案（法13条、民事訴訟法333条）によってなす更正決定（いったん破産手続開始決定をした後に自らこれを取り消して申立てを棄却ないし却下する決定、いったん申立ての棄却ないし却下決定をした後に自らこれを取り消して手続を開始する決定）も含まれる。

これに対し、記載不備や手数料納付がない場合の、裁判長の命令による申立書却下（法21条1項・6項）については、法21条7項によって即時抗告が認められるので、本条による即時抗告とは区別される。

管轄違いにもかかわらず、移送しないで破産手続開始決定をした場合、本条による即時抗告の対象となるとする見解が有力である[1]。

法6条（管轄違い）又は法7条（著しい損害又は遅滞を避ける）を理由とする移送決定については、**本書6条の解説2(2)**、**7条の解説3**参照。

(2) 即時抗告権者

即時抗告権が認められるか否かは、破産手続開始の申立てについての裁判において法律上の利害関係を有するかどうかに基づいて判断され、事実上の利害関係では足りないとされる。具体的には以下の通りである。

a 申立てを不適法却下する決定に対する即時抗告権者

ア　申立人（債務者又は債権者）は即時抗告できる。

イ　自己破産申立ての場合、債権者については、債権者の申立権に法律上の影響はなく、即時抗告の利益がない。

ウ　債権者申立ての場合、債務者には却下の不利益がなく、他の債権者も、その申立権に法律上の影響がないので即時抗告の利益がない。

b 申立てを棄却する決定に対する即時抗告権者

ア　申立人（債務者又は債権者）は即時抗告できる。

イ　申立人以外の債権者（債権者申立ての場合は、他の債権者）については見解が分かれる。肯定説は、申立てが適法であることを前提とすれば、否認や相殺禁止の範囲の点で、破産手続を開始させることに法律上の利害関係が認められるとして、申立人以外の債権者に即時抗告の利益を認める[2]。判例[3]は否定説である。判例に賛成する立場は、実務上、債権者申立ては例外ケースであり、自ら申立てをせず静観している債権者には破産手続の開始に利害関係を認めがたいこと、債権者には独自の破産手続開始申立権があるので、肯定する実益に乏しいこと等の実質論を指摘する[4]。

1　『条解』286頁。
2　『条解』287頁、『伊藤』182頁。
3　大決大15.12.23（民集5巻894頁）。
4　『破産実務』125頁。

ウ　債権者申立てが棄却される場合、債務者には不利益がない。
c　破産手続開始の決定に対する即時抗告権者
ア　申立人（債務者又は債権者）には不利益がなく、即時抗告が認められない。

イ　自己破産申立ての場合、債権者は個別的権利行使を制限されるので（法100条1項）、即時抗告できる。

ウ　準自己破産申立ての場合、申立人以外の理事・取締役・業務執行者員等及び債権者は即時抗告できる。

エ　債権者申立ての場合、債務者（財産管理処分権が剥奪される。法78条1項）及び他の債権者が即時抗告できる。

オ　相続財産の破産の場合、申立人以外の相続債権者、受遺者、相続人、相続財産管理人及び遺言執行者が即時抗告できる。

カ　信託財産の破産の場合、申立人以外の信託債権者、受益者、受託者、信託財産管理者、信託財産法人管理人及び信託法170条1項の管理人が即時抗告できる。

キ　別除権者も破産手続開始の申立権があり[5]、即時抗告権も認められる[6]。

ク　財団債権者については肯定・否定の両説がある。破産手続によらず随時弁済を受けられることから、租税等の請求権を念頭に破産申立権を否定する見解が多く、これによれば即時抗告も否定される[7]。これに対して、財団不足の場合に財団債権の按分弁済をすることとして財団債権者間の平等が図られており、財団債権者の平等弁済の利益も考えられることから破産申立権を肯定できるとの考えもあり、特に労働債権である財団債権について申立権を肯定する見解がある[8]。これによれば即時抗告も肯定される（**本書18条の解説2(3)参照**）。

5　『条解』134頁、『大コンメ』73頁〔世森亮次〕、『破産実務』61頁。
6　『条解』134、288頁。
7　『大コンメ』74頁〔世森亮次〕。
8　松下淳一「優先権を有する債権者の倒産手続についての権利」伊藤眞ほか編『青山善充先生古稀祝賀　民事手続法学の新たな地平』（有斐閣、2009年）856頁。

d 法人破産手続開始決定に対する取締役、株主など
ア 取 締 役[9]

法人破産手続開始決定に対し、当該法人の取締役たる個人が即時抗告できるか、見解が対立する。肯定説は、取締役は会社の業務執行の中心的機関であり、破産手続開始によりその地位を失う[10]ので、法律上の利害関係があることから、即時抗告の利益を認める（抗告権を行使する地位については、組織法上の職務権限についてはその地位を失わない、又は地位喪失後の個人として抗告権を有すると説明する）[11]。否定説は、取締役の地位喪失は、法律上のものではあるが、債務者の管理処分権喪失や、債権者の個別的権利行使禁止と比較すれば副次的なものにすぎないとする[12]。

イ 株 主

株主は即時抗告できるか。肯定説は、破産手続開始決定が会社の解散事由であり（会社法471条5号）、株主の地位も消滅するに至ること、破産手続において株主に手続保障がなく、例外的な事例を除いて無価値となって不利益であることを論拠とする[13]。否定説は、株主が破産債権者とならず、破産手続開始の申立権もないこと、株主の地位について、直接に法的な影響を及ぼすことを定める規定がないこと、会社解散によって株主に生ずる影響は副次的にすぎないことを論拠とする[14]。高裁裁判例に、否定説にたつものがある[15]。

(3) 即時抗告の期間
a 破産手続開始決定に対する即時抗告の期間

即時抗告期間は、画一的処理の要請から公告を基準（起算点）としている。すなわち、破産手続開始決定は公告され（法32条1項）、公告は官報に掲

---

9 『条解』288頁は、執行役（会社法418条）について取締役と同様の議論が妥当するとし、会計参与、監査役及び及び会計監査人については、その職務執行権限は間接的であるとして、即時抗告権を否定する。
10 最判昭43.3.15（民集22巻3号625頁）。
11 『条解』288頁、小西秀宣「破産申立に関する裁判に対する不服申立と抗告審の審理・裁判」判タ830号61頁。
12 『伊藤』183頁注280。
13 松下淳一「破産手続及び再生手続における株主の即時抗告権について」青山善充ほか編『石川明先生古稀祝賀　現代社会における民事手続法の展開（下）』（商事法務、2002年）519頁。
14 『条解』289頁、『注解（下）』34頁〔安藤一郎〕、『伊藤』183頁注280。
15 大阪高決平6.12.26（判時1535号90頁）。

載して行う（法10条1項）。官報掲載日の翌日が公告の効力発生日であり（法10条2項）、同日から起算して2週間（法9条後段）が即時抗告期間となる。公告掲載日の翌日は、当日午前零時から期間が始まるので、初日を算入する（法13条、民事訴訟法95条1項、民法140条ただし書）[16]。公告の効力が発生する前であっても、通知を受けた者（法32条3項）が即時抗告の申立てをすることは可能である[17]。

b　棄却又は却下決定に対する即時抗告の期間

申立ての棄却又は却下決定については、裁判の告知を受けた日から1週間が即時抗告期間となる（法13条、民事訴訟法332条）。初日不算入である（法13条、民事訴訟法95条1項、民法140条本文）。

c　原裁判所の更正決定に対する即時抗告の期間

原裁判所が原決定に対する即時抗告に基づいて再度の考案により更正決定をした場合、再度の公告はされない。更正決定の告知を受けた日から1週間（初日不算入）となる[18]。

(4) 即時抗告の効力

a　執行停止効はないこと

破産手続開始決定は確定を待たずに即時に効力を生ずる（法30条2項）。同項が法13条（民事訴訟法の準用）の特段の定めとなり、民事訴訟法334条1項が準用されず、即時抗告に執行停止効がない[19]。

b　開始決定に対する即時抗告があった場合の管財業務

破産手続開始決定に対して即時抗告があった場合、執行停止効はないので破産手続が進行するが、抗告審において破産手続開始決定が取り消される可能性がある。破産管財人の業務遂行についてどのように考えるべきか。

緊急を要する業務を除き、抗告審の結論を待って管財業務を行うべきとする見解もある[20]。しかし、破産手続開始決定がなされて公告及び通知がなされており、破産財団に属する資産は急速に劣化することが避けがたい。財団

16　免責申立てに関する大阪高決昭50.10.8（判時810号40頁）。
17　最決平13.3.23（金法1615号64頁）。
18　『条解』291頁。
19　大判昭8.7.24（民集12巻2264頁）、『条解』291頁、『大コンメ』130頁〔大寄麻代〕。
20　『注解（下）』39頁〔安藤一郎〕。

確保のため早期換価の必要がある。即時抗告があっても通常通り管財業務を行うべきと考えられ、実務上もその扱いである[21]。

抗告審係属中に換価業務等が終了し、破産手続が終結できる段階に至る事態も考えられる。仮に破産手続開始決定が取り消された場合でも、破産管財人が破産財団の財産に関してした管理処分行為は、取引安全の観点から効力を失わないと解されることから[22]、手続を終結することも可能である。実務上は、抗告審の裁判が確定するまで、期日を続行することがある[23]。

(5) 即時抗告の手続と審理

　a　手　　続

破産手続開始の申立てについての裁判に対する即時抗告を受理するのは、当該裁判をした原裁判所である（法13条、民事訴訟法331条、286条）。

原裁判所は、再度の考案（法13条、民事訴訟法333条）により原決定を更正する決定をすることができる。

更正決定をしない場合、抗告審の審理のために、原裁判所の書記官が、抗告裁判所の書記官に記録を送付する。破産手続等に関する事件（破産事件及び免責・復権の手続に係る事件）の記録及び抗告事件記録を送付することとされるが（規則12条、民事訴訟規則205条、174条）、裁判所が必要ないと認めるときは、抗告事件の記録のみを送付すれば足りる（規則5条1項）。前記の通り執行停止効がなく、原審は破産手続を進行させるので、事件処理のため、破産手続等に関する事件記録は原審に残しておく趣旨である。抗告裁判所が必要と認めるときは、抗告裁判所の書記官は、原裁判所の書記官に破産手続等に関する事件記録の送付を求めなければならない（規則5条2項）。

　b　抗告審の審理

　　ア　抗告審の裁判

抗告裁判所は、抗告が不適法であれば却下し、理由がなければ棄却し、理由があれば原決定を取り消して、自ら裁判するか、又は原裁判所に差し戻

21　『破産実務』125頁、『大コンメ』130頁〔大寄麻代〕。
22　大判昭13.3.29（民集17巻523頁）。
23　『破産実務』125頁。もっとも、『条解』292頁は「破産手続を進行させる考え方が相当であると解したいが、その間に不可逆的な変更ができない行為を留保すべき場合もあると考えられ、破産手続の終結まですることには慎重な配慮をすべきであろう」とする。

す。口頭弁論は任意的であり[24]、抗告裁判所の裁量による（法8条1項）。

　イ　基　準　時

　抗告審は続審であり、抗告審の裁判の時（審理の終結の時[25]）が、破産手続開始決定の要件の存否の基準時となる。

　原審で破産手続開始原因があり開始決定がされていても、抗告審の係属中に資産が増加するなどして審理終結時に消滅していれば、開始決定は取り消される[26]。

　原審で破産手続開始原因がなく申立てが棄却されていても、抗告審の係属中に資金繰りが悪化するなどして審理終結時に破産手続開始原因があれば、抗告審において原審の棄却決定が取り消される。

　c　即時抗告の取下げなど

　即時抗告を提起した者は、抗告審の終局裁判があるまで、相手方の同意なく、抗告を取り下げることができる（法13条、民事訴訟法331条、292条）。抗告権を放棄することもできる（法13条、民事訴訟法331条、284条）。放棄申述先は、抗告提起前は原裁判所であり、提起後は抗告裁判所である（規則12条、民事訴訟規則173条）。

　原決定が破産手続開始決定である場合、破産手続開始の申立て自体は取下げできない（法29条）。原決定が破産手続を開始しないもの（却下又は棄却）であれば、即時抗告後に、破産手続開始の申立て自体を取り下げることが可能である。

(6)　開始後の破産債権に関する事情変更

　a　債権者申立ての場合の申立債権の消滅

　債権者申立てにおいて、申立人の破産債権の存在は申立ての適法要件である。これが破産手続開始の原決定時には存在していたが、抗告審の裁判前に弁済・免除等によって消滅した場合、破産手続開始決定を取り消すべきか。抗告審の裁判時が開始判断の基準時となることから問題となる。

　破産手続は開始と同時に確定を待たず効力が生じており（法30条2項）、総破産債権者のための一般的な執行手続である破産手続が開始されていること

24　最決昭45.6.24（民集24巻6号610頁）。
25　『大コンメ』130頁〔大寄麻代〕、『伊藤』183頁。
26　大決大15.5.1（民集5巻358頁）。

になる。申立人以外の債権者は、破産配当を受ける地位を取得し、即時抗告の利益がある。破産手続開始の申立ての取下げが認められるのは破産開始決定前に限られること（法29条）に鑑みても、申立人の破産債権の存否は問題とならず、ほかに債権届出がある限り、抗告裁判所は破産手続開始決定を取り消すべきでない[27]。

原決定時点で申立人の破産債権が存在していなかったことが判明したときも同様に解される[28]。

b 抗告審において届出債権がない場合

抗告審の裁判までに破産債権を届け出る者が全くないか、届出が全部取下げされた場合については考えが分かれる。

抗告審において破産手続開始決定を取り消すことが相当とする考えは、債権届出がない場合は破産手続の中心的な利害関係人がなく、手続続行の利益もないとする[29]。

これに対し、申立人以外の債権の存否は債権調査手続を完了しない限り破産手続内で確定しないが、抗告審の裁判時までに届出期間が経過していないことが通常と考えられるとして、抗告裁判所は届出期間満了まで判断を留保する必要はなく、債権届出状況を勘案すべきではなく、破産手続開始決定を取り消すべきでないとの考えがある[30]。

c 破産手続開始決定の確定後に届出債権がない場合

なお、**b**につきどの説によるとしても、破産手続開始決定の確定後に債権届出が全くないか、届出が全て取り下げられた場合の処理は別個の問題となる。財団不足による廃止（法217条1項）とは状況が異なるが、債権届出がない場合には、破産手続続行の必要がなく、手続を続行する意味がないので廃止すべきと考えられる。その根拠規定については、①根拠規定を求めず、特別の職権破産手続廃止が可能であるとの考え方[31]、②破産者が廃止申立てを

---

27 大決昭3.10.13（民集7巻787頁）。『伊藤』184頁、『条解』293頁、『破産実務』129頁。
28 『伊藤』184頁注283。
29 『破産実務』129頁、堀田次郎「破産手続の開始要件に関する諸問題」『新・実務大系』101頁。
30 『条解』293頁、『伊藤』184頁注283。
31 『条解』1423頁。中島弘雄『体系倒産法Ⅰ　破産・特別清算』（中央経済社、2007年）486頁、『伊藤』604頁。

すれば同意廃止（法218条1項）を類推適用し、廃止申立てがない場合には破産手続終結の決定（法220条1項）を類推適用又は異時廃止の規定（法217条）を類推適用する考え方[32]、③配当可能財団がなければ異時廃止の規定を類推適用し、配当可能財団があれば職権による破産手続終結決定を類推適用する考え方[33]がある（**本書111条の解説10、第9章前注3(4)d、218条の解説3(1)a**参照）。

(7) 原決定を取り消して破産手続を開始すべき場合の処理

　原決定が破産手続を開始しない内容（申立ての棄却又は却下）であり、これに対する即時抗告があって抗告裁判所が審理した結果、原決定を取り消して破産手続を開始すべきとの心証に達した場合、抗告審と原審のいずれが何を決定すべきか。

　抗告裁判所が原審の取消しを決定することは当然である。問題となるのは、①破産手続開始決定につき、抗告裁判所が自ら行うか、差し戻して原審において行うか、②抗告裁判所が破産手続開始を決定する場合、同時処分（破産管財人の選任及び期間・期日の設定）（法31条1項）をどうするかの点である。

　①抗告裁判所が自判として破産手続開始決定及び同時処分を行うとする見解、②抗告裁判所が同時処分のうち、破産管財人の選任のみをなすとする見解、③事件を原審に差し戻し、原審が破産手続開始決定及び同時処分をするとの見解がある。

　破産手続を開始すれば、同時処分として直ちに破産管財人を選任し、管財業務を遂行させなければならない。開始決定と同時処分を異なる裁判所に分担させると、開始決定と管財人選任の間に空白が生じてしまい、不都合である。理論上は抗告裁判所が開始決定及び同時処分を行うことも可能であるが、抗告裁判所は、原審裁判所と異なり、破産管財人候補者についての情報集積が期待できず、事案に即した適切な管財人選任に実務上の難がある。破産手続を進行させるのは原審裁判所であり、原審裁判所が破産管財人を監督する立場となるから、原審裁判所が破産管財人を選任することがよい。

　したがって、抗告裁判所は、原決定取消のうえ原審に差し戻すに留め、原審において破産手続開始を決定し、同時に破産管財人を選任することが相当

---

[32] 大阪高判昭50.12.18（判時814号122頁）。
[33] 『破産実務』130頁。

とする見解が有力である[34]。

その場合、原決定取消しから破産手続開始決定までの間に空白が生じ、破産財団に属すべき財産が散逸する懸念を生ずる場合もある。本条2項により各種の保全処分が手当されているので、抗告裁判所は、必要に応じて本条2項による処分で対応する。

3 破産手続を開始しない決定に対する即時抗告あった場合の中止命令等（本条2項）

原決定が破産手続開始の申立てを棄却又は却下する決定である場合、これに対して即時抗告があると、抗告裁判所の審理の結果、破産手続開始決定に向けた判断がされる可能性がある（原決定取消、開始決定、同時処分を原審と抗告審のいずれが行うか等について前記 **2(7)** 参照）。

破産手続開始の申立て後、原審裁判所が①他の手続の中止命令（法24条）②包括的禁止命令（法25条）、③財産保全処分（法28条）を命じても、同申立てについての決定がされると、これらの保全処分は失効する。

そこで抗告審で原決定が取り消され、破産手続開始に至る場合に備え、抗告審係属中に破産財団に属すべき財産が散逸することを防止する必要が生じる。そこで本条2項は、当該即時抗告に対する決定があるまでの間、各種の保全処分を発令することを認めている。加えて、保全管理命令、否認権のための保全処分、役員の財産に対する保全処分も命ずることができる（法91条3項、171条7項、177条7項）。

この保全処分を発令するのは抗告裁判所であるが、緊急の必要性があれば、原審裁判所が発令することを妨げるものではないとされる[35]。

なお、規定上は「破産手続開始の申立てを棄却する決定」に対して即時抗告があった場合とされるが、その趣旨から、却下決定があった場合も含むものと解される[36]。

---

34 『条解』294頁、『大コンメ』131頁〔大寄麻代〕、『伊藤』185頁。
35 『条解』296頁。
36 『条解』296頁、『大コンメ』131頁〔大寄麻代〕。

4 破産手続開始の決定が取り消された場合の取扱い（本条3項）

(1) 破産手続開始決定が取り消される場合

抗告裁判所が抗告の理由ありと認めれば、破産手続開始決定を取り消す。抗告審に記録を送付するまでもなく、即時抗告について原裁判所が再度の考案（法13条、民事訴訟法333条）による更正をして、自ら破産手続開始決定を取り消すこともある。

(2) 開始決定が取り消される理由

債務者に破産能力がないとき、債権者申立ての場合に申立債権の疎明がないとき、債権者申立てや準自己破産で破産手続開始原因の疎明がないとき、破産手続開始の原因となる事実がないとき、破産障害事由のあるときなどが考えられる。

(3) 開始決定の取消決定の効力発生時期

破産手続開始決定の取消決定は、確定により効力を生ずる。

原裁判所が更正決定する場合、即時抗告期間である告知から1週間の経過で確定する。

抗告裁判所が取消決定する場合、抗告裁判所が高等裁判所であるから、再抗告（民事訴訟法330条）は許されない（裁判所法7条2号）。特別抗告（法13条、民事訴訟法336条）及び許可抗告（法13条、民事訴訟法337条）は可能であるが、特別抗告には取消決定の確定遮断効がない（法13条、民事訴訟法122条、116条）。許可抗告にも確定遮断効はないと解される。したがって、取消決定は、告知によって直ちに確定する[37]。

(4) 公告と通知

破産手続開始決定は、確定を待たず、その効果を生じる（法30条2項）。これに対し、破産手続開始の決定を取り消す決定は、破産手続開始決定の時に遡って当該決定の効果を消滅させるので、利害関係人に重大な影響がある。

そこで本条3項本文は、取消決定の主文をただちに公告し、かつ、破産管財人、破産者及び知れている破産債権者、知れている財産所持者等並びに労働組合等に通知しなければならないとした（公告及び通知の方法については、**本**

---

[37] 『条解』297頁、『大コンメ』131頁〔大寄麻代〕、『破産実務』127頁。

書32条の解説 4 参照)。

　ただし、大規模破産事件につき通知等を省略する決定があったときは、知れている破産債権者に対する通知は不要である（本条3項ただし書）。

　保全管理人は、破産手続開始の際には通知対象であるが（法32条3項3号）、開始を取り消す決定の場合は、通知対象から除かれている。破産手続開始の決定により、保全管理命令は失効するので、開始について通知されたうえ計算報告事務（法94条1項）などを行うものであり、取消決定により保全管理人の任務に支障が生じないからである[38]。

　本条3項本文に「破産手続開始の決定をした裁判所は」とあるので、公告及び通知をするのは、原審の裁判所である[39]。

(5) その他の裁判所の処理事項

　裁判所は、郵便物等の破産管財人に対する配達の嘱託取消しをする（法81条3項）。

　裁判所書記官は、法人の破産手続に関する登記・登録、個人の破産手続に関する登記・登録、否認の登記・登録について、抹消等の嘱託をする（法257条7項・8項、258条2項・4項、260条4項、262条）。破産手続開始の決定の取消しが確定した法人が、官庁その他の機関の許可がなければ開始できない事業を営むとき、許可がなければ設立できない法人であるときは、破産手続開始決定の場合に当該機関へ通知されているところ、裁判所書記官は、取消しが確定した旨も同様に当該機関に通知する（規則9条2項）。

(6) 管財人の処理事項

　破産管財人は法的地位を失い、破産財団を破産者に引き渡すことになる。引き渡す前に、財団債権を弁済し、その存否又は額について争いある財団債権については、債権者のために供託しなければならない（法90条2項）。

　財団債権弁済のために換価の必要があるときはどうか。たしかに破産管財人は法的地位を遡及的に失っているが、円滑に破産手続を終了させ、破産手続が開始しなかった状態へ復帰させるために必要な処理であることに鑑みて、必要に応じて換価ができると解される[40]。

---

38 『条解』297頁。
39 『条解』297頁、『大コンメ』132頁〔大寄麻代〕。
40 『条解』297頁、『大コンメ』132頁〔大寄麻代〕。

(7) 取消決定の効果

　破産手続開始決定の取消決定が確定すると遡及効があり、破産手続開始の決定時に遡って破産手続開始の効果がなくなる。破産者は、居住制限や各種資格制限から免れ、破産財団に属する財産の管理処分権を喪失していなかったことになる。

　破産手続開始決定後、破産者がした財産上の法律行為は、さかのぼって有効となる。

　破産手続開始決定後、破産管財人が第三者を相手方として行った財産の管理処分行為は、これを無効とすると取引安全を害するばかりか、破産者の利益も害することがあるので（破産財団のためにした時効中断などの権利保全行為など）、取消決定の確定によっても、その効力を失わないとされる[41]。破産管財人の行為と、破産者の行為が抵触するときは、前者が優先する。

　破産手続開始前にされた強制執行・保全処分は開始によって当然失効していたが（法42条2項本文）、その効果は遡及的に消滅する。破産管財人の管理処分行為によって事実上回復不能となったものを除き、破産手続開始決定時の状態を基準に復活し、申立債権者等は、当該手続を続行できる[42]。

　破産財団に関する訴訟については、破産管財人に受継されていないものは破産者が当然受継する（法44条6項）。破産管財人を当事者とするもの（破産管財人が受継したものを含む）は中断し、破産者が受継しなければならない（法44条4項・5項）。債権者代位訴訟及び詐害行為取消訴訟も同様に、旧原告が受継する（法45条4項ないし6項）。破産債権査定の申立ての手続及び破産債権査定異議の訴えに係る訴訟手続であって破産管財人が当事者でないものは、当然終了する（法133条1項4号）。異議等のある破産債権に関する訴訟が受継されたもの（法127条1項、129条2項）であって破産管財人が当事者でないものは中断し、破産者が受継しなければならない（法133条5項・6項、44条5項）。否認の請求の手続及び否認の請求を認容する決定に対する異議の訴えは、当然終了する（法174条5項、175条6項）。

---

[41] 『条解』298頁、『大コンメ』133頁〔大寄麻代〕、大判昭13.3.29（民集17巻523頁）。
[42] 『条解』299頁、『大コンメ』133頁、『破産実務』127頁。

債権届出による時効中断効（民法147条1号、152条）の扱いについては争いがある。取消決定の影響を受けないとする説[43]もあるが、取消決定の確定時まで、裁判上の催告（民法153条）の限度で効力があると解する[44]方が、取消決定の遡及効により適合的である。従って、債権届出していた者は、取消決定確定時から6カ月以内に時効中断の措置を講ずることで時効中断の効果を確定的にすることができる。

（清水祐介）

---

43 『大コンメ』133頁、川島武宜編集『注釈民法(5)』（有斐閣、1967年）99頁〔川井健〕。
44 『条解』299頁、『破産実務』127頁。

第3節　破産手続開始の効果

第1款　通　則

第34条　破産財団の範囲

① 破産者が破産手続開始の時において有する一切の財産（日本国内にあるかどうかを問わない。）は、破産財団とする。
② 破産者が破産手続開始前に生じた原因に基づいて行うことがある将来の請求権は、破産財団に属する。
③ 第1項の規定にかかわらず、次に掲げる財産は、破産財団に属しない。
　一　民事執行法（昭和54年法律第4号）第131条第3号に規定する額に2分の3を乗じた額の金銭
　二　差し押さえることができない財産（民事執行法第131条第3号に規定する金銭を除く。）。ただし、同法第132条第1項（同法第192条において準用する場合を含む。）の規定により差押えが許されたもの及び破産手続開始後に差し押さえることができるようになったものは、この限りでない。
④ 裁判所は、破産手続開始の決定があった時から当該決定が確定した日以後1月を経過する日までの間、破産者の申立てにより又は職権で、決定で、破産者の生活の状況、破産手続開始の時において破産者が有していた前項各号に掲げる財産の種類及び額、破産者が収入を得る見込みその他の事情を考慮して、破産財団に属しない財産の範囲を拡張することができる。
⑤ 裁判所は、前項の決定をするに当たっては、破産管財人の意見を聴かなければならない。
⑥ 第4項の申立てを却下する決定に対しては、破産者は、即時抗告をすることができる。
⑦ 第4項の決定又は前項の即時抗告についての裁判があった場合には、その裁判書を破産者及び破産管財人に送達しなければならない。この場合においては、第10条第3項本文の規定は、適用しない。

第34条　破産財団の範囲　255

> **規則**
> （破産財団に属しない財産の範囲の拡張の申立ての方式・法第34条）
> 第21条　法第34条第4項の申立てに係る申立書には、破産手続開始の時において破産者が有していた財産のうち、次に掲げるものの表示及び価額を記載した書面を添付するものとする。
> 　一　法第34条第4項の申立てに係るもの
> 　二　法第34条第3項各号に掲げるもの
> 　三　前2号に掲げるもののほか、裁判所が定めるもの

1　本条の趣旨

(1)　破産財団の意義

　破産者の財産又は相続財産若しくは信託財産であって、破産手続において破産管財人にその管理及び処分をする権利が専属するものを破産財団という（法2条14号）。本条は、このうち破産者の財産について、破産財団の範囲を定める。なお、相続財産については法229条、信託財産については法244条の5が、破産財団の範囲を規定している。

　一般に、破産財団という語は、次の3種の意味で用いられている。1つ目は、破産手続開始と同時に観念的に成立し、その管理処分権が破産管財人に専属する財産の集合体のことである。これを法定財団という。破産財団という語が本来的に予定するのはこの法定財団であって、破産財団を定義する法2条14号、破産財団の範囲を定める本条及び破産管財人の管理処分権を定める法78条1項の「破産財団」などがこれに当たる。2つ目は、現に破産管財人の管理下にある財産のことである。これを現有財団という。取戻権について定める法62条の「破産財団」がこれに当たる。破産手続開始時において、法定財団と現有財団とは異なるのが通常である。破産管財人は、破産財団（法定財団）に属すべき財産が第三者に移転されている場合は否認権を行使（法160条以下）し、また本来は第三者に属すべき財産が破産財団（現有財団）中に混入している場合には取戻権の行使に応じ（法62条以下、78条2項13号）、現有財団を法定財団に近づけていく。ただし、完全な一致を強いると、かえって費用がかかる等して、破産債権者の利益を害するおそれがあることから、

和解的処理（法78条2項11号）や権利の放棄（同項12号）をしても、直ちに善管注意義務（法85条）に違反することにはならない[1]。その他、担保権者による別除権の行使、破産債権者による相殺権の行使がなされることなどで、現有財団は変動していく。3つ目は、破産管財人の換価によって金銭化され、財団債権の弁済がなされた残余の財産であって、破産債権者の配当原資となる財産である。これを配当財団という。法209条の「配当をするのに適当な破産財団に属する金銭」がこれに当たる。

(2) 破産財団の法的性格（破産財団の法主体性）

破産財団に法人格が認められるか否かについて、破産法に定めはなく、かつての通説は、法160条1項、148条1項5号及び6号などの規定を基に、破産財団に法人格を認め、破産管財人を破産財団の代表機関であると解していた。しかし、近時の有力説は、破産財団の法人格を否定し、財産の管理機構としての破産管財人に法主体性を認め、破産財団は、破産管財人が有する管理処分権の客体となる財産の集合体であると解している（**本書第3章前注2参照**）[2]。

2　破産財団の範囲

(1) 概　要

破産財団に属する財産は、破産手続開始の時点で破産者が有する差押可能な一切の財産であって、日本国外にある財産も含まれる（本条1項・3項）。破産手続開始前に生じた原因に基づく破産者の将来の請求権も破産財団に含まれる（本条2項）。

(2)「財産」であること

破産財団は、破産債権者の共同の満足に供するべく換価される財産の集合体である。したがって、本条1項にいう財産は、積極財産すなわち金銭的価値のある物及び権利を意味し、消極財産すなわち負債を含まない。また、およそ財産的価値があり、破産債権者への配当財源となり得る財産は、すべて破産財団に含まれる。物については不動産か動産か、あるいは破産者の占有

1　『大コンメ』135頁〔髙山崇彦〕。
2　『伊藤』235頁、『条解』302頁、『大コンメ』135頁〔髙山崇彦〕。

の有無を問わない。破産者の有する共有持分も破産財団に含まれる（法52条）。権利については、債権、期待権、物権的請求権、知的財産権、制限物権などの法律上の一切の権利を含む。この他、営業のような、商号、商圏、顧客リスト、仕入先、営業上・製造上のノウハウなどの事実関係を含めた財産集合体も破産財団を構成する。ただし、人格権や身分上の権利は含まれない。

(3) 「破産者が有する」財産であること

　破産財団は、破産者が有する財産から構成される。「有する」の意義であるが、物についていえば、無制限の所有権を有する場合のみを指すわけではなく、その物が、破産者の所有に属していれば、第三者の担保権、用益物権、賃借権等の対象となっていても、その制約のもとに破産財団を構成する。逆に、第三者の所有物に対して、破産者が担保権や用益権を有している場合は、その権利が破産財団を構成する。また、破産者に帰属する債権であれば、担保権の対象となっていても、その制約のもとに破産財団を構成する。

　対抗要件の具備についてであるが、破産者が破産手続開始前に既に取得していた物及び権利は、破産者と破産者の前主又は権利の設定者とは対抗関係に立たないことから、対抗要件具備を要することなく、破産財団を構成する。他方、破産手続開始前に破産者から財産を取得した者がいたとしても、破産管財人は対抗関係における第三者として取り扱われるため[3]、当該取得者が破産手続開始時に対抗要件を具備していない限り、当該財産は破産財団に属する（**本書第3章前注3(2)**参照）。

　なお、過払金返還請求権、すなわち利息制限法に基づく引き直し計算により消費者金融業者等に対して行う不当利得返還請求権は、債務者自身にその存在や財産の価値について認識がないこともあるが、破産手続開始前の過払いにより発生する金銭債権であるから、当然に破産財団を構成する。実務上、同時廃止申立事件につき、過払金を調査すべき基準、回収すべき基準、管財事件に移行すべき基準などが発表されている[4]。

3　最判昭58.3.22（金法1050号41頁）。
4　日影聡・島田正人「大阪地方裁判所の破産事件における過払金処理に関する新たな運用について」判タ1246号24頁、『条解』304頁。

また、受託者が破産手続開始の決定を受けた場合、信託財産に属する財産は、破産財団に属しない（信託法25条1項）。この点については、**本書62条の解説4**を参照されたい。

(4) 「破産手続開始時に」破産者が有する財産であること

破産財団は、破産者が破産手続開始の時において有する財産から構成される。破産手続開始を基準時として破産財団の範囲が固定されるため、固定主義と呼ばれる。破産手続開始後に破産者に帰属した財産は、いわゆる新得財産として、破産財団から除外される。これに対して、破産手続開始後の財産をも破産財団へ組み込む主義を膨脹主義という。破産法が固定主義を採用するのは、手続の迅速な終結、手続開始後に新たに破産者と取引した新債権者の保護、並びに破産者の生活や事業の再出発を図ることができ、結果として債務者による早期の自己破産申立てを促すことができるためとされる[5]。なお、法人破産の場合には、手続開始により、原則として事業活動が終了するため、固定主義と膨脹主義とを区別する意義は少なく、また例外的に破産管財人が一定期間事業を継続した場合（法36条）には、その収益は新得財産とならずに、破産財団に属するので、固定主義が貫かれているともいえない。したがって、固定主義と膨張主義との区別が、実務上重要な意味をもつのは、個人破産の場合である。

(5) 「差押可能な」財産であること

差押えが可能でない財産及び99万円に満つるまでの現金は、破産財団を構成しない（本条3項1号・2号、民事執行法131条3号、民事執行法施行令1条、後述**3**参照）。

(6) 「日本国外にある財産」が含まれること

平成12年改正前の旧法3条1項は、日本における破産宣告（当時）は日本国内にある破産者の財産に対してのみ効力を有するとしていたが（属地主義）、国際的な取引活動が行われている社会経済活動の実態に適合せず、債権者間の公平・平等が害されるおそれがあった。そこで、平成12年改正により、日本における破産宣告（当時）の効力が日本国外の破産者の財産にも及ぶとする普及主義が採用され、現行法もこれを引き継いだ（本条1項括弧

---

[5] 『条解』303頁。

書)。ただし、わが国における破産手続開始の効力の取扱いは各国の法制によることから、破産債権者が在外財産に対して権利を行使して、弁済を受けるといった事態は避けられない。このような事態が生じた場合の破産債権者の手続参加については法109条に、また配当調整について法201条4項に、それぞれ定めが置かれている。

(7) 「破産手続開始前の原因に基づく将来の請求権」が含まれること

　破産手続開始前に生じた原因に基づいて破産者が行うことがある将来の請求権は、破産財団に属する（本条2項）。将来の請求権とは、停止条件付債権（民法127条1項）や期限付債権（民法135条1項）で、破産手続開始時点において条件が未成就、又は期限が未到来であるものを指す。連帯債務者、保証人又は物上保証人の事後求償権（民法442条1項、459条1項、465条、351条、372条）、手形小切手法上の遡求権（手形法43条、77条1項4号、小切手法39条）、生命保険契約に基づく解約返戻金請求権、賃貸借契約に基づく敷金[6]返還請求権などがこれに当たる。これらは、破産手続開始時には行使できないが、その発生原因は破産手続開始前にあり、停止条件付で未発生の債権も法律上、期待権としての取扱いを受ける（民法129条参照）ことから、破産財団に含まれることが確認された[7]。

　個別の論点として、雇用契約に基づく退職金債権の問題がある。退職金は、賃金の後払いとしての性質をもつ[8]ため、破産手続開始前の労働の対価であり、かつ、退職という将来の事実により現実化することから、将来の請求権として、差押えが可能な範囲で破産財団に含まれると解される。このように解すると、破産管財人は、破産者に退職を促し、破産者がこれに応じなければ、雇用契約を解約して（法53条1項）、退職金を破産財団に組み入れるべきとの考え方もあり得るが、破産者の経済生活の再生を図る観点（法1条）からは、このような方法は相当でない。そこで、実務上、退職金支給見込額のうち一定割合を自由財産から破産財団に組み入れさせることによっ

6　改正民法案622条の2は、敷金を「いかなる名目によるかを問わず、賃料債務その他の賃貸借に基づいて生ずる賃借人の賃貸人に対する金銭の給付を目的とする債務を担保する目的で、賃借人が賃貸人に交付する金銭」と定義している。
7　『条解』306頁、『大コンメ』137頁〔髙山崇彦〕。
8　最判昭44.9.2（民集23巻9号1641頁）。

て、破産管財人が退職金請求権を破産財団から放棄する扱いが多い[9]。なお、破産財団に属する退職金請求権の額は、民事執行法が定める差押禁止財産の範囲によれば支給見込額の4分の1相当額となるが（本条3項2号、民事執行法152条2項）、実務の運用として、将来において勤務先の倒産や破産者の懲戒解雇が生じる可能性に照らし、支給見込額の8分の1相当額が破産財団を構成するとの例がある。具体的には、破産手続開始時を基準とした支給見込額の8分の1相当額が20万円以下である場合には換価しないものとし、支給見込額の8分の1相当額が20万円を超える場合には、その8分の1相当額全額が破産財団を構成し、その余の8分の7相当額については、換価しないとされている[10]。ただし、破産手続開始後、終了までに退職した場合で退職金請求権の4分の1相当額が20万円を超えるときは、退職金請求権の4分の1相当額全額が破産財団を構成するものとされている[11]。

破産者を契約者とする保険契約に基づく解約返戻金請求権は、解約という将来の事実によって金額が確定し現実化する、将来の請求権である。実務では、破産管財人が契約を解約して[12]（法53条1項）、破産財団に組み入れるのが一般的であるが、高齢のため新たな保険契約の締結が困難である等の事情で、破産者が契約の継続を望む場合は、破産者又は親族から、解約返戻金相当額を破産財団に組み入れさせて、保険契約者としての地位を破産財団から放棄し、又は親族に譲渡することがある。また、破産者の生活状況を考慮して、高額でない解約返戻金請求権を自由財産とする（本条4項）こともある[13]。

破産者を賃借人とする賃貸借契約に基づく敷金返還請求権は、賃貸借契約の終了後、明渡しという事実に基づいて具体化する、将来の請求権である。実務では、賃貸借契約を継続する必要のない場合、破産管財人は早期に賃貸借契約を解除して（法53条1項）、敷金の返還を受けるよう賃貸人と交渉する。ただし、個人の居住用家屋の敷金返還請求権は、換価しないものとして

---

[9]　『破産実務』371頁、『条解』306頁、大コンメ137頁〔髙山崇彦〕。
[10]　『手引』139頁、『運用と書式』75頁。
[11]　『手引』142頁。
[12]　生命保険契約について、最判平11.9.9（民集53巻7号1173頁）によれば、差押債権者が債務者に代わって契約を解約できる。
[13]　『破産実務』372頁参照。

取り扱われている[14]。

　個人である破産者が有する将来の養育費等の扶養請求権は、将来にわたって継続的に請求できるよう、協議や審判等で破産手続開始前に定められていたとしても、日々発生する権利と考える方が合理的であることから[15]、破産手続開始後の期間に対応するものは、破産財団を構成しないと解される。

　個人の破産者を受取人とする保険契約に基づく保険金請求権（傷害保険金、死亡保険金、所得補償保険金など）は、破産手続開始後に保険事故が生じた場合、保険事故の発生が原因と考えれば破産財団を構成せず、破産手続開始前から保険料の振り込みに基づき停止条件付権利として発生していたと考えると破産財団を構成することになる[16]。また、破産手続開始前の交通事故等に基づく損害賠償請求権に関し、将来の逸失利益に係るものと将来の介護費用に係るものについて、新得財産とする見解[17]と、本条2項の文言を重視して破産財団に属すると解する見解[18]がある。いずれの場合も、個人の生活維持に配慮し、事案に即した柔軟な解決を図ることが望ましい[19]。

3　自由財産[20]

(1) 概　　要

　破産者の有する財産のうち、破産財団を構成しないものは、破産者が自由に管理処分することができる。これを自由財産という。自由財産には、次の5種がある。すなわち、①民事執行法上の差押禁止金銭（民事執行法131条3号）の2分の3相当額の金銭（本条3項1号）、②差押禁止財産（本条3項2号）、③自由財産の範囲の拡張の裁判によって認められた財産（本条4項）、④破産管財人が破産財団から放棄した財産（法78条2項12号）及び⑤破産手続開

14　『手引』139頁。
15　『基本構造』551頁〔花村良一発言〕。
16　『破産実務』260頁。札幌地判平24.3.29（判時2152号58頁）、東京高決平24.9.12（金法1963号100頁）。
17　伊藤眞「固定主義再考（大阪高判平26.3.20）」債管145号88頁。
18　自由財産拡張制度で対応すべきという。小野瀬昭「交通事故の当事者につき破産手続開始決定がされた場合の問題点について」判タ1326号54頁以下。大阪高判平26.3.20（債管145号97頁）。
19　『条解』309頁、『破産200問』90頁〔伊津良治〕。
20　自由財産に対する強制執行については、**本書100条の解説3**を参照。

始後に破産者に帰属するに至った財産（新得財産）である。

なお、法人は、個人とは異なって生活保護の必要がなく、また破産手続開始決定により解散する（一般社団法人及び一般財団法人に関する法律148条6号、202条1項5号、会社法471条5号、641条6号）ので、自由財産を認める必要がない。また、法人の自由財産を認めると、破産債権者への配当原資でなく、株主等への残余財産分配請求権の対象となって不合理である。したがって、法人の自由財産は認められないと解する[21]。ただし、例外的に、破産管財人が、換価困難又は価値なし等の理由により、破産財団から放棄した財産（法78条2項12号）は、破産法人の自由財産となり、清算人等によって管理処分されることになる（なお、**本書35条の解説3**参照）。

(2) 民事執行法上の差押禁止金銭（民事執行法131条3号）の2分の3相当額の金銭

民事執行法は、債務者及びその家族の生活維持のため、標準的な世帯の2カ月間の必要生計費を勘案して政令（民事執行法施行令1条）で定める額の金銭（平成16年4月1日以降、66万円）を差押禁止動産とする。これに対し、本条3項1号は、破産者が、自由財産を除き、破産手続開始時に有する一切の財産の管理処分権を失うことから（法78条1項）、個別執行を受けた場合に比して、生活維持に必要な資金を確保することが困難であることを考慮して、民事執行法上の差押禁止金銭の2分の3相当額の金銭（同、99万円）を自由財産としている。

本号が適用されるのは、破産手続開始時における金銭であり、預貯金は、裁判所の決定（本条4項）によってはじめて自由財産となる[22]。そこで、実務上、実質的危機時期後、債務者の資産を現金化することで、99万円以下の現金を自由財産として確保しようとする事例が見受けられる。このような行為は、否認（法161条）の対象や免責不許可事由（法252条1項1号）に当たらないとする見解も有力であるが[23]、隠匿的な行為を助長するおそれがあり、また

---

[21] 最判昭60.11.15（民集39巻7号1487頁）。伊藤246頁、『大コンメ』140頁〔髙山崇彦〕、『基本法コンメ』88頁〔垣内秀介〕。

[22] 『基本構造』497頁〔小川秀樹発言〕、『理論と実務』159頁〔山田文〕、『破産200問』51頁〔野村剛司〕。

[23] 『基本構造』505頁〔松下淳一発言〕、『理論と実務』162頁〔山田文〕、『破産200問』60頁〔髙橋敏信〕。

同時破産手続廃止を不当に多く認めることになるため、有用な使途（申立費用・予納金、生活費、医療費、転居費用、葬儀費用、学費及び公租公課等で相当な範囲内の金額）に用いられた場合を除き、換価前の財産が破産手続開始時に存在するとみなして、自由財産か否か判断する裁判所もある[24]。

(3) 差押禁止財産

　差押禁止財産には、①民事執行法上の差押禁止財産、②特別法上の差押禁止財産及び③性質上差押えの対象となり得ない権利の3種がある。

　民事執行法上の差押禁止財産には、差押禁止動産（民事執行法131条）及び差押禁止債権（民事執行法152条）がある。具体的には、生活に欠くことのできない衣服・家財道具等（民事執行法131条1号）、農機具、漁具、業務用器具等（同条4号ないし6号）、給料・退職金の4分の3相当額（同法152条1項）などがある。

　ただし、差押禁止動産の範囲の変更（民事執行法132条1項、192条）によって差押えが許されたもの及び破産手続開始決定後に差し押さえることができるようになったものは破産財団に属する（本条3項2号ただし書）。後者の例として、破産手続開始時に未公表で開始後に公表された発明・著作物が挙げられる（民事執行法131条12号参照）。なお、本条3項2号ただし書は、差押禁止動産の範囲を変更する民事執行法132条1項を規定し、差押禁止債権の範囲を変更する同法153条1項を規定しない。そのため、同条項により差押えが許されていた差押禁止債権であっても、破産手続開始後は、破産財団を構成せず自由財産となる。破産手続開始後における破産者の生活維持を重視したものと考えるが、立法論として疑問が残るとの指摘もある[25]。

　特別法上の差押禁止財産としては、労働者の補償請求権（労働基準法83条2項）、信託財産（信託法23条1項、25条1項）、生活保護受給権（生活保護法58条）、健康保険の給付を受ける権利（健康保険法61条）、各種年金受給権（国民年金法24条等）、恩給を受ける権利（恩給法11条3項本文）、平成3年4月1日より前に発効した簡易生命保険の還付金請求権（平成17年法律第102号による廃止前の簡易生命保険法81条、同法平成2年改正附則2条5項）、及び企業年金（確定企業年金法34

---

[24] 『運用と書式』72頁、『基本構造』494頁〔花村良一発言〕、『破産200問』60頁〔高橋敏信〕。
[25] 『条解』312頁、『基本法コンメ』89頁〔垣内秀介〕。

条、確定拠出年金法32条1項)、災害弔慰金、災害障害見舞金、被災者生活再建支援金、東日本大震災関連義援金にかかる請求権及び交付された現金(災害弔慰金の支給等に関する法律5条の2、9条、被災者生活再建支援法及び東日本大震災関連義援金に係る差押禁止等に関する法律)などがある。

破産財団に属する建物が被災して発生した地震保険金は、差押禁止財産に該当しないと解されるが、破産者の転居費用その他の生活再建の費用について自由財産の範囲の拡張を認めることがあり得る[26]。

性質上差押えの対象となり得ない権利としては、帰属上又は行使上の一身専属権がある。破産者が行使する前の扶養請求権(民法752条、760条、766条、877条ないし880条)や財産分与請求権(民法768条)がこれに当たる。判例・通説によれば、慰謝料請求権は、相続の対象となり帰属上の一身専属権ではないが[27]、行使上の一身専属権性を有すると解されている。しかし、加害者が被害者に対し一定額の慰謝料を支払うことを内容とする合意又はかかる支払を命ずる債務名義が成立したなど、具体的な金額の慰謝料請求権が当事者間において客観的に確定したとき、また被害者がそれ以前の段階で死亡し相続が発生したときには、慰謝料請求権は行使上の一身専属性を失うと解されるので[28]、破産手続終結までに当該事由が生じた場合、本条3項2号ただし書により、破産財団に属することとなる[29]。

(4) 自由財産の範囲の拡張

後述4で述べる。

(5) 破産財団から放棄された財産

破産管財人が破産財団から放棄した財産(法78条2項12号)は、破産者の自由財産となる。

(6) 自由財産の破産財団への組入れ

破産者が特定の財産を自由財産から破産財団に組み入れることは、債権者

---

[26] 安福達也『東日本大震災に伴う仙台地裁の事務処理・運用』(金融財政事情研究会、2013年)90、102頁参照
[27] 最判昭42.11.1(民集21巻9号2249頁)。
[28] 最判昭58.10.6(民集37巻8号1041頁)。
[29] これに対し、『条解』313頁は、「自然人の生命、身体、又は名誉侵害などに起因する慰謝料請求権については、その金額が確定しても行使上の一身専属性を失わず、破産財団に帰属することはないものとすべきである」とする。

が債務者に不当な圧力を加えるおそれを考慮し、原則として認めるべきでない[30]。しかし、破産者がその自由な判断により自由財産の中から破産債権に対する任意の弁済をすることは妨げられないと解されること[31]からすれば、組み入れに合理性があり、かつ破産者の任意性が認められる場合には、自由財産から破産財団への組み入れが認められてよい。実務上、行われる例としては、破産者が特定の財産（退職金債権、保険金請求権など）について継続を希望し、財団からの放棄と引き換えに、相当額の金銭を自由財産から破産財団に組み入れることなどがある（前述 **2 (7)** 参照）。

4　自由財産の範囲の拡張

(1)　概　　要

　裁判所は、破産手続開始の決定から決定確定日以後 1 月を経過するまでの間、破産者の申立てにより又は職権で、破産者の生活の状況、破産手続開始の時において有していた自由財産の種類及び額、破産者が収入を得る見込みその他の事情を考慮して、自由財産の範囲の拡張を決定することができる（本条 4 項）。法定の自由財産も自由財産の範囲の拡張の制度も、破産者の生活維持を目的とする点は同一であるが、前者が一律に自由財産の枠を定めるのに対し、後者は、破産者の個別具体的な事情を考慮し、事案に応じて柔軟に、個別の財産について自由財産の範囲を拡張するものである。

　多くの裁判所では、あらかじめ一定の基準を設けて自由財産の範囲の拡張の裁判を行っており[32]、①99万円を超える現金、②預貯金・積立金、③保険解約返戻金、④自動車、⑤居住用家屋や駐車場の敷金・保証金返還請求権、⑥退職金債権、⑦電話加入権、⑧（生活に欠くことのできないものでない）家財道具、⑨過払金返還請求権などを拡張する例が報告されているが、不動産について報告例はない[33]。

　99万円の現金を自由財産と認める（本条 3 項 1 号）ことから、実務の運用で

30　『条解』317頁。
31　最判平18.1.23（民集60巻 1 号228頁）。
32　自由財産拡張基準とその運用状況の詳細に関する全国調査として、小松陽一郎・野村剛司「自由財産拡張制度の各地の運用状況」債管118号107頁。『実践マニュアル』281、290頁、『破産200問』56頁〔松尾吉洋〕。
33　『条解』315頁。

は、自由財産の総額が99万円以下となるような拡張は、比較的緩やかに自由財産の範囲の拡張が認められている[34]。

(2) 手　　続

自由財産の範囲の拡張は、破産者の申立て又は裁判所の職権によって行われる。破産者の申立てによるだけでなく、裁判所の職権による決定が規定されているのは、個人の破産者の中には、法律の知識に乏しい者も存在すると考えられるところ、このような者の生活維持を図る必要性があるからである[35]。

申立てができる期間は、破産手続開始の決定があった時から当該決定が確定した日以後1月を経過する日までの間である（本条4項）。この期間は不変期間ではなく、裁判所の裁量により伸長することができる（法13条、民事訴訟法96条1項）。実務では、伸長の手続を不要とし、黙示の伸長決定を行う運用が行われる例もある[36]。

裁判所は、自由財産の範囲の拡張の決定をするに当たっては、破産管財人の意見を聴かなければならない（本条5項）。したがって、破産管財人の選任されない同時廃止事件については、自由財産の範囲の拡張は認められない。

自由財産の範囲の拡張の申立てが却下された場合、破産者は、即時抗告をすることができる（本条6項）。これに対して、自由財産の範囲の拡張の決定に対する破産債権者などからの即時抗告は許されない。同制度が破産者の「経済生活の再生の機会の確保」を目的としたものである点を重視したものだが、破産財団の範囲が縮小する結果となるため、拡張には相応の慎重さが必要とされる[37]。

自由財産の範囲の拡張の決定又は上記の即時抗告についての裁判の裁判書は、破産者及び破産管財人に送達される（本条7項前段）[38]。これらの裁判が

---

[34]　『手引』147頁、『運用と書式』72頁。99万円を超える財産について拡張を認めた事例について、『手引』151～152頁、『破産実務』381頁参照。

[35]　『一問一答』67頁、『条解』314頁。

[36]　『手引』146頁、『運用と書式』85頁、『実践マニュアル』279頁。

[37]　福岡高決平18.5.18（判タ1223号298頁）。

[38]　ただし、実務上は、黙示の拡張決定が行われたものとして扱われ、拡張に係る決定書が作成されることは少ないようである。『手引』146頁、『はい6民』83頁、『運用と書式』67、83頁、『実践マニュアル』278頁。

自由財団と破産財団帰属財産の範囲、及びそれぞれの財産に関する破産者と破産管財人の管理処分権に影響するためであり、送達代用公告の規定（法10条3項本文）は適用されない（本条7項後段）。

なお、自由財産の範囲の拡張の決定には、事情変更があったときに、その決定を変更又は取り消すことができる旨の規定がない。個別執行の差押禁止範囲の変更決定にはその旨の規定があるが（民事執行法132条2項、153条2項）、破産法では、自由財産の範囲の拡張の決定だけを制度化し、縮減の決定は採用しなかったので、拡張決定をその後に縮減することはできない[39]。このため、拡張決定がなされた後に多額の遺産相続が生じるなど拡張決定の理由が失われた場合でも、当該拡張決定を取り消すことはできないと解され[40]、当該事態が生じる見込みがある場合は、より慎重な判断が望まれる。

(3) 考慮要素

自由財産の範囲の拡張は、以下の事情を総合勘案して検討される[41]。

a 破産者の生活の状況

破産者の年齢、職業、世帯構成、本人や家族の病気等の有無・程度等などが考慮される。具体的には、破産者が老齢・高齢で就業の見込みがないこと、破産者の職業にとって不可欠な財産があること、破産者の収入に比して扶養家族が多いこと、就学中の子どもが複数いること、破産者や親族が病気であること、破産者や親族が介護を要することなどが積極的な事情となる。

b 破産手続開始時に破産者が有していた財産の種類及び額

破産手続開始時に破産者が有していた自由財産の種類及び額、特に現金の額が考慮される。具体的には、手持ち現金がほとんどない場合は積極的な事情に、逆に、相当額の現金を有している場合や破産者が拡張を求める財産が自由財産中の他の財産で代替できる場合は消極的な事情になる。

c 破産者が収入を得る見込み

破産者の就業状況や将来の収入見込みが考慮される。具体的には、自ら営んでいた事業の破綻により破産に至った個人事業者や高齢、障害、病気のため就業が困難である者、生活保護や年金等に生活を依存しており低収入であ

---

[39] 『基本構造』509頁〔松下淳一発言・小川秀樹発言〕。
[40] 『理論と実務』162頁〔山田文〕。
[41] 『手引』147頁、『大コンメ』141頁〔髙山崇彦〕。

る者であれば積極的な事情に、逆に、継続的に収入を得ている給与所得者であれば消極的な事情となる。

d　その他の事情

その他の事情として、拡張対象の財産の性質、債権者の対応状況、配当見込額、破産手続開始申立時の申告の有無などが考慮されることがある。

拡張対象の財産の性質に関する具体例として、年金生活の高齢者に振り込まれた年金を原資とする預貯金など破産者の唯一の生活の糧になっている場合には積極的な事情となる。学資保険は、子供の将来の教育費として必要という考え方と、当座の生活に不可欠とは言い難いという考え方とに分かれる。債権者の対応状況に関し、債権者の反対意見がある場合は消極的な事情となる。配当見込額に関し、拡張を認めてもなお相当の配当が可能である場合は積極的な事情に、逆に、拡張を認めると配当が不可能になる場合は消極的な事情となる。破産手続開始申立て時の申告の有無に関し、申立時の財産目録に記載がなく隠匿が図られたような場合は消極的な事情となる。

（蓑毛良和）

第35条　法人の存続の擬制

> 他の法律の規定により破産手続開始の決定によって解散した法人又は解散した法人で破産手続開始の決定を受けたものは、破産手続による清算の目的の範囲内において、破産手続が終了するまで存続するものとみなす。

1　本条の趣旨

本条は、従来の法人との間に同一性を存続させ、権利義務の帰属点の継続性を認めることが妥当であることから、破産手続開始決定を受けた法人（他の法律の規定により破産手続開始決定によって解散した法人[1,2]と解散した法人で破産手続開始決定を受けたもの（法19条5項）を含む）に、「破産手続による清算の目的の範囲内」という制限の中で、破産手続が終了するまで、法人格を与えるものである。

法人が解散した場合に、清算の結了に至るまでは、清算の目的の範囲内で法人格が存続するものとみなす旨の規定がある他の法律[3]と同趣旨である[4]。

2 破産手続による清算の目的の範囲内

本条は、破産手続開始決定を受けた法人の権利能力を「破産手続による清算の目的の範囲内」に制限したものである[5]。現務の結了、財産の換価、契約関係の処理、財団債権の弁済、破産債権の配当等だけでなく、事業の継続も、裁判所の許可（法36条）があればできる。また、再生手続や会社更生手続の開始申立ても破産管財人（民事再生法246条、会社更生法246条）や破産法人[6]が行うことができる。

3 破産した法人の機関

破産手続が開始されると、破産財団に属する財産の管理処分権は破産管財人に専属する（法78条1項）一方、その後も、①財産でないものに関する権限（人格権、身分上の権利等）、②破産財団に属しない財産（帰属上・行使上の一身専属権[7]、差押禁止財産、裁判所の拡張決定による自由財産（法34条4項）、破産財団から放棄された財産、個人の新得財産等）に関する権限、③破産法上の行為に関する権限[8]は破産者に残る。破産者が法人の場合、これらの権限が誰に帰属するかがここでの問題となる[9]。

民法653条2号は、委任者が破産手続開始決定を受けたことを委任の終了

---

1 法人に破産手続開始決定があった場合の解散については破産法ではなく、各法人の根拠法でそれぞれ定められているが、法人である労働組合（労働組合法11条）のように破産手続開始決定が法定の解散事由とされていない法人もある（清算中の法人である労働組合の財産がその債務を完済するのに足りないことが明らかになった場合、清算人には破産手続開始申立義務がある（労働組合法13条の9））。
2 一般社団法人及び一般財団法人に関する法律148条6号、202条1項5号、会社法471条5号、641条6号等。その他の法人の破産手続開始決定による解散を定めた規定は『条解』1457頁参照。
3 一般社団法人及び一般財団法人に関する法律207条、会社法476条、645条等。
4 「破産手続による清算」は終わっても、脚注3の法律に基づく「清算の目的の範囲内」で清算が結了するまで存続し得る。
5 『大コンメ』143頁〔髙山崇彦〕。
6 『条解』319頁。
7 一身専属性を失った時点以後は破産財団に属する。

事由としていることから、委任を基礎とする取締役、監査役等の法人の機関はその基礎を失い、当然にその地位に基づく権利義務を失うとも考えられる。しかしながら、民法653条の趣旨が「破産手続開始により委任者が自らすることができなくなった財産の管理又は処分に関する行為は、受任者もまたこれをすることができないため、委任者の財産に関する行為を内容とする通常の委任は目的を達し得ず終了する」ことにある[10]。

したがって、委任者たる法人が破産手続開始の決定を受けた場合でも、破産財団に関する管理処分権限と無関係な法人組織に係る行為等（株主総会の招集、役員の変更、株主名簿書換等）を行う権限は、個人の人格権及び身分上の権利（上記①）に対応して破産法人自ら行うことができ、上記民法653条の趣旨に照らし、法人につき破産手続開始の決定がされても直ちには法人と取締役、監査役等の機関との委任関係は終了せず、破産手続開始当時の取締役、監査役等の機関は、破産手続開始によりその地位を当然には失わず、法人組織に係る行為等についてはその権限を行使し得るとされている（破産財団に関する訴え以外の訴えにおける当事者適格については**本書80条の解説4(2)参照**）[11,12,13,14]。

上記③の破産法上の行為に関する権限・義務についても、破産手続開始当

8 　破産手続開始決定に対する即時抗告権（法33条）、説明義務（法40条）、重要財産開示義務（法41条）、破産管財人の換価処分に対する意見陳述権（法78条6項）、郵便物の交付請求権（法82条2項）、任務終了の計算報告に対する異議を述べる権利（法88条）、債権調査における異議等を述べる権利（法118条2項、119条5項、121条4項、122条2項、123条1項）、一般調査期日出頭義務（法121条3項）、財産の価額の評定立会（法153条1項）、財産引渡命令の相手方・審尋・送達・即時抗告権（法156条）、免責許可申立権（法248条）、再生手続又は更生手続の開始申立権（民事再生法246条、会社更生法246で破産管財人にも認められている）等。

9 　破産者が個人の場合は破産者本人である。

10 　最判平21.4.17（金法1878号39頁）。

11 　有限会社の取締役につき最判平16.6.10（民集58巻5号1178頁）、株式会社の取締役、監査役につき最判平21.4.17（金法1878号39頁）参照。

12 　減資手続をとれば法人住民税の均等割の負担を減らすことができる場合（地方税法312条）でも、78条の文言を前提にするかぎり、破産管財人に減資する権限を認めることは困難であるとされている（『条解』623頁、小原一人「法人の破産をめぐる付随的問題」『新・実務大系』405頁）。

13 　近時、少なくとも法人の財産関係を直接変動させる効果を有する組織法的な法律関係に関する訴訟については、破産管財人の管理処分権の対象になり、破産管財人が当事者（被告）適格を有するとの見解が有力に主張されている（『条解』623頁、**本書80条の解説**参照）。

時の取締役、監査役等の機関が行使し、又はこれを負う（脚注8に掲げた**本書33条、40条、41条、78条、82条、88条、118条、119条、121条、122条、123条、153条、156条、248条の解説**参照）。

　破産財団から放棄された財産に関する管理処分権については、破産手続開始前の委任関係に裏付けられた元々の機関（株式会社における（代表）取締役、（代表）執行役、清算人、一般社団法人や一般財団法人における理事等）は行使することができず[15]、任意売却を行う場合には、新たに清算人[16]（会社法478条1項2号・3号、478条2項）を選任することを要する[17,18]。また、破産財団から放棄された財産に別除権を有する者が別除権放棄の意思表示をする相手方もこの清算人であって、破産管財人や破産手続開始当時の代表取締役ではない（なお、**本書34条の解説3(1)、184条の解説6(4)**参照）[19]。

4　「破産手続が終了するまで存続」の意味

　破産手続は、同時破産手続廃止決定（法216条）、異時破産手続廃止の決定の確定（法217条）、破産手続終結の決定（法220条）により終了する[20]。これらの場合、原則として清算すべき残余財産はないことになるので、この時に、法人格は消滅し[21]、登記記録も閉鎖される（会社につき商業登記規則117条3項1号・2号）（**本書220条の解説4(1)**参照）。

14　登記実務においても破産の登記をする際に取締役及び代表取締役の登記は抹消しない取扱いがされている（佐藤達文「破産手続開始の決定の手続及びその効果」『破産法大系I』196頁）。
15　最判昭43.3.15（民集22巻3号625頁）。
16　このような場合に会社法478条2項に基づいて裁判所が選任する清算人については、選任の目的とされた事務の処理が終了した段階で、事情変更により選任を取り消し、登記簿も閉鎖するという運用がされている（永井裕之「続・清算人選任事件」金判1182号1頁、針塚遵「最近における東京地裁商事部の事件の概況」民事法情報192号35頁。
17　競売の場合は特別代理人の選任で足りる。
18　清算人が選任された場合、会社組織にかかる行為等に関する事務も含め、従前の取締役と破産会社との委任関係は、遅くともその選任時までには終了する（佐藤・前掲注14・197頁参照）。
19　最決平12.4.28（金法1587号57頁）、最決平16.10.1（金法1731号56頁）。
20　破産手続開始の決定の取消しの確定（法33条）、同意破産手続廃止（法218条、219条）、破産手続の失効（民事再生法184条、会社更生法208条、外国倒産処理手続の承認援助に関する法律61条1項）の場合も破産手続は終了するが、その性質上、法人格は消滅しない。
21　法人の負担していた債務も消滅する（最判平15.3.14民集57巻3号286頁）。

もっとも、破産手続終了の場合に限らず、登記記録が閉鎖された後に積極財産の判明等の残務が発見されることもあり、そのような場合、当該法人は存続する[22]。法人が存続する場合、破産管財人の管理処分権が及ぶ残務は破産管財人が処理するが、その余の場合は、各法人の根拠法に基づく清算手続が行われる[23,24,25]。

例えば、破産手続終結後、破産債権確定訴訟等で破産債権者が敗訴したため、当該債権者のために供託していた配当額を他の債権者に配当する必要を生じた場合、破産管財人が任務を懈怠したため、本来、破産手続の過程で行うべき配当を行うことができなかった場合等、破産管財人において、当該財産をもって追加配当の対象とすることを予定し、又は予定すべき「特段の事情」がある場合には破産管財人の管理処分権が及ぶが（どのような場合に追加配当が予定されているかについては**本書215条の解説2(2)**参照）、破産管財人が破産財団から放棄した財産のほか、破産管財人に存在が知れていたものの破産手続中における回収可能性が乏しい等の理由で放置した財産で破産財団から放棄していないものについては、破産管財人の管理処分権は及ばず、法人の根拠法に基づく清算手続が行われることになるものと解される[26,27]。

（田川淳一）

---

[22] 最判昭44.1.30（判時548号69頁）。
[23] 破産手続開始決定を解散事由とする各法人の根拠法は、破産手続開始により解散した場合であって当該破産手続が終了していない場合は、当該法律に基づく清算を行わない旨を定めているが（一般社団法人及び一般財団法人に関する法律206条1号、会社法475条1号、644条1号等）、その反対解釈による。
[24] 残務があることが判明して清算人登記が必要となった場合には、清算人就任登記の申請をして閉鎖した登記記録の復活をさせることができ、清算人の資格証明の交付も受けることができる（会社につき商業登記規則45条、昭和34年4月15日民事甲第773号民事局長通達）。
[25] 『実践マニュアル』486頁。
[26] 最判平5.6.25（民集47巻6号4557頁）、大阪高判昭63.3.8（判時1273号127頁）参照。
[27] 破産管財人は、任務が終了した場合においても、急迫の事情があるときは、後任の破産管財人又は破産者が財産を管理することができるに至るまで必要な処分をしなければならない（法90条1項）。

第36条　破産者の事業の継続

破産手続開始の決定がされた後であっても、破産管財人は、裁判所の許可を得て、破産者の事業を継続することができる。

1　本条の趣旨

清算型倒産処理手続である破産手続の開始決定があると破産者の事業は廃止されるのが原則であるが、破産者の事業を継続することが破産財団に有利な場合がある。そのような場合[1]には、破産管財人は、裁判所の許可[2]を得て、破産者の事業を継続できるとしたものである（本条に基づき継続されている事業に必要な財産に商事留置権がある場合に商事留置権の消滅請求をなし得ることにつき**本書192条の解説 1 (3)参照**）。

この場合の破産者は法人・個人を問わないが[3]、個人が、主として自己の労力により農業や漁業を営む者である場合や、それ以外の技術者、職人、労務者その他の主として自己の知的又は肉体的な労働により職業又は営業に従事する者である場合は、その事業に欠くことができない器具等は差押禁止動産となり（民事執行法131条 4 号ないし 6 号）、破産管財人の管理処分権が及ばないため、これらの資産の譲渡を当然の前提とする事業譲渡を想定した事業継続許可は限定されよう。

2　破産者の事業

「事業」とは、社会福祉法人・学校法人等の非商人の業務も含む広い概念である[4]。財産上の利益（営利）を図ることは必須の要素ではなく、広く破産財団を基礎とする活動[5]であれば「事業」に当たるが、一定の目的をもって

1　破産管財人は、再生手続又は更生手続を利用した方が債権者一般の利益に適合すると考えたときは、それらの手続の開始申立てをすることができる（民事再生法246条、会社更生法246条）。
2　本条の許可については即時抗告をすることはできない（法 9 条参照）。
3　『条解』321頁。
4　会社法467条の「事業」との関係については『条解』322、632頁参照。

同種の行為を反復継続して行うものであることを要する。なお、単なる在庫商品等の換価は、それが反復継続して行われる場合であっても事業の継続には当たらないと解される。

破産者の事業が不動産賃貸業の場合において、破産手続開始時に存在する賃借人が対抗要件を具備している不動産賃貸借の継続は、破産管財人において法53条1項に基づく解除はできない（法56条）とともに賃貸人の破産は借地借家法所定の解約申入れ等の正当事由にも該当せず、破産管財人は当該契約を継続せざるを得ないので、本条の許可を得なければすることができない事業の継続には当たらないと解される[6]。なお、新たな賃貸借契約の締結は事業継続に当たる。

さらに進んで、同種の行為を反復継続して行うことを予定しない場合は当然として、破産手続開始決定時に存在する双方未履行双務契約の履行を選択してこれを履行する行為（当該契約における破産者（破産管財人）の責任の全部又は一部を免ずる内容の変更があってもよいと解される）は、それが複数の契約にわたったとしても、元々破産手続において双方未履行双務契約の履行の選択が裁判所の許可事項とされており（法78条2項9号）、その許可を得てする場合は本条の許可を要しないと解される。ただ、個別に双方未履行双務契約の履行の選択について許可を得ることが迂遠な場合は、その許可を得ることなく、本条の許可をもって履行することができると解される[7, 8]。

3　裁判所の許可

裁判所は、原則として、事業継続が破産債権者一般の利益に適合すると認められるとき（破産財団の増殖[9]又は減少の阻止[10]が認められるとき）は、許可を行

---

[5]　もっぱら破産者の一身専属的な能力に基づき技術的、学問的給付を目的とする弁護士・芸術家の業務、周旋業、仲立業等の破産者自身の行為を基本とする業務は含まれない（『手引』222頁）。

[6]　園尾隆司・中島肇編『新・裁判実務大系(10)』（青林書院、2000年）121頁〔奈良道博〕、『大コンメ』146頁〔野口宣大〕、『基本法コンメ』93頁〔垣内秀介〕。反対：『条解』322頁。

[7]　『手引』222頁参照。

[8]　なお、事業継続の許可を得なければできない行為かどうかについては、裁判所によって運用が異なる場合もあるようである。

[9]　仕掛品や材料が相当数あるが、加工して完成品とすれば、有利に換価できる場合等。

うこととなるが、事業の廃止が社会的混乱を招来する場合[11]には、破産財団の増殖が必ずしも認められない場合であっても事業の継続が許可されることがある[12]。

もっとも、破産財団の資金繰りの見通しは慎重に立てられなければならないし、人材の確保や継続する事業の管理体制を確立できる場合[13]でなければならない。また、そもそも破産手続における事業継続は清算に向けたものであることから、事業譲渡、第三者への引継等の見通しを含めた一定の期限等を付した許可が原則となる。

(田川淳一)

第37条　破産者の居住に係る制限

① 破産者は、その申立てにより裁判所の許可を得なければ、その居住地を離れることができない。
② 前項の申立てを却下する決定に対しては、破産者は、即時抗告をすることができる。

1　本条の趣旨

本条は、次条(引致)とともに、破産者等の説明義務(法40条)を実効的なものとするための規定の1つであり、憲法上の居住・移転の自由(憲法22条)を破産者について制約するものである。

10　事業を継続しないと多額の損害賠償や違約金等の財団債権が発生する場合(『手引』222頁)や換価価値が認められるゴルフ場について、その財産的価値を維持するために営業を継続する場合等。
11　入院患者のいる病院、多数の予約があるホテル事業者、生徒が在学中の学校等の破産の場合等。
12　『手引』223頁。
13　破産者が建設業者の場合、労災事故に備えた「労働災害総合保険」と建物等について火災等に備えた「建設工事保険」への加入が望ましい(『実践マニュアル』69頁)。

2　居住制限の対象者

「居住地」と規定されていることから、破産者としては自然人の破産者のみを対象とする規定であり、法人破産者を含まない。

なお、破産者の法定代理人及び支配人並びに破産者の理事、取締役、執行役及びこれらに準ずる者についても本条が準用される（法39条）。相続財産破産（法230条3項）及び信託財産破産（法244条の6第3項）においても同様である。

居住制限の対象者は、説明義務者（法40条）と完全には一致していない。例えば、破産者の任意代理人（同条1項2号）、監事・監査役（同項3号）及び従業者（同項5号）については、説明義務者ではあるが居住制限の対象とならない。ただし、従業者のうち支配人は居住制限の対象となる。

清算人（同項3号）は説明義務者の場合と異なり明示されていないが「これらに準ずる者」として居住制限の対象になると解される。なお、清算人のうち代表清算人は法人破産者の代表者であるから、法定代理人として居住制限の対象となる。

3　「居住地」の意義

居住地とは、破産手続開始決定のときに現に居住する場所をいい、民法上の住居所や住民登録上の住所とは必ずしも一致しない。

4　「居住地を離れる」の意義

転居が「居住地を離れる」の典型例であるが、この他に、「2泊以上の宿泊を含む旅行・出張等」、「海外旅行」「入院」がこれに該当するとの見解もある[1]。

しかし、現代においては、通信手段や交通手段が著しく発達しており、居住・移転の自由が憲法上の基本的人権であることからすると、上記のうち国内旅行・出張等について2泊以上という基準の合理性は薄らいでおり、これを緩和すべきである。具体的には、電話連絡が可能であり、急な呼び出しに

---

[1] 『手引』126頁、『条解』324頁。

対応できるのであれば、数日程度の国内旅行・出張等は「居住地を離れる」に該当しないと解する[2]。

5　裁判所の許可と破産管財人の意見

本条が憲法上の居住・移転の自由を制約するものであることから、申立ての不許可は慎重になされる必要がある。

本条は、破産者等の説明義務（法40条）を実効的なものとするための規定であることから、条文上の要件となっていないが、決定に先立ち破産管財人の意見を聴くことが相当である。破産管財人から同意の押印を得た上で裁判所に許可申請をするという取扱いがなされていることが多い[3]。東京地方裁判所では、さらに進んで「破産管財人の同意を得ることで足りる」という取扱いがなされている[4]。

6　違反者への制裁

本条違反につき、現行法では罰則は定められていないが、本条に基づく居住等の制限義務は、免責不許可事由のうち「その他この法律に定める義務」（法252条1項11号）に該当する[5]ので、本条に違反した場合、免責不許可事由となる。

7　即時抗告

居住地を離れることの許可を求める申立てを却下する決定に対しては、即時抗告をすることができる（法37条2項）。他方、申立てを認める決定に対しては、不服申立てをすることはできない。

（鶴巻　暁）

2　木内道祥・小松陽一郎 編『新破産法Q&A』（青林書院、2004年）173頁〔尾崎博彦〕。
3　個人再生実務研究会編『破産法の理論・実務と書式＜消費者破産編＞〔第2版〕』（民事法研究会、2007年）208頁。
4　『手引』127頁。
5　『条解』1668頁。

第38条　破産者の引致

① 裁判所は、必要と認めるときは、破産者の引致を命ずることができる。
② 破産手続開始の申立てがあったときは、裁判所は、破産手続開始の決定をする前でも、債務者の引致を命ずることができる。
③ 前２項の規定による引致は、引致状を発してしなければならない。
④ 第１項又は第２項の規定による引致を命ずる決定に対しては、破産者又は債務者は、即時抗告をすることができる。
⑤ 刑事訴訟法（昭和23年法律第131号）中勾引に関する規定は、第１項及び第２項の規定による引致について準用する。

規則
（破産者等の引致・法第38条等）
第22条　刑事訴訟規則（昭和23年最高裁判所規則第32号）中勾引に関する規定は、法第38条第１項及び第２項（これらの規定を法第39条、第230条第３項及び第244条の６第３項において準用する場合を含む。）の規定による引致について準用する。

1　本条の趣旨

本条は、前条（破産者の居住制限）とともに、破産者等の説明義務（法40条）を実効的なものとするための規定の１つである。

対象者の身体の自由を強制的に拘束するという制度であることから、その運用は慎重になされる必要がある。実務上も近年において引致状が発出された例は見当たらない。

2　引致の対象者

引致の対象者は、破産者（法38条１項）のほか、破産手続開始申立て後、開始決定前の段階における債務者（同条２項）も含まれる。規定の趣旨からすると、破産者としては自然人の破産者（債務者）のみを対象とする規定であ

り、法人破産者（債務者）を含まない。

　なお、破産者の法定代理人及び支配人並びに破産者の理事、取締役、執行役及びこれらに準ずる者についても本条が準用される（法39条）。相続財産破産における相続人並びにその法定代理人及び支配人（法230条3項）、信託財産破産における受託者等（個人に限る。法244条の6）についても同様である。

　引致の対象者は、説明義務者（法40条）と完全には一致していない。例えば、破産者の任意代理人（同条1項2号）、監事・監査役（同項3号）及び従業者（同項5号）については、説明義務者ではあるが引致の対象とならない。ただし、従業者のうち支配人は引致の対象となる。

　清算人（同項3号）は説明義務者の場合と異なり明示されていないが「これらに準ずる者」として引致の対象になると解される。なお、清算人のうち代表清算人は法人破産者の代表者であるから、法定代理人として引致の対象となる。

3　引致の手続

　裁判所は「必要と認めるとき」に、裁判所など一定の場所[1]に引致を命ずることができる（法38条1項）。典型的には、破産者等が説明義務を履行しない場合が想定されるが、そのような場合に限らず、例えば、破産管財人の財産占有を妨害したり、財産の隠匿・毀損を図ったりする場合にも、引致を命ずることができると考えられる[2]。

　引致について利害関係者の申立権は認められておらず、職権により命じられる（法38条1項・2項）。引致は、引致状を発してしなければならない（法38条3項）。

　引致の手続については、刑事訴訟法中勾引に関する規定が準用される（法38条5項）。本条に基づく引致の性質からすると、被告人の勾引に関する規定（刑訴法57条以下）ではなく、証人の勾引に関する規定（刑訴法152条・153条）が準用されると解される。したがって、勾引後24時間身体を拘束する効力まではない（刑訴法153条は同59条を準用していない）と解される[3,4]。

1　『条解』326頁。
2　『大コンメ』150頁〔野口宣大〕。
3　『条解』326頁。

4　即時抗告

本条1項又は2項の規定による引致を命ずる決定に対しては、破産者又は債務者は、即時抗告をすることができる（法38条4項）。前述の通り、利害関係者は引致を申し立てることが認められていないので、裁判所が引致を命ずる決定をしない場合の利害関係者の不服申立権も認められない。即時抗告には執行停止の効力が認められる（法13条、民事訴訟法334条1項）。

（鶴巻　暁）

第39条　破産者に準ずる者への準用

> 前2条の規定は、破産者の法定代理人及び支配人並びに破産者の理事、取締役、執行役及びこれらに準ずる者について準用する。

1　本条の趣旨

本条は、破産者の居住に係る制限（法37条）及び破産者の引致（法38条）について、破産者の法定代理人等についても準用することを定める規定である。

2　説明義務者との違い

本条における準用の対象者は、説明義務者（法40条）と完全には一致していない。例えば、破産者の任意代理人（同条1項2号）、監事・監査役（同項3号）及び従業者（同項5号）については、準用対象とならない。ただし、従業者のうち支配人は準用対象となっている。

清算人（同項3号）は説明義務者の場合と異なり明示されていないが「これらに準ずる者」として準用対象になると解される。なお、清算人のうち代表清算人は法人破産者の代表者であるから、法定代理人として準用対象とな

4　引致に要した費用（交通費等）は財団債権となる。『注解（下）』247頁〔杉本昭久〕。

る。

　また、破産者の代理人等であった者は説明義務者である（法40条2項）が、本条では同趣旨の規定が置かれていないため、過去にこれらの身分にあった者は準用対象とならない。

3　委任者が破産した場合の受任者の扱い

　準用対象者のうち「破産者の理事、取締役、執行役及びこれらに準ずる者」については破産者との間に委任契約が締結されている場合が多いと考えられるところ、委任者について破産手続が開始された場合には委任契約が終了するとの規定（民法653条）があることから、委任契約終了により受任者がこれらの身分を喪失するのであれば、本条に基づく準用の余地がなくなってしまう。

　しかし、そのように解すると、本条のように規定した意味がなくなってしまうことや、破産手続開始決定によって取締役の地位を当然には失わないとする判例[1]も存在する（**本書78条の解説**参照）ことから、破産者と委任契約を結んでいた取締役等も本条の対象になると解する[2]。

4　相続財産破産・信託財産破産における同種の準用規定

　相続財産破産における相続人並びにその法定代理人及び支配人（法230条3項）、信託財産破産における受託者等（個人に限る。法244条の6第3項）についても、同種の準用規定が設けられている。

（鶴巻　暁）

第40条　破産者等の説明義務

① 次に掲げる者は、破産管財人若しくは第144条第2項に規定する債権者委員会の請求又は債権者集会の決議に基づく請求があったときは、破産に関し必要な説明をしなければならない。ただし、第5号に掲げる者につい

1　最判平16.6.10（民集58巻5号1178頁）。
2　『条解』328頁、『大コンメ』152頁〔野口宣大〕。

> ては、裁判所の許可がある場合に限る。
> 一　破産者
> 二　破産者の代理人
> 三　破産者が法人である場合のその理事、取締役、執行役、監事、監査役及び清算人
> 四　前号に掲げる者に準ずる者
> 五　破産者の従業者（第2号に掲げる者を除く。）
> ②　前項の規定は、同項各号（第1号を除く。）に掲げる者であった者について準用する。

1　本条の趣旨

　破産者は、破産手続開始と同時に破産財団に属する財産の管理処分権を喪失するが、その後の破産手続を適切に進めていくために引き続き重要な役割を担っている。ところが、破産財団に属する財産の管理処分権を喪失した破産者が破産手続への関心を喪失し、非協力的になってしまう事例も少なくない。

　このことから、破産手続開始後の破産手続に対する破産者の関与は、破産者の義務という形式で規定されることになる。その中心的なものが本条で定める説明義務である。

　なお、破産者以外で破産者について重要な情報を持つと考えられる一定の範囲の者についても、同様の義務が規定されている。

2　説明義務者

(1)　本条1項各号

a　破産者（1号）

　破産者が法人である場合の説明義務者については別途規定がある（本条1項3号）ので、本号は、破産者が個人である場合の規定であると解される。

b　破産者の代理人（2号）

　破産者の居住に係る制限（法37条）及び引致（法38条）については、破産者の法定代理人に準用されることが明記されている（法39条）ので任意代理人

への適用の余地はないが、本号ではそのような特定はなされていないので、法定代理人と任意代理人の双方が対象となる。

ただし、弁護士が破産者の任意代理人となっている場合など、これらの者が職業上の守秘義務を負っている場合（弁護士法23条）において、職業上の守秘義務に基づいて説明を拒絶する場合には、違法性が阻却されると解される（なお、申立代理人の地位と義務につき、**本書18条の解説4**参照）[1]。

c　破産者が法人である場合のその理事、取締役、執行役、監事、監査役及び清算人（3号）

破産者が法人である場合の説明義務者の範囲を明記する趣旨の規定である。旧法153条1項では「理事及之ニ準スヘキ者」と規定されていたため、監事及び監査役が対象となるか否かについて議論の余地があったが、現行法では監事及び監査役が対象になることが明記されている。

d　前号に掲げる者に準ずる者（4号）

一時役員の職務を行うべき者（一般社団法人及び一般財団法人に関する法律75条2項）、取締役職務代行者（会社法352条、民事保全法56条）、会計参与（会社法374条）及び会計監査人（会社法396条）等は本号により説明義務を負う。法人格なき社団・財団が破産した場合のその代表者又は管理人も同様である[2]。

e　破産者の従業者（5号）

従業者とは、その名称のいかんを問わず、事実上その法人（又は人）の組織内にあって、直接又は間接にその業務に従事する者を意味する。典型的には雇用契約に基づいて破産者に雇用されている従業員が対象となるが、いわゆる正社員に限らず、契約社員、アルバイト、パートといった名称・形式を問わず適用される[3]。

その他にも、任意に設置されている重要な使用人である「執行役員」や、

1　もっとも、この場合であっても、説明を拒絶することができるだけであって、虚偽の説明をすることができるわけではない。例えば、破産者の代理人が説明義務の対象となる事実が存在することを知っている場合において、破産管財人から「説明義務の対象となる事実は他に存在しないか」と質問を受けた場合に「存在しない」と回答することはできない。したがって、説明義務の対象となる事実を開示して説明することについて代理人としては依頼者を説得するべきであり、その説得ができない場合には代理人を辞任せざるを得ないと考えられる。『弁護士倫理』48頁以下〔石岡隆司〕参照。
2　『条解』331頁、『大コンメ』154頁〔菅家忠行〕。
3　『大コンメ』154頁〔菅家忠行〕。

破産者の会計・税務業務を一括して請け負っている税理士等は、本号の「従業者」に該当すると解される[4]。

このように、従業者の範囲は広範であることや、これらの者が基本的には破産者に従属する立場にあって、刑罰の制裁を伴う重い説明義務を一律に課すのは過酷であると考えられることから、裁判所の許可があることが条件となっている[5]。なお、従業者のうち破産者の代理人でもある者の説明義務は本号ではなく2号に基づくとされていることから、裁判所の許可は不要である。なお、裁判所の許可又は不許可に対して不服申立てをすることはできない（法9条）。

(2) 代理人・理事等であった者（本条2項）

辞職等により上記bからeに掲げる者がその地位を喪失した場合に説明義務を免れるのは相当ではないことから、過去にこれらの地位にあった者も、引き続き説明義務を負う。

(3) 相続財産破産・信託財産破産

別途、説明義務を負う者の範囲が定められている（法230条、法244条の6）。

3　説明請求権者

説明義務に対応する説明請求の主体は、破産管財人若しくは債権者委員会（法144条2項）又は債権者集会（決議に基づく請求があった場合）である。実務上は、破産管財人の説明請求に基づく場合が大部分である。破産管財人の説明請求権については、注意的・確認的な規定が別途置かれている（法83条1項前段）[6]。

破産管財人代理（法77条）は、破産管財人の職務権限を全体的かつ包括的に代理し、その行為は破産管財人の行為と同一の効力を持つ[7]。したがって、破産管財人代理も説明請求することができる。

なお、本条は保全管理人に準用されている（法96条1項）ので、法人である

---

[4] 『条解』332頁。
[5] 許可例につき『破産実務』112頁。
[6] 裁判所との関係では職権調査権（法8条2項）の問題となる。『大コンメ』156頁〔菅家忠行〕。
[7] 『条解』617頁。

債務者について保全管理命令が発せられた場合には、保全管理人は、破産者その他の説明義務者に対して説明を請求することができる。

4 説明義務の内容

(1) 説明義務

本条では「破産に関し必要な説明」と規定されている。破産者等による説明に基づいて破産管財人が調査を行うのであるから、例えば、破産財団に属する財産であることが確定していることまでは必要ではなく、外見上は他人名義の財産であっても、破産財団に属する可能性が存在する限り、説明義務の対象となる。説明義務者は、説明義務に付随して破産に関する書類等を提出する義務を負う[8]。

また、破産者の自由財産についても、破産手続に必要な限りにおいて説明義務の対象となる[9]。例えば、裁判所は自由財産拡張の決定をするに際して破産管財人から意見を聴取することになっている（法34条5項）。破産管財人は、この意見を述べるため、破産者の新得財産について破産者に説明を請求することが可能であると考えられる。

なお、記録上、破産財団に属すべき財産の存在が強く疑われるにもかかわらず、破産者がその財産の存在ないし処分につき、合理的理由なく不自然ないし曖昧な説明（例えば、その財産の取得時期や性質等からすると、その存在ないし処分につき失念することは考えられないにもかかわらず、破産管財人には単に失念したと述べるにとどまるなど）を繰り返すような事案では、説明義務違反ないし調査協力義務違反が認定できる場合も多いと考えられる[10]。

(2) 義務の衝突

弁護士、公認会計士など、法律上の守秘義務を負う者は本条に基づく説明を拒むことができるか否かという問題がある（**本書268条の解説3(5)参照**）。

---

8 『大コンメ』157頁〔菅家忠行〕。
9 『大コンメ』156頁〔菅家忠行〕。
10 『はい6民』251頁。

5 説明義務違反の効果

(1) 免責不許可事由

　破産者（個人）自身が説明義務に反した場合、免責不許可事由となる（法252条1項11号）。破産者が説明義務を履行しない場合、破産管財人による資産調査や否認権の行使等が困難となり、破産手続の適切な進行を大きく阻害すると考えられることからすると、義務違反の程度は重大であり、破産者がその後に合理的な説明を尽くし、当初の義務違反による悪影響が払拭されたといえるような場合を除いて、免責不許可とされる（裁量免責とならない）可能性が高いと考えられる[11]。

　なお、破産者以外で説明義務を負う者が説明義務に反したとしても、その破産者に対する免責不許可事由となるわけではない。また、会社と代表者がともに破産している場合において、会社の破産事件における説明義務を代表者が十分に履行しない場合には、原則として代表者個人の破産事件における免責不許可事由となるわけではないものの、会社の破産事件における説明義務を履行しないことが代表者個人の破産事件における説明義務違反にも結びつく場合には、例外的に代表者個人の破産事件における免責不許可事由となることもあり得る[12]。

(2) 刑事罰

　説明義務者が説明を拒み又は虚偽の説明をしたとき若しくは検査を拒んだときは、3年以下の懲役若しくは300万円以下の罰金に処せられ、又はこれらを併科される（法268条）。破産者を除く説明義務者の代表者等が説明を拒み、又は虚偽の説明をした場合も同様であり（同条2項）、この場合は両罰規定の適用がある（法277条）。

6 破産者の他の義務との関係

(1) 重要財産開示義務（法41条）

　説明義務とともに破産者の中心的な義務のひとつである重要財産開示義務

11　平井直也「東京地裁破産再生部における近時の免責に関する判断の実情（続）」判タ1403号11頁。
12　東京高決平26.3.5（金法1997号112頁）。

（法41条）は開示請求が前提とはなっておらず、破産者は開示請求を受けるまでもなく開示する義務を負っている。これに対し、説明義務は、説明請求があった場合に履行しなければならないという規定になっている。

　もっとも、説明請求は不明点を解明するためになされる（説明請求の時点では不明点は未だ解明されていない）ことからすると、説明請求はときとして概括的なものとならざるを得ない。説明請求が概括的なものであり、ある財産を特定してその財産についての説明を求めたわけではないからといって、その財産についての説明義務が発生しないわけではない。

(2)　破産者の居住制限（法37条）と引致（法38条）

　破産者の居住制限（法37条）と引致（法38条）は、それ自体で破産手続の適切な進行に資するのではなく、破産者等の居住を制限し、あるいは破産者を引致することにより、本条に基づく説明義務の履行を破産者等に求めることが容易になり、説明義務の履行の結果として破産手続の適切な進行に資することとなるのである。その意味では、破産者の居住制限と引致の制度は、本条に基づく説明義務を実効的なものとするための制度と位置付けることが可能である[13]。

（鶴巻　暁）

第41条　破産者の重要財産開示義務

> 　破産者は、破産手続開始の決定後遅滞なく、その所有する不動産、現金、有価証券、預貯金その他裁判所が指定する財産の内容を記載した書面を裁判所に提出しなければならない。

1　本条の趣旨

　旧法では、債権者申立ての場合を除き、破産申立人に財産概況書面を提出

---

[13]　説明義務者の範囲は、居住制限や引致の対象者と完全には一致していない。**本書37条の解説2**、**38条の解説2**参照。

する義務があることを定めていたが（旧法138条）、訓示規定にすぎなかった。

しかし、破産者の有する不動産、現金、有価証券、預貯金などの重要財産については、①破産管財人が就職後直ちに占有管理できることを可能にするためには、説明請求をまたずに定型的に開示される必要があり、また、②破産債権者その他の利害関係者としてもこれらの重要財産の存否について極めて高い関心を有することから、裁判所に対して書面で開示させることで、提出された書面の閲覧・謄写を通じて、破産管財人のみならず、破産債権者その他の利害関係者に対しても開示せしめる必要がある。

そこで、本条を新たに創設して、破産者（自然人・法人の双方を含む）について破産手続開始の決定があったときは、遅滞なく、その所有する不動産、現金、有価証券、預貯金その他裁判所が指定する財産の内容を記載した書面を、破産管財人や債権者集会の求めの有無に関わらず、裁判所に提出しなければならないものとした。法40条の破産者の説明義務が破産管財人等の請求があって発生するのに比し、本条の重要財産開示義務は当然に発生するとの点では、より強化された義務といえる[1]。

2　本条の義務主体

本条の開示義務の主体は、破産者である自然人と法人である。

破産者が自然人である場合、破産者が未成年の場合には法定代理人にも開示義務は及ぶ（法13条、民事訴訟法28条前段・31条本文）。

破産者が法人である場合、破産開始決定は一般に法人の解散事由とされ（一般社団法人及び一般財団法人に関する法律148条6号、202条1項5号、会社法471条5号、641条6号）、また、法人とその理事・取締役等との委任関係は破産手続開始によって終了するとの規定があること（民法653条2号）から、破産手続開始決定後に、破産手続開始決定時における理事・代表取締役等が本条の書面提出義務を負うべきかどうか解釈上の問題もあるが、破産手続開始時の代表者は、新たな代表者（清算人等）が就任しない限り本条の書面提出権限を有しており、破産手続開始決定後、遅滞なく本条の書面を提出すべきものと解されている[2]。

1　『大コンメ』159頁〔菅家忠行〕参照。

本条の規定は、信託財産破産の受託者・信託財産管理者・信託財産法人管理人及び公益確保のための信託終了命令事件における管理人に準用される（法244条の6第4項）が、相続財産破産の場合は相続財産破産手続開始時に相続財産の内容を十分把握することは困難であるから相続財産破産の場合には準用されていない。

3　開示対象となる財産

(1)　いつ時点で所有していた財産か

本条によって開示しなければならないのは、「破産手続開始決定時」において破産者が所有する不動産、現金、有価証券、預貯金その他裁判所が指定する財産である。したがって、破産手続開始決定前に既に処分してしまった財産は、本条に基づく開示義務の対象とはならない。否認権行使のために破産管財人が把握する必要があるということであれば、説明義務（法40条）を履行するよう請求することになる。また、破産手続開始決定後に取得した新得財産も本条による開示義務の対象とならない。

(2)　不動産、現金、有価証券、預貯金

債務者の「不動産」、「現金」、「有価証券」、「預貯金」については、破産者が「所有」するものであれば、すべて本条による開示義務の対象となる。したがって、破産者が所有する財産が有価値であるか否か、換価可能であるか否か、国外に所在しているか否か、他人名義であるか否かは問わない。

なお、現金については、自由財産に属するものと判断される場合であっても、開示義務の対象となる。一定の範囲が定型的に自由財産とされるが、①裁判所あるいは破産管財人において破産財団の範囲を判断させるためにも破産者に重要財産をすべて開示させようとしたのが本条の制度趣旨であること、及び、②文理上も破産財団に属する財産に限定していないと解されることから、両者区別なく一律に記載義務を免れないと解する。

2　『大コンメ』161頁〔菅家忠行〕。『条解』335頁では、株式会社に関する「破産手続開始決定当時の取締役らには、破産手続開始によりその地位を当然には失わず、会社組織にかかる行為等については、取締役として権限を行使しうる」旨の最判平21.4.17（金法1878号39頁）、最判平16.6.10（民集58巻5号1178頁）をふまえると破産手続開始前の代表取締役（清算中の会社は代表清算人）が本条の義務を履行すべき代表者と解されると述べる。

(3)　「その他裁判所が開示すべきと判断し、指定した財産」

　その他裁判所が開示すべきと判断し、指定した財産も開示対象となる[3]。裁判所が開示対象と指定することにより、破産者には刑事罰（法269条）を伴う開示義務が課され、重大な影響を与えることになるため、裁判所が開示すべきと判断し、指定する財産の内容としては、本条に定める「不動産」、「現金」、「有価証券」、「預貯金」と同程度に破産者の資産として破産管財人や破産債権者の高い関心があると思われる程度に重要なものである必要がある。

　例えば、登録制度が備えられ一般に資産価値も高い船舶・航空機・自動車等、生命保険契約の解約返戻金請求権、商品や原材料、売掛債権、貸付債権、敷金・保証金返還請求権、出資金、商標権、特許権などのほか、自然人であれば勤務先に対する退職金請求権など、換価により財団増殖に資するものと思われる資産である。

　裁判所は、破産手続開始の申立書と添付書面、債務者審尋の結果等から把握した事情等によって指定の必要性を判断するが、指定内容は明確である必要があるため、書面で行われるのが望ましい[4]。また、本条による裁判所の指定は、破産手続開始の決定と同時又は決定後速やかに行われる必要があり、破産手続開始決定後しばらくして判明した事実に基づいて本条による指定をすることはできず、破産管財人による説明請求（法40条）によることになる。

(4)　開示する財産についての記載内容

　当該個別財産を特定できる程度の情報であり、不動産については、所在・地積（床面積）・現況・評価額等、現金については、有り高・保管場所、有価証券については、銘柄・数量・保管場所・評価額、預貯金については、預け先（支店名も含む）、残高、通帳等の保管状況を記載すべきである。

　その他裁判所が指定する財産について、記載内容にどの程度の具体性が要求されるかについては、指定された財産の特性や裁判所の指定の趣旨にそって個々に判断することになる。

---

[3] 『大コンメ』164頁〔菅家忠行〕。指定の裁判について不服申立てはできない（法9条）。裁判所は、職権でこれを取り消し、又は変更することができる（非訟事件手続法59条参照）。

[4] 『条解』336頁。

4　本条の開示義務違反の効果

　本条の開示義務違反には刑事罰の罰則が定められる（法269条）。また、破産者が自然人であれば、本条の開示義務違反は免責不許可事由となる（法252条1項11号）。

　破産開始決定があれば申立てが誰からなされたかを問わず破産者全てに適用されることから、債務者申立て以外の破産（債権者申立て・準自己破産申立てなど）の場合に債務者、法人の代表者等が財産開示に非協力的な場合などには、本条は極めて有効な情報開示請求手段となる。

　東京地方裁判所破産再生部の実務運用では、債務者申立事件において、破産手続開始申立書に添付して提出した財産目録等の重要財産開示の書面が適切な内容であり、かつ変動がなければ、その援用を認め、改めて書面の提出を求めることはしていない[5]。また、大阪地方裁判所でも同様の取扱いとなっている。

（髙橋修平）

第42条　他の手続の失効等

①　破産手続開始の決定があった場合には、破産財団に属する財産に対する強制執行、仮差押え、仮処分、一般の先取特権の実行、企業担保権の実行又は外国租税滞納処分で、破産債権若しくは財団債権に基づくもの又は破産債権若しくは財団債権を被担保債権とするものは、することができない。

②　前項に規定する場合には、同項に規定する強制執行、仮差押え、仮処分、一般の先取特権の実行及び企業担保権の実行の手続並びに外国租税滞納処分で、破産財団に属する財産に対して既にされているものは、破産財団に対してはその効力を失う。ただし、同項に規定する強制執行又は一般の先取特権の実行（以下この条において「強制執行又は先取特権の実行」という。）の手続については、破産管財人において破産財団のためにその手続を続行することを妨げない。

5　『破産実務』112頁。

③ 前項ただし書の規定により続行された強制執行又は先取特権の実行の手続については、民事執行法第63条及び第129条（これらの規定を同法その他強制執行の手続に関する法令において準用する場合を含む。）の規定は、適用しない。
④ 第２項ただし書の規定により続行された強制執行又は先取特権の実行の手続に関する破産者に対する費用請求権は、財団債権とする。
⑤ 第２項ただし書の規定により続行された強制執行又は先取特権の実行に対する第三者異議の訴えについては、破産管財人を被告とする。
⑥ 破産手続開始の決定があったときは、破産債権又は財団債権に基づく財産開示手続（民事執行法第196条に規定する財産開示手続をいう。以下この項並びに第249条第１項及び第２項において同じ。）の申立てはすることができず、破産債権又は財団債権に基づく財産開示手続はその効力を失う。

1　本条の趣旨

　本条は、破産手続開始決定後は、破産財団に属する財産に対して、破産債権又は財団債権に基づいて、強制執行・保全処分その他の個別執行をすることを禁止し、既になされている個別執行については失効することを定めている。

　これは、破産手続が破産者の総財産を対象とする包括執行という性質をもっていることから、破産手続開始の決定後は、破産者の財産に対して、個別債権者が、個別に強制執行等の権利行使をすることを禁止し、かつ、既になされている個別執行等については、破産財団との関係で失効させることで、破産手続を円滑に進めることを図った規定である。

　具体的には、①破産手続開始決定後に、新たに個別執行をすることを禁止し、②既になされている個別執行は効力を失い、③破産管財人が、破産財団のために執行手続を続行することができること、④この場合、無剰余執行禁止の原則が適用されないこと、⑤民事執行法に基づく財産開示手続は禁止され、既になされているものについては失効することを定めている。

2 個別執行の禁止（本条1項）

(1) 破産財団に属する財産に対する個別執行

破産手続開始決定により、強制執行、仮差押え、仮処分、一般の先取特権の実行、企業担保権の実行又は外国租税滞納処分が禁止されるのは、個別的権利行使を禁止して債務者の財産等の適正かつ公平な清算を図るという破産手続の目的を実現するためである。

a　現有財団か法定財団か

本条の対象が、現有財団（現に破産管財人の管理下にある財産）なのか、法定財団（破産法が予定する破産財団[1]）なのかについては、見解が分かれている。

例えば、本来第三者に属すべき、取戻権の対象となる財産で、破産者が占有管理しているものについて、個別執行を禁止すべきか否か等が問題となる。

この点について、判例・通説は、現有財団と解している[2]。

取戻権の対象となる財産の占有管理権も、破産手続開始決定により、破産管財人に専属させるのが相当であり[3]、このような財産に関する占有・管理をめぐる紛争も、破産管財人が当事者となって処理するのが、多数の利害関係人の利害の適切な調整という破産法の目的に適うからである[4]。

b　自由財産に対する個別執行

自由財産に対する強制執行・保全処分その他の個別執行は、文言上、本条

---

[1] 本来第三者に属すべき財産が混入している場合は、取戻権の対象となるので、法定財団からは除かれる。本来破産財団に属すべき財産が破産者の詐害行為により第三者に移転している場合は、否認権行使により破産財団に回収できるので、法定財団に含まれる。法定財団及び現有財団の概念については、**本書34条の解説2**参照。

[2] 旧法70条に関する最判昭45.1.29（民集24巻1号74頁）。

[3] 『大コンメ』331頁〔田原睦夫〕。

[4] 現有財団に限定するのは相当ではなく、破産管財人が未だ占有・管理していなくとも「破産財団（法定財団）に属する財産」については、破産手続開始の決定と同時に、法律上当然にその管理処分権限が破産管財人に専属するのであるから、その財産に対する個別執行等は禁止され失効すると解する反対説も有力である。これに対しては、管理処分権の破産管財人への移転は、第三者異議の訴えの原告適格が破産管財人に専属することを意味するにとどまり、第三者を執行債務者とする強制執行等について、第三者異議の訴えを経ることなく当然に手続が禁止され又は失効すると解する理由はないとの批判がなされている（『条解』341頁、『基本コンメ』104頁〔垣内秀介〕）。

の対象とはされていない。

　しかしながら、法100条が破産債権の個別的権利行使を禁止し、法249条が破産債権に基づく破産手続中の自由財産に対する個別執行等が禁止されることを前提にした規定となっていることから、破産債権に基づく自由財産に対する個別執行は禁止されていると解される。また、破産手続開始決定時に、既になされている個別執行等については、債権者による続行は許されないと解される[5,6]。

　財団債権（法148条）に基づく自由財産に対する個別執行等について、財団債権については、法100条の適用はなく、法249条も対象としていないと考えられること[7]などから、許されるか問題となる。

　この点については、破産者の経済生活の再生の機会の確保という破産法の目的（法1条）や、固定主義（法34条）の観点から、許されないとの見解が有力である[8]。

(2) 強制執行、仮差押え、仮処分、一般の先取特権の実行、企業担保権の実行又は外国租税滞納処分

a　強制執行

　本条の対象となっているのは、債務名義に基づく強制執行である。

　強制執行のすべてを含むため、不動産に対する強制競売及び強制管理、船舶に対する強制競売及び引渡命令、動産に対する差押え、金銭の支払又は船舶若しくは動産の引渡を目的とする債権に対する強制執行、その他の財産権に対する強制執行、代替執行、間接強制などがこれに該当する。

　破産手続外で行われている競売手続・公売手続に対する配当要求が含まれるかについては、議論があり、財団債権に基づく配当要求については、強制執行に類するものとみて禁止・失効の対象となるという見解と、明確な禁止

5　『大コンメ』170頁〔菅家忠行〕。
6　旧法についてではあるが、判例（最判平18.1.23民集60巻1号228頁）は、「旧破産法においては、破産財団を破産宣告時の財産に固定するとともに、破産債権者は破産手続によらなければその破産債権を行使することができないと規定し、破産者の経済的更生と生活保障を図っていることなどからすると、破産手続中、破産債権者は破産債権に基づいて破産者の自由財産に対して強制執行をすることなどはできないと解される」と判示している。
7　『条解』342頁、『一問一答』337頁。
8　『条解』342頁、『大コンメ』170頁〔菅家忠行〕。

規定がない以上できるという見解がある。なお、破産債権に基づく配当要求については、仮に、本条の規律の対象とならないとしても、法100条により禁止されると解される[9]。

別除権である担保権の実行は、本条の対象とはならない。例えば、破産財団に属する財産について、特別の先取特権、質権、抵当権又は商事留置権を有する者（別除権者）による担保権の実行は、本条の対象とはならず、破産手続によらずに、権利を行使できる（法65条1項）。また、取戻権（法62条）の行使としての強制執行等や、破産者本人の作為・不作為を求める権利などの非財産上の権利に基づく強制執行等も、本条による禁止・失効の対象とならない[10]。

また、破産手続開始決定までに執行が終了している場合には、本条の適用はない[11]。いつ執行が終了したかについては、不動産等の競売については、配当表の確定時又は弁済金の交付時（民事執行法84条、85条、139条）、債権の差押えについては、差押命令に基づく取立完了時（民事執行法155条）、転付命令が確定した場合における第三債務者に対する転付命令の送達時（民事執行法159条）又は配当手続が行われる場合における配当表の確定時と解されている[12]。

b 仮差押え、仮処分

仮差押え及び仮処分は、仮の地位を定める仮処分を除き[13]、強制執行の保全手段又は準備段階としての性格を持ち、保全執行に関しては強制執行に準じて行われる。そのため、破産者の財産に対する処分が制限されるなどの効力があるため、強制執行の場合に準じて、本条の対象とされている。

保全処分には、一般に、命令手続と執行手続の2つの段階があるが、本条の対象に、執行手続のみが含まれるか、命令手続も含むのかについては、見解が分かれている。本条の文言上は、「仮処分執行」となっていないこと、

---

[9] 『条解』343頁。
[10] 『基本コンメ』103頁〔垣内秀介〕。
[11] 『条解』343頁。
[12] 『手引』110頁。民事再生事件に関する大阪地判平17.11.29（判時1945号72頁）参照。
[13] 『条解』344頁。なお、『基本コンメ』103頁〔垣内秀介〕は、仮の地位を定める仮処分といえども、本案判決による権利の確定・実現の前駆的な手続である点に変わりは無いとして、除外することに反対している。

また、命令手続だけを許容しても実益がないことから、命令手続についても、本条の対象と解するのが相当である[14]。

c　一般の先取特権の実行

　一般の先取特権は、担保権ではあるが、債務者の総財産について優先権を主張し得る権利にすぎないため、破産手続上では、別除権とされず（法2条9号）、一般の先取特権がある破産債権が優先的破産債権とされたにとどまる（法98条1項）。

　そのため、債務名義に基づく強制執行と同様に、本条の対象とされている。

d　企業担保権の実行

　企業担保権は、現に会社に属する総財産につき優先権を有するにすぎず、一般の先取特権にも劣後する（企業担保法2条、7条）。破産法上も、別除権ではなく（法2条9号）、企業担保権の被担保債権である破産債権が、一般の優先権のある破産債権として、優先的破産債権になると解されている（法98条1項）。

　企業担保権の実行は、企業担保法の定める手続によりなされるが、別除権ではないため、債務名義に基づく強制執行と同様に、本条の対象とされている。

e　外国租税滞納処分

　外国租税滞納処分とは、「租税条約等の実施に伴う所得税法、法人税法及び地方税法の特例等に関する法律」11条1項に規定する共助対象外国租税の請求権に基づき、国税滞納処分の例によってする処分のことをいう（法24条1項6号）。

　外国租税債権は、原則として、日本において、執行することはできず、破産手続に参加することもできない。

　ただし、「租税条約等の実施に伴う所得税法、法人税法及び地方税法の特例等に関する法律」に基づき、「共助実施決定」を受けた場合には、外国租税債権についても執行力が付与され、滞納処分を行うことが可能となり、破産手続に参加して配当を受けることが可能となる。

14　『条解』344頁、『基本法コンメ』104頁〔垣内秀介〕。

しかし、外国租税債権には、国内租税債権のような優先性は与えられておらず（税務行政執行共助条約15条、租税条約等の実施に伴う所得税法、法人税法及び地方税法の特例等に関する法律11条4項）、そのため、破産手続においても、租税債権の優先性を背景とした規定は適用されないこととされている（法148条1項3号）。

国内租税債権については、優先性に基づき、既になされた滞納処分の続行が認められているが（法43条2項）、外国租税債権については優先性が与えられていないことから、本条の対象とされている。

(3) 破産債権若しくは財団債権に基づくもの、又は、破産債権若しくは財団債権を被担保債権とするもの

a 破産債権

法100条1項は、破産債権は、この法律に特別の定めがある場合を除き、破産手続によらなければ、行使することができないと定め、破産債権の個別的な権利行使を禁止している。

この個別的権利行使の禁止の原則は、債務者の財産等の適正かつ公平な清算を図るという破産法の目的（法1条）の実現のために、不可欠な重要な原則である。

本条1項及び2項の、破産債権に関する部分は、強制執行等の場面でも、この個別的権利行使禁止の原則が適用されることを明らかにするために、設けられている[15]。

b 財団債権

本条1項は、破産債権だけではなく、財団債権に基づく強制執行等も禁止している。

この点は、民事再生法や会社更生法で、共益債権に基づく個別執行が制限されていないことと異なる。

破産手続においては、財団債権は、破産債権に先立って、弁済するとされているが（法151条）、破産財団が不足し、財団債権全額を支払えない場合には、財団債権の額の割合により按分弁済されることとされている（法152条1項）。そして、財団債権全額が支払えず異時廃止となる事例が多数存在して

---

15 『条解』339頁。

いることから、財団債権について個別執行を認めると、財団債権者間で不平等が生じることになる。この様な不平等が生じないよう、本条1項により、財団債権に基づく強制執行等を禁止したのである[16]。

ただし、破産手続開始決定時に、既にされていた、財団債権となる租税債権等の請求権に基づく国税滞納処分の租税庁による続行は認められる（法43条2項）。

3　個別執行等の失効（本条2項）

「破産財団に対してはその効力を失う」、とは、破産財団に対する関係においてのみ無効であるという趣旨である。

破産手続開始決定が出た場合には、その確定をまたずに、決定と同時に、個別執行等の効力が失われる。その後、破産手続開始決定が取り消された場合には、本条により効力を失った個別執行等の効力は復活する[17]。

個別執行等の失効の、具体的な内容は次の通りとなる。

a　執行債権者は、手続の続行が許されない。

強制執行・保全処分その他の個別執行を行った債権者には、個別執行等の手続の続行が許されないだけでなく、個別執行等の権限をすべて失う。

そのため、執行債権者は、配当金を受領することはできないことになる[18]。また、執行機関は、執行債権者のために手続を続行することはできない。差押えに係る第三債務者も、執行債権者に支払をすることはできず、仮に執行債権者に対して支払がなされた場合、その支払は無効となる[19]。

b　破産管財人は、特別の手続を要しないで、当該個別執行等の効力がないものとみなして、当該財産についての管理処分権を行使できる。財産が換価され代金に変わっている場合には、その代金について管理処分権を行使で

16　『条解』339頁、『大コンメ』168頁〔菅家忠行〕。
17　このような伝統的な理解に対して、近年は、本条の趣旨について、強制執行等が破産財団に不利益となる限度で効力を失うことを明らかにする趣旨であるとの理解も有力となっている（『大コンメ』171頁〔菅家忠行〕、『基本コンメ』106頁〔垣内秀介〕）。
18　債権者が配当金を受領した場合、その返還請求には時間がかかる上、当該債権者が配当金受領後に無資力に陥った場合等は回収不能となることもあり得るので、破産管財人としては、破産手続開始決定後、執行裁判所に対し、強制執行の停止を求める上申書を提出して、このような事態を避けるよう注意すべきである（『はい6民』64頁）。
19　『条解』346頁。

きる。

例えば、破産管財人は、不動産に差押登記がされていても、当該不動産を自由に売却ができ、執行官が差押物を占有している場合には、その物の引渡しを求めることができる。また、債権差押命令がされている場合でも、第三債務者に支払を請求することができる[20]。

c 執行処分の外形は、当然には抹消されない。

個別執行等の効力は失われるが、登記や転付命令等の執行処分の外形は当然には抹消されない。これは、破産管財人が続行を選択することもあるからである。

もっとも、破産管財人が、執行処分の外形の抹消を求めたときは、執行機関は、その外形を取り消し、抹消するべきとされている[21]。

例えば、東京地方裁判所では、債権差押えについて、破産管財人から執行取消しの上申書が提出されれば、職権で取消決定をしている。このとき、第三債務者が既に供託をしている場合には、配当事件の事件番号を確認し、供託金交付の上申書を提出して、供託金の支払を請求することになる。給料債権の差押えなどの継続的債権差押えの場合、破産手続開始決定後に発生した債権（新得財産部分）について供託されている場合には、破産管財人の管理処分権が及ばないため、原則として破産者に払い渡されるが、破産者との協議で、破産管財人・破産者の連名の合意書を執行部に提出すれば破産管財人に払い渡されることも可能である。なお、扶養義務等に係る定期金債権の差押え（民事執行法151条の2）の場合、確定期限の到来していない養育費等の請求権は破産債権ではないため、これに基づく開始決定後の給料（新得財産）に対する差押えは失効しないことになる[22]。また、債権仮差押えについては、破産管財人から、失効通知の上申書の提出があれば、裁判所から第三債務者及び債権者に対し、仮差押えが失効している旨の通知書を発送する取扱となっている[23]。一方、大阪地方裁判所の運用では、破産管財人に対し、当該

---

20 『条解』346頁。
21 個別執行手続の失効後、破産管財人が形式的に残存する執行処分の取消しを求めることができるか否かについては、解釈上の争いがあり、旧法のもとでは、これを否定する裁判例もある（東京高決昭30.12.26金法96号3頁、東京高決昭56.5.6金法979号54頁）（『条解』347頁、『大コンメ』170頁〔菅家忠行〕、『基本コンメ』105頁〔垣内秀介〕）。
22 『手引』111〜113頁。

強制執行手続の続行の意向の有無を確認し、続行の意向がなければ、当事者に対し、当該債権に対する強制執行手続は破産により失効した旨を通知した上、事件を終了させており、第三債務者が既に供託を行っている場合は、破産管財人に対し、執行裁判所の支払委託によって供託金を払い渡している[24]。不動産の差押えの場合、東京地方裁判所では、裁判所に対して、強制執行停止上申書を提出することによって、執行手続が停止される[25]。不動産の仮差押えについては、東京地方裁判所では、当該不動産が任意売却された場合のみ、破産管財人からの上申を受けて仮差押登記の抹消嘱託をする取扱いであり、不動産を売却して移転登記手続がなされた後に、破産管財人の上申により、仮差押登記の抹消嘱託を求めることになる[26]。大阪地方裁判所の運用では、保全債権者が保全登記の抹消に協力せず、かえって抹消料を要求するなどの態度に出て、不動産の任意売却に支障が生じるような場合は、保全裁判所に対し、事情変更による保全取消しの申立て（民事保全法38条）を行い、取消決定を得て、当該保全登記を抹消することになる[27]。

4 失効した個別執行手続の続行（本条2項）

　破産管財人が、個別執行手続の続行を選択した場合、既になされている個別執行手続における権利及び地位は、そのままの状態で破産管財人に引き継がれる。これにより、破産管財人が、換価処分の一方法として、破産手続開始決定時に係属する個別執行等を利用することで、迅速かつ適正な財産の換価を実現できるようにすることができる。

　破産管財人は、強制執行等の手続の進行程度、任意売却の可能性及び任意売却による場合の売却見込額等を考慮して、係属中の強制執行等の手続による方が破産財団にとって売却の時期及び売却代金額の点で総合的にみて有利であり、債権者の一般の利益に適合すると認められるときに続行を選択することになる[28]。

---

23 『手引』112頁。
24 『はい6民』64頁。
25 『手引』114頁。
26 『手引』114頁。
27 『はい6民』66頁。
28 『大コンメ』172頁〔菅家忠行〕。

破産管財人が、個別執行等の続行を選択した場合、破産債権者又は財団債権者に代わり、執行債権者の地位に就く。このとき、破産管財人には、債務名義や承継執行文は必要とされていない[29]。

(1) 続行の対象となる手続

条文上は、破産管財人による続行の対象とされているのは、強制執行又は一般の先取特権の実行の手続のみである。

しかし、保全処分の内容が多様化していることから、破産管財人が既になされた保全処分を有利に活用することも可能であること、破産管財人に実益がある以上、強制執行及び一般の先取特権の実行の手続以外の個別執行等についても、破産管財人による続行を認める必要が高いことから、仮差押え、仮処分、企業担保権の実行及び外国租税滞納処分についても、破産管財人による続行が認められるとの見解が有力である[30]。

(2) 配当要求・交付要求

破産債権者及び財団債権者による従来の配当要求・交付要求等は無効となり、続行手続に対して、新たに配当要求・交付要求等をすることは許されない。そのため、続行手続において配当手続は行われない。

破産債権者及び財団債権者は、破産手続の中で、債権届出や財団債権の申出を行うことになる。

換価代金等は破産管財人に交付され、破産財団に組み込まれる[31]。

5 無剰余執行禁止の原則（民事執行法63条、129条）の不適用（本条3項）

不動産の強制競売において、①差押債権者の債権に優先する債権がない場合において、不動産の買受可能価額が手続費用見込額を超えないときや、②優先債権がある場合において、不動産の買受可能価額が手続費用及び優先債権の見込額の合計に満たないときは、差押債権者に対する配当の見込みがないため、保証提供や、優先債権者の同意を得ていることを証明する等しない

---

29 『条解』349頁。
30 『条解』348頁。『大コンメ』173頁〔菅家忠行〕、『基本法コンメ』106頁〔垣内秀介〕参照。
31 『条解』349頁。

限り、当該強制競売は、取り消される（民事執行法63条）。また、動産の差押において、動産の売得金の額が手続費用の額を超える見込みがないときは、差押えをすることが禁止される（民事執行法129条）。これを、無剰余執行禁止の原則という。

本条3項は、破産管財人により続行された個別執行等の手続について、無剰余執行禁止の原則（民事執行法63条、129条）を適用しないと定めている[32]。これは、続行された手続は、破産財団のための手続に変容していることから、当該手続の当初申立人に配当される見込みがないことは、当該続行手続を取り消す理由とはならない上、当該原則を適用すると破産財団に属する財産の迅速な換価を妨げ、破産手続全体の遅延をもたらすおそれがあるからである（法184条3項）[33]。

6　費用請求権の財団債権化（本条4項）

続行された個別執行等の手続費用は、財団債権となる。

破産手続開始決定後に破産管財人が続行を選択した後に発生した費用については、破産債権者の共同の利益のためにする裁判上の費用の請求権、又は、破産財団の管理、換価及び配当に関する費用に該当するため、当然財団債権となるが（法148条1項1号・2号）、本条は、これに限定せず、破産手続開始決定前や個別執行等の続行前に生じた費用についても財団債権とすることを定めている。

これは、既になされている個別執行等の手続を、破産財団のために利用することから、破産手続開始前に発生した費用についても、法148条の例外として、特別に財団債権としたものである[34]。

執行債権者が予納金を納付し、そこから費用が支払われていた場合、通常の場合、配当期日に執行裁判所から優先的な支払が行われるが、続行された手続においては、破産管財人が、執行債権者に対して、財団債権として随時弁済することになる。財団不足により財団債権全額を支払えない場合には、

---

[32] なお、強制管理に関する無剰余執行禁止の原則である民事執行法106条2項は適用除外とされていない。
[33] 『条解』349頁、『大コンメ』173頁〔菅家忠行〕。
[34] 『条解』349頁。

執行債権者の有する財団債権は、按分弁済の対象となる。

なお、執行債権者以外の債権者が負担した費用に係る請求権は、財団債権とはならない[35]。

7 第三者異議の訴え（本条5項）

個別執行等の手続が続行された後、第三者が、物件の所有権を主張する場合には、取戻権訴訟だけではなく、第三者異議の訴えを提起することができ、その被告適格は破産管財人にあると規定している。

破産管財人が、個別執行等の手続を続行した後に、第三者異議の訴えを提起する場合には、当初から破産管財人を被告とする必要がある。

第三者異議の訴えが提起された後に、個別執行等の手続が続行された場合には、破産管財人が訴訟を受継することとなり、この場合、原告も受継の申立てができると解するのが相当である（法44条1項・2項の類推適用）[36]。

第三者異議の訴えが提起されていたが、破産管財人が個別執行等の手続を続行しなかった場合にどうなるのかについては、訴訟終了説と訴訟受継説の2つに見解が分かれている。

訴訟終了説は、前提となる個別執行等の手続が失効している以上、訴訟の継続は許されず、訴訟は終了すると解しており[37]、所有権を主張する者は、第三者異議の訴えとは別に、改めて、破産管財人に対して取戻権訴訟を提起する必要がある。

訴訟受継説は、少なくとも破産手続開始決定前に提起済みの第三者異議の訴えについては、法45条を類推して、破産管財人を被告とする取戻権訴訟として、破産管財人が被告を受継すべきであると解しており[38]、所有権を主張する者は、別途訴訟を起こす必要はないことになる。

---

[35] 『大コンメ』174頁〔菅家忠行〕。
　　なお、平常時の民事執行において共益性が認められない執行費用まで財団債権として取り扱うことには疑問が有り、最先順位として扱われる手続費用（民事執行法63条1項参照）以外の執行費用に係る請求権は財団債権に当たらないと解する余地があり得る。
[36] 『条解』328頁。『大コンメ』174頁〔菅家忠行〕、『基本法コンメ』107頁〔垣内秀介〕参照。
[37] 『大コンメ』174頁〔菅家忠行〕、松山地判昭36.8.23（判時277号28頁）、名古屋地判昭47.6.29（判時682号49頁）。
[38] 『条解』350頁、『基本法コンメ』107頁〔垣内秀介〕。

破産管財人が、個別執行等の手続を続行しなかった場合に、その後に、失効した強制執行の排除を求めて提起された第三者異議の訴えについては、訴えの利益を欠くことになることから、原告は改めて、破産管財人を被告として取戻権訴訟を提起すべきことになる[39]。

8　財産開示手続の申立ての禁止等（本条6項）

　財産開示手続とは、金銭債権についての強制執行の実効性を確保する見地から、債権者が債務者の財産に関する情報を取得するための手続である（民事執行法196条以下）。

　本条6項は、破産債権又は財団債権に基づく財産開示手続の申立てはすることができず、既になされている財産開示手続は失効する旨を定めている。

　破産手続開始決定により、個別執行等は禁止され（本条1項）、既になされている個別執行等は失効する（本条2項）ため、個別執行等の実効性を確保するための制度である財産開示手続を認める必要がないからである[40]。

　また、破産管財人が、失効した個別執行等の続行を選択した場合についても、財産開示手続を認める必要はない。破産法は、破産管財人に、破産者の財産に関する情報取得について、強力な権限を与え（法40条、78条、81条ないし84条）、違法に協力しない破産者等には刑事罰が科されることになっており（法40条、41条、268条ないし270条）、さらに、調査嘱託手続や文書送付嘱託も認められている（法13条による民事訴訟法の準用）。このように、破産管財人に対して、財産開示手続をはるかに上回る強力な制度が用意されている以上、あえて財産開示手続を認める必要性はない[41]。

（関端広輝）

第43条　国税滞納処分等の取扱い

　① 破産手続開始の決定があった場合には、破産財団に属する財産に対する

---

[39] 最判昭45.1.29（民集24巻1号74頁）。『大コンメ』174頁〔菅家忠行〕、『基本コンメ』107頁〔垣内秀介〕。
[40] 『大コンメ』175頁〔菅家忠行〕。
[41] 『条解』351頁。

国税滞納処分（外国租税滞納処分を除く。次項において同じ。）は、することができない。
② 破産財団に属する財産に対して国税滞納処分が既にされている場合には、破産手続開始の決定は、その国税滞納処分の続行を妨げない。
③ 破産手続開始の決定があったときは、破産手続が終了するまでの間は、罰金、科料及び追徴の時効は、進行しない。免責許可の申立てがあった後当該申立てについての裁判が確定するまでの間（破産手続開始の決定前に免責許可の申立てがあった場合にあっては、破産手続開始の決定後当該申立てについての裁判が確定するまでの間）も、同様とする。

1　本条の趣旨

本条は、破産手続開始の決定があった場合における公的請求権（租税等の請求権（法97条4号参照）及び罰金等の請求権（法97条6号参照））の取扱いに関する規定である。

2　国税滞納処分の禁止（本条1項）

(1)　内　　容

本条1項は、破産手続開始の決定があった場合には、破産財団に属する財産に対する国税滞納処分はすることができない旨を定める。判例[1]を明文化した規定である。

(2)　趣　　旨

租税等の請求権には、財団債権となるもの（法148条1項1号ないし3号）、優先的破産債権となるもの（法98条）及び劣後的破産債権となるもの（法97条3号乃至5号・99条1項1号）がある。そして、財団債権相互間の優先関係は原則平等であって、租税等の請求権の優先徴収権は否定されている（法152条）。

破産手続が開始された後に、個別財産に対する国税滞納処分の執行を認めその時点以降の別除権的取扱い（個別財産からの優先的な回収）を認めるとすれば、上記のような租税等の請求権の優先性の位置付けと矛盾した結果を招来

1　最判昭45.7.16（民集24巻7号879頁）。

することとなる。そこで、法は、租税等の請求権も、開始後に滞納処分をすることを認めないことで破産手続という当該包括執行手続の中に組み込み、法の認める範囲の優先性に応じた処理を行うこととしている。

3　国税滞納処分の続行（本条2項）

(1)　内　　容

本条1項が破産手続開始後の新たな国税滞納処分の禁止を定めるのに対し、本条2項は、破産財団に属する財産に対して国税滞納処分が既にされている場合には、破産手続開始の決定は、その国税滞納処分の続行を妨げない旨を定める。

(2)　趣　　旨

租税等の請求権について滞納処分による差押えがなされた場合には、その財産について処分禁止効が生ずる結果、その後に当該財産が処分された場合であっても、当該財産から優先的に満足を受けることができる。個別執行においては、租税等の請求権と別除権の被担保債権との優先関係は、法定納期限等と担保権の設定日の先後によるものとされている（国税徴収法8条、15条、16条等参照）から、結果的には「法定納期限等を登記設定日とする抵当権等」と同等の取扱いがなされることになる。

また、租税等の請求権の徴収権者は、滞納処分をせずに納税の猶予等の徴収緩和措置をとる場合は、原則として担保を徴しなければならない（国税通則法46条5項）ことからすると、原則的徴収手段たる滞納処分による差押え（又は参加差押え）が破産手続開始前になされている場合には、少なくとも納税の猶予等により担保の提供を受けた場合に別除権者として取り扱われることと同程度の優先的地位が与えられるべきであると解される[2]。

以上のような点をふまえ、本条2項は、破産手続開始前に国税滞納処分がなされている場合[3]はその続行を妨げないものとして、別除権者類似の優先的地位を認めることとしている。この結果、徴収権者は換価代金等から配当

---

[2] 『一問一答』191～192頁、『条解』353頁。
[3] 「既にされている場合」（2項）に当たるか否かは、破産手続開始決定の効力発生時期（法30条2項）と差押えの効力発生時期との先後関係により決せられる。『条解』357頁、『大コンメ』178頁〔菅家忠行〕。

を受けることができる。これは、破産債権である租税等の請求権については、手続外での権利行使の禁止の例外に当たる（法100条2項1号）。

4 国税滞納処分

本条1項、2項において禁止・続行が問題とされる「国税滞納処分」は、国税徴収法に基づく滞納処分（差押え（国税徴収法47条以下）、参加差押え[4]（同法86条以下））及び国税滞納処分の例による処分を含むが、交付要求（同法82条以下）は含まない（法25条1項参照）。

国税滞納処分の例による処分には、地方税に基づくもの（地方税法48条等）、社会保険料等公課に基づくもの（健康保険法180条等）等がある[5]。なお、外国租税の請求権については国内租税債権のような優先性は与えられておらず、破産手続においても租税債権の優先性を背景とした規定は適用されないこととされている（法148条1項3号）。そのため、外国租税滞納処分は「国税滞納処分」から除かれて本条の対象とならず、その取扱いは法42条によることとされている。すなわち、外国租税滞納処分は、破産手続開始の決定があった場合にはすることができず（同条1項）、既にされているものは、破産財団に対してはその効力を失う（同条2項）（**本書42条の解説2(2)参照**）。

5 交付要求

交付要求とは、滞納者の財産について既に強制換価手続が開始されている場合に、その先行する手続の執行機関に交付要求書を交付することにより参加して、国税等を徴収する制度である（国税徴収法82条）。

交付要求も滞納処分の一種であるが、自ら強制的に滞納国税等の徴収を実現させるものではないことなどから、交付要求については本条1項の禁止の対象外とされている（法25条1項参照）。

強制換価手続の1つである破産手続においては、徴収権者は、財団債権である租税等の請求権については破産管財人に対し（規則50条）、破産債権である租税等の請求権については裁判所に対し（法114条1号）それぞれ交付要求を

---

[4] 大阪高判平6.10.11（金法1437号45頁）。
[5] 具体例については、『大コンメ』177頁〔菅家忠行〕が詳しい。

行い（国税徴収法82条1項）、財団債権として随時弁済を受け（法2条7項）、又は破産債権として配当を受けることになる。

さらに、徴収権者は、個別財産に対する執行手続（別除権となる担保権の実行手続や、破産手続開始の時に既にされている国税滞納処分等）においても、破産手続開始後に交付要求をすることができる。

ただし、本条2項の続行認容の対象に交付要求は含まれていないから（法25条1項参照）、交付要求の続行は許されず、交付要求にもとづく配当金を受領する権限も認められないと解される。

その結果、これらの手続においては、破産手続開始後は交付要求に係る租税等の請求権について配当金を受領することはできないから、結局、交付要求に係る配当金は破産管財人に交付された後、破産管財人から財団債権として随時弁済を受け、又は破産債権として配当を受けることになる[6]。

6　他の法的倒産手続との比較

(1)　民事再生手続

民事再生手続においては、破産手続において「租税等の請求権」とされる請求権は、共益債権となるものを除いて全て一般優先債権とされ、これについては再生手続によらないで随時弁済すべきものとされていることから（民事再生法122条）、民事再生法は国税滞納処分に対する制約は定めていない。

(2)　会社更生手続

会社更生手続においては、租税等の請求権（共益債権となるものを除く。会社更生法2条15項）は優先的更生債権とされるが、会社の更生のために一定の制約に服する。具体的には、更生手続開始決定の日から一年間（一年経過前に更生計画が認可されることなく更生手続が終了し、又は更生計画が認可されたときは、当該終了又は当該認可の時までの間）は、優先的更生債権に基づく国税滞納処分[7]はすることができず、更生会社の財産に対して既にされている国税滞納処分は

---

[6] 旧法下の判例であるが、担保権の実行手続における交付要求につき最判平9.11.28（民集51巻10号4172頁）、国税滞納処分における交付要求につき最判平9.12.18（金法1509号26頁）。

[7] なお、会社更生法の定義では、「国税滞納処分」とは交付要求を含む概念である（会社更生法24条2項）。

7　罰金、科料及び追徴の時効の停止

(1) 内　容
本条3項は、破産手続又は免責手続中は、罰金、科料及び追徴の刑の時効は進行しない旨を定める。

(2) 趣　旨
罰金、科料及び刑事追徴[8]の時効は、執行行為をすることによって中断する（刑法34条2項）。しかし、破産手続中は、罰金、科料及び刑事追徴金の請求権について、強制執行をすることはできない（法42条1項、100条1項）。免責手続中も同様である（法249条1項）。また、これらの債権は劣後的破産債権であるから（法99条1項1号、97条6号）、破産手続による配当を受けることも通常は期待しがたい。そのため、破産手続中に罰金、科料及び刑事追徴の時効（刑法32条5号6号）が完成してしまうおそれがある。

しかしながら、このような結果は、自然人について罰金、科料及び刑事追徴金の請求権について、その人格責任の側面を重視して非免責債権（253条1項7号）としている法の趣旨を没却することになりかねない。そこで、本条3項は破産手続又は免責手続中の罰金、科料及び刑事追徴の時効が停止することを定めている。

（縣　俊介）

第44条　破産財団に関する訴えの取扱い

① 破産手続開始の決定があったときは、破産者を当事者とする破産財団に関する訴訟手続は、中断する。
② 破産管財人は、前項の規定により中断した訴訟手続のうち破産債権に関しないものを受け継ぐことができる。この場合においては、受継の申立ては、相手方もすることができる。

---
[8] 刑事追徴とは、刑法上、罰則により没収できる物が没収できないとき、没収に代わり、その物の価額の納付を強制するものをいう（刑法19条の2）。

③　前項の場合においては、相手方の破産者に対する訴訟費用請求権は、財団債権とする。
④　破産手続が終了したときは、破産管財人を当事者とする破産財団に関する訴訟手続は、中断する。
⑤　破産者は、前項の規定により中断した訴訟手続を受け継がなければならない。この場合においては、受継の申立ては、相手方もすることができる。
⑥　第1項の規定により中断した訴訟手続について第2項の規定による受継があるまでに破産手続が終了したときは、破産者は、当然訴訟手続を受継する。

1　本条の趣旨

(1)　概　　要

破産手続開始の決定があると、破産財団に属する財産の管理処分権は破産管財人に専属し（法78条1項）、破産財団に関する訴えについては破産管財人が当事者適格を有することになる（法80条）。他方、破産手続が終了すると、破産管財人のこれらの権限・地位は失われる。

本条は、破産手続が開始又は終了した場合において破産財団に関する訴訟手続が係属しているときに、かかる当事者適格の変動に対応するための訴訟手続の取扱いを定めるものである。

(2)　「訴訟手続」

本条の「訴訟」手続には、民事訴訟だけではなく、行政訴訟（課税処分取消訴訟等）、保全命令事件（法42条により失効するものを除く）も含まれる[1]。

他方、非訟事件[2]（会社非訟、借地非訟）、家事事件[3]（家事調停、家事審判）、民事調停[4]、労働審判[5]については、中断はなく、当然受継となる。

1　『条解』360頁。
2　非訟事件手続法36条。
3　家事事件手続法44条、258条。
4　民事調停法22条。
5　労働審判法29条1項。

(3) 「破産財団に関する」

　本条や法127条等が定める訴訟手続の中断及び受継に関する規律は、破産財団に属する財産の管理処分権の移転と、それに伴う当事者適格の移転を基礎とするものである（なお、破産財団の意義については、**本書34条の解説2**参照）。したがって、破産財団に関係がない訴訟については、破産手続開始の決定があっても、中断・受継の対象とならない。実務において具体的に問題となることが多い例を挙げると、次の通りである。

a　中断・受継の対象とならない訴訟の例

　個人の破産事件では、人事訴訟（人事訴訟法2条参照）、帰属上・行使上の一身専属権の行使側に関する訴訟（一身専属性が失われる前のもの）（**本書80条の解説4(1)参照**）、破産手続開始後は自由財産となる差押禁止財産に関する訴訟などがこれに当たる。

　法人の破産事件では、株式会社の不成立の確認の訴え[6]、株主総会の取締役等選任の決議の取消しの訴え[7]、その他の法人の純然たる社団的・組織法的事項に関する訴えに係る訴訟手続等がこれに当たる。

b　離婚訴訟、調停・審判手続中の破産

　経済的破綻は夫婦関係の亀裂の原因となり得ることから、破産手続開始決定当時、離婚訴訟や、破産者について、離婚調停・審判手続が係属中であるということは実務上しばしば見られることである。

　離婚に当たっては、①離婚、②親権者・監護者の指定や変更、③面会交流、④年金分割、⑤慰謝料、⑥財産分与、⑦養育費及び⑧婚姻費用が問題となり得る。

　このうち、①離婚、②親権者・監護者の指定や変更、③面会交流といった純粋の身分関係にかかわる問題については、財産上の問題ではないから、破産手続の影響を受けない。また、④年金分割も破産手続が開始されれば自由財産とされる年金についてのものであるので、やはり破産手続の影響を受けない。

　一方、⑤慰謝料、⑥財産分与、⑦養育費及び⑧婚姻費用といった経済的給

---

[6]　大判昭14.4.20（民集18巻495頁）。
[7]　大阪地判昭32.12.6（金法179号5頁）。

付の請求がどのように取り扱われるかについては難しい問題であり、裁判所における取扱いも必ずしも統一されていないのではないかと思われるので以下に検討する。

　ア　権利者が破産した場合
　⑤慰謝料、⑥財産分与、⑦養育費及び⑧婚姻費用については、争いがあるものの具体的な内容が形成されるまでは行使上の一身専属権であると解されるから[8]、権利者の破産では中断・受継は問題とならず、そのまま破産者を当事者として民事訴訟や調停・審判手続を進行させることとなる。

　協議・審判又は判決によってこれらの権利の具体的内容が確定するなどして、一身専属性が失われた場合には、これらの権利は破産財団に帰属することになる[9,10]から、破産管財人としては、必要に応じて、家事調停手続等への利害関係参加（家事事件手続法42条2項・258条1項）や人事訴訟手続への補助参加（人事訴訟法15条3項、民事訴訟法43条1項）をすることにより、具体的内容の確定に向けた働きかけ、監視をしていくことが考えられる（**本書80条の解説4(1)参照**）[11,12]。

　イ　義務者が破産した場合
　⑤慰謝料請求権は、その原因行為が破産手続開始前であれば、損害の発生又は顕在化が破産手続開始後であっても破産債権となる。⑥財産分与につい

---

[8] 『条解』645頁、『倒産と訴訟』198頁以下〔島岡大雄〕、森宏司「家事調停・審判手続中の当事者破産」『伊藤古稀』1174頁以下。なお、権利者の破産でも⑥財産分与、⑦養育費及び⑧婚姻費用については破産財団に属する権利であるとして破産管財人に民事訴訟や調停・審判手続の当事者適格を認め、民事訴訟については中断・受継が生じるとする見解もある（『個人の破産再生』96頁以下〔木内道祥〕、『破産200問』102頁〔木内道祥〕）。

[9] ただし、⑦養育費と⑧婚姻費用のうち、破産手続開始後の期間についてのものは破産財団に属しない法律関係である。

[10] 個人の生命、身体、又は名誉侵害などに起因する慰謝料請求権について問題提起をするものとして、『伊藤』244頁。

[11] 『倒産と訴訟』201頁注35〔島岡大雄〕。

[12] 破産手続の終結後に一身専属性が失われた場合にはこれらの権利は破産財団に帰属することはないと考えられる（最判昭58.10.6民集37巻8号1041頁参照）。このことから、破産者には具体的内容の確定を遅らせる方向のインセンティブが働く一方、破産管財人としてはこれらの権利を破産財団に取り込める可能性がある限り破産手続の終結を留保することになり、いわば互いに進行を遅らせる不都合が生じる可能性がある。森・前掲注8・1175頁以下は、この点を指摘して、これらの権利の具体的内容が確定しても他の財産と混淆しない限り破産手続に組み入れられないと解すべきとする。

ては、その請求権の発生時期について争いあるも[13]、破産手続開始前の婚姻期間を理由とする財産分与請求権は破産債権になると解される。⑦養育費並びに⑧婚姻費用のうち破産手続開始前の期間についてのものも同様に解される。

　したがって、これらについて破産手続開始時に訴訟手続が係属していた場合には、本条第１項により中断する。そして、債権調査の結果、届出債権が認められれば訴訟の破産債権に関する部分は当然に終了するが、認められなければ債権者が訴訟手続の受継の申立てを行うことになる（法127条）。この場合、中断の対象となるものとそうでないものが併合審理されている離婚訴訟をどう取り扱うかということも問題となるが、中断しない離婚そのものや親権者等についての審理と、慰謝料、財産分与、養育費及び婚姻費用等の審理は同時審判すべきものとして併合されており、分離は想定されていない。そのため、中断部分について義務者破産におけるこれらの請求権が破産債権として確定したり又はそれらの請求が取下げられたりして中断が生じないもののみが審理対象となるか、あるいは破産管財人により受継されるのを待って、それから全体の離婚訴訟を進行させるのが原則であると考えられる[14]。

　破産手続開始時に調停・審判手続が係属していた場合には、調停や審判手続は中断しない（家事事件手続法44条、258条）。債権調査の結果、破産管財人が認めず、又は届出をした破産債権者が異議を述べた場合、破産手続開始当時「訴訟」（法127条）が係属していないことから、破産債権査定申立て（法125条）によることが考えられるが、家事審判事項であり家庭裁判所の審判・調停が本来適した手続として設けられている⑥財産分与、⑦養育費及び⑧婚姻費用（家事事件手続法150条）については、訴訟経済の観点から、法127条１項を類推して、受継申立てを行うのが相当であると考える[15、16]。

---

[13] 破産手続開始前に財産分与の具体的内容が確定している場合に限定する必要はないが少なくとも当事者間の協議が整わないため家事調停や家事審判、人事訴訟の付帯処分として財産分与を求めていることを要するとする見解（『倒産と訴訟』206頁〔島岡大雄〕）、離婚が成立していない場合には権利性は認められないとする見解（森・前掲注8・1165頁）等がある。

[14] 『破産200問』103頁〔木内道祥〕。

[15] 『個人の破産再生』104頁以下〔木内道祥〕、『倒産と訴訟』208頁〔島岡大雄〕。なお、前者は、先例が見当たらないので、届出債権者として安全を期すためには、査定申立てと受継申立ての双方を法定の期間内に行うべきであろうとしている。

(4) 「破産者を当事者とする」

本条は、「破産者を当事者とする」破産財団に関する訴訟について規定している形となっており（本条1項・4項を各項で受けている形）、他方、法45条は、債権者代位訴訟（民法423条）及び詐害行為取消訴訟（民法424条）の中断・受継のみを規定する形となっている。そのため、文理上は、破産者を当事者としない破産財団に関する訴訟手続のうち法45条に規定のないもの[17]については、訴訟手続は中断しないようにもみえる。

しかし、破産者が当事者でない訴訟手続でも破産財団に関するものである限り破産管財人による受継及び追行を認めるのが相当であるから、本条及び法45条に、法45条所定の訴訟以外の破産者を当事者としない訴訟手続の中断を殊更否定する趣旨まで読み取るのは適切ではなく、法45条については破産者を当事者としない破産財団に関する訴訟手続の中断・受継を規律するものであって、債権者代位訴訟及び詐害行為取消訴訟については典型例として定めたものにすぎないと解すべきである。

よって、債権者代位訴訟及び詐害行為取消訴訟以外の破産者を当事者としない破産財団に関する訴訟手続については、法45条が類推適用されると解する。

(5) 外国の裁判所における訴訟手続の取扱い

本条は、日本の裁判所における訴訟手続等を対象としており、外国の裁判所における訴訟手続等について直接的な効力はない。裁判所における倒産手続は一国の司法権の行使であるため、その効果は国内手続に限定され、当然には他国に及ばないのが、主権に関する国際法上の大原則だからである[18]。

外国の裁判所における訴訟手続において中断・受継等を実現するために

---

[16] 森・前掲注8・1168頁以下は、財産分与請求権について、調停・審判手続については権利の具体化前の故をもって「破産債権に関しないもの」と扱い本条2項により破産管財人が受継するとしつつ、債権調査において破産管財人が認めず、又は届出をした破産債権者が異議を述べた場合には、調停・審判等による具体化の成否について、債権確定手続ではなく、配当表に対する異議の申立て（法200条1項）の対象となるべきとする。

[17] 相続財産の破産における被相続人又は相続人、相続財産の管理人もしくは遺言執行者を当事者とする相続財産に関する訴訟、株主が提起した責任追及等の訴え（会社法847条3項・5項。なお、東京地決平12.1.27金判1120号58頁参照）、取立訴訟（民事執行法157条）等。

[18] 山本和彦『国際倒産法制』（商事法務、2002年）3頁。

は、当該外国における手続法による必要がある。

　この点に関しては、国際連合国際商取引法委員会（UNCITRAL）が国際倒産モデル法（UNCITRAL Model Law on Cross-Border Insolvency）を制定しており、平成27年1月時点では、日本（外国倒産処理手続の承認援助に関する法律）を含め、米国、オーストラリア、韓国等の21の法域で採用されている。

2　破産手続開始による訴訟手続の中断（本条1項）

(1)　趣旨・内容

　前述の通り、破産手続開始の決定があると、破産財団に関する訴えについては破産管財人が当事者適格を有することになる（法80条）。当事者適格を喪失した破産者に訴訟追行させることはできないから、本条1項は、破産手続開始の決定があったときは、破産者を当事者とする破産財団に関する訴訟手続は、中断するものとしている[19]。

(2)　訴訟手続の中断

　訴訟代理人がある場合でも、訴訟手続は中断する（民事訴訟法124条2項参照）。

　訴訟手続がいかなる段階にあっても中断し、これは上告審であっても同様である[20, 21]。口頭弁論終結後の中断の場合には、判決の言渡しは許される（民事訴訟法132条1項）が、中断中であるので判決の送達はできず、また上訴期間の進行は停止するので（同条2項）、結局は中断が解消してから送達することになる。

3　破産管財人による訴訟手続の受継（本条2項）

(1)　趣旨・内容

　本条1項により中断した破産財団に関する訴訟手続は、当事者適格を有する（法80条）破産管財人により受継されることとなる。

---

[19]　最判昭59.5.17（金法1083号32頁。『倒産判例百選〔第4版〕』144頁〔安西明子〕、『倒産判例百選〔第5版〕』165頁〔髙山崇彦〕）について、**本書80条の解説2**参照。

[20]　最判昭61.4.11（民集40巻3号558頁）。

[21]　ただし、上告裁判所は、上告状、上告理由書、答弁書その他の書類により上告を理由なしと認める場合には、受継手続を経ることなく、口頭弁論を経ずに上告棄却の判決をすることができる（最判平9.9.9判時1624号96頁）。

ただし、破産財団に関する訴訟手続のうち破産債権に関する訴訟手続については、破産債権の届出・調査のプロセス（法第4章2節・3節）を経て破産債権の確定に必要な限度で受継すれば足りる（127条、129条2項・3項）[22]ことから、本項による受継の対象とされるのは、中断した訴訟手続のうち破産債権に関しないもののみである。

(2) 訴訟手続の受継

受継の手続は、民事訴訟法の定めるところによる（法13条、民事訴訟法126条ないし128条、民事訴訟規則51条）。

本条2項後段により相手方から受継申立てがなされた場合、破産管財人は、破産管財人にとって不利な訴訟状態であっても受継を拒否できないのが原則である。しかし、当該訴訟手続の訴訟物に関し破産法が簡易な手続（否認の請求（法174条以下）や役員の責任の査定手続（法177条以下）等）を用意している場合には必ずしも訴訟手続を受継する必要はなく、破産管財人は相手方の受継の申立てを拒絶してこれらの手続を利用することも可能であるとする説もあり、見解が分かれている[23]。

訴訟手続が受継された場合、訴訟は中断した時点の状態で新当事者に引き継がれる。破産管財人は、その時点で破産者が民事訴訟法157条などにより提出できなくなっていた攻撃防御方法の提出はできないが、破産管財人固有の攻撃防御方法（破産管財人が対抗問題における第三者に当たることに伴う対抗要件の欠缺の指摘や、善意の第三者の抗弁等）の提出は許される。

4 訴訟費用請求権の財団債権化（本条3項）

破産手続開始前に行われていた訴訟部分についての相手方の破産者に対する訴訟費用請求権は観念的には破産債権に該当するものとも考えられるが[24]、破産管財人が訴訟手続を受継した以上は、受継前に破産者がした訴訟行為等も含めて一体として破産財団のために訴訟手続が追行されたと評価す

---

[22] なお、破産債権である租税等の請求権に関する訴訟手続の受継については**本書134条の解説**参照。
[23] 『条解会更（上）』600頁、『会更の実務（上）』250頁〔渡邉千恵子・氏本厚司〕。なお、『条解』363～364頁は相手方から受継申立てがなされた場合には破産管財人は受継を拒否できず他の手続を選択できないとする。
[24] 最決平25.11.13（民集67巻8号1483頁）参照。

べきである。そこで、本条3項は、受継した訴訟において破産管財人が敗訴した場合、相手方が破産管財人に対して取得する訴訟費用償還請求権（民事訴訟法61条）は、受継前の費用分も含めて全額を財団債権としている。控訴審で受継され、控訴審で破産管財人が敗訴した場合の一審の訴訟費用についても同様である[25]。

5　破産手続終了による訴訟手続の中断（本条4項）

(1)　趣旨・内容

破産手続が終了すると、破産管財人は、破産財団に関する訴えの当事者適格を喪失することになる。当事者適格を喪失した破産管財人に訴訟追行させることはできないから、本条4項は、破産手続が終了したときは、破産管財人を当事者とする破産財団に関する訴訟手続は、中断するものとしている。

(2)　「破産手続が終了したとき」

破産手続が終了したときとは、破産手続終結の決定がなされたとき（法220条）のほか、破産手続開始の決定の取消しが確定したとき（法33条3項）、異時廃止（法217条）又は同意廃止（法218条）の決定が確定したとき等をいう。ただし、破産財団を構成し得る財産に関する訴訟手続で、破産管財人において、同財産をもって追加配当の対象とすることを予定し、又は予定すべき特段の事情があるときは、破産管財人の訴訟追行権は消滅しないと解される[26]。

(3)　中断する訴訟手続

本条4項の中断は破産管財人の当事者適格の喪失を理由とするものであるから、同項の中断の対象となるのは、破産手続開始時に係属していて本条1・2項に基づき中断・受継された訴訟に限られず、破産管財人が破産手続開始後に原告として提起した訴訟や、被告として訴えられた訴訟も含まれる。

25　『大コンメ』183頁〔菅家忠行〕。
26　最判平5.6.25（民集47巻6号4557頁）参照。

6　破産手続終了による訴訟手続の受継（本条5項）

(1)　趣旨・内容

破産手続が終了すると、破産管財人は破産財団に関する訴えの当事者適格を喪失し、再び破産者がこれを有することになる。そこで、本条5項は、破産者は、本条4項の規定により中断した訴訟手続を受け継がなければならないものと定める。

(2)　訴訟手続の受継

本条5項は「受け継がなければならない。」と定めており、訴訟手続の受継は義務的である。手続については本条2項による受継の手続と同様である。

(3)　破産者が法人である場合の処理

破産者が法人である場合には、破産手続開始決定により取締役・理事との委任契約（会社法330条、一般社団法人及び一般財団法人に関する法律64条等）は終了しているから（民法653条2号）、清算人が存在しないときは利害関係人の請求により清算人を選任して（会社法478条2項、一般社団法人及び一般財団法人に関する法律209条2項等）受継させることになる[27]。

7　破産管財人による受継がなかった訴訟手続の破産者による当然受継（本条6項）

(1)　趣旨・内容

破産手続開始により中断したが破産管財人による受継がないまま破産手続の終了を迎えた場合には、当事者適格は破産者から破産管財人を経て再び破産者に復帰したことになるから、中断時の状態で再び破産者に訴訟を追行させれば足りる。そこで、本条6項は、破産者は、当然訴訟手続を受継するものとしている。

(2)　当然受継

本条6項は当然受継を定めるものであり、破産者又は相手方の受継の申立てや裁判所の続行命令を待たずに、破産者が訴訟を続行する。

---

[27]　同時廃止の事案であるが、最判昭43.3.15（民集22巻3号625頁）参照。

破産者が法人である場合の処理については本条5項の場合と同様である。
(3) 類推適用
破産財団に属する財産を破産管財人が破産財団から放棄した場合（法78条2項12号）や、自由財産の拡張決定があった場合（法34条4項）等には、当該財産に係る破産管財人の管理処分権が失われ、当該財産についての破産手続は終了したと評価できることから、本条6項（破産管財人が一旦受継していた場合には4項及び5項も）の類推適用を認めるのが相当である。

（縣　俊介）

第45条　債権者代位訴訟及び詐害行為取消訴訟の取扱い

① 民法（明治29年法律第89号）第423条又は第424条の規定により破産債権者又は財団債権者の提起した訴訟が破産手続開始当時係属するときは、その訴訟手続は、中断する。
② 破産管財人は、前項の規定により中断した訴訟手続を受け継ぐことができる。この場合においては、受継の申立ては、相手方もすることができる。
③ 前項の場合においては、相手方の破産債権者又は財団債権者に対する訴訟費用請求権は、財団債権とする。
④ 第1項の規定により中断した訴訟手続について第2項の規定による受継があった後に破産手続が終了したときは、当該訴訟手続は、中断する。
⑤ 前項の場合には、破産債権者又は財団債権者において当該訴訟手続を受け継がなければならない。この場合においては、受継の申立ては、相手方もすることができる。
⑥ 第1項の規定により中断した訴訟手続について第2項の規定による受継があるまでに破産手続が終了したときは、破産債権者又は財団債権者は、当然訴訟手続を受継する。

1　本条の趣旨

本条は、民法上の債権者代位訴訟（民法423条）又は詐害行為取消訴訟（民

法424条)(以下まとめて「本件訴訟」という)の係属中に債務者について破産手続が開始された場合の手続規定である。

旧法においては詐害行為取消訴訟に関する中断・受継の規定は存在した(旧法86条)が、債権者代位訴訟に関する規定は存在せず、旧法86条の類推適用を認める見解が通説であったところ、その点をも併せて明文化したものが本条である[1]。

また民法改正に伴う本条に関する変更点としては、債権者代位訴訟のいわゆる転用事例のうち、登記請求権等を保全するための債権者代位訴訟につき改正民法案に明文規定が設けられたこと(改正民法案423条の7)に伴い、同法同条に係る債権者代位訴訟についても、本条1項に基づく中断の対象となることが明記されたことが挙げられる(民法の一部を改正する法律の施行に伴う関係法律の整備等に関する法律案第41条において改正民法案423条の7が中断の対象として追記されている)(後記2(2)aも参照のこと)。

2　破産手続開始による訴訟手続の中断(本条1項)

(1)　立法趣旨

本条1項は、債務者の破産手続開始決定に基づき本件訴訟が中断することを規定している[2]。

その趣旨は、立案担当者によると、①破産手続の開始により破産債権者の債務者に対する個別権利行使が禁止されること(法100条1項)との整合性をとったものとされる[3]。また学説においては、②破産財団の管理に関する事項は破産管財人の責務である(法79条)以上、破産財団の増殖に関する本件訴訟に関する権限も債権者から破産管財人に帰属させるべきであると考えら

---

[1]　なお本件訴訟については現在議論されている民法改正案において大幅な改正の是非(具体的には債権者による受益者に対する直接的な回収行為、すなわち債務者に対する回収金返還義務と債権者に対する債権の相殺行為を禁止・制限する意見)が議論されたが、結論として債権者による相殺行為は維持される見込みである。詳細については片山直也「債権者代位権・詐害行為取消権」法時86巻12号64頁参照のこと。

[2]　破産手続開始決定前に提起された詐害行為取消訴訟につき、破産手続開始後の中断及び破産管財人による受継を認めたものとして、大判昭3.5.11(民集7巻337頁)がある。また、破産手続中は債権者は新たに詐害行為取消訴訟を提起することはできないとしたものとして、大判昭4.10.23(民集8巻787頁)がある。

[3]　『一問一答』74頁、『条解』367頁。

また財団債権者による本件訴訟についても、財団債権に基づく新たな強制執行の禁止（法42条1項）及び従前の強制執行の失効（同条2項）が規定されていることから、破産債権者による本件訴訟と同様に中断の効果が生じることとされている[5]。

この点、民事再生法及び会社更生法にも同様の規定が設けられているが（民事再生法40条の2、会社更生法52条の2）、これらの法律では共益債権に基づく強制執行の禁止が規定されていないので、共益債権に基づく訴訟の中断も規定されていない。

(2) 解釈上の問題点

本項をめぐってはいくつかの解釈上の問題点が存在する。

a 債権者代位訴訟におけるいわゆる転用事例との関係

債権者代位訴訟におけるいわゆる転用事例[6]についても本項が適用されるかが問題となる[7]が、本項の2つの趣旨は転用事例についても当てはまることがあることから、原則として適用されるものと解される[8]。なお、民法改正案において、いわゆる転用事例に係る債権者代位訴訟のうち、登記請求権等を保全するための債権者代位訴訟について明文規定が設けられ（改正民法案423条の7）、本条による中断の対象となることが明記された。

b 保全処分との関係

本件訴訟に関する仮差押え・仮処分（以下「保全処分」という）についても同項が適用されるかが問題となるが、保全処分の異議手続、取消手続、抗告手続は、未だ訴訟追行段階にあるので、本項に基づき、中断、受継の対象にな

---

[4] 『大コンメ』187頁〔菅家忠行〕。
[5] 『一問一答』74頁、『条解』367頁。
[6] 転用事例とは、債権者代位権が金銭債権の保全以外の目的に用いられる事案をいう。本来債権者代位権は金銭債権の強制執行の準備のために認められた制度であるため、このような金銭債権以外の保全目的のための活用方法が認められるかは争いがあるが、通説・判例はこれを認めている。代表的には移転登記請求の代位行使等が挙げられる。
[7] なお『一問一答』75頁は個別の解釈に委ねるとする。
[8] 『条解』370頁、『大コンメ』187頁〔菅家忠行〕、『破産実務』119頁。これに対して、被担保債権に応じた個別の判断を提言するものとしては、山本克己「倒産処理手続の開始による債権者代位訴訟の中断・受継」田邊光政編集代表『最新倒産法・会社法をめぐる実務上の諸問題』（民事法研究会、2005年）356頁参照のこと。

ると解される[9]。なお、厳密には発令手続[10]にも本項が適用されるかが問題となるが、個別の権利行使を禁止する必要性は変わらないため、適用（準用）されるものと解される[11]。なお起訴命令[12]の期間中に債務者につき破産手続開始決定がなされた場合にも中断・受継の対象になると解される[13]。

c　株主代表訴訟への準用

本条は、「破産者を当事者としない破産財団に関する訴え」のうち典型的なものとして、破産手続開始決定時に係属する本件訴訟の破産手続開始決定後における取扱いを定めたものとされる[14]。したがって、破産者たる株式会社の破産手続開始決定時において株主代表訴訟（会社法847条3項）が係属していた場合についても、「破産者を当事者としない破産財団に関する訴え」であるという点で本件訴訟と同じ構造を有するものであるから、本条が類推適用されうるものと解されている（**本書44条の解説1(3)**も参照のこと）[15]。

9　『条解』378頁、『基本法コンメ』118頁〔垣内秀介〕。なお、詐害行為取消訴訟を本案として債権者が保全処分の申立てをした場合で、当該保全処分の執行後に破産管財人が否認の訴えを提起したとき、当該保全処分に関する権利・地位が破産管財人に承継されるとしたものとして、大判昭11.7.11（民集15巻1367頁）がある。また、承継後の保全取消訴訟の被告適格が破産管財人に認められるとしたものとして、福岡高判昭31.3.19（判時80号18頁）がある。

10　なお、執行手続は（発令により直ちに）訴訟追行段階を終えているので、中断・受継の対象にならないとされるが、破産管財人は保全処分の効力を自己の有利に援用することができると解される（『条解』378頁、『基本法コンメ』118頁〔垣内秀介〕）。

11　『条解』378頁、『大コンメ』188頁〔菅家忠行〕。

12　民事保全法37条1項は「保全命令を発した裁判所は、債務者の申立てにより、債権者に対し、相当と認める一定の期間内に、本案の訴えを提起するとともにその提起を証する書面を提出し、既に本案の訴えを提起しているときはその係属を証する書面を提出すべきことを命じなければならない。」と規定する（このことを起訴命令という）。

13　『条解』378頁。

14　『条解』367頁。

15　『条解』372頁、『大コンメ』188頁〔菅家忠行〕、『伊藤』409頁、旧法下の判例であるが、債権者代位訴訟について旧法86条の準用を認めた上で、債権者代位訴訟と性質を同じくする株主代表訴訟にも同様の処理を認めているものがある（東京地決平12.1.27金判1120号58頁）。なお本件訴訟と似た構造である差押債権者による取立訴訟（民事執行法157条）、剰余金の配当等に関する支払責任の履行を求める訴訟（会社法462条1項1号・同法463条2項）、詐害信託の取消権訴訟（信託法11条）等についても同様に解される（差押債権者による取立訴訟につき、債務者の破産手続開始後には当該訴訟手続は中断すると判示した判例として、最判平11.12.17判時1707号62頁がある）。

d　否認権行使と詐害行為取消訴訟との関係

　破産手続開始後に、破産管財人は否認訴訟ではなく詐害行為取消訴訟を提起できるか。また、破産手続開始時に既に詐害行為取消訴訟が継続している場合に、破産管財人は否認訴訟に切り替えることなく詐害行為取消訴訟のままで受継できるか。

　旧法下の判例は、破産宣告後は破産管財人は否認権行使のみをすることができ、詐害行為取消訴訟を新たに提起することは許されないと判示する[16]。もっとも、この判示は、否認対象行為と詐害行為取消の対象行為が同一であることを前提とするため、詐害行為取消の対象行為が否認対象行為よりも広くなる事態（いわゆる逆転現象）が生じるとすれば、破産管財人が否認権に加えて詐害行為取消権を行使できると解する必要があると指摘されている[17]。

　この点、偏頗行為の取消対象行為については、債権者を害する行為であれば足りるので、支払不能を要件とする否認より広くなっていたが、改正民法案424条の3第1項1号が支払不能を要件とし、その限度で否認と平仄を合わせた。また、転得者に対する詐害行為取消について、判例[18]は、転得者が悪意であれば、転得者の前者が善意でも足りるとするので、転得者の前者の悪意も必要とする否認より広くなっていたが、改正民法案424条の5本文において転得者の前者についても悪意を要件とする一方で、改正破産法案170条本文及び1号において転得者の二重の悪意を不要とし、転得者及びその前者が、対象行為が破産債権者を害する行為であることを知っていれば足りるとして要件をあわせた。これらの改正が成立すれば、偏頗行為否認と転得者否認に関する詐害行為取消との逆転現象は解消されることとなるため、破産管財人に詐害行為取消権の行使を認める意義は減少するものと思われる[19]。

16　大判昭12.7.9（民集16巻1145頁）。
17　山本和彦「債権法改正に伴う倒産法の改正について」山本和彦・事業再生研究機構編『債権法改正と事業再生』（商事法務、2011年）19頁参照。
18　最判昭49.12.12（金法743号31頁）。
19　ただし、改正民法案附則19条において、「施行日前に旧法第424条第1項に規定する債務者が債権者を害することを知ってした法律行為がされた場合におけるその行為にかかる詐害行為取消権については、なお従前の例による。」とされていることから、改正民法の施行前の行為については時効期間が経過するまで逆転現象は残ることになる。

3　破産管財人による訴訟手続の受継（本条2項）

(1)　破産管財人による受継（2項前段）

　まず、本条2項前段は、「受け継ぐことができる」と規定していることから明らかな通り、本件訴訟を破産管財人に義務的に受継させるものではなく、その可否を破産管財人の裁量に委ねたものである。その趣旨は、①立案担当者によると、「本件訴訟における資料を利用することは訴訟経済に資する」からとのことであり[20]、また②係属中の本件訴訟が破産管財人に不利な状況の場合についてまでも受継を強制することは、本条の立法趣旨と整合しないからである[21]。

　その意味で破産管財人としては(ア)本件訴訟を受継する、(イ)改めて訴訟等の提起を行う[22]、(ウ)いずれの訴訟追行も行わない（具体的には勝訴の確率が低い場合にはこの選択を行うであろう）という、いずれかの選択を行うことになる[23]。

　破産管財人が本件訴訟を受継した場合には、請求の趣旨を必要に応じて変更しなければならないと解される[24]。これは、(ア)債権者代位訴訟に関してみると、破産管財人が債権者代位訴訟を受継したとしても、破産管財人が請求できるのはあくまで破産管財人に対する給付であり、また、(イ)詐害行為取消訴訟に関してみると、破産管財人自身が訴訟追行できるのはあくまで否認権訴訟であることから、本件訴訟の訴訟物と破産管財人による受継後の訴訟の訴訟物は理論的には異なるからである。

　なお、破産手続開始前から本件訴訟を提起していた債権者は、受継された訴訟につき法律上の利害関係を有するといえるため、破産管財人受継後の訴訟に補助参加できると考えられている[25]。

(2)　相手方による受継申立て（本条2項後段）

　一方、2項後段は、本件訴訟の相手方に受継申立権を認めたようにも読め

20　『一問一答』74頁。
21　『条解』363頁参照。
22　具体的には本件訴訟の進捗状況が破産管財人に不利な場合にはこの選択を行うであろう。またこの点に関して破産管財人による否認請求を許容するべきかどうか見解が分かれている（『条解』382頁）。
23　『概説』364頁〔山本和彦〕参照のこと。
24　『条解』379頁。

るが、債権者の不完全な訴訟追行に破産管財人が拘束されるのは合理的でないとして本件訴訟の相手方の受継申立権を否定する見解[26]と、文言に忠実にこれを肯定する見解[27]に分かれている。条文解釈上は肯定説が妥当と思われるが、2項前段が認めた破産管財人の選択権の意義は低下することになろう。

なお、関連する事項として詐害行為取消訴訟につき敗訴判決が確定していた場合の破産管財人に対する効力については、一債権者が行った訴訟追行に破産管財人が拘束されるのは合理的でないとする効力否定説と、一債権者の訴訟行為とはいえ適法に訴訟追行されたものは破産管財人に効力を及ぼすとする効力肯定説が存在する[28]。

(3) 否認の請求・役員責任査定決定の申立てとの関係

破産管財人が、破産手続開始決定時に係属する本件訴訟を受継することなく、①詐害行為の取消しを請求するために否認の請求の制度（法174条）を利用したり、②否認該当行為を行った役員の法的責任を追及するために役員責任の査定申立ての制度（178条）を利用したりと、破産法上認められた簡便な制度を利用することができるかが問題となる[29]。

積極説は、簡便な制度を利用するという破産管財人の判断・便宜を尊重する観点から、破産管財人が上記の制度の利用を選択した場合には相手方から本条2項に基づく受継の申立てをすることは許されないとする[30]。

---

[25] 『条解』379頁。なお、破産手続開始決定時に本件訴訟を提起していなかった債権者でも、破産管財人が提起した否認訴訟に補助参加できるとする裁判例がある（大阪高決昭58.11.2金法1072号35頁）が、この判示に関しては、当該債権者は一般的・反射的な事実上の利害関係を有するにすぎないとする批判がある（『条解』379頁）。

[26] 『大コンメ』189頁〔菅家忠行〕、旧法下の判例であるが「相手方は受継申立権を有せず」と明示するものがある（東京地判昭50.10.29判時818号71頁）。

[27] 『条解』380頁。ただし、総債権者の利益のために必要と認められる場合は自白の撤回要件（民事訴訟法上主要事実の自白の撤回は、相手方に異議がない場合や、反真実かつ錯誤の場合に限り撤回できるとされる見解が通説である）を緩める等の措置は許されるとする。『伊藤』407頁、『破産実務』118頁、『手引』225頁も参照のこと。

[28] 『条解』382頁。

[29] 基本的には否認の請求の制度及び役員責任の査定申立制度につき、本文中の議論が共通して当てはまるものと思われるが、詐害行為取消権の特則としての性格が明確な否認の請求の制度と異なり、役員責任の査定決定の申立てについては別の考慮があり得る点には、留意する必要がある。

[30] 『条解会更（中）』228頁を参照のこと。

これに対して消極説は、本条2項に相手方の受継申立権が明文で規定されていること、相手方の従前の訴訟における地位・利益も保護されるべきであること、破産債権査定に関しては簡易な制度よりも訴訟手続が優先されていること（法125条1項ただし書）、相手方が訴訟の受継を望む場合にまで簡易な制度の利用を強制することは、査定の制度趣旨にもそぐわないことを理由として、破産管財人が簡易な制度の利用を選択した場合にも、相手方は訴訟の受継申立てをすることができるとする[31]。

4　訴訟費用請求権の財団債権化（本条3項）

本条3項は、本件訴訟に関する破産管財人側の訴訟費用請求権が財団債権となることとの均衡から、相手方の訴訟費用請求権（手続開始前のものを含む）も財団債権としたものである[32]。

5　破産手続終了時の中断、受継（本条4項〜6項）

本条4項は、2項に基づく受継後に債務者における破産手続が終了した場合には、破産手続開始前の状態に復帰させる必要が生じるため、受継された本件訴訟の中断を規定している。また、破産管財人が本件訴訟の目的物を財団から放棄した場合には、（破産手続の終了に準じて）本条4項が準用されると解される[33]。

本条5項は、破産管財人が受継した本件訴訟が、4項に基づいて、破産手続の終了により再び中断したときには、当初の原告である破産債権者又は財団債権者に当該本件訴訟の受継義務があることを規定したものである。もっとも、個人破産事件において免責決定がなされた場合には、（免責の効力について争いはあるものの、いずれにせよ）免責対象の債権者は債務者に対してその責任を追及する権利（訴求権）を失っているので受継することができず、訴訟は終了すると解される[34]。

---

[31] 『条解』381頁、『破産実務』116頁。
[32] 『条解』380頁、『基本法コンメ』114頁〔垣内秀介〕、『伊藤』407頁、『大コンメ』183頁〔菅家忠行〕参照。
[33] 『条解』383頁。
[34] 『条解』383頁。

本条6項は、2項に基づく受継前に債務者における破産手続が終了した場合には、破産手続開始前の状態に当然に復帰することを規定している。

(柴原　多)

第46条　行政庁に係属する事件の取扱い

> 第44条の規定は、破産財団に関する事件で行政庁に係属するものについて準用する。

1　本条の趣旨

　本条は、破産財団に関する事件で行政庁に係属するものについて、破産財団に関する訴訟手続についての規定である、法44条を準用するというものである。

　破産手続開始決定に伴い破産財団に属する財産の管理処分権が破産管財人に専属し（法78条1項）、破産管財人が破産財団に関する訴えについての当事者適格を有することから（法80条）、破産財団に関する事件である限り、行政庁に係属する事件についても、訴訟手続と同様の中断・受継等の手続を定めるものである。

2　適用対象事件

　本条は、「破産財団に関する事件」で「行政庁に係属するもの」を対象とする。「破産財団に関する事件」の意義は、法44条と同じである。

　「行政庁に係属する事件」としては、①行政庁の処分についての行政不服審査法に基づく不服申立てに係る事件、②租税に関する処分についての不服申立てに係る事件（国税通則法75条以下、地方税法19条以下）、③知的財産権に関する各種審判手続に関する事件（特許法121条以下、実用新案法37条以下、意匠法46条以下、商標法44条以下）、④労働組合法、労働関係調整法に基づく労働委員会に係属する事件[1]等が挙げられる。

3 法44条の準用の効果

破産手続開始決定があると、破産財団に関する事件で行政庁に係属する事件は中断し、破産管財人は、中断した事件のうち破産債権に関しないものを受け継ぐことができる（法44条1項・2項前段準用）。この場合の受継の申立ては、相手方もすることができ、その場合の相手方の費用の請求権は財団債権となる（法44条2項後段・3項準用）[2]。

破産手続が終了したときは、破産管財人を当事者とする破産財団に関する行政庁に係属する事件は中断する（法44条4項）。この場合、破産者は中断した行政庁に係属する事件を受け継がなければならない。この場合の受継申立は、相手方もすることができる（法44条5項準用）。

破産手続開始決定により中断した行政庁に係属する事件について、受継があるまでに破産手続が終了した場合には、破産者は、行政庁に係属する事件を当然に受継する（44条6項準用）。

（三枝知央）

---

[1] バックペイについては、公法上の義務を課すにすぎないものであるが、実質的には破産債権の存否に関するものであるため、本条の適用を認め、手続を中断させるべきであるものとして『条解』385頁、今村哲「使用者に対する破産手続開始と係属中の不当労働行為救済命令申立事件の帰趨」「倒産と労働」実務研究会編『詳説 倒産と労働』（商事法務、2013年）439頁、笠井正俊「不当労働行為事件と使用者の破産」石川明・三木浩一編『民事手続法の現代的機能』（信山社、2014年）511頁以下参照。

また、破産手続開始の時点において雇用関係が全て終了している場合の手続の受継については、否定すべきものとして、『伊藤』410頁、前掲今村論文428頁、肯定すべきものとして前掲笠井論文514頁参照。

[2] 破産債権（租税等の請求権等を除く）に関するものは、届出・調査の手続を経て、破産債権の確定に必要な限度で受継されることとなる（法127条、129条2項・3項）。また、破産債権である租税等の請求権に関するものは、届出・調査・確定の手続が適用されないため、破産債権者の届出を待って、異議のある破産管財人において事件を受継する（法134条2項・3項・4項）。

第2款　破産手続開始の効果

第47条　開始後の法律行為の効力

① 破産者が破産手続開始後に破産財団に属する財産に関してした法律行為は、破産手続の関係においては、その効力を主張することができない。
② 破産者が破産手続開始の日にした法律行為は、破産手続開始後にしたものと推定する。

1　本条の趣旨

　破産手続開始決定がなされると、破産財団に属する財産の管理処分権は、破産管財人に専属する一方（法78条1項）、破産者は破産財団に属する財産の管理処分権を喪失し、破産手続開始後に破産財団に関する財産に関する法律行為は、破産管財人にしか行うことができなくなる。そこで、本条は、破産者が破産財団に属する財産に関してした法律行為について、破産手続の関係においては、その効力を主張することができないとする。権限のない破産者の行為によって破産財団が流出することを防止することにより、破産管財人による財産換価行為を適正かつ円滑に進め、破産債権者が害されることを防ぐことを目的とするものである。
　保全管理人が選任された場合にも、債務者の財産の管理処分権は保全管理人に専属することから（法93条）、本条は、保全管理人が選任された場合に準用されている（法96条1項）。
　なお、破産手続開始後の破産者の行為によらない権利の取得については、法48条が定めるところであり、同条文も本条と同様の趣旨に基づくと解されている。

2　適用対象

　本条は、破産者が、「破産手続開始後」に「破産財団に属する財産」に関してした「法律行為」を対象とする。

(1) 破産者の法律行為

ここにいう破産者の「法律行為」には、狭義の法律行為（売買・賃貸借・担保権設定のような契約や相殺・解除のような単独行為等）だけでなく、広義の法律行為（債権譲渡の通知・承諾、弁済、債務の承認、期限の猶予、物件の引渡し、登記・登録の申請等）まで、破産財団に帰属する財産の変動を伴う行為を広く含む。破産者の行為が破産財団にとって有利か不利かを問わず、破産者による法律行為が対象となる。

(2) 破産手続開始後の行為

本条は、「破産手続開始後」の破産者の行為だけを対象とする。破産手続開始により、破産財団に属する財産の管理処分権が破産管財人に専属することから、破産手続開始時が基準となる。破産手続開始前になされた行為については、本条の対象外であり、否認権の対象となり得るほか、破産管財人の第三者性の問題ともなり得る。保全処分がなされている場合には、これに抵触し効力が否定されないかの問題ともなる。

破産手続開始の基準時は、破産手続開始決定書に記載された決定の年月日時である（規則19条2項）。破産手続開始の登記がなされている必要はない。破産手続開始決定があると、遅滞なく破産手続開始の登記がなされるが（法257条、258条）、破産手続開始による管理処分権喪失の効力は、第三者に対する関係でも、破産手続開始によって当然に生じるのであり（法30条2項）、破産手続開始の登記は、第三者に対抗するためのものではないからである。

破産手続開始の日にした法律行為は、破産手続開始後にしたものと推定される（本条2項）。そのため、破産管財人は、破産者の法律行為が破産手続開始の日にされた行為であることを主張立証すれば足り、破産者等において当該主張を争う場合には、法律行為が破産手続開始前になされたことを立証する必要がある。

(3) 破産財団に属する財産に関してした法律行為

本条の対象となる行為は、破産財団に帰属する財産に関してした法律行為に限られる。

自由財産については破産者が管理処分権を有しており、破産者が自由財産に関してなした法律行為については、本条の対象外であり、有効である。破産者が破産手続開始後に新たに負担した債務も、自由財産が引当となり、破

産債権とはならず、有効である。

　婚姻や離婚等の身分行為も、破産者に専属する行為であり、破産財団に影響を与えないことから、本条の対象外である。ただし、破産手続開始前に破産者のために相続の開始があった場合において、破産者が破産手続開始後にした単純承認や相続の放棄は、破産財団帰属財産に影響を与えることから、法238条により、破産財団に対しては、限定承認の効力を有するとされている[1]。

　法人の組織法上の行為については、商号や本店所在地の変更のような破産財団に影響しない行為は、破産財団に属する財産に関してした法律行為ではなく、本条の対象外である。しかしながら、会社分割等については、組織法上の行為であっても、破産財団帰属財産に影響を与えるため、「破産財団に属する財産に関してした法律行為」に含まれるとされている[2]。

3　効　果

(1)　相対的無効

　本条の効果として、「破産手続の関係においては、その効力を主張することができない」とされているが、その意味については、いわゆる相対的無効と解されている。すなわち、当該法律行為の当事者である破産者と相手方との間ではその行為は有効であるが、相手方は破産管財人に対してその効力を主張することができないと解されている。

　したがって、破産管財人は、行為の相手方に対して破産者の法律行為の不存在、無効を前提とした主張をすることができ、破産財団に属する財産を破産者が売却して相手方に引き渡してしまっても、破産管財人がその効力を否定して返還を求めたときは、相手方はその財産を返還しなければならない。

　また、破産手続開始決定が取り消された場合や破産手続が廃止された場合には、破産者は、財産の管理処分権を回復することから、破産者の法律行為は確定的に有効となる[3]。破産者の法律行為は、破産手続が進行する限りで

1　その他、破産者が相続人の場合の遺産分割や離婚に伴う財産分与についても、破産財団に影響を与えることから、その効力が問題とされている。詳細は、**本書44条の解説1(3)**、**80条の解説4**、**238条の解説1**参照。

2　『条解』388頁。

無効であるという意味でも、相対的無効であるとされている[4]。

(2) 善意取得との関係

この場合、破産手続開始決定のなされていた事実について、相手方が善意であったか悪意であったかは関係なく、破産者の法律行為の効果を、破産管財人には対抗できない。相手方が善意だったとしても善意取得（民法192条、手形法16条2項）は成立せず、破産管財人は目的物の返還を求めることができる。善意の相手方が保護されるのは、法49条、50条の定める例外的な場合だけである。本条は、取引安全よりも破産債権者の保護を優先した規定であると解されている[5]。

(3) 破産管財人による追認

破産手続開始後の破産者の法律行為の効力を相対的無効としたのは、財産の管理処分権のない破産者による法律行為の効力を否定し、破産財団の適正・円滑な処分を図るためである。したがって、破産者の法律行為が破産財団の増殖に資するものであり、破産財団にとって有利であるならば、破産管財人の側からその行為の効力を追認することは特段の問題はない。破産管財人は、無権代理人による法律行為の本人による追認と同様に、破産者の行為を追認し、有効なものとして扱うこともできる。なお、破産管財人による追認がなされない場合、破産者本人は相手方に対して、法律行為の効果として生じる債務の履行又はその不履行による損害賠償責任を自由財産との関係で追うとされている[6]。

（三枝知央）

第48条　開始後の権利取得の効力

① 破産手続開始後に破産財団に属する財産に関して破産者の法律行為によ

3 　大判昭6.5.21（新聞3277号15頁）は、破産手続廃止の場合について、最判昭36.10.13（民集15巻9号2409頁）は、更生手続廃止の場合について判示する。
4 　『条解』389頁。
5 　『条解』390頁、『大コンメ』193頁〔大村雅彦〕。なお、破産者の取引の相手方から転得した場合に、善意取得の可能性があるのは当然である。
6 　『条解』389頁。

らないで権利を取得しても、その権利の取得は、破産手続の関係において
は、その効力を主張することができない。
② 前条２項の規定は、破産手続開始の日における前項の権利の取得につい
て準用する。

1　本条の趣旨

　本条は、破産手続開始後に、破産者の行為によらないで、第三者が破産財団に帰属する財産の権利を取得した場合について、破産手続の関係においては、その効力を主張することができないとし、法47条１項と同様の相対的無効を定める。本条については、破産者の行為によらないで破産財団に帰属する財産についての権利を取得した場合であっても、破産債権者を害することに変わりはないことから、法47条の定める破産者の行為による場合と同様に、破産手続においてその効力を主張することができないとされている。

　なお、本条の文言だけを形式的にみると、破産管財人が破産財団に属する財産を売却したことにより第三者が財産を取得する場合や別除権者が担保権を実行して第三者が財産を取得する場合も、本条に該当するようにみえる。しかしながら、これらの権利取得は、破産法自身が予定する権利の移転であり、破産債権者を害することもないので、本条の対象外であり、当然に破産手続との関係でも有効である[1]。

2　適用範囲

　本条は、「破産手続開始後」に「破産財団に属する財産」に関して「破産者の法律行為によらないで」権利を取得した場合を対象とする。

(1)　破産者の法律行為によらない権利取得

　かつては、破産者の法律行為によらない権利取得とは、「法律の規定や破産者以外の第三者との間の行為によって権利を取得した場合」を広く指すと解されてきたが、現在では、その範囲については限定して解釈すべきとされ

---

[1]　『伊藤』340頁。

ており、具体的な適用範囲については、本条の立法趣旨の解釈とも関連して結論が分かれている。

本条の適用がある場合として争いがないと思われるのは、①取引先等の破産債権者が、破産手続開始後に破産財団に帰属すべき商品・有価証券等を第三者から取得した場合の商事留置権（商法31条、521条、会社法20条）についてであり、破産債権者は、取得した商事留置権を破産管財人に対して主張することはできないとされている。一方、本条の適用がないとして争いがないと思われるのは、②破産者所有の不動産に対抗力のある賃借権（譲渡・転貸を可能とする特約付）が設定されている場合において、破産手続開始後に右不動産が転貸されて転借人の取得する転借権についてであり、転借人は転借権の取得を破産管財人に主張することができるとされている[2]。最判は、その理由として、不動産に新たな負担ないし制限を課するものではなく、財団の不利益にならないからであるとする。

上記以外については、学説上争いがある。

現在の通説は、本条は、破産手続開始により、破産者が管理処分権を喪失することを前提とする規定であるから、破産者の管理処分権の有無と関係のない権利取得については適用がないとし[3]、時効取得、善意取得、附合・混和・加工による取得等には、本条の適用はなく、第三者が権利取得をすることができるとする。一方、上記①の商事留置権の事例の他、③破産手続開始後に破産者が死亡した場合についても、本条が適用されるとし、相続人は破産財団帰属財産の相続による取得を主張できないとする。また、④破産手続開始前に破産者から債権を譲り受けたものが破産手続開始後に第三債務者の承諾を得た場合についても、本条が適用され、対抗要件具備を主張できないとする[4]。

しかしながら、この通説に対しては、破産手続開始後の破産者の死亡の場合には、相続財産に対する破産が続行されるから（法227条）、相続人がその権利を破産債権者に対して主張することを考える必要が乏しい、また、本条

---

[2] 最判昭54.1.25（民集33巻1号1頁）。
[3] 山木戸克己『破産法』（青林書院新社、1974年）114頁、谷口安平『倒産処理法〔第2版〕』（筑摩書房、1980年）136頁、『条解』391頁、『大コンメ』194頁〔大村雅彦〕他。
[4] 霧島甲一『倒産法体系』（勁草書房、1990年）369頁。

の適用があるとする商事留置権の場合と適用がないとする取得時効の場合については、いずれも破産者が何ら関与しておらず、通説の基準では区別ができない、との疑問が示されている[5]。

かかる点をふまえて、近時有力に主張されている見解は、本条のドイツ法を由来とする沿革から、本条の趣旨は、一部の破産債権者が第三者の偶然の行為によって財団所属財産について担保権を取得し、他の債権者との公平が害されることを防ごうとする点にあるとし、本条については、破産手続開始前から破産者に対して債権を持っていた破産債権者が、第三者の行為によって破産財団所属財産について担保権者や給付の目的物についての所有権を取得する場合に限って適用があるとすべきであるとする。この見解によれば、前記①の商事留置権の事案について適用されるほか、上記④の第三債務者の承諾による対抗要件具備については、債権譲渡担保の場合を除いて、本条が適用されないことになる。この見解は、取得時効・即時取得・附合等の法律上の取得原因に基づく権利取得が有効であるのは当然であるとする[6]。

この他、本条の趣旨は、破産債権者の共同の満足を妨げる権利取得の排除にあるとし、時効取得を本条の対象外とすることは甚だ疑わしい、動産の即時取得は取引安全の要請から責任除外を容認せざるを得ないなど、とする見解もある[7]。しかしながら、本条の目的をそのように理解すること自体が正当かどうかという点に疑問を呈する見解もある[8]。

(2) 破産手続開始後の行為

法47条と同様、本条は、破産手続開始決定書に記載された決定の年月日時を基準として、破産手続開始後の行為を対象とする。また、破産手続開始日における権利取得は、破産手続開始後にしたものと推定される(本条2項、47条2項準用)。

(3) 破産財団に属する財産に関する権利取得

破産財団に属する財産だけを対象とする点も47条と同様である。

(三枝知央)

---

5 『伊藤』338頁。
6 『伊藤』339頁。
7 中野貞一郎・道下徹編『破産法〔第2版〕(基本法コンメンタール)』(日本評論社、1997年) 81頁〔中野貞一郎〕。
8 『条解』392頁、『伊藤』339頁。

第49条　開始後の登記及び登録の効力

① 不動産又は船舶に関し破産手続開始前に生じた登記原因に基づき破産手続開始後にされた登記又は不動産登記法（平成16年法律第123号）第105条第1号の規定による仮登記は、破産手続の関係においては、その効力を主張することができない。ただし、登記権利者が破産手続開始の事実を知らないでした登記又は仮登記については、この限りでない。
② 前項の規定は、権利の設定、移転若しくは変更に関する登録若しくは仮登録又は企業担保権の設定、移転若しくは変更に関する登記について準用する。

1　本条の趣旨

　本条1項は、破産者が破産手続開始後に破産財団に属する財産に関してした法律行為は破産手続の関係において効力を主張できないこと（法47条1項）を前提に、不動産又は船舶に関して破産手続開始前に生じた登記原因に基づき破産手続開始後にされた登記及び1号仮登記（不動産登記法105条1号の規定による仮登記。以下同じ）も同様に取り扱われることを確認しつつ（本文）、登記権利者が破産手続開始の事実を知らないでした登記等について、例外的に効力を主張できるものとしたものである（ただし書）。本条2項は、これを登録及び仮登録（鉱業法59条、60条、特許法66条、98条、著作権法75条、77条等）並びに企業担保権に関する登記に準用するものである。
　これらは、破産債権者の保護のため破産手続開始後の登記等の効力を破産管財人に対抗できないものとして破産財団の保全を図りつつ[1]、例外として善意の登記権利者の保護を図ることで、取引の安全も保護する趣旨である（**本書第3章前注3**参照）。
　なお、法47条等とは異なり、保全管理命令が発せられた場合には準用されない（法96条1項参照）。

---

[1] 最判昭58.3.22（金法1050号41頁）参照。

2 本条1項本文について

(1) 本条1項本文の要件

本条1項本文の要件は、不動産又は船舶に関し破産手続開始前に生じた登記原因に基づき破産手続開始後に登記又は1号仮登記がなされたことである。

登記原因となる法律行為が破産手続開始後になされた場合には適用がなく、破産者がこのような法律行為を行った場合は、法47条1項の問題となる。また、登記原因となる法律行為及び登記が共に破産手続開始前に行われた場合は、破産手続の関係において、その効力を主張することができるのが原則であり、否認権の行使が問題となるにすぎない。

本条1項の登記原因となるのは、破産財団の保全を図るという趣旨と法47条1項及び本条1項ただし書との関係から、破産財団に属する財産の処分行為となるようなもの、言い換えれば破産者が登記義務者になるものに限られるものと考えられる[2]。例えば、破産者が所有する不動産の譲渡、抵当権の設定等については適用がある一方で、破産債権者が破産債権を譲渡したことに伴い、抵当権移転の付記登記を行ったような場合は、明文上明らかではないものの、適用がないものと考えられる。

仮登記に関しては、本条1項本文では、1号仮登記（不動産登記法105条1号の規定による仮登記。以下同じ）について規定する一方で、2号仮登記（不動産登記法105条2号の規定による仮登記。以下同じ）については触れていない。また、本条1項ただし書では、「仮登記」とのみ規定しているため、これらの解釈が問題となる。この点、破産手続開始後にされた2号仮登記は破産手続の関係においても効力を主張できるとする趣旨ではなく、法47条1項により、登記権利者の善意悪意を問わず、破産手続開始後に行われたものは、破産手続の関係において効力を主張できないとする趣旨と考えられる[3]。文理上、本条1項ただし書の「仮登記」は1号仮登記のみを意味するものと考えられ、また2号仮登記のみを有効と扱う理由はなく、むしろ2号仮登記は、権利変

---

2 『条解』394頁。
3 『条解』396頁。

動の実体的要件が満たされていない場合に行われるものであり、本条1項ただし書による特別の保護に値しないと考えられるからである。もっとも、破産手続開始時に既に実体的要件が満たされていた場合、1号仮登記と同様に保護すべきとの見解も有力である[4]。

　動産及び債権の譲渡の対抗要件に関する民法の特例等に関する法律に基づく動産又は債権の譲渡の登記については、明文上は対象とされていないが、解釈上、類推適用が可能かどうか問題となり得る。確定日付ある通知・承諾による債権譲渡等も同様である。類推適用を認める見解もあるが[5]、異論もあろう[6]。類推適用を認めると本条1項ただし書に基づき善意者を保護する結果となるが、本条が一定の登記・登録等に限って破産財団の保全よりも取引の安全を重視するものとしていることを考えると、確定日付ある通知・承諾や、商取引よりも金融取引の場面で多く用いられる動産又は債権の譲渡の登記についてまで、明文の定めがないにもかかわらず、不動産登記等と同程度の保護をすべきかどうかは疑問の余地があり、いずれも類推適用は認めるべきではないものと考えられる。

(2) 本条1項本文の効果

　本条1項本文が適用され、同項ただし書が適用されない場合、登記権利者は、破産手続の関係において、行われた登記の効力を主張することができない。そこで、破産管財人は、登記がなされていないことを前提とした主張をすることができ、登記の抹消を請求することもできる。そして、破産管財人が民法177条の第三者に当たるとする判例・通説を前提とすれば[7]、登記の前提となった物権変動がないことを前提とした主張をすることができる。

　逆に、破産管財人から登記の効力を認めることは可能であり、また自由財産の拡張等によって不動産等の管理処分権限が破産者に戻った場合、有効な登記がなされたものとして取り扱われることになる。

4　『注解（上）』273頁〔吉永順作〕。
5　『伊藤』341頁。
6　『条解』394頁参照。
7　『伊藤』344頁参照。

3　本条1項ただし書について

(1)　本条1項ただし書の要件

本条1項ただし書の要件は、登記権利者が破産手続開始の事実を知らないで登記又は仮登記手続を行ったことである。

登記権利者に過失があった場合もただし書の適用はある。破産手続開始の事実を知らないことについては登記権利者に立証責任があるが、法51条に基づき、破産手続開始の公告（法32条1項）の前においては善意が推定され、当該公告の後においては悪意が推定されることには留意が必要である。

(2)　本条1項ただし書の効果

本条1項ただし書が適用される場合、登記権利者は、登記の効力を主張することができ、その結果として、登記原因となった物権変動（破産財団に属する財産の処分行為）を破産管財人に対抗できることになる。通常の場合、破産手続開始前に破産者から不動産を買い受けた者は、破産手続開始前に移転登記を受けなければ破産管財人に所有権の取得を対抗できないが、本条1項ただし書の適用がある場合は、対抗できることになる。

もっとも、登記原因となった物権変動自体に無効事由がある場合や当該物権変動が否認された場合は、本条1項ただし書の射程外であり、このような場合にまで登記を有効とするものではない。また、本条1項ただし書の適用がある場合も、破産管財人が、別途権利変動の対抗要件の否認（法164条）を主張することは可能と考えられる[8]。

4　破産手続開始前に行われた仮登記について、開始後に本登記とすることの可否

破産手続開始前に仮登記が行われていた場合に、破産手続開始後に本登記をすることが可能か否かについては、少なからず問題となる。

---

[8] 『伊藤』342頁。水元宏典「破産手続開始後にした破産者の行為と否認権」『伊藤古稀』1132頁は、破産手続開始後の行為が否認対象とならないことを前提に、伝統的な理論は、破産手続開始後になされた、対抗要件否認の対象となるような登記については、本条1項ただし書を適用しないと解釈してきたが、立法論としては本条1項ただし書を削除すべきであり、解釈論としては、開始後の行為であっても対抗要件否認の対象となるという解釈もあり得てよいのではないか、としている。**本書164条の解説**注12参照。

まず、1号仮登記がなされていた場合については、登記権利者の善意悪意を問わず、破産手続開始後になされた本登記も有効であり、かつ、仮登記権利者は破産管財人に対して登記手続を請求することができるとするのが判例であり[9]、通説である[10]。実体的要件は具備していたのに手続的要件を具備しなかったため、やむを得ず仮登記にしていた者の本登記を破産手続開始によって遮断するのは酷であること、1号仮登記には差押えを含む中間処分を排除する効力があり、破産管財人の地位も差押債権者と基本的に同質であることなどが理由とされている。

一方で、2号仮登記がなされていた場合については、争いがある。権利変動の実体的要件を備えていないことから、破産管財人に対する本登記請求は認められないとする見解及び開始時点で実体法上の要件が具備されている場合に限って認められるとする見解も有力であったが[11]、現在では、破産管財人に対する本登記請求が認められるとする見解が有力である[12]。旧法下の判例[13]も、農地法3条に基づく許可（効力要件となる。現行農地法3条7項参照）を得ずに不動産を譲渡して、2号仮登記を行った事案について、破産管財人に対する本登記請求を認めている。ここで、2号仮登記に関して、破産手続開始後に破産者の協力を得て本登記がなされた場合は、本登記請求を否定する見解からは、明文上、本条1項の適用はない以上、効力は否定すべきという結論になり、本登記請求を認める見解からすれば、1号仮登記と同様に保護すべきという結論になり、効力が認められることになろう。

旧法下の裁判例[14]であるが、売買の一方の予約がなされ、破産宣告前に仮登記がなされており、破産宣告後、予約完結権者が、予約完結の意思表示をして所有権移転登記手続を求めた事案について、破産管財人による双方未履行双務契約の解除を認めて、これを棄却したものがある[15]。このように2号

9　大判大15.6.29（民集5巻602頁）。
10　『条解』397頁、『伊藤』343頁、『倒産法概説』199頁〔沖野眞已〕、『破産民再概論』92頁、『大コンメ』198頁〔大村雅彦〕。
11　『条解会更（上）』527頁。
12　『伊藤』344頁、『破産民再概論』92頁、加藤哲夫著『破産法〔第6版〕』（弘文堂、2012年）。
13　最判昭42.8.25（判時503号33頁）。
14　大阪高判昭32.6.19（下民8巻6号1136頁）。
15　更生事件に関して同旨の裁判例として東京高判昭44.4.1（金法552号27頁）。

仮登記に関する本登記請求が認められるとする見解に立っても、前提となる権利が解除される場合があることには留意が必要となる（なお、2号仮登記によって物権的な地位が取得されているとみる立場から、双方未履行双務契約としての解除権も行使できないとする反対説もある）[16]。

なお、仮登記担保については、そもそも本登記を行わなくても別除権として行使できるため（法65条、仮登記担保契約に関する法律19条）、いずれの見解に立ったとしても、本登記請求は認められる[17]。

5 本条1項ただし書の実務的な適用場面

本条1項ただし書が問題となる典型的な場面は、破産者が、開始前に第三者に不動産を譲渡した上で、開始後に移転登記手続を行った場合や、開始前に借入等を行い、抵当権設定契約を締結して、開始後に抵当権設定登記手続をしたような場合であるが、決済等と同時に登記手続をするのが通例であり、実体的な権利変動と登記手続が開始の前後に分かれる可能性は少ない。

また、破産手続開始決定がなされると、破産者が法人の場合、裁判所書記官の職権で遅滞なく商業登記簿に破産の登記がなされるため（法257条1項）、破産者を登記義務者として申請された登記は受理されないことになる（不動産登記法25条4号）。また、破産者が個人の場合も、対象不動産に破産手続開始の登記（法258条1項2号）がなされれば、同様に破産者を登記義務者とする登記は受理されない（不動産登記法25条4号）[18]。そこで、破産手続開始後に、登記がなされてしまうのは、これらの登記の前に限られる。

（金山伸宏）

第50条 開始後の破産者に対する弁済の効力

① 破産手続開始後に、その事実を知らないで破産者にした弁済は、破産手

---

16 『注解（上）』569頁〔野村秀敏〕。
17 『大コンメ』198頁〔大村雅彦〕、『条解』398頁。
18 以上について『注解（上）』269頁〔吉永順作〕参照。また、登記手続については、高山崇彦「破産と登記・登録」『破産法大系Ⅰ』90頁参照（なお、個人の不動産に関する破産の登記は、実務上は留保される場合がある。『手引』128頁）。

続の関係においても、その効力を主張することができる。
② 破産手続開始後に、その事実を知って破産者にした弁済は、破産財団が受けた利益の限度においてのみ、破産手続の関係において、その効力を主張することができる。

1 本条の趣旨

　本来、破産手続開始の決定があった場合、破産財団に属する財産の管理及び処分をする権利は裁判所が選任した破産管財人に専属するため（法78条1項）、破産者に弁済をしても破産管財人に対抗できないが、本条1項は、破産手続開始の事実を知らないで破産者への弁済をした場合、その効力を主張できるものとしている。民法478条の債権の準占有者に対する弁済と同様に、取引の安全を守る趣旨の規定であるが、債務者は、通常、債権者の資力への関心が薄く、債権者の破産手続開始を把握していないことも多いため、同条と異なり、無過失は要求されない。

　本条2項は、破産手続開始の事実を知って破産者に弁済をした場合であっても、結果として破産財団が利益を受けた場合、その利益の限度において、弁済の効力を主張できるものとして、弁済者の保護を図っている。破産者が弁済として受領したものが破産管財人の手に渡って破産財団の維持が図られている場合には、その効力を否定する理由がないとの趣旨に基づくものである[1]。民法479条と同趣旨である。

　なお、保全管理命令が発せられた場合にも準用される（法96条1項）。

2 本条1項について

(1) 要　件

　破産手続開始後に、その事実を知らないで破産者に弁済をすることである。

　破産手続開始前の弁済は、（保全管理命令が発令されていない限り）有効である

---

[1] 名古屋高裁金沢支判平20.6.16（金法1873号71頁）参照。

ため、破産手続開始後の弁済が問題となる。対象となる債権は、本条の趣旨から破産財団に属する債権に限られる[2]。弁済については、金銭債務の弁済に限らず、物の引渡債務の履行等も含むが[3]、代物弁済は対象とならない[4]。なお、債務者の善意が要件とされていることから、代物弁済を特に排除しないとする考え方も成り立つ余地があるとする見解もあるが[5]、代物弁済は新たな契約であり、単なる弁済の受領と同列に扱うことはできず、法47条1項に基づき、破産手続開始後に合意された代物弁済は、破産手続の関係において効力を主張できないものと考えられる[6]。一方で、破産手続開始前に諾成的な代物弁済契約が締結されて開始後に弁済がなされた場合は、破産手続開始前に債務の内容が変更された場合と同列に扱うことができるものと考えられ、本条の適用があるものと考えられる。

破産者が法人の場合の代表者に対する弁済も要件を充たすものと考えられる[7]。

無過失までは要求されず、破産手続開始の事実を知らないで弁済をすれば要件を充たす。破産手続開始の事実を知らないことについては弁済者に立証責任があるが[8]、善意又は悪意について、法51条に基づき、破産手続開始の公告（法32条1項）の前においては善意が推定され、当該公告の後においては悪意が推定されることには留意が必要である。

(2) 効　果

破産手続の関係においても、弁済の有効性を主張することができ、弁済者

---

[2] 『条解』399頁。
[3] 『伊藤』345頁。
[4] 『伊藤』345頁、『倒産法概説』201頁〔沖野眞已〕、『破産民再概論』94頁、『大コンメ』199頁〔大村雅彦〕。
[5] 『条解』399頁。
[6] 民法482条の代物弁済契約が要物契約か諾成契約かについては見解の対立があったが、改正民法案482条は、「弁済をすることができる者（以下「弁済者」という）が、債権者との間で、債務者の負担した給付に代えて他の給付をすることにより債務を消滅させる旨の契約をした場合において、その弁済者が当該他の給付をしたときは、その給付は、弁済と同一の効力を有する。」として、諾成契約であることを明示した。いずれにせよ契約である以上、破産手続開始後に、代物弁済契約が締結されても、破産手続の関係において効力を主張できないことには変わりがないものと考えられる。
[7] 『伊藤』345頁。
[8] 『条解』399頁。

は債務を免れることになる。この場合、破産管財人は、破産者の自由財産を引当として、破産者に対して不当利得返還請求をすることになる。

弁済者が、本条１項に基づく主張をせずに破産管財人に二重弁済をした場合、当初の弁済は無効となる[9]。そこで、弁済者は破産者の自由財産を引当として不当利得返還請求を行うことができ、また破産者が法人の場合において代表者に弁済をしたときは、役員の第三者責任（会社法429条1項）の追及、不法行為責任の追及等を行うことができる場合が多いと考えられる。

3　本条２項について

(1) 要　　件

破産手続開始後に、破産者に弁済を行い、破産財団が利益を受けたことである。弁済が金銭債務の弁済に限られないことなどは2(1)と同様である。破産財団が利益を受けたことについて、弁済者に立証責任があるが、その経緯は問わず、破産者が弁済金を破産管財人に引き渡した場合のほか、破産者が財団債権の弁済を行ったような場合も含まれる[10]。

(2) 効　　果

破産財団が受けた利益の限度において有効な弁済が行われたものとして扱われる。その限度を超える部分については、破産手続の関係において、その効力を主張することができず、弁済者としては、破産管財人に二重弁済をする必要がある。

（金山伸宏）

第51条　**善意又は悪意の推定**

> 前２条の規定の適用については、第32条第１項の規定による公告の前においてはその事実を知らなかったものと推定し、当該公告の後においてはその事実を知っていたものと推定する。

9　東京高判昭41.8.18（金法454号6頁）。
10　『大コンメ』200頁〔大村雅彦〕、『条解』400頁。

法49条（開始後の登記及び登録の効力）及び法50条（開始後の破産者に対する弁済の効力）は、破産手続開始に関して善意の登記権利者及び弁済者について一定の保護を図っている。本条は、これらの規定の適用上、破産手続開始の公告（法32条1項）の前においては善意を推定し、公告の後においては悪意を推定して、立証の便宜を図る趣旨である。いわゆる法律上の推定を定めた規定である。

　破産法上、公告は官報に掲載があった日の翌日にその効力を生ずるものとされているため（法10条1項・2項）、掲載日の翌日の午前0時が基準時となるものと考えられる[1]。

　本条は、法60条3項において為替手形の引受け又は支払等に関して準用されており、保全管理命令が発せられた場合について法96条1項にて準用されている。

（金山伸宏）

第52条　共有関係

> ① 数人が共同して財産権を有する場合において、共有者の中に破産手続開始の決定を受けた者があるときは、その共有に係る財産の分割の請求は、共有者の間で分割をしない旨の定めがあるときでも、することができる。
> ② 前項の場合には、他の共有者は、相当の償金を支払って破産者の持分を取得することができる。

1　本条の趣旨

(1)　本条1項

　各共有者は、いつでも共有物の分割を請求することができるが（民法256条1項本文）、破産手続において、共有者間で分割をしない旨の契約（同条項ただし書）がある場合に、破産管財人による共有物分割請求ができないとする

1　『条解』401頁。

と、破産管財人による換価が妨げられ、破産財団が不利益を被るおそれがある。

そこで、破産財団が不利益を被ることを回避し、破産管財人の換価を容易にするために、本条1項が定められた[1]。本条1項は、法律上[2]又は性質上[3]分割請求をすることができない場合には、適用されない[4]。

(2) 本条2項

本条2項は、分割を望まない他の共有者の利益に配慮し、分割による不利益を回避することができるようにするため、定められた[5]。

2　共有物分割請求

(1) 分割請求の主体

本条1項は、分割請求の主体について、破産管財人に限定していないため、他の共有者からの分割請求の可否につき、破産手続は、全ての財産の迅速な換価処分を目的とすること、また、他の共有者が、破産財団に属する共有持分が換価のために第三者に譲渡されるよりも、その前に共有関係を解消することに利益を感じる場合もあることなどを理由に肯定する見解[6]がある一方、破産財団の換価を容易にすることが本条1項の趣旨であることを理由に否定する見解[7]もある。

(2) 分割請求手続

分割請求は、破産手続によらず、共有物分割の一般の手続による。具体的には、通常共有の場合には、協議又は共有物分割請求訴訟（民法258条1項）、遺産共有の場合には、協議又は遺産分割の申立て（民法907条1項・2項）を行う。被相続人が遺言で遺産の分割を禁止しているとき（民法908条）であっても、破産管財人は、遺産分割の申立てをすることができると解されている[8]。

1　『条解』402頁。
2　民法257条、229条、676条2項、建物の区分所有等に関する法律15条2項等。
3　入会権（総有）。
4　『条解』402頁。
5　『条解』402頁。
6　『基本法コンメ』126頁〔山本克己〕、『倒産法概説』194頁〔沖野眞已〕。
7　『条解』402頁。
8　『条解』402頁。

3 他の共有者による持分取得請求

　本条２項に基づく他の共有者による持分取得請求は、破産管財人に対する形成権である。他の共有者から破産管財人に対し、この持分取得請求がされた場合には、破産管財人は、本条１項による分割請求も共有持分権の換価もすることが許されなくなると解されている[9]。

（富岡武彦）

第53条　双務契約

> ①　双務契約について破産者及びその相手方が破産手続開始の時において共にまだその履行を完了していないときは、破産管財人は、契約の解除をし、又は破産者の債務を履行して相手方の債務の履行を請求することができる。
> ②　前項の場合には、相手方は、破産管財人に対し、相当の期間を定め、その期間内に契約の解除をするか、又は債務の履行を請求するかを確答すべき旨を催告することができる。この場合において、破産管財人がその期間内に確答をしないときは、契約の解除をしたものとみなす。
> ③　前項の規定は、相手方又は破産管財人が民法第631条前段の規定により解約の申入れをすることができる場合又は同法第642条第１項前段の規定により契約の解除をすることができる場合について準用する。

1　本条の趣旨

　本条は、破産者と相手方間で双務契約が締結され、破産手続開始時点において、双方の債務が未履行（一部未履行含む）であった場合、破産管財人は、契約の履行を選択して双務契約を実行するか、契約を解除することを選択して双務契約を解消することができることを定めている。本条は、清算型倒産

9　『条解』403頁。

手続である破産手続における双方未履行双務契約の処理に関する一般的な原則を定める規定である。再建型倒産手続である民事再生法49条、会社更生法61条にも本条と同様の規定があるが、清算型、再建型手続の違いにより解釈が異なる場合がある。

2　比較法的特徴

双方未履行双務契約の破産手続における扱いについては、比較法的には、本条のように、破産管財人に解除権、履行選択権を与え、契約関係の解消、存続を図る立法主義のほか、破産管財人に契約の履行拒絶権のみを与える立法主義がある（ドイツ法など）。契約の履行拒絶権のみを破産管財人に与える法制では、双方未履行双務契約は解消されず、相手方は従来の契約上の履行請求が許されず、不履行に基づく損害賠償請求権のみが倒産債権として行使することが許される。比較法的には日本のような法制は例外的なものとされている。契約の履行拒絶権の観点から双方未履行双務契約を比較検討することは、本条の規定の理解、解釈に関して参考になる[1]。

3　本条の規定の理解

本条により破産管財人が履行選択した場合には、相手方の権利は財団債権となり（法148条1項7号）、解除が選択された場合には、相手方の原状回復請求権は取戻権（法62条）又は財団債権（法54条2項）となるが、損害賠償請求権は破産債権（法54条1項）とされている。

本条を含めこれらの規定の趣旨をどのように理解するかについては、以下のような考え方の違いがある。本条の規定の趣旨の考え方の違いは、理論的な色彩の問題と考えられる一方、各種の双務契約に本条を適用する場合の解釈論にも影響を与える問題である。

(1)　当事者間の公平（衡平）を制度趣旨とする説[2]

双務契約における両当事者間の義務が同時履行の関係にあり、相互に担保

---

[1] 福永有利「破産法59条の目的と破産管財人の選択権」北大法学論集39巻5・6号1373頁、尾島明「判解」『最高裁判例解説〔民事篇〕平成12年度（上）』104頁。

[2] 宮川知法『破産法論集』（信山社出版、1999年）3頁、中野貞一郎・道下徹編『破産法〔第2版〕（基本コンメンタール）』87頁〔宮川知法〕。

視し合っているにもかかわらず、破産管財人が履行選択したときに、相手方の権利が破産債権となると、破産管財人は完全な履行を受けられるのに対して、相手方の完全な満足は確保されないから、公平に反する。相手方の権利は、破産手続開始前の契約に基づくもので、本来破産債権たるべきものであるが、公平を保つため、履行を選択して相手方に履行を請求する場合の相手方の債権は財団債権へと格上げしたものとする。この見解では、双方未履行双務契約の主眼は、財団債権化による相手方の保護にある。

(2) **破産清算及び破産財団拡充の必要性を制度趣旨とする説**[3]

双方未履行双務契約の当事者の一方が倒産した場合、相手方には不安の抗弁権、同時履行の抗弁権があるため、破産管財人は履行請求しても抗弁権を消滅できず、相手方も債権が倒産債権である以上権利行使ができず、契約関係は「両すくみ」の状態となり、清算の観点から問題となる。また、破産財団にとって有利な履行を受けられないのは破産財団拡充の観点から問題である。これらの問題を解消するため、破産管財人に契約の履行か解除の選択権が与えられたものとする。この見解では、双方未履行双務契約の主眼は、契約の清算という点では契約の解除、履行選択では財団債権化による相手方の保護にある。

(3) **破産管財人に契約解除権を認めたことを制度趣旨とする説**[4]

本条の趣旨は、破産管財人に特別の権能として双方未履行双務契約の解除権を与えることにある。契約解除の結果生じる相手方の原状回復請求権は、破産管財人に特別の権能を与えた結果であるので、公平を考慮して取戻権又は財団債権としての地位を与えられる。損害賠償債権についても、破産管財人に特別の権能を与えた結果であり財団債権として扱うことも考えられるが、損害賠償債権を財団債権とすると破産財団の負担が重大なものとなることから破産債権とした。破産管財人が履行選択をした場合には、それが破産財団全体の利益になることから、相手方の履行請求権は本来的に財団債権の性質を有する。この見解では、双方未履行双務契約の主眼は、破産管財人による契約の解除にあり、契約解除後の財団債権化による相手方の保護にあ

---

3 福永有利『倒産法研究』（信山社出版、2004年）71、91頁、水元宏典「破産および会社更生における未履行双務契約法理の目的（2・完）」法学志林93巻3号86頁以下。

4 『伊藤』351頁。

る。

(4) 規定の趣旨に関する判例

判例[5]は、旧法59条1項が破産宣告当時双務契約の当事者双方に未履行の債務がある場合に破産管財人が契約を解除することができるとしているのは、契約当事者双方の公平を図りつつ、破産手続の迅速な終結を図るためであると解されるとした上、その立法趣旨からすると、破産宣告当時双務契約の当事者双方に未履行の債務が存在していても、契約の解除をすることによって相手方に著しく不公平な結果が生じるような場合には、破産管財人は同項に基づく解除権を行使することができないというべきであると判示し、破産管財人による解除権の行使を制限した。本判例からは、旧法59条（現行法本条）の規定の趣旨が、前記(1)～(3)のいずれの見解によるものかを読み取ることはできない。本条の規定の理解に関しては、前記の判例のほかにも判例があり[6]、判例は1つの視点に偏ることなく、本条の趣旨を総合的に捉えていると解されている[7]。

4 本条の要件

(1) 双務契約性

本条の対象となる双務契約とは、契約当事者の双方の契約上の義務が対価的な関係にあることを内容とする契約である。典型契約としては、売買、賃貸、請負、雇用などの契約がこれに該当する。非典型契約であっても、契約当事者の契約上の義務が対価的な関係にある場合には本条の適用がある。双務契約性との関係で問題となった判例としては、次の判例が参考となる。

a ローン提携による自動車の売買契約について、売主のローン保証による求償債権と自動車の所有権移転登録義務は、旧会社更生法103条（現会社更生法61条）所定の未履行双務契約とはいえないと判示し、同条の適用を否定した[8]。

b フルペイアウト方式のファイナンス・リース契約について、リース物

---

5 最判平12.2.29（民集54巻2号553頁）。
6 最判昭62.11.26（民集41巻8号1585頁）。
7 『伊藤』355頁。
8 最判昭56.12.22（金法1005号48頁）。

件の引渡しをしたリース業者は、ユーザーに対してリース料の支払債務と牽連関係に立つ未履行債務を負担していないとして、旧会社更生法103条（現会社更生法61条）所定の未履行双務契約とはいえないと判示し、同条の適用を否定した（**本書65条の解説5(7)参照**）[9]。

(2) 双方未履行

本条が適用になるのは、破産手続開始当時、双務契約の履行の全部又は一部が契約当事者双方で未履行の場合である。双方未履行の該当性が問題となった判例として、次の判例・裁判例が参考となる。

a 年会費の定めのある預託金会員制ゴルフクラブの会員契約について、ゴルフ場施設を利用可能な状態に保持し、これを会員に利用させるゴルフ場会社の義務と、年会費を支払う会員の義務とが旧法59条1項（法53条1項）双方の未履行債務になると判示し、同条の適用を認めた[10]。

b 自動車の所有権留保付売買契約につき、売主の所有権移転登録義務と買主の残代金支払債務が旧会社更生法103条（現会社更生法61条）所定の双方未履行の関係に当たると判示し、同条の適用を認めた[11]。

c 商品管理及び物流システムの構成機器の売買契約について、機器引渡後のメンテナンス等の債務と売買代金分割金支払債務は対価性を有し、双方未履行に該当すると判示し、民事再生法49条の適用を認めた[12]。

5 本条の適用の効果等

破産管財人は、破産手続開始後、破産者との間で締結されていた双方未履行双務契約に関して、履行の選択をするか、解除権を行使するかを判断しなければならない。その判断基準は、破産債権者への配当原資となる破産財団にとって何が利益（破産財団の増殖あるいは減少の防止）となるかが基準となるが、履行選択の結果破産管財人が負担すべき債務の内容や相手方からなされる反対給付の時期、内容などの諸事情を総合的に勘案してなされるべきである[13]。破産管財人よる履行選択又は解除は、相手方に対する無形式の意思表

9　最判平7.4.14（民集49巻4号1063頁）。
10　最判平12.2.29（民集54巻2号553頁）。
11　東京高判昭52.7.19（判時865号52頁）。
12　東京地判平18.6.26（判時1948号111頁）。

示により行われる。

(1) 履行選択

　a　破産管財人は、双方未履行双務契約の履行を選択することが破産財団の増殖に資する場合（例えば、請負人破産の場合に建物引渡しをすれば、請負代金を取得できる場合）などには履行を選択し、破産者に代わって義務を履行し、相手方に対して反対給付の履行を求めることになる。

　履行選択の時期は、破産手続開始後速やかになされることが望ましいが、相手方から相当の期間を定めた催告がなされない間は管財業務の遂行上、破産管財人の合理的な裁量に委ねられていると解される[14]。

　履行の選択は、自らの履行を提供するなどの黙示のものであっても差支えない[15]。

　破産管財人が履行を選択する場合には、裁判所の許可が必要である（法78条2項9号）。清算を目的とする破産手続においては履行選択は例外的措置であり、裁判所の許可事項として裁判所の関与を必要としている。破産管財人が履行を選択した場合の相手方の履行請求権は、財団債権である（法148条1項7号）。

　b　破産管財人が双方未履行双務契約の履行を選択した場合、相手方は不安の抗弁権、同時履行の抗弁をもって、その履行を拒絶することができるか問題となる。

　法53条により破産管財人が履行を選択した場合の双方未履行双務契約の法律関係は、破産法に特別の規定がない以上、民法等の一般の契約法理によって解釈せざるを得ず、不安の抗弁権、同時履行の抗弁についても同様に解される。平常時における不安の抗弁権を認めた裁判例[16]がある。破産管財人は、相手方から不安の抗弁権が提出される場合には、履行を選択した契約を実行するため、契約条件の変更等も視野に入れて、交渉することが必要である[17]。

13　『破産実務』230頁。
14　『破産実務』230頁。
15　『条解』411頁、東京地判平18.6.26（判時1948号111頁）。
16　東京地判平2.12.20（判時1389号79頁）。

(2) 解除権

a 破産管財人は、破産財団にとって双方未履行契約を解除することが利益であると判断する場合には、解除権を行使すべきである。清算を目的とする破産手続にとっては、契約関係を維持続行することのリスク（例えば、建築工事を続行することによる事故や労災の発生など）を含め考えると、契約を解除することが原則と考えられる。破産管財人が契約を解除する場合には、裁判所の許可は不要である。解除権選択の時期については、上記(1) **a** の通りである[18]。

b 破産管財人による解除が著しく不公平な結果を生じるおそれがある場合には解除権が制限されるとして、預託金会員制ゴルフ会員契約の解除を否定した判例[19]がある。

c 請負契約における注文者破産（民法642条）、雇用契約における使用者破産（民法631条）の各場合の破産管財人による解除権は、民法の規定が破産法の特則規定と解されていることから、民法の規定によるべきである（詳細は後記 **6**（各種契約）を参照）。

(3) 催告権

双方未履行双務契約の相手方は、破産管財人が履行選択又は解除の意思表示を明らかにしない場合に不安定な立場に置かれることから、破産管財人に対し、相当な期間を定めて、その期間内に契約の履行請求か解除かの確答をすべき旨の催告をすることができる（法53条2項前段）。破産管財人がその期間内に確答をしないときは、契約の解除がなされたものとみなされる（同項後段）。解除が擬制されるのは、破産手続が清算を目的とするものであり、解除による契約の解消が原則と考えられるからである。

(4) **中途解約違約金条項の適用の有無**

本条による契約解除に伴い相手方から破産管財人に対し、双務契約の中途解約による違約金条項による損害賠償請求がなされることがある。賃貸借契

---

17 民法改正審議において倒産手続開始の申立てを理由に不安の抗弁権を認めるとの案も検討されたが、事業の再生に悪影響があるなどの懸念が表明されたことから、取り上げられなかった経緯がある。
18 『破産実務』230頁。
19 最判平12.2.29（民集54巻2号553頁）。

約の賃借人破産における、賃貸人からの中途解約違約金条項による損害賠償請求（例えば賃料の6カ月分相当額）などの場合である。

本条よる契約解除の場合の中途解約違約金条項の適用の有無に関しては、適用肯定説[20]と、適用否定説[21]の対立がある。適用肯定説は、中途解約違約金条項が実体法上有効と認められる限り、破産管財人はこれに拘束されるとする。適用否定説は、破産管財人が中途解約違約金条項に拘束されるとすることは、清算目的の破産手続において特別に規定された本条の法定解除権の趣旨に反するとしている。大阪地方裁判所では、破産管財人が法53条1項に基づき賃貸借契約を解除した場合には、当該賃貸借契約中の違約金条項の適用はない扱いをしている[22]。

適用肯定説に立つ場合には、違約金条項は損害賠償の一種であると解されることから破産債権と解されるが[23]、破産管財人による行為の結果であることを理由として財団債権であるとする説[24]もある。

上記の賃借人破産の場合において、賃貸人による中途解約違約金相当額の敷金からの控除等の充当順位を含む充当処理の問題に関しては、裁判例[25]がある（詳細は**本書56条の解説6(4)**を参照）。

(5) 倒産解除特約の有効性

a 双務契約においては破産等を原因とする倒産解除特約の条項が設けられていることが多く、破産実務においては契約の相手方から倒産解除特約条項による双務契約の解除の主張がなされることがある。法53条により破産管財人が履行選択する場合などには、相手方からの倒産解除特約を理由とする契約解除の有効性が問題となる。特に、再建型倒産手続である民事再生法

---

20 名古屋高判平12.4.27（判時1748号134頁）、東京地判平20.8.18（金法1855号48頁）、『伊藤』363頁、富永浩明「各種の契約の整理（Ⅱ）―賃貸借契約(2)」『新・実務大系』22頁など。
21 違約金の発生を否定するものとして東京地判平21.1.16（金法1892号55頁）、東京地判平23.7.27（判時2144号99頁）、『運用と書式』116頁、『破産200問』250頁〔伊山正和〕、『通再120問』306頁〔小畑英一〕など）、違約金による相殺を一部制限するものとして名古屋高判平23.6.2（金法1944号127頁）。
22 『運用と書式』116頁。
23 『条解』414頁など。
24 『伊藤』363頁。
25 大阪地判平21.1.29（判時2037号74頁）。

(同法49条)、会社更生法（同法61条）においては契約の履行選択がなされることが多く、相手方からの倒産解除特約による契約解除が再建に大きな影響を与えることから問題になる。

 b 破産における倒産解除特約の有効性に関しては無効説[26]と有効説[27]の対立がある。無効説は双方未履行双務契約に関して破産管財人に履行請求、解除の選択権を与えた趣旨に反することを理由としている。有効説は事業の更生・再生を目的としていない破産手続において倒産解除特約を無効とすることは契約自由の原則に照らして困難としている。

 再建型倒産手続である民事再生法、会社更生法においては、所有権留保やリース債権などの担保権実行の前提となる倒産解除権の有効性についてこれを否定するのが判例[28]、通説[29]である。

6 各種契約

(1) 消費貸借契約（諾成的消費貸借契約）

 a 消費貸借契約（民法587条）は、契約の成立に貸主からの物の引渡しを要する要物契約であり、消費貸借契約成立後は借主からの物の返還債務のみが問題となる片務契約の性質を有する。したがって、消費貸借契約に関しては、双方未履行双務契約の規定である本条の適用はない。

 改正民法案587条の2第1項では、書面でする消費貸借契約については、要物性が必要とされず、諾成契約の性質を有する消費貸借契約の規定が設けられている。

 b 書面でする諾成的消費貸借契約は、貸主が借主に対し金銭等の目的物を引き渡す債務を負担し、借主は受け取った目的物と種類、品質、数量の同じ目的物を返還する債務を負担し、貸主の目的物の引渡しが先履行となるが、目的物の引渡しが行われる前は双方未履行の状態となる。改正民法案587条の2第3項では、書面でする諾成的消費貸借契約は、借主が貸主から

---

[26] 東京地判平21.1.16（金法1892号55頁）、『伊藤』362頁など。
[27] 富永・前掲注20・210頁など。
[28] 最判昭57.3.30（民集36巻3号484頁。旧更生事件）、最判平20.12.16（民集62巻10号2561頁。再生事件）。
[29] 『伊藤』358頁など。

金銭等の物を受け取る前に当事者の一方が破産手続開始の決定を受けたときは、その効力を失うとの特則規定が設けられており、本条の適用はない。

　ｃ　消費貸借契約の予約は、将来、本契約である消費貸借契約を締結すべき債務を生じる契約であり、貸す債務と借りる債務の両方が発生する場合には双務契約の性質を有するが、契約当事者の一方が破産手続開始の決定を受けたときは、予約の効力を失うとされており（民法589条）、本条の特則規定が定められている。改正民法案では民法589条の規定が削除されているが、これは諾成的消費貸借契約が改正民法案587条の２第３項により当事者一方の破産により失効すると規定されたことから、消費貸借契約の予約も当然に失効するとの理解の下で規定が削除された。

(2)　使用貸借契約（諾成的使用貸借契約）

　ａ　使用貸借契約は、借主が無償で使用及び収益をした後に返還することを約して、貸主から物を受け取ることによって効力が生じる契約であり、貸主からの物の引渡しを要する要物契約であり、使用貸借契約成立後は借主からの物の返還債務のみが問題となる片務契約の性質を有する（民法593条）。双方未履行双務契約に関する本条の適用はない。

　ｂ　改正民法案593条では、使用貸借契約について要物性が必要とされず、諾成契約の性質を有する使用貸借契約の規定が設けられている。使用貸借契約は諾成契約とされたが、貸主、借主の各債務は対価的な関係に立つものではなく、双務契約の性質を有するものではないから、本条の適用はない。改正民法案593条以下では、貸主、借主の各破産の場合の規定は設けられていない。諾成的使用貸借契約について、①借主が目的物を受け取る前の段階での貸主破産、借主破産の場合、②借主が目的物を受け取った後の貸主破産、借主破産の場合の法的処理については、中田裕康教授の論文において詳しく論述されている[30]。

(3)　賃貸借契約

　賃貸借契約は、賃貸人が物を使用収益させることを約し、賃借人がその賃料を支払うことを内容とする契約であり（民法601条）、目的物の使用収益と

---

[30]　中田裕康「使用貸借の当事者の破産⑴・（２・完）」曹時66巻２号247頁・66巻３号577頁。

賃料支払が対価的関係にある双務契約の性質を有する。賃貸借契約は双務契約の性質を有することから法53条1項・2項の適用が認められるが、法56条に特則規定がある（詳細は**本書56条の解説**を参照）。

(4) 請負契約

a　はじめに

請負契約は、請負人が注文者からの仕事の完成を約し、注文者が仕事の結果に対し報酬を支払うことを内容とする契約であり（民法632条）、仕事の完成と報酬の支払が対価的関係にある双務契約の性質を有する。

売主が土地を提供し、買主に売主の提示する建物の設計モデルを選択させ、その建物の建築を売主が請負う場合（売建て）などの新築建物の取得をめぐっては、売買の適用を受けるのか、請負の適用を受けるのか問題となる場合があり、売買か請負かでその法律関係は異なる[31]。

b　注文者の破産

ア　注文者が破産した場合は、本条の特則規定と解される民法642条が適用される。民法642条は、注文者の破産管財人のほか、その相手方である請負人にも解除権を認めている。請負は、原則として、仕事の結果に対して報酬が支払われることから（民法632条）、注文者が破産し、破産管財人が履行を選択した場合には、請負人の報酬請求権は財団債権となるものの（法148条1項7号）、報酬請求権全額が支払われない場合もあることから（法152条1項本文）、民法642条は本条の特則として、請負人にも解除権を付与し、請負契約からの離脱を認めたものとされている[32]。改正民法案642条1項ただし書では、民法642条1項1文に関し、「ただし、請負人による契約の解除については、仕事を完成した後は、この限りではない。」とのただし書が設けられている。請負人が仕事を完成している場合には、請負人はその後積極的に役務を提供して仕事を完成させることが不要となったことから、請負人に解除権を認める必要はないと考えられるため、請負人の解除権を請負人が仕事を完成しない間に限定したものである。

---

[31] 真鍋美穂子「新築建物の取得をめぐる売買と請負の適用関係について」松嶋英機・伊藤眞・福田剛久編『新しい時代の民事司法－門口正人判事退官記念』（商事法務、2011年）515頁。

[32] 『一問一答』95頁。

イ　注文者の破産に伴い請負契約が解除された場合（破産管財人又は請負人からの解除の場合）、請負人は既にした仕事の報酬及びその中に含まれていない費用について、破産債権として破産管財人に請求することができる（民法642条1項2文）。請負契約の請負人の報酬は仕事の結果に対するものではあるが（民法632条）、民法642条1項2文の規定により既にした仕事部分の報酬とその報酬に含まれない費用が破産債権として認められていることからすると、注文者破産による請負契約の解除は仕事がなされた既存部分には及ばず、将来部分にのみ生じると理解することができる[33]。改正民法案642条では、民法642条1項2文の規定が、そのまま同条2項として規定されている。

ウ　請負契約の解除に伴う損害賠償請求については、破産管財人から解除した場合の請負人の損害賠償請求権が破産債権として認められている（民法642条2項）。改正前の旧民法621条では、破産管財人からの解除の場合にも請負人の損害賠償請求は認められていなかったが、法54条1項と同様に、破産管財人からの契約解除の場合には一定の合理性があるものとして、平成16年の破産法改正の際に、現行の民法642条2項の通り請負人による損害賠償請求権が破産債権として認められた。損害賠償の範囲については、民法642条1項後段において既履行報酬と費用が認められており、同条2項の損害賠償の範囲は履行利益と解される[34]。改正民法案では、民法642条2項が同条3項となって維持されている。

エ　建築請負契約について、注文者の破産管財人が請負契約を履行選択した場合、破産手続開始前の工事出来高は財団債権か破産債権か問題となる。財団債権とする説は、破産管財人に履行選択、解除権を付与し破産管財人が履行選択した以上、公平の観点から、破産手続開始前の工事出来高部分も財団債権とする[35]。これに対し工事出来高が可分であることなどを理由に破産債権とする説もあり[36]、建築会社の再生事件、会社更生事件の実務では、破

---

[33]　『大コンメ』218頁〔松下淳一〕。
[34]　『大コンメ』222頁〔松下淳一〕。
[35]　『伊藤』376、350頁。
[36]　『実務大系』228頁〔那須克巳〕、小林信明「請負契約」『破産法大系Ⅱ』360頁など、最判昭56.2.17（金法967号36頁）。

産債権説の考え方で運用されている例が多い[37]。
　オ　注文者破産について参考となる裁判例は、次の通りである。
　(ｱ)　請負契約が民法642条1項の規定により解除された場合には、請負人は、既にした仕事の報酬及びこれに包含されない費用につき、破産財団の配当に加入することができるのであるが、その反面として、既にされた仕事の結果は破産財団に帰属するものと解するのが相当であると判示し、建築請負工事の工事出来高について注文者への帰属を認めている[38]。
　(ｲ)　下請契約の注文者（元請負契約の請負人）破産の事案につき、破産管財人よる履行選択（法53条）があった後は、もはや民法642条による解除はできないこと、請負人の仕事が完成した後に注文者が破産した場合には、民法642条の規定による解除の余地はないことを判示している[39]。
　(ｳ)　建築請負の注文者破産における請負人の敷地に対する商事留置権の留置権能は、被担保債権の債務者の破産により原則として失われると判示している[40]。

c　請負人の破産

　ア　請負契約について、本条が適用されるのか問題となる。
　判例[41]は、請負契約の目的である仕事が破産者以外の者において完成することのできない性質のものであるため、破産管財人において破産者の債務の履行を選択する余地のないときでない限り、旧法59条（法53条）が適用されると判示し、請負人による仕事が代替性を有するものであれば、請負人破産の請負契約に本条の適用を認める。
　イ　請負人が破産し、破産管財人が請負契約を解除した場合に、注文者に対し解除前の工事出来高部分を請求することができるか否か問題となる。工事出来高に対する請負契約の解除の効果については、既施工部分についての請負契約の債務不履行による解除を制限した判例[42]に照らすと解除の効果は制限されるべきであり、建築請負契約においては一定時期ごとの工事出来高

37　『通再120問』134頁〔中川利彦〕。
38　最判昭53.6.23（金法875号29頁）。
39　東京地判平12.2.24（金判1092号22頁）。
40　東京高決平10.11.27（金法1540号61頁）。
41　最判昭62.11.26（民集41巻8号1585頁）。
42　最判昭56.2.17（金法967号36頁）。

に応じて工事代金が支払われていることからすると、破産管財人は解除前の工事出来高部分の請求はできるものと解されるが[43]、注文者からの損害賠償請求権との相殺などの問題がある。破産管財人による工事出来高報酬を請求した事案について、注文者の損害賠償請求権との相殺を否定した裁判例[44]がある。

　ウ　建築請負工事契約解除による前払金返還請求権は財団債権か否かの問題がある。

　判例[45]は、前払金返還請求権を財団債権として認めている。法53条により破産管財人に解除権が与えられたこととの公平性を理由としてこれに賛成する説[46]があるが、請負契約解除によって注文者と破産財団の双方が原状回復義務を負わず、同時履行の関係にもないことなどを理由として、前払金返還請求権は財団債権ではなく破産債権にすぎないとする説もある[47]。

(5) 委任契約

　委任契約は、委任者が法律行為をすることを委託し、受任者がこれを承諾することを内容とする契約であり（民法643条）、委任事務が有償である場合（民法648条1項）には、委任者の報酬支払義務と受任者の委任事務が対価的関係にある双務契約の性質を有する。

　有償委任契約は双務契約の性質を有することから本条1項・2項の適用が認められるが、民法653条2号及び民法655条に特則規定がある（詳細は**本書57条の解説**を参照）。

(6) 雇用契約

a　はじめに

　雇用契約は、労働者が使用者に対し労働に従事することを約し、使用者がこれに対しその報酬を与える契約であり（民法623条）、労務に服することと

---

[43] 「講演録　パネルディスカッション　建築関係訴訟の極意（第3回）」NIBEN Frontier 2012年10月号18頁。
[44] 東京地判平24.3.23（金法1969号122頁）。
[45] 最判昭62.11.26（民集41巻8号1585頁）。
[46] 『伊藤』380頁など。
[47] 平岡建樹「宣告と請負」塩崎勤・中野哲弘編『借地借家法　裁判実務大系(6)』（青林書院、2000年）152頁、松下淳一「請負人の破産に対する破産法59条の適用の有無」ジュリ901号106頁など。

報酬の支払が対価的関係にある双務契約の性質を有する。

b　使用者の破産

ア　雇用契約の使用者が破産した場合、本条の特則としての民法631条が適用される。民法631条は、使用者が破産した場合、雇用に期間の定めがある場合であっても（期間の定めのない雇用契約は、民法627条1項後段により、いずれの当事者からの解約が認められている）、使用者の破産管財人による雇用契約の解約を認めるほか、労働者による雇用契約の解約権を認めている。破産管財人が雇用期間の定めのある労働者との雇用契約の履行を選択し場合には、労働者の賃金債権は財団債権として保護されるが（法148条1項7号）、破産財団の内容によっては財団債権として全額が支払われる保障はなく（法152条1項本文）、使用者の破産後も労働者が従来の雇用契約に拘束されるのは適当ではないと考えられるからである。

イ　民法631条により雇用契約が解約されたときは、民法627条の期間を経過した後に雇用契約は終了する。この場合、各当事者は相手方に損害賠償の請求をできない。労働者からの解約によっても破産管財人からの損害賠償請求ができないことにより、労働者の解約の自由が保障されることになる。一方、使用者の破産管財人からの雇用契約の解約については、後記 c の通り労働基準法20条による制限を受ける。

ウ　労働者との雇用契約が破産手続開始後も継続する場合には、労働者の賃金債権は財団債権となる（法148条1項2号・8号）。

エ　破産管財人が、破産者の事業を継続するため（法36条）あるいは清算業務遂行のため、労働者との雇用契約の履行を選択する場合には、労働者の賃金債権は財団債権となる（法148条1項7号）。

オ　使用者が破産した場合、労働者は破産者との雇用契約が解約となるのか否かわからず不安定な立場に置かれることになるが、本条2項により、破産管財人に対し、相当の期間を定めて、雇用契約を解約するか継続するかを確答するよう催告することができる。破産管財人から相当期間内に確答がない場合には、雇用契約は解約されたものと見做される（本条3項）。破産実務では、使用者が破産申立代理人と労働者への未払給与、退職金等の支払見込みや破産手続開始後に必要な清算業務などの見通しを相談して、労働者に対し、破産手続開始申立前に即時解雇ないしは解雇予告を通告する場合や、あ

るいは破産手続開始前に労働者の解雇については判断せずに破産管財人の判断に委ねる場合もある。労働者に対する未払給与等の早期支払、再就職活動、清算業務などの問題も含め、破産手続開始申立前に、破産申立代理人弁護士と破産裁判所、破産管財人候補者との間で、労働者との雇用契約の解約の時期、方法等について、協議し実行することが適当であると考えられている[48]。

c 使用者の破産による解雇と労働基準法の適用

使用者の破産により破産管財人が労働者を民法631条により解約する場合においても、労働者保護の規定である労働基準法18条の2、19条、20条の規定の適用がある。労働基準法18条の2の規定は、判例で確立された解雇権濫用法理に即して規定されており、使用者が破産した場合における労働者との雇用契約においても解雇権濫用の法理の適用が認められるが、使用者の破産により、使用者の事業は清算終了することから、特別の事情のない限り、労働者に対する解雇は解雇権の濫用に該当することはないと考えられる。民事再生法や会社更生法の再建事案では、解雇4要素[49]が問題となるが、事業を清算する破産の場合には問題とならない。

なお、民事再生法や会社更生法による事業再生手続と整理解雇4要素の適用に関しては、事業再生手続においては、解雇が経営者ではなく管財人等利害関係調整の手続機関によってなされていること、解雇の判断が再生計画の策定などを通じて検討され、利害関係人や裁判所などの検証もなされるなど多角的視点から検討されていることを挙げて、管財人等による解雇の効力、特に解雇の必要性については、再生計画策定時に存在した解雇の必要性が解雇の意思表示までの間に消滅したかどうかの判断が中心とされるべきであるとする考えが主張されている[50]。

会社更生法手続の下でなされた整理解雇に関する裁判例（日本航空整理解雇事件）、がある[51]。

---

48 『破産200問』40頁〔栗本正貴〕参照。
49 東京地判平24.3.30（判時2193号107頁）ほか。
50 伊藤眞「事業再生と雇用関係の調整」『松嶋古稀』124頁。
51 東京高判平26.6.3（労旬1819号39頁。前掲注49の控訴審判決）、東京高判平26.6.5（労旬1819号78頁）。

d 使用者の破産と労働組合法

使用者の破産に関連して、破産管財人が労働組合との間で団体交渉応諾義務（労働組合法7条2号）があるか否か、破産手続開始前の不当労働行為に対する救済命令（同法27条の2）が破産手続においてどのように扱われるかなどの問題がある[52]。

e 労働者の破産

ア　雇用契約は双務契約の性質を有するが、労働者の破産の場合には本条の適用はなく、労働者の破産管財人は使用者との雇用契約を解除することはできないと解されている。労働者の雇用契約に関する関係は、労働者の一身専属的な権利であり、雇用契約を継続するか否かは労働者自身の判断に委ねるべき性質のものであり、破産財団（法34条1項）に属しないと考えられるからである。

イ　労働者の破産の関係で問題となるのは、退職金債権の破産財団への帰属の問題である。退職金債権は賃金後払い的性質を有するものであり[53]、破産手続開始時に破産者である労働者が有する退職金債権は破産手続開始前に属する労働の対価であり、退職金債権が将来の退職により現実化する債権であっても、破産財団を構成するものと考えられる（法34条2項）。労働者の雇用契約関係に関する事項は労働者の一身専属的権利であることから、破産管財人が労働者に代わって退職の意思表示をすることはできない。そのため破産実務では、破産手続開始時点において、労働者の退職金額を計算してその一定額を労働者の自由財産の中から破産財団に組み入れ、破産管財人に退職金債権を放棄させる扱いとしている。東京地方裁判所破産再生部では、破産財団組入額を、原則として破産手続開始時点での退職金相当額の8分の1（既に破産手続開始前に退職し、あるいは開始後に退職している場合には4分の1）相当額とする扱いである（破産財団組入額が20万円以下となる場合は組入れさせていない）。破産財団への組入額を差押可能な退職金額の4分の1ではなく、8分の1としているのは、退職金債権が将来債権であること（使用者の倒産や労働者の懲戒解雇による退職金の不支給など）を考慮している[54]。

---

[52] 笠井正俊「不当労働行為事件と使用者の破産」石川明・三木浩一編『民事手続法の現代的機能』（信山社出版、2014年）485頁。
[53] 最判昭44.9.2（民集23巻9号1641頁）。

ウ　破産手続開始時点での未払給与等債権については、差押可能部分（民事執行法152条１項）が破産財団を構成し、破産手続開始決定後の未払給与等債権は破産財団を構成せず新得財産となる。東京地方裁判所破産再生部では、月額給与の場合日割り計算をする必要があるとしているが、個別事案の事情を加味しながら、具体的な破産財団への組入額を検討している（自由財産の範囲の拡張により財団組入額をゼロとする場合も少なくない）[55]。

(7)　リース契約
a　リース契約の分類

　リース契約は民法等の実体法にその定義がなく、「リース取引における会計基準」（企業会計基準第13号）によって、リース取引はファイナンス・リースとオペレーティング・リースに分類されている。ファイナンス・リース取引は、リース契約に基づくリース期間中の中途解約ができないリース取引又はこれに準ずるリース取引で、ユーザーが当該リース物件からもたらされる経済的利益を実質的に享受することができ、かつ当該リース物件の使用にともなって生じるコストを実質的に負担することとなるリース取引をいうと定義されている。ファイナンス・リース取引において、リース料はリース期間満了時にリース物件に残存価値はないものとみて、リース業者がリース物件の取得費その他の投下資本の全額を回収できるように算定されているものが、フルペイアウト方式によるファイナンス・リースと呼ばれている。

　オペレーティング・リース取引は、ファイナンス・リース取引以外の取引をいい、その態様は様々ものがあるが、その主な例としてはメンテナンス・リース、セール・アンド・リースバックなどがある。リース期間満了時においてリース物件にリース物件の残存価値を見込んでおり、リース業者がリース期間中にはリース物件の取得費その他の投下資本の全額を回収できるようには算定されていないノンフルペイアウト方式のファイナンス・リースも、オペレーティング・リース取引に含まれる。

　リース契約についての本条１項の適用に関しては、リース契約はリース業者がユーザーのためにサプライヤー（販売店）からリース物件を購入して

54　『手引』212頁。
55　『手引』212頁。

ユーザーに物件を引渡し、リース料を受け取る内容の契約であるところ、賃貸借契約類似の内容を有しながら実体的には金融としての機能が認められることから、各リース契約の法的性質論を問題として議論がされている。

b　フルペイアウト方式のファイナンス・リース契約

本条1項の適用の関係で、フルペイアウト方式のファイナンス・リース契約の性質が問題となる（詳細は**本書65条の解説5(7)**を参照）。

c　オペレーティング・リース契約

オペレーティング・リースの主な例としては、ノンフルペイアウト方式のファイナンス・リース、メンテナンス・リース、セール・アンド・リースバック、レバレッジド・リース（リース期間をリース物件の法定耐用年数より長く設定するもの）などがある。このようにオペレーティング・リース契約には様々な内容の契約があり、双方未履行双務契約の規定の適用の有無については、当該リース契約の内容、金融機能等の実態に即して、個々に判断する必要がある[56]。

　ア　ノンフルペイアウト方式のファイナンス・リース契約

ノンフルペイアウト方式のファイナンス・リースは、リース業者がリース期間満了時に投下資本の全額を回収できるように算定されていないが、リース物件の取得費その他の投下資本の相当部分をリース料によって回収している場合には、金融機能の側面が強いから、双方未履行双務契約の規定の適用を認めるのは相当ではない[57]。リース業者がリース物件の取得費その他の投下資本の一部しかリース料として回収していない場合には、リース料が物件の使用の対価として認められることから、賃貸借契約類似の契約として双方未履行双務契約の規定の適用が認められるものと解される。

　イ　メンテナンス・リース契約

メンテナンス・リース契約は、リース業者が物件のメンテナンス（修繕・整備・保守）を負うものとされており、自動車のリースに関してなされるこ

---

[56] 最判平20.12.16（民集62巻10号2561頁）、田原睦夫裁判官の補足意見は、ファイナンス・リース取引の企業会計上の取扱いを踏まえた上で、各取引の実態に合わせて法的性質を検討することになろうと述べている。

[57] 加々美博久編『取引先破綻における契約の諸問題』（新日本法規出版、2006年）198頁〔倉永浩明〕、「現代型契約と倒産法」実務研究会編『現代型契約と倒産法』（商事法務、2015年）191頁〔山宮慎一郎〕。

とが多い。メンテナンス・リースには、メンテナンスサービスの存在がリース契約の不可欠の要素となっているものもあれば、ファイナンス・リースにメンテナンスサービスが付加的になされているものなど様々な類型のものが存在している。メンテナンスサービスの存在がリース契約の不可欠の要素となっているメンテナンス・リース（物件の保守管理が定期的に実施される場合など）は、リース業者がリース物件のメンテナンス義務という未履行の債務を負担しており、メンテナンス義務とリース料の支払とが対価的関係にあることから双務契約の性質を有すると解され、双方未履行双務契約の規定の適用が認められる。

ウ　セール・アンド・リースバック契約

セール・アンド・リースバック契約は、ユーザーが所有する物件をリース業者が購入し、直ちにリース契約によりリース業者がユーザーに賃貸する取引をいう。セール・アンド・リースバック契約は、物件の売買契約と賃貸借契約が併存する内容となるが、賃貸借契約の賃貸借期間内の中途解約禁止条項や、中途解約の場合の賃貸借期間終了までの賃料相当額を損害とする中途解約違約金条項などが契約条項として盛り込まれている。セール・アンド・リースバック契約は、物件の所有者であるユーザーが物件を担保として資金を調達し、賃料等としてその返済を行う側面がある。また、不動産のセール・アンド・リースバック契約では、リース業者は取得する不動産からの賃料を流動化して、不動産取得の資金を調達する実態もある。ユーザーの破産の場合には、セール・アンド・リースバック契約を賃貸借契約類似の契約と捉え、本条条1項の適用を認めた上、賃借人の破産の場合の中途解約違約金条項の有効性を問題とする考え方がある。一方で、セール・アンド・リースバック契約を担保として捉え、破産手続において別除権として処理する考え方もある[58]。

58　マイカルの会社更生事件において、マイカルの店舗のセール・アンド・リースバックが真正売買であれば当該店舗は更生会社財産ではなくマイカルの賃料債務は共益債権に該当し、真正売買でなければ当該店舗は更生会社財産としてマイカルの債務は更生担保権を構成するものとして争われ、マイカルの更生管財人からは更生担保権の主張がなされた。詳細は、加藤愼・上田裕康「なぜわれわれはマイカルCMBSを問題にするのか」NBL746号31頁。

(8) 保険契約

a はじめに

損害保険契約は、保険者が偶然なる一定の事故によって生じる損害を填補すること（保険給付）を約し、保険契約者がこれにその報酬（保険料）を与えることによって生じる契約であり（保険法2条1号・6号）、双務契約の性質を有する。

生命保険契約は、保険者が被保険者の生死に関して一定の金額（保険給付）を支払うべきことを約し、保険契約者がこれにその報酬（保険料）を約することによって生じる契約であり（保険法2条1号・8号）、双務契約の性質を有する。

b 保険契約者の破産

ア　保険契約者に破産手続が開始された場合、保険契約が双方未履行の状態にある場合には、本条の適用があるか否かの問題がある。保険契約に基づいて発生した保険金請求権及び還付請求権（解約返戻金請求権）が破産財団（法34条1項）を構成するのか、一身専属的権利として破産者の自由財産を構成するのかの問題である。保険契約は保険事故による損害填補（事故による治療費、慰謝料なども含む）や人の生死を保険事故とする定額給付を内容とすること、保険契約者は保険事故が発生するまでは保険金受取人を変更することができること（保険法43条1項等）など、保険契約には一身専属的権利としての側面があると解されるからである。しかしながら、保険事故等によって具体化した保険金請求権、保険契約解約に基づく解約金返戻金債権はいずれも金銭債権であり、差押を一般的に禁止する等の規定はなく、判例においても具体化された保険金請求権が強制執行等の差押えの対象となること[59]、解約返戻金についても生命保険契約の解約返戻金債権を差し押えた債権者に解約権の行使が認められていることなどから[60]、保険金請求権、解約返戻金請求権権はいずれも破産財団を構成するものと考えられ、保険契約には本条1項の適用が認められる。破産管財人による保険契約の継続、解約に関しては、任意売却の対象物件について締結された火災保険契約のように破産財団が保

---

[59] 最判昭45.2.27（金法579号28頁）。
[60] 最判平11.9.9（民集53巻7号1173頁）。

険料を支払うに足りる利益が見込まれる場合を除いて、通常は保険契約を解除するものとされている[61]。

　イ　簡易生命保険契約の特例

　平成2年の改正前の旧簡易生命保険法では、保険契約の解除等による解約返戻金請求権について差押禁止とされていたが、最高裁は法人を受取人とする簡易生命保険契約について、法人が破産した場合には、解約返戻金は破産財団に帰属する旨判示した[62]。平成2年の改正後は、簡易生命保険契約の解約返戻金の差押禁止規定が削除され、解約返戻金は破産財団を構成することとされたが、保険金請求権については差押禁止とされていた（旧簡易生命保険法81条）。法人を受取人とする簡易生命保険については、前記最高裁昭和60年判決の趣旨からすれば、具体化した保険金返還請求権は破産財団を構成するものと考えられる。なお、旧簡易生命保険法は平成19年10月1日に廃止され、同日以後の契約は、民営化された株式会社かんぽ生命保険との間の一般の契約となった。

　ウ　保険については種々の内容の保険契約がある。個人年金保険（生存を保険事故とする生命保険の一種）などには生活維持の側面があり、民事執行法は生計を維持するために支給を受ける継続的給付に係る債権についての一部について差押禁止を規定していることから（民事執行法152条1項1号など）、保険金請求権の一部は破産財団を構成せず、破産者の自由財産となる場合もある。保険金請求権者の保護のために保険金請求権につき法令により差押えが禁止されている場合としては、個人年金保険に基づく年金支払請求権が民事執行法152条1項1号の差押禁止の対象に該当する場合のほか、生命保険金が退職手当に該当する場合の給付の4分の3に相当する部分の差押禁止（民事執行法152条1項1号、2項）などの場合がある[63]。このほか、保険金請求権に準ずるものとして、自賠責保険における被害者の保険者に対する直接請求権（自動車損害賠償保障法18条）、原子力損害賠償責任保険の保険金請求権（原子力

61　『破産実務』259頁、破産者が保険契約者兼保険受取人である保険事故発生前の保険契約の処理に関しては、「現代型契約と倒産法」実務研究会編・前掲注57・278頁〔神原千郷〕参照。

62　最判昭60.11.15（民集39巻7号1487頁）。

63　大阪高決平13.6.22（金法1671号51頁）。

損害の賠償に関する法律9条3項）などがある。
　エ　解約返戻金請求権
　解約返戻金請求権は保険契約者による解約権の行使により具体的な金銭債権となる。破産管財人による保険契約の解約は、本条1項のほか、保険約款や保険法27条、54条に基づくこともできる。破産管財人は保険契約を履行するか解除するかの選択権があるが、破産実務では、破産者が保険契約の継続を希望する場合には、破産管財人は保険契約を解約せず、破産者から破産手続開始決定時の解約返戻金相当額を自由財産から破産財団に組み入れさせ、解約返戻金請求権（解約を停止条件とする請求権）を放棄する扱いもしている[64]。また、保険法は、破産管財人が解約返戻金等のある生命保険契約を解除する場合、保険金受取人が保険契約者の同意を得て、解除の効力発生（解除通知到達から1カ月を経過した日）までに解約返戻金等相当額を破産管財人に支払い、保険者に通知した場合には、解除の効力は生じず当該保険契約が継続するという介入権の制度を導入している（保険法60条、89条）。
　オ　保険金請求権
　破産手続開始後に破産者について保険事故が発生した場合、保険金請求権は破産財団に帰属するか否か問題となる。判例では、破産手続開始前に成立した保険契約に基づく（保険事故発生前の）抽象的な保険金請求権は、破産手続開始後破産財団を構成することを理由として、破産者を受取人とする保険金請求権は破産財団を構成するとの判断が示されている[65]。
　カ　責任保険契約についての先取特権
　責任保険契約（損害保険契約のうち、被保険者が損害賠償の責任を負うことによって生じることのある損害をてん補するもの、保険法17条2項）の被保険者に対して当該責任保険契約の保険事故に係る損害賠償請求権を有する者は、保険金請求権に対して先取特権が認められている（保険法22条1項）。責任保険の被保険者が破産した場合には、被害者は保険金請求権に対して先取特権が認められるので、保険金請求権に対する別除権者（法2条9項）として破産手続によらずに権利行使することが認められ、被害者の救済が優先的に確保されてい

---

[64] 『破産実務』259頁。
[65] 東京高決平24.9.12（金法1963号100頁）、札幌地判平24.3.29（判時2152号58頁）。『破産実務』260頁。

c　保険者の破産

　保険会社など保険者が破産した場合には、契約の相手方である保険契約者が将来に向かって契約を解除することができ（保険法96条１項、31条１項、59条１項、88条１項）、また、保険契約者による解除がなされないときでも、保険契約は、破産手続開始から３カ月が経過することによって当然に失効する（保険法96条２項）。これらの特別規定は、保険契約者の保護及び保険法律関係の迅速な清算を目的としたものである。破産管財人としては、破産手続開始から３カ月間は、保険契約の履行を強制される結果となり、法53条に基づく解除権の選択は排除される。保険契約者の側からみれば、３カ月間は保険料の支払を続ける限り、保険事故が発生しても、保険金請求権は財団債権として保護される（法148条１項７号類推）[66]。

(9)　組合契約

　a　組合契約は、各組合員が出資及び共同の事業を営むことを約することによって生じる契約であり（民法667条１項）、双務契約の性質を有する。

　判例[67]によれば、建設業の共同企業体（ジョイントベンチャー）の法的性質につき、民法上の組合と判示されており、建設共同企業体の倒産に伴う法律関係について、民法の組合の規定が適用される。

　b　上記の通り、組合契約は双務契約の性質を有するものと解釈されているが、組合員の破産については民法679条２号により当然脱退と規定されている。この規定の趣旨は、破産した組合員の債権者を保護するため、破産管財人が破産した組合員の持分を破産財団に組み込み、その払戻しの請求を容易にするための強行規定とされている[68]。民法679条２号は、本条の特則規定と解釈されており、本条以下の規定の適用はないと考えられている[69]。

66　『条解』427頁、『伊藤』381頁。保険会社の破産に関する問題につき、高橋宏志ほか「保険会社の経営破綻と倒産法制」ジュリ1080号６頁、那須克巳「生命保険会社倒産」高木新二郎・伊藤眞編集代表『講座倒産の法システム(4)』（日本評論社、2006年）303頁があり、また経営破綻に伴う経営者保護のために保険契約者保護機構（保険法259条以下）が設けられている（竹濱修「投資家保護基金と保険契約者保護機構」ジュリ1145号27頁参照）。また、保険法制定に際しての検討内容を紹介するものとして、沖野眞已「保険契約者の破産、保険金給付の履行」商事法務1808号26頁参照。

67　最判昭45.11.11（民集24巻12号1854頁）。

68　我妻栄『債権各論中巻二』（岩波書店、1962年）833頁。

もっとも、建設共同企業体の構成員の破産について、破産財団にとって建設共同企業体から脱退せずに業務継続することが財団形成に資する場合には、当然脱退とする必要はなく、破産管財人として本条を準用して履行を選択することが認められるべきであるとする説もある[70]。

(加々美博久)

第54条

① 前条第１項又は第２項の規定により契約の解除があった場合には、相手方は、損害の賠償について破産債権者としてその権利を行使することができる。
② 前項に規定する場合において、相手方は、破産者の受けた反対給付が破産財団中に現存するときは、その返還を請求することができ、現存しないときは、その価額について財団債権者としてその権利を行使することができる。

1　本条１項

(1)　規定の趣旨

本条１項は、法53条１項又は２項により、双方未履行双務契約が解除された場合には、相手方の破産財団に対する損害賠償請求権は破産債権であると規定する。この規定の趣旨として、破産手続開始前に成立した双務契約の解除に伴う損害賠償債権であり、本来的に破産債権であるとする考え方がある[1]。一方で、損害賠償債権は破産手続開始後の双方未履行双務契約の解除規定により発生したものであり、本来、財団債権であるべき性質のものであるが、損害賠償債権を財団債権とすることは破産財団にとって多大な負担に

69　『伊藤』386頁。
70　才口千晴「各種契約の整理(V)－請負・ジョイントベンチャー」園尾隆司・中島肇編『新・裁判実務大系(10)』(青林書院、2000年) 166頁、「現代型契約と倒産法」実務研究会編・前掲注57・166頁〔加々美博久〕。

なることから、負担軽減のために破産債権としたとする考え方もある[2]。本項の規定の趣旨をどう考えるかは、法53条1項・2項の規定の趣旨をどう考えるかとも関連する問題であるが、本項により、損害賠償債権は破産債権としてのみ認められるにすぎない。

(2) 要　件

a　適用の対象

本条の損害賠償債権は、法53条1項又は2項の規定による解除により発生するべきもののみを対象としているにすぎない。

雇用契約の使用者の破産（民法631条）や請負契約の注文者の破産（民法642条）の場合における破産管財人からの契約解除については本条は適用されず、民法の規定が適用される。

雇用契約の使用者の破産の場合には、破産管財人又は労働者からの雇用契約の解除が認められているが、いずれの場合も損害賠償債権は認められていない（民法631条後段）。破産管財人からの契約解除に伴う労働者からの損害賠償請求が認められていないことについては、立法論として批判もある。

請負契約の注文者の破産の場合には、破産管財人からの契約解除に伴う請負人からの損害賠償請求は、破産債権として認められている（民法642条2項）。

b　損害賠償の範囲

本条の損害賠償の範囲は、履行利益か信頼利益かの問題がある。破産管財人よる解除により履行利益が失われる相手方の利益保護や、民法642条の請負契約の注文者破産における破産管財人による契約解除の場合において請負人に仕事の報酬及びその中に含まれない費用（同条1項後段）のほかに損害賠償債権が認められている（同条2項）ことに照らすと、本条1項の損害賠償の範囲は履行利益まで含むと解される[3]。

1　谷口安平『倒産処理法〔第2版〕』（筑摩書房、1980年）176頁。
2　『伊藤』352頁。
3　『大コンメ』222頁〔松下淳一〕。

2 本条2項

(1) 規定の趣旨

　本条2項は、法53条1項又は2項により、双方未履行双務契約が解除された場合において、破産者が受けた給付が破産財団に現存するときは取戻権（法62条）としてその返還を認め、現存しないときはその価額について財団債権としての権利行使を認め、相手方の保護を図っている。本項の規定について、給付が特定物として破産財団に現存する場合には、破産管財人よる契約解除によって相手方の給付は破産者に属しない財産となり（法62条）、その取戻しが認められることに争いはないが、給付が破産財団に現存しない場合に、その価額償還債権が財団債権として認められている趣旨については争いがある。本項の規定の趣旨の考え方についても、法53条1項・2項の規定の趣旨をどう考えるかとも関連する問題である。

(2) 反対給付に関する相手方の権利

a 取戻権

　ア　破産手続開始当時、相手方の給付が特定物であり、破産財団に現存する場合には、法53条1項・2項による破産管財人の契約解除により、相手方は、取戻権（法62条）に基づき、特定物の返還を求めることができる。破産手続開始当時、特定物が破産財団から譲渡されており、その反対給付の請求権が現存する場合には、相手方は破産管財人に対し、代償的取戻権（法64条）に基づき、反対給付の請求権の移転を求めることができ、破産手続開始後、破産管財人が反対給付を受け取った場合には、反対給付が破産財団の中で特定できる状態で現存するときには、当該財物の返還を求めることができる。

　イ　破産管財人が受け取った反対給付が金銭のような場合には、破産財団に混在することになるため代償的取戻権は認められず、相手方は破産管財人に対し、財団債権（法148条1項4号・5号）として権利行使することになる[4]。

---

4 『条解』496頁。

b 価額償還債権

ア　破産手続開始当時、相手方の給付が金銭等などの場合には破産財団に混在しており破産財団に現存するとは言えず、相手方は破産管財人に対し、財団債権として、価額償還請求をすることになる。

イ　価額償還債権の財団債権の規定の趣旨については、価額償還債権は、給付が現存する場合の原状回復請求権（取戻権）と同様に、破産手続開始後の双方未履行双務契約の解除規定により発生したものであり、本来、財団債権の性質を有するものであり、本条はその趣旨を明らかにしたものであるとする説がある[5]。

一方、価額償還債権の財団債権としての範囲は、破産管財人よる契約解除の結果、相手方と破産財団の双方が原状回復義務を負担し、相手方の価額償還の請求と破産財団からの相手方に対する反対給付の請求が同時履行の関係にある場合などに限定すべきとの説[6]がある。この説は、損害賠償債権の場合と同様に、価額償還債権は破産手続開始前に成立した双務契約の解除に伴う原状回復請求であって、本来的に破産債権であるが、相手方の価額償還債権と破産財団の相手方に対する原状回復請求権が同時履行などの一定の場合に限って財団債権として認められるにすぎないとする。

ウ　本条2項は、価額償還債権について財団債権と規定しており、通説、破産実務では、価額償還債権について制限を設けずに財団債権としての権利行使を認めている。

判例[7]は、請負人破産の破産管財人による請負契約解除に伴う注文者からの前払金返還請求訴訟に関し、旧法59条（法53条）を適用して財団債権としての返還を認めているが、価額償還債権としての前払金返還請求権の財団債権性については具体的な理由を述べていない。請負契約の解除によって注文者と破産財団の双方が原状回復義務を負わず、同時履行の関係にもないことから、注文者の前払金返還請求権は財団債権ではなく、破産債権にすぎない

4　『条解』496頁。
5　『伊藤』353頁。
6　霜島甲一『倒産法体系』（勁草書房、1990年）383頁、平岡建樹「宣告と請負」『借地借家訴訟法　裁判実務大系(6)』（青林書院、2000年）152頁。
7　最判昭62.11.26（民集41巻8号1585頁）。

と主張する説もある[8]。建設会社の破産事件の実務では、請負人の破産管財人による法53条1項の請負契約解除に基づく工事出来高分を超える注文者からの前払金返還請求権が財団債権となり得ることから、前払金返還請求権が多額に発生することが予想される事案では、法53条1項による解除を直ちに選択せず、早期の工事の引渡しを求める注文者との間で請負契約を合意解除し、あるいは注文者からの請負契約の解除を促すなどの方法により事案に応じた適正な処理している[9]。

エ　価額償還の算定の時期に関しては、本条2項は「その価額」と規定しており、双務契約により相手方の給付がなされた時点での価額が算定の基準時点になるものと解されるが[10]、目的物の価額が下落した場合には、処分時とする考え方もある[11]。

(加々美博久)

第55条　継続的給付を目的とする双務契約

① 破産者に対して継続的給付の義務を負う双務契約の相手方は、破産手続開始の申立て前の給付に係る破産債権について弁済がないことを理由としては、破産手続開始後は、その義務の履行を拒むことができない。

② 前項の双務契約の相手方が破産手続開始の申立て後破産手続開始前にした給付に係る請求権（一定期間ごとに債権額を算定すべき継続的給付については、申立ての日の属する期間内の給付に係る請求権を含む。）は、財団債権とする。

③ 前2項の規定は、労働契約には、適用しない。

8　平岡・前掲注6・152頁、松下淳一「請負人の破産に対する破産法59条の適用の有無」ジュリ901号106頁。
9　加々美博久「双方未履行双務契約」東京弁護士会倒産法部編『倒産法改正展望』（商事法務、2012年）277頁、**本書53条の解説6(4)**参照。
10　谷口・前掲注1・176頁。
11　『条解』433頁。

1　本条の趣旨

「継続的給付の義務を負う双務契約」とは、継続的債権関係を内容とする双務契約のうち、契約当事者の一方が、一定期間又は期限の定めなく、反復継続的に給付をする義務を負い、他方がその給付の対価の給付ごとに、あるいは、一定期間を区切って供給された目的物の対価の総額を支払う義務を負う契約をいう。公共性の強い電気、ガス、水道等の供給契約が代表的な例である。現行法では、破産手続開始決定前の請求権の性質について、申立て時を基準として、一部を破産債権、一部を財団債権とすることで、再建型手続と同様の規定が新設された[1]。

破産管財人が法53条1項に基づき継続的給付契約の履行を選択しても、当該契約の相手方が申立て前の給付にかかる請求権につき弁済がないことを理由に新たな給付に応じない場合、開始前の給付にかかる債権を全額財団債権として取り扱えば給付が再開されるであろうが、本来的に、これらの債権が破産債権であること（法2条5項）と矛盾し、他の破産債権者との平等との関係も問題となり得る。そこで、本条は、継続的給付契約について、申立後の給付の対価を破産債権ではなく財団債権として扱い、さらに括弧書で、料金算定の時期的単位を考慮し、申立日の属する期間内給付に係る請求権をすべて財団債権とすることによって、相手方の債権を一定の範囲で保護し、契約当事者双方の利害を調整したのである[2]。

継続的給付の義務を負う相手方は、本条によって、破産手続開始後に、開始前の給付に係る未払いの破産債権の弁済がないことを理由に開始後の給付の履行を拒むことはできないが、他方、申立て後の給付に係る部分について

---

[1] 『条解』434頁。ただし、『倒産法概説』229頁〔沖野眞已〕は、規定上は再建型手続と同内容であるが、手続の性格の違いは自ずと具体的な解釈に反映することになろう、とする。
[2] 『条解』434頁、『大コンメ』226頁〔松下淳一〕。
　なお、『基本法コンメ』134頁〔水元宏典〕は、法53条の制度趣旨につき、同時履行の抗弁権を有する相手方の履行請求権を破産債権から財団債権に格上げするための形成権を破産管財人に付与し、相手方からの同時履行の抗弁権の行使を封じて、破産管財人からの契約の履行を可能にすることにあるとし、本条1項が破産債権と規定している部分は、履行を選択した場合の財団債権となる範囲の縮小であり、同条等の特則となる、とする。

の弁済がなければ、その後の給付について履行を拒むことができる[3]。また、給付と対価の決済が各月末限りとされている場合に、月中に申立てがなされたときは、申立日の属する月の給付に係る未払対価請求権のすべてが財団債権となる[4]。

2　要　件

「継続的給付の義務を負う双務契約」とは、継続的債権関係を内容とする双務契約のうち、当事者の一方が一定期間にわたって反復継続される可分的給付をなす義務を負い、他方が、その給付ごとに、あるいは、一定期間を区切って供給された目的物の対価の総額を支払う義務を負担する契約に限られる。給付の内容としては、電気、ガス、水道等のほか、原材料や部品のような有体物及びこれに準ずるものの継続的供給契約が考えられる。また、継続的な運送・ビルの清掃・エレベーターの保守管理・ビル警備のような役務の継続的供給契約も含まれる。

他方、本条は、一定期間にわたって反復継続される可分的給付を前提としているため、同じく継続的債権関係を内容とする契約であっても、賃貸借契約、リース契約、ライセンス契約などは含まれないと解されている[5]。また、労働契約は、その性質上、継続的供給契約と考えられるが、労働者の正当なストライキ権をも奪うように解釈されるおそれがあるため、注意的に適用除外が定められている（本条3項）。

3　効　果

(1)　破産手続開始後の相手方の履行義務（本条1項）

継続的給付の義務を負う双務契約によって供給される物や役務は、破産手続を遂行する上でも不可欠であることが少なくなく、過去の給付に対応する代金の支払がなされていないことを理由に開始後も将来の給付の履行を拒む

---

[3]　『一問一答』83頁。
[4]　例えば、電気料金が毎月末日締めで計算されており、破産手続開始の申立てが1月15日にされた場合には、同月1日から同月15日までの電気料金は、破産手続開始前であっても財団債権となる。
[5]　『伊藤』363頁注84、中島弘雅『体系倒産法Ⅰ』（中央経済社、2007年）248頁など。

ことができるとすると、破産管財人が履行選択をしても、新たな供給を受けることが難しくなる[6]。そこで、本条1項は、継続的給付の履行の義務を負う相手方に、申立て前に係る対価の支払請求権が未払いであることを理由として、開始後の給付の履行を拒絶することができないとし、相手方の履行拒絶権を制限したものである。

本条1項で履行義務の対象となるのは、破産管財人が履行選択した場合の相手方の開始後に供給すべき物や役務である。本条1項によって履行拒絶が制限されるのは、申立て前の給付に係る破産債権について弁済がないことを理由とする場合に限られる。この規定の反対解釈として、申立て後の給付に係る債権に対して弁済がないときは、相手方は、このことを理由に開始後の給付の履行を拒絶することができることになる。もっとも、申立て後の債権は財団債権とされるから（本条2項）、弁済がされないという事態は現実には起こりにくい。開始前であれば、申立て後であっても、申立て前の給付に係る債権について弁済がないことを理由に履行を拒絶することができるが、破産の場合には、申立てから開始決定までの期間が比較的短いのが一般的であり、このような事態は債権者申立て以外には想定しにくい[7]。

開始前に基本契約が解除又は解約がされている場合には、本条の適用はない。ただし、開始前の供給分の未払代金債務があることを理由に供給が停止ないし終了しているにすぎない場合は、一回的・断片的に事象をとらえるべきではなく、反復継続的な供給契約がなお継続していると解すべきであろう[8]。

継続的給付の履行の義務を負う相手方は、開始後、破産管財人に対し、相当の期間を定め、その期間内に契約の解除をするか債務の履行を請求するかを確答すべき旨を催告することができ、その期間内に確答しないときは契約の解除をしたものとみなされる（法53条2項）。

(2) 破産手続申立て後破産手続開始前にした給付に係る請求権（本条2項）

申立て後開始前の給付の対価に係る請求権は、本条2項で財団債権として

---

[6] 最判昭42.6.29（判時494号41頁）。
[7] 『破産実務』233頁。なお、東京地方裁判所破産再生部では、債権者による申立事案を含め、義務の履行拒絶が問題となった事例は見当たらないとしている。
[8] 村松謙一「破産手続における継続的供給契約の問題点」判夕830号232頁も同旨。

扱われ、また、本条2項括弧書によって、継続的給付の対価の額が一定期間ごとに算定される場合、申立日を含む期間全体の給付の対価が財団債権となる。これは、開始後に継続的給付の義務を負う相手方の履行拒絶権を否定することとの均衡などから、申立て後の給付に係る請求権を財団債権とし、破産申立日の属する期間内の支払請求権も財団債権として扱い、他の破産債権に比べて保護を厚くしたものである[9]。また、電気・ガス・水道については、それぞれの事業者が供給継続義務を負っており（電気事業法18条、ガス事業法16条、水道法15条）、その供給は認可を受けた供給約款（電気事業法19条、ガス事業法17条）又は一定の条件を満たした供給規程（水道法14条）に基づくものとされ、破産手続開始の申立てがなされたことを理由として直ちに供給を停止できないため、破産申立日の属する期間内の支払請求権を財団債権化することに合理性がある[10]。相手方は、破産管財人が継続的供給契約について履行の選択をしても、財団債権たる未払対価が支払われない間は、開始後の給付を拒絶することができる。

　本条2項の適用に関して、破産管財人が法53条1項に基づいて解除を選択した場合にも、申立て後開始前の給付に係る請求権が財団債権となるかについては見解が分かれている[11]。財団債権説は、本条2項の文言に限定がないこと、申立てから開始までの給付の対価を財団債権として保護すべき合理的な理由があることなどを根拠とする[12]。他方、破産債権説は、本条が破産管財人によって履行の請求が選択された場合を想定しており、一定の継続的給付契約の義務が履行されることが管財業務の遂行ひいては破産手続の進行に必要であることが根拠とされた点を重視する[13]。実務上は、携帯電話利用契

---

[9] 『条解』436頁。
[10] 旧法では明文の規定がなかったため、メーカー等の破産事件では、大口電力が解約されると、クレーンや大型シャッター等のモーターを動かすことができず、再度大口電力契約を締結すれば、高額の契約料が必要となり、破産管財人として、破産手続開始前の未納の電力料金の処理に難渋した例が少なくなかった。なお、中島弘雅・村田典子「特殊な契約」『破産法大系Ⅱ』373頁以下参照。
[11] 『基本構造』275頁。例えば、事業者破産の事案で業務縮小により無用になった携帯電話契約が多数あり、破産管財人が開始直後に法53条1項に基づいて解除した場合、破産財団にとっておよそ利益にならない携帯電話契約上の通話料金を全額財団債権とすることの問題点が指摘されている。
[12] 『条解』436頁、『大コンメ』227頁〔松下淳一〕、『倒産法概説』224頁〔沖野眞已〕。

約について、破産者が法人であれば、法人名義で多数の契約が締結され、あるいは、従業員が携帯電話を保持したままとなっている可能性があるので、破産管財人は速やかに契約状況を調査して不必要な契約を解除すべきであり、他方、破産者が自然人であれば、契約上の地位を譲渡するか、契約はそのままにした上で、破産者から開始後の利用分について不当利得として新得財産から財団組入れをさせることを検討すべきとされている[14]。

(植村京子)

第56条　賃貸借契約等

> ①　第53条第1項及び第2項の規定は、賃借権その他の使用及び収益を目的とする権利を設定する契約について破産者の相手方が当該権利につき登記、登録その他の第三者に対抗することができる要件を備えている場合には、適用しない。
> ②　前項に規定する場合には、相手方の有する請求権は、財団債権とする。

1　本条の趣旨

　使用収益権の設定契約は、破産手続の開始時に、目的物を使用収益させる義務等と使用収益の対価の支払義務が双方未履行の状態となり、本来、法53条の適用対象となる。しかし、使用収益させる義務を負う者が破産した場合、破産管財人が解除を選択すると使用者は自己の関知しない事由により使用収益権を失う結果となる。この点、不動産の賃貸借については、対抗要件を具備した場合、第三者に対抗できるものとして保護されており（民法605条など）、同様に、保護の必要性は、知的財産のライセンス契約その他の使用収益を目的とする権利設定契約にも見られる。

　そこで、本条は、賃借権その他の使用収益権を設定する契約について、当

---

[13] 『破産実務』233頁（東京地方裁判所の運用について『手引』282頁参照）、『伊藤』361頁注78、『基本構造』275頁〔伊藤眞発言〕、『基本法コンメ』135頁〔水元宏典〕。
[14] 『破産200問』104頁〔近藤直生〕、『運用と書式』112頁。

該権利につき対抗要件を備えた場合は、法53条1項・2項の適用を排除して、使用収益をさせる義務を負う者の破産管財人はこれを解除できないこととし（1項）、その結果、破産管財人が履行選択をしたのと同様になることから、相手方の有する請求権は財団債権になることを明らかにしたのである（2項）。

2　対象となる契約

　本条の適用対象は、賃借権その他の使用及び収益を目的とする権利を設定する契約である。不動産などの売買契約は、買主に使用収益を認めるものではあるが、使用収益そのものを目的とする契約とは言えない。したがって、本条は適用されず、買主の代金支払と売主の引渡が未了の場合などは、所有権の移転登記が完了していても、破産管財人は、法53条1項により売買契約を解除することができる。ライセンス契約は、ライセンサーがライセンシーに知的財産権の使用収益権を設定する契約として、本条の対象となる（詳細は後述する）。

3　第三者に対抗することができる要件

(1)　権利保護要件

　破産管財人は、新たに物権を取得した者ではなく、使用収益権者と本来的な対抗関係に立つものではない。また対抗要件の具備が解除権を制約することと整合するものでもない。したがって、この場合は、矛盾する権利の優劣を決する要件としてではなく、権利保護の要件として対抗要件の具備が求められていると考えられる[1]。

(2)　登記、登録、その他の第三者に対抗できる要件

　登記については、賃借権の登記（民法605条）、借地上の所有建物の登記（借地借家法10条1項）があり、登録については、特許権、実用新案権に関する専用実施権（特許法98条2項、実用新案法18条3項）、商標権に関する専用使用権（商標法30条4項）、通常使用権（同法31条4項）に関して認められている。

　その他の対抗要件としては、建物賃貸借における引渡し（借地借家法31条

1　『一問一答』85頁、『基本構造』281頁。

などがある。

(3) 破産手続開始後の善意による対抗要件具備

対抗要件が破産手続開始後に具備された場合はどうか。この点、不動産等に関し登記権利者が破産手続開始の事実を知らないでした手続開始後の登記については、破産手続との関係でも効力が認められており（法49条1項ただし書）、登録等に準用されている（同条2項）。そこで、本条についても同様の扱いを認め、手続開始後の善意の対抗要件取得については、適用を認めるべきである[2]。なお、上記は登記、登録の場合に認められる例外的な扱いであり、建物の賃貸借について建物の引渡しが対抗要件となる場合（借地借家法31条）には認められない[3]。

4 相手方の有する請求権

本条2項に定める「相手方の有する権利」とは、本来的な権利である使用及び収益を行う権利を指すが、必要費・有益費の償還請求権（民法608条）[4]、使用、収益のために必要な修繕（民法606条1項）やメンテナンスを求める権利も含まれる[5]。これらの権利は、破産管財人の解除権が排除され契約関係が維持されることから財団債権とした[6]。なお、敷金返還請求権[7]は敷金契約に基づくものであり、これに含まれない。

---

2 『大コンメ』231頁〔三木浩一〕同旨。これに対し、破産手続開始時に破産管財人が解除権を取得した以上、その後に対抗要件が具備されたからといって、これを制限するのは不合理であるとして否定的に解する見解がある（『条解』442頁）。しかし、もともと本条は、対抗要件具備の時期を要件としていない。本条の対抗要件は権利保護要件として求められるものであり、賃借権等の要保護性から判断すべきである。なお、議論の概要につき『基本構造』285頁参照。
3 『基本構造』285頁〔山本和彦発言〕。
4 ただし、必要費・有益費が財団債権となるのは、破産手続開始後の支出に基づくものに限られ、開始前の支出に基づくものは破産債権になると解される（堂薗幹一郎「賃貸借」『破産法大系Ⅱ』311頁）。
5 修繕やメンテナンスを求める権利についても、これらの発生原因が破産手続開始前に生じた場合に財団債権となるのか疑問がある。これらについても破産債権とする余地が十分にあると考える。
6 破産債権に関する金銭化・現在化の規定（法103条2項・3項）は財団債権に準用されるが（法148条3項前段）、破産手続進行中は、本来の性質に従った履行を行なえば足りると考えられる（『伊藤』305頁）。

5　賃貸人破産の場合

(1)　賃貸借契約の扱い

賃借権が対抗要件を備えていれば、破産管財人は解除権を行使できず、賃貸借契約は存続することとなる。

(2)　賃借権に優先する抵当権等が存在する場合

賃借権の対抗要件は、担保権等に優先することは必要でない。例えば、賃借権が当該不動産上に設定された抵当権に劣後する場合でも、対抗要件を備えている限り、破産管財人は法53条1項に基づく解除はできない。破産管財人が抵当権を消滅させて任意売却する場合も賃借権の負担付きで行うことになる[8]。

抵当権が実行されれば、賃借権は消滅するが、財団債権である使用収益権が債務不履行になったとして、賃借人は損害賠償を求められるか、またそれが財団債権となるかの問題がある。この点、破産管財人には目的物を受け戻して、賃借人に使用収益させる義務はなく、違法性や帰責性は認められない。また使用収益権が財団債権とされたのは賃貸借契約が解除できず履行選択したと同様に扱われるからであり、抵当権の実行により使用収益権が失われた場合まで保護するものではない。したがって、この場合、損害賠償を求められるとしても、抵当権及びこれに劣後する賃借権の設定という破産手続開始前の破産者の行為に基づくものとして破産債権になると考えるべきである（法2条5号）[9]。

(3)　正当事由に基づく解約等の可否

破産管財人は、破産手続の開始が正当事由に当たるものとして（借地借家法6条、28条）、賃貸借契約につき解約又は更新拒絶することができるか問題となる。この点、そもそも賃貸人の破産が解約等の正当事由に該当するかが

---

[7] 敷金については、停止条件付債権として、その額に満つるまで賃料額の寄託を求めることで、相殺により優先的な回収ができる（法70条後段）（『一問一答』91頁）。

[8] 『論点解説（上）』94頁〔山本和彦〕。なお、このような場合の賃借権は要保護性に欠けるとして法56条1項の適用は否定され、法53条1項に基づく解除が可能と解する余地があるとするものとして堂薗・前掲注4・314頁。

[9] 『条解』441頁。損害賠償請求権自体が発生しないとするものとして『基本構造』284頁〔田原睦夫発言・伊藤眞発言〕。

疑問であるばかりか、解約等を認めることは、本条の趣旨に反する。賃貸人の破産手続開始決定のみをもって正当事由の根拠とすることはできないと考えるべきである[10]。

(4) 将来の賃料債権の処分

賃貸人の破産手続開始前に、賃借人が賃料を支払っていた場合、また賃貸人が開始後の賃料債権を第三者に譲渡し対抗要件を備えていた場合、旧法下では、破産手続開始時点を基準として当期及び次期の分を除いて破産債権者に対抗できず、その損害賠償については、賃借人は破産債権を行使し得るとされていた（旧法63条1項・2項）。しかし、これらの扱いは、否認の可能性は別として、その合理性に疑問があった[11]。そこで、現行法はこれを廃止した。その結果、手続開始前に賃料の前払いや将来賃料の譲渡がなされた場合、破産管財人は、賃料収入を得ることなく賃貸物件の管理を継続しなければならない。そのため、目的物を財団から放棄するか、賃料の無収入期間を考慮に入れて売却するなどの対応を検討することとなる。財団から放棄する場合には、破産者の管理処分権限が復活することから、賃料無収入期間経過後の賃料収入が破産者に帰属する結果が、債権者を害することにならないか検討する必要がある（**本書184条の解説6**参照）[12]。

(5) 賃料債権を受働債権とする相殺の可否

破産債権者が破産債権を自働債権、賃料債権を受働債権として行う相殺についても、旧法下においては制限があった（旧103条）。しかし、相殺権の行使が広く認められる破産手続において賃料債権を受働債権とする相殺のみ制限するのは合理性がないとされ、現行法においては、旧法63条の廃止に合わせて廃止された[13]。

---

10 東京高判昭31.7.18（金法113号3頁）、大阪地判昭53.3.17（金判555号23頁）、『伊藤』365頁。
11 将来債権の譲渡が一般化し、取引の安全が求められることや賃料債権の証券化の障害となることなども理由となった。他方で、賃料収入が期待できないとなれば、破産管財人は物件を財団から放棄せざるを得ず、結果的には証券化の妨げになるのではないかとの指摘もある（『伊藤』366頁注91）。
12 破産者が適切に管理できるような措置を講ずる必要がある点につき『手引』200頁。
13 『一問一答』90頁。なお、民事再生、会社更生においては賃料債権を受働債権とする相殺に対する制限は維持されている（民事再生法92条2項〜6項、会社更生法48条2項〜6項）。

(6) 動産の賃借権

　動産の賃借権の対抗要件について、民法学説においては目的物の引渡しでよいとするのが多数説[14]であるが、近時は目的物の引渡しでは認められないとする説が有力に主張されている[15]。民法605条（不動産賃貸借の対抗力）のような規定のない現行法上の解釈としては、有力説に分があるように思われる。有力説によれば、動産賃貸借について破産管財人の解除権を制限することは困難となろうが、事業用機械などにつき一定期間の賃貸借を内容とする契約が締結されている場合で、目的物の引渡しがなされていれば、その利用権の保護の必要性は十分に認められる[16]。立法的手当てが検討されるべきである。

6　賃借人破産の場合

(1) 賃貸借契約の扱い

　賃借人が破産した場合は、本条の適用はないが、便宜上、本条において解説する。賃借人が破産した場合は、双方未履行の双務契約としての規律に従い、賃借人の破産管財人は、契約の履行か解除かにつき選択権を有することになる（法53条、54条、148条1項7号）[17]。

(2) 履行が選択された場合の賃料債権

　破産管財人により履行が選択された場合[18]、賃料債権は財団債権となるが、これに破産手続開始前の未払賃料が含まれるかについては争いがある。肯定説（財団債権説）は、賃貸借契約の一体性を根拠とする[19]。否定説（破産債権説、通説）は破産手続開始前の使用収益を原因として発生した債権であることを根拠とする[20]。履行の選択による規律は、破産手続開始後の扱いを定

14　我妻栄『民法講義Ｖ2』（岩波書店、1973年）542頁ほか。なお、『論点解説（上）』93頁〔山本和彦〕は、「動産の賃貸借の場合には、占有が対抗要件となる」としている。
15　内田貴『民法Ⅱ〔第3版〕』（東京大学出版会、2011年）234頁ほか。
16　『理論と実務』200頁〔田頭章一〕。
17　破産法改正に伴う旧民法621条の削除により、賃貸人からの解除は認められないこととなった（『伊藤』361頁）。
18　賃借権譲渡、事業継続（法36条）、事業譲渡（法78条2項3号）などを行う場合には、履行を選択することとなる。
19　『伊藤』362頁以下。
20　『大コンメ』234頁〔三木浩一〕、堂薗・前掲注4・327頁など。

めるものであり、開始前に遡って債権の性質を変更させることは、一般債権者との公平を害し、破産管財人の履行選択権の行使を不当に制約することにもなりかねない。否定説が妥当である[21]。

(3) 原状回復請求権

賃貸借契約が解除された場合、賃貸人の原状回復（費用）請求権については財団債権（法148条1項4号・8号）か破産債権（法2条5号）か争いがある。財団債権説は、双務契約の解約の申入れがあった場合にその契約終了に至るまでに生じた請求権である、又は破産管財人の行為に起因する債務であり破産債権者が共同で負担することを受忍すべきであるとする[22]。破産債権説は、この場合の原状回復費用は破産債権者全体の利益とならないこと、賃貸借契約終了が手続開始前であれば破産債権になるのであるから手続開始の先後により別個の扱いになるのは均衡を失すること、原状回復義務の発生原因は手続開始前に存在している点などを根拠とする[23]。

実務上は敷金・保証金と精算するなどして財団からの出費を伴わない方法で和解的な処理がなされていることが少なくない[24]。

---

[21] 否定説においても、破産手続開始日にまたがる期間（『条解』444頁）又は申立日を含む期間（『大コンメ』234頁〔三木浩一〕）の賃料の扱いについては、日割り計算によるとする見解と法55条の準用又は適用により財団債権とする見解（矢吹徹雄「賃貸借契約と破産」髙田裕成ほか編『福永有利先生古稀記念・企業紛争と民事手続法理論』（商事法務、2005年）781頁）がある。

[22] 澤野芳夫「賃借人破産における諸問題」松嶋英機・伊藤眞・福田剛久編『門口正人判事退官記念・新しい時代の民事司法』（商事法務、2011年）144頁、『伊藤』363頁ほか。なお、東京地判平20.8.18（金法1855号48頁）は「原状回復費用請求権は、原告が破産管財人として、破産手続の遂行過程で、破産財団の利益を考慮した上で行った行為の結果生じた債権といえるから、破産法148条1項4号及び8号の適用又は類推適用により、財団債権と認められる」とする。その他、法148条1項4号の規定に基づく財団債権であるとするものとして東京高判平21.6.25（金法1976号107頁）。

[23] 富永浩明「各種の契約の整理(II)賃貸借契約(2)」『新・実務大系』204頁、『論点解説（上）』〔小林信明〕111頁、岡伸浩「賃借人破産における原状回復請求権の法的性質」『倒産法実務の理論研究』（慶應義塾大学出版会、2015年）、加々美博久「解除権・取戻権」園尾隆司・多比羅誠編『倒産法の判例・実務・改正提言』（商事法務、2011年）403頁、三森仁「原状回復請求権の法的性質に関する考察」『ソリューション』3頁ほか。なお、大阪地方裁判所では、原状回復請求権は財団債権ではなく、破産債権と解している（『運用と書式』116頁）。

[24] 『手引』193頁。

(4) 解約予告期間条項、敷金等放棄条項、違約金条項[25]

　賃貸借契約において、賃借人が賃貸借期間の途中で解除する場合には一定の解約予告期間を要し、即時解約の場合には、予告期間の賃料相当額の損害金を支払う旨の条項（解約予告条項）や、賃借人の都合で賃貸借期間の途中で契約が終了した場合は、敷金の全部又は一部を放棄する（敷金等放棄条項）、又は、違約金を支払う（違約金条項）旨の条項が設けられていることがある。このような条項があるとき、破産管財人が法53条1項によって契約を解除した場合に、これに拘束されるかについては争いがある。

　拘束されるとする見解[26]は、これらの約定は、急な契約の終了に伴う賃貸人の損失を回避するものとして合理性を有するとする。拘束されないとする見解[27]は、法53条1項に基づく解除権は、契約当事者の合意の如何に関わらず行使し得る法定の権限であり、これを不当に制限する約定は無効である、また違約金条項等を形式的に有効とすると著しく衡平の理念に反し民法90条に抵触するとする[28]。裁判例は、否定したもの[29]、肯定したもの[30]、制限的に認めたもの[31]がある（違約金条項について**本書53条の解説5(4)参照**）。

25　倒産解除特約については、**本書53条の解説5(5)参照**。
26　『伊藤』363頁など。
27　加々美・前掲注23・401頁など。
28　議論の概要につき、澤野・前掲注22・147頁。
29　東京地判平21.1.16（金法1892号55頁）は「（本件条項）は、賃借人が賃料・共益費6カ月分を支払うことにより本件契約を解除し得るとする趣旨であると解され、他の事由による本件契約の終了時にも賃借人が違約金を支払うべきことを規定したものであるとは解することができない。」とした。また、東京地判平23.7.27（判時2144号99頁）は、敷金等放棄条項につき、「これは合意に基づく解約権（約定解約権）の行使の要件を定めたものと解され、破産管財人による破産法53条1項に基づく解除権の行使についての要件とは解されない」とした。
30　東京高判平24.12.13（判タ1392号353頁）は、民事再生の事案であるが、途中解約の場合に保証金の30％相当額が償却される旨の特約について、「約定解除によるものであっても、法定解除によるものであっても、本件賃貸借契約が契約期間中に終了することによって賃貸人である被告が被る不利益はかわらない」として、民事再生法49条1項（法53条1項に相当する）による解除の場合にも特約は適用されるとした。その他、東京地判平20.8.18（金法1855号48頁）、大阪地判平21.1.29（判時2037号74頁）など。
31　名古屋高判平12.4.27（判時1748号134頁）は、特約による違約金額が約5888万円であったケースで「本件建物について新たに賃借人の確保には1年程度の期間を要すると予想されること、本件賃貸借契約が締結された平成5年以後建物賃料が下落傾向にあること」などを考慮し、月額賃料の14カ月分に相当する2100万円を合理的な範囲と認めた。

違約金条項等の拘束力を肯定した場合、賃貸人の違約金請求権が破産債権なのか財団債権なのか争いがある。有力説[32]は財団債権であるとするが、破産債権であるとの見解を採用した裁判例[33]もある。

なお、敷金等が預け入れられていると、違約金等の請求権が破産債権であれ財団債権であれ、敷金等から差し引かれるが[34]、相殺ではなく民法489条の当然充当によるものであるとするのが判例[35]である。

実務上は、契約の解釈の問題として、個別具体的な判断が必要になると解されるので、和解的解決が求められるとされる[36]。

7　転貸借の場合

転貸借契約において転貸人（賃借人）が破産した場合も、転借権について対抗要件を備えていれば、本条の適用が認められる。この場合、破産管財人は元となる賃貸借契約を解除できるが（法53条1項）、転貸借契約は解除出来ない。破産管財人が元となる賃貸借契約を解除した場合、結果として、以後は賃貸人と転借人との賃貸借契約に切り替わると考えられる[37]。

この場合、転借人が転貸人に差し入れた敷金について賃貸人は引き継ぐか。賃貸不動産の譲渡の場合、譲受人が敷金返還義務を引き継ぐとの判例法理[38]がある一方で、転借人の敷金返還請求権は破産者（転貸人）との関係では破産債権にすぎず、また、賃貸人にとって賃貸借関係の設定に加え、敷金返還義務まで負わせるのは酷だと考えられる。そこで、転貸人が転借人から受領した敷金を賃貸人に差し入れている場合に限り、賃貸人は返還義務を承継

32　『伊藤』363頁。
33　東京地判平20.11.10（金法1864号36頁）。
34　敷金からの控除対象としては、他に破産手続開始前の未払賃料、開始後の明渡しまでの賃料相当損害金、原状回復費用等が考えられる。
35　大判昭7.11.15（民集11巻2105頁）、最判平14.3.28（民集56巻3号689頁）。なお、民法489条の充当の順序について、大阪地判平21.1.29（判時2037号74頁）は、民事再生の事案であるが、「敷金への充当は、すでに弁済期にある債務間においては、債務者の弁済の利益の多いものから先にされ」るとし、「共益債権と再生債権では共益債権の方が債務者の弁済の利益が多い」とする。これによれば、財団債権から充当されることになろう。
36　『手引』193頁。
37　『伊藤』368頁。
38　最判昭39.6.19（民集18巻5号795頁）。

すると考えるべきである[39]。

8 ライセンス契約

(1) 双方未履行の双務契約

ライセンス契約は、一般に知的財産権を有する者（ライセンサー）が、これを他人（ライセンシー）に使用収益させ、ライセンシーがその対価（ロイヤリティー）を支払うことを約する契約である。この場合、破産手続開始時には、双方の債務は未履行となり、基本的には法53条1項の適用対象となる。

(2) ライセンサー破産の場合

ライセンサーが破産した場合、旧法下では、破産管財人が履行か解除かの選択権を有し、解除が選択されたとき、ライセンシーは知的財産権の利用が出来ず、その使用が事業の基盤となっている場合には、ライセンシーに酷な結果となった。現行法は本条において、対抗要件を備えたライセンシーは契約を解除されることなく、知的財産権の使用を継続することが出来ることとした[40,41]。具体的には、特許権、実用新案権に関する専用実施権（特許法98条2項、実用新案法18条3項）、商標権については専用使用権（商標法30条4項）、通常使用権（同法31条4項）について登録制度が設けられ、これらの登録を行った場合が該当する。

また、通常実施権については登録が困難な場合もあることから、当然対抗制度が導入され（平成23年特許法改正）、登録することなく第三者に対抗できることとなった（特許法99条、実用新案法19条3項）。

---

[39] 『伊藤』369頁。なお、破産手続開始前の転貸人の延滞賃料について、賃貸人から転借人に対して直接請求し得るかについては、服部敬「承諾転貸における賃貸人と転借人との関係」『田原古稀（上）』524頁。

[40] 解除が否定されたライセンス契約がそのままの内容（バージョンアップ義務の負担等を含め）で、破産管財人に承継されるか否かという問題がある。この点、破産管財人が負う義務の内容は限定されるべきとする考え方もあり得る（山本和彦「倒産法改正の論点」『倒産法改正展望』（商事法務、2012年）23頁）。付随的義務を含めたライセンス契約そのものが承継されるとしても、付随的義務の承継が非現実的と考えられる場合も少なくなく、実務上は、ライセンシー等と具体的な契約内容につき協議が必要となろう（立法上の必要性につき『検討課題』282頁〔片山英二・松本卓也〕）。

[41] 樋口収他「ライセンス契約と当然対抗制度の限界についての一考察」「現代型契約と倒産法」実務研究会編『現代型契約と倒産法』（商事法務、2015年）295頁は、破産管財人は法53条1項によりライセンス契約を部分解除し得るとする。

なお、知的財産権のうちノウハウや著作権のように、使用権について対抗要件制度がない場合には、破産管財人は法53条1項による解除が可能となる。ただ、解除権の行使が、ライセンシーに著しく酷な結果をもたらし、不公平な状況を生じさせる場合は、解除権の行使は制限されると考えることもでき[42]、ライセンシーの保護と破産管財人の管財業務との調整が必要な場面がある[43]。

(3) ライセンシー破産の場合

ライセンシーが破産した場合は、本条の適用はなく、双方未履行の双務契約としての規律に従う。

（辺見紀男）

第57条　委任契約

> 委任者について破産手続が開始された場合において、受任者は、民法第655条の規定による破産手続開始の通知を受けず、かつ、破産手続開始の事実を知らないで委任事務を処理したときは、これによって生じた債権について、破産債権者としてその権利を行使することができる。

1　本条の趣旨

本条は、委任者に破産手続が開始された場合に、受任者がその事実を知らずに委任事務を処理したときに生じる費用償還請求権（民法650条1項）や報酬支払請求権（民法648条）について、開始決定後の原因に基づくものであり本来は破産債権には該当しない（法2条5項参照）にもかかわらず、受任者を保護する趣旨から、破産債権として行使することができることを定めたもの

---

[42] 最判平12.2.29（民集54巻2号553頁）は、双方未履行の双務契約であっても、契約の解除によって相手方に著しく不公平な状況が生じるような場合には、破産管財人は旧法59条1項（現行法53条1項）に基づく解除権は行使できないとする。

[43] 『大コンメ』236頁〔三木浩一〕、『一問一答』88頁、金子宏直「ライセンス契約」『破産法大系Ⅱ』349頁。

である。

2　委任契約の終了

　委任契約については、それが有償であれば双務契約、無償であれば片務契約であるから、当事者のいずれかについて破産手続が開始した場合には、双務契約であれば破産管財人が法53条1項によって解除権を行使すれば終了し、履行を選択すれば存続するといったように、その契約の性質に従った取扱いがなされれば済むはずである。しかし民法は、委任関係が相互の信頼関係に基づくものであり、一方当事者が破産すると相互の信頼関係が消滅することを理由として[1]、それが有償であるか無償であるかを問わず、委任者又は受任者が破産手続開始の決定を受けたことを、委任契約の終了事由とする特則を設けている（民法653条2号）[2]。法律行為でない事務の委託である準委任契約の場合も同様である（民法656条）。委任契約に基づいて代理権が付与されている場合は、委任の終了によって代理権も消滅する（民法111条2項）。

　もっとも、民法上委任の終了は、これを相手方に通知したとき又は相手方がこれを知っていたときでなければ相手方に対抗できないので（民法655条）、委任者の破産を受任者が知らずに委任事務を処理する可能性があり、その際に生ずる受任者の費用償還請求権や報酬請求権を、開始決定後の原因に基づくものでありながら、破産債権として保護しているのが本条の規定である。

　ただし、委任事務が破産財団の利益のためになされたときには、破産財団にとって事務管理に該当するので、受任者の費用償還請求権は財団債権となる（法148条1項5号）。また、委任契約が終了した後、急迫の事情があるためにした行為[3]によって破産手続開始後に破産財団に対して生じた請求権も財

---

[1]　大判明38.11.30（民録11輯1730頁）。
[2]　今般の民法（債権関係）改正の議論において、中間試案段階では、破産による当然終了を定める民法の規律を改め、有償の委任については、請負に関する同法642条と同様に、受任者又は破産管財人が委任を解除することができることが提案されていた。しかし、パブリック・コメント等において、破産管財人がその就任後直ちに委任契約の存在を把握することが困難な場合もあることからすれば、破産財団の管理という観点からはむしろ当然終了という構成のほうが優れているとの意見が少なくなかったことなどから、民法653条2号の規律が維持されることとなった。

団債権となる（法148条１項６号）。

　受任者が委任者の破産の事実を知らないで破産手続開始決定後に破産財団に属する財産を処分した場合、当該処分が破産手続との関係で効力を有するか否かについては、法47条１項の規定を根拠に破産手続との関係では効力を有しないとする見解[4]と、同条項は破産手続開始後の破産者の行為を問題とするものであり、実体法上委任関係の終了を受任者に対抗できない以上（民法655条）、破産手続との関係でも有効であるとする見解[5]に分かれている。なお、いずれの見解によったとしても、受任者の費用償還請求権や報酬請求権は原則として破産債権となる[6]。

3　委任関係の終了に関する特約

　当事者破産の際における委任関係の終了に関する民法の規定は上で述べた通りであるが、民法653条の規定は強行規定ではないので[7]、当事者の破産手続開始決定を委任の終了事由としない旨の特約は有効である[8]。

　特約によって当事者の破産手続開始決定後も有償委任関係が存続した場合、委任者の破産であれば、委任事項が破産財団に関するものであれば双方未履行双務契約として破産管財人が委任契約の履行又は解除の選択権を有することになり（法53条１項）、履行が選択された場合の受任者の報酬請求権等は財団債権となる（法148条１項７号）。他方で、破産者たる委任者の身分関係等破産財団に関わらない委任事項であれば、破産管財人の管理処分権が及ばないので破産管財人は履行又は解除の選択権を有さず、破産者自身が引き続

3　委任が終了した場合においても、急迫の事情があるときは、受任者は委任者等が委任事務を処理することができるに至るまで、必要な処分をしなければならない（民法654条）。
4　『注解（上）』339頁〔吉永順作〕。
5　『条解』449頁。
6　『破産実務』254頁。
7　幾代通・広中俊雄編集『新版注釈民法(16)』（有斐閣、1989年）293頁〔明石三郎〕。
8　『条解』448頁。なお、委任者破産の場合、委任者の財産は破産管財人の管理下に移されることを理由として、委任者の財産に関する委任契約については委任者の破産を終了の原因としない旨の特約をしても無効であるとする見解もあるが（『注解（上）』338頁〔吉永順作〕、幾代ほか編集・前掲注７・296頁〔明石三郎〕）、法53条の一般原則に従い破産管財人の解除権行使に委ねれば足りるとして、かかる特約も有効とする見解が有力である。

き委任者の地位に留まることになる[9]。この場合の受任者の報酬請求権等は破産者自身が負担することになろう。

同様のケースで受任者の破産の場合であれば、破産管財人が履行又は解除の選択権を有し、履行が選択された場合には、受任者の費用償還請求権や報酬請求権は破産財団所属の財産となる。

4 訴訟委任

訴訟委任も委任契約であり、民法653条2号により委任関係が当然に終了することに加え、弁護士が受任者になる場合、破産手続開始決定が確定すれば受任者は弁護士資格を失うので（弁護士法7条5号）、受任者の破産を訴訟委任契約の終了事由としない特約があったとしても、当該弁護士は代理人として訴訟行為を行うことはできない。受任者が司法書士の場合も同様である（司法書士法5条3号）[10]。この場合に報酬請求権等が発生していれば破産財団所属の財産となる。

委任者が破産手続開始決定を受けたときも、民法653条2号により訴訟委任関係は終了する。委任者の破産を訴訟委任契約の終了原因としない特約があった場合、訴訟委任関係は終了しないが、当該訴訟が破産財団に関するものであった場合[11]には、破産管財人は法53条1項に基づく双方未履行双務契約の解除権を有する。他方、上記特約があった場合の訴訟が委任者の離婚や親子関係不存在確認といった身分法上の紛争等に関するものであった場合、訴訟委任契約は終了せず、弁護士の報酬請求権は破産者自身が負担することになる[12]。

なお、訴訟委任の内容が自己破産の申立てである場合の委任関係については、委任契約の中に破産手続開始を終了事由としない旨の特約が含まれているものと構成できるから、破産手続開始後においても債権者集会への出席

---

[9] 『大コンメ』239頁〔三木浩一〕、『伊藤』388頁。
[10] なお、税理士法及び弁理士法にも同様の欠格条項の定めがあり（税理士法4条3号、弁理士法8条10号）、税理士が保佐人になる場合（税理士法2条の2）及び弁理士が訴訟代理人になる場合（弁理士法6条の2）も同様のことが当てはまる。
[11] この場合、訴訟手続は中断し（法44条1項）、破産債権に関するものを除いて、破産管財人によって受継される（法44条2項前段）。
[12] 『条解』450頁。

等、委任者の代理人としての活動を行うことができる[13]。

5　会社及び取締役の破産

(1)　取締役等の破産

　株式会社と取締役等の役員との関係は委任に関する規定に従うので（会社法330条）、取締役等が破産手続開始の決定を受けると委任関係は終了し（民法653条2号）、取締役等はその地位を失う[14]。

　いったん破産手続開始決定を受けたことによってその地位を失った取締役等を再度取締役等に選任することができるかどうかについて、旧商法254条の2第2号は、破産手続開始の決定を受けて復権していない者は取締役になれない旨定めていたが、現行の会社法ではかかる定めは撤廃された（会社法331条参照）。したがって、取締役等が破産手続開始決定を受け、その地位を失ったとしても、直ちに株主総会を開催してその者を取締役等に選任することも可能である。

　持分会社（合名会社、合資会社、合同会社。会社法575条1項）の業務執行社員についても、破産手続開始の決定が社員の退社事由になっているため（会社法607条1項5号）、破産手続開始決定が確定するとその地位を失う。

　また、一般社団法人及び一般財団法人と役員（理事及び監事）の関係も、委任に関する規定に従うこととされているので（一般社団法人及び一般財団法人に関する法律64条、172条1項）、役員が破産手続開始の決定を受けると委任関係は終了し（民法653条2号）、役員はその地位を失う。いったん破産手続開始決定を受けたことによってその地位を失った役員が再度役員に就任できるかについても、会社の取締役等同様に可能と解されている[15]。

(2)　会社の破産

　上で述べた通り株式会社と取締役等の役員との関係は委任に関する規定に従うので（会社法330条）、委任者たる会社が破産した場合にも委任関係は終了

13　『条解』450頁。
14　ただし、破産手続開始決定に対しては即時抗告が認められているので（法33条）、取締役等の地位が失われるのはその法律効果の性質上、破産手続開始決定が確定したときと解されており、破産手続開始決定と確定証明書によって退任の登記がなされることになる（『条解』451頁、『大コンメ』240頁〔三木浩一〕）。
15　『条解』451頁。

し、取締役等は当然にその地位を失うようにも思われる[16]。

　しかし、会社が破産すると破産財団に属する財産の管理処分権は破産管財人に専属するが（法78条1項）、破産財団と関わりのない組織法上の事項（例えば株主総会の招集及び開催、役員の選任及び解任、会社の組織に関する無効の訴えや株主総会決議取消の訴えの提起又は応訴等）についてまで破産管財人の任務とすることは適当ではなく、破産管財人の負担を避ける意味からも、これらの組織法上の事項については従前の取締役に行わせるべきである（**本書35条の解説3参照**）[17]。

　近時の判例[18]も、会社につき破産手続開始の決定がされても、破産財団に関する管理処分権限と無関係な会社組織に係る行為等については取締役としての権限を行使し得ると判示しており、会社が破産した場合には民法653条2号の適用はなく、従前の取締役等はその地位にとどまると解される[19]。

6　代理受領

　代理受領とは、債権者が債務者に対する債権を確保するため、債務者の第三債務者に対する債権について債務者から取立ての委任を受け、第三債務者から受領した金銭を自己の債権の弁済に充当するもので、非典型担保の一態様である。第三債務者が官公庁など、債務者の第三債務者に対する債権の譲渡や質入れを認めない場合に、このような担保の方法が用いられることがある。

　しかし委任者である債務者が破産した場合、代理受領の権限の基礎となる委任契約が終了し（民法653条2号）、債権者の第三債務者に対する取立権限は消滅することになるので、破産の場面では代理受領の担保的機能は認められない。なお、債権者と債務者の特約によって民法653条の適用が排除されて

16　かかる趣旨の見解として最判昭43.3.15（民集22巻3号625頁）、『注解（上）』346頁〔吉永順作〕。
17　『条解』452頁、『大コンメ』241頁〔三木浩一〕。
18　最判平16.6.10（民集58巻5号1178頁）、最判平21.4.17（金法1878号39頁）。
19　このため、会社の破産手続開始決定後、従前の取締役による取締役会の決議により、従前の代表取締役が会社を代表して再生手続開始の申立てをすることができると解されており、東京地方裁判所破産再生部でもかかる申立てが適法であることを前提として手続が進められている（『民再実務』47頁）。なお、破産管財人が再生手続開始の申立てを行うことは当然に可能である（民事再生法246条）。

いたり、第三債務者から代理受領について承認の奥書を受けていたりしたとしても、それは当事者間の債権関係にすぎず、第三者たる破産管財人に対抗できないと解される[20]。

(髙尾和一郎)

第58条　市場の相場がある商品の取引に係る契約

① 取引所の相場その他の市場の相場がある商品の取引に係る契約であって、その取引の性質上特定の日時又は一定の期間内に履行をしなければ契約をした目的を達することができないものについて、その時期が破産手続開始後に到来すべきときは、当該契約は、解除されたものとみなす。
② 前項の場合において、損害賠償の額は、履行地又はその地の相場の標準となるべき地における同種の取引であって同一の時期に履行すべきものの相場と当該契約における商品の価格との差額によって定める。
③ 第54条第1項の規定は、前項の規定による損害の賠償について準用する。
④ 第1項又は第2項に定める事項について当該取引所又は市場における別段の定めがあるときは、その定めに従う。
⑤ 第1項の取引を継続して行うためにその当事者間で締結された基本契約において、その基本契約に基づいて行われるすべての同項の取引に係る契約につき生ずる第2項に規定する損害賠償の債権又は債務を差引計算して決済する旨の定めをしたときは、請求することができる損害賠償の額の算定については、その定めに従う。

---

20 最判昭44.3.4（民集23巻3号561頁）及び最判昭61.11.20（金法1147号34頁）は、代理受領を承認した債務者が、当該債務を代理受領権者ではなく本人に支払った場合に不法行為の成立が認められた事例であるが、これはあくまで当事者間の内部関係の判示にすぎず、破産管財人等の第三者に対する代理受領権の効力を認めたものではないと解されている。『条解』453頁。なお、民法653条2号が適用されない再生手続の場合も、再生債務者の第三者性を前提として同様の結論になると解される（『伊藤』390頁）。

1 本条の趣旨

(1) 本条の位置付け

本条は、「市場の相場がある商品の取引に係る契約」について、その一方当事者が破産した場合における当該契約の帰趨を定める。

市場の相場がある商品は、市場における価格が日々変動するが、そのような商品の取引に係る契約では、取引の性質上特定の日時又は一定の期間内に履行をしなければ契約をした目的を達することができない場合がある。そのように契約の性質上又は当事者の意思表示により、特定の日時又は一定の期間内に履行をしなければ契約をした目的を達することができない契約は、定期行為と分類され、平時においても、当事者の一方が履行をしないでその時期を経過すると、催告をすることなしに解除でき（民法542条）、商人間の売買の場合には、直ちに履行の請求をした場合を除いて契約の解除をしたものとみなされる（商法525条）。

しかるところ、かかる定期行為に当たる「市場の相場がある商品の取引に係る契約」について、破産手続の開始決定があったとしても、その期限が到来していない場合には、民法542条や商法525条の適用はなく、本来、（双方の債務が未履行であれば）双方未履行双務契約として法53条の適用を受けることになり、解除をするか履行請求するかの選択権が破産管財人に付与されることになるはずである。

しかしながら、本条は、かかる定期行為となる「市場の相場がある商品の取引に係る契約」について、法53条の特則を定め、破産手続の開始決定があった場合に、破産管財人の履行選択権を認めず、当然に解除されたものと扱い（本条1項）、契約の解除に伴う損害賠償の額の算定方法を定める（本条2項）ほか、破産者の相手方が損害賠償請求権を有する場合の当該請求権は破産債権となること（本条3項）、取引所や市場における別段の定めがあればそれに従うこと（本条4項）を定め、さらに、いわゆる一括清算ネッティング条項の有効性についても定めている（本条5項）。

(2) 解除擬制の趣旨

このように契約の解除が擬制される趣旨について、かつては、民法542条と商法525条は破産手続開始時に期限未到来のため適用がなく、双方未履行

双務契約の定めによるのは不便かつ緩慢なので、当然解除と差額決済への変更により当事者間の権利義務を迅速に処理できるようにしたものであるとの説明がされていた[1]。

しかしながら、上記の説明では、破産手続開始時点で履行期が間近に迫っている契約を含めて履行選択の可能性を奪う理由や再建型手続においても同様の規律があること（民事再生法51条、会社更生法63条）を十分に説明できないことから、現在では、次の2つの根拠で説明されるとされている[2]。

第1に、破産管財人に履行するか否かの選択権を与えることは、破産管財人に投機的判断を強いることになり、適切でないという点である[3,4]。

第2に、破産管財人に履行か解除かの選択権を与えると取引の相手方に不測の損害を発生させるおそれがあるという点である[5]。すなわち、契約の相手方は、破産管財人が履行選択するか解除するか未確定の状態におかれると、解除をされた場合に備えてバックアップ取引（買主の場合を例に取ると、他の第三者から同種の商品を購入することなどがこれに当たる）をした場合には、その後破産管財人が履行選択をすることにより結果的にはバックアップ取引が無

1　加藤正治『新訂増補　破産法要論』（有斐閣、1952年）132頁、中田淳一『破産法・和議法〔法律学全集37〕』（有斐閣、1959年）102頁以下、山木戸克己『破産法〔現代法律学全集24〕』（青林書院新社、1974年）121頁、谷口安平『倒産処理法〔第2版〕』（筑摩書房、1980年）178頁。

2　『大コンメ』244頁〔松下淳一〕。

3　『基本法コンメ』140頁〔川口恭弘〕、『倒産法概説』207頁〔沖野眞已〕。さらに、そのような投機的判断が外れることにより破産財団が損失を被ることを阻止することを趣旨の1つとして挙げる考え方も有力である（新堂幸司「金融派生商品取引における一括清算条項の有効性」新堂幸司・佐藤正謙『金融取引最先端』（商事法務研究会、1996年）192頁以下）。もっとも、これについては、既に破産者が転売契約を締結していたり、あるいは、破産管財人が履行を選択した時点で転売契約を締結すれば、履行選択後の価格下落はヘッジできるから、破産管財人による投機的判断が外れることにより破産財団が損失を被る事態を避けることを本条の趣旨として挙げることはできないとする批判がある（山本弘「破産法61条考」伊藤眞・春日偉知郎・上原敏夫・野村秀敏編『権利実現過程の基本構造　竹下守夫先生古稀祝賀』（有斐閣、2002年）818頁以下。『条解』457頁参照）。

4　『条解』457頁。なお、破産管財人に投機的判断をさせないという理屈は、本条と同旨の規定である旧法61条について一括清算ネッティング条項との関係などで議論されていく過程で、破産管財人によるいわゆる「チェリーピッキング」を問題にし始めたことで論じられるようになったとの指摘もある（『基本構造』316頁〔小川秀樹発言〕）。

5　山本弘・前掲注3・821頁以下。

駄になって、これによって損失を被るおそれがあり、また、履行選択の可能性を考慮してバックアップ取引を行わなかった場合には、その後破産管財人が解除を選択すると、その時点でこれに代わる取引を行おうとしても、その後の価格の変動（買主であれば価格の上昇）等のためにバックアップ取引をした場合と比較して大きな損害を被る可能性がある。他方で、「市場の相場がある商品の取引に係る契約」であれば破産者を相手方として取引をしなくても、市場において第三者と取引をすることが容易であり、相手方を取引に拘束する必要性にも乏しい。

以上の根拠により、「市場の相場がある商品の取引に係る契約」については一律に当然解除の扱いをすることとし、解除の場合の損害賠償について規律している。

2 本条の適用対象と解除の擬制（本条1項）

(1) 本条の適用対象

本条が適用されるのは、①取引所の相場その他の市場の相場がある商品の取引に係る契約であって、②その取引の性質上特定の日時又は一定の期間内に履行をしなければ契約をした目的を達することができないものであり、③その時期が破産手続開始後に到来すべきものである場合である（本条1項）。

a 市場の相場がある商品の取引に係る契約

対象となる取引について、旧法61条では、「取引所の相場ある商品の売買」とされていたのに対して、現行法では、「取引所の相場その他の市場の相場がある商品の取引に係る契約」とその範囲が拡大された。これにより、金融商品取引法に基づく金融商品取引所の開設する金融商品市場や、商品先物取引法に基づく商品取引所の開設する商品市場といった法令にその設立の根拠を有する市場における相場のある商品の取引以外にも本条の適用が認められることとなった。

「市場の相場がある商品」の取引の特徴としては、①激しい価格変動にさらされる可能性があること、②その中にあって需給を統合し客観的かつ公正に価格を形成する「場」が存在すること[6]、③その「場」を通じて代替取引が可能であることの3つが挙げられ、ある商品の取引が具体的にこれに該当するかは、「取引所と遜色ないほどに取引が集中し、公正な価格形成機能が

実証されている市場の相場がある商品の取引」といえるかどうかによって判断される[7]。また、現行法が「取引に係る契約」としているのは、「売買」以外の取引をも含む趣旨であり、スワップ取引のような交換契約や、先物取引・オプション取引といったいわゆるデリバティブ取引についても本条の適用があり得る[8]。

b 取引の性質上定期行為であること

本条が適用となる取引は、取引の性質上特定の日時又は一定の期間内に履行しなければ契約の目的を達成できないもの（定期行為）である必要がある。本条が適用されるためには、市場における取引の客観的属性が定期行為でなければならず、契約当事者の個別的な事情や主観的意図は問題にならない[9]。

例えば、中古車市場や不動産市場における中古車や不動産の売買については、当事者の個別的な事情によれば定期行為である場合もあり得るが、一般には、契約の性質上の定期行為といえるかは疑問であるとされている[10]。

c 履行期が破産手続開始後に到来すべきものであること

本条の適用対象は、破産手続開始後に履行期が到来する場合に限られる。本条の趣旨からしても、契約上の履行期が破産手続開始時に既に到来してい

---

6 集団的取引及び決済のための物理的又は仮想的空間が取引所又は市場であり、取引所は法令に設立根拠を有するか又は法令に基づく規制の対象となる取引の場所を指し、その他の市場とは、取引所以外の物理的又は仮想的空間であって一定種類の商品の取引が集団的かつ反復継続して行われるものを指すとされる（『条解』459頁）。また、「場」の存在の前提として、取引所・市場の参加者の間で需給に関する情報が広く共有されることが必要であり、個別性のある相対取引であっても、関係者の間に需給に関する情報が共有され、客観的かつ公正な価格形成方法が定められているのであればそのような取引をする場が「市場」に該当する可能性があるとされる（『大コンメ』246頁〔松下淳一〕）。

7 『一問一答』100頁参照。

8 担保取引は、定期行為性の要件を満たすのか、あるいは当然解除から発生する相手方の請求権が損害賠償請求権といえるかについて疑問があり、直接には本条の対象と言い難いとの指摘があるが、担保取引にも有価証券の貸借・寄託・譲渡等の形式を取るものがあり、「金融機関等が行う特定金融取引の一括清算に関する法律」（一括清算法）は担保取引も対象としているように、基本契約と不可分の場合もあることから、本条の適用をすることが可能かつ適切な場合もあるとされる（『一問一答』102頁以下、『論点解説（上）』175頁〔江幡奈歩〕）。

9 『条解』459頁以下。なお、民法542条及び商法525条では、契約（売買）の「性質又は当事者の意思表示により」とされている。

10 『一問一答』100頁以下。

る場合には本条の適用を認める必要性はなく、双方の債務が未履行であれば、法53条に従って処理されることになる[11]。

(2) 解除の擬制

本条が適用されることの効果として、破産手続開始をもって契約が解除されたものとみなされる（本条1項）。商法の規定とは異なり、直ちに履行の請求をするなどしても契約を継続させることはできない。ただし、取引所や市場における別段の定めがある場合には、本項の規定が排除される場合もある（後記5参照）。

(3) 商法525条との関係

商法525条は、商人間の定期売買において履行遅滞があった場合には、相手方は、直ちにその履行の請求をした場合を除き、契約の解除をしたものとみなす旨を定めている。同条は、履行遅滞をした当事者が履行準備をすべきか不安定な地位におかれるのを避けるためと、相手方が履行遅滞をした当事者の危険で不当な投機をする危険を避けるために解除を擬製するものとされており、本条とは趣旨・保護される当事者が異なることから、本条は商法525条の特則に位置付けられるものではなく、それぞれ別個に適用されると解される[12]。

3 損害賠償額の算定方法（本条2項）

本条2項は、本条1項の契約解除によって生ずべき損害賠償の額の算定方法について、「履行地又はその他の相場の標準となるべき地における同種の取引であって同一の時期に履行すべきものの相場」と「当該契約における商品の価格」との差額によって定めるものと規定する。この規定は、損害賠償の額の算定方法を法定するものであり、実際に生じた損害額の多寡を立証することで賠償額の増減を主張することは許されない。ただし、取引所や市場における別段の定めにより、これと異なる算定方法を定めることも可能である（後記5参照）。

「履行地又はその他の相場の標準となるべき地における同種の取引であっ

---

11 『大コンメ』247頁〔松下淳一〕。
12 『大コンメ』245頁以下〔松下淳一〕参照。

て同一の時期に履行すべきものの相場」の意味するところについては、差額算定の基準となる「同一の時期」をいかに解釈するかで考え方が対立しており、①「同一の時期」を破産手続開始時と解する見解[13]と、②本来の契約で予定された時期（破産手続開始時を基準とする契約上の予定時期における先物相場）と解する見解[14]がある。上場株式1000株を9月1日に1株当たり5万円で売買するという契約が締結されたが、売主が同年の7月1日に破産したという事案で、仮に破産手続開始時である7月1日の相場が1株当たり4万円で、本来の契約で予定された時期である9月1日の相場を1株当たり5万5000円と想定すると、①の見解によれば、売主である破産者は4万円のものを5万円で売れるはずであったのだから、破産者に1株当たり1万円、合計1000万円（＝1万円×1000株）の損害賠償請求権が生じるのに対して、②の見解によれば、買主である相手方は5万5000円のものを5万円で買えるはずであったのだから、①とは反対に、相手方が合計500万円（＝5000円×1000株）の損害賠償請求権を得ることになる。

上記の点については、①の破産手続開始時と解する見解が現在の多数説ないし有力説であるとされる[15]が、この点について判示する裁判例は不見当である。

4 損害賠償請求権の破産手続上の性質（本条3項）

相手方が破産財団に対して損害賠償請求権を有することになる場合の当該請求権は、破産債権とされる。この趣旨は、解除に伴って生じる破産財団の

---

[13] 『大コンメ』248頁〔松下淳一〕など。なお、『基本構造』319頁も破産手続開始時を基準とする前提であるものと思われる。

[14] 『条解』461頁など。なお、この見解も、本来の契約で予定された時期（本文中の例で言えば9月1日）の到来を待って実際の相場が明らかになってから差額決済の基礎を確定させるというものではなく、破産手続開始時（本文中の例で言えば7月1日）を基準として本来の契約で予定された時期（9月1日）に取引する場合を想定する先物相場を基礎とすると考えるようである（『伊藤』383頁参照）。もっとも、実際の算定に当たっては、破産手続開始時を基準として将来の時点における相場をいかに合理的に評価するのか（そもそもそのような評価が可能なのか）という点が問題になり得るものと思われる。かかる見解は、条文の文言上は自然な解釈であるように思われるが、破産手続開始時の相場を差額決済の基礎と解する方がより簡便・迅速な決済を可能にするように思われる。

[15] 『条解』461頁。

負担を過大なものにしないという点にある[16]。

なお、破産財団が相手方に対して有する損害賠償請求権は、破産財団帰属の債権として破産管財人が行使することになるが、相手方が破産者に対して有する損害賠償請求権が（財団債権ではなく）破産債権とされるのに、破産財団の損害賠償請求権の行使を認めることが公平に合致するのか、そもそも破産を理由に契約が解除されたにもかかわらず破産財団に損害賠償請求権を行使させることが公平に合致するのかという問題があるとの指摘がされている[17]。

5　取引所又は市場における別段の定め（本条4項）

本条1項及び2項に定められる事項（解除の擬制、損害賠償額の算定）は、当該商品の取引所又は市場における別段の定めがあるときは、その定めに従う。この趣旨は、取引所における定めについては、その定款につき官庁による認可等が行われ、それを通じ、その適正さを一定程度確保する措置がとられた特定の取引社会の自治規範であるため、そのような適正さを備えた自治規範を承認し、現在行われている取引慣行に法的な基礎を与えるものであり、また、取引所以外の市場において標準となるべき取扱いがルール化されているときは、これも取引所における別段の定めに準じるものとして同様に扱うこととされたものである[18]。

優先させるべき「市場における別段の定め」の内容やそれにより変え得る規律の範囲については、解釈に委ねられる。例えば、当該市場の取引において、標準契約書（具体的には、国際スワップデリバティブ協会（ISDA）の標準契約書等が挙げられる）が作成され、それを利用するのが通常となっている場合には、当該標準契約書の内容が当該市場において標準となっている規律と評価され、市場における取引慣行又は慣習たる規律として、その定めによることになるものと考えられる。また、契約の解除を認めないという定めも、他の参加者（会員）に契約関係を引き継ぐ処理をするような場合には、その効力が認められると考えられる[19]。

16　『条解』461頁。
17　『条解』462頁。
18　『一問一答』103頁。

6　一括清算ネッティング条項の効力（本条5項）

(1) 沿　革

　本条5項は、いわゆる一括清算ネッティング条項の有効性を認めるものである。

　一括清算ネッティング条項とは、継続的に金融取引を行う契約の一方の当事者に倒産処理手続の開始等の信用悪化事由が生じた場合に、一定の範囲の金融取引から生ずる全ての債権債務について、それが弁済期の異なるもの、異種の通貨を目的とするもの、あるいは現物の引渡しを内容とするというものであっても、全て一括して差引決済をして、それによって決定される残額についてのみ請求できることとする旨の特約をいう[20]。旧法では、本条5項のような規定はなく、差額決済の実質は相殺と異ならないため相殺禁止に抵触するものでないか等の観点から、このような条項の倒産法上の有効性が問題とされてきた。平成10年には、金融機関が当事者となる場合について、「金融機関等が行う特定金融取引の一括清算に関する法律」（一括清算法）の制定によりかかる条項の有効性が認められたが、同法の対象とならない事業会社等の間の取引に係る契約においても、同様に一括清算ネッティング条項の有効性を認める規定が必要であることが指摘され、現行法の制定の際に本条5項が新設されたものである。

(2) 内　容

　本条5項は、「第1項の取引を継続して行うためにその当事者間で締結された基本契約」において、「その基本契約に基づいて行われるすべての同項の取引に係る契約につき生ずる第2項に規定する損害賠償の債権又は債務を差引計算して決済する旨の定め」をしたときは、損害賠償の額の算定に当たってその定めに従うとするものである。

　本条5項では、本条2項に規定する損害賠償、すなわち、本条1項で破産手続開始の効果として契約が解除されたことにより生ずる損害賠償につい

---

[19] 『一問一答』104頁。なお、同書においては、実質的な脱退措置のないまま、ただおよそ解除がされないとするだけの場合には、そもそも当該取引の本条に定める取引該当性が疑われる余地があるとの指摘もなされている。
[20] 『一問一答』97頁。

て、基本契約に基づく差額決済が認められることを定めるものであり、破産手続開始以外の場合の一括清算ネッティング条項の有効性について直接規定しているものではない。この点、実務上は、この種の基本契約においては、破産手続の開始よりも前の破産手続開始の申立てその他の信用悪化を示す事由の発生が一括清算の事由として定められるのが一般的であるが、本条5項は、そのような破産手続開始前の一括清算の定めの有効性を規定しているわけではない。もっとも、本条5項が破産手続開始を発動事由とする条項の効力を認めていることは、それ以前の時点を基準とする条項についてもその有効性の確認を支えるものと考えられている[21]。

なお、本条5項の規律は、二当事者間における一括清算ネッティング条項に適用されるものであり、多数当事者間ネッティングには直接適用されるものではなく、多数当事者間ネッティング条項を倒産手続上どのように扱うかに関しては、更なる検討が必要であるとされている[22]。

（森　倫洋・鯉渕　健）

第59条　交互計算

> ①　交互計算は、当事者の一方について破産手続が開始されたときは、終了する。この場合においては、各当事者は、計算を閉鎖して、残額の支払を請求することができる。
> ②　前項の規定による請求権は、破産者が有するときは破産財団に属し、相手方が有するときは破産債権とする。

1　本条の趣旨

交互計算とは、商人間又は商人と商人でない者との間で平常取引をする場

---

[21] 『一問一答』98頁、『基本構造』319頁〔松下淳一発言〕。なお、これを本条4項の「取引所又は市場における別段の定め」として読み込む考え方もある（『基本構造』319頁〔伊藤眞発言〕）。
[22] 中島弘雅「特殊な契約」『破産法大系Ⅱ』401頁。

合において、一定の期間内の取引から生ずる債権及び債務の総額について相殺をし、その残額の支払をすることを約する契約をいう（商法529条）。

運送業者相互間や、保険会社とその代理店との間など、平常継続して取引を行い、双方が相手方に対して債権を有することとなる場合に行われる。一定の期間（当事者間でこれを定めなかったときは6カ月。商法531条）、当事者間において債務の支払を猶予し、当該期間の終期において、その間に発生した債権及び債務を一括して相殺し、残額のみを支払うことから、交互計算当事者間の与信を基礎とし、支払手続の簡易化、支払手続にかかる危険の除去、資金固定化の回避をその趣旨とする。平常時においても、交互計算の各当事者は、いつでも交互計算を解除することができ、交互計算を解除したときは、直ちに計算を閉鎖して、残額の支払を請求することができる（商法534条）。

交互計算の当事者の一方に破産手続が開始した場合、交互計算契約は、本来、双方未履行双務契約として、法53条1項に基づく破産管財人の履行、解除の選択に委ねられるものであるところ、交互計算の当事者の一方に破産手続が開始すれば、当事者間で取引が継続されることはなく、また、交互計算の基礎たる交互計算当事者間の与信関係も成り立たないことから、本条は、破産管財人の履行、解除の選択に委ねることなく、交互計算を終了する旨定めた。

2 計算の閉鎖と残額の支払請求権

交互計算の当事者の一方に破産手続が開始した場合、当事者間で発生している債権及び債務を確定し、差引計算をして、残額の計算をする（これを「計算の閉鎖」という）。残額の支払請求権は、交互計算の前提となる取引により発生した債権とは別個の、交互計算による計算の閉鎖に基づき新たに発生する債権であると解されるが、交互計算契約という破産手続開始前の原因に基づいて発生するものであることから、破産者に生じた残額支払請求権は破産財団に属し（法34条2項参照）、相手方に生じた残額支払請求権は破産債権とされる（本条2項）。

3 相殺禁止規定との関係

交互計算の前提となる平常取引により発生した債権債務が、法71条1項各

号の債務負担に当たる場合、ないし、法72条1項各号の債権取得に当たる場合、計算の閉鎖においてなされる相殺に関し、法71条、72条の相殺禁止規定の適用が問題となり得る。

　この点、計算の閉鎖は、破産手続開始決定がなされることにより直ちに生じることから、交互計算の対象となる債権債務に、破産手続開始後に負担した債務や、破産手続開始後に取得した債権が含まれることはなく、法71条1項1号、72条1項1号の適用は問題とならない。

　支払不能、支払停止、破産手続開始申立て後の債務負担や債権取得を対象とする法71条1項2号ないし4号や72条1項2号ないし4号はその適用が問題となり得るが、交互計算の基礎となる平常取引及び交互計算契約が、支払不能、支払停止、破産手続開始申立てより前になされていた場合には、交互計算当事者間に相殺に対する合理的期待があり、法71条2項2号、72条2項2号の「前に生じた原因」に基づく債務負担ないし債権取得として、相殺は禁止されないと解される[1]。

（上田　慎）

第60条　為替手形の引受け又は支払等

> ①　為替手形の振出人又は裏書人について破産手続が開始された場合において、支払人又は予備支払人がその事実を知らないで引受け又は支払をしたときは、その支払人又は予備支払人は、これによって生じた債権につき、破産債権者としてその権利を行使することができる。
> ②　前項の規定は、小切手及び金銭その他の物又は有価証券の給付を目的とする有価証券について準用する。
> ③　第51条の規定は、前2項の規定の適用について準用する。

1　『大コンメ』252頁〔松下淳一〕。

1　本条の趣旨

　為替手形の支払人は、振出人によって支払人として手形面上に記載されたのみでは手形債務を負わない。引受呈示を受けて引受け（手形面上への引受署名）をした時に手形債務を負う。為替手形の支払人は、引き受けた為替手形、又は、引受けをしていない為替手形の支払呈示を受けて、手形金の支払を行う。

　支払人が、支払前に振出人から支払資金の提供を受けていれば、支払った手形金の求償の問題は生じない。支払人が振出人から支払資金の提供を受けていなかった場合は、支払人は、手形金の支払をしたときに、振出人、裏書人に対し、支払った手形金の求償をすることができる。

　振出人、裏書人の破産手続開始前に支払人が為替手形の引受けをし、又は、引受けをせずに支払をすれば、これにより振出人、裏書人に対し発生した求償権は、破産手続開始前の原因に基づくものであるから、本来の破産債権（法2条5項）となる。しかし、支払人による引受け、又は、引受けをせずにする支払が、振出人、裏書人の破産手続開始後となった場合、振出人、裏書人に対する求償権は、破産手続開始後の原因に基づき発生したものであるから、本来、破産債権にならない。

　本条は、支払人が、振出人から支払資金の提供を受けておらず、振出人、裏書人の破産手続開始後に、そのことを知らないで、引受け、又は引受けをせずにする支払をした場合に、善意の支払人を保護するため、これにより発生した求償権を、破産債権とする旨定めたものである。

　このことは、予備支払人（手形法55条1項）も同様であり、本条1項は同様の規律を定める。また、本条2項は、為替手形と同様、支払委託の性質を有する小切手にかかる債務負担等（具体的には小切手の支払や支払保証（小切手法53条）等）、及び、金銭その他の物又は有価証券の給付を目的とする有価証券にかかる債務負担等（例えば、約束手形に係る参加人の参加引受[1]や参加支払（手形法77条1項5号、55条、59条～63条）等）にも本条1項が準用される旨定め

---

[1] 明文上は約束手形に参加引受は準用されていない（手形法77条1項5号参照）が、類推適用されると解されている（平出慶道『手形法小切手法』（有斐閣、1990年）493頁）。

る。

　本条の破産手続開始にかかる善意、悪意に関しては、法51条が準用され、破産手続開始の公告（法32条1項）の前に、為替手形の支払人が、引受け、又は、引受けをせずにする支払をしたときは善意であることが推定され、公告の後において、引受け、又は、引受けをせずにする支払をしたときは悪意であることが推定される（本条3項）。

2　悪意の場合の求償権の取扱い

　支払人、予備支払人が、振出人、裏書人の破産手続開始について、悪意で、引受け、又は、引受けをせずにする支払をしたときの、求償権の取扱いについては議論がある。

　本条が、本来、破産手続開始後の債権として破産債権とならない債権（非破産債権）を、善意の支払人等を保護するため、特に破産債権としたものであることに鑑みると、支払人等が悪意であれば、振出人、裏書人に対する求償権は破産手続開始後の債権として、破産債権とならず非破産債権として取り扱われるとする考え方[2]がある。

　非破産債権は、破産手続に参加できず、破産配当を受けることができないが、破産手続終了後、残余財産や破産手続開始後の新得財産に対して権利行使することができる。破産手続開始決定を受けた振出人、裏書人が法人である場合は、破産手続開始後の新得財産は存在しないし、残余財産がある場合は他の破産債権者も全額の満足を得ているから、悪意の支払人等が非破産債権者と扱われても、他の破産債権者より有利となる事態は生じない。しかし、破産手続開始決定を受けた振出人、裏書人が自然人である場合、破産手続開始後の新得財産が生じるから、悪意の支払人等が非破産債権者と扱われると新得財産から弁済を受けられる可能性が生じ、他の破産債権者より悪意の支払人等が有利となり、保護の不均衡が生じる場合があり得る。

　このことから、破産手続開始後の利息の請求権、破産手続開始後の不履行による損害賠償又は違約金の請求権等破産手続開始後の債権を劣後的破産債権とする法99条1項1号、97条1号ないし7号を類推適用し、支払人等が悪

2　『倒産法概説』233頁〔沖野眞已〕。

意の場合の求償権は、劣後的破産債権とすべきとの考え方[3]もある。

（上田　慎）

第61条　夫婦財産関係における管理者の変更等

> 民法第758条第2項及び第3項並びに第759条の規定は配偶者の財産を管理する者につき破産手続が開始された場合について、同法第835条の規定は親権を行う者につき破産手続が開始された場合について準用する。

1　本条の趣旨

　破産手続開始決定を受けた者は、類型的に、財産管理能力に欠け、財産管理の失当による損害賠償負担に耐える資力にも欠けることが少なくないことから、他人の財産管理を行うのに不適任とされ、破産手続開始決定を受けたことが、委任契約の終了事由（民法653条2号）となったり、後見人、遺言執行者の欠格事由（民法847条3号、民法1009条）となったりする。

　本条は、上記と同様の理由により、夫婦財産契約により配偶者の財産を管理している者が破産手続開始決定を受けた場合、及び、未成年者の財産を管理する権限を有する父又は母が破産手続開始決定を受けた場合に、家庭裁判所の審判により、これらの者の財産管理権を剥奪する旨の民法の規定を準用する旨定めるものである。

2　夫婦財産契約に基づく管理権の剥奪

　夫婦の財産関係は、婚姻前に夫婦財産契約を締結しない限り、法定財産制による（民法755条）。わが国における法定財産制は、夫も妻も等しく自分の特有財産を管理・収益する権利を取得し、夫婦の財産関係が財産法的原理に従って全面的に規制されることを内容とする夫婦別産制であり、夫婦の一方が婚姻前から有する財産及び婚姻中自己の名で得た財産は、夫婦の一方が単

---

[3]　『条解会更（中）』474頁、『大コンメ』255頁〔松下淳一〕。

独で有する財産たる特有財産とされ、夫婦のいずれに属するか明らかでない財産はその共有に属するものと推定される（民法762条）。

夫婦別産制においては、特有財産は夫婦それぞれが管理処分権を有し、共有財産については民法の共有の規定（民法249条以下）によってその管理処分権が定まるが、婚姻前に夫婦財産契約を締結することによりこれと異なる内容を定めることができ、特有財産や共有財産の管理処分権を夫婦の一方が有する旨定めることができる（民法755条）。なお、わが国において夫婦財産契約が締結されることは稀であり、近年の夫婦財産契約の登記件数は全国において年10件余り[1]である。

平時においても、夫婦の一方が他の一方の特有財産又は共有財産を管理する旨の夫婦財産契約が締結されている場合において、管理が失当であったことによってその財産を危うくしたときは、他の一方は、自らその管理をすることを家庭裁判所に請求することができる（民法758条2項）。また、管理対象財産が共有財産である場合は、夫婦の他の一方が自ら管理することだけでは、民法249条以下の共有規制によりその目的を達し得ない場合があることから、自らその管理をすることの請求とともに、共有物分割の請求をすることもできる（民法758条3項）。これらの管理者の変更及び共有物の分割は、登記をしなければ夫婦の承継人及び第三者に対抗することができない（民法759条）。

本条は、夫婦財産契約によって管理者とされている者が破産手続開始決定を受けたときは、夫婦の他の一方は、家庭裁判所に対し、自らその管理を請求することができるものとし、また、共有財産である場合は、自らその管理をすることの請求とともに共有物分割の請求をすることもできることとした[2]。管理者とされている者が破産手続開始決定を受けたことに加えて、「管理が失当であったことによってその財産を危うくしたとき」（民法758条2項）も要件となるかにつき争いあるも、要件となるとすると本条に独自の存在意義はないことになること等から、要件とならないとするのが多数説である[3]。

---

1 法務省登記統計によれば、2014年は10件、2013年度は13件、2012年度は10件、2011年度は11件、2010年度は13件である。
2 なお、法52条に基づく共有物分割請求も可能である（『注解（上）』355頁〔宮川知法〕）。

この家庭裁判所の手続は、家事事件手続法別表第1の58の非訟事件である。また、この場合も、管理者の変更及び共有物の分割は、登記をしなければ夫婦関係の承継人及び第三者に対抗することができない（本条、民法759条）。

3　父又は母の財産管理権の剥奪

子の父、母は、親権として、監護教育権（民法820条）とともに、子の財産の管理権を有する（民法824条）が、平時においても、子の財産の管理権を有する父又は母による子の財産の管理権の行使が困難又は不適当であることにより子の利益を害するときは、家庭裁判所は、子、その親族、未成年後見人、未成年後見監督人又は検察官の請求により、その父又は母について、管理権喪失の審判をすることができる（民法835条）。本条は、子の財産の管理権を有する父又は母が破産手続開始決定を受けたときは、上記各請求権者の請求により、家庭裁判所は、管理権喪失の審判をすることができることとした。この場合にも子の財産の管理権を有する父又は母が破産手続開始決定を受けたことに加えて、「子の財産の管理権の行使が困難又は不適当であることにより子の利益を害するとき」（民法835条）も要件となるかにつき争いあるも、要件とならないとするのが多数説である[4]。

この家庭裁判所の手続は、家事事件手続法別表第1の67の非訟事件である。なお、破産者が復権（法255条、256条）した場合は、民法836条の「原因が消滅した」ものとして、管理権喪失の審判を取り消すことができると解される[5]。

（上田　慎）

3　千葉家審平2.2.9（金法1279号32頁）は、父又は母の財産管理権の剥奪（民法835条）の事案に関し要件となるとするが、その抗告審である東京高決平2.9.17（家月43巻2号140頁）は要件とならないとする。『条解』471頁、『大コンメ』256頁。
4　前掲注3参照。
5　『注解（上）』357頁〔宮川知法〕。

第3款　取戻権

第62条　取戻権

> 破産手続の開始は、破産者に属しない財産を破産財団から取り戻す権利（第64条及び第78条第2項第13号において「取戻権」という。）に影響を及ぼさない。

1　本条の趣旨

　破産手続の開始と同時に、破産管財人は破産財団に属する財産の管理処分権を取得することから（法78条1項）、破産者名義で登記や登録がされている財産や破産者が占有・管理していた財産（現有財団）を一括で自己の支配下に移すことになるが、第三者が権利を有する財産が破産財団（法定財団）に混入することがある。破産者に属しない財産は破産手続の対象外であり、当該財産に関する実体法上の権利は、破産手続の開始によっても影響を受けないことから、当該権利者は、破産管財人に対して、当該権利に基づいて、その返還等を求めることができる。破産手続の影響を受けない権利を行使することができるのは、実体法上当然のことであるから、この返還等を求めることができる権利は、法63条及び法64条が定める特殊な場面で取戻しを求めることができる権利（特別の取戻権）とは異なり、法によって特別に認められた権利ではない。そこで、特別の取戻権との対比から、「一般の取戻権」と呼ばれている。本条は、この一般の取戻権について定めたものである。
　上記の通り、本条は、第三者が有する実体法上の権利は、破産手続の開始によっても影響を受けないという当然のことを注意的に確認するものにすぎない。もっとも、その行使方法や、行使における制限等については、破産法には規定がないことから、以下の通り、解釈上の問題が生じている。

2　取戻権の基礎となる権利

　取戻権は、実体法上の権利を根拠とするものであるから、その有無は、実

体法的な権利関係によって判断される。取戻権の基礎となる実体法上の権利としては、以下のものがある。

(1) 所有権等の物権

取戻権の基礎となる権利の典型的なものとして、所有権がある。ただし、賃借権等の適法な占有権原が破産管財人に認められる場合など所有権が制限される場合には、取戻権は認められない。

また、地上権や永小作権などの目的物の占有を権利の内容とする用益物権や占有権等も取戻権の基礎となる。質権や留置権などの目的物の占有を伴う担保物権も、占有回収の訴え（民法200条）をできる範囲で取戻権となる[1]。

(2) 債権その他の権利

破産者に対する債権は、原則として、破産債権として扱われるが、一定の場合には取戻権の基礎となる。例えば、転貸借において、転貸人が、破産手続開始の決定を受けた転借人に対して、転貸借契約終了に基づいて転貸物件の返還を求める場合は、転貸目的物の所有権は原賃貸人にあるため、「破産者に属しない財産」（法62条）に該当することから、取戻権が認められる。同様に、使用貸借や寄託において、使用借人・受寄者に破産手続が開始された場合には、使用貸人・寄託者は取戻権を行使できる。

また、詐害行為取消権や否認権に基づく取戻権も認められる。例えば、破産者に対する不動産の贈与が詐害行為又は否認対象行為に該当する場合に、贈与者の債権者又は破産管財人は、詐害行為取消権又は否認権に基づいて取戻権を行使することができる。

(3) 対抗要件

a 対抗要件の要否

破産管財人は、破産者の一般承継人ではなく、破産債権者の利益を代表する者として、平時における差押債権者と同様に民法177条及び178条の「第三者」に該当する。したがって、破産管財人に対して、取戻権の行使を主張するためには、その基礎となる実体法上の権利について対抗要件を具備している必要がある[2]（**本書第3章前注3(2)a**参照）。

---

1 『条解』474頁。
2 大判昭8.7.22（新聞3591号14頁）。

対抗要件は、原則として、破産手続開始前に具備される必要があるが、法49条1項ただし書が定める場合など破産手続開始後に具備されることもある。

b 仮登記

取戻権の基礎となる権利につき仮登記を有しているにすぎない場合には、仮登記には対抗力が認められないことから、取戻権の行使として本登記の請求が認められるかが問題となる（**本書49条の解説4**参照）。

不動産登記法105条1号の仮登記の場合は、破産手続開始前に既に実体法上の権利変動は生じているものの、登記の申請情報を提供できないにすぎない状態であることに加え、破産手続開始後にされた不動産登記法105条1号の仮登記の効力を否定する法49条1項の反対解釈から、当該仮登記の効力を主張することができ、破産管財人に対して、取戻権の行使として本登記を請求することができると解されている[3]。

これに対し、不動産登記法105条2号の仮登記の場合は、見解が分かれている。すなわち、この仮登記の効力を破産手続との関係においては否定する見解がある一方で、仮登記によって保全された実体法上の権利変動を生ぜしめた上で、取戻権の行使として本登記を請求することができるとする見解[4]や、原則として仮登記の効力は有しないが、破産手続開始前に実体的な権利変動が生じて、本登記を申請し得る状態にあった場合には、本登記を請求することができるとする見解がある[5]。

3　取戻権の行使方法等

破産手続において取戻権が問題となるのは、第三者が破産財団に組み入れられている財産を取り戻そうとする場面か、第三者が破産管財人からの引渡請求等に対して取戻権を理由に拒絶する場面である。

前者において、第三者は破産管財人に対して、破産手続によることなく取戻権を行使することができ、行使の時期に制限はない。取戻権の行使は必ず

---

[3] 東京地判平18.10.16（公刊物未登載）、『理論と実務』348頁〔本間靖規〕、『伊藤』343頁。
[4] 東京地判平19.2.28（公刊物未登載）、『注解（上）』569頁〔野村秀敏〕、『伊藤』344頁。
[5] 最判昭42.8.25（判時503号33頁）参照、『概説』61頁。

しも裁判手続による必要はないが、破産管財人が任意に応じない場合には、訴えを提起するほかない。破産管財人が、100万円を超える価額の取戻しを承認する場合には、裁判所の許可を要する（法78条2項13号、3項1号、規則25条）。

　破産管財人としては、第三者からの取戻権の行使に対して、その有無を的確に判断し、正当な行使以外については、これを拒む必要がある。もっとも、本来は取戻権ではなく別除権の行使が認められるにすぎない場合であっても、維持費が高額であったり、任意売却しても別除権の受戻額を下回る見込みが高いなど当該目的物が破産財団の価値増加に資さないと認められるときは、取戻権の行使を任意に承認するといったことも実務上行われている[6]。この場合は、別除権の行使をさせて、目的物の価値と被担保債権額とを清算させることと実質的には等しくなる。

　取戻権が問題となる具体的な場面では、その基礎となる権利の性質や当事者の利益状況等から事案毎の個別の考慮を要する場合がある。以下においては、このような観点から、取戻権に関する個別の問題点について検討する。

4　取戻権に関する個別の問題

(1)　信託における取戻権

a　受託者が破産した場合の規律

　受託者が破産手続開始の決定を受けたことが終了事由として信託行為に定められている場合を除いては、受託者に破産手続が開始されても信託は当然には終了しない（信託法163条9号）。もっとも、受託者に破産手続が開始されると、原則として、受託者の任務は終了する（信託法56条1項3号）[7]。受託者に破産手続が開始された時における信託財産に属する財産は、受託者の現有財団ではあるものの、破産財団には属しない（信託法25条1項）。

---

[6] 第一東京弁護士会編『破産管財の実務〔改訂版〕』（金融財政事情研究会、2010年）335頁。

[7] ①受託者が自然人であって、受託者が破産手続開始の決定を受けた場合であっても受託者の任務は終了しない旨の定めが信託行為にある場合、②受託者が法人であって、破産手続開始の決定によっても解散せず、かつ、受託者が破産手続開始の決定を受けたときであっても受託者の任務は終了しない旨の定めが信託行為にある場合は除く（信託法56条1項ただし書）。

新受託者及び信託財産管理者（以下「新受託者等」という）は、信託に関する権利義務を承継し（信託法75条1項）、又は、信託財産の管理処分権を有する（信託法66条1項）ことになるため、当該権利に基づいて、信託財産に属する財産について取戻権を行使することができる。

破産管財人は、新受託者等が信託事務の処理をすることができるに至るまで、信託財産に属する財産の保管をし、信託事務の引継ぎに必要な行為をしなければならない（信託法60条4項）。また、破産管財人が信託財産に属する財産の処分をしようとするときは、受益者は、破産管財人に対して、当該財産の処分をやめるよう請求することができる（信託法60条5項本文）。受益者の当該請求権は、取戻権の一種と解されるが[8]、あくまでも信託を前提として認められる権利であるため、本来の信託事務の遂行者である新受託者等が信託事務の処理をすることができるに至った後は、これを行使することはできない（信託法60条5項ただし書）。

b　信託契約の成否

前述の通り、受託者に破産手続が開始されたとしても、信託財産は受託者の破産財団に組み入れられずに取戻権の対象となるが、その前提として、そもそも信託契約が成立しているのかが問題となる事案がある。

信託契約が成立するためには、①特定の者に対し財産の譲渡、担保権の設定その他の財産の処分をする旨及び②当該特定の者が一定の目的に従い財産の管理又は処分及びその他の当該目的の達成のために必要な行為をすべき旨を内容とする契約を締結する必要がある（信託法3条1項）。もっとも、明示的にこのような内容の合意がされていなくとも、実質的に同様の合意が認められる場合には、信託契約の成立が認められる。

この点については、地方公共団体が、公共工事の請負人となった建設会社に対して前払金を支払った後に請負契約が解除され、当該建設会社に破産手続が開始された場合において、当該前払金の破産財団への帰属の有無が争われた事案[9]が参考になる。この事案では、地方公共団体と建設会社との間で締結された請負契約に係る約款においては、前払金を当該工事の必要経費以

8　『条解』475頁。
9　最判平14.1.17（民集56巻1号20頁）。

外の支払に充当してはならないことが定められているにとどまり、前払金の保管方法、管理、監査方法等は定められていなかった。しかし、最高裁は、地方公共団体による前払金の支払は「公共工事の前払金保証事業に関する法律」の規定する前払金返還債務の保証がされたことを前提としているところ、同法によれば、前払金の使用については、保証事業会社による厳正な監査が義務付けられていると共に、保証契約の締結は前払金保証約款に基づかなければならないとされており、当該保証約款によれば、前払金の保管、払出しの方法、保証事業会社による前払金の使途についての監査、使途が適正でないときの払出しの中止の措置等が規定されていることからして、地方公共団体と建設会社との間の前払金の授受は当該保証約款の定めを合意内容としてされたものであるというべきであり、前払金が建設会社名義の前払金専用口座に振り込まれた時点で、地方公共団体を委託者、建設会社を受託者、前払金を信託財産とし、これを当該工事の必要経費の支払に充てることを目的とした信託契約が成立したと解するのが相当であるとし、前払金に係る預金債権は建設会社の破産財団に帰属しないとした。このように、最高裁は、当事者間の直接の契約である請負契約のみならず、前払金保証約款の内容をも加味して、信託契約の要件（前記①及び②）の充足を認めたものと解される[10]。

その他、債務整理事務を受任した弁護士が当該委任事務処理のために委任者から受領した金銭を預け入れた普通預金[11]や、損害保険代理店が保険契約者から収受した保険料を保険会社に入金する目的で開設した普通預金[12]、マンションの管理業者が区分所有者から収受した管理費に係る預金について

---

[10] 中村也寸志「判解」『最高裁判例解説〔民事篇〕平成14年度（上）』24頁、角紀代恵「判批」金法1684号9頁。この最高裁判決以降、下級審においても、注文者から建築業者に対して交付された前払金について信託契約の成立を認める判断が出されている（福岡高判平21.4.10金法1906号104頁、名古屋高裁金沢支判平21.7.22金法1892号45頁）。

[11] 最判平15.6.12（民集57巻6号563頁）。法廷意見は信託契約の成立には触れていないが、補足意見では「信託契約の締結ととらえる余地もある」と指摘されている。

[12] 最判平15.2.21（民集57巻2号95頁）。本判決は信託契約の成否には触れずに、保険会社は、保険代理店から保険会社の預金口座に送金された時点で保険料に係る金銭の所有権を取得するのであって、それより以前の預金債権は保険代理店に帰属すると判断するが、この場合にも信託契約の成立が認められることを示唆するものとして、弥永真生「判批」ジュリ995号110頁がある。

は、一定の場合には信託契約の成立が認められる可能性が指摘されている。

c 対抗要件の要否

登記又は登録をしなければ権利の得喪及び変更を第三者に対抗することのできない財産（不動産、自動車、特許権等）については、新受託者等は、信託の登記又は登録をしていなければ、取戻権を破産管財人に対して主張できない（信託法14条）。したがって、これらの財産について登記又は登録がなされていない場合は、信託契約の成立が認められるとしても、破産財団に組み入れられることとなる。

他方で、登記又は登録制度のない財産（一般の動産や債権等）については、信託法14条の反対解釈により、公示がなくても、信託財産に属することを破産管財人に対して主張することができる[13]。もっとも、信託の成立には分別管理の合意が必要であることからすれば、受託者が当該義務（信託法34条）を履行し、受託者の固有財産から分別管理した上で、特定性をもって信託財産に属していることを立証した場合にはじめて、当該財産が信託財産に属することが破産管財人との関係で認められると考えられる[14]。

なお、信託財産に属する財産と受託者の固有財産に属する財産とが識別不能の状態になった後に、受託者について破産手続が開始されたときは、識別不能となった時における各財産の価格の割合に応じた共有持分が信託財産と固有財産に属するとみなされる（信託法18条1項。識別不能時における各財産の価格が不明の場合には、共有持分は相等しいものとされる（同条2項））[15]。したがって、この場合においても、新受託者等は、信託財産に属する共有持分については、対抗要件なくして取戻権を行使できることとなる。

d 隠れた取立委任裏書

いわゆる隠れた取立委任裏書については、「裏書人が自己の有する手形債権の取立のため、その手形上の権利を信託的に被裏書人に移転するもの」と解されていることから[16]、被裏書人に破産手続が開始された場合には、裏

---

[13] 村松秀樹ほか『概説 新信託法』（金融財政事情研究会、2008年）34頁。
[14] 沖野眞已「公共工事請負前払金と信託」能見善久・瀬川信久・佐藤岩昭・森田修編『平井宜雄先生古稀記念 民法学における法と政策』（有斐閣、2007年）378頁、山本和彦「信託と破産」『破産法大系Ⅲ』257頁。
[15] 村松ほか・前掲注13・47頁。
[16] 最判昭31.2.7（民集10巻2号27頁）、最判昭44.3.27（民集23巻3号601頁）。

書人は取戻権を行使して、手形の返還を求めることができると解されている[17]。

しかし、この「信託的な移転」が「信託」と同視されるのであれば、裏書人は委託者、被裏書人は受託者となり、被裏書人の破産手続開始によっても信託契約は原則として終了せず、信託財産は新受託者等に受け継がれることとなる以上、裏書人は、裏書による権利移転後は取戻権を行使することはできず、前述の通り、新受託者等が信託財産である手形の管理処分権に基づいて取戻権の行使をすることになると考えられる。もっとも、理論的には上記の通り考えられるとしても、実務上は、新受託者等が現れることは稀であり、裏書人に手形が返還されることが一般的である。

(2) 問屋の破産

a 問屋が買入委託を受けている場合

買入委託を受けた問屋が委託の実行として売買によって権利を取得した後、これを委託者に移転しない間に破産した場合に、委託者は取戻権を有するかが問題となる。

かつての通説は、問屋と委託者の関係には代理に関する規定が準用され（商法552条2項）、問屋が行った売買の効力は直接委託者に生じる（民法99条）ので、委託者は問屋に対して所有権を主張できるが、第三者に対して主張するためには、問屋から権利の移転を受ける必要があり、問屋から委託者に対する権利移転行為及びその対抗要件の具備がない限りは、委託者は取戻権を有しないと解していた。しかし、このような解釈は問屋と委託者との実質的な利害関係を無視するものであるとの批判がされ、経済的観点から委託者に取戻権を認める方向で議論が展開された。そこで、判例[18]は、顧客が証券問屋との間で締結した問屋契約に基づいて株式の買入を委託し、代金を交付した後に、問屋が株券の名義書換手続を完了する前に破産した事案において、問屋が委託の実行として売買をした場合に、当該売買により相手方に対して権利を取得するのは問屋であるが、その権利は委託者の計算において取得されたもので、当該権利について実質的に利益を有する者は委託者であり、か

---

17 『条解』479頁、『理論と実務』348頁〔本間靖規〕。
18 最判昭43.7.11（民集22巻7号1462頁）。

つ、問屋は自己の名において他人のために物品の販売又は買入をすることを業としていることからすれば、問屋の債権者は問屋が委託の実行としてした売買により取得した権利についてまでも一般的担保として期待すべきではないとして、委託者は当該権利について取戻権を行使できるとした[19]。

しかしながら、この最高裁判決に対しては、結論は妥当としながらも、利益衡量に終始し、取戻権を基礎付ける実体法上の権利関係の考察を欠いているとの批判がされている[20]。

b 問屋が販売委託を受けている場合

問屋が販売委託を受け、商品販売前に破産した場合には、委託者は、当該商品の所有権ではなく処分権を移転したにすぎないから、所有権に基づく取戻権を行使して、その引渡しを請求することができる。

(3) 離婚に伴う財産分与請求権

a 問題の所在

離婚に伴う財産分与請求権について、その履行前に分与義務者に破産手続が開始された場合に、分与権利者は破産管財人に対し、取戻権の行使として、財産分与の履行を請求できるであろうか。財産分与は、①婚姻中に有していた実質上の共同財産を清算分配するという清算的要素や、②分与権利者の離婚後の生活の維持に資するという扶養的要素を有するほか、③分与義務者の有責行為に対する慰謝料としての要素を含むことも妨げられないとされている[21]。このように、財産分与請求権が複数の性格を有することから、取戻権との関係で財産分与請求権をどのように扱うかという問題が生じる。

b 離婚に伴う財産分与の相当性

離婚に伴う財産分与については、民法768条3項の趣旨に反して不相当に過大であり、財産分与に仮託してされた財産処分であると認めるに足るよ

---

[19] 判例は、破産管財人が取戻権の目的物である株式に係る配当金及び新株を取得した場合には、取戻権者は、財団債権である不当利得返還請求権に基づき、配当金の返還及び新株の引渡しを請求できるとしている（最判昭43.12.12民集22巻13号2943頁）。
[20] 落合誠一・大塚龍児・山下友信『商法（総則・商行為）〔第三版〕』（有斐閣、2006年）140頁等。委託者の取戻権を認める理論構成については、問屋は買入物品についての所有権を自己契約として委託者に移転し、委託者は、問屋が委託に基づく買入物品を他の物品と区別して保管している場合には、占有改定によって対抗要件を取得すると説明する見解もある（『伊藤』421頁）。
[21] 最判昭58.12.19（民集37巻10号1532頁）。

うな特段の事情のない限り、詐害行為とはならない[22]。

したがって、財産分与として不相当に過大な部分については[23]、これが履行されていたとしても、否認権又は詐害行為の対象となる。そこで、以下においては、財産分与として不相当に過大でないものであることを前提とし、財産分与の目的が特定物である場合と金銭の給付である場合とに分けて、分与権利者の取戻権の有無を検討する。

c 特定物を財産分与する旨の協議等が破産手続開始前に成立していた場合

特定物を財産分与する旨の協議・調停・審判等（以下「協議等」という）が破産手続開始前に成立していた場合には、分与権利者は取戻権として当該特定物の引渡しを請求することができる。もっとも、協議等の成立後、分与権利者が対抗要件を具備する前に分与義務者に破産手続が開始された場合には、対抗問題が生じると解される[24]が、これに反対する見解もある。反対説は、財産分与の対象となる財産が分与義務者の名義となっているのは一種の虚偽表示であり、夫婦共同財産についてはそれぞれが相当な持分を有することは当然であるから、分与義務者は虚偽表示につき悪意といえ、分与権利者は虚偽表示の無効を主張し得るから、分与権利者は対抗要件なくして財産分与の対象たる財産について取戻権を行使することができるとする[25]。しかし、これに対しては、持分の割合は寄与の度合い等により夫婦によって多様であるから、分与義務者が当然に悪意であるとはいえないことなどが問題点として指摘されている[26]。

d 金銭を財産分与する旨の協議等が破産手続開始前に成立していた場合

判例[27]は、確定判決で財産分与として金銭の支払が認められた後に分与義務者に破産手続が開始された場合に、分与権利者が、その支払を求めた事案において、「財産分与金の支払を目的とする債権は破産債権であって、分与の相手方は右債権の履行を取戻権の行使として破産管財人に請求することはできない」とし[28]、金銭の給付を目的とする財産分与の協議等が破産手続開

22　最判昭58.12.19（民集37巻10号1532頁）、最判平12.3.9（民集54巻3号1013頁）等。
23　財産分与の各性格が相当性の判断に与える影響については、『条解』483頁参照。
24　富越和厚「判批」ジュリ970号93頁。
25　『注解（上）』619頁〔野村秀敏〕、内山衛次「判批」ジュリ980号129頁。
26　『理論と実務』355頁〔垣内秀介〕。
27　最判平2.9.27（金法1272号33頁）。

始前に成立していた（確定判決を得ていた）としても、当該金銭が分与権利者に帰属していないことから、破産債権として取り扱われるにすぎないとする。

これに対しては、離婚に伴う財産分与請求権のうち夫婦共同財産の清算的性格を有する部分については、もともと分与権利者が物権的な権利を有していたところ、これが破産財団に組み入れられる結果、破産財団が不当利得を得ることから、分与権利者は、財団債権（法148条1項5号）として請求することができるとする見解もある[29]。しかし、この見解に対しては、財団債権になるのは、破産手続開始「後」（法148条1項5号）に生じた不当利得返還請求権に限られていることから、破産手続開始と同時に生じるものは含まれないといった解釈論上の難点が指摘されている[30]。

e 破産手続開始決定時に財産分与に関する調停・審判手続が進行中である場合

実務上は、離婚の条件として財産分与の範囲や内容についての協議等がされることが多く、財産分与に関する調停・審判手続は離婚に関する協議等と並行して行われる[31]のが通常であるが、財産分与請求権の権利性は離婚が成立して初めて認められることから、以下では、離婚成立後に財産分与に関する調停・審判手続が進行中である場合について述べる。

まず、扶養的要素及び慰謝料としての要素を有する財産分与については、本来的な金銭債権である以上、破産債権になると考えられる。もっとも、調停・審判が成立していないうちは、その範囲及び内容が不確定・不明確であることから、調停・審判が成立した時点で権利行使が可能となり[32]、破産債権が生じたとして届出をすることになる。このような解釈に対しては、調停・審判手続が進行中である限り、分与権利者は破産手続に関与できない

28　本事案では、離婚に伴う慰謝料は別途認められており、財産分与には含まれていない。
29　松下淳一「批判」法教127号84頁。
30　『条解』484頁。
31　この場合には、離婚が成立していない以上、財産分与請求権の権利性が認められず、分与権利者は破産手続に参加できない（森宏司「家事調停・審判手続中の当事者破産」『伊藤古稀』1165頁）。
32　最判昭55.7.11（民集34巻4号628頁）は、財産分与請求権は、協議等によって具体的内容が形成されるまでは、その範囲及び内容が不確定・不明確であるから、その保全のために債権者代位権を行使することはできないとする。

が、分与権利者に手続参加を保障する必要性は高いとして、停止条件付債権に類する債権として、債権届出ができるとする見解もある[33]。

次に、清算的要素を有する財産分与のうち特定物の分与請求権については、金銭債権としての性質を有しないことから異なる検討が必要となるが、協議等が成立したとしても、それのみをもって分与権利者は分与財産の物権的権利を取得することにはならないので、取戻権は行使できず、破産債権として届け出るほかないと考えられる[34]。

なお、破産手続開始後に調停・審判を行う場合の相手方については、破産者は財産の管理処分権を失っていることから破産管財人になると考えられる[35]が、財産分与請求権の代位行使が一切許されないことから、破産者自身が財産分与の有無や範囲を合意すべきであるとして、破産者を相手方とするべきとする見解もある[36]。

(4) 非典型担保

譲渡担保や所有権留保といったいわゆる非典型担保について、担保権者に取戻権が認められるかという問題は従来議論されてきた。当初は、法形式を重視して担保権者に取戻権を認めると解されていたが、近時は、実質に着目して非典型担保の法的性質を担保権構成で解するのが通説であり、実務でもこのような理解が定着している[37]。担保権構成によれば、担保権の実行が完了した以降は所有権に基づく取戻権が認められるが、それ以前においては別除権の行使が認められるにすぎない（**本書65条の解説2(2)、5(5)、(6)参照**）。

（髙山崇彦）

---

[33] 森・前掲注31・1167頁。
[34] 『条解』485頁。なお、この場合にも取戻権を認める見解として、『大コンメ』265頁〔野村秀敏〕、『伊藤』422頁がある。
[35] 『条解』485頁。
[36] 『注解（上）』620頁〔野村秀敏〕。この見解によった場合には、破産管財人は利害関係人としての参加又は共同訴訟的補助参加することになろう（『条解』486頁注40）。
[37] 最判昭41.4.28（民集20巻4号900頁）。近時の裁判例では、民事再生の事案であるが、基本契約に基づいて継続的に家庭用雑貨等の動産を売買していたところ、買主に再生手続が開始されたため、基本契約の特約として定めのあった所有権留保を実行し、所有権に基づいて、商品の引渡しを求めたところ、裁判所は、所有権留保特約は、売主に完全な所有権を認めるものではなく、買主に所有権を移転した上で、売主が売却した商品について担保権を取得する趣旨であるとして、取戻権の行使を否定したものがある（東京地判平22.9.8判タ1350号246頁）。

第63条　運送中の物品の売主等の取戻権

① 売主が売買の目的である物品を買主に発送した場合において、買主がまだ代金の全額を弁済せず、かつ、到達地でその物品を受け取らない間に買主について破産手続開始の決定があったときは、売主は、その物品を取り戻すことができる。ただし、破産管財人が代金の全額を支払ってその物品の引渡しを請求することを妨げない。
② 前項の規定は、第53条第1項及び第2項の規定の適用を妨げない。
③ 第1項の規定は、物品の買入れの委託を受けた問屋がその物品を委託者に発送した場合について準用する。この場合において、同項中「代金」とあるのは、「報酬及び費用」と読み替えるものとする。

1　本条の趣旨

　本条は、法62条に規定される一般の取戻権に加えて、遠隔地者間の売買契約の売主及び物品の買入委託を受けた問屋が物品を発送した後の特別の取戻権を定めるものである。
　本条の立法趣旨は、遠隔地者間の売買契約の売主が物品を発送し、買主はこれを受領した後に代金を支払うという通常の取引形態において、物品の発送後、買主が受領する前に買主が破産手続開始決定を受けた場合、売主は売買代金債権を破産債権として権利行使することしか認められないとするのは、売主にとって酷であるから、売主を保護するというものであり、物品買入委託は、委任契約ではあるが隔地者間の物品の移動を伴うという点で実質的に売買契約と異ならないことから、物品買入後委託者に物品を発送した物品買入委託を受けた問屋も保護の対象とするというものである。
　売主、問屋からは、遠隔地にある買主、委託者の信用状態を確認することが困難であり、かつ、遠隔地への物品の移動には、相当程度の時間を要し、その間に買主、委託者の信用状況が急変する危険があり、発送するか否かの判断を売主、問屋の負担とすることが酷であるという考え方が根底にある。
　しかしながら、近時は、情報伝達手段が充実し、遠隔地にある相手方の信

用状態を認識しにくいという事態は概ね存在せず、運送手段が充実し、発送した物品を相手方が受け取るまでに時間を要する事態は想定し難い。また、法律上も、売主、問屋は運送人に対して、運送の中止・運送品の返還を請求・指示できること（商法582条）、売買契約の場合は、買主が受領した後も、売主は動産売買の先取特権を有すること（民法311条5号、321条）などから、敢えて、本条により売主、問屋の保護が必要とされる場面も限定される。

2　売主の取戻権（本条1項）

(1)　要　件

a　「売主が売買の目的である物品を買主に発送した場合」

具体的には、運送のために目的物を第三者に交付したことを指し、運送が開始されたか否かを問わないが[1]、売主又は買主が、自ら又はその代理人によって運送する場合は適用されない[2]。また、発送先は買主である場合に限り、買主の転売先等第三者宛に発送した場合は適用されない[3]。

売主が、目的物の所有権等を有している必要はなく、売買契約によって既に所有権が移転している旨定められていても要件を満たす[4]。

b　「買主がまだ代金の全額を弁済せず」

代金の弁済とは、現金の支払に限らず、相殺、代物弁済等、債務を消滅させる効果をもつものであれば足りる。代金を弁済していないことについて、正当な理由がある場合、例えば、売買契約上、代金弁済期限が未到来、売主が期限の猶予を与えている、買主が代金を被担保債権として担保を差し入れているなどの場合も要件を満たす。なお、代金の全額を弁済しない場合であるから、一部を弁済していても要件を満たすことになる。

c　「到達地でその物品を受け取らない間に買主について破産手続開始の決定があったとき」

到達地とは、運送の目的地を指し、到達地外で買主が目的物を受け取って

1　『大コンメ』267頁〔野村秀敏〕。
2　『条解会更（上）』562頁。
3　『大コンメ』267頁〔野村秀敏〕。
4　『条解』489頁。

も本条の要件を満たすことにはなる。しかしながら、買主が到達地外で目的物を受け取った時点で、買主の責任財産を構成することとなるので、本条による取戻権は発生しないこととなる[5]。

　受け取るとは、目的物を事実上自らの支配圏内に置くことを指し、買主から委託を受けた倉庫業者、使用人、占有補助者等、目的物を受け取る権限を有する者により支配圏内に置いた場合も含まれる。なお、買主が貨物引換証、船荷証券等の交付を受けたにとどまる場合については争いがあるが、現実の占有の取得のみを指すと解すべきである[6]。

　破産手続開始後、売主が取戻権を行使したにもかかわらず、破産管財人が目的物を受け取った場合は、既に破産財団に帰属させるべき合理的理由がないから、要件を満たすことになる。破産手続開始後、取戻権行使前に破産管財人が目的物を受領した場合については、争いはあるが、破産手続開始決定を基準時として取戻権の発生を定めている以上、決定後、取戻権行使前に受領したとしても、それは、取戻権の対象となるべき目的物が破産財団に事実上混入したにすぎず、破産債権に対する配当の財源とすべき合理的理由はないから、取戻権の行使を認めるべきと考えられる[7]。

(2) 行使方法

　取戻権は、目的物の占有を回復する事実行為により行使される場合と、意思表示によって行使される場合がある。行使の相手方は、目的物が破産財団に属している場合は破産管財人であり、法律の規定で自由財産であり、あるいは、拡張されて自由財産となっている場合には破産者個人である。意思表示によって取戻権を行使したにもかかわらず、破産管財人あるいは破産者個人がこれに応じない場合は、訴えを提起することになる。

(3) 効　　果

　取戻権行使の効果については、その法的性質と関連して、①売主に物品の所有権が移転している場合には所有権及び占有権の返還、所有権が移転していない場合には占有権の返還を求める債権的請求権であるとする債権説、②取戻権の行使により所有権移転の無効という物権的効果が生ずる物権的権利

---

[5] 『条解』489頁。
[6] 『大コンメ』268頁〔野村秀敏〕、『伊藤』424頁。
[7] 『大コンメ』267頁〔野村秀敏〕。

であるとする物権説、③履行行為としての物品に対する所有権及び占有権を買主に移転する意思表示の撤回権であるとする履行撤回説、④物品の引渡しを求める債権的請求権であるとともに売買契約解除の効果を生ずる形成権としての性質を持つとする債権-形成権説、⑤売主が買主から物品を占有すべき権限を回復する権利であるとする占有権限回復説、⑥破産管財人にも対抗し得る法定の占有権限であるとする占有回復権限説などの説ある[8]。しかしながら、売主を保護するには、売買契約の効力の否定、あるいは、所有権の回復まで認める必要はなく、端的に事実上の支配を回復させれば足り、取戻権の行使によって売主が目的物を占有すべき権限を取得し、その権限に基づいて目的物の引渡しを求めることができる効果が生ずるとする見解（占有回復権限説[9]）が妥当であろう[10]。本来、代金の支払と物品の引渡しとは同時履行の関係にあるから、売主が取戻権を行使して、目的物の事実上の占有を回復した場合には、原則として買主からの引渡請求を拒絶することができることになる。ただし、本条の立法趣旨は、前記の通り売主の売買代金債権の保護にあるから、後述の通り、破産管財人が代金の全額を支払って目的物の引渡しを請求した場合、売主は、これに応じなければならない（本条1項ただし書）。

3　売主の取戻権と法53条との関係（本条2項）

法53条は、双務契約上の義務が双方未履行の状態にある場合の規定であるが、本条2項は、本条1項の取戻権が成立する場合であっても法53条1項及び2項の規定の適用を妨げないとしており、この場合、破産管財人は、本条1項ただし書あるいは法53条1項のいずれか（この場合の引渡請求は、法53条1項による債務の履行請求に該当すると解する見解が有力である[11]）を根拠に代金を支払って物品の引渡を請求することができ、売主は本条1項に基づき物品の占有を回復し、あるいは、法53条2項に基づき破産管財人に対して履行を選択するか否かの確答を求めることができる。

---

[8] 『大コンメ』268頁以下〔野村秀敏〕、『注解（上）』636頁以下〔野村秀敏〕。
[9] 『伊藤』426頁。
[10] 『条解』490頁。
[11] 『条解』491頁、『大コンメ』269頁〔野村秀敏〕。

ところで、契約上、売主が物品の発送によって債務の履行が完了したとされる場合、法53条1項が適用される双方未履行の状態にはないが、売主が取戻権を行使して目的物の占有を回復した場合には、売買契約の効力が存続するため、双方の義務が未履行の状態となる。この場合、法53条1項が双方未履行状態の基準時を破産手続開始決定時としていることを理由に、民法の一般規定により解除の可否を決すべきとする説[12]、双方未履行状態が回復した以上、法53条を類推適用すべきとする説[13]がある。

4 問屋への準用（本条3項）

問屋と委託者とは、委任契約に基づく代理関係にあり、買い入れた物品の所有権は委託者に属するから、委託者の破産において、法62条に規定する取戻権の対象とはならない。しかしながら、問屋が買入委託を受けた物品を委託者に対して発送した場合の、問屋の債権を保護すべき事情は、売買契約における売主の代金債権を保護すべき事情と実質的に同じであるため、本項により特別の取戻権を認めたものである。

問屋は取戻権を行使して占有を回復することにより、商事留置権を回復し（商法557条、31条）、別除権を行使できる[14]。

なお、問屋と委託者とは委任契約関係にあり、破産手続開始決定により契約が終了すること（民法653条2号）、条文上も本条3項が本条2項を準用していないことから、法53条1項及び2項の規定が適用されることはない。

また、破産管財人は、委任契約に基づく報酬及び費用の全額を支払って、物品の引渡しを請求することができる。

（岩崎　晃）

第64条　代償的取戻権

① 破産者（保全管理人が選任されている場合にあっては、保全管理人）が破産手

---

12 『大コンメ』269頁〔野村秀敏〕。
13 『条解』491頁、『伊藤』425頁。
14 『伊藤』426頁。

続開始前に取戻権の目的である財産を譲り渡した場合には、当該財産について取戻権を有する者は、反対給付の請求権の移転を請求することができる。破産管財人が取戻権の目的である財産を譲り渡した場合も、同様とする。
② 前項の場合において、破産管財人が反対給付を受けたときは、同項の取戻権を有する者は、破産管財人が反対給付として受けた財産の給付を請求することができる。

1 本条の趣旨

　本条は、取戻権の目的物が第三者に譲渡された場合であっても、取戻権者に、目的物に代位する財産であるところの反対給付の請求権及び反対給付として受領した財産に対して、移転請求権、給付請求権を認め、取戻権者を保護するものである。

　反対給付の請求権が存在する場合は、目的物に代位する財産であることは明らかであるから、その請求権の移転請求権を認め、反対給付が弁済された場合においては、受領した財産が目的物に代位する財産であることが明らかな場合に限り、当該財産の給付請求権を認める。

　取戻権の目的物が第三者に譲渡された場合、本来であれば、代金相当額についての損害賠償請求権等は、破産手続開始前に破産者が譲渡した場合には破産債権となり（法2条5項）、開始前に保全管理人が譲渡した場合及び開始後に破産管財人が譲渡した場合には財団債権となるが（法148条1項4号・5号、4項）、これでは、取戻権者の保護に欠ける（財団債権であっても、他の財団債権の存在により全額の満足を得られない危険がある）ことから、本条による保護を定めるものである。

　代償的取戻権の行使によっても取戻権者に損失が残る場合（譲渡の対価が低廉であった場合、破産手続開始時に反対給付が一部弁済済みであった場合など）、譲渡が破産手続開始前に破産者によって行われた場合は破産債権として（法2条5項）、開始前に保全管理人によって行われた場合及び開始後に破産管財人によって行われた場合は財団債権として（法148条1項4号・5号、4項）権利行使することになる。

破産者、破産管財人が目的物を第三者に譲渡した結果、法63条に規定する特別の取戻権者がその占有権限に基づき目的物を取り戻して売買代金債権等を保全することが不可能となる場合について、代償的取戻権を認めるかにつき争いがある。有力説は、特別の取戻権者の代償的取戻権を否定するが[1]、売主が有する売買代金、問屋が有する報酬及び費用に限定して本条を類推適用して代償的取戻権を認めるべきとする見解もある[2]。

2 代償的取戻権の要件

(1) 譲渡し

譲渡しは、破産手続開始の前後は問わない。また、対象となる行為は、譲渡しであって、それ以外の場合、例えば、目的物が滅失した場合の損害賠償請求権、付合、加工などの場合の償金請求権は該当しない。滅失した場合の損害賠償請求権は、滅失させた第三者を相手方として損害賠償請求権などを行使し[3]、付合、加工などの場合は、民法248条による償金請求権を行使することになる[4]。

譲渡しについて取戻権者の承諾がある場合、代償的取戻権が認められるかについては争いがあるが[5]、明文上の制約がないこと、これを認めたとしても譲受人は反対給付を履行する以外の負担がなく特段の不利益がないことから、認められるものと解すべきであろう[6]。

(2) 反対給付

本条は、反対給付に対する権利を規定するので、無償の譲渡しの場合は要件を満たさない。また、本条は、目的物の価値の回復を取戻権者に認める規定であるから、譲渡しは、目的物現物の場合に限らず、目的物に対する権利を表象する貨物引換証等の証券の譲渡も譲渡しに当たると解する[7]。

反対給付は、破産手続開始時に未履行である必要があり、開始前に有効な

---

1 『注解（上）』645頁〔野村秀敏〕。
2 『伊藤』430頁。
3 『伊藤』428頁。
4 『大コンメ』271頁〔野村秀敏〕。
5 否定する立場として『大コンメ』272頁以下〔野村秀敏〕。
6 『条解』495頁。
7 『条解』495頁。

履行によって反対給付が消滅済みの場合、代償的取戻権は発生しない。取戻権の目的物を譲り渡したことにより発生した不当利得返還請求権、損害賠償請求権については、破産者が「譲り渡し」た場合には破産債権となり、保全管理人が「譲り渡し」た場合には財団債権となる（法148条4項）。また、破産手続開始前に破産者あるいは保全管理人に一部の弁済がなされた場合、その残部についてのみ代償的取戻権が発生することになる[8]。

(3) 取戻権と代償的取戻権との関係

譲渡契約が締結されたが目的物が破産財団に現存する場合、取戻権自体の行使が可能であるが、本条には明文の制約は存在しないので、代償的取戻権についても選択的に行使が可能であると解する[9]。また、譲渡に基づく引渡しが完了している場合も、譲受人が譲渡人の無権限について悪意である場合などの理由により即時取得が成立せず、所有権を取得していない場合、当該譲受人に対する取戻権自体の行使が可能であるが、この場合も、取戻権者の選択により代償的取戻権も行使可能であると解する[10]。

3 代償的取戻権の行使

(1) 行使方法

代償的取戻権は、破産管財人を相手方として、意思表示により行使することになる。具体的には、反対給付請求権の移転請求の場合は、取戻権者が破産管財人に対して請求権の移転、すなわち、破産管財人が移転の意思表示及び対抗要件としての債権譲渡の通知をなすよう求める。また、反対給付請求権に基づき受領した財産の給付請求の場合は、取戻権者が破産管財人に対して財産の引渡しを求める。

破産管財人がこれらの請求に応じない場合は、訴えを提起することになる。

(2) 反対給付の請求権の移転請求権の行使

反対給付の請求権は、取戻権の目的物の代位物であることが明らかで、他の財産から区別されているから代償的取戻権の対象となる。したがって、前

---

[8] 『条解』495頁。
[9] 『条解』494頁。
[10] 『条解』494頁、『大コンメ』272頁〔野村秀敏〕。

記の通り、破産手続開始時点で、一部が弁済済みであったとしても、残部について移転請求権が認められる。

　譲受人が、破産手続開始後に反対給付の弁済を破産者に対して行い、譲受人が破産手続開始について善意で、弁済の効力を主張できる場合（法50条1項）、反対給付の請求権は消滅するので、代償的取戻権も消滅する。この場合、破産者が弁済された財産を保有している間は、当該財産は代償的取戻権の対象とはならず、破産財団に引き継がれた時点で初めて対象となる[11]。

　なお、弁済の効力を主張できない場合（法50条2項）、反対給付の請求権が存在するので、代償的取戻権に基づき破産管財人に対して移転請求権を行使することとなる[12]。

(3) 反対給付として受けた財産の給付請求権の行使

　破産手続開始後、破産管財人が、反対給付の請求権に基づき弁済を受け、弁済の対象が反対給付に基づくものとして特定できる状態で破産財団に現存する場合は、取戻権者は、代償的取戻権を行使してその財産の給付を請求できる[13]。

　代償的取戻権の対象となるのは、他の財産との区別が可能なもの、すなわち特定できる状態で破産財団に現存する必要がある。例えば、弁済された金銭が他の金銭と混在し特定できない場合は、代償的取戻権を行使できない。弁済の対象資産が動産、有価証券等の代替可能な物の場合も、弁済された動産・有価証券等が特定できる状態で破産財団に現存するかを具体的に判断することになる。弁済の対象資産が特定できない場合、取戻権者は目的物の価額相当額を財団債権として請求することになる[14]（法148条1項4号あるいは5号）。

（岩崎　晃）

11　『条解』496頁。
12　『伊藤』429頁。
13　『条解』496頁。
14　『伊藤』429頁、『大コンメ』274頁〔野村秀敏〕。

第4款　別除権

第65条　別除権

① 別除権は、破産手続によらないで、行使することができる。
② 担保権（特別の先取特権、質権又は抵当権をいう。以下この項において同じ。）の目的である財産が破産管財人による任意売却その他の事由により破産財団に属しないこととなった場合において当該担保権がなお存続するときにおける当該担保権を有する者も、その目的である財産について別除権を有する。

1　本条の趣旨

　別除権とは、破産手続開始の時において破産財団に属する財産について担保権を有する者が、その目的財産について、破産手続によらずに行使できる権利をいう（法2条9項）。別除権を有する者を、別除権者という（法2条10項）。

　本条1項は、別除権者は、別除権を破産手続によらないで行使し得る旨を規定する。担保権は、債務者が期限にその債務の弁済をせず、あるいは弁済をすることができない状況に至った時に、担保対象資産の換価価値を現実化して、そこから被担保債権につき優先的な弁済を受けることを目的とする。したがって、そのような状況の究極の場合である債務者の破産手続開始時にこそ、担保権者に担保目的物からの回収が認められなければ、担保権を設定した意味がない。法は、そのような観点から、別除権者は破産手続によらずしてその権利を行使することができると規定するが、これは、破産手続が開始された場合、担保目的物は破産財団に属するものの、担保権者は、その担保権の本来の実行方法によりこれを実行して、目的物の換価価値から優先的に弁済を受け得ることを意味する。

　なお、本条2項は、担保対象資産が破産管財人によって任意売却されたり、その他の事由（例えば破産管財人による資産の破産財団からの放棄など）により

破産財団に属しないことになったりしたときでも、その資産について設定された担保権が存続しているときは、担保権者は目的財産について別除権を有すると規定する。担保権が存在する以上、対象資産が破産財団から離脱しても、担保権者はその権利を実行できるが、担保権者は破産手続との関係ではなお別除権者としての立場にあり、破産手続からの配当を受けるには、不足額責任主義（法108条）の適用を受ける旨を規定したものである。

2 別除権の意義

(1) 別除権の定義

前記の通り、別除権とは、担保権者が、破産手続開始時において破産財団に属していた担保対象資産について、破産手続によらずに行使し得る権利をさす。ここで「別除」とは、「他の債権から別のものとして除外して（別除して）、破産財団から優先弁済を受けさせる必要がある権利」[1]であるとか、「その権利者が、他の債権から特別に除外されて、特定財産から優先的な満足を受けうることに由来する」[2]とか、「優先弁済権に対応する担保価値を別除する権能を意味する」[3]とされる。これらは担保権がその目的物に対して本来的に持つ権能を、破産手続においても制約されずに行使できることを示すものであり、その意味で、別除権は法が創設した権利ではなく、担保権の本来有する権能であるといってよい[4]。

なお、破産者の自由財産に対する担保権は、準別除権として、別除権に準じた扱いを受ける（法108条2項）。

別除権者は、必ずしも破産債権者であることを要しない。物上保証人や担保目的物の第三取得者が破産した場合には、被担保債権は、破産者たる物上保証人や第三取得者の破産手続上は破産債権にはならず、担保権者は破産債権を有しないが、担保権者は破産者の破産手続において別除権者たる地位に立つ。

他方、破産債権者が、破産者以外の第三者の資産に対して担保権を有する

---

1 『基本法コンメ』152頁〔金春〕。
2 『大コンメ』275頁〔野村秀敏〕。
3 『伊藤』432頁注34。
4 『条解』498頁、山木戸克己『破産法』（青林書院新社、1974年）160頁。

場合（破産債権を被担保債権とする物上保証人がある場合）、破産債権者は、破産手続開始時に破産財団に属する財産についての担保権を有していないので、別除権者とはならない。

また、保証人兼物上保証人が破産した場合においては、債権者は、保証人の破産手続において保証債務履行請求権者として破産債権者たる地位にあるが、主たる債務を被担保債権とする担保権者としての権利行使は保証債務履行請求権の行使とは別物であるため、保証人の破産手続において、保証債務履行請求権は、別除権付き債権とはならない（**本書2条の解説8(2)参照**）[5]。

(2) 破産法上の他の権利との対比

別除権は、破産手続開始時に破産財団に属する財産に対する権利である点で、破産財団に属しない資産を取り戻す権利である取戻権と異なる[6]。

また、別除権は、破産財団に属する特定の資産から優先的弁済を受ける権利であるから、破産財団全体を引当とする財団債権とも異なる。別除権者は、特定の担保対象資産から優先的満足を受けるが、財団債権者は、担保対象資産を除いたその余の財産から、破産債権に先立って弁済を受ける。

別除権者が破産債権を有する場合、別除権者は、担保対象資産から優先弁済を受けた後なお不足があるときは、その不足額について破産債権者として配当を受けることができる（不足額（又は残額）責任主義。法108条1項）。

別除権者は、特定の財産に対して担保権を有するのに対して、優先的破産債権者は、破産財団全体を引当として、一般の破産債権等に対して優先的な配当を受ける権利を有する。しかし、優先的破産債権者は、あくまで破産手続に参加して配当を受ける必要があり、破産手続外でその権利を行使することができる別除権とは異なる。

(3) 別除権と対抗要件

破産手続上別除権と認められるには、対抗要件を具備することが必要であ

5　『伊藤』432頁注34、『破産実務』342頁、『手引』251頁。
6　譲渡担保や所有権留保など、所有権を債権者が保持することにより被担保債権を担保しようとする権利について、これを別除権と解するか、取戻権と解するかが争われる（**本書62条の解説4(4)参照**）。詳細は後述するが、別除権と解するときは、破産管財人が清算を求める余地、処分期間指定の申立てをする余地、目的物を受け戻す余地、担保権消滅請求をなす余地があるのに対して、取戻権とするときはこれらの権利を認める余地はないことになる（山野目章夫「非典型担保」『破産法大系Ⅱ』172頁）。

る（**本書第3章前注3(2)参照**）[7]。例えば抵当権や根抵当権などではその登記が必要であり、非典型担保では、その類型ごとにそれぞれ後述の対抗要件を履践しておく必要がある。この点、非典型担保とされるもののうち、代理受領や振込指定は、債権的効力に止まり、対抗要件を具備することができないから、破産手続においては、別除権としての権利を主張することはできない[8]。

(4) 別除権を巡る破産法上の他の規定

別除権については、破産法の各所に、様々な規定が存する。商事留置権に関する法66条、破産管財人による目的物の受戻しの手続に関する同78条1項14号、別除権者の手続参加についての同108条、別除権者の債権届出に関する同111条2項、破産管財人による別除権対象資産の提示請求・評価に関する同154条、破産管財人による別除権目的物の換価に関する同184条、別除権者が目的物を処分すべき期間に関する同185条、担保権消滅許可の申立てに関する同186条以下、商事留置権消滅請求に関する同192条、配当に関する同196条3項、198条3項、210条、214条1項3号などがそれである。別除権について理解するには、これらの規定を相互に勘案し、把握する必要がある。各規定の詳細については、それぞれの条項の解説を参照されたい。

3 別除権となる担保権の範囲

破産手続開始時に破産財団に属する財産に対する抵当権、質権、特別の先取特権を有する者は、別除権を有する（法2条9項）。抵当権は普通抵当であると根抵当であるとを問わない。

仮登記担保は、破産財団に属する土地等についてされている場合は、破産財団に属する財産に対して抵当権を有する者に関する規定が適用されるから（仮登記担保法19条）、別除権者となるが、根担保仮登記は、破産手続との関係ではその効力を有しないから（同条5項）、別除権者とはならない。

商事留置権は、特別の先取特権とみなされるので（法66条1項）別除権とな

---

[7] 『伊藤』431頁。民事再生につき、最判平22.6.4（民集64巻4号1107頁）。『破産実務』339頁は、対抗要件を要する理由として、「破産管財人は第三者的地位を有するから」とするが、上記最判平成22.6.4は（民事再生に関する判例であるが）、対抗要件を要求する理由として、「一般債権者と再生手続によらないで別除権を行使することができる債権者の衡平を図るなどの趣旨から」と判示している。
[8] 『条解』500頁、『破産実務』339頁。

るが、その順位は、民法その他の規定による特別の先取特権に遅れる（同条2項）。これに対して民事留置権は、破産手続との関係ではその効力を失う（同条3項）ので、別除権とはならない。破産管財人は、民事留置権者に対して、無条件の目的物の引渡しを求めることができる。民事留置権者が破産者に対して債権を有するときは、一般の破産債権として債権届出をし、配当に加入するしかない。

　一般の先取特権は、債務者の総財産に対する優先権であるが、特定の財産に対する担保権ではないから、別除権としては扱われない。優先的破産債権として、届出をし、破産手続において一般の破産債権に優先して配当を受ける権利を有するにすぎない。

　所有権留保、譲渡担保などの非典型担保権とされるものについて、別除権と解するか取戻権と扱うかについては議論があるが、後述を参照されたい。また、ファイナンス・リースについても、同様に別除権とするか否かついて争いがあり、後述する。

4　別除権行使の方法

(1)　別除権の行使方法

　別除権は、その行使に際して破産手続の制約を受けず、その担保権の本来の行使方法に従い、行使される。不動産に対する担保権であれば、担保不動産競売（民事執行法180条1項）や担保不動産収益執行（同条2項）によることができるし、目的物が動産であれば、動産競売（民事執行法190条）による。債権その他の財産権に対しては、差押え（民事執行法143条）、対象債権の取立て（民事執行法155条）等の手続による。特別の先取特権による物上代位権の行使も同様である（民事執行法193条1項2文）。特別の先取特権者による物上代位と破産管財人との関係については、後述する。

　別除権者が法律の定めた方法によらないで目的財産の処分をする権利を有するときは、これによることができる（法185条1項参照）。動産質における簡易充当（民法354条）、債権質における直接取立て（民法366条）などがこれに当たる。そのほか、担保権者と設定者との間において、担保目的物を担保権者が自ら取得してその評価額を債権の弁済に充当したり、担保権者が目的物を処分してその換価代金を債権の弁済に充当したりすることを許す旨の約定が

あるときは、それによることができる[9]。譲渡担保、所有権留保等の非典型担保の実行方法も、その契約に定められたところに従うが、これらについては、後述する。

(2) 行使の時期と相手方

　被担保債権が破産債権である場合には、破産手続開始によって債務者は期限の利益を主張することができなくなり（民法137条1号）、担保権者はその時点で直ちに担保権の実行をすることができる。被担保債権が破産債権でない場合には、その債権の期限が到来した後に、担保権の実行をする。

　いずれにしても、破産手続開始後は、担保目的物は破産財団に含まれることになるところ、破産財団所属資産の管理処分権は破産管財人に属するから（法78条1項）、担保権実行の相手方は、破産管財人となる。

(3) 別除権放棄とその相手方

　別除権者は、別除権目的物を十分な価格で換価し得ないと思う場合などには、別除権を放棄することが考えられる。別除権が放棄された場合、被担保債権が破産債権であるときは、別除権者であった債権者は、破産債権者としてその権利を行使することができる（法108条、198条3項）。ところで、抵当権の放棄は、放棄時点の対象不動産の所有者に対する意思表示でなすものとされるので[10]、目的物が破産財団に属しているときは、その管理処分権限を有する破産管財人に対する意思表示によって、これを放棄することになる[11]。

　なお、当該財産が、破産管財人により破産財団から放棄されている場合には（法78条2項12号）、その管理処分権は、自然人の破産事件においては当該破産者に、法人の破産事件においては清算法人の代表者に属する（**本書35条の解説3、78条の解説4(12)、184条の解説6(3)参照**）。そこで、自然人の破産事件に

9　ただし、抵当権者が、抵当権設定者との間で、履行遅滞が生じたときには抵当権者が目的不動産を代物弁済として取得するか又は適宜処分することができ、その場合に備えて、あらかじめ所有権移転登記に必要な一切の書類の交付を受けている場合については、設定者の破産手続開始により、登記手続についての委任が終了する（民法653条2項）ため、抵当権者は設定者の受任者として登記手続をすることができない。仮に破産手続開始後にそれをしても、破産手続開始後の登記として破産手続との関係では無効となる（法49条1項本文）（『条解』503頁）。なお、破産手続開始決定の直前に移転登記がされたときは、否認の要件の有無が問題となり得る。

10　最判昭44.1.16（民集23巻1号18頁）。

11　『破産実務』344頁。

おいては、別除権放棄の意思表示は破産者本人に対してなし、法人の場合には、その代表者として清算人の選任をして（その場合の清算人は、株主総会の決議又は定款の定めによって定まっていないときは、裁判所が選任する）、清算人に対して別除権放棄の意思表示をする必要がある[12,13]。

別除権放棄をした債権者が配当に加入するために、担保権登記を抹消する必要があるかについては議論があるが、実務的には必要として扱われている（詳しくは、**本書108条の解説2**、**198条の解説5(2)**を参照）[14]。

(4) 別除権の行使に関する破産法上の制約

別除権目的物も、破産財団を構成する（法2条14項）。破産管財人は、財団所属の資産を早期に、かつできる限り高く換価し、配当原資とする責務を負っている。別除権対象資産であっても、いつまでも換価されないと、破産手続の進行を遅らせるし、それが担保権者によって不相当に低額に換価されてしまうと、担保権者がこれによる回収不足額を財団に対して破産債権として配当加入することとなるから、他の債権者の配当受領額を減らすことになる。そのため、別除権者による担保対象資産の換価について、破産管財人は利害関係を有する。

そこで、法は、破産管財人は、別除権者に対して別除権目的物の提示を求めることができ、また、破産管財人がその財産を評価しようとするときは、別除権者は拒めないものとした（法154条）。

さらに、破産管財人は、別除権目的物を、自ら民事執行に関する手続法令

---

[12] 最決平12.4.28（金法1587号57頁）参照。最決平16.10.1（金法1731号56頁）参照。『破産実務』344頁。

[13] このように、別除権者の利益に影響を及ぼすところが大きいため、法人の破産管財人は、別除権目的物が不動産であってこれを財団から放棄しようとするときは、放棄の2週間前までに目的物を放棄する旨を別除権者に通知するものとされている（規則56条後段）。

実務的には、わずか2週間前にいきなり通知するのではなく、より早い時点から破産管財人は別除権者と換価方法や時期について協議をしつつ破産管財手続を進めることが多い。目的物が換価不能で別除権が放棄され別除権の被担保債権全額が破産債権として配当に加わる見込みである場合はもとより、逆に目的物について、別除権者としては競売で換価する意向が強くて任意売却の見込みのない場合などにも、早期に担保権者の意向を聞き取り、担保権者との協議を経た上、さらに放棄の前に、この規定による通知も行って放棄する、という処理をすることが多い。

[14] 『破産実務』345頁、『大コンメ』457頁〔菅家忠行〕。

により換価することができ、破産管財人がこれを求めたときは別除権者は拒めないものとした（法184条。なお、実務的には、その事例は多くはない）。この規定による競売は形式的競売に属する。破産管財人は、破産手続開始決定の謄本を添付して強制執行を申し立てることになる。破産管財人が強制執行を行った場合において、別除権者は換価代金から優先的に弁済を受けるが、別除権者が受けるべき金額が確定していないときは、破産管財人は別に代金を寄託しなければならず、この場合においては、別除権は寄託金について存するものとされる（法184条4項）[15]。

　また、別除権者が法律に定めた方法によらないで目的財産の処分をする権利を有するときは、破産管財人は、裁判所に申し立てて、別除権者がその処分をすべき期間を定めることができ、別除権者がその期間内に処分をしないときは、別除権者は法律に定めた方法によらずに目的財産の処分をする権利を失う（法185条）。

(5) 目的物の売却と別除権

　破産手続開始後に目的物が売却されても、別除権は失われない（法2条9項は、別除権の定義として、「破産手続開始の時において破産財団に属する財産」につき担保権を有する旨を規定している）。破産管財人が、担保権が設定されたまま目的物を売却したときは、所有権は破産者から第三者に移転するが、担保権を実行し得る権利は担保権者に残る。そして、その場合も、担保権者は、破産手続との関係においては別除権者となり、破産財団から配当を受けるには、不足額責任主義の適用を受ける（本条2項）[16]。

(6) 破産管財人による目的物の任意売却など

　なお、実務においては、破産管財人が別除権者と協議のうえで、対象資産を任意売却し、その売却代金の決済時に代金から担保権者への弁済を行い、さらに代金の一部を担保権者の同意を得て財団に組み入れるということが行われている。これは、別除権の目的物の受戻しと換価代金の一部財団組み入

---

[15] 破産法は、具体的な寄託の方法を定めていないが、破産管財人としては、他の財団預金との混同を避けるため、実務的には、財団の通常の高価品保管方法としての預金とは別に銀行預金口座を開設して、そこに保管することになろう。
[16] 担保権がついたまま売却された場合、事案によっては、買受人は、抵当権消滅請求（民法383条）を行うこともあり得る（『条解』524頁注57参照）。

れの和解（法78条2項11号・14号）並びに別除権が担保しないこととなった債権の額の合意（法108条2項ただし書、198条3項参照）が同時に行われているものと理解することができる。担保権者としては、競売等で換価すると、時間を要する上に換価額も市場で売却するよりも低額になりがちである。他方、破産管財人としては、破産手続外で換価されてしまうと、換価代金が低ければ財団の増殖には寄与しないが、破産管財人が、対象不動産を仲介業者などの協力を得て市場で売却することにより早期かつ高価な売却を実現できるなら、担保権者にとっても回収額の増加というメリットがあるので、両者の協議により、換価代金から仲介手数料などの換価費用の支出を認めるとともに、売却代金のなかから一定の財団組入金（例えば5～10％程度[17]）を財団に組み入れる旨の合意をして、競売ではなく市場で破産管財人が任意の売却換価をすることが広く行われている。なお、上位の担保権者がこれに応ずる姿勢を見せているのに、換価予想額からみておよそ保全対象外の位置にある後順位担保権者がこれに応じない場合には、担保権消滅許可の申立て（法186条以下）の制度を使って任意売却することも行われている。

　また、債権譲渡担保などにおいても、別除権者が担保権者として自ら破産者の有する売掛債権などの取立てをしようとしても、別除権者は、その原因たる注文、納品の経緯を知らず、売掛の対象品の詳細に関する情報もなく、これらに関する書証もなく、もし相手方との間で瑕疵などについての争いが生じたときにも担保権者では対応が困難なため、むしろ担保権者と協議の上で破産管財人が回収活動に当たり、その結果回収した金額から、担保権者に被担保債権の弁済をするとともに、一部を財団に組み入れる、といった和解的処理もされている。

(7) 別除権目的物の破産財団からの放棄

　破産管財人は、別除権目的物の換価が困難な場合、裁判所の許可を得て、これを破産財団から放棄することができる（法78条1項12号）。破産財団からの放棄とは、所有権を放棄することではなく、破産管財人において、破産財団に属する物件としての処分を断念し、目的物の管理処分権を放棄し、以降管理をしないことを意味する。目的物の換価価値が低く破産財団の増殖に寄

17　『手引』159頁。

与しないと見込まれる場合や、担保権者の担保権実行の意思が固く他方で破産財団に維持しても管理経費がかかる場合や、抵当権者により賃貸物件の賃料について物上代位の差押えがされて収入がないのに固定資産税や維持経費の支出のみがある場合などが考えられる。しかし、破産者が法人である場合、破産管財人が破産財団からの放棄をすると、それ以降、物件を管理する者が事実上いなくなる。そうすると、担保権者が担保権の放棄をするには、放棄の意思表示の相手方として清算人を選任する必要を生ずるため、破産管財人が別除権対象資産を破産財団から放棄する場合には、その2週間前までに別除権者に通知すべきものとされている（規則56条後段）[18]。例えば借地上の建物について担保権を有している担保権者がある場合などには、適切に通知をしないまま地代の不払いが起きると、債務不履行により借地契約が解除されてしまい、担保目的物の価値が毀損されてしまうおそれがあり、このような場合の通知は、極めて重要と言える（**本書85条の解説3(3)**参照）[19]。

放棄された場合の目的物の管理処分権限が、破産者個人又は清算法人の代表者に移ることは前述した。以降の別除権実行の相手方は、これらの者になる。法人の代表者は権限を失っているので[20]、裁判所に清算人の選任申請をするか、競売の場合などには、実務上、その手続だけのために裁判所により特別代理人が選任される例もある（民事執行法20条、民事訴訟法37条、35条）。正

---

[18] 破産管財人のこの通知義務の法的性質や、これを怠った場合の効果について、『基本構造』233、234頁〔福永有利発言・田原睦夫発言〕参照。

[19] 実務においては、現実の放棄をする前に裁判所や関係者、行政などと協議をして、慎重に放棄の許可申請に踏み切る場合が多い。放棄する場合の留意点などについては、**本書78条の解説4(12)、85条の解説3(3)、184条の解説6**のほか、『手引』Q30、『基本構造』228頁〔田原睦夫発言〕（破産財団からの放棄はできる限り避けるべきとする）、『破産実務』222頁（放棄許可の判断基準について）、『破産200問』160頁〔綾克己〕などを参照。

[20] かつての法人の代表者は、破産財団についての管理処分権限を失っている（最判昭43.3.15（民集22巻3号625頁）は、「株式会社が破産宣告とともに同時破産廃止の決定を受けた場合において、なお残余財産があるときは、従前の取締役が当然に清算人となるものではなく、商法第417条第1項但書の場合を除き、同条第2項に則り、利害関係人の請求によつて、裁判所が清算人を選任すべきものと解するのが相当である。」とする）。破産手続開始決定により解散した会社においては、ただちに会社法上の清算手続は開始せず、会社法476条に言う「清算株式会社」にはならず（会社法475条1項1号かっこ書き参照）、取締役がそのまま清算人になるわけではない。そのため、あらためて清算人を選任する必要を生ずる（『破産実務』224頁）。

規の清算人を選任すると手続が重いため、競売事件の手続対応だけの職務のために清算人を選任し、事件終了後に選任決定を取り消すこととしたり[21]、担保権者主導による任意売却において売主としての役目を果たすためだけの清算人を選任したりすることも、実務上行われている（**本書184条の解説6(3)**参照）。

別除権目的物が破産財団から放棄された場合でも、不足額責任主義の規定の適用があるから、別除権者が被担保債権たる破産債権について破産財団からの配当に与ろうとする場合には、被担保債権が担保権により担保されなくなったことを証明するか、担保権行使による不足額を証明等する必要がある。

(8) 別除権者の債権届出と破産債権行使

別除権者は、債権届出期間内に、被担保債権について、債権届出一般の届出事項のほか、別除権の目的である財産と、別除権の行使によって弁済を受けることができないと見込まれる債権の額（予定不足額）とを届け出る（法211条）。破産管財人はこれに対して認否をするが（法117条1項4号、121条1項）、予定不足額の認否は、別除権者が財団から受け得る配当額を固定するものではなく、債権者集会における議決権の額を定めるものにすぎない（法140条1項2号)[22]。

別除権者は、別除権の行使によって弁済を受けることができない債権額、又は被担保債権の全部又は一部が破産手続開始後に担保されないこととなった場合にはその額についてのみ、破産財団から、破産債権者として配当を受けることができる（法108条1項）。

別除権者は、中間配当のときには、目的物の処分に着手したことを証明するとともに、不足額を疎明しなければ、中間配当から除斥される（法210条1項）。疎明がされたときは、配当額は寄託される（法214条1項3号）。また、最後配当の手続に参加するには、最後配当に関する除斥期間内に、確定不足額の証明をしないと、配当から除斥され[23]、中間配当時に寄託された配当金は

---

[21] 池田宏「清算人選任事件」金判1141号2頁、永井裕之「続・清算人選任事件」金判1182号1頁。

[22] 債権者集会での議決事項は限られていることもあり、東京地方裁判所の実務では、予定不足額の認否は留保したまま手続を進めている（『破産実務』341頁）。

他の債権者に配当されてしまう（法198条3項、214条3項）。

なお、根抵当権の極度額を超える債権への配当の可否については、旧法時代は明文がなく争いがあったが、現行法は規定を設け、担保権の行使によって弁済を受けることができない額が証明されなくても、最後配当の許可日における極度額を超える債権の額をもって配当の手続に参加することができるものとされた（法196条3項2文、198条4項）。

5 個別の担保権の行使と別除権としての扱い

以下では、個別の担保権ごとに、その実行方法や、課題となる事項について解説する。なお、商事留置権については、**本書66条の解説**を参照されたい。

(1) 抵当権・根抵当権

a 抵当権

抵当権は別除権となり、破産管財人を相手方として、担保不動産競売や担保不動産収益執行等の手続で実行することができる。競売等の手続においては、被担保債権の元本のほか、利息・損害金も、最後の2年分まで配当されることになり、破産手続上それが劣後債権であっても、抵当権者は競売配当からその回収をすることができる。

抵当権者が、破産管財人との間で、別除権を存続させたまま、被担保債権の範囲を限定する旨の合意（別除権協定）をした場合は、その合意を超える金額については、破産手続で配当に参加することができる（法108条1項ただし書）。ただ、他の債権者との公平の見地から慎重に対処する必要があり、東

---

23 別除権者が、不足額の証明方法として実務的に多用される不足額確定報告書を提出しない場合であっても、破産管財人が別除権目的物を受け戻して任意売却しているため、破産管財人において不足額を充当計算によって確定し得るときは、破産管財人としては、別除権者に対して不足額確定報告書の提出を求め、不明点があればさらに問い合わせるなどして不足額を確定するのが相当であるとして、別除権に確定不足額がないものとして配当から除斥した破産管財人について、善管注意義務違反による損害賠償義務を認めた判決がある（札幌高判平24．2．17金法1965号130頁）（**本書196条の解説**注7、**198条の解説**注23参照）。

しかし、本来、別除権行使による確定不足額の証明責任は担保権者にあるのであって、それにもかかわらずそれを証明させる法的義務を破産管財人に認めた本判決に対しては、反対を唱える実務家も多い。なお、佐長功「破産管財人の善管注意義務と個人責任」自正2013年7月号51頁以下を参照。

京地方裁判所では、全届出債権者が別除権者である場合などの例外的な場合を除いて、その許可をすることはほとんどないとされる[24]。

抵当権者は、破産手続開始後も、物上代位権を行使することができる。この点、担保権者による破産手続開始後の物上代位権行使の可否は、かつては争われたが、判例[25]（動産売買先取特権についての判例である）は、これを認めた[26]。

b　根抵当権

債務者又は設定者に破産手続が開始されると、根抵当権の被担保債権の元本は確定する（民法398条の2第1項4号）。担保権の実行手続においては、破産手続上劣後債権となる部分を含めて、極度額の範囲まで、利息・損害金も回収することができる。ただし、破産者の支払停止や破産申立て後にその事由を知って根抵当権者が取得した破産者振出しの手形（いわゆる回り手形）は、価値の下落した債権を買い集めて担保権として満額の回収をすることを許すことにもつながるので、たとえ被担保債権の範囲に手形債権が入っていても、根抵当権の担保すべき債権の範囲に入らない（民法398条の3第2項本文）。

根抵当権の極度額を超える部分の債権について、回収不足額とみなす旨の規定があることは前述した（法196条3項2文、198条4項）。

(2)　質　権

近時の実務上、質権が設定されるのは、銀行に対する預金債権、敷金・保証金、ゴルフ会員権などが多い。債権質の設定者に破産手続が開始されたときは、質権者は、債権を差し押さえて取り立てるほか、民法の規定により直接取り立てることもできる（民法366条）。破産管財人は、質権の対象たる債権について、取立権・処分権を持たず、破産管財人が第三債務者との間に和

---

[24]　『破産実務』345頁以下。
[25]　最判昭59.2.2（民集38巻3号431頁）。
[26]　賃料債権に対する物上代位に関して、遠藤曜子「抵当権の物上代位に関する最近10年間の最高裁判例について」川井健・田尾桃二編集代表『転換期の取引法』（商事法務、2004年）167頁、片上誠가「抵当権に基づく物上代位と倒産手続」「倒産と担保・保証」実務研究会編『倒産と担保・保証』（商事法務、2014年）288頁などを参照。共益費相当額まで差押えされた場合の問題点について、座談会「抵当権に基づく物上代位」田原睦夫『実務から見た担保法の諸問題』（弘文堂、2014年）370頁以下（担保権者と破産管財人との和解例が紹介されている）、田原睦夫「賃料に対する物上代位と建物の管理」金法1469号4頁を参照。

解をしても質権者に対抗することはできないし、対象債権に基づき第三債務者に対して破産手続開始の申立てをすることもできない[27]。

なお、破産管財人は、担保権設定者が負っていた担保価値維持義務を承継するとされ、敷金が質入れされている場合に、破産財団に賃借建物の賃料を支払う余裕があるにもかかわらず、破産管財人が賃貸人との間において、未払賃料債務を敷金から充当する旨の和解をして敷金を減らした場合につき、判例は、破産財団の不当利得の成立を認めている[28]。この判例が、破産管財人が破産者の義務を承継するとした点の理論的な意味合いについては、様々な議論がある[29]。

(3) 特別の先取特権

a 目的物が財団内にある場合

特別の先取特権は、別除権となる。そのうち、実務上もっとも事例が多く、また議論のあるのは、動産売買の先取特権である。

動産先取特権には追及効がなく、破産管財人が対象動産を売却し、買主に引き渡してしまえば、先取特権者はその動産について先取特権を行使することができなくなる（民法333条）。破産管財人としては、財団の増殖を図るため、選任後できるだけ早期に、在庫品などの動産が劣化しないうちにこれを売却換価しようとする。その保管場所が賃借倉庫などである場合には、賃料負担を軽減して財団の減少を回避するという観点からも、売却換価は急がれる。これに対して、売却して引渡しがされると、先取特権者はその動産について先取特権を行使することができなくなるため、当該在庫品などを破産者に売却した売主は、破産管財人に対してこれを換価しないよう求める通知書を送付したりして、破産管財人と先取特権者との利害が鋭く対立することが

---

27 東京地判昭55.2.4（判タ416号157頁）、最判平11.4.16（民集53巻4号740頁）。
28 最判平18.12.21（民集60巻10号3964頁）。
29 『条解』504頁注16は、破産管財人が破産者の一般承継人として義務を承継するのではないとする。破産管財人の地位については、**本書第3章の前注3(1)参照**。同判決については、林道晴「判批」金判1268号6頁、「＜特集＞破産管財人の注意義務」NBL 851号14頁以下の多数の実務家の同判決に対する論評集、中井康之「破産管財人の善管注意義務」金法1811号32頁、山本和彦「判批」金法1812号52頁、谷口安史「判解」『最高裁判例解説〔民事篇〕平成18年度（下）』1349頁などを参照。また、この判決と破産管財人の善管注意義務との関係については、伊藤眞・伊藤尚・佐長功・岡伸浩「破産管財人の善管注意義務－『利害関係人』概念のパラダイムシフト」金法1930号64頁を参照。

ある。

　動産競売が開始されて、執行官が動産を差し押えた場合には、破産管財人はこれによりその動産を換価することはできなくなるが、それより前に、未だ差押えに接していない破産管財人が、先取特権の存在を知りながら、動産を売却し買主に引き渡すことが、先取特権権者に対する不法行為になるかについて、議論がある（なお、破産管財人の善管注意義務との関係について**本書85条の解説3(2)d**参照）。破産管財人は、差押えがされていない限り、目的物の換価（後述の売却代金債権の回収についても同様）はできるという見解[30]、それが先取特権者の担保権の実行を積極的に妨げる意図のもとに行われるものでない限り[31]、先取特権者との関係で不法行為を構成するものではないとの見解などがある[32]。

　これに対して、民事執行法190条2項の動産競売開始を許可する決定がされ、担保権者からその写しが破産管財人に示されたときには、破産管財人は動産の換価を停止すべきであるとの見解もある[33,34]。

　先取特権は弱い担保権であって、差押えがなされるまでは、債務者自身も対象動産を転売し換価することができる。債務者の危機時期である破産時に至ると、先取特権者としてはその回収を図りたい立場に置かれるが、財団所属の財産から回収したいという利害は、破産財団に対する一般債権者（そして、財団の増殖を図ることによってそれらの者の利益を維持する責務を負う破産管財人）

---

[30] 鎌倉一輝「先取特権（総論）」「倒産と担保・保証」実務研究会編・前掲注26・454頁。中井康之「動産売買と買主の倒産手続」伊藤眞・道垣内弘人・山本和彦編『担保・執行・倒産の現在』（有斐閣、2014年）243頁は、「破産管財人は通常の管財業務として粛々と目的物や代位目的債権の換価・回収を進めるべきである。」とする。同旨・小林信明「動産売買と買主の倒産手続」前掲『担保・執行・倒産の現在』243頁、同「動産売買先取特権の倒産手続における扱い」『田原古稀（下）』191頁。大阪地判昭61.5.16（判時1210号97頁）、名古屋地判昭61.11.17（判時1233号110頁）、東京地判平3.2.13（金法1294号22頁）は不法行為の成立を否定する。この問題を扱ったシンポジウムの記録として、「東京三弁護士会（倒産法部）シンポジウム『倒産と担保』」NBL1027号10頁以下。

[31] 『条解』509頁、那須克己「先取特権」全国倒産処理弁護士ネットワーク編『倒産手続と担保権』（金融財政事情研究会、2006年）94頁、『破産200問』138頁〔三村藤明〕、中西正「別除権総論」『破産法大系Ⅱ』160頁。小林・前掲注30（『田原古稀（下）』）196頁。

[32] 『基本構造』461頁〔田原睦夫発言〕は、目的財産を特定した上で先取特権を行使する意思が表明されていれば、和解的な処理をするなど慎重に対応しているのが実務であるとする。これに対し、小林信明・前掲注30（『田原古稀（下）』）197頁は、破産管財人としては和解的処理をすべきではないとする。

も同様である。例えば破産管財人に対して、先取特権者から、追って競売をしたいとして、それまで動産を売却しないようにと主張する内容証明郵便が送付されることがあるが、破産管財人としては、財団の増殖義務を負う上、破産債権者、財団債権者、担保権者等のそれぞれの権利関係を、法律に従い適正に処理する責務があるから（法１条は、利害関係人の利害を適切に調整することを破産手続の目的と規定する）、先取特権者からそのような求めがあったとしても、破産管財人としては、差押え前は、これに応ずる必要はないものと解される。法定担保権を有するにすぎない先取特権者が換価を差し止めよとの通知を一方的に送付してきたとしても、法的な競売開始の差押命令に接していない時点においては、これに従う義務はないし、逆にそれに従うことは、先取特権者を法律の規定以上に優遇するものであって、他の債権者に対して不公平であると解する。もしこれに従う義務があるとするときは、先取特権者の通知一本に処分禁止の仮処分と同等の効果を認めるに等しく、相当でない[35]。

次に、破産管財人が動産を売却換価して代金を得た場合に、これが不当利得を構成しないかも争いがある[36]。しかし、上記と同様の観点から、破産管財人は、むしろ換価をして代金を回収すべきであり、財団の不当利得を構成すると考えるのは、差押えをしてもいない先取特権者を不当に有利にする解

---

[33] 松下満俊「破産手続における動産売買先取特権に関する考察」『ソリューション』44頁は、先取特権者が、競売開始許可決定の写しを破産管財人に交付するなどして、決定の具体的な内容を破産管財人が知るに至った場合は、破産管財人は原則として先取特権の目的動産の任意売却を行うべきでないとし、破産管財人が売却したときは、善管注意義務違反になるとする。これに対して、山崎栄一郎（元東京地方裁判所民事第20部判事）は、『ソリューション』51頁において、許可決定が債務者に送達されても、差押えがされていない以上、いまだ債務者は動産の処分を禁止されていないことからすると、破産管財人への競売許可決定の送達をもって破産管財人の換価業務を制約する事情とすることには、破産管財人が差押えがなされることが確実だと認識しているなどの他の事情がない限り、なお疑問があるとコメントしている。

[34] 『基本構造』461頁〔田原睦夫発言〕は、目的動産の特定が明らかであり、いつでも動産競売許可の申立てができるという状態で担保権者から申出があった場合には、破産管財人との間で、それを踏まえて換価代金について和解的処理がなされている事例が多いのではないかとする。

[35] ただし、執行官が差押えに着手しようとしたときに、破産管財人が意図的にその執行を妨害すべく対象動産を移動させるような行為は、積極的な執行妨害行為であって、破産管財人による不法行為を構成しよう。同旨、小林・前掲注30（ジュリ1443号）66頁。

釈であると思われる。約定担保権が設定されている場合には、破産管財人は、設定者の負う担保価値維持義務を承継すると判例が判示していることは前述の通りであるが、法定担保権はこれとは異なり、もともと債務者にそのような義務はないから、これを承継することもなく、破産管財人はそのような義務を負っていないというべきである。

b 目的物が転売された場合（物上代位）

先取特権者は、目的物の転売代金債権に対して、物上代位権を行使することができる。破産手続開始後は、破産管財人に対して行使する。かつてはこれを否定する見解が有力であったが、判例[37]は、一般債権者が差押えをしたとしても、物上代位権の行使は妨げられないところ、債務者が破産手続開始決定を受けた場合においても、一般差押債権者の差押えと区別すべき理由がないとして、動産売買先取特権者は、破産手続開始後も、破産管財人に対して物上代位権を行使し得ると判示した（**本書第3章前注3(2)c参照**）。

動産売買先取特権者が物上代位権を行使するには、「担保権の存在を証する文書」を裁判所に提出する必要があるが、現実には、動産の売主において、破産手続開始前に買主がこれを転売して売掛債権を有していた場合、あるいは破産管財人が破産手続開始後に売却換価してこれによる売却代金債権を有するに至った場合に、その債権者が、売主が破産者に売り渡した動産の転売代金債権であることを証明する文書を提出することは、簡単ではない。破産者のもとにおいて、多数の売主から仕入れた物品が混在して保管されていることも多いし、破産管財人が売却するときも、多数の売主から仕入れた動産を一括して売却したり、あるいは多数の買主に分割して売却したりするなど、様々な形態があり、先取特権者にとって、具体的な破産管財人の有す

---

36 伊藤眞「動産売買先取特権と破産管財人（下）」金法1240号16頁、山本克己「債権執行・破産・会社更生における物上代位権者の地位(3)」金法1457号30頁等はこれを肯定する。

　これに対し、『伊藤』445頁注63は、物上代位についての記述であるが、先取特権者が目的債権を差し押さえる前に破産管財人による取立てがなされれば、別除権の行使は不可能になるが、破産管財人の行為が不法行為を構成したり、破産財団の不当利得が成立したりすることはないとする。『条解』510頁は、「実行に着手しておらず、かつ追及効が制限されている先取特権者の地位が、一般破産債権者との関係でそれほど強く保護すべきものであるのかについては疑問である」とする。

37 最判昭59.2.2（民集38巻3号431頁）。

る第三債務者に対する被差押債権が、自己の売却した動産と同一の動産の転売にかかる転売代金債権であること（それは要証事実である[38]）を証明できるのは、よほど特定された動産が転売された場合であって、かつそのことについて売主側に情報がある場合でないと、難しいことが多い。

　また、債務者が、売主から購入した物品に加工を加えて売却したり、第三者のもとに据え付ける等の請負工事をなしたりする場合には、その代金債権が、物上代位の対象になる売買代金に当たるかについて争われることが多く、その債権の主たる内容が売買代金と見られる場合を除いて、物上代位が否定されることが多い[39]。

　破産管財人に対して、売買代金の回収をしないよう、先取特権者から要求されることがあるが、これに応じて破産管財人が任意に債権の回収を自粛すべきかについての議論は、前述の売却換価（転売）を止めるべきかの議論と同様であり、代金債権の差押命令が送達されるまでは（正確には、差押命令が第三債務者に送達され効力を生ずるまでは）、破産管財人としては、回収を思い止まることはかえって作為的で、不公正であるように思われる。破産管財人としては、その職責に照らして、「粛々と」回収を進めるべきであろう（善管注意義務との関係について、**本書85条の解説3(2)d**参照）。

(4) 仮登記担保

　破産財団に属する土地等に設定された担保仮登記については、破産法中破産財団に属する財産につき抵当権を有する者に関する規定が適用される（仮登記担保法19条1項）。したがって、担保仮登記にかかる権利は別除権となり、破産管財人に対して、仮登記担保法に定める方法で実行する。すなわち、清算金の見積額の通知と、清算金のないときは2カ月間の通知期間の経過、清算金のあるときは同期間経過後の清算金の支払である（仮登記担保法2条、3条）。なお、このように、仮登記担保権の実行方法は、同法に定めがあるのであるが、破産管財人による財団換価・破産手続の進行との調整を図る趣旨からして、別除権者が法律に定められた方法によらないで別除権の目的である財産の処分をする権利を有する場合に関する法185条1項との関係におい

---

[38] 『条解』508頁注23。
[39] 比較的新しい裁判例として、東京高決平15.6.19（金法1695号105頁）、東京高決平21.3.30（金法1885号56頁）など。

ては、これを法律によらない方法と解し、破産管財人は、別除権者が目的物を処分すべき期間を定めるよう裁判所に請求でき、また、破産管財人が担保権者の上記方法による処分権を失わせるには、破産管財人は上記の期間を定める申立てをしなければならないものとされる[40]。

なお、仮登記担保権が実行され、清算金のないままに破産手続開始前に清算期間が経過したとき、あるいは破産手続開始前に清算金の交付が済んでいるときは、所有権は破産手続開始前に仮登記担保権者に移転しているから、その場合は、別除権ではなく、取戻権を行使することになる[41]。

(5) 譲渡担保

譲渡担保とは、債権担保のために、あらかじめ債権者に目的物の所有権を移転し、債権が弁済された場合には所有権は債務者に復帰し、弁済されない場合には、債権者がこれを処分するか、又は確定的に自己に帰属させることとし、その場合に換価価値が残債権額を超えていれば債権者は清算義務を負うとする非典型担保である。その法的性質については様々な見解があるが、担保権者には所有権の形式をとった担保権が帰属し、設定者には、設定者留保権と呼ばれる担保権の付着した所有権が帰属するなどと解されている[42]。倒産手続における取扱いとしては、取戻権と解する見解もあるが、判例は会社更生手続においては更生担保権とし[43]、民事再生手続においては別除権としており[44]、破産手続においても別除権として理解するのが多数説である[45]。譲渡担保権者は、実行時には清算義務を負い、清算完了までは、設定者は被担保債務を弁済して目的物を受け戻すことができる[46]。なお、破産手続開始決定までに譲渡担保の実行が完了していれば、目的物の所有権は確定的に担保権者に移転したことになり、以降の引渡請求などは、取戻権として行使されることになる（**本書62条の解説4(4)**参照）。以下、担保対象資産ごとに

---

[40] 『条解』511頁、『伊藤』450頁。
[41] 『伊藤』449頁。
[42] 『伊藤』450頁。
[43] 最判昭41.4.28（民集20巻4号900頁）。
[44] 最判平18.7.20（民集60巻6号2499頁）、最判平18.7.20（判時1944号111頁）は、民事再生手続において、譲渡担保権が別除権として扱われることを前提として判示している。
[45] 『伊藤』451頁、『大コンメ』279頁〔野村秀敏〕など。
[46] 最判昭57.1.22（民集36巻1号92頁）、最判昭62.2.12（民集41巻1号67頁）。

分けて解説する[47]。

a 不動産譲渡担保

不動産譲渡担保においては、登記上の名義が債権者に移転される。そのため、債務者が破産した場合、破産管財人は、担保権消滅請求（法186条以下）をしたり、自助売却権を行使して所有者の破産管財人として自ら強制執行手続の申立てをしたりする（法184条2項）ことができない（担保権消滅請求においては、破産者名義の登記がないので、破産管財人は任意にこれを売却できないため、この制度を利用できない。自助売却権も、登記名義がなければ、破産管財人は執行申立てができない）。しかし、譲渡担保の目的物について、法定担保権者や動産譲渡担保権者は破産管財人による自助売却権の行使を受忍しなければならないのに、不動産譲渡担保権者にはその義務がないのは相当でないと解されることなどから、不動産譲渡担保について、自助売却権の行使に代わるものとして、法185条1項を類推して、破産管財人に裁判所に対する担保権実行期間の指定の申立権を認めつつ、その期間が定められたのに期間満了までに譲渡担保権者が目的財産に対する担保権の実行としての処分をしなかったときは、譲渡担保権者は換価時期選択権を失い、破産管財人はその期間満了時に目的財産が処分されたものとみなして、処分価値相当額から被担保債権額を差し引いた差額につき、清算金の交付請求権を有するものとする見解が存する[48]。妥当と思われる。

b 動産譲渡担保

動産譲渡担保においては、設定者が動産を占有しているのが一般であり、設定者の破産手続においては、破産管財人は、破産手続開始に伴い動産を占有する。そこで譲渡担保権者は、その実行として、破産管財人に対して引渡しの請求をすることになる。他方、破産管財人は、強制執行の手続によりこれを換価することができる（自助売却権の行使）（法184条2項）。

---

[47] 電子ベースの債権を目的とする債権譲渡担保権が設定された場合の管財人との関係などについて論及した論文として、「電子的記録に基づく権利を巡る法律問題研究会」報告書・日本銀行金融研究所（2015年1月30日付け。日本銀行のホームページに公開されている）を参照。

[48] 『条解』512頁、田原睦夫「倒産手続と非典型担保権の処遇」福永有利ほか『倒産実体法（別冊NBL69号）』（商事法務、2002年）78頁、山野目章夫「非典型担保」『破産法大系Ⅱ』178頁。

c　集合動産譲渡担保

　近時集合動産譲渡担保が広く利用されている。判例において、構成部分の変動する集合動産であっても、その種類、所在場所及び量的範囲等を指定する方法などによって目的物の範囲が特定される場合には、一個の集合物として譲渡担保の目的とすることができるものとされる[49]。その場合の対抗要件は、引渡し（民法178条）であり、占有改定（民法183条）でも引渡しの要件は満たされ[50]、対抗要件の効力は、集合物の同一性が失われない限り、新たにその構成部分となった動産に及ぶものとされる[51]。また、設定者が法人の場合においては、民法の定める対抗要件の特例として、動産登記による対抗要件を具備することもできる（動産及び債権の譲渡の対抗要件に関する民法の特例等に関する法律7条）。なお、集合動産譲渡担保が設定され、対抗要件も具備されたときは、その動産の破産者に対する売主が有していた動産売買の先取特権は、追及効がない結果、失われる[52]。

　集合動産譲渡担保は、破産手続上は別除権となる。多くの場合、担保権設定契約上、債務者に破産手続が開始した場合には、債務者は保管場所内の動産の搬出を禁止する旨の約定が存するので、破産管財人は、この義務を承継し[53]、以降、動産を搬出することは許されなくなるものと解される[54]。

　ところで、破産手続開始後に、破産管財人が同種の財産を取得した場合、それに対して集合動産譲渡担保権の効力が及ぶかにつき議論がある。学説上は、破産手続開始によって担保権の目的財産は固定化するとして、以降破産管財人が同種財産を保管場所に搬入してもこれに対して譲渡担保権は及ばないとする見解[55]、破産手続が開始されたという事実をもって担保権の効力がその後に取得する目的物に及ばないと解すべき理由が見出しがたいとして、譲渡担保権者が担保権実行の意思表示をするまでは固定化しないとし、それ

---

[49]　最判昭54.2.15（民集33巻1号51頁）、最判昭62.11.10（民集41巻8号1559頁）。
[50]　ただし、占有改定による引渡しは、外部公示機能を持たないため、明認方法による補充を求める説が有力である。『伊藤』456頁、伊藤眞『債務者更生手続の研究』（西神田編集室、1985年）341頁、『基本法コンメ』156頁〔金春〕、吉田真澄「集合動産の譲渡担保（11・完）」NBL247号43、50頁など。
[51]　最判昭54.2.15（民集33巻1号51頁）、最判昭62.11.10（民集41巻8号1559頁）。
[52]　最判昭62.11.10（民集41巻8号1559頁）。
[53]　担保価値維持義務に関する最判平18.12.21（民集60巻10号3964頁）を参照。
[54]　『条解』514頁。

までに破産管財人が取得した同種資産は担保権の対象となるとする見解[56]、譲渡担保権者が把握しているのは、破産手続開始時の財産の価値であるとして、破産手続開始決定時の価値枠で固定されるとする見解[57]などがある。現実問題としては、民事再生の場合と異なり、破産の場合は破産管財人の下で事業を継続することは多くないので、破産手続開始決定後に、破産管財人が同種の動産を仕入れるとか、新たに商品が完成して倉庫に搬入されるといった事態はまずないと思われる。あるとすれば、その際破産管財人は、当該物品が担保対象に入るか否かについて争いの起きないよう、あらかじめ担保権者と協議して和解したり、搬入する保管場所を担保対象とされる場所とは異なる場所とする[58]などの配慮が求められよう。

d 債権譲渡担保

　債権も、譲渡担保に供することができる。その対抗要件としては、確定日付ある通知又は第三債務者の承諾、ないしは譲渡人が法人であるときは動産及び債権の譲渡の対抗要件に関する民法の特例等に関する法律による登記を践むことになる。実務的には、特定の個別の債権について譲渡担保権を設定するよりも、次項の集合債権譲渡担保を設定する例が多い。

　ところで、債権の譲渡担保に関連して一言するに、改正民法案は、譲渡制限の意思表示がされた債権が譲渡されても、その譲渡は有効であるとする（改正民法案466条2項）。したがって、破産者が有していた譲渡制限の意思表示がされた債権が破産前に譲渡されていた場合、破産管財人は、譲渡が有効である以上これを取り立てることはできないし、仮に取り立てたとしても、譲受人から財団債権としてその取立金の交付を請求されれば、これを交付せざ

---

[55] 田原・前掲注26・276、278頁（初出・「集合動産譲渡担保の再検討－担保権実行の局面から－」『金融法研究・資料編(5)』（1994年）140頁）、道垣内弘人『担保物権法〔第3版〕』（有斐閣、2008年）339頁など。
[56] 伊藤眞「倒産処理手続と担保権」NBL872号60頁、『伊藤』457頁。
[57] 破産手続開始以降も、担保権実行の意思表示によって担保対象動産が固定するまでは、破産管財人は目的動産を処分することができるが、開始時の担保価値に相当するところまでこれを塡補する義務を負うとの見解で（『条解』515頁注43参照）、『条解』同頁は、このような考え方を、「成り立ちうる」として紹介する。
[58] 動産・債権譲渡登記規則8条では、動産登記をするために対象動産を特定する方法として、①動産の特質によって特定する方法と、②動産の所在によって特定する方法との2種類を挙げているが、後者による場合には、㈲動産の種類と㈹動産の保管場所の所在地とで特定することを求めている。

るを得ない。

　また、譲渡人に破産手続が開始されたときは、債権の全額を譲受して第三者対抗要件を得た譲受人は、譲渡制限の意思表示についての知・不知及び過失の有無を問わず、債務者に対して債権の全額に相当する金銭を供託するよう請求することができ、その供託金は、譲受人のみが還付請求できるものとしている（改正民法案466条の2、466条の3）。破産管財人としては、債権の回収をしても破産財団の増殖に寄与しないから、回収活動をしないものと思われるため、譲受人に、債務者に対する供託請求権を認めたものである。この改正法が成立すると、譲渡制限の意思表示が付された債権が譲渡担保に供された場合において、譲渡担保権の設定者が破産した場合、担保権者が譲渡禁止について悪意又は知らないことにつき重過失があっても、担保権者は債務者に対して供託を請求することができ、担保権者は破産手続外で供託金の還付を受けることにより、債権の回収を図ることができることになる。

e　集合債権譲渡担保

　多数の債権を集合物として譲渡担保に供することも可能であり、破産手続開始決定前に対抗要件が履践されていれば（通知や承諾で行う場合には、包括的な通知・承諾で足りると解される[59]）、破産手続においては別除権となる。債権の特定は、判例上は、少なくとも債権の発生原因と第三債務者名による特定が求められている[60]。これに対して、特定の仕方として、「設定者が現在及び将来有する一切の金銭債権」としても、公序良俗違反の問題は別として、特定性の要件は満たされるとの見解がある[61]。他方、一切の債権というよりも狭く、より限定するのであれば、第三債務者名、債権の種類、発生原因、債権額、発生期間、支払期日などが特定要素として考えられよう。なお、動産及び債権の譲渡の対抗要件に関する民法の特例等に関する法律による登記をするには、第三債務者の特定は要さず、それ以外の要素によって特定できればよい（動産・債権譲渡登記規則9条）。また、債権の総額は、平成16年の同法の改正により、登記事項から外された。

59　『伊藤』460頁。
60　否定例として、東京高判昭57.7.15（金法1046号44頁）、東京地判昭60.10.22（判時1207号78頁）、肯定例として最判平12.4.21（民集54巻4号1562頁）。
61　道垣内・前掲注55・349頁。

集合債権譲渡担保においては、債務者に一定の期限の利益喪失事由などが生ずるときまでは、債務者は、担保対象の債権について取立権を維持し、かつ取り立てた金員をその事業資金として利用することができ[62]、なお、一定額の債権が常時担保対象として存しているようにする義務を負うといった約定が置かれることが多い。債務者が取立権限を失った後に、破産管財人が債権を取り立てた場合、破産管財人は、担保権者に対して不当利得返還義務を負う[63]。

　ところで、破産手続開始決定後に破産管財人が同種の債権を取得した場合、これに対して譲渡担保の効力が及ぶかが問題となる。例えば、破産者が、一定の商品の販売代金債権を集合債権譲渡担保に供していて破産手続開始前に対抗要件も具備していたが、破産手続開始後に、破産管財人が破産財団に存した在庫商品を売却換価して販売代金債権を取得した場合、この債権に譲渡担保の効力が及ぶかと言う問題である。この点についても、先の集合動産譲渡担保と同様の見解の対立があり、破産手続開始決定によって固定化するとの説、譲渡担保権者が担保権実行の意思表示をしたときまでに存した債権について効力が及ぶとの説、債権者が倒産手続との関係で把握する担保価値は、倒産手続開始決定時の時価（価値）に止まり、倒産手続開始後に担保目的財産が増殖してもそれには及ばないとして、手続開始時の範囲（価値枠）に属する債権についてのみ担保の効力が及ぶとする説などがある[64]。

f　手形の譲渡担保

　手形の譲渡担保とは、債務者が、取引上取得する多数の商業手形（子手形）を債権者に対する担保として差し入れるとともに、債権者からの融資金に見合う額の約束手形（親手形）を交付し、債権者は、子手形を順次取り立ててその取立金を親手形による債権（融資金債権）の弁済に充当し、追って、親手形に見合う金額全額の回収が済んだときは、親手形を債務者に返還す

---

[62]　最判平13.11.22（民集55巻6号1056頁）は、このような契約を有効とする。
[63]　東京地判平20.1.29（金法1877号43頁）。破産者が譲渡担保の目的とした売掛債権の支払のために第三債務者から約束手形を受領していた場合に、破産管財人がこれを取り立てた場合にも、不当利得が成立する（東京高判平20.9.11金法1877号37頁）。
[64]　『条解』518頁。この議論についての文献として、杉本純子「集合債権譲渡担保をめぐる民法及び倒産法上の議論」「倒産と担保・保証」実務研究会編・前掲注26・555頁以下及び同論文に記載の文献を参照。

る、という取引である（融資の手続を親手形による手形貸付ではなく、証書貸付で行うこともあり得よう）。手形の譲渡担保と呼ばれるが（商業手形担保貸付とか、商担手貸などとも呼ばれる）、一般の譲渡担保では、債務不履行等の事態が生じたときに初めて担保権は実行され、その時点で担保対象資産（譲渡された資産）が確定的に債権者に取得（ないし処分）されるのに対して、手形の譲渡担保では、対象の子手形はその満期毎に順次取り立てられて債務の弁済に充当されるところに特色がある。そのため、その実質については、手形割引であるとの説、隠れた質入れ裏書説、支払のための手形譲渡説などがある[65]。

この法律関係について、倒産手続において、担保権と扱うべきかについては議論があり、とくに会社更生手続においては、更生担保権とされると、更生手続によらなければ担保権の実行はできないので、債権者は子手形を取り立てることはできないこととなり、担保権者の利害には大きな影響がある。しかし、その実質は担保差入れであるとみて、倒産手続においては担保権（更生担保権、別除権）と扱うのが妥当であろう[66]。破産法においては、子手形を満期に取り立てるのは、別除権の実行として、法律に定められた方法によらないで別除権目的物の処分をしているものと見うる（法185条1項参照）。

(6) 所有権留保

売買取引において、対象物の買主への引渡しはするものの、代金債権の弁済を受けるまでは、対象物の所有権を売主に留保し、買主が代金債務を完済したときは売主は所有権を買主に移転し、買主が支払を遅滞したときは、買主は期限の利益を喪失すると共に、売主は買主に対して対象物の引渡を請求する権利を有するものとする取引である。自動車、機械などの割賦販売契約や、各種商品のクレジット取引などに多く見られる。

この契約において、破産法上、双方未履行双務契約の解除に関する法53条の規定の適用があるかが議論されている。売買代金支払債務が不履行である一方、売主の所有権移転義務が不履行であることからすると、双方未履行のようにも見えるが、判例通説は、目的物についての所有権は代金完済という条件付きながらも買主に移転しており、売主には目的物引渡以降は代金支払

---

[65] 竹内康二「手形の譲渡担保」金判719号153頁。
[66] 名古屋高判昭53.5.29（金法877号33頁）、東京地判昭56.11.16（金法993号41頁）は、担保権説を採る。

と対価関係に立つ義務は残っていないと解して、法53条の適用を否定し、留保所有権は本来の意味での所有権とは言えず、その実質は代金債権を担保する目的の担保権であると理解している[67]。別除権としての実行方法は、目的物の引渡請求と、留保売主によるその換価であり、物件価値が残債権額を上回っていれば、買主に清算金を交付することになる。

売主が別除権を行使するには、売主名義の対抗要件（自動車売買であれば、売主名義での登録）を要する（**本書第3章前注3(2)a参照**）。この点に関して、近時、自動車の割賦販売契約において、販売会社が購入者に所有権留保の形で自動車を販売し、信販会社等がその売買代金を立替払いし、その立替金と諸経費等の分割支払が終了するまでは、所有権の移転を留保すると約した事案において、自動車の所有権は信販会社等に移転して留保されるとしつつも、その登録名義は販売会社に維持されるという例が多く見られた。このような事例において購入者に民事再生手続が開始された事案について、判例は、「別除権の行使が認められるためには、個別の権利行使が禁止される一般債権者と再生手続によらないで別除権を行使することができる債権者との衡平を図るなどの趣旨から、原則として再生手続開始の時点で当該特定の担保権につき登記、登録等を具備している必要がある」とし、購入者の再生手続開始時点で立替払いをした者に所有権者としての登録がない限り、その者は、別除権を行使することは許されないものとした[68, 69]。

なお、留保所有権の目的物を債権者が引き上げることができるようになった後に、当該目的物が第三者の土地上にあって土地を不法占拠している場合、留保所有権者は、土地所有者に対して、不法行為による損害賠償義務を負う[70]。

---

[67] 『大コンメ』282頁〔野村秀敏〕、札幌高決昭61.3.26（金法1149号42頁）など。会社更生手続に関して、最判昭56.12.22（金法1005号48頁）。所有権留保と倒産法上の論点について岩崎通也・権田修一「所有権留保（概説及び倒産法上の論点）」「倒産と担保・保証」実務研究会編・前掲注26・562頁、所有権留保について研究した論文として三上威彦「基本的所有権留保と破産手続（上）・（下）」判タ529号25頁・536号50頁、学説の詳細について矢吹徹雄「所有権留保と倒産手続」判タ514号115頁。

[68] 最判平22.6.4（民集64巻4号1107頁）。その評釈として、野村秀敏「判批」金判1353号13頁、山本和彦「判批」金判1361号63頁、佐藤鉄男「判批」民商法雑誌143巻4〜5号439頁、小林明彦「判批」金法1910号11頁、印藤弘二「判批」金法1928号80頁、小山泰史「判批」金法1929号56頁。

(7) ファイナンス・リース

　ファイナンス・リースは、リース会社がユーザーに代わって物品の売主（サプライヤー）から物品を購入した上でこれをユーザーに利用させ、ユーザーは購入代金に金利・諸経費を乗せた額をもとにして計算されたリース料をリース会社に支払い、万一その支払が滞るときは、リース会社は、ユーザーの物品の利用権限を取り上げてこれを引き上げるとともに、ユーザーは、物品の利用ができなくなっても、なお残期間のリース料の全額ないしはこれに相当する規定損害金等をただちに支払う義務を負うとする契約である（**本書53条の解説6(7)a 参照**）。

　この契約の性質をどう理解するかについては、とくにフルペイアウト方式（購入時の物件購入代金額の全額と購入時の諸費用等の全額がリース料の支払によって回収される形式）のファイナンス・リースに関して争われてきた[71]。とくに法53条の適用の可否を巡って議論がされ、リース会社が目的物を所有し、目的物を使用させてその対価としての賃料を得る賃貸借契約類似の契約であると理解して法53条の適用を肯定する説があるのに対し、フルペイアウトのリース契約においては、物件の価値はリース全期間の使用によってユーザー（購入者）によって使い尽くされるものであり、このような経済的実体に着目すれば、リース会社がユーザーに対して購入代金等を融資し、これをリース料支払によって回収するものと見られ、その担保として目的物の所有権又は使用権を留保するものとみることができるとする説がある。使用期間ごとに対応

---

[69] 近時は、販売会社が自動車の所有権を維持して自社に留保し、自動車の登録名義も販売会社が持ちつつ、信販会社はいきなり立替払いをせず、売買代金の代理受領権を持って回収に当たることとし、購入者からの支払について延滞が発生したときに信販会社が残額を立替払いして求償権を生じさせ、法定代位により所有権が信販会社に対抗要件を要せずして移転する、という構成を取る契約書が見られるという。これに対する見解を示す文献として、福田修久「破産手続・民事再生手続における否認権等の諸問題・第1回　所有権留保に基づく自動車引上げがされた場合の否認等について」曹時64巻6号1285頁以下。

[70] 最判平21.3.10（民集63巻3号385頁）。

[71] フルペイアウトではなく、目的物件の価値の一部を残価として残し、リース料による回収の対象としないリース契約や、物件の購入代金額と購入時の諸費用だけでなく、物件の使用期間中の維持管理費用・メンテナンス費用等についても毎月の支払金額の中に含める形式のリース契約（メンテナンスリースなどとも呼ばれる。なお、ファナインス・リース以外のリース契約を、オペレーティング・リースと呼ぶこともある）などの扱いについては、**本書53条の解説6(7)c**を参照されたい。

した賃料を支払うものと理解するのでは、物件を引き上げた後にまで残期間全体の使用料相当のリース料残額全額の支払義務が残ることを説明できないものと思われる。判例[72]は、ファイナンス・リース契約は、「購入代金に金利等の諸経費を加えたものをリース料として回収する制度であり、その実体はユーザーに対する金融上の便宜を付与するものであるから、リース料の支払債務は契約の締結と同時にその全額について発生し、ユーザーに対して月々のリース料の支払という方式による期限の利益を与えるものにすぎず、また、リース物件の使用とリース料の支払とは対価関係に立つものではない」[73]とし、したがって、「ユーザーによるリース物件の使用が不可能になったとしても、これがリース業者の責めに帰すべき事由によるものでないときは、ユーザーにおいて月々のリース料の支払を免れるものではないと解すべきである。」としている。このような観点から、近時は、リース契約は、目的物件の所有権ないしはその利用権限を担保としたリース会社からユーザーに対する与信であると見て、法53条の適用を否定し、倒産手続においては担保権として扱うとする見解が有力である[74、75、76]。

会社更生手続に関する判例[77]においても、フルペイアウト方式による「ファイナンス・リース契約は、リース期間満了時にリース物件に残存価値

---

[72] 最判平5.11.25（金法1395号49頁）。
[73] なお、本文に引用した判決文に関して、金法1395号51頁に掲載の判決文では、「リース料の支払債務は契約の締結と同時にその金額について」と記載されているが、ここに「金額」とあるのは「全額」の誤植である。八木良一「判解」『最高裁判例解説〔民事篇〕平成7年度（上）』415頁注8参照。
[74] 『基本法コンメ』158頁〔金春〕は、この見解を通説とする。
[75] ファイナンス・リースに関する検討については、俣野紘平・桑野寛史「ファイナンス・リース（総論）」「倒産と担保・保証」実務研究会編・前掲注26・597頁、福永有利「ファイナンスリース契約と倒産法」判タ507号4頁、竹下守夫『担保権と民事執行・倒産手続』（有斐閣、1990年）341頁、山本和彦「各種のリース契約」判タ830号239頁、上野保「ファイナンスリースおよびその類似契約と倒産法的再構成」「倒産と担保・保証」実務研究会編・前掲注26・637頁などを参照。
[76] ファイナンス・リースのみならず、各種の形態のリースを含めて、リース契約全般に関する諸問題を網羅的に検討したものとして、小林信明「ファイナンス・リースの倒産手続における取扱い」伊藤眞ほか編・前掲注30・335頁以下、山宮慎一郎・田川淳一・浅沼雅人「リース契約を巡る現状と課題ー法的・私的整理手続におけるリース契約・リース料債権の取扱いを中心に」「現代型契約と倒産法」実務研究会編『現代型契約と倒産法』（商事法務、2015年）187頁以下。
[77] 最判平7.4.14（民集49巻4号1063頁）。

はないものとみて、リース業者がリース物件の取得費その他の投下資本の全額を回収できるようにリース料が算定されているものであって、その実質はユーザーに対して金融上の便宜を付与するものであるから、右リース契約においては、リース料債務は契約の成立と同時にその全額について発生し、リース料の支払が毎月一定額によることと約定されていても、それはユーザーに対して期限の利益を与えるものにすぎず、各月のリース物件の使用と各月のリース料の支払とは対価関係に立つものではない。」とし、会社更生手続開始決定の時点において未払のリース料債権は、期限未到来のものも含めてその全額が会社更生法102条にいう会社更生手続開始前の原因に基づいて生じた財産上の請求権に当たる」として、これを更生債権としている。この判例を受けて、会社更生の実務においては、フルペイアウトのファイナンス・リース契約を、更生担保権と扱うのが一般である。更生手続開始後に弁済期の到来する残リース料は、その期間の使用と対価関係にはないので更生債権になるとしている。

　また、民事再生手続に関する判例においても、リース契約は、リース対象物の価値によって未払リース料や規定損害金の弁済を受けるという担保としての意義を有するとしており[78]、破産手続においても、その契約の実質は別除権と解すべきである。

　なお、リース契約を担保権とする場合、担保対象が物件の所有権なのか、それとも物件の利用権限なのかについては、様々な理解がある。その理解の仕方は、担保権としての実行方法は何かという議論の帰趨にも影響を与え得る。この点は、主として民事再生法の解釈論において、同法31条の担保権の実行手続の中止命令がいつまでできるかに関して争われている[79]。

（伊藤　尚）

---

[78] 最判平20.12.16（民集62巻10号2561頁）は、民事再生事件におけるリース契約の扱いに関して、「ファイナンス・リース契約におけるリース物件は、リース料が支払われない場合には、リース業者においてリース契約を解除してリース物件の返還を求め、その交換価値によって未払リース料や規定損害金の弁済を受けるという担保としての意義を有するものである」とする。なお、この判例は、民事再生手続開始の申立てをしたことを契約解除事由とする特約（いわゆる倒産解除特約）について、民事再生の趣旨目的に反するとして無効と判示している。

第66条　留置権の取扱い

① 破産手続開始の時において破産財団に属する財産につき存する商法又は会社法の規定による留置権は、破産財団に対しては特別の先取特権とみなす。
② 前項の特別の先取特権は、民法その他の法律の規定による他の特別の先取特権に後れる。
③ 第1項に規定するものを除き、破産手続開始の時において破産財団に属する財産につき存する留置権は、破産財団に対してはその効力を失う。

1　本条の趣旨

　留置権は、他人の物の占有者が一定の債権の弁済を受けるまでその物を留置することのできる法定担保権であり、その沿革等から民事留置権（民法295条以下）と商事留置権（商法521条、31条、557条、562条、589条、753条2項、会社法20条）に区分される。成立要件については、民事留置権では目的物と債権との牽連性が必要とされるが、目的物は債務者所有物に限られない。他方、商事留置権では牽連性は必要なく、商人間の商行為によって生じた債権であれば足り、目的物には物のほか有価証券も含まれるが、債務者所有物に限定される。効力としては、いずれも目的物を換価して優先弁済を受ける権利はないが、債権全額の弁済を受けるまで目的物の全部を留置して間接的に弁済を強制でき（留置的効力）、事実上の優先弁済[1]を受けることができる。
　本条は、破産手続開始時に破産財団に属する財産に存在した留置権の取扱いに関する規定であり、商事留置権については特別の先取特権とみなして（本条1項）、別除権として扱うこととした上で、その順位については民法その他の法律の規定による他の特別の先取特権に後れるものとし（本条2項）、

---

[79]　この点に関する文献として、山野目章夫「非典型担保」『破産法大系Ⅱ』198頁、『新注釈民再（上）』154頁〔三森仁〕、小林・前掲注76・348頁など。裁判例として東京地判平15.12.22（金法1705号50頁）。また、最判平20.12.16（民集62巻10号2561頁）における田原睦夫裁判官の補足意見を参照。

他方、民事留置権については破産財団に対しては効力を失うとした（本条3項）。

なお、本条は、旧法93条の規定をそのまま引き継いだ規定であるが、民事留置権の取扱いについては旧法当時から批判があり、現行破産法の立法時にも民事留置権の効力を強化する方向で検討がなされたものの、立法スケジュールの関係で改定が見送られた経緯がある[2]。

2　商事留置権

(1)　特別の先取特権としての扱い

本条1項により、商事留置権は破産財団に対して特別の先取特権とみなされ、破産手続上は別除権として扱われる（法2条9項）。したがって、破産手続によらずに権利を行使することができ（法65条1項）、目的物の競売を申し立てて、売得金から優先弁済を受けることができる。また、約定により留置目的物を処分する権利が与えられている場合には、約定に従って別除権を行使することができる（法185条1項参照）。

(2)　破産管財人の対応

破産管財人は、目的物の価値と被担保債権額との関係や換価可能性、目的物の利用の必要性などを検討し、換価や利用のため目的物の取り戻しを必要とするときは、被担保債権の全部又は一部を弁済して受け戻し（法78条2項14号）[3]、あるいは、商事留置権の消滅請求制度（法192条）を利用するなどの対応を行うことができる。

また、商事留置権者が上記権利を行使しないときは、破産管財人は、約定に基づく処分権[4]については、裁判所に処分すべき期間を定めるよう申し立

1　『理論と実務』329頁〔安永正昭〕。他の債権者が当該目的物に競売手続を申し立てるに当たり、動産については目的物の提出か差押承諾文書の提出が必要となり（民事執行法190条1項）、かつ、留置権者は執行官に対する引渡拒絶ができ（同法124条）、不動産については競売によって留置権が消滅しないため（民事執行法59条4項、188条。引受主義）、いずれも被担保債権の弁済が必要となる。また、国税に対しても優先する（国税徴収法21条1項）。

2　『基本構造』454〜457頁。

3　被担保債権の額が目的物の価額を上回る場合でも、競売による場合には通常の流通価格より低額で競落される場合があるため、実務上の対応としては相当な対価を支払って受け戻すのが一般的である（『はい6民』156頁）。

てることができる（法185条。期間内に処分されないときは処分権が失われる）。なお、破産管財人は民事執行手続により留置目的物を換価する権限を有するが（法184条2項）、留置目的物たる動産を執行官に提出できないため、事実上、申立てを行うことができない。

(3) 留置的効力

a 留置的効力の帰趨

商事留置権が特別の先取特権とみなされる結果、留置的効力がいかなる影響を受けるかについては旧法の時代から争いがある。

この点につき、判例[5]は、破産財団に属する手形の上に存在する商事留置権を有する者は、破産手続開始決定後も手形を留置する権能を有し、破産管財人に対して手形の返還を拒むことができるとしている。

この判例の趣旨、射程範囲[6]も含めて、学説は、商事留置権の留置的効力が存続すると解する説[7]、消滅すると解する説[8]、特別の先取特権を行使する限度で占有権限を有すると解する説[9]等に分かれている。なお、留置的効力の議論の帰趨いかんにかかわらず、商事留置権者と破産財団との間の適切な権利調整を図る方策を用意することが肝要であるとの観点から、破産管財人による商事留置権消滅請求の制度が設けられているが（法192条）、立案担当者は同制度の導入は商事留置権の留置的効力を正面から認めた趣旨ではないとしている[10]。

b 不動産に関する商事留置権

目的物が不動産の場合における商事留置権の成否については、注文者破産の場合に、建物の建築を請け負った請負人が注文者所有の敷地に対して商事

---

4 例えば、旧銀行取引書ひな型4条4項が定める換価方法がこれに該当する（『伊藤』433頁脚注35）。
5 最判平10.7.14（民集52巻5号1261頁）。
6 同判例は手形に関する場合に限定したものと理解すべきであり、商事留置権一般に射程は及ばないとする見解として『倒産判例百選〔第4版〕』107頁〔高橋宏志〕参照。
　なお、同判決後に、留置権の目的物が不動産である場合に留置的効力の消滅を認めた下級審判例がある（東京高決平10.11.27金法1540号61頁）。
7 『伊藤』433頁注35、『大コンメ』288頁〔上原敏夫〕等。
8 『基本法コンメ』160頁〔金春〕、『倒産判例百選〔第5版〕』111頁〔出口雅久〕等。
9 『条解』528頁。
10 『一問一答』271頁。

留置権を主張できるかという問題をめぐって争いとなることが多い。

この点に関する下級審の裁判例は判断が分かれており[11]、最高裁判決はない。学説も多岐にわたっており、大別すると、商事留置権の成立を否定する見解、成立を肯定する見解[12]、成立を肯定した上で敷地の抵当権者との関係については対抗要件の問題として扱うとする見解等に分かれる[13]。否定説が通説的見解であり、実務の一般的取扱いも否定説によることが多いが[14]、その根拠については、商法521条の「物」に不動産は含まれないと解し、あるいは、建物建築請負人は注文者の占有補助者にすぎず、土地について独立した占有を有していないと解するなど、様々である。

敷地について否定説による場合でも、建物についての商事留置権が成立することは争いがないため、実務的な解決としては、破産管財人が敷地の抵当権者、建物建築の請負人との間で調整し、建物と敷地を一括で任意売却するなどの方法により換価価値を高めて売却代金を適切に配分し、代金の一部を破産財団に組み入れるという対応を取ることが多いであろう[15]。

c　手形・小切手に対する商事留置権

銀行が破産者から取立委任のため預かっていた手形や小切手について、破産手続開始決定後に取り立てて、銀行取引約定に基づき当該取立金を破産者の債務に弁済充当する場合に、①取立金に留置権の効力が及ぶか、②銀行取引約定の規定による弁済充当が有効と認められるかが問題となる。

判例[16]は、結論として取立金の弁済充当は有効であると判断しており、また、取立てが破産手続開始決定前であった事案において銀行取引約定に基づく充当を有効とした高裁判決[17]もある。

11　商事留置権の成立を肯定した判例として、新潟地裁長岡支判昭46.11.15（判時681号72頁）、東京高決平6.2.7（金法1438号38頁）、東京高決平10.11.17（判時1666号141頁）等。成立を否定した判例として、東京高決平6.12.19（判タ890号254頁）、東京高決平10.12.11（金法1540号61頁）、東京高決平22.9.9（金法1912号95頁）等。

12　『条解』529頁は、肯定説に立った場合、登記手続を欠くことに関しては、商事留置権者による占有の継続によって公示されているといえるから第三者の利益を侵害するおそれはないとする。

13　学説の状況については、『大コンメ』289頁、植村京子「商事留置権に関する諸問題」『ソリューション』62頁。

14　『破産実務』366頁。

15　『破産実務』366頁、植村・前掲注13・66頁参照。

16　最判平10.7.14（民集52巻5号1261頁）。

なお、この問題については、商事留置権を特別の先取特権とせず、優先弁済効がない留置権のまま別除権として扱う民事再生手続において特に争いがあるが、判例[18]は、取立金を法定の手続によらず債務の弁済に充当できる旨定める銀行取引約定は別除権の行使に付随する合意として有効であるとしている。

d 振替証券に対する商事留置権

有価証券は商事留置権の目的物となるが、証券がペーパーレス化されている場合に関し、ペーパーレス化された投資信託の口座管理機関を兼ねる販売会社に商事留置権が成立するかについては、肯定する見解もあるものの、否定的見解が有力である[19]。

(4) 特別の先取特権の順位

本条2項により、商事留置権は、他の特別の先取特権に後れる。したがって、例えば、留置目的物について、動産保存の先取特権（民法320条）が競合している場合、破産手続開始決定前は被担保債権の弁済を受けるまで目的物を留置できるが、開始決定後は、そのような対応はできないこととなる。

不動産にかかる商事留置権の成否に関して（前記(3)b参照）肯定説に立った場合、当該不動産に設定された抵当権との優劣関係が問題となる。抵当権の設定登記と商事留置権の成立の先後関係により優劣を決すべきとの学説や高裁判決[20]もあるが、商事留置権成立後に抵当権設定登記がされ、その後に不動産売買の先取特権が登記された場合には、優先関係が循環することから、常に抵当権に劣後すると解する見解[21]も有力である。

---

17 東京高判平21.2.24（金法1875号88頁。原審：東京地判平20.7.29金法1855号30頁）、東京高判平24.3.14（金法1943号119頁。再生手続開始後に取り立て、破産手続移行後に弁済充当）。
18 最判平23.12.15（民集65巻9号3511頁）。
19 「倒産と担保・保証」実務研究会『倒産と担保・保証』（商事法務、2014年）410頁〔高山崇彦〕、木村真也「投資信託の販売金融機関による相殺の可否および商事留置権の成否」『ソリューション』78頁等参照。なお、日本銀行金融研究所が設置した「電子的記録に基づく権利を巡る法律問題研究会」による報告書（2015年1月）においても、商事留置権制度の拡大解釈には慎重であるべきとの見解が示された上で、商事留置権の特則についての立法化が提言されている。
20 東京高決平10.11.27（金法1540号61頁）。
21 山本和彦「破産と手形商事留置権の効力」金法1535号9頁、『条解』530頁。

3 民事留置権

(1) 民事留置権の消滅

　本条3項により、民事留置権は破産財団に対しては効力を失い、消滅する[22]。

　したがって、破産財団に属する財産について民事留置権しか有さない者は、目的物を留置する権限を失うため、破産管財人に引き渡す必要がある。

　もっとも、民事留置権の原因が双方未履行双務契約に基づく場合、破産管財人が履行を選択すれば、同時履行の抗弁権を行使して引渡しを拒むことができ、破産管財人が解除を選択したときに、相手方が不当利得返還請求権を有する場合には、やはり同時履行の抗弁権を行使して、原状回復義務の履行を受けるまで目的物の引渡しを拒むことができるが、これは民事留置権の効力によるものではない。また、民事留置権者が同時に特別の先取特権を有する場合には別除権者として権利行使することができる。

(2) 財団債権を被担保債権とする民事留置権

　財団債権を被担保債権とする民事留置権が破産手続開始時に存在する場合、本条3項の適用により留置権が失効するかについては争いがある。被担保債権が財団債権であっても消滅するとする見解[23]が有力であるが、随時弁済を受ける財団債権を被担保債権とする場合も留置的効力による間接的な弁済促進効が機能するとの理由から、法152条1項ただし書を根拠に消滅しないとする見解[24]もある。

　なお、破産手続開始後に新たに生じた財団債権について民事留置権が生じた場合は、本条の適用対象外であり、留置権の効力は妨げられない（法152条1項ただし書参照）。

---

[22] 民事留置権による競売手続（民事執行法195条）は、中止命令や包括的禁止命令の対象となり（法24条1項1号、25条1項・3項）、破産手続開始決定により効力を失う（法42条）。
[23] 『条解』531頁、『基本法コンメ』161頁〔金春〕。
[24] 小林秀之・沖野眞已『わかりやすい新破産法』（弘文堂、2005年）150頁、『大コンメ』290頁〔上原敏夫〕。

4 破産手続終了時の扱い

(1) 商事留置権

本条1項により商事留置権が特別の先取特権とみなされるのは、あくまでも破産財団との関係においてであるから、商事留置権者が目的物の換価を終えることなく破産手続が終了した場合には、特別の先取特権としての権能は失われ、元の商事留置権に戻ることとなる。この場合、破産手続中に特別の先取特権に基づいて申し立てた競売手続の扱いが問題となるが、競売を申し立てた商事留置権者の意思を尊重すれば、当該競売手続は形式競売に基づくものとして継続することができると解される[25]。

(2) 民事留置権

本条3項による民事留置権の消滅は、破産財団との関係においてであるから、破産手続開始決定後、民事留置権者が目的物を破産管財人に引き渡さず、占有を喪失しないまま破産手続が終了した場合には、当該留置権は効力を有することとなろう。

(島田敏雄)

第5款 相 殺 権

第67条 相殺権

① 破産債権者は、破産手続開始の時において破産者に対して債務を負担するときは、破産手続によらないで、相殺をすることができる。
② 破産債権者の有する債権が破産手続開始の時において期限付若しくは解除条件付であるとき、又は第103条第2項第1号に掲げるものであるときでも、破産債権者が前項の規定により相殺をすることを妨げない。破産債権者の負担する債務が期限付若しくは条件付であるとき、又は将来の請求権に関するものであるときも、同様とする。

---

25 『条解』530頁。なお、形式競売では一般に配当加入はできないとされていることから、既に配当加入を申し立てている債権者の処遇が問題になるとの指摘もなされている。

1　本条の趣旨

(1)　相殺権の意義

　相殺権とは、2人が互いに相手方に対して同種の目的を有する債務を負担し、双方の債務が弁済期にある場合に、債務者の一方が相手方に対して相殺の意思表示をすることにより対当額でその債務を免れる権能をいう（民法505条1項本文）[1]。

　相殺は、簡易決済機能を有する[2]。これは、2人が互いに相手方に債務を負担する場合に、それぞれが相手方に対して債務を弁済するよりも、1回の相殺で互いの債権を消滅させる方が金銭の授受の手間や時間を省略することができ、簡易に決済を図ることができるという機能を意味する。

　また、相殺は、公平保持機能[3]を有する。一方当事者（A）が相手方（B）に対して債務を履行したにもかかわらず、BがAに対して債務を履行しない、又は資力不足で債務を履行できない場合は、相手方（B）のみが債権の満足を受けることとなり当事者間で不公平が生ずる。公平保持機能とは、相殺した場合には、当事者双方が債権の満足を受けられることになり、当事者間の公平を図ることができるという機能を意味する。

　さらに、相殺は、担保的機能を有する[4]。相手方に対して相殺の対象となる債権（自働債権）を有する者は、相手方が無資力でも互いの債権が重なり合う対当額の限度で他の債権者に優先して債権を回収することが可能となる。担保的機能とは、このように相手方の無資力の危険から債権者を保護し、債権の確実な回収を図るという機能を意味する。

(2)　相殺権と破産手続

　相殺の一方当事者（A）にとって相手方（B）の無資力が最も顕著となるのは相手方が破産手続開始決定（法30条1項）を受けた場合である。この場合にAのBに対する相殺権の行使を認めないとすれば、AはBの破産管財人に

1　『伊藤』460頁。
2　潮見佳男『債権総論〔第4版〕』（信山社、2012年）419頁、中田裕康『債権総論〔第3版〕』（岩波書店、2013年）378頁。
3　潮見・前掲注2・419頁、中田・前掲注2・379頁。
4　潮見・前掲注2・419頁、中田・前掲注2・379頁。

対して受働債権を全額履行する義務を負うにもかかわらず、自働債権については配当手続（法193条以下）に従った割合的満足を受けられるにとどまり、相殺の担保的機能が損なわれることになる。

そこで、破産法は、破産債権者の相殺への期待を保護するため、破産債権者が破産手続開始の時において破産者に対して債務を負担するときは、破産手続によらないで相殺をすることができると定め（本条1項）、当該破産債権者が相殺権の行使により他の破産債権者に優先して自働債権の回収を図ることを認めた。相殺権は破産債権の個別的行使を禁じた法100条1項の例外であり[5]、破産手続によらずに権利を行使できるという点で別除権（法65条1項）に類似する[6]。

2 相殺権の拡張

(1) 意　義

本条1項及び民法505条1項によれば、破産手続開始決定後に破産債権者が相殺権を行使する場合は、破産手続開始決定時に両債権が相殺適状になければならないとも考えられる。

しかし、本条2項はこれを緩和し、相殺権を拡張することにより破産債権者の相殺に対する期待を保護している。以下では、自働債権と受働債権のそれぞれについて、相殺権の拡張に関する規定を説明する。

(2) 自働債権に関する規律

破産手続では自働債権である破産債権については破産手続開始決定により期限未到来の債権でも現在化（法103条3項）がなされ、非金銭債権もその金銭化（法103条2項1号）がなされる。そこで、破産法は、破産手続中に破産債権者が相殺権を行使する場面においても、期限付債権や非金銭債権等を自働債権とすることを認め、自働債権の範囲を拡張することを認める（本条2項前段）。具体的には、以下の通りとなる。

a 期限付債権

破産債権が破産手続開始時に期限未到来の債権である場合でも、破産手続

---

5 『倒産法概説』249頁〔沖野眞已〕。
6 『条解』532頁、『大コンメ』291頁〔山本克己〕。

開始時に弁済期が到来したものとみなされる（現在化。法103条3項）。この規定を前提に、破産債権者は、期限の到来を待たずに期限付きの破産債権を自働債権として相殺することができる（本条2項前段）。ただし、相殺することができる自働債権の額については一定の制限があり、自働債権が無利息債権又は定期金債権である場合には、中間利息相当額を控除した額についてのみ相殺することができる（法68条2項）。この趣旨は、劣後的破産債権は元々一般の破産債権に後れるものである以上、相殺による優先的満足を与えるべきではないという点にある[7]。

b 解除条件付債権

破産債権が破産手続開始時に解除条件付きである場合、破産債権者はその全額を自働債権として相殺することができる（本条2項前段）。

解除条件付債権は既に発生している債権であり、当該債権を自働債権として相殺することは民法上も認められているため、本条2項前段は解除条件付債権との関係では相殺の要件を緩和したものではなく、確認的意義を有するにとどまる[8]。なお、破産債権者が解除条件付債権を自働債権として相殺権を行使した後、最後配当に関する除斥期間の満了前に解除条件が成就した場合は当該債権（自働債権）は消滅し、破産債権者は破産管財人に対して受働債権に係る自己の債務を現実に履行することが必要となるため、かかる履行を確保するための手段として、担保提供又は寄託の制度が設けられている（法69条）。

c 非金銭債権・金額不確定の金銭債権・外国通貨債権・金額又は存続期間の不確定な定期金債権

破産債権者が、(i)金銭の支払を目的としない債権（非金銭債権。法103条2項1号イ）、(ii)金額が不確定な金銭債権（同号ロ）、(iii)外国の通貨をもって定めた金銭債権（同号ロ）、(iv)金額又は存続期間が不確定な定期金債権（同号ハ）を自働債権として平時において相殺を主張する場合、以下の点が問題となる[9]。まず、上記(ii)(iv)は金額又は存続期間が不確定であることから対当額を観念できず、平時においては当該債権を自働債権とする相殺は認められない

---

7 『伊藤』466頁。
8 『伊藤』466頁、『条解』538頁、『大コンメ』292頁〔山本克己〕。
9 『条解』538頁。

と解される。また、上記(ⅰ)(ⅲ)は受働債権がこれらと同種の目的を有する債権でない限り、平時においては相殺できないこととなる（民法505条1項）。なお、「同種の目的」とは、給付の内容が同種であることをいう[10]。

　しかし、破産手続では、これらの債権は破産手続開始時点における評価額をもって確定額の金銭債権となる（金銭化。法103条2項1号）ため、破産債権者が破産管財人に対して、これらの債権を自働債権とし、破産財団に属する債権を受働債権として相殺権を行使することが認められる（本条2項前段）[11]。この場合に相殺に供し得る破産債権の額は、破産手続開始時の評価額である（法68条1項、103条2項1号）。

d　劣後的破産債権

　法68条2項は、法99条1項2号から4号の劣後的破産債権は自働債権となりえない旨を定める。また、明文の規定はないが法99条1項1号の劣後的破産債権及び同条2項の約定劣後破産債権も一般破産債権に劣後すべきであるという性質から、相殺による優先的な回収を認めるべきではなく、自働債権となりえないという見解がある[12]。

e　停止条件付債権・将来の請求権

　停止条件付債権とは、当該条件が成就することによって確定的に発生する債権をいう（民法127条1項）。また、将来の請求権とは、法定の停止条件が付された債権をいう。停止条件付債権は、条件が成就しない間は未だ債権が確定的に発生せず、将来の請求権も現実化しない限り確定的に発生しないため、相殺の自働債権とすることはできない（民法505条1項本文、本条1項参照）。ただし、破産債権者は停止条件が未成就又は将来の請求権が現実化しない時点で破産管財人から受働債権の履行を求められた場合には、破産債権

10　潮見・前掲注2・424頁。
11　『条解』540頁は、非金銭債権等を自働債権とする相殺を認める本条2項前段の規律については、「破産債権の金銭化の目的は破産手続内で金銭による配当を可能にすることに尽き、それを超えて非金銭債権を有する債権者に相殺による優先回収を認めるのは他の破産債権者との関係で不当である。また、自働債権が期限未到来の金銭債権である場合にはいずれ期限の到来により相殺できるようになるという点でかりに相殺への期待を認めるとしても、自働債権が非金銭債権の場合には、金銭債権である債権を受働債権とする相殺をする合理的期待がおよそ生ずることはない」という批判がなされると指摘する。
12　『条解』539頁。

者は破産管財人に対して、後日の相殺権の行使に備えて破産債権額の限度で弁済額の寄託を求めることができる（法70条前段）。

(3) 受働債権に関する規律

受働債権である破産財団所属の債権は、自働債権である破産債権の場合（本条2項前段）とは異なり金銭化（法103条2項1号）されないため、相殺をするためには自働債権と同種の目的を有することが必要となる（民法505条1項本文）。

これに対して、本条2項後段は受働債権の現在化について、破産債権者が期限付債権、条件付債権又は将来の請求権を受働債権として相殺権を行使することを認めている。この趣旨は、破産債権者が受働債権につき期限の利益、解除条件成就又は停止条件不成就の機会を放棄して相殺権を行使することを認めた点にある。具体的には、以下の通りとなる。

a 期限付債権

破産債権者は、破産手続開始時に受働債権の期限が未到来である場合でも期限の利益を放棄して相殺権を行使することができる（本条2項後段）。もっとも、民法上も債務者が期限の利益を放棄することは認められるため（民法136条2項）、本条2項後段の有無にかかわらず破産債権者が受働債権に係る債務の期限の利益を放棄して相殺することは認められる。したがって、本条2項後段は期限付債権との関係では相殺の要件を緩和するものではなく、確認的意義を有するにとどまる[13]。

b 停止条件付債権

破産債権者は、受働債権（破産者の破産債権者に対する債権）が停止条件付債権である場合、停止条件不成就の機会を放棄して相殺権を行使することができる（本条2項後段）[14]。

---

13 『条解』539頁、『大コンメ』293頁〔山本克己〕。
14 「〈パネルディスカッション〉倒産と相殺」債管136号34頁〔中本敏嗣発言〕は、本条2項後段と法71条の関係について、「67条2項後段は、71条1項後段の特別規定、破産法の規律からすれば、本来は相殺禁止とすべきところ、停止条件付き債権の場合に相殺を許容したものとみることができます。もっとも、停止条件付債権であるときは、債務の発生原因が破産手続開始前に存在することから、破産法67条2項後段は、相殺の担保的機能に対する期待を保護しようとする規定であり、71条2項の『前に生じた原因』も同様の趣旨からの規定であるという共通点があります。」と指摘する。

また、受働債権が停止条件付債権である場合、破産債権者は直ちに相殺を行わず、破産手続中に停止条件が成就するのを待って相殺権を行使することも可能であると解される。破産手続では、民事再生手続（民事再生法92条1項）や会社更生手続（会社更生法48条1項）とは異なり、相殺権行使の期間に制限を設けていないためである。ただし、破産債権者が破産手続中に受働債権につき停止条件が成就するのを待って相殺権を行使する場合、破産手続開始後に受働債権が確定するため、破産手続開始後に負担する債務を受働債権とする相殺禁止（法71条1項1号）に抵触するかが問題となる。また、破産手続開始後に期限付債権の期限が到来する場合も同様に相殺禁止（法71条1項1号）に抵触するかが問題となる（**本書71条の解説3(1)**参照）。

判例は、「破産債権者は、その債務が破産宣告の時において期限付である場合には、特段の事情がない限り、期限の利益を放棄したときだけでなく、破産宣告後にその期限が到来したときにも、法99条後段（現行法本条2項後段に対応）の規定により、その債務に対応する債権を受働債権とし、破産債権を自働債権として相殺をすることができる。また、その債務が破産宣告の時において停止条件付である場合には、停止条件不成就の利益を放棄したときだけでなく、破産宣告後に停止条件が成就したときにも、同様に相殺をすることができる」として、受働債権（破産者の破産債権者に対する債権）が停止条件付債権である場合に、破産債権者が破産手続中に条件が成就するのを待って、破産債権を自働債権とし、当該停止条件付債権を受働債権として相殺権を行使することは特段の事情がない限り相殺禁止に抵触しない旨を判示する[15]。

c 解除条件付債権

破産手続開始時に解除条件付債務を負担する破産債権者は、条件成就の機会を放棄して相殺権を行使できる（本条2項後段）。なぜなら、受働債権である解除条件付債権は破産手続開始時に既に発生しているためである。その後に解除条件が成就した場合も、遡って破産債権が復活するわけではなく、破産債権の行使は認められない。また、解除条件不成就の確定を待って破産債権者が相殺権を行使することも破産手続開始時に受働債権である解除条件付

---

[15] 最判平17.1.17（民集59巻1号1頁）。

債権が存在する以上、相殺禁止（法71条1項1号）の対象とはならない。

3　相殺権の行使

相殺権は、破産手続によらずに随時の意思表示により行使することができる。通説的見解は、破産手続によることを要しないという意味を破産債権者は自働債権である破産債権について届出・調査・確定という一連の手続（法111条1項、115条以下）を経ることを要しないことを意味すると解している。この見解によれば、破産管財人が相殺の効力を争う場合には破産管財人の側から受働債権の履行を求めて破産債権者に対して給付訴訟を提起し、破産債権者は相殺の抗弁を主張して自働債権の存在及び内容を主張立証することになる[16]。

相殺の意思表示は、受働債権について管理処分権を有する破産管財人に対してなされる。相殺の効力は、相殺の意思表示が破産管財人に到達した時点で生じる。相殺権の行使時期について制限はなく、破産債権者は破産手続が終了するまではいつでも相殺権を行使できる。ただし、管財業務の遅延を防止するため、破産管財人の破産債権者に対する催告権を認めている（法73条）。

4　相殺権の濫用

破産債権者による相殺権の行使が法71条、72条の相殺禁止に抵触しない場合でも、権利濫用と認められる場合には相殺権の濫用として無効とすべき場合があるとする議論が存在する（相殺権濫用論）[17]。これは約束手形の振出人が破産する場合におけるいわゆる同行相殺を念頭に置いた議論である。同行相殺とは、甲銀行A支店に銀行口座を有する乙が破産手続開始決定を受けた後、甲の乙に対する債権を自働債権とし、乙の預金債権を受働債権とする相

---

[16] 『伊藤』497頁、『大コンメ』295頁〔山本克己〕。これに対して、自働債権が破産債権であるという点を重視して、それが届出を経て確定しない限り相殺の効力は生じないとする見解がある（『条解』536頁）。この見解によれば、破産管財人が自働債権である破産債権の存在又は額を争う場合には、債権確定訴訟の起訴責任を破産債権者の側が負うことになる。『条解』537頁は、「別除権そのものについては届出が不要であることとの均衡から、通説が妥当であろう」と指摘する。

[17] 『条解』296頁。

殺をしてもなお乙の預金に余裕がある場合において、乙振出しの手形を所持する丙がその手形を同じく甲銀行の支店であるB支店で割り引いていたときに、甲銀行が丙に対して手形の買戻しを請求することが可能であるにもかかわらず、丙を保護するために当該請求をせずに甲銀行が当該手形債権を自働債権とし、乙の預金債権を受働債権として相殺権を行使することをいう。

甲丙間の手形割引が危機時期（支払停止後など）になされていれば、危機時期における破産債権の取得として相殺禁止（法72条1項2号～4号）の適用となる可能性がある。学説上は、手形の割引が危機時期以前の場合でも、上記のような同行相殺は、乙の破産による丙の損失を乙の一般債権者に転嫁するものであって、相殺権の濫用であり無効であると主張されている。判例は、買戻請求権を行使するか振出人に対する手形上の権利を行使するかは銀行の自由な選択に委ねられるとして、かかる相殺を有効とし、相殺権濫用論を否定する[18]。

5 相殺権の規律（法67条～73条）の適用範囲

本条から法73条までは、破産債権を自働債権とし、破産財団所属の債権を受働債権として、破産債権者が相殺権を行使する場面を規律する。かかる場合以外の相殺の可否は、自働債権と受働債権の性質に従って判断すべきこととなる[19]。具体的には、以下の通りとなる。

(1) 破産財団所属の債権を自働債権、破産債権を受働債権とする破産管財人からの相殺

旧法の下では、破産財団所属の債権を自働債権、破産債権を受働債権とする債権の対立が存在する場合に、破産管財人の側からの破産債権者に対する相殺が認められるかという点について争いがあった[20]。

現行破産法は、破産財団所属の債権と破産債権との相殺が破産債権者一般の利益に適合するときに破産管財人が相殺できることを認め、この場合の手

18　最判昭53.5.2（金法861号31頁）。
19　『伊藤』462頁、『条解』533頁。
20　『一問一答』150頁は、旧法の下では、破産管財人からの相殺を認めると、破産管財人が特定の債権者に対して破産手続外で任意に弁済したのと同様の結果を招き、破産債権者間の平等を害することになるとして、これを否定する見解が有力であったと指摘する。

続的な要件として裁判所の許可を要することとした（法102条）。また、破産管財人から破産債権者に対して相殺権を行使するかどうかの確答を催告することを認め、確答なき場合は相殺の効力を対抗できないとする破産管財人の催告による失権の制度（法73条）を新設した。これによって、破産債権者の相殺権の行使・不行使を早期に確定することを可能とし、破産管財人の管財事務遂行の円滑化を図っている。

この点に関連して、破産者とともに連帯債務を負う者や破産者の保証人が民法436条2項あるいは民法457条2項に基づいて破産財団所属の債権を自働債権、破産債権を受働債権として相殺することが認められるかが議論されている[21]。物上保証人の相殺を肯定した裁判例[22]が存在する一方で、これを否定する見解は保証人による民法457条2項に基づく相殺は主債務者自身が相殺権を行使できることを前提とするものであり、破産者たる主債務者が相殺権の行使権限を失っている以上、保証人の相殺権行使を否定すべきとする[23]。

(2) 非破産債権と自由財産所属の債権との相殺

非破産債権とは、破産債権及び財団債権のいずれにも該当しない債権、すなわち破産手続開始後に発生した破産者に対する債権をいう。非破産債権と自由財産所属の債権はいずれも破産手続とは無関係であるため、破産者に対して非破産債権を有する者は、民法の一般原則（民法505条1項本文）により、非破産債権を自働債権とし、自由財産所属の債権を受働債権として相殺することができる。

(3) 非破産債権と破産財団所属の債権との相殺

破産手続開始後に破産者に対して発生する非破産債権は、破産手続外で破産者自身に対して行使すべきものであり、破産財団から満足を受ける資格を認められない。したがって、当事者間に債権の対立がない（民法505条1項本文参照）ため、破産管財人及び債権者のいずれからも非破産債権と破産財団所属の債権を相殺することは認められない。

---

21 『条解』534頁、『大コンメ』296頁〔山本克己〕。
22 大阪高判昭56.6.23（金法986号58頁）。
23 『伊藤』463頁注99。『条解』534頁は、この趣旨は民法436条2項（連帯債務者の場合）にも妥当すると指摘する。

(4) 破産債権と自由財産所属の債権との相殺

　破産債権者から破産債権を自働債権とし、自由財産所属の債権を受働債権とする相殺は、破産手続によらない破産債権者の権利行使（法100条1項）を認めることになるため、かかる相殺は認められない。

　これに対して、破産者本人が自由財産によって破産債権者に対して任意に破産債権を弁済することは認められることから、破産者本人は原則として自由財産所属の債権を自働債権とし、破産債権を受働債権として相殺することができる。ただし、判例は、地方公務員共済組合の組合員の破産手続中にその自由財産である退職手当の中から地方公務員等共済組合法115条2項所定の方法により組合員の組合に対する貸付金債務についてされた弁済が組合員による任意の弁済であるかが争われた事案で、「自由財産は本来破産者の経済的更生と生活保障のために用いられるものであり、破産者は破産手続中に自由財産から破産債権に対する弁済を強制されるものではないことからすると、破産者がした弁済が任意の弁済に当たるか否かは厳格に解すべきであり、少しでも強制的な要素を伴う場合には任意の弁済に当たるということはできない」と判示する[24]。そこで、破産者本人が上記の相殺をする場合、破産者が真に任意に相殺をした場合にのみ相殺は有効になると解される[25]。

(5) 財団債権と破産財団所属の債権との相殺

　通説は、財団債権が破産手続によらないで弁済を受ける権利（法2条7項）である点を重視して、財団債権者又は、破産管財人のいずれの側からでも民法の一般原則（民法505条1項本文）に従い、財団債権と破産財団所属の債権を相殺することができるとする（**本書第5章前注3(1)**参照）。

　財団債権者による強制執行が禁止されていることとの関係から（法42条1項、2項）、財団債権者からの相殺の可否について議論されている。この点について、「強制執行とは異なって、相殺は、一種の担保的利益の実現であり、かつ、破産債権に基づく相殺も許されていることを考えれば（法67条1項）、財団債権にもとづく相殺を認めるべきである」という見解[26]、「このような相殺は、財団債権に付された担保権の実行と考えることができるから、

24　最判平18.1.23（民集60巻1号228頁）。
25　『条解』535頁。
26　『伊藤』464頁。

152条1項ただし書の類推適用により適法と解する」という見解[27]がある。

(6) 財団債権と自由財産所属の債権との相殺

　破産者本人は財団債権について自由財産をもって責任を負わないとの立場によれば、破産者が財団債権者に対して債権を有する場合でも財団債権者と破産者との間に債権債務の対立はなく、財団債権者の側から相殺することは認められないと解される[28]。他方で、破産手続開始前に発生した労働債権（法149条）や租税債権（法148条1項3号）に基づく財団債権について破産者本人の自由財産上の責任を肯定し、相殺が認められる可能性があるとする見解がある[29]。

　これに対して、破産者の側からの相殺は、破産財団の利益のためにする第三者の弁済（民法474条1項本文）に準じるものとして、破産者本人が自由財産所属の債権を自働債権とし、財団債権を受働債権として相殺権を行使することは認められると解されている[30]。ただし、上記**(4)**との均衡から、破産者が真に任意に相殺をした場合にのみかかる相殺は有効と解するべきであるとする見解が主張されている（**本書第5章前注3(1)参照**）[31]。

（岡　伸浩）

第68条　相殺に供することができる破産債権の額

① 　破産債権者が前条の規定により相殺をする場合の破産債権の額は、第103条第2項各号に掲げる債権の区分に応じ、それぞれ当該各号に定める額とする。

② 　前項の規定にかかわらず、破産債権者の有する債権が無利息債権又は定期金債権であるときは、その破産債権者は、その債権の債権額から第99条第1項第2号から第4号までに掲げる部分の額を控除した額の限度においてのみ、相殺をすることができる。

27　『条解』534頁。
28　『伊藤』464頁。
29　『概説』267頁。
30　『伊藤』465頁。
31　『条解』535頁。

1　本条の趣旨

　破産法は、相殺の要件を緩和し、破産債権者は期限付債権、非金銭債権等を自働債権として相殺することができる旨を規定し、民法とは異なる特別な規定を設けて相殺権の拡張を図っている（法67条2項前段）。もっとも、破産債権者が相殺権を行使する場面で、自働債権として相殺に供し得る額を当該債権の額面額等とした場合には妥当性を欠く場合があることから、本条は自働債権として相殺に供することができる破産債権の額を定めている。

2　相殺に供することができる破産債権の額

　破産債権者は、法103条2項1号に規定する非金銭債権（同号イ）や金額が不確定な債権（同号ロ）等について、破産手続開始時における評価額をもって自働債権として相殺することができる（本条1項、103条2項1号）。この趣旨は、これらの債権は破産手続開始の効果として破産手続開始時における評価額が破産債権の額とされるため（債権の金銭化。法103条2項1号）、当該評価額をもって相殺することができるとした点にある。
　それ以外の債権（金額が確定している金銭債権）は破産手続開始により全額が破産債権となるため、破産債権者は、その全額をもって自働債権として相殺することができる（本条1項、103条2項2号）。

3　劣後的破産債権部分の控除

　本条1項の規定にかかわらず、破産債権者の有する債権が無利息債権又は定期金債権である場合、破産債権者は、その債権の債権額から法99条1項2号から4号までに掲げる部分の額を控除した額の限度においてのみ相殺することができる（本条2項）。
　破産手続開始後の法定利息相当額は劣後的破産債権となるところ（法99条1項2号から4号）、実際の破産事件で劣後的破産債権について配当が実現することは稀であり、現実には配当を受けられないことが多い。そこで、期限未到来の無利息債権又は定期金債権である破産債権を自働債権として相殺する場合は法99条1項により劣後的破産債権となる部分を控除した額の限度においてのみ相殺することができることとして、劣後的破産債権となる破産債

権について、相殺による優先的な満足を得ることを認めないこととした[1]。

4 利息付債権

　利息付債権である破産債権を自働債権として相殺する場合に相殺に供することができる債権額の範囲について、本条は規定していない。この場合、破産債権者は、利息付債権は元本額と破産手続開始の前日までの利息を自働債権として相殺することができるが、破産手続開始後の利息は自働債権から控除されると解される。これは、理論的には相殺権が行使されると自働債権消滅の効果は破産手続開始に遡って生じるため、破産手続開始後に利息の発生する余地がないこと、実質的には破産手続開始後の利息は劣後的破産債権となるため（法99条1項1号、97条1号）、劣後的破産債権の相殺適格を否定する本条2項の趣旨から、破産手続開始後の利息を自働債権とする相殺を認めるのは妥当ではないことを根拠とする[2]。

（岡　伸浩）

第69条　解除条件付債権を有する者による相殺

　解除条件付債権を有する者が相殺をするときは、その相殺によって消滅する債務の額について、破産財団のために、担保を供し、又は寄託をしなければならない。

---

[1] 『条解』543頁。なお、民法の一部を改正する法律案では法定利率を変動制としたことに伴い、法定利率控除に使用する利率をいつを基準とするかを定める必要が生じた。そこで、民法の一部を改正する法律の施行に伴う関係法律の整備等に関する法律案41条では、破産法99条1項2号中「法定利息」を「破産手続開始の時における法定利息による利息」に改め、同項4号中「額が」の下に「破産手続開始の時における」を加える改正を行っている。

[2] 大阪地判昭56.2.12（判タ452号140頁）。『伊藤』466頁、『条解』543頁、『大コンメ』300頁〔山本克己〕。

1　本条の趣旨

　解除条件付債権を有する破産債権者は、当該解除条件付債権を自働債権とし、破産財団所属の債権を受働債権として相殺をすることができる（法67条2項前段）。もっとも、破産手続中に解除条件が成就した場合は自働債権である解除条件付債権が消滅するため（民法127条2項）、破産債権者は相殺による受働債権の消滅を主張できなくなることから、破産管財人に対して受働債権に係る自己の債務を現実に履行しなければならないこととなる。

　そこで、本条は、破産手続中に解除条件付債権の解除条件が成就した場合に、当該解除条件付債権を有する破産債権者の債務の履行を確保する趣旨から、解除条件付債権を有する破産債権者が相殺をする場合に破産財団のために担保の提供又は寄託を要求する。

2　担保の提供・寄託

　担保の提供について、担保の額、提供すべき目的物は法定されていない。担保の額は、「相殺によって消滅する債務の額」を基準として、担保の換価額がそれに相当するものであることを要すると解される。また、担保として提供すべき目的物は、寄託が金銭を目的とするものである（法201条3項）ことから、原則として金銭以外のもの（換価の容易な有価証券等）であることを要すると解される[1]。

　寄託とは、解除条件が最後配当の除斥期間の満了時点までに成就しない場合には、寄託に係る金銭を相殺権を行使した破産債権者に支払い（法201条3項）、当該時点までに条件が成就した場合には破産債権者全員への配当の原資とするという趣旨で、破産管財人又はこれと同視すべき第三者[2]に金銭を交付することをいう[3]。

---

[1] 『基本コンメ』166頁〔佐藤鉄男〕。『条解』545頁は、担保の提供の適切性について、「相殺の意思表示を受領した破産管財人が判断し、不足があると考えれば追加の担保を求めるべきであり、さらに相殺の効力が争われたときに裁判所が事後的に判断することになる。不足があると判断すれば、破産管財人からの履行請求を認容することになる」と指摘する。

[2] 『条解』545頁は、破産管財人と同視すべき第三者として、「たとえば信託銀行等に破産管財人を受益者として信託を設定することもありえよう」と指摘する。

3　解除条件の成就との関係

　自働債権である破産債権の解除条件が最後配当の除斥期間の満了時点までに成就した場合、破産債権者は自己の債務（受働債権である破産財団帰属の債権に係る債務）を任意に履行することができ、この場合には破産管財人は当該破産債権者に対して担保の目的物又は寄託された金銭を返還することとなる。

　これに対して、自働債権である破産債権の解除条件が最後配当の除斥期間の満了時点までに成就し、破産債権者が自己の債務を任意に履行しない場合には、破産管財人は担保の目的物又は寄託された金銭を破産財団に帰属させることができ、受働債権である破産財団帰属の債権に係る債務の履行を確保することができる。

　当該時点までに解除条件が成就しなかった場合には、担保は効力を失い、寄託は無効となるため、破産管財人は破産債権者に対して担保の目的物や寄託された金銭を返還することになる（法201条3項）。

（岡　伸浩）

第70条　停止条件付債権等を有する者による寄託の請求

> 　停止条件付債権又は将来の請求権を有する者は、破産者に対する債務を弁済する場合には、後に相殺をするため、その債権額の限度において弁済額の寄託を請求することができる。敷金の返還請求権を有する者が破産者に対する賃料債務を弁済する場合も、同様とする。

1　本条の趣旨

　破産財団に対して債務を負う者が破産債権である停止条件付債権を有する

3　『条解』545頁。同書は、破産債権者から破産管財人に対して寄託の趣旨で金銭が交付された場合には、破産管財人は破産財団と分別して適宜の方法で当該金銭を管理すべきこととなる旨を指摘する。

場合、当該債権は未だ確定的に発生していないため（民法127条1項）、この者は当該債権を自働債権として相殺することはできない。将来の請求権も現実化するまでは同様である。したがって、停止条件付債権又は将来の請求権（以下「停止条件付債権等」という）を有する破産債権者は、当該債権を自働債権とし、破産財団に属する債権を受働債権として相殺することはできず、破産管財人に対して現実に債務を履行しなければならない。

もっとも、最後配当に関する除斥期間が満了するまでの間に停止条件付債権の停止条件が成就したり将来の請求権が現実化したりした場合には、破産債権者は当該債権を自働債権とする相殺が可能となるため、かかる相殺への期待を全面的に否定することは妥当でない。そこで、本条前段は、停止条件付債権等が確定的に発生していない場合には当該債権を自働債権として相殺することはできないことを前提として、破産債権者の相殺に対する期待を保護するために、その債権額の限度で弁済額の寄託を請求できることを認めた（本条前段）[1]。

また、敷金の返還請求権を有する者（賃借人）が破産者に対する賃料債務を弁済する場合、破産管財人に対して弁済額の寄託を求めることができる（本条後段）。

この趣旨は、賃借人保護の観点から、破産手続開始後も賃貸借契約が継続し、敷金返還請求権を有する賃借人が破産者に対する賃料債務を弁済する場合に、賃借人に破産管財人に対する弁済額の寄託請求を認めて、敷金返還請求権を現実に行使できるようになったときに賃借人が寄託金相当額を優先的に回収することを認めた点にある。

2　停止条件付債権・将来の請求権を有する者による寄託請求

停止条件付債権又は将来の請求権を有する者は、破産者に対する債務を弁済する場合には、後に相殺をするため、その債権額の限度において弁済額の寄託を請求することができる（本条前段）。

寄託請求とは、最後配当に関する除斥期間の満了時点までに停止条件が成就し又は将来の請求権が現実に発生しない場合には、寄託金は破産財団に確

---

[1]　『大コンメ』303頁〔山本克己〕。

定的に帰属して総破産債権者に対する配当原資となり、他方で当該時点までに停止条件が成就し又は将来の請求権が現実に発生した場合には、相殺によって無効になった弁済に相当する額の寄託金を当該破産債権者に返還するという趣旨で、破産管財人又はこれと同視すべき第三者に金銭を支払い分別管理を求めることをいう[2]。

最後配当に関する除斥期間の満了時点までに停止条件付債権の停止条件が成就したり将来の請求権が現実化した場合、停止条件付債権等を有する破産債権者は、現実化した停止条件付債権等を自働債権とし、破産財団所属の債権を受働債権として相殺権を行使することができる。かかる場合には、破産債権者の破産財団に対する弁済は遡及的に無効となり、寄託額は当該破産債権者に返還される[3]。

最後配当に関する除斥期間の満了時点までに停止条件が成就せず又は将来の請求権が現実に発生しない場合には、寄託金は破産財団に確定的に帰属し、総破産債権者に対する配当原資となる（法201条2項）。

3　敷金返還請求権を有する者による寄託請求

賃貸人が破産した場合において、賃貸人に対して敷金を差し入れた賃借人が賃料債務を弁済する場合は、破産管財人に対して弁済された賃料について寄託を請求できる（本条後段）。

寄託請求は、差し入れた敷金の限度ですることができる[4]。最後配当に関する除斥期間の満了時点までに、賃貸借契約が終了し賃貸目的物が明け渡されて敷金返還請求権が確定した場合には、破産管財人に対する賃料債務の弁済は確定した敷金返還請求権の限度で無効となり[5]、未払いとなった賃料債務と敷金返還請求権の間に充当関係が生じることとなる[6]。また、賃借人が

2　『条解』546頁。同書は、破産管財人と同視すべき第三者について、「たとえば信託銀行等に破産管財人を受益者として信託を設定することもありえよう」と指摘する。

3　寄託額の返還の根拠について、『条解』547頁は「破産手続開始後に生じた不当利得の返還請求権なので、財団債権となる」と説明する。これに対して、『倒産法概説』251頁〔沖野眞已〕は「寄託金の取得は一種の取戻権の行使である」と説明する。

4　『大コンメ』303頁〔山本克己〕。

5　『一問一答』92頁は、「一般に賃料債務の弁済は、停止条件付債権である敷金返還請求権の停止条件の成就を解除条件としたものであり、解除条件の成就によって弁済がその効力を失い、相殺が可能となると解されています」と説明する。

弁済した賃料相当額は賃借人に返還されることとなる[7]。未払賃料や損害金を控除してなお敷金が残る場合には、賃借人の当該敷金返還請求権は破産債権となる[8]。

　賃貸目的物に抵当権を設定した場合、抵当権者は抵当権に基づいて物上代位権を行使して賃料債権を差し押さえることができる。賃借人は抵当権者に賃料を弁済することとなるが、この場合にも賃借人は「敷金の返還請求権を有する者が破産者に対する賃料債務を弁済する」として、本条後段に基づいて破産管財人に対して寄託を請求できるかが問題となる。これを否定する見解は、立案担当者が本条後段に基づく寄託請求について、破産管財人に対して弁済する場合に破産財団に弁済金が入ることに対応して寄託を請求するものであると説明する[9]ことを根拠に、抵当権者に弁済する場合には賃借人は破産管財人に対して寄託請求することができないとする[10]。これに対して、賃料債権を物上代位権者に弁済する場合も「敷金の返還請求権を有する者が破産者に対する賃料債務を弁済する場合」との要件に該当すると解されること、民事執行法の一般的理解によっても、物上代位権者の法的地位は差押債権者として債務者と基本的に同じ立場となり、少なくとも第三債務者の地位が差押えにより悪化することはないと考えられていること等を根拠に、賃借人は物上代位権者に賃料を弁済しながら、破産管財人に対する当該弁済額の寄託請求を肯定する見解も存在する[11]。

（岡　伸浩）

6　『条解』547頁は、「条文上は『同様とする』とあるが、敷金の場合には、未払賃料や損害金等とは相殺ではなく当然充当の関係に立つ（相殺の意思表示は不要）と理解されているので、本条前段の『後に相殺をするため』は、後段においては、後の充当（差引計算）のため、と理解すべきであろう」と指摘する。山本和彦「倒産手続における敷金の取扱い」『倒産法制の現代的課題』（有斐閣、2014年）195頁参照。

7　賃料相当額の返還の根拠について、前掲注3参照。

8　具体例として、『手引』203頁参照。なお、賃借人が寄託請求をせずに退去した場合に、賃貸人が敷金返還請求権について破産債権の届出をしたときは、賃貸人の破産管財人は債権調査に当たって敷引特約の有無を確認し、敷引特約があればそれに従う。その上で、未払賃料等があればそれを控除した残額を、なければ控除しない残額を債権額として認めることとなる（『手引』201頁）。

9　『一問一答』92頁。

10　『条解』548頁。

11　山本・前掲注6・195頁。

第71条　相殺の禁止

① 破産債権者は、次に掲げる場合には、相殺をすることができない。
　一　破産手続開始後に破産財団に対して債務を負担したとき。
　二　支払不能になった後に契約によって負担する債務を専ら破産債権をもってする相殺に供する目的で破産者の財産の処分を内容とする契約を破産者との間で締結し、又は破産者に対して債務を負担する者の債務を引き受けることを内容とする契約を締結することにより破産者に対して債務を負担した場合であって、当該契約の締結の当時、支払不能であったことを知っていたとき。
　三　支払の停止があった後に破産者に対して債務を負担した場合であって、その負担の当時、支払の停止があったことを知っていたとき。ただし、当該支払の停止があった時において支払不能でなかったときは、この限りでない。
　四　破産手続開始の申立てがあった後に破産者に対して債務を負担した場合であって、その負担の当時、破産手続開始の申立てがあったことを知っていたとき。
② 前項第2号から第4号までの規定は、これらの規定に規定する債務の負担が次の各号に掲げる原因のいずれかに基づく場合には、適用しない。
　一　法定の原因
　二　支払不能であったこと又は支払の停止若しくは破産手続開始の申立てがあったことを破産債権者が知った時より前に生じた原因
　三　破産手続開始の申立てがあった時より1年以上前に生じた原因

1　本条の趣旨

　破産法は、相殺の有する担保的機能を尊重し、破産債権者の相殺権の範囲を民法の原則よりも拡張している（法67条2項）。これは、破産債権者が相殺権行使によって、破産財団に属する債権からの優先的回収を認めることであり、別除権とともに破産手続外での権利行使を許容するものである。

しかし、破産手続において、相殺権の行使を無限定に認めた場合には、その基本理念である破産債権者間の平等は実現すべくもない。危機時期の担保権設定が偏頗行為否認の対象となるように（法162条1項）、危機時期における相殺適状の作出についても同様に制限する必要がある。

そのため、破産法は、危機時期に破産債権者が破産者に対して債務を負担した場合は、次条の破産者に対し債務を負担する者が破産債権を取得した場合とともに、相殺禁止の対象とした。

本条は、破産債権者が、危機時期に破産者に対し債務を負担することによる、優先的回収を禁止するものであり、債権者平等の実現を目的とする。

2　相殺禁止の主体

本条における相殺禁止の対象となる主体は破産債権者であるが、どの範囲の者が「破産債権者」に含まれるかについては検討を要する[1]。

(1) 別除権者である破産債権者

別除権者である破産債権者は、破産財団を構成する資産に対し担保権を有しており既に優先的地位を取得している。したがって、別除権者である破産債権者が相殺権を行使したとしても破産財団の毀損はないように思える。しかし、別除権評価額が被担保債権額に及ばない場合、あるいは、後順位担保権者が存在する場合には、相殺権行使を無限定に認めると、別除権を行使した時以上の回収が図られることとなるため（後順位担保権者を含む）、配当原資が減少し、債権者平等の理念に反する結果が招来することとなる。したがって、別除権者である破産債権者も本条の相殺禁止の対象となるものと解すべきである。

(2) 優先的破産債権者

優先的破産債権者は、一般の破産債権者に優先して配当を受ける権利を有しており（法194条）、配当が見込まれる事案において、相殺権の行使によって破産財団から回収した場合には、当該優先的破産債権者の債権額が減少し、一般の破産債権者の配当額に影響を及ぼすことはない。

しかし、異時廃止の事案や優先的破産債権の一部配当で終わるような場合

1　『条解』550頁。

には、危機時期における相殺によって優先回収した者が、他の優先的破産債権者との平等あるいは実体法の順位に従った回収という破産法の規律に反する問題が生じることとなる（法194条、98条2項）。したがって、優先的破産債権者にも本条による相殺禁止の規律を及ぼす合理的理由が存在することから、「破産債権者」に該当するものと解すべきである。

(3) 財団債権者

問題となるのは、財団債権者である。

破産手続開始決定前に債権が発生している場合には[2]、破産債権者と同様に危機時期における優先回収の問題が生じる。

本条の相殺禁止の対象は「破産債権者」であるから、文言上「財団債権者」は含まれないこと、また、財団債権は随時優先弁済を受ける優先的地位を有しており（法2条7号、151条）、本条による相殺を認めても一般の破産債権者の権利を害しないとして、本条の適用ないし類推適用を否定する見解が大勢と思われる（**本書151条の解説3** 参照）。

しかし、破産管財人が選任される事案であっても配当に至る事案は僅少であり、多くは破産財団の不足により異時廃止で終了する[3]。財団債権は、破産手続における最優先債権であるが、破産手続開始後の個別執行は禁止されているのであり（法42条1項）、財団不足の場合には、法令に定める優先権に関わらず、債権額の割合によって按分弁済される（法152条1項）。

これは、財団不足の場合には、財団債権者間における債権額に応じた平等を確保するための規律である。

仮に、財団債権者による破産手続開始後に負担した債務との相殺が無条件に許容されるとすれば、個別執行禁止を潜脱する手段として用いられることとなり、財団不足の場合における財団債権者間の平等が著しく阻害されることとなる。

したがって、財団債権者においても本条を類推適用する余地を認めるべきである[4]。

---

[2] 本来的には優先的破産債権の性質を有している租税等の請求権（法148条1項3号）及び使用人の給与等（法149条）のうち財団債権に該当する部分が対象となる。

[3] 平成25年司法統計によると異時廃止で終了する事案は管財事件の70％を超える。

[4] 松下淳一「相殺禁止」『破産法大系Ⅱ』245頁。

3 相殺禁止の対象

(1) 破産手続開始後の債務負担（本条1号）

　相殺禁止の対象となるのは、破産手続開始後に破産債権者が破産財団に対し債務を負担する場合である。

　相殺権行使の基準時は破産手続開始決定時であり（法67条1項）、破産手続開始時に相殺適状にない場合に相殺を認めることは相当ではない。別除権の有無及び範囲が破産手続開始決定時を基準と定められているのと同様である（法2条9号参照）。

　破産手続開始決定により破産債権者は破産手続外での権利行使が禁止されるが（法100条1項）、破産手続開始後に相殺適状を作出することによる相殺が認められるとするなら、この個別執行禁止の潜脱手段として用いられることとなる。

　そのため、破産手続開始後に破産財団が債務を負担することによる相殺はその効力が全面的に否定されることとなる。また、破産手続開始決定時を基準として画一的に債権者平等を図る必要があることから、破産手続開始前に相殺適状となる本条1項2号〜4号の場合と異なり、本条2項に定める債務負担原因による相殺禁止の解除事由の適用はない[5]。

　この点につき、山本克己教授は、本条の適用が問題となった具体的事案を以下の2つに類型化した上で分析をされている[6]。

　第1は、破産管財人の行為によって破産債権者が債務を負担する場合である。

　破産管財人が破産財団の増殖のために行った換価・回収行為によって、債務を負担した場合であるから、現実の履行を求めなければならない。①破産管財人の否認権行使によって、破産債権者が原状回復義務（価額償還義務）を負担する場合、②破産管財人との契約によって破産債権者が債務を負担した場合（売買代金の履行）等が典型例である。

　第2は、破産債権者に対する債権が、破産財団を構成する積極財産の破産

---

[5] 『伊藤』471頁　もっとも、停止条件付債務が有効に成立している場合等は法67条2項により相殺が許容される。詳しくは**本書67条の解説2(3)**参照。
[6] 『大コンメ』306頁〔山本克己〕。

手続開始後の価値変形物とみられる場合である。具体的には、破産財団所属財産上に譲渡担保権を有する者の清算義務が破産手続開始後に具体化した場合等であり、第1と同様に現実の履行が求められる場合である。

ところで、破産手続開始前に成立している停止条件付債務について、破産手続開始後に条件が成就した場合に、本号による相殺禁止の対象となるかが議論されている（**本書67条の解説2(3)b参照**）。

破産手続においては、停止条件付債務を受働債権とする相殺が認められている以上（法67条2項）、停止条件が成就した場合にする相殺を別異に扱う理由はない。たとえ停止条件付債務であったとしても、当該債務が破産手続開始前の原因によって発生していれば、同じく合理的相殺期待が認められるからである[7]。

したがって、停止条件付債務が破産開始決定後に成就した場合でも本号は適用されず、相殺禁止の対象とはならない[8]。

(2) 危機時期における債務負担（本条2号～4号）

いずれも危機時期における破産者に対する債務負担を相殺禁止の対象とする規定である。旧法下では、危機時期を「支払停止」と「破産申立て」に限定していた（旧法104条2号）。

この場合、破産開始決定時点では相殺適状にあるため、無条件に相殺を禁止することは相当ではないが、支払停止や破産手続申立後の危機時期になされている場合には、債権者平等を害するおそれがあるため、一定の要件の下に相殺禁止の対象としたものである。具体的には、相殺を主張する者の危機時期に対する認識を必要とする一方で、受働債権の取得原因について一定の例外が設けられている（本条2項）。これは危機時期において、破産債権者が合理的な相殺期待を有していたか否か、危機時期に取得された債権に基づく相殺期待が債権者平等に反するか否かを判断するためである[9]。

---

7 『伊藤』475頁。
8 最判平17.1.17（民集59巻1号1頁）。『倒産判例百選〔第5版〕』63事件。
　なお、法67条2項に相当する明文規定のない会社更生手続及び民事再生手続では本判決の射程は及ばないと考えられるが（『伊藤』907頁）、相殺の合理的期待がある点では同じであるとして相殺を肯定する見解も有力に主張されている（『新注釈民再（上）』453頁〔中西正〕）。
9 『伊藤』472頁。

現行法は、これに加え「支払不能」（法2条11項）を基準に導入した。

支払停止や破産手続開始申立てという危機時期を具体的に示す行為がなされる前の段階ではあるが、破産者は、実質的に破綻している場合がほとんどであり、破産債権の実価は既に低下しているので、この段階で責任財産の維持を図らなければ債権者平等の実現が困難となるからである[10]。

すなわち、債務者が支払不能に陥った後も個別的権利行使を許容するならば、破産債権者間の平等を確保することができないという点にその趣旨があるものと考えられ[11]、これは、偏頗行為否認において支払不能を基準としている点と同じ趣旨であると解される。

ただし、後述の通り、支払不能後の破産債権者の債務負担については、立法過程において、金融機関を中心に継続的取引に関する萎縮効果の指摘があり、相殺が禁止される範囲は偏頗行為否認よりも絞られたものとなっている。

この点で、偏頗行為否認と破産債権者の債務負担による相殺とは禁止の対象が異なる結果となっており、現行法の規律の相当性についてはなお議論の余地があるものと思われる。

a 原　則

ア　支払不能後の債務負担（本条1項2号）

破産者が支払不能に陥った後、破産債権者が、支払不能であることを知って、破産者に対し債務を負担した場合において、以下の2つの要件を満たす場合に相殺が禁止される。本項3号、4号とは異なり、支払不能の認識だけでは相殺禁止とはならない。

(ア)　破産債権者が破産者の財産の処分を内容とする契約を破産者と締結した場合

債務者に目的物を売却して破産債権者が売買代金債務を負担する場合が典型例である。実質的に代物弁済と同様の経済的効果が発生するため相殺禁止の対象とされる。しかし、この客観的要件だけで相殺禁止が認められると、通常の預金取引等も全て相殺禁止の類型にあてはまることとなり、継続的取

---

[10] 『一問一答』114頁、『伊藤』472頁。伊藤眞教授は「相殺期待の詐害的創出」という類型化をされている。
[11] 『大コンメ』307頁〔山本克己〕。

引に対する萎縮効果を招くおそれが指摘されていた。支払不能が評価規範であって、支払停止のように具体的行為を判断対象とするものではないため、その該当性が一義的に明確とはいえないからである。そのため、支払不能に対する悪意とは別に「専ら相殺に供する目的」という主観的要件を加味することによって相殺の範囲を限定している[12]。

ここに、「専ら」とは、その文言から、契約目的が相殺目的に限定される場合と解するのが自然のようにも考えられるが、それでは、相殺禁止の対象となる範囲が極めて限定的となり、債権者平等実現のために支払不能基準を導入した趣旨が没却することとなる。したがって、本号にいう「専ら」とは、他に目的がないという場合だけではなく、「行為の前後の諸事情に鑑みて、偏頗行為否認を潜脱するものと認められるかどうか」という観点から決すべきであり、判断基準を客観化する意味でも相当である[13]。

ただし、専相殺供用目的は、事実概念ではなく法的評価概念[14]であるため、具体的事案を通じた検討が必要となる。これまで、裁判例で問題となった主な事案は次の通りであり[15]、いずれも再生手続の事案である。

① 債務者自身が再生手続開始前に債権者である金融機関の債務者自身の口座へ一方的に振込送金をした事案〔専相殺供用目的を否定〕[16]

② 再生債権者である金融機関が受取手形を譲渡担保として交付するように要求した上で、更に融資金相当額から受取手形額面額を控除した金額の預金を要求した事案〔専相殺供用目的を肯定〕[17]

第三者が破産者の預金口座に送金する場合、本号の規律が及ぶかについては議論がある[18]。「財産の処分を内容とする契約を破産者との間で締結する」という文言から破産者が介在しない第三者からの振込送金を本号の対象とすることに否定的な見解が一般である。しかし、破産者の指示に基づいて第三者が振込送金を行った場合のように、破産者の意思が介在する場合もあ

---

12 『基本構造』465頁〔小川秀樹発言〕。
13 『大コンメ』308頁〔山本克己〕、『基本構造』468頁以下。
14 『倒産と訴訟』88頁〔福田修久・明石法彦〕。
15 『伊藤』478頁、『条解』557頁、『倒産判例百選〔第5版〕』67事件〔籠池信宏〕。
16 東京地判平21.11.10（金法1889号54頁）。
17 大阪地判平22.3.15（判時2090号69頁）。
18 『基本構造』472〜473頁。

り、このような場合には実質的に「処分」と同視できるとの見解も有力に主張されている。

　(イ)　破産者に対し債務負担する者の債務を引き受けることを内容とする契
　　　約を締結することによって破産者に対し債務を負担した場合
　支払不能を知って既存の債務を引き受ける場合には、相殺による債権回収以外の目的はないものと考えられることから、(ア)と異なり、債務引受けの目的、原因を問わずに相殺が禁止される。
　イ　支払停止後の債務負担（本条1項3号）
　破産者が支払停止となった後に、破産債権者が支払停止を基礎付ける事実を認識して、破産者に対し債務を負担した場合に相殺が禁止される[19]。ただし、破産者に対し債務を負担する者が、支払停止時に支払不能ではなかったことを証明すれば相殺が許容される。
　本号ただし書の適用については、法15条2項、162条3項と同様に支払停止の主張立証があれば、支払不能は推定されるものと解されている[20]。
　ウ　破産手続開始申立後の債務負担（1項4号）
　破産者が破産手続開始申立てを行った後に、破産債権者が同申立ての事実を知って、破産者に対し債務を負担した場合に相殺が禁止される。
　他の倒産処理手続（再生手続又は更生手続）から破産手続へ移行した場合には、先行手続の開始申立てが破産手続開始申立てとみなされ（民事再生法252条1項・3項又は会社更生法254条1項・3項）、先行手続における相殺禁止が破産手続に継承されることとなる。

　b　例　外
　ア　法定の原因（本条2項1号）
　破産者に対して債務を負担する者の破産債権の取得が、事務管理、不当利得、相続等の法定の原因に基づく場合である。相殺権者による相殺適状の作出が意図的ではないことによる。すなわち、破産債権者が危機状態を知って

---

[19] 事業再生ADR等の準則型私的整理による一時停止通知が「支払停止」に該当するかが問題となるが、仮に支払停止に当たらないとすれば、本号による相殺禁止は主張できないこととなる。伊藤眞「『私的整理の法理』再考―事業再生の透明性と信頼性の確保を目指して」金法1982号30頁。
[20] 『大コンメ』309頁〔山本克己〕。相殺を巡る主張立証責任については『倒産と訴訟』74頁以下〔福田修久・明石法彦〕が詳しい。

ことさらに債権債務を対立させたとは評価できないと認められるからである。

　この趣旨からすれば、法定の原因に基づくものであっても、会社分割や合併のように破産債権者の意図が介在する可能性のある場合には相殺を許容されないものと解すべきである[21]。

　イ　危機時期を知る前に生じた原因（本条2項2号）

　破産債権者の破産者に対する債務負担が、危機時期を知った時より前に生じた原因に基づく場合、すなわち、最終的に破産債権者の債務負担が危機時期後に行われたとしても、その原因が危機時期を知る前に生じたものであれば、当該破産債権全額と対当額で相殺できるとの合理的期待を認めることができるからである。したがって、本号にいう債務負担の原因に当たるとされるためには、具体的な相殺期待を生じさせる程度に直接的なものでなければならない[22]。

　実務上「前に生じた原因」が問題となるのは次の場合である。

　(ｱ)　振込指定・代理受領

　金融機関、融資先、第三者（融資先の債務者）が融資先名義の口座に振込送金することを合意し、金融機関の同意なしに三者間の合意を撤回できない等の「強い」振込指定の合意がある場合には、合理的な相殺期待が認められるが、弁済方法の指定があるのみで金融機関と融資先との間に特別の合意があると認められない場合には、合理的な相殺期待は認められず、相殺禁止の対象になるものと解される。代理受領の場合も同様である[23]。

　(ｲ)　取立委任契約

　金融機関が取引先との間で、取引先が貸付金返還債務を履行しなかったときは金融機関が占有する取引先の手形の取立又は処分をしてその取得金を債務の弁済に充当することができる旨の条項を含む取引約定を締結した上、金融機関が取引先の支払停止等の事実を知る前に取引先から手形の取立を委任されて裏書交付を受け、支払の停止等の事実を知った後に当該手形を取り立

21　『大コンメ』309頁〔山本克己〕。山本克己教授は、「法定の原因」を相殺禁止の例外とすることに関し、立法論的には適切さを欠くとの指摘をされている。
22　『伊藤』482頁、『条解』560頁。
23　『伊藤』483頁、『大コンメ』310頁〔山本克己〕。

てたことにより負担した取引先に対する取立金引渡債務は、「前に生じた原因」に基づき負担したものであり、相殺は認められるものと解されている[24]。

手形の取立委任の基本契約だけでは、取立委任が義務付けられているとはいえず、合理的な相殺期待を認めることは困難であるが、個別の取立委任契約が危機時期前に締結され、取立金の充当が認められている場合には、合理的な相殺期待が認められるからである。

(ウ) 当座勘定取引契約等

金融機関と破産者との間で、危機時期前に当座勘定取引契約や普通預金契約が締結され、その後、危機時期に振込入金があり、金融機関が預金債務を負担したとしても、そもそも債務負担が確実とは言えない状況にあるため、合理的相殺期待は認められない[25]。

よって「前に生じた原因」には該当せず、相殺は禁止される。

(エ) 投資信託

投資信託の受益権購入者に破産手続が開始された場合において、危機時期後の投資信託の解約に基づき販売会社である金融機関に入金された解約金の返還義務を受働債権とする相殺が認められるか近時問題となった。

下級審では、判断が分かれていたが[26]、判例[27]は、以下の理由から、合理的相殺期待はなく、「前に生じた原因」に基づく場合には当たるとは言えないとして、相殺は許されないとした[28]。

① 投資信託の解約実行請求がされるまでは購入者の有する受益権は購入者の全債権者の責任財産であって、解約金の支払請求権は受益権と実質的に

---

[24] 最判昭63.10.18（民集42巻8号575頁）。

[25] 当座勘定取引契約につき最判昭52.12.6（民集31巻7号961頁）、普通預金契約につき最判昭60.2.26（金法1094号38頁）。

[26] 名古屋地判平22.10.29（金法1915号114頁）は相殺否定、控訴審である名古屋高判平24.1.31（金法1941号133頁）は相殺肯定、本判決は上告審である。また、破産管財人による解約権行使の事案である大阪高判平22.4.9（金法1934号98頁）は相殺を肯定したが、最高裁判決により先例的価値は失っている。

[27] 最判平26.6.5（民集68巻5号462頁。再生手続の事案）。

[28] 松下・前掲注4・262頁。松下教授は、②の理由が重要との指摘をされている。
本判決の射程については、山本和彦「相殺の合理的期待と倒産手続における相殺制限」金法2007号6頁、中西正「民事手続法における相殺期待の保護（上）・（中）・（下）」NBL1046号50頁・1047号37頁・1048号50頁ほか。

は同等の価値を有するものであること
② 購入者は受益権について自由に他の振替先口座へ振り替えることができたのであり、振替がされた場合には金融機関が解約金の支払義務を負担することは生じえず、債務負担が確実であったとはいえないこと
③ 金融機関が解約金の支払債務を受働債権とする相殺を行うためには債権者代位権を行使するほかなかったこと

　ウ　破産手続開始申立てより1年以上前の原因（本条2項3号）
　前号と同様に相殺の合理的期待を保護するものであり、相殺の可否を1年以上も不確定な状態に置くことは取引の安全を害するとの考慮に基づく。支払停止後の担保権設定について破産手続開始申立ての日から1年以上前にした行為は支払手停止後の行為等を理由として否認できないと規定する法166条と同趣旨である。
　旧法における破産宣告から1年以上前（旧法104条2項）という規律を破産手続開始申立てから1年という規律に変更し、相殺禁止の範囲を前倒しするとともに、破産手続開始決定までの期間の長短の影響を受けないこととし、その基準時期を明確にしたものである。

4　相殺禁止違反の効果

　本条が定める相殺禁止に反する相殺は無効である[29]。
　破産債権者が破産管財人に対する意思表示ばかりでなく、破産債権者と破産管財人との合意による相殺[30]も無効である。
　また、破産手続開始前に債権者が相殺の意思表示を行っていた場合あるいは破産手続開始前における債権者と債務者の相殺合意も破産手続開始決定の効果として遡及的に無効となる[31]。
　破産法に定める相殺禁止の定めは債権者間の実質的平等を図ることを目的とする強行規定だからである[32]。
　相殺が無効の場合には、破産債権者は破産債権を届け出なければならない

---

[29] 法72条1項に定める相殺禁止に反する相殺も同じく無効である。
[30] 最判昭52.12.6（民集31巻7号961頁）、『倒産判例百選〔第5版〕』68事件。
[31] 東京地判平22.8.25（判タ1387号364頁。SFCG事件）。
[32] 最判昭52.12.6（民集31巻7号961頁）。

（法111条1項）。実務上問題となるのは、相殺の有効性について争いがある場合である。この場合、破産債権者としては、自働債権全額を届けた場合には、相殺の有効性を否定する行為と受け取られることを懸念し、破産債権の届出自体を躊躇する場合があるが、このような場合には予備的債権届出[33]を行うことが通例である。

(小畑英一)

第72条

① 破産者に対して債務を負担する者は、次に掲げる場合には、相殺をすることができない。
　一　破産手続開始後に他人の破産債権を取得したとき。
　二　支払不能になった後に破産債権を取得した場合であって、その取得の当時、支払不能であったことを知っていたとき。
　三　支払の停止があった後に破産債権を取得した場合であって、その取得の当時、支払の停止があったことを知っていたとき。ただし、当該支払の停止があった時において支払不能でなかったときは、この限りでない。
　四　破産手続開始の申立てがあった後に破産債権を取得した場合であって、その取得の当時、破産手続開始の申立てがあったことを知っていたとき。
② 前項第2号から第4号までの規定は、これらの規定に規定する破産債権の取得が次の各号に掲げる原因のいずれかに基づく場合には、適用しない。
　一　法定の原因
　二　支払不能であったこと又は支払の停止若しくは破産手続開始の申立てがあったことを破産者に対して債務を負担する者が知った時より前に生じた原因
　三　破産手続開始の申立てがあった時より1年以上前に生じた原因
　四　破産者に対して債務を負担する者と破産者との間の契約

---

[33] 『条解』801頁。相殺が有効であることを解除条件とする予備的債権届出である。

1 本条の趣旨

本条は、破産者に対して債務を負担する者が破産債権を取得した場合の相殺禁止及び例外事由を定めるものである。

法71条との相違点は、支払不能後の債権取得の要件（法1項2号）及び相殺禁止の例外事由として破産者に対して債務を負担する者と破産者との間の契約が規定されている点（法2項4号）である。

本条が禁止する相殺は、破産財団にかかる債務者が破産債権を取得して行う相殺であり、法71条のように、破産債権者が相殺によって優先的に満足を得ようとする場合ではない。

しかし、この相殺を自由に認めれば、従前の債権者が実質的価値の低下した債権を額面額で回収することとなるため、配当原資となるべき資産の換価回収額が減少することとなり、破産債権者へ重大な不利益を与えることとなる。これは実質的には債権者間の平等を害する行為と評価することができ、相殺禁止の対象とする必要性が高いことから、法71条とともに定められた。

2 相殺禁止

(1) 破産手続開始後の債権取得（本条1項1号）

法71条1項1号と同趣旨の規定である。

相殺権行使の基準時は破産開始時であり（法67条1項）、破産開始時に相殺適状にない場合まで相殺を認めることは相当ではない。

本号は、破産債権を自働債権とする破産債権者による相殺ではないことから、破産開始後に他人の債権を取得した場合についても同様の規律すなわち相殺禁止とすることを明らかにしたものである[1]。

本号は、相殺禁止の対象を「他人の」破産債権の取得と定めるが、相殺禁止の趣旨からするとその対象を「他人の」破産債権に限定する合理的理由はない。

相殺のために他人の破産債権を取得する場合が一般であることから、このように定めたものであって、新たに破産債権を取得する場合には、本号の類

---

[1] 破産手続開始決定を差押えとみれば改正民法案511条と同じ構造である。

推適用が認められている。具体例としては、双方未履行双務契約に基づく解除権を行使されたことにより破産債権を取得した場合（法54条1項、53条1項・2項）、否認権行使を受けたことにより破産債権を取得した場合（法168条2項2号・3号）が挙げられる。

　また、破産債権を被担保債権とする保証人が破産債権を代位取得した場合（法104条4項）も本号によって相殺が禁止されるが[2]、保証人が弁済等をして求償権が現実化した場合は、将来の請求権（法104条3項）が現実化した場合として有効に相殺ができると解する見解が有力である[3]。

　ただし、最高裁判所は、無委託保証人が保証債務を履行して取得した事後求償権を自働債権として行った相殺について、委託保証人の場合とは異なり、本号の類推適用によって相殺は許されないものと判示した[4]。また、保証人ではなく、第三者弁済がなされた場合についても、名古屋高裁は、破産開始後の破産債権者に対する弁済という事務管理に基づく求償権を自働債権とする相殺を認めることは、あたかも破産開始後に他人の破産債権を取得し、これを自働債権として相殺をなす場合と異ならないとして、相殺が禁止されていることは明らかとの判断を示している[5]。

　この点については、「主債務者から委託を受けた保証人については、保証債務の履行の結果取得する求償権を自働債権とする相殺には、客観的に合理的期待が認められるが、主債務者から委託を受けていない場合には、主債務者のあずかり知らぬところで主債務者の保証人に対する債権が、保証人が主債務者に対して将来取得すべき求償権のいわば担保に供せられることになり、そのような相殺には客観的に合理的な相殺期待は認められない。」と説明されており、第三者弁済の場合も同様である[6]。

　もっとも、破産者の意思による区分については、前掲最高裁判決からは必ずしも明らかではない。委託保証人と無委託保証人とは、破産者の意思ではなく、事前求償権の有無によって区分されるべきであるとの見解も主張され

2　東京地判昭34.4.6（判時187号29頁）。
3　『大コンメ』313頁〔山本克己〕。
4　最判平24.5.28（民集66巻7号3123頁）。
5　名古屋高判昭57.12.22（判時1073号91頁）。
6　松下淳一「相殺禁止」『破産法大系Ⅱ』265頁。

ている[7]。

(2) 危機時期における破産債権取得（本条１項２号〜４号）

いずれも危機時期における債権取得を相殺禁止の対象とする規定である。

旧法下では、危機時期を「支払停止」と「破産申立て」に限定していたが、現行法は、これに加え「支払不能」（法２条11項）を規律の対象としている。その趣旨は、偏頗行為否認（法162条）及び前条と同様である。

なお、法71条１項２号における継続的取引に対する萎縮効果の議論は、本条１項２号には当てはまらないため、相殺の範囲の限定はなされていない。

いずれも、危機時期後の破産債権の取得と危機時期の認識があれば相殺禁止の対象となる。

a 原　則

ア　支払不能後の破産債権の取得（本条１項２号）

破産者が支払不能に陥った後、破産者に対し債務を負担するものが、支払不能であることを知って、破産債権を取得した場合に相殺が禁止される。

イ　支払停止後の破産債権の取得（本条１項３号）

破産者が支払停止となった後に、破産者に対し債務を負担する者が支払停止を基礎付ける事実を知って、破産債権を取得した場合に相殺が禁止される。

ただし、破産者に対し債務を負担する者が、支払停止時に支払不能ではなかったことを証明すれば相殺が許容される。

本号ただし書は、法15条２項及び同162条３項と同様に支払停止の主張立証があれば、支払不能は推定されることを意味するものと解されている[8]。

ウ　破産手続開始申立て後の破産債権の取得（本条１項４号）

破産者が破産手続開始申立てを行った後に、破産者に対し債務を負担する者が同申立ての事実を知って、破産債権を取得した場合に相殺が禁止される。

なお、他の倒産処理手続（再生手続又は更生手続）から破産手続へ移行した場合には、先行手続の開始申立てが破産手続開始申立てとみなされ（民事再

---

[7] 岡正晶「無委託保証人の事後求償権による相殺を破産法72条１項１号の類推適用により相殺不可とした最二小判平24.5.28」金法1954号70頁。

[8] 『大コンメ』314頁〔山本克己〕、『倒産と訴訟』74頁以下〔福田修久・明石法彦〕。

生法252条1項・3項又は会社更生法254条1項・3項)、先行手続における相殺禁止が破産手続に引き継がれることとなる。

b 例 外

ア 法定の原因（本条2項1号）

破産者に対して債務を負担する者の破産債権の取得が、事務管理、不当利得、相続等の法定の原因に基づく場合である。破産債権者による相殺適状の作出が意図的ではないことによる。法71条2項1号と同趣旨である。

この趣旨からすれば、法定の原因に基づくものであっても会社分割や合併のように破産債権者の意図が介在する可能性のある場合には相殺を許容されないものと解すべきである[9]。

イ 危機時期を知る前に生じた原因（本条2項2号）

破産者に対して債務を負担する者の破産債権の取得が、危機時期を知った時より前に生じた原因に基づく場合、すなわち、最終的に破産者に対して債務を負担する者の債権取得が危機時期後であったとしても、その原因が危機時期を知る前に生じたものであれば、当該破産債権全額と対当額で相殺できるとの合理的期待を認めることができるからである。法71条2項2号と同趣旨である。

「前に生じた原因」の具体例としては、手形買戻請求権との関係での手形割引契約[10]、準消費貸借契約上の債権との関係での元の債権の存在[11]及び求償権の取得における連帯債務関係[12]が挙げられる[13]。

ウ 破産手続開始申立てより1年以上前の原因（本条2項3号）

前号と同様に相殺の合理的期待を保護するものである。法71条2項3号と同趣旨である。旧法における破産宣告から1年以上前という規律を破産手続開始申立てから1年という規律に変更し、相殺禁止の範囲を前倒しするとと

---

9 『大コンメ』309頁、314頁〔山本克己〕。山本克己教授は、「法定の原因」を相殺禁止の例外とすることに関し、立法論的には適切さを欠くと指摘されている。
10 最判昭40.11.2（民集19巻8号1927頁）。
11 東京地判昭42.3.16（金法476号42頁）。
12 最判平10.4.14（民集52巻3号813頁）。
13 『条解』567頁、『大コンメ』314頁〔山本克己〕。
　山本克己教授は、手形割引契約や準消費貸借契約の事例は、現行法下では本条2項4号で規律される問題であり、これら契約の「原因」該当性を議論する異議はなくなっていると指摘されている。

もに、破産開始までの期間の長短の影響を受けないこととし、その基準時期を明確にしたものである。

エ　破産者との契約（本条2項4号）

現行法において新設された規定であり、法71条では規律されていない。

破産者との契約が相殺禁止の例外とされた趣旨は、次の通りである。

破産者に対して債務を負担する者が破産者と契約によって破産債権を取得したという場合には、契約の相手方としては、破産債権について回収できないときは、自己の負担する債務と相殺すること意図していることが多く、契約の相手方は、自己の負担する債務をいわば担保として契約を締結したとの評価が可能であり、一度も一般の破産債権者としての立場にたっていないとみることができ、破産債権者間の平等を害するとはいえないからである[14]。

偏頗行為否認における同時交換行為の除外（法162条1項柱書）と同様の趣旨で相殺禁止の除外事由とされている。

(小畑英一)

第73条　破産管財人の催告権

① 破産管財人は、第31条第1項第3号の期間が経過した後又は同号の期日が終了した後は、第67条の規定により相殺をすることができる破産債権者に対し、1月以上の期間を定め、その期間内に当該破産債権をもって相殺をするかどうかを確答すべき旨を催告することができる。ただし、破産債権者の負担する債務が弁済期にあるときに限る。

② 前項の規定による催告があった場合において、破産債権者が同項の規定により定めた期間内に確答をしないときは、当該破産債権者は、破産手続の関係においては、当該破産債権についての相殺の効力を主張することができない。

14　『一問一答』119頁。

1　本条の趣旨

　破産手続は、事業の解体清算を前提とする最終処理手続であるため、相殺権についてもできる限り保護すべく、破産手続終了まで破産債権者による相殺権の行使は可能と解されている[1]。
　これに対し、再建型手続である民事再生及び会社更生手続では相殺権の行使について時期的制限が定められている（民事再生法92条1項、会社更生法48条1項）。
　その趣旨は、迅速かつ適正な再生計画案の立案のために資産・負債を早期に確定する必要があるからであり、このような要請のない破産手続においては、相殺権の行使時期に関する制限は定められていなかった。
　しかし、相殺権を有する破産債権者が、相殺権を行使しないまま破産手続が進行すると管財業務に重大な支障が生じることとなる。破産管財人は、当該相手方に対する債権の回収に着手すべきか迅速に判断することができず（訴訟等の具体的回収行為に着手してから相殺権を行使されては、時間、費用及び労力が無駄となるからである）、また、当該破産債権者が債権届出を行っている場合には、配当対象となる破産債権が確定しないためである。
　そこで、破産手続の迅速な進行を図るため、現行法において新たに定められた制度が、本条の破産管財人の催告権である。破産管財人から相殺権を有する破産債権者に対し、相殺権を行使するかどうかの確答を催告でき、破産債権者は、確答しないと、当該破産債権（自働債権）についての相殺権を喪失することとなる[2]。

2　催告の要件

(1) 破産管財人による相殺の催告の要件は次の通りである。

① 　一般調査期間（法31条1項3号）の経過又は一般調査期日（同号）が終了していること
② 　相殺権者である破産債権者の負担する債務が弁済期にあること

---

1 『伊藤』498頁。
2 『一問一答』120頁、『条解』568頁。

(2) ①の要件について

　一般調査期間の経過又は一般調査期日の終了時点で、破産債権の総額がほぼ明らかとなっていることから（この後の債権届出は例外となる〔法112条1項〕）、債権債務の早期確定を図るため、相殺権の行使について破産債権者の判断を求める適切な時期に至ったと考えられる。また、破産債権者としても、更に催告後1月の判断期間が設けられており、熟慮のうえ相殺権行使の可否を適切に判断することが可能となる。

　そのため、催告権の行使は、一般調査期間の経過又は一般調査期日の終了以降という時期的制限が定められたものである。

(3) ②の要件ついて

　破産債権者は、広く相殺権の行使が認められているが、受働債権が期限付あるいは停止条件付等により弁済期が到来していない場合まで、いわば債務に関する期限の利益等の放棄を強制して、相殺を求めることは相当ではない。

　そのため、受働債権が弁済期にあることが催告の要件とされ、受働債権が期限到来前の場合には本条の催告の効力は発生しないこととなる[3]。

3　催告の方法・内容

　本条における催告の方法及び内容は次の通りである。
① 　相殺権を有する破産債権者に対し
② 　自働債権となる破産債権を特定し
③ 　1カ月以上の催告期間を定めた上で
④ 　相殺を行うかどうかの確答を求める

　双方未履行双務契約における催告制度（法53条2項）と同様に「確答」を求める内容となっている。

　受働債権の特定は不要である。受働債権が複数ある場合にどれを相殺対象とするかは相殺権者が判断すべき事項だからである。

　相殺権行使の「確答」と言えるためには、自働債権と受働債権を明示した

---

[3] もっとも、期限の利益を保護する必要はなく、弁済期前の催告を認めてよいとの立法論も有力に主張されている。岡正晶「相殺権」『破産法大系Ⅱ』242頁、『倒産法概説』250頁〔沖野眞已〕、『条解』569頁。

相殺の意思表示を行う必要がある[4]。

「相殺を予定している。」等の回答だけがなされ、相殺の意思表示が行われなければ、依然として債権債務が確定せず、本条の趣旨である破産手続の迅速な進行が実現しないためである。

4 催告の効果

破産管財人から催告を受けた破産債権者は、定められた期間（1月以上）内に確答を行わなければ、当該自働債権について相殺の効力を主張することができなくなる[5]。上記の通り確答と言えるためには、相殺権行使の意思表示が必要であることから、当該破産債権者が、相殺権行使の意思表示を行わない場合には、相殺権を喪失することとなる。

この場合、破産管財人は、破産財団に属する債権（受働債権）について、当該破産債権者から回収する必要があり、他方で、破産債権（自働債権）については、届出内容を確認の上、配当対象債権として配当表に記載することとなる。

(小畑英一)

---

[4] 『一問一答』121頁　『大コンメ』317頁〔山本克己〕。
[5] 受働債権に履行期が到来済のものと未到来のものが存在する場合に催告の効力どの範囲で生じるか、すなわち、どの範囲で相殺権が消滅するかについては議論がある。
　詳細は『基本構造』483頁、岡・前掲注3・242頁参照。

第 3 章

破産手続の機関

前 注

1 はじめに

　本章は、破産手続の機関という章名のもとに、破産管財人の選任及び監督、権限等に関する基本的な17カ条とともに、保全管理人について同様の基本的な6カ条の定めをおく。破産手続の機関としては、破産管財人の他にも、裁判所、債権者集会及び債権者委員会があるが、破産手続遂行の中心となるのは破産管財人であり、本章は、かかる破産管財人と破産手続開始前にあってこれに準じた地位を占める保全管理人に関してのみ条項を定めた。

　具体的には、破産管財人及び保全管理人の選任及び監督に関する条項（法74条、75条、91条）、数人の破産管財人・保全管理人又は破産管財人代理・保全管理人代理に関する条項（法76条、77条、95条、96条）、破産管財人及び保全管理人の基本的権限に関する条項（法78条、82条ないし84条、93条）、破産管財人及び保全管理人の基本的義務に関する条項（法79条、85条、86条、96条）、破産管財人の当事者適格に関する条項（法80条）、破産管財人の郵便物の管理に関する条項（法81条、82条）、破産管財人及び保全管理人の報酬等に関する条項（法87条、96条）、破産管財人及び保全管理人の任務終了の場合の義務に関する条項（法88条ないし90条、94条、96条）を定める。破産管財人及び保全管理人のこれら以外の具体的な権限・職務等（例えば、双方未履行双務契約の処理（法53条など）、破産債権の調査（法117条など）、財団債権の弁済（法151条など）、否認権の行使（法160条など）、財産の換価（法184条など）、配当（法193条など）等）については、他章に規定されている。

　これらの条項に関する詳細は各条の解説に譲ることとし、ここでは、古くから議論のある破産管財人の法的地位、破産管財人の「第三者性」の問題として議論されている破産管財人の実体法上の地位、及び近時議論が盛んな破産管財人の職責に関する問題を取り上げ、解説する。

2 破産管財人の法的地位

(1) 破産管財人の法的地位をめぐる議論の二面性

　破産管財人の法的地位をめぐって、これまで多くの議論がなされている。

議論は大きく分けて、破産手続内部の法律関係の問題と破産手続外の第三者と破産管財人との関係の問題に分けられる。前者は、破産手続内部の法律関係を、破産管財人を中心として、いかに矛盾なく合理的に説明できるように理論構成するかという問題である。これに対し、後者は、破産手続の各利害関係人と破産管財人は実体法上どのような関係に立つのかという問題である[1]。本項では前者の問題を取り扱い、次項において後者の問題を取り扱うこととする。

(2) 破産管財人の地位の理論的性格

破産管財人の法的地位を理論的に説明するに当たっては、かねてより、以下に述べる代理説、職務説、破産財団代表説、受託説、管理機構人格説などが提唱されてきた。近時では管理機構人格説が通説的見解であるが、私法上の職務説も有力に論じられている[2]。

a 代理説

破産管財人は、破産者又は破産債権者（団体）の代理人とみる見解である。

破産者代理説は、破産管財人による管理処分権行使の結果が破産者に帰属する点を重視する。しかし、この見解では、破産財団に属する財産の範囲をめぐって破産者と破産管財人との間に争いが生じた場合の処理や破産者が行った行為をその代理人である破産管財人が否認できることを理論的に説明することが困難であるなどの批判が加えられている。

破産債権者（団体）代理説は、破産手続開始決定に基づいて破産債権者が破産財団帰属財産上に差押質権を取得し、破産管財人がこれを代理行使するという構成をとり、破産管財人は総債権者の代理人と考える見解である。この見解に対しては、ドイツ法の差押質権に相当する制度をもたないわが国においては説明が困難であることや、破産管財人は、利害が対立する破産関係

1　中西正「破産管財人の実体法上の地位」『田原古稀（下）』387頁、『条解』574頁、『理論と実務』140頁〔垣内秀介〕、『伊藤』200頁、『基本法コンメ』176頁〔長谷部由起子〕、加々美博久「破産管財人の地位と職務」『破産法大系Ⅰ』223頁参照。

2　『伊藤』203頁、水元宏典「破産管財人の法的地位」高木新二郎・伊藤眞編者代表『講座倒産の法システム第2巻』（日本評論社、2010年）37頁以下ほか、前掲注1記載の文献参照。なお、管理機構人格説を批判する立場から私法上の職務説を支持する見解として、籠池信宏「破産管財人の法的地位－通説に対する批判的考察」『ソリューション』226頁以下参照。

者の中で中立的な機関としてその職務を行使するものであり、破産債権者の代理人と解することは妥当ではないとの批判が加えられている。

b　職務説

　破産管財人が、裁判所の選任に基づき、法律上の職務として破産財団帰属財産の管理処分権等を行使するとみる見解である。職務説は、破産管財人は国家の執行機関であって公吏としてその権限を行使するとみる公法上の職務説[3]と、破産管財人は私人であるが、国家機関たる裁判所から職務を委託されたとみる私法上の職務説に分かれる。

　公法上の職務説に対しては、破産管財人が執行官のような執行機関と同視することはできないなどの批判が加えられている。

　私法上の職務説に対しては、破産財団自体に法主体性を認めない点、職務の公的な性格を強調する点、破産管財人を破産債権者や破産者から独立した破産法律関係の主体とみる点などにおいて説明概念として優れているとの評価がなされている[4]。しかし、管理機構人格説（後記 e）の立場からは、管理処分権の帰属（法78条1項）、双方未履行双務契約に関する解除権の帰属（法53条1項）、否認権の帰属（法173条1項）、あるいは財団債権の債務者など破産実体法上の権利義務の帰属を考えれば、破産管財人に選任される私人ではなく、破産管財人自体に人格を認める、後記する管理機構人格説の方が優れているとの指摘がなされている。もっとも、この管理機構人格説の指摘に対しては、職務説が、管理機構人格説とは異なり、管理機構たる破産管財人に私人とは別の法人格を認めない点を積極的に評価し、財団債権の債務者を管理機構人格説のように破産管財人と構成せず、私法上の職務説によって破産者であると直接構成し、債務の性質ごとに責任を破産財団に限定できるかどうかを考察することが簡明である[5]、明文上の根拠なく管理機構たる破産管財人に法人格を認める必要性は疑わしいなどの反論がなされている[6]。

3　大判昭3.10.19（民集7巻801頁）は、「破産管財人は、破産者又は破産債権者の代理人としてではなく、公の機関として破産手続に関与する」と判示する。
4　『条解』575頁、加々美・前掲注1・225頁。
5　松下淳一「財団債権の弁済」民訴53号58頁。
6　『条解』575頁、『基本法コンメ』177頁〔長谷部由起子〕、『理論と実務』142頁〔垣内秀介〕。

c 破産財団代表説

　破産財団という財産の集合体に法人格を認め、破産管財人はその代表機関とみる見解である。破産手続の内部的法律関係を統一的に説明できる利点を有するが、この見解に対しては、破産財団は財産の集合体であり、法律の規定がないにもかかわらず、法人格を認めることは理論的に無理があるなどの批判がなされている。

d 破産団体代表説

　破産清算の目的のために破産者及び破産債権者によって構成される破産団体なる社団の成立を認め、破産管財人をその代表機関とみる見解である。類型的に利害を異にする破産者と破産債権者とを同一団体の構成員として包摂した破産団体の法主体性には疑問があるなどの批判がなされている。

e 管理機構人格説

　破産財団帰属財産につき管理処分権を行使する、管理機構たる破産管財人自体に法人格を認めようとする見解である。破産債権者や破産者から独立して、破産法律関係の主体となり、破産実体法上の各種の権能を行使する主体として破産管財人を位置付ける点では、私法上の職務説に近似するが、選任される私人とは独立に破産財団の管理機構たる破産管財人そのものに法主体性を認めるところに特徴がある。近時の通説的見解である。

　この見解によれば、破産財団帰属財産は破産者に帰属し、また破産債権の債務者は破産者であるが、それらについての管理処分権は破産管財人に帰属し、また、財団債権については、管理機構としての破産管財人が債務者となる（**本書第 5 章前注 5** 参照）。さらに、法が破産管財人について認める特別の権能、すなわち否認権や双方未履行双務契約についての解除権も、管理機構としての破産管財人に帰属することとなるが、これらの法律関係を合理的に説明できる見解として支持を得ている[7]。

　もっとも、管理機構人格説に対しては、明文上の根拠がないにもかかわらず、あえて管理機構としての破産管財人に法人格を認める必要性が疑わしいなどの批判がなされている。

---

7 『伊藤』203頁。

f 小　括

　破産管財人の法的地位については、理論的な難点が比較的少ないものとして、現在では管理機構人格説と私法上の職務説が通説又は有力な見解として支持を集めているようである。しかし、これら破産管財人の法的地位に関する見解の対立は、上記の通り、破産法が定める破産手続内部の法律関係をいかに矛盾なく合理的に説明するかをめぐってのものである。破産管財人が利害関係人との間の利害をどのように調整すべきか、といった実体法上の問題の解決を導く実践的な議論には必ずしも直結しないことに留意が必要である。

3　破産管財人の実体法上の地位

(1) 「破産管財人の第三者性」について

　破産手続開始によって破産財団帰属財産の管理処分権（法78条1項）は破産管財人に専属するが、権利義務の帰属主体は従前通り債務者（破産者）である。そして、破産手続開始前であれば個別執行等の対象であった破産財団帰属財産は、破産手続開始に伴い、個別執行等が禁止される（法42条、100条）一方、破産管財人の財産管理処分権に服し、破産財団に取り込まれることから、破産管財人によって実質的に包括差押えを受けたのと同様の状況になると考えられる。

　このように差押債権者に類する地位を有する破産管財人は、破産財団帰属財産に対して管理処分権を行使し破産管財業務を遂行するに当たって、破産者や利害関係人と実体法上どのような関係に立つと解すべきかが問題となる。

　この点、通説的見解は、実体法律関係における破産管財人の法的地位を決定するについては、法律関係の成立に即して、3つの基準が適用されるとする[8]。この見解によれば、第1の基準は、破産者と同視される破産管財人である。すなわち、破産手続開始によって破産財団帰属財産に対する管理処分権が付与されても、権利義務の帰属自体には何ら変更が生じるわけではなく、財産の権利義務の帰属主体は依然として破産者である。そうであれば、

8　『伊藤』326頁。

外部の第三者との法律関係において破産管財人を破産者と区別して取り扱うべき理由がない。第三者が破産者に対して主張することができた法律上の地位は、破産管財人に対しても認められるべきであるし、逆に、破産管財人が第三者に対して主張できる法律上の地位は、破産者が主張し得た範囲に限られるべきである。破産管財人を破産者又はその一般承継人と同視するのは、このようなことを意味する。したがって、法が破産手続開始を原因として従来の法律関係を変更する特別の規定を設けていない限り、破産管財人の法的地位は破産者と同視される、と述べる。

第2の基準は、破産債権者の利益代表者としての破産管財人である。すなわち、破産手続開始決定が破産債権者の利益実現のために破産管財人に破産財団帰属財産の管理処分権を付与することから、破産財団帰属財産に対する「差押債権者と類似の法律上の地位」が破産管財人に認められる。物権変動や債権譲渡の対抗要件の問題などに典型的に表れているように、実体法が差押債権者の地位を保護している場合には、その趣旨に照らして破産管財人も、破産手続開始の効力として、その時点における差押債権者と同様の地位を認められるし、破産手続開始前に債権者のうちある者が現実に差押えを行っている場合には、破産管財人は、その効力を援用することが許される、と論ずる。いわゆる「破産管財人の第三者性」として議論されている問題領域における規律とされる。

そして、破産法その他の法律が破産管財人に対して特別の地位を与えることがある（双方未履行の双務契約について履行か解除かの選択権、否認権など）が、これが第3の基準とされている[9]。

このような通説的見解に対し、近時、新たな視点から、通説的見解の第1基準を受けた「破産者の地位の承継」や第2基準を踏まえた「破産管財人の第三者性」という概念で議論・検討されてきた問題は、そのような観念的アプローチによるのではなく、「当該利害関係人の権利に関する倒産実体法上の規定や理論により、当該利害関係人の権利が破産手続上尊重されるべきか否か（また、どの程度に尊重されるべきか）を検討することにより、解決されるべきである。」と論ずる見解が有力である[10]。利害関係人の権利が、破産手

9　以上の見解につき『伊藤』326頁以下、『条解』577頁以下。

続上尊重されるべきか否か及びその程度を、平時実体法及び倒産実体法の規定や理論に照らして、個々の問題ごとに検討し、解決するアプローチを採るものである。

(2) 「破産管財人の第三者性」が議論となった個別問題

以下では、従来判例・学説において「破産管財人の第三者性」が議論された個別問題を取り上げ、検討する。

a 対抗問題

ア 民法177条（不動産に関する物権変動の対抗要件）、民法178条（動産に関する物権の譲渡の対抗要件）、民法467条2項（指名債権譲渡の対抗要件）

破産者から財産を取得した者が、破産手続開始決定当時、未だ対抗要件を備えていなかった場合、物権変動に関する民法177条、178条及び債権譲渡に関する467条を適用する上で、破産管財人が、対抗要件なくして対抗できない第三者に該当するか否かが問題となる。

判例・通説は、民法177条の解釈として、同条にいう第三者に差押債権者も含むと解している[11]が、これを踏まえ、破産管財人も登記がなされなければ、その効力を対抗することができない第三者に該当するものと解するのが判例[12]・通説である。民法178条についても同様に解される。また、民法467条2項が定める指名債権譲渡の対抗要件についても破産管財人が同条項の第三者に該当すると解するのが判例[13]・通説[14]である。差押債権者に実体法上特別の地位（対抗要件の欠缺を主張し得る正当な利益を有する第三者）が認められている場合には、「差押債権者と類似の地位」が認められる破産管財人にも差押債権者と同様の地位が認められることを理由とする。

したがって、破産管財人は、上記民法の条項に留まらず、法令上物権変動に関する対抗要件が問題とされる場合は、当該対抗要件の具備がなければ、

---

10 中西・前掲注1・416頁。水元・前掲注2・49頁は、「通説が破産管財人の第三者性によって解明しようとする問題は、破産債権者を中心とした債権者相互のプライオリティーの問題と考えられる」と述べるが、方向性を同じくするものと考えられる。籠池・前掲注2・252頁も同旨。
11 最判昭39.3.19（民集18巻3号437頁）など。
12 大判昭8.7.22（新聞3591号14頁）、最判昭38.7.30（集民67巻175頁）、最判昭46.7.16（民集25巻5号779頁）など。
13 大判昭8.11.30（民集12巻2781頁）、最判昭58.3.22（金法1050号41頁）。
14 『条解』579頁、『基本法コンメ』177頁〔長谷部由起子〕、『伊藤』330頁。

その効力を対抗することのできない第三者に該当すると解される。動産及び債権の譲渡の対抗要件に関する民法の特例等に関する法律が適用される動産譲渡登記（同法3条1項）や債権譲渡登記（同法4条1項）などがその例である。

イ　借地借家法10条（借地権の対抗要件）

判例[15]・通説は、アと同様、破産手続開始前に破産者が設定した借地権に関して、破産管財人は借地借家法にいう第三者に当たり、建物登記による借地権の対抗要件を具備していない借地権者は、破産管財人にその借地権を対抗できないものと解している[16]。

ウ　別除権・取戻権の対抗要件

別除権者や取戻権者が破産財団帰属財産について別除権又は取戻権を破産管財人に主張するに当たって、対抗要件の具備が必要と解される（**本書62条の解説2(3)、65条の解説2(3)**参照）。

この点、近時、民事再生手続における留保所有権の移転を受けた第三者（立替払業者）の地位が問題となった事案において、判例[17]は、再生債務者の財産について担保権者が別除権の行使が認められるには、原則として当該担保権につき登記、登録等の対抗要件の具備が必要であるところ、当該立替払業者は、再生手続開始時に当該留保所有権の対抗要件を具備していないことを理由に、その別除権行使は許されない旨判示したが、この判例の理は、破産手続においても同様に該当すると解される[18]（なお、本件判例については**本書65条の解説5(6)**で詳しく紹介されており、詳細は同解説に譲る）。

b　第三者保護規定

民法などの実体法は、種々の法律関係において善意の第三者又は第三者一般を取引の安全等の見地から保護する規定を定める。そのため、破産者が破産手続開始前に取引の安全等が問題となる一定の法律関係に立ち至っていた場合、当該法律関係の相手方との関係で破産管財人をそのような保護される第三者とみることができるかが問題となる。

15　借地借家法10条と同趣旨の旧建物保護ニ関スル法律1条に関する最判昭48.2.16（金法678号21頁）参照。
16　『条解』582頁、『基本法コンメ』177頁〔長谷部由起子〕。
17　最判平22.6.4（民集64巻4号1107頁）。
18　『伊藤』330頁脚注9参照。

ア　民法94条2項（通謀虚偽表示による無効）

民法94条は、相手方と通じてした虚偽の意思表示は無効とする（同条1項）が、その無効は、善意の第三者には対抗することはできない（同条2項）と定める。通説は、民法94条2項にいう第三者には差押債権者が含まれ、破産管財人は、破産手続開始時における差押債権者と同視される「差押債権者と類似の法律上の地位」を有することから、この第三者に該当し、相手方は、虚偽表示を理由とする無効を破産管財人に対して主張できないと解する[19]。判例も同様に解している[20]。

民法94条2項の第三者の善意又は悪意の判断がなされるべき主体については、破産管財人自身の善意又は悪意を基準とする見解と、破産債権者を基準として、その中に一人でも善意の者がいれば、破産管財人は善意を主張できるとする考え方に分かれている。破産管財人に選任される私人の善意又は悪意を問題とすることは理論的に不合理であるにとどまらず、法的安定性を欠く結果となることなどから、後者の見解が通説となっている[21、22]。

イ　民法96条3項（詐欺による取消し）

詐欺による意思表示は取消しの対象となる（民法96条1項）が、詐欺による意思表示の取消しにつき、民法96条3項は、善意の第三者に対抗することができないものと定める。多数説は、民法94条2項の第三者と同様に、差押債権者及び破産管財人は民法96条3項の第三者に含まれると解する。

このような多数説に対し、詐欺の場合には被害者を保護する必要性が認められるとの視点から、虚偽表示の場合とは異なり、破産管財人は第三者に該

19　『条解』585頁、『基本法コンメ』177頁〔長谷部由起子〕、『伊藤』333頁。
20　大判昭8.12.19（民集12巻2882頁）、最判昭37.12.13（判タ140号124頁）。
21　『条解』586頁、『伊藤』333頁。なお、前記の各判例は、破産管財人を善意・悪意の基準にしているように見受けられるが、判例の立場は必ずしも明確ではないとの見解（道下徹・高橋欣一編『裁判実務大系第6巻（破産訴訟法）』（青林書院、1985年）174頁〔櫻井孝一〕）もある。加々美・前掲注1・229頁参照。
22　東京地判平25.4.15（判タ1393号360頁）は、取締役の利益相反取引の無効（会社法356条1項2号、365条1項）が問題となった事案において、会社が取締役の利益相反取引の無効を第三者に対して主張する場合には、その者が取締役会の承認決議不存在について悪意であることを主張立証しなければならない（最判昭43.12.25民集22巻13号3511頁参照）ところ、破産管財人はこの第三者に該当し、その悪意又は重過失は、破産債権者を基準とし、破産債権者の一人でも善意かつ無過失の者がいれば、破産管財人に対する無効を主張できない旨を判示した。本文の通説の考え方に沿った裁判例といえる。

当しないとする有力説が唱えられている[23]。しかし、詐欺によって作出された資力の外観を責任財産として信頼した差押債権者、及びそれと同様の地位を認められる破産管財人を、取引行為によって目的物について権利を得た者と区別できるかは疑問であり[24]、多数説が妥当である。

なお、民法96条3項の第三者の善意又は悪意の判断主体については、アの民法94条2項の議論に準じて考えることになろう。

ウ　民法545条1項ただし書（解除の第三者保護要件）

民法545条は、当事者の一方がその解除権を行使したときは、各当事者は、その相手方を原状に復させる義務を負うが、第三者の権利を害することはできない旨を定める（同法545条1項ただし書）。また、本条項の適用については、解除前に契約から生じた法律効果を基礎として新たに権利を取得した第三者と解除後に利害関係をもった第三者とは区別され、前者の解除前の第三者について適用されると解されている[25]。そして、近時の一般的な民法解釈が民法545条1項ただし書の適用される解除前の第三者に差押債権者を含むと解していることを前提とすれば、「差押債権者と類似の法律上の地位」を有する破産管財人も第三者に該当し、解除権を行使した相手方は、原状回復の効果を破産管財人に対して主張し得ないと解するのが妥当である[26]。

ところで、一般に民法545条1項ただし書の第三者として保護されるためには、第三者は対抗要件を備えることを要すると解されている[27]。しかし、破産管財人の場合は、破産手続開始決定により「差押債権者と類似の法律上の地位」を得ることから、対抗要件なくして民法545条1項ただし書の第三者になると解される。ただし、破産者において対抗要件を具備していること

23　斎藤秀夫・伊東乾編『演習破産法』（青林書院新社、1973年）316頁〔竹下守夫〕、『注解（上）』571頁〔野村秀敏〕、道下・高橋編・前掲注21・175頁〔櫻井孝一〕。

24　『伊藤』334頁。

25　『伊藤』335頁、谷口知平・五十嵐清編集『新版注釈民法〈補訂版〉(13)』（有斐閣、2006年）885頁〔山下末人〕。

26　『伊藤』335頁。大判明34.12.7（民録7輯16頁）は、差押債権者は第三者に該当しない旨判示しているが、この判例は、解除によって消滅する債権の差押債権者が第三者に当たらないとした判断にとどまり、本文で議論の前提とされている、契約に基づき給付された目的物の差押債権者については第三者に当たるとの解釈が一般的である。『伊藤』335頁注21）参照。なお、民法545条1項ただし書の「第三者」の問題として捉えず、倒産実体法の問題として検討するアプローチにつき、中西・前掲注1・409頁以下参照。

27　大判大10.5.17（民録27輯929頁）、最判昭33.6.14（民集12巻9号1449頁）参照。

が前提である[28]。

　なお、契約の相手方が解除権を行使したが、原状回復措置が講じられていない間に破産手続が開始した場合については、民法545条1項ただし書の問題ではなく、契約解除に基づく物権変動と破産管財人への管理処分権の移転との対抗問題と捉えるのが一般的な考え方である[29]。

c　その他判例で問題となった破産管財人の第三者性

　ア　融通手形の抗弁（最判昭46.2.23）

　手形法17条（及び77条1項1号）は、手形により請求を受けた者は、振出人その他所持人の前者に対する人的関係に基づく抗弁をもって所持人に対抗できない旨を定める。このいわゆる人的抗弁の切断に関する規制は、第三者保護規定ではあるものの、手形流通の安全を確保するために、裏書譲渡という流通方法による譲受人を保護する規定であって、裏書譲渡による取得でない場合には適用されない。したがって、手形債権の差押債権者は、同条にいう「所持人」には該当しないものと解される[30]。そうであれば、破産手続開始決定により「差押債権者と類似の法律上の地位」を有する破産管財人も、差押債権者と同様に人的抗弁である融通手形の抗弁を受けることになる。

　判例[31]は、破産会社の運転資金を有する目的で、何らの対価関係もなく約束手形を振り出した者は、破産宣告後破産会社から当該約束手形を受け取り所持している破産管財人に対しても融通手形の抗弁を対抗できる旨を判示したが、本判決の妥当性は、このような理解によって根拠付けられよう[32]。

　イ　動産売買先取特権（物上代位権）[33]の第三取得者（最判昭59.2.2）

　民法304条1項は、先取特権者は、その目的物の売却等によって債務者が受けるべき金銭その他の物に対しても、行使できるが、その払渡し又は引渡しの前に差押えをしなければならない旨を定めている。

　目的物の売却等による転売代金債権を有する者が破産手続開始決定を受け

28　『条解』592頁。
29　『条解』593頁、『伊藤』336頁。
30　大判昭12.1.16（新聞4100号13頁）。
31　最判昭46.2.23（判時622号102頁）。
32　『倒産判例百選〔第4版〕』39頁〔高田裕成〕、『条解』594頁、加々美・前掲注1・230頁。
33　『条解』593頁。

た場合、破産手続開始決定が本条項の定める「払渡し又は引渡し」に当たるかにつき、判例・通説は、「払渡し又は引渡し」は、第三債務者に対する弁済又は債務者による第三者への債権譲渡を意味し、一般債権者による差押えや破産手続開始決定は当たらないと解している。

判例[34]は、「民法304条1項ただし書の差押えの趣旨は、債務者は第三債務者から取立て又は第三者に譲渡することが禁止される結果、物上代位の対象である債権の特定性が保持され、これにより物上代位権の効力が保全されるとともに、第三者が不測の損害を被ることを防止することにあるから、一般債権者が債務者の第三債務者に対する目的債権につき差押命令を取得したにとどまる場合には、先取特権者の物上代位権の行使が妨げられる理由はない」「債務者が破産宣告を受けた場合においても、破産財団の管理処分権が破産管財人に帰属するにとどまり、破産者の財産が破産財団又は破産管財人に譲渡されたものではない」と判示しているが、前記通説・判例の考えを明らかにするものである（なお、**本書65条の解説5(3)b**参照）。

　ウ　不法原因給付（最判平26.10.28）

民法708条は、不法な原因のために給付をした者は、その給付したものの返還を請求することはできない、ただし、不法な原因が受益者についてのみ存したときは、この限りでないと定める。

判例[35]は、破産管財人が公序良俗違反（無限連鎖講の防止に関する法律に反する無限連鎖講事業）により給付された金銭の返還を求めた事案において、「本件事業の会員の相当部分の者は、出えんした金銭の額に相当する金銭を受領することができないまま破産会社の破綻により損失を受け、被害の救済を受けることもできずに破産債権者の多数を占めるに至っている」「このような事実関係の下で、破産会社の破産管財人である上告人が、被上告人に対して本件配当金の返還請求を求め、これにつき破産手続の中で損失を受けた上記会員らを含む破産債権者への配当を行うなど適正かつ公平な清算を図ろうとすることは、衡平にかなうというべきである」「仮に、被上告人が破産管財人に対して本件配当金の返還を拒むことができるとするならば、被害者である他の会員の損失の下に被上告人が不当な利益を保持し続けることを是認する

34　最判昭59.2.2（民集38巻3号431頁）。
35　最判平26.10.28（民集68巻8号1325頁）。

こととなって、およそ相当であるとは言い難い」などと述べた上、「本件配当金の給付が不法原因に当たることを理由として（破産管財人へ）の返還を拒むことは、信義則上許されないと解するのが相当である」として、破産管財人による不当利得返還請求を認めた。

従来、高裁段階では結論が割れていた[36]分野について最高裁としての考え方を示したものである。学説においても、破産管財人による返還請求の場合、返還された金員等は不法原因給付者の[37]手元に渡らず、破産債権者の配当原資となること等から、本判決の結論を支持する者が多いと思われる[38]。

ところで、本判決と結論を同じくする裁判例は、破産管財人が破産者から独立した法主体であり、「破産管財人による権利行使は、破産者の権利承継人又は代理人としての立場で破産者の権利を行使するものではなく、また、破産者に代位して破産者の権利を行使するものではない」ことを理由として破産管財人による不当利得返還請求権を認めていた。これに対し、本判決の第1審[39]及びこれを認容した原審[40]は、不法原因給付を行った者の債権者が当該債権を代位行使して返還請求することは否定されるべきである[41]のと同様に、破産管財人による不当利得返還請求は、民法708条により許されないものと判断した。これらの裁判例は、破産管財人が破産者から独立した法主体として「第三者性」を有することを承認しながら、破産管財人が債権者代位権を行使する代位債権者と同視できる地位にあると見るか否かで結論を異にしていたように見受けられる。本判決は、そのような概念的なアプローチを取ることなく、民法708条の立法趣旨を踏まえ、破産管財人による権利行使の実際や結果の衡平性・妥当性等諸事情を考慮の上、不法原因給付の返還を拒むことは「信義則上許されない」と判示しており、破産管財人の実体法

---

36 破産管財人による不当利得返還請求を認めた高裁判決として東京高判平24.5.31（金法1981号97頁）、認めなかった高裁判決として本判決の原審である東京高判平24.6.6（金法1981号106頁）参照。

37 東京高判平24.5.31（金法1981号97頁）。

38 出水順「破産管財人による不法原因給付債権の行使に関する覚書」『田原古稀（下）』418頁、『倒産判例百選〔第4版〕』188頁〔上原敏夫〕、『条解』595頁、加々美・前掲注1・231頁参照。

39 東京地判平24.1.27（金法1981号108頁）。

40 東京高判平24.6.6（金法1981号106頁）。

41 大判大5.11.21（民録22輯2250頁）参照。

上の地位（第三者性）の問題につき、「破産管財人の第三者性」のルールによって概念的に問題を論ずるのではなく、平時実体法及び倒産実体法の規定や理論に照らし、個々の問題ごとに分析・検討し、解決を図る近時の有力な見解のアプローチに親和性を有するものと考えられる。

4　破産管財人の職責

(1)　はじめに－環境問題が生じている不動産の取扱いを中心として

　破産財団に属する工場の建物内や敷地内に、がれき、廃プラスチック等の産業廃棄物やPCBを含有するコンデンサーが放置されていたり、ダイオキシンや六価クロム等の有害物質で敷地の土壌が汚染されていたりするなど環境問題が発生している場合がある。老朽化等により倒壊・崩落の危険のある廃屋が破産財団に属していることもある。破産管財人としては、このような産業廃棄物、あるいは産業廃棄物など環境負荷のある不動産や第三者の生命身体に危険性を有する不動産等をどのように管理し処分するべきか、破産財団は、そのような環境負荷や危険性（以下、併せて「環境負荷等」という）を除去する費用をどこまで負担すべきか、破産管財人は当該不動産を破産財団から放棄できるのか等について頭を悩ませることが少なくない。とりわけ、これらの費用負担をするのに足りる十分な財団が形成されていない場合には一層深刻である。このような場面における破産管財人の職務遂行のあり方について、近時、破産管財人の職務の公益性[42]や社会的責任[43]の観点から議論されることが多い。

(2)　「破産管財人の職務の公益性」論について

　伊藤眞教授は、専ら弁護士が破産管財人に選任されている現状を踏まえ、破産管財人としての職責を担う者が弁護士である場合は、法律事務取扱いの専門職としての注意義務の程度が高度であり、また弁護士法・弁護士職務基本規程等弁護士としての職務規範が重ねて適用されることを理由として、上記のような場面において「破産管財人の職務の公益性」が高度に期待される旨を論じ、破産管財人が適切に環境問題等に対応すべきことを説く[44]。

---

[42]　伊藤眞「破産管財人の職務再考」判タ1183号35頁。
[43]　永石一郎「破産管財人とCSR」一橋法学4巻2号343頁。
[44]　伊藤・前掲注42・35頁。

破産管財人が弁護士である場合に、法律専門家たる弁護士としての使命と職責にかなった行動を取るべきことはその通りであり、一般論として「破産管財人の職務の公益性」を論ずることについても、格別異論はない。しかし、弁護士法も弁護士職務基本規程も破産管財人としての職務の遂行についての行為基準や具体的規範を定めているわけではないし、環境負荷等や環境負荷等のある不動産の取扱いにつき具体的な解決の指針を示すものではない。破産管財人が、上記のような場面で具体的にどのように職務遂行を行うべきかは、「破産管財人の職務の公益性」論から演繹的に導くことはできず、事案ごとに、関連法令や事実関係を踏まえ、個別具体的に問題の解決に当たらざるを得ない[45]。

(3) 専属的財産管理処分権を有する破産管財人の職責

a 破産管財人の破産手続外部者に対する職責

破産法は、「債務者の財産等の適正かつ公平な清算を図る」ことを目的とする（法1条）。破産管財人は、かかる清算手続を遂行するため、破産財団に属するすべての財産に対する専属的な管理処分権を有し（法78条1項）、これを適切に行使する責務を負う（法75条2項参照）。

破産管財人は、その職務の遂行に当たって、法律上の利害関係を有する破産債権者、財団債権者、破産者、別除権者及び取戻権者といった破産手続内部の利害関係人に対して善管注意義務を負う（法85条）が、そのような法律上の利害関係を有しない破産手続の外部者との関係においても、「適正かつ公平な清算を図る」ため、専属的管理処分権を適切に行使して清算手続を遂行すべきものと考えられる。それゆえ、破産管財人は、破産財団に属する財産の管理に当たっては、管理方法等を定める各種関連法規[46]を参照するとともに対象財産の性状及び管理の状況等を考慮し、適法かつ適正な管理を行うべきであるし、当該財産の処分に当たっては、取引その他の処分を規制する各種関連法規[47]に準拠し、第三者の権利又は利益（生命・身体及び財産を含む）

---

[45] 永石・前掲注43の論ずる「破産管財人の社会的責任」論についても同様に考えられる。
[46] 例えば、銃砲刀剣類の管理について銃砲刀剣類所持等取締法、毒物及び劇物につき毒物及び劇物取締法、PCB廃棄物につきポリ塩化ビフェニル廃棄物の適正な処理の推進に関する特別措置法など。
[47] 適正な取引を確保するための商取引規制にかかる法規のほか、第三者の生命・身体・安全等の確保や社会公共の安全の秩序を確保する観点からの法規制が存する。

を侵害することのないよう適法かつ適正な対応が求められる。

　老朽化や構造上の問題で倒壊・崩落の危険のある廃屋などの場合も、破産管財人としては、対象財産の性状及び管理の状況等を的確に把握し、対象財産の安全性の欠如により地域住民その他第三者の生命・身体又は財産を侵害することのないように、適正な管理処分が求められる。

b　破産手続外部者と破産手続内部者との利害調整

　このような観点からは、上記のような環境負荷等や環境負荷等のある不動産が破産財団に存する場合、破産管財人において、廃棄物処理及び清掃に関する法律（以下「廃棄物処理法」という）、ポリ塩化ビフェニル廃棄物の適正な処理の推進に関する特別措置法（以下「PCB特別措置法」という）、土壌汚染対策法など関連法規を参照し、その規範内容や基準に準拠して、適正に産業廃棄物や汚染された土地の管理及び処分を行い、破産手続の外部者である第三者の権利又は利益の侵害を防止又は回避すべきものと考えられる。

　もっとも、産業廃棄物などの環境負荷等や環境負荷等のある不動産を適法かつ適正に管理及び処分するために高額な費用を要する場合が少なくなく、破産財団の換価回収金をこれに充てると、破産債権者や財団債権者に対する破産配当や弁済に多大な影響を与えることになる。そのような場合、破産管財人が環境負荷等や環境負荷等のある不動産を現実に管理処分する際に、どの程度の措置を講ずるべきか、換言すれば、破産財団からどの程度の支出を負担することが許容されるのか、が問題となり得る。

　この点は、当該環境負荷等によって地域住民その他第三者の生命身体財産に対して具体的危険性を有するときは、専属的な財産管理処分権を有する破産管財人としては、配当等の原資が減少するとしても、環境負荷等の除去又は環境負荷等から生ずる危険の防止・回避のため破産財団の範囲内で可能な限りの措置を講ずべきであり、破産財団からかかる支出をすることは許容されると考えられる。さらに、たとえ具体的危険性が認められない場合であっても、関連法規の立法趣旨に照らし、環境負荷等の占有者又は管理者として環境負荷等の除去又は環境負荷等から生ずる危険の防止・回避のための措置を講ずることが相当と考えられる場合には、破産管財人において破産財団の範囲内で相当な措置を講ずることも可能であろう。かかる措置を講ずるための費用は、破産財団の管理に関する費用として財団債権に該当し（法148条1

項2号)、破産管財人がこれを支出したとしても善管注意義務違反（法85条）や破産債権者等に対する不法行為責任が問われることはないものと解される。

　この理は、環境負荷等のような破産者の事業活動に伴って発生した負の遺産についても本来清算手続内での処理の完了が予定されるべきこと、破産財団にかかる環境負荷等によるコストは、破産者の事業活動又は環境負荷等の存在を前提として一定の法律関係に入った破産債権者等が負担すべきであり、それを破産手続の外部者（地域住民その他の第三者や行政）に負担させることは相当でないこと、破産財団の配当・弁済原資とされる破産財団の評価額は環境負荷等の負担を前提として評定されるべきであること、産業廃棄物などの環境負荷等や環境負荷等のある不動産を適切に管理処分できる者は、実際上、破産財団帰属財産に対して専属的な管理処分権を有する破産管財人以外にはいないこと[48]、破産管財人は、破産手続において広く利害関係人の利害及び権利関係を適切に調整し、破産者の財産等の適正かつ公平な清算を図ることが期待されており（法1条）、その趣旨は、破産手続の外部者（地域住民や地方自治体を含む）にも及ぶと解され得ることなどを基礎とするものである。

(4) 環境規制と破産管財人の職責（環境規制の直接適用の可能性）

　環境問題を取り扱う環境法の領域においては、営業の自由や財産権という経済的利益と生命・健康や良好な環境という人間環境的利益の調整を行い、望ましくない環境負荷等の発生を未然に防止するため、公共政策的観点から、環境負荷等を発生させる事業者に対して一定の公法上の規制（環境規制）が課されていることが多い[49]。そのような環境規制を受ける事業者について破産手続が開始した場合、破産管財人は、環境負荷等又は環境負荷等の

---

[48] 伊藤眞教授は、破産管財人の職務に関して、「法人破産制度の目的は、資産と負債の清算であるとともに、法人格を消滅させ、活動基盤を失った法人の存立に終止符を打つことであるといえないでしょうか。・・・破産管財人の職務としても、できる限り破産手続内において清算を完了し、後に法人格を存続させる必要を残さないようにすることにあるといえそうです。そのためには、土壌汚染など、法人の社会経済的活動の結果として生じた負の遺産についても、破産手続の中で処理を完了することが求められると考えられます。」と述べる。伊藤・前掲注42・41頁。

[49] 北村喜宣『環境法〔第2版〕』20頁（弘文堂、2013年）。

ある不動産に対して、各種環境法に基づく環境規制の直接の名宛人として、当該環境規制に従って管理処分すべき義務と責任を負うこともあり得る。

この点、これらの環境規制が、環境負荷等の排出事業者又は創出事業者の事業活動に着目して定められているような場合には、事業活動を予定していない破産管財人が一般的に環境規制の直接の名宛人となることは想定し難い。

しかしながら、環境法の領域においては、環境負荷等の排出事業者等に対してではなく、現実に環境負荷等や環境負荷等のある不動産の占有者又は管理者に対して環境規制を明文で課している場合や法文解釈上そのように解される場合も少なくない[50]から、破産管財人が当該財産の占有者又は管理者に該当し、当該財産に対する環境規制に基づく義務と責任を直接負う場合があることも否定できない。したがって、破産管財人としては、かかる義務と責任を負っていないか、各法令の立法趣旨や文言等に照らして慎重に検討することが求められる。

そして、環境規制が破産管財人に直接適用されると解される場合には、環境規制が法文通りに適用されるのか、それとも破産法上の時限的な清算機関であることやその職責等との関係で変容することもあり得るのか、破産管財人の義務の履行に当たって破産財団による制約が考慮されるのか、破産財団からの対象財産の放棄や破産手続終結に伴う破産管財人としての地位の喪失により破産管財人に対する環境規制の適用はなくなるのか、破産管財人は行政代執行や行政上の秩序罰・行政罰の対象となるのか、等の問題が生じるように思われる（ただし、破産管財人が適法かつ適正に義務の履行に当たっている限り、破産管財人において形成された破産財団の範囲を超えた法的責任を負わされることはないものと考えられる）。

(5) 環境規制の例

以下では、破産管財人が実務で比較的遭遇することの多い環境規制の例を取り上げて、検討する。

---

[50] 例えば土壌汚染対策法の施行に際しての環境省の通達（環水土第20号）は、同法第3条に定める土壌汚染状況調査の実施主体として、土地の所有者以外の管理者又は占有者に該当する場合の例として、土地の所有者が破産している場合の破産管財人を例示している。

ア　産業廃棄物

　破産財団に属する工場や店舗の不動産に、粗大ごみ、がれき、タイルくず、廃プラスチック、廃タイヤ等の産業廃棄物が散在し、放置されている事案が少なくない。

　破産管財人が廃棄物処理法の定める産業廃棄物の適正処理義務を負う事業者に該当するかという点については疑問がある[51]が、いずれにしても破産管財人としては、形成された財団を原資として、可能な範囲で産業廃棄物を適正に処理するべきである（廃棄物処理法3条参照）。産廃処理業者に産業廃棄物の処理を委託するに当たっては、廃棄物処理法が定める産業廃棄物処理基準・保管基準・委託基準等（廃棄物処理法12条、廃棄物処理法施行令6条の2）に準拠して委託をすべきである[52]。このような不動産に担保権が設定されている場合、担保権者は破産手続開始時の担保目的物の交換価値を把握しているにすぎないから、産業廃棄物等の処理により実質的に担保価値が増殖した場合には、増殖した担保価値の限度で担保権者に費用負担を求めるのが公平であろう。また、実務的には、環境負荷等のある不動産として任意売却し、買受人に廃棄物等の処理を委ねることも許されよう。

イ　PCB含有廃棄物

　産業廃棄物の中にはPCB（ポリ塩化ビフェニル廃棄物）を含むトランス、コンデンサーなど、人の健康又は生活環境に係る被害が生ずるおそれがある特別管理産業廃棄物（廃棄物処理法2条5項参照）がある。特別管理産業廃棄物は、人の生命・身体に対する危険性を有する産業廃棄物として位置付けられており、産業廃棄物のなかでも優先的に管理・処理すべきものと考えられる。

　PCB含有廃棄物の例によれば、破産管財人としては、PCB特別措置法に従った保管等の届出（同法8条）の有無・内容、所在場所及び保管基準（廃棄

51　『破産200問』113頁〔進士肇〕参照。
52　『破産200問』112頁〔長島良成〕は、岐阜地判平24.2.1（判時2143号113頁）の事案に関し、破産管財人による産業廃棄物の処分の委託について、「破産管財人の社会的責務、管財業務の公益性、そして破産管財人以外に処理すべき者がいない実際上の要請からは、・・・破産管財人は、残された廃棄物を調査し、処分方法、処分の制約等を確認し、資格を有した適正な処分業者を選定し、委託契約書の作成、マニフェストの交付など、適法な手続を履践し、社会的な悪影響が発生しないように努力すべきと考えられます」と述べる。

物処理規則8条の13参照）に準拠した保管がなされているかなどPCB含有廃棄物の保管状況を調査・確認し、さらに（PCB濃度によって処理施設や処理方法・時期等が異なるため）それぞれのPCB濃度を調査・確認した上で、所轄の行政庁及び処理施設・業者等と協議・相談してPCB含有廃棄物の管理及び処理計画を定め、廃棄処理を実施することが適切である[53]。

　ウ　土壌汚染

　ダイオキシンや六価クロム等有害物質によって土壌が汚染されている蓋然性が高い不動産が破産財団に属し、かつ土壌汚染状況が未調査である場合、実務的には、土壌汚染調査の実施と汚染が存在する場合はその除去を、適正かつ免責的に引き受ける任意売却先を探索することになろう。適切な任意売却先を速やかに確保できない場合は、破産管財人において土壌汚染調査を実施することになり（土壌汚染対策法3条参照）、その結果、汚染の存在が確認できた場合、他に汚染行為者等汚染除去をする者がいないとき（土壌汚染対策法7条参照）は、破産管財人において汚染除去に努めることとなる[54]。もっとも、当該不動産に担保権が設定されている場合、汚染除去により担保価値が増殖するから、担保権者にその費用負担を求めるのが公平であろう[55]。

(6) 財団形成が不十分な場合における破産管財人の対応方法と破産財団からの放棄

a　破産管財人の考慮すべき事項・講ずべき措置

　環境負荷等や環境負荷等のある不動産について、かかる環境負荷等を除去するために必要な費用を賄えるだけの破産財団が形成されている場合には、破産管財人として、環境規制を遵守し、環境負荷等を適法かつ適正に除去す

---

[53] 『破産200問』113頁〔進士肇〕。『手引』169頁以下は、PCB含有廃棄物の処理が問題となった事例を紹介している。なお、中間貯蔵・環境安全事業株式会社（JESCO）は、主に高濃度PCB廃棄物処理施設を運営しているが、平成26年4月に中小企業者等軽減制度を拡充し、破産管財人が高濃度PCB廃棄物の処理を委託する場合には、所定の処理料金の95％が軽減される取扱いとなった。

[54] 『破産200問』116頁〔長島良成〕。なお、『手引』167頁以下は、土壌汚染が問題となった事例を紹介している。

[55] 伊藤・前掲注1・44頁以下は、環境汚染を生じさせる財団財産について、汚染除去費用を抵当権者が負担する交渉や汚染除去費用相当額が減価することを前提とした担保消滅請求制度の利用可能性について言及する。なお、杉山悦子「倒産手続における環境浄化費用の負担者」一橋法学8巻3号183頁参照。

ることが可能であろう。しかしながら、十分な破産財団が形成できない場合、破産管財人として、どのように対応すべきか、実務上大きな問題となる。このような場合、まず環境負荷等に関する情報を適切に開示した上で適正処理の責任を引き受ける者に対し環境負荷等のある不動産を相当価額（不動産の適正時価から処理費用を控除した金額）で任意売却することを模索することが多いであろう。しかし、処理費用が不動産の時価を超えるとそのような方策による解決を図ることができず、しかも、形成された破産財団では、当該環境負荷等を除去できない場合もあり得る。

　このような場合、破産管財人としては、①当該環境負荷等にかかる環境規制の有無及び趣旨・内容を調査・検討した上、②環境負荷等の内容、③環境負荷等により地域住民等が被る損害・危険性の内容・程度、④破産管財人が現実に取り得る環境負荷等の除去又は損害・危険の防止・回避措置の内容、その措置を講ずることによる効果及びその費用、⑤一定の措置を講ずることが利害関係人（別除権者、破産債権者等）に与える影響の内容・程度及びその者らによる費用負担の可能性、⑥破産管財人以外の者（破産者、破産者事業の承継者、地域住民、地方自治体等）により現に対応可能な措置、⑦地方自治体、地域住民等環境規制上の関係者との協議・協力の状況等を総合考慮し、裁判所とも協議の上、形成された破産財団の範囲内で現に実施可能な措置の内容とこれを実施するに当たっての優先順位を定めて、当該環境負荷等を除去し又はこれに伴う損害・危険を防止・回避する措置を講ずるべきである[56]。

　破産管財人が講ずる措置の内容と優先順位は、具体的な事案によってケース・バイ・ケースとならざるを得ないが、環境負荷等にかかる環境規制一般の趣旨から、人の生命・身体に対する損害・危険を惹起する環境負荷等の除去及びこれに伴う損害・危険の防止・回避の措置を優先させるとともに、抽

---

[56] 東京地方裁判所は、環境負荷が発生している不動産に関して、「問題の重大性や、公益性、公害の防止・除去が第一次的に事業者負担とされていること（廃棄物処理法3条1項、公害防止事業費事業者負担法2条の2）、社会的責任に配慮し、土壌の汚染の場合はその点の調査を行って土壌を改良するなど、可能な限り危険物を除去するように努力することが求められ、安易に破産財団から放棄すべきではない」「（破産管財人には、）事前に裁判所と協議した上で、破産管財人報酬見込額を除く全ての換価回収金を投入してでも危険物の除去に努めることが求められ（る）」と述べる（『手引』166〜167頁）。各地の裁判所も基本的に同様の方針を採っていると思われる。『運用と書式』139頁、『破産200問』116頁〔長島良成〕、『弁護士倫理』123頁〔岡伸浩〕参照。

象的な損害・危険の防止・回避よりも具体的な損害・危険の防止・回避のための措置を優先することになろう。

b　環境負荷等のある不動産等の放棄

　破産管財人としては、上記のように、環境負荷等の除去又はこれに伴う損害・危険の防止・回避のため、上記 **a** に記載されたような諸般の事情[57]を総合考慮した上、形成された破産財団の範囲内で、可能な限りの措置を講ずべきであるが、かかる措置を尽くしてもなお換価処分ができない場合には、実務上、当該不動産等を破産財団から放棄することが検討されることとなる。

　破産管財人としては、可能な限りの措置を講ずることなく、かかる不動産等を破産財団から安易に放棄することは許されるべきではないが、以上の措置を尽くした場合には、裁判所の許可を得て、当該不動産等を破産財団から放棄することは、やむを得ない措置として許容されよう[58]。ただし、やむなく放棄する場合には、破産管財人として、地域住民その他の第三者の権利及び利益が侵害されるおそれがないように、地方自治体、地域住民等に対して破産財団から放棄する旨を連絡して今後の措置について協議するほか、破産会社の元代表者に協力を求めるなどの措置を講ずる配慮が望まれる（**本書78条の解説4**(12)、**184条の解説6**(4)参照）。

（佐藤昌巳）

---

[57]　「〈パネルディスカッション〉破産管財人の地位の再検討」債管128号145頁〔吉田肇発言〕は、「環境汚染等を生じさせる財産の放棄についての基本的な考え方ですが、放棄対象財産の換価価値、環境汚染の内容程度、汚染除去のために取りうる方策の内容、汚染除去費用額、財団の現存価格、将来の収拾見込額、放棄対象財産に設定された担保権の内容や価額、財団債権や一般破産債権の内容や価額、担保権者・一般破産債権者の意向、汚染除去を行った場合に担保権者の得る利益、汚染除去を断念した場合に行政等に与える負担、影響等を総合考慮しまして、放棄の拒否を判断することになろうと思いますが、基本的には管財人報酬見込額を除いた財団すべてを注ぎ込んでも、汚染除去のために可能な限り最善の方策を取ることになろうと思われます。」と述べ、放棄に当たっての具体的な考慮事項を列記する。

[58]　『手引』166頁、『運用と書式』139頁。

第1節　破産管財人

第1款　破産管財人の選任及び監督

第74条　破産管財人の選任

① 破産管財人は、裁判所が選任する。
② 法人は、破産管財人となることができる。

規則
（破産管財人の選任等・法第74条）
第23条　① 裁判所は、破産管財人を選任するに当たっては、その職務を行うに適した者を選任するものとする。
② 法人が破産管財人に選任された場合には、当該法人は、役員又は職員のうち破産管財人の職務を行うべき者を指名し、指名された者の氏名を裁判所に届け出なければならない。
③ 裁判所書記官は、破産管財人に対し、その選任を証する書面を交付しなければならない。
④ 裁判所書記官は、破産管財人があらかじめその職務のために使用する印鑑を裁判所に提出した場合において、当該破産管財人が破産財団に属する不動産についての権利に関する登記を申請するために登記所に提出する印鑑の証明を請求したときは、当該破産管財人に係る前項に規定する書面に、当該請求に係る印鑑が裁判所に提出された印鑑と相違ないことを証明する旨をも記載して、これを交付するものとする。
⑤ 破産管財人は、正当な理由があるときは、裁判所の許可を得て辞任することができる。

1　本条の趣旨

破産管財人は、破産手続において破産財団の管理処分権を専有する者をい

う（法2条12項、78条）。破産手続において最終的な手続運営の責任を負うのは裁判所であるが、破産法は、破産者の財産関係の調整及び清算の実務につき、破産管財人の管理処分権の行使を通じて実施、実現することを予定している。その意味で、破産管財人は、破産手続の中核を担う機関と評することができる。それゆえ、破産手続が適正かつ迅速に行われるか否かは、ひとえに破産管財人の力量と熱意にかかっているといっても過言ではない。このような破産管財人の重要な職責に鑑み、本条は、破産管財人の選任については、裁判所が職権で行うことを定めたものである（1項）。また、あわせて、自然人だけではなく、法人も破産管財人に選任できることを定めた（2項）。

なお、本条に関連して、破産管財人の選任の際の手続及び辞任の要件が破産規則23条に規定されている。

2　破産管財人の選任に当たっての考慮事項

(1)　適任者の選任（規則23条1項）

裁判所は、破産手続開始の決定と同時に、（同時廃止の決定をしない限り、）破産管財人を選任する（法31条1項、74条1項、216条1項）。破産管財人に誰を選任するかは裁判所の裁量に委ねられる（法74条1項）が、裁判所は、「その職務を行うに適した者を選任する」（規則23条1項）ものとされている。

実務上は、破産管財人が行う業務には法律的な専門知識や公正中立性が要求されることから、専ら弁護士が破産管財人に選任されている[1]。裁判所が破産管財人を選任するに当たっては、事案内容とそれに対応した破産管財人候補者の適性とが総合的に考慮される[2]が、裁判所の具体的な考慮事項として実務上以下の事項が挙げられている[3]。すなわち、①事件の難易度、②候補者の破産管財人としての経験及び成果、③候補者の法曹経験年数、④候補者が破産管財人となっている未済事件の件数及び進捗状況、⑤候補者の所属する事務所の規模及び事務員の状況、⑥事件関係者との利害関係の有無、⑦特殊分野（渉外、特許、労働、民事暴力介入など）での経験である。

1　『破産実務』163頁、『条解』600頁。
2　『破産実務』164頁、『条解』598頁、『基本コンメ』179頁〔植田智彦〕、『理論と実務』137頁。
3　『書記官事務の研究』32頁。

(2) 被選任資格の制限

破産管財人の被選任資格については法律上の制限はない。もっとも、完全な行為能力があることが必要であり、未成年者や成年被後見人はもとより、被保佐人又は被補助人も適切ではない。職務専念義務がある公務員（国家公務員法101条、地方公務員法35条）も破産管財人の適格を欠くものと考えられる[4]。

(3) 利害関係にかかる制約

破産管財人について利害関係のない者から選任することを求める明文の規定はない（なお、調査委員につき利害関係のないもののうちから選任すべきことを定める民事再生規則26条1項、会社更生規則32条1項参照）。これは破産管財人候補者を厳密な意味で、利害関係のない者に限ってしまうと、当該事件処理のために有能で適切な破産管財人を得られなくなる弊害があるからである[5]。しかし、破産管財人は公正中立な職務執行をすべき義務を負っていることや、破産管財業務の公正・公平性を担保し破産手続に対する信頼性を確保する観点から、実務では、破産管財人を選任する前に当該破産事件との利害関係の有無を確認した上で、直接の利害関係のない者から破産管財人を選任するのが通例である[6]。

(4) 法人の被選任資格

旧法下では、法人が破産管財人となることができる旨の明文の規定がないことなどから、破産管財人は自然人に限られ、法人は破産管財人になることができないものと解されていた。これに対し、現行法は、法人を破産管財人として選任することができることを明文で定めた（法74条2項）。

その趣旨としては、例えば、大企業の破産事件で破産者の事業が継続される場合などには、破産管財人の職務の執行に法律的知識、経営能力、企業会

---

[4] 『条解』599頁、『伊藤』189頁。
[5] 『条解』600頁。
[6] 『大コンメ』321頁〔園尾隆司〕、『破産実務』163頁。なお、『書記官事務の研究』33頁は、①債務者自身又はその役員の代理人又は顧問弁護士をしているとき、②債務者自身又はその役員を相手方とする事件を担当しているとき、又は③債権者、債務者（破産事件の債務者から見た債務者）、その他利害関係人の代理人又は顧問弁護士をしていて、その債権の種類、内容、金額、紛争の有無及び程度などを考慮し、管財事務の公正、中立を損なうおそれがあると思われるとき、に該当する場合は、利害関係があるとして、破産管財人に選任しない旨の運用基準を紹介している。

計に関する知識等が必要となることがあり、これら各方面の専門家を擁する法人を破産管財人に選任することができれば、大規模・複雑な破産事件の手続を円滑に進めることが可能となることが挙げられている[7]。

　もっとも、裁判所が法人に所属し、共同活動に従事する弁護士その他の専門家の専門知識及び力量やその活動内容を適時に的確に把握し、これを監督できるかは疑問の余地がある。また、必要な専門家やこれを擁する法人を破産管財人の管財人代理又は補助者とすることにより対応できるケースが多いと想定される。そのため、法人を破産管財人に選任することは一般的な運用とはならず、特に必要がある場合に限って検討されるに留まるものと考えられる[8]。

　なお、法人が破産管財人に選任された場合には、当該法人は、役員又は職員のうち破産管財人の職務を現実に行う職務執行者を指名し、指名された者の氏名を裁判所に届け出なければならない（規則23条2項）。裁判所との連絡・監督等の円滑を期すためと考えられる[9]。

3　破産管財人の選任の手順

　裁判所は、破産手続開始の決定を行うに際し、同時廃止の決定をしない限り、破産手続開始の決定と同時に破産管財人を選任する（法31条1項、216条）が、実際には、裁判所は、これに先立ち、審理の結果破産管財人の選任が必要であると判断した段階で、事案の規模・内容、性格などに照らし、前記破産管財人選任に当たっての考慮事項を検討の上、適任と考えられる破産管財人の候補者を選び出し、裁判所書記官（事案によっては裁判官）からの電話連絡により破産管財人の就任の可否を打診する。その際、裁判所書記官は、当該候補者に対し、事案概要を連絡した上、速やかに債権者一覧表、売掛金目録や貸付金目録などを送付するなどして利害関係の有無の確認を求めるのが通例である[10]。その結果、破産管財人候補者から受任の内諾が得られた場合は、破産手続開始後迅速かつ適切に管財業務に着手することができるよう

7　『一問一答』129頁。
8　『大コンメ』320頁〔園尾隆司〕、『破産実務』164頁参照。
9　『条解規則』64頁。
10　『書記官事務の研究』33頁。

に、当該候補者に破産申立書及び添付書類の写しが交付され、また裁判所の収集した情報が伝えられる。裁判所は、当該候補者と破産手続開始の決定の日時や債権者集会期日等のスケジュールを打ち合わせた上、破産手続開始の決定と同時に同人を破産管財人として正式に選任する[11]。なお、破産手続開始決定書と一体をなす選任決定書を受領することが破産管財人の就任受諾の意思表示と解されている[12]。

破産管財人の氏名又は名称は公告され、かつ、知れたる債権者等に対して通知される（法32条1項2号、3項）。

なお、破産手続開始前の債務者との審尋・面談を実施する庁では破産管財人候補者の同席を求めることが一般的である[13]。東京地裁においては、破産管財人候補者は、破産管財人就任内定後直ちに（原則として破産手続開始前）、申立代理人及び債務者との三者による打ち合わせ（三者打合せ）を行う必要があるものとされている[14]。

4　破産管財人の選任決定に対する不服申立て

破産管財人の選任決定に対する不服申立ては許されない。破産管財人は裁判所の監督に服し、また、破産管財人に問題があれば、債権者が解任申立てをなすことも許されるし（法75条2項）、利害関係人からの選任に対する不服申立てがなされることは手続の遅延につながることが理由として指摘されている[15]。

5　選任証明書の交付

(1)　破産管財人選任証明書の交付（規則23条3項）

破産手続開始の決定により破産財団の管理処分権は破産管財人に専属する（法78条1項）ことから、取引の相手方等が破産管財人の権限を確認できるような資料が必要となる。そのため、裁判所書記官は、破産管財人に対し、そ

11　『破産実務』164頁、『運用と書式』90頁、『書記官事務の研究』33頁以下。
12　『伊藤』190頁、『理論と実務』137頁。
13　『書記官事務の研究』34頁。
14　『手引』98頁以下。
15　『伊藤』190頁、『条解』604頁参照。

の選任を証する書面を交付しなければならず[16]（規則23条3項）、また、破産管財人は、職務遂行に当たって、必要に応じてこれを取引の相手方等に提示することとなる。

　破産管財人選任証明書の交付時期や枚数について明文の定めはない。実務では、破産手続開始時にまとめて交付したかどうかにかかわらず、破産管財人の求めに応じ、適宜必要な枚数が交付されている[17]。

　なお、旧法においては、破産管財人は、その職務を行うに当たり利害関係人の請求があるときは破産管財人選任証明書を提示することが必要とされていた（旧法159条2項）が、現行法は、その趣旨の規定を引き継いでいない。破産管財人であることの証明は当該証明書の交付によらずとも適宜の方法でよれば足りるからである[18]。

(2) 破産管財人選任証明書への印鑑の証明の記載（規則23条4項）

　裁判所書記官は、破産管財人があらかじめその職務のために使用する印鑑を裁判所に提出した場合に、当該破産管財人が破産財団に属する不動産についての権利に関する登記を申請するために登記所に提出する印鑑の証明を請求したときは、破産管財人選任証明書に当該請求にかかる印鑑が裁判所に提出された印鑑と相違ないことを証明する旨を付記して交付するものとされている（規則23条4項）。

　実務では、裁判所書記官は、破産管財人が職務執行に使用する印鑑を裁判所に届け出た場合は、これに基づく印鑑証明書を作成・交付している（法13条、民事訴訟法91条3項）。

　ところが、従来、破産管財人が破産財団に属する不動産の売却に伴い所有権移転登記等を行う場合には、登記義務者として破産管財人の印鑑証明書を登記所に提出するに当たり、不動産登記令により、印鑑証明書は、市町村長ないし区長又は登記官が作成したものに限られるとされ（不動産登記令16条2項）、登記所も法令上明文の根拠がない印鑑証明書の添付は認めない取扱いをしていたことから、裁判所書記官の作成した上記印鑑証明書を用いることができなかった。そこで、規則（23条4項）は、破産管財人が不動産登記を

---

[16] 『条解規則』64頁参照。
[17] 『書記官事務の研究』207頁。
[18] 『条解』602頁、『基本コンメ』180頁〔植田智彦〕、『大コンメ』322頁〔園尾隆司〕。

申請する際に添付する印鑑証明書を作成することができることを確認的に規定し、法令上の根拠を明確にした。そして、破産管財人が登記の申請をする際にはその資格を証明する書面（不動産登記令7条1項2号、15条）が必要となることを踏まえ、不動産登記のための印鑑証明については、特に資格証明と同一書面上に記載すべきこととし、裁判所書記官が作成した上記印鑑証明書の利用に支障が生じないようにした[19]。

6 破産管財人の辞任

(1) 辞任の可否

現行法は、破産管財人の解任について規定を置く（法75条2項）一方、破産管財人の辞任を定めた旧法160条に対応する規定を設けていないが、旧法と同様に、破産管財人の辞任を許容しているものと考えられる。しかし、破産管財人は破産財団の管理処分権が専属し、破産手続において重要な職責を有し、もし辞任する場合には適任の後任者の選任と適切な引継ぎが必要であることに鑑み、規則23条5項は、手続の円滑な進行を確保するため、無制限に辞任を認めるのではなく、破産管財人は、「正当な理由」があるときに限って、裁判所の許可を得て、辞任すべきものとした[20]。

(2) 辞任の理由

破産管財人が辞任するに当たっては「正当な理由」が必要である。「正当な理由」とは、旧法160条における「正当ノ事由」と同様に解され、病気その他の健康上の理由、老齢、裁判官への任官、遠方への転居、所属弁護士会の変更、事件との利害関係、不正事件発覚、刑事事件での起訴、所属弁護士会の懲戒処分などがその具体例とされている[21]。しかし、実際上、破産管財業務への妨害、破産管財人やその家族に対する嫌がらせなどが理由とされることもある。これらの事由を含め、管財業務遂行意思の喪失が「正当な理由」に該当するか疑問の余地がないわけではないが、職務遂行の意欲を喪失

---

[19] 『条解規則』65頁。なお、法務局に供託金の還付や取戻請求をするに当たっては、依然として市区町村長又は登記所が作成した破産管財人個人の印鑑証明書が必要とされていることに注意。供託規則26条1項2項参照。

[20] 『条解規則』65頁。

[21] 『条解』604頁、『注解（下）』301頁〔安藤一郎〕。

した者を拘束しても有害無益であることから、「正当な理由」は厳格に解釈すべきではなく、辞任を希望する破産管財人側の事情のみならず、辞任の時期や後任者の確保等の諸事情を総合考慮して判断されるべきものと考える[22]。

(3) 辞任の手続

　破産管財人は、裁判所に対し、辞任の許可の申立てを書面で行う。裁判所は、審査の上、破産管財人の辞任に正当な理由があれば、辞任を許可し、正当な理由がなければ辞任を許可しないこととなるが、不許可決定があったとしても破産管財人は即時抗告ができない（法9条）。

　辞任した破産管財人は、計算報告書を裁判所に提出しなければならず（法88条1項）、また任務終了による債権者集会への計算の報告を目的として債権者集会招集の申立てをしなければならない（法88条3項。ただし、計算報告書の提出義務者を辞任した破産管財人ではなく、後任の破産管財人と解する説があることにつき**本書88条の解説2(2)b**参照）。もっとも、債権者集会招集の申立てに代えて、書面による計算の報告をする旨の申立てを裁判所にすることができる（法89条1項）。

　破産管財人が辞任をする場合、裁判所は、破産管財人が不在となる事態を避けるため、破産管財人が複数選任されている場合などを除き、辞任の許可決定と同時に後任の破産管財人を選任することとなる。この場合、辞任した破産管財人は、占有・管理していた破産財団及び破産管財業務に関連して取得した帳簿類等の資料・情報を、遅滞なく後任の破産管財人に引き渡さなければならない。ただし、急迫の事情があるときは、辞任する破産管財人は、後任の破産管財人が財産を管理することができるに至るまで必要な処分をしなければならない[23]（法90条1項）。

（佐藤昌巳）

22　『条解』604頁、『条解規則』66頁。
23　『手引』179頁以下、『条解』604頁。

第75条 破産管財人に対する監督等

① 破産管財人は、裁判所が監督する。
② 裁判所は、破産管財人が破産財団に属する財産の管理及び処分を適切に行っていないとき、その他重要な事由があるときは、利害関係人の申立てにより又は職権で、破産管財人を解任することができる。この場合においては、その破産管財人を審尋しなければならない。

規則
(破産管財人に対する監督等・法第75条)
第24条　裁判所は、報告書の提出を促すことその他の破産管財人に対する監督に関する事務を裁判所書記官に命じて行わせることができる。

(進行協議等)
第26条　①　裁判所と破産管財人は、破産手続の円滑な進行を図るために必要があるときは、破産財団に属する財産の管理及び処分の方針その他破産手続の進行に関し必要な事項についての協議を行うものとする。
②　破産管財人は、破産手続開始の申立てをした者に対し、破産債権及び破産財団に属する財産の状況に関する資料の提出又は情報の提供その他の破産手続の円滑な進行のために必要な協力を求めることができる。

1　本条の趣旨

本条は、破産管財人が、管財業務の職務執行に当たって、裁判所の監督に服することを明らかにする（1項）とともに、裁判所は、監督権行使の一環として、破産管財人に不適切な業務執行があった場合などには破産管財人を解任できる（2項）ことを定めたものである。

2　監督権の範囲・限界

破産管財人は、公正・中立に職務執行を行わなければならず、またその職

務執行に当たっては善良なる管理者の注意義務を負う（法85条1項）が、裁判所は、破産管財人による非違行為や注意義務違反などを防止しなければならず、そのために破産管財人を監督する権限を有し、義務を負う[1]。破産債権者、財団債権者、破産者などの破産手続における利害関係人には破産管財人を監督する権限を有しないが、破産管財人の不適切な行為を発見した場合などには、裁判所に監督権限の発動を促すことができる[2]。

　もっとも、破産管財人は、裁判所の下部機関ではなく、破産財団の管理処分について独自の権限を有する破産手続上の独立機関である。そのため、破産管財人は、適法な自由裁量の範囲内において自己の判断で職務執行をすることができ、裁判所が破産管財人の職務執行について個別具体的に指揮したり、命令したりすることはできない[3]。

　裁判所による監督権行使の方法としては、後記の通り、破産管財人の重要な職務執行を許可事項としてその許可権限の行使を通じて、あるいは各種報告を受けたり、必要に応じて進行協議・面談や裁判所書記官による事情聴取などを行ったりすることによって、破産管財人の職務執行に裁量範囲の逸脱もしくは権限の濫用、換言すれば違法又は不適切な行為がないかを監視する。そして、破産管財人の権限行使に関して裁量範囲の逸脱もしくは権限濫用と認められる違法又は不適切な行為などを発見したときは、本条の監督権を根拠として是正命令を発し、又は監督権を背景とした任意の是正を求めることとなる。さらに、裁判所は、監督権発動の一態様として、一定の場合には破産管財人を解任することができる[4]。

　実務上は、破産管財人による業務執行と裁判所による監督を円滑かつ実効的に行うため、破産管財人の職務執行全般にわたって裁判所と破産管財人との間で打合せがなされ、特に重要な管理業務の場合には緊密な連携と情報交換の下に、裁判所によって適宜の態様・方法による具体的な監督権の行使がなされている[5]。

1　『条解』607頁。
2　加々美博久「破産管財人の地位と職務」『破産法大系Ⅰ』217頁。
3　『条解』607頁。
4　『条解』607頁。
5　『破産実務』172頁参照。

3　監督の方法

　裁判所が破産管財人を監督する具体的な方法としては、破産管財人の報告、裁判所の許可、破産管財人との進行協議や面談、裁判所書記官による監督事務、是正命令などが挙げられる[6]。

(1) 破産管財人の報告

　破産管財人は、破産手続開始後遅滞なく、破産手続開始に至った事情、破産者及び破産財団に関する経過及び現状等を記載した財産状況報告書を裁判所に提出しなければならない（法157条1項、規則54条）。さらに、破産管財人は、裁判所の定めに応じ、破産財団に属する財産の管理及び処分の状況その他裁判所の命ずる事項を裁判所に報告しなければならない（法157条2項）。

　実務においては、財産状況報告書以外にも定期的に報告書の提出を求められることが多いが、大量の事件を適正迅速に処理するため、報告書を目的に応じて定型化する庁が多く[7]、また定期的な報告書の提出を廃止する取扱いもなされている[8]。

(2) 裁判所の許可

　破産管財人は、破産財団の管理処分権を有するが、破産債権者の利益に重大影響を及ぼす管理処分行為をするときは、裁判所の許可を得ることが必要とされている（法78条2項）。

　具体的には、破産管財人は、動産の任意売却、債権又は有価証券の譲渡、双方未履行契約の履行請求、訴えの提起、和解又は仲裁合意、権利の放棄、財団債権、取戻権又は別除権の承認、別除権の目的である財産の受戻しについては、100万円の価額を超える場合に、事業の継続、不動産の任意売却、商標権等の任意売却、営業又は事業の譲渡、商品の一括売却、借財、相続放棄の承認等、その他裁判所の指定する行為については、金額を問うことなく、それぞれ個別の許可を要するものとされている（法36条、78条2項・3項、規則25条）。

　これらの許可申請がなされた場合、裁判所はその適否を審査し、不明点が

---

[6] 『条解』608頁、加々美・前掲注2・217頁参照。
[7] 『条解』608頁（一例として『運用と書式』432頁を引用）、『手引』134頁。
[8] 加々美・前掲注2・218頁。

あれば、破産管財人に事情を問い合わせたり、疎明資料の追加提出を求めたりするなどした上で判断を行う[9]。

なお、東京地裁では、100万円以下の価額の双方未履行契約の履行請求や訴えの提起につき、許可を要しないものの、裁判所との事前協議を要するものとしている[10]が、同様に、許可対象となる金額基準を満たさない場合であっても、一定の事項については破産管財人に事前協議・相談を要請する庁も存じる[11]。

(3) 進行協議・面談

裁判所と破産管財人は、破産手続の円滑な進行を図るために必要があるときは、破産財団に属する財産の管理及び処分の方針その他破産手続の進行に関し必要な事項について協議を行わなければならない（規則26条1項）。

実務においては、規模が大きい事件や事件処理の内容等に特殊性のある事件では、破産手続の進行について定期的な協議又は面談が行われることがある。しかし、それ以外にも破産財団の管理換価の方針、破産手続の進行など事件処理の方針全般について裁判所と破産管財人との意思疎通を図る必要がある場合などには、適宜の時期に協議や面談が行われている（例えば許可事項ではないが破産手続の進行に関わる重要事項についての事前協議や破産手続遅延のケースにおける報告・協議など）[12]。

(4) 裁判所書記官による監督事務

破産事件処理の実務においては、破産管財人に対する報告書の提出の促しや連絡事務、破産管財人からの事情聴取や手続に関する相談への応対など日常的事務は、裁判所の対外的窓口としての機能を有する裁判所書記官によって、裁判所の指示の下に行われている[13]。このような実務を踏まえ、規則において、裁判所は、報告書の提出を促すことその他の破産管財人に対する監督に関する事務を裁判所書記官に命じて行わせることができる旨が定められた（規則24条）。

---

9 『条解』608頁。
10 『破産実務』173頁。
11 『破産200問』120頁〔井上玲子〕。
12 『破産実務』172頁、『手引』130頁、加々美・前掲注2・218頁。
13 加々美・前掲注2・218頁。

(5) 是正命令

　裁判所は、破産管財人が職務執行に当たって裁量範囲を逸脱もしくは権限を濫用し、善良なる管理者の注意義務を懈怠したものとして違法又は不適切な行為をしたと認められるときは、本条の監督権の行使の一態様として、是正命令を発することができるものと解される（なお、破産管財人は、是正命令に対して即時抗告はできないと解されている）[14]。是正命令の例として、財産目録作成命令、財団債権支払命令、配当実施命令、管財業務促進命令などが挙げられているが、実務上そのような措置に至ることはほとんどない[15]。

4　破産管財人の解任

(1) 解任事由

　裁判所は、監督権行使の一環として、破産管財人が破産財団に属する財産の管理及び処分を適切に行っていないとき、その他重要な事由があるときは、利害関係人の申立てにより又は職権で、破産管財人を解任することができる（法75条2項）。解任事由の例としては、破産管財人の収賄や虚偽の報告、破産財団に属する財産の横領、その他私的利益獲得のための管財業務の利用、管財業務の長期間の放置などが挙げられているが、これらに限られず、選任した裁判所との信頼関係を破壊する程度の重大な背信行為であれば解任事由に該当するものと解される[16]。また、破産管財人が複数選任されている場合（法31条1項）において破産管財人間の意思が一致しないときは、本条2項に定める「重要な事由があるとき」に該当し、裁判所は、裁判所の判断に従わない破産管財人を解任することができると解される[17]。

(2) 解任手続

　解任の手続は、利害関係人の申立てにより又は職権で行われる（法75条2項）。

　利害関係人としては、破産債権者のほか、財団債権者、取戻権者、破産者など破産手続と直接的な法律関係に立つ者が考えられ、破産管財人による取

---

[14] 『破産実務』171頁、『条解』609頁。
[15] 『条解』609頁、『注解（下）』303頁〔安藤一郎〕。
[16] 『破産実務』171頁、『条解』610頁。
[17] 『条解』610頁。

引の相手方など間接的又は事実上の利害関係人は含まれない[18]。

　破産管財人を解任する場合には、その破産管財人に弁明の機会を与えるため、審尋することを要する（法75条2項ただし書）。解任の裁判に対する即時抗告は、認容、棄却のいずれかを問わず認められない（法9条参照）。

(3) 解任後の措置

　解任された破産管財人であっても、辞任の場合と同様、計算報告書を裁判所に提出しなければならない（法88条1項。ただし、解任された破産管財人にはその職務遂行を期待できないとして、破産管財人の解任の場合は法88条2項に定める「破産管財人が欠けたとき」に該当すると解し、後任の破産管財人が計算報告義務を負うとする見解もあることに留意[19]）。そして、任務終了による債権者集会への計算の報告を目的として債権者集会招集の申立てをする（法88条3項）か、債権者集会招集の申立てに代えて、書面による計算の報告をする旨の申立てをしなければならない（法89条1項）。

　解任された破産管財人は、占有・管理していた破産財団及び破産管財業務に関連して取得した帳簿類等の資料・情報を遅滞なく後任の破産管財人に引き渡さなければならない。さらに、急迫の事情があるときは、後任の破産管財人が財産を管理することができるに至るまで必要な処分をしなければならない[20]（法90条1項）。

（佐藤昌巳）

第76条　数人の破産管財人の職務執行

> ① 破産管財人が数人あるときは、共同してその職務を行う。ただし、裁判所の許可を得て、それぞれ単独にその職務を行い、又は職務を分掌することができる。
> ② 破産管財人が数人あるときは、第三者の意思表示は、その1人に対してすれば足りる。

---

18 『条解』611頁、『伊藤』197頁。
19 『大コンメ』375頁〔田原睦夫〕。なお、**本書88条の解説2**参照。
20 『条解』611頁。

1　本条の趣旨

　破産管財人は、原則、1人が選任されるものであるが、大規模あるいは複雑な破産事件においては、数人の破産管財人が選任されることもあり得る（法31条1項柱書）。本条は、破産管財人が数人選任されている場合において、その職務の執行方法及び第三者からの破産管財人に対する意思表示について定めたものである。

　本条1項では、数人の破産管財人が選任されている場合において、原則として共同で破産管財人の職務を行うことを定めるとともに、一方で、円滑な管財業務の遂行のために、例外的に裁判所の許可を得てその職務を単独に又は分掌して行うことを認めている。

　また、本条2項では、数人の破産管財人があるとき、第三者は1人の破産管財人に対して意思表示をすれば足りるとしており、第三者の保護を図っている。

2　職務の共同執行

(1)　原　　則

　破産管財人が数人選任されているときは、共同して職務を行うことが原則である。「共同して」とは、破産管財人の全員の一致によって職務を遂行することを意味し、数人の破産管財人間の多数決での意思決定や、いずれかの破産管財人単独での職務執行はできない。これは、破産管財人間で、権限濫用その他義務違反に対する相互牽制と監視の機能を持たせたものである[1]。なお、本条の趣旨から、破産管財人の1人が他の破産管財人に対し、一般的包括的に権限を委任することは許されないと解される[2]。

　共同執行すべき場合に、単独でなされた破産管財人の職務行為は、無権限による行為として、原則として無効である。しかし、破産管財人の行為が対外的行為である場合、善意の第三者に対する保護が問題となる。旧会社更生法の事例であるが、判例[3]は、更生管財人間で裁判所の許可なく職務の分掌

1　『条解』612頁、『基本法コンメ』182頁〔植田智彦〕。
2　『条解』613頁。
3　最判昭46.2.23（民集25巻1号151頁）。

がなされ、1人の更生管財人がなした手形行為を他の更生管財人が黙認していた事案において、旧商法262条（会社法354条）の類推適用を認め、善意の第三者に対して更生会社が手形金の支払義務を負うことを認めている。この判例に対しては、旧商法262条の類推適用を否定する見解[4]のほか、旧法201条（法78条5項）の類推適用により第三者の保護を図るべきであるとの見解[5]もあるが、相手方が善意でかつ重過失がないことを要件として、会社法354条の類推適用説[6]を支持すべきであろう。

(2) 例　　外

a　分掌執行

職務の分掌執行については、旧法においても、裁判所の許可を得て執行することを認めていた。分掌の基準は別段ないが、通常は、地域別、事項別あるいは専門分野別に分担することになるであろう。職務の分掌の許可を得た各破産管財人が許可をされていない事項の行為を行った場合は、原則としてその行為は無効となるが、第三者との関係では会社法354条の類推適用が可能である[7]。

破産管財人の職務分掌につき、裁判所の許可があったときは、裁判所書記官は、その旨及び各破産管財人が分掌する職務の内容について、登記の嘱託をしなければならない（法257条2項）。

b　単独執行

旧法においては、職務の単独執行は規定されていなかった。しかし、数人の破産管財人が選任される大規模破産事件などにおいては、円滑な管財事務の遂行が求められるところ、共同執行又は職務分掌のみではそれに対応することが困難であった。そこで、現行法は、機動的かつ効率的な管財事務が要求される場合に、裁判所の許可を得て、単独で職務を行うことを認めた。

単独の職務執行が認められている数人の破産管財人が矛盾する行為を行った場合には、行為の効力としては原則として最後に行われた行為が効力を生じると解すべきである[8]。そして、効力が否定される行為については、会社

4　境一郎「判批」判例評論151号20頁。
5　『注解（下）』312頁〔安藤一郎〕。
6　『条解』613頁、『新注釈民再（上）』384頁〔籠池信宏〕。
7　『条解』614頁。

法354条を類推適用すべきことになろう[9]。

単独執行の場合においても同様に、裁判所の許可があったときは、裁判所書記官は、その旨の登記の嘱託をしなければならない（法257条2項）

(3) 実務での事例

実務においては数人の破産管財人が選任される事例は少ないといえよう。これは、共同執行が職務執行を破産管財人の全員一致によると定めているために実務では利用しづらく、例外的に認められる分掌執行や単独執行も裁判所の許可を得る必要があり、取引の相手方は分掌執行や単独執行の許可登記を確認する必要があり、手続が煩雑になってしまうからである。そして何より、ほとんどの事案では、法77条で規定する破産管財人代理の方がより柔軟に対応できるからであろう。

しかし、数人の破産管財人が選任される事例もある。例えば、法人の破産事件において、本店とは別に大規模な営業拠点が遠隔地に存在している場合（例えば本店が大阪で大規模な営業拠点が東京にある場合）、その営業拠点（東京）での管財事務を別の破産管財人に担当させることを前提に、破産裁判所（大阪地方裁判所）でもう1人の（東京の）破産管財人を選任し、単独執行をさせるような場合である。

法は、共同執行を「原則」として定め、分掌執行及び単独執行を「例外」として認めているが、実務においては、上記のように職務分掌や単独執行を前提に、破産裁判所が数人の破産管財人を選任している例も見られる。

3　破産管財人に対する意思表示

破産管財人が数人ある場合において、破産管財人に対する意思表示は、職務の分掌がなされている場合も含めて、破産管財人の1人に対してなされるだけでよい。

これは、破産管財人が第三者から意思表示を受ける受動的行為においては、破産管財人の権限濫用は考えられないし、なにより第三者にとって破産管財人全員に対して意思表示することは煩雑だからである[10]。

8　『条解』614頁。
9　『条解』614頁。
10　『条解』615頁、『大コンメ』327頁〔中澤智〕。

4 訴訟行為

　破産管財人が数人ある場合における訴訟の当事者適格は、破産管財人の全員である。すなわち、固有必要的共同訴訟となり、破産管財人全員が原告又は被告とならなければならない。なお、職務の分掌がある場合には、その内容いかんによっては当該破産管財人のみで訴訟行為をすることができると解される[11]。

（室木徹亮）

第77条　破産管財人代理

> ①　破産管財人は、必要があるときは、その職務を行わせるため、自己の責任で1人又は数人の破産管財人代理を選任することができる。
> ②　前項の破産管財人代理の選任については、裁判所の許可を得なければならない。

1　本条の趣旨

　本条は、破産管財人が裁判所の許可を得て、1人又は数人の破産管財人代理を選任することができることを規定している。

　破産事件の規模が大きい場合や業務内容が複雑な場合、1人の破産管財人が全ての管財事務を把握し直接対応することは事実上不可能である。そこで、そのような状況に対応し得るようにするため、本条では、破産管財人は業務遂行につき必要があるときに、裁判所の許可を得た上で、破産管財人代理を選任できることとした。

11　『注解（下）』312頁〔安藤一郎〕。

2 破産管財人代理

(1) 意　義

　本条が規定する破産管財人代理とは、破産管財人から、破産管財人の職務全般に関して包括的な代理権限を与えられた者である。実務においては、大規模な破産事件のみならず、一定程度複雑な事件においても破産管財人代理が選任されることが多い。

　旧法においても破産管財人を代理する旨の規定はあったが（旧法165条）、旧法においては、破産管財人は、「臨時故障アル場合」に、裁判所の認可を受けて代理人を選任できるとされており、破産管財人に臨時の故障がある場合に限って選任できるのではないかという解釈上の問題があった。一方で、実務においては、管財業務が複雑あるいは広範な場合において代理人が選任されており、これを否定的に解する理由は存在しなかった。そこで、臨時の故障の存否にかかわらず、業務の遂行について必要があるときは、裁判所の許可を得た上で、破産管財人代理を選任することができることを明確にした[1]。

　破産管財人代理が選任されると、数人の破産管財人を選任して職務分掌をするよりは、1人の破産管財人の下に、数人の破産管財人代理をおいて職務を分掌させ、破産管財人が指揮統括する方が、迅速かつ効率的であり、また指揮命令関係を曖昧にしない点でも優れているため、多く利用される傾向にある[2]。

　また、破産管財人代理は、破産管財人の指導の下、その職務の経験を積むという副次的な機能もある。

(2) 選任の手続

　破産管財人代理は、破産管財人がその責任で選任する。したがって、一般に破産管財人と破産管財人代理との間では委任契約が締結される[3]。破産管財人代理の資格に条文上の制限はないが、破産管財人代理は、破産管財人の包括的代理権を有するものであるから、その職務を行うに適した者であるこ

---

1 『大コンメ』328頁〔中澤智〕。
2 『条解』616頁。
3 『条解』616頁。

とが必要であり、実務では、専ら弁護士が選任される。

　破産管財人代理の員数については、条文上の制限はない。複雑な事件では数人の破産管財人代理を選任し、職務を分担する例も多く存在する。この職務の分担については、対内的な効力しかなく、その職務権限に加えた制限をもって善意の第三者に対抗できない[4]。

　破産管財人代理の選任に当たっては、裁判所の許可が必要である（本条2項）。裁判所が許可するか否かは裁量によって判断されるが、破産管財人が病気等の場合のほか、破産事件の規模、内容などから破産管財人の職務が複雑、多岐、広範にわたる場合が考えられる。

(3)　職務及び権限

　破産管財人代理は、破産管財人の職務権限を包括的に代行する権限を有し、その行為は、破産管財人がなした行為と同一の効力が生ずる。破産管財人代理の選任に裁判所の許可を要するという趣旨からみて、破産管財人代理には同様の代理人を選任する復任権はないと解され、破産管財人代理に訴訟の当事者適格がないのはいうまでもない[5]。

　破産管財人代理は、破産管財人がその責任で選任するものであるため、直接、裁判所の監督には服さないが、裁判所は破産管財人を介して、間接的に監督を行うことになる[6]。

(4)　責　　任

　破産管財人は、自己の責任において破産管財人代理を選任するのであるから、破産管財人代理の行為については、その選任監督につき自己に過失がなくとも責任を負うとされている[7]。

　一方で、破産管財人代理が破産管財人と同様に善管注意義務を負うか否かは条文上の規定はないが、破産管財人代理が破産管財人の包括的権限を有することに鑑みて、多数説がこれを肯定している[8]。破産管財人代理があくまでも破産管財人の代理であるとするならば、善管注意義務は委任者である破

---

[4]　『条解』617頁。
[5]　『注解（下）』325頁〔安藤一郎〕。
[6]　『基本法コンメ』183頁〔植田智彦〕、『大コンメ』328頁〔中澤智〕。
[7]　『条解』618頁。
[8]　『注解（下）』326頁〔安藤一郎〕、『伊藤』195頁、『破産民再実務（上）』176頁〔安福達也〕、桃尾重明「破産手続の機関」ジュリ1273号33頁、『条解会更（中）』251頁。

産管財人が負うことになるが、破産管財人代理の選任には裁判所の許可が必要であり、かつ権限が法定され、刑事罰によってその権限行使が保護され、報酬も別個に支払われ得ることから、一種の機関性が認められると考えられるからである[9]。したがって、破産管財人代理が不適切な職務執行を行った場合、不法行為に基づく損害賠償責任のほか、法85条2項の類推適用により任務違背の損害賠償責任を負うと解される[10]。

(5) 報　　酬

　破産管財人代理にも独立の報酬請求権が認められた（法87条1項及び3項）。しかしながら、実務においては、破産裁判所では破産管財人と破産管財人代理の職務分掌の把握までは困難ということもあり、破産管財人代理の報酬は破産管財人報酬に含まれるという取扱いがなされることが多い（**本書87条の解説3(5)参照**）[11]。なお、破産管財人代理の報酬金額は、その職務と責任にふさわしい額とされており（規則27条）、利害関係人はその決定に対して即時抗告することができる（法87条2項及び3項）。

3　その他の代理人等

(1) 個別代理人及び破産管財人補佐

　条文上の規定はないが、破産管財人は、破産管財人代理とは別に、特定の事務手続等において個別的な代理人を選任することができる。個別的な代理人としては、代理権限を特定の訴訟行為や個々の事務手続に限定した個別代理人や、ある程度の包括的な代理権を持続的に与えられた破産管財人補佐などがある。

　これらの個別的な代理人は、破産管財人代理のように当然に包括的代理権を有するものではなく、破産管財人が委任した個々の事項について、破産管財人の補助者として権限を行使することができるにすぎない。

　この個別的な代理人の選任については、破産管財人の権限内であり、裁判所の許可は不要とされている[12]。実務においては、この個別的な代理人がし

9　『条解』618頁、『条解会更（中）』251頁。
10　『条解』618頁。
11　『破産民再実務（上）』174頁〔安福達也〕。
12　大判昭11.4.24（民集15巻652頁）。

ばしば選任されている。

(2) 事務補助者

　破産管財人は、管財事務遂行のため、必要があれば事務補助者を雇い入れることができる。実務においては、破産者の元従業員を雇用して、帳簿の整理などの事務手続を依頼する場合などが考えられよう。この場合、破産管財人と事務補助者との間には雇用関係が成立し、事務補助者の報酬は、財団債権となる（法148条1項2号又は4号）。事務補助者の行為については、破産管財人はその者の選任監督につき過失がなくとも責任を負うと解されている[13]。

（室木徹亮）

第2款　破産管財人の権限等

第78条　破産管財人の権限

① 破産手続開始の決定があった場合には、破産財団に属する財産の管理及び処分をする権利は、裁判所が選任した破産管財人に専属する。

② 破産管財人が次に掲げる行為をするには、裁判所の許可を得なければならない。

　一　不動産に関する物権、登記すべき日本船舶又は外国船舶の任意売却

　二　鉱業権、漁業権、公共施設等運営権、特許権、実用新案権、意匠権、商標権、回路配置利用権、育成者権、著作権又は著作隣接権の任意売却

　三　営業又は事業の譲渡

　四　商品の一括売却

　五　借財

　六　第238条第2項の規定による相続の放棄の承認、第243条において準用する同項の規定による包括遺贈の放棄の承認又は第244条第1項の規定による特定遺贈の放棄

　七　動産の任意売却

　八　債権又は有価証券の譲渡

---

[13] 『条解』620頁、『破産民再実務（上）』177頁〔安福達也〕。

九　第53条第1項の規定による履行の請求
十　訴えの提起
十一　和解又は仲裁合意（仲裁法（平成15年法律第138号）第2条第1項に規定する仲裁合意をいう。）
十二　権利の放棄
十三　財団債権、取戻権又は別除権の承認
十四　別除権の目的である財産の受戻し
十五　その他裁判所の指定する行為
③　前項の規定にかかわらず、同項第7号から第14号までに掲げる行為については、次に掲げる場合には、同項の許可を要しない。
一　最高裁判所規則で定める額以下の価額を有するものに関するとき。
二　前号に掲げるもののほか、裁判所が前項の許可を要しないものとしたものに関するとき。
④　裁判所は、第2項第3号の規定により営業又は事業の譲渡につき同項の許可をする場合には、労働組合等の意見を聴かなければならない。
⑤　第2項の許可を得ないでした行為は、無効とする。ただし、これをもって善意の第三者に対抗することができない。
⑥　破産管財人は、第2項各号に掲げる行為をしようとするときは、遅滞を生ずるおそれのある場合又は第3項各号に掲げる場合を除き、破産者の意見を聴かなければならない。

規則
（裁判所の許可を要しない行為・法第78条）
第25条　法第78条第3項第1号の最高裁判所規則で定める額は、100万円とする。

1　本条の趣旨

本条は、まず1項において、破産手続開始決定があった場合に、破産財団所属財産の管理処分権が破産管財人に専属する旨を定めるとともに、2項に

おいて、破産管財人の管理処分権に基づく行為の中で、一定の重要な行為を列挙して、当該行為については裁判所の許可を要する旨定めている。

3項ないし6項は、2項に関連する規定であり、3項では、2項に列挙された行為であっても、例外として、裁判所の許可を要しない場合もあることを定めている。また、4項では、営業又は事業の譲渡につき裁判所が許可をする場合に、労働組合等の意見を聴かなければならないことを、5項では、破産管財人が裁判所の許可を得ないでした行為は無効であるが、これをもって善意の第三者に対抗できないことを、6項では、破産管財人が裁判所の許可を要する行為をするには、遅滞を生ずるおそれのある場合を除き、破産者の意見を聴かなければならないことを、それぞれ定めている。

2 破産財団に属する財産の管理及び処分をする権利の、破産管財人への専属（本条1項）

(1) 破産財団に属する財産

破産手続開始決定により、「破産財団に属する財産」に対する破産者の管理処分権は剥奪される。本条の破産財団とは、法34条1項に定める「破産財団」（法定財団）と同義である。ただし、取戻権の対象となる財産は、法定財団に属していない財産ではあるが、その管理処分権を破産者から剥奪して、破産管財人に専属させるのが相当である（これを権利者に返還する義務は破産管財人が負うべきである）との理由から、本条の破産財団に含まれると解されている[1]。

他方、破産管財人の管理処分権は、破産財団に属しない財産（法34条3項の自由財産）には及ばない。破産者が自然人の場合を考えると、人格権や身分上の権利といったそもそも財産でないものに関する権限を破産者が剥奪されることはない[2]。また、帰属上又は行使上の一身専属権や差押禁止財産は、自由財産として、破産者に管理処分権が残っており、裁判所の拡張決定によって自由財産に加えられたもの（法34条4項）や新得財産も同様である（**本

---

1 『条解』623頁。
2 破産法上、破産者に与えられている主として手続上の事項に関する各種権限（例えば、破産手続開始決定に対する即時抗告権）も同様に、破産手続開始決定後も破産者に、そのまま残っている（『条解』626頁）。

書34条の解説 3 参照）。

　破産者が法人の場合、組織法上の法律関係にまで、破産管財人の管理処分権が及ぶか否かにつき、議論がなされている。これを否定的に解するのが通説であるが、例えば、営業譲渡を承認する株主総会決議の取消訴訟のように、法人の財産の変動に直接関係する訴訟については、破産管財人の管理処分権の対象となる（破産管財人が訴訟の当事者適格を有する）とする有力説も存在する[3]（詳細は、**本書80条の解説 4(2)**参照）。

(2) 管理及び処分する権利の、破産管財人への専属

　破産手続開始決定により、破産財団所属財産の管理処分権は破産管財人に専属する。したがって、破産者は、破産手続開始決定後、破産手続との関係では、破産財団所属財産の管理処分を一切行うことができなくなる（法47条1項）。もっとも、破産者が剥奪されるのは財産の管理処分権であり、財産の帰属主体としての地位は、破産者（法人の場合には清算法人[4]）にそのまま残っている（法人の場合につき、**本書35条の解説 3** 参照）。法47条1項も、破産者が破産手続開始決定後に破産財団所属財産に関して法律行為をした場合につき、「破産手続の関係においては、その効力を主張することができない」と規定しているにすぎない（破産者の行為が無権限者によるものとして、無効な行為となるわけではない）。

　破産管財人の管理処分権は、広範なものであり、財産を換価する権限がその中心になるものと考えられるが、それにとどまらず、訴訟等の追行権を含め、財産の存続・帰属・内容の変更その他破産財団に影響を及ぼす一切の行為をなす権限が含まれると解されている[5]。

---

[3] 松下淳一「法人たる債務者の組織法的側面に関する訴訟の倒産手続における取扱いについて」伊藤眞他編『竹下守夫先生古稀祝賀 権利実現過程の基本構造』（有斐閣、2002年）756頁、伊藤眞「再生債務者の地位と責務（上）再建型手続の基礎理論」金法1685号15頁。

[4] 『条解』626〜630頁では、破産手続開始後の清算法人の機関の問題について、当該破産手続が進行中の場合と終了した場合とを区分した上で、詳細な解説がなされている。

[5] 『条解』624頁。

3　裁判所の許可（本条2項・3項）

(1)　裁判所の許可の意義

　破産管財人は、管財業務の遂行につき、法75条により、一般的な裁判所の監督に服しているものの、破産財団所属財産の管理処分に関しては、原則として破産管財人の裁量に委ねられている。ただし、本条2項は、一定の重要な行為を列挙し、それらの行為については破産管財人の裁量とせず、裁判所の許可を要するものとした。

　重要な行為は、1号から14号までに分類されているが、このうち7号から14号までの行為については、裁判所の許可を要しない場合として、本条3項により、以下の2つの例外が認められている。これは、頻繁に裁判所の許可を得ていたのでは、管財業務の迅速な処理に支障を来すこととなる点を配慮し、管財業務の適正さの確保と円滑な管財業務の遂行の要請との調和を図るために、設けられたものである。

　① 　最高裁判所規則で定める金額（100万円、規則25条）以下の価額を有するものに関するとき（3項1号）
　② 　価額が上記100万円を超えていても、裁判所が許可を要しないものとしたものに関するとき（3項2号）

　現実に、全国の裁判所のうち一部の庁では、上記②の例外規定に従い、自動車の任意売却・有価証券の市場における時価での売却・財団債権や取戻権の承認等につき、100万円を超える価額を有する場合であっても、裁判所の許可を不要とする運用が行われている[6]。

　これに対し、1号から6号までの行為については、類型的に重要性が認められることから、上記例外の対象外とされているので、価額の多寡にかかわらず、常に裁判所の許可が必要とされており、裁判所自ら許可を不要とする運用をすることもできない。

(2)　裁判所の許可の方法

　実務上は、破産管財人から書面による許可申請がなされることが通常であり[7]、これに対し、裁判所が許可の可否を決する方式が取られている。裁判

6　『書記官事務の研究』130頁、『運用と書式』124頁（大阪地方裁判所の運用例）。

所が許可をするに当たっては、破産管財人からの許可申請の内容に対して、そのままこれを認める場合が多いであろうが、裁判所の側から一定の条件を付して許可をすることも可能である。また、包括的な許可をすることもできる[8]。

裁判所が許可した内容あるいは不許可決定に対して、破産管財人が不服申立てをすることはできないと解されている[9]。

(3) 裁判所の許可を必要としない行為についての許可申請

裁判所の許可が不必要とされる行為であっても、実務上、破産管財人の判断で裁判所に許可を求めている事例も散見される。許可が不必要とされる行為であっても、裁判所として許可をすることが禁じられているわけではないので、下記①・②のように、許可を求めることの必要性や相当性が類型的に認められる場合であれば、これを容認することに問題はないであろうが、旧法に比較して破産管財人の裁量の範囲を広げ、許可を要する事項を緩和したとされる現行法の趣旨からは、破産管財人が自らの判断に任されている行為について、特段の理由もなく裁判所の許可を求めることは適切でないものと考えられる[10]。

① 事実上の要請に基づく許可申請：例えば、価額が100万円以下の自動車の権利放棄に当たり、自動車税の課税や交通事故による運行供用者責任の基準日（放棄日）を明確にするために、裁判所の許可を求める場合。

② 裁判所の判断を確認するための許可申請：事案が複雑で破産管財人も判断に迷うような場合や法律の解釈が分かれている事項について、裁判所の判断を確認するために許可を求める場合。

なお、上記②の場合、裁判所の許可を得たことにより、破産管財人はその善管注意義務（法85条1項）を当然に免れるわけではないが、善管注意義務を否定する一事情になるものと解される（**本書85条の解説2(1)**参照）。

---

[7] 『書記官事務の研究』133頁。もっとも、財団の放棄については、債権者集会において破産管財人が口頭で許可申請し、これに対し、裁判所が口頭で許可の決定をして調書に記載するといった運用もなされている（『手引』125頁、『運用と書式』125頁）。
[8] 『条解』630頁、『大コンメ』333頁〔田原睦夫〕。
[9] 『条解』630頁、『大コンメ』333頁〔田原睦夫〕。
[10] 『書記官事務の研究』132頁。

4　裁判所の許可を要する行為（本条2項各号）

(1) 不動産に関する物権、登記すべき日本船舶又は外国船舶の任意売却（1号）

　不動産に関する物権や登記すべき船舶の換価の方法につき、法184条1項は任意売却を原則とする旨規定しているが、これらの財産は、一般に高価であり、破産財団にとって重要な財産であることから、任意売却をするに当たっては裁判所の許可を要するものとされた。

　なお、対抗要件を備えた借地権・借家権についても、本号が類推適用されると解されている[11]。

(2) 鉱業権、漁業権、公共施設等運営権、特許権、実用新案権、意匠権、商標権、回路配置利用権、育成者権、著作権又は著作隣接権の任意売却（2号）

　2号に列記された鉱業権以下の諸権利は、その権利の設定・移転に登記・登録を要し、あるいは登記・登録が第三者対抗要件とされているものである。したがって、重要性において前号の不動産に関する物権等と異ならないものと考えられ、その任意売却につき、裁判所の許可を要するものとされた。

　なお、平成23年改正で、公共施設等運営権（民間資金等の活用による公共施設等の整備等の促進に関する法律（いわゆるPFI法）に基づく権利）が、新たに2号の諸権利の中に加えられた。

(3) 営業又は事業の譲渡（3号）

　旧法197条3号では、要許可行為の対象は「営業の譲渡」とされていたが、現行法では「営業又は事業の譲渡」の用語が使用されている。これは、病院や社会福祉法人、学校法人等の非営利事業について、「営業」には含まれないと解されるおそれがあるとの理由によるものである[12]。

　営業又は事業（営業等）の譲渡とは、有機的一体として機能する財産の全部又は一部を譲渡することであり[13]、破産債権者の利害に重大な影響を有す

11　『条解』631頁。
12　『大コンメ』334頁〔田原睦夫〕。

ることから、裁判所の許可を要するものとされた。

なお、破産者が株式会社の場合であっても、財産の管理処分権が破産管財人に専属しているので、営業等の譲渡に株主総会の特別決議（会社法309条2項11号・467条1項）は不要である。

営業等の譲渡を裁判所が許可する際に、労働組合等の意見を聴く必要がある点は、後述（5参照）する。

(4) 商品の一括売却（4号）

財産の換価は、個別売却が原則であり、その方が一般的に高価に売却できるものと考えられる。もっとも、破産者の事業にかかる商品については、多種多量の物が残っている場合も少なくなく、そうした場合でも個別に売却しなければならないとすると、かえって仕分け等の作業に多大な時間・経費等を要することにもなる。したがって、商品の売却に当たっては、一括売却を選択した方が、個別売却より破産財団にとって有利となる場合も予想される。ただし、一括売却を選択すべきか否かは、破産財団の増殖に影響することから、これを選択する際に裁判所の許可を要するものとされた。

(5) 借財（5号）

破産管財人が、管財業務を遂行するに当たって借財を行う例としては、保全処分申立ての際の保証金不足・別除権の目的財産の受戻し（本項14号）のための資金不足に対応する場合や、破産財団の増殖を図るために事業継続を行う際に必要となる労働債権や光熱費等の支払資金を用意する場合等が考えられる[14]。

借財にかかる債権は財団債権となる（法148条1項2号）ので、破産債権者の利害に直接影響することから、裁判所の許可を要するものとされた。その際は、返済見込みの確実性や借財と破産財団増殖との関連性等が、許否の判断の対象になるものと考えられる。

(6) 相続放棄の承認、包括遺贈の放棄の承認又は特定遺贈の放棄（6号）

破産手続開始決定前に、破産者（自然人）のために相続が開始された場合において、当該破産者が単純承認・限定承認・放棄をしないままに破産手続

---

[13] 破産手続を利用した営業等の譲渡例やその留意点につき『破産200問』165頁〔浅沼雅人〕参照。
[14] 『大コンメ』335頁〔田原睦夫〕。

開始決定を受け、開始決定後に放棄をしたときは、破産手続との関係では限定承認をしたものとされる（法238条1項後段）。ただし、相続財産の債務超過が明らかな場合には、相続放棄の効力を認めた方が、管財事務の簡素化が図られるとの観点から、破産管財人が相続放棄の承認をすることができるものとされている（同条2項）。本号では、そうした相続放棄の承認を、破産管財人の単独の判断で行うこととせず、裁判所の許可を要するものとされた。

破産者が相続人でなく包括受遺者の場合にも、破産管財人は同様に包括遺贈の放棄の承認をすることができるが（法243条、238条2項）、その場合も裁判所の許可が必要となる。

また、破産者（自然人）が特定遺贈につき承認・放棄をしないままに破産手続開始決定を受けた場合には、破産管財人が破産者に代わって承認又は放棄をすることができるが（法244条）、このうち特定遺贈の放棄については、破産財団に与える影響が大きいことから、裁判所の許可を要するものとされた。

(7) 動産の任意売却（7号）

動産の個別売却において、処分価格や売却手続の適正を確保するために、裁判所の許可を要するものとされた。動産の代表例としては、商品・仕掛品・原材料・機械工具類・什器備品等であり、自動車や登記を要しない船舶も含まれる。

動産売買先取特権の対象となる動産については、先取特権者が、裁判所の許可を得て、担保権の実行としての動産競売の方法（民事執行法190条）により、これを行使できるものの、単に先取特権を主張されているだけの段階で、破産管財人が対象動産を任意売却しても、不法行為は成立しないとされている[15]。したがって、執行官による対象動産の差押えに至るまで、原則として破産管財人の処分権限が制約を受けることはないものと解されている（**本書65条の解説5(3)**参照）。もっとも、売却代金債権に対する物上代位権の行使が認められていることから、破産管財人としては、できる限り、掛売りをせず、売却代金を現金で回収することが望ましい[16]。

---

15 東京地判平3.2.13（金法1294号22頁）等。
16 『破産200問』138頁〔三村藤明〕。

また、販売に許可を要する商品（酒類、たばこ、医薬品等）や商標権・特許権等の知的財産権との関係が問題となる商品についても、破産管財人はその処分の方法に注意を要する[17]。さらに、商品を消費者に直接販売する場合、破産管財人が消費者契約法の事業者に該当し、瑕疵担保免責条項は無効と解されるおそれがある（消費者契約法8条1項5号）点にも留意すべきである[18]。

なお、在庫商品等が大量に存在する場合、本項4号による商品の一括売却の方法以外に、バーゲンセールやネット通販の方法を利用した本号による任意売却を検討する等の工夫も必要である[19]。

動産の価額が100万円以下のときは、前記の通り、裁判所の許可を要しない。価額の判断は、当該動産の帳簿価格ではなく、破産管財人が現実に処分する際の価格が基準となる。また、同一あるいは同種の複数の動産を同時に同一人に対して処分する場合の扱いについては、①個々の金額を基準とすべきか、②対象物の合算額を基準とすべきか、あるいは③その他の判断基準によるべきか、実務運用は分かれている[20]。

(8) 債権又は有価証券の譲渡（8号）

債権又は有価証券を第三者に譲渡する際に、処分価格の適正を確保するため、裁判所の許可を要するものとされた。

債権譲渡の方法として、近時、期限未到来の債権や回収困難な債権等を中心に、サービサー（債権回収会社）に売却する手法が確立されつつあるので、処理の迅速性や回収の効率性といった観点から、サービサーの利用を検討することも必要である[21]。

本号についても、100万円以下の価額のものは裁判所の許可を要しない。価額の判断に当たっては、①額面額を基準とすべきか、②評価額を基準をすべきか、あるいは③その他の判断基準によるべきか、実務運用は分かれている[22]。明確性の観点からは、額面額を基準とすべきとも考えられるが、評価

---

[17] 『破産200問』139頁〔竹下育男〕。
[18] 『破産200問』150頁〔柴田眞里〕。
[19] 『破産200問』135頁〔和田正〕。
[20] 『書記官事務の研究』130頁では、本文①による運用を行う庁が最も多いとされている。なお、『理論と実務』389頁及び『手引』123頁では、本文②の基準が採用されている。
[21] 『破産200問』128頁〔南賢一〕。

額が額面額より高い場合には、実際に売却する際の売却価額が適正なものかどうかについて裁判所の確認を得る必要もあるので、少なくともそうした場合に限っては、現実に処分する際の価額（回収見込額等を考慮した評価額）を基準にすべきではないかと考えられる[23]。

なお、有価証券のうち、非上場株式の譲渡に当たっては、その譲渡先が事実上、発行会社やその関係者に制限されることに加え、対象株式の評価額も問題となる。会社法144条の売買価格決定の規定が参考になるものと解される[24]。

(9) 双方未履行双務契約の履行の請求（9号）

破産手続開始決定時に、破産者及び相手方の双方が未履行の状態にある双務契約について、破産管財人は、契約の解除又は履行を選択することができる（法53条1項）。解除と履行のいずれを選択しても、公平の観点から相手方に財団債権を負担する場合があるので（法54条2項、148条1項7号）、いずれを選択するか慎重な判断が必要となるところ、破産手続の場合には、解除が原則と考えられるので、例外措置である履行選択の場合のみ、裁判所の許可を要するものとされた[25]。

本号についても、100万円以下の価額のものは裁判所の許可を要しないが[26]、価額の判断に当たっては、履行すべき相手方の請求権の額が基準になるものと解される[27]。

(10) 訴えの提起（10号）

本号の「訴え」とは、民事訴訟の本訴や反訴にとどまらず、独立当事者参加、共同訴訟参加、再審、支払督促及び保全手続も含まれる。訴訟行為は、破産財団の増殖に影響するだけでなく、新たに訴えを提起すると、その係属中は破産手続を終了することができず、その結果、破産手続の進行にも影響

---

22 『書記官事務の研究』130頁では、本文②による運用を行う庁が最も多いとされている。なお、『大コンメ』336頁〔田原睦夫〕では、本文①の基準が採用されている。
23 『理論と実務』389頁、『書記官事務の研究』129頁。
24 『破産200問』131頁〔加々美博久〕。
25 『条解』635頁。
26 もっとも、価額のいかんにかかわらず、必ず裁判所との事前協議を求められるとの運用がなされている庁も見られる（『手引』124頁）。
27 『理論と実務』389頁。

するところから、裁判所の許可を要するものとされた[28]。

また、行政手続上の不服申立て（異議や審査請求）にも、本号が類推適用されると解されている[29]。

他方、破産管財人による応訴や訴訟の受継（法44条、45条）[30]、訴えの変更、強制執行や担保権実行の申立て及び刑事上の告訴・告発は、「訴えの提起」に含まれない。

上訴（控訴・上告）の申立てが「訴えの提起」に含まれるか否かについて、判例[31]は、消極に解しており、これに賛同する見解も見受けられる[32]。もっとも、実務上は、破産手続の進行に影響することが大きいところから、裁判所の許可を必要とする運用がなされているものとされている[33]。

なお、否認の請求（法174条）や役員の責任の査定の申立て（法178条）は、「訴えの提起」に該当しないと解されるが、管財業務の進行に大きな影響を及ぼすことから、実務上は、事前に破産管財人と裁判所との協議を要するとの運用となっていることが多い[34]。

本号についても、100万円以下の価額のものは裁判所の許可を要しないが[35]、価額の判断に当たっては、訴額（請求額や被保全権利の額）が基準になるものと解される[36]。

(11) 和解又は仲裁合意（11号）

和解及び仲裁合意（仲裁法2条1項）は、破産財団に大きな影響を及ぼすことから、裁判所の許可を要するものとされた。

本号の「和解」とは、訴訟上の和解（民事訴訟法264条、265条、275条）だけで

---

28 『大コンメ』337頁〔田原睦夫〕。
29 『条解』635頁、『大コンメ』337頁〔田原睦夫〕。
30 受継の申立てについては、破産手続の進行に関わる事項であるとの理由により、必ず裁判所との事前協議が求められるとの運用がなされている庁も見られる（『手引』124頁）。
31 最判昭61.7.18（金法1137号29頁。ただし、特別清算に関する要許可事項を定めた旧商法445条（会社法535条と類似の規定）に関するもの）。
32 『条解』635頁。
33 『大コンメ』337頁〔田原睦夫〕、『理論と実務』390頁、『手引』124、225頁。
34 『理論と実務』390頁、『手引』124、235頁、『運用と書式』177、178頁。
35 もっとも、価額のいかんにかかわらず、必ず裁判所との事前協議が求められるとの運用がなされている庁も見られる（『手引』123頁）。
36 『理論と実務』390頁、『書記官事務の研究』130頁。

なく、訴訟外の和解（民法695条）も含まれる。また、民事調停法による調停も、その実質が和解の要素を含むことから、本号の対象と解されている[37]。

本号についても、100万円以下の価額のものは裁判所の許可を要しない。価額の判断に当たっては、和解の前提となった請求額が基準になるものとされている[38]。したがって、訴額が100万円を超える訴訟において和解をする場合、その和解金額が100万円以下であっても、破産管財人は訴訟提起の際とは別に、改めて裁判所の許可を得る必要があると解される[39]。

(12) 権利の放棄（12号）

権利の放棄は、本来予定されている破産財団の増殖とは逆に、破産財団の減縮をもたらすものであることから[40]、裁判所の許可を要するものとされた。

権利の放棄は、実体上の権利の放棄と訴訟法上の権利の放棄（請求の放棄や上訴権の放棄、訴え・上訴の取下げ等）とに、大きく分けられる。また、実体上の権利の放棄は、さらに、権利の絶対的放棄（債務免除や共有持分権の放棄等、実体上の権利を消滅させるもの）と破産財団からの権利放棄（別除権の目的財産を破産財団から放棄する場合等、破産管財人の管理処分権が消滅するに止まるもの）に細分される（**本書184条の解説6(1)参照**）。

破産財団からの権利放棄を行うと、対象となった権利の管理処分権は破産者に復帰する[41]。すなわち、自然人の破産の場合、対象となった権利は破産者の自由財産となり、法人の破産の場合には、管理処分権が清算法人に帰属することとなる（**本書35条の解説3**、**184条の解説6(3)参照**）。

不動産につき、破産財団からの権利放棄は、以下のような場合によく利用されている[42]。

① 不動産の性質上換価が著しく困難と考えられる物件（河川敷・原野等）で、放棄後も後述するような管理上の重大な問題が残らないと考えられる場合

---

37 『条解』635頁、『大コンメ』337頁〔田原睦夫〕。
38 『理論と実務』390頁。
39 『書記官事務の研究』130頁。
40 『大コンメ』338頁〔田原睦夫〕。
41 最決平12.4.28（金法1587号57頁。破産者が法人の事例）。
42 『条解』636頁。

② いわゆるオーバーローン物件で、破産管財人の予定する任意売却の方法に担保権者が協力せず、担保権消滅許可の申立てをすることも相当でない場合
③ 破産管財人において換価の努力をしたにもかかわらず、買受希望者が現れず、近い将来も換価の見込みが立たない場合

なお、不動産の破産財団からの権利放棄について、放棄後に管理者が事実上不在となって問題が生ずる場合や土壌その他の環境汚染が生じている場合等においては、破産管財人の社会的責任の観点から、慎重に検討する必要があり、安易な放棄は許されるべきではなく、裁判所も、公益上の観点を加味して放棄の可否を判断すべきであるとの見解が、強く主張されている[43]（**本書第3章前注4(6)、184条の解説6(4)参照**）。

また、不動産につき、破産管財人が破産財団からの権利放棄をした場合、放棄をする前に負担していた義務を免れることができるとした裁判例[44]に対しても、これに反対する見解が有力である[45]。

本号についても、100万円以下の価額のものは裁判所の許可を要しないが、価額の判断に当たっては、放棄対象の財産の処分価格（ただし、債権は額面額、訴えに係るものは訴額）が基準になるものと解される[46]。

(13) **財団債権、取戻権又は別除権の承認（13号）**

財団債権、取戻権又は別除権を承認することは、いずれも前号の権利の放棄と同様、破産財団の減少という大きな影響を及ぼすことから、100万円以下の価額のものを除き、裁判所の許可を要するものとされた。

(14) **別除権の目的財産の受戻し（14号）**

別除権の目的財産の受戻しとは、本来、別除権の被担保債権の全部を弁済して、別除権の目的財産に付された当該担保権を消滅させることである。別除権の被担保債権額が目的財産の価額より低額の場合、別除権者による担保

---

[43] 伊藤眞「破産管財人の職務再考」判タ1183号35頁、『条解』637頁、『大コンメ』338頁〔田原睦夫〕。
[44] 大阪高判昭53.12.21（金法918号33頁。借地上の建物所有者が破産した事案において、破産管財人が建物所有権・賃借土地の占有を放棄することにより、建物収去土地明渡義務を免れることができるとしたもの）。
[45] 『条解』637頁、『大コンメ』338頁〔田原睦夫〕。
[46] 『理論と実務』390頁。

権実行を容認するよりは、破産管財人が目的財産を受け戻した上でこれを任意売却した方が、破産財団にとって有利な結果となる可能性がある。そこで、そうした結果が発生するか否かの判断につき、破産管財人が単独で行うこととせず、裁判所の許可を要するものとされた。

なお、別除権の被担保債権額が目的財産の価額を上回る場合（いわゆるオーバーローンの場合）でも、実務では、別除権者と合意の上、被担保債権の一部を弁済して別除権を消滅させる処理が広く行われており、本号には、そうした受戻しも含まれる。

本号についても、100万円以下の価額のものは裁判所の許可を要しないが、価額の判断に当たっては、別除権の目的財産の価額ではなく、弁済すべき被担保債権の額が基準になるものと解される。

(15) その他裁判所の指定する行為（15号）

近年、大規模で複雑困難な事件に対応するため、破産管財人の行為が多様化しているとの事情を考慮し、1号ないし14号に列挙された行為以外にも、裁判所が許可を要する行為を指定することができることとした[47]。

5 労働組合等の意見聴取（本条4項）

営業等の譲渡に関して、破産者の労働者は、譲渡先に再雇用されるか否か等の点で重大な利害関係を有しており、また、一般に破産者の内部事情にも通じ、重要な情報を有している[48]。そこで、裁判所が本条2項3号により営業等の譲渡につき許可をする際には、労働者の利益を代表する立場にある労働組合等（破産者の使用人その他の従業者の過半数で組織する労働組合があるときはその労働組合、そうした労働組合がないときは破産者の使用人その他の従業者の過半数を代表する者（法32条3項4号））の意見を聴かなければならないと定められた[49]。

裁判所は、労働組合等の意見を聴いて参考にすれば足り、そうした意見に拘束されるわけではなく、また、労働組合等の意見を聴かないで営業等の譲

---

47 『一問一答』132頁。
48 『一問一答』133頁。
49 意見聴取の方法として、裁判所が破産管財人に命じて意見を聴く方法や、本人から裁判所に書面を提出させる方法も可能であると解されている（『条解』633頁、『破産実務』135頁）。

渡につき許可をした場合でも、本条5項のような別段の定めがないので、裁判所の許可の判断は有効であると解されている[50]。

6　許可を得ない行為の効力（本条5項）

　破産管財人が、本条2項・3項により裁判所の許可を要するとされたにもかかわらず、許可を得ないでした行為は、無効であるが、これをもって善意の第三者に対抗することはできない。したがって、善意の第三者は、行為の有効性を破産管財人に主張することができ、取引の安全を確保することができる。

　善意の第三者とは、裁判所の許可を要する行為であることを知らなかった者及び許可を要する行為であることは知っていたものの、裁判所の許可が得られたと誤信していた者をいう。知らなかったことや誤信していたことにつき、過失の有無は問わないと解されている[51]。

　なお、破産管財人が裁判所の許可を得ないで訴えの提起（本条2項10号）をした場合につき、本条2項の許可は、民事訴訟法28条に定める「訴訟行為をするのに必要な授権」に属しないとの理由から、不適法な訴えとはならないとする見解があるが[52]、これに対しては、有力な反対説が存在する[53]。反対説からは、法的安定性の確保のため、当該訴えを受理した裁判所は、実質審理前に許可の存在を確認すべきであり、その段階で許可を得ていないことが明らかとなった場合には、当該訴えを却下すべきであると主張されている。

7　破産者の意見聴取（本条6項）

　破産管財人が、本条2項に列挙された裁判所の許可を要する行為をするときは、遅滞を生ずるおそれのある場合又は本条3項によって裁判所の許可を要しないとされた場合を除き、破産者（法人の場合には元代表者）の意見を聴かなければならない。

　これは、破産者には、破産手続開始決定後も財産の帰属主体としての地位

50　『条解』633頁。
51　『条解』638頁、『大コンメ』333頁〔田原睦夫〕。
52　司法研修所編『破産事件の処理に関する実務上の諸問題』（法曹会、1985年）185頁。
53　『条解』638頁、『大コンメ』337頁〔田原睦夫〕。

が残っており、また、一般に破産者（元代表者）は、破産財団に属する財産の実情をもっともよく知っている等の理由から、意見を聴くことにしたものである[54]。

破産管財人が本項に違反した場合には、破産管財人の損害賠償責任事由・解任事由の問題は別として、破産管財人の行為そのものが無効となるわけではないと解されている[55]。

(服部一郎)

第79条　破産財団の管理

> 破産管財人は、就職の後直ちに破産財団に属する財産の管理に着手しなければならない。

規則
(破産財団に属する金銭等の保管方法)
第51条　①　破産管財人は、破産手続開始後遅滞なく、破産財団に属する財産のうち金銭及び有価証券についての保管方法を定め、その保管方法を裁判所に届け出なければならない。
②　破産管財人は、前項の規定により届け出た保管方法を変更したときは、遅滞なく、変更後の保管方法を裁判所に届け出なければならない。

1　本条の趣旨

本条は、破産管財人の業務の適正化かつ迅速化の一環として、破産管財人に対し、破産財団に属する財産、とりわけ破産者が破産手続開始時に占有する財産について、初動において、スピード感をもって、管理権（法78条1項）を行使することを命じる規定である。

---

[54] 『条解』638頁、『大コンメ』333頁〔田原睦夫〕。
[55] 『条解』638頁、『大コンメ』333頁〔田原睦夫〕。

時の経過に従って、破産財団に属する財産やこれを証明する資料（債権・契約関係の資料等）は散逸し、破産者や破産者が事業者であればその従業員等の関係者も事件に対する関心を失い、その記憶も薄れていく。いったん散逸した財産や資料を回収することは難しくなり、円滑な破産管財業務の進行に支障が生じることから、明文をもって規定された。

2 「就職の後直ちに」

選任された者が受諾して破産管財人に「就職」する。実務上、選任された者が、破産手続開始決定書と一体をなす破産管財人選任決定書を受領することが受諾の意思表示とされている[1]。

「直ちに」とは、時を移さず、すぐに、という意味である。破産手続開始の決定は、その決定の時から効力を生ずるから（法30条2項）、決定の確定を待つ必要はない。破産手続開始の決定に対し債務者等から即時抗告（法33条1項）がなされたとしても執行停止の効力はなく、破産管財人は、時を移さず、すぐに破産財団に属する財産の管理に着手しなければならない。いったん管理に着手した後に破産手続開始の決定に対する即時抗告がなされたとしても、管理を中止する必要もない。しかし、即時抗告がなされている以上、破産管財人は、即時抗告手続の経過に注目しながら管理を進めていくことになる[2]（**本書33条の解説2(4)参照**）。

3 「破産財団に属する財産」

破産管財人が、就職後直ちにすべき破産管財業務の中でもとりわけ重要なのが、破産手続開始時において破産者が占有する財産について、現実の引渡しを受けるなどの現有財団に属する財産についての管理の着手であり、本条の規範としての意味はここにあると解される。この点、本条にいう破産財団について、現実的・直接的には「現有財団に属する財産」であるとしながらも、理念的・行為規範的には、破産管財人は、法定財団に属する財産の全部につき就職後直ちに管理を着手すべきであるとの見解がある[3]。その趣旨

---

1 『伊藤』190頁。
2 滝澤孝臣編著『実務に学ぶ倒産訴訟の論点』（青林書院、2014年）69頁。
3 『条解』640頁。

は、本条の規範としての意味は、現有財団に属する財産についての管理の着手であり、とはいえ、できる限り、現有財団に属する財産を超える法定財団に属する財産についても、就職後直ちに管理の着手の準備を始めるべきであると理解することができる。また、本条にいう破産財団について「破産管財人が、就任後直ちに管理しうる現有財団たるべき財産を意味する」との見解[4]も同じ趣旨といえる。

　破産者が占有する財産の中には、取戻権の対象となるべき財産（例えば、事業者破産においてその事業所にある従業員の私物、個人破産において破産者の自宅にある家族の物）のように法定財団に属しない物が混入していることもあり得るが、破産管財人は、いったんは「破産者が占有する財産」としてその管理に着手し、後に適宜仕分けして処理すべきである。これとは逆に、破産者の財産でありながら、破産者の占有を離れ、第三者が占有する法定財団に属する財産もある（例えば、事業者破産においてその従業員が不正に持ち出した破産者所有の自動車）。その場合には、破産管財人は直ちに現実の管理に着手することはできないものの、できる限り占有を回復するべく、所在調査又は返還請求等の管理の着手の準備には入るべきである。

4　「管理に着手する」

　管理の対象となる財産の内容によって、破産者が占有する財産のように破産管財人が破産者から現実の引渡しを受けるなどの方法により就職後直ちに管理に着手することができるものがある。一方で、否認権の行使（法173条1項）、契約関係の処理（法53条等）、破産財団に関する訴訟の追行（法80条）のように、権利関係がその対象になり、直ちに管理に着手することができないものもある。

　前者の管理の着手には、破産者の財産の占有や管理、封印、財産評定、財産目録・貸借対照表の作成・提出、郵便物の管理等が含まれ[5]、その対象は不動産・動産という「物」であることから、破産管財人が就職後直ちに、破産者及びその関係者の協力を得て管理に着手することができる事項が多く、

4　『大コンメ』340頁〔田原睦夫〕、『条解』640頁。
5　『伊藤』191頁。

スピード感が要求される。

　具体的には、破産管財人は、自己破産の場合には、就職後直ちに、破産者及びその申立代理人と面談した上で、現金、預貯金通帳、実印・銀行印、有価証券、受取手形、小切手等の財産や出資証券、保険証券、会員権証書、借用証等の資料を引き継ぐ。破産者が所有している不動産がある場合には、破産管財人は現地を確認の上、破産者から当該不動産の登記済証（いわゆる権利証）ないし登記識別情報と実印、鍵等の引渡しを受ける。その際、破産管財人の占有下にあることを示す旨の告示書を掲示することもあり、建物火災保険（特約としての盗難保険）への加入の有無を確認し、未加入であれば加入の検討をする。破産者が占有している不動産があればその権原と現地を確認し、例えば、賃貸借契約であれば、賃貸人と賃借物の返還について交渉する。また、破産者が所有又は占有している自動車については、破産管財人はその所在を確認後、破産者からキー、車検証、自賠責保険証券、任意保険証券等の引渡しを受けて、自らの占有下に置く[6]。なお、破産財団に属する金銭等の保管方法については、破産規則の規定による（規則51条）。

　破産者が占有する破産財団に属する財産の引渡しについて、破産者の協力が得られない場合には、破産管財人は、裁判所に対し、破産者に対し破産財団に属する財産を引き渡すべき旨を命じる決定を求めることもできる（法156条）。

　これに対し、後者の管理の着手については、その対象が権利関係であり、管理に着手するためには事実関係の調査や資料の収集等の準備が必要であり、直ちに管理に着手することができない場合もあるが、破産管財人は管理の着手の準備を始めるべきである。

〔山田尚武〕

第80条　当事者適格

破産財団に関する訴えについては、破産管財人を原告又は被告とする。

---

[6] 管理の着手の実務については、『実践マニュアル』100頁以下、『破産200問』74頁〔金山伸宏〕、『手引』88頁以下、『破産実務』189頁以下を参照。

1　本条の趣旨

　本条は、「破産財団に関する訴え」については、破産管財人が正当な当事者であることを定めた規定である。

　当事者適格とは、訴訟物たる権利関係について、本案判決を求め、又は求められる訴訟手続上の地位をいう[1]。原告適格と被告適格とに分けられる。「破産財団に属する財産」の管理処分権は破産管財人に専属すること（法78条1項）に鑑み、法は、「破産財団に関する訴え」については、「破産財団に属する財産」の管理処分権を有する破産管財人が当該紛争の解決にふさわしいと考えて、これを正当な当事者とした。法定訴訟担当の1つとされる[2]。

　これに対し、「破産財団に関する訴え」以外の訴えについては、破産管財人に専属するのは「破産財団に属する財産」の管理処分権だけであること、配当財団の形成に影響しないことが多いことなど、破産管財人ではなく、財産権の帰属主体である破産者が当該紛争の解決にふさわしいことから、破産手続開始の前と同様に、破産者が正当な当事者となる。

2　破産管財人が当事者適格を有することの意味

　本条により、第1に、破産手続開始後に破産者を被告として新たな訴えを提起することは許されない。訴えが提起されたとしても却下される[3]。ただし、却下決定の前に、当該財産が破産財団から権利放棄されるなどして管理処分権が破産者に復帰した場合には、却下しなくてもよいと解されている[4]。

　第2に、破産手続開始の決定があったときには、係属中の破産者を当事者

---

[1] 伊藤眞『民事訴訟法〔第4版補訂版〕』（有斐閣、2014年）180頁。
[2] 伊藤・前掲注1・182頁。高橋宏志『重点講義民事訴訟法（上）〔第2版補訂版〕』（有斐閣、2013年）245頁参照。
[3] 再生手続開始決定及び管理命令がなされた事案であるが、再生債務者の財産の管理処分権は管財人に専属しているのであるから、再生債権者は、債務者を代位してその財産に関する訴訟を提起することはできないとして、原判決を取り消し、再生債権者の訴えを却下した裁判例がある（東京高判平15.12.4金法1710号52頁）。
[4] 『大コンメ』342頁〔田原睦夫〕。昭和43年改正会社更生法施行前に管財人を被告とすべきであるのに誤って更生会社を被告として提起された訴えであっても、右法律施行ののち更生会社の取締役に同法211条3項又は同法248条の2第1項所定の授権がなされた場合には、その訴えは、正当な当事者を相手方とした適法な訴となるものと解すべきであるとした判例がある（最判昭47.9.7民集26巻7号1301頁）。

とする破産財団に関する訴訟手続は中断する（法44条1項）。一方で、破産管財人は、破産手続の開始により当事者適格を取得することから、中断した訴訟手続のうち、破産債権に関しないものを受け継ぐことができる（法44条2項前段）。これに対し、「破産財団に関する訴え」以外の訴えについては、破産管財人は当事者にならないことから、破産手続が開始されたとしても、引き続き破産者が当事者となる。その場合、訴訟手続は中断しない（加えて、**本書44条の解説1**(3)参照）。なお、破産手続開始の決定がなされ破産管財人が就任した後に、破産者が、破産管財人を差し置いて相手方に対し、「破産財団に関する訴え」を提起することは少ない。逆に、相手方が、破産管財人を差し置いて破産者に対し、「破産財団に関する訴え」を提起することも少ない。したがって、本条は、係属中の「破産財団に関する訴え」の取扱いの場合の問題として機能することが多いということができる。

第3に、「破産財団に関する訴え」に係る確定判決の効力は、破産者にも及ぶ（民事訴訟法115条1項2号）。法定訴訟担当とされるゆえんである。破産者は、破産管財人に共同訴訟的補助参加をすることができると解される[5]。

3 破産財団に関する訴え

(1) 「破産財団に関する訴え」の意味

　破産財団に属する財産に関する訴えが、破産財団に関する訴えの典型例である。破産財団を引当とする破産債権に関する訴え及び財団債権に関する訴えについては、いずれも配当財団の形成に影響を及ぼすものであり、「破産財団に属する財産」の管理処分権を有する破産管財人が当該紛争の解決にふさわしいことから、破産財団に関する訴えに含まれると解される[6]。

　「訴え」には、破産財団に関するものである限り、民事訴訟だけではなく、課税処分取消訴訟等の行政訴訟、保全命令事件、商事非訟・借地非訟事件の他、調停事件、家事審判事件、労働審判事件、仲裁事件、行政庁に継続する事件（法46条）も含まれると解されている（**本書44条の解説1**(2)参照）[7]。いずれも配当財団の形成に影響を及ぼすものであり、「破産財団に属する財

---

[5] 『条解』649頁。
[6] 『条解』642頁、『伊藤』401頁。
[7] 『条解』642頁。

産」の管理処分権を有する破産管財人が当該紛争の解決にふさわしいからである。

(2) 破産財団に属する財産に関する訴え

　「破産財団」の意味については、法の予定する破産財団である法定財団（法34条。なお、この場合の破産財団の意義について、**本書34条の解説2参照**）と考えるか、現に破産管財人の管理下にある現有財団と考えるかについて対立がある。法定財団に属するが現有財団に属しない財産（例えば、第三者が不正に持ち出した破産者所有の自動車）に関する訴えについて、破産管財人を当事者とするのか、それとも破産者を当事者とするのかについて差異が生じる。中断・受継の範囲を明確にする意味で、現有財団と考える見解も有力である[8]。しかし、法定財団に属する財産に関するものである以上、破産管財人として他人任せにはできないこと、法定財団に属する財産であり破産者の損得に関係なく破産者の適切な訴訟追行は期待できないことから、法定財団に属する財産に関する訴えについても、「破産財団に属する財産」について管理処分権を有する破産管財人が当該紛争の解決にふさわしく、「破産財団に属する財産に関する訴え」として、破産管財人が当事者適格を有するべきである。したがって、ここにいう「破産財団」は法定財団であると解すべきである[9]。

　もっとも、現有財団に属するが法定財団には属しない財産（例えば、破産者が占有する第三者の自動車）に関する訴えについても、現有財団に属する財産である以上、破産者ではなく「破産財団に属する財産」について管理処分権を有する破産管財人が紛争の解決にふさわしい当事者ということができるから、「破産財団に属する財産に関する訴え」として、破産管財人が当事者適格を有すると解すべきである。

(3) 破産債権に関する訴え

　破産債権の有無及びその額は、全体の破産債権に対する配当率に影響を及ぼすものであり、破産債権に関する訴えも「破産財団に関する訴え」に含まれ、破産管財人が当事者適格を有して然るべきである。ただし、破産債権については、独自の破産債権の届出（法111条以下）及び調査確定手続（法115条以

---

8 『伊藤』402頁。
9 『大コンメ』331頁〔田原睦夫〕、『条解』642頁。

下）があるため、債権者は、まずはこの手続を履践しなければならない。そこで、破産手続開始前に、債権者が破産者に対し給付訴訟を提起していたり、逆に破産者が債権者に対し債務不存在確認訴訟を提起したりしているときに、破産手続開始の決定がなされると、訴訟は中断し（法44条1項）、破産管財人は、同条項で中断した訴訟手続のうち破産債権に関しないものだけを受継することができることから（法44条2項前段）、債権者は破産債権の届出・調査確定手続を経ることになる。ただし、調査の中で破産管財人及び他の破産債権者から届出債権について異議が述べられたときは、通常、破産債権査定手続が行われ（法125条1項本文）、査定決定に対し不服がある者によって異議の訴えが提起されるが（法126条）、この場合、中断中の破産債権に関する訴訟が異議者を相手方として、又は異議者によって受継される（法125条1項ただし書・127条1項等）。

(4) 財団債権に関する訴え

財団債権の存否ないしその額は、破産配当に影響を及ぼす。破産手続開始後、財団債権に関する訴えは、「破産財団に関する訴え」として、破産管財人が受継することができる。

破産手続開始の前に、債権者が破産者に対し給付訴訟を提起していたり、債務者について破産手続が開始され、相手方の請求権が財団債権となる場合には（例えば、破産者の使用人の給与の請求権の場合（法149条））、財団債権に関する訴えということになる。破産管財人に当事者適格があり、訴訟は中断し（法44条1項）、破産管財人はこれを受継することができる（法44条1項・2項前段）。

(5) 中断と受継が問題となった事案

土地の賃貸人が賃借人に対し、土地賃貸借契約が終了したとして、建物収去及び土地明渡し並びに賃料相当損害金の支払を求めて訴えを提起したところ、控訴審の係属中に、賃借人について破産手続が開始されたという事案において、最高裁は、土地の賃貸人の請求について、「破産財団に属する財産に関する訴え」、破産債権に関する訴え及び財団債権に関する訴えの3つの部分に区別し、それぞれの中断と受継について、次のように判示した[10]。

建物収去及び土地明渡し請求の部分は、取戻権の行使の問題として、「破産財団に属する財産に関する訴え」ということで、破産管財人に被告適格が

あり、訴訟は中断し、破産管財人及び相手方はこれを受継することができる（法44条1項・2項）。賃料相当損害金の支払請求のうち、破産手続が開始される前の部分については、破産債権であり（法2条5号）、訴訟は中断するものの（法44条1項）、破産管財人及び相手方はこれを受継することはできず（法44条2項）、賃貸人は破産債権届出（法111条1項）をすることになる。賃料相当損害金の支払請求のうち、破産手続が開始された後の部分については、破産財団に関し破産管財人がした行為によって生じた請求権として財団債権に該当し（法148条1項4号）、財団債権に関する訴えということで、破産管財人に被告適格があり、訴訟は中断し、破産管財人及び相手方はこれを受継することができる（法44条1項・2項）。

4 「破産財団に関する訴え」以外の訴え

(1) 破産者が個人の場合

a 自由財産（新得財産を含む）に関する訴訟

自由財産は（自由財産の意義について、**本書34条の解説3**参照）、現有財団に属する財産として破産管財人の管理下にあることもあるが、法定財団に属する財産ではない。そのため、自由財産（新得財産を含む）に関する訴えについては、原則として、破産管財人ではなく、当該紛争の解決にふさわしいことから、財産権の帰属主体である破産者が当事者適格を有すると解される[11]。なお、自由財産か否かについて争いのある事案については、破産財団に属すると主張する破産管財人にも自由財産と主張する破産者にも当事者適格があると解されている[12]。

帰属上の一身専属権は、金銭債権のように転付命令（民事執行法159条）や譲渡命令等（民事執行法161条）によって換価することはできず、また、行使上の一身専属権は、金銭債権の取立てのように（民事執行法155条）、差押債権者が債務者に代わって取り立てることによる換価はできないことから、帰属

---

[10] 最判昭59.5.17（金法1083号32頁）。『倒産判例百選〔第4版〕』144頁〔安西明子〕、『倒産判例百選〔第5版〕』164頁〔髙山崇彦〕、『伊藤』405頁。
[11] 破産手続開始後の破産者の不法行為に基づく損害賠償請求は、破産財団に関する訴えには当たらず、破産管財人には被告適格はなく不適法として、原判決を破棄、第1審判決を取り消して訴えを却下した判例がある（最判平13.7.19金法1628号47頁）。
[12] 『条解』649頁。

上又は行使上の一身専属権となれば、性質上差押えの対象とならない財産として、自由財産となる（法34条3項2号）[13]。

この帰属上又は行使上の一身専属権として問題となるのが、慰謝料請求権、遺留分減殺請求権、遺産分割請求権、離婚に伴う財産分与請求権等の身分関係に関する訴訟である。いずれも、紛争当事者の一方について破産手続開始の決定がされ、中断と受継の問題となっている。項を改める。

b 慰謝料請求権

慰謝料請求権が帰属上の一身専属権ではないことは争いがない[14]。判例は、慰謝料請求権が行使上の一身専属権であることを前提とした上で加害者が被害者に対し一定額の慰謝料を支払うことを内容とする合意もしくは係る支払を命ずる債務名義が成立したなどその具体的な金額が当事者間において客観的に確定したとき又は被害者が死亡したときは行使上の一身専属性を失うという[15]。この判例によれば、破産手続終了の前までに慰謝料請求権の行使上の一身専属性が失われない限り、これに関する訴えは「破産財団に関する訴え」以外の訴えとなり、破産管財人は当事者適格を有しない。もっとも、1つの行為によって発生した損害賠償請求権は一個であると解されていることから、慰謝料部分については、破産管財人が当事者適格を有することにはならないとしても、積極損害や消極損害（逸失利益）の部分については、「破産財団に関する訴え」として破産管財人は当事者適格を有することになり、破産管財人と破産者は、一個の損害賠償請求権についての当事者適格を同時に有することになると解されている（**本書44条の解説1(3)b**参照）。

c 遺留分減殺請求権

判例[16]は、遺留分制度は遺留分を回復するかどうかを専ら遺留分権利者の自律的決定に委ねるものであり、遺留分権利者がこれを第三者に譲渡するな

---

13 『伊藤』242頁。
14 『伊藤』243頁。
15 最判昭58.10.6（民集37巻8号1041頁）。これに対しては、「個人の生命、身体又は名誉侵害などに起因する慰謝料請求権については、その金額が確定しても行使上の一身専属性は失われず、破産財団に属することはない」とする有力な反対説がある（『伊藤』244頁）。なお、生命侵害による近親者の慰謝料請求権は、具体的金額が当事者間において客観的に確定しない間は、一身専属性を有し、破産財団に属しないとした裁判例がある（名古屋高判平元.2.21判タ702号259頁）。
16 最判平13.11.22（民集55巻6号1033頁）。『伊藤』243頁。

ど、権利行使の確定的意思を有することを外部に表明したと認められる特段の事情がある場合を除き、債権者代位の目的とすることができないと解している。この判例の考え方によれば、破産者の遺留分減殺請求権は行使上の一身専属権であり、遺留分減殺請求権自体は破産者のみで行使することができる。ただし、破産者が権利行使の確定的意思を有することを外部に表明したと認められる特段の事情がある場合に限って、それに基づいて生じる具体的な請求権に係る訴えについては、「破産財団に関する訴え」として、破産管財人が正当な当事者となる。

d 遺産分割請求権

判例[17]は、遺産分割について、共同相続人の間で成立した遺産分割協議は、相続の開始によって共同相続人の共有となった相続財産について、その全部又は一部を、各相続人の単独所有とし、又は新たな共有関係に移行させることによって相続財産の帰属を確定させるものであり、その性質上、財産権を目的とする法律行為であるということができるから、詐害行為取消権行使の対象となり得るものと解している。この判例の考え方によれば、遺産分割請求権は行使上の一身専属権ではなく、破産者の遺産分割に関する訴えについては、「破産財団に関する訴え」として、破産管財人が当事者となる（**本書238条の解説4(2)**参照）。先の遺留分減殺請求権とは取扱いが異なる。

e 離婚に伴う財産分与請求権

判例[18]は、離婚に伴う財産分与請求権について、一個の私権たる性格を有するものではあるが、協議あるいは審判等によって具体的内容が形成されるまでは、その範囲及び内容が不確定・不明確であるから、かかる財産分与請求権を保全するために債権者代位権を行使することはできないものと解している。この判例に従えば、離婚に伴う財産分与請求権は行使上の一身専属権であり、原則として、「破産財団に関する訴え」以外の訴えである。そのため、破産管財人が当事者になることはなく、協議あるいは審判等によって具体的内容が形成される場合に限って、破産財団に関する訴えとして破産管財

---

[17] 最判平11.6.11（民集53巻5号898頁）、最決平17.10.11（民集59巻8号2243頁）。『伊藤』243頁。なお、登記先例（平成22年8月24日付法務省民二第2077号）もこれを認めている。

[18] 最判昭55.7.11（民集34巻4号628頁）。**本書44条の解説1(3)b**参照。

人が当事者となる。先の遺留分減殺請求権と同様の取扱いであり、養育費や婚姻費用も同様に考えられる（**本書44条の解説1(3)b**参照）[19]。

(2) 破産者が法人の場合

法人の場合、個人の場合のように、債務者の経済生活の再生の機会を確保する必要はなく、また、破産手続の開始が解散事由とされていることから（会社法471条5号、一般社団法人及び一般財団法人に関する法律202条1項5号等）、自由財産を認める理由はないと解されているものの[20]、法人についても、破産管財人が「破産財団に属する財産」を放棄する場合があり（法78条1項12号）、放棄された財産は自由財産と解するほかないとされている[21]。

法人の場合、設立、株主総会決議、取締役会決議、役員の選任・解任、事業譲渡、組織変更、合併、会社分割、株式交換及び株式移転等の瑕疵をめぐる会社の組織に係る行為等についての訴訟（不存在確認、無効確認、取消し等）は、「破産財団に関する訴え」以外の訴えと解されており、多数の判例・裁判例があるとされる（**本書35条の解説3**参照）[22]。しかし、合併をはじめとする権利義務の包括承継を伴う行為の効力を争う訴訟（合併無効の訴え、新設分割無効の訴え、吸収分割無効の訴え）は、これらが無効と認められると破産管財人の管理処分権が及んでいる財産の帰属に影響すること及び事業譲渡を承認する株主総会決議や配当決議の取消し又は無効確認訴訟も会社の財産処分の前提となる意思表示の効力が争われており、破産管財人の管理処分権が及んでいる財産の帰属に影響することから、いずれも「破産財団に関する訴え」として、破産管財人が当事者になるとする見解が有力である[23]。破産管財人の

---

[19] 『伊藤』243頁。
[20] 『伊藤』246頁。
[21] 『概説』377頁。なお、最決平12.4.28（金法1587号57頁）は、「破産者が株式会社である場合を含め、破産財団から放棄された財産を目的とする別除権につき別除権者がその放棄の意思表示をすべき相手方は、破産者である。」としている。
[22] 最判平21.4.17（金法1878号39頁）は、「会社が破産手続開始の決定を受けた場合、破産財団についての管理処分権限は破産管財人に帰属するが、役員の選任又は解任のような破産財団に関する管理処分権限と無関係な会社組織に係る行為等は、破産管財人の権限に属するものではなく、破産者たる会社が自ら行うことができるというべきである」と判示しており、そうすると、破産手続開始の決定後の役員の選任又は解任のような破産財団に関する管理処分権と無関係な会社組織に係る行為等は、破産管財人ではなく破産者たる会社自身が当事者適格を有することになると解される。判例の紹介については、『条解』646頁、『大コンメ』344頁〔田原睦夫〕を参照。

管理処分権が及んでいる財産の帰属に影響する会社の組織に係る行為等についての訴訟については、「破産財団に属する財産」の管理処分権を有する破産管財人が当該紛争の解決にふさわしいことから、「破産財団に関する訴え」として、破産管財人に当時者適格があるとする有力説が妥当であると考えられる（**本書35条の解説**注13参照）。

5　破産手続が終了した場合の破産管財人の当事者適格

　破産手続が終了した場合には、原則として、破産者の財産に対する破産管財人の管理処分権は消滅し、以後、破産者の管理処分権が回復される。したがって、破産手続が終了したときは破産管財人を当事者とする破産財団に関する訴訟手続は中断し（法44条4項）、破産者は中断した訴訟手続を受け継がなければならない（法44条5項前段）。

（山田尚武）

第81条　郵便物等の管理

① 　裁判所は、破産管財人の職務の遂行のため必要があると認めるときは、信書の送達の事業を行う者に対し、破産者にあてた郵便物又は民間事業者による信書の送達に関する法律（平成14年法律第99号）第2条第3項に規定する信書便物（次条及び第118条第5項において「郵便物等」という。）を破産管財人に配達すべき旨を嘱託することができる。
② 　裁判所は、破産者の申立てにより又は職権で、破産管財人の意見を聴いて、前項に規定する嘱託を取り消し、又は変更することができる。
③ 　破産手続が終了したときは、裁判所は、第1項に規定する嘱託を取り消さなければならない。
④ 　第1項又は第2項の規定による決定及び同項の申立てを却下する裁判に対しては、破産者又は破産管財人は、即時抗告をすることができる。

23　松下淳一「法人たる債務者の組織法的側面に関する訴訟の倒産手続における取扱いについて」伊藤眞他編『竹下守夫先生古稀祝賀　権利実現過程の基本構造』（有斐閣、2002年）756頁。

⑤　第 1 項の規定による決定に対する前項の即時抗告は、執行停止の効力を有しない。

1　本条の趣旨

　本条は、裁判所が、破産管財人の職務遂行に必要があると認めるときは、事業者に対して、破産者宛の郵便物等を破産管財人に配達するとの嘱託（回送嘱託）ができること（本条 1 項）、嘱託の取消し又は変更は可能であること（本条 2 項）、破産手続が終了した時は嘱託を取り消さなければならないこと（本条 3 項）を規定する。

　破産管財人には破産財団に属する財産の管理及び処分をする権利が専属し（法78条 1 項）、破産管財人は、破産財団に属すべき財産の発見及び破産者の財産隠蔽・散逸等を防止するために、破産者の財産について調査する必要があるところ、破産者宛の郵便物等はその重要な端緒となる。そこで、基本的人権である通信の秘密（憲法21条 2 項）の例外として、本条により破産者宛の郵便物等について破産管財人への回送、そして、法82条により破産管財人の郵便物等の開披権限が規定された。

2　「破産管財人の職務の遂行のために必要があると認めるとき」

　本条 1 項は、「破産管財人の職務の遂行のために必要があるとき」に、裁判所は回送の嘱託ができると規定している。ただし、破産財団に属する財産の調査は、破産管財人の一般的かつ基本的な職務であり、かつ、回送嘱託は破産者による財産散逸行為、隠蔽行為を防止、監視するのに有用であるため、裁判所は、原則として全件について破産手続開始決定と同時に回送嘱託を行っている[1]。

　財産の発見に資する郵便物等の主な例は、固定資産税の納税通知書（ 4 ～ 5 月頃）、自動車税の納税通知書（ 4 ～ 5 月頃）、株式の配当通知（主に 5 ～ 6 月及び11～12月）、保険会社・共済等からの通知、信用金庫からの出資配当金の支払通知などである。

1　『手引』129頁、『運用と書式』99頁、『書記官事務の研究』60頁。

3 対　　象

(1) 宛　　先

　回送嘱託の対象は「破産者にあてた」郵便物等に限られ（本条1項）、例えば、法人破産の場合の代表者個人宛、個人破産の場合の破産者の家族宛、同場合の破産者が代表者である法人宛の郵便物等は、回送嘱託の対象ではない。

　また、例えば、法人破産について複数の支店、営業所、工場等がある場合、個人破産について住所と居所が異なる場合等、破産者宛の郵便物等が送付される可能性がある場所が複数ある場合は、全てについて回送嘱託が行うのが通例である。裁判所は、破産手続開始申立資料から回送嘱託が必要な場所を把握し、破産手続開始決定時に嘱託を行う。破産手続開始決定後に回送が必要な場所が判明した場合は、追加して嘱託を行う。破産管財人は、必要に応じて、裁判所に対して郵便物等回送嘱託の上申を行う。

(2) 郵便物・信書便物

　本条1項は、回送嘱託の対象として「郵便物又は民間事業者による信書の送達に関する法律第2条第3項に規定する信書便物」と規定しているが、現在の実務では、裁判所が回送嘱託を行うのは、日本郵便株式会社の郵便物に限られている。

　民間事業者による信書の送達に関する法律2条3項に規定する信書便物の役務には「一般信書便役務」と「特定信書便役務」とがあるところ、現時点において、一般信書便事業の許可を受けた事業者はない。また、特定信書便事業の許可を受けた事業者は400以上であり、全事業者に対して回送嘱託を行うことは現実的ではなく、また、現時点では、破産管財人の職務遂行に役立つ内容の信書が特定信書便にて送付されることはあまりないことから、回送嘱託は実施されていない。なお、いわゆるメール便は、民間事業者による信書の送達に関する法律に規定する信書便物に該当しないことから、回送嘱託の対象にならない。

　また、裁判所の日本郵便株式会社に対する郵便回送嘱託書には「破産者宛の郵便物」と記載されており、この郵便物とは郵便法第2章第1節に規定する第一種から第四種郵便物を意味するところ、ゆうパック等の荷物は上記郵

便物に該当せず、回送嘱託の対象ではない。ゆうパック等の荷物が破産管財人に回送されることがままあるが、破産管財人は受領しなくてもよい。

4　期　　間

本条に基づく回送は破産手続中に限られ、破産手続が終了したときは、裁判所は嘱託を取り消さなければならない（本条3項）。ただし、破産手続中においても、裁判所は、破産者の申立てにより又は職権で、破産管財人の意見を聴いて、前項に規定する嘱託を取り消し、又は変更することができる（本条2項）。

実務上の運用は、破産手続中の全期間、第1回財産状況報告集会まで、6カ月、1年等の期限を設ける等、裁判所によって異なる[2]。

5　破産者による嘱託取消し・変更の申立て（本条2項）

通信の秘密が重要な基本的人権であることから、破産者に、嘱託の取消し又は変更を求める申立権が認められている。当該申立てがあった場合、裁判所は、破産管財人の意見を聴いて、取消し又は変更をするか否かを判断する。

6　即時抗告（本条4項・5項）

通信の秘密が重要な基本的人権である一方で、郵便物等の回送は破産管財人の職務の遂行に当たり必要性が高いことから、本条1項又は2項の規定による決定及び同項の申立てを却下する裁判に対しては、破産者と破産管財人の双方に、即時抗告をすることが認められている。なお、本条1項の規定による決定に対する即時抗告は、破産財団に属する財産の調査は破産管財人の一般的かつ基本的な職務であることから、執行停止の効力を有しない。

（柚原　肇）

---

[2]　原則的な運用は、東京地方裁判所は、法人破産は手続終了まで、個人破産は第1回の債権者集会まで、大阪地方裁判所地裁及び名古屋地方裁判所は全件について手続終了までとされている（『手引』130頁、『運用と書式』99頁）。

第82条

① 破産管財人は、破産者にあてた郵便物等を受け取ったときは、これを開いて見ることができる。
② 破産者は、破産管財人に対し、破産管財人が受け取った前項の郵便物等の閲覧又は当該郵便物等で破産財団に関しないものの交付を求めることができる。

1 本条の趣旨

本条1項は、裁判所の回送嘱託等により破産管財人が受け取った破産者宛の郵便物について、破産管財人が開いて見る権限を与えた。破産管財人には破産財団に属する財産の管理及び処分をする権利が専属し（法78条1項）、破産管財人は、破産財団に属すべき財産の発見及び破産者の財産隠蔽・散逸等を防止するために、破産者の財産について調査・解明する必要があるところ、破産者宛の郵便物等は、調査・解明の重要な端緒・手段となる。そこで、基本的人権である通信の秘密（憲法21条2項）の例外として、法81条により破産者宛の郵便物等について破産管財人への回送、そして、本条により破産管財人の郵便物等の開披権限が規定された。

その一方で、基本的人権である通信の秘密の制限を必要最小限とするため、本条2項により、破産者に、郵便物等の閲覧及び破産財団に関しない郵便物等の交付を求める権利を認めた。

2 破産管財人による郵便物等の開披

本条により破産管財人に郵便物等を開披する権限が与えられたのは、破産者にあてた郵便物又は民間事業者による信書の送達に関する法律2条3項に規定する信書便物である（法81条1項）。また、法81条1項に基づき裁判所の嘱託により破産管財人に回送された郵便物等のみならず、破産管財人が破産者の事務所等にて領得した郵便物等も含まれる[1]。

3　破産者の閲覧ないし交付請求

　基本的人権である通信の秘密の制約を最小限とするべく、破産者は、破産管財人に対して、破産管財人が受け取った前項の郵便物等の閲覧を請求でき、また、破産財団に関しない郵便物等の交付を求めることができる（本条2項）。

　破産管財人は、破産手続開始後の面談時に、交付の方法（一定の間隔で破産者宛に郵送する、破産者に取りに来てもらう等）を決定しておくとよい。郵送費用は破産財団の負担としてよいが、特に破産財団に余裕がない場合等は、破産者から予め切手を受領しておき、それを用いることもある。なお、単に破産者宛に発送すると破産管財人の下に回送されてしまうため、破産管財人発信であることを封筒に朱書する、破産者の了解のもと破産者の同居の家族宛に発送する等の対応が必要である[2]。

4　破産管財人が留意すべき点

　本条による郵便物等を開披する権限は、基本的人権である通信の秘密の例外として認められたものであることから、破産財団に属すべき財産の発見及び破産者の財産隠蔽、散逸等を防止するという目的のために、適切に行使すべきである。

　具体的には、「破産者にあてた」郵便物等であれば、破産管財人には開披する権限があるが、その外面から破産財団に関しないことが一見して明白である郵便物等は開披しないことになろう。また、条文の文言上は、破産財団に関する郵便物等は破産者への交付を要しないが、破産財団に関する郵便物等であっても、破産管財人の職務の遂行には不要であるものや、原本を破産管財人が保管する必要がないものは、破産者へ交付することが望ましい。破産者に郵便物等を交付する頻度や方法については特に規定がなく、破産管財人によって様々であるが、破産管財人のもとに長期間留め置くべきではない。特に、個人破産の場合の公共料金の請求書、求職中の破産者の採否の通

1　『大コンメ』349頁〔重政伊利〕。
2　『破産200問』85頁〔永嶋久美子〕。

知、選挙の投票所入場券等、破産者の生活に影響があるものは速やかに交付すべきである[3]。

(柚原　肇)

第83条　破産管財人による調査等

> ①　破産管財人は、第40条第1項各号に掲げる者及び同条第2項に規定する者に対して同条の規定による説明を求め、又は破産財団に関する帳簿、書類その他の物件を検査することができる。
> ②　破産管財人は、その職務を行うため必要があるときは、破産者の子会社等（次の各号に掲げる区分に応じ、それぞれ当該各号に定める法人をいう。次項において同じ。）に対して、その業務及び財産の状況につき説明を求め、又はその帳簿、書類その他の物件を検査することができる。
> 　一　破産者が株式会社である場合　破産者の子会社（会社法第2条第3号に規定する子会社をいう。）
> 　二　破産者が株式会社以外のものである場合　破産者が株式会社の総株主の議決権の過半数を有する場合における当該株式会社
> ③　破産者（株式会社以外のものに限る。以下この項において同じ。）の子会社等又は破産者及びその子会社等が他の株式会社の総株主の議決権の過半数を有する場合には、前項の規定の適用については、当該他の株式会社を当該破産者の子会社等とみなす。

1　本条の趣旨

　破産管財人が、破産管財業務を適正かつ迅速に進めていくためには、法40条1項各号に掲げる者及び同条2項に規定する者（以下「破産者等」という）並びに本条2項及び3項に規定する破産者の子会社等の関係者（以下「子会社等関係者」という）からの破産に関する説明及び破産関係物件の検査が肝要であ

---

[3]　『破産200問』85頁〔永嶋久美子〕。

る。本条は、破産管財人の破産者等及び子会社等関係者に説明を求める権限（以下「説明請求権」という）並びにそれらの関係物件を検査する権限（以下「物件検査権」という）をまとめて定めたものである[1]。もっとも、破産者の従業者については、裁判所の許可がある場合に限って説明義務を負うことに留意する必要がある（法40条1項ただし書、5号）。

　破産者等及び子会社等関係者が、この破産管財人の説明請求権及び物件検査権の行使について任意の協力をするとは限らず、ともすれば妨害的な行動に及ぶこともある。そこで、法は、その実効性を担保するために、また、説明義務に違反して説明を拒み若しくは虚偽の説明をした者は説明拒絶等の罪とし、検査を拒んだ者は検査拒絶等の罪とし、3年以下の懲役若しくは300万円以下の罰金に処し、又はこれを併科するとし（法268条1項、3項）、破産者の子会社等の代表者等についても、説明拒絶等の罪と検査拒絶等の罪を設けて同様に処罰するとした（同条4項）。なお、破産者が自然人の場合、法40条1項1号に規定する説明義務に違反したことは免責不許可事由となる（法252条1項11号）。

2　破産者に対する説明請求権及び物件検査権

(1)　本条第1項の趣旨

　破産者、破産者の代理人、破産者が法人である場合はその理事、取締役、執行役、監事、監査役及び清算人、並びに破産者の従業者、若しくは過去にこれらの地位にあった者は、破産管財人若しくは法144条2項に規定する債権者委員会の請求又は債権者集会の決議に基づく請求（以下「破産管財人等の請求」という）があったときは、破産に関し必要な説明をしなければならないとされている（法40条）。この説明義務は、破産管財人等の請求により、破産者の財産の所在、破産に至る経緯などに関する情報を提供させて、破産管財人等の管財業務の遂行又は破産管財業務に対する監督のため資料を提供させるものである[2]。本条第1項前段の説明請求権は、この説明義務の中で特に破産管財人に対する説明義務について破産管財人の権限として規定したもの

---

[1] 相続財産破産及び信託財産破産については、説明義務の規定はあるものの（法230条、244条の6）、本条のような説明請求権の規定はない。
[2] 『伊藤』172頁。

であり、その意味で注意的・確認的な意味合いを持つにすぎない規定であるとの説明がなされる[3]。しかし、本条1項後段の物件検査権については創設的な規定である。

(2) 説明請求権

破産管財人は、破産管財業務を適正かつ迅速に進めていくために必要なあらゆる事項について、破産者等に対し、口頭又は文書で説明を求めることができる。回答の方法として口頭での回答を求めることもできるし、文書での回答を指示することもできる。もちろん、破産者等を破産管財人の元に呼び出して、説明を求めることもできる。

(3) 物件検査権

本来、破産財団に関する帳簿、書類その他の物件は、破産財団に属する財産として、その管理処分権は破産管財人に専属し（法78条1項）、破産管財人は就職の後直ちに破産財団に関する帳簿、書類その他の物件の管理に着手する（法79条）。具体的には、破産者等から破産財団に関する帳簿、書類その他の物件の引渡しを受けるのが通常である。いったん引渡しを受けた破産財団に関する帳簿、書類その他の物件について破産管財人がその内容を検査することができるのは、本条を待つまでもなく当然である。本条の物件検査権が意味を持つのは、未だ破産管財人の占有下にない破産財団に関する帳簿、書類その他の物件について、当該占有者に対し、その物件の提示を求めて、内容を見て調べる場合である[4]。

対象は破産財団に関する帳簿、書類その他の物件である。ここでいう破産財団は、法の予定する法定財団（法34条）はもとより、破産財団に関する帳簿等である限り、破産者が占有管理していた財産も含まれると解される[5]。個人の場合について、破産財団に関する帳簿等とある以上、破産者の帳簿等のうち専ら自由財産（新得財産を含む）に関するものを除く趣旨と解される[6]。もちろん、法定財団に関するものであるか専ら自由財産（新得財産を含む）に

---

3 『大コンメ』351頁〔菅家忠行〕。
4 『条解』656頁、『大コンメ』355頁〔菅家忠行〕。
5 『条解』656頁。
6 『大コンメ』355頁〔菅家忠行〕、『条解』657頁脚注4、『基本法コンメ』194頁〔石井教文〕。

関するものであるかの区別は、破産管財人が検査しなければ分からないこともあるので、一見して専ら自由財産（新得財産を含む）に関するものでなければ、破産管財人は、法定財団か自由財産（新得財産を含む）に関するものか確認するために、検査し得ると解される。

また、破産財団に関する帳簿等であっても第三者が所有するものは対象に含まれないとする見解もある[7]。しかし、文言上そのような限定はなく、そもそも法定財団に属するか第三者が所有するものであるかの区別は破産管財人が検査しなければ分からない。破産者と当該占有者との関係、帳簿及び書類その他の物件の形状等から判断して、法定財団に関するものについては、第三者が所有するものであるか否かを問うまでもなく、破産管財人は検査し得ると解される[8]。

検査の対象となる、破産財団に関する帳簿、書類その他の物件とは、破産者が株式会社の場合には、会計帳簿（会社法432条）及び計算書類（会社法435条）、税務申告書（その添付書類）、総会・取締役会の各議事録、清算貸借対照表、財産目録、契約書、稟議書等がこれに該当する。可視性・可読性が確保されている電磁的記録等（ハードディスク、USBメモリ等）の有体物も含むと解されている[9]。

3　破産者の子会社等関係者に対する説明請求権及び物件検査権

(1) 本条2項及び3項の趣旨

昨今、資本関係を利用したグループ会社経営は広く利用されている。破産者は、支配権を有している子会社等のグループ会社を利用して破産者の財産を隠したり、不明朗な経理処理をしたりする等のおそれがあり、破産管財人としては、子会社等の情報なくして適正かつ迅速な破産管財業務の遂行ができない場合が多い。そもそも、破産者は子会社等の株式を保有しているわけであるから、その株式の処分等の取扱いをめぐっても子会社等の財務情報は必要不可欠である。本条2項及び3項は、グループ会社経営の実態を踏まえて破産管財人の破産者の子会社等関係者に対する説明請求権及び物件検査権

---

[7]　『大コンメ』355頁〔菅家忠行〕、『条解』656頁。
[8]　『条解』656頁、『基本法コンメ』194頁〔石井教文〕。
[9]　『条解』656頁。

を与える規定である。

(2) 支配権の基準

　本条2項1号は、議決権の過半数という形式基準だけではなく、実質的な要素も加味した実質基準をもって子会社（会社法2条3号、会社法施行規則3条）を定義している。これに対し、本条2項2号は、破産者が株式会社以外のものである場合、破産者が株式会社の総株主の議決権の過半数を有する場合における当該株式会社ということで、形式基準をもって定義付けている。本条3項は、形式基準をもって定めたいわゆる孫会社についても、説明請求権及び物件検査権を認める規定である。

(3) 破産者の子会社等の代表者、代理人、使用人その他従業者

　本条2項には「破産者の子会社等に対して」とあり、説明・検査請求の名宛人はここでは明定されていないが、破産者の子会社等の代表者、代理人、使用人その他従業者が本条2項の規定による説明・検査を拒否等した場合に処罰対象になっていることから（法268条4項）、本条2項の具体的な名宛人は、破産者の子会社等の代表者、代理人、使用人その他従業者ということができる[10]。この破産者の子会社等の代表者、代理人、使用人その他従業者については、破産者のような説明義務の規定はないが（法40条1項1号）、破産管財人の説明請求権という形で規定している。破産管財人が、子会社の従業者について説明を求める場合でも、裁判所の許可は不要である（法40条1項ただし書参照）。

　破産者の子会社等の代表者、代理人、使用人その他従業者とは、破産管財人が説明を求める時点での地位ないし役職であり、その時点で、これらの地位ないし役職になければ、説明請求の対象とならないとされている[11]。

(4) その職務を行うため必要があるとき

　本条第1項には「その職務を行うため必要があるときは」との文言がみられないが、本条第2項にはこの文言がある。

　この点に着目して、子会社等は法40条所定の者より破産財団との関係性が一般的に薄いにもかかわらず、刑事罰による間接な強制が定められているの

10　『大コンメ』353頁〔菅家忠行〕。
11　『大コンメ』353頁〔菅家忠行〕。

で、この必要性は、具体的かつ客観的なものであることを要する[12]との見解がある[13]。この見解が参照する最高裁昭和48年判決（いわゆる荒川民商事件）は、税務署の質問検査権の行使の限界が問われた事例において、「諸般の具体的事情にかんがみ、客観的な必要性があると判断される場合には、前記職権検査の一方法として、同条一項各号規定の者に対し質問し、又はその事業に関する帳簿、書類その他当該検査事項に関連性を有する物件の検査を行なう権限を認めた趣旨」であるとしたものであり、説明請求権ないし物件検査権と質問検査権というところは似ているが、税務署等の検査と破産管財人の検査とを同一に論じることはできない。しかし、子会社とはいえ別の法人格の関係者について刑事罰による間接的な強制が定められていることに鑑み、子会社等関係者に対する説明請求権及び物件検査権の行使については、破産者等の場合と比較してより厳しい要件の下、行使されるべきとの趣旨は正しいと考える。

　また、破産管財人の職務を行うために必要がある場合でも、子会社等は営業秘密に関する事項等について説明を求められたときにはこれを拒むことができるとして、明文規定（会社法374条4項、381条4項、396条4項を各対照）の有無に関わらず、破産者等の子会社等関係者は正当な理由がある場合には、破産管財人の説明請求を拒むことができるとする見解もある[14]。子会社等関係者が営業秘密に関する事項にかこつけて破産管財人の説明請求を拒むことがあってはならず、また、明文の規定のないところではあるが、先の見解と同様にその趣旨は正しいと考える。

　破産管財人は、裁判所がその職務を行うに適した者を選任するものとされており（法74条1項、規則23条1項）、裁判所が破産管財人を監督することから（法75条）、破産管財人が子会社等関係者に対する説明請求権及び物件検査権を濫用するおそれも大きくない[15]。グループ会社経営の実態を踏まえ破産管財人に子会社等関係者に対する説明請求権及び物件検査権を与えた趣旨に鑑

12　最判昭48.7.10（刑集27巻7号1205頁）参照。
13　『条解』658頁。
14　『大コンメ』354頁〔菅家忠行〕。
15　破産管財人が弁護士である場合には、職務上知り得た秘密を漏らせば、弁護士法23条違反になり、刑法の秘密漏えい罪ともなり得る（刑法134条1項）。

み、破産管財人がこれらの権利の行使についていたずらに躊躇することはあってはならないが、前の2つの見解を考慮して、破産管財人の子会社等関係者に対する説明請求権及び物件検査権は適切に行使される必要がある。

(山田尚武)

第84条　破産管財人の職務の執行の確保

> 破産管財人は、職務の執行に際し抵抗を受けるときは、その抵抗を排除するために、裁判所の許可を得て、警察上の援助を求めることができる。

1　本条の趣旨

　本条は、破産管財人の職務執行に対する妨害行為を排除するための警察上の援助について定めた規定である。個別執行において執行官等に認められている「警察上の援助を求める権限」（民事執行法6条）を包括執行である破産手続でも認めたものである。反社会的勢力等に対しては有力な手続となると考えられる。一方、警察上の援助という相手方の権利又は利益に対する侵害ともなりうる制度であるから、慎重な配慮が求められる。

2　「職務の執行に際し」

　職務の執行は適法なものでなければならない。職務の執行に「際し」とは、刑法95条の職務の執行に「当たり」と同義と解され、職務執行の開始の直前及び終了の直後のこれに接着した時点を含む[1]。

3　「抵抗を受けるとき」

　抵抗とは、実力による妨害をいい、破産管財人の職務の執行を妨害するものは広くこれに該当する。あらかじめ抵抗が予想される場合も含む。有形力の行使による積極的・物的な妨害だけでなく、座り込み、不退去のような消

1　『条解』660頁。

極的・人的抵抗、言語による脅迫等による心理的な抵抗、猛犬を鎖につながないなどの不作為による抵抗もこれに該当する[2]。

破産管財人自身に対する抵抗だけではなく、職務を執行する際の破産管財人代理、補助者、立会人等に対する抵抗も含む[3]。職務執行をする直接の相手方による抵抗だけではなく、関係者、さらには第三者による抵抗もこれに該当する[4]。

4　「裁判所の許可」

破産管財人は執行官のような公務員ではなく、裁判所の監督の程度も執行官よりも弱いこと[5]、また、裁判所の許可は警察機関の行動を促進する意味を持つと考えられることから、執行官等が警察上の援助を求める場合とは異なり（民事執行法6条）、破産管財人が警察上の援助を求めるには、裁判所の許可を要するとした[6]。裁判所の許可は、破産管財人に対する告知によってその効力が生じる（法13条、民事訴訟法119条）。この裁判所の許可についての裁判に対する不服申立ては法律に特別の定めがなく、これをすることはできない（法9条）。

5　警察上の援助

警察機関の援助行為は、破産管財人の補助機関としての行為であり、破産管財人の意思に基づかず、又はその意思に反して行為を行うことはできないと解すべきである[7]。援助請求は、急速を要する場合を除き、書面によるのが妥当である[8]。この援助請求は、職務の執行場所を管轄する警察署長に対してするのが原則であるが、急速を要する場合は、直接最寄りの警察官に対してもすることができると解されている[9]。

2　『条解』660頁。
3　『条解』660頁。
4　『大コンメ』357頁〔菅家忠行〕。
5　『条解』660頁。
6　『基本構造』113頁〔田原睦夫発言〕。
7　『条解』661頁。
8　『条解』661頁。
9　『大コンメ』358頁〔菅家忠行〕。

援助請求の具体的な手続については、執行官による援助請求の具体的手続につき「執行官の職務の執行に対する警察上の援助について」（昭和55年9月22日民三第1049号地方裁判所長宛民事局長あて通知）[10]が出されているので、本条による請求の場合にも参考にすべきであるとされている[11]。援助要請を求められた警察機関は、これに応ずる法的義務を負い援助行為は警察官職務執行法8条等の職務に該当する[12]。

（堀部俊治）

第85条　破産管財人の注意義務

① 破産管財人は、善良な管理者の注意をもって、その職務を行わなければならない。
② 破産管財人が前項の注意を怠ったときは、その破産管財人は、利害関係人に対し、連帯して損害を賠償する義務を負う。

1　本条の趣旨

破産管財人は、破産手続の中心的な機関として、利害関係人の利害及び債権者・債務者間の権利関係を調整しながら、破産財団に属する財産の管理・換価、破産債権の調査・確定、破産債権の配当、財団債権の承認・弁済など、広範囲に亘る職務を遂行する。本条1項は、破産管財人が善良なる管理者の注意義務をもって職務を遂行すべきことを定め、本条2項は、職務の遂行に当たって、破産管財人が善良なる管理者の注意義務を怠ったときは、破産管財人は、利害関係人に対し、損害賠償義務を負うことを定めている。この規定は、保全管理人について、準用されている（法96条1項）。

10　最高裁判所事務総局『執行官事務に関する執務資料［民事裁判資料第243号］』154頁。
11　『条解』661頁。
12　『条解』661頁。

2　破産管財人の注意義務

(1)　善管注意義務の内容

　善良なる管理者の注意義務とは、民法644条等と同一趣旨であり、破産管財人の地位において一般的に要求される平均的な注意義務をいう[1]。

　破産管財人は、破産手続の中心的な機関であり、破産手続の唯一の執行機関とも言うべき地位にある。破産手続がその目的を達成するには、破産法・破産規則のほか民法・商法その他の実体法、それらの法令に関する各種判例、各地方裁判所で定める破産手続に関する運用等に通暁していることが必要であり、破産管財人たる地位にある者としては、かかる法令・判例・運用等に関する十分な知識と能力を備えていることが一般的に要求されていると言える。このように、破産管財人の職務が法律問題の処理に多く関わることから、実務上、破産管財人は、法律専門家である弁護士から選任されるのが一般的運用である。なお、弁護士ないし破産管財人としての経験・知識は、弁護士によって千差万別であるが、当該弁護士の経験年数や知識という主観的・個人的事情によって注意義務の水準が軽減されるわけではない。

　もっとも、破産管財人の職務執行は広範な裁量に委ねられているので、善管注意義務に違反するかどうかは、破産管財人の具体的な行為の態様に加え、事案の規模や特殊性、早期処理の要請の程度等に照らして個別的に判断される[2]。破産管財人の遂行する具体的な職務には、判例・学説上十分な議論がされていない論点や判例・学説が固まっていない論点を含んでいることが少なくないが、その場合、限られた時間内で問題点を解決し職務を遂行しなければならない破産管財人としては、合理的な範囲内で当該問題点に関する文献・資料等を収集して検討し、不合理と認められない結論に従って対処をすれば、結果的にはそれが違法であったとしても、破産管財人の地位において一般的に要求される平均的な注意義務は尽くしていると解される[3]。その際、破産裁判所の許可を得て行ったものであることは、善管注意義務違反を否定する一事情になる（**本書78条の解説3(3)参照**）[4]。

1　最判平18.12.21（民集60巻10号3964頁）。
2　『破産実務』165頁。『条解』663頁。

破産管財人の具体的な職務遂行行為と善管注意義務違反との関係については、両者を一元的に捉えて善管注意義務違反があるときに違法な職務違反行為になると理解する考え方と、両者を二元的に捉えて職務違反行為と善管注意義務違反とは別の問題であると理解する考え方とがある。善管注意義務は、破産管財人が職務を遂行する際の注意義務の水準に関する義務であることから、後者の二元的に捉える考え方に立つ見解が多い[5]。この考え方では、まず、当該事情の下で破産管財人が行った具体的職務行為が客観的に法令等に適合しない違法な行為かどうかを判断し、次に、違法な行為であるとして、それが善管注意義務違反に該たるかどうかを検討していくことになる。

(2) 善管注意義務の相手方

本条1項は、破産管財人が善管注意義務を負う相手方を明示していないが、本条2項が善管注意義務を怠ったときに損害の賠償を負う相手方を利害関係人と規定していることから、その相手方は利害関係人であると解されている。

利害関係人とは、破産管財人の職務との関係で、法律上の利害関係を有する者をいう。この利害関係人に、破産手続による利益を享受する立場に立つ破産債権者、財団債権者、破産者が含まれることについては異論がない。これに対し、破産財団と利害の対立する立場に立つ取戻権者や別除権者が含まれるかについては、争いがあるが、一般には、破産管財人が破産手続の中心的機関として、破産債権者、財団債権者、破産者に限らず破産手続の関係者の利害を適切に調整する職務を担うことから、これらの者も利害関係人に含まれると解されている[6]。したがって、破産管財人は、破産債権者等のため

---

[3] 谷口安史「判解」『最高裁判例解説〔民事篇〕平成18年度（下）』1377頁は、「法令に明確に定めのある事項や、明らかに解釈が固まっている事項について、独自の見解に基づいて職務を遂行して利害関係人に損害を与えた場合等には免責されないが、その処理につき学説・判例が固まっていない分野について破産管財人の措置が、結果的に違法な職務行為であると判断されたとしても、直ちに善管注意義務に違反するものと評価することはできないと考えられる。」とする。

[4] 最判平18.12.21（民集60巻10号3964頁）。

[5] 最判平18.12.21（民集60巻10号3964頁）は、担保価値維持義務違反の問題と善管注意義務違反の問題とを区別して検討しているので、二元的に捉える考え方を前提にしている（谷口・前掲注3・1378頁）。

に、破産財団を増殖し又はこれを減少させないように配慮すべき責任を負う一方、取戻権者や別除権者のために、その権利を侵害しないように配慮すべき責任も負うことになる。そのため、両方の責任が問題となる場面では、ただ破産債権者等の利益を優先させれば良いというものではなく、両者の利害及び権利関係を適切に調整して解決していくことが必要となる[7]。

以上に対し、売掛金等の債権回収の相手方、破産財団に属する財産の売却の相手方等は、破産手続に関する法律上の利害を有する者には当らないので、利害関係人に含まれないと解されている[8]。

3 破産管財人の善管注意義務に関して留意すべき具体例

以下では、破産管財人の職務遂行に当たって、その善管注意義務が問題となるものと予想される各場面を広く取り上げて列挙した。当該各事例が直ちに善管注意義務違反に直結するわけではないが、破産管財人としては、善管注意義務の問題を常に意識しながら、その職務遂行に当たることが望ましいものと考えられる。

(1) 破産財団の管理換価の関係

a 売掛金や貸金は、破産手続開始を契機に支払の意欲を減少・喪失させる相手方が少なくないし、消滅時効が完成するときは債権の消滅に至るので、早期に請求書を送付するなどし、また必要に応じて訴訟提起をするなどして消滅時効の完成を阻止する措置をとるべきである。

これに関し、売掛先に取立可能な債権が存在することを認識し得べき事情があったにもかかわらず、債権回収のための適切な調査や必要な手段を講じず、消滅時効を完成させた事案で、破産管財人は、就任と同時に債権の存否、取立可能額を調査し、取立可能と認め得るものについては可及的速やかに取立てを実現する方策を講ずべきであるとして、善管注意義務違反を肯定

---

[6] 『条解』668頁、『大コンメ』360頁〔菅家忠行〕、最判平18.12.21（民集60巻10号3964頁）ほか、多数の判例も、これを前提にしている。反対説として、伊藤眞ほか「破産管財人の善管注意義務─『利害関係人』概念のパラダイムシフト」金法1930号68頁以下。

[7] 最判平18.12.21（民集60巻10号3964頁）の才口裁判官の補足意見は、「特に法律の専門家である弁護士が破産管財人になっている場合には、その要請は高度のものになるというべきである。」とする。

[8] 『条解』668頁。

した裁判例[9]がある。

　b　在庫商品、特に季節商品や流行性のある商品は、時の経過とともに急速に資産価値が減少する。したがって、早期の換価に支障がなかったにもかかわらず、早期に換価しなかったために廉価でしか売却できなかったり、在庫商品を賃借倉庫内で保管していたが、商品の換価が遅滞したために倉庫料の支払が増加したりといった事態が発生しないように、注意しておく必要がある。なお、建物内で高額な在庫商品等を保管している場合は、警備業者に警備を依頼するなどして盗難等を防止する措置を取ったり、損害保険に加入したりすること（例えば、火災保険の加入）が必要なケースも少なくない。

　c　破産者が所有又は使用する自動車が事故を起こした場合、運行供用者責任（自動車損害賠償保障法3条）などによる損害賠償債務（これは財団債権となる可能性が高い）を負担する危険がある。したがって、車両本体を直接占有し又は鍵や車検証を保管するなどして、直ちに無断使用や盗難等を防止する措置をとる必要がある。

　d　賃借中の不動産は、賃借人としての地位に基づき、善管注意義務に従って管理すべき義務を負う。破産者所有の不動産も、不動産は破産債権者の配当原資となる重要な財産であるので、全部の鍵を保管し又は鍵の取替えを行うなどして、不法侵入による放火等によって不動産の価値が毀損することを防止する措置をとる必要がある。また借地上の建物については、破産財団不足が生じている等の正当な理由がない限り、地代の支払をして建物の価値を維持する措置を取ることが多い。

　e　財産の換価は、入札その他の適宜の方法で行うが、破産財団を最大限に増殖することが破産債権者等の利益にかなうので、できる限り高額で売却できる方法を取るように工夫すべきである。複数の買受け申し出者が現れた場合、正当な理由がない限り、最高価額での買受け申し出者に売却することが適当である。

　これに関し、不動産を最高額での買受け申し出者以外の者に売却したが、売却価額は当時の適正価格に照らして不当な金額とは言えないこと、当該不動産には所有権の帰属を争う裁判が係属し、また不法占拠者が存在するとい

9　東京高判昭39.1.23（金法369号3頁）。

う懸案事項が存在しており、売却をした者だけがその懸案事項を自らの責任で解消させる旨を買受け申し出の条件としていたこと等を勘案して、善管注意義務違反を否定した裁判例[10]がある。

(2) 取戻権者、別除権者との関係

a 取戻権の対象物件は、取戻権者に返還をするときまで、その性質又は契約の定めに従い、毀損しないように適切に保管する義務を負う。したがって、盗難等の第三者による毀損の防止にも注意を払うべきである。

これに関し、破産者が貸与を受けた金型は特別な腐食防止措置をとらなければ機能を喪失するもので、破産管財人は求められる措置を取らず金型としての機能を喪失させたが、破産手続開始前に破産者は十分な腐食防止措置をとっておらず、取戻権者も破産者に十分な注意と指導をしていなかったこと、破産手続開始後も取戻権者は破産管財人に管理方法についての注意喚起を行わなかったこと等から、破産者と同程度の管理方法で保管をすれば足りるとして、善管注意義務違反を否定した裁判例[11]がある。

b 破産管財人は、破産者が負っていた担保価値維持義務を承継する旨判示した最高裁判決が存在する[12]。この判例によれば、別除権の対象物件の価値を毀損する行為をしてはならず、又第三者による毀損を防止する措置をとる義務があると解され、かかる義務に違反して対象物件の価値をむやみに毀損させてはならない。

これに関し、借地権付建物に抵当権が設定されていたところ、破産管財人が①建物買取請求権を行使するためとして解約申入れをし、②その後、地代の支払を怠り賃貸人から賃料不払いを理由とする解除を受け建物の収去義務を発生させた事案で、②については、地代の不払いが善管注意義務に違反するのは十分に資力がある場合に限られるとして、善管注意義務違反を否定したが、①について、善管注意義務違反を問題としつつも、ただ本件事情の下では抵当権者の請求は権利濫用に当たるとして損害賠償請求を認めなかった

---

10 東京地判平8.9.30（判タ933号168頁）。
11 東京高判平9.5.29（判タ981号164頁）。
12 債権質につき担保価値維持義務の承継を認めた判例として、最判平18.12.21（民集60巻10号3964頁）。破産管財人が担保価値維持義務を承継するかに関し、批判的見解につき、**本書65条の解説**注29を参照されたい。

裁判例[13]がある。

　また、上記最高裁判決は、建物の賃借人である破産者が敷金返還請求権に債権質を設定していたが、破産財団に十分な資力がありながら破産管財人が賃料・共益費の支払をせず、敷金のほぼ全額を未払賃料等に充当する合意をした事案について、破産管財人がした充当合意は正当な理由がなく担保価値維持義務に違反するが、当時この点について論ずる学説や判例が乏しかったこと、本件行為について裁判所の許可を得ていること等から、善管注意義務違反を否定している。

　c　取戻権の対象物件は、破産財団に属しないので、換価すべきでない。取戻権の対象物件であるかどうかは、物件の外形からは判断が困難なことが多く、破産管財人としては、破産手続開始申立書・各種の契約書・通知書・登記・プレート等の確認、破産者関係者からの聴取等をして、預かり品ではないか、質権・抵当権（特に工場抵当権）・譲渡担保権・所有権留保権・リース等の対象物件ではないか等、物件の権利関係を十分に調査することが必要となる。

　d　動産売買先取特権の対象物件を破産管財人が任意売却した場合、善管注意義務違反になるかは問題である。これに関し、動産売買先取特権者から別除権の行使を認めるように請求があった商品を破産管財人が売却した事案で、動産売買先取特権は公示性に乏しく、第三者追及効が制限されるなど（民法333条）担保権として弱い効力しか認められていないこと等を理由に、善管注意義務違反を否定した裁判例[14]がある。これらの裁判例は、平成15年の民事執行法改正前のものであるが、改正後も妥当すると理解する見解が多い。

　もっとも、学説上は、破産管財人の任意売却につき、①動産差押えがなされるまでは任意売却できるとする見解、②民事執行法190条2項の裁判所の許可決定が破産管財人に送達された時以降は任意売却ができないとする見解、③担保権者から目的物を特定して具体的に先取特権が主張立証された時以降は任意売却をするべきではないとする見解、④動産売買先取特権者は、

13　東京地判平9.10.28（判時1650号96頁）。
14　大阪地判昭61.5.16（判時1210号97頁）、名古屋地判昭61.11.17（判時1233号110頁）。

その存在を立証できれば、破産管財人が任意売却した後でも、破産管財人に配当要求類似の優先弁済請求ができるとするする見解等、様々な見解がある（**本書65条の解説5(3)参照**）[15]。

また破産者が既に動産売買先取特権の対象物件を売却した後に破産手続開始となった事案において、転売代金につき動産売買先取特権者が仮差押えをし、代金債権が供託されたが、破産手続開始後に破産管財人が供託金の払出しを受けたことにつき、上記と同様に、善管注意義務違反を否定した裁判例[16]がある。

(3) 破産財団からの放棄との関係

a 法人破産において、担保権付の不動産を放棄するには、競売申立ての機会を与えるため、担保権者に対し、放棄の2週間前までに放棄予定である旨を通知することが必要とされる（規則56条後段）。破産管財人は、この通知を怠って担保権者の競売申立手続費用を増加させることがないよう、注意すべきである。

b 担保権の設定されている借地権付建物を放棄する場合、担保権者に不測の損害を与えないように、放棄に先立ち、担保権者に対し、地代につき第三者弁済をする旨を求める通知をしたり、担保権の実行手続が開始されているときは、担保権者に地代の代払許可（民事執行法56条1項）の申請を求める通知をしたりなどすることが望ましい。

(4) 破産債権の調査及び破産債権の配当との関係

a 破産債権届出のあった破産債権の認否は、届出書に添付された疎明資料、破産者が保有する契約書等の資料、破産者や従業員等の関係者への事情聴取等をして正確に行う必要がある。特に認めるべきでない届出につき認める旨の認否をした場合、他の破産債権者からの異議がない限り、破産債権は確定し確定判決と同一の効力を有するので（法124条1項・3項）、慎重な調査が必要となる。誤った認否をし、破産債権者が受ける配当額を減額させる事

---

[15] 松下満俊「破産手続における動産売買先取特権に関する考察」『ソリューション』29頁以下。小林信明「動産売買と買主の倒産手続」伊藤眞・道垣内弘人・山本和彦編『担保・執行・倒産の現在』（有斐閣、2014年）232頁以下、同「動産売買先取特権の倒産手続における取扱い」『田原古稀（下）』174頁以下。

[16] 東京地判平3.2.13（金法1294号22頁）。

態を発生させないよう、注意すべきである。

　これに関し、破産者が異議を述べた破産債権につき漫然と認める旨の認否をした事案[17]で、傍論ではあるが、善管注意義務違反に言及した裁判例[18]がある。

　b　破産債権の配当手続は厳格に法定されている。法定の手続に違反して配当を実施するようなことのないよう、注意すべきである。

　これに関し、別除権付破産債権の届出があって、その認否が確定した後、破産管財人が別除権の目的不動産を任意売却して別除権付破産債権の不足額が確定したが、別除権者から不足額確定の証明行為がなかったため、破産管財人がその破産債権を配当表に記載しないで配当を実施した事案で、破産管財人は不足額の確定を認識している以上、①民法489条及び491条の規定を適用して自ら不足額を確定するか、②別除権者に対し不足額確定報告書の提出を求め、不明点があればさらに問い合わせるなどして不足額を確定し、配当表に不足額を記載すべきであったとして、善管注意義務違反を肯定した裁判例[19]がある。

　また信用保証協会がした代位弁済分の破産債権届出を失念して破産債権の認否書を作成し、そのまま配当を実施した事案で、善管注意義務違反を肯定した弁護士賠償責任保険の事例がある[20]。

(5)　財団債権の承認及び弁済との関係

　財団債権は随時弁済をしなければならないが、財団債権には破産債権のような届出制度がないので、破産管財人は、破産手続開始申立書や各種の契約書の確認、破産者関係者からの聴取、交付要求書や納税通知書の確認等により、財団債権の存在及び額について十分な調査をする必要がある。かかる調査をせず財団債権の弁済を怠ることのないよう、注意すべきである（**本書第5章前注3(1)参照**）。

　これに関し、財団債権としての租税等請求権の交付要求があったが、破産

---

[17]　なお、破産者の異議は破産債権の確定を阻止する効力がないことに注意（法124条1項）。
[18]　名古屋地判昭29.4.13（下民5巻4号491頁）。
[19]　札幌高判平24.2.17（金法1965号130頁）。
[20]　『弁護士賠償責任保険の解説と事例〔第5集〕』52頁。

配当を優先して財団債権の弁済をせず破産配当をした事案で、善管注意義務違反を認めた判例[21]がある。

4 破産管財人の損害賠償責任

(1) 損害賠償義務を負う主体

a 破産管財人が善良なる管理者の注意義務を怠り、利害関係人に損害を与えた場合、破産管財人は、利害関係人に対し、損害の賠償義務を負う（本条2項）。

損害賠償の義務を負うのは、機関としての破産管財人ではなく、破産管財人本人である。したがって、本条2項に基づき損害賠償責任を追及する訴訟を提起する場合に被告となるのは、破産管財人本人である。またその訴訟で損害賠償義務が認められた場合に責任財産となるのは、破産管財人本人の財産である。

破産管財人が本項に基づく損害賠償義務を負う場合、この損害賠償請求権は破産財団に関し破産管財人がした行為によって生じた請求権に該当するので（法148条1項4号）、財団債権として損害賠償義務を負う[22]。この場合、破産管財人本人は、利害関係人に対し、破産財団と連帯して損害賠償義務を負う（本条2項）。ここにいう連帯とは、破産管財人本人と破産財団には主観的共同関係はないので、不真正連帯債務の意味であると解されている。破産財団が損害賠償義務を履行した場合、破産財団が破産管財人本人に対し求償することができるか否かについては、見解が分かれている[23]。

b 破産管財人が数人おり、かつ、共同してその職務を行う場合（法76条1項本文参照）、その中の一部の破産管財人にのみ善管注意義務違反があるときでも、破産管財人の全員が利害関係人に対し、連帯して損害賠償義務を負う（本条2項）。これに対し、単独執行又は職務分掌の許可があるときは（法76条1項ただし書参照）、原則として当該違反行為をした破産管財人だけが損害賠償義務を負う。

21　最判昭45.10.30（民集24巻11号1667頁）。
22　法148条1項4号の「破産管財人の行為」には、破産管財人の違法行為も含まれる（最判昭43.6.13民集22巻6号1149頁）。
23　『破産実務』169頁。『条解』669頁は、これを否定する。

(2) 損害賠償義務の内容

　賠償義務を負う損害の範囲は、民法416条に従って定められる。すなわち、破産管財人が賠償義務を負うのは、基本的に善管注意義務違反により生じる通常損害であり（民法416条1項）、特別事情による損害は、破産管財人が違反行為をした時点で予見が可能であったときに限り、賠償義務を負う（同条2項）。

　賠償義務を負う損害は、善管注意義務違反と因果関係のある損害に限られる。破産債権者は破産手続によらなければ権利行使ができないので（法100条1項）、破産債権者に対して負う損害賠償額は、善管注意義務違反がなければ破産債権者が受けられた配当額に限られる[24]。これに対し、財団債権者は随時弁済が受けられるので（法2条7項）、財団債権者に対して負う損害賠償額は、原則として債権額の全額である。ただし、破産財団不足の場合は、法定された財団債権の順序に従った弁済しか受けられないので（法152条）、その場合は、善管注意義務違反がなければ財団債権者が受けられた弁済額に限られる。

　利害関係人からの損害賠償請求に対しては、破産管財人は、民法418条又は722条の類推適用により、過失相殺を主張することができる。例えば、**3(4)b** で引用した裁判例[25]は、別除権付破産債権者が不足額の確定証明書を提出しなかったこと、配当異議の申出をしなかったことを理由に、4割の過失相殺をしている。

(3) 損害賠償義務の相手方

　損害賠償義務の相手方は、利害関係人である（利害関係人の意義については、**2(2)**を参照のこと）。なお、破産債権者に対して賠償義務を負う損害の範囲は、原則として破産債権として確定していることが必要である。

(4) 損害賠償義務の消滅

　破産管財人の損害賠償義務は、債権の一般的消滅原因（民法474条以下）により消滅する。消滅時効の援用によっても消滅するが（民法166条以下）、その消滅時効期間は、債権の消滅時効期間の一般原則に従い10年である（民法167

24　東京高判昭39.1.23（金法369号3頁）。
25　札幌高判平24.2.17（金法1965号130頁）。

条1項)。なお、破産管財人の任務終了に伴う計算報告においてみなし承認があっても（法88条6項、89条4項)、善管注意義務違反による損害賠償義務は、消滅しない（**本書88条の解説4(2)**参照)。

5 破産管財人代理

本条1項及び2項は、破産管財人の注意義務及び賠償責任を定めた規定であるが、破産管財人代理は、破産管財人から選任され、破産管財人の職務に関し包括的代理権を授与された者であるから、破産管財人代理にも、本条1項及び2項が類推適用されると解される（**本書77条の解説2(4)**参照)。すなわち、破産管財人代理は、善良なる管理者の注意をもってその職務を行わなければならず、破産管財人代理が善良なる管理者の注意を怠って職務を遂行した場合、破産管財人代理は、利害関係人に対し、損害賠償義務を負う。その場合、破産管財人代理は破産管財人の履行補助者の地位に立つ者であるから、破産管財人も連帯して（不真正連帯の意味である）損害賠償義務を負う。破産管財人代理の選任監督に過失がなくとも、責任を免れることはできない。

(石井三一)

第86条 破産管財人の情報提供努力義務

> 破産管財人は、破産債権である給料の請求権又は退職手当の請求権を有する者に対し、破産手続に参加するのに必要な情報を提供するよう努めなければならない。

1 本条の趣旨

破産債権である給料や退職手当の請求権については、配当を受けるためには、これらを有する労働債権者が裁判所に対し破産債権の届出をする必要がある。しかし、その届出に必要な賃金台帳等の資料は、使用者側に存在し、労働債権者の許には充分に資料が確保されていないため、実際に労働債権者が債権届出をするのは容易ではない。そこで、本条は、証拠が偏在している

状態を是正し、労働債権者の権利を保護すべく、破産管財人に対し、破産債権の届出に必要な情報の提供に努める義務を課している。

2 情報提供の相手方

情報提供の相手方は、「破産債権である給料の請求権又は退職手当の請求権」を有する労働債権者である。破産債権については、債権届出をしなければ配当を受けられないため、労働債権者保護の観点から、本条は、破産債権を有する労働債権者を情報提供の相手方としている。

一方、労働債権のうち財団債権（法149条）は、破産債権の届出が必要なく、原則として、随時弁済を受けることができるので（法151条）、本条の情報提供の相手方として、給与等の請求権が財団債権となる労働債権者は含まれない。しかし、労働債権者にとって、財団債権と優先的破産債権の区別は分かりにくく、また、証拠が使用者側に偏在している事情についてはどちらも同じである。そのため、破産管財人としては、義務ではないとしても財団債権を有する労働債権者に対しても情報提供をすることが望ましいし、破産管財業務の円滑な遂行にも資する。

解雇予告手当は、即時解雇の条件として支払われる給付であり、労務提供の対価として支払われるものではないことから、「給料」には該当しないと解するのが多数説である[1]。しかし、同様に本条の労働債権者保護の観点から、解雇予告手当の請求権を有する労働債権者に対しても情報提供をすることが望ましい。

3 提供する情報

提供する情報は、破産債権の届出に必要な情報である。すなわち、破産債権である給料債権及び退職手当債権について、その額、原因（法111条1項1号参照）及び優先的破産債権又は劣後的破産債権の別（同項2号3号参照）に関する情報を意味する。具体的には、出勤日数・残業時間・早退時間の集計、各種手当の金額、未払給料の額、未払退職金の額等である。

---

[1] 『運用と書式』213頁。『破産200問』324頁〔浅賀哲〕。ただし、東京地裁では、破産手続開始前3カ月間に発生した解雇予告手当は「給料の請求権」（法149条1項）に含むものとし、財団債権として扱うことも許容する運用である（『手引』210、279頁）。

破産管財人は、上記情報提供のために、賃金規程・賃金台帳・タイムカード等を基礎に、未払給料の額等を計算することとなる。この場合、破産者の会社規模等によっては従来の人事担当者に集計・計算を依頼することもある。さらに、実務的には、破産管財人は、破産債権届出前にあらかじめ、労働債権者に対して、破産債権届出書に記載すべき債権額等を記載した書類を送付して債権額等を知らせるという対応をしていることが多い[2]。

労働債権者が、破産管財人の提供した額等の情報に疑問を有し資料提供を求める場合には、破産管財人は、情報提供の一環として賃金台帳等の資料の写しを交付するのが妥当である。

なお、前項で述べた通り、労働債権者保護の観点から、破産管財人は、財団債権部分及び解雇予告手当も含めた労働債権全部に関する情報を提供することが望ましい。さらに、破産管財業務の円滑な遂行の観点から、必要に応じて独立行政法人労働者健康福祉機構による未払賃金立替払制度の利用に関する情報も提供することが望ましい[3]。

4　情報提供努力義務

条文の文言から明らかなように、本条の義務は、訓示的義務である。個別具体的な破産事件において、破産管財人が労働債権者に対してどのような情報を提供すべきであるのかというのは、事案によって様々で、あらかじめ義務の具体的な内容を一義的に定めるのは非常に困難であり、そのような不定型な内容の義務を破産管財人の法律上の確定的な義務とするのは相当ではないからである[4]。

本来、労働関係法令上様々な規制があるため（労働基準法108条等）、必要な情報は破産した場合であっても破産者において確保されているのが建前である。しかし、破産者が元々賃金台帳を作成していない場合や、資料が散逸している場合のように、破産管財人の手元に充分な資料がないことも多々ある。特に退職手当については、退職金規程のみならず就業開始日が明らかになる資料や過去の支給実績についての資料もないことが多い。この場合で

---

[2] 『破産200問』313頁〔服部千鶴〕、『実践マニュアル』339頁。
[3] 『破産200問』313頁〔服部千鶴〕、『実践マニュアル』339頁。
[4] 『一問一答』137頁。

も、破産管財人は、調査に努力を尽くさなければならず、労働基準監督署へ届け出られている給与規程を含む就業規則の確認や、破産者の預金口座の取引履歴から個別の労働者への支払実績等の調査をすることも検討する。さらには、元従業員への問い合わせ等を行うことも検討する。しかし、調査を尽くしても情報収集できなかったときは、労働債権者に対し情報提供できなかったとしても、情報提供努力義務違反とはならない[5]。

ただし、破産管財人が現に把握している情報を故意に提供しなかった結果、労働債権者が配当を受けられなかった場合には、善管注意義務違反を理由に賠償義務を負う場合もある（法85条2項）。

(服部　郁)

第87条　破産管財人の報酬等

① 破産管財人は、費用の前払及び裁判所が定める報酬を受けることができる。
② 前項の規定による決定に対しては、即時抗告をすることができる。
③ 前2項の規定は、破産管財人代理について準用する。

規則
(破産管財人の報酬等・法第87条)
第27条　裁判所は、破産管財人又は破産管財人代理の報酬を定めるに当たっては、その職務と責任にふさわしい額を定めるものとする。

1　本条の趣旨

本条1項は、破産管財人が、職務を公正、円滑かつ迅速に遂行するため、職務の遂行に必要な費用の前払及び報酬を受けることができることを規定する。本条2項は、1項の決定に対する不服申立ての方法を規定する。本条3

---

[5] 『破産200問』313頁〔服部千鶴〕。

項は、上記各規定が破産管財人代理に準用されることを明らかにしている。

2　費用の前払い

(1)　費用の意味

　本条の「費用」とは、破産管財人が管財業務を遂行する上で必要な費用を指し、具体的には、①破産財団の維持管理のための費用（地代・家賃、火災保険料、倉庫料、警備費、水道光熱費等）、②破産財団の換価のための費用（謄写費用、鑑定費用、売却手数料、登記費用等）、③訴訟に関する費用（印紙代、郵券代、保全処分保証金、執行予納金等）、④その他事務手続に関する費用（補助者人件費、交通費、通信費等）が挙げられる。

　これに対し、破産管財人又は破産管財人代理に対する日当は、その者らの「報酬」に含まれ、「費用」とならない。また、個別の訴訟の弁護士費用も、訴訟は弁護士である破産管財人自身において行うことが期待され、その場合は上記「報酬」に含まれるが、破産管財人が遠隔地の訴訟や専門性の高い訴訟を他の弁護士に委任する場合などは、「費用」と認められることもある。

　本条の「費用」は、法148条1項1号及び2号所定の「費用」に該当するので（**本書148条の解説 2、3(1)参照**）、破産財団が形成されれば、最優先の財団債権（法152条2項）として、破産管財人がその裁量により、財団管理に必要な費用の支出（法78条1項）、100万円以下の財団債権の支払（法78条2項13号、3項、規則25条）等の規定に基づき支払うことができる。もっとも、破産財団に金銭がない段階では、破産管財人が立て替える事例もあるが[1]、そうではない場合は、予納金（法22条）又は国庫からの仮支弁（法23条）により本条の費用の前払手続をとる必要がある。なお、実務上は、このような事態が生じないよう、予納金から官報手数料を控除した残額をできるだけ早期に破産財団に組み入れる運用がされている[2]。

(2)　支払手続

　費用の前払いは、破産管財人の請求により、裁判所がその額を決定し、同金額が破産管財人に交付される。

1　『実践マニュアル』79頁。
2　『新・実務大系』52頁〔西謙二〕、『書記官事務の研究』17頁。

上記決定に対しては、即時抗告をすることができる（本条2項）。即時抗告をすることができるのは、破産管財人及び利害関係人（破産債権者、破産者及び財団債権者）である。

前払いを受けられるのは、原則として費用の実額であるが、根拠が明確であれば概算額でも許される[3]。前払いを受けた費用に、余剰が出れば、それを返還し、不足があれば、破産財団又は予納金から支払われる。

3　報酬の支払

(1) 報酬の意味

本条の「報酬」とは、破産管財人の職務遂行の対価である。

「報酬」は、破産法148条1項2号所定の「費用」に該当し、最優先の財団債権（法152条2項）として、破産財団から弁済される。

形成された破産財団の額を超えて報酬を支払わざるを得ない場合は、国庫からの仮支弁（法23条）により支払うことになる。

(2) 算定基準

報酬は、破産裁判所がその裁量により決定するが、その額を定めるに当たっては、破産管財人の職務と責任にふさわしいものでなければならない（規則27条）。

その具体的な算定基準は法令に定められていないが、報酬決定についての公正を確保し、関係者に無用の不安と期待を抱かせないためにも、一定の基準があることが望ましいとされている[4]。実務では、形成された破産財団の規模を基準としつつ、事案ごとに、破産管財業務の内容、その難易度・手間、迅速性、職務遂行の適切さ、配当額や配当率との均衡等の様々な個別事情を考慮して算定されている[5]。

破産管財人に違法行為・不正行為があり解任された場合等には、報酬が0円と決定されることもあり得る。

なお、破産財団が形成されない事案では、破産管財人の報酬額が予納金の最低限を画する基準ともなる。東京地方裁判所では、平成11年に、予納金の

---

[3]　『条解』675頁。
[4]　司法研修所編『破産事件の処理に関する実務上の諸問題』（法曹会、1985年）129頁。
[5]　『破産実務』174頁。

準備ができないために破産の申立てができない事態を解消すべく、一定の破産事件について、管財手続を簡素化することにより破産管財人報酬の低額化を図り、予納金を原則20万円とする少額管財手続が考案され、以後、他庁にも、地域の実情を反映しながら、同様の運用が広がっている[6]。

(3) 支払時期

支払時期も裁判所の裁量に委ねられている。実務上は、財団債権である報酬の額が定まらないと配当事案か否かが決まらない場合もあるため、通常は、裁判所が破産管財人から管財業務が終了した旨の報告を受けた後、配当の場合は配当の許可申立て時までに、異時廃止の場合は破産手続廃止の申立て時に、報酬の決定がされる[7]。

中間配当や追加配当がされる場合も、各配当の許可申立て時までに報酬の決定がされる。やむを得ず管財業務が長期化し、配当も困難な事案では、配当に至る前の適当な時期に報酬の決定がされることもある[8]。

破産管財人が手続の途中で死亡、辞任、解任によりその地位を喪失した場合は、その時点までの事務処理の状況に応じ、相当の報酬額で報酬の決定がされる[9]。

(4) 支払手続

裁判所は、上記(3)の適宜の時期に報酬決定をする。報酬決定については、決定書が作成され、破産管財人に交付されるが、債権者集会の席上で、裁判官が口頭で決定し、破産管財人に告知するとともにこれを調書に記載する運用も広く行われている[10]。

報酬決定に対しては、即時抗告をすることができる（本条2項）。報酬決定は、裁判所の自由な裁量に委ねられており、報酬決定に対する不服申立ては、この裁量権を逸脱していることを理由としなければならない[11]。

即時抗告をすることができるのは、破産管財人及び利害関係人（破産債権

---

6 『大コンメ』370頁〔園尾隆司〕、『書記官事務の研究』16頁。
7 『書記官事務の研究』264頁。
8 破産財団の規模が大きく、相当期間の換価作業が見込まれる場合に、月額として定められた事案もある（『書記官事務の研究』264頁）。
9 『破産実務』180頁。
10 『書記官事務の研究』264頁。
11 『大コンメ』371頁〔園尾隆司〕。

者、破産者及び財団債権者）である。

　即時抗告期間の起算点は、破産管財人が告知を受けた時、又は、利害関係人が報酬決定を知った時である。ただし、任務終了時の計算報告がされ、破産手続が異議なく終了した場合（法88条、89条）には、即時抗告をすることができない[12]。

　破産管財人は、自ら管理している破産財団から、自ら行った管財業務の対価として報酬を支払い、これを受け取ることになるため、その報酬につき、所得税法204条1項の「支払をする者」に当たり、同項2号の規定に基づき、所得税法上の源泉徴収義務を負う[13]。

(5) 破産管財人代理

　本条3項は、破産管財人代理も、費用の前払又は報酬を受けることができること及びこれらの決定について即時抗告ができることを明らかにしており、規則27条は、破産管財人代理の報酬についても、その職務と責任にふさわしい額を定めるものとしている。

　上記規定により、裁判所は、破産管財人の報酬とは別に、破産管財人代理の報酬を決定することもできるが、破産管財人代理の報酬分を含めて破産管財人の報酬を決定することもでき、実務では、後者の例も多いようである[14]。

（国分史子）

第88条　破産管財人の任務終了の場合の報告義務等

① 破産管財人の任務が終了した場合には、破産管財人は、遅滞なく、計算の報告書を裁判所に提出しなければならない。
② 前項の場合において、破産管財人が欠けたときは、同項の計算の報告書は、同項の規定にかかわらず、後任の破産管財人が提出しなければならない。

12　『大コンメ』371頁〔園尾隆司〕。
13　最判平23.1.14（民集65巻1号1頁）。
14　『大コンメ』371頁〔園尾隆司〕、『破産実務』174頁。

> ③ 第1項又は前項の場合には、第1項の破産管財人又は前項の後任の破産管財人は、破産管財人の任務終了による債権者集会への計算の報告を目的として第135条第1項本文の申立てをしなければならない。
> ④ 破産者、破産債権者又は後任の破産管財人（第2項の後任の破産管財人を除く。）は、前項の申立てにより招集される債権者集会の期日において、第1項又は第2項の計算について異議を述べることができる。
> ⑤ 前項の債権者集会の期日と第1項又は第2項の規定による計算の報告書の提出日との間には、3日以上の期間を置かなければならない。
> ⑥ 第4項の債権者集会の期日において同項の異議がなかった場合には、第1項又は第2項の計算は、承認されたものとみなす。

1　本条の趣旨

　本条は、破産管財人がその任務を終了した場合には、裁判所に対し、遅滞なく、在任中の収支を報告書という書面の形式において提出するとともに、任務終了による債権者集会招集の申立てをしなければならないことを定めている。その集会において、計算報告に異議がなかった場合には、承認されたものとみなされ、この場合、計算報告の内容が事実と異なることを理由とした破産管財人の異議権者に対する責任（損害賠償責任、不当利得返還債務等）が免責されると解される。

　これは、破産手続全体における破産管財人の任務遂行の結果を、計算報告という形で報告させることを義務化し、債権者に開示してその透明化をはかり、管財業務が適切に行われることを目的とするものである。

　また、破産管財人が死亡した場合に、旧法168条1項のように、その計算報告義務を相続人に課し報告させることは、事実上期待できず実際的でないので、後任の破産管財人にその計算報告義務を課すこととしている。

2　任務の終了事由と報告義務者

　破産管財人の任務の終了は、破産手続自体が終了する場合と、破産管財人に生じた事由によって終了する場合に大別される。

(1) 破産手続の終了

以下の各場合がある。計算報告の義務者は、破産管財人であり、数人の破産管財人が選任されているときは共同して報告することになる(法76条1項)。

a 配当による終了

配当については、最後配当（法195条）、簡易配当（法204条）、同意配当（法208条）の3つの方法があるが、いずれにしても破産手続の終結により破産管財人の任務は終了する（法220条）。

ただし、破産終結決定後に追加配当（法215条1項）がなされたときは、別途、追加配当にかかる任務終了に伴う計算報告の必要がある（同条6項）。

b 破産手続廃止決定の確定

破産手続廃止決定には、債権者の同意を得てなされる同意廃止（法218条）と破産財団をもって破産手続の費用を支弁することに不足が生じていると認められる場合になされる不足廃止がある。後者には、破産手続開始決定と同時になされる同時廃止（法216条）とその後になされる異時廃止（法217条）がある。同時廃止については、破産手続開始決定と同時に廃止決定がなされ、破産管財人が選任されないので、計算報告の余地はない。

c 破産手続の失効

破産手続開始決定後に、再生手続開始決定、更生手続開始決定又は外国倒産処理手続の承認決定があると、破産手続は中止されるが（民事再生法39条1項、会社更生法50条1項、外国倒産処理手続の承認援助に関する法律57条2項）、再生計画又は更生計画の認可決定が確定し、あるいは、外国倒産処理手続が破産手続の終結等に相当する判断がされて終了したことによる承認の取消決定が確定したときには、中止されていた破産手続は失効する（民事再生法184条、会社更生法208条、外国倒産処理手続の承認援助に関する法律61条1項）。この場合、破産手続開始決定から中止までの間の計算報告をなすべきこととなる。

d 破産手続開始決定の取消決定の確定

破産手続開始決定は、確定をまたずに効力が生じるが（法30条2項）、破産手続開始決定に対しては、利害関係人が即時抗告の申立てをなし得る（法33条1項）。抗告審が破産手続開始決定を取り消し、その決定が確定したときは、破産手続は終結することになる。しかしながら、破産管財人は、破産手続開始決定後は、速やかに破産財団に属する財産の管理に着手しなければな

らず（法79条）、抗告審での結論が出るまでの間も、管理行為はもちろんのこと、迅速に処理すべき事項に関しては、破産財団に属する財産についての処分行為も許され、場合によっては処分行為をしなくてはならない場合もある。したがって、破産手続の終了に伴い、破産手続開始決定から同決定の取消決定が確定するまでの間の計算報告をする必要がある。

(2) 破産管財人に生じた事由による終了
a 破産管財人の死亡

破産管財人が死亡等により欠けたときは、後任の破産管財人が、前任者の職務にかかわる計算報告を行う（本条2項）。

自然人である破産管財人が行為能力を失った場合、あるいは、法人の破産管財人の解散の場合については、当然終了すると考えられる[1]。ただし、行為能力を失ったり、その制限を受けたりすることとなるまでには、後見申立て等、法律上の一定の手続を要し、時間もかかり、その間、事実上破産財団の適切な管理が出来ないのは相当ではないので、解任、辞任で対処するのが適切な実務的対応と考えられる場合もある。

最後配当の後に破産管財人が欠けた場合であっても、追加配当に供すべき財産がないことを確認する等の業務があり得るので、後任の破産管財人を選任した上で、その点に関する計算報告をさせるべきである[2]。

複数の破産管財人が選任されている場合は、内部的な職務分掌が仮にあったとしても、対外的には、それらの破産管財人は、共同してその職務を行うものであるから（法76条1項）、そのうち1人に死亡等の事由が生じても、本条の計算報告義務が生じるわけではない。ただし、裁判所の職務分掌の許可があり（同項ただし書）、破産者が法人の場合、分掌する職務内容が登記され（法257条2項）、対外的にも明らかになるので、この場合は、当該破産管財人の分掌した職務について、任務終了となるものと考えられる。

b 破産管財人の辞任（規則23条5項）、解任（法75条2項）

破産管財人の辞任、解任の場合については、前任者か後任者のいずれが報告義務を負うかについては争いがある。辞任、解任の場合、破産管財人に適

---

[1] 『大コンメ』374頁〔田原睦夫〕。
[2] 『大コンメ』375頁〔田原睦夫〕。

切な計算報告をなすことを期待することができないことも多く、逆に後任の破産管財人は、前任の破産管財人の職務にかかる計算報告を自らがなすことにより、就任時までの破産管財業務の経過や内容、就任時における破産財団の状況をより的確に把握することができることもある。そのため、後任者が報告すべきと考えるが[3]、前任者が報告すれば足り、後任者に義務付けをする必要まではないという見解もある[4]。

3 報告手続

(1) 計算報告書の提出

債権者集会において行われる計算報告につき、あらかじめ利害関係人の閲覧に供するため、破産管財人は、任務終了又は後任管財人としての就任後、遅滞なく計算報告書を裁判所に提出しなければならない（本条1項・2項）。また、債権者集会期日の3日以上前に提出することが必要である（本条5項）。

計算報告書には、破産手続開始時から管財業務終了までの間の収支状況を、項目に分けてわかりやすく記載し、破産管財人口座の預金通帳写等の資料を添付し、管財業務の全体がわかるように作成する。実務的には、収入と支出を区分し、収入の内訳として、破産予納金、利息のほか破産財団帰属財産の種別（現金、預貯金、売掛金、什器備品、不動産等）に応じた収入金の総額を表示し、支出の内訳として、手続費用、配当額、管財人報酬等、財団債権となる租税等請求権、労働債権の各合計額等を記載する[5]。記載が不十分、不完全な場合は、裁判所は監督権（法75条1項）に基づき、補正を命ずることができる[6]。

(2) 計算報告の債権者集会

破産管財人が任務を終了したとき、又は後任の破産管財人は、任務終了による計算報告のための債権者集会の招集を裁判所に申し立てなければならず（本条3項）、裁判所は、これを受けて債権者集会を招集する（法135条1項本

---

[3] 『大コンメ』375頁〔田原睦夫〕。
[4] 『条解』682頁。
[5] 記載例については、『書記官事務の研究』参考書式8－7－1から4までを参照。
[6] 『大コンメ』375頁〔田原睦夫〕。

文）。ただし、破産債権者の数その他の事情を考慮して債権者集会を招集することが相当でないと認められるときは、債権者集会を招集せず（法135条1項本文ただし書）、次条の書面による報告に代えることができる。

しかし、各地の裁判所で、少額管財手続の運用が普及し、これに伴い、管財事件全般に、第1回債権者集会と任務終了の計算報告集会とを同一期日に開催し、続行ないし延期する運用（「一括指定・続行方式」といわれている[7]）が行われ、債権者に口頭で意見を述べる機会を与えるという観点から、書面による報告は行われることは少なく[8]、計算報告のための債権者集会を原則として開催している。この一括指定・続行方式の場合、破産管財人が計算報告集会の招集申立てをする必要はない。

4　計算報告に対する異議

(1)　異議の申立て

計算報告に対する異議申立権者は、破産者、破産債権者、又は計算報告義務を負担している破産管財人以外の後任の破産管財人である（本条4項）。

異議は、債権者集会の期日において述べることを要する（同項）。あらかじめ、異議事由を記載した書面を提出しても、期日に出頭して主張しなければ、異議の主張としては取り扱われない。異議の理由を述べる必要はないが、異議の対象は、特定して明確に述べなければならない。

破産管財人は、異議に対して異議者に説明をして、異議事由の解消に努め、異議の撤回がなされたときは、異議はなかったことに帰する。異議の撤回は、集会の期日後においても、その旨の書面を裁判所に提出することによりなすことができる[9]。

異議の適否は、債権者集会の手続の中で、債権者や裁判所がこれを判断するものではなく、異議申立権者が、破産管財人の責任を追及するために提起した損害賠償訴訟の中で最終的に判断されることとなる。債権者集会では、異議者の異議事由が調書に記載され、承認の決議は行われない。

7　『書記官事務の研究』228頁。
8　『書記官事務の研究』297頁。
9　『大コンメ』376頁〔田原睦夫〕。

(2) 承認及び異議の効果

　異議の申出がない場合には、破産管財人の計算報告は承認されたものとみなされ（6項）、その後は計算報告の内容が事実と異なることを理由として破産管財人の責任を問うことはできない。異議の申出をした異議者は計算報告の内容が事実と異なり、それにより損害を被っていれば、破産管財人に対し、損害賠償請求をすることができる。また、別除権者や財団債権者には異議申立権が認められておらず、計算報告承認の結果を受けないため、異議の申出をした異議者と同様に損害賠償請求をすることができる。

　異議を申し出なかった、あるいは期日に欠席した異議申立権者は、他者のなした異議申立ての効果を援用できない。

　なお、計算報告の承認は、破産管財人の不法行為責任や善管注意義務違反を免責するものではない（**本書85条の解説4(4)**参照）ので、破産債権者や後任の破産管財人は、これらを理由に、任務を終了した破産管財人の責任を追及するため損害賠償請求をすることができる[10]。

　　　　　　　　　　　　　　　　　　　　　　　　　　　　（池田伸之）

第89条

> ① 前条第1項又は第2項の場合には、同条第1項の破産管財人又は同条第2項の後任の破産管財人は、同条第3項の申立てに代えて、書面による計算の報告をする旨の申立てを裁判所にすることができる。
> ② 裁判所は、前項の規定による申立てがあり、かつ、前条第1項又は第2項の規定による計算の報告書の提出があったときは、その提出があった旨及びその計算に異議があれば一定の期間内にこれを述べるべき旨を公告しなければならない。この場合においては、その期間は、1月を下ることができない。
> ③ 破産者、破産債権者又は後任の破産管財人（第1項の後任の破産管財人を除く。）は、前項の期間内に前条第1項又は第2項の計算について異議を述べることができる。

---

10 『大コンメ』377頁〔田原睦夫〕。

④　第2項の期間内に前項の異議がなかった場合には、前条第1項又は第2項の計算は、承認されたものとみなす。

規則
（破産管財人の計算についての異議の方式・法第89条）
第28条　法第89条第3項の規定による異議の申述は、書面でしなければならない。

1　本条の趣旨

　本条は、破産管財人の任務終了による計算報告のための債権者集会に代えて、破産管財人又は後任破産管財人の申立てがあった場合に、書面により計算報告をなすことを認めるものである。破産債権者の債権者集会への出席率が高くない実態を反映し、手続の弾力化の一環として、書面による報告を選択肢の1つとして導入されたものである。

2　書面による計算報告の要件

(1)　破産管財人による申立て

　書面による計算報告を行うには、破産管財人は書面による計算報告をする旨の申立てをすることが必要である。

　どのような場合に、書面による計算報告を求めることができるかについては、法は要件を定めていないが、計算報告は、前条による計算報告集会において口頭でなされるのが原則であることから、集会によることが相当でない場合ということになる。具体的には、破産債権者の数が多数で、集会の会場確保が困難な場合、破産債権者が地理的に広範囲に分散し、集会を開催しても多数の参加が見込めない場合、破産財団の内容が複雑でない場合、破産管財人による破産債権者への破産手続中の情報開示がそれまで十分なされ、集会を開催しても破産債権者の参加が見込まれない場合等である[1]。

1　『大コンメ』378頁〔田原睦夫〕。

裁判所は、破産管財人により法88条3項による計算報告集会招集の申立てがなされた場合において、上記のような事情を考慮して、集会を開催することが相当でないと認められるときは（法135条1項ただし書）、集会を招集しないことができる。その場合、破産管財人は改めて本条による申立てをなすことになる。

　逆に、計算報告集会の開催が相当な場合に、破産管財人から本申立てがあったときは、裁判所は、破産管財人に対する監督権（法75条1項）を背景に、計算報告集会の招集を申立てるよう指導し、破産管財人がその指導に従わない場合には、職権で（法135条2項）、計算報告集会の開催を決定できるものと解される[2]。

(2) 計算報告書の提出と裁判所の公告

　裁判所は、破産管財人から書面による計算報告をする旨の申立てがあり、計算報告書の提出があると、その提出があった旨、及びその計算に異議があれば、裁判所の定める一定の期間内にこれを述べるべき旨の公告をする（本条2項前段）。上記の異議申立期間は、1月を下回ることができない（本条2項後段）。

3　計算報告に対する異議

(1) 異議の申立て

　異議申立権者が異議の申述をする場合（本条3項）は、公告において定められた期間内に裁判所に対し書面をもってしなければならない（規則28条）。破産管財人に対して直接異議申立書を提出しても、異議の申述とは認められない。異議の申述において、理由を述べる必要はないが、異議の対象を明確に特定して述べなければならない。

　破産管財人としては、異議につき説明すべき事情があれば、裁判所に対してその旨の書面を提出することが望ましいし、通常そのようにするであろう。ただし、このような書面を提出する義務があるわけではなく、仮に提出されたとしても記録に編綴はされるが、異議者に送達されるわけではない。異議者が、裁判所に異議の申出を書面にて撤回すれば、異議ははじめからな

2　『大コンメ』379頁〔田原睦夫〕。

かったものと取り扱われる。

(2) 承認及び異議の効果

異議申立権者から、上記異議申立期間内に裁判所に対して異議の申し出がなかった場合には、破産管財人の計算報告は承認されたものとみなされる（本条4項）。計算報告の承認及び異議の効果は、前条の場合と同様であるので、**本書88条の解説4**を参照されたい。

（池田伸之）

第90条　任務終了の場合の財産の管理

> ①　破産管財人の任務が終了した場合において、急迫の事情があるときは、破産管財人又はその承継人は、後任の破産管財人又は破産者が財産を管理することができるに至るまで必要な処分をしなければならない。
> ②　破産手続開始の決定の取消し又は破産手続廃止の決定が確定した場合には、破産管財人は、財団債権を弁済しなければならない。ただし、その存否又は額について争いのある財団債権については、その債権を有する者のために供託しなければならない。

1　本条の趣旨

本条は、破産管財人の任務が終了した場合における破産管財人又はその承継人の職務を定めた規定である。本条1項は、いわゆる応急処分義務を定め（民法654条参照）、本条2項は、破産手続開始決定取消し又は破産手続廃止決定（同時廃止決定は除く）が確定した場合における財団債権の弁済に関する規定である。

2　応急処分義務

(1) 趣　旨

破産管財人は、その任務が終了したとき、財産を破産者又は後任の破産管財人に引き継がなければならない場合がある。このとき、引継ぎを受ける者

が財産を管理することができるようになるまでの間、財産などに不利益・損害が生じることを防ぐため、破産管財人又はその承継人に、必要な処分を行う義務を定めたのが、本条1項である[1]。

(2) 破産管財人の任務が終了した場合

任務が終了した場合に当たる場合として、①最後配当等の終了（法220条）、②異時破産手続の廃止決定の確定（法217条）のほか、③同意破産手続の廃止決定の確定（法218条）、④破産手続開始決定の取消しの確定（法33条）、⑤破産管財人の解任（法75条）、⑥破産管財人の辞任（規則23条5項）、⑦破産管財人の死亡、⑧法人破産管財人の解散がある。

①から④の場合には破産者が、⑤から⑧の場合には後任の破産管財人が、財産の引継ぎを受ける[2]。

(3) 急迫の事情

破産管財人又はその承継人が直ちに措置を執らなければ、財産に著しい不利益又は損害を生じさせる事情をいう。例えば、金銭債権に消滅時効の完成が迫っている場合や破産者において直ちに自ら財産管理ができない事情がある場合などである。

(4) 応急処分を行う主体

原則、任務が終了した破産管財人である。

破産管財人の解任や辞任の場合、処分が履行されないことも考えられる。この場合、裁判所において、後任の破産管財人を迅速に選任し、直ちに財産管理させるような措置が求められる。

破産管財人が欠けたときは、その承継人が応急処分を行う。承継人とは、相続人[3]、合併による存続法人、新設法人などである。しかし、破産管財人の相続人が適切かつ迅速に応急処分を行うことは期待できない場合が多く、こうした場合には、相続人から委任された者（例えば、破産管財人代理であったなど事案を知悉している者）が適宜な措置を行うか、裁判所が後任の破産管財人

---

1 この義務の法的な性質については、事務管理又はそれに類するものとする考え方と破産管財人の職務に付随して生ずる法律上の義務とする考え方（『条解』689頁）があるが、破産管財人の職務の重要性、報酬決定の便宜に鑑み、後者が妥当である。
2 なお、破産手続の失効の場合には、処分義務は生じない（『条解』690頁）。
3 相続人の応急処分義務の負担に関し、従前の破産管財人代理の処分義務の可否を含め、『条解』690頁以下参照（なお、法88条2項）。

を可及的速やかに選任するほかないと思われる。

(5) 必要な処分

急迫の事情に応じ、財産などに不利益、損害を生じさせないために行わなければならない処分をいう。緊急な処分である性質上、必要最小限の措置をすれば足りる。

(6) 応急処分をしなければならない終期

財産の引継ぎを受ける者が、現実に財産を管理することが「できる」状態に至ったときである[4]。

現実に財産を管理するまでではない。財産を管理することができる状態にするまでの間、破産管財人において相応の手間と時間を要する。特に破産者への引継ぎでは、時間を要する事案もあり、応急処分を検討し実行する時間も長くなることになろう。

(7) 費用及び報酬

財産の引継ぎを受ける者が後任の破産管財人である場合、応急処分義務の履行に要した費用は、財団債権（法148条1項2号）として破産財団に請求できる。また、この応急処分義務が破産管財人の職務に付随するものであることから、報酬は、裁判所の定める額を受けることができると解する[5]。

これに対し、財産の引継ぎを受ける者が破産者である場合には、破産者に対し、手続外で、費用及び報酬を請求することができる[6]。

3 財団債権の弁済・供託

(1) 趣　　旨

財団債権は、破産債権に優先し破産手続によらず随時に弁済されるので、破産手続が終了するまでに弁済される。このため、破産管財人の任務が終了する場合のうち、最後配当等（前記2(2)①）では、財団債権の弁済は終了しており、破産管財人の解任（前記2(2)⑤）、辞任（前記2(2)⑥）、死亡（前記2(2)

---

[4] この状態になれば、「急迫の事情」が終了したともいい得る（『条解』691頁、『大コンメ』381頁〔田原睦夫〕）。

[5] 『条解』691頁、『大コンメ』382頁〔田原睦夫〕。

[6] 『条解』691頁。なお、「承継人」の報酬について、『大コンメ』383頁〔田原睦夫〕参照。

⑦）又は法人破産管財人の解散（前記2(2)⑧）では、後任の破産管財人が財団債権を弁済する（計算報告につき法88条、89条参照）。

しかし、破産手続開始決定の取消しの確定（前記2(2)④）又は破産手続廃止決定の確定（前記2(2)②及び③。同時破産手続廃止は除く）による任務終了の時には、弁済に見合う財団の不足や財団債権の存否や額等に争いがあるなど、財団債権の弁済がなされていない場合が生ずる。このような場合でも、破産管財人の任務は終了するものの、財団債権は、破産手続開始後に生じたものも多くあることから、破産管財人において弁済又は供託をすることとされた（本条2項）。破産管財人の職責において財団債権を弁済（供託）させ、ひいては手続への信頼を確保する意義がある[7]。

(2) 財団債権の範囲

弁済の対象となる財団債権は、すべての財団債権であると解するのが相当である[8]。

(3) 財団債権の弁済

異時廃止決定の確定など、破産財団が財団債権を弁済するに不足する場合に、財団債権は、法152条1項・2項に従って弁済される（換価未了の破産財団帰属財産があれば換価して弁済する[9]）。

この条項は、破産管財人が任務を終了するに当たり破産管財人が財団債権の弁済を履行することを定めたものであって、破産手続廃止決定確定前に財団債権を弁済することを否定するものではないと解される（法2条7項参照）。このように解することにより、異時廃止事案では柔軟な運用が可能となる[10]。

租税等請求権のみであれば、最後配当の場合とは異なり、延滞税、延滞金の減免申請を行わず、弁済期日に計算される金額を基準に按分弁済する方法によることが多い。

破産管財人が財団債権を弁済せず財産を破産者に返還した場合、破産管財

---

[7]　『条解』692頁、『大コンメ』381頁〔田原睦夫〕。
[8]　『条解』692頁。この財団債権を共益費用的なものに限ると解する考え方（『注解（下）』778頁〔谷合克行〕）があるが、文理上、妥当とは思われない。
[9]　『条解』692頁、『大コンメ』383頁〔田原睦夫〕。
[10]　計算報告集会期日までに財団債権の弁済を了していない場合につき、『手引』247頁参照。

人は、本条及び善管注意義務違反（法85条2項）として、財団債権者に損害賠償責任を負うことがある。

(4) 財団債権の供託

ただし、財団債権の存否又は額に争いがある場合、破産管財人は、供託しなければならない（本条2項ただし書き）。

供託は破産管財人が行うが、破産手続開始後に生じた財団債権に関する争いは、破産管財人と財団債権者、破産手続開始決定前に生じた財団債権に関する争いは、破産者と財団債権者との間で生じ、供託書の保管は、それぞれ破産管財人、破産者と解するのが相当である[11]。財団債権者は、和解等で解決した場合や勝訴判決を得た場合に供託金を受け取ることができる。

（西脇明典）

---

11 『条解』692頁。なお、供託額について、『新注釈民再（上）』403頁〔中川利彦〕参照。

第2節　保全管理人

第91条　保全管理命令

① 裁判所は、破産手続開始の申立てがあった場合において、債務者（法人である場合に限る。以下この節、第148条第4項及び第152条第2項において同じ。）の財産の管理及び処分が失当であるとき、その他債務者の財産の確保のために特に必要があると認めるときは、利害関係人の申立てにより又は職権で、破産手続開始の申立てにつき決定があるまでの間、債務者の財産に関し、保全管理人による管理を命ずる処分をすることができる。
② 裁判所は、前項の規定による処分（以下「保全管理命令」という。）をする場合には、当該保全管理命令において、1人又は数人の保全管理人を選任しなければならない。
③ 前2項の規定は、破産手続開始の申立てを棄却する決定に対して第33条第1項の即時抗告があった場合について準用する。
④ 裁判所は、保全管理命令を変更し、又は取り消すことができる。
⑤ 保全管理命令及び前項の規定による決定に対しては、即時抗告をすることができる。
⑥ 前項の即時抗告は、執行停止の効力を有しない。

規則
（破産管財人に関する規定の準用）
第29条　前節（前条を除く。）の規定は保全管理人（法第2条第13項に規定する保全管理人をいう。第78条において同じ。）について、第27条の規定は保全管理人代理について準用する。

1　本条の趣旨

破産手続が開始されると破産財団に属する財産の管理処分権は破産管財人に専属する（法78条）。しかし、債権者申立事件等では破産手続開始の申立て

から開始決定までは一定の日数を要するのが通常であり、その間に債務者の財産につき隠匿、散逸、毀損のおそれがある場合、これを防止する必要性が高い。裁判所は債務者の財産に関し処分禁止の仮処分その他の必要な保全処分を命ずることができるが（法28条）、日常的に現金が動くような事業の場合（旅館、ゴルフ場、不動産賃貸業など）、売上金の管理などは仮処分では対応できない。また、最近の事業活動の特色として、売掛金などの資産や顧客情報がコンピューターにてデータ管理されており、データの保全が重要であるところ、社外のレンタルサーバーにデータが保管されていることも少なくない。社内のサーバーであれば仮処分により占有を確保することもできるが、社外のサーバーの場合は保全管理人が社外の業者に対してデータの保存や複製を求める必要がある。さらに、将来的には事業を清算廃止することが見込まれても、現場の混乱を避けるために当面は事業を継続しなければならない場合もある（病院、介護施設など）。そこで、一定の要件を満たす場合に財産の管理処分権限を債務者から奪い、これを保全管理人に与えることとしたものである。

本条に基づく保全管理命令が発令された事案として次のようなものがある[1]。

(1) 債権者による申立て

仮差押えや仮処分のように財産を特定する必要がないため、債務者の財産の詳細を把握できない債権者にとってメリットがある。他方、保全管理命令が債務者に及ぼす影響は甚大であり、事業継続中の企業の場合、裁判所が発令する例はあまりない。

(2) 事業譲渡目的

債務者の営業が免許制の場合、破産手続開始が免許の取消事由とされていることがある。その場合、破産原因があるからといって直ちに破産手続を開始してしまうと免許が取り消され、事業を売却することができなくなってしまうため、保全管理命令を発令し、保全管理人が事業を売却した上で破産手続を開始するということが行われている[2]。

---

1 『新・実務大系』81頁〔武笠圭志〕。

(3) 破産原因証明不足

　取締役の一部から準自己破産の申立てがなされたものの破産原因の存否に争いがあるという場合で、破産原因の疎明があった段階でまず保全管理命令を発令し、破産原因の証明がなされて破産手続開始となった事案がある。

(4) 牽連破産型

　法人である再生債務者について再生手続廃止等の決定があった場合で、破産手続開始の原因があるときは、職権により破産手続開始の決定がなされるが（民事再生法250条1項）、再生手続廃止等の決定が確定するまでは破産手続開始の決定ができず、再生債務者が財産の管理処分権を保有することとなり、財産の散逸の危険がある。そのため、同法251条1項は、再生裁判所が職権で破産法91条2項の保全管理命令を発することができることとした。実務上はもっとも多い保全管理命令の類型である。

2　保全管理命令の対象

　保全管理命令の対象は法人に限られる。相続財産も解釈上法人に準じるとされていることから対象に含まれる[3]。また、信託財産が対象となることは法244条の12に定められている。

　債務者が自然人である場合、保全管理命令は発令できない。自然人の場合は、事業を営んでいる場合であっても、日常の生活を維持するための財産が必要であり、すべての財産について管理処分権を奪うことはできないからである。これは民事再生における管理命令（民事再生法64条）、保全管理命令（民事再生法79条）が法人債務者に限られていることと同じ趣旨である。しかしながら、債務者が自然人の場合でも大規模な事業を営んでいることがあり、財産が隠匿される危険が高い場合に保全管理命令が必要であるとの意見も強く[4]、現行法の立法過程においても議論となったが、結論として、保全管理

---

[2] 『破産実務』86頁には、東京築地市場内における仲卸業者の事例が、また、進士肇「保全管理命令下での、大田市場花き部における仲卸業務許可および施設利用権の譲渡に関する実例の報告」（債管149号17頁）には、大田市場花き部仲卸業者の事例が紹介されている。

[3] 『基本構造』74頁に、旧法時の例として相続財産について債権者から破産宣告の申立てがなされたのに対し、相続人が財産の評価を争った事案で保全管理命令が発令された例が紹介されている〔田原睦夫発言〕。

命令は法人に限ることとされた。債務者が自然人である場合には、法28条1項に定める「その他の必要な保全処分」で対応することとなるが、管理対象財産を特定した上で管理人による管理を命じた例がある[5]。なお、法人類似の事業を行っており、かつ保全管理の必要性の高い個人事業者について本条の類推適用を認めるべきとする有力説がある[6]。

3 発令の要件

仮処分等について規定する法28条には具体的な要件が記載されていないが、本条には「債務者の財産の管理及び処分が失当であるとき、その他債務者の財産の確保のために特に必要があるとき」との要件が明示されている。

(1) 債務者の財産の管理及び処分が失当であるとき

財産の管理が失当であるときとは、病院、ゴルフ場、旅館など営業活動により日々売上金が入金されているものの、これが隠匿、浪費されている場合や、不動産などの賃貸業につき、修繕すべき箇所が放置されて劣化が進行している場合などがこれに当たる。

財産の処分が失当であるときとは、資産を無償譲渡したり、不当な廉価で売却したりしている場合などがこれに当たる。仮差押えや仮処分ではなく保全管理命令が選択されるのは、対象財産の特定が困難な場合等である。

(2) 債務者の財産の確保のために特に必要があるとき

財産の管理又は処分が失当であるとは言えないけれども、財産の確保のために特に必要があるときは保全管理命令を発することができる。

証券会社の破産において一般投資家の保護のために保全管理手続中に預り資産の返還を行う場合、病院等において円滑な承継が必要とされる場合、破産手続開始が免許取消事由とされている業者につき保全管理期間中に事業を売却するような場合がこれに当たる。また、コンピューターでデータが管理されている場合に、現時点で管理が失当と言えなくとも、破産手続開始の前後にデータを消失させられるおそれがある場合には、財産の確保のために高い必要性が認められる。

---

4 『検討課題』46頁〔松尾幸太郎〕。
5 『破産実務』87頁。
6 『新・実務大系』90頁〔武笠圭志〕。

「特に必要があるとき」との文言は、保全管理命令が例外的な措置であることを表現したものとされる[7]。

4　発令の手続

(1) 申立ての時期

　保全管理命令は、破産手続開始の申立てがあったときから、その申立てについての決定があるまでの間に申し立てることができる（本条1項）。ただし、破産手続開始の申立てが棄却された場合でも、それに対し即時抗告がされた場合には、保全管理命令を発することは可能であるから（本条3項）、この間に申し立てることもできる。

(2) 申立権者

　申立権者は利害関係人とされている。利害関係人は債権者（財団債権者を含む）と債務者であり、別除権者、取戻権者は含まれない。これらの者は自ら権利を行使することができるし、その権利を保全する措置を自ら執ることができるからである。債務者の株主はそもそも破産手続開始の申立権がないから利害関係人に含まれない。

　なお、利害関係人からの申立てがない場合でも、裁判所は職権により保全管理命令を発することができる。

(3) 審　　理

　発令に当たって債務者の審尋は必要ではなく、実際に債権者申立ての場合などは、債務者審尋を経ずに発令されるケースもある。再生手続の場合は債務者審尋が必要とされるが（民事再生法79条1項後段、64条3項）、再生手続ではDIP型が原則で管理命令は例外的とされ、その発令には債務者審尋を要することとされていることから、保全管理命令についても同様に債務者審尋を必要としたものである。

　債権者による破産手続開始の申立ては債務者に送達されるが、その送達前であっても保全管理命令を発令することができる。

(4) 保全管理命令の内容

　保全管理命令は、①債務者につき保全管理人による管理を命じる、②保全

7　『基本法コンメ』207頁〔印藤弘二〕。

管理人として○○を選任するという内容が一般的であり[8]、事案に応じて追加修正されている[9]。

(5) 保全管理人の選任

　保全管理命令を発令する場合、1人又は数人の保全管理人を選任しなければならない（本条2項）。保全管理人はその職務を行うに適した者が選ばれる（規則29条、23条1項）。

　裁判所は、法人を保全管理人に選任することもできる（法96条、74条2項）。その場合は、保全管理人の職務を行う役員又は職員を指名し、裁判所にその氏名を届け出ることが必要とされる（規則29条、23条2項）。

　裁判所書記官は、保全管理人に対し選任を証する書面を交付しなければならない（規則29条、23条3項）。保全管理人が職務に使用する印鑑をあらかじめ裁判所に届け出た場合には、保全管理人が不動産の権利に関する登記の申請のため登記所に提出する印鑑の証明を請求したときに、裁判所書記官は資格証明書に印鑑の同一性を証明する旨の記載をして交付する（規則29条、23条4項）。

　保全管理命令は、職権により登記される（法257条4～6項）。

(6) 保全管理命令の変更・取消し

　裁判所は必要があるときは保全管理命令を変更し、又は命令自体を取り消すことができる（本条4項）。

(7) 不服申立て

　保全管理命令及びその変更又は取消し決定に対して、即時抗告をすることができる（本条5項）。保全管理命令等は、公告に加え、当事者に対して送達されるが（法92条）、即時抗告期間は、送達日からではなく、公告のあった日から2週間と解されている（**本書9条の解説4(3)**参照）。即時抗告に執行停止の効力はない（本条6項）。即時抗告できるのは利害関係人である。

　なお、保全管理命令の申立てを棄却する決定に対して即時抗告はできない。

---

[8] 『書記官事務の研究』28頁。『新・実務大系』86頁〔武笠圭志〕。
[9] 付加される命令の例として『条解』698頁。弁済禁止の根拠につき伊藤眞ほか編『注釈民事再生法（上）』（金融財政事情研究会、2002年）248頁〔上野正彦〕。

(8) 保全管理命令の失効

保全管理命令は破産手続開始決定があれば、その確定を待たずに当然に効力を失う。破産手続開始の決定は即時に効力を生じ（法30条2項）、破産管財人に管理処分権が専属するからである（法78条1項）。破産手続開始の申立てを棄却する決定の場合には、それが確定したときに失効すると解される。

5 保全管理人の法的地位

保全管理人の法的地位は、破産管財人と同様の管理機構と解される[10]。しかし、保全管理人の場合は破産手続開始前であって破産財団が形成されていない点が異なる。将来、破産財団となるべき財産の集合体について管理処分権を行使する主体が保全管理人であり、破産手続が開始されれば、その地位は破産管財人に引き継がれ、開始されなければ、債務者の管理処分権が復活する。

6 保全管理人の職務

保全管理人の権限について、民事再生法では「再生債務者の業務の遂行並びに財産の管理及び処分をする権利は保全管理人に専属する」（民事再生法81条1項）とされているのに対して、破産法では「債務者の財産の管理及び処分をする権利は保全管理人に専属する」（法93条1項）と定めていることから、破産における保全管理人には業務遂行権がないとする見解もある[11]。しかし、常務（継続的な業務行為をいう[12]）に属する行為は保全管理人が裁判所の許可なくできるのであるから（法93条）、財産の管理行為の一環として保全管理人は業務遂行権を有すると解される[13]。

また、保全管理人の職務は破産管財人の職務の前倒しと位置づけられ、善管注意義務（法96条、85条）や任務終了時の計算報告の義務（法94条）を負うほか、保全管理人のした行為によって生じた請求権は財団債権とされる（法148

---

10 『伊藤』205頁。
11 島岡大雄「東京地裁破産再生部（民事第20部）における牽連破産事件の処理の実情等について（上）」判タ1362号16頁。
12 『条解』705頁。
13 『大コンメ』392頁〔三村義幸〕。

条4項)。

　保全管理の期間はまれに長期に及ぶことがあるが、財産状況報告集会は開かれないため、債権者等に対する情報提供の点につき問題があるという指摘もある[14]。

(小堀秀行)

第92条　保全管理命令に関する公告及び送達

① 　裁判所は、保全管理命令を発したときは、その旨を公告しなければならない。保全管理命令を変更し、又は取り消す旨の決定があった場合も、同様とする。
② 　保全管理命令、前条第4項の規定による決定及び同条第5項の即時抗告についての裁判があった場合には、その裁判書を当事者に送達しなければならない。
③ 　第10条第4項の規定は、第1項の場合については、適用しない。

1　本条の趣旨

　保全管理命令が発せられると、債務者の財産の管理処分権は剥奪され保全管理人に専属するという重大な効果が発生する。そのため、発令や変更・取消しの決定及びこれらの決定に対する即時抗告についての裁判につき公告を行うほか、厳格な告知により効力が発生することを定めたものである。

2　保全管理命令等の公告

　保全管理命令を発令したとき、変更又は取消しの決定があった場合には、裁判所はこれを公告しなければならない（本条1項）。公告は官報に掲載して行われ（法10条1項）、その効力は掲載のあった日の翌日に生ずる（同条2項）。
　保全管理命令の効果は重大であり、多くの関係者に影響を与えることか

14　『新・実務大系』80頁〔武笠圭志〕。

ら、公告により一般に周知させようとするものである。

　保全管理命令の発令や変更・取消しがあったときは、裁判所書記官が登記の嘱託を行う（法257条4項ないし6項）。

　法10条4項は「この法律の規定により裁判の公告がされたときは、一切の関係人に対して当該裁判の告知があったものとみなす」としているが、保全管理命令やその変更・取消しの決定等にこの規定は適用されないから（本条3項）、本条による公告があったとしても関係人に対して告知があったとはみなされない。しかし、保全管理命令発令後の債務者に対する弁済の効力は、弁済者が保全管理命令発令につき善意であったか悪意であったかにより決せられるところ（法96条、50条）、公告前は善意が推定され、公告後は悪意が推定されるという効果を生ずる（法96条、51条）。

3　保全管理命令等の送達

　破産手続開始決定は決定の時から効力を生ずるとされているが（法30条2項）、同条は保全管理命令に準用されていない。また、前述したように代用公告の規定（法10条4項）も適用されないから、保全管理命令は当事者に送達されることにより効力を生ずる。そこで、保全管理命令やその変更・取消しの決定及びこれらに対する即時抗告についての裁判があったときは、その裁判書を当事者に送達しなければならないこととされた（本条2項）。送達は民事訴訟法98条以下の規定によって行われ（法13条）、執行官送達や付郵便送達によることもある。

　「当事者」とは、保全管理命令の申立人、債務者、保全管理人、即時抗告の申立人である。

　保全管理命令発令後、直ちに保全管理人が財産管理に着手しなければならない場合には、債務者に対して執行官送達を行うことが多い[1]。

（小堀秀行）

1　『条解』702頁。

第93条　保全管理人の権限

① 保全管理命令が発せられたときは、債務者の財産（日本国内にあるかどうかを問わない。）の管理及び処分をする権利は、保全管理人に専属する。ただし、保全管理人が債務者の常務に属しない行為をするには、裁判所の許可を得なければならない。
② 前項ただし書の許可を得ないでした行為は、無効とする。ただし、これをもって善意の第三者に対抗することができない。
③ 第78条第2項から第6項までの規定は、保全管理人について準用する。

規則
（破産管財人に関する規定の準用）
第29条　前節（前条を除く。）の規定は保全管理人（法第2条第13項に規定する保全管理人をいう。第78条において同じ。）について、第27条の規定は保全管理人代理について準用する。

1　本条の趣旨

本条は、保全管理人の権限について定め、債務者の財産の管理処分権は保全管理人に専属すること（1項本文）、その権限内であっても、保全管理人が常務に属しない行為をするには裁判所の許可を得なければならないこと（1項ただし書）、保全管理人が裁判所の許可を得ずにした行為の効果（2項）、破産管財人の権限に係る規定を準用し、保全管理人が行うために裁判所の許可を要する行為等（3項）を定める。

2　保全管理人の権限

(1)　保全管理人の権限の及ぶ財産

保全管理人の権限は、法人たる債務者の積極財産・消極財産の全てに及び、海外資産をも含む（本条1項括弧書）。
もっとも、財産以外の法人の組織法上の権限（取締役の選任・解任、株主総

会・取締役会の招集、株主名簿の書換え・閉鎖、株式譲渡の承認等）には保全管理人の権限は及ばず、法人の機関においてこれを行使することができるとするのが通説である[1]。ただし、かかる権限の行使にも債務者等の財産の支出を伴うこと、各倒産手続の目的遂行に支障となる行為は許されないことから、現実には、取締役等に許容される権限の行使は極めて限定されるとの指摘もある[2]。

(2) 保全管理人の権限の内容

保全管理命令が発令されると、債務者の財産の管理処分権は、債務者から包括的に剥奪されて保全管理人に専属する（本条1項本文）。法人たる債務者の機関は、財産の管理行為、処分行為をすることができなくなり、事務管理として管理行為を行った場合は、その費用は保全管理人に請求することになる[3]。

保全管理命令は、破産手続開始決定により、財産の管理処分権が破産管財人に専属する効果（法78条1項）を前倒しするものであり、保全管理人は、基本的に破産管財人と同様の管理処分権を有する（法93条1項）。

保全管理人の権限が及ぶ管理・処分行為には債務者の財産にかかる全ての管理・処分行為が含まれ、保全管理人は、債務者の常務（「常務」の範囲については後記(3)において述べる）に属する行為については、裁判所の許可を得ずに自由に行うことができる。ただし、積極的に破産財団たる財産の範囲を変動させる行為（双方未履行双務契約の解除、否認権の行使等）は、保全管理人の権限の範囲に含まれない。

保全管理命令が発令されたときは、債務者の財産に関する訴えについては、保全管理人を原告又は被告としなければならない（法96条1項、80条）。債務者を当事者とする債務者の財産に関する訴訟手続は中断し、保全管理人は、破産債権に関しないものについては訴訟手続を受継することができる（法96条2項、44条）。

これに対し、債務者の財産に関する強制執行等の手続は、保全管理命令が

---

1 『条解』704頁、『理論と実務』105頁。
2 櫻井孝一・加藤哲夫・西口元編『倒産処理法制の理論と実務』（経済法令研究会、2006年）71頁〔中島弘雅〕。
3 『条解』704頁。

発令されても、破産手続開始の場合と異なり失効しない（法42条参照）[4]。債権者は、裁判所から別途中止命令（法24条）や包括的禁止命令（法25条）が発令されていない限り、執行をなすことは可能である[5]。

保全管理人は、就職の後直ちに債務者の財産の管理に着手しなければならず（法96条1項、79条）、善良な管理者の注意をもって、その職務を行わなければならない（法96条1項、85条）。保全管理人は、その職務を遂行するため、債務者の代理人、理事、取締役等に説明を求めることができる（法96条1項、40条。なお、説明を拒み、又は虚偽の説明をした者につき、刑事罰（法268条）も規定されている）。保全管理人が、債務者に宛てた郵便物等を受け取ったときは、これを開いて見ることができる（法96条1項、82条。ただし、郵便物の管理等の権限に関する法81条は保全管理人には準用されていない。この点、保全管理人に郵便物等を開披して見る権限が与えられている以上、保全管理人が自らに郵便物等を配達すべき旨の嘱託をすることも可能とする説もある[6]）。また、債務者の帳簿、書類その他の物件を検査することができる（法96条1項、83条）。職務の執行に際し抵抗を受けるときは、その抵抗を排除するために、裁判所の許可を得て、警察上の援助を求めることができる（法96条1項、84条。なお、保全管理人等の職務を妨害した者につき、刑事罰（法272条）も規定されている）。また、保全管理人は、費用の前払及び裁判所が定める報酬を受けることができる（法96条1項、87条）。

保全管理人が債務者の財産に関し、権限に基づいてした行為によって生じた請求権は、破産管財人の場合と同様に、財団債権となるとともに（法148条4項）、債務者の財産の管理及び換価に関する費用の請求権は、他の財団債権に先立って弁済される（法152条2項）。

(3) 常務に属しない行為の制限

保全管理人が債務者の常務に属しない行為をするには、裁判所の許可を得なければならない（本条1項ただし書）。裁判所は、許可の是非について、当該行為が債権者の一般の利益に資するか否かを基準として判断する[7]。

常務とは、債務者が日常的に行っている業務行為を意味し、通常の程度の

---

4 『伊藤』163頁。
5 『条解』705頁。
6 櫻井ほか編・前掲注2・70頁〔中島弘雅〕。
7 『条解』706頁。

原材料の仕入れ、製品の製造・販売、運転資金の借入れ、弁済期の到来した債務の弁済（弁済禁止の保全処分が発令されている場合を除く）などがこれに該当する。これに対し、事業譲渡や、重要な財産の売却、大規模な人員整理、新規の設備投資などは、常務に該当しないから、これらを行う場合は裁判所の許可を得なければならない。

　保全管理人が、常務に属しない行為を裁判所の許可を得ずに行った場合、当該行為は無効である（法93条2項本文）。ただし、これをもって善意の第三者に対抗することはできない（法93条2項ただし書）。ここに「善意」とは、保全管理人の行為が許可を要するものであることを知らなかったか、あるいは許可を要することを知っていたが、裁判所の許可があったと信じていたことをいい、過失の有無は問わない。

(4) その他の裁判所の要許可行為

　保全管理人が法78条2項各号に定める行為（破産管財人が裁判所の許可を得なければ行うことができない行為）をするには、原則として裁判所の許可を得なければならない（法93条3項）。保全管理人が、裁判所の許可を得ずに法78条2項各号に定める行為を行った場合は、債務者の常務に属しない行為における場合と同様、当該行為は無効であるが、これをもって善意の第三者に対抗することができない（法78条5項）。

　もっとも、法78条2項7号から14号までに掲げる行為については、100万円を超える価額を有するものでなければ裁判所の許可を要しないとされており（法78条3項1号、規則25条）、保全管理人は、上記の範囲内で、裁判所の許可を得ることなく機動的かつ柔軟に権限を行使することが可能である。また、裁判所は、要許可行為の範囲を拡張することも（法78条2項15号）、これを縮小することも（法78条3項2号）可能である。

　民事再生手続、会社更生手続における保全管理人についても、本条と類似する規定があるが（民事再生法81条3項、41条1項、会社更生法32条3項、72条2項）、要許可事項の指定を裁判所の裁量に委ねている点で、原則として裁判所の許可を必要とする本条と異なる。破産手続における保全管理人の責務は、破産手続開始決定までの間、債務者の財産を保全することにあり、再建型手続における保全管理人のような任務遂行上の裁量権を認める必要が原則としてないためである。

保全管理人は、法78条2項各号に定める行為をしようとするときは、遅滞を生じるおそれのある場合又は同条3項各号に定める場合（裁判所の許可を要しない場合）を除き、債務者の意見を聴かなければならない（法78条6項）。債務者の財産の価値は、債務者が最もよく知っていると考えられるからである。ただし、債務者の意見を聴かなかった場合でも、当該行為の効力に影響はない[8]。

また、保全管理人が、営業又は事業の譲渡（法78条2項3号）をするに当たり、裁判所が同項の許可をする場合には、労働組合等の意見を聞かなければならない（法78条4項）。なお、この場合、裁判所の許可だけでなく、株主総会の特別決議等の会社法上の手続が必要か否かについては議論があり、通説はこれを必要とする[9]。ただし、債務超過状況下における営業譲渡については特別決議を不要とする見解もある[10]。

3 その他

裁判所と保全管理人は、保全管理手続の円滑な進行を図るために必要があるときは、債務者に属する財産の管理及び処分の方針、その他保全管理手続の進行に関し必要な事項についての協議を行う（規則29条、26条1項）。

また、保全管理人は、破産手続開始の申立てをした者に対し、債務者に属する財産の状況に関する資料の提出又は情報の提供その他の保全管理手続の円滑な進行のために必要な協力を求めることができる（規則29条、26条2項）。

（八木　宏）

第94条　保全管理人の任務終了の場合の報告義務

① 保全管理人の任務が終了した場合には、保全管理人は、遅滞なく、裁判所に書面による計算の報告をしなければならない。
② 前項の場合において、保全管理人が欠けたときは、同項の計算の報告

---

[8] 『条解』707頁。
[9] 『条解』708頁、『一問一答』142頁。
[10] 『伊藤』161頁、『新・実務大系』88頁〔武笠圭志〕。

は、同項の規定にかかわらず、後任の保全管理人又は破産管財人がしなければならない。

1　本条の趣旨

　本条は、保全管理人の任務が終了した場合における、裁判所に対する書面による計算報告義務について定めるとともに（1項）、保全管理人が欠けたときは、後任の保全管理人又は破産管財人が計算の報告を行うべきことを定める（2項）。

2　計算報告義務

　保全管理人は、その任務が終了した場合には、遅滞なく裁判所に対して書面による計算報告をしなければならない（法94条1項）。

　保全管理人の地位が破産管財人に準じるものであることから、破産管財人の任務終了の場合の報告義務等に関する法88条と同旨の規定をおいたものであり、民事再生手続、会社更生手続における保全管理人についても、本条と同旨の規定がある（民事再生法83条1項、77条1項・2項、会社更生法34条1項、82条1項・2項）。

　なお、破産管財人の場合は計算報告書を提出しなければならないが、保全管理人は、収支の計算の内容が書面に記載されていれば足りる[1]。

　保全管理人の任務終了事由としては、破産手続開始の申立ての取下げ又は却下・棄却決定の確定、破産手続開始決定、保全管理命令の取消し、再生計画認可決定（民事再生法184条）又は更生計画認可決定（会社更生法208条）による破産手続の失効、保全管理人の辞任、解任、死亡又は法人の場合の解散、がある。

3　保全管理人が欠けたときの計算報告義務者

　保全管理人が死亡等により欠け、計算報告をすることができないときは、後任の保全管理人又は破産管財人が計算報告をしなければならない（法94条

1　『条解』710頁。

保全管理人の相続人に計算報告義務を負わせることは、保全管理業務の適正の担保の観点から適切ではなく、相続人にも負担であることから、これを行うに適した後任の保全管理人又は破産管財人を計算報告義務者としたものである。

(八木　宏)

第95条　保全管理人代理

> ①　保全管理人は、必要があるときは、その職務を行わせるため、自己の責任で1人又は数人の保全管理人代理を選任することができる。
> ②　前項の規定による保全管理人代理の選任については、裁判所の許可を得なければならない。

1　本条の趣旨

本条は、保全管理人は、その責任において、裁判所の許可を得て保全管理人代理を選任することができることを定める。

2　保全管理人代理の選任・監督・任務終了

(1) 選　任

保全管理人は、「必要があるとき」は、自己の責任において、裁判所の許可を得て保全管理人代理を選任することができる。「必要があるとき」とは、保全管理人のみによっては対処することが困難な場合などをいい、全国各地に営業所等があり同時期に異なる場所において保全管理業務を行う必要がある場合などが想定される[1]。

(2) 監　督

保全管理人代理は、選任権者である保全管理人の監督に服する。

1　『条解』711頁。

(3) 任務の終了

　保全管理人代理が選任される場合、保全管理人と保全管理人代理の関係は委任又は準委任と解される。したがって、保全管理人はいつでも保全管理人代理を解任することができ、他方、保全管理人代理はいつでも辞任することができる。解任や辞任には、裁判所の許可を要しない（本条2項参照）。
　保全管理人代理の報酬は裁判所が定める（法96条1項、87条1項）。

(4) 実務での運用

　破産手続において保全管理人が選任されるのは特別の必要性がある場合である（法91条1項）。そして、「特別の必要性がある場合」には、債権者申立ての事案などで債務者が財産を隠匿・毀滅するような危険性があり、破産手続開始申立後即時に複数の場所（本店及び支店、営業所など）において、急を要しかつ広範な保全管理業務の遂行が求められる場合等が想定される。このように即時に複数場所で保全管理業務に着手すべきことが要請される場合の対応には、保全管理人を複数選任する方法（法91条2項）、又は、保全管理人代理を選任する方法（法95条1項）が考えられる。
　複数の保全管理人を選任した場合と保全管理人代理を置く場合とでは、ほぼ同様の機能を果たせるが、職務遂行や選任・監督上の迅速性・効率性等の観点から、保全管理人代理が相当な場合が多いと考えられる[2]。

3　保全管理人代理の権限・責任等

(1) 権　　　限

　保全管理人代理は、保全管理人の権限の全部又は一部を包括的に代理し、複数の保全管理人代理が選任されていても、それぞれが単独で職務を行うことができる。複数の保全管理人が選任され職務分掌（法96条1項、76条1項）がなされていた場合であっても、保全管理人代理の権限自体に何らかの制限がなされていないかぎり、保全管理人代理は保全管理人間の職務分掌に拘束されず包括的な代理権限を有する。保全管理人代理は、保全管理人とは別に、費用の前払いを受け取ることができる（法96条1項、87条1項）。
　保全管理人代理には、保全管理人が有する調査権（法96条1項、83条）の規

2　『新注釈民再（上）』423頁〔印藤弘二〕参照。

定が準用されていないことから、保全管理人代理が調査権を行使するためには保全管理人から特別の授権が必要か否か問題とされており、必要と解する見解[3]と不要と解する見解[4]がある。

(2) 責　任　等

　保全管理人代理もその職責を行うに際し善管注意義務を負うことは当然であるが、保全管理人は保全管理人代理を「自己の責任で」(本条1項)選任するものであるから、保全管理人代理に善管注意義務違反があったときには、選任権者である保全管理人の義務違反となる[5]。

　保全管理人代理も、特別背任罪(法267条)及び収賄罪(法273条)の規定の適用を受ける。

4　保全管理人補佐

　大規模な事件の場合には、保全管理人の業務を補助するために、弁護士が保全管理人から個別に選任された代理人として各種の業務に従事することがあるが、これは、本条にいう保全管理人代理とは異なり、「保全管理人補佐」等と呼ばれる[6]。

〔三浦久德〕

第96条　準　　用

① 　第40条の規定は保全管理人の請求について、第47条、第50条及び第51条の規定は保全管理命令が発せられた場合について、第74条第2項、第75条、第76条、第79条、第80条、第82条から第85条まで、第87条第1項及び第2項並びに第90条第1項の規定は保全管理人について、第87条第1項及び第2項の規定は保全管理人代理について準用する。この場合において、第51条中「第32条第1項の規定による公告」とあるのは「第92条第1項の規定による公告」と、第90条第1項中「後任の破産管財人」とあ

3　『条解』712頁。
4　『大コンメ』396頁〔三村義幸〕。
5　『条解』713頁。『条解再生』401頁〔中島肇〕。
6　『条解』713頁。『基本法コンメ』214頁〔印藤弘二〕。

るのは「後任の保全管理人、破産管財人」と読み替えるものとする。
② 債務者の財産に関する訴訟手続及び債務者の財産関係の事件で行政庁に係属するものについては、次の各号に掲げる場合には、当該各号に定める規定を準用する。
一 保全管理命令が発せられた場合 第44条第1項から第3項まで
二 保全管理命令が効力を失った場合（破産手続開始の決定があった場合を除く。）第44条第4項から第6項まで

規則
（破産管財人に関する規定の準用）
第29条 前節（前条を除く。）の規定は保全管理人（法第2条第13項に規定する保全管理人をいう。第78条において同じ。）について、第27条の規定は保全管理人代理について準用する。

1 本条の趣旨

保全管理命令が発せられたときは、保全管理人に法人たる債務者の日本国内外の財産の管理・処分権は保全管理人に専属する（法93条1項）とされ、本条は破産管財人と保全管理人の職責の類似性に鑑み、破産管財人に関する規定の準用を定める。また、同様に、保全管理人代理が破産管財人代理の職務内容と類似するものとして、保全管理人代理についても規定の準用を定める。

2 「保全管理人の請求」についての準用

保全管理人の請求について法40条（破産者等の説明義務）が準用されている。この場合の保全管理人の請求とは、債務者等に対して保全管理に関し必要な説明を求めることである。
なお、債務者等の説明義務違反には、罰則がある（法268条1項・2項）。

3 「保全管理命令が発せられた場合」についての準用

(1) 準用される条文

　保全管理命令によって、債務者の財産の管理及び処分をする権利が保全管理人に専属すること（法93条1項）から、保全管理命令が発せられた場合に、法47条（開始後の法律行為の効力）、同50条（開始後の破産者に対する弁済の効力）、同51条（善意又は悪意の推定）が準用される。

(2) 法47条（開始後の法律行為の効力）の準用

　債務者が保全管理命令後に債務者の財産に関してした法律行為は、破産手続の関係において、その効力を主張することができない。また、債務者が保全管理命令発令日にした法律行為は、発令後にしたものと推定される。

(3) 法50条（開始後の破産者に対する弁済の効力）、同51条（善意又は悪意の推定）の準用

　善意者保護の観点から、保全管理命令発令後に、その事実を知らないで債務者にした弁済は、破産手続の関係においても、その効力を主張することができるとされた（法50条1項）。他方、悪意での弁済は、当該弁済によって受けた利益の限度で、弁済の効力を主張することができる（法50条2項）。

　なお、弁済者の善意・悪意の推定は、保全管理命令の公告（法92条1項）の前後で区別される（法51条）。

4 「保全管理人」についての準用

(1) 法74条2項（破産管財人の選任）の準用

　法人は、保全管理人となることができる。

　なお、本項が保全管理人代理に準用されていないことから、法人を保全管理人代理に選任することはできないと解される[1]。

(2) 法75条（破産管財人に対する監督等）の準用

　保全管理人は、裁判所が監督する。また、裁判所は重要な事由のあるときは、保全管理人を審尋の上、解任することができる。

---

1 『伊藤』162頁、『条解』712頁。

(3) **法76条（数人の破産管財人の職務執行）の準用**

　保全管理人が数人あるときは、共同してその職務を行うとされており、それぞれ単独にその職務を行い、又は職務を分掌するには、裁判所の許可が必要である（法76条1項）。また、第三者からの意思表示は、数人の保全管理人の1人に対してすれば足りる（法76条2項）。

(4) **法79条（破産財団の管理）の準用**

　保全管理人は、就職の後直ちに債務者の財産の管理に着手しなければならない。

(5) **法80条（当事者適格）の準用**

　債務者の財産に関する訴えについては、保全管理命令発令後には、保全管理人が原告又は被告となる。

(6) **法82条（郵便物等の管理）の準用**

　保全管理人は、債務者にあてた郵便物等を受け取ったときは、これを開いて見ることができる。なお、裁判所による郵便物等の破産管財人への転送の嘱託（法81条）は、保全管理期間中の準用はない。

(7) **法83条（破産管財人による調査等）の準用**

　保全管理人は債務者等（法40条1項各号、同条2項）に対して、法40条の規定による説明を求め、その帳簿、書類その他の物件を検査することができる。説明義務に違反し、又は検査を拒んだ者には罰則がある（法268条3項・4項）。

(8) **法84条（破産管財人の職務の執行の確保）の準用**

　保全管理人は、職務の執行に対し抵抗を受けるときは、その抵抗を排除するために、裁判所の許可を得て、警察上の援助を求めることができる。

(9) **法85条（破産管財人の注意義務）の準用**

　保全管理人は、善良な管理者の注意をもって、その職務を行わなければならず、その注意を怠ったときは、その保全管理人は、利害関係人に対し、連帯して損害を賠償する義務を負う。

(10) **法87条（破産管財人の報酬等）の準用**

　保全管理人は、費用の前払い及び裁判所が定める報酬を受けとることができる。この決定に対しては、即時抗告をすることができる。

(11) **法90条1項（任務終了の場合の財産の管理）の準用**

　保全管理人の任務が終了した場合において、急迫の事情があるときは、保

全管理人又はその承継人は、後任の保全管理人、破産管財人又は債務者が財産を管理することができるに至るまで必要な処分をしなければならない。

5 「保全管理人代理」についての準用

保全管理人代理には、法87条（破産管財人の報酬等）が準用され、費用の前払い及び裁判所が定める報酬を受けとることができる。この決定に対しては、即時抗告をすることができる。

6 「債務者の財産関係に関する訴訟手続等」についての準用

(1) 保全管理命令が発令された場合（本条2項1号）

保全管理命令が発令された場合には、債務者財産の管理処分権が保全管理人に専属し（法93条1項）、債務者財産に関する訴えについては保全管理人に当事者適格があることから（法80条）、債務者を当事者とする債務者財産に関する訴訟手続は中断し（法44条1項）、破産債権に関しないものについて保全管理人は受継することができ、相手方も受継の申立てをすることができる（法44条2項）[2]。受継をした場合には、相手方の訴訟費用請求権は財団債権とされる（法44条3項）。

(2) 破産手続開始決定に至らずに保全管理命令が失効した場合（本条2項2号）

破産手続開始決定に至らずに保全管理命令が失効した場合については、破産手続が終了した場合と類似する。この場合、債務者財産に関し保全管理人が当事者として追行していた訴訟手続は中断し（法44条4項）、債務者がその訴訟手続を受継しなければならず、その際には、相手方も受継の申立てをすることができる（法44条5項）。

また、保全管理命令により中断した債務者財産に関する訴訟手続（法44条1項）のうち、保全管理人が受継せず、また相手方も受継の申立てをしないうちに保全管理の手続が終了した場合には、債務者が当該訴訟手続を当然に受継する（法44条6項）。

〔三浦久徳〕

---

[2] 再生手続の廃止に伴う保全管理命令が発令された場合の各種訴訟手続の帰趨について、『倒産と訴訟』449頁〔小畑英一・島岡大雄〕、561頁〔松下淳一〕を参照。

第4章

破産債権

前　注

1　はじめに

　破産手続は、破産手続開始時に破産者が負担している債務を、その時点で破産者が有する財産で清算する手続である（固定主義）。本章はその債務（破産債権者の債権）の処理についての部分であり、第1節が破産債権者の権利、第2節が破産債権の届出、第3節が破産債権の調査及び確定、第4節が債権者集会及び債権者委員会という構成となっている。

2　破産債権の意義・順位・行使

　破産債権は、「破産者に対し破産手続開始前の原因に基づいて生じた財産上の請求権であって、財団債権に該当しないもの」と定義されているが（法2条5項）、法97条は、破産手続開始後のものであっても破産債権として扱うことが適当なものや、定義に該当するかどうか明確でないものについて規定する。また破産債権は、実体法上の優先、劣後に沿う処遇をするのが適当であるから、一般破産債権以外に優先的破産債権（法98条）、劣後的破産債権（法99条）が定められている。

　破産債権の行使は破産手続によること（届出・調査・確定・配当）が原則であるが（法100条1項）、例外として優先的破産債権となる租税債権（法98条、43条2項）の一部があり（法100条2項）、優先的破産債権となる給料の請求権等には早期に弁済できる制度（法101条）がある。また、破産管財人は、総破産債権者の利益になる場合は、破産財団所属債権により破産債権を相殺できる（法102条。破産債権者からいえば、実質上、破産手続によらない債権の処理である。）。

3　破産債権の額

　法103条以下は破産債権者が行使できる債権額についての規定であり、法103条は、弁済期にある金額の確定している金銭債権は破産手続開始時の額で手続参加できること、それ以外の債権、すなわち非金銭債権、不確定金額債権等、期限付債権については、破産債権の金銭化、現在化と呼ばれる形で処理をし、また条件付債権については無条件のものとして処理することを規

定する。法104条から107条までは、破産債権者に対して破産者及び他の者が債務を負担している場合、人的担保と呼ばれる趣旨に沿い、破産債権者は、破産手続開始後にこれらの者から弁済を受けても、破産手続開始時の債権額全額で手続参加ができることを規定する（開始時現存額主義と呼ばれる）。

別除権者は別除権の行使ができるため、別除権の行使によって弁済を受けることができない債権の額についてのみ破産債権を行使できる（法108条。いわゆる不足額責任主義）。外国で破産財団に属する財産から弁済を受けた破産債権者も、弁済を受ける前の全額で手続参加ができる（法109条）が、公平性の確保のため、配当については、他の同順位の破産債権者が同一割合の配当を受けるまでは最後配当を受けることができない（法201条4項）。

また破産債権者は、破産債権行使のために代理委員を選任することができる（法110条）。

4　破産債権の届出・調査・確定手続

第2節は破産債権の届出について規定する。破産債権者が届出をすべき内容（法111条）、一般調査期間経過後等の届出要件（法112条）、債権者の変動があった場合の届出名義の変更（法113条）を定め、また租税等の請求権等で財団債権でないものについては、通常の破産債権の届出とは異なり、別扱いになる（法114条）。

第3節は破産債権の調査及び確定の手続について規定する。破産債権の調査は、まず破産債権者の届出に基づき裁判所書記官が破産債権者表を作成し（法115条）、その債権について破産管財人が作成する認否書が基本となるが、他の破産債権者、破産者も異議を述べることができる（法116条）。調査は調査期間を定めて行う方法と調査期日を定めて行う方法がある。法117条は、一般調査期間を定めた場合、破産管財人が破産債権の額、債権の優先、劣後等の性格、別除権予定不足額等について認否書を作成しなければならないことを定め、法118条は届出をした破産債権者や破産者は一般調査期間内に異議を述べることができることを定める。債権届出期間経過後、一般調査期間の満了前又は一般調査期日の終了前に届出があった債権は、特別調査期間を定め（法119条）、その費用は当該破産債権者が予納しなければならない（法120条）。第3款（法121条から123条）は調査期日が定められた場合の規定であ

る。

　破産債権は、破産管財人が認め、届出破産債権者から異議が述べられなかったときは確定する（法124条）。なお、破産者の異議には確定を遮断する効力はない。破産管財人が認めず又は他の破産債権者が異議を述べた債権については、当該破産債権者は裁判所に査定の申立てができる（破産債権査定決定手続。法125条）。債権の確定を決定手続で迅速に処理するためである。また、この査定決定に不服がある場合は、判決手続による不服申立てを保障する趣旨で、破産債権査定決定異議の訴えができる（126条）。もっとも、異議のある破産債権について、破産手続開始当時訴訟が係属する場合は、それを生かすのが合理的であるから、（破産によって中断している）その訴訟の受継の申立てをすることになる（法127条）。これらの手続においては、破産債権者は破産債権者表に記載されている事項についてのみ主張できるという制限がある（法128条）。逆に、異議等のある破産債権でも執行力ある債務名義又は終局判決のあるものについては、異議者等は破産者がすることのできる訴訟手続によってのみ異議を主張できる（法129条）。破産債権の確定に関する訴訟の結果は破産債権者表に記載され（法130条）、破産債権者の全員に対して効力がある（法131条）。法133条は、破産手続終了の場合は、破産手続きの終了事由に応じて、破産債権の確定に関する訴訟が終了するか否かを規定する。

　租税等の請求権については、通常の破産債権についての手続は適用しないという特例がある（法134条）。

5　債権者集会と債権者委員会

　第4節（法135条から147条）は、債権者集会及び債権者委員会について規定する。債権者集会は、旧法と異なり必ず期日を開かなければならないものではないが、債権者に対する情報提供や破産管財人の管財業務の監督のため必要な場合には期日を開くことができる手続になっている。また債権者集会より機動的に債権者の利益を反映させるため債権者委員会の制度が定められたが、現在のところほとんど利用されていない。

（出水　順）

第1節　破産債権者の権利

第97条　破産債権に含まれる請求権

次に掲げる債権（財団債権であるものを除く。）は、破産債権に含まれるものとする。

一　破産手続開始後の利息の請求権
二　破産手続開始後の不履行による損害賠償又は違約金の請求権
三　破産手続開始後の延滞税、利子税若しくは延滞金の請求権又はこれらに類する共助対象外国租税の請求権
四　国税徴収法（昭和34年法律第147号）又は国税徴収の例によって徴収することのできる請求権（以下「租税等の請求権」という。）であって、破産財団に関して破産手続開始後の原因に基づいて生ずるもの
五　加算税（国税通則法（昭和37年法律第66号）第2条第4号に規定する過少申告加算税、無申告加算税、不納付加算税及び重加算税をいう。）若しくは加算金（地方税法（昭和25年法律第226号）第1条第1項第14号に規定する過少申告加算金、不申告加算金及び重加算金をいう。）の請求権又はこれらに類する共助対象外国租税の請求権
六　罰金、科料、刑事訴訟費用、追徴金又は過料の請求権（以下「罰金等の請求権」という。）
七　破産手続参加の費用の請求権
八　第54条第1項（第58条第3項において準用する場合を含む。）に規定する相手方の損害賠償の請求権
九　第57条に規定する債権
十　第59条第1項の規定による請求権であって、相手方の有するもの
十一　第60条第1項（同条第2項において準用する場合を含む。）に規定する債権
十二　第168条第2項第2号又は第3号に定める権利

1　本条の趣旨

　本条は、破産債権に該当するか疑義があるものについて破産債権であることを確認し、あるいは、破産債権の本来的な定義に該当しないものについて特別に破産債権とする規定である。

　すなわち、破産債権とは、本来的には、破産者に対し破産手続開始前の原因に基づいて生じた財産上の請求権であって財団債権に該当しないものをいうところ（法2条5項）、「破産手続開始前の原因」に基づいて生じた債権といえるか疑義のある債権があり、又は、破産手続開始後の原因に基づき生じたともみられる債権であっても、政策的に破産債権として処遇されるべき債権もあるので、かかる債権を列挙し、破産債権に含まれることを規定したものである[1]。

　ただし、形式的に本条各号に該当するものであっても、財団債権であるものは除かれる点には注意を要する（本条柱書括弧書）。そのため、実務上は、本条各号に該当するかの検討に先立って、問題となっている債権が財団債権に該当するか否か、すなわち法148条各号に該当するかが問題となることが多い。

　なお、本条1号から7号の債権は、法99条1項1号により、劣後的破産債権とされ、破産配当において優先的破産債権及び一般の破産債権に劣後し、議決権も否定される（法142条1項）。また、本条4号ないし6号の債権はいわゆる非免責債権とされている（法253条1項1号及び7号）。

2　各号所定の破産債権

(1)　破産手続開始後の利息の請求権（本条1号）

　破産手続開始後の利息の請求権については、元本使用の対価であることを重視すれば破産手続開始後の原因に基づき生じた債権とも考え得るところ、本号はこれを破産債権であると確認したものである[2]。本号に該当するためには、元本債権が破産債権であることを要する。元本債権が財団債権である場合には、利息の請求権も財団債権となる[3]。

1　『条解』723頁、『大コンメ』403頁〔堂薗幹一郎〕、『伊藤』263頁。

開始決定日当日の利息の請求権も本号に該当し、劣後的破産債権（法99条1項1号）となることに実務上争いはない。開始決定日の前日までの利息、開始決定日以後の利息を別個に計算して債権届出をさせることとし、後者（通常は額未定）の届出債権については認めないことを予め債権者に告知することで（規則43条4項参照）、異議通知の手続を省略の上、認めない旨の認否がなされる運用もある[4]。

(2) 破産手続開始後の不履行による損害賠償又は違約金の請求権（本条2号）

破産手続開始前から破産者に債務不履行が生じている場合における、破産手続開始後の損害賠償又は違約金の請求権をいう[5]。かかる債権も破産手続開始後の原因に基づき生じた債権とも考え得るところ、本号にて破産債権であることを明確にしたものである。破産手続開始前に債務不履行に基づく損害賠償又は違約金の請求権が発生し、それが開始決定後も継続していることが本号の要件であり、破産手続開始後にはじめて債務不履行となった場合は本号の適用対象ではない。破産管財人の債務不履行と評価される場合、当該損害賠償請求権は財団債権となる（法148条1項4号）。また、破産者が負う不代替的作為義務や不作為義務が破産手続開始後に不履行になった場合の損害賠償請求権については、本来的には財産上の請求権でない債権（破産債権でない債権）の不履行による損害賠償請求権であり、破産手続外の法律関係として破産者が責任を負うべきものであるので、本条2号に該当せず破産法の適用外となるものと解される[6]。

なお、破産手続開始前から破産者が不法占有をしていた場合、破産管財人が当該不法占有状態を作出している物件の管理処分権を有する等、当該不法

---

2 『条解』724頁、『伊藤』211頁。なお、元本債権への付随性を重視して本来的にも破産手続開始前の原因に基づく債権であると解する見解もある（『大コンメ』403頁〔堂薗幹一郎〕、中野貞一郎・道下徹編『破産法〔第2版〕（基本法コンメンタール）』（日本評論社、1997年）70頁〔堂薗幹一郎〕）。

3 『大コンメ』405頁。

4 『運用と書式』245頁〜246頁。

5 『条解』725頁、『伊藤』211頁、宗田親彦『破産法概説〔新訂第4版〕』（慶應義塾大学出版会、2008年）278頁。なお、立法当初は財産上の請求権でない不代替的作為義務につき破産手続開始後に不履行となった場合を指すとの見解が有力であった（『大コンメ』404頁〔堂薗幹一郎〕）。

6 『伊藤』258頁、『基本法コンメ』221頁〔田頭章一〕。

占有状態を除去する義務を負う場合には、破産手続開始後の不法占有にかかる損害賠償請求権は、財団債権となるものと思われる（法148条1項4号）[7]。

(3) 破産手続開始後の延滞税、利子税又は延滞金の請求権等（本条3号）

本条1号及び2号の趣旨を、国税及び地方税について及ぼすものである。延滞税及び延滞金は私債権の遅延損害金に相当し、国税における利子税は、私債権の利息に相当する。ただし、本税が財団債権である場合、その延滞税、延滞金及び利子税は、破産管財人が本税を納付しなかったことにより生ずるものとして、財団債権（法148条1項4号）として扱われるので、注意が必要である（本号の適用は本税が優先的破産債権である場合に限られる）[8]。なお、破産管財人は滞納処分の執行機関とされていることから、交付要求に係る租税債権に相当する破産財団が形成された場合には、その翌日から延滞税が免除される（国税徴収法2条13号、国税通則法63条6項4号、同法施行令26条の2第1号、地方税法20条の9の5第2項3号、同法施行令6条の20の3参照。「免除することができる」とされているが、自由裁量を認める趣旨ではなく、免除事由に該当すると判断された場合には免除すべきとされている[9]）。また、地方税については、やむを得ない理由があると認める場合においては、延滞金額を減免することができる（地方税法64条3項）。

(4) 租税等の請求権であって、破産財団に関して破産手続開始後の原因に基づいて生ずるもの（本条4号）

破産財団に関して破産手続開始後の原因に基づいて生じる租税等の請求権としては、破産手続開始後の、保有資産にかかる固定資産税、資産売却等に伴う消費税、法人住民税均等割部分等が挙げられる。これらは通常、財団債権であるので（法148条1項2号）、本号の対象ではない（本条柱書参照）。本号の適用対象は、このような財団債権とはならない、開始決定後の原因に基づく租税等の請求権であり、適用対象はさほど広くはない[10]。例えば、破産法人の清算所得に対する予納法人税[11]、別除権者が把握している価値に相当する

---

7 『条解』725頁、『注解（上）』202頁〔斎藤秀夫〕。
8 詳細は『基本構造』331頁以下。
9 荒井勇ほか編『国税通則法精解〔平成25年改訂〕』（大蔵財務協会、2013年）697頁〔福田光一〕。
10 分類について、『運用と書式』208頁参照。

部分に対する土地重加税等が挙げられる[12]。

オーバーローン不動産にかかる固定資産税が本号の適用対象となるかは争いがあるが、本号の適用対象ではなく、財団債権とすべきとの見解が優勢である[13]。同様に、破産会社所有の建物が抵当権の実行により競売され、買受代金の全額を抵当権者が取得した場合の売却に伴う消費税が本号に該当するかについても争いがある[14]。

(5) 加算税又は加算金の請求権等（本条5号）

加算税又は加算金の請求権については、国税徴収法の例により徴収することのできる債権であり租税等の請求権に当たるが、制裁金としての側面を考慮して、一般破産債権者の負担に転嫁させず破産者本人に負担させるべきであることから、劣後的破産債権とした上で（法99条1項1号）、非免責債権とされている（法253条1項1号）。制裁金としての性格を考慮したものであるため、本税が財団債権であっても、加算税等が当然に財団債権となるものではない。

(6) 罰金等の請求権（本条6号）

罰金、科料、刑事訴訟費用、追徴金又は過料の請求権である。破産者に対する制裁的要素を有するものであり、破産者本人に負担させることに意味があることから、劣後的破産債権として一般債権者の負担とはせず（法99条1項1号）、その上で、非免責債権とされている（法253条1項7号）。文言上は時期の限定がないが、上記趣旨からして破産手続開始前の破産者の行為に起因するものを意味するとする見解[15]と、破産手続開始後の破産者の行為に起因するものも含むとする見解[16]とがある。

---

11 ただし、法人税法の改正により、現在は清算所得課税制度自体が廃止されており、清算所得に対する予納法人税は、平成22年9月30日以前に解散（破産手続開始決定）がなされた場合に限定される。

12 最判昭62.4.21（民集41巻3号329頁）。ただし、平成10年1月1日から平成29年3月31日までに行われた土地の譲渡等に関しては、そもそも土地重加税自体が発生しない（租税特別措置法62条の3第13項、同法63条7項）。

13 議論の詳細は、『基本構造』335頁以下。

14 『運用と書式』206頁は、本条4号該当性を肯定する。もっとも、かかる消費税が財団債権に該当する（法148条1項2号）との見解もあり得るため、実務的には競売による売却前に破産財団から当該不動産を放棄するという処理を行うことがある。ただし、このような財団放棄による処理には批判もある（『基本構造』336頁）。

15 『条解』686頁、『理論と実務』363頁。

近時、本号と関連し、同じく制裁的要素のある課徴金の扱いにつき議論がなされているが、課徴金の根拠規定に応じて個別に検討すべきと考える。例えば、金融商品取引法上の課徴金は、過料の請求権とみなす旨が規定されており（金融商品取引法185条の6）、本号の罰金等の請求権に該当する[17]。他方、独占禁止法7条の2に規定される課徴金は、課徴金納付の特則を受けた者が指定期限までに納付しないとき、国税滞納処分の例により徴収することができるとされているため（私的独占の禁止及び公正取引の確保に関する法律70条の9第5項）、本号ではなく、租税等の請求権に該当すると解される[18]。

(7) 破産手続参加の費用の請求権（本条7号）

破産債権届出書の作成及び提出にかかる費用、債権者集会等の期日に出頭するための費用などを指す[19]。破産手続開始後の原因に基づき生じるものであるが、破産債権に付随して生じる費用、権利行使に不可欠の費用であって、非破産債権として破産者の負担とする合理性はなく、また、財団債権とするほどの共益性もないため、破産債権とされる。加えて、本請求権が破産債権とされることにより本来の破産債権への配当を減じることは好ましくないことから、劣後的破産債権とされる（法99条1項1号）。なお、破産手続開始申立ての費用は共益的なものであるため、財団債権とされる（法148条1項1号）。

(8) 破産法上の他の規定によって特別に破産債権と定められている債権（本条8号～12号）

破産法上の他の規定によって破産債権と定められている債権を改めて列記したものである。破産管財人が双方未履行双務契約を解除した場合に相手方が有する損害賠償請求権（法54条1項）、開始決定後の委任事務処理に基づき受任者が有する債権（法57条）、市場相場のある商品取引にかかる契約の解除

---

[16] 『大コンメ』406頁〔堂薗幹一郎〕。破産手続開始後に破産者が交通事故を起こすなどして罰金等の支払義務を負担した場合に、本号の対象となる旨を述べる。

[17] 平成26年11月に公布された不当景品類及び不当表示防止法（景品表示法）における課徴金も過料の請求権とみなされる（不当景品類及び不当表示防止法の一部を改正する法律20条）。

[18] 会社更生法の事案であるが、傍論ながらこの点を判示したものとして、東京高判平25．5．17（金法1989号142頁）がある。

[19] 『伊藤』212頁、『条解』729頁、『大コンメ』406頁〔堂薗幹一郎〕。

に基づく損害賠償請求権（法58条3項）、交互計算が閉鎖されたことに基づく相手方の残額支払請求権（法59条2項）、為替手形の支払人が破産者である振出人に対して取得する求償権（法60条1項）、否認の相手方が有する反対給付の価額償還請求権（法168条2項2号）等であるが、詳細については各条文の解説に譲る。

なお、これらの債権は、本条1号から7号までの債権と異なり劣後的破産債権ではなく（法99条1項1号参照）、一般の破産債権となる。

（上田裕康・北野知広・田中宏岳）

第98条　優先的破産債権

> ①　破産財団に属する財産につき一般の先取特権その他一般の優先権がある破産債権（次条第1項に規定する劣後的破産債権及び同条第2項に規定する約定劣後破産債権を除く。以下「優先的破産債権」という。）は、他の破産債権に優先する。
> ②　前項の場合において、優先的破産債権間の優先順位は、民法、商法その他の法律の定めるところによる。
> ③　優先権が一定の期間内の債権額につき存在する場合には、その期間は、破産手続開始の時からさかのぼって計算する。

1　本条の趣旨

破産手続において、破産手続開始決定前の原因に基づく請求権は、債務者の財産等の適正かつ公正な清算のために（法1条）、その権利行使について大きな制約を受ける。すなわち、それらの権利は、破産債権とされ（法2条5項）、個別の権利行使が禁止されるとともに（法100条）、破産手続において調査、確定がなされ（法115条以下）、相応の破産財団が形成された場合には、配当手続により一定の分配を受けることとなる。

このように、破産債権の行使が同じく制限されるとしても、実体法上種々の理由により、一定の優先権が付与されている権利が存しており、それらの

権利が破産債権に該当する場合の取扱いが問題となる。そのような権利は、破産手続上も、他の一般債権と比較して優先的に取り扱うことが、実体法の規律とも整合する。そこで、本条は、破産債権の中で、破産財団に属する財産につき一般の先取特権その他一般の優先権がある破産債権を「優先的破産債権」とし、他の破産債権に優先することを定めている[1]。

優先的破産債権も、破産債権の一種として、個別的権利行使が禁止されるが（法100条）、債権調査手続の中で優先的破産債権への該当性を含めて調査、確定され（法117条1項2号、121条1項、124条1項）、配当手続において、他の破産債権に先立って配当を受ける（法194条）。

なお、再生手続においては、優先的再生債権の概念はなく、一般の先取特権その他一般の優先権がある再生債権（共益債権であるものを除く）は、一般優先債権として再生手続外での行使が許容されている（民事再生法122条）。他方、更生手続では、一般の先取特権その他一般の優先権がある更生債権（共益債権であるものを除く）は優先的更生債権として、他の更生債権に優先して更生計画に基づき弁済を受ける（会社更生法168条1項2号）。

2　優先的破産債権の範囲

優先的破産債権に該当する例として実務上重要なのは、国税（国税徴収法8条）、地方税（地方税法14条）、公課（国民年金法98条、健康保険法182条など）、給料その他破産者と使用人との間の雇用関係に基づいて生じた債権（労働債権、民法308条）[2]などである[3]。

もっとも、法99条1項の劣後的破産債権及び同条2項の約定劣後破産債権

---

[1] 人身利益に関わる不法行為や債務不履行に基づく損害賠償請求権などのように社会的保護の必要性が高い債権については、実体法上の優先権は存しないため優先的破産債権としての保護はなされないが、適切な対応を検討する必要があることにつき、伊藤眞「破産管財人の職務再考—破産清算による社会正義の実現を求めて」判タ1183号35頁参照。

[2] 労働債権の優先性に関する平成15年の改正の経緯について、『条解』689頁、『伊藤』276頁ほか参照。労働債権の該当性について議論がある場合として、兼務役員の役員報酬、請負の形式で実質的に労働をする者の請負代金、身元保証金、社内預金、安全配慮義務に基づく損害賠償請求権、企業年金の特別掛金等がある。『条解』732頁、『伊藤』276頁、『基本法コンメ』224頁〔田頭章一〕、『手引』263頁、「倒産と労働」実務研究会編『詳説　倒産と労働』（商事法務、2013年）64頁〔徳住堅治〕、74頁〔神原千郷〕、392頁〔下向智子〕。**本書149条の解説**参照。

に該当する債権は除外される（本条1項括弧書）。これは、破産手続上、特に他の破産債権よりも要保護性が低いものとして取り扱われる劣後的破産債権等については、実体法上の優先権がある債権であっても破産法上優先的破産債権としての保護を与えない趣旨である。

逆に、破産手続上、財団債権として特に保護されている債権は、そもそも破産債権に該当しないため、先取特権その他一般の優先権がある債権であっても優先的破産債権には該当しない。例えば、破産手続開始決定前の原因に基づく租税債権のうち破産手続開始の当時納期限から1年以内のものや（法148条1項3号）、破産手続開始前の破産者の使用人の給料の請求権、破産手続の終了前に退職した使用人の退職手当の請求権のうち、退職前3月間の給料の総額等に相当する額などである（法149条）[4]。

また、特別の先取特権は、別除権となり、その被担保債権は優先的破産債権には該当しない。

3 優先的破産債権の順位

各種の優先的破産債権相互間の優先順位は、民法、商法その他の法律の定めるところによる（本条2項）。実体法上の優劣関係に関する規律を破産手続上も尊重する趣旨である。具体的には、以下のような優劣関係となる。すなわち、国税及び地方税が最優先であり（国税徴収法8条、地方税法14条）、次順位が各種の公課（国税徴収法2条5号）である（国民年金法98条）。これらの公租公課相互間では、交付要求先着主義が排除されている（国税徴収法13条括弧書、地方税法14条の7括弧書）[5]。民法上の一般の先取特権は、公租公課に劣後し、一般の先取特権に基づく優先的破産債権間では、民法306条に掲げる順位による（民法329条1項）[6]。

---

3 その他優先的に破産債権に該当する例として、『伊藤』678頁、『基本法コンメ』224頁〔田頭章一〕参照。
4 財団債権部分と優先的破産債権部分の算定方法については、池田弥生「財団債権となる労働債権の算定」金法1798号17頁参照。
5 なお、差押先着主義（国税徴収法12条、地方税法14条の6）は、破産手続開始前に滞納処分が開始されている場合には、その続行が許されるために（法43条2項）、その手続に適用され、また、担保権のある国税等の優先原則（国税徴収法14条、地方税法14条の8）は、別除権の実行（法65条1項）の手続に適用される。『条解』690頁、『大コンメ』410頁〔堂園幹一郎〕、『基本法コンメ』225頁〔田頭章一〕参照。

なお、一般の優先権のある債権の一部は財団債権として、破産手続上特に保護がなされるが、財団債権相互間の優劣関係については、実体法上の優劣関係ではなく、破産法が定める規律による（法152条2項）。

4 優先的破産債権の債権額

優先権が一定の期間内の債権額につき存在する場合には、その期間は、破産手続開始の時からさかのぼって計算する（本条3項）[7]。

（木村真也）

第99条　劣後的破産債権等

① 次に掲げる債権（以下「劣後的破産債権」という。）は、他の破産債権（次項に規定する約定劣後破産債権を除く。）に後れる。
　一　第97条第1号から第7号までに掲げる請求権
　二　破産手続開始後に期限が到来すべき確定期限付債権で無利息のもののうち、破産手続開始の時から期限に至るまでの期間の年数（その期間に1年に満たない端数があるときは、これを切り捨てるものとする。）に応じた債権に対する法定利息の額に相当する部分
　三　破産手続開始後に期限が到来すべき不確定期限付債権で無利息のもののうち、その債権額と破産手続開始の時における評価額との差額に相当する部分
　四　金額及び存続期間が確定している定期金債権のうち、各定期金につき第2号の規定に準じて算定される額の合計額（その額を各定期金の合計額から控除した額が法定利率によりその定期金に相当する利息を生ずべき元本額を超えるときは、その超過額を加算した額）に相当する部分
② 破産債権者と破産者との間において、破産手続開始前に、当該債務者について破産手続が開始されたとすれば当該破産手続におけるその配当の順

6　共益費用の先取特権は、その利益を受けたすべての債権者に優先するとされている（民法329条2項、『伊藤』277頁、『基本法コンメ』225頁〔田頭章一〕）。
7　具体的な算定方法につき、『条解』732頁参照。

位が劣後的破産債権に後れる旨の合意がされた債権（以下「約定劣後破産債権」という。）は、劣後的破産債権に後れる。

1　本条の趣旨

　本条は、劣後的破産債権の内容を定めるとともに約定劣後破産債権の制度を創設したものである。破産法は、破産債権を原則として破産手続によらなければ行使することができない債権（法100条1項）とした上、その実体法上の優先順位などに基づいて、優先的破産債権（法98条）、一般破産債権、劣後的破産債権（本条1項）、約定劣後破産債権（本条2項）の4種に区分し、その順位にしたがって配当を受けるべきものとしている（法194条1項）。劣後的破産債権は、破産債権に対する配当が行われる際、優先的破産債権、一般の破産債権の全てが満足されてのちに、はじめて配当を受けうるため、実際の破産事件において配当が実現することは稀である。約定劣後破産債権は、破産債権者と破産者との間で破産手続における配当の順位が劣後的破産債権よりもさらに後れるものとして合意された債権であり、同じく実際の配当の実現は期待できない。金融実務において行われるいわゆる劣後ローン、劣後債を想定しつつ、貸付先の自己資本比率の算定においてこれらが自己資本に含まれることを明確にするための制度的保障として、破産法においてその位置付けを明確にしたものであり、破産法の制定に際して会社更生法、民事再生法においても同様の規定が設けられている（民事再生法35条4項、85条6項、155条2項、172条の3第2項、6項等、会社更生法43条4項、47条6項、168条3項、196条1項、136条3項等）。劣後的破産債権、約定劣後破産債権には債権者集会における議決権も認められない（法142条1項）。なお、破産法68条2項は、本条1項2号から4号までの劣後的破産債権を自働債権とする相殺を禁じている。その趣旨からするならば本条1項1号の劣後的破産債権、本条2項の約定劣後破産債権もまた相殺に供することは出来ないと解するべきだろう[1]。

　このように配当の可能性が事実上なく、議決権も認められないような債権をあえて破産債権として位置付けているのは、破産者が法人の場合、法人に

1　『論点解説（上）』261頁〔山本克己〕、『大コンメ』293頁〔山本克己〕、『条解』539頁。

は自由財産がないためこれらを破産債権にしないとその引当財産が観念できず適当でないこと、また破産者が個人の場合、これらを破産債権とすることで原則として自由財産を引当とせずに免責の対象にできるため破産者の経済的更生をはかるに適すると考えられたからである[2]。

2 劣後的破産債権の内容

(1) 「第97条第1号から第7号までに掲げる請求権」(本条1項1号)

本条の請求権は大きく次の2つに分かれる。第1に破産手続開始前の原因により生じている破産債権を元本として破産手続開始後にこれに付随して発生する利息、違約金、延滞金などであり（法97条1号ないし3号・5号）、破産清算が破産手続開始時の財産を破産手続開始前の原因に基づく破産債権に配分することを目的にしていることからすると、これらを一般の破産債権と同列に扱うことは不合理と考えられたことによる。第2に公法上の請求権であるが、破産財団の管理や換価の費用として破産債権者共同の負担とするのには適さないと考えられるものであり（法97条4号・6号）、破産債権者の負担を避けることが衡平と考えられたことから劣後的破産債権とされた。ほかに破産手続参加の費用（法97条7号）も本体の破産債権とは区別して、劣後するものとされている。

a 破産手続開始後の利息の請求権 (本条1項1号、97条1号)

破産手続開始前の原因による債権を元本とする利息（元本使用の対価）の請求権は元本と同様に破産債権になるが、これを一般の破産債権とすると破産債権の総額を増加させ、無利息債権との均衡を害するなどから劣後的破産債権とされたとするのが通説的な理解である。これに対して、近時の有力説は開始決定後の利息は本来的に破産債権になり得ないが立法政策としてあえて破産債権にしたため、一般の破産債権への圧迫を避けるために劣後的破産債権とされたと理解している[3]。いずれにしても利息が元本使用の対価であることを考えると、清算手続の継続期間は本来的な意味で元本の使用がないのであるから、手続開始後の利息をほかの一般の破産債権と同列に扱うことは

---

2 立法趣旨について、『伊藤』278頁以下。
3 『伊藤』279頁、『条解』724頁。

b 破産手続開始後の不履行による損害賠償及び違約金の請求権（本条1項1号、97条2号）

その意味するところは**本書97条の解説2(2)**を参照されたい。aと同じ理由から劣後的破産債権とされている。

c 破産手続開始後の延滞税、利子税、延滞金の請求権、これらに類する共助対象外国租税の請求権（本条1項1号、97条3号）

これらの債権は私法上の債務についての遅延利息に類似した性格を持つことから、aと同様の理由により劣後的破産債権とされる（詳細は**本書97条の解説2(3)**参照）。なお、租税等の請求権（共助対象外国租税の請求権を除く）は免責の対象外である（法253条1項1号）。

d 租税等の請求権で、破産財団に関して破産手続開始後の原因に基づいて生じるもの（本条1項1号、97条4号）

その意味するところは**本書97条の解説2(4)**を参照されたい。旧法47条2号但し書は広く財団債権と規定されていたが、現行法のもとではほかの破産債権者の負担とすべきでないとの判断から劣後的破産債権とされた。なお、租税等の請求権は免責の対象外である（法253条1項1号）。

e 加算税、加算金の請求権、これらに類する共助対象外国租税の請求権（本条1項1号、97条5号）

その意味するところ、劣後的破産債権とされる趣旨については**本書97条の解説2(5)**を参照されたい。加算税等は発生時期に関わりなく（破産手続開始前のものも含めて）劣後的破産債権である。なお、租税等の請求権（共助対象外国租税の請求権を除く）は免責の対象外である（法253条1項1号）。

f 罰金、科料、刑事訴訟費用、追徴金及び過料の請求権（本条1項1号、97条6号）

これらが劣後的破産債権とされた趣旨については**本書97条の解説2(6)**を参照されたい。なお、罰金等の請求権は免責の対象外である（法253条1項7号）。

g 破産手続参加の費用の請求権（本条1項1号、97条7号）

その意味するところは**本書97条の解説2(7)**を参照されたい。法97条7号により破産債権とされるものの、本来の破産債権を圧迫することは好ましくないため、劣後的破産債権とされた。

(2) 無利息の確定期限付債権の破産手続開始から期限までの中間利息相当部分（本条1項2号）

　破産手続開始時点で期限未到来の債権は、破産手続の開始により現在化し、期限が到来したものとしてその全額が破産債権になる（法103条3項）。しかし、開始後の利息が劣後的破産債権とされている（本条1項1号、97条1号）こととの均衡上、期限未到来の無利息債権についても中間利息相当部分が劣後的破産債権とされた。中間利息は破産手続開始から確定期限に至るまでの法定利率による元利の合計額が債権額となるべき計算によって算出する[4]。単利で元本を逆算するホフマン式計算法を用いることになる。ただし、中間利息相当額の算定に当たって、破産手続開始から確定期限に至るまでの期間は1年未満の端数を切り捨てるものとされた。

　実務においては満期未到来の手形債権の破産手続開始日から満期までの中間利息がその典型である。

(3) 無利息の不確定期限付債権の債権額と破産手続開始時点での評価額との差額（本条1項3号）

　前項と同じく、破産手続開始により弁済期が到来し、券面額の全部が破産債権になるが、確定期限付き債権と異なり不確定期限付債権では一義的に中間利息相当額を算定することが出来ないため、破産手続開始時における評価額と券面額との差額を劣後的破産債権としたものである。

(4) 金額及び存続期間が確定した定期金債権の中間利息相当額（本条1項4号）

　金額及び存続期間が確定している定期金債権については、まず各期における定期金債権が確定期限付の無利息債権の集積といえることから、本条1項2号と同様の計算（1年未満の端数も切り捨てる）を行い、各期における中間利息相当額を合計した額が劣後的破産債権になる。ただし、本条1項2号により算出された各定期金の中間利息を控除した元本額の合計額が、仮に各期の

---

[4] なお、民法改正整備法案で本条1項2号中「法定利息」を「破産手続開始の時における法定利率による利息」に改める改正がある（整備法案41条）。改正民法案404条では法定利率について3％とされ（なお商事法定利率は廃止される）、法務省令で3年ごとに見直しが予定される。当事者に別段の意思表示がないときは当該利息が生じたときの最初の時点での法定利率が適用されるが、本号の適用に当たっては破産手続開始時点を基準時として法定利率を定めることになる。

定期金を利息と観念した場合に想定される元本（法文にいう「定期金に相当する利息を生ずべき元本額」）を上回る場合[5]、その差額も上記とあわせて劣後的破産債権とされる。

　毎年10万円を支払う旨の約定による定期金債権を例にとると、仮にこの10万円を利息金と見立てた場合に想定される元本は年5分の民事法定利率によると200万円になる（200万円の元本は毎年10万円の利息を生む）。本条1項2号と同様の中間利息控除を行った元本額とこのようにして得た200万円とを比較し、前者が後者を上回った場合にその差額も合わせて劣後的破産債権とするのである。例えば存続期間が30年間の定期金債権の場合、各期における定期金債権から中間利息を控除した元本の合計額は1,802,922円となり200万円を下回るが、これが存続期間40年間の定期金債権になると、各期における定期金債権から中間利息を控除した元本の合計額は2,164,247円となって200万円を上回る。この場合、2号により算出される中間利息の合計額1,835,753円に加えてその差額である164,247円も劣後的破産債権になる（合計200万円が劣後的破産債権になり、一般の破産債権は10万円×40年＝400万円から劣後的破産債権200万円を除いた200万円になる）のである[6]。

　退職手当について定期金として支払う旨の約定がある場合、本号により劣後的破産債権となるべき部分を算出し、それを控除した額をもとに財団債権を把握することになる（法149条2項の第1括弧書）。

(5) 親会社や内部者の有する債権の解釈による劣後化の可否

　本条が定める劣後的破産債権のほか、例えば子会社の破産における親会社の債権や会社の破産における取締役など内部者の債権など、倒産責任を負担すべき者の債権を劣後的破産債権と取り扱うべきではないかとの議論がある。現に再生計画や更生計画では、これらの債権について衡平（民事再生法155条1項ただし書、会社更生法168条1項柱書ただし書）を理由にほかの一般の債権から劣後化することも許されている。しかしながら、破産手続においてはこれら債権を劣後的に取り扱うことが出来る根拠となる明文規定がなく（立法

---

[5] なお、民法改正整備法案で本条1項4号中「額が」の下に「破産手続開始の時における」を加える改正がある（改正破産法案41条）。本条1項2号の改正と平仄を合わせる趣旨である。

[6] なお、『条解』739頁。

において検討されたが見送られた経緯がある）、裁判例においてもこれを否定するのが一般である[7]。

これを受け実務においては、破産管財人は事案に応じて内部者の債権の取り下げを交渉し、あるいは信義則違反などを主張して債権調査で認めず、又はその債権者に対する損害賠償請求権を自働債権とする相殺を主張するなどの例がある[8]。

3　約定劣後破産債権

約定劣後破産債権は、破産債権者と破産者との間で、破産手続開始前に、破産者について破産手続が開始されたとすれば当該破産手続における配当の順位が劣後的破産債権よりもさらに後れるものとして合意された債権（本条2項）である。特定の債権者が自己の債権の不利益扱いを甘受することを内容とするものであって、ほかの破産債権者を害することがないため、当事者間だけの合意としてその効力を認めて差し支えない。旧法下では、上位の債権者に全額の支払が行われることを停止条件に約定劣後債権者の支払請求権の効力が発生するという内容の合意が行われたものとして取り扱われてきたが、この解釈のもとでは、そのような停止条件が成就することはほとんどないにもかかわらず中間配当において寄託を要したり、あるいは議決権額の評価が必要になったりするなど、手続的に無駄が多かったことから、現行法において正面から破産債権の種類として合意の効力を認めることにした。合意の形式において停止条件付とされていたとしても、実質的に劣後的取扱いを甘受することを内容としているのであれば、本項にいう約定劣後破産債権と認めてよい。

（服部　敬）

---

[7]　『伊藤』283頁、東京地判平3.12.16（金判903号39頁）など。
[8]　広島地裁福山支判平10.3.6（判時1660号112頁）、『破産200問』267頁〔末永久大〕。

第100条　破産債権の行使

① 破産債権は、この法律に特別の定めがある場合を除き、破産手続によらなければ、行使することができない。
② 前項の規定は、次に掲げる行為によって破産債権である租税等の請求権（共助対象外国租税の請求権を除く。）を行使する場合については、適用しない。
　一　破産手続開始の時に破産財団に属する財産に対して既にされている国税滞納処分
　二　徴収の権限を有する者による還付金又は過誤納金の充当

1　本条の趣旨

　本条は、集団的権利行使手続としての破産手続に関する基本的な規律を定める。破産手続は、手続開始時を基準時として債務者の総資産と総負債とを破産管財人が主体となり清算するものである。破産者に対し破産手続開始前の原因に基づいて生じた財産上の請求権（法97条各号に掲げる債権を含む）で財団債権に該当しないものが破産債権[1]であるが、破産債権者は個別的権利行使が禁止され、破産財団を基礎として破産配当手続により満足をうけることになる。

　債権者は、本来裁判所に対して訴訟を提起し、債務者に対し給付命令を求めることができる（訴求力）。また確定判決等の債務名義を得て強制執行することができる（民事執行法22条、25条、執行力）。本条は、この訴求力と執行力を否定し、原則として破産手続によらなければ権利行使ができないものとした。このように本条は、破産手続開始の決定に基づく強制執行等の禁止及び失効（法42条1項・2項本文）や破産債権に基づく訴訟の中断（法44条1項）などの手続規定の基礎となるものである。

1　**本書2条の解説6**参照。

2 破産手続によらない破産債権行使の意義——本法による特別の定め

　破産債権者は、破産手続に参加すること（本条1項）により権利を行使する（法111条）。破産手続に参加するかどうかは、破産債権者の判断に委ねられるが、権利行使の制限は、破産手続に参加しない破産債権者にも及ぶ。

　また、本条1項は、破産債権者の権利行使に対する制約を規定するが、破産管財人の側から破産債権者に対して任意弁済をすることも禁止される。例えば労働債権の優先的破産債権部分を財団債権と誤って支払った（法98条1項、149条1項2項）場合には、善管注意義務違反として、破産管財人に損害賠償義務が課せられる（法85条1項2項）が、基本的な規律違反として弁済自体も無効と解されている[2]。

(1) 特別の定め

　特別の定めは、本条2項及び法101条である。また破産管財人による相殺を規定する法102条も、破産手続によらずに破産債権の全部又は一部を消滅させるものであり同趣旨の定めといえる。これらは、破産手続によらずに権利行使を認めても、破産債権者の一般の利益を害することはないことが共通の理由といえる。

(2) 禁止される破産債権の行使

　破産債権の行使とは、その債権の満足を求める全ての法律上及び事実上の行為をいう。債務名義に基づく強制執行や保全執行もこれに該当する。したがって、財団所属財産又は自由財産に対する強制執行や保全執行に対し、破産管財人は破産財団に対する強制執行について、破産者は自由財産に対する強制執行について、それぞれ破産手続開始決定の正本を執行機関に提出してその停止及び取消しを求めることができる（民事執行法39条1項6号）。

　給付訴訟や積極的確認訴訟を提起することも破産債権の行使とみなされる。したがって受訴裁判所は、破産手続開始後に破産者を被告として訴訟が提起された場合において当該債務者について破産手続開始の事実が明らかになれば、訴えを不適法として却下することになる[3]。扶養料債権等の非免責

---

2 『条解』742頁。
3 最判昭43.6.13（民集22巻6号1149頁）。

債権について、破産手続終了後の迅速な強制執行等を可能にするために債務名義の取得を認める必要性があるとして、破産者が法118条2項に基づき債権調査手続において異議を述べた場合等に限り訴えの利益を肯定することにより判断すれば足りるとの説がある[4]が、迅速な強制執行等を可能にする必要性の有無について受訴裁判所が個別事案に即して判断することは困難といえよう[5]。

また、仮に破産手続開始決定がなされたにもかかわらず、その事実を知らされずに保全命令が発令されていた場合には、破産管財人は破産財団に属する財産に対して、破産者は自由財産に対してなされた命令に基づく登記や執行官保管等の外形を除去する必要があれば、保全異議や保全抗告によって取消しを求めることができる。

執行文付与の申立て（民事執行法26条1項）は、執行の準備行為にすぎず、執行文を得ることに破産債権者が独自の利益を有しており（法129条1項）、申立てに破産者の関与を必要としないので本条に違反しないとするのが通説である。ただ、破産者や破産管財人を相手方として執行文付与の訴えを提起することは（民事執行法33条）、破産債権に基づく権利行使の一種であるので、本条に抵触するとされている[6]。

破産債権者が自らの債権を保全するために、破産財団に属する権利について債権者代位権を行使し（民法423条1項本文）、代位訴訟を提起できるかが問題となる。債権者代位権の行使も破産債権行使の一態様といえること、破産手続開始時に係属する債権者代位訴訟の中断及び破産管財人による受継が法45条で定められていること等から否定されている[7]。同様の理由で破産債権者は詐害行為取消訴訟を提起することができない。

なお、手形の支払呈示等は、手形債権者に関わるもので破産財団には影響を与えないので、本条に違反しない[8]。

---

4 『大コンメ』419頁〔堂薗幹一郎〕。
5 『条解』743頁。
6 『条解』744頁、『伊藤』271頁。
7 浦和地判昭31.1.25（下民7巻1号96頁）、東京地判昭49.9.30（判タ318号267頁）、東京地判平14.3.13（判時1792号78頁）、管理命令が発令された再生手続に関し東京高判平15.12.4（金法1710号52頁）、管理命令の発令のない再生手続に関し東京地判平24.2.27（金法1957号150頁）、更生手続に関し東京地判平16.1.27（金法1717号81頁）。

これに対して、破産手続開始後の破産債権の譲渡、質入れなど破産債権者がその債権を処分することは本条の違反ではない。また対抗要件としての譲渡の通知（民法467条）なども有効である（法113条、規則35条）。

他方、主債務者が破産した場合に、保証人に対して保証債務の履行を請求することは、破産債権の行使ではない。

破産した持分会社の債権者が、会社の社員に対して債務の履行を求めること（会社法580条）も、責任財産の主体を異にするものであり、破産債権の行使ではない[9]。

3 破産者の自由財産に対する権利行使

破産債権者による権利行使の対象財産には、破産財団所属財産と破産者の自由財産がある。まず破産財団所属の財産に対しては上記の通り破産債権者は権利行使ができない。次に自由財産には差押禁止財産のほか法34条4項により拡張された自由財産、破産財団から放棄された財産と新得財産がある。拡張された自由財産、破産財団から放棄された財産は、破産手続開始後にその発生原因があるという意味で、新得財産に準じて考えることができるように思われる。差押禁止財産に対しては、その権利の性格からして破産債権者による権利行使は許されない。新得財産（上記の通り新得財産に準ずる財産を含む）に対しては、破産債権者による権利行使が考えられるので、本条1項が適用されるかが問題となる。

破産債権者に対する責任財産の範囲を破産手続開始時における破産者の総財産に限定する固定主義（法34条1項）や、破産手続終了後の免責審理期間中における強制執行等の禁止（法249条1項）の趣旨からして、新得財産に対する権利行使にも本条1項が適用されると解される。したがって破産手続係属中に破産債権者が新得財産に対して強制執行等を行い、また破産者を被告として給付訴訟を提起すること等も禁止される（**本書34条の解説3**参照）[10]。破産債権の調査確定手続が設けられているので、簡便かつ迅速な同手続によれ

---

8 大判明37.3.12（民録10輯309頁）。『条解』744頁、『注解（上）』123頁〔石川明・三上威彦〕。
9 『条解』743頁、『注解（上）』121頁〔石川明・三上威彦〕。
10 『条解』744頁。

ば足りるのであるから、確認訴訟についても訴えの利益が否定される[11]。

これに関連して、破産者が破産債権者に対して自由財産から任意弁済をした場合には、弁済の効力を否定する考え方が有力である。しかし、破産者が真に自由な意思に基づいて自由財産から弁済することは本条1項の対象外であり、弁済は有効であると解すべきであろう[12]。ただ、破産者からの具体的な依頼がないにもかかわらず第三者が破産者に支払うべき金銭を破産債権者に支払った場合は、破産者による任意弁済とはいえない。したがって本条の趣旨からすれば弁済の効力は否定される[13]。破産債権と自由財産所属の債権との相殺についても、同様であり、破産者からの相殺は許されるが、破産債権者からの相殺は本条の趣旨に反するので、その効力は否定される（**本書67条の解説5(4)参照**）[14]。

4 租税等の請求権に関する特例

(1) 破産手続開始の時に破産財団に属する財産に対して既になされている国税滞納処分

租税等の請求権は、「国税徴収法又は国税徴収の例によって徴収することのできる請求権」（法97条4号）であり、財団債権（法148条1項2号3号）以外は、破産債権である（97条3号ないし5号を含む）。ただし、平成24年の法改正により共助対象外国租税の請求権は除外されることが明記された。

破産債権は本条1項による権利行使禁止の対象となるところ、租税等の請求権には自力執行権があり通常の破産債権と同様に権利行使を一律に否定することは相当ではない。他方破産手続の円滑な進行を確保することが必要である。そこで、破産手続開始時に既に滞納処分が開始されている場合に限りその続行を認め（法43条2項、本条2項1号）、滞納処分に着手していない租税等の請求権は、財団債権であれば随時に弁済（法2条7項）を受け、破産債権であれば配当を受けることとされた（法43条1項）。滞納処分による処分禁止効によって租税等の請求権者に別除権者と類似の優先的地位が認められると

---

11 『注解（上）』120頁〔石川明・三上威彦〕。
12 『条解』745頁、『注解（上）』120頁〔石川明・三上威彦〕。
13 最判平18.1.23（民集60巻1号228頁）。
14 『伊藤』464頁、『条解』746頁。

いう実質的な理由による[15]。しかし、このような結論については、租税等の請求権について財団債権となる部分を限定したことの意義（法148条）との関係を検討する必要があろう。

本条2項1号にいう滞納処分には、参加差押え（国税徴収法86条）が含まれる。交付要求（国税徴収法82条）をしただけでは租税等の請求権者は、滞納処分に基づく手続による配当を受けることはできない（法25条1項本文括弧書）。その配当分は、破産管財人に交付されるので、債権者は財団債権又は優先的破産債権の区別に従って満足を受けることになる[16]。

(2) 徴収の権限を有する者による還付金又は過誤納金の充当

徴収の権限を有する者による還付金又は過誤納金の充当（国税通則法57条1項、地方税法17条の2）は、法的性質が相殺に類似している。そこで破産債権者による相殺が原則として認められていること（法67条1項）等も考慮のうえ認められた。ただし、破産手続開始決定後の決算期における消費税や法人税の還付金等を破産手続開始前の租税等の請求権に充当することも条文上は排除されていない。これは、相殺の範囲（法71条1項1号）を超えている点で問題があろう（**本書67条の解説5(1)**参照）。

（森　惠一）

第101条　給料の請求権等の弁済の許可

① 優先的破産債権である給料の請求権又は退職手当の請求権について届出をした破産債権者が、これらの破産債権の弁済を受けなければその生活の維持を図るのに困難を生ずるおそれがあるときは、裁判所は、最初に第195条第1項に規定する最後配当、第204条第1項に規定する簡易配当、第208条第1項に規定する同意配当又は第209条第1項に規定する中間配当の許可があるまでの間、破産管財人の申立てにより又は職権で、その全部又は一部の弁済をすることを許可することができる。ただし、その弁済

---

[15] 『一問一答』191頁、『条解』747頁。
[16] 最判平9.11.28（民集51巻10号4172頁）、最判平9.12.18（金法1509号26頁）、『理論と実務』186頁〔岡正晶〕。

> により財団債権又は他の先順位若しくは同順位の優先的破産債権を有する者の利益を害するおそれがないときに限る。
> ② 破産管財人は、前項の破産債権者から同項の申立てをすべきことを求められたときは、直ちにその旨を裁判所に報告しなければならない。この場合において、その申立てをしないこととしたときは、遅滞なく、その事情を裁判所に報告しなければならない。

1 本条の趣旨

　本条は、届出のあった優先的破産債権である給料の請求権又は退職手当の請求権を有する労働債権者が、その生活の維持を図るために早期の支払を必要とする場合に、旧法下の運用上の工夫であった将来の配当金との相殺を前提とした無利息での貸付の実情に鑑み、最後配当等の配当手続に先んじて裁判所の許可により弁済を受けることができることとし（労働債権の弁済許可制度）、労働債権者の保護を図ったものである。

2　要　件

(1)　対象債権は労働債権の優先的破産債権部分

a　優先的破産債権部分に限定される

　本条の対象は、労働債権の優先的破産債権部分であり（本条1項本文）、その財団債権部分は含まれない。労働債権は、一般の先取特権がある破産債権で（民法306条2号、308条）、優先的破産債権となるが（法98条1項）、その一部が財団債権に格上げされており（法149条）、財団債権部分は、破産債権に先立って弁済する必要がある（法151条）。

b　給料の請求権又は退職手当の請求権

　本条1項本文では、労働債権の財団債権部分を定める法149条と同様に「給料の請求権又は退職手当の請求権」とあるが、民法の雇用契約では労働の対価は「報酬」（民法623条）、労働基準法の労働契約では労働の対価は「賃金」（賃金、給料、手当、賞与その他名称の如何を問わない。労働基準法11条）とされており、一般的な呼称を用いたものと思われ、特段この表現を巡って問題となる場面はない。

c 解雇予告手当

使用者が労働者を即時解雇する場合、30日分以上の平均賃金を支払う必要があり（労働基準法20条1項）、この解雇予告手当は、労働の対償たる賃金ではないが[1]、雇用関係に基づいて生じた債権であり、優先的破産債権となると解される[2]。この点、現行法が労働債権の一部を財団債権として随時弁済でき、残る優先的破産債権についても裁判所の許可により弁済できることとした労働者保護の趣旨からすると、解雇予告手当についても、本条を適用又は類推適用することができよう[3]。

d 実費弁償分

労働者が、出張旅費やガソリン代等を立て替え、後日精算する場合の実費弁償分は、前述の賃金には該当しないが、これも雇用関係に基づいて生じた債権であり、優先的破産債権に該当すると解されるところ[4]、前述の解雇予告手当の項で述べた通り、本条を適用又は類推適用することができるであろう。

e 労働者健康福祉機構の立替払金

独立行政法人労働者健康福祉機構が行う未払賃金立替払制度により労働者が立替払いを受けた場合、同機構が立替払いの際に指定充当した労働債権につき、同機構が弁済による代位をすることになり[5]、本条の対象とすることが可能といえよう[6]。

---

1 『条解』1013頁参照。このため、独立行政法人労働者健康福祉機構が実施する未払賃金立替払制度の対象とならない（吉田清弘・野村剛司『未払賃金立替払制度実務ハンドブック』（金融財政事情研究会、2013年）10頁〔吉田清弘〕、66頁〔吉田清弘〕、127頁〔野村剛司〕）。
2 この点、東京地方裁判所は、労働者の当面の生活の維持という法の趣旨や破産手続開始後に解雇された場合との均衡等を考慮し、破産管財人から解雇予告手当が給料に該当するとして財団債権として承認したい旨の許可申立てがされれば、適法なものとして許可する運用を行っている（『破産実務』400頁）。
3 『基本法コンメ』231頁〔田頭章一〕は本条を適用、『運用と書式』219頁以下は、本条を類推適用できるとする。『条解』749頁も参照。
4 『運用と書式』213頁、『破産実務』399頁以下、『実践マニュアル』328、338頁。
5 最判平23.11.22（民集65巻8号3165頁）。
6 『運用と書式』220頁は、後述する「弁済を受けなければ生活の維持を図るのに困難を生ずるおそれ」の要件との関係もあるが、同機構が代位取得した優先的破産債権は、本来的には本制度が適用可能であったことに鑑み、裁判所の許可による和解（法78条2項11号）に基づいて弁済できるとする。

(2) 届出をした破産債権者

　本条1項本文の適用を受けるためには、破産債権の届出が必要である（法111条1項）。債権調査、確定の手続までは不要である（時期として、他の破産債権の債権調査を待つ必要もない）。本条の弁済を受けられることは、破産債権の届出の効果の1つであるが、労働債権者は、自らの労働債権の正確な情報や資料を持ち合わせていないことが多く、破産管財人に情報提供努力義務が課せられていることからしても（法86条）、実務上、破産管財人から、情報提供を行い、債権届出を促している。

(3) 早期弁済の必要性

　「その生活の維持を図るのに困難を生ずるおそれがあるとき」（本条1項本文）とされているが、労働者それぞれの個別具体的な事情まで求められているものではなく、そのおそれで足り、通常、就労先を失った労働者は本要件を満たすものと解することで足りる[7]。

(4) 配当可能な場合に限定

　本条1項の労働債権の弁済許可は、配当予定額の前払いを行うことになることから、財団債権又は他の先順位若しくは同順位の優先的破産債権を有する者の利益を害するおそれがないときに限られる（同項ただし書）。すなわち、労働債権に配当が可能な場合（将来配当が確実に見込まれる場合）に限って許可されるということである。前述した旧法下における貸付の運用上の工夫においても、将来の配当金との相殺が可能な事案においてのみ行ってきたことから当然の前提ともいえる。

　優先的破産債権間の優先順位は、①公租、②公課、③私債権の順であるが（法98条2項）、③私債権内の優先順位は、民法306条各号に掲げる順序となっているので、労働債権は第2順位となる（民法329条1項・306条2号）。

---

[7] 『運用と書式』218頁以下は、破産管財人の疎明としては、労働者に給料等の未払いがあり、解雇に伴い生活が困窮していることを上申する程度で足りるとする。『大コンメ』424頁〔堂薗幹一郎〕も立法経緯等に鑑み、厳格な解釈をとるのは相当でないとする。なお、『条解』748頁以下も参照。

3　手　続

(1)　期間制限——各種配当許可まで

　本条1項の労働債権の弁済許可は、配当手続に先立って労働債権を弁済することから、最初の配当許可（法195条1項の最後配当、法204条1項の簡易配当、法208条1項の同意配当、法209条1項の中間配当の許可）があるまでの間となる。これらの配当許可があれば、その配当手続で配当を受けることで足りるからである。

(2)　破産管財人の申立て又は職権による

　本条1項の労働債権の弁済許可は、破産管財人の申立てにより又は職権で行うことができる。通常は、破産管財人の申立てによるであろうが、後述する本条2項の労働債権者からの要求があった場合、裁判所が職権で弁済許可を行う場合が想定される。

(3)　全部又は一部の弁済許可

　本条1項本文では、全部又は一部の弁済を許可できるとし、全部弁済できる事案においても一部の弁済を許可できるように思われるが、労働債権の優先的破産債権部分全額に配当できる場合は、その全部の弁済許可がされるのが通常である[8]。

　裁判所の弁済許可に対しては、不服申立てはできない（法9条前段）。

　なお、弁済がされても、債権調査においては債権が存在するものとして確定させることから、配当時の調整規定がある（法201条4項等[9]。ただ、実務上は、弁済分の債権届出の取下げで対応している）。また、弁済分につき議決権はない（法142条2項）。

(4)　労働債権者からの要求

　破産管財人は、対象となる労働債権者から本条1項の労働債権の弁済許可の申立てをすべきことを求められたときは、直ちにその旨を裁判所に報告しなければならない（本条2項）。また、破産管財人は、その申立てをしないこ

---

[8]　弁済許可による弁済は、財団債権又は他の先順位若しくは同順位の優先的破産債権を有する者の利益を害する結果となったとしても、弁済の効力に影響を及ぼさない。『大コンメ』426頁〔堂薗幹一郎〕、『条解』751頁。

[9]　『条解』751頁。

とにしたときは、遅滞なく、その事情を裁判所に報告しなければならない（同項）。前述した通り、本弁済許可は、職権でも行うことができるため、裁判所に情報提供する意味がある。

4　労働債権の和解許可による弁済——運用上の工夫

本条1項の労働債権の弁済許可は、前述した通り、労働債権につき破産債権の届出が必要であり、破産管財人が客観的資料に基づき確認した労働債権の種類及び額につき、労働者と争いがない場合においては、他の破産債権者との関係でも特段問題が生じる可能性は低く、手続上の負担もあることから、大阪地方裁判所等では、裁判所の和解許可（法78条2項11号）に基づき労働債権を弁済している[10]。この方法によると、前述した未払賃金立替払制度を利用するよりも早期に破産財団から労働債権を弁済できる場合もあり、合理的な運用上の工夫の1つといえよう[11]。

（野村剛司）

第102条　破産管財人による相殺

> 破産管財人は、破産財団に属する債権をもって破産債権と相殺することが破産債権者の一般の利益に適合するときは、裁判所の許可を得て、その相殺をすることができる。

1　本条の趣旨

本条は、旧法に明文がなく、その可否に争いのあった破産管財人による相殺について、実体的、手続的要件を定めたものである。

10　『運用と書式』232、273頁は、弁済手続の合理化を図り、和解契約による労働債権の弁済を認めている。『破産200問』355頁以下〔野村剛司〕、『実践マニュアル』472頁以下も参照。
11　破産管財人としては、各裁判所の運用を確認し、破産財団形成の見通しも含め、未払賃金立替払制度を利用した方が労働者の保護に資するか判断することになる。吉田ほか・前掲注1・25頁〔野村剛司〕。

破産管財人が破産財団に属する債権を自働債権、破産債権を受働債権として相殺することは、通常、特定の破産債権者に弁済するのと実質的に同様の不当な利益を与えることになり、破産債権者の平等を害する。しかし、破産財団に属する債権の実質的価値が破産債権のそれより低く、相殺が破産財団の維持・増殖に資するような場合等、相殺が破産債権者の一般の利益に適合する場合がある。そこで、このような場合に裁判所の許可を得て相殺することを認めた。

2　実体的要件「破産債権者の一般の利益に適合するとき」

(1)　破産財団の維持・増殖に資する場合

「一般の利益」とは破産債権者全体の利益を指すから、相殺により破産財団の維持・増殖が図ることができる場合がこれに該当することに争いはない。まず、冒頭に述べた双方の債権の実質的価値に差がある場合、例えば破産債権者についても破産手続が開始されており、その配当率の方が低いと予測される場合である（ただし、破産債権者の破産手続において法71条又は72条により相殺が禁止されている場合は相殺の効力は生じない）。また、財団帰属債権について消滅時効が完成している場合や別除権付きの破産債権について相殺によって担保権から目的物を解放できる場合もこれに該当する。

(2)　破産管財業務の円滑（早期終結）を目的とする場合

換価業務の早期終結を目的とする相殺については、本来、破産管財人の催告による失権の制度（法73条）により対応すべきであり、相殺は許されないとするのが通説である[1]。しかし、失権制度における催告にもその行使時期に限定があり、破産債権者は配当の極大化とともに手続の早期終結を期待している。これらの点を考慮して、一定の場合には例外的に早期終結を目的とする相殺を認めるべきとの見解もある[2]。

また、破産財団に帰属する債権の実質的価値の判断には破産債権者の資力等の把握が必要であるところ、破産債権者について法的倒産手続が行われていない限りその把握は容易ではなく、相当の期間を要することもある。ま

1　『一問一答』150頁、『大コンメ』427頁〔堂薗幹一郎〕等。
2　『破産200問』228頁〔和智洋子〕は、実体的要件を比較的広く解そうとしている。

た、双方破産の場合、最終的にはいずれかの破産管財人が本条に基づく相殺を行うことが推測される。にもかかわらず、双方の配当率が明らかになるまで待つことは無駄とも考えられる。これらの場合に早期終結のため本条による相殺が認められるか否かも検討を要する。

　純粋に破産財団の維持・増殖に資するとまでは言えない場合の相殺は、認められるとしても例外的であろうが、事案毎に、許可の手続に際し破産管財人と裁判所とのやりとりを通して適切な判断がなされるべきである。

（竹下育男）

第103条　破産債権者の手続参加

① 　破産債権者は、その有する破産債権をもって破産手続に参加することができる。
② 　前項の場合において、破産債権の額は、次に掲げる債権の区分に従い、それぞれ当該各号に定める額とする。
　一　次に掲げる債権　破産手続開始の時における評価額
　　イ　金銭の支払を目的としない債権
　　ロ　金銭債権で、その額が不確定であるもの又はその額を外国の通貨をもって定めたもの
　　ハ　金額又は存続期間が不確定である定期金債権
　二　前号に掲げる債権以外の債権　債権額
③ 　破産債権が期限付債権でその期限が破産手続開始後に到来すべきものであるときは、その破産債権は、破産手続開始の時において弁済期が到来したものとみなす。
④ 　破産債権が破産手続開始の時において条件付債権又は将来の請求権であるときでも、当該破産債権者は、その破産債権をもって破産手続に参加することができる。
⑤ 　第１項の規定にかかわらず、共助対象外国租税の請求権をもって破産手続に参加するには、共助実施決定（租税条約等実施特例法第11条第１項に規定する共助実施決定をいう。第134条第２項において同じ。）を得なければなら

> ない。

1 本条の趣旨

　破産者に対して破産手続開始前の原因に基づいて生じた財産上の請求権であり、財団債権に該当しないものを破産債権といい（法2条5項）、破産法100条1項により破産手続によらずに個別的に権利行使をすることが禁止されている。本条1項は、その反面として、破産債権について破産手続による権利行使を認めることを明らかにしている。

　破産手続の目的は、破産者の財産を換価し、破産債権者に対して、その優先順位及び債権額に応じて平等に金銭による配当を行うことにある。破産債権には多種多様な財産上の請求権が含まれるが、本条2項は、非金銭債権等について金銭的な評価を行って破産債権の額を定めること（金銭化）を、本条3項は、期限未到来の債権について破産手続開始時に弁済期が到来したものとみなすこと（現在化）を、本条4項は、条件付債権及び将来の請求権を無条件の債権と同様に扱うことを、それぞれ定めている。本条は、これら破産債権の等質化によって、破産債権者に手続参加の機会を確保するとともに、破産手続の迅速・公平な進行を図るものである。

　なお、本条5項は、共助対象外国租税の請求権について、共助実施決定を得なければ破産手続に参加することができないことを明らかにしている。

2 破産債権の額（本条2項）

(1) 序　　論

　破産債権は財産上の請求権に限られるところ（法2条5項）、本条2項2号は、金額が確定している金銭債権について、その債権額を破産債権の額とすることを定めている。これに対し、本条2項1号は、非金銭債権等について、破産手続開始時における評価額を破産債権の額とすることを定めている。

(2) 非金銭債権（本条2項1号イ）

　物の引渡請求権や役務提供請求権、代替的作為請求権のように財産上の請求権ではあるが金銭の支払を目的としない債権については、破産債権として

手続に参加するためには、評価によってそれを金銭化する必要があることから、破産手続開始時の評価額をもって破産債権の額としている。

(3) 金額不確定金銭債権及び外国通貨金銭債権（本条 2 項 1 号ロ）

　金銭債権ではあるが、将来の一定時期における収益分配請求権のように金額が不確定なものについては、評価によって破産債権額を定める必要があることから、破産手続開始時の評価額をもって破産債権の額としている。

　不法行為に基づく損害賠償請求権については、客観的には破産手続開始時において金額が確定しているものの、破産債権者において破産手続開始時にそれを確知できないことから、金額不確定金銭債権に当たるか否かについて争いがある。通説[1]は、客観的には金額が確定しているという点を重視し、金額不確定金銭債権には該当しないとするが、これに反対する有力説[2]も存在する。

　いずれの見解によっても、破産債権者が自ら債権額を定めて届出をすべきことに違いはないが、破産管財人が認めない旨の認否をした場合の判断基準に違いが生じる。通説の考え方によれば、破産債権査定手続における査定決定時又は異議訴訟の最終口頭弁論終結時を基準として不法行為の要件事実の存否及び内容が問題となるのに対し、有力説の考え方によれば、破産手続開始時における評価の合理性が問題となる[3]。

　外国通貨金銭債権については、破産手続において国内通貨による配当を行うため、破産手続開始時の為替相場に従って国内通貨で評価する。為替相場の基準地については、債権者平等の理念や、手続は法廷地法によるという準拠法の原則から、我が国の為替相場を基準とすべきと解されている[4]。

　なお、破産債権者が国内通貨による評価を行うことなく外国通貨のまま破産債権の届出を行った場合、破産管財人においてこれを国内通貨に換算することは差し支えないが、破産管財人がこのような換算を行う義務を負うものではない（**本書 3 条の解説 4(3)参照**）[5]。

1　『注解（上）』132頁〔石川明・三上威彦〕、『大コンメ』432頁〔堂薗幹一郎〕。
2　『伊藤』267頁。
3　『伊藤』267頁。
4　『条解』757頁。
5　『大コンメ』432頁〔堂薗幹一郎〕。

(4) 金額又は存続期間が不確定である定期金債権（本条2項1号ハ）

定期金債権のうち、資産の運用による収益の分配に基づく定期金のように金額が不確定な定期金債権や、終身定期金債権（民法689条）のように存続期間が不確定である定期金債権については、評価によって破産債権額を定める必要があることから、破産手続開始時の評価額が破産債権の額となる。

これらの場合において、将来に弁済期が到来する定期金部分に関する中間利息相当分については、金額及び存続期間が確定している定期金債権の場合（法99条1項4号）と同様に、劣後的破産債権として取り扱うべきである。

(5) 金銭化の効力

破産債権の金銭化は、あくまでも破産手続の目的との関係で破産債権の属性を変更するものであるから、その効力は原則として破産手続との関係でのみ生じ、保証人や連帯債務者といった第三者には及ばない[6]。

他方で、破産者との関係において、例外的に破産手続終了後にも金銭化の効力が及ぶ場合があり得る。

まず、破産債権の金銭化は、破産債権の届出、債権調査を経て、最終的に破産債権確定の効果として生じるものであるから、破産手続が破産債権の確定に至らずに終了した場合には、金銭化の効力は生じない。

これに対し、破産手続において金銭化された債権の一部につき配当がなされた場合には、破産手続終了後も金銭化の効力は存続すると解されている[7]。これは、破産債権者が自らの意思で破産手続に参加し、少なくとも債権の一部について満足を受けている以上、二重の利得が生じないように調整をしてまで、あらためて本来の給付内容に従った履行請求を認める必要はないと考えられるためである。

さらに、破産債権の確定の効力が生じたものの配当がなされなかった場合については争いがある。破産債権が確定され、かつ、破産者が債権調査手続において異議を述べなかった場合には、破産者に対して確定判決と同一の効力を有する（法221条）ことを根拠に、破産手続終了後も金銭化の効力は存続するとする多数説[8]に対し、配当がなされなかった場合には二重の利得の調

---

[6] なお、保証人や連帯債務者から履行を受けた場合の取扱いについて『条解』755頁参照。

[7] 『概説』106頁〔福永有利〕、『大コンメ』430頁〔堂薗幹一郎〕。

整をする必要もないことから、金銭化の効力は存続しないとする見解[9]も主張されている。

3 期限未到来の破産債権の現在化（本条3項）

(1) 期限付債権

本条3項の期限付債権とは、債務の発生や履行が将来到来することの確実な事実にかからせられている債権をいい、確定期限のみならず不確定期限も含まれる。期限には始期と終期とがあるが（民法135条）、本条3項が規定するのは始期付債権のみである。

(2) 期限到来の擬制

期限未到来の破産債権は、破産手続開始決定の効果として、その時点において弁済期が到来したものとみなされ、本条2項に従った破産債権の額によって破産手続に参加することができる。

しかし、期限が到来している債権との公平の観点から、無利息の確定期限付債権における中間利息相当分（法99条1項2号）、無利息の不確定期限付債権における債権額と評価額の差額（法99条1項3号）、金額及び存続期間が確定している定期金債権の中間利息相当分（法99条1項4号）は、劣後的破産債権となる。また、相殺をすることができる自働債権の範囲は、債権額から劣後的破産債権となる部分の額を控除した額に限られる（法68条2項）。

本条3項により弁済期の到来が擬制された場合には、民法137条1号によって債権者が期限の利益を喪失させた場合と異なり、本来の弁済期までの利息債権も破産債権として認められる[10]。但し、開始後に発生すべき利息については、劣後的破産債権とされ、相殺の自働債権とすることができない。

(3) 現在化の効力

破産債権の現在化は、あくまでも破産手続を円滑に進めるために、破産手続開始時において期限の到来を擬制するものであるから、その効力は原則として破産手続との関係でのみ生じ、保証人、連帯債務者、物上保証人には及ばない。

---

8 『伊藤』266頁。
9 『注解（上）』135頁〔石川明・三上威彦〕、『大コンメ』431頁〔堂薗幹一郎〕。
10 『条解』758頁、『基本法コンメ』235頁〔青木哲〕。

他方で、破産者との関係において、例外的に破産手続終了後にも現在化の効力が及ぶ場合があるか否かについては争いがある。

破産債権の確定前に破産手続が終了した場合については、現在化が破産手続開始の効力に基づくものであることを理由に効力が存続するという見解[11]と、現在化の効力は破産手続との関係でのみ生じるものであり、破産債権として確定されていないにもかかわらず現在化の効力のみが残存するというのは行き過ぎであるとして効力は存続しないとする見解[12]が対立している。

また、破産債権が確定している場合については、破産者に対して確定判決と同一の効力を有する（法221条）ことを根拠に、破産手続終了後も現在化の効力は存続するとする見解[13]が有力であるが、破産手続終了後は民法137条1号が適用され、債権者は、期限の利益を喪失させるか否かの選択権を持つ状態に戻るとする見解[14]も主張されている。

(4) 別除権への影響

例えば、物上保証人が破産した場合のように、被担保債権が破産者に対する債権でない場合には、これによって被担保債権の弁済期には影響を与えない。この場合、被担保債権について不履行がなければ、物上保証人や第三取得者が破産したからといって、別除権を行使して担保権を実行することはできない。

これに対し、被担保債権が破産債権である場合には、被担保債権の現在化により弁済期の到来が擬制され、別除権の行使が可能になると解されている[15]。もっとも、別除権は破産手続によらずに権利を行使できること、民法137条1号の存在によって別除権者の権利行使には支障がないことを理由として、別除権には現在化の効力を及ぼすべきではないとする見解[16]も主張されている。

---

11 『伊藤』265頁。
12 『注解（上）』129頁〔石川明・三上威彦〕、『条解』758頁。
13 『注解（上）』128頁〔石川明・三上威彦〕。
14 『大コンメ』435頁〔堂薗幹一郎〕。
15 『大コンメ』435頁〔堂薗幹一郎〕、『条解』759頁。
16 『注解（上）』127頁〔石川明・三上威彦〕。

4　条件付債権及び将来の請求権（本条4項）

(1)　停止条件付債権及び将来の請求権

　停止条件付債権とは、その発生原因たる法律行為において、その効力の発生を将来の不確実な事実にかからせる付款が付された債権をいう。また、将来の請求権とは、保証人の求償権のように法定の停止条件が付された債権をいう。いずれも法律行為の効力の発生が将来の不確実な事実の成否にかかっている点で共通しているため、破産手続上は同様に取り扱われる。

　本条4項は、これらの債権について、条件成就の可能性の程度を評価して破産債権額を定めることの困難性や迅速な手続を阻害するおそれを考慮し、無条件の破産債権と同様に扱うことを定めている。もっとも、これらの権利は、本来、条件が成就しなければ権利が行使できないものであるから、配当及び相殺について特別の定めがある。

　停止条件付債権及び将来の請求権については、最後配当に関する除斥期間内に条件が成就しなければ、最後配当において配当から除斥される（法198条2項）。また、中間配当における配当額は寄託され（法214条1項4号）、最後配当に関する除斥期間内に条件が成就しなければ、寄託分は他の破産債権者に配当される（法214条3項）。

　停止条件付債権又は将来の請求権を自働債権とする相殺をすることはできないが、破産者に対する債務を弁済する場合には、将来の相殺権行使の機会を確保するため、破産管財人に対して、自働債権の範囲において弁済額の寄託を請求することができる（法70条前段）。この寄託金についても、最後配当に関する除斥期間内に条件が成就しなければ、他の破産債権者に配当される（法201条2項）。

(2)　解除条件付債権

　解除条件付債権とは、その発生原因たる法律行為において、その効力の消滅を将来の不確実な事実にかからせる付款が付された債権をいう。

　本条4項は、解除条件付債権を有する債権者についても、無条件の破産債権と同様に、本条2項に従った破産債権の額をもって破産手続に参加することができることを定めている。もっとも、解除条件付債権は、条件の成就により権利が消滅することから、配当及び相殺について特別の定めがある。

解除条件付債権については、中間配当を受けるためには相当の担保の提供が必要であり（法212条1項）、担保の提供がない場合には配当額は寄託される（法214条1項5号）。これは、最後配当に関する除斥期間までに解除条件が成就した場合、破産債権者には、中間配当における配当金を破産管財人に返還しなければならない義務が生じるところ、この返還債務の履行を確保する必要があるためである。

破産債権者は、最後配当の除斥期間までに条件が成就しなければ、最後配当において配当を受けることができ、中間配当において提供された担保の返還（法212条2項）や寄託された配当金の支払を受けることができる（法214条4項）。

最後配当後に解除条件が成就した場合、受領した配当金は不当利得に当たるため、これを破産管財人に返還し、他の破産債権者への追加配当の財源とすべきと考えられる[17]。

なお、解除条件付債権を自働債権とする相殺をするためには、担保の提供又は寄託が必要となる（法69条）。この場合も、最後配当の除斥期間までに条件が成就しなければ、担保の返還又は寄託額の支払がなされる（法201条3項）。

5 　共助対象外国租税の請求権についての例外（本条5項）

従来、外国が有する租税債権については、自国において執行しないという原則（レベニュールール）により、外国租税の請求権について、我が国の倒産処理手続による回収はできないとされてきた。

しかし、平成23年11月の「租税に関する相互行政支援に関する条約」への署名及びこれを受けた平成24年3月の「租税特別措置法等の一部を改正する法律」（平24法律16号）の成立により、共助実施決定のあった外国租税については、レベニュールールの例外として、我が国の倒産処理手続による回収が可能とされた。

本条5項は、共助対象外国租税の請求権について破産手続に参加するため

---

[17] 『注解（上）』141頁〔石川明・三上威彦〕、『条解』761頁、『基本法コンメ』237頁〔青木哲〕、『伊藤』269頁。

には共助実施決定が必要であり、共助実施決定を得ていないものについては、破産手続に参加することができないことを明らかにしている。

(浦田和栄)

第104条　全部の履行をする義務を負う者が数人ある場合等の手続参加

① 数人が各自全部の履行をする義務を負う場合において、その全員又はそのうちの数人若しくは１人について破産手続開始の決定があったときは、債権者は、破産手続開始の時において有する債権の全額についてそれぞれの破産手続に参加することができる。

② 前項の場合において、他の全部の履行をする義務を負う者が破産手続開始後に債権者に対して弁済その他の債務を消滅させる行為（以下この条において「弁済等」という。）をしたときであっても、その債権の全額が消滅した場合を除き、その債権者は、破産手続開始の時において有する債権の全額についてその権利を行使することができる。

③ 第１項に規定する場合において、破産者に対して将来行うことがある求償権を有する者は、その全額について破産手続に参加することができる。ただし、債権者が破産手続開始の時において有する債権について破産手続に参加したときは、この限りでない。

④ 第１項の規定により債権者が破産手続に参加した場合において、破産者に対して将来行うことがある求償権を有する者が破産手続開始後に債権者に対して弁済等をしたときは、その債権の全額が消滅した場合に限り、その求償権を有する者は、その求償権の範囲内において、債権者が有した権利を破産債権者として行使することができる。

⑤ 第２項の規定は破産者の債務を担保するため自己の財産を担保に供した第三者（以下この項において「物上保証人」という。）が破産手続開始後に債権者に対して弁済等をした場合について、前２項の規定は物上保証人が破産者に対して将来行うことがある求償権を有する場合における当該物上保証人について準用する。

1　本条の趣旨

　本条1項及び2項は、実体法上、1人の債権者に対して、同一の給付を目的として、数人が各自全部義務を負う場合において、その数人又は1人について破産手続が開始したときの債権者の各破産手続への参加の方法を定め、3項及び4項は、その場合の、破産者に対して将来の求償権を有する全部義務者の手続参加の方法を定め、5項は、物上保証人が他の全部義務者に破産手続が開始した後に被担保債権を弁済したときの債権者と物上保証人の各破産手続への参加の方法を定める。

2　債権者の手続参加（本条1項と2項）

(1)　開始時現存額主義

　本条1項は、連帯債務者や連帯保証人のように数人が各自全部の履行義務を負う場合において、その数人又は1人について破産手続が開始したとき、債権者は各破産手続開始の時において有する債権の全額について、各破産手続に参加することができることを明らかにしたものである（開始時現存額主義）。これは、複数の全部義務者を設けることにより、責任財産を集積して当該債権の目的である給付の実現をより確実にするという機能を倒産手続において重視したもので[1]、再生手続（民事再生法86条2項）及び更生手続（会社更生法135条2項）にも準用されている。なお、ある全部義務者に破産手続が、他の全部義務者に再生手続又は更生手続が開始した場合にも、本条は類推適用される[2]。数人が全部義務を負う場合としては、連帯債務（民法432条）や連帯保証（民法458条）のほか、保証（民法446条）、不可分債務（民法430条）、不真正連帯債務、手形についての合同債務（手形法47条、77条1項4号、小切手法43条）などがあり、債権の一部について数人が全部義務を負う場合も含まれる。

　開始時現存額主義は、債権者は、その有する債権の開始時の現存額で権利行使できること（現存額準則）と、破産手続開始後に他の全部義務を負担する

1　最判平22.3.16（民集64巻2号523頁）。
2　『条解』763頁、『大コンメ』441頁〔堂薗幹一郎〕。

者が債権消滅行為（弁済、相殺、担保権の実行などを含む）をしたとしても、債権の全額が消滅した場合を除き、開始時の債権額全額で権利行使できること（非控除準則）を明らかにしている。前者は、手続参加の基準となるのはあくまで開始時の債権額であり、契約成立時の当初債権額ではないこと（開始時基準）も意味している。

　なお、民法441条は、連帯債務者の数人又は1人に破産手続が開始した場合において、債権者は、その債権の全額で手続参加を認めているが、本条は、これを他の全部義務者に拡張するとともに、その「債権の全額」が開始時の現存債権額であることを明らかにしている。結果として現行民法441条は機能していないので、平成27年3月31日に国会に提出された「民法の一部を改正する法律案」（以下「改正民法案」という）では、同条が削除されている。

(2) 具体例

a　基本設例

　債権者甲が、主たる債務者乙に対して当初900の債権を有し、丙と丁が連帯保証している場合において、丙が300を弁済した後に、乙又は丁に破産手続が開始したとする。

b　主債務者乙の破産の場合（設例A：主債務者破産型）

　基本設例において、主たる債務者乙について破産手続が開始した場合、債権者甲は、債権成立時の当初債権額の900ではなく、丙の弁済額300を控除した開始時の債権額である600で手続参加ができる（開始時基準の現存額準則）。開始後に丁から200の弁済を受けても、権利行使できる債権額は600で変わらない（非控除準則）。債権者甲にとって、開始時の債権額600が、議決権算定の基礎となり、調査、確定の対象となり、配当額算定の基準となる。開始後に求償権を取得する他の全部義務者の利益より、責任財産の集積を図ろうとした債権者の利益を保護しようとするものである。

　このように、主たる債務者に破産手続が開始した場合には、開始時現存額主義を採用しても、債権者甲が権利行使するか、求償権者丁が権利行使するかの違いで、破産財団にとって配当額算定の基準となる債権総額は変わらない（同額である）から、他の一般債権者の利益に影響しない。

c　保証人丁の破産の場合（設例B：保証人破産型）

　基本設例において、連帯保証人丁に破産手続が開始した場合も、債権者甲

は開始時の債権額600で手続参加ができる。開始後に主債務者乙が200を弁済した場合（乙の提供した担保を実行した場合も含む）、実体法上、主債務200の消滅に伴い保証債務200も消滅する（附従性）が、他方で、求償権は生じないから、保証人の債権総額は実体法上減少する。しかし、開始時現存額主義によると、配当額算定の基準となる債権総額は減少しないから、債権者を保護するために保証人の一般債権者の利益を犠牲にしているともいえる。物上保証人戊が担保処分により主債務200を弁済した場合も同様である。また、丁が連帯保証人兼物上保証人である場合に、物上保証の実行により主債務が200減額したときも、債権者は開始時の保証履行請求権の全額600で手続参加できる[3]。

このように、本条は、主たる債務者破産の場合には、責任財産の集積を図ろうとした債権者の利益を全部義務者の利益より優先させ、保証人破産の場合には、債権者の利益を他の一般債権者の利益よりも優先させている[4]。

d 連帯債務者破産の場合（設例Ｃ：連帯債務者破産型）

連帯債務者Ｘ、Ｙ、Ｚが負担割合300ずつで900の債務を負担している場合において、開始前にＹが300を弁済した後にＸに破産手続が開始したとき、債権者は600で手続参加でき（開始時準則）、ＹとＺが一部を弁済しても、債権全額を消滅させない限り、債権者は600で権利行使ができる（非控除準則）。

(3) 手続参加の基準時

設例Ａでは、債権者甲は600で、連帯保証人丙は、破産手続開始前に取得済みの事後求償権300で手続参加ができる（開始時基準）。両者の手続参加は平等である。

これに対して、この場面でも、民法502条の一部弁済による代位の場合の債権者優先主義を適用し、債権者甲の原債権の行使が丙の求償権行使に優先し、求償権の配当は劣後するとの考え方がある[5]。しかし、民法502条は、代位弁済者による原債権の一部代位行使と債権者の原債権の行使の優劣を規律するもので、固有の求償権と原債権の行使の関係を規律するものではないこ

---

3 『手引』272頁。
4 印藤弘二「開始時現存額主義の適用範囲を示した最高裁判決に関する一考」倒産実務交流会編『争点　倒産実務の諸問題』（青林書院、2012年）231頁。
5 滝澤孝臣「判批」金法1622号23頁、『理論と実務』371頁〔勅使河原和彦・杉本和士〕。

と、破産法上、債権者の手続参加の基準時を、債権発生時ではなく破産手続開始時としていること（開始時基準）から、債権者甲による原債権の行使と丙の求償権行使との間には優劣はなく平等であると解すべきであろう[6]。ただし、全部義務者が、事後求償権ではなく、あえて代位取得した原債権で破産手続に参加した場合には、改正民法案502条3項のもとでは、担保実行の場合と同様に、配当手続において債権者が優先すると解される[7]。

(4) 開始後の相殺

設例Aにおいて、連帯保証人丁が債権者甲に対して200の債権を有し、これと甲の丁に対する600の保証履行請求権が破産手続開始前に相殺適状であった場合に、丁が破産手続開始後に対当額で相殺したときはどうか。債権消滅の効果が相殺適状時に遡及すること（民法506条2項）から、債権者甲は、乙に対して、相殺後の債権額400について手続参加ができ、丁は、開始後に相殺した場合であっても、事後求償権200をもって手続参加できることになる[8]。相殺時期が債権者甲の破産債権確定後である場合、相殺後に、丁は債権届出ができ（法112条1項）、破産管財人は確定債権者表に対して請求異議の訴えを提起することになる（民事執行法35条1項）と解されるが、実務的には、債権者甲の債権届出の一部の承継（届出名義の変更）により処理されることになろう。改正民法案502条3項のもとでも、甲と丁の連名による債権届出の一部承継の場合には、原債権者と一部弁済した全部義務者は平等に手続参加できることを原債権者が承諾しているものと理解できよう。なお、債権者甲が相殺した場合も同様である。

(5) 一部債権の全部消滅

a 口単位説と総債権説

債権者が複数の全部義務者に対して、破産手続開始時に複数の債権を有する場合に、全部義務者がそのうちの1つの債権について開始後に全部弁済したが、債権者は未だ開始時の債権総額について弁済を受けていないとき、債権者は、なお開始時の債権総額で権利行使できるのか（総債権説）、又は、複

---

[6] 『基本法コンメ』240頁〔青木哲〕。
[7] 法制審議会民法（債権関係）部会・部会資料70A「民法（債権関係）の改正に関する要綱案のたたき台(5)」45頁参照。
[8] 『条解』765頁、『大コンメ』442頁。

数の債権がある場合でも個々の債権ごとに判断し、1つの債権について全部弁済を受けた場合は、当該債権については全部義務者が求償権又は原債権を行使でき、債権者は残る債権についてのみ権利行使できるのか（口単位説）。判例[9]は、開始時現存額主義は、実体法上の債権額と破産債権額との乖離を認める原則であるから、その趣旨を拡張すべきではないとして、個別の債権ごとに適用する口単位説を採用した。保証人破産の場合には前述の通り一般債権者の利益に影響するから、なおさらであろう。

b 主債務者破産の場合（設例A）

設例Aにおいて、開始時の債権600が、100のα債権と500のβ債権である場合に、連帯保証人丁が開始後に200を弁済し、その内100をα債権の全額に弁済充当し、残額100をβ債権の一部に弁済充当した場合、債権者甲はβ債権について500で権利行使ができ、丁はα債権100について権利行使できる。この場合、実務的には、債権者甲の債権届出の丁への承継（届出名義の変更）を促すことになろう（任意に応じないときは、債権調査前の場合は認めない旨の認否をし、債権調査後の場合は確定債権者表に請求異議の訴えを提起するか、そのまま配当し債権者と全部義務者の不当利得として解決することになろう[10]）。丁が開始後に同じ200を弁済した場合でも、これをα債権とβ債権に債権額按分で充当し、いずれの債権も全部消滅しないときは、債権者は、開始時のα債権100とβ債権500の全額で権利行使ができ、丁は、何らの権利行使ができない。

このように、充当方法如何によって、債権者甲と連帯保証人丁の権利行使の範囲に違いが生じることになる（債権者甲と連帯保証人丁の間のパイの奪い合いの問題である）。ただし、破産債権として行使できる債権総額には変わりがないから、他の一般債権者の利益には影響しない。物上保証人戊の担保目的物が換価され、その換価代金がα債権とβ債権に充当される場合も、充当方法如何によって、債権者甲と物上保証人戊の権利行使の範囲に違いが生じるのは同様である。

c 保証人破産の場合（設例B）

これに対して、設例Bの場合、債権者甲は、破産手続開始時に主たる債務

---

9 最判平22.3.16（民集64巻2号523頁）。
10 『手引』275頁参照。

者乙に対して有する複数債権（αとβ）の債権額で手続参加ができるが、主たる債務者乙がその所有不動産に根抵当権を設定していた場合に、当該不動産の売却代金でα債権の全部とβ債権の一部を弁済した場合も、債権者甲は、連帯保証人である破産者丁に対して、α債権の権利行使はできず、β債権の全部についてのみ権利行使ができる。実務的には、債権者甲に対し、全部消滅したα債権の取り下げを促すことになろう（任意に応じないときは、債権調査前は、認めない旨の認否をし、債権調査後は、確定債権者表に対して請求異議の訴えを提起するか、配当段階で調整することになろう）。

同じ金額を弁済する場合でも、α債権とβ債権に按分充当された場合には、債権者甲は丁に対して債権額全額で権利行使ができることになり、充当方法如何によって、債権総額が変動するから、他の一般債権者の利益に影響を及ぼすことになる。物上保証人戊の担保目的物が換価され、その換価代金がα債権とβ債権に充当される場合も、充当方法如何によって、債権総額が変動するから、他の一般債権者の利益に影響する。

d 破産者との間の弁済充当合意の効力

このように、充当方法が関係権利者の利益に影響することから、破産債権者と破産者との間の弁済充当合意は、破産手続との関係では主張することができず、法定充当によるべきであろう[11]。

(6) 全部義務者でない第三者による弁済

本条は、責任財産を集積して債権の目的である給付の実現をより確実にしようと意図した債権者を保護するための規定であるから、全部義務を負わない第三者が債権の一部を弁済した場合には、本条は適用されない[12]。このとき、債権者と第三者は、原則に従い、債権額に応じて手続参加することになるが、実務的には、破産手続開始後に代位弁済した第三者は、債権者の債権届出の一部の承継（届出名義の変更）をすることになろう。債権者が、届出債権の一部を第三者に債権譲渡した場合と変わらない。

---

11 最判平22.3.16（金法1902号120頁）田原睦夫補足意見。石井教文「破産手続における弁済の充当」『田原古稀（下）』444頁参照。
12 『条解』765頁、『大コンメ』442頁〔堂薗幹一郎〕、『基本法コンメ』240頁〔青木哲〕。

2 将来の求償権を有する全部義務者の手続参加

(1) 債権者が手続参加をしない場合（本条3項）

a 原　則

　法104条3項本文は、全部義務者で将来の求償権を有する者は、その全額で破産手続に参加できるとする。法103条4項が、破産債権が将来の請求権であるとき、債権者は将来の請求権をもって破産手続に参加できると定めるが、それを複数の全部義務者がいる場合の将来の求償権について明確にしたものである[13]。ただし、債権者が開始時の全額で手続参加をしている場合には、将来の求償権をもって手続参加することはできない（同条3項ただし書）。一個の債権について重複した権利行使を認めると、他の債権者との公平を害するからである。

　なお、民法460条1号は、主たる債務者について破産手続が開始し、債権者が破産手続に参加しないとき、委託を受けた保証人は、事前求償権をもって権利行使できると定める。本条は、これを全部義務者間の求償権について拡張したものであるとする見解もある[14]が、本条3項は、現在の権利として事前求償権を認めるものではないから、代位弁済をしなければ配当が受けられない点で異ならない[15]。

b 債権届出

　全部義務者が将来の求償権として債権届出をした場合、将来の請求権として全額を認めることになる（ただし、実務上、代位弁済未了の間に誤って配当することのないように、債権者表の表示を工夫している[16]）。その後、最後配当の除斥期間内に弁済しないと配当から除斥され（法198条2項）、中間配当においては配当額が寄託される（法214条1項4号）。なお、全部義務者が開始後に一部弁済したときは、その範囲の事後求償権として、配当を受けることができる（認めない認否をしている場合は、認める旨に認否を変更する）。

---

[13] 『大コンメ』443頁〔堂薗幹一郎〕、『基本法コンメ』241頁〔青木哲〕。
[14] 『注解（上）』154頁〔加藤哲夫〕。
[15] 『条解』768頁、『大コンメ』443頁〔堂薗幹一郎〕以下に詳しい。
[16] 『運用と書式』253頁参照。

c 具体例

　設例Ａの場合、丙と丁は、それぞれ将来の求償権として600で手続参加ができ、いずれの届出も、その全額を将来の請求権として認めることになる。このとき、債権届出の額（認める金額）は、２重（２倍）となるから、議決権の行使方法が問題となる。この点、丙と丁の共同行使が要求されるとの見解[17]がある。配当は、最後配当までに現実化した求償権額（実際の弁済額）を基準に行うことになるから、他の債権者の利益を害することはない。なお、丙は、これとは別に、開始時に有する事後求償権300についても手続参加できる。

　設例Ａにおいて、主債務者乙が担保提供している場合に、連帯保証人丁が全額代位弁済したとき、丁は債権者甲の乙に対する担保権を代位行使できる。そのとき丁の求償権は別除権付破産債権ではないが、実質的に破産者財産に対する担保権を有することになるので、不足額責任主義が妥当すると解すべきであろう（その際の認否の仕方には工夫を要する）。また、連帯保証人丁の乙に対する求償権に乙が担保設定している場合は、当然、別除権付債権となる[18]。

　設例Ｂにおいて、連帯保証人丙は開始前に300を弁済しているが、自己の負担部分450を超えないので、求償権として手続参加はできないが、将来の求償権450について手続参加ができる。丙が、開始後に、例えば400を弁済したときは、自己の負担部分450を超える250で配当を受けることができる。

　設例Ｃの場合、Ｙは、開始前に弁済した300について、求償権として100で手続参加ができ、債権者が600について手続参加しないときは、さらに、ＹとＺは将来の求償権として200の手続参加ができる。開始後に、Ｙが現実に300を弁済したときは、求償権として更に100が具体化し（開始前の100とあわせて200を基準として配当を受ける）、Ｚが現実に300を弁済したときは、求償権として100が具体化する。

---

17 『注解（上）』156頁〔加藤哲夫〕。しかし、各求償権者相互間には当然には人的関係がないので、共同行使を義務付けることは根拠に乏しい。将来の求償権額の割合に応じて、丙と丁は単独で行使できると解する余地もあろう。

18 『運用と書式』255、256頁。

(2) 債権者が手続参加した場合（本条4項）

a 原 則

本条4項は、債権者が債権届出をした場合、将来の求償権を有する全部義務者は、債権の全額が消滅した場合に限って、求償権の範囲内において債権者の有した原債権を行使できるとする。破産手続開始後に一部弁済をした場合、実体法上求償権が発生するが、当該求償権の行使も、原債権の一部代位行使もできず、債権者の権利行使を優先させている[19]。

b 具体例

設例Aの場合、手続開始後に連帯保証人丁が200を弁済しただけでは、債権の全額が消滅しないので、丁は200の求償権行使も原債権の代位行使もできない。丁が、600を弁済して債権全額が消滅したときに限り、丁は、求償権の範囲で、債権者甲の原債権を代位行使できる。実務的には、債権者甲の債権届出の承継（届出名義の変更）をすることになる。このとき、実務では、手続きの明確化を図る観点から、連名での変更届出を求めているのが通例であるが、代位弁済を証する書面を添付して求償権者が単独で名義変更を求めることも可能であろう[20]。

設例Aにおいて、手続開始後に連帯保証人丙が400、連帯保証人丁が200を弁済して債権全額が消滅したときは、連帯保証人丙と丁は、それぞれの事後求償権の範囲内で、債権者甲の有した原債権600を弁済額の割合で行使できる[21]。

設例Aにおいて、乙が連帯保証人丁の求償権に対して担保設定をしている場合に、丁が全額代位弁済したとき、丁は債権者甲の債権を行使できる。この甲の債権に担保権はないものの、丁の求償権には破産者乙の責任財産による担保権が付着しているから、この場合も、不足額責任主義が妥当すると解すべきである（**本書108条の解説2**参照）。また、乙が甲に対して担保設定して

---

[19] 代位弁済者が破産者に対して債務を負担している場合に、一部の代位弁済に基づく求償権を自働債権とする相殺に4項の適用があるのか問題となり得る。この点について論じたものとして、木村真也「破産法104条3項等の規律は相殺に及ぶか——一部の代位弁済に基づく求償権を自働債権とする相殺の可否および具体的方法について」『伊藤古稀』821頁以下。

[20] 『条解』769頁、『大コンメ』446頁〔堂薗幹一郎〕。

[21] 旧法26条2項、最判昭62.6.2（民集41巻4号769頁）。

いた場合は、丁の行使する甲の債権は別除権付債権として処遇される[22]。

　設例Bの場合、丙は、開始前に300を弁済しているが、自己の負担部分450を超えないので、手続参加できないが、開始後に600を弁済して債権全額を消滅させたときは、求償権450の範囲内で、債権者の原債権を行使できる。

　設例Cの場合、Yは、開始前に弁済した300について、求償権として100で手続参加でき、開始後に、YとZが600を弁済して債権全額を消滅させたときは、YとZは、それぞれ求償権の範囲内で、債権者の権利を行使できる（Xに対して行使できる債権額の合計は300となる）。

c 債権者による一部参加の場合

　債権者が開始時の債権額の全部について手続参加をせずに一部のみの債権届出をした場合に、将来の求償権者は残部について手続参加できる。設例Aにおいて、債権者甲が600の内200で債権届出をした場合に、丙と丁は、いずれも将来の求償権として残額400で手続参加ができる。また、設例Cにおいて、債権者が債権額600の内300で債権届出をした場合に、YとZは、債権者の行使していない300について、将来の求償権として100で手続参加ができ、Y又はZがその300について代位弁済したときは、弁済した範囲で事後求償権を行使できる。さらに、債権者の債権届出をしている300について、その全額を代位弁済したときは、Y又はZは、事後求償権100の範囲で、債権者の届出た原債権300を代位行使できると解される[23]。なお、Yは、別途、事後求償権として100の手続参加ができる。

(3) 本条3項の求償権行使と本条4項の原債権行使との関係

　本条3項は、債権者が手続参加をしない場合に、全部義務者は、将来の求償権に基づく手続参加を認め、4項は、債権者が手続参加をした場合に、全部義務者が債権を全部消滅させた場合に限り、その求償権の範囲内で原債権の行使を認める。本条3項と4項は、債権者の手続参加の有無で二分して規定するが、実務において、二分した処理を貫徹することは困難であるように思われる。実質的にも、債権者の手続参加の有無で、求償権者の権利に差異が生じるのは相当でないし、求償権者間でも公平が確保できるように、実務

---

22 『運用と書式』255、256頁。
23 『注解（上）』157頁〔加藤哲夫〕、中野貞一郎・道下徹編『破産法〔第2版〕（基本法コンメンタール）』（日本評論社、1989年）60頁〔上田徹一郎〕、『条解』770頁。

における配慮が求められる場面であろう。

a　重複した債権届出

債権者が債権届出をしている場合に、全部義務者が重ねて将来の求償権を債権届出したとき、本条3項によれば、本来、かかる債権届出は不適法となり債権届出自体を却下すべきであろう[24]。しかし、将来の求償権を適法に債権届出したのち、債権者が遅れて債権届出をする場合もあるし[25]、債権者がいったん届けた債権届出を後日に取り下げることもあるから、債権者からの届出の有無やその順序如何で、全部義務者の届出の有効性が左右されるのは実務の安定を損ない相当ではない。

そこで、実務においては、債権者からの届出があっても、全部義務者からの将来の求償権の債権届出を不適法却下することなく、適法な債権届出として取扱い、全額について異議を述べている（債権者の債権届出のないこと、又は取下げを停止条件とする予備的な債権届出と説明することもできよう）。

b　求償権の認否

本条3項に基づき将来の求償権を債権届出した場合、求償権元本には、代位弁済時における債権額元本とその時点までの利息・損害金が含まれるから、求償権元本には、開始後の利息や遅延損害金が含まれることになる。そこで、破産管財人としては、求償権元本のうち、開始後の利息や遅延損害金に相当する部分（理論的には、求償権元本に対する手続開始時から代位弁済時までの法定利率による中間利息相当額）及び求償権元本に対する遅延損害金は、劣後的破産債権として取り扱うことになろう[26]。それは、結果として原債権に対する認否結果に近似する（原債権に対する遅延損害金の利率と法定利率の違いによる差が生じる）。

c　債権者が債権届出をした場合の求償権行使

本条4項は、原債権を全部消滅させた求償権者に、債権者の原債権の行使を認めるが、その場面でも、求償権による手続参加ができないか、問題となり得る。原債権の行使と求償権行使の選択を認める見解[27]と、否定する見

---

24 『大コンメ』446頁〔堂蘭幹一郎〕。
25 『手引』272頁は、将来その可能性があれば認めない旨の認否をしておくべきとする。
26 『大コンメ』445頁〔堂蘭幹一郎〕、『運用と書式』254頁。
27 『大コンメ』448頁〔堂蘭幹一郎〕。

解[28]がある。

実務では、前述の通り債権者が債権届出をしている場合にも、将来の求償権の債権届出を認めた上で、全額認めない旨の認否をしている。そして、破産手続開始後に全部義務者が債権全部を消滅させた場合の実務の処理としては、求償権の届出の取下げと債権者の債権届出の承継（届出名義の変更）をする方法（**本書113条の解説5**参照）と、債権者の債権届出の取下げと将来の求償権を認める旨の認否に変更する方法のいずれかであるように思われる[29]。債権届出の承継（届出名義の変更）は、実質的に否定説の取扱いで、認める旨の認否に変更することは、実質的に肯定説の取扱いに等しい。しかし、肯定説でも、求償債権元本のうち開始後の利息や遅延損害金に相当する金額を劣後的破産債権として取り扱うとすれば、結果はほぼ同じである。実務では、このように柔軟に処理している。

d 債権者の任意の取下げ

債権者が債権届出をしている場合に全部義務者が一部弁済をしたとき、債権者が、弁済を受けた限度で、任意に債権届出の一部を取下げることは可能である。全部義務者が将来の求償権を債権届出している場合には、同時に一部を認める旨の認否に変更することになる。また、債権者が、全部義務者から弁済を受けた限度で、届出債権の一部を代位弁済者に承継（届出名義の変更）することもできる[30]。このとき、原債権者と代位弁済者は債権額に応じて平等に取り扱われる。

(4) 総弁済額が開始時の債権額を超える場合の取扱い

a 問題の所在

開始時現存額主義によると、債権者が債権額を超えて配当を受けることができる場合があり得る。設例Aにおいて、手続開始後に連帯保証人丁が500を弁済し、かつ配当率が40％の場合、600に対する計算上の配当額は240で、債権者甲への総弁済額は合計740となり、600を超えるので、その処理が問題となる。

---

[28] 沖野眞已「主債務者破産後の物上保証人による一部弁済と破産債権の行使―議論の整理のために」曹時54巻9号2376頁。
[29] 『運用と書式』254頁。
[30] 『運用と書式』254頁。

b　複数の考え方

A説は、債権者甲にそのまま配当した上で、連帯保証人丁が、甲に対して140の不当利得返還請求ができるとする考え方である[31]。B説は、債権者甲は600を、丁は140を受領できる（丁は甲の原債権を代位行使する）とする考え方である[32]。C説は、債権者甲に240を配当したときは、140を破産財団に不当利得として返還するか、債権者甲には100を配当し、140は破産財団に帰属させ、他の債権者への配当原資とする考え方である[33]。

A説は、破産管財人にとって明確であり簡便であるが、債権者甲に対する保護の在り方として行き過ぎであろう。C説は、債権者甲には、他の全部義務者による弁済とあわせて開始時の債権額全額を満足させれば十分であるから、それを超える配当をしない点で正当であるが、他方で、連帯保証人丁の負担で一般債権者が棚ぼた的利益を得ることになり、丁に酷であろう。債権者甲が債権届出をしている場合でも、丁の将来の求償権の債権届出を許容した上で認めない旨の認否をしている実務に照らせば、債権者甲が全額の満足を受けたときは、その超過部分を丁に配当するのが公平であるように思われる。

c　実務の取扱い

C説を前提に、債権者の債権届出の一部の取下げを促すか、一部について認めない旨の認否をしている実務もある[34]が、B説を前提に、債権者の債権届出の届出名義を一部変更して超過分を求償権者に配当するか[35]、将来の求償権として債権届出がありこれに対して全額認めない旨の認否をしている場合には、認める旨の認否に変更した上で配当額を調整するか、債権者のみが債権届出をしている場合には、丁に債権者甲の権利の代位行使を認めるなどの方法が相当であるように思われる。丁は、実体法上の求償権を有しているし、そのように処理しても一般債権者を害することはないからである[36]。

---

[31] 『基本構造』368頁〔田原睦夫発言〕、『大コンメ』442頁〔堂薗幹一郎〕、山本研「手続開始時現存額主義により生ずる超過配当額の処理」『伊藤古稀』1203頁。

[32] 『基本構造』367頁〔沖野眞已発言・山本和彦発言〕、『理論と実務』372頁〔勅使河原和彦・杉本和士〕。

[33] 『基本構造』369頁以下〔松下淳一発言・伊藤眞発言〕、『伊藤』286頁。

[34] 『手引』271頁。

[35] 滝澤孝臣「判批」金法1349号8頁以下、『基本法コンメ』245頁〔青木哲〕。

3 物上保証人の場合

(1) 原　則

物上保証人について、本条5項は、2項ないし4項の規定を準用する。

物上保証人が担保に供した自己の財産を処分して債権者への弁済をしたときは、すべての義務を履行したことになるから、債権の全額を消滅させることができない場合でも、物上保証人は事後求償権を権利行使できるとする見解[37]と、全部義務者の場合と同様に物上保証人にも開始時現存額主義を適用して、債権の全額が消滅しない限り権利行使できないとする見解[38]が対立していたが、判例[39]は、物上保証人についても開始時現存額主義を適用した。本項は、これを立法的に解決したものである[40]。

(2) 具体例

設例Aにおいて、戊が物上保証している場合に、手続開始後に、戊が担保目的物を処分して300を弁済したとしても、なお債権の全額は消滅しないから、債権者甲は開始時の債権額600で権利行使ができる（2項：非控除準則）。

債権者甲が手続参加をしていないときは、戊は、将来の求償権で手続参加ができ、担保処分により300の弁済ができれば同額の求償権で配当を受けることができる（本条3項）。

債権者甲が債権届出をしているときは、戊は手続参加ができないが（3項但書）、担保処分により600の全額を弁済したときは、求償権の範囲内で債権者の原債権を行使できる（4項）。また、連帯保証人丙が200、物上保証人戊が担保処分により400の弁済をして、債権の全額が消滅したときは、丙は200、戊は400の求償権の範囲内で、債権者の原債権600を行使できる。

---

[36] 山本・前掲注31・1226頁は、届出名義が変更された場合は求償権者に配当し、届出名義の変更ができない場合には債権者に配当した上、債権者と求償権者間の不当利得の処理に委ね、配当額が債権者の残存債権額を超過する場合に、債権者と求償権者が合意すれば、配当受領請求権の譲渡により求償権者への配当を認め、配当後に全部義務者がこれを知らずに超過弁済した場合には、債権者と求償権者間の不当利得の処理に委ねる、とする。

[37] 大阪高判平12.8.23（金法1593号69頁）。
[38] 東京高判平12.11.21（金法1600号86頁）。
[39] 最判平14.9.24（民集56巻7号1524頁）。
[40] 『一問一答』153頁、『基本構造』370頁〔小川秀樹発言〕。

設例Bにおいて、戊が物上保証している場合に、甲が手続参加をしているとき、手続開始後に連帯保証人丙が200、物上保証人戊が400を弁済して債権全額が消滅したときは、物上保証人と連帯保証人間の求償に関する一般的理解によれば、固有の負担部分300を超える弁済額について、丙は200（500－300）、戊は100（400－300）の求償権（戊については求償権に準ずる権利）の範囲内で、債権者の権利を行使できる。債権者甲が手続参加をしていないときは、丙と丁は、将来の求償権としてそれぞれ300の債権届出ができる。丙は、その後弁済した金額を基準に、戊は、300を超える弁済をしたときに、その超えた額を基準に、それぞれ配当を受けることができる。

(3) **担保目的物の譲渡があった場合**

物上保証人から担保目的物を譲り受けた第三取得者の場合も同様である。

主たる債務者の設定した担保目的物を破産手続開始前に第三者が譲り受けた場合はどうか。担保目的物が主たる債務者の所有である場合には、不足額責任主義が適用され、債権者は不足額についてのみ権利行使ができる（法108条1項）ことから、第三取得者の所有になった場合にも、不足額についてのみ権利行使ができ、非控除準則は適用されないとする見解[41]がある。これに対して、破産手続開始時に第三者所有である場合には不足額責任主義は妥当せず、第三者は一般の物上保証人と変わらず開始時現存額主義（非控除準則）が適用されるとする見解[42]がある。債務者が第三取得者に担保目的物を譲渡した結果、債権者が利益を得ることになるが、破産手続開始時を基準として決するほかないから、後者の見解が妥当であろう。

破産手続開始後に、破産者が担保の付着したまま担保目的物を第三者に譲渡しても、不足額責任主義が適用される。

(4) **物上保証人の破産**

物上保証人の破産は、本条5項と無関係である。物上保証人に対する破産手続開始後に、主たる債務者が一部弁済をした場合、実体法上被担保債権額は減少し、その減少した債権額で担保権を行使することになる。

（中井康之）

---

[41] 清水正憲「主債務者の破産と物上保証人の一部弁済」『会社法・金融取引法の理論と実務　河合伸一判事退官・古稀記念』（商事法務、2002年）312頁。
[42] 『基本法コンメ』243頁〔青木哲〕、森田修「判批」法協128巻10号2644頁、2659頁以下。

第105条　保証人の破産の場合の手続参加

> 保証人について破産手続開始の決定があったときは、債権者は、破産手続開始の時において有する債権の全額について破産手続に参加することができる。

1　本条の意義

法105条は、保証人について破産手続が開始した場合も、債権者は開始時の債権の全額で破産手続に参加できることを定める。保証人はもともと全部義務者であるから、債権者は法104条1項に基づき破産手続開始時の債権額で参加できるから、同条の実質的な意義は、保証人に民法452条、453条に基づく催告・検索の抗弁権のないことを明らかにする点にある。再生手続（民事再生法86条2項）、更生手続（会社更生法135条2項）にも、準用されている。

2　附従性の制限

主たる債務者が期限の利益を有するときは、主債務者との関係については期限の利益が維持されるが、保証人に対する保証履行請求権については、破産手続開始により期限が到来する（法103条3項）。その限りで、保証債務の附従性が排除される。

3　複数債権の保証

保証人が複数の債務を保証している場合、開始後に主債務者がその一部の債権の全額を弁済したときは、債権ごとに開始時現存額主義を適用するので[1]、消滅した債権については保証債務も消滅し、債権者は消滅した債権について手続参加ができない。このとき、債権者は債権届出の一部を取り下げることになる。

1　最判平22.3.16（民集64巻2号523頁）。

4　求償権の行使

保証人破産において、債権者に配当を実施した場合に、保証人の破産管財人は、主たる債務者に対し求償権を取得することになる。ただし、主たる債務者が期限の利益を有するときは、それに従うことになる。このとき、保証人は、債権者の権利を代位行使できるが、それは債権者の権利行使に劣後するから、求償権の行使も劣後するとの見解がある[2]。しかし、債権者の権利の代位行使ではなく、固有の求償権の行使であるから、原債権優先の原則の適用はないであろう[3]。

5　配当の循環

破産管財人が主たる債務者から求償権に基づく回収をしたとき、これも配当財源となり、改めて配当することになる。このように理論的には、配当の循環が生じるが、実務的には、求償権の回収はそれほど見込めないし、時間コストや手続コストを考慮して、主債務者との間で和解処理をして手続きを早期に終了させることになろう。しかも、実際には、保証人とともに主債務者についても破産手続が開始している場合が多く、法104条3項・4項により、債権の全額を弁済しない限り、求償権行使はできないから、通常、配当の循環が生じることはない。

（中井康之）

第106条　法人の債務につき無限の責任を負う者の破産の場合の手続参加

> 法人の債務につき無限の責任を負う者について破産手続開始の決定があったときは、当該法人の債権者は、破産手続開始の時において有する債権の全

---

[2]　栗田隆「受託保証人の破産」関法60巻1号11頁、川村英二「保証人破産における配当と金融機関の事後処理」金法1957号60頁63頁。
[3]　吉田勝栄「人的保証と破産」高木新二郎・伊藤眞編者代表『倒産の法システム〔第2巻〕』（日本評論社、2010年）3頁、25頁以下、『基本法コンメ』246頁〔青木哲〕。

> 額について破産手続に参加することができる。

1 本条の趣旨

本条は、合名会社又は合資会社の無限責任社員のように、社員が会社の債務について無限の責任を負う場合に、保証人と主債務者との関係と同様、無限責任社員について破産手続が開始したときに、法人の債権者が当該無限責任社員の破産手続に参加できるとする。社員の責任には、会社の財産をもってその債務を完済することができない場合等にはじめて会社の債務を弁済する責任を負う、いわゆる補充性の原則が働くが（会社法580条1項）、社員に破産手続が開始した場合には、この原則が働かないことを意味するものである。

法人の債権者からみれば、法人の債務について無限の責任を負う者は、法人に対する債権についての人的担保にほかならない。

保証人は平時において催告の抗弁権や検索の抗弁権を与えられているが（民法452条、453条）、保証人につき破産手続が開始したときは、主債務者の債権者が保証人の破産手続に破産債権者として参加し得る（法105条）。これと同様に、無限責任社員には平時において補充性の原則が認められているが、法人の債権者が無限責任社員の破産手続に参加できることを明らかにしたものである。

2 法人の債務につき無限の責任を負う者

本条にいう、法人の債務につき無限の責任を負う者とは、法人が負担する債務のすべてについてその全財産をもって履行の責めを負う者を意味し、法人の特定の債務についてのみ責任を負う保証人などは含まれない[1]。

具体的には、合名会社又は合資会社の無限責任社員（会社法580条1項、576条2項・3項）、合資会社の有限責任社員あるいは合名会社又は合資会社の社員でない者が、自己を無限責任社員であると誤認させる行為をした場合のその者（会社法588条1項、589条1項）、退社した元無限責任社員（会社法612条1

---

1 『条解』775頁。

項)、無尽会社の取締役（無尽業法11条1項）などである。

　民法上の組合は法人ではないが、その組合員が破産したときに、組合の債権者が破産債権者たり得るかという問題について、組合員は組合債務につき無限責任を負うことを理由に本条の類推適用を認めるべきであるとする見解[2]、組合に権利能力を認めず、組合員が債権者に対して直接債務を負担するとすれば、本条とは無関係とする見解がある[3]。

（野村祥子）

第107条　法人の債務につき有限の責任を負う者の破産の場合の手続参加等

> ①　法人の債務につき有限の責任を負う者について破産手続開始の決定があったときは、当該法人の債権者は、破産手続に参加することができない。この場合においては、当該法人が出資の請求について破産手続に参加することを妨げない。
> ②　法人の債務につき有限の責任を負う者がある場合において、当該法人について破産手続開始の決定があったときは、当該法人の債権者は、当該法人の債務につき有限の責任を負う者に対してその権利を行使することができない。

1　本条の趣旨

　本条1項前段は、合資会社や合同会社の有限責任社員のように、法人の債務につき有限の責任を負う者について破産手続が開始したとき、法人の債権者は破産手続に参加できない、とする。

　平時において、有限責任社員の会社に対する未履行の出資部分があるときは、会社債権者は有限責任社員に対し、未履行の出資額を限度として会社の

---

[2] 『伊藤』295頁、『注解（上）』167頁〔菅野國夫〕、中野貞一郎・道下徹編『破産法〔第2版〕（基本法コンメンタール）』（日本評論社、1997年）63頁〔上田徹一郎〕。

[3] 『条解』776頁。

債務の弁済を求めることができる（会社法580条2項）。すると、有限責任社員が破産したときは、会社債権者は破産債権者として、上記限度額の範囲内で破産債権の行使が認められそうである。しかし、破産者が有限責任しか負わないにもかかわらず、法人の債権者が多数破産手続に参加すると、手続が煩雑になるため、法人の債権者は破産手続に参加することができない、とした（法107条1項前段）。他方で、当該法人が未履行の出資の履行請求権を破産債権として破産手続に参加することを認めた（法107条1項後段）。

そして法人が破産したときは、法人債権者は有限責任社員に対して権利行使ができないから（法107条2項）、法人の破産管財人が権利行使することになる。これは、法人の債権者に対する公平な満足を確保しようとしたものであると解される[1]。

2 法人の債務につき有限の責任を負う者

本条にいう、法人の債務につき有限の責任を負う者とは、法人の債務について、一定の価額を限度として弁済する責任を負う者のことである（会社法580条2項）。合資会社又は合同会社の有限責任社員などがこれに当たる（会社法576条1項5号。同法576条3項・4項）。有限責任事業組合の組合員（有限責任事業組合契約に関する法律15条）は、有限責任事業組合は法人ではないものの、本条が類推適用されると解される[2]。

株式会社の社員たる地位を有する株主は、会社の債務を弁済する責任を負うものではなく、出資の義務を負うのみであるから（会社法104条）、ここでいう法人の債務につき有限の責任を負う者には含まれない。

（野村祥子）

第108条　別除権者等の手続参加

① 別除権者は、当該別除権に係る第65条第2項に規定する担保権によって担保される債権については、その別除権の行使によって弁済を受けること

---

[1] 『条解』777頁。
[2] 『条解』778頁、『伊藤』295頁脚注132。

ができない債権の額についてのみ、破産債権者としてその権利を行使することができる。ただし、当該担保権によって担保される債権の全部又は一部が破産手続開始後に担保されないこととなった場合には、その債権の当該全部又は一部の額について、破産債権者としてその権利を行使することを妨げない。
② 破産財団に属しない破産者の財産につき特別の先取特権、質権若しくは抵当権を有する者又は破産者につき更に破産手続開始の決定があった場合における前の破産手続において破産債権を有する者も、前項と同様とする。

1 本条の趣旨

(1) 不足額責任主義

別除権者が破産債権者である場合、別除権である担保権の破産手続外における行使と、破産債権の破産手続内における行使の調整が必要となる。すなわち、別除権行使による優先弁済に加え、別除権者が被担保債権の全額について破産手続に参加できるとすると、二重の権利行使を認める結果となり、他の破産債権者との公平を欠くことになる。この調整を図るため、本条1項本文は、別除権者は、「別除権の行使によって弁済を受けることができない債権の額についてのみ」破産債権者として権利行使できるとしている（不足額責任主義）（別除権について**本書65条の解説**参照）。

二重の権利行使防止という不足額責任主義の趣旨から、本条1項ただし書は、実体法上、被担保債権の全部又は一部が破産手続開始後に担保権によって担保されないこととなった場合（被担保債権の範囲に変更のあった場合）には、当該全部又は一部について権利行使を認めてもよいとして規定している。この点については、法改正により、「別除権ヲ抛棄シタル債権額ニ付破産債権者トシテ其ノ権利ヲ行フコトヲ妨ケス」（旧法96条本文）とし、別除権の放棄の場合に限って権利行使を認めていた旧法よりも権利行使を可能とする範囲の拡大を行ったものである。

(2) 準別除権

破産財団に属しない破産者の財産につき特別の先取特権、質権若しくは抵当権を有する者に対して、破産財団に属しない財産に対する担保権の行使に

加え、当該担保権の被担保債権全額につき破産財団に権利行使を認めた場合や、破産者につき更に破産手続（第二破産）の開始決定がなされた場合に、前の破産手続（第一破産）において破産債権を有する者に対して、第一破産の破産財団に対する権利行使に加え、同じ破産者の第二破産の破産財団に対しても全額につき破産債権としての権利行使を認めた場合には、同じく、他の破産債権者や第二破産にしか参加できない破産債権者との間で公平を欠くことから、これら準別除権者（法111条3項）にも、第1項と同様の規律が加えられている。

破産財団に属しない破産者の財産としては、破産者が自然人である場合の自由財産（法34条3項及び4項）、破産手続開始後に破産者が取得した財産（同条1項参照）、鉄道財団が設定されている鉄道の全部又は一部（鉄道抵当法4条1項及び2項）等が挙げられる[1]。

2 不足額責任主義の適用範囲

不足額責任主義は、別除権と当該別除権に係る担保権によって担保される破産債権の二重行使による不公平を調整する趣旨で認められるものであり、破産者が単に物上保証人である場合はもちろん、破産者が物上保証の被担保債権の債務者である場合や別除権者がその被担保債権とは別の無担保の破産債権を有している場合にも適用はない。破産手続開始決定時において別除権に係る担保権の被担保債権が破産債権である場合には、当該担保権の目的財産が破産管財人による任意売却や破産財団からの放棄等の事由によって破産財団に属しないこととなったときでも、当該担保権が存続する場合には担保権者は当該財産について別除権を有するのであり（法65条2項）、不足額責任主義が適用される。

求償権について破産者の財産に担保の設定を受けていた保証人が、債務者についての破産手続開始決定後に、代位弁済により無担保の原債権と求償権を取得した場合、別除権付破産債権である求償権に不足額責任主義が適用されることは当然であるが、原債権が行使された場合も不足額責任主義による制約を受けると解することになろう（**本書104条の解説2(2)参照**）[2]。

---

1 『条解』782頁。

別除権者は、別除権を放棄するか、破産管財人との間で被担保債権の範囲の縮減の合意（実体法上不足額の確定を伴うものであり、任意売却による目的財産の受戻し及び担保権の抹消を行う合意は当たらない）を締結することで、実体法上担保権によって担保されなくなった被担保債権の部分につき、手続に参加することができる（本条1項ただし書）。

本条1項ただし書の被担保債権の範囲の変更に関して、同じく不足額責任主義を採用する民事再生手続においては、別除権の対象物件は再建のために利用することが必要不可欠であることが多く、再生債務者は、別除権者との間で、別除権対象物件の評価額、当該評価額の支払方法、約定通りの支払がある際の別除権の不行使といった別除権の取扱いに関する合意（「別除権協定」）を行うことが通常である。そして、別除権協定の内容として、再生手続内において再生債権の弁済を受けるため、別除権対象物件の評価額の範囲で賄われない不足額の確定の合意を伴うことが多い（民事再生法88条ただし書）。

しかしながら、清算型手続である破産手続においては、別除権協定を締結する必要性は原則としてないし、他の破産債権者の配当額の低下を招くおそれがあることなどから、実務上別除権協定を締結する例は限られている[3]。

別除権の放棄について抹消登記等を要するかは明文がなく、解釈に委ねられているが、転抵当や被担保債権の譲渡がなされる等新たに第三者が介在することになった場合の混乱を回避するためには、抹消登記を必要とすることが相当であるとの考えが有力である[4]。これに対して、被担保債権の縮減の合意について変更登記等が必要かは専ら民事再生法88条ただし書との関連で議論されてきているが、民事再生手続における実務では変更登記等は必ずしも必要ではないとの運用が多数のようである[5]（**本書198条の解説5(2)参照**）。

---

2 原債権が別除権付破産債権、求償権が無担保の場合で、求償権が行使されたときも同様に解される（『はい6民』187頁以下、『実践マニュアル』445頁）。
3 『大コンメ』457頁〔菅家忠行〕、『破産実務』345頁以下、『実践マニュアル』466頁。
4 『条解』781頁、『大コンメ』457頁以下〔菅谷忠行〕、『基本法コンメ』250頁〔青木哲〕、『論点解説（下）』139頁〔矢吹徹雄・馬杉榮一〕。
5 『基本構造』255頁以下〔松下淳一発言〕。なお、民事再生法88条ただし書における議論については『新注釈民再（上）』472頁以下〔中井康之〕参照。

3　別除権者の手続参加

(1) 破産債権者としての権利行使

　破産手続への権利行使は、概要、以下の通りである。

　別除権者は被担保債権を破産債権として届け出るとともに（法111条1号）、担保の目的財産及び予定不足額の届け出を行う（法111条2号）。破産管財人による担保目的物の任意売却（法184条1項）や民事執行法その他強制執行の手続に関する法令の規定による担保目的物の換価（法184条2項）、担保権消滅手続（法186条以下）、商事留置権の消滅手続（法192条）により、弁済等を受けることができない不足額（いわゆる確定不足額）が確定した場合、別除権者は、破産管財人に対し、最後配当の除斥期間内に確定不足額を証明することで、配当参加が可能となる（法198条3項、205条）。弁済の充当については、実体法の定める規律に従う[6]。

　配当手続への参加について概論すると、以下の通りである。

　中間配当においては、別除権者が、中間配当の除斥期間内に、目的財産の処分に着手したことの証明及び不足額の疎明をすれば配当手続に参加することができるが、疎明があった額にかかる配当金は寄託される（法210条1項、214条1項3号）。

　最終配当、簡易配当の除斥期間内に不足額が確定しない場合、別除権者は配当から除斥され、中間配当で寄託された配当金は他の破産債権者への配当に充てられる（法198条3項、214条3項）。ただし、根抵当権については、被担保債権のうち極度額を超える部分を、別除権の行使によって「弁済を受けることができない債権の額」とみなすものとされている（法196条3項、198条4項）。

(2) 不　足　額

　以上の通り、別除権者が現実に配当を受領するためには、別除権の行使によって弁済を受けることができない債権の額（不足額）を確定させる必要がある（確定させた額の証明等については**本書198条の解説5(3)**、配当額の寄託については**本書214条の解説3(3)**参照）。

6　『条解』780頁、『大コンメ』459頁〔菅谷忠行〕。

4　準別除権者の手続参加

　準別除権者については、別除権者に関する規定が準用されており、別除権者に準じて手続に参加することができる。したがって、準別除権者についても不足額責任主義が適用される他（本条2項）、配当手続においては別除権者と同様の取扱いがなされる（法198条5項、199条2項、205条、210条2項及び3項、213条、214条1項3号及び3項。根抵当権の特則について、法196条3項及び4項、198条4項及び5項、205条）。

（野上昌樹）

第109条　外国で弁済を受けた破産債権者の手続参加

> 破産債権者は、破産手続開始の決定があった後に、破産財団に属する財産で外国にあるものに対して権利を行使したことにより、破産債権について弁済を受けた場合であっても、その弁済を受ける前の債権の額について破産手続に参加することができる。

規則
（破産債権者が外国で受けた弁済の通知等・法第109条）
第30条　届出をした破産債権者は、法第109条に規定する弁済を受けた場合には、速やかに、その旨及び当該弁済の内容を裁判所に届け出るとともに、破産管財人に通知しなければならない。

1　本条の趣旨

　破産手続開始の決定の効力は、破産者が破産手続開始決定時に有する国内にある財産のみでなく、外国にある財産（在外財産）にも及び（普及主義（法34条1項括弧書））、破産債権者は当該財産に対して個別の権利行使による弁済を受けることはできないことになっている（法100条1項）。しかしながら、わが国における破産手続開始の決定の効力の取扱いは各国の法制による。また、

破産債権者が在外財産に対し強制執行手続を申し立てる場合や、外国において並行してわが国の破産手続に相当する手続が開始する場合もあり得る。したがって、普及主義の下であっても、破産債権者が在外財産に対して権利を行使し、弁済を受けるという事態は避けられないこととなる。

そこで法は、在外財産に対する権利行使により弁済を受けた破産債権者は、他の同順位の破産債権者が自己の受けた弁済と同一の割合の配当を受けるまでは最後配当を受けることができないこととし（法201条4項）、国内及び外国にある全財産を通じた債権者間の実質的な平等を図っている。このような配当調整の仕組みはホッチポット・ルールと呼ばれ、倒産債権者間の実質的な平等を図るための、国際倒産法上必要不可欠な規律である点で広く国際的なコンセンサスが得られているとされる[1]。

法201条4項の配当調整を実効あらしめるためには、在外財産に対する権利行使によって弁済を受ける前の債権額を基礎として配当率を計算する必要があることから、本条は、在外財産に対する権利行使による弁済前の債権額をもって破産手続に参加できることを定めている。

ホッチポット・ルールに関して一括して規定している民事再生法や会社更生法とは異なり（民事再生法89条、会社更生法137条）、破産法は手続法と実体法が分かれて規定されているため、手続参加に関しては本条、議決権額については法142条2項、配当調整については法201条4項にそれぞれ別個に規定されている[2]（それぞれ**本書142条の解説3(2)**、**201条の解説5**参照）。

2 「破産財団に属する財産で外国にあるもの」の意義

財産が外国にあるかについては、動産及び不動産は、所在地により、債権については、民事訴訟法の規定により裁判上の請求をすることができるか否か（法4条2項）により区別される。

本条が適用される財産は、破産財団に属するものである必要があるから、差押禁止財産（法34条3項本文）は含まれない。ただし、差押禁止財産に該当するか否かは、わが国の法律に基づき判断される[3]。

---

1 山本和彦『国際倒産法制』（商事法務、2002年）146頁参照。
2 以上につき『条解』783頁以下。
3 『条解』785頁。

3 「権利を行使したことにより、破産債権について弁済を受けた場合」の意義

「権利を行使したことにより、破産債権について弁済を受けた場合」とは、外国の倒産処理手続において在外財産から配当、弁済を受けた場合や、在外財産の所在する国における強制執行手続により配当を受けた場合がその典型である。

これに対し、破産者から在外財産によって任意弁済を受けた場合が本条の権利行使による弁済に含まれるかについては肯定、否定の両説があり[4]、在外財産には破産手続開始決定の効力が及んでいることから、破産財団を構成する在外財産からの弁済である点で任意弁済も違いはないことなどを理由に肯定する説[5]、本条は、字義通り破産債権者による権利行使を前提とするものであり、破産財団に属する財産について管理処分権を有しない破産者による任意弁済には本条の適用はなく、破産管財人の弁済受領者に対する不当利得の問題として解決されることとなるとする否定説[6]がある。

4 裁判所及び破産管財人への届出及び通知

本条を含む配当調整に関する規律が適切かつ円滑に運用されるためには、裁判所及び破産管財人が、在外財産による弁済が行われた事実を迅速かつ正確に把握する必要がある。そこで、在外財産による弁済を受けた届出破産債権者は、速やかにその旨及び弁済の内容を裁判所に届け出るとともに、破産管財人に通知しなければならないものとされている（規則30条）。

〔野上昌樹〕

---

4 『条解』785頁、『新しい国際倒産法制』380頁注1。
5 山本・前掲注1・149頁。
6 『伊藤』250頁注34。

第110条　代理委員

① 破産債権者は、裁判所の許可を得て、共同して又は各別に、1人又は数人の代理委員を選任することができる。
② 代理委員は、これを選任した破産債権者のために、破産手続に属する一切の行為をすることができる。
③ 代理委員が数人あるときは、共同してその権限を行使する。ただし、第三者の意思表示は、その1人に対してすれば足りる。
④ 裁判所は、代理委員の権限の行使が著しく不公正であると認めるときは、第1項の許可を取り消すことができる。

規則
（代理委員の権限の証明等・法第110条）
第31条　① 代理委員の権限は、書面で証明しなければならない。
② 破産債権者は、代理委員を解任したときは、遅滞なく、裁判所にその旨を届け出なければならない。

1　本条の趣旨

(1)　代理委員に期待される機能

　破産手続において、債権者集会が形骸化するとともに、破産債権者の権利行使や情報へのアクセスが減退してきたことから、現行法は、債権者集会の開催を任意化する一方で、債権者の手続参加を実質的なものにすべく、債権者の利益を代表する手続機関として、債権者委員会（法144条以下）の他、本条において代理委員制度を規定した。
　代理委員に期待される機能は、事実上又は法律上同種の原因に基づく債権を有する債権者が多数存在する場合に、その一体とした行動を可能にすることで破産手続の円滑な進行を実現することである。具体的には、破産債権者のために債権届出や配当金受領といった破産法上の各種手続を行ったり、破産債権者に必要な情報を取得・伝達したり、破産債権者の意見を集約して破

産管財人と協議折衝する等の業務を担うことになる。代理委員の存在により破産債権者は個々に代理人を選任することによる負担から解放され、破産管財人としても、個々の破産債権者の権利行使や意見・要望を代理委員が取りまとめてくれることで、破産債権者への情報発信や折衝が効率的になるし、種々の事務処理負担も軽減できる。

代理委員が実際に選任された事例としては、構造計算書偽造等による損害賠償請求権等が問題となった分譲マンションの開発・販売会社の破産事例が挙げられる[1]。被害にあったマンションごとに、被害者となる多数の区分所有者を代表して代理委員が破産手続に参加したケースであり、まさに代理委員制度の趣旨が該当する場面であったといえよう。その他、全国に被害者が散在する事件における被害者団からの選任、私立学校、病院、ゴルフ場等の破産において破産債権者となる多数の学生、患者、ゴルフ会員権者による選任、労働債権の取扱いが問題になるような事件での労働者の中からの選任などが想定される[2]。

(2) 民事再生法、会社更生法との比較

本条は、基本的に民事再生法及び会社更生法の代理委員制度（民事再生法90条、会社更生法122条）に倣ったものであるが、清算型倒産手続たる破産手続では再建型倒産手続と比較して代理委員に求められる役割は限定的であるといえる。すなわち、再建型倒産手続では、債務者自身が事業を継続し、その再建に向けた展開が債権者の利害に大きく関わる。また、計画案は債権者の議決により決せられ、弁済率についても、実質的衡平の観点から、債権額や債権者の属性等に配慮して形式的平等に修正が入るケースも多い。よって、債権者の利益保護の要請が強く働き、代理委員が、自身が代理する債権者群の利益を図るため、計画案提出を含む事業再建に積極的に関与することが想定されているし、裁判所による選任勧告や職権選任の制度、報償金制度などが規定されている（民事再生法90条2項、90条の2第2項、91条、会社更生法122条2項、123条1項、124条）。一方、清算型倒産手続である破産手続は、基本的に資

---

1 『破産実務』162頁。株式会社ヒューザーの例であり、既に居住者がいるマンションで耐震偽装が問題となったものは20棟を超え、半数以上で代理委員が選任されたとのことである。
2 『基本構造』143頁、『理論と実務』154頁〔上野正彦〕。

産の換価手続と債権確定手続に終始するものであって、配当も形式的平等に基づくプロラタ計算である。よって、代理委員に期待される機能の中心は、多数の債権者の一体的行動を可能にすることによる手続の円滑化にあるといえ、裁判所による選任勧告、職権選任、報償金等の制度もない。

2　代理委員の法的地位

　代理委員の他に、債権者の利益を代表する手続機関として、前述の通り債権者委員会が存在するが、債権者委員会は破産債権者全体の利益を適切に代表する（法144条1項3号）とされており、異なる利害状況にある債権者の属性を超えて破産債権者全体のために機能することが想定されている。一方、代理委員は、裁判所による選任許可やその取消制度があり、破産手続の円滑な進行という債権者の共通利益に通じる制度ではあるものの、あくまで個々の破産債権者が選任し、その委任関係を前提として、選任した破産債権者のために活動するものであることから、破産債権者の代理人として構成されよう[3]。

　破産債権者の代理人としての性格を有することや、事実上又は法律上同種の原因に基づく債権を一体的に取扱うことで破産手続の円滑に資するという趣旨に鑑みれば、利害関係が対立する可能性が想定される複数の破産債権者のために代理委員を選任することは不適当といわざるを得ない。また、代理委員選任後、破産手続の進行に伴い、破産債権者間で利害対立が表面化することがあり得る[4]。その場合に、解任や裁判所による許可取消しもあり得るが、実務上はその段階に至る前に代理委員が辞任を検討することになろう。前掲の分譲マンションの開発販売会社の事例では、マンションごとに管理組合理事長を代理委員として選任しており、破産債権者となる区分所有者の置かれている状況がマンションごとに異なり得ることに配慮した選任がなされているものと考えられる。

---

[3]　『条解』788頁参照。
[4]　例えば、破産管財人が定めた債権認否基準によれば同じ代理委員を選任した債権者の間で帰結が異なるため、破産管財人に対する折衝方針が対立する場合などがあろう。

3　代理委員の選任（本条1項）

　代理委員は、破産債権者が共同して又は各別に、裁判所の許可を得て選任する。代理委員数は1人である必要はなく、数人選任することも可能である。

　破産債権者は、代理委員に選任しようとする者を特定して許可申請するほか、その者を代理委員として職務遂行させることの適否を裁判所が判断するために必要な事項、例えばその者の資格・経歴や破産債権者との関係、当該事案においてその者を代理委員として選任することのメリットなどを疎明すべきであろう。また、裁判所は、許可申請で示された事項の他、破産管財人等に意見聴取するなどして適否を判断することになると思われる。

　選任権者となる破産債権者は、届出を完了していたり、破産債権が確定していたりする必要はない。すなわち、届出未了の段階であっても代理委員を選任して、破産債権の届出をさせることもできる[5]。

　代理委員は弁護士に限られない。なお、法律事務について弁護士以外の者を代理人とする場合、非弁護士の法律事務の取扱い等の禁止（弁護士法72条本文）との関係が問題となり得るが、代理委員制度は、破産手続の適正かつ迅速な進行のために特に定められたものであることから、弁護士法72条ただし書「他の法律に別段の定めがある場合」と考えることもできよう[6]。

　なお、代理委員は法人でも可能であるし、他の破産債権者を代理委員に選任することもできる[7]。

4　代理委員の解任・辞任

　破産債権者と代理委員が委任関係であると考えれば、本人である破産債権者からの解任や代理委員の辞任に特に制限はない。民事再生法や会社更生法には解任に関する規定（民事再生法90条6項、会社更生法122条6項）があるが、これは、両法においては、債権者による選任の他、裁判所による職権選任も

---

[5]　『大コンメ』465頁〔菅家忠行〕。
[6]　『条解』789頁、『大コンメ』465頁。
[7]　前掲の分譲マンション開発販売会社（ヒューザー）の例では、管理組合の責任者など、ほぼ損害賠償債権者たるマンション住民の中から選任されている。

あるため、その場合も含めていつでも解任できる旨を確認的に定めたものにすぎず、破産手続における解任・辞任の解釈に影響を与えるものではない。

破産債権者は、代理委員を解任したときは遅滞なく裁判所にその旨を届け出なければならない（規則31条2項）。なお、その届出がなくても破産手続の進行は何ら制限を受けるものではなく、届出をしなかった間の破産手続の進行結果に対し破産債権者は代理委員解任の主張はできない（法13条、民事訴訟法36条1項）。

5 代理委員の選任許可取消し（本条4項）

裁判所は、代理委員の権限の行使が著しく不公正であると認めるときは、選任許可を取り消すことができる。著しく不公正とは、代理委員が地位を悪用して不当に利をむさぼるようなケースはもちろんであるが[8]、代理委員制度の趣旨からすれば、職務を怠ったり不合理な理由で破産手続を遅延させたりする場合も含むと解するべきであろう。また、代理委員を選任した破産債権者の間で利害対立が生じ、代理委員が機能不全を起こし、かえって破産手続を遅滞混乱させる場合（もちろん、清算型倒産手続である破産手続では、かかる対立が生じる可能性は低いとは思われる）も、解任による解決がはかられるほか、裁判所による選任許可の取消しの対象ともなろう。

6 代理委員の権限（本条2項・3項）

代理委員は、これを選任した破産債権者のために破産手続に属する一切の行為をすることができる。破産法が代理人による権利行使を明文で置くものとして法121条2項や法143条があるが、それ以外の行為についても、破産債権者の権限事項について資格制限の問題なく包括的に代理権を有する。

代理委員が破産債権者等の代理人であること、また、本条2項に「これを選任した破産債権者のために」、と定められていることからすれば、代理委員に何らかの特別な権限が付与されるものではなく、あくまで個別の破産債権者等に認められている権限を代理人として行使できるものと解される。

代理委員が複数選任されている場合、共同してその権限を行使しなければ

---

8 『条解会更（中）』863頁。

ならず、これに違反してなされた代理委員の行為は無効である。代理委員への意思表示をする場合は、代理委員の1人に対してすれば足りる。

(野城大介)

第2節　破産債権の届出

第111条　破産債権の届出

① 破産手続に参加しようとする破産債権者は、第31条第1項第1号又は第3項の規定により定められた破産債権の届出をすべき期間（以下「債権届出期間」という。）内に、次に掲げる事項を裁判所に届け出なければならない。
　一　各破産債権の額及び原因
　二　優先的破産債権であるときは、その旨
　三　劣後的破産債権又は約定劣後破産債権であるときは、その旨
　四　自己に対する配当額の合計額が最高裁判所規則で定める額に満たない場合においても配当金を受領する意思があるときは、その旨
　五　前各号に掲げるもののほか、最高裁判所規則で定める事項
② 別除権者は、前項各号に掲げる事項のほか、次に掲げる事項を届け出なければならない。
　一　別除権の目的である財産
　二　別除権の行使によって弁済を受けることができないと見込まれる債権の額
③ 前項の規定は、第108条第2項に規定する特別の先取特権、質権若しくは抵当権又は破産債権を有する者（以下「準別除権者」という。）について準用する。

規則
（破産債権の届出の方式・法第111条）
第32条　① 法第111条第1項第4号の最高裁判所規則で定める額は、1000円とする。
② 法第111条第1項第5号の最高裁判所規則で定める事項は、次に掲げるものとする。
　一　破産債権者及び代理人の氏名又は名称及び住所
　二　破産手続及び免責手続において書面を送付する方法によってする通知又

は期日の呼出しを受けるべき場所（日本国内に限る。）
三　執行力ある債務名義又は終局判決のある破産債権であるときは、その旨
四　破産債権に関し破産手続開始当時訴訟が係属するときは、その訴訟が係属する裁判所、当事者の氏名又は名称及び事件の表示
③　破産債権の届出書には、破産債権者の郵便番号、電話番号（ファクシミリの番号を含む。）その他破産手続等における通知、送達又は期日の呼出しを受けるために必要な事項として裁判所が定めるものを記載するものとする。
④　前項の届出書には、次に掲げる書面を添付しなければならない。
一　破産債権に関する証拠書類の写し
二　破産債権が執行力ある債務名義又は終局判決のあるものであるときは、執行力ある債務名義の写し又は判決書の写し
三　破産債権者が代理人をもって破産債権の届出をするときは、代理権を証する書面
⑤　裁判所は、破産債権の届出をしようとする破産債権者に対し、第3項の届出書の写しを提出することを求めることができる。

（届出事項の変更）
第33条　①　破産債権者は、その有する破産債権について、届け出た事項の変更（破産債権の消滅を含む。以下この条において同じ。）であって他の破産債権者の利益を害しないものが生じた場合には、遅滞なく、当該変更の内容及び原因を裁判所に届け出なければならない。
②　前条第5項の規定は、前項の規定による届出をする場合の届出書について準用する。
③　破産管財人は、第1項に規定する変更が生じたことを知っている場合には、当該変更の内容及び原因を裁判所に届け出なければならない。この場合においては、届出書に、証拠書類の写しを添付しなければならない。
④　第1項又は前項の規定による届出があった場合には、裁判所書記官は、当該届出の内容を破産債権者表に記載するものとする。

1 本条の趣旨

本条は、破産債権者が破産手続に参加するためには（法103条1項）、所定の債権届出期間内に、裁判所に破産債権の届出をしなければならないこと、その際の具体的な届出事項につき規定する（本条1項）。破産債権者は、破産手続開始決定により個別の権利行使を禁止され、訴えの提起等はできず、破産手続によらなければ権利行使できないが（法100条1項）、その行使方法が破産債権の届出となることを定めている。別除権者、準別除権者による届出についても規定する（本条2項・3項）。

2 破産債権の届出とその効果

(1) 破産法上の効果

破産債権者が、裁判所が定めた債権届出期間内に、本条の定める破産債権の届出を行うと、①破産手続において配当を受け得る破産債権者となる。その後の調査及び確定の手続を経て確定することが必要であるが、債権届出を行わなかった場合、破産債権であっても配当を受けることはできない（配当除斥。法195条1項、198条1項等。破産手続開始前に訴訟提起していた場合でも、破産手続において債権届出が必要である）。この点、民事再生法は、自認債権の制度を導入したが（民事再生法101条3項）、破産法への導入はなかった[1]。

他の破産債権の届出の効果としては、②他の届出破産債権に対する異議申述（法116条1項、118条2項、121条）、③債権者集会における議決権行使（法138条等）、④給料の請求権等の弁済の許可対象（法101条1項）、⑤同意廃止への同意権（法218条）がある。

このように、破産債権者であっても届出を行わない限り、破産債権者としての権利行使ができないことから、届出は、裁判所に対して破産債権としての確定を求める訴訟行為としての性質をもつ[2]。

(2) 実体法上の効果——時効中断

破産債権の届出により、時効は中断する（民法147条1号の「請求」に該当す

---

1 破産管財人には、破産債権者に対し、破産債権の届出をするよう促す義務はない。実務上、破産債権者が届出しやすいように工夫する事案もある。**本書117条の解説**注1参照。

る）³。ただ、その届出を取り下げ、又はその届出が却下されたときは、時効中断の効力を生じない（民法152条）。この点、裁判上の催告（民法153条）の効力はあると解されている⁴。また、無名義債権につき、債権調査において破産管財人が認めず、又は他の届出破産債権者から異議があっても、時効中断の効力には影響を及ぼさない⁵。

なお、別除権者の債権届出についても、予定不足額だけではなく、被担保債権である届出破産債権額全額につき、時効中断すると解されている⁶。

3　届出権者

(1)　破産債権者

破産債権の届出権者は、破産債権者である（本条1項）。ただ、破産債権の届出は、管理処分行為であることから、破産債権につき管理処分権を有する者が届出権者となる。後述する破産債権に対する差押えがあった場合、債権者代位権の行使があった場合等が問題となる。破産債権者が破産した場合は、その破産管財人が届出権者となる。

届出は、破産債権者本人だけでなく代理人によることも可能である（規則32条2項1号・4項3号参照）。この代理人は、訴訟代理人（民事訴訟法54条1項）ではないため、弁護士に限定されないと解されている⁷。

(2)　差押えがあった場合

破産債権の差押えがあった場合、取立権を取得した差押債権者（民事執行

2　『伊藤』598頁。なお、『条解』796頁には、更生債権の届出行為は、旧信託法11条にいう訴訟行為に該当しないとした最判昭42.5.23（民集21巻4号928頁）が紹介されている。

3　届出から破産手続終了時まで時効中断の効力を有する（最判平7.3.23民集49巻3号984頁、最判平9.9.9金法1503号80頁）。
　　改正民法案147条1号は、裁判上の請求を時効の完成猶予事由とし、その後、確定判決と同一の効力を有するものによって権利が確定したときは、時効は、その事由が終了した時から新たにその進行を始める（更新する）とする。

4　『条解』794頁。

5　最判昭57.1.29（民集36巻1号105頁）。なお、確定前に破産手続が廃止された場合は、民法152条の「届出が却下されたとき」に該当し、時効中断効は失われるとされる（福岡地裁小倉支判平20.3.28判時2012号95頁）。『条解』794頁も参照。

6　『条解』794頁。

7　『条解規則』82頁。

法155条1項）が届出権者となる[8]。複数の差押えが競合し、差押債権総額が被差押債権額を上回る場合、差押えの効力は、債権の全部に及ぶことから（民事執行法149条）、各差押債権者が破産債権全額を届出することができる（ただ、準共有となり[9]、配当の際は、義務供託する（民事執行法156条2項））。

差押えがあっても、差押債権者が破産債権の届出を行わない場合、破産債権者は、保存行為として届出が可能である[10]。ただ、そのまま確定したとしても、差押債権者の取立権が証明されれば、破産管財人は、差押債権者に配当し[11]、そうでなくとも、差押えが明らかであれば、権利供託（同条1項）が可能である[12]。

(3) **債権者代位権が行使された場合**

債権者代位権（民法423条）が適法に行使された場合、代位債権者に直接請求が認められることから、代位債権者が届出権者となる[13]。

(4) **質権が設定された場合**

債権質の質権者は、取立権を有することから（民法366条1項）、届出権者となる[14]。

(5) **株主代表訴訟に代わる破産債権の届出**

取締役が破産した場合、株主は、株主代表訴訟（会社法847条）に代えて、会社に対し破産債権の届出を請求し、会社が届け出ない場合は、会社のため、破産債権の届出をすることができる[15]。

4　債権届出期間

債権届出期間は、破産手続開始決定と同時（同時には定めない、いわゆる留保型の場合は、配当が可能となったとき）に定められ（法31条1項1号・3項）、特別な事情がある場合を除き、原則として破産手続開始決定の日から2週間以上4

8　取立権を取得するまでの間の届出権者につき、『大コンメ』468頁〔林圭介〕。
9　『大コンメ』468頁〔林圭介〕、『条解』795頁。
10　『大コンメ』468頁〔林圭介〕、『条解』795頁。
11　『条解』795頁。
12　『破産実務』440頁。
13　ただ、適法な行使か争いのある場合につき、『条解』795頁以下。また、改正民法案423条の5前段は、債務者の取立てを妨げないとしており、債務者も届出が可能となる。
14　質権設定者の破産申立権を否定した最判平11.4.16（民集53巻4号740頁）参照。
15　東京地判平13.3.29（判時1750号40頁）。

カ月以下で定められる（規則20条1項1号）。

ただ、破産の場合、届出の追完は一般調査期間の経過又は一般調査期日の終了で画しており（法112条）、それまでの間の届出は認められることになる（なお、特別調査の対象となる場合があり、その場合は、当該破産債権者において費用の負担が必要となる（法119条3項、122条））。

前述の留保型の場合、債権届出期間は設定されないが、債権届出が禁止されるものではないので、時効中断等のために債権届出することができる[16]。

5 届出事項及び添付書面

(1) 届出の方法

破産債権の届出は、書面で行う（規則1条1項）。実務上、裁判所作成の届出書用紙が知れたる破産債権者に送付される。必要事項の記載を促す書式となっていることから、この書式を利用するのが簡便である。

届出先は、裁判所である[17]。持参又は郵送で届出、裁判所に提出された時点で、前述の届出の効果が生じる。

裁判所は、届出の際に、届出書の写しを提出することを求めることができる（規則32条5項）[18]。

以下、個別の届出事項を説明する。

(2) 各破産債権の額及び原因（本条1項1号）

平等な配当のために破産債権の等質化（現在化、金銭化）をした「額」を届け出る（法103条2項ないし4項）。この「額」が調査及び確定の対象となる（法117条1項1号、121条1項、125条1項）。

また、破産債権の「原因」も届出事項である。その原因として債権の同一性を認識するに足りる範囲で、その発生事実を表示すれば足りる[19]。「原因」は、調査及び確定の対象となっていないが、債権確定手続の中で主張制限があるので（法128条）、その際に意味を持つことになる。

---

16 『条解』796頁。
17 この点、東京地方裁判所では、破産管財人事務所を届出先とし、直送する運用を行っている。『手引』258頁、『破産実務』432頁、上野保「債権の届出・調査・確定」『破産法大系Ⅰ』341頁、『条解』797頁も参照。
18 その趣旨については、『条解規則』82頁以下。
19 大判昭11.10.16（民集15巻1825頁）。

以下、具体的な破産債権につき、届出の際の注意点は以下の通りである[20]。

a　貸付金債権

貸付金債権（元本）、利息債権、遅延損害金債権の3つの債権があり、利息・遅延損害金については、破産手続開始決定日の前日までは一般の破産債権、開始決定日以降は劣後的破産債権となる[21]。

b　保証債務履行請求権

これに対し、保証人が破産した場合、保証債務履行請求権として1本の債権となる（なお、主債務者からの弁済があった場合の手続開始時現存額主義につき、法104条1項、105条）。賃貸借契約の保証人が破産した場合[22]、破産手続開始後に主債務者に発生する賃料債務や原状回復義務も含めた債権となる[23]。

c　将来の求償権

債権が複数となる場合だけでなく、債権者が複数となる場合も注意が必要である。例えば、連帯保証人の将来の事後求償権も届出自体は可能であるが（法103条4項）、手続開始時現存額主義の関係上、債権者が届出した場合は、認められない（法104条3項ただし書）。保証協会の代位弁済前の将来の求償権の届出も同様である（**本書104条の解説**参照）。

d　手形債権

手形債権は、手形所持人が債権者となることから、その届出の際は、証拠書類として手形の表面、裏面両方の写しの添付が必要である（裏書の連続に注意が必要である）。手形の受取人が所持者の場合、手形債権と原因債権のいずれの届出も可能となる（付遅滞効と利率の点で原因債権の届出の方が有利な場合もある。なお、中間利息部分の劣後的破産債権につき、法99条1項2号参照）。ただ、原因債権の届出があった場合でも、手形所持者の確認が必要となることから、手

20　詳細は、『運用と書式』246頁以下、『実践マニュアル』436頁以下。
21　実務上、劣後的破産債権について、具体的な額での届出ではなく、「額未定」との届出がされることがあるが、後日の債権調査において、破産管財人が認める運用（福岡県弁護士会倒産業務等支援センター委員会・福岡地方裁判所第4民事部（破産再生係）編『破産法実務』（福岡県弁護士協同組合、2010年）246頁（記載例の中で、「額未定」と認めている）と認めない運用（『運用と書式』247、453頁）がある。
22　改正民法案465条の4第1項2号は、保証人の破産手続開始を個人根保証契約の元本確定事由とする。
23　取扱いにつき、『実践マニュアル』447頁。

形所持者として手形債権も有していることを明らかにする必要がある（債務者には、手形との引換にのみ支払うとの同時履行の抗弁権があるため）。破産者が手形割引をしてもらっていた場合、手形割引した金融機関から買戻請求権の届出がされるが、手形が決済されれば、届出の取下げを求めることとなる。

e　敷金返還請求権

敷金返還請求権は、賃貸借契約が終了し、対象物件を明け渡すことを停止条件とする破産債権であり、届出は可能だが、停止条件が成就しない限り最終的に配当から除斥される（法198条2項）。なお、敷金返還請求権者が賃料の寄託請求を行う場合（法70条後段）、後に相殺をするために行うものであり、相殺を行う前提として届出は必要とされていないことからすれば、届出を要しないことになる。

f　公共料金関係

上下水道・電気・ガス・電話・プロバイダ料金等の公共料金関係は、下水道料金が租税等の請求権（地方自治法231条の3第3項、附則6条3号、下水道法20条）となるほか、一般先取特権で優先的破産債権となるもの（法98条1項、民法306条4号、310条（なお、法人は該当しない））、法55条2項に基づき財団債権となるものがあり、注意を要する[24]。

g　財産分与請求権

財産分与の義務者が破産した場合、破産手続開始前に財産分与請求権が確定していた場合は、破産債権となる[25]。ただ、財産分与請求権が確定する前の段階では、離婚の条件として財産分与の請求が行われる場合と離婚後に財産分与の請求が行われる場合があり、家庭裁判所における離婚調停や審判との関係においてその取扱いが問題となる（**本書44条の解説1(3)b イ参照**）[26]。

h　非免責債権である旨を明示した債権届出

非免責債権（法253条1項）該当性については、破産手続において判断され

---

[24] 詳細は、『実践マニュアル』448頁以下、640頁。
[25] 離婚に伴う財産分与として金銭支払の裁判が確定した後の分与者の破産につき、取戻権の行使を認めなかった最判平2．9．27（金法1272号33頁）参照。
[26] この点、森宏司「家事調停・審判手続中の当事者破産」『伊藤古稀』1167頁は、離婚成立後の財産分与請求権につき、財産分与請求権を停止条件付債権に類する債権として、債権届出ができ、破産手続に参加できるが、除斥期間満了までに具体化しないと、配当から除斥されるとする。

るものではなく、債権届出書にその旨の記載があったとしても、債権調査の対象とはならない（破産手続外での争いとなる）。

(3) 優先的破産債権であるときは、その旨（本条1項2号）

優先的破産債権（法98条1項）であることを届け出る必要があり、その旨の届出がない場合は、優先的破産債権として認められないことになる。

ただ、実務上見受けられる優先的破産債権は、租税等の請求権（法97条4号参照）と労働債権（民法306条2号、308条）であるが、前者は別途規定があり（法114条。なお、債権調査の対象外である（法134条））、労働債権についても、裁判所において労働債権者用の届出書用紙が用意されていることが多く[27]、仮に所定の届出書用紙を用いず優先的破産債権である旨の届出がなくとも、債権届出の内容から優先的破産債権であることが認められる場合は、黙示の届出があったと評価する運用も行われているところである[28]。なお、労働債権の弁済許可（法101条1項）のためには、届出が必要である。

(4) 劣後的破産債権又は約定劣後破産債権であるときは、その旨（本条1項3号）

劣後的破産債権等である旨の記載がない場合であっても、破産管財人等はこれを認めることができる[29]。

(5) 自己に対する配当額の合計額が1000円未満の場合においても配当金を受領する意思があるときは、その旨（本条1項4号、規則32条1項）

現行法で導入され、破産債権の届出の際に、少額の配当額の場合でも破産債権者に受領する意思があるか確認することとし（届出名義の変更の場合も同様（法113条2項））、届出破産債権者からの積極的な受領意思がない場合は、配当しないこととした（法201条5項、205条、214条1項6号・同条5項）。配当金の支払義務は取立債務とされ（法193条2項本文）、配当金受領のための費用は破産債権者の負担とされていることに配慮したものであった[30]。

---

[27] 大阪地方裁判所の労働債権等届出書（従業員の方専用）では、財団債権も含めた労働債権の届出を行えるようにしている（『運用と書式』445頁）。

[28] 『手引』281頁、『条解』798頁。

[29] 『条解』798頁。なお、実務上、届出書用紙の遅延損害金欄は、一般の破産債権となる破産手続開始決定日前日までとしている（『運用と書式』444頁）。開始決定日以降は、劣後的破産債権となる（法97条1号・2号）。

[30] 『大コンメ』470頁以下〔林圭介〕。

ただ、この点、現行法施行前から、最後配当又は簡易配当する際、受領意思の有無を確認し、具体的な配当見込額を計算した上で、配当しないこととなる当該1000円未満の配当額を他の破産債権者に配分しなおす必要があり、事務的に煩雑すぎることが指摘され（中間配当の際、寄託すべきことになっている点（法214条1項6号）も含め）、前述する裁判所の届出用紙には、この受領意思を不動文言で記載することとしている[31]。

(6) 破産債権者及び代理人の氏名又は名称及び住所（本条1項5号、規則32条2項1号）

本項以下は、破産規則に定められた届出事項となる。

破産債権者は当然であるが、代理人についても氏名等及び住所を届け出る必要がある。代理人は、法定代理人の場合（法人代表者もこれに準じる（民事訴訟法規則18条））、任意代理人の場合（前述の通り、弁護士に限定されない。代理委員の制度もある（法110条）。）がある。また、前述した、破産債権の管理処分権を有する者の届出の場合も同様と解されている[32]。

なお、破産債権者表には、破産債権者の氏名又は名称及び住所を記載する（規則37条1号）。

(7) 通知等を受けるべき場所（規則32条2項2号）

送達場所（民事訴訟法104条1項）に相当するものとして、破産手続及び免責手続において書面を送付する方法によってする通知又は期日の呼出しを受けるべき場所（日本国内に限る）の届出を求めることとした。届出された場所に通知等を行い、到達しなかった場合は、その後の通知等を要しないことになるが、当該記載がないことのペナルティはない[33]。

(8) 執行力ある債務名義又は終局判決のある破産債権であるときは、その旨（規則32条2項3号）

執行力ある債務名義又は終局判決のある破産債権（有名義債権[34]）につき、債権調査において、破産管財人が認めず、又は他の届出破産債権者が異議を

---

[31] 『破産実務』431頁以下、『運用と書式』444頁以下。
[32] 『条解』798頁以下。
[33] 詳細は、『条解』799頁。
[34] 和解調書等の確定判決と同一の効力がある場合、終局判決に準じて取り扱われている点につき、『大コンメ』469頁以下〔林圭介〕。

述べた場合、起訴責任が異議者等側に転換されていることから（法129条）、当該届出破産債権者にその旨の届出を求めるものである。異議者等側に有名義債権であるかの調査義務を課すのは酷であることから、有名義債権者側に届出義務を課し、その届出がなかった場合は、起訴責任を転換しないことにした[35]。

(9) **破産債権に関する訴訟**（規則32条2項4号）

　破産債権に関し破産手続開始当時訴訟が係属するときは、その訴訟が係属する裁判所、当事者の氏名又は名称及び事件の表示を届け出る。破産手続開始決定の効果として、破産債権に関する訴訟は中断するので（法44条1項）、この届出がなくとも訴訟中断、その後の受継手続に影響しないが、情報提供の意味である。

(10) **裁判所が定める事項**（規則32条3項）

　以上の届出事項のほかに、破産債権者の郵便番号、電話番号（ファクシミリの番号を含む）その他破産手続等における通知、送達又は期日の呼出しを受けるために必要な事項を記載する必要がある。

(11) **添付書面**（規則32条4項）

　届出書には、①破産債権に関する証拠書類の写し（同項1号）、②破産債権が執行力ある債務名義又は終局判決のあるものであるときは、執行力ある債務名義の写し又は判決書の写し（同項2号）、③破産債権者が代理人をもって破産債権の届出をするときは、代理権を証する書面（同項3号）の添付が必要である。

　再生・更生手続では、①の提出義務はないが（民事再生規則31条、37条、会社更生規則36条、44条1項）、破産手続の場合、証拠資料が散逸している場合が多く、届出の際の添付書面としている。

　③に関連し、法人の場合、裁判手続への参加である以上、資格証明書の提出が必要である（本条1項5号、規則32条4項3号、12条、民事訴訟規則18条、15条[36]）。この点、例えば大阪地方裁判所の場合、資格証明書の原本の提出を求

---

[35] 立法経緯等詳細は、『条解』799頁（旧会社更生法に関する最判昭41.4.14民集20巻4号584頁）。なお、通常再生から破産に移行した場合の再生債権者表の記載の取扱いにつき、『大コンメ』470頁〔林圭介〕。

[36] 『条解規則』79、81頁以下。

め、原本還付は行っていない[37]。

6 別除権者の届出事項

別除権者（法2条9項・10項、65条1項）の場合は、これらに加え、①別除権の目的である財産及び②別除権の行使によって弁済を受けることができないと見込まれる債権の額（予定不足額）を届け出なければならない（本条2項）。被担保債権は破産債権であり、届出が必要なのは前述の通りであるが、別除権の内容を明らかにし、不足額責任主義（法108条1項）との関係から予定不足額も届出事項とした。ただ、担保権の実行をしてみないと不足額は確定せず、予定不足額は債権調査の対象ではあるが（法117条1項4号、121条1項）、確定しないので（法124条1項）、破産においては特段の意味を持たない[38]。

別除権の記載がなくとも、破産管財人は、別除権付破産債権として認否することが可能である[39]。

マンション管理費・修繕積立金は、特別の先取特権となり（建物の区分所有等に関する法律7条1項）、別除権付破産債権となる（なお、特定承継人の責任につき同法8条参照）。実務上、前述の別除権者としての届出がされない場合が多いが、別除権付破産債権として認否されることとなる。

なお、物上保証人は、主債務者の債務を担保するために担保提供しており、物上保証人が破産した場合、別除権ではあるが、債務の負担がないので、別除権付破産債権ではなく、届出がされることはない[40]。

準別除権者（法108条2項）の場合にも準用される（本条3項）。

7 予備的な破産債権届出

実務上、予備的な破産債権の届出が行われることがある。例えば、債権者

---

[37] 『運用と書式』230頁。全国的に見ると、『書記官事務の研究』82頁では、提出を求めている庁は40庁、提出を求めていない庁は10庁とある。この点、東京地方裁判所では、届出時には提出不要だが、破産管財人が提出を求めたときは提出する必要があるとされる。

[38] 詳細は、『条解』800頁以下。

[39] 『実践マニュアル』441頁。別除権については、破産債権の調査・確定手続で確定するものではない。

[40] 『実践マニュアル』440頁以下。

が財団債権であると主張しているが、これが認められなかった場合に備えた予備的な破産債権の届出などの場合である。この場合、財団債権と認められることを解除条件とする届出となると解されている[41]。

許容されている類型としては、前述した①主位的請求として財団債権[42]又は取戻権を主張している場合、②主位的請求として破産管財人が主張する否認権行使の排斥を求めている場合[43]、③主位的請求として破産管財人から提訴されている別訴において相殺の抗弁の認容を求めている場合がある[44]。

8　届出事項の変更

破産債権者は、届出事項の変更を行う必要が生じた場合、規則33条1項は、他の破産債権者の利益を害しないものが生じた場合につき、遅滞なく、当該変更の内容及び原因を届け出なければならない旨規定するが、他の破産債権者の利益を害すべき変更を加える場合は、新たな破産債権の届出と同様であり、その規律に服することになる（法112条4項で準用する同条1項・2項の届出の追完）[45]。

9　届出の取下げ

届出をした破産債権者がその届出の全部又は一部を取り下げることも可能

---

[41] 『条解』801頁は、停止条件付債権と同様に扱うべきとする。主位的請求が認容も排斥もされていない状態での権利行使（配当受領）を認めるべきでないとする（同802頁）。
[42] 財団債権については、最後配当の配当額の通知を発した時、簡易配当の除斥期間が経過した時までに、破産管財人に知れていれば弁済を受けることができる（法203条、205条）。この点、通常再生において、最判平25.11.21（民集67巻8号1618頁）は、共益債権となる債権者が予備的届出の趣旨を明記せず再生債権の届出を行い、これを前提として作成された再生計画案を付議する決定がされた場合、民事再生法95条の届出の追完の趣旨である再生計画案を確定させ、再生手続の安定を図る観点から、共益債権の主張ができないとした。
[43] 実務上、このような予備的な破産債権の届出がない場合であっても、破産管財人の否認権行使の結果、相手方が破産債権者となった場合（例えば、偏頗行為否認（法162条）の相手方が破産財団に返還した場合に破産債権が復活する（法169条））、届出の追完（法112条1項）を認め、特別調査期日（法122条1項）の対象としている。この点、破産管財人が和解の際に一回的解決を図る工夫につき、『実践マニュアル』257頁以下。
[44] 『条解』802頁（最判平18.4.14民集60巻4号1497頁、最判平3.12.17民集45巻9号1435頁）。
[45] 詳細は、『条解』804頁以下。

である。債権の調査・確定前の届出の取下げは、最初から届出がなかったことになる（民法152条の届出の取下げに該当する）。ただ、確定後は、将来の配当金請求権を放棄する意思表示と解されている[46]。

10　届出が皆無の場合

　破産債権の届出が一切なかった場合については、特段の規定はないが、破産手続を続行する必要も実益もないことから、可及的速やかに破産手続を終了すべきことになる[47]。

（野村剛司）

> **第112条**　一般調査期間経過後又は一般調査期日終了後の届出等
>
> ①　破産債権者がその責めに帰することができない事由によって第31条第1項第3号の期間（以下「一般調査期間」という。）の経過又は同号の期日（以下「一般調査期日」という。）の終了までに破産債権の届出をすることができなかった場合には、その事由が消滅した後1月以内に限り、その届出をすることができる。
> ②　前項に規定する1月の期間は、伸長し、又は短縮することができない。
> ③　一般調査期間の経過後又は一般調査期日の終了後に生じた破産債権については、その権利の発生した後1月の不変期間内に、その届出をしなければならない。
> ④　第1項及び第2項の規定は、破産債権者が、その責めに帰することができない事由によって、一般調査期間の経過後又は一般調査期日の終了後に、届け出た事項について他の破産債権者の利益を害すべき変更を加える場合について準用する。

46　詳細は、『条解』803頁以下。
47　大阪高判昭50.12.18（判時814号122頁）は、破産手続の終了方法として、法220条に準じた職権による破産終結を相当とする。『破産実務』435頁。

規則
(一般調査期間経過後又は一般調査期日終了後の届出等の方式・法第112条)
第34条　①　法第112条第１項の規定による届出をするときは、破産債権の届出書には、同項の事由及びその事由が消滅した日をも記載しなければならない。
②　法第112条第３項の規定による届出をするときは、破産債権の届出書には、当該届出をする破産債権が生じた日をも記載しなければならない。
③　法第112条第４項の変更の届出書には、次に掲げる事項を記載しなければならない。
　一　変更の内容及び原因
　二　法第112条第４項の事由及びその事由が消滅した日
④　第32条第４項第１号及び第５項並びに前条第４項の規定は、前項の届出書について準用する。

1　本条の趣旨

　破産債権の届出は所定の債権届出期間内に行う必要があるが（法111条）、本条は、届出が制限される時期に関し、一般調査期間の経過時又は一般調査期日の終了時をもって失権効の基準時と定め、当該基準時後の届出については、届出の遅延につき破産債権者に帰責事由がない場合に限りできるとした。したがって、債権届出期間経過後であっても、当該基準時までの届出はすべて適法となり、債権調査手続の対象とされ得る（ただし、特別調査に要する費用負担が生じ得る（法119条、112条））。

　同様の規律は、再生手続（民事再生法95条）や更生手続（会社更生法139条）にも置かれているが、これらの手続においては債権届出期間の経過時をもって失権効の基準時とされており、これらと比べると破産手続では基準時が繰り下げられている。これは、再建型の手続では計画案策定の基礎となる届出債権の内容（債権額及び議決権額）を早期に把握する必要がある一方、清算型である破産手続においてはそのような厳格な制限は必ずしも必要ではないという考慮に基づく[1]。

2　一般調査期間経過後又は一般調査期日終了後の債権届出（本条1項ないし3項）

(1)　届出が許容される場合

　一般調査期間経過後又は一般調査期日終了後であっても債権届出が認められるのは、①「その責めに帰することができない事由」によって届出をすることができなかった場合でその事由の消滅後1カ月以内に届け出た場合（本条1項）、及び、②一般調査期間経過後又は一般調査期日終了後に生じた破産債権でその発生後1カ月以内に届け出た場合（本条3項）である。いずれの期間も不変期間であり、伸長又は短縮は許されない（本条2項・3項）[2]。上記要件を充たさない債権届出は不適法として却下され[3]、条文上の規定がないため即時抗告は許されないと解されている（法9条）[4]。

　なお、債権届出の終期について、計画案の付議決定時と定められている民事再生法（95条4項）や会社更生法（139条4項）と異なり、破産法には規定がないが、配当対象となる破産債権が最終的に確定する最後配当の除斥期間（法198条1項・2項）満了時と解されている[5]。

(2)　「責めに帰することができない事由」の意義と解釈

　「責めに帰することができない事由」（本条1項）とは、抽象的には、破産債権の届出をするに当たって通常用いられると期待される注意を尽くしても

1　『一問一答』156頁、『条解』806頁。
2　もっとも、遠隔地の住所又は居所を有する者のために付加期間を定めることは可能である（法13条、民事訴訟法96条2項）。
3　『条解』807頁。ただし、法文上、却下に関する規定はない（なお、特別調査期間に関する費用の予納がない場合の却下につき法120条5項参照）。この点、民事再生法95条に関し、特別調査期間を定めないことを明確にするため決定により却下すべきとする見解（園尾隆司「民事再生事件の運用方針と手続進行の実情」金法1594号17頁）と、法文上、届出の追完があったことを要件として特別調査期間を設定するという構造になっており、規定もないことから却下するまでの必要はないとする見解があるとされる（福永有利監修『詳解民事再生法〔第2版〕』（民事法研究会、2009年）458頁〔森宏司〕。同書は債権届出の時効中断効の消滅（民法152条）を明確にするため却下すべきとする）。なお、実務上、届出の撤回又は取下げを促すのが相当とされている（『手引』295頁）。
4　東京高決平22.10.21（金法1917号118頁）参照。なお、民事訴訟法の包括準用（法13条）がなされている場合には、解釈論として即時抗告が許容されるとする見解もある（『基本構造』148頁以下〔小川秀樹発言〕）。
5　『条解』807頁、『基本構造』151頁〔松下淳一発言〕、『手引』295頁。

避けられないと認められる事由をいうとされる[6]。

　この点、同様の規律を定める民事再生法95条や会社更生法139条における「責めに帰することができない事由」については、一般には、計画案策定の遅延をもたらすなど手続に重大な支障が生じない限り緩やかに解してよいとされているところ[7]、上述の通り、債権者に権利行使の機会をできるだけ確保させるべく、再生手続等より基準時が繰り下げられるなど規律が緩和されている破産手続ではさらに緩やかに解してよいとする見解が多く[8]、実務的な観点からも妥当と解されるが、具体的な場面では、破産手続の進行等への影響を踏まえつつ、当該破産事件の種類、当該債権者の属性と期待されるべき注意義務の程度、当該債権の内容や金額などといった個別事情を総合的に判断することになろう。

　例えば、被害者多数の不法行為型事案における被害者など社会的に救済が要請されるケースや[9]、破産管財人から破産債権に関する情報提供（法86条）を受けられなかった労働債権者[10]などについては帰責性ありとするには慎重になるべきであろうし、反対に、担保権を有する金融機関が担保目的物から全額回収できると判断して債権届出をしなかった場合や、代理人や担当者が多忙等により失念した場合などは原則して帰責性ありと判断されるべきであろう[11]。なお、裁判所から破産手続開始の通知書の送付を受けていないなどの理由で破産手続開始を知らなかった債権者については、破産手続開始の決定等が官報公告されること（法32条1項）や本条の趣旨からして帰責性なしと判断することは一般的には困難であるとされているが[12]、当該破産事件の公知性や破産手続開始を知り得なかった事情等を含め上記で指摘した個別事情

6　『一問一答』157頁、『条解』808頁。
7　『条解再生』514頁〔岡正晶〕、『条解会更（中）』585頁。
8　『基本構造』147頁〔山本和彦発言〕等。ただし、同〔伊藤眞発言〕は、緩やかに解釈する議論は個々の債権者の利益救済的な意味はあっても、債権者全体の利益からみると、結局は権利の実現を時間的に遅らせ、場合によってはそれだけ余計な費用をかけることになるとの危惧を指摘する（『大コンメ』473頁）。また、『条解』808頁や『破産実務』433頁は、改正の経緯や趣旨に照らせば、基本的には厳格に解釈されるべきとする。
9　『条解』809頁、『基本構造』147頁〔田原睦夫発言〕。
10　『条解』673、809頁、『基本構造』173頁〔松下淳一発言・伊藤眞発言・田原睦夫発言〕。
11　『条解』800、809頁。
12　『破産実務』434頁。

を総合的に判断することになろう[13]。

　また、破産管財人が弁済を否認したときに復活する相手方の破産債権（法169条）や相殺の意思表示が無効と判断された場合の破産債権については、当該弁済又は相殺が有効であると考えたことに過失があるかないかによるであろう[14]。

　さらに、停止条件付破産債権で、条件成就の可能性が低いなどの理由により条件付破産債権として届け出ること（法103条4項）を期待するのが困難な場合も、ケースによっては帰責性なしと判断し得るであろう[15]。

(3) 一般調査期間経過後又は一般調査期日終了後に生じた破産債権

　破産管財人が双方未履行双務契約を解除したときに生じる相手方の損害賠償請求権（法54条1項）などである。これらの債権については、その発生前に届け出ることを求めるのは妥当でないことから、一般調査期間経過後又は一般調査期日終了後であっても破産債権の発生後1ヵ月以内に限り届出が認められる（本条3項）。

(4) 実務の運用

　実務では、債権調査につき期日方式を採用し、かつ、換価（あるいは債権者との調整等）が終了するまで一般調査期日を延期するという運用がなされることが多い[16]。その主な目的は、破産債権査定申立ての頻発を防止するなど、破産手続の迅速化・合理化を図るところにあるとされるが、本条との関係では、失権効の基準時を繰り下げたのと同様の効果をもたらす。

---

[13] なお、破産裁判所が知れたる債権者に対し破産手続開始の通知書等を送達しなかった場合に国家賠償責任を認めた裁判例として大阪高判平18.7.5（判時1956号84頁）がある。

[14] 『条解』809頁、『破産実務』433頁。なお、ケースによっては否認権行使等が認められる場合に備えて予備的に届出を行っておくことも考えられよう（**本書111条の解説7参照**）。この点、一般調査期間経過後又は一般調査期日終了後に生じた破産債権（本条3項）と捉える見解もある（『伊藤』603頁、『論点解説（上）』253頁〔石井教文〕）。

[15] 『条解』811頁。なお、条件成就時に発生した破産債権として本条3項を適用する見解もある（『条解会更（中）』588頁）。

[16] 大阪地方裁判所の取扱いにつき『運用と書式』228頁、東京地方裁判所の取扱いにつき『破産実務』460頁参照。

3 他の破産債権者の利益を害すべき事項の変更の届出（本条4項）

届出債権額の増額、利息や遅延損害金の起算点の繰上げ、新たな優先権の主張など、届出事項の変更により他の破産債権者の利益を害することとなる場合は新たな届出と同視すべきであることから、本条1項と同様の制限に服する。すなわち、「その責めに帰することができない事由」によって変更の届出ができなかった場合でその事由が消滅した後1カ月の不変期間内に届け出た場合に限り、債権調査手続の対象となる。

本項に関し、届出債権額の増額を伴わない債権の発生原因事実の変更が「他の破産債権者の利益を害すべき事項の変更」に当るか否かにつき議論がある。この点、法的構成が変わっても請求の基礎に変更がない限り該当しないとする見解[17]と、旧訴訟物理論を基礎とする実務を前提にすれば、法的構成が変わることで認否が異なってくる可能性があり、他の破産債権者の利益を害しないとはいえないとする見解[18]がある。この問題は、破産債権査定手続等における主張制限（法128条）にも関連するものであるが、実務的には、変更後の債権発生原因事実についても黙示に届出がされていたと解釈したり[19]、他の破産債権者の利益を害すべき届出事項の変更とした上で帰責性を緩やかに判断したりするなどして柔軟に解決しているとされる[20]。

なお、別除権にかかる予定不足額については、これに異議が出されなかったとしても確定しないことから（法124条1項）、増額変更であっても他の破産債権者の利益を害すべき事項の変更には当たらないと解される[21]。

4 特別調査

本条により債権届出又は届出の変更が許容される場合は、特別調査期間又は特別調査期日における調査の対象となり、その費用は当該債権者の負担と

---

17 『条解再生』516頁〔岡正晶〕。
18 『基本法コンメ』258頁〔日景聡〕、福永監修・前掲注3・461頁〔森宏司〕。
19 債権全額を代位弁済した保証人の債権届出に関し、代位弁済後に債権を届け出る場合には、特段の事情がない限り原債権に限定するのではなく、求償権も含める意思と解すべきとした名古屋高判平13.1.30（金法1631号97頁）がある。
20 『大コンメ』475頁〔林圭介〕、『条解』810頁。
21 『条解』805、810頁。

なる（法119条2項・3項、122条2項）。

（中森　亘）

第113条　届出名義の変更

> ①　届出をした破産債権を取得した者は、一般調査期間の経過後又は一般調査期日の終了後でも、届出名義の変更を受けることができる。
> ②　前項の規定により届出名義の変更を受ける者は、自己に対する配当額の合計額が第111条第1項第4号に規定する最高裁判所規則で定める額に満たない場合においても配当金を受領する意思があるときは、その旨を裁判所に届け出なければならない。

規則
（届出名義の変更の方式・法第113条）
第35条　①　届出名義の変更の届出書には、次に掲げる事項を記載しなければならない。
　一　届出名義の変更を受けようとする者の氏名又は名称及び住所並びに代理人の氏名及び住所
　二　破産手続及び免責手続において書面を送付する方法によってする通知又は期日の呼出しを受けるべき場所（日本国内に限る。）
　三　取得した権利並びにその取得の日及び原因
②　第32条第3項、第4項（第2号を除く。）及び第5項並びに第33条第4項の規定は、前項の届出書について準用する。

1　本条の趣旨

本条は、法111条及び同112条により届け出られた破産債権について、相続、合併、債権譲渡、弁済による代位[1]等によって債権の帰属主体が変更した場合において、その届出債権総額に変更がない名義変更届出については、他の破産債権者の利益を害すべき事項には該当しないことから、時期的制限

がなく届出ができること、及びその場合の届出事項を定めるものである。旧法にはこの規定がなかったため、会社更生法141条、民事再生法96条と同趣旨の規定が置かれたものである。

なお、本条2項では、前債権者が少額配当金[2]受領意思を「なし」としていた場合であっても、新債権者に「あり」と届け出ることを認めているが、これは少額であり、実質的に他の破産債権者の利益を害するものではないためである。

2　変更届出権者

届出後の破産債権を取得した者が変更届出権者である（本条1項）。

新債権者が単独で変更届出を行う場合、取得した原因等、所定の届出事項を記載し、証拠書類の写し等を添付して提出する（規則35条、同32条3項～5項）。裁判所書記官が、権利移転の事実を確認した場合、その旨が破産債権者表に記載される（規則35条・同33条4項）[3]。これに対し、債権譲渡により、破産債権の特定承継がされた場合、実務上、新旧債権者連名による変更届出が求められている[4]。連名による届出を行う場合、その事実自体により権利移転を確認できるため、証拠書類の写しの添付は不要である[5]。新債権者単独で行う場合には、前記の通り、証拠書類等を添付し、移転及び対抗要件具備の事実が確認できるようにする必要がある。

なお、債権認否後の変更届出である場合には、債権の変動内容を「備考

1　実務上、代位弁済前の段階において、信用保証協会が将来の求償権で届出を行い、債権者（金融機関）も届出を行うケースが多い。その後、代位弁済がなされた場合には、本条に従って債権者の届出を信用保証協会が承継し、信用保証協会が将来の求償権の届出を取り下げる場合もあり、債権者が届出を取り下げ、信用保証協会は、債権の種類を求償権に変更する形をとる場合もある（『運用と書式』254頁）。東京信用保証協会など多くの信用保証協会では前者、大阪信用保証協会では後者の取扱いを行っている。信用保証協会による取扱いの相異に留意が必要である。
2　1000円未満（規則32条1項）。
3　実務上、破産管財人宛に直接送付が求められ、破産管財人が自ら作成する認否予定書の備考欄に記載して、裁判所へ提出したり（大阪地方裁判所につき、『運用と書式』261頁）、破産管財人が「債権調査後の債権額等変更一覧表」を作成して、裁判所へ提出したり（東京地方裁判所につき、『手引』287、298頁、『破産実務』446頁）するなどの取扱いがされている。
4　『破産実務』446頁。
5　『条解規則』91頁注3。

欄」に記載する[6]、もしくは「債権調査後の債権額等変更一覧表」を提出する[7]、などの方法で変更内容が反映される。

3 届出期間

届出名義の変更は、権利内容の変更を伴わないため、他の破産債権者の利益を害すべき変更には該当しない。そこで、一般調査期間経過後又は一般調査期日後であっても届出名義の変更を行うことができる。

なお、その終期については、最後配当の除斥期間の満了時とする見解もあるが、名義の変更に留まるものである以上、破産債権者の配当受領権が確定する最後配当額の通知（法201条7項）までは変更を許して問題はなく、実務上もそのように運用されている[8]。

さらに、実務では、最後配当の通知後であっても、新旧債権者が連名で破産管財人に対して、名義変更届出及び配当金の送金先変更依頼書を提出した場合には、新債権者に直接配当金を支払っている（**本書200条の解説3**注5参照）[9]。

4 届出事項

変更の方式については、破産規則35条が規定する通りである。

少額配当金受領意思があるときはその旨（本条2項）、債権者の氏名・名称及び住所（規則35条1項1号）、通知場所（日本国内に限る）（同2号）、ファクシミリ番号等（同2項、規32条3号）が届出事項とされているほか、届出名義の変更に固有の届出事項として、①取得した権利、②取得日、③取得原因が必要と定められている（同条1項3号）。

「取得した権利」について、その取得が一部にとどまる場合は取得した部分が届出債権の実体権としての部分のみならず破産手続上の地位に係る範囲（行使できる議決権の範囲）を特定する必要があるので、それが明らかになるよ

---

6 大阪地方裁判所の取扱いにつき、『運用と書式』243頁。
7 東京地方裁判所の取扱いにつき、『手引』287頁。
8 『大コンメ』476頁。除斥期間の満了時とする見解について『注解（下）』491頁〔髙橋慶介〕。
9 『破産実務』446頁。

う記載し、証拠書類が必要となる。また、別除権付債権の一部を取得した場合は、届け出られた予定不足額及び予定回収額のどの部分であるか、将来不足額が確定し、配当する場合にどう配分することになるのかについても特定の必要がある[10,11]。

届出破産債権の全部又は一部を取得したことについての証拠書類等のほか、対抗要件具備が必要なものは、その事実確認ができるものの添付が必要である。2でも述べた通り、裁判所書記官が、証明されていると認めたときには破産債権者表にその旨が記載され、証明されていないと認めたときには、権利関係を明確にするため裁判所が、名義変更届出を却下するのが相当である[12]。

5 届出名義の変更の効果

本条の届出名義の変更を受けることにより、届出済みの破産債権を取得した者は、当該債権に係る破産手続上の権利行使をすることが可能となる。取得した者が、確定日付ある債権譲渡通知を破産管財人に出していたとしても、本手続による名義の変更がなされていない限り、配当を受け取ることはできない[13]。

また、債権者が主たる債務者の破産手続において債権全額の届出をした後、その債権全額を代位弁済した保証人は、本条に基づく届出名義の変更届出をすることができるが（民法500条、501条、**本書104条の解説2**(3)参照）、この変更届出は、この代位弁済により保証人が取得した求償権全部に関して破産手続の終了に至るまで時効中断効があると解されている[14,15]。求償権の額が原

---

10 『条解』812頁。
11 保証人等による代位弁済が一部弁済に留まる場合は、開始時現存額主義により一部弁済者は破産手続において求償権を行使できないが、届出債権者と一部弁済者の連署による名義変更届出がなされた場合には、届出債権者の権利放棄、当事者の順位を同順位とする合意、又は届出債権者が優先権を主張しない届出と解し、届出債権者から一部弁済者への一部の名義変更を認めるのが通例とされている（『破産200問』263頁〔森晋介〕）。
12 『条解』815頁。
13 破産債権の確定後は、債権譲渡を受けた者が破産管財人にその旨を通知すれば譲受人は配当受領可能とする見解もあるが（『伊藤』605頁）、否定する見解が一般的である（『条解』815頁）。また、破産管財人が権利者の変更を知ったにもかかわらず、変更届出をしない場合には、届出を促す義務まではない（『新・実務大系』424頁〔瀬戸英雄〕、注意喚起程度はすべきと述べられている）。

債権（破産債権）の額を上回る場合であっても、保証人は破産手続上、原債権の破産手続開始の決定時の額を基準にした配当しか受領できないから、名義変更届出は破産財団からの求償権を回収するのに可能な限りの権利行使をしたものと評価でき、求償権全部につき時効中断効が認められる[16]。

6　権利移転に争いがある場合

　変更が却下された場合、即時抗告を認める規定がなく、即時抗告は許されないと解釈される[17]。

　権利取得主張者においては、自ら債権届出を行い、その資格で名義人の届出債権に異議を述べ、債権調査手続の中で権利を確定させるのが相当である。逆に、変更届出が認められ、旧名義人が権利取得の成否を争う場合においては、旧名義人が自ら債権届出をした上で、債権調査において相手方の届出債権に対して異議を述べ、同様に権利を確定させることになると考えられる[18]。

　これらに対し、債権調査終了後に権利が取得された場合、債権調査手続の中で異議を述べることができないため、権利取得主張者は、破産管財人及び名義人を相手方に、自らが権利を有し、破産債権者として取り扱うべきことの確認を求める訴訟で権利を確定させ、その勝訴判決をもって破産管財人に配当受領を申し出ることになると考えられる[19, 20]。

（山形康郎）

14　事前求償権についての届出がされていれば、これによる時効中断効があるため、事前求償権についての届出がされていないことが前提である。
15　最判平7．3．23（民集49巻3号984頁）、最判平9．9．9（金法1503号80頁）。なお、両判決は、主たる債務が債権調査手続で異議なく確定した場合であっても、時効期間は民法174条の2第1項による変更（10年）ではなく、当該求償権の時効期間（5年）が進行することになると判断した。
16　『条解』813頁。
17　『条解』815頁、即時抗告可能とする見解もある（『基本構造』148頁）。
18　『条解』816頁。
19　『大コンメ』477頁〔林圭介〕。
20　なお、確定訴訟において、破産管財人を共同被告とする必要はないとする見解もある。（『伊藤』605頁注26参照）。

第114条　租税等の請求権等の届出

　次に掲げる請求権を有する者は、遅滞なく、当該請求権の額及び原因並びに当該請求権が共助対象外国租税の請求権である場合にはその旨その他最高裁判所規則で定める事項を裁判所に届け出なければならない。この場合において、当該請求権を有する者が別除権者又は準別除権者であるときは、第111条第2項の規定を準用する。
　一　租税等の請求権であって、財団債権に該当しないもの
　二　罰金等の請求権であって、財団債権に該当しないもの

規則
（租税等の請求権等の届出の方式・法第114条）
第36条　法第114条の最高裁判所規則で定める事項は、次に掲げるものとする。
　一　届出に係る請求権を有する者の名称及び住所並びに代理人の氏名及び住所
　二　破産手続開始当時届出に係る請求権に関する訴訟又は行政庁に係属する事件があるときは、その訴訟又は事件が係属する裁判所又は行政庁、当事者の氏名又は名称及び事件の表示
　三　優先的破産債権（法第98条第1項に規定する優先的破産債権をいう。第68条第2項において同じ。）であるときは、その旨
　四　劣後的破産債権（法第99条第1項に規定する劣後的破産債権をいう。第68条第2項において同じ。）又は約定劣後破産債権（法第99条第2項に規定する約定劣後破産債権をいう。第68条第2項において同じ。）であるときは、その旨

1　本条の趣旨

　本条は、租税等の請求権（法97条4号）及び罰金等の請求権（法97条6号）であって財団債権に該当しないものについて、裁判所に対する届出事項と届出期間の特則を定める規定である。
　租税等の請求権及び罰金等の請求権であって財団債権に該当せず破産債権

748　第4章　破産債権

となるものは、破産債権者表に記載され配当の対象となるため、他の破産債権と同様、裁判所への届出と調査・確定の手続が必要となる。しかし、租税等の請求権等にかかる破産債権については、行政処分又は刑事手続により決定されたものであり、債権の真実性が一応推定され、また、他の破産債権者に異議権を認めても、その適切な行使が期待できないと考えられるため、他の破産債権とは異なり、遅滞なく法に定める事項を届け出れば足り、届出期間を設けないこととされた[1]。

　なお、本条1号は、現行法により、租税等の請求権の一部が破産債権となったことを受けて新設されたものであり、本条2号は、罰金等の請求権につき特則を定めた旧法254条を受け継いだものである。

2　本条により届出を要する請求権

(1)　租税等の請求権であって財団債権に該当しないもの

　租税等の請求権とは、国税徴収法又は国税徴収の例によって徴収することのできる請求権をいう（法97条4号）。租税条約等の実施に伴う所得税法、法人税法及び地方税法の特例等に関する法律（昭和44年6月17日法律第46号）により、共助実施決定がなされ自力執行力を付与された外国租税債権（共助対象外国租税の請求権）もこれに含まれる[2]。

　「租税等の請求権であって財団債権に該当しないもの」とは、文言上、財団債権に該当しない租税等の請求権であれば、破産債権であるか否かを問わないようにみえるが、本条が、破産法第4章第2節（破産債権の届出）中に規定されていることに照らすと、本条に基づき届出を要するのは、租税等の請求権であって破産債権となるものを指すと限定解釈すべきである[3]。

　そして、租税等の請求権のうち破産債権となるのは、破産者に対して破産

1　『一問一答』172頁、『条解』817、820頁。
2　共助対象外国租税の請求権については、松村秀樹・今井康彰「外国租税債権の徴収共助制度の創設およびこれに伴う執行法制・倒産法制の整備(1)～（5・完）」金法1957号50頁、1958号24頁、1959号60頁、1960号96頁、1961号46頁を参照。
3　『大コンメ』478頁〔林圭介〕も同旨。これに対し、破産債権とはならない、破産財団に関しないで破産手続開始後の原因に基づく租税等の請求権についても、破産管財人に対する情報提供の趣旨で届出を要する、という見解もある（『条解』818頁）。こうした破産債権とはならない租税等の請求権としては、例えば破産財団から放棄した不動産にかかる翌年度の固定資産税や、破産手続開始後の翌年度の住民税などがある。

手続開始前の原因に基づき生ずる請求権で、財団債権に該当しないもの（法2条5号）、破産財団に関して破産手続開始後の原因に基づき生ずる請求権で、財団債権でないものをいう（法97条4号）。

(2) 罰金等の請求権であって財団債権に該当しないもの

罰金等の請求権とは、罰金、科料、刑事訴訟費用、追徴金又は過料の請求権をいう（法97条6号）。

(1)と同様、本条が破産法第4章第2節（破産債権の届出）中に規定されていることに照らすと、本条にいう「罰金等の請求権であって財団債権に該当しないもの」とは、罰金等の請求権であって財団債権に該当しないもののうち破産債権となるものを指すと解されることになる。

ただし、この罰金等の請求権は、破産者に対するものである限り、破産手続開始前の原因に基づき生じたものか、同手続開始後の原因に基づき生じたものかを問わず、双方とも破産債権となる[4]。結局、破産者に対する罰金等の請求権であって財団債権に該当しないものは全て破産債権となり（法97条6号）、本条による届出が必要になる。

3　届出事項

届出事項は、①当該請求権の額及び原因、②当該請求権が共助対象外国租税の請求権である場合にはその旨、③その他最高裁判所規則（規則36条）で定める事項である。

共助対象外国租税の請求権は、優先権を与えられないなど国内の租税債権と取扱いにおいて異なるため、本条の届出に当たって、当該請求権が共助対象外国租税の請求権である場合にはその旨を届け出るものとされている。

4　届出方法

請求権者は、前項の事項を裁判所に届け出ることになる。租税等の請求権であって財団債権でないものについては、裁判所に対する交付要求の方法によって届け出る（国税徴収法82条、地方税法68条4項）[5]。徴収手続において、破

---

[4] 『条解』819頁、『大コンメ』406頁〔堂薗幹一郎〕。破産手続開始後の破産者の行為に起因する罰金等の請求権も破産債権となる。これに対し『条解』728頁は、破産手続開始前の破産者の行為に起因するものに限定されるという。

産手続を強制換価手続と取り扱う関係で交付要求の方法がとられるが、本条及び規則36条に定める項目を漏らさず届け出る必要がある。また、届出に当たっては、規則32条3号ないし5号が適用されるので、証拠書類の写しの提出が必要である。

5 届出期間

上述の通り、裁判所への届出は遅滞なく行うものと規定されるのみであり、他の破産債権と異なり、届出期間は定められていない。

「遅滞なく」届け出たといえるかどうかは、本条で規定する債権が、破産手続開始後に発生することがあるとか、請求権者においてその存否及び額を調査し、債務者の手続保障をする必要があり、額等の確定や執行力が生じるまでに時間を要するとかいった事情があり得るので、このような事情を踏まえながら個別に判断する必要がある[6]。実務上、破産管財人から速やかに届出をするよう督促する運用がなされているので、実際に届出が遅滞することは稀であると言われているが、破産管財人からの督促を受けながら放置し、その間に配当表が作成されるなどしたときは、それ以降の届出は「遅滞なく」届け出られたとは言えない。

このような場合、裁判所は、届出を却下することが可能であると解されている[7]。

なお、破産債権の除斥の規定（法198条）は、破産債権の調査・確定の手続に服する債権に関するものなので、こうした手続に服することのない本条に規定する請求権には適用がない。交付要求は、「すでに他の執行機関による

---

5 裁判所に交付要求がなされたときは、同時に破産者宛の交付要求通知書が破産管財人に送付される（国税徴収法82条2項、法81条）。実務においては、破産債権に当たる部分についても破産管財人に対して交付要求書が提出されることもある（『実践マニュアル』364頁）。なお、財団債権となる部分については破産管財人に対して交付要求がなされる（規則50条1項）。

6 『条解』820頁、『大コンメ』478頁〔林圭介〕。これに対し、「遅滞なく」につき原則として法112条に準じて解釈されるべき、すなわち届出が可能となったときから1ヵ月以内に届出をすべきものと解する見解もある（『基本構造』152頁〔伊藤眞発言〕）。

7 『大コンメ』478頁〔林圭介〕。なお、規定がないことから、却下に対する即時抗告は認められないと解されるが、解釈論として即時抗告が可能であるとする見解もある（『基本構造』148頁〔小川秀樹発言〕）。

強制換価手続が進行している場合に、その手続に参入して債権の満足を得ようとするものであるから、(中略)当該強制換価手続の手続上の制約に従うべき」であり、不動産競売手続においては、配当要求の終期までに交付要求をしなければ配当を受けることができないという判例[8]の趣旨によれば、配当に参加することができる債権が記載されていないことを理由にした異議を申し立てることもできなくなる配当表の確定(法200条)の後は、本条に規定する請求権の届出は除斥されるものと解すべきである[9]。このような配当表確定後の届出は、「遅滞なく」なされたときであっても同様に除斥される。

(若杉洋一)

---

8 最判平2．6．28(民集44巻4号785頁)。
9 『大コンメ』479頁〔林圭介〕、『運用と書式』207頁。これに対し、他の破産債権と同様に、最後配当の除斥期間満了(法198条)の後になされた本条に規定する請求権の届出は除斥されると解する説もある(『条解』820頁、伊藤尚「租税債権」『破産法大系Ⅱ』63頁)。

第3節　破産債権の調査及び確定

第1款　通　則

第115条　破産債権者表の作成等

> ①　裁判所書記官は、届出があった破産債権について、破産債権者表を作成しなければならない。
> ②　前項の破産債権者表には、各破産債権について、第111条第1項第1号から第4号まで及び第2項第2号（同条第3項において準用する場合を含む。）に掲げる事項その他最高裁判所規則で定める事項を記載しなければならない。
> ③　破産債権者表の記載に誤りがあるときは、裁判所書記官は、申立てにより又は職権で、いつでもその記載を更正する処分をすることができる。

規則
（破産債権者表の記載事項・法第115条）
第37条　法第115条第2項の最高裁判所規則で定める事項は、次に掲げるものとする。
一　破産債権者の氏名又は名称及び住所
二　執行力ある債務名義又は終局判決のある破産債権であるときは、その旨

1　本条の趣旨

　破産債権者表には、①債権調査の対象を明らかにすること、②債権調査の結果をそれぞれの債権について記載することで、異議の有無などを明らかにし（法124条2項）、議決権の行使や配当実施の資料とすること、③確定した破産債権について破産債権者に対する確定力（法124条3項）や破産者に対する執行力（法221条1項）を付与することなどの役割がある[1]。

　本条は、破産債権者表の作成権限が裁判所書記官にあること（1項）及び

破産債権者表の記載事項（2項）を定めるとともに、その記載に誤りがあるときは、いつでも裁判所書記官による更正処分が可能であること（3項）を定めたものである。

2　破産債権者表の内容

(1)　破産債権者表の記載事項

破産債権者表に記載しなければならない事項は、本条2項及び規則37条に規定されている[2]。

a　本条2項及び規則37条に規定されている記載事項

① 　各破産債権の額及び原因（法111条1項1号）
② 　優先的破産債権、劣後的破産債権又は約定劣後破産債権であるときは、その旨（法111条1項2号・3号）
③ 　少額配当金[3]を受領する意思があるときは、その旨（法111条1項4号）
④ 　別除権の行使によって弁済を受けることができないと見込まれる債権の額（法111条2項2号）
⑤ 　破産債権者の氏名又は名称及び住所（規則37条1号）
⑥ 　執行力ある債務名義又は終局判決のある破産債権であるときは、その旨（規則37条2号）

b　本条2項及び規則37条以外の条文に規定されている記載事項

⑦ 　債権調査の結果（法124条2項）
⑧ 　破産債権確定訴訟等の結果（法130条）
⑨ 　配当した金額（法193条3項）
⑩ 　届出事項や届出名義の変更があった場合の変更内容（規則33条4項、35条2項）
⑪ 　農水産業協同組合の破産手続における参加の届出（規則85条）
⑫ 　免責許可決定、免責取消決定の確定（法253条3項、254条7項）

1　『条解』822頁。
2　規則37条に定められた記載事項は、破産債権の届出書の記載事項として、規則32条2項1号及び3号で定められている事項とほぼ同一である。
3　1000円未満の配当金を意味する（規則32条1項）。

(2) 実務上の工夫

従前は債権者ごとに破産債権者表を作成していたが、現在は、破産債権者表は事件ごとに1枚作成し、「この破産債権者表は、債権認否書及び債権届出書と一体となるものである。」、「法及び規則に定めるその他の事項については、債権届出書記載のとおり」、「配当の結果（配当表のとおり。）」など、債権届出書、債権認否書及び配当表と一体となる旨の文言を記載した様式のものが一般的に用いられている[4]。

大阪地方裁判所においては、破産管財人が作成する認否予定書（規則42条）と裁判所書記官が作成する破産債権者表を同一の書式にしていることから、裁判所書記官は、認否予定書を点検した後、これを破産債権者表としてそのまま使用することが可能となっている。①認否予定書を作成する破産管財人の作業内容と、破産債権者表を作成する裁判所書記官の作業内容はほぼ重複すること、②認否予定書と破産債権者表を別々に作成することは、転記ミス等の過誤の原因となることから、この運用は、重複する作業の合理化と過誤防止の両面についてメリットを有するといえる[5,6]。

3 破産債権者表の作成時期

民事再生規則は、再生債権者表は、一般調査期間の開始後遅滞なく、作成するものとすると定める（民事再生規則36条1項）。破産法及び破産規則にこのような規定はないが、破産債権者表に債権調査の対象を明らかにするという役割があること（上記1①）に鑑みると、一般調査期間又は一般調査期日において調査の用に供することができる適切な時期に作成すべきことは当然であると解される。

4 破産債権者表の作成者及び更正

破産債権者表の作成は、裁判所書記官の権限である（本条1項）。

破産債権者表の更正について、旧法では、誤りが明白であるか否かで取扱いを区別し、誤りが明白なものである場合には、裁判所が債権表の更正決定

---

4 『書記官事務の研究』85頁。
5 『運用と書式』236頁。
6 東京地方裁判所の運用については、『破産実務』461頁参照。

をすることができる（旧法108条、民事訴訟法257条参照）との解釈が有力であったが、誤りが明白でない場合については、見解が分かれていた。しかし、①破産債権者表の誤りを放置することは、利害関係人に誤った情報を与えるなどの不利益を与えることになること、②破産債権者表の記載は、判断作用を含むものではなく、単なる公証行為としての事実の記載にすぎないので、破産債権者表の形式上の誤りについては、明白性の区別をせずに、裁判所書記官が固有の権限として更正することができるのが相当であることから、裁判所書記官が、申立て又は職権で、いつでも記載の誤りを更正することができるようになった（本条3項）[7]。

なお、破産債権者表の記載は、判断作用を含むものではなく、単なる公証行為としての事実の記載にすぎないことから[8]、裁判所書記官が更正することのできる事項の範囲は、計算間違いや異議の有無についての誤記が存在する場合などの形式的な誤記の修正に限られ、破産債権者表の記載内容が実体と合致せず、その効力が争われるような場合は含まれない[9]。

裁判所書記官は、破産債権者表の更正処分を行った場合、破産管財人、破産者及び更正対象となった債権者に適宜な方法で通知する[10]。

5　記載に対する不服申立て

破産債権者表の記載及びその更正処分に不服がある場合は、裁判所書記官の処分に対する異議の申立てをすることができる（法13条、民事訴訟法121条）。

なお、作成された破産債権者表は、利害関係人の閲覧等の対象となっており（法11条）、届出債権に対する異議権の行使の機会が保障されている。

（柴田憲史）

7　『一問一答』161頁、『条解』824頁。
8　ただし、破産債権者表の記載には、「判断作用を伴い、単なる事実の記載とはいえない内容を含む余地がある点に注意を要する」との見解もある（『大コンメ』481頁〔林圭介〕）。
9　『条解』824頁。
10　更正の方法については、『書記官事務の研究』86頁参照。

756　第4章　破産債権

第116条　破産債権の調査の方法

① 裁判所による破産債権の調査は、次款の規定により、破産管財人が作成した認否書並びに破産債権者及び破産者の書面による異議に基づいてする。
② 前項の規定にかかわらず、裁判所は、必要があると認めるときは、第3款の規定により、破産債権の調査を、そのための期日における破産管財人の認否並びに破産債権者及び破産者の異議に基づいてすることができる。
③ 裁判所は、第121条の規定による一般調査期日における破産債権の調査の後であっても、第119条の規定による特別調査期間における書面による破産債権の調査をすることができ、必要があると認めるときは、第118条の規定による一般調査期間における書面による破産債権の調査の後であっても、第122条の規定による特別調査期日における破産債権の調査をすることができる。

1　本条の趣旨

　本条は、破産債権の調査方法について、債権調査期間内における書面による債権調査によることを原則としつつ、必要があると認めるときは、債権調査期日における債権調査によることもできることを定めたものである[1, 2]。

2　債権調査の意義

(1)　債権調査の方式

　債権調査とは、破産裁判所に届け出られた債権について、破産債権としての適格性、債権の存否、額、優先劣後の順位及び別除権者の届け出た予定不足額の当否について調査することをいう[3]。

1　『一問一答』163頁。
2　旧法においては、期日方式のみが規定されていたが、破産債権者の多くが破産管財人による認否にのみ関心があり、債権調査期日が形骸化しているとの指摘があったため、手続の簡素化及び合理化の観点から、現行法では、再生手続及び更生手続と同様の期間方式が導入された（『一問一答』162頁）。
3　『破産実務』452頁。

調査・確定の手続として調査期間（期間方式）又は調査期日（期日方式）が設けられ、手続の方式は書面方式と口頭方式とがある。現行法は、これらを①調査期間と書面方式、②調査期日と口頭方式に組み合わせて行っており、①はあらかじめ設定された一定期間内に破産管財人が作成した認否書並びに破産債権者及び破産者の書面による異議に基づいて行うものであり、②は指定された期日に破産管財人の口頭による認否並びに破産債権者及び破産者の異議申述に基づいて行うものである[4]。

一般調査においていずれの方式を使用するかは、裁判所が、事案に応じて、破産手続開始の決定をする際に同時処分として定めるが（法31条1項3号）、破産財団をもって破産手続の費用を支弁するのに不足するおそれがある場合には、調査期間・調査期日を定めないとすることもできる（法31条2項）[5]。

(2) 書面による期間方式の原則（本条1項）

本条1項は、調査期間手続と書面方式の組合せであり、債権調査手続は原則として、調査期間における破産管財人の認否書並びに破産者及び破産債権者の書面による異議に基づいて行うものとした。

(3) 口頭による期日方式（本条2項）

本条2項は、調査期日手続と口頭方式の組合せであり、裁判所は事件の性質、内容等により必要と認めるときは、例外的に、調査期日における破産管財人の認否並びに破産債権者及び破産者の異議に基づいて債権調査を行うことができるとした。

(4) 特別債権調査における方式（本条3項）

本条3項は特別調査の方法について、一般調査期日において債権調査をした後に、特別調査期間を定めて書面による特別調査をすることや、一般調査期間において書面による債権調査をした後に、特別調査期日を定めて特別調

---

4 『条解』828頁、『伊藤』607頁、『破産実務』452頁。
5 当初から異時廃止が見込まれる事案において債権調査を行うことは徒労であるため、実務では、①債権届出期間及び債権調査期日を定めないとする運用、②債権調査はするものの債権認否を留保する運用などがある（『条解』829頁、『手引』262頁）。①の運用は、大阪地方裁判所をはじめ、多くの裁判所で採用されている（『運用と書式』225頁、「特集　平成26年の破産事件概況」金法2013号6頁以下、「特集・破産実務からみた新破産法」債管107号74頁以下）。

査をすることができるものとした。

3 実務における期日方式の原則

　実務の運用は、全庁において期日方式が原則である[6]。期日方式の利点は、①配当の確実な事案に限定して債権調査を実施することができる、②疎明資料が不足するなど早期に認否が困難な債権につき、調査期日を延期することで柔軟な対応が可能となり、破産債権査定申立ての頻発を回避することができる、③債権の名義変更及び一部取下げ並びに別除権の不足額の確定などの債権の変動を確認した後に認否をすることができる、などが挙げられる[7]。

　他方、期間方式の採用は、関係人多数のため債権調査期日の開催場所確保が困難な場合や、多数の債権者が全国各地に分散しており多くの債権者が債権調査期日に出席できない場合などが想定される[8,9]。

（宮﨑純一）

第2款　書面による破産債権の調査

第117条　認否書の作成及び提出

> ①　破産管財人は、一般調査期間が定められたときは、債権届出期間内に届出があった破産債権について、次に掲げる事項についての認否を記載した認否書を作成しなければならない。

---

[6] 『条解』830頁、『大コンメ』484頁〔林圭介〕、『書記官事務の研究』89頁、『理論と実務』381頁。
[7] 『条解』830頁、『大コンメ』484頁〔林圭介〕、『破産実務』456頁。
[8] 『条解』830頁、『大コンメ』484頁〔林圭介〕、『一問一答』162頁。
[9] 札幌地方裁判所は、管轄地域が広大である支部において本庁所在地の弁護士が破産管財人となる場合など破産管財人の物理的な負担を回避するために、一定の場合には期間方式を採用している（貝原信之「札幌地裁における破産事件の現状と新破産法運用の今後」債管107号97頁）。大阪地方裁判所は、多数の債権者が全国に分散しているような大規模事件に限って例外的に期間方式を採用している（『運用と書式』227頁）。福岡地方裁判所は、一般調査を期日方式、特別調査を期間方式とする運用を採用している（山之内紀行「福岡地裁における破産事件の現状と新破産法運用の今後」債管107号85頁）。

一　破産債権の額
　二　優先的破産債権であること。
　三　劣後的破産債権又は約定劣後破産債権であること。
　四　別除権（第108条第2項に規定する特別の先取特権、質権若しくは抵当権又は破産債権を含む。）の行使によって弁済を受けることができないと見込まれる債権の額
② 　破産管財人は、債権届出期間の経過後に届出があり、又は届出事項の変更（他の破産債権者の利益を害すべき事項の変更に限る。以下この節において同じ。）があった破産債権についても、前項各号に掲げる事項（当該届出事項の変更があった場合にあっては、変更後の同項各号に掲げる事項。以下この節において同じ。）についての認否を同項の認否書に記載することができる。
③ 　破産管財人は、一般調査期間前の裁判所の定める期限までに、前2項の規定により作成した認否書を裁判所に提出しなければならない。
④ 　第1項の規定により同項の認否書に認否を記載すべき事項であって前項の規定により提出された認否書に認否の記載がないものがあるときは、破産管財人において当該事項を認めたものとみなす。
⑤ 　第2項の規定により第1項各号に掲げる事項についての認否を認否書に記載することができる破産債権について、第3項の規定により提出された認否書に当該事項の一部についての認否の記載があるときは、破産管財人において当該事項のうち当該認否書に認否の記載のないものを認めたものとみなす。

規則

（認否の変更の方式等・法第117条）

第38条　破産管財人は、認否書の提出後に法第117条第1項各号に掲げる事項についての認否を認める旨に変更する場合には、当該変更の内容を記載した書面を裁判所に提出するとともに、当該変更に係る破産債権を有する破産債権者に対し、その旨を通知しなければならない。

1 本条の趣旨

　破産債権の調査手続の種類には、調査期間方式と調査期日方式があり、調査方式の種類には書面方式と口頭方式がある（法116条）。破産法は、破産管財人が届出のあった破産債権についてあらかじめ認否を記載した認否表を作成して裁判所に提出し、届出をした破産債権者あるいは破産者は裁判所が定めた調査期間内に、裁判所に届出のあった破産債権につき書面で異議を述べるという調査期間方式・書面方式を原則として採用した。本条は、調査期間方式・書面方式による債権調査の基礎となる破産管財人による認否書の作成、提出、効果などについて定めるものである。

　なお、調査期日方式においては認否書の作成は法定されていないが、裁判所は破産管財人に対し、認否書と同様の内容を記載した認否予定表の提出を命ずることができる（規則42条1項）。

　破産管財人が認否書において認め、かつ届出破産債権者が債権調査において異議を述べなかった当該破産債権は確定する（法124条1項）。破産管財人が認否書において認めなかった当該債権は確定を妨げられ、それが無名義債権の場合は、当該破産債権を有する債権者は査定手続及び査定決定に対する異議訴訟、あるいは中断した訴訟の受継により債権の確定を図らなければならない（法125条、127条）。

　確定した破産債権は裁判所書記官が作成する破産債権者表の記載によって、破産債権者の全員に対して確定判決と同一の効力を有する（法124条3項）。

2 認否書の作成

(1) 作成者

　認否書の作成者は破産管財人である（本条3項）。

(2) 認否の対象となる債権

　認否の対象となる債権は、原則として債権届出期間内に届出があった破産債権である。債権届出期間経過後に届出があった破産債権や他の破産債権者の利益を害すべき届出事項の変更があった破産債権についても、破産管財人は裁量的に認否を認否書に記載することができる（本条2項）。

届出のない破産債権については、破産管財人が知っている債権であってもこれを認否することはできない[1]。この点がDIP型の民事再生手続において、再生債務者が知っている債権を認否書に記載しなければならないという自認債権制度（民事再生法101条3項）が定められていることと、清算型で事情を把握していない破産管財人が認否を行う破産手続における債権調査が異なる点である。

(3) 記載事項

a 破産債権の額（本条1項1号）

破産債権の原因は債権届出事項であるが（法111条1項1号）、認否の対象とはされていない。しかしながら破産債権の額についての認否は当該破産債権を特定する発生原因事実に基づくものでなければならないはずであり[2]、そのために破産債権の原因が届出事項とされている。

b 優先的破産債権であること（同項2号）

債権の優先性が記載事項とされているのは、優先的破産債権は他の破産債権に優先することから、債権間の順位を明らかにするためである。

c 劣後的破産債権又は約定劣後破産債権であること（同項3号）

債権の劣後性が記載事項とされているのは、劣後的破産債権は他の破産債

---

[1] 実務上は、破産管財人から、破産手続開始申立書に記載された債権者や知れたる債権者に対して、届出期間の満了前に債権届出書の提出を促す取扱いも一定程度行われている。これは、会社更生手続における債権届出期間の末日通知（会社更生規則43条）に対応した措置である。

また、破産管財人は、法86条により、労働債権者に対して破産手続に参加するのに必要な情報を提供する努力義務を負担しているため、労働債権たる優先的破産債権がある場合には、破産管財人が債権届出書を作成して、署名押印をすればよいだけにした上で、労働債権者に送付する取扱いも、一定程度行われている。さらに、消費者被害関連や消費者金融関連の破産事件の被害者や消費者等のように、金融機関たる債権者や取引業者である債権者と同様の説明の下、債権者として届出を求めることが困難であると思われる事案や、不法行為の被害者たる多数の債権者から、それぞれの算定根拠に基づいて損害について区々に債権届出がなされても、かえって債権調査手続が混乱すると思われる事案などにおいても、破産管財人から当該債権者に対して、破産管財人としての法的見解に基づき認めることができると考えている範囲で債権届出書を作成して、署名押印をすればよいだけにした上で、送付することも行われている。

[2] 破産債権者表記載の効果について通説たる既判力説（中田淳一『破産法・和議法』（有斐閣、1959年）215頁、『伊藤』617頁）に立つ場合には、ここでいうところの特定は訴訟物の特定と同じものということになる（『条解』833頁注4）。

権に劣後し、約定劣後破産債権は劣後的破産債権よりもさらに劣後すること
から、債権間の順位を明らかにするためである。

d 別除権（法108条2項に規定する特別の先取特権、質権もしくは抵当権又は破産債権を含む）の行使によって弁済を受けることができないと見込まれる債権の額（同項4号。いわゆる予定不足額）

予定不足額に対する認否は議決権を定めるために行われる[3]。配当の基礎となる不足債権額は債権調査で確定されることを予定しておらず、別除権が実行され、不足額の証明がなされることで確定する（法198条3項、205条）。ただし、別除権の被担保債権額そのものは債権調査の対象となり、この手続で確定されることとなる[4]。

(4) 異議理由の付記

　破産管財人が債権を認めない場合は、破産債権者や破産者による異議と異なり（規則39条1項、43条1項）、異議の理由を認否書に記載する必要はない。破産管財人は職務の遂行に際して善管注意義務を負担し（法85条1項）、裁判所の監督下にあること（法75条）が考慮されたものである[5]。

　実務上は、不要な査定手続を防止するために、届出債権を認めないことが予想される場合には、破産管財人から、認否書提出までに当該破産債権者に連絡を取って、必要な追加資料の提出を求めたり、破産債権として認めることができない理由を説明して債権届出の全部あるいは一部の取下げを促したりするなどして、適切な認否が破産債権者の納得のもと実施できるように、様々な対応を行っている[6]。また、異議を述べる場合、不要な査定申立を防止し、債権者からの資料提出を促すために、異議理由の要旨を記載する取扱いも行われている[7]。

3 　東京地方裁判所では、予定不足額の認否結果は、配当額を決する基準とならないこと、決議事項が大幅に限定された債権者集会における議決権行使の基準を決するものにすぎないことから、破産管財人による予定不足額の認否は原則として留保し、債権届出書に予定不足額の記載がなかったとしても、これを適法な債権届出と認めるとの運用を行っている（『破産実務』341頁）。
4 　『伊藤』609頁、『大コンメ』564頁。
5 　『伊藤』611頁。
6 　『運用と書式』238頁。
7 　『運用と書式』246頁、『手引』475頁。

(5) 暫定的異議及び戦略的異議

a 暫定的異議

暫定的異議とは破産管財人が証拠資料不足などにより債権調査終了までに届出破産債権についての調査が完了せず、その認否ができない場合に、後に異議を撤回することもあり得ることを予定してなす暫定的な異議をいう[8]。

現行法下においては、このような異議を安易に認めると、査定申立てについては債権調査期間の末日又は債権調査期日から1カ月の不変期間が定められているため（法125条2項）、届出債権が認められなかった破産債権者からの査定申立を多発させるおそれがある。そのようなことも勘案して、実務においては、債権調査について、一般的に、調査期間方式ではなく調査期日方式が採用され[9]、資料の追完さえあれば破産債権として認められると思われる債権がある場合には、調査期日を延期して対応するというような方法が採られている[10]。

b 戦略的異議

戦略的異議とは、破産管財人において、破産債権の存在自体を必ずしも否定するわけではないが、届出債権者間の実質的な衡平を図るため異議を述べる場合をいうとされる[11]。

旧法下で利用されていた戦略的異議の具体的なケースとしては、否認対象行為の相手方から債権届出がなされた場合の異議や、将来の相殺権行使を予定した異議、破産者と特別の関係を有する者（例えば旧経営陣や親会社など）の破産債権届に対する異議などがあった[12]。

しかしながら、現行法下においては、訴訟よりも簡便な債権査定制度が認められており、破産管財人が一旦戦略的な異議を述べたとしても、査定申立

---

8 『破産実務』466頁、釜田佳孝「新破産法下における破産管財人の異議とその撤回について」『現代倒産法・会社法をめぐる諸問題　今中利昭先生還暦記念論文集』（民事法研究会、1995年）372頁。
9 東京地方裁判所は、全件、期日方式を採用している（伊藤孝至「東京地方裁判所における破産事件の運用状況」金法2013号31頁）。
10 「東京・大阪・名古屋3地裁の新運用方針」債管107号25頁以下・33頁〔林圭介発言〕、『条解』836頁、『破産200問』282頁〔森川和彦〕など。
11 釜田・前掲注8・374頁。

てにより異議の撤回を余儀なくされるケースが相当数予想されること、破産管財人は債権者に対して相殺についての催告権を有しており（法73条）、相殺権の行使も認められる（法102条）ことなどから、その有用性、必要性は減少したものと思われる[13、14]。また、実務上、破産手続開始決定当初から配当が行われることが明らかなものを除き、配当が実施されることが確実となった換価手続の最終段階で、債権調査手続が実施される案件も多数ある[15]。そのような案件においては、否認権行使や破産者と特別の関係を有する者との間の会社法上の取締役の責任追及などの法律関係の処理も一定の目途がついているはずであり、この点からも戦略的異議の必要性は低下していると思われる。

3　認否書の提出

(1)　提出期限

破産管財人は、一般調査期間前の裁判所の定める期限までに、認否書を裁判所に提出しなければならない（本条3項）。破産債権者が一般調査期間において異議を述べる前提として、それ以前に破産管財人の認否が開示されている必要があるからである。

(2)　認否の通知

書面方式による債権調査においては、破産債権者は破産管財人の認否について一般調査期間内はいつでも認否書を閲覧することができる。そのため、旧法下における取扱いと異なり、裁判所書記官による破産債権者に対する認否の通知は行われないこととされた。

12　旧法下でこれを積極的に評価するものとして、棚瀬孝雄・伊藤真『企業倒産の法理と運用』（有斐閣、1979年）79頁、道下徹・高橋欣一『裁判実務大系(6)破産訴訟法』（青林書院、1985年）403頁〔増山宏〕、霜島甲一『倒産法体系』（勁草書房、1990年）454頁、園尾隆司・中島肇『新・裁判実務大系(10)』（青林書院、1990年）275頁〔瀬戸英雄〕、『破産実務』466頁などがある。

13　現行法下で限定的あるいは慎重な運用を求めるものとして、釜田・前掲注8・374頁、「東京・大阪・名古屋3地裁の新運用方針」債管107号33頁〔林圭介発言〕、『破産200問』282頁〔森川和彦〕などがある。

14　現行法下でこれを積極的に評価するものとして、『伊藤』616頁、『条解』837頁がある。

15　東京地方裁判所の運用について、『破産実務』461頁。大阪地方裁判所の運用について、森純子「大阪地方裁判所における破産事件の運用状況」金法2013号51頁。

しかしながら、破産債権者の便宜、破産管財人に対する問合せや裁判所における閲覧謄写の煩雑を避けるために、会社更生手続の場合と同様に、破産管財人から任意に異議通知を送る取扱いも一定程度なされることとなろう[16]。

4 認否の変更

(1) 認める旨への変更

a 手　続

破産管財人は認否書の提出後においても、破産債権について、本条1項各号に定める事項についての認否を認める旨に変更する場合には、当該変更内容を記載した書面を裁判所に提出するとの手続規定が規則38条にあり、当該変更は認められることが前提となっている。

破産管財人が認否を認める旨に変更する際には、当該変更に係る破産債権を有する破産債権者に対し、その旨を通知しなければならない（規則38条）。これは、認否が変更されたことを知らない破産債権者が、不要な査定申立てを行うことを防止するためである[17]。

b 時的限界

破産管財人が認否を認める旨への変更をする場合の時的限界については、査定の申立時期経過後の認否の変更はできないとする撤回否定説[18]と最後配当の除斥期間満了時まで可能であるとする撤回肯定説[19]とがある。

撤回否定説の根拠としては、①査定の申立期間が経過した場合に債権が確定したと考える立場から、届出債権者が手続上権利を行使できなくなった以

---

[16] 期日方式の場合において、大阪地方裁判所では、破産手続開始決定後の遅延損害金などの額未定の劣後的破産債権については、債権届出用紙とともに送付する破産管財人の連絡文において異議を述べることを予告し、これを理由とする異議については、異議通知を送付しないが、それ以外の異議理由に基づく異議については、後日の紛争を避けるために破産債権者の出欠にかかわらず一律に破産管財人から異議通知を発送する運用である（『運用と書式』245頁）。同じく東京地方裁判所でも、債権調査期日の前に適宜の方法（書面、ファクシミリなど）で異議額及び異議理由を通知する運用である（『破産実務』468頁）。期間方式の場合にも、同様の取扱いとなろう。
[17] 『条解規則』97頁。
[18] 『破産実務』470頁。
[19] 『大コンメ』488頁〔井上一成〕、519頁〔橋本都月〕、釜田・前掲注8・391頁。

上、既に認めない旨の認否をしている破産管財人の撤回権限も失われるとするもの[20]、②債権者表の記載に既判力を認める通説の見解を挙げるもの[21]、③破産管財人が行った認否に対する他の破産債権者からの信頼の保護を挙げるもの[22]などがある。

撤回肯定説の根拠としては、①査定の申立期間の経過によっても届出破産債権者が債権を確定する手続を選択できなくなるだけで、破産管財人がこれに拘束されるわけではなく未確定状態にあるとするもの[23]、②債権者表の記載の効力は一種の不可争力にすぎないとするもの[24]、などがある。

実務上、確定後であっても破産管財人側から異議を撤回することが債権者の衡平に資すると思われるケースがある[25]ことは否定できないと思われ、実務家の多くは撤回肯定説に立っているようである[26]。

(2) **認めない旨への変更**

破産管財人はいったん認めた破産債権についての事項を認めない旨に変更することはできない[27]。もっとも、その理由は請求の認諾によって確定した効果を否定するのに類似する関係になるという破産債権者の保護の点にあるので、関係者の閲覧に供する以前は[28]許容しても実際上の弊害はなく、認否書の補正として処理することが認められてよいと考えられる[29]。

---

20 深沢茂之「民事再生手続において債権者代理人が留意すべき点」金法1594号31頁。
21 『基本構造』104頁〔福永有利発言〕。
22 『基本構造』163頁〔松下淳一発言〕。
23 『基本構造』166頁〔伊藤眞発言〕。
24 森宏司「再生債権届出・債権調査をめぐる最近の問題点」金法1660号19頁、釜田・前掲注8・392頁。
25 破産債権者に破産手続に対する知識が不足していて、本来査定申立てを行えば、破産債権として認められた可能性があることが後日判明したような場合など(『条解』840頁注12)。
26 撤回否定説を採用するとする東京地方裁判所においても、例外的に異議の撤回を認める運用もあるとの指摘がある(『破産実務』470頁)。
27 『伊藤』460頁、『破産実務』469頁など。
28 なお、変更の時的限界を一般調査期間の開始までとする見解もある。
29 森・前掲注24・20頁。

5 認否の記載がない場合の効果

(1) 債権届出期間内に届出があった破産債権の場合

認否書に認否を記載すべき事項であるにもかかわらず、認否書に認否の記載がないものがあるときは、破産管財人において当該事項を認めたものとみなされる（本条4項）。

(2) 債権届出期間経過後に届出があった、あるいは他の破産債権者の利益を害すべき届出事項の変更があった破産債権の場合

このような場合にも、破産管財人は裁量的に認否を行うことができるが（本条2項）、いったん認否をすることを選択した以上、本条1項に定める事項全てについて認否を行うべきであり、破産管財人が当該事項の一部について認否を行った場合には、認否書に記載のない事項については認めたものとみなされる（本条5項）。

6 認否書の開示

民事再生手続や会社更生手続においては、認否書は、再生債務者あるいは更生会社の主たる営業所や事務所などにおいて閲覧できる状態に置く措置を取らなければならないとして開示が求められている（民事再生規則43条、会社更生規則45条）。

破産法においては開示に関する規定はない。

しかしながら、規則54条3項の財産状況報告書の備置の規定を参考に、破産債権者への情報開示のために、破産管財人は認否書を適切な場所に備置し、破産債権者の閲覧に供することが望ましいとする指摘もある[30]。

（宮本圭子）

第118条　一般調査期間における調査

① 届出をした破産債権者は、一般調査期間内に、裁判所に対し、前条第1項又は第2項に規定する破産債権についての同条第1項各号に掲げる事項

---

[30] 『条解』840頁。

について、書面で、異議を述べることができる。
②　破産者は、一般調査期間内に、裁判所に対し、前項の破産債権の額について、書面で、異議を述べることができる。
③　裁判所は、一般調査期間を変更する決定をしたときは、その裁判書を破産管財人、破産者及び届出をした破産債権者（債権届出期間の経過前にあっては、知れている破産債権者）に送達しなければならない。
④　前項の規定による送達は、書類を通常の取扱いによる郵便に付し、又は民間事業者による信書の送達に関する法律第２条第６項に規定する一般信書便事業者若しくは同条第９項に規定する特定信書便事業者の提供する同条第２項に規定する信書便の役務を利用して送付する方法によりすることができる。
⑤　前項の規定による送達をした場合においては、その郵便物等が通常到達すべきであった時に、送達があったものとみなす。

規則
（書面による異議の方式等・法第118条等）
第39条　①　届出をした破産債権者が法第118条第１項又は第119条第５項の規定により書面で異議を述べるときは、当該書面には、異議の内容のほか、異議の理由を記載しなければならない。破産者が法第118条第２項又は第119条第５項の規定により書面で異議を述べる場合についても、同様とする。
②　裁判所書記官は、前項前段に規定する異議があったときは、当該異議に係る破産債権を有する破産債権者に対し、その旨を通知しなければならない。
③　前条の規定は、届出をした破産債権者が第１項前段に規定する異議を撤回する場合及び破産者が同項後段に規定する異議を撤回する場合について準用する。

（送達に関する書面の作成・法第118条等）
第40条　書類を通常の取扱いによる郵便に付し、又は法第118条第４項に規定する信書便の役務を利用して送付する方法により同条第３項（法第119条第６項において準用する場合を含む。）の規定による送達をしたときは、裁判所書記

官は、送達を受けるべき者の氏名、あて先及び発送の年月日を記載した書面を作成しなければならない。

1 本条の趣旨

本条は、一般調査期間における調査の方式及びその期間変更の方法等について規定する。

破産債権の調査の方法として、期間方式（一般調査期間に破産管財人作成の認否書並びに届出債権者及び破産者の書面による異議によって調査を行う方法（法117条、118条））と、期日方式（一般調査期日に破産管財人が認否を行い、届出債権者及び破産者が異議を述べる方法（法121条））とがある。旧法では、期日方式のみが規定されていたが（旧法23条1項）、手続の簡素化及び合理化の観点から、現行法では、期間方式が原則とされている。

もっとも、期間方式は、簡易な期間の延期ができないことから（法118条3項、121条10項）、実務上は、期日方式での債権調査が定着し、原則と例外が逆転している。期間方式が利用されるのは、大規模事件などに限られる（**本書116条の解説3**参照）。

2 債権調査期間

(1) 意義等

債権調査期間とは、破産手続の機関である破産管財人及び破産債権者などの利害関係人が認否書や書面による異議などの行為をなすべき時間の経過をいう[1]。

債権調査期間においては、書面による調査が採用されており、破産債権者や破産者などの利害関係人が書面により異議を述べる。破産管財人の認否書による認否に加え、利害関係人による異議権の行使を通じて、破産債権の調査が進められ、破産債権の存否、内容及び優劣が定まる。

(2) 債権調査期間の種類

債権の調査期間には、一般調査期間と特別調査期間がある。

---

1 『条解』842頁参照。

一般調査期間は、破産手続開始決定と同時[2]に定められる届出破産債権を調査するための期間である（法31条1項3号、112条1項）。一般調査期間は、破産手続開始決定と同時に定められる場合には、期間の初日と債権届出期間の末日との間には1週間以上2月以下の期間をおき、1週間以上3週間以下の範囲で定められる（規則20条1項3号）。

特別調査期間（法119条1項・2項）については、**本書119条の解説**参照。

3　破産債権者による異議（本条1項）

届出をした破産債権者は、異議がある場合は、一般調査期間内に、裁判所に、異議の内容及び理由を記載した書面によって異議を述べることができる[3]。もっとも、実務上、破産債権者が異議を述べるのは稀である。

(1) 異議を述べることができる債権者

異議を述べることができるのは、届出をした破産債権者である。破産債権者が債権届出を取り下げた場合には異議権を喪失する。自己の債権に対して異議を述べられた者も、他の届出債権者に対して異議を述べることができるが、後の債権確定手続によって異議者の債権の不存在が確定されると、その者の異議の効力は失われる[4]。

(2) 異議の対象となる債権

異議の対象となるのは、原則として、債権届出期間内に届出があった破産債権である（法117条1項）。債権届出期間経過後に届出があった破産債権のうち、一般調査期間開始前に届け出られた債権や破産債権者の利益を害すべき事項[5]について変更届のあった債権についても、破産管財人が認否書に記載

---

[2] 裁判所が、破産財団をもって手続費用を支弁するのに不足するおそれ（いわゆる同時廃止のおそれ）があると認める場合には、定められない場合があるが、そのおそれがなくなったと認めるときには速やかに定められる（法31条2項・3項）。
[3] 優先的破産債権として届出をした債権者が、一般の破産債権として届出をなした債権に対して異議を述べることができるか争いがあるが、配当に関する限りは、異議の利益はないが、債権者集会の議決権から見ると、異議の利益が認められるので、これを肯定すべきである（『伊藤』610頁注46、『条解会更（中）』646頁参照）。
[4] 『伊藤』611頁注46参照。
[5] 他の破産債権者の利益を害すべき事項の変更とは、届出債権額の増加、利率の増加、利息や遅延損害金の起算点の繰上げ、新たな優先権の主張などである（**本書112条の解説3**、『大コンメ』489頁〔井上一成〕参照）。

することで異議の対象とすることができる（法117条2項、118条1項・2項）。

(3) 異議の対象となる事項

異議の対象となる事項は、破産管財人による認否事項と同一で、破産債権の額、優先的破産債権であること、劣後的破産債権又は約定劣後破産債権であること、及び別除権の行使によって弁済を受けることができないと見込まれる債権の額である（法117条1項各号）。破産管財人が認めた事項や認めなかった事項であっても異議の対象となる。

一般調査期間方式において破産管財人の認めない旨の認否については債権者への通知は不要とされている。破産債権者が一般調査期間内に認否書を閲覧することができるためである。この点が、期日方式と異なることから、債権者にとっては注意が必要である。

(4) 異議の効力

破産管財人が認めかつ届出破産債権者が異議を述べなかった場合は、その債権は確定する（法124条1項）。

(5) 異議の方式

破産債権者は、異議がある場合には、裁判所に対して、異議の内容及び理由を記載した書面を提出する（法118条1項、規則39条1項）。

異議の内容とは、異議を述べる事項及びその範囲をいい、異議の対象となる事項のうち、どの事項につき異議を述べるのか特定が必要である。また、破産債権の額や予定不足額について異議を述べる場合には、異議を述べる部分の額を示さなければならない[6]。

異議理由の付記は、濫用的な異議を防止する手段として定められた手続的な義務であるが、異議理由の付記がなくても異議の効力（法124条1項）に影響はないと解されている[7]。

裁判所書記官は、異議が述べられた場合には、破産債権の調査の結果を破産債権者表に記載しなければならない（法124条2項）。

(6) 異議の通知

裁判所書記官は、他の破産債権者が異議を述べた場合には、異議が述べら

---

6 『条解』844頁参照。
7 『条解規則』99頁参照。

れた破産債権を有する破産債権者に対して、その旨を通知しなければならない（規則39条2項）。これは、破産管財人の認否とは異なり、破産債権者による異議は、調査期間中どの時点でなされるかが明らかでなく、破産債権者による記録閲覧の負担が大きいためである。

(7) 異議の撤回

　法文上直接の規定はないが、届出破産債権者による異議の撤回も許されると解されている（規則39条3項及び同44条1項が異議の撤回ができることを前提としている）。破産債権者が異議を撤回する場合は、撤回の内容を記載した書面を裁判所に提出するとともに、当該破産債権を有する破産債権者に対し、その旨を通知しなければならない（規則39条3項、44条1項、38条）。異議撤回の時的限界は、破産管財人の認否の変更が可能な時期と同様と解される[8]（この点については、**本書117条の解説4(1)b**参照）。

4　破産者による異議（本条2項）

　破産者は、異議がある場合は、一般調査期間内に、裁判所に、異議のある金額及び理由を記載した書面によって異議を述べることができる（規則39条1項）。

　破産者の異議の対象となる事項は、破産債権の存在及び額に限られる。優先・劣後の有無や別除権の予定不足額は、破産手続との関係で意味を持つにすぎず、破産手続は、限られた破産財団を債権者間で分配することを目的とし、破産債権の確定は、破産債権者相互で行えば足りるためである。

　破産者の異議には、破産債権の確定を妨げる効力はなく、破産者に対して債権確定の効力が及ぶことを阻止する効力を有するにとどまる（法221条2項）[9]。

　破産者による異議も、異議の内容及び理由を記載する必要があるが、異議理由の付記がなくても異議の効力（法221条2項）自体に影響がないのは、破産債権者による異議の場合と同様である。破産者の異議が述べられた場合に

---

[8] 『大コンメ』493頁〔井上一成〕参照。
[9] 破産者が異議を述べない場合は、破産債権者表が債務名義となり（民事執行法22条7項）、破産債権者は、破産手続終了後に破産者に対して強制執行することができる（法221条1項後段）。

は、異議の通知は不要である。また、異議の撤回の可否及び方式は、破産債権者による異議の場合と同様である（規則39条3項）。

5 一般調査期間の変更（本条3項ないし5項）

　破産管財人の調査が未了で一般調査期間前に提出すべき認否書を提出できない場合など、一般調査期間を変更しなければならないことがあり得る[10]。裁判所は、一般調査期間を変更する決定をしたときは、その裁判書を破産管財人、破産者及び届出をした破産債権者、債権届出期間の経過前にあっては、知れている債権者に送達しなければならない（本条3項）。破産管財人の認否権並びに破産債権者及び破産者の異議権の行使に影響するためである。

　送達方法は、普通郵便又は信書便の方法によってすることができる（本条4項）。

　この送達に関する記録を残すために、裁判所書記官は、送達を受けるべき者の氏名、あて先及び発送の年月日を記載した書面を作成しなければならない（規則40条）。

　送達時期については、その郵便物等が通常到達すべきであったときに送達があったものとみなされる（本条5項）。この送達については、代用公告（法10条3項本文）も可能である。

（浅井悠太）

第119条　特別調査期間における調査

①　裁判所は、債権届出期間の経過後、一般調査期間の満了前又は一般調査期日の終了前にその届出があり、又は届出事項の変更があった破産債権について、その調査をするための期間（以下「特別調査期間」という。）を定めなければならない。ただし、当該破産債権について、破産管財人が第117条第3項の規定により提出された認否書に同条第1項各号に掲げる事項の全部若しくは一部についての認否を記載している場合又は一般調査期日に

---

[10] 実務においては、債権調査は期日型での運用が定着しており、一般調査期間の変更が必要となることはまれであろう。

おいて調査をすることについて破産管財人及び破産債権者の異議がない場合は、この限りでない。
② 一般調査期間の経過後又は一般調査期日の終了後に第112条第1項若しくは第3項の規定による届出があり、又は同条第4項において準用する同条第1項の規定による届出事項の変更があった破産債権についても、前項本文と同様とする。
③ 第1項本文又は前項の場合には、特別調査期間に関する費用は、当該破産債権を有する者の負担とする。
④ 破産管財人は、特別調査期間に係る破産債権については、第117条第1項各号に掲げる事項についての認否を記載した認否書を作成し、特別調査期間前の裁判所の定める期限までに、これを裁判所に提出しなければならない。この場合においては、同条第4項の規定を準用する。
⑤ 届出をした破産債権者は前項の破産債権についての第117条第1項各号に掲げる事項について、破産者は当該破産債権の額について、特別調査期間内に、裁判所に対し、書面で、異議を述べることができる。
⑥ 前条第3項から第5項までの規定は、特別調査期間を定める決定又はこれを変更する決定があった場合における裁判書の送達について準用する。

規則
(書面による異議の方式等・法第118条等)
第39条 ① 届出をした破産債権者が法第118条第1項又は第119条第5項の規定により書面で異議を述べるときは、当該書面には、異議の内容のほか、異議の理由を記載しなければならない。破産者が法第118条第2項又は第119条第5項の規定により書面で異議を述べる場合についても、同様とする。
② 裁判所書記官は、前項前段に規定する異議があったときは、当該異議に係る破産債権を有する破産債権者に対し、その旨を通知しなければならない。
③ 前条の規定は、届出をした破産債権者が第1項前段に規定する異議を撤回する場合及び破産者が同項後段に規定する異議を撤回する場合について準用する。

(送達に関する書面の作成・法第118条等)
第40条　書類を通常の取扱いによる郵便に付し、又は法第118条第4項に規定する信書便の役務を利用して送付する方法により同条第3項（法第119条第6項において準用する場合を含む。）の規定による送達をしたときは、裁判所書記官は、送達を受けるべき者の氏名、あて先及び発送の年月日を記載した書面を作成しなければならない。

1　本条の趣旨

　特別調査期間は、債権届出期間の経過後に債権届出があった破産債権につき、一般調査期間・一般調査期日とは別に、当該債権について、書面による債権調査を行うため、裁判所が定める期間である。債権届出期間の経過後に、他の債権者の利益を害する債権届出の変更が行われた場合（法112条4項）の債権調査についても同様である。

2　特別調査期間の決定（本条1項・2項）

(1)　期間方式（書面方式）・期日方式

　一般調査の場合と同様、特別調査期間による債権調査を原則としつつ、裁判所において必要があると認めるときは、特別調査期日によることもできる（法116条3項、122条）。もっとも、一般調査に関しては、期日方式が主流であり、期間方式は、多数の債権者が全国に分散しているような大規模事件について、限定的に利用される（**本書118条の解説1**参照）。特別調査についてもこれが同様に当てはまるものと考えられる。
　一般調査・特別調査において、期日方式・期間方式を組み合わせることは可能であり、一般調査において期日方式を採用しても、特別調査については期間方式とすることも可能である（法116条3項参照）。

(2)　特別調査の対象となる債権[1]と手続

　特別調査の対象となる債権と手続は、以下のように整理される。

a　一般調査終了「前」の届出等の場合

　まず、債権届出期間終了後の債権届出・届出内容の変更[2]であって、一般調査の終了「前」に債権届出・変更があった場合については、特別調査期間

の対象となる（法119条1項本文）[3]。ただし、一般調査を期間方式で実施し、破産管財人の提出した認否書に当該債権の認否を記載している場合には、一般調査の対象となるから、特別調査期間を定める必要はない。また、一般調査を期日方式で実施し、一般調査期日において調査をすることについて破産管財人及び破産債権者の異議がない場合も、特別調査期間を定める必要はない（法119条1項ただし書）。

b　一般調査終了「後」の届出等の場合

次に、債権届出期間終了後の債権届出・届出内容の変更であって、一般調査の終了「後」に債権届出・変更があった場合については、以下の場合において、特別調査期間の対象となる（法119条2項）。

① 　破産債権者がその責めに帰することができない事由によって一般調査期間の経過又は一般調査期日の終了までに破産債権の届出をすることができなかった場合であって、その事由が消滅した後1カ月以内に届出をした場合（法112条1項）

② 　一般調査期間の経過後又は一般調査期日の終了後に生じた破産債権について、その権利の発生した後1カ月の不変期間内に、その届出をした場合（法112条3項）

③ 　破産債権者が、その責めに帰することができない事由によって、一般調査期間の経過後又は一般調査期日の終了後に、届け出た事項について他の破産債権者の利益を害すべき変更を加える場合であって、その事由が消滅した後1カ月以内に変更を行う場合（112条4項）

このように、破産法が一定の制限を加えるのは、「一般調査の終了後」に届出又は他の債権者の利益を害する変更があった破産債権である[4]。他方、

1 　換価業務が概ね6カ月以内の比較的短期に終了する見込みの事件について、換価が終了するまで（及びより長期の換価業務が見込まれる場合においても、無用な査定申立ての頻発を回避するため等の理由から、債権者との調整を終了等するまで）は、債権認否の結果を発表せず、一般調査期日を延期する方式（いわゆる「後倒し認否」）を採用する裁判所においては、特別調査が実施されるケースはほぼなくなることになる（『運用と書式』101頁等参照）。

2 　他の債権者の利益を害すべき事項の変更に限る（法117条2項括弧書、**本書112条の解説3**参照）。

3 　この場合は失権効の対象とならず、当然に債権調査の対象とされるからである（法112条）。

民事再生手続・会社更生手続では、債権届出の時的制限は、債権届出期間の満了時であり、これ以降に届出が行われた債権について、同様の制限を加えている（民事再生法95条1項、会社更生法139条1項）。これは、再建型の手続において、再生計画案等を策定するためには、権利関係をより早期に確定する必要があるが、清算手続である破産においては、債権届出期間満了までに届出を要するとすることは厳格にすぎるとされたためである[5, 6]。

(3) 特別調査の期間

特別調査の期間については、一般調査期間と異なり（規則20条1項3号参照）、法は特段の定めを置いておらず、裁判所の合理的裁量に委ねられる[7]。

(4) 不服申立て

期間方式・期日方式を含め、特別調査を実施しない裁判所の不作為に対しては、不服申立て手段は設けられていない。特別調査期間を定める裁判所の決定に対しても同様である[8]。また、期間経過後の債権届出が、「責めに帰することができない事由」がないなどとしての債権届出が却下された場合の不服申立ての可否については見解が分かれている[9]。

4　旧法では、債権届出期間経過後に届出がされた破産債権であっても、破産管財人又は破産債権者に異議がなければ一般調査によって、又は債権調査費用負担の上特別期日によって調査を受け、配当に参加させるものとされていたことから、債権届出期間経過後に届出がされることも多く、破産手続の迅速性が阻害されているとの指摘が行われており、現行法は、この点を踏まえて、一般調査後における届出について、一定の制限を設けたものである。

5　『一問一答』156頁。

6　他方、破産法は、民事再生法・会社更生法と異なり、債権届出の終期を定めておらず、最後配当の除斥期間満了時が届出の終期と解されている。これを前提とすると、最後配当が実施される直前まで債権届出が可能となり、期限後届出の要件を満たしているかを判断した上で、さらに特別調査を行う必要が生じ、手続進行を遅延させることになる。また、本文の時的制限以後に届け出られた債権については、特別調査を実施しないまま放置されている例が多く、権利状態が不明となっている。そのため、今後の破産法改正に当たり、最後配当の除斥期間満了前の一定時期を債権届出の終期とする規定を設けてはどうかとの提言がなされている（『検討課題』75頁〔植村京子〕）。

7　最後配当の除斥期間満了前の一定時期が、実質的に債権届出の終期となるため、特別調査期間を設定できる時期も、理論的にはこの点に応じた時期となる。

8　この点は立法論的に議論の余地があるとされる（『条解』850頁）。

9　『条解』850頁。

3 費用の負担（本条3項）[10]

特別調査期間に関する費用は、当該破産債権を有する者の負担となる（本条3項）。

特別調査によって利益を得るのは、当該届出を行った者のみであるからである。複数の者が特別調査の対象となる場合においては、届出債権額按分比例説と、破産債権者の頭数による平等分担説があるが、後者を相当とする立場が多いと見受けられる[11]。

4 債権調査の方法（本条4項・5項）

特別調査期間における債権調査では、特別調査の対象となる破産債権のみについて、破産債権者表・認否書が作成される。債権調査の方法は、一般調査期間と同様である（**本書118条の解説**参照）。

破産管財人が提出した認否書において、破産債権の認否対象事項に関して記載のないものがあるときには、破産管財人において当該事項を認めたものと見なされる（本条4項後段、117条4項）。

なお、期日方式と異なり、期間方式において破産管財人が認めない旨の認否をした場合については、対象となった債権者に通知されないことは、一般調査期間の場合と同様である（本条4項、**本書117条の解説3(2)**参照）ので、債権者にとっては注意が必要である。

5 裁判所の送達方法・代用公告（本条6項）

特別調査期間を定める決定又はこれを変更する決定があった場合、裁判書は、その裁判書を破産管財人等に対して送達することとなり、一般調査期間に関する規定が準用される。この送達については代用公告（法10条3項本文）が可能である。

（河本茂行）

---

10 特別調査に必要となる費用は破産債権者の負担となるため、配当が費用に及ばないことが見込まれる場合、届出の取下げが促されることがある（司法研修所編『破産事件の処理に関する実務上の諸問題』（法曹会、1985年）204頁）。
11 『条解』851頁等。

第120条　特別調査期間に関する費用の予納

① 前条第１項本文又は第２項の場合には、裁判所書記官は、相当の期間を定め、同条第３項の破産債権を有する者に対し、同項の費用の予納を命じなければならない。
② 前項の規定による処分は、相当と認める方法で告知することによって、その効力を生ずる。
③ 第１項の規定による処分に対しては、その告知を受けた日から１週間の不変期間内に、異議の申立てをすることができる。
④ 前項の異議の申立ては、執行停止の効力を有する。
⑤ 第１項の場合において、同項の破産債権を有する者が同項の費用の予納をしないときは、裁判所は、決定で、その者がした破産債権の届出又は届出事項の変更に係る届出を却下しなければならない。
⑥ 前項の規定による却下の決定に対しては、即時抗告をすることができる。

規則
(特別調査期間に関する費用の予納を命ずる処分の方式・法第120条)
第41条　法第120条第１項の規定による処分は、これを記載した書面を作成し、その書面に処分をした裁判所書記官が記名押印してしなければならない。

1　本条の趣旨

本条は、特別調査期間に関する費用について、その費用の予納を命じる処分及び費用の予納をしない場合の措置と、それらの処分等に対する不服申立て手続を定めるものである。

2　費用の予納を命ずる処分

特別調査期間を定めて債権調査を行う場合、送達や追加報酬等のための費用が必要となる（法119条６項及び**本書119条の解説３**参照）ところ、その費用は特別調査の対象となる破産債権を有する者が負担すべきものであるから（同

条3項)、裁判所書記官は、その者に対し、相当の期間を定めて費用の予納を命じなければならない（本条1項）。この処分は、相当と認める方法[1]で告知することにより効力を生じる（本条2項）。

旧法では特別調査期日に関する費用の予納を命ずる行為は、民事訴訟費用等に関する法律12条1項により、裁判所の権限とされていたが、このような行為の判断は、形式的なものであることから、裁判所書記官の権限とされたものである。処分の内容を客観的に明確にするため、裁判所書記官は、処分を記載した書面を作成し、これに記名押印しなければならない（規則41条）[2]。同様の規定としては規則16条がある（**本書21条の解説**参照）。

3　異議の申立て

予納を命ずる処分に対しては、告知を受けた日から1週間の不変期間内に異議の申立てをすることができ（本条3項）、この申立ては執行停止の効力を有する（本条4項）。

裁判所書記官の処分と異議の申立てに対する裁判との関係は、民事訴訟法137条における訴状についての補正命令と訴状の却下命令の関係をモデルにしつつ、裁判所書記官の処分に対する異議の申立てによって裁判所の判断を一度は行うことにしたものである[3]。

異議の申立てに対し、処分をした裁判所書記官の所属する裁判所は、決定で裁判をする（法13条、民事訴訟法121条）。この決定に対して不服申立てをすることはできず（**本書9条の解説**参照）、後記**5**の届出の却下に対する即時抗告において判断されることになる。裁判所が異議の申立てについて理由があると認めるときは、裁判所は、裁判所書記官の処分を取り消し、必要な場合には一定の処分を命じることができる。なお、異議の申立てに対し裁判所が予納額を減額すべきであると判断する場合は、裁判所書記官の処分に対する異議が繰り返されることがないよう、裁判所が、自ら金額を定めるのが相当である（民事訴訟法71条6項参照）[4]。異議の申立てについて理由がないときは、申

---

[1] 通常の郵便、電話等相当と認める方法によればよい（秋山幹男ほか『コンメンタール民事訴訟法Ⅱ〔第2版〕』（日本評論社、2006年）520頁。
[2] 『条解規則』101頁。
[3] 『基本構造』160頁。

立てを却下する。

4　費用の予納をしない場合の措置

　破産債権者が費用の予納を命じられたにもかかわらず予納しない場合、裁判所は、決定で、その破産債権者がした破産債権の届出又は届出事項の変更に係る届出を却下しなければならない（本条5項）。

5　即時抗告

　本条5項による却下決定に対しては即時抗告ができる（本条6項）。

　抗告審裁判所が、裁判所書記官の処分で定められた予納額は高すぎるとする抗告理由に理由があると判断し、届出の却下決定を取り消す場合に、予納額を自判できるかという点については、2つの考え方がある。1つは、即時抗告を認容する場合は届出を却下する決定を取り消し得るにすぎず、再度原審の裁判所書記官が費用の額を定めなければならないとする立場であり、他の1つは、裁判所書記官の処分とこれを基とする不服申立ての繰り返しを防ぐ必要があることや、予納金に関する判断がそれほど複雑なものでないことから、抗告審裁判所が予納額を自判できるとする立場である[5]。

（池田聡介）

第3款　期日における破産債権の調査

第121条　一般調査期日における調査

> ①　破産管財人は、一般調査期日が定められたときは、当該一般調査期日に出頭し、債権届出期間内に届出があった破産債権について、第117条第1項各号に掲げる事項についての認否をしなければならない。
> ②　届出をした破産債権者又はその代理人は、一般調査期日に出頭し、前項の破産債権についての同項に規定する事項について、異議を述べることが

4　『条解』854頁。
5　『基本構造』161頁、『条解』854頁。

できる。
③　破産者は、一般調査期日に出頭しなければならない。ただし、正当な事由があるときは、代理人を出頭させることができる。
④　前項本文の規定により出頭した破産者は、第１項の破産債権の額について、異議を述べることができる。
⑤　第３項本文の規定により出頭した破産者は、必要な事項に関し意見を述べなければならない。
⑥　前２項の規定は、第３項ただし書の代理人について準用する。
⑦　前各項の規定は、債権届出期間の経過後に届出があり、又は届出事項の変更があった破産債権について一般調査期日において調査をすることにつき破産管財人及び破産債権者の異議がない場合について準用する。
⑧　一般調査期日における破産債権の調査は、破産管財人が出頭しなければ、することができない。
⑨　裁判所は、一般調査期日を変更する決定をしたときは、その裁判書を破産管財人、破産者及び届出をした破産債権者（債権届出期間の経過前にあっては、知れている破産債権者）に送達しなければならない。
⑩　裁判所は、一般調査期日における破産債権の調査の延期又は続行の決定をしたときは、当該一般調査期日において言渡しをした場合を除き、その裁判書を破産管財人、破産者及び届出をした破産債権者に送達しなければならない。
⑪　第118条第４項及び第５項の規定は、前２項の規定による送達について準用する。

規則
（認否予定書の提出）
第42条　①　裁判所は、一般調査期日（法第112条第１項に規定する一般調査期日をいう。以下この款において同じ。）を定めた場合には、破産管財人に対し、法第121条第１項に規定する破産債権について、法第117条第１項各号に掲げる事項についての認否の予定を記載した書面の提出を命ずることができる。この場合において、破産管財人は、法第121条第７項に規定する破産債権に

ついても、法第117条第１項各号に掲げる事項についての認否の予定を当該書面に記載することができる。
②　前項前段の規定は、特別調査期日（法第122条第１項に規定する特別調査期日をいう。以下この款において同じ。）を定めた場合における同条第１項及び同条第２項において準用する法第119条第２項に規定する破産債権について準用する。

（期日における認否等の方式等・法第121条等）
第43条　①　届出をした破産債権者が法第121条第２項（同条第７項及び法第122条第２項において準用する場合を含む。）の規定により異議を述べるときは、異議の内容のほか、異議の理由を述べなければならない。破産者が法第121条第４項（同条第７項及び法第122条第２項において準用する場合を含む。）の規定により異議を述べる場合についても、同様とする。
②　前項前段の規定は法第121条第２項の代理人について、前項後段の規定は同条第３項ただし書の代理人について準用する。
③　法第121条第２項及び同条第３項ただし書の代理人の権限は、書面で証明しなければならない。
④　破産管財人は、一般調査期日又は特別調査期日において、届出をした破産債権者であって当該一般調査期日又は特別調査期日に出頭しないものが有する破産債権について、法第117条第１項各号に掲げる事項について認めない旨の認否をしたときは、その旨を当該届出をした破産債権者に通知しなければならない。ただし、当該届出をした破産債権者が当該認否の内容を知っていることが明らかであるときは、この限りでない。
⑤　裁判所書記官は、一般調査期日又は特別調査期日において、届出をした破産債権者であって当該一般調査期日又は特別調査期日に出頭しないものが有する破産債権について、第１項前段（第２項において準用する場合を含む。）に規定する異議があったときは、その旨を当該届出をした破産債権者に通知しなければならない。

（書面による破産債権の調査に関する規定の準用）
第44条　①　第38条の規定は、破産管財人が一般調査期日又は特別調査期日に

おいて述べた法第117条第1項各号に掲げる事項についての認否を認める旨に変更する場合並びに届出をした破産債権者が前条第1項前段（同条第2項において準用する場合を含む。）に規定する異議を撤回する場合及び破産者が同条第1項後段（同条第2項において準用する場合を含む。）に規定する異議を撤回する場合について準用する。

② 第39条第1項前段の規定は、破産者が法第123条第1項の規定により書面で異議を述べる場合について準用する。

③ 第40条の規定は、書類を通常の取扱いによる郵便に付し、又は同条に規定する信書便の役務を利用して送付する方法により法第121条第9項若しくは第10項（法第122条第2項において準用する場合を含む。）又は法第122条第2項において準用する法第119条第6項において準用する法第118条第3項の規定による送達をした場合について準用する。

④ 第41条の規定は、法第122条第2項において準用する法第120条第1項の規定による処分について準用する。

1　本条の趣旨

本条は、期日方式を採用した場合の一般調査期日における債権調査の手続等について定めるものである。

2　期日方式と期間方式

破産法は、書面による債権調査の方式（期間方式。法118条、119条）を原則とし（法116条1項）、期日における債権調査の方式（期日方式。法121条、122条）を選択することができるとしている（法116条2項）。期間方式と期日方式の異同や、実務上いずれが利用されていることが多いかについては、**本書116条の解説3** を参照されたい。

3　一般調査期日と特別調査期日

債権調査期日には、全ての破産債権者を対象として想定する一般調査期日と、一般調査期日における調査の対象となし得なかった破産債権を調査の対象とする特別調査期日とがある。本条は、前者の一般調査期日について定め

るものであり、特別調査期日については、**本書122条の解説**を参照されたい。
一般調査期日は、原則として破産手続開始決定と同時に（法31条1項3号、32条1項3号）、債権届出期間（法31条1項1号）の末日から1週間以上2カ月以内の日に指定される（規則20条1項4号）。通常、財産状況報告集会や債権者集会と同一日時に指定される[1]。もっとも、異時廃止見込みである場合、一般調査期日の指定を留保することができる（いわゆる留保型。法32条2項）。破産債権者らの手続的負担を考慮し、配当見込みであることが明らかである場合を除いて留保型を用いる裁判所もある[2]。留保型を採用した場合も、配当可能となった場合、一般調査期日が指定される（法32条3項）。

4　一般調査期日の運営

債権調査期日は、非公開で行われ、裁判長が指揮する（法13条、民事訴訟法148条）。このため、法廷ではなく、裁判所内の適宜の場所で行われることも多い。調書は、裁判長が作成を命じたときにのみ作成される（規則4条）。

破産管財人及び破産者は、債権者集会に出頭しなければならない（本条3項本文、8項）。破産管財人は、債権調査が配当の基礎となるものであり、債権調査の中心を担う者であることから、破産者は、破産債権について最も知識を有する者であることから、それぞれ出頭義務を負わされている[3]。もっとも、破産管財人が一般調査期日に出頭しなければ、債権調査を行うことができず（本条8項）、債権調査期日を延期（本条10項）するしかないが、破産者が出頭しなくとも、債権調査を行うことは可能である。また、届出をした破産債権者に出頭の権利はあるが義務はなく（本条2項）、1人も出頭しないまま債権調査期日が開催されることも少なくない。破産管財人については、破産管財人代理（法77条1項）の出頭でも足る。職務分掌されていない数人の破産管財人があるときに破産管財人全員の出頭を要するかについては争いがある[4]。破産者は、傷病など正当な事由がある場合は代理人を出頭させることができる（本条3項ただし書）。破産債権者も代理人（弁護士である必要はない[5]）

1　『手引』287頁。
2　『運用と書式』225頁。
3　『大コンメ』503頁〔井上一成〕。
4　『条解』503頁。

を出頭させることが可能である。代理人を出頭させる場合、代理権限を書面で証明しなければならない（規則43条3項）。

　破産管財人は、後記5の一般調査期日における調査の対象となる破産債権について、後記6の通り、破産債権の額等について認否をしなければならない（本条1項・7項）。出頭した破産債権者又はその代理人は、後記7の通り、他の破産債権者の届け出た破産債権に対して破産債権の額等について異議を述べることができる（同条2項・7項）。出頭した破産者又は代理人は、後記8の通り、破産債権の額についてのみ異議を述べることができ（同条4項・6項・7項）、債権調査に必要な事項について意見を述べなければならない（同条5項ないし7項）。

5　一般調査期日における債権調査の対象

　一般調査期日における債権調査の対象となるのは、①債権届出期間内に届出があった破産債権（本条1項）並びに②債権届出期間経過後に届出があり、又は他の破産債権者を害すべき届出事項の変更があった破産債権であって、一般調査期日において調査をすることにつき破産管財人及び破産債権者の異議がないもの（本条7項）である。②について、特別調査期日を開催することによる手続の遅滞を回避するため、債権調査期日の直前に届出等がなされたために調査の準備ができないような場合を除き、破産管財人が異議を述べることはなく、また、破産債権者が他の破産債権者の届出について関心を持って異議を述べることもないことが通常である。したがって、実務上、債権届出期間の前後を問わず、一般調査期日までに届出がなされた破産債権は、ほとんどが同期日における調査の対象とされている。もっとも、債権調査期日直前の届出があり、破産管財人による調査のための時間が必要な場合は、一般調査期日を続行又は延期することもある[6]。

　破産者及び破産債権者の調査の対象となる事項は、①破産債権の額、②優先的破産債権、劣後的破産債権又は約定劣後破産債権であること及び③別除権の予定不足額である（本条1項・2項・7項、117条1項各号）。これに対し、

5　『条解』859頁。
6　『手引』259頁、『運用と書式』233頁。

破産者の異議の対象は破産債権の額のみである（本条4項・6項・7項）

6　破産管財人の認否

　破産管財人は、一般調査期日に出頭し、前記**5**の調査対象となる破産債権について、債権の額等について認否を述べなければならない（本条1項）。破産債権者の異議と異なり、認否の理由を述べることは法律上求められていない。もっとも、後記の当該届出破産債権者に対する認めない旨の通知書には、認否の理由を記載する運用が通常である。後記の認否予定書を提出している場合でも、期日において異なる認否を述べた場合、後者が真の認否となる。なお、破産管財人のなす認めない旨の認否について、破産債権者などと同様、慣習的に「異議を述べる」と表現することがある。

　期日方式の場合、期間方式と異なり、認否書（法116条1項）の作成は法定されていない。しかし、破産管財人が認否の予定を整理し、裁判所が認否の予定を事前に把握し、また、裁判所書記官が破産債権者表への記載の正確性を担保するために、裁判所は、期日方式を採用した場合であっても、一般調査期日において予定する認否の予定を記載した認否予定書の提出を命じることができる（規則42条1項）。もっとも、期間方式における認否書と異なり、あくまでも期日において述べたものが認否の内容となる[7]。なお、裁判所書記官の負担を軽減し、迅速性・正確性を確保するため、認否予定書を債権者表（法115条1項・2項、124条2項）として援用可能な形式のものとする裁判所がある[8]。他方、認否予定書ではなく、債権調査期日に認否書を提出する運用を取る裁判所もある[9]。

　破産管財人が認めない旨の認否をするのは、破産債権がそもそも存在しない場合、破産債権は存在するが額が異なる場合、証拠書類が不足するため、破産債権の存否又は額が不明である場合、破産債権の存否及び額に争いはないが、代位弁済を受けたことなどによって既に債権者ではなくなっている場合、債権の原因が異なる場合、優先的破産債権・一般破産債権・劣後的破産債権の別が間違っている場合などがある。また、破産債権の存否や内容につ

---

[7] 『条解規則』103頁。
[8] 『運用と書式』235頁。
[9] 『破産実務』457頁。

いて争いはないものの、届出債権者間の実質的な衡平を図るなど目的のためのいわゆる戦略的異議を述べる場合もある[10]。

　破産債権について認めない旨の認否をした場合で、届出をなした破産債権者が一般調査期日に出頭しなかったときには、期間方式と異なり破産債権者が認否書を閲覧して認否の内容を確認することはできない。そこで、破産管財人は、原則として、当該届出破産債権者に対し、認めなかった旨を通知しなければならない（いわゆる「異議通知」。規則43条4項本文）。ただし、当該届出破産債権者が認否の内容を知っていることが明らかな場合は、通知は不要である（同項ただし書）。破産手続開始決定後の額未定の利息・遅延損害金について、破産管財人が認めない旨の認否を行うことを予告し、通知を回避する運用を行う裁判所がある[11]。また、一般調査期日に先立ち、破産管財人が認否予定の通知書を当該届出破産債権者に送付し、債権調査期日後には通知を行わない裁判所もある[12]。

　一般調査期日において破産管財人が認め、かつ、破産債権者が後記7の異議を述べなければ、①破産債権の額及び②優先的破産債権、劣後的破産債権又は約定劣後破産債権であることが確定する。破産管財人が認めなかった破産債権について、当該届出破産債権者は、1カ月の不変期間内に限り、債権査定申立て（法125条1項・2項）を行うことができる。ただし、有名義債権については、破産管財人が1カ月の不変期間内に当該破産債権に関して破産手続開始決定時に係属する訴訟の受継（法129条2項・3項）等をする必要がある。

　一般調査期日において認否を述べた後、いったんした認める旨の認否を認めない旨に変更することはできない。他方、反対説もあるが、破産管財人は、債権査定申立て期間経過後も、最後配当の除斥期間経過までは、認めない旨の認否の一部又は全部を認める旨に変更することはできると解されている[13]（いわゆる「異議撤回」）。この場合、破産管財人は、当該変更の内容を記載した書面を裁判所に提出するとともに、当該届出破産債権者に対してその旨を通知しなければならない。

---

10 『条解』836頁、『手引』286頁。
11 『運用と書式』247頁。
12 『破産実務』457頁。

7 破産債権者の異議

　届出をした破産債権者は、一般調査期日に出頭し、前記5の調査対象となる破産債権について債権の額等について異議を述べることができる。もっとも、実務上、破産債権者が異議を述べることは稀である。異議は、異議の内容及びその理由を一般調査期日において口頭で述べることを要する（規則43条1項前段）。異議理由を述べる必要があるとされたのは、濫用的な異議申述を防止し、異議を述べられた破産債権者が理由を早期に把握し、その後の手続を円滑に進めることができるようにするためである。したがって、理由を付すことなく異議を述べたとしても、破産債権者の異議の効力に影響はないと解されている[14]。

　裁判所書記官は、一般調査期日に出頭しなかった破産債権者が届け出た破産債権について他の破産債権者が異議を述べた場合、当該届出破産債権者に対し、その旨を通知しなければならない（規則43条5項）。

　異議が述べられた破産債権について、当該届出破産債権者は、1カ月の不変期間内に限り、債権査定申立てを行うことができる（法125条1項・2項）。ただし、有名義債権については、異議を述べた破産債権者が1カ月の不変期間内に当該破産債権に関して破産手続開始決定時に係属する訴訟の受継（法129条2項、3項）等をする必要がある。

　一般調査期日後に異議を述べた破産債権者は、最後配当の除斥期間が経過する前であれば、反対説もあるが、異議の撤回が可能であると解されている[15]。破産債権者が異議を撤回する場合、異議撤回の内容を記載した書面を裁判所に提出するとともに、異議の撤回に係る破産債権を有する破産債権者に対してその旨を通知しなければならない（規則44条1項、38条）。

---

13 『条解』838頁。規則44条1項、38条は、認める旨への認否の変更が可能であることを前提にしている。なお、『手引』289頁は、除斥期間満了前に債権査定申立期間が満了する場合は、その満了までの間のみ認否の変更が可能であるとしているが、東京地方裁判所においても実際の運用は柔軟になされているようである。

14 『条解規則』98頁。

15 『条解』844頁。規則44条1項、38条は、異議の撤回が可能であることを前提としている。反対説につき、注13参照。

8　破産者の異議等

　破産者は、破産債権について最も知識を有する者であるから、債権調査期日に出頭し（前記**4**）、情報開示義務（法40条1項）の一環として、一般調査期日において、必要な事項に関して意見を述べなければならない（本条5項）。

　他方、一般調査期日に出頭した破産者は、前記**5**の調査対象となる破産債権の額について異議を述べることができる（本条4項）。異議は、異議の内容及びその理由を一般調査期日において口頭で述べることを要する（規則43条1項後段）。異議理由を要するとした根拠及び理由なき異議の効力については、前記**7**の破産債権者の異議と同様である。

　破産者の異議は、他の破産債権者からの異議と異なり、破産債権の確定を妨げる効力はなく（法124条1項）、破産者との関係で破産債権者表について執行力の発生を妨げるに留まる（法221条2項）。このため、破産者の異議の対象は破産債権の額に限定され、裁判所書記官による異議の通知も要しない。

　破産者が異議を撤回できることは、破産債権者と同様である。この場合の手続は、破産債権者の異議撤回と同様であり、異議の通知が不要であることと異なり、異議の撤回に係る破産債権を有する破産債権者に対して異議の撤回を通知しなければならない（規則44条1項、39条）。

9　一般調査期日の変更・延期・続行

　一般調査期日指定後の事情の変化により、指定された期日の変更を行う必要が生じる場合がある。また、指定された一般調査期日が開催されたとしても、債権者が多数にわたるなど債権調査の準備にさらに時間を要する場合などには、一部の債権調査のみを実施して残部の調査のために期日を続行したり、債権調査を実施せずに期日を延期したりする必要が生じることもある。実務的には、一般調査期日後の債権の変動を可能な限り回避し、異時廃止となる場合に無用な債権調査を実施することを避けるため、換価が完了する時期まで一般調査期日を延期する運用がなされている裁判所が多い[16]。また、一般調査期日を続行して行ういわゆる虫食い認否は避けることが原則とされ

16　『破産実務』461頁、『運用と書式』228頁。

ている[17]。

　一般調査期日の変更、延期又は続行があった場合、裁判所は、変更等の決定書を破産管財人、破産者及び届出破産債権者に送達しなければならない（本条9項・10項）。しかし、延期及び続行が期日において言い渡された場合は、送達を要しない（本条10項）。実務上は、ほとんどが期日の延期を一般調査期日において言い渡しており、送達が必要となることは少ない。送達を要する場合、普通郵便又は信書便で行うことができ（本条11項、118条4項）、代用公告（法10条3項）も可能である。

（新宅正人）

第122条　特別調査期日における調査

> ①　裁判所は、債権届出期間の経過後、一般調査期間の満了前又は一般調査期日の終了前に届出があり、又は届出事項の変更があった破産債権について、必要があると認めるときは、その調査をするための期日（以下「特別調査期日」という。）を定めることができる。ただし、当該破産債権について、破産管財人が第117条第3項の規定により提出された認否書に同条第1項各号に掲げる事項の全部若しくは一部についての認否を記載している場合又は一般調査期日において調査をすることについて破産管財人及び破産債権者の異議がない場合は、この限りでない。
> ②　第119条第2項及び第3項、同条第6項において準用する第118条第3項から第5項まで、第120条並びに前条（第7項及び第9項を除く。）の規定は、前項本文の場合における特別調査期日について準用する。

規則
（認否予定書の提出）
第42条　①　裁判所は、一般調査期日（法第112条第1項に規定する一般調査期日をいう。以下この款において同じ。）を定めた場合には、破産管財人に対し、法

17　『破産実務』461頁、『運用と書式』229頁。

第121条第1項に規定する破産債権について、法第117条第1項各号に掲げる事項についての認否の予定を記載した書面の提出を命ずることができる。この場合において、破産管財人は、法第121条第7項に規定する破産債権についても、法第117条第1項各号に掲げる事項についての認否の予定を当該書面に記載することができる。
② 前項前段の規定は、特別調査期日（法第122条第1項に規定する特別調査期日をいう。以下この款において同じ。）を定めた場合における同条第1項及び同条第2項において準用する法第119条第2項に規定する破産債権について準用する。

1 本条の趣旨

本条は、期日方式を採用した場合の特別調査期日における債権調査の手続等について定めるものである。

2 期日方式と期間方式

破産法は、特別調査についても、期間方式を原則とし、期日方式は裁判所が必要と認めるときに採用されるとしている（本条1項）。しかし、実務上は、期日方式が原則となっている（**本書116条の解説3**を参照）。

3 一般調査期日と特別調査期日

本書121条の解説3を参照されたい。
なお、一般調査において期間方式を採用した場合であっても、特別調査において期日方式をとることができ（本条1項・2項、法119条2項）、一般調査において期日方式を採用した場合であっても、特別調査において期間方式をとることができる（法119条1項・2項）。

4 特別調査期日の決定及び運営

裁判所は、特別調査期日を定める決定をした場合、決定書を破産管財人、破産者及び届出破産債権者に送達しなければならない。送達の方法及びその他の特別調査期日の運営（本条2項、法121条1項ないし6項、8項）について

は、**本書121条の解説4**を参照されたい。

5　特別調査期日における債権調査の対象

　特別調査期日における債権調査の対象となるのは、第1に、債権届出期間経過後に届出があり、又は他の破産債権者を害すべき届出事項の変更があった破産債権であって、一般調査期日において調査をすることにつき破産管財人又は破産債権者の異議があるもの（一般調査において期日方式が採用された場合。期間方式の場合は、破産管財人が一般調査期間のために提出した認否書に認否を記載しなかったもの（法117条3項参照）。本条1項）である。

　第2に、①破産債権者が責めに帰すことができない事由によって、一般調査期日終了若しくは一般調査期間経過までに破産債権の届出をすることができず、その事由が消滅した後1カ月以内に債権届出をした場合（本条2項、法119条2項、112条1項）、②一般調査期日終了後若しくは一般調査期間の経過後に生じた破産債権であって、破産債権者がその権利発生後1カ月以内に債権届出をした場合（本条2項、法119条3項）、又は③破産債権者が責めに帰すことができない事由によって、一般調査期日終了後若しくは一般調査期間経過後に他の破産債権者を害すべき届出事項の変更をする場合であって、その事由が消滅した後1カ月以内に変更をした場合（本条2項、法119条2項、112条1項・4項）である。

　もっとも、実務上は、第1のカテゴリーについては、ほとんどが一般調査期日において債権調査が行われており（**本書121条の解説5**参照）、第2に属するものが特別調査期日における債権調査の対象となることが通常である。特別調査期日における債権調査の対象となることが多いものとしては、一般調査後に破産管財人によって新たに発見されるまで破産手続が行われていることを知らず、債権届出の機会を与えられなかった破産債権者の有する破産債権や、破産管財人が偏頗行為否認による否認権を行使したために復活する破産債権（法169条）などがある。

7　費用負担

　特別調査期日に関する費用は、その対象となる破産債権を有する者の負担となる（本条2項、法119条3項）。特別調査期日が専ら当該破産債権者のため

のものであるからであり、副次的に、届出期間を遵守させ、債権調査を円滑に進める効果を有する[1]。負担すべき費用としては、特別調査期日を定める決定書の送達費用（本条2項、法119条6項、118条3項）やこれに変わる代用公告（法10条3項）の費用、特別調査に係る破産管財人の報酬（法87条1項）などが想定される。もっとも、実務上、破産管財人の報酬が考慮されることは少ない。費用を予納しない場合は、破産債権届出又は届出事項の変更に係る届出は却下される（本条2項、法120条5項）。

8　破産管財人の認否、破産債権者及び破産者の異議等

本書121条の解説6～8を参照されたい（本条2項、法121条1項ないし6項、8項）。

9　特別調査期日の変更・延期・続行

本書121条の解説9を参照されたい（本条2項、法119条6項、118条3項、121条10項・11項）。

（新宅正人）

第123条　期日終了後の破産者の異議

① 破産者がその責めに帰することができない事由によって一般調査期日又は特別調査期日に出頭することができなかったときは、破産者は、その事由が消滅した後1週間以内に限り、裁判所に対し、当該一般調査期日又は特別調査期日における調査に係る破産債権の額について、書面で、異議を述べることができる。
② 前項に規定する1週間の期間は、伸長し、又は短縮することができない。

1　『基本法コンメ』270頁〔日景聡〕。

1 本条の趣旨

(1) 趣　　旨

　破産者は債権調査期日に出頭しなければならず（法121条3項、122条2項）、出頭した破産者は破産債権の額について異議を述べることができる（法121条4項、122条2項）。破産者の異議は、破産債権者からの異議と異なり、破産債権確定の効果を妨げるものではない（法124条1項）が、破産者が異議を述べることにより破産手続廃止後又は破産手続終結後の破産債権表の記載に基づく強制執行を回避することができる（法221条2項）。もっとも、法人である破産者は手続終了により原則として法人格が消滅するし、自然人である破産者についても免責許可決定がなされることが多いので、一般的には破産債権による強制執行を想定して異議を述べる必要性は高くない。自然人の破産者に非免責債権や免責不許可事由が存する場合には、自由財産に対する強制執行が想定されるので、破産者として異議を述べる必要性が存する。
　破産者の異議にはこのような効果が付与されているため、その責めに帰することができない事由によって債権調査期日に出頭できず、異議を述べられなかった破産者に対し、一定期間内に異議の追完[1]を認めることとしたものである。

(2) 異議の追完の要件

a　破産者の責めに帰することができない事由

　責めに帰することができない事由とは、天災や急病[2]、破産者に関わりのない事故[3]などにより、調査期日に出頭することができなかった場合を意味する。
　破産者は、調査期日に代理人を出頭させることができる（法121条3項ただし書、122条2項）が、代理人の責めに帰すべき事由により出頭できなかった場合、あるいは出頭した代理人が異議を述べなかった場合には、本人には帰

---

[1]　旧法では、異議の申述のためには原状回復の申立が必要とされていた（旧法288条）が、現行法では不要とされている。民事訴訟法における訴訟行為の追完についても同様である（民事訴訟法97条）。
[2]　家族の急病もこれに該当するかどうかは問題であるが、少なくとも本人の急病と同視できるような事情が存在する場合に限られると思われる。
[3]　事故による公共交通機関の遅延等が考えられる。

責事由がなくても本条は適用されない[4]。

b　追完の手続

責めに帰することができない事由が消滅した後1週間以内に限り、裁判所に対し書面で異議を述べることが必要である。1週間の期間は不変期間であり（法123条2項）、当該事由が消滅した日の翌日から起算する（法13条、民事訴訟法95条1項、民法140条）。

異議を申述する書面には、異議の内容のほか、異議の理由を記載しなければならない（規則44条2項、39条1項前段）。

（池上哲朗）

第4款　破産債権の確定

第124条　異議等のない破産債権の確定

① 第117条第1項各号（第4号を除く。）に掲げる事項は、破産債権の調査において、破産管財人が認め、かつ、届出をした破産債権者が一般調査期間内若しくは特別調査期間内又は一般調査期日若しくは特別調査期日において異議を述べなかったときは、確定する。
② 裁判所書記官は、破産債権の調査の結果を破産債権者表に記載しなければならない。
③ 第1項の規定により確定した事項についての破産債権者表の記載は、破産債権者の全員に対して確定判決と同一の効力を有する。

1　本条の趣旨

本条は、債権調査手続における破産債権の確定に関する要件（本条1項・2項）及び効力（本条3項）を定めた規定である。

破産手続は、破産手続に参加した破産債権者に破産財団を原資とする比例

---

[4] 『条解』868頁、『大コンメ』509頁〔井上一成〕。

的満足を与えることを目的とするため、資産（破産財団）と負債（破産債権）を確定することが必要となる。破産債権の確定のためには、債権調査の手続が設けられ、届出がなされた破産債権について、破産管財人が認否するほか、他の債権者の存在によって自己の債権の満足に制約を受ける破産債権者にも相互牽制の機会が与えられている（法118条、119条、121条、122条）。債権調査において、破産管財人が認め、他の破産債権者が異議を述べなかった破産債権については、破産債権者表にその結果が記載されることにより、破産管財人及び債権者相互間で確定され（本条）、議決権の行使や配当手続等その後の破産手続の基礎とされる。債権調査で争いのあった破産債権については、裁判手続が用意され、最終的には裁判の効力によって上記関係人間で一律に決着が図られるが（法125条ないし131条）、本条は、こうした手続のうち、債権調査手続における集団的な破産債権の確定（「破産式確定」と呼ばれる）の要件と効果を定めている。

2　破産債権確定の要件（本条1項）

　破産債権が確定するためには、届出のなされた破産債権に関し、①破産債権の調査において破産管財人が認め、かつ、②一般調査期間内若しくは特別調査期間内又は一般調査期日若しくは特別調査期日において、届出をした他の破産債権者が異議を述べなかったことが必要である（本条1項）。さらに、③裁判所書記官は破産債権調査の結果を破産債権者表に記載しなければならないが（本条2項）、破産債権調査によって確定した事項が破産債権者表に記載されると、「確定判決と同一の効力」が付与されて（本条3項）、確定状態が生じることになるため、③が破産債権の確定のための形式的要件といわれている[1]。

　以上に対し、破産者の異議（法118条2項、119条5項、121条4項・7項、122条2項、123条1項）は、債権確定の効力が破産者に及ぶことを阻止する効力を有するだけで、破産債権の確定を妨げる効力を有しない（法221条2項）。

1　『条解』875頁、『大コンメ』513頁〔橋本都月〕、『注解（下）』517頁〔中西正〕。

(1) 破産管財人が認めたこと

a　認否の対象

　破産管財人の届出破産債権に対する認否の対象は、①破産債権の額、②優先権の有無及び③劣後的部分の区分並びに④別除権付破産債権の予定不足額であるが（法117条1項1ないし4号）、確定の対象となるのは①ないし③のみである（本条1項）。①ないし③のうち、破産管財人がその一部分を認め、その余を認めなかった場合は、その部分のみが確定する。例えば、届出破産債権の優先権を認めずに破産債権の額を認めた場合や届出破産債権の額の一部を認めてその余を認めない場合は、認めた部分のみが確定する。

b　認否の方法

　債権調査には、書面による債権調査（法117条以下）と期日における債権調査（法121条以下）があるが、破産管財人は、前者の場合は認否書により、後者の場合には期日における陳述により認否を行う（法116条1項・2項）。

　破産債権が確定するためには、破産管財人が「認めること」が要件である。もっとも、書面による債権調査の場合、債権届出期間内に届出がなされた破産債権について、認否を留保する旨を記載しないまま認否書に記載すべき事項に認否の記載がないものがあるときは、破産管財人は、認否の記載がない事項について認めたものとみなされるので注意を要する（法117条3項・4項、119条4項）。また、債権届出期間の経過後に届出がなされ、又は他の破産債権者の利益を害すべき届出事項の変更がなされたときにも、破産管財人は認否を行うことができるが（法117条2項）、認否を行いながら認否書に記載すべき事項の一部について記載がない場合は、当該事項について認めたものとみなされる（法117条2項ないし5項）ことにも注意しなければならない（**本書117条の解説5**参照）[2]。

　以上に対し、期日における破産債権の調査の場合は、破産管財人が期日に出頭して口頭で述べた認否のみが効力を有し、債権調査期日で破産管財人が「認否予定書のとおり認否する。」旨を陳述した場合に認否予定書（規則42条）に記載漏れがあっても、記載がない事項について認めたものとみなされるわけではない（その結果、認否に脱漏が生じた場合は、裁判所は続行期日を指定す

2　『条解』835頁。

べきである[3])。また、期日で認否予定書の記載と異なる認否が述べられれば、口頭の認否のみが効力を有する（**本書121条の解説6**参照）。

(2) 届出破産債権者が異議を述べなかったこと

　異議を述べることができるのは、破産債権の届出をした破産債権者であり、異議の対象となる事項は、破産管財人の場合と同様である。実体法上、破産債権を有していても届出をしていない破産債権者や財団債権者に異議権はない。優先的破産債権として届出をした債権者が一般の破産債権として届出がなされた破産債権について異議を述べることができるかは問題であるが、議決権額の確定について意味があるので積極的に解すべきである[4]。

　異議を述べた破産債権者が破産債権の届出を全部取り下げた場合は、届出破産債権者としての地位を失うので当該異議の効力は失われる。自己が届出をした破産債権について、破産管財人から認められず、あるいは他の届出破産債権者から異議を述べられた破産債権者も、異議権を失わないが、法125条ないし131条の手続で異議者自身の債権全部の不存在が確定すれば、異議の効力は失効する。異議を述べた破産債権者が自身の届出をした破産債権について破産管財人から認められず、あるいは他の届出破産債権者から異議を述べられたにもかかわらず、査定申立期間内に破産債権査定決定の申立て又は訴訟の受継の申立てをしなかった場合に、どの時点で異議が失効するのかについては、異議の撤回が可能な時期をいつまでと解するかとの関係で争いがある[5]。また、異議を述べた届出破産債権者の破産債権が特定承継又は一般承継された場合は、破産債権の移転に伴って異議者たる地位も承継されると解するべきである[6]。

(3) 認否の変更及び異議の撤回と破産債権の確定

　破産管財人及び破産債権者は、認めないとの認否をした届出債権あるいは異議を述べた届出債権についても、当該破産債権について認める旨に破産管

3　『大コンメ』512頁〔橋本都月〕、『基本法コンメ』278頁〔越山和広〕。
4　『伊藤』610頁注46。
5　『条解』842頁、『伊藤』611頁注46は、破産債権査定申立ての期間経過によって異議は失効するとし、『大コンメ』513頁〔橋本都月〕は、最後配当の除斥期間が経過するまでは認否の変更や異議の撤回が可能であるとの立場から、それまでの間、異議者たる資格は失われないとする。
6　『条解』843頁。

財人の認否が変更され、かつすべて債権者の異議が撤回された時点で破産債権は確定する。ただし、いつの時点まで認否の変更や異議の撤回が許されるかについては争いがあり、裁判所によって運用が異なる可能性がある（**本書117条の解説4**を参照）。

3 破産債権者表への記載（本条2項）

(1) 記載の手続

　裁判所書記官は、届出があった破産債権について破産債権者表を作成し（法115条2項）、債権調査の結果を破産債権者表に記載しなければならない（本条2項）。旧法では、破産債権者表への記載の主体を裁判所としていたが、現行法は、破産債権者表への記載は、裁判所ではなく、裁判所書記官が行う公証行為とした。

　債権調査の結果が記載されることにより、確定の有無や確定事項が明確となり、配当手続や債権者集会での議決権額等その後の手続の基礎とすることができる。

(2) 記載事項等

　破産債権者表に記載すべき事項は、債権調査の対象となった事項（法117条1項各号）についての破産管財人の認否並びに破産債権者及び破産者からの異議の有無である。破産管財人が認め、届出破産債権者が異議を述べなかったときは、その旨の記載をするほか破産債権が確定した旨も記載する。破産管財人からの認否の変更、破産債権者又は破産者からの異議の撤回がなされたときは、その旨も記載する。

4 破産債権者表への記載の効果（本条3項）

(1) 確定の意義

a 破産手続内での不可争的効力

　破産者に対する債権を破産手続において破産債権として扱い、議決権の行使や配当手続等その後の破産手続の基礎とするためには、破産債権者間において、その債権の存否、優先劣後の区分及びその額が不可争的に確定されることが必要である（破産手続内での不可争的効力）。届出がなされた破産債権が債権調査手続において確定すると、破産手続内で破産管財人や破産債権者が

確定した事項を争うことはできなくなる（本条3項）。したがって、破産債権者は、配当の基礎となった破産債権の存否やその額を争って、他の破産債権者が受け取った配当金の不当利得返還請求をすることはできなくなる。

b　既判力の有無

「確定判決と同一の効力」（本条3項）の意義については、既判力を含むのか否か争いがある。肯定説（既判力説）が通説であるとされているが[7]、破産手続内及び破産手続との関係において確定された事項と矛盾する主張を遮断する効力があるにとどまるとする見解（限定説）も相当に有力である[8]。既判力を肯定する見解によれば、確定事項に関する破産債権者表の記載は、破産手続外においてもこれと矛盾する主張を遮断する効力があるが、制限説の立場では、当該破産手続との関連性の有無により、確定の効果力が及ぶ場合とそうでない場合とを区別することになる。例えば、破産手続終了後に免責を受けられなかった破産者に対して強制執行が行われ、債権者が競合した場合、限定説の立場では、破産手続内で確定された債権額は執行手続においては通用力を有さず、互いに配当異議の訴え（民事執行法90条）で債権の存否や額を争うことができることになる[9]。

さらに破産手続から民事再生又は会社更生に手続移行した場合に破産手続の債権調査での確定の効力がこれらの手続にも及ぶかとの問題がある。限定説の立場からは消極的に解されようが、既判力を肯定する立場も、再生債務者や更生手続の管財人は既判力の主観的効力の範囲外であると解している。もっとも、破産者が異議を述べなかった場合は、破産債権者表の記載は、破産者に対する債務名義となるため（法221条1項後段）、後行する再生又は更生手続では有名義債権として扱われる可能性がある[10]。

以上のような両説の差異を考えると、実務的には、破産債権者も破産管財人も、既判力があるとの前提で債権調査に臨む方が安全ではあると思われ

---

[7]　『伊藤』616頁、『倒産法概説』384頁〔山本和彦〕、『破産民再概論』304頁〔長谷部由紀子〕。

[8]　谷口安平『倒産処理法〔第2版〕』（筑摩書房、1980年）298頁、『注解（下）』518頁〔中西正〕、『大コンメ』516頁〔橋本都月〕。

[9]　『注解（下）』519頁〔中西正〕、『条解』878頁。通説と限定説で結論が分かれる場面については『条解』878頁以下に詳しい。ただし、限定説の名で括られる見解も個々の問題点に関する結論は必ずしも一様ではない。

c　執行力

破産手続終了後、破産債権者は、破産者が免責許可を受けられなった場合、破産手続終了後に破産債権者表を債務名義（民事執行法22条7号）とし、執行文の付与を受けて強制執行ができる（法221条1項後段、民事執行法26条）[11]。破産者の異議は、破産債権の確定を妨げる効力を有しないものの、破産者との関係で破産債権確定の効力が及ぶことを妨げる効果を有する（法221条2項）。

(2) 効力の客観的範囲

確定するのは、破産債権者表の記載事項のうち、破産債権の額と優先権の有無又は劣後的部分の区分である（本条1項）。

a　破産債権の額

破産債権者表に記載されるのは、「破産債権の額」（存否も含む）のみであるが、確定の対象となるのは、届出で特定された破産債権である[12]。破産債権の届出は、裁判所に対して破産債権としての確定を求める訴訟行為であり、債権届出の内容に破産債権の額及び原因が必要とされるのは（法111条1項1号）、届出にかかる破産債権を特定するためである。確定を求める破産債権の特定を欠く届出に対しては、補正命令が発せられ、補正がなされなければ、届出は不適法却下される（法13条、民事訴訟法137条）[13]。実務においては、特定性に疑問のある破産債権の届出が散見されるが、破産管財人としては、これを放置したまま認否することは慎むべきである。

また、争いはあるが、破産債権の帰属も確定の対象となる[14]。したがっ

---

[10] 議論は複雑であるが、破産債権者表の記載に「確定判決と同一の効力」（本条4項）があることを根拠に終局判決がある再生・更生債権とする見解や執行文の付与を受ければ執行力ある債務名義のある再生・更生債権とする見解があり得る（上野保「債権の届出・調査・確定」『破産法大系I』360頁）。

[11] 免責許可の決定が確定した債務者に対して確定破産債権を有する債権者が破産債権者表に執行文の付与を受けるには、執行文付与の申立て（民事執行法26条）によるべきであり、当該債権が「破産者が悪意で加えた不法行為に基づく損害賠償請求権」（法253条1項2号）に該当することを理由に当該破産債権が記載された破産債権者表について執行文付与の訴え（民事執行法33条）を提起することは許されない（最判平26.4.24民集68巻4号380頁）。

[12] 『大コンメ』515頁〔橋本都月〕、『条解』873頁。

[13] 『伊藤』598、600頁注8。

て、同一の破産債権について、債権の二重譲渡等を理由に相互に当該債権の帰属を争う債権者らから複数の債権届出がなされた場合は、本来、帰属を争う債権者相互間で異議を述べあうべきであろうが、異議が述べられる保障はないのであるから、破産管財人としては、当該債権の帰属が明らかでない場合は、すべての届出について認めないのが相当である[15]。これに対して、破産債権の帰属には確定の効力は及ばないとする見解は、確定破産債権が確定前から自己に帰属する旨を主張する第三者が破産手続外で確認訴訟を提起して勝訴判決をもって届出名義の変更をすることができるとするが[16]、債権調査の対象は、届出によって債権者を特定された破産債権であり、帰属を離れて債権の特定性を観念することは不可能というべきである[17]。

さらに、破産債権としての適格性も確定の対象となる[18]。したがって、破産債権は執行力を有する財産上の請求権でなければならないため[19]（**本書2条の解説6**参照）、いったん破産債権として確定されれば、例えば、その後に不執行特約の存在や自然債務であることを主張して破産債権者表の記載に不服を申し立てることは許されないと解する[20]。

b 優先権の有無及び劣後的部分の区分

優先権のある破産債権について、優先権を届け出ないまま破産債権が確定した場合、後日になって優先権を主張できない。反対に本来は一般の破産債権にすぎない破産債権が優先権のあるものとして届け出られてそのまま確定したときには、後日になって破産管財人や他の債権者がこれを争うこともできない[21]。

---

14 『伊藤』616頁注57、『条解』878頁、『大コンメ』515頁〔橋本都月〕。
15 『条解』874頁。連帯債権の場合は、いずれの債権届出も認めることになる。本文での設例との違いに注意されたい。
16 『条解会更（中）』706頁、『注解（下）』511頁〔中島弘雅〕、中野貞一郎・道下徹編『破産法〔第2版〕（基本法コンメンタール）』（日本評論社、1997年）274頁〔粟田隆〕。
17 なお、破産債権の確定後に当該破産債権の承継の有無が争われる場合については、『大コンメ』477頁〔林圭介〕、『伊藤』605注26を参照。
18 谷口・前掲注8・296頁、『大コンメ』515頁〔橋本都月〕、『条解』874頁、『基本法コンメ』280頁〔越山和宏〕。
19 『伊藤』260頁、『条解』34頁、『倒産法概説』55頁〔沖野眞已〕。
20 なお、給付訴訟において不執行特約が主張された場合の扱いについて最判平5.11.11（民集47巻9号5255頁）、執行段階での扱いについては最決平18.9.11（民集60巻7号2622頁）参照。

以上に対し、本来は財団債権である債権が破産債権として届け出られて確定した場合には問題がある。財団債権性に疑義がある場合に、財団債権として行使を認められることを解除条件とする届出（予備的届出）がなされた場合は、解除条件が成就すれば、届出の効力は遡及的に失われるため確定の効力を生じない。これに対し、財団債権が無条件に破産債権として届け出られて確定した場合、破産手続上、財団債権として遇することはできなくなるのかは問題であるが[22]、実務的には、債権者としては、財団債権としての行使が許されなくなる可能性があることを念頭に予備的届出をもって対処すべきである。

c 別除権付破産債権

別除権付破産債権については、破産債権（別除権の被担保債権）の全額について上記と同様に確定の効力が生じるが、別除権の存否[23]や予定不足額は確定の対象ではない。

(3) 効力の主観的範囲

破産債権確定の効力は、すべての破産債権者に及ぶ。債権届出の有無、債権調査期日への出頭の有無は問題とならない[24]。

破産管財人は破産債権の確定の前提となる認否の主体であるから、当然に確定の効力を受ける[25]。したがって、例えば、無償行為否認の対象となるべき保証に基づく保証債務履行請求権が債権届出された場合、破産管財人は、認めない旨の認否をしておかないと、否認権行使ができなくなる[26]。これに対し、破産管財人が破産債権の額を認めて確定した場合でも、後に破産管財人が当該破産債権を受働債権とする相殺権を行使すること（法102条）は可能

---

21 『条解』875頁、『大コンメ』515頁〔橋本都月〕、『注解（下）』518頁〔中西正〕。
22 『条解会更（中）』681頁以下は、会社更生の場合について、届出がなされた権利の属性も確定されるとし、確定後は共益債権としての権利行使は許されないとする。破産手続においても同様の議論はあり得ると思われる。また、最判平25.11.21（民集67巻8号1618頁）は、民事再生法上の共益債権に当たる債権を有する者が当該債権を何らの留保を付さず再生債権として届出をして確定し、当該届出を前提に作成された再生計画案について付議決定がなされたときは、当該債権が共益債権であると主張して再生手続外で行使できないとする。
23 名古屋地判昭47.9.28（金判337号17頁）。
24 『条解』877頁、『大コンメ』518頁〔橋本都月〕、『基本法コンメ』280頁〔越山和広〕。
25 『条解』878頁、『大コンメ』518頁〔橋本都月〕、『基本法コンメ』280頁〔越山和広〕。
26 『伊藤』617頁。

であるが[27]、確定した受働債権の額は争うことができないことになる。

(4) 効力の時的限界

破産債権の確定の効力の基準時については、破産債権者表に記載された時点とする見解[28]もあるが疑問である。確定力は、破産債権者表の記載事項について生じるが、その基準時は破産管財人が認め、かつ届出をした破産債権者が異議を述べなったことによって確定した時点（書面による債権調査の場合は債権調査期間の末日、期日における債権調査の場合は当該期日）、あるいは認否の変更もしくは異議の撤回又は異議資格の喪失によって確定したときは、その時点であると解する[29]。

5 破産債権表の記載に対する不服の申立て

(1) 裁判所書記官による更正処分

破産債権者表の記載に誤記や違算などの形式的な誤りがある場合、裁判所書記官は、申立て又は職権により、いつでもその記載を更正する処分をすることができる（法115条）[30]。さらに不服のある破産債権者は、裁判所に異議の申立てができる（法13条、民事訴訟法121条）。

(2) 再審の訴え

破産債権が確定された債権調査手続に再審事由（民事訴訟法338条1項各号）があるときは、破産管財人、破産債権者は、破産裁判所に再審の訴えを提起することができる。既に確定判決を得ている有名義債権が債権調査手続で確定した場合、債権調査手続には瑕疵がないにもかかわらず、確定判決に再審事由があることを理由に再審の訴えを提起できるか否かについては争いがある[31]。

(3) 請求異議の訴え

破産債権の確定後に当該破産債権に実体的な変動が生じたときは、場合を

---

27 破産債権確定の効力を既判力と解する立場においても、破産管財人の相殺権行使自体は、既判力によって遮断されない（大連判明43.11.26民録16輯764頁、最判昭40．4．2民集19巻3号539頁）。なお、未確定の破産債権を有する破産債権者側の相殺権行使に関する問題点については、『破産200問』284頁以下〔熱田雅夫〕、『伊藤』598頁注1参照。
28 『基本法コンメ』280頁〔越山和広〕。
29 『注解（下）』523頁〔中西正〕。
30 更正処分が可能な範囲については争いがある（**本書115条の解説4**を参照）。

分けて検討すべきである。

　破産債権の確定後に債権者の免除・相殺や破産者の自由財産からの任意弁済などで破産債権が絶対的に消滅した場合は、破産管財人又は破産債権者は、請求異議の訴え（民事執行法35条）をもって破産債権者表の記載を争うことができるとするのが通説であり[32]、破産債権の不存在確認の訴えによることは不適法である[33]。この場合の請求異議の訴えの請求の趣旨は、破産債権者表を債務名義とする強制執行の不許を求めるものではなく、当該破産債権による破産手続への参加について不許を求めるものとすべきである[34]。また、本条による確定の効力について既判力を否定する立場においても、確定の効力が発生する前の事由は民事執行法35条2項により遮断されると解されている[35]。もっとも、破産管財人としては、確定後に消滅した破産債権者があるときは、任意に破産債権届出の取下げや配当請求権の放棄をするように促すべきだろう[36]。

　以上に対し、確定した破産債権が全部義務を負う保証人等の弁済によって相対的に消滅した場合（保証人等が破産債権を代位取得した場合）は、届出名義の変更（法113条）により当該破産債権を取得した第三者を破産債権者と扱うことになる（**本書113条の解説**参照）。もっとも、旧破産債権者が届出名義の変更にも届出の取下げにも応じないときは、旧破産債権権者に対し、請求異議の訴えを提起できる。なお、この場合、開始時現存額主義（法104条）との関係で全部義務者が一部弁済したにとどまる場合には請求異議の事由とならないことも注意を要する。

　　　　　　　　　　　　　　　　　　　　　　　　　　　　（石井教文）

31　大判昭16.12.27（民集20巻1510頁）は、確定判決が再審で取り消されたときは、破産債権者表の記載についても再審の訴えを提起できるとする。学説では、許容説として『条解』881頁、『注解（下）』523頁〔中西正〕、否定説として山木戸克己『破産法』（青林書院新社、1974年）247頁注2ほか。
32　『条解』881頁、『伊藤』618頁、『基本法コンメ』280頁〔越山和広〕。
33　東京地判平元.5.31（判タ719号203頁）。
34　『基本法コンメ』280頁〔越山和広〕、『注解（下）』523頁〔中西正〕。
35　『注解（下）』523頁〔中西正〕。
36　豊島ひろ江・上田純「破産債権・再生債権の確定後の債権消滅・変更に関する処理—債権者表の記載と実体法上の権利関係に齟齬がある場合の事後処理を中心に」銀法766号37頁。

第125条　破産債権査定決定

① 破産債権の調査において、破産債権の額又は優先的破産債権、劣後的破産債権若しくは約定劣後破産債権であるかどうかの別（以下この条及び第127条第1項において「額等」という。）について破産管財人が認めず、又は届出をした破産債権者が異議を述べた場合には、当該破産債権（以下「異議等のある破産債権」という。）を有する破産債権者は、その額等の確定のために、当該破産管財人及び当該異議を述べた届出をした破産債権者（以下この款において「異議者等」という。）の全員を相手方として、裁判所に、その額等についての査定の申立て（以下「破産債権査定申立て」という。）をすることができる。ただし、第127条第1項並びに第129条第1項及び第2項の場合は、この限りでない。

② 破産債権査定申立ては、異議等のある破産債権に係る一般調査期間若しくは特別調査期間の末日又は一般調査期日若しくは特別調査期日から1月の不変期間内にしなければならない。

③ 破産債権査定申立てがあった場合には、裁判所は、これを不適法として却下する場合を除き、決定で、異議等のある破産債権の存否及び額等を査定する裁判（次項において「破産債権査定決定」という。）をしなければならない。

④ 裁判所は、破産債権査定決定をする場合には、異議者等を審尋しなければならない。

⑤ 破産債権査定申立てについての決定があった場合には、その裁判書を当事者に送達しなければならない。この場合においては、第10条第3項本文の規定は、適用しない。

1　本条の趣旨

　債権調査の場で、届出破産債権の額等[1]につき、破産管財人がこれを認めず、あるいは他の破産債権者がこれに異議を述べたときは、その破産債権は確定されない結果となるが、その確定を求めるための手続として、本条は、

査定の裁判について定める。

　旧法では、確定を求める手段は債権確定訴訟のみであったが、現行法では、まずは決定手続である査定手続で確定を図り（後記 **3** の通り例外はある）、査定決定に不服のある場合に限り訴訟手続（法126条の「異議の訴え」）による解決を求めるという二段構えの制度を採用した。確定手続をすべて訴訟によることは、手続的負担が重く、解決までに長期を要するため、より軽く迅速な手続を求めたというのが改正の主たる理由である[2]。

2　査定申立て（本条1項）

(1)　申立権者

　破産債権査定の申立権を有するのは破産債権者であり、債権調査においてその有する破産債権の額等を破産管財人が認めず、又は他の届出破産債権者がこれに異議を述べた場合に査定申立てを行うことができる。破産債権者による申立てであっても、他の届出破産債権が不存在であることの査定を求める申立ては不適法である[3]。

(2)　相　手　方

　破産債権査定申立ての相手方となるのは、破産債権の額等を認めなかった破産管財人又は異議を述べた破産債権者（双方を合せて法125条1項は「異議者等」の略称を用いる）である。異議者等が複数あるときは、その全員を相手方としなければならず、一部の者のみを相手方とする申立ては不適法である。届出債権の額等が、破産管財人及び全債権者との関係で合一に確定される必要のあることがその根拠とされる。このように合一確定の必要性が根拠とされる以上、複数の者からの異議等が、同一の債権に対するものであっても異なる事項に関するものである場合には、これら複数の者全員を共同の相手方とする必要はないとする考え方も唱えられている[4]。この考え方によると、例えば、優先的破産債権として届け出られた債権に対し、破産管財人が債権

1　「額等」は、（破産債権の）「額又は優先的破産債権、劣後的破産債権若しくは約定劣後破産債権であるかどうかの別」の略称であり、本条及び127条1項で用いられる。
2　『一問一答』167頁。
3　東京地判平元5.31（判タ719号203頁。旧法下の債権確定訴訟に関するもの）。
4　いずれも確定訴訟に関する論稿であるが、『条解会更（中）』739頁、奈良次郎「破産債権確定訴訟」判タ830号179頁。

額を認めず、他の破産債権者が優先性について異議を述べた場合には、いずれか一方を相手方とする査定申立てのみを行っても、相手方単独の査定申立てを2個提起しても、不適法ではないことになる。

(3) 裁　判　所

　破産債権査定の申立先は「裁判所」、すなわち、当該破産事件を担当する狭義の破産裁判所である（これに対し、破産債権査定異議の訴えの管轄裁判所は「破産裁判所」（法126条2項）、すなわち官署としての広義の破産裁判所である）。これにより、確定手続に当該破産事件の実情を反映させるとともに、統一的な確定を行うことが意図されている。

(4) 査定の対象

　査定裁判の対象となるのは、破産管財人が認めなかった、又は他の破産債権者が異議を述べた破産債権の額等（額又は優先的破産債権、劣後的破産債権若しくは約定劣後破産債権であるかどうかの別）である。旧法で債権確定訴訟の対象が「異議アル債権ニ付テハ」とのみ規定されていた（旧法244条1項）のに対し、対象がより具体的に規定されている。もっとも、額等の確定の前提となる事項として、届出債権の存否、届出債権者への当該債権の帰属、当該債権の破産債権としての適格性なども査定申立ての対象とされるべきであり[5]、この点は、旧法下の解釈と異なるところはない。

(5) 申立ての方式、添付書類等

　査定申立てには、破産手続に関する申立て全般についての通則的規定である規則1条及び2条が適用され、申立ては書面によることを要し（規則1条）、申立書への必要的記載事項は、当事者及び法定代理人の氏名（法人の場合、名称）・住所並びに申立ての趣旨であり（規則2条1項）、訓示的に記載が求められる事項は、申立てを理由付ける具体的な事実、立証を要する事由ごとの証拠並びに申立人又は代理人の郵便番号及び電話番号である（規則2条2項）。また、申立書には、立証を要する事由についての証拠の写しを添付することが訓示的に求められている（規則2条3項）ほか、申立書及び添付書類の相手方への直送の定めがある（規則2条4項）。

---

5 『大コンメ』523頁〔橋本都月〕。

3　例外的に査定申立てができない場合（本条1項ただし書）

本条1項ただし書は、例外的に査定申立てによることなく破産債権の確定が行われる2つの場合を挙示する。第1は、破産管財人が認めず又は異議が述べられた債権に関し破産手続開始当時訴訟が係属する場合であり、この場合には、新たな査定申立てによるよりも係属中の訴訟を利用することが効率的であるため、当該訴訟（法44条1項により中断中）を受継させる方法により確定を行うこととされている（法127条1項）。第2は、異議等のある破産債権が執行力のある債務名義又は終局判決のある債権（有名義債権）の場合であり、この場合は起訴責任が転換され、破産債権の額等を認めなかった破産管財人及び異議を述べた債権者が確定のため訴訟を提起し（法129条1項）、また、当該有名義債権に関する訴訟が係属中であるときは、この訴訟の受継によることとされている（法129条2項）。

4　申立期間（本条2項）

破産債権査定の申立ては、その破産債権にかかる一般調査期間若しくは特別調査期間の末日又は一般調査期日若しくは特別調査期日から1月の不変期間[6]内にしなければならない。なお、債権調査終了後直ちに簡易配当手続（法204条）に入る場合のように、1月の申立期間よりも先に配当の除斥期間（法205条、198条1項）が満了することがあり[7]、この場合には、1月よりも短期間である除斥期間内に査定申立てを行う必要がある[8]。

査定申立てを行わないまま申立期間が経過すると、当該破産債権を有する者は破産手続に参加することができなくなる。ただし、参加資格を失うにと

---

[6] 不変期間であるから、裁判所がこれを伸長、短縮することはできない（民事訴訟法96条1項ただし書）が、遠隔地の者のため付加期間を定めることができ（同条2項）、追完（同法97条1項）も認められる。

[7] 東京地方裁判所では、一般的な管財事件の多くは配当直前の期日で債権調査を行うこととしている（『破産実務』461頁）ため、このような事態が現実に生じ得る。

[8] こうした場合には、査定申立ては除斥期間内に行う必要があることを債権者に告知しておくべきであり、東京地方裁判所では、異議通知書にその旨を記載し債権者の注意を喚起することとしている（『破産実務』493頁、『手引』290頁）。この取扱いを前提として、1月内ではあるが除斥期間経過後になされた査定申立てを却下した査定決定を認可した裁判例として、東京地判平23.9.29（金法1934号110頁）。

どまり、債権額が０円と確定したり、実体上の権利が消滅したりするものではない[9]。申立期間徒過により債権届出の効果としての時効中断効が失われるに至るか否かについては見解の対立がある[10]。期間徒過により手続参加の余地が完全に失われている点を重視するのか、実体上の権利は失われておらず、取下げとは異なり権利行使の撤回もなく、届出の事実自体は残っていることに着目するかにより、結論が分かれよう[11,12]。

5　補助参加の許否

　破産債権査定手続に、自ら異議を述べなかった破産債権者が補助参加をすることができるかという問題がある。旧法下で、破産債権確定訴訟に破産債権者が補助参加することができるかが、破産債権者の「訴訟の結果について利害関係を有する第三者」（民事訴訟法42条）への該当性を中心に議論されてきた[13]が、ここでは、決定手続である査定手続に補助参加を認めることができるかという点が新たに問題となる。

　現行法には、当事者以外の者の査定手続への参加を認める明文の規定がない[14]。元来、簡易・迅速を旨とする査定手続には、参加を認めるとしても、その範囲は訴訟におけるよりも限定的に考えるべきであり[15]、参加の許否を

9　「債権の届出をしなかったのと同様の状態になる」と説明される（『条解』886頁、『伊藤』621頁注64）。なお、会社更生法151条6項は、「届出はなかったものとみなす」と規定するが、破産法、民事再生法にはこのような定めがない。しかし、規定の有無により両者間に取扱いの差異を設けるべき実質的根拠はないと考えられる（『倒産と訴訟』111頁注10〔酒井良介〕）。
10　中断効が失われるとするのは『伊藤』621頁注64、失われないとするのは『大コンメ』523頁〔橋本都月〕。民事再生、会社更生においては、失われないとする見解が多い（花村良一『民事再生法要説』（商事法務研究会、2000年）292、298頁、福永有利監修『詳解民事再生法〔第2版〕』（民事法研究会、2009年）481頁〔森宏司〕、『伊藤会更』486頁注57）。
11　なお、最判昭57.1.29（民集36巻1号105頁。旧法下の破産債権調査で異議を述べられただけではいまだ確定を求める余地があるので当該債権についての時効中断効は失われないとした）及び最判昭47.12.26（判時702号103頁。旧会社更生法下の更生担保権確定訴訟が不出頭による取下擬制で終了したときは、権利が裁判上確定できなくなったとして時効中断は生じないとした）は、中断効が失われるとする考え方に親和的である。
12　この点、民法改正案では、査定期間経過後6カ月間時効の完成が猶予されることとされている（改正民法案147条1項4号）。いわゆる裁判上の催告と同様の取扱いである。
13　利害関係を認めるのが多数説であった。この議論は、現行法下の異議訴訟に引き継がれている（**本書126条の解説2(2)参照**）。

巡っての紛争が生じる可能性等をも考慮すれば、査定手続には当事者以外の者の参加を認めないとすることにも十分な合理性があると考えられる[16]。

6 破産債権査定の裁判

査定申立てがなされたときには、裁判所は、不適法として却下する場合を除き、決定で、破産債権の額等を査定する裁判をしなければならない（本条3項）。債権の存在が認められない場合にも、申立てを棄却するのではなく、債権額を0円と査定する裁判を行う。

裁判所は、査定決定をする場合には、異議者等を審尋しなければならない（本条4項）。申立てを不適法として却下するときは、査定決定をする場合に当たらないので、審尋は不要である。審尋は口頭審尋に限らず書面審尋でもよく、現在は、東京地方裁判所、大阪地方裁判所とも書面審尋を原則とし[17]、査定手続の迅速な進行を図っている。

査定申立てについての決定があったときは、その裁判書を当事者に送達しなければならず、送達に代わる公告の方法（法10条3項本文）によることはできない（本条5項）。

7 査定申立て以外の方法により債権の確定を求めることの可否

債権確定手続の簡易・迅速化を図るという査定制度の立法経緯からして

---

14 破産債権査定手続は法形式的には非訟事件に該当すると考えられるが、非訟事件手続法（同法21条は「利害関係参加」の規定を置く）は破産法13条の存在のゆえに、破産法上の非訟事件には適用されないとするのが非訟事件手続法立案担当者の見解であり（金子修編著『逐条解説・非訟事件手続法』（商事法務、2015年）11頁注1③）、本文はこの見解を前提とする。このように解することの問題性を指摘するものとして、「研究会非訟事件手続法第1回」論究ジュリスト11号171頁〔増田勝久発言〕。
15 非訟事件手続法において利害関係参加が認められる範囲も、訴訟における補助参加より狭くなっている（同法21条）。
16 査定手続以外の決定手続であるが、裁判例は、破産決定に対する即時抗告手続（東京高決昭57.3.18判タ471号218頁）、更生計画変更決定に対する即時抗告手続（広島高裁岡山支決昭46.4.26判時635号116頁）について補助参加規定の準用を否定した。他方、破産法、会社更生法と同じく民事訴訟法の包括準用規定を置く民事保全法上の決定手続については、準用を認める裁判例がある（東京高決平7.12.7判時1558号33頁、東京地決平3.5.1判時1383号143頁）。
17 伊藤孝至「東京地方裁判所における破産事件の運用状況」金法2013号32頁、森純子「大阪地方裁判所における破産事件の運用状況」金法2013号51頁。

も、規定の文面からしても、異議等のある債権の確定のための方途は、前記**3**の例外的場合を除けば専一に査定申立てによるべきであり、これに代えて、民事訴訟、民事調停、訴え提起前の和解、手形小切手訴訟、少額訴訟、支払督促等によることはできない[18]。

8 査定制度運用の現状と問題点

東京地方裁判所における破産債権査定申立件数は、破産法施行の平成17年以降同26年まで、一部の大型・複雑案件で多数の査定申立てがなされたのを除くと、年間20～40件程度であり、また大阪地方裁判所においては平成17年から同26年までの各年における申立件数は最多が34件、最少が6件であって、いずれも破産事件数に比して少数にとどまっている[19]。立法時においては、多数の査定申立てや異議訴訟の提起がなされ解決がむしろ長期化するのではないかとの懸念もあったが、現状では杞憂に終わっている。

ただ、上記の通り、東京地方裁判所における一部の大型・複雑案件で多数の査定申立てがなされたことは、その申立件数の突出ぶり（一の破産事件で1475件のもの、654件のものなど）、査定に専門的知識を要することによる判断の困難性（建物の耐震強度が争点となった例、デリバティブ取引に基づく債権が争われた

---

[18] ただし、査定裁判所による付調停は認められる（民事調停法20条4項、1項）。また、家事、労働等に起因する債権につき、家事調停、労働審判等の手続が破産手続開始当時係属していた場合には、それは前記**3**の例外には当たらないものの、一定の場合にはそれら手続の受継を認めるべきであるとする見解もある（『倒産と訴訟』187頁以下〔島岡大雄〕）。森宏司「家事調停・審判手続中の当事者破産」『伊藤古稀』1168頁以下は、調停・審判手続中における離婚成立後の財産分与請求権や婚姻費用・養育費請求権を、調停・審判による具体化を停止条件とする破産債権であると捉える（調停・審判による確定が必須となるが、それは破産債権の調査・確定手続とは別次元の問題ということになる）。なお、仲裁条項が存在する場合に、査定申立てに代えて仲裁申立てをすることができるかについては、肯定・否定・一部肯定等諸説がある（『注解（下）』533頁〔中島弘雅〕、『条解』885頁、『伊藤』633頁、竹下守夫「訴訟契約の研究(3)」法協81巻4号373～380頁、福永有利「仲裁契約当事者の破産と仲裁契約の効力」広島法学10巻3号49頁、松下淳一「倒産法制と仲裁(1)・(2)・(3)・(4・完)」JCAジャーナル41巻4号10頁・5号14頁・6号30頁・7号15頁、小梁吉章「仲裁の当事者の破産」広島法科大学院論集6号37頁等を参照）。

[19] 以上、伊藤・前掲注17、森・前掲注17。少数にとどまっている理由としては、債権者との事前折衝等、破産管財人による債権調査が適正に行われていることが挙げられている。

例など）等により査定決定に至るまでに極めて長期を要したことから、実務家の間に深刻な問題意識を生み、査定手続の一層の合理化のため、様々な運用改善提言、立法提言が出されるに至っている[20]。特殊な事件に対しては、迅速処理に向けて、まず関係者の事件ごとの努力・工夫が必要であり、それを重ねることにより種々の運用上の効果的手法を集積させ、なお足りない点があれば、査定制度の長所を損なわない形での法改正を検討することになろう。

(増市　徹)

第126条　破産債権査定申立てについての決定に対する異議の訴え

① 破産債権査定申立てについての決定に不服がある者は、その送達を受けた日から１月の不変期間内に、異議の訴え（以下「破産債権査定異議の訴え」という。）を提起することができる。
② 破産債権査定異議の訴えは、破産裁判所が管轄する。
③ 破産債権査定異議の訴えが提起された第一審裁判所は、破産裁判所が破産事件を管轄することの根拠となる法令上の規定が第５条第８項又は第９項の規定のみである場合（破産裁判所が第７条第４号の規定により破産事件の移送を受けた場合において、移送を受けたことの根拠となる規定が同号ロ又はハの規定のみであるときを含む。）において、著しい損害又は遅滞を避けるため必要があると認めるときは、前項の規定にかかわらず、職権で、当該破産債権査定異議の訴えに係る訴訟を第５条第１項に規定する地方裁判所（同項に規定する地方裁判所がない場合にあっては、同条第２項に規定する地方裁判所）に移送することができる。
④ 破産債権査定異議の訴えは、これを提起する者が、異議等のある破産債

---

[20] 木村真也「倒産手続における査定手続等の合理化について」倒産法改正研究会編『続提言倒産法改正』（金融財政事情研究会、2013年）46頁以下、園尾隆司・谷口安史「債権の調査・確定」園尾隆司・多比羅誠編『倒産法の判例・実務・改正提言』（商事法務、2014年）165頁、シンポジウム「倒産法制の再構築に向けて」金法1971号16頁〔木村真也発言〕、債権査定制度実務研究会「債権査定制度の実務的課題と改正提言」金法1988号24頁、『検討課題』81頁〔小畑英一〕等。

権を有する破産債権者であるときは異議者等の全員を、当該異議者等であるときは当該破産債権者を、それぞれ被告としなければならない。
⑤　破産債権査定異議の訴えの口頭弁論は、第１項の期間を経過した後でなければ開始することができない。
⑥　同一の破産債権に関し破産債権査定異議の訴えが数個同時に係属するときは、弁論及び裁判は、併合してしなければならない。この場合においては、民事訴訟法第40条第１項から第３項までの規定を準用する。
⑦　破産債権査定異議の訴えについての判決においては、訴えを不適法として却下する場合を除き、破産債権査定申立てについての決定を認可し、又は変更する。

規則
(破産債権の確定に関する訴訟の目的の価格・法第126条等)
第45条　破産債権の確定に関する訴訟の目的の価額は、配当の予定額を標準として、受訴裁判所が定める。

1　本条の趣旨

　本条は、破産債権査定申立てについての決定（法125条３項）に対する不服申立方法としての異議の訴えについて定める。破産債権の確定について、現行法はまず査定手続という破産手続内の特別の手続を用意しているが、破産債権の存否や内容の確定は実体的な権利義務関係に関わることから、憲法上の要請に沿って最終的には対審・公開の保障された訴訟手続により決着を図ることができるよう制度設計する必要がある。そこで本条は、査定申立てについての決定に対する不服申立てという構成の下、訴訟手続を定めたものである。
　異議等のある破産債権に関し破産手続開始時に訴訟が係属していた場合は法127条に、有名義破産債権を争う訴訟手続は法129条に規定されており、本条による訴訟手続はそのいずれでもない場合に行われる破産債権査定申立てについての決定に対する不服申立てとして機能する。

2 破産債権査定異議の訴え

(1) 異議の対象となる裁判と異議訴訟の性質

　本条による異議の訴えの対象は「破産債権査定申立てについての決定」であり、訴えを却下すべき場合を除いて、これを認可し又は変更する判決を行う（本条7項）ことから、その訴訟物は査定申立てについての決定に対する異議権であると解される。異議等のある破産債権の存否や額などを査定する決定のほか、査定申立てを却下する決定も対象になる。異議の訴えで原告は、破産債権査定申立てについての決定を変更する判決を求めることになるため、その性質は一種の形成訴訟ということになるだろう[1]。ただし、異議訴訟の基準時は口頭弁論終結時であり、異議者等（届出を認めなかった破産管財人及び異議を述べた届出破産債権者。法125条1項）は査定についての決定後の事由であったとしても異議事由とすることができる（例えば債権放棄等）。これに対して破産債権者は異議事由を制限されることにつき**本書128条の解説**を参照されたい。

　なお、訴訟の目的の価額は、配当の予定額を標準として異議の訴えの受訴裁判所が定める（規則45条）。

(2) 当事者

　破産債権査定申立てについての決定に不服のある者が原告になる（本条1項）。破産債権者が原告になる場合、異議者等を被告にするが、異議者等が複数ある場合はその全員を共同被告にしなければならない（本条4項）。この場合、この訴訟は固有必要的共同訴訟になる。なお、破産者の異議は破産手続内において債権確定の妨げにならない（法124条1項）ため、破産者は査定異議の訴えの被告になり得ない。異議者等が原告になる場合、破産債権者を被告にして異議の訴えを提起することになる（本条4項）が、異議者等が複数あった場合であっても訴えは個別に提起することができる。ただし、この場合、後述するように弁論及び裁判は併合され（本条6項前段）、類似必要的共同訴訟として審理されることになる。

---

[1] 『伊藤』622頁。反対、北澤純一「破産債権査定異議の訴えに関する覚書（上）」判タ1289号42頁。

異議を述べなかった届出破産債権者が、異議者等側に補助参加できるかは争いがある。旧法における債権確定訴訟については補助参加を認める裁判例があり[2]、多数説も異議訴訟の判決は破産債権者全員に対して効力が及ぶため（法131条1項）、破産債権査定異議訴訟の結果は異議を述べなかった破産債権者の配当額にも直接影響してくることなどを理由にこれを支持している[3]。これに対して反対説は、異議を述べなかった破産債権者は既に異議権を失っている上、配当額への影響も事実上の利害にすぎず、補助参加を認めるべき法律上の利害関係を有するとはいえないことを理由とする[4]。異議権の有無は補助参加の可否とは直接の関係がなく、あくまでも民事訴訟法42条の解釈により定められるべきことであることを考慮すると多数説が正当であろう。

(3) 出訴期間

　破産債権査定申立てについての決定の送達を受けた日から1カ月の不変期間内に訴えを提起する必要がある（本条1項）。この期間内に異議の訴えが提起されなかった場合、破産債権査定申立てについての決定は破産債権者全員に対して確定判決と同一の効力を有することになる（法131条2項）。不変期間は伸長又は短縮が認められないが、当事者の責めに帰することができない事由により遵守できなかった場合には、その事由が消滅したあと原則として1週間以内に限り、追完することができるとされている（法13条、民事訴訟法96条1項、97条1項）。

　ところで、査定についての決定において申立ての一部が認められた場合、異議者等と破産債権者の双方に不服があり得るところ、一方の査定異議の訴えに対して、他方が反訴として査定異議の訴えを提起することがあり得る。この反訴にも本項が適用され、出訴期間が制限されるかについては、附帯控訴に準じて出訴期間の制限は及ばないと解する見解[5]と反訴といえども法形

---

[2] 名古屋高決昭45.2.13（判時606号44頁）。
[3] 山木戸克己『破産法』（青林書院新社、1974年）252頁注2、『注解（下）』529頁〔中島弘雅〕、現行法のものとして中島弘雅『体系倒産法Ⅰ』（中央経済社、2007年）174頁、『大コンメ』527頁〔橋本都月〕など。
[4] 『伊藤』623頁注70、『基本法コンメ』283、285頁〔越山和広〕。
[5] 森倫洋「再生債権の調査・確定」高木新二郎・伊藤眞編『倒産の法システム(3)』（日本評論社、2010年）406頁、『倒産と訴訟』132頁〔酒井良介〕。

式としては新訴提起である以上、附帯控訴と同様に扱うことはできないとして反対する見解[6]とが対立している。この点、本訴にかかる訴えの変更についても出訴期間の制限が及ぶことからすれば、それとの均衡上、反訴にも及ぶと解すべきだろう。

(4) 管　　轄

　破産事件が係属している裁判所が属している官署としての裁判所、いわゆる広義の破産裁判所（法2条3項）の専属管轄である（本条2項）。同一の破産債権に関する破産債権査定異議の訴えが複数提起された場合、判断は合一に確定させる必要があり、後述のように弁論や裁判が併合されるが、その前提としてこれらに共通の管轄を与えることが便宜であることから破産裁判所を専属管轄裁判所としたものである。

　ただし、破産法は大規模破産事件の効率的な処理のため、債権者数が500人以上であるときは法5条1項又は2項による管轄裁判所の所在地を管轄する高等裁判所の所在地を管轄する地方裁判所にも破産手続開始の申立てをすることができ（法5条8項）、債権者の数が1000人以上であるときは東京地方裁判所又は大阪地方裁判所に対しても破産手続開始の申立てをすることができる（同条9項）としているため、破産裁判所を専属管轄とした場合、場合によっては破産債権者その他の関係者の所在地からすると遠隔地にしか管轄がなく、支障の生じる事態があり得る。このため、本条3項は破産裁判所が破産事件を管轄することの根拠となる法令上の規定が破産法5条8項又は9項の規定のみである場合（破産裁判所が法7条4項の規定により破産事件の移送を受けた場合において、移送を受けたことの根拠となる規定が同号ロ又はハの規定のみであるときを含む）で、著しい損害又は遅滞を避けるため必要があると認めるとき、職権により査定異議の訴えを本来の管轄裁判所（法5条1項により定まるもの。これがないときは5条2項による）に移送することができるとしている。移送は職権により、当事者に申立権はないが、移送を希望する当事者は裁判所に職権発動を求めることになるだろう。

6　北澤純一「破産債権査定異議訴訟に関する覚書（中）」判タ1292号66頁、『条解』894頁。

3 弁論に関する特則

(1) 口頭弁論の開始時期

　破産債権査定異議の訴えの口頭弁論は、本条1項の期間が経過した後でなければ開始することができない（本条5項）。すなわち、査定申立てについての決定の送達後1カ月の出訴期間を経過するまでは口頭弁論を開始できない。同一の破産債権に関する査定異議の訴えが複数提起された場合、その判決は破産債権者の全員に対して効力を有するため（法131条1項）、判決は合一に確定する必要があることを踏まえて、そのための手続保障を図るとともに訴訟資料及び訴訟の進行の統一を図る趣旨である。

(2) 弁論の併合

　異議者等が査定異議の訴えを提起する場合や破産債権者と異議者等がそれぞれ査定異議の訴えを提起する場合、同一の破産債権に関して複数の訴訟が係属することがあり得る（これに対して破産債権者のみが査定異議の訴えを提起する場合は本条4項により異議者等の全員を被告にする必要があり、当初から固有必要的共同訴訟の形態をとる）。この場合も合一確定の必要から一体的な審理をはかる必要があり、弁論及び裁判は併合して行われる（本条6項）。そして、このようにして形成される共同訴訟は類似必要的共同訴訟として、審理に民事訴訟法40条1項から3項までの規定が準用される（本条6項後段）。

4 判決内容

　査定異議の訴えに対する判決は、訴えを不適法として却下する判決、不服に理由のない場合に破産債権査定申立てについての決定を認可する判決、不服に理由のある場合に破産債権査定申立てについての決定を変更する判決の3種である（本条7項）。査定異議の訴えが査定申立てについての決定に対する異議権を訴訟物とし、これに対する不服申立として行われる以上、査定異議の訴えには当然に不利益変更禁止の原則が妥当する。

　なお、判決は破産債権者の全員に対して効力を有する（法131条1項）ほか、訴訟の結果は破産債権者表に記載され（法130条）、破産者との関係では債務名義にもなる（法221条1項後段）。もっとも査定申立てを不適法として却下する内容の査定決定について認可する判決、却下する判決（査定申立ても査

定異議訴訟も出訴期間を徒過していたような場合が考えられる）、査定申立てに対して実体的な判断がなされた査定決定についてこれを取り消したうえ査定申立てを却下する変更判決の場合、査定申立て自体が行われなかったのと同一の状態になるため、届出債権の存在や額は確定しないと考えられる。この場合、さらに当該破産債権者が手続に参加できないことが確定するから届出がなされなかったのと同様の状態になると解し、したがって破産管財人が当該破産債権についての異議を撤回し、認否変更を行うこともできず、また破産手続参加による時効中断の効力（民法152条）も消滅すると解する見解[7]と届出の事実はなくならず破産債権がゼロ円として確定するわけでもないから破産管財人が異議を撤回し、認否変更を行うこともできるし、破産手続参加による時効中断の効力も認めうるとする見解[8]とが対立している。この点、破産法に会社更生法151条6項のような規定が設けられていないことからすると、後者のように解するべきだろう。

（服部　敬）

第127条　異議等のある破産債権に関する訴訟の受継

① 異議等のある破産債権に関し破産手続開始当時訴訟が係属する場合において、破産債権者がその額等の確定を求めようとするときは、異議者等の全員を当該訴訟の相手方として、訴訟手続の受継の申立てをしなければならない。
② 第125条第2項の規定は、前項の申立てについて準用する。

1　本条の趣旨

破産手続開始決定がなされると、破産債権については、個別の権利行使を

---

[7] 花村良一『民事再生法要説』（商事法務研究会、2000年）297頁（ただし、時効中断の効力は認めるとされる）、『条解』886頁、『伊藤』621頁注64。
[8] 『大コンメ』523、528頁〔橋本都月〕。破産債権者が自らのイニシアチブによってその破産債権の確定を求めることができない状態になるにすぎないとする。

禁止され（法100条）、その帰結として、破産債権に関して破産手続開始決定時に訴訟が係属していた場合には、その訴訟手続は中断する（法44条1項）。破産債権の行使は、債権届出によって行われ、その存否は債権調査手続において確定されることが予定されているため、破産手続外で破産債権に関する訴訟手続を進行させる必要はないためである。もっとも、破産債権の存否、内容、金額、優先権の存否等について争いが生じる場合がある。そのような場合には、原則として、破産債権に関する査定申立ての手続（法125条）及び、これを経てなお争いがある場合には破産債権査定決定に対する異議の訴え（法126条）の手続により確定されることが予定されている。しかしながら、破産手続開始決定時点において破産債権に関する訴訟が係属している場合には、破産債権査定の申立て等の手続によるのではなく、係属していた訴訟手続を続行することが、それまでの訴訟状態を活用することができ訴訟経済に資する。そのため、本条は、このような場合には、破産債権査定の申立てに代えて受継申立ての手続をとるべきことを定めている。

2　受継されるべき訴訟に関する要件

(1)　破産債権に関する訴訟であること

受継の要件として、「破産債権に関」する「訴訟」であることを要するが、これは、破産者を当事者とし、破産債権として届け出られた実体法上の請求権を訴訟物とする訴訟であることである[1]。

実務上多くみられるのは、債権者の債務者に対する貸金や売掛金の給付訴訟が係属している中で債務者について破産手続が開始した場合であるが、そのほか、債権者の債務者（破産者）に対する破産債権に該当する権利の確認を求める訴えや、反対に、債務者（破産者）が原告となっている破産債権に該当する権利についての不存在確認の訴えなどもこれに該当する。

請求権競合の関係に立つ異なる請求権の一方について訴訟が係属し、他方の権利について破産債権の届出がなされた場合に、本条に基づく受継の可能性の有無については争いがあり、旧訴訟物理論からはこれを否定し[2]、新訴

1　『条解』897頁、『条解会更（中）』758頁。
2　『条解会更（中）』759頁、『大コンメ』530頁〔橋本都月〕。

訟物理論からはこれを肯定する見解が主張されているが、さらに旧訴訟物理論に立ちつつも請求の基礎又は給付の目的が同一である範囲でこれを許容する見解がある[3]。

受継するべき「訴訟」の意義については、まず、手形小切手訴訟などの特別訴訟はこれに含まれる[4]。労働審判、仲裁については争いがあるが、紛争を終局的に解決することを予定している手続である点で、本条の「訴訟」に含める見解も有力である。他方、調停は債権確定手続としての代替性に乏しいので、本条の「訴訟」には該当しない[5]。

(2) 「異議等のある」破産債権に関する訴訟であること

次に、「異議等のある」破産債権に関する訴訟であることを要する。すなわち、訴訟の対象たる権利が、破産債権の調査において、破産債権の額又は優先的破産債権、劣後的破産債権若しくは約定劣後破産債権であるかどうかの別について破産管財人が認めず、又は届出をした破産債権者が異議を述べた破産債権であることである（法125条1項参照）。

破産債権者が破産債権の届出をしなかった場合には、上記の要件を欠くためこれに関する訴訟について受継の余地はない[6]。また、届出のなされた破産債権について、破産管財人が認め、債権者の異議もない場合には、仮に破

---

[3] 「請求の基礎が同一」の範囲で受継を許すものとして、『注解（下）』538頁〔林伸太郎〕、「給付目的の同一性」をあげる見解として、『条解』898頁、『伊藤』625頁注75、『倒産と訴訟』148頁〔住友隆之〕。

[4] ただし、手形小切手訴訟は給付請求に限られるから、受継後通常訴訟に移行して請求の趣旨を破産債権を確認する旨に変更しなければならない。『条解』897頁。

[5] 以上につき、『条解』897頁、『伊藤』624頁注72、『大コンメ』530頁〔橋本都月〕、『基本法コンメ』286頁〔越山和広〕参照。労働審判につき、積極説として川端正文「非訟事件手続における民事訴訟法の規定の類推適用について」判タ1251号61頁、消極説として『倒産と訴訟』194頁〔島岡大雄〕。仲裁につき、福永有利『倒産法研究』（信山社出版、2004年）254頁。外国訴訟についても、破産財団にとって著しい負担とならないとの条件の下で受継を原則とするべきとするものとして、『伊藤』624頁注72、両論を併記するものとして、事業再生迅速化研究会〔第5PT〕「倒産実務の国際的側面に関する諸問題（上）」NBL994号82頁。そのほか、離婚訴訟における慰謝料請求、財産分与、養育費請求（『破産200問』101頁〔木内道祥〕参照）、督促手続なども問題となり得る。家事事件について、森宏司「家事調停・審判手続中の当事者破産」『伊藤古稀』1157頁参照。

[6] 最判平25.7.18（金法1989号130頁）、最判昭59.5.17（金法1083号32頁）、松嶋英機・伊藤眞・園尾隆司編『倒産・再生訴訟』（民事法研究会、2014年）359頁〔杉山悦子〕。

産者が異議を述べても破産債権は確定するから、本条の受継の対象とならない[7]。さらに、別除権の予定不足額は、債権調査における確定の対象ではないため、その点について破産管財人が認めず、又は、債権者が異議を述べた場合にも、本条の受継の要件を満たさない。これらの場合における係属中の訴訟の帰趨の問題については、後述する。

(3) 「破産手続開始当時係属する」異議等のある破産債権に関する訴訟であること

さらに、当該訴訟が、「破産手続開始当時係属する」こと、すなわち法44条1項により中断した訴訟であることが必要である。訴訟について判決言い渡しがなされていても、終局判決が確定するまでの間は、訴訟は「係属」しているから、本条の受継の対象となる[8]。また、上訴審に係属中の訴訟も、本条の受継の対象となり得る[9]。

3 受継手続

(1) 当事者

申立人は、異議等のある破産債権者であり[10]、相手方は、異議者等（認めない旨の認否をした破産管財人又は異議を述べた届出破産債権者）の全員である（本条

---

[7] 破産者の異議がある場合に、旧法下では受継の余地を認めたが、その制度が廃止されたことにつき、『条解』899頁、『一問一答』171頁参照。

[8] 口頭弁論終結後に破産手続開始決定がなされて判決言渡しがなされた場合（民事訴訟法132条1項）と判決言渡しがなされて上訴期間満了前に破産手続開始がなされた場合の2つの場合がある。前者の場合は、中断事由がある当事者（破産者）に判決正本の送達ができないので上訴期間は進行しない（民事訴訟法285条、313条）。後者の場合も中断中は民事訴訟法132条2項により上訴期間は進行しない。

[9] ただし、上告状、上告理由書、答弁書その他の書類により上告を理由なしと認める場合には、上告理由書提出期間の経過後に上告人が破産手続開始の決定を受けたときであっても、本条の受継申立て手続を経ることなく、口頭弁論を経ずに上告棄却の判決をすることができる（最判平9.9.9判時1624号96頁）。また、通常、訴えの変更は事実審に限られるが、本条に基づく受継による訴えの変更は上告審でもなし得ることにつき、最判昭61.4.11（民集40巻3号558頁）参照。

さらに、破産債権に係る給付請求や積極的確認請求の全部又は一部について認容判決がある場合や債務不存在確認請求の全部又は一部が棄却された場合は、これに関する上訴審に係属して判決が確定していなくとも、「終局判決」がある場合として、その範囲で本条ではなく法129条の適用を受けることに留意を要する。『破産200問』287頁〔中根弘幸〕、『条解』911頁。

1項)[11]。

相手方が複数ある場合には、固有必要的共同訴訟となり、一部の者のみを相手方とする受継申立ては不適法である[12]。

(2) 期間制限

異議等のある破産債権に係る債権調査の終了（一般調査期間若しくは特別調査期間の末日又は一般調査期日若しくは特別調査期日）から1カ月の不変期間内に、受継の申立てをしなければならない（本条2項、法125条2項）。

この期間制限を徒過した場合における訴訟の帰趨についての問題は、後述する。

(3) 受継の手続

受継の手続については、民事訴訟法126条以下、民事訴訟規則51条以下の規定が準用される（法13条、規則12条）[13]。受継の申立てをするべき裁判所は、当該訴訟の係属している裁判所であり、受訴裁判所は、受継申立てのあった旨を相手方当事者に通知しなければならない（法13条、民事訴訟法127条）。この通知によって、中断が解消する（法13条、民事訴訟法132条2項後段）。

4　受継後の訴訟

(1) 請求の趣旨の変更等の措置

受継される訴訟の形態には、給付訴訟や債権不存在確認訴訟など様々なものが考えられるが、受継後の訴訟は、破産債権の額等の確定がなされること

10　異議者等が自ら受継申立てをなし得るか、裁判所が続行命令（民事訴訟法129条）をなし得るかについて議論があるが、これを否定する見解が一般的である。『条解』901頁、『伊藤』625頁注73、『倒産と訴訟』153頁〔住友隆之〕等参照。なお、有名義債権に係る場合、法129条参照。

11　異議者全員に対する受継申立てがなされなかった場合には、受訴裁判所は受継申立てを却下しなければならないとするものとして、『大コンメ』531頁〔橋本都月〕参照。旧法（法246条2項、244条2項後段）と異なり、異議を述べた破産者を相手方に加える必要がないことにつき、『伊藤』626頁注77。

12　『条解』901頁、『伊藤』625頁、『基本法コンメ』286頁〔越山和広〕。ただし、異議者等の間で異議等の内容が異なるときは、争う範囲の異議等に係る異議者等を相手方とすれば足りる（『注解（下）』540頁〔林伸太郎〕）。

13　民事訴訟法の規律につき、伊藤眞『民事訴訟法〔第4版補訂版〕』（有斐閣、2014年）252頁等参照。ただし、民事訴訟法143条1項ただし書が適用されないことにつき、『伊藤』625頁注76、『基本法コンメ』286頁〔越山和広〕。

で必要かつ十分であり、その限度に請求の趣旨を変更すること等が必要となる。

具体的には、係属していた訴訟の請求の趣旨を、破産債権の額等の確認請求に改めることとなる[14]。係属していた訴訟が、債務不存在確認訴訟等の消極的確認訴訟であった場合には、破産債権者は被告として受継することとなるが、届出破産債権者を原告とし、異議者等を被告とした破産債権確定請求に変更するためには反訴の形式によらなければならないとする見解がある[15]。

通常、訴えの変更をなし得る時期は、事実審の口頭弁論終結前までであるが[16]、上告審に係属中の訴訟が破産手続開始によって中断し、破産管財人によって受継がなされた場合に、原告は、債権確定訴訟への訴えの変更をすることは許される[17]。また、上訴審における反訴には、相手方の審級の利益との関係で相手方の同意が求められることが原則だが（民事訴訟法300条1項）、消極的確認の訴えの原告につき破産手続開始決定があった場合に、破産債権の確定のために受継がなされたことに伴い反訴を提起することは許される[18]。

(2) 訴訟状態の承継

従前の訴訟状態は、そのまま新たな当事者に引き継がれる。既に裁判上の自白がなされていた場合には、これを撤回するには自白の撤回の要件が必要となる[19]。破産管財人が当事者となった場合には、否認権を行使して抗弁と

---

[14] 破産債権の存否ないし額に異議等が述べられた場合、「○○円の破産債権を有することを確認する」旨とし、優先的破産債権の該当性に異議等が述べられた場合には、「○○円の優先的破産債権を有することを確認する」旨となる。『倒産と訴訟』156頁〔住友隆之〕、『基本法コンメ』286頁〔越山和広〕、『大コンメ』531頁〔橋本都月〕、『条解会更（中）』765頁参照。

[15] 『大コンメ』531頁〔橋本都月〕、『条解』835頁。これに対して、請求棄却の申立てをすれば足りるとする見解として、『条解会更（中）』765頁、『条解再生』568頁〔大村雅彦〕、『倒産と訴訟』157頁〔住友隆之〕。

[16] 伊藤・前掲注13・603頁

[17] 最判昭61．4．11（民集40巻3号558頁）、『大コンメ』531頁〔橋本都月〕、『基本法コンメ』287頁〔越山和広〕。

[18] 広島高判平9．12．2（判タ1008号258頁）、『倒産と訴訟』157頁〔住友隆之〕。

[19] ただし、『伊藤会更』427頁は、更生手続について、裁判上の自白の効力を否認によって覆すことも考えられるとする。

するなど独自の攻撃防御方法の提出も考えられる[20]。

受継されることにより、訴訟費用については、受継前の部分を含む全体が受継後の当事者の負担となる関係で、破産管財人が受継をして敗訴判決（民事訴訟法61条参照）を受けた場合、訴訟費用の請求権は財団債権となる[21]。

5　本条による受継がなされない場合の係属中の訴訟の帰趨

(1)　問題の所在

破産債権に関する訴訟が係属している状態で債務者について破産手続開始決定がなされると、当該訴訟は中断する（法44条1項）。この訴訟について、上記の通り債権調査を経て異議等がある場合に受継が予定されている。これに対して、何らかの事情により、本条により受継がなされない場合に、係属中の訴訟の帰趨が問題となる。

具体的には、第1に、訴訟の対象となる破産債権が債権調査において確定し、破産者の異議もない場合である。

第2に、異議等が述べられた場合に、破産債権者が、本条所定の期間内に受継申立てを行わない場合もある。

第3に、破産債権者が債権届出を行わないため、当該破産債権が債権調査の対象とならない場合である。

第4に、そもそも債権調査が実施されない場合である。すなわち、配当可能な破産財団が形成されるまでは、債権調査を実施しない運用（法31条2項参照）を行う裁判所もあり[22]、債権調査がなされないまま破産手続が廃止される場合である。

第5に、破産債権の届出がなされ、債権調査が実施されて破産管財人が認め、破産債権者の異議もなかったが、破産者が異議を述べた場合である。この場合も、破産債権は確定し、破産管財人等による受継の余地はないが、破

20　『条解』903頁、『条解会更（中）』764頁、『倒産と訴訟』158頁〔住友隆之〕。
21　法148条1項4号、『伊藤』634頁、『条解』923頁、『大コンメ』183頁〔菅家忠行〕。このこととの関係で、破産管財人は、破産債権にかかる認否の段階で、上記費用負担の可能性も視野に入れて、十分な調査をすることが望ましい。破産者が訴訟で争っているにもかかわらず、破産管財人が訴訟の対象となる破産債権を認める場合には、破産者が異議を述べるかどうかが問題となり得る。
22　『手引』247頁、『運用と書式』225頁。

産債権者表の確定判決と同一の効力、執行力が破産者に及ばない関係で（法221条2項）、当該訴訟の取扱いが問題となる。

以下、各場合における議論の状況を紹介する。

(2) **届出破産債権を破産管財人が認め、破産債権者も異議を述べず、債権調査で債権が確定し、破産者の異議もなかった場合**

訴訟の対象である破産債権は、破産債権者全員に対して確定判決と同一の効力を生じ、破産者に対しても破産手続終了後に強制執行し得るなど（法124条、221条）、中断中の訴訟の目的は達せられ、当然終了すると解されている[23]。

(3) **債権調査において異議等があったが期間内に受継申立てがなされなかった場合**

この場合には、中断状態が続き、破産手続終了後に破産者が受継する（法44条6項参照）とする見解が有力である[24]。もっとも、不熱心な訴訟進行であり訴え却下の判決が可能とする見解もある[25]。

(4) **破産債権届出がなされないまま債権調査が終了した場合**

破産手続の終了まで中断し、手続終了後になってから破産者が当然受継する（法44条6項参照）との見解[26]が有力だが、訴訟手続は当然に終了し、受訴裁判所は訴訟終了宣言をすることができるとする見解[27]も主張されている。

(5) **債権調査を行うことなく破産手続が廃止された場合**

中断状態が続き、破産手続終了後に破産者が受継する（法44条6項参照）とする見解が有力である[28]。もっとも、特に法人である破産者の受継が期待しがたい事案が多いことから、当該債権を破産債権として行使しない旨の書面

---

[23] 『書記官事務の研究』372頁、柳瀬昇「破産による訴訟手続の中断・受継」全国裁判所書記官協議会編『書協論集民事編Ⅰ』（法曹会、1979年）248頁、『大コンメ』185頁〔菅家忠行〕、東京地判昭14.10.27（新聞4492号7頁）。
[24] 『伊藤』625頁注74、『倒産と訴訟』154頁〔住友隆之〕、『書記官事務の研究』373頁、『大コンメ』185頁〔菅家忠行〕。
[25] 森宏司「破産・民事再生に伴う訴訟中断と受継」判タ1110号34頁。
[26] 『伊藤』624頁注73、『条解』900頁、『倒産と訴訟』149頁〔住友隆之〕、森・前掲注25・34頁、柳瀬・前掲注23・249頁、『大コンメ』185頁〔菅家忠行〕。
[27] 菊井雄大ほか『コンメンタール民事訴訟法Ⅱ』（日本評論社、2006年）560頁。
[28] 『大コンメ』185頁〔菅家忠行〕、『破産200問』287頁〔中根弘幸〕、森・前掲注25・33頁、『倒産と訴訟』149頁〔住友隆之〕。

による意思表示をする場合には、破産管財人が当該訴訟を「破産債権に関しないもの」として受継し、破産債権者が訴えを取り下げることで訴訟を終了し得るとする見解も主張されている[29]。

(6) 債権調査手続で破産者の異議のみがあった場合

中断状態が続き、破産手続終了後に破産者が受継する（法44条6項参照）とする見解が有力である[30]。

（木村真也）

第128条　主張の制限

> 破産債権査定申立てに係る査定の手続又は破産債権査定異議の訴えの提起若しくは前条第1項の規定による受継に係る訴訟手続においては、破産債権者は、異議等のある破産債権についての第111条第1項第1号から第3号までに掲げる事項について、破産債権者表に記載されている事項のみを主張することができる。

1　本条の趣旨

債権調査手続において、破産管財人が認めず、又は破産債権者から異議が述べられた場合、破産債権は破産債権査定決定手続（法125条）、破産債権査定異議の訴え（法126条）及び破産債権確定訴訟として受継される訴訟（法127条1項）によって確定される。本条は、これらの手続において破産債権者が主張できる事項、換言すれば審理対象となる事項を法111条1項1号から3号所定の事項（①各破産債権の額及び原因、②優先的破産債権であること、③劣後的破産債権又は約定劣後破産債権であること）で、かつ破産債権者表に記載されてい

---

[29] 『理論と実務』19頁〔林圭介〕、『運用と書式』95頁。このほか、破産手続廃止決定の確定により当然に訴訟は終了するものとして合議体構成員名で訴訟終了書が作成された事例として、大阪高裁平26．5．30（金法2013号141頁）がある。
[30] 『条解』899、1468頁、『伊藤』619頁、『大コンメ』185頁〔菅家忠行〕、『倒産と訴訟』148頁〔住友隆之〕、『書記官事務の研究』373頁。

る事項に限定されることを規定している。つまり、破産債権の確定手続においては、破産債権者表に記載されたものと異なる破産債権、債権の額、優先劣後の別を主張することができないことを規定したのである。

なお、破産債権の原因は債権調査の直接の対象ではないが、届出債権を特定する重要な要素であることから、破産債権者は、債権確定手続において、届出をした破産債権とは別個の原因の破産債権を主張することができないとした。

2 審理対象の制限

(1) 目　的

本条が審理対象を制限したのは、以下の理由による。

そもそも破産手続における債権調査は、各破産債権者が債権届出をし、それに基づいて破産債権者表が作成され、期間方式の場合にはその破産債権者表について破産管財人が作成した認否書及び破産債権者の書面による異議に基づいて行われる（法116条1項）。他方、期日方式の場合には破産管財人が口頭で認否を行い（法121条1項）、破産債権者は調査期日において異議を述べることによって行われる（同条2項）。つまり、破産管財人及び全ての届出債権者及び破産管財人が調査に関与することによって破産債権確定の正当性を確保しようとするものである。それにもかかわらず、破産債権が破産債権者表に記載されていない事項に基づいて確定されるとすると、当該債権者以外の債権者の関与なく破産債権が確定されることになり、正当性確保の基礎が失われることになる。また、審理対象に制限を加えないと、従前の主張が維持できなくなった段階で新たな主張の追加を認めることにもなりかねず、破産債権の早期確定の要請に反することにもなる。

(2) 実務上問題となる場合（債権の同一性の判断基準）

本条における主張制限の対象事項のうち債権の額と優先劣後の別については、破産債権者表の記載と異なる主張をしているかは、当該記載から容易に判断できる。しかし、債権の原因については、その同一性を如何に判断するかについては争いがある。そこで、以下では、債権の同一性の判断に関する判例と学説の状況を説明する。

a 判例の状況

まず、大審院時代に、債権の同一性を害さない限り、届出原因として表示した発生事実に多少の付加変更を加えることは許されるとして、金銭消費貸借契約上の連帯保証債務とする破産債権の届出を、準消費貸借契約上の連帯保証債務であり、かつ当該債権は譲り受けたものであると主張を変更したことを適法と判断したものがある[1]。

次に、会社更生法の事案であるが、「更生債権者表に記載した事項と異なる原因によっても、右事項と権利の実質関係を同じくし、且つ給付内容、数額を等しくする限り、訴えの提起を許容する趣旨と解するのが相当である。」として、ゴルフ会員債権とした届出に、予備的に預託金返還請求権を追加することを適法であるとして、債権の同一性を柔軟に解するものがある[2]。

他方、民事再生法108条に関するものであるが、債権者が不法行為に基づく損害賠償金あるいは不当利得返還金及び遅延損害金として債権の届出をしたが、再生債権確定訴訟において請負契約に基づく請求を追加したことに対し、この追加的変更は不当として許されないと判断し、債権の同一性を厳格に解したものがある[3]。

b 学説の状況

学説上も、「法律上の性質は異にしても、発生原因事実から同一の債権と評価されるものであれば、…異なる主張をすることも許される。」との見解[4]、「当該主張が、異議等をした破産管財人又は破産債権者にとって不意打ちとならないのであれば、当該主張は破産法128条には反しない」との見解[5]、本条の趣旨・目的を強調して厳格に解する見解[6]などがある。

このように、学説上の確定的な通説は見出し難い。

たしかに、債権の同一性を厳格に捉えると、債権届出の段階で、法律の専

---

1 大判昭11.10.16（民集15巻1825頁）。
2 大阪高判昭56.6.25（判時1031号165頁）。
3 仙台高判平16.12.28（判時1925号106頁）。なお、この判決は最高裁（判例集未掲載）でも維持されている（最判平17(オ)第603号、同年(受)第680号）。
4 『伊藤』626頁。
5 北澤純一「破産債権査定異議の訴えに関する覚書（中）」判タ1292号62頁。
6 『大コンメ』532頁〔橋本都月〕。

門家ではない破産債権者に正しい法律構成を求めることにもなりかねない。しかし、破産管財人は、誤った法律構成に基づいて債権届出がされた場合に、直ちに異議を出すわけではない。破産管財人が調査の時点で法律構成に疑問をもった場合、届出債権者に対して補正を促し、それに応じて補正がされれば、破産管財人は届出債権を認めることになる。また、届出債権を認めないとしても、その後に届出債権が補正されれば、破産管財人は異議を撤回することになる。このような実務を前提にした場合、債権の同一性について厳格に解する見解にも相当の理由があると思われる。

3 本条の効果

本条に違反する破産債権査定申立て、破産債権査定異議の訴え、及び受継の申立ては、いずれも不適法として却下される[7]。

4 異議者等の主張制限

本条は、破産債権者側に対する主張制限を規定したものであり、異議者及び破産管財人に対する主張制限を規定したものではない。しかし、異議者等の側も、破産債権者表に記載された異議事項以外の事項に対して異議を提出することは許されない[8]。

異議等に関する理由については、債権調査において述べた理由に拘束されないのが原則である。しかし、破産債権者が異議を述べた場合には、理由の付記が義務付けられていることから（規則39条1項前段、43条1項前段）、後にそれと異なる理由を主張することは信義則違反とされる可能性があるが、破産管財人が認めない旨の認否をした場合には、理由を述べる義務がないことから、そのような制約はないとの見解があることには注意されたい[9]。

異議者等が破産管財人の場合には、破産管財人は破産者が有していた抗弁すべてを主張できるほか、破産管財人固有の立場から否認権を行使できる。他方、異議者が破産債権者の場合には、破産者の有する形成権（相殺権など）や権利抗弁（同時履行の抗弁権など）は破産管財人の管理処分に委ねられるか

---

7 『条解』906頁。
8 『伊藤』626頁。
9 『条解』907頁。

ら、それらを主張することはできない。ただし、消滅時効の援用については、破産財団に不利益をもたらさないことから、例外的に援用を認めるとの見解も有力である[10]。

(中西達也)

第129条　執行力ある債務名義のある債権等に対する異議の主張

① 異議等のある破産債権のうち執行力ある債務名義又は終局判決のあるものについては、異議者等は、破産者がすることのできる訴訟手続によってのみ、異議を主張することができる。
② 前項に規定する異議等のある破産債権に関し破産手続開始当時訴訟が係属する場合において、同項の異議者等が同項の規定による異議を主張しようとするときは、当該異議者等は、当該破産債権を有する破産債権者を相手方とする訴訟手続を受け継がなければならない。
③ 第125条第2項の規定は第1項の規定による異議の主張又は前項の規定による受継について、第126条第5項及び第6項並びに前条の規定は前2項の場合について準用する。この場合においては、第126条第5項中「第1項の期間」とあるのは、「異議等のある破産債権に係る一般調査期間若しくは特別調査期間の末日又は一般調査期日若しくは特別調査期日から1月の不変期間」と読み替えるものとする。
④ 前項において準用する第125条第2項に規定する期間内に第1項の規定による異議の主張又は第2項の規定による受継がされなかった場合には、異議者等が破産債権者であるときは第118条第1項、第119条第5項又は第121条第2項（同条第7項又は第122条第2項において準用する場合を含む。）の異議はなかったものとみなし、異議者等が破産管財人であるときは破産管財人においてその破産債権を認めたものとみなす。

---

10 『条解』907頁。

1 本条の趣旨

本条は、いわゆる有名義債権者[1]が破産手続開始までに獲得した法律上の地位は破産手続においても尊重されるべきとの理由から、有名義債権に対する異議等は、破産者がすることのできる訴訟手続によってのみ主張でき（本条1項）、有名義債権に係る訴訟が係属する場合には、異議者等からの受継申立てを義務付け（同2項）、更に、期間制限内に異議者等がこれら手続を行わない場合には、有名義債権者による届出破産債権が確定する旨を（同4項）定めている。

なお、本条3項は無名義債権の確定手続と同じく、期間制限（法125条2項）や訴訟手続の特則（合一確定の規律（法126条5項・6項）、主張制限（法128条））が適用されることについて定めている。

2 有名義債権に係る特則

(1) 特則を設ける理由

①執行力ある債務名義を有する債権者は、権利の存在を高度の蓋然性でもって証明し得る格式の文書を所持し、破産手続が開始されなければ直ちに強制執行できる強力な地位を有していること（民事執行法の視点からの説明）、また、②終局判決を得た債権者は、既に裁判手続において権利の存在を高度の蓋然性を以って証明しており、将来既判力をもって確定し得る地位を有していること（民事訴訟法の視点からの説明）から、破産手続開始までに有名義債権者が獲得した法律上の地位を尊重し、異議等について破産者ができる手段に限定しようとするものである[2]。

(2) 特則の内容

有名義債権に係る債権確定の手続は、次のような特色がある。

a 訴訟が係属していない場合、無名義債権では債権確定手続（査定の申

---

[1] 民事執行法では、①執行力ある債務名義のある債権を有名義債権と呼んでいるが（中西正・中島弘雅・八田卓也『民事執行・民事保全法』（有斐閣、2010年）147、224頁、福永有利『民事執行法・民事保全法〔第2版〕』（有斐閣、2011年）126頁等）、倒産法では、②終局判決のある破産債権を併せて用いている（『条解』908頁、『伊藤』627頁、『条解再生』571頁〔金炳学〕等）。民事執行法と倒産法の用語例の違いは、配当手続を想定するか、債権確定手続を想定するかの違いによる。

立て（法125条）、査定異議の訴え（法126条））によることになるが、有名義債権では、破産者がすることのできる訴訟手続を提起する必要がある（本条1項）。

　b　訴訟が係属している場合（破産債権についての執行証書が存在し、破産者が提起した請求異議訴訟が係属中である場合、一審被告である破産者が敗訴し、控訴審に係属中である場合等）には、無名義債権では届出債権者が異議者等の全員を相手方として受継を申し立てるが（法127条1項）、有名義債権では異議者等から届出債権者を相手方として受継を申し立てる（本条2項）。なお、有名義債権者がその有利な地位を放棄することは自由であるから、有名義債権者側から受継を申し立てても適法である[3]。

　c　いずれも1ヵ月の期間制限に服するが（不変期間）、期間内に受継の申立てがされなければ、無名義債権では届出がなかった場合と同様、破産手続終了により破産者が訴訟手続を受継することになる（法44条6項）。有名義債権では届出破産債権が確定する（本条4項）。この場合、当該訴訟は当然に終了すると解されている[4]。

(3) 特則の対象となる異議

　有名義債権に対する異議は、破産債権者については破産債権の額及び優先権の別（法111条1項の1号ないし3号。1号の「原因」は除かれる）で、破産債権者表に記載されている事項に限られるが（本条3項、128条）、破産管財人の認否にはかかる制限はない（法117条参照。破産管財人は破産者の有する全ての抗弁を主張することができる）。

　本条の趣旨が有名義債権者の獲得した法律上の地位の尊重にある以上、異議は、有名義債権において確定された事項、判決主文とされた事項（破産債権の額、存在）が異議として述べられた場合に限られるべきであって、それら以外の事項は破産者がすることのできる訴訟手続による必要はなく、通常の

2　本条の趣旨として起訴責任の転換を定めたという説明が見られるが（『条解』909頁、『基本法コンメ』289頁〔越山和広〕等）、起訴責任の転換とは執行名義提出責任と反対名義提出責任の調整等の場面で用いられ（中野貞一郎『民事執行法〔増補新訂6版〕』（青林書院、2010年）28頁参照）、未確定判決では起訴責任の転換が生じるわけではない。なお、『伊藤』627頁や『破産民再概論』304頁は起訴責任の転換には触れられていない。

3　『条解』914頁。

4　『条解』915頁。

訴訟手続において主張すれば足りる。具体的には、有名義債権に係る訴訟が係属していなければ、債権確定手続によるべきであるし[5]、訴訟が係属しているとしても、届出債権者が異議者等を相手に受継の申立てをして優先権確認を求める訴えに変更することになる。

(4) 特則の適用外

　本条は破産債権確定手続の特則であるから（法125条1項ただし書参照）、破産債権確定手続以外での権限行使までが阻止されるわけではない。破産管財人は異議者等（同条1項）に該当したとしても、有名義債権者に否認権を行使して否認の請求、否認訴訟を提起できるし、破産者を被告とする訴訟が係属している場合には、否認の抗弁を主張することができる（法173条）[6]。

3　執行力ある債務名義

(1) 債務名義

　債務名義とは、強制執行によって実現されるべき給付請求権（執行債権）の存在と内容とを明らかにし、それを基本として強制執行をすることを法律が認めた（という意味で執行力がある）一定の格式を有する文書である[7]。民事執行法22条に列挙されているが、その他各法律に債務名義の効力を認める文書が個別に定められている[8]。

(2) 執行力ある債務名義

　執行力ある債務名義は2つの意味で用いられるが、本条では形式的に（もはや債権者がそれ以上の裁判を求める必要なしに）それに基づいて直ちに強制執行をなし得る文書（執行正本。民事執行法25条、51条1項）を意味する[9]。債務名義は執行力を内包するが、執行力ある債務名義であることを公証するには執行文の付与（同26条）を受けておく必要がある（同25条本文）[10]。

5　『伊藤』627頁注81、『基本法コンメ』289頁〔越山和広〕、『条解』915頁。なお、『伊藤』630頁注90は、かかる場合であっても、異議者等が訴訟手続を開始する責任を負うとして、異議者等が優先権不存在確認の訴えを提起することを求める。
6　『大コンメ』540〔橋本都月〕、『条解』913頁。
7　中野・前掲注2・166、182頁以下。
8　中野・前掲注2・189頁。
9　中野・前掲注2・189頁。
10　改正前会社更生法152条に関する最判昭41.4.14（民集20巻4号584頁）。調査官解説として、栗山忍「判解」『最高裁判例解説〔民事篇〕昭和41年度』184頁）。

ただし、仮執行宣言付支払督促（民事訴訟法391条、民事執行法22条4号）は、迅速・簡易な執行実施のため執行文の付与を要しない（民事執行法25条ただし書）。また、手続法規の中で「執行力のある債務名義と同一の効力を有する」ものと規定された文書が債務名義となる場合（家事事件手続法75条など）も、解釈により単純な執行文は不要とされている[11]。

(3) 執行文付与の時期・可否

執行文の付与を受けておく時期は破産手続開始前に限るのか、開始決定後でも付与を受けることができるか。また、破産手続開始決定後に付与を受けても有名義債権として取り扱われるのか。

限定説は、破産手続開始後は個別執行が禁止されるから、開始後に執行文の付与を受けても破産者に対抗できないと主張するが、非限定説は、本条の趣旨が破産手続開始前に取得した地位を尊重することにある以上、執行文の付与の有無によって差異を設けるのは合理的ではないこと、執行文の付与には破産者の関与を必要としないことを理由に、開始決定後であっても執行文付与機関（裁判所書記官又は公証人）から執行文が付与されれば本条の適用を認めている（通説）[12]。

なお、非限定説に立ちながらも、法100条の解釈との関連で、条件成就執行文（民事執行法27条1項）や承継執行文（同2項）の付与の訴えについて、破産手続開始後は破産者や破産管財人を被告として訴えを提起することは許されないとする説（中間説）がある[13]。かかる見解によれば、執行文付与の訴えを提起しても、破産法100条に抵触し、訴え自体が却下されることになるので、結果的に執行文は付与されず、無名義債権として扱われることになる。他方、通説は、執行文の付与は公証行為・準備行為であって執行行為ではないとして、破産手続開始後も執行文付与の訴えの提起を認めており[14]、通説によれば、請求認容の判決に基づき執行文の付与を受けることができることになる。

---

[11] 中野・前掲注2・189、271頁、中西ほか・前掲注1・51頁、山本和彦・小林昭彦・浜秀樹・白石哲編『新基本法コンメンタール民事執行法』（日本評論社、2014年）64頁〔鶴田滋〕。
[12] 『条解』744頁、『基本法コンメ』289頁〔越山和広〕。
[13] 『伊藤』271頁注75、627、628頁注83、『条解』744、910頁。
[14] 『注解（上）』122頁〔石川明・三上威彦〕。

4 終局判決

(1) 終局判決

終局判決とは、訴え又は上訴により係属する訴訟事件の全部又は一部について、当該審級での審理を完結する判決をいう（民事訴訟法243条1項）。中間判決は含まない。本条は終局判決とするだけで確定まで求めていないから、確定している必要はない[15]。

終局判決には訴え又は上訴を却下する判決（訴訟判決）と本案判決（実体判決）の2つが含まれるが、本条の関係では、届出債権の存在を認める本案判決に限られる。

訴えの性質は、給付判決には限られず、届出債権の存在を導く内容であれば、債務存在確認判決、債務不存在確認訴訟の棄却判決でもよい。

手形小切手訴訟の終局判決（民事訴訟法356条）や少額訴訟の終局判決（同法377条）は異議申立て（同法357条、378条）により通常訴訟に移行するから（同法361条、379条1項）、第一審での審理を完結していないが、その確定により事件の終局的完結に至る（同356条本文、377条本文参照）という意味で終局判決に分類される[16]。

(2) 確定判決と同一の効力を有する文書（民事執行法22条7号）

「確定判決と同一の効力を有する」とされる和解調書、認諾又は放棄調書（民事訴訟法267条）等[17]を本条の終局判決と同視できるか[18]。終局判決と同視できれば、執行文の付与を要しないことになる点で議論の実益がある。

肯定説は、「確定判決と同一の効力を有する」という形式的理由と当事者の対応から推認できる権利存在の蓋然性の2点を根拠とするが[19]、否定説は、裁判所の判断を介在していない和解調書等に高度の蓋然性を認めるには

---

15 『基本法コンメ』289頁〔越山和広〕。
16 『基本法コンメ』289頁〔越山和広〕。
17 その他、家事事件手続法による調停調書（268条1項。ただし、別表第2に掲げる事項については同39条により確定した審判と同一の効力を持つ）、損害賠償命令（犯罪被害者等の権利利益の保護を図るための刑事手続に付随する措置に関する法律33条5項）、適法な異議申立てのなかった労働審判（労働審判法21条4項）、破産債権者表（法124条3項）がある。
18 『大コンメ』539頁〔橋本都月〕。
19 『条解』911頁、『伊藤』628頁注84。

無理があると反論する[20]。議論に際し和解調書の既判力の肯否が論じられることがあるが[21]、問題は終局判決と同視できるかであって、既判力の有無は直接に関係しないと解すべきである[22]。

(3) 外国裁判所の確定判決（民事執行法22条6号）

外国裁判所の確定判決（外国判決）は単独では債務名義とならず、執行判決（民事執行法24条）と揃って初めて債務名義となる。では、確定判決（外国判決）のままで「終局判決」と同視できないか。

肯定説は、民事訴訟法118条の要件を充たしていれば自働承認する旨を定めていることから、本条の終局判決と同視すべきとする[23]。否定説は、外国判決にはいろいろなものが考えられることから、日本の裁判所と同視し、外国判決に高度の蓋然性を認めることに疑義を呈する。終局判決を得た破産債権を有名義債権とする趣旨から考えれば、否定説は説得力を有するが[24]、執行判決を要求しても給付判決以外の外国判決に対応できない点で疑問がある。外国判決による確定債権の届出があったときは、これを争う異議者等から法129条1項に準じて外国判決不承認の訴えを提起させればよい[25]。

5 破産者がすることのできる訴訟手続

異議者等は、破産者がすることのできる訴訟手続によってのみ異議を主張することができるが（本条1項）、具体的な訴訟手続は、債務名義の種類、判決の確定の有無等により異なる。

(1) 確定判決（民事執行法22条1項）

再審の訴え（民事訴訟法338条）、更正決定の申立て（同257条。ただし、更正によって争うことができる範囲は限られる）による。既判力の標準時後の事情変更を主張する場合には債務不存在確認の訴えも認められる。では、執行力の排

---

20 『大コンメ』539頁〔橋本都月〕。
21 『基本法コンメ』289頁〔越山和広〕は、起訴責任の転換が認められることの根拠をどこに求めるのか（執行力か既判力か）によって考え方が分かれると指摘するが、『条解』911頁、『伊藤』628頁注84は、かかる議論の立て方を否定する。
22 『条解』911頁、『伊藤』628頁注84は、既判力を論拠とすることを否定する。
23 『条解』911頁、『伊藤』628頁。
24 『条解会更（中）』784頁。
25 『伊藤』628頁、『条解』911頁、『基本法コンメ』290頁〔越山和広〕。

除を目的とする請求異議の訴え（民事執行法35条）も許されるか[26]。

請求異議訴訟の性質・訴訟物の理解に関わり[27]、形成訴訟説からは、訴訟物は執行法上の異議権であって、執行債権の不存在は理由中の判断にすぎず既判力はないとして、否定説が導かれる[28]。しかし、実体関係の確定も訴えの目的となると解する立場や理由中の判断についても拘束力を認めるのであれば肯定説とも親近性を有することになる[29]。理論構成は種々あるが、肯定すべきである。

(2) 未確定の終局判決（仮執行宣言付給付判決も含む）

破産手続開始当時に破産債権に関する訴訟が係属しているので、本条2項により当該訴訟を受継し、上訴や異議申立てをすることになる。新たに債務不存在確認の訴えを提起することは許されない。

仮執行宣言付支払督促（民事執行法22条4号）は受継して督促異議の申立て（民事訴訟法393条）、仮執行の宣言を付した損害賠償命令（民事執行法22条3号の2）も受継して異議の申立て（犯罪被害者等の権利利益の保護を図るための刑事手続に付随する措置に関する法律33条1項）をすることになる。

(3) 執行証書（民事執行法22条5号）

既判力がないので、債務自体の当初からの不存在を主張するには債務不存在確認の訴えによる。執行証書には上訴、再審という不服申立てがないから、代替手段として請求異議の訴えも許されると解すべきである[30]。

執行証書に対する執行文付与を争う手続（民事執行法32条）、執行文付与に対する異議の訴え（同34条）において異議を主張できるかについては、その実益性をめぐって議論がある[31]。別途、債務不存在確認の訴えや代替手段として請求異議の訴えを提起すべきである。

---

26 『大コンメ』539頁〔橋本都月〕、『条解』913頁。
27 中野・前掲注2・234頁、山本ほか編・前掲注11・95頁〔山本研〕。
28 『伊藤』629頁注87。
29 『条解』912頁、『破産民再概論』304頁。
30 『条解』913頁。民事執行法35条1項後段にいう債務名義の成立についての異議については、『条解』913頁。
31 肯定するものとして、『大コンメ』539頁〔橋本都月〕。『条解』913頁は、執行文付与の手続だけ争って勝訴しても、無名義債権となるだけにすぎないから実益に乏しいとする。

6 訴訟手続

特則の内容は**2**(1)記載の通りであるが、訴訟手続について補足しておく。

(1) 管　　轄

規定はなく、各訴訟手続に定める管轄規定に従うが、債務不存在確認の訴えについては、破産裁判所の専属管轄を認めるべきであるとの有力説もある[32]。

(2) 訴訟手続の受継

第一審判決が一部勝訴の場合には、双方から受継の申立てが必要となる[33]。受継後は、請求の趣旨を破産手続における権利の確定に適した形に変更する必要がある[34]。

(3) 期間制限・口頭弁論の開始時期、弁論及び裁判の併合、主張制限

有名義債権に対する異議の主張を行う訴訟（本条1項）又は受継した訴訟（同2項）における口頭弁論は、制限期間（1ヵ月）経過後でなければ開始できない（同3項、法126条5項）。

同一の破産債権に関して異議の主張を行う訴訟が複数同時に係属する場合、又は受継した訴訟で複数の異議者等が同時に主張する場合には、弁論及び裁判は併合しなければならない（本条3項。法126条6項）、一体的な審理・判断を行う必要があるからである。この場合、民事訴訟法40条1項から3項の規定が準用される（法126条6項）。

〔阿多博文〕

> **第130条** 破産債権の確定に関する訴訟の結果の記載

裁判所書記官は、破産管財人又は破産債権者の申立てにより、破産債権の確定に関する訴訟の結果（破産債権査定申立てについての決定に対する破産債権査定異議の訴えが、第126条第1項に規定する期間内に提起されなかったとき、又

---

[32] 学説の紹介として『条解』914頁。
[33] 『伊藤』629頁、『条解』914頁、具体的な訴訟の帰趨を紹介するものとして、『破産200問』286頁〔中根弘幸〕。
[34] 具体的な変更内容については、『倒産と訴訟』156頁〔住友隆行〕参照。

は却下されたときは、当該決定の内容）を破産債権者表に記載しなければならない。

1　本条の趣旨

　破産債権の調査においては、破産管財人が認め、かつ、破産債権者が異議を述べなかったときは、当該債権の額及び優先関係は確定し（法124条1項）、その場合は、裁判所書記官は、債権調査の結果を破産債権者表に記載しなければならない（同条2項）。

　本条は、異議等が述べられたことにより未確定となっていた破産債権に関する破産債権者表上の処理を規定したものである。破産債権の確定に関する訴訟等について、判決が確定し、又は破産債権査定決定が確定したときは、その結果にしたがって破産債権の存否等が確定するが、破産手続においては、破産債権者表が手続上の基礎となり、配当表もこれに基づいて作成されるため、破産債権の確定に関する訴訟等の結果を破産債権者表に記載する必要があることから、本条が規定された。

2　結果の記載の主体・手続

　結果の記載は、破産管財人又は破産債権者の申立てにより、裁判所書記官が行う。法124条2項の場合と異なって申立てが前提とされているのは、別の裁判体で審理される債権確定訴訟の内容を破産裁判所の裁判所書記官が常に把握することは困難であるからである。

　なお、民事再生規則は、この申立てをするに際し、当該判決書の謄本及び当該判決の確定についての証明書を提出しなければならないと定める（民事再生規則47条）。破産法及び破産規則にこのような規定はないが、破産債権者表の記載の正確性を担保する必要があることから、同様の運用をすべきである。

　破産債権者表の記載申立てに対する却下は裁判所書記官の処分に当たるから、これに不服がある者は、裁判所書記官の処分に対する異議の申立てをすることができる（法13条、民事訴訟法121条）。また、破産債権者表の記載申立てが認められたことに対して不服がある者は、裁判所書記官に更正処分を求め

ることになる（法115条3項）。

3　結果の記載の内容・効力

本条でいう「破産債権の確定に関する訴訟」とは、破産債権査定異議の訴え（法126条）、破産債権者が受継の申立てをした訴訟（法127条）、有名義債権について異議者等が提起した訴訟（法129条1項）又は受継した訴訟（同条2項）である。このほか、破産債権の確定に影響を与える訴訟の判決等（破産管財人からの否認訴訟の判決等）も記載の対象に含まれると解される[1]。なお、破産債権者表に記載するのは、これらの判決等が確定した場合に限られる。

本条により記載すべき内容は、破産債権を確定するために必要な結論部分であるから、届出債権の存在又は不存在、存在する場合は額及び優先性の別ということになる。本条による破産債権者表の記載は、破産法124条の場合と異なり、創設的効力を有するものではなく、確認的に記録化されるものとなる。

(柴田憲史)

第131条　破産債権の確定に関する訴訟の判決等の効力

① 破産債権の確定に関する訴訟についてした判決は、破産債権者の全員に対して、その効力を有する。
② 破産債権査定申立てについての決定に対する破産債権査定異議の訴えが、第126条第1項に規定する期間内に提起されなかったとき、又は却下されたときは、当該決定は、破産債権者の全員に対して、確定判決と同一の効力を有する。

1　本条の趣旨

判決効は訴訟当事者に対してのみ及ぶのが原則であるが（民事訴訟法115条

---

[1] 『条解』918頁。

1項1号)、本条は、破産債権を合一的に確定して集団的債務処理を可能にする趣旨に基づき、破産債権確定に関する訴訟の判決効を破産債権者全員に拡張するとともに、確定した査定決定についてもこれに準じた扱いとする。破産債権者表の記載の効力に関する法124条3項と同趣旨の規定であり、同条の解釈（**本書124条の解説**参照）が本条の解釈に影響する。

2　本条1項の「判決」及び主観的範囲

　本条1項の「判決」は、査定異議訴訟（法126条）、破産債権者が受継した訴訟（法127条）、有名義債権についての訴訟（法129条）の判決である。また、これらの訴訟における請求の放棄、認諾、和解や、破産債権についての仲裁判断も、判決と同一の効力を有するので、本条の「判決」に準じてそれらの効力が拡張されるものと解される[1]。

　判決効が拡張される主観的範囲については、124条3項における議論がそのまま当てはまり、未届出の破産債権者や破産管財人が含まれるものと解される。

3　拡張される判決効の内容

　訴訟当事者間に生じる、本条1項の判決の効力の内容は、通常と同様に既判力が含まれ、破産手続の内外を問わず後続の判断を拘束する点に争いはない。

　これに対し、本条1項に基づき訴訟当事者以外に拡張される判決効が、既判力を意味するか否かについては争いがある。法124条3項における議論と同様に、既判力を意味するとする見解と破産手続内のみに及ぶ拘束力であるとする見解がある一方で、判決と破産債権者表の記載を同列に論じ得ないこと等を理由に、法124条3項の議論で既判力を否定したとしても本条の拡張効は既判力であるとする見解[2]がある。

　既判力の拡張の有無によって結論に差異の生じる場面は、破産手続廃止又

---

[1] 仲裁判断について『条解』921頁、『条解会更（中）』803頁など。ただし、仲裁手続による破産債権確定を肯定する見解に立つことが前提となる。**本書125条の解説7** 注18参照。

[2] 『条解』921頁。

は終結後の、破産者財産に対する強制執行手続において、破産債権者間で破産債権の存否・内容が争われる場面である（かかる場面が生じるのは、実際上は、個人である破産者が免責を受けなかったときや複数の非免責債権者が存在したときに限られよう）。既判力拡張を否定する見解によれば、当該執行手続の配当異議訴訟において、本条の訴訟の当事者以外の破産債権者が、本条の判決で認められた破産債権の全部又は一部の不存在を主張することが可能になる[3]。他方で、いずれの見解によっても、①本条の訴訟の当事者以外の破産債権者が判決で認められた破産債権の全部又は一部が実際は存在しないとして破産手続内（配当表に対する異議手続等）で争うこと、同様に、②破産配当受領者に対する不当利得返還請求をなすこと、さらに③本条の訴訟の当事者である破産債権者が判決で認められなかった破産債権の全部又は一部が実際は存在するとして破産配当受領者に対し不当利得返還請求をなすことについては、認められないことになる[4]。

破産債権の調査確定制度の趣旨として、円滑な破産債権の確定や破産配当の法的安定性の確保の点のみならず、破産手続後の個別的権利行使の円滑化をもその目的に含めるのか否か、また、既判力拡張を正当化する手続条件をどう考えるかが、いずれの見解を妥当と考えるかのポイントとなるように思われる[5]。

4　本条2項

本条2項の「確定判決と同一の効力」の内容についても、法124条3項における議論と同様に、既判力を意味するとする見解と破産手続内のみに及ぶ

---

[3] 当該執行手続における破産債権者表の記載の破産者に対する効力については、**本書221条の解説**を参照。
[4] 本条による判決効拡張の結果、①②の不都合が回避されるとの説明が一般的である。さらに、③の点を指摘するものとして『条解』920頁。しかしまず③は、破産法上の適正手続により確定された債権額に基づいて破産配当手続が実施された以上、他の破産債権者に「不当利得」が生じる余地はなく、本条による判決効の拡張がなくともかかる請求は認められないだろう。これが不当利得になるなら、破産管財人が全額認めなかったのに不変期間内に査定申立てをしなかった破産債権者（0円にて確定力が拡張するものではない。法124条1項・3項参照）は、破産配当受領者に対する不当利得返還請求をなし得ることになりかねない。また、②についても、民事執行手続に関する判例（最判平10.3.26民集52巻2号513頁）の立場を類推すると、判決効の拡張がなくても、かかる不当利得返還請求は認められない。

拘束力であるとする見解があり、さらに、法124条3項の場合に既判力を否定しつつも査定決定が裁判所の決定であることを重視してここでは全破産債権者に対する既判力を認める立場があり得る[6]。なお、本条2項の確定力の主観的範囲は、本条1項と同様に解される。

(赫　高規)

第132条　訴訟費用の償還

> 破産財団が破産債権の確定に関する訴訟（破産債権査定申立てについての決定を含む。）によって利益を受けたときは、異議を主張した破産債権者は、その利益の限度において財団債権者として訴訟費用の償還を請求することができる。

1　本条の趣旨

　破産債権確定訴訟（破産債権査定の申立てについての決定を含む。以下同じ）において、異議者である破産管財人あるいは破産債権者が敗訴した場合には、訴訟費用は民事訴訟法の一般原則に従い（民事訴訟法61条）、敗訴者が負担することになる。この場合、破産管財人が敗訴した場合にはこの費用は財団債権となり破産財団が負担し（法148条1項4号）、破産債権者が敗訴した場合は当該異議者たる破産債権者が負担する。

　一方、破産管財人が勝訴した場合は、相手方に対する訴訟費用償還請求権は破産財団を構成することになる。

---

[5]　破産手続後における破産債権者の個別的権利行使の場面で、破産手続における債権調査結果と矛盾した判断がなされても、破産手続の迅速・安定に支障はない。また、この場面をも念頭に破産手続中にすべての届出債権に意を払って異議を述べるべきものとされれば破産債権者に過度な負担となる。本条の拡張効としては、破産手続内の拘束力に留めるのが妥当であろう。『注解（下）』555頁〔林伸太郎〕、『大コンメ』543頁〔橋本都月〕、結論同旨。

[6]　『基本法コンメ』292頁〔越山和広〕参照。しかし、裁判上の和解（民事訴訟法267条）の既判力を制限する立場が有力であることや査定手続の簡易性に鑑みると、査定当事者間に限定した既判力ですら正当化するのは困難であるものと思われる。

これに対して、異議を述べた破産債権者が勝訴した場合、その破産債権者は相手方に対して訴訟費用を償還請求できるが（民事訴訟法61条）、これと併存して破産財団が利益を受けた限度において財団債権として償還請求することができるとするのが本条の規定である。

これは、届出債権について異議を述べた破産債権者が破産債権確定訴訟で勝訴した場合、当該破産債権確定訴訟の追行が破産債権者全体にとって共益的性質を有することになる点を考慮したものである。

2 償還請求権

(1) 要　件

本条の償還請求権の発生要件は、破産債権者が破産債権確定訴訟において異議を主張し、訴訟追行の結果、相手方に訴訟費用償還請求権（民事訴訟法61条）を取得した場合において、破産財団がそれ以上の利益を受けたことである。

(2) 破産債権確定訴訟

本条の対象となる「破産債権の確定に関する訴訟」とは、破産債権査定異議の訴え（法126条）、破産債権者が受継した訴訟（法127条）、有名義債権について異議者等が提起した訴訟（法129条1項）又は受継した訴訟（同2項）及び破産債権査定申立てについての裁判（法125条）である。

(3) 償還の範囲

敗訴者たる相手方に償還を請求できる訴訟費用（民事訴訟費用等に関する法律2条）の全額（ただし、(4)記載の限度において）であり、弁護士報酬は含まれない。

(4) 償還の限度

破産財団が破産債権確定訴訟の結果によって利益を受けた限度である。破産債権が排斥されたときはその否定された予定配当額が限度となるし、破産債権の優先性が排斥されたときは、優先的破産債権として受けるべきであった配当額と一般破産債権として受け取るべき配当額との差額が限度となる[1]。

---

1 『条解』925頁、『伊藤』634頁、『注解（下）』556頁〔加藤哲夫〕、『条解会更（中）』810頁。

なお、異議を主張した破産債権者のほかに、当該届出破産債権を認めない旨の認否をした破産管財人も破産債権確定訴訟の当事者となっていた場合にも、本条の適用があるか問題となる（無名義債権について破産債権者が異議を述べ、さらに破産管財人も当該債権を認めなかった場合は、当該届出破産債権者は、破産管財人及び異議を述べた破産債権者全員を相手方として査定申立てしなければならない（法125条1項））。破産債権者の攻撃防御方法の提出によって勝訴が導かれたような場合には、それがなければ破産管財人が勝訴することが不可能であったと認められる攻撃防御方法に要した費用の限度で本条の適用が認められるとする見解もあるが[2]、破産債権者の攻撃防御方法がなければ勝訴できなかったかどうかという判断は極めて困難であり、破産債権者の攻撃防御方法の実績、成果を斟酌して、公平の観点から決定するべきとする見解も存する[3]。

3 償還請求権の行使方法

(1) 財団債権としての行使

償還請求権は、財団債権となるから、破産債権に優先し、その弁済は、破産手続によらず、破産財団から随時弁済を受けることができる（法151条）。

(2) 費用額確定の要否

償還請求権行使の前提として、訴訟費用額の確定手続（民事訴訟法71条）を経ておくまでの必要はないと解されている[4]。

(3) 償還請求権の代位

訴訟費用が破産財団から勝訴した破産債権者に支払われた場合には、破産管財人が、敗訴した破産債権者に対する償還請求権を代位行使することになる（民法500条類推）。

（田中祥博）

---

2 『大コンメ』544頁〔橋本都月〕、『注解（下）』557頁〔加藤哲夫〕、『条解会更（中）』808頁。
3 『条解』925頁、『伊藤』634頁注97。
4 『条解』924頁、『注解（下）』557頁〔加藤哲夫〕、『条解会更（中）』811頁。

第133条 破産手続終了の場合における破産債権の確定手続の取扱い

① 破産手続が終了した際現に係属する破産債権査定申立ての手続は、破産手続開始の決定の取消し又は破産手続廃止の決定の確定により破産手続が終了したときは終了するものとし、破産手続終結の決定により破産手続が終了したときは引き続き係属するものとする。
② 破産手続終結の決定により破産手続が終了した場合において、破産手続終了後に破産債権査定申立てについての決定があったときは、第126条第1項の規定により破産債権査定異議の訴えを提起することができる。
③ 破産手続が終了した際現に係属する破産債権査定異議の訴えに係る訴訟手続又は第127条第1項若しくは第129条第2項の規定による受継があった訴訟手続であって、破産管財人が当事者であるものは、破産手続終結の決定により破産手続が終了したときは、第44条第4項の規定にかかわらず、中断しないものとする。
④ 破産手続が終了した際現に係属する破産債権査定異議の訴えに係る訴訟手続であって、破産管財人が当事者でないものは、破産手続開始の決定の取消し又は破産手続廃止の決定の確定により破産手続が終了したときは終了するものとし、破産手続終結の決定により破産手続が終了したときは引き続き係属するものとする。
⑤ 破産手続が終了した際現に係属する第127条第1項又は第129条第2項の規定による受継があった訴訟手続であって、破産管財人が当事者でないものは、破産手続開始の決定の取消し又は破産手続廃止の決定の確定により破産手続が終了したときは中断するものとし、破産手続終結の決定により破産手続が終了したときは引き続き係属するものとする。
⑥ 前項の規定により訴訟手続が中断する場合においては、第44条第5項の規定を準用する。

第133条　破産手続終了の場合における破産債権の確定手続の取扱い

1　本条の趣旨

　本条は、破産手続が終了した時点で破産債権の確定手続が係属している場合に、これがどのように取り扱われるかについて定めた規定である。配当が実施され破産手続が終結した場合と配当が実施されずに破産手続が終了する場合とで、破産手続終了時点において現に係属している破産債権確定手続の帰趨に違いが生じることになる。民事再生法112条の2、会社更生法163条に同趣旨の規定がある。

2　本条についての基本的な考え方

(1)　破産債権確定手続

　届出破産債権について、破産管財人が認めず又は他の届出債権者から異議を述べられた場合、異議等を述べられた破産債権に執行力ある債務名義又は終局判決がないときは、当該破産債権者は破産債権査定の申立てを行うことができる（法125条1項本文）。破産債権査定決定に不服のある者は破産債権査定異議の訴えを提起することができる（法126条1項）。ただし、この場合において異議等を述べられた債権について破産手続開始決定時に、破産者と債権者との間で既に訴訟が係属しており、開始決定によってこれが中断した場合（法44条1項）には、異議等を述べられた破産債権者は、破産債権査定申立てをするのではなく、中断した訴訟について、異議者等の全員を相手として訴訟手続受継の申立てをすることになる（法127条1項）。これは中断した訴訟を債権確定訴訟として続行させようという趣旨である[1]。

　他方、異議等を述べられた債権について、執行力ある債務名義又は終局判決がある場合（以下「有名義破産債権」という）には、異議者等において、破産者がすることのできる訴訟手続によってのみ、異議を主張することができる（法129条1項）。破産手続開始決定時に有名義債権に関する訴訟が係属していた場合には、異議者等から受継の申立てをしなければならない（法129条2項）。

　したがって、破産手続が終了した時点で係属している可能性のある破産債

---

[1]　『伊藤』624頁、『はい6民』204頁。

権確定手続としては、①破産債権査定の申立て（法125条1項本文）、②査定決定に対する異議の訴え（法126条1項）、③破産手続開始決定によって中断し、法127条1項又は129条2項によって受継された訴訟手続、④有名義破産債権を争う訴訟手続（法129条1項）の4類型があることになる。

(2) 破産手続終了原因

本条で問題となる破産手続の終了原因としては、①破産配当が実施されて破産手続が終了する破産手続終結決定（法220条）、②破産手続開始決定の取消し（法33条3項）、③破産手続廃止決定の確定（法216条ないし218条）がある（上記②又は③を、以下「破産手続開始決定の取消し又は廃止決定の確定」という）。

破産配当が実施される場合には、上記(1)①ないし④の破産債権確定手続中の破産債権者に対する配当金は供託される（法202条1号、205条、214条1項1号）。そして、破産債権確定手続が係属中であっても破産手続を終結することができる[2]から、破産債権確定手続中に破産手続終結決定により破産手続が終了した場合には、破産債権確定手続を続行して、供託された配当金の帰趨を決める必要がある。これに対し、破産手続開始決定の取消し又は廃止決定の確定の場合には、配当が実施されないのであるから、配当のために破産債権確定手続を続行する必要はないことになる。

本条はこれを前提として、破産手続が終了した場合に、現に係属している各破産債権確定手続がどのような扱いを受けるかを規定したものである。以下では、破産債権確定手続の4つの類型ごとに破産手続終了時の取扱いを述べる。

3 破産債権査定申立手続中に破産手続が終了した場合

(1) 破産手続開始決定の取消し又は廃止決定の確定により破産手続が終了したとき

この場合、破産債権査定申立手続は当然に終了する（本条1項）。破産債権査定申立手続は、破産手続における配当額を決めるために認められた手続であり、配当が実施されない以上、破産債権査定申立手続を続行する実益がないからである[3]。

---

2 『破産実務』474頁。

(2) 破産手続終結決定により破産手続が終了した場合

　この場合、破産債権査定申立手続は引き続き係属し、続行される（本条1項）。上記の通り、当該破産債権に対する配当金は供託されており、破産債権の存在が認められれば当該破産債権者は配当金を受領することができ、逆に、破産債権の存在が認められなければ供託金は他の債権者に追加配当される（少額の場合は破産管財人の追加報酬になる）[4]ので、破産債権の存否・額等について決着をつける必要があるからである。なお、破産債権査定申立手続は破産財団に関する訴訟手続には当たらないから、破産管財人が当事者となっている場合でも法44条4項の適用はなく、中断しない[5]。

　その結果、破産手続終結決定後に破産債権査定決定がなされた場合には、不服のある当事者は破産債権査定異議の訴えを提起することができる（本条2項）。

4　破産債権査定異議の訴え係属中に破産手続が終了した場合

(1) 破産管財人を当事者とする訴訟

a　破産手続開始決定の取消し又は廃止決定の確定により破産手続が終了したとき

　この場合、破産債権査定異議の訴えも法44条4項の「破産財団に関する訴訟」に該当するから、破産管財人を当事者とする破産債権査定異議の訴えは中断し、破産者がこれを受継しなければならない（法44条5項前段）。破産手続の終了により、破産管財人は破産者の財産に関する管理処分権を失い、この管理処分権を回復した破産者と破産債権者との間で、実体法上の権利関係について決着をつける必要があるからである[6]。なお破産者が受継した後は、請求の趣旨が給付訴訟や債務不存在確認訴訟等に変更される[7]。

　もっとも、破産者が法人で破産手続廃止決定が確定し、かつ残余財産がない場合には、破産手続の終了により法人格は消滅し、したがって債務も消滅

3　『一問一答』170頁。
4　『破産実務』475頁。
5　『条解』928頁注1、『伊藤』631頁注91。
6　『条解』928頁。
7　秋山幹男ほか『コンメンタール民事訴訟法Ⅱ〔第2版〕』（日本評論社、2006年）562頁。

すると解されている[8]から、訴訟手続は当然に終了する[9, 10]。また、個人の場合は、免責許可決定が確定すれば、非免責債権の場合を除き、破産債権者の請求は認められないことになる。

b　破産手続終結決定により破産手続が終了したとき

破産債権の存否・額等について決着をつける必要があるから、法44条4項の規定にもかかわらず訴訟手続は中断せず、破産管財人が訴訟を続行する（本条3項）。

(2)　破産管財人が当事者でない場合（両当事者が破産債権者である場合）

a　破産手続開始決定の取消し又は廃止決定の確定により破産手続が終了したとき

破産手続との関係で破産債権の存否・額等を確定する必要がない以上、破産債権者間で破産債権査定異議の訴えを継続する実益がなくなるので、訴訟は当然に終了する[11]（本条4項）。

b　破産手続終結決定により破産手続が終了したとき

供託されている配当金の帰趨を決するため、破産債権の存否・額等について決着をつける必要があるから、訴訟は続行される（本条4項）。

5　法127条1項又は129条2項により受継された訴訟手続が係属中に破産手続が終了した場合

(1)　破産管財人を当事者とする訴訟

上記4(1)の場合と同様の扱いを受ける。

a　破産手続開始決定の取消し又は廃止決定の確定により破産手続が終了したとき

法44条4項により訴訟手続は中断し、破産者がこれを受継しなければなら

8　最判平15.3.14（民集57巻3号286頁）、『伊藤』691頁。
9　森宏司「破産・民事再生に伴う訴訟中断と受継」判タ1110号34頁、『倒産と訴訟』150頁〔住友隆行〕、石田憲一「破産手続と関連訴訟等との関係」『破産法大系Ⅰ』470頁。
10　『書記官事務の研究』300頁は「異時廃止の場合は、配当すべき破産財団がないことは明らかであるが、清算すべき財産が存在しないことまで明らかとはいえないため、訴訟においては、残余財産が存しないことが主張立証されない限り、清算すべき財産が存在し、清算の目的の範囲内で法人格は存続するものとして判決されるべきである。」とする。
11　『一問一答』171頁。

ない（法44条5項前段）。ただし、破産者が法人で破産手続が終了し残余財産がない場合には訴訟手続は当然に終了すると解される点及び破産者が個人で免責許可決定が確定した場合には非免責債権の場合を除き破産債権者の請求が認められない点は、上記**4(1)a**の場合と同様である。

　b　破産手続終結決定により破産手続が終了したとき

　供託されている配当金の帰趨を決するため、破産債権の存否・額等について決着を付ける必要があるから、法44条4項の規定にもかかわらず訴訟手続は中断せず、破産管財人が訴訟を続行する（本条3項）。

(2)　破産管財人が当事者でない場合

　a　破産手続開始決定の取消し又は廃止決定の確定により破産手続が終了したとき

　訴訟手続は中断し（本条5項）、破産者が受継する（本条6項、法44条5項）。破産債権査定異議の訴えの場合は、訴訟を継続する実益がなく訴訟は当然に終了する（本条4項）とされているが、これとは異なり、破産手続開始決定時に既に破産者との間で係属していた訴訟を、破産債権確定手続に利用するため法127条1項及び129条2項により受継することを認めたものであるから、配当が実施されないまま破産手続が終了した場合でも、受継されていた訴訟を当然に終了させるのは相当ではないので、中断し、財産の管理処分権を回復した破産者に受継させることとしたのである[12]。ただし、破産者が法人で破産手続が終了し残余財産がない場合には訴訟手続は当然に終了すると解される点及び破産者が個人で免責許可決定が確定した場合には非免責債権の場合を除き破産債権者の請求が認められない点は、上記**4(1)a**の場合と同様である。

　b　破産手続終結決定により破産手続が終了したとき

　供託されている配当金の帰趨を決するため、破産債権の存否・額等について決着を付ける必要があるから、訴訟は続行される（本条5項）。

6　法129条1項による訴訟手続が係属中に破産手続が終了した場合

　この場合についての規定は置かれていない。有名義破産債権の債権確定手

---

[12] 『条解』930頁。

続は、破産債権査定決定手続において届出債権者の請求が認容され、敗訴した異議等のある者が破産債権査定異議の訴えを提起した場合に類似するので、原則としてこれと同様に扱うのが妥当とされている[13]。

(1) 破産管財人を当事者とする訴訟

a 破産開始決定の取消し又は廃止決定の確定により破産手続が終了したとき

法44条4項により、破産管財人を当事者とする訴訟手続は中断し、破産者がこれを受継しなければならない（法44条5項前段）。

b 破産手続終結決定により破産手続が終了したとき

破産債権の存否・額等について決着を付ける必要があるから、破産法44条4項の規定にもかかわらず訴訟手続は中断せず、破産管財人が訴訟を続行する（本条3項類推）[14]。

(2) 破産管財人が当事者でない場合

a 破産手続開始決定の取消し又は破産手続廃止決定の確定により破産手続が終了したとき

本条4項の類推により訴訟は当然終了する[15]。

b 破産手続終結決定により破産手続が終了したとき

破産債権の存否・額等について決着を付ける必要があるから、本条4項後段の類推により訴訟は続行される[16]。

以上を一覧表にすると表の通りである。

---

[13] 『条解』930頁。
[14] 『条解』931頁。
[15] 『条解』931頁。
[16] 『伊藤』632頁。なお、『条解』931頁は、「確定判決のある破産債権の届出に対して、再審事由があるとして他の破産債権者が異議を述べて再審の訴えを提起したような場合には、本来確定判決の既判力が及ばない異議のある破産債権者に再審の訴えの訴訟遂行権限を認めるためには、本条4項を類推することが必要となる。これに対して、債務不存在確認訴訟のような場合には類推の必要がないだろう」と述べる。同旨、『基本法コンメ』294頁〔越山和広〕。

終了原因 債権 確定手続	破産手続開始決定の取消し 破産手続廃止決定の確定		破産手続終結決定	
	管財人が当事者	管財人以外の者が当事者	管財人が当事者	管財人以外の者が当事者
破産債権査定申立	終了（本条1項）		続行（本条1項）	
破産債権査定異議の訴え	中断し 破産者が受継 （44条4項5項）	終了 （本条4項）	中断せず続行 （本条3項）	続行 （本条4項）
法127条1項・129条2項の受継による訴訟		中断し 破産者が受継 （本条5項6項 44条5項）		続行 （本条5項）
129条1項の規定による訴訟		終了 （本条4項類推）	中断せず続行 （本条3項類推）	続行 （本条4項類推）

（中川利彦）

第5款　租税等の請求権等についての特例

第134条

① 租税等の請求権及び罰金等の請求権については、第1款（第115条を除く。）から前款までの規定は、適用しない。

② 第114条の規定による届出があった請求権（罰金、科料及び刑事訴訟費用の請求権を除く。）の原因（共助対象外国租税の請求権にあっては、共助実施決定）が審査請求、訴訟（刑事訴訟を除く。次項において同じ。）その他の不服の申立てをすることができる処分である場合には、破産管財人は、当該届出があった請求権について、当該不服の申立てをする方法で、異議を主張することができる。

③ 前項の場合において、当該届出があった請求権に関し破産手続開始当時訴訟が係属するときは、同項に規定する異議を主張しようとする破産管財人は、当該届出があった請求権を有する破産債権者を相手方とする訴訟手続を受け継がなければならない。当該届出があった請求権に関し破産手続

開始当時破産財団に関する事件が行政庁に係属するときも、同様とする。
④　第2項の規定による異議の主張又は前項の規定による受継は、破産管財人が第2項に規定する届出があったことを知った日から1月の不変期間内にしなければならない。
⑤　第124条第2項の規定は第114条の規定による届出があった請求権について、第128条、第130条、第131条第1項及び前条第3項の規定は第2項の規定による異議又は第3項の規定による受継があった場合について準用する。

1　本条の趣旨

　本条は、租税等の請求権（法97条4号）及び罰金等の請求権（法97条6号）であって財団債権に該当せず破産債権となるものについて（**本書97条の解説**参照）、その調査及び確定の特則を定める規定である。

　破産債権のうち、租税等の請求権及び罰金等の請求権であって財団債権に該当しないものは、破産債権者表に記載され配当の対象となるため、他の破産債権と同様、裁判所への届出と調査・確定の手続が必要となる。しかし、これらの破産債権は、行政処分や刑事手続により決定されたものであり、債権の真実性が一応推定され、他の破産債権者に異議権を認めても、その適切な行使が期待できないと考えられるため、他の破産債権と同様の調査及び確定の手続きに服させるのは不適当であるか、又はその必要がないと考えられることから、特則を設けた[1]。

　本条のうち租税等の請求権にかかる規定は、現行法により、租税等の請求権の一部が破産債権となったことを受けて新設されたものである。罰金等の請求権については、旧法255条、248条ないし250条の規定を受け継いだものである。

2　債権調査及び債権確定の手続

　法114条に基づき届け出られた租税等の請求権及び罰金等の請求権にかか

1　『一問一答』172頁、『条解』817、820頁。

る届出事項は、破産債権者表に記載される（**本書115条の解説**参照）。

　しかし、他の破産債権に対する調査手続では、破産管財人が認否するだけでなく他の破産債権者も破産債権者表記載の破産債権に対して異議を述べることができ、破産管財人が認めず、破産債権者から異議を述べられた無名義債権（執行力ある債務名義又は終局判決のない破産債権）については、査定手続及び査定異議訴訟の手続きを経て、その存否及び額が確定し、有名義債権（執行力のある債務名義又は終局判決のある破産債権）については破産者がすることのできる訴訟手続によってその存否及び額が確定することになる。しかし、租税等の請求権及び罰金等の請求権については、後述の通り、これらの手続が全く適用されず、破産管財人のみが不服申立てをすることができるものと定められている。

3　不服申立て

(1)　申立ての方法

　届出があり、破産債権者表に記載された破産債権のうち、租税等の請求権及び罰金等の請求権（ただし、罰金、科料及び刑事訴訟費用の請求権を除く）については、その原因（共助対象外国租税債権の請求権については共助実施決定）が、審査請求、訴訟（刑事訴訟を除く）その他の不服申立てをすることのできる処分であるときは、破産管財人が、不服のある請求権につき、認められている不服申立ての方法で、異議を主張することができる（法134条2項）。

　破産者は不服申立てをすることができない。他の破産債権者も、不服申立てをすることのできる十分な資料を所持することはなく効果的な不服申立てを期待できないし、そういう状況で不服申立てを許すことにより破産手続が遅滞することは避けるべきであるから、不服申立てをすることができない。

　罰金、科料及び刑事訴訟費用の請求権については、単に財産的な請求権ではなく、厳正な刑事訴訟手続により確定するものであるから、破産手続における債権調査・確定の対象とはならず、破産管財人も異議を主張することはできない。

　租税等の請求権及び罰金等の請求権（ただし、罰金、科料及び刑事訴訟費用の請求権を除く）であって破産管財人が異議を主張しようとするものにつき、既に、破産手続開始決定当時、破産者が申し立てた不服申立ての訴訟が係属し

ていたときは、破産管財人は、破産手続開始により中断している当該訴訟手続を受継しなければならない（法134条3項前段）。破産手続開始決定当時、行政庁に係属している事件についても、破産管財人が不服申立てをするときは受継しなければならない（法134条3項後段）。

(2) 期間制限

前項の不服申立て（法134条2項）及び受継（法134条3項）は、破産管財人が、届出のあったことを知った日から1カ月の不変期間内に行う必要がある（法134条4項）。不変期間を経過した後は不服申立て等をすることができない。

なお、行政不服審査法では、処分に対する審査請求は、処分があったことを知った日の翌日から起算して3カ月以内に行うことができる旨定められているにもかかわらず（行政不服審査法18条1項）、破産債権の債権届出としてなされた交付要求に対する不服申立てについては、本条に基づく1カ月を経過すると行うことができないとする裁判例[2]があるので、注意が必要である。

4 準用規定

債権調査及び確定に関する一般の破産債権に対する規定は、本条に定める請求権についても一部準用されている（法134条5項）。

裁判所書記官は、法114条に基づき届出のあった債権について、不服申立

---

[2] 大阪地判平24.2.17（裁判所ホームページの裁判例情報。確定）。滞納社会保険料等の納付義務が時効等により消滅しているとして、破産管財人が交付要求の取消し等を求める審査請求につき、破産手続においては、行政不服審査法ではなく本条が適用され、本条に定める不変期間を徒過してなされた審査請求は不適法であると判断した。当該事例では、交付要求書には行政不服審査法に基づく不服申立期間が教示されており、破産管財人はこれに従い審査請求を行ったが、「やむをえない理由がある」（行政不服審査法14条1項ただし書）とも、「責に帰することができない事由」（民事訴訟法97条1項）があるとも言えないと判断され、救済されなかった。なお、財団債権たる租税債権にかかる交付要求の処分性について、最判昭59.3.29（訟月30巻8号1495頁）は、交付要求は単に弁済を催告するものにすぎないことを理由に処分性を否定した原審の判断を肯定したのに対し、上記大阪地判は、破産債権たる租税等の請求権にかかる交付要求について、滞納者の意思に基づくことなく強制的に破産財団から優先して配当を受けることを可能とし、他の破産債権者にとっても自己の配当が減少するという利害関係者の実体法上の権利義務に変動をもたらす効果を有するもので差押えと同じく滞納処分であるとして、処分性を認めた。上記大阪地判24.2.17に関する諸問題については、今泉純一「破産における租税等の請求権をめぐる諸問題」『今中傘寿』418頁以下に詳しく解説されている。

ての有無や受継の有無を、破産債権者表に記載しなければならない（法124条2項）。裁判所書記官は、破産管財人が提起又は受継した不服申立て等の結果を破産債権者表に記載しなければならない（法130条）。破産債権者表に記載された、破産管財人による不服申立て等の結果は、破産債権者の全員に対して効力を有する（法131条1項）。

　破産管財人が提起又は受継した不服申立て等の手続きにおいては、請求権者によって届け出られ、破産債権者表に記載された事項のみに主張が制限される（法128条）。

　破産管財人が提起又は受継した不服申立て等の手続が、破産手続の終了の時にまだ係属しているときは、破産手続終結決定により破産手続が終結した場合も、当該手続は中断しない（法133条3項）。

（若杉洋一）

第4節　債権者集会及び債権者委員会

第1款　債権者集会

第135条　債権者集会の招集

① 裁判所は、次の各号に掲げる者のいずれかの申立てがあった場合には、債権者集会を招集しなければならない。ただし、知れている破産債権者の数その他の事情を考慮して債権者集会を招集することを相当でないと認めるときは、この限りでない。
一　破産管財人
二　第144条第2項に規定する債権者委員会
三　知れている破産債権者の総債権について裁判所が評価した額の10分の1以上に当たる破産債権を有する破産債権者
② 裁判所は、前項本文の申立てがない場合であっても、相当と認めるときは、債権者集会を招集することができる。

1　本条の趣旨

本条は、債権者集会の一般的な招集要件を定める規定である。

現行法は、債権者集会での破産債権者の出席率が高くなかったこと等、旧法下における実務の実情[1]を踏まえ、債権者集会の招集を一律に必要とするのではなく、①一定の資格を有する者から申立てがあった場合には、債権者集会を招集するのを原則としつつ、裁判所が相当でないと認めるときは招集しないことも可能とし（本条1項）、②裁判所が相当と認める場合には、申立てによらず職権で債権者集会を招集することができる旨を定めた（本条2項）。

1　法務省民事局参事官室編『倒産法制に関する改正検討事項（別冊NBL46号）』（商事法務、1998年）15頁。

2　債権者集会について

(1)　法的性格

　破産債権者相互の関係に団体性を認め、債権者集会をその意思決定機関と位置付ける見解[2]と、そのような団体性を認めず、債権者集会を期日ごとに成立する事実上の集合体とみる見解[3]とが存在し、後者が現在の通説とされている。

(2)　法定の決議事項

　現行法における法定の決議事項は、破産者等に対し説明を求める場合（法40条1項、230条1項、244条の6第1項）と、破産管財人に対し破産財団の状況の報告を求める場合（法159条）のみである[4]。これらの決議も、議決権行使の方法として書面等投票によることが可能であるから（法139条2項2号）、必ずしも債権者集会の期日が開かれるとは限らない。

(3)　債権者集会の種類

a　財産状況報告集会

　裁判所は、破産手続開始決定と同時に、破産者の財産状況を報告するために招集する債権者集会の期日を定めなければならない（法31条1項2号。財産状況報告集会）。この集会は、旧法における第1回債権者集会に代わるものと位置付けられる。ただし、裁判所は、知れている破産債権者の数その他の事情を考慮して財産状況報告集会を招集することを相当でないと認めるときは、財産状況報告集会の期日を定めないことができる（同条4項）。

b　廃止意見聴取集会

　裁判所は、異時破産手続廃止の決定をする場合、債権者集会の期日において破産債権者の意見を聴かなければならない（法217条1項）。この債権者集会を、廃止意見聴取集会と呼ぶことがある。もっとも、これに代えて、書面によって破産債権者の意見を聴くことも可能であり（同条2項）、その場合、本

---

[2]　加藤正治『破産法要論』（有斐閣、1995年）307頁、『伊藤』216頁、『条解』938頁など。
[3]　中田淳一『破産法・和議法』（有斐閣、1959年）205頁、山木戸克己『破産法』（青林書院新社、1974年）86頁、『概説』116頁など。
[4]　旧法では、破産財団の管理（旧法183条、194条、198条2項、206条1項など）や破産管財人等の機関（旧法167条、170条、171条1項、174条1項など）に関する事項など数多くの決議事項が定められ、債権者集会の権限は多岐にわたっていた。

条1項2号又は3号所定の者が、同項本文に基づき、破産手続廃止についての意見聴取を目的とする債権者集会の招集を申し立てることはできない（法217条2項後段）。

c 任務終了計算報告集会

破産管財人は、その任務が終了した場合、計算の報告を目的として、本条1項本文に基づき債権者集会の招集の申立てをしなければならない（法88条3項）。この目的で開催される債権者集会を、任務終了計算報告集会と呼ぶことがある。これについても、書面による計算の報告の申立てをすることをもって代えることが可能であるが（法89条1項）、廃止意見聴取集会と異なり、法217条2項後段のような規定が存在しないことから、本条1項2号又は3号所定の者が、同項本文に基づき、債権者集会の招集を申し立てることは可能と解される[5]。そのような申立てがされた場合、裁判所は、本条1項ただし書を適用して債権者集会を招集しないこととするか否かを判断するが、書面により報告された計算についても破産債権者が異議を述べる機会は保障されており（法89条2項・3項）、そこで異議がなければ計算は承認されたものとみなされるので（同条4項）、別途債権者集会を招集する意味は乏しいから、通常は招集しないこととされるであろう。

なお、現在の実務では、破産管財人の申立てによらず、裁判所が破産手続開始決定と同時に財産状況報告集会等と同一日時に任務終了計算報告集会の期日を指定する運用が広く行われている（後記**4(2)**「一括指定方式」参照）。これは、裁判所が本条2項に基づき職権で任務終了計算報告集会を招集しているものと理解することができる。

d その他

上記の場合以外にも、裁判所は、本条1項の申立て又は2項に基づく職権により、必要に応じて債権者集会を招集することが可能である。ただし、実務ではほとんど利用されていない[6]。

(4) 債権者集会の役割

破産手続は、破産債権者に対し破産者の財産を公平に分配しようとする手

---

5 『条解』943頁。
6 『書記官事務の研究』243頁。

続であって、これに最も直接的な利害関係を有する破産債権者に対し、破産に至る経緯や破産財団の現状等について正確な情報を提供することは、手続の本質からして必要不可欠であり、破産手続によって不利益を被る破産債権者の納得という点でも重要な意味を持つ。債権者集会での情報提供が「情報の配当」[7]と呼ばれるゆえんである。

さらに、破産債権者が、正確な情報に基づいて、破産管財人による管財業務を監督し、議決権の行使を通じてその意思を手続に反映させる機会を確保することも、債権者集会の重要な役割である。

既に述べた通り、現行法は、債権者集会の招集を必須のものとはせず、その権限も旧法に比べ大幅に縮小した。現在も法改正当時と同様、債権者集会に出席する破産債権者は少ないのが実態である。しかしながら、破産債権者に対する情報開示は、破産債権者から破産管財人に対し有益な情報が提供される契機となり得るものであるから、破産手続において破産債権者の自己決定が働く場面が限られているからといって、その意味が減殺されることにはならない[8]。それゆえ、債権者集会の開催により、破産債権者に対する「情報の配当」の機会を保障することの重要性には、法改正の前後を通じて変わるところはない。債権者集会が破産者に対する糾弾や管財業務への干渉の場となってはならないのはもちろんであるが、破産債権者の立場にも十分な配慮をしつつ、適正妥当な集会運営を図る必要がある。

3　招集の要件と手続

(1) 申立権者

①破産管財人、②債権者委員会（法144条2項）、③知れている破産債権者の総債権について裁判所が評価した額の10分の1以上に当たる破産債権を有する破産債権者が、債権者集会の招集を申し立てることができる（本条1項各号）。

②は、廃止された監査委員の制度（旧法170条から175条まで）に代わって、破産債権者の意思を破産手続に反映させる手段を充実させるため設けられた制

7　『破産実務』478頁、『基本構造』118頁〔松下淳一〕。
8　林圭介「破産手続における情報開示に関する諸問題」『破産法大系Ⅰ』51頁。

度であり、その趣旨目的に鑑み申立権が付与された。

③の破産債権者の範囲については、民事再生手続（民事再生法114条）及び会社更生手続（会社更生法114条）と同様の要件である。

なお、総債権額の評価は、①債権届出期間満了前は、申立書類や破産管財人の財産状況報告書その他の資料に基づき、②債権届出期間満了後は、届出破産債権総額を基準に申立書や財産状況報告書その他破産管財人の意見等を加味して評価を行い、③債権調査終了後はその結果認められた債権額が基準になると考えられ、申立人の破産債権額は、債権調査終了前はその疎明により判断し、終了後は債権調査で確定された額を採用することとなろう。これらの評価を争う手段はない[9]。

(2) 招集しない判断

申立権者から債権者集会招集の申立てが適法にされた場合でも、裁判所は、「知れている破産債権者の数その他の事情を考慮して債権者集会を招集することを相当でないと認めるとき」は、債権者集会を招集しないことができる（本条1項ただし書）。

条文中に例示がされている点からすれば、招集するか否かが裁判所の完全な自由裁量に委ねられているとは解されないが、例示から窺われるように、破産債権者数が膨大な大規模破産事件において、招集のための負担等に鑑み、債権者集会を招集しないことは想定されるし、破産債権者数など破産事件の規模以外の点でも、招集請求者とその目的、破産債権者の関心度、招集の費用、現在の財団額や将来の財団組成の見込み、代替措置その他の事情を考慮して、債権者集会を招集することが相当でないか否かを判断することになろう[10]。

なお、債権者集会の決議を要する事項を決議に付すことを目的とする招集の申立てを受けたが、招集は相当でないとして債権者集会を招集しないこととした場合、裁判所は、当該事項を書面等投票の方法による債権者集会の決議には付さなければならない（法139条1項・2項）。

---

[9] 別冊NBL編集部編『新破産法の実務Q&A（別冊NBL97号）』（商事法務、2004年）94頁〔上田慎〕。
[10] 別冊NBL編集部編・前掲注9・94頁〔上田慎〕。

(3) 開催場所

破産法上の定めはないが、破産裁判所が所属する官署としての裁判所の庁舎内で行われるのが一般的である。破産債権者数が膨大な事件では、庁舎外の会場で開催することもあるが、裁判所が開催する以上、当然のことながら、会場使用料等の費用は国庫負担となる[11]。

(4) 不服申立て

裁判所が債権者集会を招集した決定、本条1項の申立てを棄却した決定のいずれについても、破産債権者その他の利害関係人が不服申立てをすることはできない（法9条）[12]。

4 実務の運用[13]

(1) 開催の実情

現行法上、債権者集会を必ず開催しなければならない場面はない。しかし、破産手続における債権者集会の重要性に鑑み、実務の現場では、ほとんどの事件で債権者集会が開催されている[14]。1日に何十件もの債権者集会を開催しなければならない大都市の特に大規模な裁判所や、破産管財人の給源が限られ、遠方に所在する弁護士を選任することもある地方の小規模な裁判所支部では、一定の要件を充たす事件に限り債権者集会を1度も開催しない運用をとっている例もあるが[15]、例外的な位置づけにとどまる。

全国的に見れば、債権者集会を開催することを前提として、各地の実情に即した運用を定め、適正かつ円滑な集会運営を図っているのが実務の概況であるといえよう。

---

11 『条解』945頁。なお、法廷を開くのではないから、裁判所法69条は問題とならない。
12 『条解』945頁、『伊藤』218頁、別冊NBL編集部編・前掲注9・94頁〔上田慎〕。
13 全国の裁判所における債権者集会の運営の実情については、『書記官事務の研究』226頁以下で詳細に報告されており、本項の記載は主としてこれに依拠している。
14 東京地方裁判所での運用は『破産実務』479頁以下、『手引』300頁〔伊藤孝至〕以下に、大阪地方裁判所での運用は『運用と書式』4頁以下、101頁以下、『実践マニュアル』306頁以下に、それぞれ紹介されている。
15 大規模庁における実務例として、大阪地方裁判所で平成23年から行われている「債権者集会非招集型手続」がある。小久保孝雄ほか「大阪地方裁判所第6民事部における倒産事件処理の概況」判タ1340号22頁。小規模庁（秋田地方裁判所大館支部）における実務例として、「破産事件における債権者集会非開催型の事務処理について」会報書記官19号36頁。

(2) 一括指定方式

　破産手続開始決定と同時に、財産状況報告集会の期日を指定するのみならず、廃止意見聴取集会、任務終了計算報告集会の期日を、財産状況報告集会の期日と同一日時に指定する（債権調査期日を指定する場合には同期日も同様に指定する）運用である。

　一括指定方式には、①破産事件の進行に合わせ、財産状況の報告と破産手続廃止への意見聴取を同時に行うなどといった柔軟な対応が可能であり、破産手続の効率化を図ることができる、②破産手続開始決定と同時に官報公告や期日の通知を行い、以後は期日を続行又は延期する場合も集会の場で次回期日が指定されることが多いので、改めて期日の通知をする必要がなく（法121条10項、136条4項）、通知書発送費用の節約につながる等の利点があり、現在、全国の多数の裁判所で採用されている。

(3) 一括で指定しない運用

　財産換価に相当の時間を要する事件や、破産債権者数が膨大な事件など、定期的に債権者集会を開催することが相当でない場合には、一括指定方式とは異なる運用を定めている裁判所もあるが、庁によって運用は異なり、一概にはいえない。

　　　　　　　　　　　　　　　　　　　　　　　　　　　　（別所卓郎）

第136条　債権者集会の期日の呼出し等

① 債権者集会の期日には、破産管財人、破産者及び届出をした破産債権者を呼び出さなければならない。ただし、第31条第5項の決定があったときは、届出をした破産債権者を呼び出すことを要しない。

② 前項本文の規定にかかわらず、届出をした破産債権者であって議決権を行使することができないものは、呼び出さないことができる。財産状況報告集会においては、第32条第3項の規定により通知を受けた者も、同様とする。

③ 裁判所は、第32条第1項第3号及び第3項の規定により財産状況報告集会の期日の公告及び通知をするほか、各債権者集会（財産状況報告集会を除

く。以下この項において同じ。）の期日及び会議の目的である事項を公告し、かつ、各債権者集会の期日を労働組合等に通知しなければならない。
④　債権者集会の期日においてその延期又は続行について言渡しがあったときは、第1項本文及び前項の規定は、適用しない。

1　本条の趣旨

　本条は、利害関係人に対して債権者集会に出席する機会を保障するため、債権者集会に呼び出すべき者の範囲のほか、債権者集会の期日及び会議の目的である事項の公告等について定める。

2　債権者集会の期日に呼び出すべき者の範囲[1]

(1)　原　　則

　債権者集会の期日には、破産管財人、破産者及び届出をした破産債権者を呼び出さなければならない（本条1項本文）。
　このうち、破産管財人及び破産者は、債権者への報告や説明等のために債権者集会に出頭する必要があることから[2]、呼出しの対象とされている。
　これに対し、届出をした破産債権者については、債権者集会において破産管財人及び破産者の報告や説明を聴き、その場で質問をしたり意見を述べたりすることのほか、一定の場合には議決権を行使することもできることから、集会参加の機会を保障するために呼出しの対象とされている。

(2)　例　　外

　a　知れている破産債権者の数が1000人以上であり、破産債権者に対する通知及び債権者集会期日への呼出しをしない旨の決定（法31条5項）がされている場合には、本条による届出をした破産債権者に対する呼出しも行う必要がない（本条1項ただし書）[3]。
　b　また、届出をした破産債権者であっても、議決権を行使することがで

---

[1]　本条に規定されている以外の者に対する呼出しの必要性については、『条解』947頁参照。
[2]　法158条、159条、40条1項1号参照。なお、債権調査期日への出頭義務につき、法121条1項・3項。

きない者については、上記(1)の趣旨に照らすと必ずしも債権者集会への参加の機会を保障する必要がない場合もあるため、裁判所の裁量によって呼び出さないことができる（本条2項前段）。もっとも、議決権を有しない破産債権者であっても、債権者であることに変わりはないから、利害関係人に対する情報開示やその意見聴取を目的とする集会では、呼出しの対象に含めることが相当とされる場合もあろう[4]。

c 裁判所は、破産手続開始決定をしたときは、知れている破産債権者に対し、財産状況報告集会の期日を通知しなければならないが（法32条3項1号、1項3号、31条1項2号）、この通知を受けた破産債権者には既に参加の機会が保障されているといえるから、財産状況報告集会について重ねて呼出しを行わなくともよいこととされている（本条2項後段）。

3　呼出しの方法

本条は、呼出しの方法については特に定めていない。したがって、法13条で準用される民事訴訟法94条1項により、呼出状の送達、出頭した者に対する告知その他相当と認める方法で行えば足りる。

4　期日及び会議の目的事項の公告

裁判所は、破産手続開始決定をしたときは、財産状況報告集会の期日について公告及び通知をしなければならないところ（法32条1項3号、3項、31条1項2号）[5]、その他の各債権者集会の期日及び会議の目的である事項については、公告をしなければならない（本条3項）。これらの事項につき公告が要求される趣旨は、総債権者その他の利害関係人にあらかじめ周知することによって、集会に参加するか否かの判断及び参加の準備をさせることにあるから、会議の目的事項についてはできる限り具体的かつ個別的に表示すること

3　この場合、裁判所は、日刊新聞紙に掲載し又はインターネットを利用する等裁判所の定める方法によって債権者集会の期日を破産債権者が知り得る状態に置く措置を、破産管財人に執らせることができる（規則20条3項2号）。
4　『条解』947頁。
5　債権者集会が開催される場所については、通常は裁判所内であることから公告事項とされていないが、例外的に別の場所で行う場合には併せて公告すべきとするものとして、『注解（下）』367頁〔谷合克行〕。

が望ましいとされる[6]。また、このような趣旨に照らすと、不意打ちを防止する観点から、公告された会議の目的事項と無関係の事項について決議することはできず、仮に当該事項に関して決議が成立しても、原則として無効であると解されている[7]。

なお、財産状況報告集会については、条文上会議の目的が明らかであるから、目的事項の公告は要求されていない。

5　労働組合等への通知

財産状況報告集会以外の各債権者集会の期日については、労働組合等（法32条3項4号）に通知しなければならない（本条3項）。

労働組合等は、債権者集会の構成員ではないものの、破産手続の進行に重大な利害関係を有する個々の従業員の権利を擁護する役割を果たすことが期待されていることから（**本書32条の解説3(1)参照**）、財産状況報告集会の場合と同様に期日を通知することとされている。

6　期日の延期又は続行の場合における特則

債権者集会の期日においてその延期又は続行について言渡しがあったときは、上記のような呼出し、公告及び通知はいずれも不要とされる（本条4項）[8]。利害関係人にとっては、参加の機会を与えられた期日において新期日が指定されて言い渡されれば、多数当事者関係が想定される破産事件における参加の機会保障として十分なものと考えられるからである。

なお、期日において新期日を指定して言い渡すのではない場合、例えば期日を変更する場合には、本項の適用はないので[9]、新期日について呼出し等の措置をとる必要がある。

6　『大コンメ』554頁〔菅野雅之〕、『注解（下）』367頁〔谷合克行〕。
7　『大コンメ』554頁〔菅野雅之〕。なお、一切の利害関係人が出席し、かつ誰も異議を述べなかったような場合は、目的事項に関連しない事項についても有効に決議ができるとする見解がある（『注解（下）』369頁〔谷合克行〕）。
8　もっとも、債権調査期日を定めた場合には、届出期間及び債権調査期日について公告及び通知をしなければならない（法32条4項）。
9　『条解会更（下）』29頁参照。財産状況報告集会について法32条5項、債権調査期日の変更について同法121条9項。

7　実務の運用

　現在の実務では、破産手続の迅速かつ効率的な進行や債権者の便宜のため、破産手続開始決定と同時に、財産状況報告集会のみならず廃止意見聴取集会と任務終了計算報告集会（債権調査期日や自然人の破産事件における免責審尋期日を指定する場合には、これらの期日も含まれる）を同一日時に指定するいわゆる一括指定方式が全国各地の裁判所で採用されている（**本書135条の解説4参照**）。そして、同方式では、債権者集会を続行する必要がある場合、各集会期日を続行又は延期する方法によって手続を進行している[10]。

　そのため、実務上は、開始決定後に本項に基づく呼出し、公告及び通知が行われる場面は限られているのが実情である。

　なお、期日の延期又は続行がされた場合、当該期日に出席していなかった破産債権者等は次回期日を了知できないため、多くの問い合わせが予想されるような事案では、破産管財人において周知を図る手立てを講じる必要がある場合もあろう。

（長橋正憲）

第137条　債権者集会の指揮

　債権者集会は、裁判所が指揮する。

1　本条の趣旨

　本条は、債権者集会が口頭弁論同様、裁判所の指揮下に開かれることを明らかにしたものであり、民事再生法116条及び会社更生法116条と同旨の規定である。

10　『書記官事務の研究』228頁。なお、東京地方裁判所の運用については『手引』287頁〔小柴実〕及び『破産実務』104、478頁を、大阪地方裁判所の運用については『運用と書式』109頁を参照。

2 指揮の内容

(1) 指揮の意義

　裁判所は、債権者集会の開会及び閉会を宣言し、出席及び発言の許否等を決め、議事を整理し、期日の延期及び続行を決めるなどして、集会における円滑な議事進行を司り、秩序維持を図るが、議事の内容については関与できない。

(2) 出席等の許否

a 出席権者

　債権者集会の出席権者は、一般的には、破産債権者、破産管財人、破産者及び特定の事項に限って別除権者等の利害関係人並びにこれらの代理人である[1,2]。

　債権者集会は、非公開の手続である（民事訴訟法87条、非訟事件手続法30条、憲法82条1項参照）から、当該集会の出席権者以外の者が出席を希望した場合、その許否は裁判所の裁量に委ねられる。

b 破産債権者

　破産債権を届け出ることによって破産手続に参加する意思を示した破産債権者が債権者集会に出席し、議決する権利を有するのは当然である。また、未届出の破産債権者や劣後的破産債権者には、債権者集会における議決権はないが、決議のために債権者集会が招集されることはほとんどなく、債権者に対して情報を開示するとともに、これにより破産管財人の管財業務を監督する機会を与えるという機能が中心であること（**本書135条の解説2(4)参照**）や、破産手続開始決定と同時に債権届出期間並びに債権調査期間及び債権調査期日を定めない場合（法31条2項）があることからすると、これらの者についても、破産手続に関する情報を得たり、意見を述べたりする機会は保障すべきであり、出席を認めるべきである[3]。

　未届出の破産債権者に出席を認める場合、破産債権者であることを示す資料（契約書等）を持参していればその資料で、そうでなければ、記録中の破

---

[1] 『伊藤』219頁。
[2] 債権者集会場への入場制限の可否については『条解』951頁参照。
[3] 『条解』950頁、『破産実務』481頁。

産債権者一覧表等で、破産債権者であることを確認するのが通常である。
　債権者集会での債権者としての行為は、通常の訴訟行為とは異なるから、代理人は、弁護士に限られない。代理人が債権者集会に出席するには、原則として委任状が必要である。

c　破産管財人

　破産管財人は、破産手続遂行の中心となる機関であり、財産状況報告集会において、破産財団に関する事項を報告しなければならない（法157条、158条）など、破産債権者に管財業務について情報を開示すべき立場にあるから、債権者集会に出席すべきである。もっとも、破産管財人代理の出席によることもできる。

d　破　産　者

　破産者及びその代理人は、債権者集会で説明義務を負う（法40条1項1号・2号）から、出席すべきである。

e　取戻権者等

　取戻権者、財団債権者等は、破産債権者ではないが、これらの利害関係人に対しても、管財業務等についての情報開示等は必要であるから、出席を許可するのが相当である。

f　労働組合等（法32条3項4号）

　労働組合等については、債権者集会の期日を通知しなければならない（法136条3項）ことに照らすと、出席を認めるのが相当である[4]。

(3)　議事進行

a　財産状況報告集会

定まった進行順序があるわけではないが、概ね次の通りに進行する[5]。
　ア　裁判官による開会宣言
併せて破産管財人の紹介等を行う。
　イ　破産者（法人の場合は代表者）の挨拶
　債権者集会の冒頭で破産者又は破産会社の代表者が簡潔に謝罪の意思を示すことにより、債権者集会の円滑な進行に資することも多い。

---

[4]　意見陳述権については『条解』951頁参照。
[5]　『運用と書式』105、107頁、『手引』300、308頁、『破産実務』481頁、『書記官事務の研究』237頁参照。

ウ　破産管財人による法157条1項各号に関する報告（法158条）
　破産管財人は、破産者が破産手続開始に至った事情、破産者及び破産財団に関する経過及び現状等について、裁判所に提出した業務要点報告書の要約書、財産目録、収支計算書の写しを債権者に配付し、これに基づいて口頭で報告を行うのが一般的である。
　エ　出席した破産債権者等からの質疑及びこれに対する破産管財人の応答
　オ　裁判所による許可決定
　破産財団に帰属する100万円を超える価額の財産を放棄する場合など、必要に応じて、破産管財人から口頭で許可を申請し、裁判所が口頭で許可し、その旨調書に記載することもある。
　カ　裁判官による閉会宣言
b　財産状況報告集会と併せて他の債権者集会が招集されている場合（**本書135条の解説参照**）
　ア　財産状況報告集会時に既に換価手続が終了し、破産財団をもって破産手続費用を支弁するのに不足することが明らかになっている場合には、続けて破産手続廃止の意見聴取のための債権者集会を実施し、破産管財人からの破産手続廃止の申立てを受け、破産債権者からの意見を聴取した上で、破産手続廃止の決定をする[6]。引き続き任務終了による計算報告集会を開催することについて破産債権者に異議がなければ、引き続き同集会を実施する[7]。同集会の開催について破産債権者に異議があれば、その理由を確認し、破産手続廃止決定に対して即時抗告をする意向が示される場合などには、同集会を延期し次回期日を定めるが、破産手続廃止の理由として説明された計算内容に対する不服を理由とする場合などには、任務終了による計算報告集会の開催自体には異議がないものとして引き続き同集会を開催することもある。
　破産者が自然人の場合には、さらに続けて免責審尋の期日を実施することもある。

---

[6]　大阪地方裁判所では、債権者集会において口頭で破産手続廃止を決定した場合であっても、破産者が法人である場合には、商業登記手続のための廃止決定謄本が必要であるため、廃止決定書を作成している。

[7]　破産手続廃止決定が確定する前、即ち破産管財人の業務が終了する前に任務終了による計算報告集会を開催することになるので、破産債権者に異議がないことが必要である。

イ　債権調査期日を実施する場合には、破産管財人による破産債権者表記載の通りとする債権調査の結果発表の後、任務終了による計算報告集会は延期し、次回期日を指定する。

ウ　換価未了の場合には、債権調査期日を延期し、換価が終了した段階において債権調査期日を実施し、それまでの債権変動の結果や別除権の確定をすべて織り込んだ形で債権認否を行う運用が一般的である[8]。

エ　換価未了等により破産手続を終了できない場合には、招集された各集会の期日を続行（延期）し、次回期日を指定する。

3　債権者集会の秩序維持

裁判所は、債権者集会においても法廷警察権（裁判所法71条～73条）を行使することができ、出席者に対し、発言の制限や禁止、集会場からの退去等を命じるなどの措置をとることができ、また、必要であれば、法廷等の秩序維持に関する法律に基づく制裁を科すこともできる。

（森　純子）

第138条　債権者集会の決議

> 債権者集会の決議を要する事項を可決するには、議決権を行使することができる破産債権者（以下この款において「議決権者」という。）で債権者集会の期日に出席し又は次条第2項第2号に規定する書面等投票をしたものの議決権の総額の2分の1を超える議決権を有する者の同意がなければならない。

1　本条の趣旨

本条は、債権者集会において決議が成立するための要件について規定したものである。

旧法は、債権者集会の決議が成立するには、原則として、①議決権を行使

8　『運用と書式』228頁、『破産実務』483頁、『書記官事務の研究』89頁。

することができる出席破産債権者の過半数と、②その債権額が出席破産債権者の総債権額の半額を超える者の同意、すなわち頭数と債権額の両方について過半数を要するとしていたが、現行法は、旧法の要件を緩和し、頭数要件を廃止して②の可決要件を充たせば成立するとした[1]。

2 決議事項

旧法では、破産手続、殊に破産財団の管理・換価等に関し、債権者の意思を尊重すべく債権者集会に自治的な決定権を広く与えており、破産管財人の解任、監査委員の選任・解任、営業の廃止など、債権者集会における法定の決議事項は多岐にわたったが、債権者集会自体は形骸化が指摘されていた[2]。

現行法は、監査委員や強制和議制度などの廃止に伴い、また、手続の機動化のために債権者集会の決議を裁判所の許可に置き換えることにより、法定の決議事項のほとんどを廃止した[3]。

現行法において、決議事項とされているのは、以下の4項目である。なお、債権者集会で法定の決議事項以外の事項に関して決議をすることは可能であるが、裁判所に対する拘束力は認められない（債権者集会の法定決議事項以外の事項を決議に付するための債権者集会招集の申立てがあっても、破産債権者の意見を聴取する集会として招集すべきである）[4]。

① 破産者等に対し、破産に関し必要な説明を求める旨（法40条1項）
② 破産管財人に対し、破産財団の状況の報告を求める旨（法159条）
③ 相続財産破産における相続人等に対し、破産に関し必要な説明を求める旨（法230条）
④ 信託財産破産における受託者等に対し、破産に関し必要な説明を求める旨（法244条の6）

---

[1] 『条解』953頁。
[2] なお、旧法の下でも、頭数要件と債権額要件を求めると、必要かつ相当と考えられる議案であっても決議が成立しないという事態が生じるため、債権額要件を充たした場合には裁判所の決定をもって決議があったものとみなすことができるとされており、この規定の適用がされる場合が実務上、相当数あるとされていた（『条解』953頁、『大コンメ』557頁〔菅野雅之〕）。
[3] 『伊藤』217頁。
[4] 『伊藤』217、221頁。

3　議決権者[5]

　議決権者は、届出破産債権者である。もっとも、債権調査と確定手続の結果、破産債権の額が0円と確定した者には議決権がない（法140条1項）。また、劣後的破産債権及び約定劣後破産債権には議決権はなく（法142条1項。これらの債権は、破産財団から配当を受ける可能性がほとんどなく、債権者集会の決議について有する利害関係も薄いため議決権が否定される）、法101条1項（給料請求権等の弁済許可）や109条（外国で弁済を受けた破産債権者）に規定する弁済を受けた破産債権者は、その弁済を受けた債権額について、議決権を行使できない（法142条2項）。

　別除権付破産債権については、別除権の行使によって弁済を受けることができない債権額についてのみ、破産債権者としてその権利を行使することができる（法108条）。

　なお、破産手続では、再生手続や更生手続のような基準日制度（民事再生法172条の2、会社更生法194条）は設けられていない。

4　特別利害関係人の扱い

　現行法では、上述の通り、債権者集会の法定の決議事項が限定されているため、特別の利害関係による制限を設ける必要性が乏しいとして、旧法にあった特別の利害関係を有するものの議決権を制限する旨の規定は廃止された。そのため、利害関係のあることを理由として議決権を否定することは、（濫用に当たると認められるような特段の事情のある場合のほか）できない[6]。

5　可決要件

　議決権を行使することができる破産債権者で債権者集会の期日に出席し、又は、書面等投票（法139条2項2号）をした者の議決権の総額の2分の1を超える議決権を有する者の同意を要する。

5　『条解』954頁、『一問一答』147頁。
6　『条解』954頁。

6　決議の効力

　成立した決議は、決議に賛成しなかった破産債権者を含め、すべての利害関係人及び破産管財人を拘束する。決議の手続に瑕疵があっても、それが軽微であれば決議の効力に影響を生じないが、重大な瑕疵、例えば法定の決議事項であっても決議事項が適法に公告されていなかった場合や決議が不正な方法によって成立し、議決権を有する債権者の有効な同意を得られなかったことが判明したときなどの場合は、効力に影響が生じる[7]。

　もっとも、旧法と異なり、法定の決議事項が上述した事項に限定されているため、その効力の有無が争われる事態は、ほとんど考えられない。

7　実務の状況

　現在の実務では、決議のための債権者集会はほぼ実施されておらず、債権者集会といえば報告を受けるための債権者集会がほとんどであり、その場合は、破産債権者が1人も出席しない場合も債権者集会の成立を認める運用をしている。

（中山誠一）

第139条　決議に付する旨の決定

> ①　裁判所は、第135条第1項各号に掲げる者が債権者集会の決議を要する事項を決議に付することを目的として同項本文の申立てをしたときは、当該事項を債権者集会の決議に付する旨の決定をする。
> ②　裁判所は、前項の決議に付する旨の決定において、議決権者の議決権行使の方法として、次に掲げる方法のいずれかを定めなければならない。
> 　一　債権者集会の期日において議決権を行使する方法
> 　二　書面等投票（書面その他の最高裁判所規則で定める方法のうち裁判所の定めるものによる投票をいう。）により裁判所の定める期間内に議決権を行使する方法

---

[7] 『条解』955頁。

三　前2号に掲げる方法のうち議決権者が選択するものにより議決権を行使する方法。この場合において、前号の期間の末日は、第1号の債権者集会の期日より前の日でなければならない。
③　裁判所は、議決権行使の方法として前項第2号又は第3号に掲げる方法を定めたときは、その旨を公告し、かつ、議決権者に対して、同項第2号に規定する書面等投票は裁判所の定める期間内に限りすることができる旨を通知しなければならない。ただし、第31条第5項の決定があったときは、当該通知をすることを要しない。

規則
（議決権行使の方法等・法第139条）
第46条　①　法第139条第2項第2号の最高裁判所規則で定める方法は、次に掲げるものとする。
一　書面
二　電磁的方法であって、別に最高裁判所が定めるもの
②　議決権者は、書面等投票（法第139条第2項第2号に規定する書面等投票をいう。）をするには、裁判所の定めるところによらなければならない。
③　法第139条第2項第2号の期間は、特別の事情がある場合を除き、同条第1項の決議に付する旨の決定の日から起算して2週間以上3月以下の範囲内で定めるものとする。

1　本条の趣旨

　本条は、旧法下における第1回債権者集会の決議事項（旧法170条、194条）や計算報告集会の決議事項（旧法281条）といった債権者集会の必要的決議事項が廃止されたことに伴い[1]、債権者集会の決議に付する旨の決定を新設するとともに、その議決権行使の方法等について定めるものである。

1　『一問一答』69、123、180、181、210頁、『条解』940頁。

2　決議に付する旨の決定

　本条1項の債権者集会の決議を要する事項は法定されており、①破産管財人に対して状況報告を求める決議（法159条）のほか、②破産者等に対して必要な説明を求める決議（法40条1項）、③相続財産破産において相続人等に対して必要な説明を求める決議（法230条1項）、④信託財産破産において受託者等に対して必要な説明を求める決議（法244条の6第1項）がこれに該当する[2]。そして、法135条1項各号に掲げられた債権者集会の招集申立権者が、これらの事項を決議に付することを目的として債権者集会の招集を申し立てた場合に、本条1項に基づいて、裁判所が債権者集会の決議に付する旨の決定をすることになる。

　もっとも、債権者集会の決議や本条1項に定める決議に付する旨の決定は、実務上ほとんど活用されていない。全国的に、裁判所は初回の債権者集会を財産状況報告集会・廃止意見聴取集会・任務終了計算報告集会として同一期日で招集し（いわゆる一括指定方式）[3]、破産終結又は破産廃止に至るまで集会期日を続行するという運用が浸透しているが、破産管財人は、破産者等を含めた関係者から様々な事情を聴取するなどして調査した上で債権者集会に臨み、また、このような集会期日には原則として破産者も出頭している。そして、破産管財人は、債権者集会に債権者が出頭していれば破産管財事件の進捗状況を説明するとともに、出頭債権者からの質問に適宜応答し、また、破産者も必要に応じて説明することが通常である。このような実情の下では、本条1項の決定を活用する実益は乏しいといわざるを得ない。

3　議決権の行使方法

　本条2項は、議決権の行使方法として、①債権者集会の期日において議決権を行使する方法（集会開催型）、②書面等投票により裁判所の定める期間内に議決権を行使する方法（書面投票型）、③上記①又は②の2つの方法のうち

---

[2]　『条解』957頁。
[3]　『書記官事務の研究』228頁、大阪地方裁判所の運用につき『運用と書式』5、7、101、305、308頁、東京地方裁判所の運用につき『手引』301頁〔伊藤孝至〕、『破産実務』104、478頁。

議決権者が選択するものによって議決権を行使する方法（併用型）の3種類を定める。大規模な破産事件においては、破産債権者が著しく多数であるために債権者集会自体を開催することが困難である場合や開催できたとしても債権者集会が会議体として機能しない場合があり、また、遠隔地に居住している破産債権者に債権者集会への出席を要求することは、実質的には、当該破産債権者に対して議決権行使の機会を与えないのと等しいことになるため[4]、このような大規模事件対応や遠隔地居住の破産債権者の手続保障の観点から、会社更生手続（会社更生法189条2項）や民事再生手続（民事再生法169条2項）と同様の方法を定めるものである。

上記②の書面等投票とは、書面その他の最高裁判所規則で定める方法のうち裁判所の定めるものによる投票のことをいい、具体的には、(i)書面又は(ii)電磁的方法であって最高裁判所が定めるものによる投票のことをいう（規則46条1項）。もっとも、現段階までに、(ii)の電磁的方法[5]であって最高裁判所の定めるものは定められていないため[6]、実際には書面投票に限られることになる。また、書面投票型による場合は、その書面等投票による議決権行使が可能な期間を定めなければならないが、この期間は、特別の事情がある場合を除き、本条1項の決定日から2週間以上3月以内の範囲内で定められることになる（規則46条3項）。

本条に定める決議が用いられることがほとんどないことは前記の通りであるが、仮に本条が定める決議に付する旨の決定をする場合に、裁判所がいずれの投票方法を定めるかについては、民事再生事件や会社更生事件の実務が参考になると思われる。大阪地方裁判所においては、会社更生事件や再生債権者の数が500人以上の民事再生事件では、原則として③の併用型が用いられ[7]、再生債権者の数が500人未満の再生事件では、多くの事件で①の集会開催型が用いられている。また、東京地方裁判所では、民事再生事件について原則として③の併用型が、会社更生事件について原則として②の書面投票型

---

[4] 『一問一答』183頁参照、『大コンメ』560頁〔菅野雅之〕。
[5] 電子情報処理組織を使用する方法その他の情報通信の技術を利用する方法。規則3条1項参照。
[6] 『条解規則』114頁。
[7] 事案に応じて、集会開催型や書面投票型が用いられることもある。

が用いられている[8]。

　破産管財事件の大部分が債権者の数が200人未満の事件であり[9]、債権者集会のいわゆる一括指定方式が浸透している実情、債権者集会の果たす役割の重要性に照らすと（**本書135条の解説2(4)参照**）、多くの場合には①の集会開催型が定められると思われるが、相応の規模の事件の場合には②の書面投票型又は③の併用型により書面等投票が活用されることも否定されないであろう。

4　議決権行使の方法の告知等

　裁判所は、議決権行使の方法として書面投票の方法を用いるとき、すなわち、②の書面投票型又は③の併用型を採用するときには、その旨を官報公告しなければならない（本条3項、10条1項）。そして、書面投票型であれ、併用型であれ、書面投票の方法を用いる場合には、法31条5項の決定（知れている破産債権者の数が1000人以上であり、かつ、相当であるときに、議決権者に対して通知をしない旨の決定）があった場合を除き、議決権者に対し、書面投票は裁判所の定める期間内にすることができる旨も通知しなければならない。

（山本陽一）

第140条　債権者集会の期日を開く場合における議決権の額の定め方等

① 裁判所が議決権行使の方法として前条第2項第1号又は第3号に掲げる方法を定めた場合においては、議決権者は、次の各号に掲げる区分に応じ、当該各号に定める額に応じて、議決権を行使することができる。

一　前節第4款の規定によりその額が確定した破産債権を有する届出をした破産債権者（別除権者、準別除権者又は停止条件付債権若しくは将来の請求

8　『破産実務』282頁、『会更の実務（下）』291頁。
9　例えば、大阪地方裁判所における破産管財事件の未済件数に占める一般管財事件（債権者数200人未満で換価業務等が複雑でなく6カ月程度で終了する見込みの規模の破産事件）の割合をみると、平成25年は87％、平成26年は88％に達している（森純子「大阪地方裁判所における破産事件の運用状況」金法2013号46頁）。

権である破産債権を有する者（次項及び次条第1項第1号において「別除権者等」という。）を除く。）　確定した破産債権の額

二　次項本文の異議のない議決権を有する届出をした破産債権者　届出の額（別除権者又は準別除権者にあっては、第111条第2項第2号（同条第3項又は第114条において準用する場合を含む。）に掲げる額）

三　次項本文の異議のある議決権を有する届出をした破産債権者　裁判所が定める額。ただし、裁判所が議決権を行使させない旨を定めたときは、議決権を行使することができない。

② 届出をした破産債権者の前項の規定による議決権については、破産管財人又は届出をした破産債権者は、債権者集会の期日において、異議を述べることができる。ただし、前節第4款の規定により破産債権の額が確定した届出をした破産債権者（別除権者等を除く。）の議決権については、この限りでない。

③ 裁判所は、利害関係人の申立てにより又は職権で、いつでも第1項第3号の規定による定めを変更することができる。

> 規則
> （議決権額等を定める決定の変更の申立ての方式・法第140条）
> 第47条　債権者集会の期日においてする法第140条第3項の申立ては、口頭ですることができる。

1　本条の趣旨

　債権者集会の期日を開く場合の決議事項の可決要件は、「債権者集会の期日に出席し…たものの議決権の総額の2分の1を超える議決権を有する者の同意」（法138条）と定められている。旧法下においては可決要件として債権者の頭数要件（旧法179条1項）も必要とされていたところ、現行法においては頭数要件が廃止されて、可決要件が緩和されたものである（**本書138条の解説**参照）[1]。これにより現行法は純然たる議決権額の多寡によって決議が左右される構造となった。

したがって、議決権額は、多数決の基礎となる数値となるところ、破産債権確定手続（法第4章第3節第4款）を経て債権額が確定した場合には、原則としてその確定した額を基準とすることは当然である。他方で、破産債権調査期間又は期日を経ても決議時に議決権額が定まらない破産債権（例えば、決議時においてなお査定手続等が係属している未確定の債権や、担保目的物の換価が未了のため別除権不足見込額が不明な別除権付債権などがこれに当たる）もあり、これらについても議決権額を別途定めておかなければ、多数決の前提を欠くこととなりかねない。

本条は、このような多数決の基礎となる議決権額の定めのうち、債権者集会期日を開催する場合の基準と変更の方法を規定したものである。

なお、本条と同様の規定として、民事再生法170条、会社更生法191条がある[1]。

2　議決権額の決定基準

(1)　破産債権確定手続において確定した破産債権[2]の議決権額（本条1項1号）

a　破産債権確定手続（法第4章第3節第4款）により債権額が確定した破産債権については、同手続で確定した破産債権の額が議決権額となり（本条1項1号）、この議決権額については破産管財人又は他の破産債権者は異議を述べることはできない（本条2項ただし書）。

破産債権確定手続により債権額が確定した破産債権の典型例は、破産債権調査において破産管財人がこれを認め、かつ、届出破産債権者が異議を述べなかった場合（法124条1項）や、査定の裁判（査定決定又は査定異議訴訟の判決）が議決権行使に先立ち既に確定した場合などが挙げられる。

b　ただし、別除権付債権、準別除権付債権又は停止条件付債権若しくは将来の請求権である破産債権（以下「別除権付債権等」という）は、破産債権確

1　『一問一答』182頁、『条解』953頁。
2　本条は、文言上、一見すると「破産債権者」や「別除権者」として債権者ごとの議決権額の定め方を規定しているようにも解されるが、実務上は、「別除権者」が別除権付債権と別除権のない破産債権を有している場合などもままあるところである。そして、このような場合、当該債権ごとに議決権額を定める解釈の方が、より合理的にも思われることから、本稿においては「破産債権」や「別除権付債権」として当該債権ごとの議決権額の定めであることを前提とした記載としている。

定手続において当該債権全体の債権額が確定しているとしても、議決権額に関係する不足額責任主義に基づく不足額[3]又は停止条件成就若しくは将来債権発生の蓋然性は、同手続において評価し尽くされていない。そのため、これらの点が未確定の状態であれば、確定した当該債権の債権額全体を当然に議決権額として扱うことはできない（本条1項1号括弧書・2項）。したがって、これらの債権については、破産債権確定手続における異議の機会とは別に、議決権額確定に当たり破産管財人や他の破産債権者に異議を述べる機会（本条2項本文）を付与する必要があるため、後記**(2)**に記載した通り債権者集会において、議決権に異議が有るか否かによって議決権額の定め方が異なるものとされている。

　c　なお、破産手続開始後に他の全部義務者から債権の一部につき弁済を受けた場合に議決権額に変動があるかは問題となり得るが、いわゆる開始時現存額主義（**本書104条の解説**参照）の適用がある場合には変動はないと考えられている[4]。ただし、いわゆる開始時現存額主義の適用範囲については、複数の債権のうちの一部の債権につきその全額を他の全部義務者が弁済した場合に、「債権の全額が消滅した場合」（法104条2項）に該当し、当該債権については破産法上の権利を行使できなくなること[5]に留意する必要があろう。

(2)　未確定の破産債権及び別除権付債権等の議決権額（本条1項2号・3号）

　　a　議決権に異議のない場合（本条1項2号）

　未確定の破産債権及び別除権付債権等であっても、債権者集会において議決権額につき本条2項本文の異議が述べられなかった債権については、届出額（別除権付債権及び準別除権付債権にあっては法111条2項2号等により届け出られた予定不足額）がそのまま議決権額となる。

---

[3]　別除権付債権及び準別除権付債権については、破産債権確定手続により破産債権自体はその全額について確定するものの、同債権のうち破産手続において権利を行使できる範囲は、別除権の行使によって弁済を受けることができない債権の額（不足額）の範囲にとどまる（法108条）。そして、不足額の確定は破産債権確定手続の前後を問わないため、破産債権確定手続における結果をそのまま議決権額とすることができず、議決権額を別途確定する必要が生じる。

[4]　『条解』962頁。

[5]　最判平22.3.16（民集64巻2号523頁）、中吉徹郎「判解」『最高裁判例解説〔民事篇〕平成22年度（上）』192〜194頁参照。

b　議決権に異議のある場合（本条1項3号）

　未確定の破産債権及び別除権付債権等であって、債権者集会において議決権額につき本条2項本文の異議が述べられた債権については、議決権の存否及び額につき、裁判所が決定で定めることとなる。

　また、裁判所は、同決定につき、利害関係人の申立て[6]又は職権により、いつでも議決権の存否及び額の変更決定をすることができる（本条3項）。なお、変更決定がされた場合等に、過去に適法にされた議決の効力に影響を及ぼすか否かは争いがあったようであるが、現在は影響を及ぼさないものと解する見解が大勢を占めている[7]。

　この議決権額の決定及び変更決定は、裁判所が自由に判断することができるものと解されており、かつ、公平性を害し裁量の範囲を逸脱した判断でない限り、違法とはならないと解されている[8]。

　また、上記各決定については、不服申立てを許容する規定がなく、即時抗告をすることができないため（**本書9条の解説**参照）、迅速に議決権額の確定が図られることとなる。

3　実務上の留意点

　債権者集会における法定の決議事項は、①破産者等、相続財産破産における相続人等及び信託財産破産における受託者等に対し、破産に関し必要な説明を求める場合（法40条1項、230条、244条の6）と、②破産管財人に対し、破産財団の状況の報告を求める場合（法159条）に限定されている（**本書138条の解説2**参照）。

　そして、実務上、①については、破産者等に対し説明を求める必要がある場合であっても、債権者集会の決議を経るまでもなく破産管財人の請求で対応することが条文上可能であり、実務上もそのような対処がなされていること、②については、債権者集会の決議を経るまでもなく裁判所の集会指揮等

---

[6]　同申立ては、規則47条により口頭でも行うことができる（規則1条1項の申立ての書面性の例外）。

[7]　かつて争いがあったことについては『注解（下）』382頁〔谷合克行〕参照。現在の見解の大勢については『条解』964頁、『大コンメ』564頁以下〔菅野雅之〕、『伊藤』220頁各参照。

[8]　『条解』964頁参照。

により破産管財人に報告を求めることが通例であることから、債権者集会決議が行われる例はほとんどないように思われる（少なくとも近時の大阪地方裁判所において実施された例は仄聞していない）。

したがって、再生計画案や更生計画案といった手続の中核事項の決議が手続上予定されている再建型の手続と異なり、清算型である破産手続において議決権額の定めが実務上問題となることは極めて稀といえ、争いがある場合に具体的にどのような事情を考慮して、どのような方法で議決権額を定めるのかについては、今後に残された課題といえよう。

(坂本隆一)

第141条　債権者集会の期日を開かない場合における議決権の額の定め方等

> ① 裁判所が議決権行使の方法として第139条第2項第2号に掲げる方法を定めた場合においては、議決権者は、次の各号に掲げる区分に応じ、当該各号に定める額に応じて、議決権を行使することができる。
> 　一　前節第4款の規定により破産債権の額が確定した破産債権を有する届出をした破産債権者（別除権者等を除く。）　確定した破産債権の額
> 　二　届出をした破産債権者（前号に掲げるものを除く。）　裁判所が定める額。ただし、裁判所が議決権を行使させない旨を定めたときは、議決権を行使することができない。
> ② 裁判所は、利害関係人の申立てにより又は職権で、いつでも前項第2号の規定による定めを変更することができる。

1　本条の趣旨

債権者集会の期日を開かない場合の決議事項の可決要件は、「書面等投票をしたものの議決権の総額の2分の1を超える議決権を有する者の同意」（法138条）と定められている。本条は、前条と同様、多数決の基礎となる議決権額の定めにつき規定するものである。

現行法において議決権行使の方法として書面等投票が許容されるようになったため（法139条2項2号[1]）、本条においてその場合の議決権額の定めが設けられたものである。

なお、本条と同様の規定として、民事再生法171条、会社更生法192条がある。

2　議決権額の決定基準

議決権額決定の理念は前条（債権者集会の期日を開く場合における議決権の額の定め方等）と共通である（**本書140条の解説**参照）。

(1)　**破産債権確定手続において確定した破産債権の議決権額**（**本条1項1号**）

破産債権確定手続において確定した破産債権の議決権額は、前条と同様の理由により、同手続で確定した破産債権の額が議決権額となる。

別除権付債権、準別除権付債権又は停止条件付債権若しくは将来の請求権である破産債権（以下「別除権付債権等」という）の議決権の取扱いが異なる理由も前条と同様である。

(2)　**未確定の破産債権及び別除権付債権等の議決権額**（**本条1項2号**）

未確定の破産債権及び別除権付債権等の議決権額は、前条においては、債権者集会における破産管財人又は他の債権者の異議の有無により取扱いが異なっていたが、本条においては、その異議を述べる機会となる債権者集会が開催されない場合を想定しており、議決権額に関する異議を聴取する機会がない。そのため、未確定の破産債権及び別除権付債権等の議決権額は、異議の有無によって区分することなく、全て前条3号と同様に裁判所が決定で定めることとされた。

同決定の変更決定が随時可能なこと（本条2項）や、裁判所の自由な判断に委ねられること等も前条と同様である。

3　実務上の留意点

実務上、議決権額を定める機会がないこと等も前条と共通である（**本書140**

1　『一問一答』183頁、『大コンメ』566頁〔菅野雅之〕。

条の解説参照)。

(坂本隆一)

第142条　破産債権者の議決権

> ①　破産債権者は、劣後的破産債権及び約定劣後破産債権については、議決権を有しない。
> ②　第101条第1項の規定により弁済を受けた破産債権者及び第109条に規定する弁済を受けた破産債権者は、その弁済を受けた債権の額については、議決権を行使することができない。

1　本条の趣旨

　本条は、破産債権者の有する破産債権のうち議決権を有しないものについて定めた規定である。破産債権者は、債権者集会において原則として議決権を行使できるが（法138条）、破産債権の中には、性質上配当の可能性がほとんどないものや、配当手続外で弁済を受けたものが含まれる。これらの破産債権については、債権者集会における決議事項について利害関係が薄いことから、議決権の行使を認めないこととしたものである[1]。

　具体的には、①劣後的破産債権（法99条1項）②約定劣後破産債権（法99条2項）、③許可弁済を受けた労働債権（法101条1項）④外国で弁済を受けた破産債権（法109条）が規定されている。

2　劣後的破産債権・約定劣後破産債権（本条1項）

(1)　劣後的破産債権

　劣後的破産債権とは、一般の破産債権に対する配当後に残余があれば配当を受けられる破産債権をいうが、実務上、劣後的破産債権に配当がなされることはほとんどない。そのため、債権者集会における決議事項について利害

1　『条解』966頁。

関係が薄いと考えられ、議決権を認めないこととされた。

(2) 約定劣後破産債権

　約定劣後破産債権とは、破産債権者と破産者との破産手続開始決定前の合意により、配当の順位が劣後的破産債権に後れる債権をいうが（法99条2項）、配当を受ける可能性は劣後的破産債権よりもさらに少ない。そのため、劣後的破産債権と同様の理由により議決権を認めないこととされた。

3　許可弁済を受けた労働債権・外国で弁済を受けた破産債権（本条2項）

(1) 給料等の請求権のうち許可弁済を受けた破産債権

　優先的破産債権である労働債権については、労働者の生活維持の観点から裁判所の許可により同順位の破産債権に先立って弁済する許可弁済の制度があるが（法101条1項）、許可弁済がなされた場合には、他の同順位の破産債権者が同一割合の配当を受けるまでは配当を受けることができないという配当調整がなされる（法201条4項）。そのため、許可弁済を受けた労働債権者は、債権者集会における決議事項に利害関係が薄いと考えられ、弁済を受けた債権の額について議決権を認めないこととされた。ただし、実務上は、許可弁済を受けた債権の額について取下げを求める運用がなされている。

(2) 外国で弁済を受けた破産債権

　破産債権者は、外国にある財団所属財産に対して権利行使し弁済を受けた場合でも、弁済を受ける前の債権額について破産手続に参加することができるが（法109条）、他の破産債権者との公平の見地から、配当に際しては、許可弁済を受けた労働債権者と同様の配当調整がなされる。そのため、許可弁済を受けた労働債権と同様、弁済を受けた債権の額について議決権を認めないこととされた。

（柴田眞里）

第143条　代理人による議決権行使

> 議決権者は、代理人をもってその議決権を行使することができる。

> 規則
> (代理権の証明・法第143条)
> 第48条　法第143条の代理人の権限は、書面で証明しなければならない。

1　本条の趣旨

　本条は債権者集会における議決権の行使について代理が認められることを定めたものであり、会社更生法193条1項、民事再生法172条1項と同旨である。

　代理人による議決権行使は倒産法全体を通じて許容されているが、議決権行使についても特に代理を排除すべき事由が認められない。

　破産債権者が代理人を選任できる場合としては、本条のほか、届出破産債権者の代理人が一般調査期日に出頭し、異議を述べることができる旨の規定(法121条2項)があり、破産債権の届出(法111条)についても代理人によって行うことができるとされている(規則32条2項・4項)。

　なお、本条は任意代理のみに適用され、法定代理に関しては法令の定めるところによらなければならない(法13条、民事訴訟法28条)。

2　代理人による議決権行使

　株式会社の株主総会においては議決権の代理行使が認められているところ(会社法310条1項前段)、議決権の行使は代理に親しむ行為と考えることもできるため、破産法においても民事再生手続や会社更生手続と同様に、議決権の代理行使ができることを認めている(民事再生法172条1項、会社更生法193条1項)。

3　代理人の資格

　代理人の資格については特に制限はなく、弁護士である必要はない。届出破産債権者が法人である場合にはその従業員であってもよく、個人の場合には親族・知人であっても差し支えないものとされているが、代理権の授与は、債権者集会ごとに行うことが必要と解されている[1]（会社法310条2項参照）。

4　代理人の権限の証明

　規則48条は、法143条の代理人の権限は、書面で証明しなければならないと定めており、これは、代理関係を明確にし、事務処理を円滑に行うためと解されている[2]。

　代理権を証する書面とは、実務上一般的な取扱いとしては届出破産債権者により作成された委任状のことをいい、併せて印鑑証明書を提出することにより、代理権の証明があったものとして扱われている。

　また、特に争いがない場合には、委任状に押捺されている印影が債権届出書に押捺されている印影と同一と認められるものであれば、印鑑証明書の提出までは求められない場合もある[3]。

　この点について、民事再生手続に関する事案であるが、いかなる書面をもって代理権を証する書面とみなすべきかは、裁判所の運用に委ねられた事項であるとして、送付された議決票をもって代理権を証する書面として取り扱っても違法でないとした裁判例がある[4]。

5　代理人による議決権の不統一行使

　民事再生手続や会社更生手続においては、議決権者が有する議決権を統一しないで行使できることを認めるとともに、代理人が委任を受けた議決権を統一しないで行使することも是認している（民事再生法172条2項・3項、会社更生法193条2項・3項）。

　一方、破産法においては議決権の不統一行使に関する規定はおかれていない。

　これは、通常の破産手続では、議決権の不統一行使を必要とする場面がほとんどないと考えられたからにすぎず、裁判所が議決権の不統一行使を認める必要性を認めた場合には、民事再生法172条2項・3項、会社更生法193条

1　『大コンメ』569頁〔菅野雅之〕。
2　『大コンメ』569頁〔菅野雅之〕。
3　『条解』970頁。
4　東京高決平13.12.5（金判1138号45頁）。

2項・3項を類推適用して議決権の不統一行使ができると解されている[5]。

(久米知之)

第2款　債権者委員会

第144条　債権者委員会

① 裁判所は、破産債権者をもって構成する委員会がある場合には、利害関係人の申立てにより、当該委員会が、この法律の定めるところにより、破産手続に関与することを承認することができる。ただし、次の各号のいずれにも該当する場合に限る。
　一　委員の数が、3人以上最高裁判所規則で定める人数以内であること。
　二　破産債権者の過半数が当該委員会が破産手続に関与することについて同意していると認められること。
　三　当該委員会が破産債権者全体の利益を適切に代表すると認められること。
② 裁判所は、必要があると認めるときは、破産手続において、前項の規定により承認された委員会（以下「債権者委員会」という。）に対して、意見の陳述を求めることができる。
③ 債権者委員会は、破産手続において、裁判所又は破産管財人に対して、意見を述べることができる。
④ 債権者委員会に破産手続の円滑な進行に貢献する活動があったと認められるときは、裁判所は、当該活動のために必要な費用を支出した破産債権者の申立てにより、破産財団から当該破産債権者に対して相当と認める額の費用を償還することを許可することができる。この場合においては、当該費用の請求権は、財団債権とする。
⑤ 裁判所は、利害関係人の申立てにより又は職権で、いつでも第1項の規定による承認を取り消すことができる。

5　『条解』970頁。

規則
（債権者委員会の委員の人数等・法第144条）
第49条　①　法第144条第1項第1号の最高裁判所規則で定める人数は、10人とする。
②　債権者委員会（法第144条第2項に規定する債権者委員会をいう。以下この条において同じ。）は、これを構成する委員のうち連絡を担当する者を指名し、その旨を裁判所に届け出るとともに、破産管財人に通知しなければならない。
③　債権者委員会は、これを構成する委員又はその運営に関する定めについて変更が生じたときは、遅滞なく、その旨を裁判所に届け出なければならない。

1　本条の趣旨

　本条は、旧法で存在した監査委員制度の廃止と債権者集会の任意化に対応させ、破産手続に最も利害関係のある破産債権者の利益や意向を反映させるための目的で、現行法制定の際に、代理委員制度とともに創設されたものである[1]。

　すなわち、廃止された監査委員制度（旧法170条以下）は、主として破産管財人の職務執行を監督・補助するため第1回債権者集会が選任し裁判所が認可することにより3人以上の員数で構成される合議体制度であり、破産管財人の種々の職務執行について同意権（例えば、重要な財産換価等について旧法197条）が認められていたが、報酬が破産財団の負担となること、合議体で構成されるため意思決定に時間がかかり破産手続の迅速性が損なわれる可能性があること、この制度を置かなくても裁判所の許可制度で管財業務の適正さを

---

[1]　債権者全体の利益代表をする制度が債権者委員会、債権者の組み分けにより一部の債権者グループの利益代表をするのが代理委員制度（法110条）であるとの役割分担について、『会更基本構造』67頁〔深山卓也発言〕。破産債権者の意見反映制度として債権者委員会制度と代理委員制度の複数メニューを用意したとの指摘について、伊藤眞編集代表『民事再生法逐条研究（ジュリスト増刊）』（有斐閣、2002年）96頁〔林道晴発言〕。なお、私的整理ガイドラインでも債権者委員会についての規定があるが、ガイドライン手続では、重要事項について全員の同意が必要であること等から、設置された例はないとの指摘について、田中亀雄ほか『私的整理ガイドラインの実務』（金融財政事情研究会、2007）85頁、また『私的整理100問』10頁〔三森仁〕は、組成した実例は乏しいと指摘する。

保てること（法78条、許可事項は旧法197条とほぼ同様）、濫用のおそれがあること、等から廃止された[2]。また、旧法下では、債権者集会の開催は必須であったが、開催の必要性のない破産事件も多数存在したことなどから、現行法では債権者集会は任意化された。

　ただ、破産手続に最も利害関係のある破産債権者の利益や意向を反映させるという目的を担保する必要性はある。そこで、破産管財人の業務に対する監視機関[3]として、破産管財業務に関する情報を適宜に入手し、破産管財人や破産裁判所に破産債権者としての意見を伝え、破産債権者と破産管財人・破産裁判所との意思疎通を円滑・迅速にし適正な管財業務の遂行が期待される制度として、この債権者委員会制度が代理委員制度と共に創設された[4]。債権者委員会は、最初に民事再生法（法117条以下）に導入され[5]、その後会社更生法（法117条以下）にも導入され、平成16年改正によって破産法にも導入されたものである。

　再建手続関係では、例えば、呉服販売会社の再生手続において、取引先の再生債権者6社が再生債権者75社の同意を得た上で債権者委員会の承認を裁判所から得て取引先の意見を手続に反映させた例や、マンション建設販売業者の再生手続において、主要債権者を含む再生債権者が債権者委員会の承認を得た例、半導体製造メーカーが更生会社となった更生手続において、再建のためのスポンサーを誰にするかなどの意見で管財人側と対立した更生担保権者委員会が裁判所に承認された実例等が紹介されている。しかし、破産法関係では、破産管財人が裁判所の監督の下に適切な管財業務を遂行しており債権者が委員会の設置の必要性を感じていないためか、委員会の承認要件が難しいためか、未だ承認事例に接していない[6]。

2　『一問一答』124頁。なお、監査委員設置の実際と問題点について、『注解（下）』346頁〔谷合克行〕。
3　監督機関と監視機関の相違について、『基本構造』140頁〔伊藤眞発言〕。
4　『伊藤』222頁、『条解』972頁、『大コンメ』570頁〔桃尾重明〕等。
5　その創設理由については、『一問一答民再』150頁。

2 債権者委員会設置の承認

(1) 自主的な債権者委員会

　本条で規定する債権者委員は、破産債権者によって破産手続外で自主的に設置されたものが前提となり、裁判所が利害関係人からの申立てによって承認したものだけが手続機関となるのであり、裁判所が職権でその設置をするものではない。なお、債権者委員は法人でもよい。

(2) 利害関係人による申立て

　債権者委員会の承認を求めることができるのは利害関係人であり、通常は事実上の債権者委員会の委員長（代理人も含む）等であるが、債権者委員会に属していない債権者、別除権者、財団債権者、破産者自身、破産管財人等も広く利害関係人と解される[7]。

　申立て時期は、法文上限定がないことから破産手続開始申立後であれば開始決定前でもよいとされている[8]。

　承認の申立ての方式については、規則で特に規定されていないが、それは

6　栗田口太郎「債権者委員会」園尾隆司・多比羅誠編『倒産法の判例・実務・改正提言』（弘文堂、2014年）131頁（なお、承認要件の緩和等の改正提言もなされている）、小久保孝雄「破産手続の機関及び債権者その他の利害関係人の手続関与」『破産法大系Ⅰ』261頁は、平成24年12月までに東京地裁・大阪地裁で承認例がないと指摘する。高裁所在地8ヵ所の地裁の運用状況を報告する「特集・平成26年の破産事件の概況をみる」金法2013号6頁以下でも承認例の紹介がない。承認要件が厳しい等の制度の問題点等について、『基本構造』138頁〔田原睦夫発言〕以下。総債権者の利益代表の規律や権限の拡充等の視点からの改正提言として、野上昌樹・稲田正毅・北野知広「債権者への情報開示に関する一考察」倒産法改正研究会編『続・提言　倒産法改正』（金融財政事情研究会、2013年）141頁は、過半数の同意等を阻害要件と構成し直すべきとの指摘をする。小久保前掲論文・262頁は、組み分けを可能とすれば使い勝手が良くなろうとする。筆者は債権者数十万人の過払債権者が存在する貸金業者の破産管財人に就任しているが、法144条1項2号に定める承認要件たる「破産債権者の過半数…の同意」を得ようとしても、債権者を具体的に把握することに大きな困難が伴うこと、また過半数の同意を得ようとしても膨大な費用がかかりしかも積極的な同意があることを立証する簡便な手段もない、ことなどから立証は到底不可能に近いから、まず債権者委員会の承認は無理である。

7　日本弁護士連合会倒産法制検等委員会編『要点解説　新破産法』（商事法務、2004年）54頁、『伊藤』222頁、『条解』974頁、小久保・前掲注6・260頁等。『基本構造』142頁〔田原睦夫発言〕も広く認める立場であるが、同頁〔松下淳一発言〕は破産管財人について否定的な考えのようである。

8　『伊藤』222頁注106、『条解』974頁。

規則2条で総則的な規定をおいていることによりまかなわれていると考えられているからであるとされているので[9]、民事再生規則53条（債権者委員会の承認の申立ての方式・法第118条）の「再生」を「破産」と置き換えればよいであろう。

- ・ 申立書
- 一 申立人の氏名又は名称及び住所並びに代理人の氏名及び住所
- 二 委員会を構成する委員の氏名又は名称及び住所
- 三 前号の委員が有する破産債権の内容
- 四 委員会が破産債権者全体の利益を適切に代表すると認められる理由
- ・ 添付書面
- 一 委員会の運営に関する定めを記載した書面
- 二 破産債権者の過半数が前号の委員会が破産手続に関与することについて同意していることを認めるに足りる書面

(3) 債権者委員会の承認要件

本条1号は、債権者委員会の委員の数を規定するが、合議体として委員会の権限の行使や意見申述等の活動をするのに適正な規模として、3人以上10人以内（規則49条1項）とされている[10]。

本条2号は、「破産債権者の過半数が当該委員会が破産手続に関与することについて同意していると認められること」と規定しており、債権者委員会が総債権者の利益を代表していることを形式面から規定したものである。届出の有無とは関係なく、一般破産債権者に限定されず同意の時点で知れたる破産債権者の頭数の過半数の同意ということである[11]。破産債権額の寡多は要件ではないが、仮に頭数が過半数だが総破産債権額に占める割合が僅少な場合は、総債権者の利益を代表していることを実質面から要件としている3号の該当性が否定される可能性が高くなる。「同意しているものと認められる」と規定されていることから、いちいち同意書面まで必要なく議事録等で

---

9 『条解規則』117頁注1、『条解』974頁。
10 『条解規則』116頁。11人以上の場合は減縮しなければならない。なお、偶数人数の委員の場合の意思決定等については、一般の委員会同様に委員会の運営に関する定めで規定することとなる。
11 『一問一答民再』151頁。したがって、債権者委員会が複数承認されるということはあり得ない。

もよいとされる[12]。

　本条3号は、「全体の利益の代表」（適切代表性）という抽象的で規範的な積極要件であるが、本来は種々の立場にある債権者が存在するので、倒産手続への関与の態度としていわゆる整理屋等のように殊更に自分の利益を優先させようとする者が存在しないか、大口債権者等や取引債権者・金融債権者・消費者債権者・損害賠償債権者等の各グループ、あるいはゴルフ場運営会社の預託金債権者と金融機関等からバランス良く委員が選任されているか、委員会の意思決定手段が合理的であるか、等の視点から総合的に判断されることとなる[13]。なお、債権者委員会は監督機関ではなく監視機関であることや、2号とともにこの承認要件も厳しいとの意見もあるところであり、認定は厳格でなくて良いと解する[14]。

　・破産裁判所の承認

　破産裁判所は、申立てが上記各要件を満たしても破産管財人の管財業務の状況等に鑑み、裁量で承認しないこともできる。

　承認決定がなされたときには、裁判所書記官は遅滞なく破産管財人にその旨通知し（法145条1項）、債権者委員会から指名された連絡担当委員は、破産裁判所と破産管財人に指名されたことを通知する（規則49条2項）。

　承認決定については、不服申立手段について特別の規定がないので、即時抗告は認められない（法9条）。承認申立てに対する棄却決定についても同じである。ただし、債権者委員会の活動が手続の適正な進行を阻害すると途中で認められる場合に適正な手続の進行を回復するため、あるいは活動の余地がなくなった場合等には[15]、利害関係人の申立てだけではなく職権でも、裁判所は、いつでも承認を取り消すことができる（本条5項）。

3　債権者委員会の権限

　承認された債権者委員会は、破産法上の手続機関となる。

12　『一問一答民再』151頁。
13　『条解』976頁、『伊藤』223頁注108、『新注釈民再（上）』632頁〔明石法彦〕。
14　前掲注6参照。『条解』976頁、『基本構造』140頁〔伊藤眞発言〕。小久保・前掲注6・260頁は、「破産手続に関与することが相当でないと判断する場合を除き、原則として承認の判断をすることになろう」という。
15　『条解』974頁、『理論と実務』152頁〔四宮章夫〕。

裁判所は、必要があると認めるときは、破産手続において、債権者委員会に対して、意見の陳述を求めることができる（本条2項）、としている。その典型例は、債権者委員会が承認された場合の破産手続中の事業譲渡であろう[16]。再生手続や更生手続では、裁判所はその許可に当たり、債権者の意見を徴することとなっているが、債権者委員会があるときはその意見を聴けば足りるとされている（民事再生法42条2項、会社更生法46条3項1号・2号）。破産法ではかかる手続は規定されていないが、事案に応じて債権者委員会の意見を徴することが好ましい場合もあろう。ただし、裁判所は債権者委員会の意見に拘束されない。

また、債権者委員会は、裁判所や破産管財人から意見を求められなくても、自主的に意見を述べることができる（本条3項）。債権者委員会は、法145条2項では、破産財団に属する財産の管理処分に関する事項について意見申述ができ、また、破産者等に対し破産に関し必要な説明を求めることができ（法40条）、債権者集会の招集を求める権限も付与されている（法135条1項2号）が、それ以外についても広く意見申述ができるのである。なお、帳簿等の直接調査権限までは認められていないが[17]、破産管財人から裁判所に提出される報告書等については、支障部分を除いてその提供を受けることができ（法146条）、意見形成の参考にできる。

4　債権者委員会による活動費用の償還[18]

債権者委員会に破産手続の円滑な進行に貢献する活動があったと認められるときは、必要な費用を支出した破産債権者の申立てにより、裁判所は、相当と認める額の費用を破産財団から償還することを許可することができ、それは財団債権となる（本条4項）。

---

[16] 『破産200問』165頁〔浅沼雅人〕に、破産手続中の事業譲渡について多数の成功例が紹介されている（ただし、本文の通り、破産法では債権者からの意向聴取の手続はなく裁判所の許可だけで事業譲渡ができるので、そのような例であろう）。なお、『大コンメ』572頁〔桃尾重明〕。

[17] アメリカ、ドイツ、フランスとの制度の違いについて、『基本構造』141頁〔松下淳一発言・山本和彦発言〕。

[18] 時系列的には、民事再生法では当初はこの費用償還請求の規定がなかったが、会社更生法の改正で認められ、同時に民事再生法が改正され、破産法でも導入された。『大コンメ』572頁〔桃尾重明〕。

債権者委員会が有効に活動するためには、その活動に明確な経済的裏付けを与えることが必要であり[19]、破産財団の調査や弁護士費用・公認会計士費用等も含め、相応の費用が発生する[20]。これらの費用は、総債権者の共通の利益のために費やされるのが大部分と考えられるので、財団債権として償還を認めるのが合理的である。ただし、債権者委員会自身ではなく、費用支出をした破産債権者の申立てが要件であり、裁判所は、支出費用のうち、破産手続の円滑な進行に貢献し、実現された破産債権者全体の利益を踏まえて、「相当な額」の範囲で、破産財団からの支払を許可することができる。破産財団が不足した場合は、総債権者の共通の利益として法148条1項1号、2号に該当する場合は、破産管財人の費用は除き他の財団債権に優先する。

　なお、許可するかどうかは裁判所が任意に決定でき、また明文規定がないので、許可決定や棄却決定に対する即時抗告は認められていない（法9条）。

（小松陽一郎）

第145条　債権者委員会の意見聴取

> ①　裁判所書記官は、前条第1項の規定による承認があったときは、遅滞なく、破産管財人に対して、その旨を通知しなければならない。
> ②　破産管財人は、前項の規定による通知を受けたときは、遅滞なく、破産財団に属する財産の管理及び処分に関する事項について、債権者委員会の意見を聴かなければならない。

1　本条の趣旨

　本条は、前条に従い破産裁判所が破産債権者で構成される債権者委員会の設置を承認した場合に、裁判所書記官が遅滞なく破産管財人にその旨を通知する手続と、その通知を受けた破産管財人は、遅滞なく、自己の専権に属す

---

[19] 『一問一答』186頁。
[20] 不正経理の調査等の場合には時として膨大な費用がかかることがある。

る破産財団に属する財産の管理及び処分に関する事項（法78条）について、債権者委員会の意見を聴取する義務を規定したものである。なお、法146条（破産管財人の債権者委員会に対する報告義務）、147条（破産管財人に対する報告命令）の規定も参照。再建型の民事再生法118条、会社更生法118条と同様の規定であり、これにより、破産管財人と債権者委員会との意思疎通の円滑化・迅速化を図ることを目的としている。

2　承認決定の通知

前条の承認決定の通知は、裁判所書記官の権限とされており、裁判所書記官は、承認決定がなされたことを、遅滞なく破産管財人に通知しなければならない（なお、一般的な裁判所書記官の通知権限については、法13条、規則12条が準用する民事訴訟法規則4条6項参照）。この通知によって、破産管財人は本条2項の債権者委員会への意見聴取手続を遅滞なく行う義務が生じたことを確認できる。なお、破産裁判所に承認され手続機関となった債権者委員会も、連絡担当者である委員の氏名を、破産裁判所及び破産管財人に届け出なければならないこととなっている（法144条、規則49条2項）。

承認決定は公告の対象ではない。なお、承認が取り消されたときも（法144条5項）、裁判所書記官は破産管財人に通知すべきである[1]。

3　債権者委員会への意見聴取

前項の通知を受けた破産管財人は、連絡担当者の委員を通じ、債権者委員会から破産財団に属する財産の管理及び処分に関する事項について、面談又は書面等の適宜の手段で意見を聴かなければならない。この手続は、破産管財人にとっては義務であり、債権者委員会にとっては法で認められた権限である。なお、破産管財人が重要な処分行為を行う場合には、破産裁判所の許可を得なければならず、また原則として破産者の意見も聴かなければならない（法78条2項・6項）。

意見聴取の対象は、破産財団[2]に属する財産の管理及び処分に関する事項

---

1 『条解』978頁。
2 「破産財団」の意義については、例えば、『伊藤』233頁。

であり、不動産の換価処分や商品の売却、債権の回収等、配当原資に直結する破産財団の組成に関する事項が中心であるから、破産債権者とって重要な関心事項であり、破産管財人にとっても破産債権者からの有用な意見や財産換価についての有益な情報となり得る[3]。ここでの破産財団は法定財団であるから、現有財団への回復を目指す、否認権行使（法160条以下）や法人の役員の責任追及（法177条）等も含まれると解される。一方、消極財産たる破産債権の調査に関する事項は、本条に定める事項には含まれない。しかしながら、債権者委員会が意見を述べる事項は特に限定されておらず（法144条3項）、破産管財人としても、破産者と取引等のあった債権者委員会から幅広く意見を徴することは有用であることから、法的義務の対象外の管財業務に関しても意見聴取することは否定されないと解される[4]。なお、債権者委員会からの請求があれば、破産者等は、破産に関し必要な説明をしなければならない（法40条[5]）。また、債権者集会の招集を求める権限も付与されている（法135条1項2号）。

　ただし、破産管財人には意見聴取義務があるだけなので、債権者委員会の同意事項ではない。

（小松陽一郎）

第146条　破産管財人の債権者委員会に対する報告義務

① 　破産管財人は、第153条第2項又は第157条の規定により報告書等（報告書、財産目録又は貸借対照表をいう。以下この条において同じ。）を裁判所に提出したときは、遅滞なく、当該報告書等を債権者委員会にも提出しなければならない。

② 　破産管財人は、前項の場合において、当該報告書等に第12条第1項に規定する支障部分に該当する部分があると主張して同項の申立てをしたときは、当該部分を除いた報告書等を債権者委員会に提出すれば足りる。

3 　『大コンメ』574頁〔桃尾重明〕、『条解』979頁。
4 　『条解』979頁
5 　民事再生法や会社更生法ではこの条文はない。

1　本条の趣旨

　本条は、破産管財人の債権者委員会に対する報告書等の提出義務を定めるとともに、支障部分がある場合の提出方法を定めたものである。

　本条は、破産管財人に対し、財産評定を行って作成した財産目録及び貸借対照表、財産状況報告書等の報告書を裁判所に提出したとき、遅滞なく、これと同一の報告書等を債権者委員会に提出しなければならない旨の義務を定めており、債権者委員会が裁判所及び破産管財人と破産財団や管財業務に関する情報を共有することによって、債権者委員会による手続関与を実効的なものとすることを目的としている。

　再建型の民事再生法118条の2、会社更生法119条と同様の規定であり、現行法に債権者委員会が導入された際に設けられた規定である。

2　報告書等の提出

　破産管財人は、破産手続開始決定後遅滞なく、破産財団に属する財産につき財産評定を行い、破産手続開始の時における財産目録及び貸借対照表を裁判所に提出しなければならない（法153条1項2項）。また、破産管財人は、破産手続開始決定後遅滞なく、裁判所に財産状況報告書を提出しなければならず（法157条1項、規則54条1項）、このほか、裁判所の定めるところにより、破産財団に属する財産の管理及び処分の状況その他裁判所の命ずる事項を裁判所に報告しなければならない（法157条2項）。破産管財人は、これらの報告書等を裁判所に提出したとき、遅滞なく、同一の報告書等を債権者委員会にも提出しなければならない（本条1項）。

　これにより、債権者委員会は、破産財団の状況及び管財業務の遂行等について重要な情報を入手することができ、裁判所及び破産管財人と情報を共有することができる。

3　支障部分の除外

　破産管財人は、法157条2項に基づき提出する報告書について、支障部分につき利害関係人の閲覧等を制限するよう申立てをすることができるが（法12条1項2号）、破産管財人が閲覧等制限の申立てをしたとき、破産管財人

は、本条1項の定める債権者委員会に対する提出において、支障部分を除いた報告書を提出すれば足りる（本条2項）。

閲覧等制限の申立てがなされると、申立てを却下する決定が確定するまで、又は、閲覧等制限の決定の取消しの申立てがなされて取消決定が確定するまで、個々の債権者をはじめとする利害関係人も支障部分の閲覧等をすることができないことから（法12条2項・5項）、債権者委員会も同様に取り扱うものである[1]。

(森本　純)

第147条　破産管財人に対する報告命令

> ①　債権者委員会は、破産債権者全体の利益のために必要があるときは、裁判所に対し、破産管財人に破産財団に属する財産の管理及び処分に関し必要な事項について第157条第2項の規定による報告をすることを命ずるよう申し出ることができる。
> ②　前項の規定による申出を受けた裁判所は、当該申出が相当であると認めるときは、破産管財人に対し、第157条第2項の規定による報告をすることを命じなければならない。

1　本条の趣旨

本条は、債権者委員会に対し、破産管財人に対する報告命令について、裁判所への申出権限を認めたものである。債権者委員会に、主体的に情報を入手することができる機会を保障することによって、債権者委員会による手続関与を実効的なものとすることを目的としている。

再建型の民事再生法118条の3、会社更生法120条と同様の規定であり、現行法に債権者委員会が導入された際に設けられた規定である。

1　『条解』980頁。

2　報告命令

　債権者委員会は、破産債権者全体の利益のために必要があるときは、裁判所に対し、破産管財人に破産財団に属する財産の管理及び処分に関し必要な事項について法157条2項の規定による報告をすることを命ずるよう申し出ることができる（本条1項）。申出を受けた裁判所は、当該申出が相当であると認めるときは、破産管財人に対し、法157条2項の規定による報告をすることを命じなければならない（本条2項）。

　破産管財人は、報告命令を受けて、裁判所に対し、法157条2項の規定による報告をしなければならず、破産管財人が裁判所に提出した報告書は、法146条1項により、遅滞なく、債権者委員会にも提出されることになる。

　これにより、債権者委員会は、破産財団の状況及び管財業務の遂行等にかかる情報を主体的に入手する機会が保障される。

　しかし、本条により債権者委員会に付与された権限は限定的なものである。債権者委員会に破産管財人に対する直接の報告請求権は認められておらず、裁判所に対し報告を命ずるよう申出ができるにとどまっている[1]。また、「破産債権者全体の利益のために必要があるとき」が要件として定められており、裁判所が破産管財人に対し報告を命じなければならないのは、「当該申出が相当であると認めるとき」である。不服申立てのための特別な定めはなく、裁判所が相当と認める判断をしなかった場合、債権者委員会に即時抗告は認められない（法9条）。

（森本　純）

---

[1]　債権者委員会に破産管財人に対する直接の報告請求権を認める立法論について、『条解』982頁。

事 項 索 引

＊太文字の頁は、特に重要度の高い箇所を示す。

【あ】

相手方の債権に関する転得者の権利(転得
　者否認) ………………………………(下)192
相手方の債権の復活(転得者否認)
　………………………………………(下)177
相手方の反対給付返還請求権(否認の効果)
　………………………………………(下)121
悪意の推定(内部者に対する否認)
　………………………………………(下)133

【い】

異議者等(破産債権の確定)……………(上)808
異議等のある破産債権に関する訴訟の受
　継 ……………………………………(上)**820**
異議等のない破産債権の確定………(上)**796**
異議の通知……………………………(上)771
異議の撤回……………………………(上)772
遺産分割(相続財産破産)………………(下)544
遺産分割請求権(破産財団に関する訴え)
　………………………………………(上)579
異時廃止………………………………(下)447
　――決定確定の効果…………………(下)472
　――の手続……………………………(下)470
　――の要件……………………………(下)468
慰謝料…………………………………(上)311
慰謝料請求権……………………(上)264, 578
移送…………………………(上)43, (下)574
一部具備説(破産債権の要件)…………(上)17
一部否認………………………………(下)105
一部免責………………………(下)631, 683
一括指定方式……………………(上)**866**, 870
一括清算ネッティング条項……………(上)404
一般調査期間…………………………(上)769
　――の変更……………………………(上)773

一般調査期日…………………………(上)**784**
　――の変更……………………………(上)790
一般の財団債権………………………(下)3, 18
一般の先取特権…………………(上)438, 661
委任契約…………………………(上)**360**, 390
委任の終了……………………………(下)36
違約金(財団債権性)……………………(下)35
違約金(破産債権性)……………………(上)664
違約金条項(財団債権)…………………(上)**353**
遺留分減殺請求権……………………(上)578
引致……………………………(上)278, (下)587
隠匿(詐欺破産罪)………………………(下)780
隠匿等の処分(否認)
　……………………(下)117, 118, 170, 171, 191

【う】

請負契約………………………………(上)**357**
請負人の破産……………………(上)359, 374
打切主義(最後配当)……………………(下)368
訴えの提起(裁判所の許可)……………(上)563

【え】

営業又は事業の譲渡…………………(上)559
閲覧等の制限……………………(上)**69**, 903
延滞金(破産債権)………………(上)656, 664, 665
延滞税(破産債権)…………………(上)656, 665

【お】

応急処分義務…………………………(上)622
オペレーティング・リース契約……(上)365
親法人(破産事件の土地管轄)…………(上)36

【か】

買受けの申出…………………………(下)301
会計監査人(受託者の説明義務)………(下)587

会計監査人（内部者）・・・・・・・・・・・・・・・・・（下）597
解雇・・・・・・・・・・・・・・・・・・・・・・・・・・・・・・・・・・・・・・（上）362
外国管財人・・・・・・・・・・・・・・・・・・・・・・・・・・・・・（下）611
外国裁判所の確定判決・・・・・・・・・・・・・・（上）838
外国従手続（国際破産）・・・・・・・・・・・・・（上）131
外国主手続（国際破産）・・・・・・・・・・・・・（上）131
外国人・・・・・・・・・・・・・・・・・・・・・・・・・・・・・・・・・・・・・（上）25
外国通貨金銭債権・・・・・・・・・・・・・・・・・・・（上）683
外国で開始された手続・・・・・・・・・・・・・・（上）101
外国倒産処理手続・・・・・・・・・・・・・・・・・・・（下）612
外国法人・・・・・・・・・・・・・・・・・・・・・・・・・・・・・・・（下）719
解雇予告手当・・・・・・・・・・・・・・（上）676，（下）43
開始時異議確認型・・・・・・・・・・・・・・・・・・・（下）396
開始時現存額主義・・・・・・・（上）**690**，（下）589
会社分割・・・・・・・・・・・・・・・・・・・・・・・・・・・・・・・（下）165
解除権（双方未履行双務契約）・・・・・・（上）**353**
解除条件付債権・・・・・・・・・・・・・・・・・・・・・・（上）687
　――の取扱い・・・・・・・・・・・・・・・・・・・・・（下）424
　――を有する破産債権者・・・・・・・（下）384
回送嘱託・・・・・・・・・・・・・・・・・・・・・・・・・・・・・・・（上）582
回復登記・・・・・・・・・・・・・・・・・・・・・・・・・・・・・・・（下）178
解約返戻金請求権・・・・・・・・・・・（上）**260**，369
価額償還債権（双方未履行双務契約）
　・・・・・・・・・・・・・・・・・・・・・・・・・・・・・・・・・・・・・・・（上）374
価額償還請求（否認）・・・・・・・・・・・・・・・（下）106
　――権（否認）・・・・・・・・・・・・・・・・・・・・・（下）163
確定判決と同一の効力
　・・・・・・・・・・・・・・（上）801，837，844，（下）214，238
　――を有する文書・・・・・・・・・・・・・・・・（上）837
加算金・・・・・・・・・・・・・・・・・・・・・・・・・・・・・・・・・・（上）665
加算税・・・・・・・・・・・・・・・・・・・・・・・・・・・・・・・・・・（上）665
過怠破産罪・・・・・・・・・・・・・・・・・・・・・・・・・・・・（下）791
課徴金・・・・・・・・・・・・・・・・・・・・・・・・・・・・・・・・・・（上）658
合併無効の訴え（訴訟手続の中断・受継）
　・・・・・・・・・・・・・・・・・・・・・・・・・・・・・・・・・・・・・・・（上）580
過払金返還請求権・・・・・・・・・・・・・・・・・・・（上）257
株主総会決議取消しの訴え（訴訟手続の中
　断・受継）・・・・・・・・・・・・・・・・・・・・・・・・・・・（上）580
株主総会決議無効確認の訴え（訴訟手続の
　中断・受継）・・・・・・・・・・・・・・・・・・・・・・・・（上）580

株主代表訴訟（訴訟手続の中断・受継）
　・・・・・・・・・・・・・・・・・・・・・・・・・・・・・・・・・・・・・・・（下）229
借入れによる弁済・・・・・・・・・・・・・・・・・・・（下）124
仮差押え・仮処分・・・・・・・・・・・・・・・・・・・（上）130
仮登記・・・・・・・・・・・・・・・・・・・（上）337，339，（下）142
仮登記担保・・・・・・・・・・・・・・・・・・・・・・・・・・・・（上）451
科料・・・・・・・・・・・・・・・・・・・・・・・・・・・・・・・・・・・・・（上）665
過料・・・・・・・・・・・・・・・・・・・・・・・・・・・・・・・・・・・・・（上）665
簡易配当・・・・・・・・・・・・・・・・・・・・・・・・・・・・・・・（下）**394**
簡易配当許可・・・・・・・・・・・・・・・・・・・・・・・・・（下）399
　――の取消し・・・・・・・・・・・・・・・・・・・・・（下）404
簡易分配・・・・・・・・・・・・・・・・・・・・・・・・・・・・・・・（下）344
管轄裁判所・・・・・・・・・・・・・・・・・・・・・（下）205，213
環境規制・・・・・・・・・・・・・・・・・・・・・・・・・・・・・・・（上）526
管財業務等妨害行為
　・・・・・・・・・・・・・・・・・・・・・・・（上）588，593，（下）676
監督官庁（破産手続開始の申立て）
　・・・・・・・・・・・・・・・・・・・・・・・・・・・・・・・・・・・・・・・（上）103
管理機構人格説・・・・・・・・・・・・（上）513，（下）13
管理処分権（破産管財人）・・・・・・・・・・（上）556
管理処分権（保全管理人）・・・・・・・・・・（上）628
管理人（信託財産の破産）
　・・・・・・・・・・・・・・・・・・・・・・・・・（下）580，595，604

【き】

危機否認・・・・・・・・・・・・・・・・・・・・・・・・・・・・・・・（下）92
企業担保権・・・・・・・・・・・・・・・・・・・・・・・・・・・・（上）158
　――の実行・・・・・・・・・・・・・・・・・・・・・・・（上）296
議決権額・・・・・・・・・・・・・・・・・・・・・・・・・・・・・・・（上）883
帰属上の一身専属権・・・・・・・・・・・・・・・・（上）577
既存の債務・・・・・・・・・・・・・・・・・・・・・・・・・・・・（下）127
寄託の請求・・・・・・・・・・・・・・・・・・・・・・・・・・・・（上）484
既判力・・・・・・・・・・・・・・・・・・・・・・・・・・・・・・・・・・（下）212
義務の衝突・・・・・・・・・・・・・・・・・・・・・・・・・・・・（下）813
客観的処罰条件・・・・・・・・・・・（下）771，789，797
救済融資・・・・・・・・・・・・・・・・・・・・・・・・・・・・・・・（下）128
吸収分割無効の訴え（訴訟手続の中断・受
　継）・・・・・・・・・・・・・・・・・・・・・・・・・・・・・・・・・・・（上）580
求償権（破産債権性）・・・・・・・・・（上）18，659
求償権（破産債権の届出）・・・・（上）729，743

事項索引   907

求償権(破産手続参加)··············(上)687, 690
求償権(無償否認)·························(下)112
給料·······································(下)**41**
　　──の請求権·······················(上)675
共助実施決定····························(上)688
共助対象外国租税の請求権···········(上)749
　　──債権·····························(下)32
強制執行等に対する中止・取消命令
　　··(上)158
強制執行等の禁止············(上)669, (下)648
行政庁に係属する事件
　　························(上)159, 327, (下)602
業務要点報告書··························(上)873
共有関係·································(上)345
許可申請·································(上)557
許可を得ない行為の効力··············(上)568
虚偽の債権者名簿の提出行為········(下)675
居住制限························(上)276, (下)587
金額不確定金銭債権···················(上)683
銀行取引停止(弁済禁止の保全処分)
　　··(上)189
銀行取引停止(支払停止)··············(下)143
金融機関等の更生手続の特例等に関する
　　法律································(上)40

【く】

口単位説···································(上)**693**
組合員の破産····························(上)370
組合契約·································(上)370
組入金(担保権消滅請求)··············(下)278
クロス・ファイリング(国際破産)
　　··(下)618

【け】

経営者保証ガイドライン···············(下)634
警察上の援助····························(上)594
計算報告·························(上)614, 617
　　──義務······················(上)614, 641
　　──の債権者集会···············(上)617
計算報告書······························(上)617

形式的危機時期··························(下)122
刑事訴訟費用····························(上)665
形成権説(否認権)·······················(下)203
継続事業価値····························(上)100
継続的給付の義務を負う双務契約
　　··(上)376
検査拒絶·································(上)588
原状回復義務····························(下)34
原状回復請求権··························(上)386
源泉所得税·······························(下)27
原則的土地管轄···············(上)**34**, (下)505, 573
現存利益(否認権の行使の効果)
　　····································(下)170, 171
限定責任信託に係る信託財産についての
　　登記··································(下)721
現有財団·······················(上)255, 570, 575
牽連破産·····················(上)33, (下)156, 217

【こ】

故意否認·································(下)92
更改(否認)·······························(下)126
公共料金·································(上)730
交互計算·································(上)405
行使上の一身専属権···················(上)577
公租公課····························(上)661, (下)21
合同債務·································(上)690
口頭方式(破産債権の調査)···········(上)**757**
交付要求···············(上)307, 674, 749, (下)9
交付要求先着手主義···················(下)349
抗弁(否認権の行使)···················(下)204
公法人···································(上)200
子会社(破産管財人の調査権)········(上)590
子株式会社(破産事件の土地管轄)····(上)36
国際倒産·································(下)608
国際破産管轄·················(上)30, (下)505, 571
国税滞納処分···············(上)169, **304**, **307**
　　──の禁止·······················(上)305
　　──の続行·······················(上)306
個人版私的整理ガイドライン········(下)635
固定資産税······························(下)21

固定主義……………………………………（上）258
個別執行手続の続行…………………………（上）300
個別執行等の失効……………………………（上）298
個別執行の禁止………………………………（上）293
固有財産等責任負担債務……………………（下）594
固有必要的共同訴訟（破産債権の確定）
　………………………………………（上）816
固有必要的共同訴訟（複数の破産管財人）
　………………………………………（上）549
雇用関係に基づく使用人の請求権
　………………………………………（下）695
雇用契約………………………………（上）**360**
婚姻費用分担請求権…………………………（上）18

【さ】

サービサー（債権回収会社）………………（上）562
再建型の倒産処理手続………………………（上）8
債権質…………………………………………（上）727
債権者…………………………………………（上）103
　──間の平等の原則…………………（下）350
　──を害する目的………………（下）788, 820
債権者委員会…………………………（上）**892**
　──の権限…………………………………（上）897
　──の承認要件……………………………（上）896
　──への意見聴取…………………………（上）900
債権者一覧表…………………………………（上）132
債権者集会……………………………（上）**860**
　──の決議…………………………………（上）874
債権者代位権…………………………………（上）727
債権者代位訴訟………………………………（上）319
債権者保護手続………………………………（下）93
債権者名簿……………………………………（下）641
債権譲渡担保…………………………………（上）455
債権調査………………………………（上）**756**
債権調査期日…………………………（上）**784**
債権調査期間…………………………（上）**769**
債権届出期間等の決定の留保………………（上）225
債権の復活（否認権の行使の効果）
　………………………………………（下）107
催告権…………………………………………（上）353

最後配当………………………（下）**352**, 368
　──に関する除斥期間……………………（下）369
　──の許可…………………………………（下）354
　──の実施時期……………………（下）353, 355
財産開示手続…………………………………（上）304
財産散逸防止義務……………………………（上）112
財産状況報告集会
　………………（上）**223**, **226**, **861**, （下）82, 84
財産上の請求権………………………………（上）15
財産上の損害…………………………………（下）804
財産処分行為…………………………………（下）115
財産の不利益処分……………………………（下）784
財産評定………………………………………（下）64
財産分与………………………………（上）311, （下）163
財産分与請求権………………（上）421, 579, 730
財産目録………………………………（上）873, （下）66
財団債権………………（上）**18**, **374**, （下）**2**, 151, 190
　──相互の順位……………………………（下）58
　──の按分弁済……………………………（下）58
　──の確定…………………………………（下）6
　──の金銭化………………………………（下）38
　──の現在化………………………………（下）38
　──の債務者………………（上）19, （下）**12**
　──の承認及び弁済………………………（上）603
　──の弁済…………………………………（上）624
　──の弁済による代位……………………（下）**11**
財団債権者………………（上）19, 106, 872, （下）170
財団不足………………………………………（下）55
裁判所…………………………………………（上）14
　──の監督…………………………………（上）540
　──の許可…………………（上）542, 557, 564
裁判所書記官…………………………………（上）68
債務者…………………………………（上）14, 108
　──の財産に関する保全処分……………（上）181
　──の財産の譲渡…………………………（下）781
　──の常務…………………………………（上）638
債務整理開始通知……………………………（上）97
債務超過………………………（上）**98**, （下）101, 574
債務の消滅に関する行為……………………（下）175
債務の負担を仮装する行為…………………（下）781

債務保証……………………………(下)110
債務名義……………………………(下)152
　　執行力のある――……………(上)835
裁量免責……………………………(下)**679**
　　――の判断基準………………(下)679
　　――の判断要素………………(下)680
詐害意思……………………………(下)101
　　――のある詐害行為の否認…(下)100
詐害行為……………………………(下)100
詐害行為取消権……………………(下)89, 186
詐害行為取消訴訟………(上)319, (下)89, 206
詐害行為否認………………………(下)90, 99
差額償還請求………………………(下)192
差額償還請求権……………………(下)173
詐欺破産罪…………………………(下)700
差押禁止金銭………………………(上)262
差押禁止財産………………………(上)263
詐術による信用取引………………(下)672
参加差押え…………………………(上)674
残存債権者…………………………(下)93
暫定的異議…………………………(上)763

【し】

資格制限……………………………(上)217
敷金等放棄条項……………………(上)387
敷金返還請求権…………………(上)260, 730
事業再生ADR………………………(下)144
事業税………………………………(下)23
事業の継続…………………………(上)273
時効中断……………………………(上)137
自己破産……………………………(上)108
資産評価……………………………(上)99
事実上の牽連関係…………………(下)789
市場の相場がある商品の取引に係る契約
　　……………………………………(上)396
自然債務……………………………(上)17
質権…………………………………(上)446
執行行為……………………………(下)154
　　――の否認……………………(下)152
執行証書……………………………(上)839

実質的危機時期……………………(下)100, 117
実質的倒産犯罪……………………(下)768, 774
私的整理……………………………(下)131, 144
自動停止……………………………(上)167
支払(の)停止
　　…………………(上)**96**, (下)103, 132, 143, 578
　　――等後の詐害行為の否認…(下)103
　　――を要件とする否認の制限…(下)155
支払不能……………(上)**21, 94**, (下)130, 577
　　――の推定……………………(下)132
　　――前30日以内の非義務偏頗行為
　　……………………………………(下)134
事務管理……………………………(下)35
事務補助者…………………………(上)553
社債管理者…………………………(下)**49**
終局判決……………………………(上)837
集合債権譲渡担保………(上)456, (下)127, 146
集合動産譲渡担保………(上)454, (下)127
自由財産……………………………(上)261, 577
　　――からの任意弁済…………(上)673
　　――の破産財団への組入れ…(上)264
　　――の範囲の拡張……………(上)265
収支計算書…………………………(上)873
住民税………………………………(下)23
重要財産開示義務………………(上)287, (下)588
受益債権……………………………(下)590
受益者
　　………(下)102, 104, 109, 119, 184, 203, 579
受継…………………………………(下)206
　　異議等のある破産債権に関する訴訟の――
　　……………………………………(上)**820**
受託者………………(下)568, 591, 595, 600, 604
　　――の説明義務………………(下)586
　　――の破産……………………(上)416
主張の制限(破産債権の確定)………(上)**828**
出資責任……………………………(下)239, 241
準自己破産…………………………(上)121
ジョイントベンチャー……………(上)370
承継債権者…………………………(下)92
承継執行文付与…………………(上)671, (下)161

条件付免責	(下)683	信託財産破産	(下)566
使用者の破産	(上)361	信託財産法人管理人	(下)580, 595, 604
商事留置権	(上)464	人的相対効	(下)159
商事留置権消滅請求	(下)273, 330	新得財産	(上)258, 262, 577
使用貸借契約	(上)356		

【せ】

譲渡担保	(上)452,(下)35, 274	請求異議の訴え	(上)805, 839,(下)153
譲渡担保権	(下)265	制限説	(下)147
使用人	(下)41	政策的財団債権	(下)3
——の預り金請求権	(下)695	清算型の倒産処理手続	(上)8
消費税	(下)26	清算価値	(上)100
消費貸借契約	(上)355	清算持株会社	(下)239
——の予約	(上)356	責任制限手続	(下)714, 755
商品の一括売却	(上)560	——の廃止決定	(下)758
賞与	(下)42	——の廃止決定に対する即時抗告	(下)759
剰余主義の排除	(下)259	是正命令	(上)544
将来の請求権	(上)259, 687	説明義務	(上)281, 588
——の除斥	(下)370	説明拒絶	(上)588
——を有する破産債権者	(下)384	説明請求権	(上)588, 589
職務説(破産管財人の地位)	(上)514,(下)14	善管注意義務	(上)110, 596
職務の共同執行	(上)546	全部義務	(上)690
除斥期間(配当)	(下)368	全部具備説(破産債権の要件)	(上)17
除斥期間(否認権の行使)	(下)216	戦略的異議	(上)763

【そ】

所得税	(下)22	早期処分価格	(下)116
書面等投票	(上)880	相殺	(下)126
書面方式(破産債権の調査)	(上)**757**	——合意	(下)123
所有権留保	(上)458,(下)265, 275	——の禁止	(上)488, 500
進行協議	(上)543	賃料債権を受働債権とする——	(上)384
審尋	(下)210	破産管財人による——	(上)679
新設分割無効の訴え(訴訟手続の中断・受継)	(上)580	相殺権	(上)469
親族関係に係る請求権	(下)694	——の拡張	(上)471
信託	(上)416	——の濫用	(上)476
信託監督人	(下)580	総債権説	(上)**693**
信託管理人	(下)580	創造説	(下)147
信託債権	(下)579	相続財産	(上)33,(下)731
信託財産	(下)566, 583, 590, 731	相続財産破産	(下)504
信託財産管理者	(下)580, 595		
信託財産管理人	(下)604		
信託財産責任負担債務	(下)568, 593		

事項索引　911

──と限定承認 ································ (下)523
──と財産分離 ································ (下)522
──と受遺者 ···································· (下)528
──と相続債権者 ···························· (下)528
──と相続人 ···································· (下)531
──と相続人の債権者 ···················· (下)533
──の破産手続開始原因 ················ (下)509
──の申立期間 ······························ (下)515
──の申立権者 ······························ (下)511
相続人の破産 ···································· (下)541
──と限定承認 ···················· (下)550, 555
──と財産分離 ······························ (下)550
──と受遺者 ···································· (下)553
──と相続債権者 ···························· (下)553
──と相続放棄 ······························ (下)542
──と単純承認 ······························ (下)542
相対効（否認権の行使の効果）
 ································· (下)159, 162, 182, 188
相当の対価 ·· (下)116
──を得てした財産の処分行為の否認
 ·· (下)113
双方未履行 ·· (上)351
双方未履行双務契約 ··· (上)**348**, 371, (下)37
──の履行の請求 ·························· (上)563
双務契約性 ·· (上)350
即時抗告 ············· (上)41, 46, **52**, 240, (下)52
　異時廃止決定に対する── ········ (下)475
　職権による免責取消しの決定に対する──
 ·· (下)702
──（復権） ·································· (下)711
訴訟告知 ·· (下)189
訴訟手続の受継
 ··························· (上)**315**, **318**, **324**, **326**, 840
訴訟手続の中断 ········ (上)**315**, **317**, **320**, **326**
訴訟費用償還請求権 ························ (上)845
訴訟費用請求権 ················ (上)316, 326
租税等の請求権
 ············· (上)656, 748, 856, (下)20, 30, 34, 59, 123, 139
──等についての特例 ············ (上)**855**

租税に関する相互行政支援に関する条約
 ·· (上)688
損壊 ·· (下)780
損害賠償請求権 ·························· (上)**371**
　不法行為に基づく── ················ (上)17

【た】

大規模破産事件 ···················· (上)38, 227
対抗問題 ·· (上)516
対抗要件 ································· (下)160, 176
対抗要件具備行為 ···························· (下)141
第三者異議の訴え ··········· (上)303, (下)79
第三者対抗要件 ································ (下)584
第三者保護規定 ································ (上)517
貸借対照表 ·· (下)67
代償的取戻権 ···································· (上)429
退職金債権 ···························· (上)**259**, 363
退職手当 ································ (上)667, (下)**44**
──の請求権 ································ (上)675
滞納処分 ································ (上)674, (下)9
代表訴訟 ·· (下)229
代物弁済 ································ (下)125, 175
──の偏頗行為否認 ···················· (下)106
代物弁済予約契約 ···························· (下)125
代理委員 ·····································(上)**717**
──の解任 ···································· (上)720
──の権限 ···································· (上)721
──の辞任 ···································· (上)720
──の選任 ···································· (上)720
──の選任許可取消し ················ (上)721
代理権を証する書面 ························ (上)891
代理受領 ·· (上)395
代理人による議決権行使 ················ (上)889
代理人による議決権の不統一行使
 ·· (上)891
単独執行 ·· (上)547
担保価値維持義務 ···························· (上)600
担保供与又は債務消滅に関する行為
 ·· (下)123
担保権実行の申立て ························ (下)292

担保権消滅請求…………………………………(下)270
担保権消滅制度(民事再生及び会社更生における)…………………………………………(下)272
担保的機能………………………………………(上)470
担保の変換………………………………………(下)201

【ち】

遅延損害金………………………………………(下)164
中間転得者………………………………………(下)184
中間配当…………………………………………(下)**413**
　——で寄託した配当額………………………(下)432
　——の許可……………………………………(下)415
　——に関する除斥期間………………………(下)420
中間利息…………………………………………(上)666
注文者の破産……………………………………(上)357
調査期間(期間方式)……………………………(上)**757**
調査期日(期日方式)……………………………(上)**757**
調査命令…………………………………………(下)657
調停・審判手続中の破産………………………(上)311
帳簿隠滅・偽造等の行為………………………(下)674
帳簿の閉鎖………………………………………(下)74
直接請求権(濫用的会社分割)…………………(下)94
賃金………………………………………………(下)42
賃借人破産……………………………(上)385,(下)34
賃貸借契約…………………………………(上)**356**, 380
賃貸人破産………………………………………(上)383
賃料債権の処分…………………………………(上)384

【つ】

追加配当…………………………………………(下)**434**
追奪担保責任……………………………………(下)188
追徴金……………………………………………(上)665
通知型と公告型の選択…………………………(下)366

【て】

定期金債権…………………………………(上)666, 684
停止条件付債権…………………………………(上)687
　——の除斥……………………………………(下)370
　——を有する破産債権者……………………(下)384
抵当権……………………………………………(上)445

抵当権消滅請求…………………………………(下)272
手形・小切手……………………………………(下)346
手形債務…………………………………………(下)135
手形の譲渡担保…………………………………(上)457
手形の不渡り……………………………(上)97,(下)143
適正価格売買……………………………………(下)114
手続的倒産犯罪…………………………(下)768, 774
転貸借契約………………………………………(上)388
転得者………………………(下)160, 182, 183, 193, 203
　——に対する否認権………………(下)182, 190
　——に対する否認の登記……………………(下)747
転得者否認………………………………(下)161, 186, 189

【と】

問屋の破産………………………………………(上)420
同意廃止(同意破産手続廃止)
　………………………………………………(下)448, 603
　——の決定……………………………………(下)482
　——の効果……………………………………(下)483
　——の申立て…………………………………(下)478
　——の要件……………………………………(下)479
同意配当…………………………………………(下)408
　——の許可……………………………………(下)409
登記の嘱託………………………………(下)718, 730, 736
倒産解除特約……………………………………(上)354
動産譲渡担保……………………………………(上)453,
倒産手続開始申立禁止特約……………………(下)582
動産売買先取特権………………………(上)447,(下)35
同時交換的取引…………………………………(下)128
当事者適格………………………………(上)572, 573
同時処分…………………………………………(上)222
同時廃止(同時破産手続廃止)
　……………………………………(下)445, 446, 458
　——決定に対する即時抗告…………………(下)465
　——決定に対する不服申立て………………(下)465
　——の効果……………………………………(下)463
　——の手続……………………………………(下)465
　——の取消し…………………………………(下)466
　——の要件……………………………………(下)459
同時履行…………………………………(下)171, 176

当然復権事由	(下)706
登録のある権利	(下)754
登録免許税	(下)22, 753
特殊登記説(否認の登記)	(下)745
特定遺贈	(下)563
特別調査	(上)757
特別調査期間	(上)769, **775**
——に関する費用の予納	(上)**779**
特別調査期日	(上)784, **792**
——に関する費用	(上)793
特別の財団債権	(下)3, 18
特別の先取特権	(上)447, 661
特別利害関係人	(上)876
匿名組合契約	(下)241
土壌汚染	(上)529
土地管轄	(上)**34**, 36
大規模破産事件の——	(下)507
土地重課税	(下)26
届出事項の変更	(上)735, **741**
届出の取下げ	(上)735
届出名義の変更	(上)**742**
取戻権	(上)373, 413
取戻権者	(上)872
図利・加害目的	(下)805
(中止命令の)取消命令	(上)164
取締役等の破産	(上)394

【な】

内外人平等主義	(上)25
内部者	(下)133, 172, 187, 596
——たる相手方	(下)119,
——に対する否認(悪意の推定)	
	(下)133

【に】

二重の悪意(転得者否認)	(下)185, 190
任意売却	(下)254
動産の——	(上)561
認識説(否認)	(下)101
認否書	(上)760
認否の変更	(上)765
任務終了計算報告集会	(上)862

【ね】

根抵当権	(上)446
——の元本の確定	(下)729
根抵当権者の配当への参加	(下)361

【の】

納期限	(下)32

【は】

ハードシップ免責	(下)677
廃止意見聴取集会	(上)**861**
配当	(下)**338**
——の意義	(下)338
——の公告	(下)364, 365, 418
——の種類	(下)338
——の順位	(下)347
——の性質	(下)341
——の通知	(下)365, 418
——の手続	(下)340
——の方法	(下)343
——を受ける場所	(下)345
配当額	(下)381
——の寄託	(下)428
——の供託	(下)389
——の決定	(下)383
——の調整	(下)385
——の通知	(下)389
配当金請求権	(下)**342**
配当財団	(上)256
配当時異議確認型	(下)397
配当表	(下)**356**, 416
——に対する異議	(下)**377**, 418
——の記載事項	(下)357
——の記載方法	(下)357
——の更正	(下)**374**, 388, 418
配当要求	(下)10
配当率	(下)422, 424

914　事項索引

破産管財人・・・・・・・・(上)**24**, 510,(下)203, 599
　——に知れていない財団債権者
　　・・・・・・・・・・・・・・・・・・・・・・・・・・・・・・・・(下)392
　——に対する監督・・・・・・・・・・・・・(上)540
　——に対する報告命令・・・・・・・・・(上)903
　——による郵便物等の開披・・・・・(上)585
　——の解任・・・・・・・・・・・・・(上)544, 616
　——の管理処分権・・・・・・・・・・・・・(上)556
　——の権限・・・・・・・・・・・・・・・・・・・(下)599
　——の債権者集会に対する報告義務
　　・・・・・・・・・・・・・・・・・・・・・・・・・・・・・・・・(下)86
　——の実体法上の地位・・・・・・・・・(上)514
　——の辞任・・・・・・・・・・・・・(上)538, 616
　——の死亡・・・・・・・・・・・・・・・・・・・(上)616
　——の社会的責任・・・・・・・・・・・・・(上)523
　——の償還請求権・・・・・・・・・・・・・(下)138
　——の情報提供努力義務・・・・・・(上)**606**, 608
　——の職責・・・・・・・・・・・・・・・・・・・(上)523
　——の職務の公益性・・・・・・・・・・(上)**523**
　——の善管注意義務
　　・・・・・・・・(上)558, **596**,(下)6, 47, 55, 59
　——の選任・・・・・・・・・(上)**532**, 533, 535
　——の損害賠償責任・・・・・・・・・・・(上)604
　——の第三者性・・・・・・・・・(上)**514**, 516
　——の注意義務・・・・・・・・・・・・・・(上)595
　——の任務終了・・・・・・・・・(上)613, 622
　——の被選任資格・・・・・・・・・・・・・(上)534
　——の不法行為・・・・・・・・・・・・・・・(下)33
　——の報告・・・・・・・・・・・・・・・・・・・(上)542
　——の報酬・・・・・・・・・・・・・(上)609,(下)19
　——の報酬の決定・・・・・・・・・・・・・(上)612
　——の法的地位・・・・・(上)**510**,(下)12
　数人の——・・・・・・・・・・・・・(上)545, 549
破産管財人選任証明書・・・・・・・・・・・(上)536
破産管財人代理・・・・・・・(上)549, 606, 613
破産管財人補佐・・・・・・・・・・・・・・・・・(上)552
破産規則・・・・・・・・・・・・・・・・・・・・・・・・(上)81
破産債権・・・・・・・・(上)**15**, 371, 654,(下)170
　——に関する訴訟・・・・・・(上)**821**,(下)456

　——の確定に関する訴訟
　　・・・・・・・・・・・・・・・・・(上)816, 828, 833, 842
　——の金銭化・・・・・・・・・・・・・・・・・(上)684
　——の現在化・・・・・・・・・・・・・・・・・(上)685
　——の差押え・・・・・・・・・・・・・・・・・(上)726
　——の除斥・・・・・・・・・・・・・・・・・・・(下)368
　——の調査・・・・・・・・(上)224, 602, 756
　——の届出・・・・・・・・・・・・・・・・・・(上)**725**
　——の届出期間・・・・・・・・・・・・・・・(上)223
　——の配当・・・・・・・・・・・・・・・・・・・(上)602
　除斥された——・・・・・・・・・・・・・・(下)426
破産債権査定異議の訴え・・・・・・・・・(上)816
破産債権査定決定・・・・・・・・・・・・・・(上)**807**
破産債権査定申立て・・・・・・・・・・・・・(上)808
破産債権者・・・・・・・・・・・・・・・・・・・・・・(上)18
　——の意見聴取・・・・・・・・・・・・・・・(下)471
　——の議決権・・・・・・・・・・・・・・・・・(上)888
　——を害する処分・・・・・・・・・・・・・(下)117
外国で弁済を受けた——・・・・・・・・(下)385
給与の請求権等の弁済の許可により弁
　済を受けている——・・・・・・・・・・(下)385
最後配当の手続に参加することができ
　る——・・・・・・・・・・・・・・・・・・・・・・(下)358
少額の配当を受ける——・・・・・・・・(下)386
破産債権者表・・・・・・・・・・・・・(上)841, 857
　——の記載・・・・・・・・・・・・・・・・・・・(下)346
破産財団・・・・・・・・・・・・(上)**24**, **255**, **310**
　——からの放棄
　　・・・・・・・・・(上)442, 529, 565, 602,(下)259
　——に関する訴訟
　　・・・・・・・・・・・・・・・・・・(上)309, 574,(下)456
　——に属する権利の登記・・・・・・・(下)727
　——の管理換価・・・・・・・・・・・・・・・(上)598
　——の範囲・・・・・・・・・・・・・(上)254,(下)583
　——の不足・・・・・・・・・・・・・・・・・・・(下)7, 57
破産裁判所・・・・・・・・・・・(上)14,(下)208, 213
破産式確定・・・・・・・・・・・・・・・・・・・・・(上)797
破産者・・・・・・・・・・・・・・・・・・・・・・・・・(上)14
　——が悪意で加えた不法行為に基づく
　損害賠償請求権・・・・・・・・・・・・・・(下)694

事項索引　915

──が故意又は重大な過失により加えた人の生命又は身体を害する不法行為に基づく損害賠償請求権……………(下)694
──が知りながら債権者名簿に記載しなかった請求権……………………(下)696
──に関する登記…………………………(下)726
──の異議…………………(上)**772**,**790**
──の行為………………(下)122, 141, 155
──の行為性……………………………(下)95
──の重要財産開示義務……………(下)678
──の説明義務…………………………(下)678
──の調査協力義務……………(下)660, 679
──の不作為……………………………(下)108
破産障害事由………………………………(上)201
破産手続………………………………………(上)13
──参加の費用の請求権……………(上)665
──と会社更生手続との競合………(上)205
──と特別清算との競合……………(上)207
──と民事再生手続との競合………(上)204
──に関する商業・法人登記の嘱託
　………………………………………(下)718
──の終結………………………………(下)444
──の終了……(上)615,(下)179, 210, 216
──の終了等の登記……………………(下)721
──の中止………………………………(下)759
──の廃止………………………………(下)444
──への移行手続………………………(下)762
破産手続開始原因………(上)**94**,**98**,**101**,**198**
破産手続開始後の登記の効力……(上)336
破産手続開始後の登録の効力……(上)336
破産手続開始後の破産者に対する弁済の効力……………………………………(上)341
破産手続開始後の破産者の法律行為によらない権利取得の効力……………(上)332
破産手続開始後の法律行為の効力
　…………………………………………(上)329
破産手続開始の決定……………(上)**197**, 211
──時の公告……………………………(上)231
──時の通知……………………………(上)232
──の効力………………………………(上)215

──の効力発生時………………………(上)212
──の取消し………………………(上)250,(下)450
破産手続開始の原因………………(上)**101**,**198**
──となる事実……………………………(上)94
破産手続開始の公告……………(上)229, 345
破産手続開始の登記……………………(下)720
破産手続開始の申立て…………………(上)**103**
──の審理………………………………(上)210
──の制限条項…………………………(上)209
──の取下げ……………………………(上)191
──の方式………………………………(上)122
法人の──………………………………(上)120
破産手続開始の申立書…………………(上)126
──の却下命令…………………………(上)142
──の訓示的記載事項…………………(上)129
──の審査………………………………(上)137
──の必要的記載事項…………………(上)126
──の添付書類…………………………(上)135
破産手続開始の要件……………………(上)197
破産手続終結………………………………(下)448
──決定の効果…………………………(下)487
──決定の要件…………………………(下)486
破産手続終了後の否認の効力…………(下)162
破産能力……………………………………(上)199
破産申立権制限契約………………(上)108, 110
罰金…………………………………(上)309, 665
罰金等の請求権
　………(上)657, 749, **856**,(下)123, 139, 696
反対給付……………………(下)167, 169, 190

【ひ】

PCB含有廃棄物………………………(上)528
非義務偏頗行為……………………(下)134, 670
引渡命令………………………………………(下)76
非金銭債権………………………………(上)682
非金銭債務………………………………(上)101
必要的共犯の理論………………………(下)798
非典型担保…………………………(上)424,(下)126
否認…………………………………………(下)90, 595
──の一般的要件………………………(下)95

——の訴え (下)204
——の効果 (下)121, 150
——の請求 (上)564, (下)206
——の請求を認容する決定に対する異議の訴え (下)211
——の訴訟 (下)209
——の登記 (下)714, 743, 745
——の登記の抹消 (下)748
——の登記の抹消の嘱託 (下)751
——の不可分性 (下)163
——の類型 (下)90
権利変動の対抗要件の—— (下)140
対価的均衡を欠く代物弁済の—— (下)105, 106
特定の債権者に対する担保の供与等の—— (下)121
否認権 (下)88, 203
——のための保全処分 (下)738
否認権の行使 (下)202, 204
——主体 (下)203
——の期間 (下)216
——の効果 (下)91, 157, 159, 162, 182, 188
否認訴訟の判決の効力 (下)179
被保全権利 (下)195
非免責債権 (下)632, **694**
——と強制執行 (下)691
費用 (上)610
——の仮支弁 (上)149
——の予納 (上)142

【ふ】

ファイナンス・リース(契約) (上)365, 460, (下)127, 265, 275
不安の抗弁権 (上)352
封印 (下)71
不確定期限付債権 (上)666
不可分債務 (上)690
不作為義務 (上)655

不真正連帯債務(全部義務者の手続参加) (上)690
不足額責任主義 (上)**710**, (下)349, 361, 371, 420
不代替的作為義務 (上)655
負担付遺贈 (下)38
復権 (下)633, 704
——の効果 (下)707
——の申立て (下)710
物件検査権 (上)588, 589
物権説 (下)203
物権的効果説 (下)157
物上代位 (上)450
物上保証 (下)110, 166
不動産譲渡担保 (上)453
不動産の放棄 (上)531
不当性 (下)98
不当利得 (下)35
——返還請求 (下)342, 436
不法原因給付 (上)**521**
不利益供述の強要禁止 (下)812
フルペイアウト方式 (上)460
分掌執行(複数の破産管財人による) (上)547
文書等の閲覧 (上)**65**
文書等の謄写 (上)**68**

【へ】

並行倒産 (上)30, (下)608
別除権 (上)**20**, 435
——付債権の除斥 (下)371
——の目的財産の受戻し (上)566
——の目的たる財産の評価 (下)69
——の目的である財産の提示 (下)68
——の目的物の受戻し (上)441
別除権放棄 (上)439
別除権者 (上)21
弁済 (下)123
弁済禁止保全処分 (上)188
返済猶予の要請 (上)97

事項索引　917

偏頗行為否認⋯⋯⋯⋯⋯⋯⋯（下）90, 122, 175

【ほ】

包括遺贈⋯⋯⋯⋯⋯⋯⋯⋯⋯⋯⋯⋯（下）562
包括的禁止命令⋯⋯⋯⋯（上）166, 173,（下）32
　──の解除⋯⋯⋯⋯⋯⋯⋯⋯⋯⋯（上）176
報告書⋯⋯⋯⋯⋯⋯⋯⋯⋯⋯⋯⋯⋯（下）82
　──の要旨⋯⋯⋯⋯⋯⋯⋯⋯⋯⋯（下）85
法人格なき社団又は財団⋯⋯⋯⋯⋯（上）201
法人の機関⋯⋯⋯⋯⋯⋯⋯⋯⋯⋯⋯（上）269
法人の存続の擬制⋯⋯⋯⋯⋯⋯⋯⋯（上）268
法人の被選任資格⋯⋯⋯⋯⋯⋯⋯⋯（上）534
法人役員の責任追及⋯⋯⋯⋯（下）218, 601
膨張主義⋯⋯⋯⋯⋯⋯⋯⋯⋯⋯⋯（上）258
法定財団⋯⋯⋯⋯⋯⋯⋯（上）255, 570, 575
「方法が義務に属しない」⋯⋯⋯⋯（下）795
他の債権者を害する目的⋯⋯⋯⋯⋯（下）796
他の手続の失効⋯⋯⋯⋯⋯⋯⋯⋯⋯（上）291
他の手続の中止命令⋯⋯⋯⋯⋯⋯⋯（上）153
他の破産債権者を害する事実⋯⋯⋯（下）135
保険金請求権⋯⋯⋯⋯⋯⋯⋯（上）261, 369
保険契約⋯⋯⋯⋯⋯⋯⋯⋯⋯⋯⋯（上）**367**
保険契約者の破産⋯⋯⋯⋯⋯⋯⋯（上）**367**
保険者の破産⋯⋯⋯⋯⋯⋯⋯⋯⋯（上）370
補充的土地管轄⋯⋯⋯⋯⋯（上）35,（下）506
保証⋯⋯⋯⋯⋯⋯⋯⋯⋯⋯（上）690,（下）166
保証債務⋯⋯⋯⋯⋯⋯⋯⋯⋯⋯⋯（下）177
保証料⋯⋯⋯⋯⋯⋯⋯⋯⋯⋯（下）112, 166
補助参加⋯⋯⋯⋯⋯（上）811, 817,（下）189
補正処分⋯⋯⋯⋯⋯⋯⋯⋯⋯⋯⋯（上）139
保全管理人
　⋯⋯⋯⋯⋯（上）**24**, 510, 627,（下）38, 194, 601
　──の権限⋯⋯⋯⋯⋯⋯⋯⋯⋯（上）636
　──の任務終了⋯⋯⋯⋯⋯⋯⋯（上）640
保全管理人代理⋯⋯⋯⋯⋯⋯⋯⋯（上）642
保全管理人補佐⋯⋯⋯⋯⋯⋯⋯⋯（上）644
保全管理命令⋯⋯⋯⋯⋯（上）24, 627,（下）602
　──に関する公告⋯⋯⋯⋯⋯⋯（上）634
　──に関する送達⋯⋯⋯⋯⋯⋯（上）634
　──の登記⋯⋯⋯⋯⋯⋯⋯⋯⋯（下）720

牽連破産型の──⋯⋯⋯⋯⋯⋯⋯（上）629
保全処分
　⋯⋯⋯⋯⋯⋯（上）**155, 167, 182**,（下）206, **220**
　──についての登記の嘱託⋯⋯（下）736
　──の失効⋯⋯⋯⋯⋯⋯⋯⋯⋯（下）200
　──の続行⋯⋯⋯⋯⋯⋯⋯⋯⋯（下）199
　──の変更や取消し⋯⋯⋯⋯⋯（下）196
　債務者の財産に関する──⋯⋯（上）181
　第三者を名宛人とする──⋯⋯（上）185
　特殊な──⋯⋯⋯⋯⋯⋯⋯⋯⋯（下）193
保全処分違反⋯⋯⋯⋯⋯⋯⋯⋯⋯（下）742
保全の必要性⋯⋯⋯⋯⋯⋯⋯⋯⋯（下）195
ホッチポット・ルール⋯⋯（上）**715**,（下）618
本旨弁済⋯⋯⋯⋯⋯⋯⋯⋯⋯⋯⋯（下）118
本来的財団債権⋯⋯⋯⋯⋯⋯⋯⋯⋯（下）3

【ま】

前払金返還請求権⋯⋯⋯⋯⋯（上）360, 375
孫会社（管轄）⋯⋯⋯⋯⋯⋯⋯⋯（上）37

【み】

みなし確定不足額⋯⋯⋯⋯⋯⋯⋯（下）362
みなし申立て⋯⋯⋯⋯⋯⋯⋯⋯⋯（下）642
未払賃金立替払制度⋯⋯⋯（上）676,（下）47
身分犯⋯⋯⋯⋯⋯⋯⋯⋯⋯⋯⋯⋯（下）793
民事再生法⋯⋯⋯⋯⋯⋯⋯⋯⋯⋯⋯（上）8
民事保全法⋯⋯⋯⋯⋯⋯⋯⋯（下）195, 201
民事留置権⋯⋯⋯⋯⋯⋯⋯⋯⋯⋯（上）468

【む】

無委託保証人の事後求償権（相殺禁止）
　⋯⋯⋯⋯⋯⋯⋯⋯⋯⋯⋯⋯⋯⋯（上）501
無委託保証人の事後求償権（破産債権性）
　⋯⋯⋯⋯⋯⋯⋯⋯⋯⋯⋯⋯⋯⋯（上）18
無償行為⋯⋯⋯⋯⋯⋯⋯⋯⋯（下）108, 187
　──否認⋯⋯⋯⋯⋯⋯⋯⋯（下）90, 107
無償否認⋯⋯⋯⋯⋯⋯⋯⋯（下）92, 156, 165

【め】

免除⋯⋯⋯⋯⋯⋯⋯⋯⋯⋯⋯⋯⋯（下）126

免責··(下)624
　　――許可決定確定後の強制執行
　　　··(下)453
　　――許可決定確定後の執行文付与
　　　··(下)454
　　――と相殺···(下)692
　　――の効果···(下)631, **688**
　　――の効力···(下)**690**
　　――の取消し··(下)632
　　――取消しの申立てについての裁判
　　　··(下)702
　　――の法的性質··(下)688
免責許可の申立て··································(下)629, **637**
　　――についての裁判に対する即時抗告
　　　··(下)685
免責制度···(下)624, 625
　　――の合憲性··(下)628
　　――の理念··(下)626
免責手続···(上)48
免責取消事由··(下)**700**
免責取消しの効力···(下)702
免責取消手続···(下)**701**
免責不許可事由············(上)286, 291, (下)**666**

【も】

申立権(破産手続開始)··································(上)103
申立権者(破産手続開始)······························(上)121
申立債権(破産手続開始)······························(上)104
申立代理人(破産手続開始)··························(上)110
　　――の地位と責務···(上)112
　　――の報酬··(上)119
黙秘権··(下)816

【や】

役員···(下)41
　　――に対する損害賠償請求権·····················(下)737
　　――の財産に対する保全処分·····················(下)219
役員責任査定決定··(下)230
　　――に対する異議の訴え······················(下)215, 233
　　――の効力··(下)237

　　――の手続···(下)227
約定劣後破産債権
　　··························(上)663, 762, 889, (下)350, 590
ヤミ金業者···(下)837

【ゆ】

有害性(否認の要件)···················(下)95, 124, 125
優先的破産債権·····················(上)731, 761, (下)348
有名義債権者(破産債権の確定)·············(上)**833**

【よ】

養育費··(上)261, 311
養育費請求権···(上)18
預託金制ゴルフ会員権····································(下)142
予定不足額···(上)734, 762
予納金··(上)144
予備的届出······································(上)734, (下)177

【ら】

ライセンサー破産··(上)389
ライセンシー破産··(上)390
ライセンス契約·····································(上)381, 389
濫用的会社分割···(下)92, 94

【り】

リース契約···(上)**364**
利益相反··(下)600
利害関係(破産管財人の選任要件)
　　··(上)534
利害関係人····································(上)8, (下)193
履行拒絶権···(上)348
履行選択··(上)352
離婚訴訟中の破産··(上)311
利子税··(上)656, 665
利息··(上)664
留置権··(上)463

【る】

類似必要的共同訴訟(破産債権の確定)
　　···(上)816, 819

【れ】

劣後的破産債権
　　………………（上）663, 762, 888,（下）349
連帯債務……………………………………（上）690
連帯保証……………………………………（上）690

【ろ】

労働組合……………………………………（上）872

労働債権……………………………………（下）**40**
労働債権者…………………………………（上）606
労働者健康福祉機構…………（上）676,（下）47
労働者の破産………………………………（上）363

【わ】

賄略…………………………………………（下）830

判 例 索 引

〔明治34年〕
大判明34.12. 7（民録 7 輯16頁）………（上）519

〔明治37年〕
大判明37. 3 .12（民録10輯309頁）………（上）672
大判明37.12. 9（民録10輯1578頁）
　………………………………………（上）137, 194

〔明治38年〕
大判明38.11.30（民録11輯1730頁）……（上）391

〔明治43年〕
大判明43. 3 .25（刑録16輯470頁）………（下）819
大判明43.11.15（刑録16輯1929頁）……（下）790
大連判明43.11.26（民録16輯764頁）
　………………………………………………（上）805
大判明43.12.19（刑録16輯2249頁）……（下）830

〔大正 3 年〕
大決大 3 . 3 .31（民録20輯256頁）………（上）107
大決大 3 . 7 . 7（民録20輯647頁）………（上）107

〔大正 5 年〕
大判大 5 .11. 8（民録22輯2078頁）……（下）530
大判大 5 .11.21（民録22輯2250頁）……（上）522

〔大正 7 年〕
大判大 7 . 4 .20（民録24輯751頁）………（下）474

〔大正10年〕
大判大10. 5 .17（民録27輯929頁）………（上）519

〔大正11年〕
大判大11. 7 .17（民集 1 巻460頁）
　……………………………………（下）341, 488

〔大正13年〕
大決大13. 8 .22（新聞2308号16頁）……（上）55

〔大正15年〕
大決大15. 5 . 1（民集 5 巻358頁）………（上）246
東京区決大15. 4 .29（新聞2545号 5 頁）
　………………………………………………（上）106
大判大15. 6 .29（民集 5 巻602頁）………（上）340
大決大15.12.23（民集 5 巻894頁）………（上）241

〔昭和 3 年〕
大判昭 3 . 5 .11（民集 7 巻337頁）………（上）320
大決昭 3 .10. 2（民集 7 巻769頁）………（上）208
大決昭 3 .10.13（民集 7 巻787頁）
　………………………………………（上）105, 247
大判昭 3 .10.19（民集 7 巻801頁）………（上）512

〔昭和 4 年〕
大判昭 4 . 5 .15（新聞3023号 9 頁）……（下）188
大判昭 4 .10.23（民集 8 巻787頁）………（上）320
大判昭 4 .12. 4（刑集 8 巻609頁）………（下）830

〔昭和 6 年〕
大判昭 6 . 5 .21（新聞3277号15頁）……（上）332
大判昭 6 . 9 .16（民集10巻818頁）
　……………………………………（下）146, 148

〔昭和 7 年〕
大判昭 7 . 3 .25（民集11巻499頁）………（下）144
大判昭 7 .11.15（民集11巻2105頁）……（上）388
大判昭 7 .12.23（法学 2 巻845頁）………（下）114

〔昭和 8 年〕
大判昭 8 . 4 .15（民集12巻637頁）………（下）114
大判昭 8 . 7 .22（新聞3591号14頁）
　……………………………………（上）414, 516
大判昭 8 . 7 .24（民集12巻2264頁）……（上）244

大決昭 8.7.31(大審院裁判例 7 巻民事199
　頁)……………………………………(下)464
大判昭 8.11.30(民集12巻2781頁)……(上)516
大判昭 8.12.19(民集12巻2882頁)……(上)518

〔昭和 9 年〕
大判昭 9.4.26(新聞3702号 9 頁)……(下)114
大決昭 9.9.25(民集13巻1725頁)……(上)105

〔昭和10年〕
大判昭10.8.8(民集14巻1695頁)
　……………………………………(下)109, 122

〔昭和11年〕
大判昭11.4.24(民集15巻652頁)……(上)552
大判昭11.5.7(刑集15巻573頁)………(下)826
大判昭11.7.11(民集15巻1367頁)……(上)322
大判昭11.7.31(民集15巻1547頁)……(下)179
大判昭11.10.16(民集15巻1825頁)
　……………………………………(上)728, 830

〔昭和12年〕
大判昭12.1.16(新聞4100号13頁)……(上)520
大判昭12.7.9(民集16巻1145頁)……(上)323
大決昭12.10.23(民集16巻1544頁)……(上)200

〔昭和13年〕
大判昭13.3.29(民集17巻523頁)
　……………………………………(上)245, 252

〔昭和14年〕
大判昭14.3.29(民集18巻287頁)………(下)176
大判昭14.4.20(民集18巻495頁)……(上)311
大判昭14.5.16(民集18巻557頁)……(上)105
大判昭14.6.3(民集18巻606頁)…………(下)95
大決昭14.9.5(新聞4481号 7 頁)……(上)107
東京地判昭14.10.27(新聞4492号 7 頁)
　…………………………………………(上)827

〔昭和15年〕
大判昭15.3.9(民集19巻373頁)………(下)183
大判昭15.9.28(民集19巻1897頁)……(下)144

〔昭和16年〕
大判昭16.12.27(民集20巻1510頁)……(上)806

〔昭和17年〕
大判昭17.4.22(新聞4777号11頁)……(下)102

〔昭和23年〕
東京高判昭23.3.26(高民 1 巻 1 号78頁)
　…………………………………………(下)530

〔昭和27年〕
東京高判昭27.7.3(高刑 5 巻 7 号1134頁)
　…………………………………………(下)826

〔昭和28年〕
東京高決昭28.5.16(高民 6 巻 3 号224頁)
　……………………………………………(上)78
東京高決昭28.11.4(高民時報 4 巻 6 号178
　頁)………………………………………(上)109

〔昭和29年〕
名古屋地判昭29.4.13(下民 5 巻 4 号491
　頁)………………………………………(上)603

〔昭和30年〕
浦和地判昭30.2.26(下民 6 巻 2 号358頁)
　……………………………………(下)108, 154
東京高決昭30.12.26(金法96号 3 頁)
　…………………………………………(上)299

〔昭和31年〕
浦和地判昭31.1.25(下民 7 巻 1 号96頁)
　…………………………………………(上)671
最判昭31.2.7(民集10巻 2 号27頁)
　…………………………………………(上)419

福岡高判昭31.3.19（判時80号18頁）
　……………………………………（上）322
札幌高判昭31.6.27（下民7巻6号1645頁）
　……………………………………（上）190
東京高判昭31.7.18（金法113号3頁）
　……………………………………（上）384
東京高判昭31.10.12（判タ62号108頁）
　………………………………（下）152, 154

〔昭和32年〕
大阪高判昭32.6.19（下民8巻6号1136頁）
　……………………………………（上）340
福岡高判昭32.11.26（下民8巻11号2191頁）
　………………………………（下）154, 160
大阪地判昭32.12.6（金法179号5頁）
　……………………………………（上）311

〔昭和33年〕
最判昭33.6.14（民集12巻9号1449頁）
　……………………………………（上）519
東京高決昭33.7.5（金法182号3頁）
　………………………………（上）22,（下）509
東京地判昭33.8.21（新聞113号8頁）
　……………………………………（下）146
最決昭33.9.30（刑集12巻13号3180頁）
　……………………………………（下）830

〔昭和34年〕
東京地判昭34.4.6（判時187号29頁）
　……………………………………（上）501

〔昭和35年〕
最判昭35.4.26（民集14巻6号1046頁）
　………………………………（下）101, 667
大阪高決昭35.5.19（下民11巻5号1129頁）
　……………………………………（上）55
最判昭35.6.24（刑集14巻8号1103頁）
　……………………………………（下）787
東京高決昭35.7.16（下民11巻7号1504頁）
　……………………………………（上）106

東京高決昭35.9.19（下民11巻9号1928頁）
　……………………………………（上）236
最判昭35.12.27（民集14巻14号3253頁）
　………………………………（上）47, 137, 194

〔昭和36年〕
東京高判昭36.3.30（高民時報12巻3号56頁）
　……………………………………（下）108
東京高判昭36.6.30（金法282号7頁）
　……………………………………（上）96
最判昭36.7.19（民集15巻7号1875頁）
　……………………………………（下）163
松山地判昭36.8.23（判時277号28頁）
　……………………………………（上）303
最判昭36.10.13（民集15巻9号2409頁）
　……………………………………（上）332
最決昭36.12.13（民集15巻11号2803頁）
　………………………………（上）11,（下）627, 628

〔昭和37年〕
最判昭37.3.23（民集16巻3号607頁）
　……………………………………（上）189
東京高判昭37.3.28（金法305号16頁）
　……………………………………（下）738
最判昭37.5.2（刑集16巻5号495頁）
　……………………………………（下）816
最判昭37.10.12（集民62号847頁）……（下）102
最判昭37.11.20（民集16巻11号2293頁）
　……………………………………（下）137
最判昭37.12.6（民集16巻12号2313頁）
　………………………………（下）95, 102
最判昭37.12.13（判タ140号124頁）……（下）518

〔昭和38年〕
福岡高判昭38.7.15（下刑7・8号653頁）
　……………………………………（下）840
最判昭38.7.30（集民67巻175頁）……（上）516

判例索引　923

〔昭和39年〕
東京高判昭39.1.23(金法369号3頁)
　　　　　　　　　　　　　(上)599, 605
大阪高判昭39.2.24(判時379号34頁)
　　　　　　　　　　　　　　　(下)161
最判昭39.3.6 (民集18巻3号437頁)
　　　　　　　　　　　(上)516, (下)530
最判昭39.3.24(判時370号30頁)……(上)146
最判昭39.6.19(民集18巻5号795頁)
　　　　　　　　　　　　　　　(上)388
最判昭39.6.26(民集18巻5号887頁)
　　　　　　　　　　　　(下)97, 125

〔昭和40年〕
最判昭40.3.9 (民集19巻2号352頁)
　　　　　　　　　　(下)96, 123, 141, 148
東京高判昭40.3.29(高刑18巻2号126頁)
　　　　　　　　　　　　　　　(下)819
最判昭40.4.2 (民集19巻3号539頁)
　　　　　　　　　　　　　　　(上)805
最判昭40.4.6 (集民78号523頁)……(下)163
最判昭40.4.22(民集19巻3号689頁)
　　　　　　　　　　　　　　　(下)159
最判昭40.7.8 (金法421号6頁)……(下)100
最判昭40.11.2(民集19巻8号1927頁)
　　　　　　　　　　　　　　　(上)503

〔昭和41年〕
最判昭41.3.22(民集20巻3号484頁)
　　　　　　　　　　　　　　　(下)161
最判昭41.4.8 (民集20巻4号529頁)
　　　　　　　　　　　　　　　(下)96
最判昭41.4.14(民集20巻4号584頁)
　　　　　　　　　　　　(上)733, 835
最判昭41.4.14(民集20巻4号611頁)
　　　　　　　　　　　　(下)97, 125
最判昭41.4.28(民集20巻4号900頁)
　　　　　　　　　　　　(上)424, 452
最判昭41.5.27(民集20巻5号1004頁)
　　　　　　　　　　　　　　　(下)97

横浜地判昭41.6.10(民集23巻12号2439頁)
　　　　　　　　　　　　　　　(上)236
札幌地判昭41.7.20(下刑8巻7号1021頁)
　　　　　　　　　　　　　　　(下)798
東京高判昭41.8.18(金法454号6頁)
　　　　　　　　　　　　　　　(上)344

〔昭和42年〕
大阪地判昭42.2.24(判時486号81頁)
　　　　　　　　　　　　　　　(下)795
東京地判昭42.3.16(金法476号42頁)
　　　　　　　　　　　　　　　(上)503
最判昭42.5.23(民集21巻4号928頁)
　　　　　　　　　　　　　　　(上)726
最判昭42.6.22(判時495号51頁)……(下)164
最判昭42.6.29(判時494号41頁)……(上)378
最判昭42.8.25(判時503号33頁)
　　　　　　　　　　　　(上)340, 415
最判昭42.11.1 (民集21巻9号2249頁)
　　　　　　　　　　　　　　　(上)264
最判昭42.11.9 (民集21巻9号2323頁)
　　　　　　　　　　　　　　　(下)98

〔昭和43年〕
最判昭43.2.2 (民集22巻2号85頁)
　　　　　　　　　　　　　　　(下)98
最判昭43.3.15(民集22巻3号625頁)
　……(上)243, 271, 318, 395, 443, (下)261,
　452, 473, 489
最判昭43.6.13(民集22巻6号1149頁)
　　　　　　　　(上)18, 604, 670, (下)33
最判昭43.7.11(民集22巻7号1462頁)
　　　　　　　　　　　　　　　(上)420
最判昭43.10.8 (民集22巻10号2093頁)
　　　　　　　　　　　　　　　(下)22
最判昭43.11.15(判時538号49頁)……(下)106
最判昭43.11.15(民集22巻12号2629頁)
　　　　　　　　　　　　(下)96, 143
最判昭43.12.12(民集22巻13号2943頁)
　　　　　　　　　　　(上)421, (下)35

最判昭43.12.24(刑集22巻13号1625頁)
　　　‥‥‥‥‥‥‥‥‥‥‥‥‥‥(下)786, 798
最判昭43.12.25(民集22巻13号3511頁)
　　　‥‥‥‥‥‥‥‥‥‥‥‥‥‥‥‥(上)518

〔昭和44年〕
最判昭44.1.16(民集23巻1号1頁)
　　　‥‥‥‥‥‥‥‥‥‥‥‥‥‥‥‥(下)137
最判昭44.1.16(民集23巻1号18頁)
　　　‥‥‥‥‥‥‥‥‥‥‥‥‥‥‥‥(上)439
最判昭44.1.30(判時548号69頁)‥‥‥(上)272
最判昭44.3.4(民集23巻3号561頁)
　　　‥‥‥‥‥‥‥‥‥‥‥‥‥‥‥‥(上)396
最判昭44.3.27(民集23巻3号601頁)
　　　‥‥‥‥‥‥‥‥‥‥‥‥‥‥‥‥(上)419
東京高判昭44.4.1(金法552号27頁)
　　　‥‥‥‥‥‥‥‥‥‥‥‥‥(上)236, 340
高松高決昭44.6.3(判タ238号141頁)
　　　‥‥‥‥‥‥‥‥‥‥‥‥‥‥‥‥(上)55
最判昭44.9.2(民集23巻9号1641頁)
　　　‥‥‥‥‥‥‥‥‥(上)259, 363, (下)495
最決昭44.10.16(刑集23巻10号1359頁)
　　　‥‥‥‥‥‥‥‥‥‥‥‥‥‥‥‥(下)834
最決昭44.10.31(刑集23巻10号1465頁)
　　　‥‥‥‥‥‥‥(下)769, 772, 780, 787, 789
東京高決昭44.11.28(判タ243号204頁)
　　　‥‥‥‥‥‥‥‥‥‥‥‥‥‥‥‥(下)736
最判昭44.12.19(民集23巻12号2518頁)
　　　‥‥‥‥‥‥‥‥‥‥‥‥‥‥‥‥(下)98

〔昭和45年〕
最判昭45.1.29(民集24巻1号74頁)
　　　‥‥‥‥‥‥‥‥‥‥‥‥‥(上)293, 304
名古屋高決昭45.2.13(判時606号44頁)
　　　‥‥‥‥‥‥‥‥‥‥‥‥‥‥‥‥(上)817
最判昭45.2.27(金法579号28頁)‥‥‥(上)367
東京高決昭45.2.27(判タ246号210頁)
　　　‥‥‥‥‥‥‥‥‥‥‥‥‥‥‥‥(下)668
最決昭45.6.24(民集24巻6号610頁)
　　　‥‥‥‥(上)48, 50, 210, 214, 246, (下)629

最判昭45.7.1(刑集24巻7号399頁)
　　　‥‥‥‥‥‥‥‥(下)668, 784, 788, 795
最判昭45.7.16(民集24巻7号879頁)
　　　‥‥‥‥‥‥‥‥‥‥‥‥‥‥‥‥(上)305
最判昭45.8.20(民集24巻9号1339頁)
　　　‥‥‥‥‥‥‥‥‥‥‥‥‥‥‥‥(下)148
東京高決昭45.9.9(判時611号39頁)
　　　‥‥‥‥‥‥‥‥‥‥‥‥‥‥‥‥(上)40
最判昭45.9.10(民集24巻10号1389頁)
　　　‥‥‥‥‥‥‥‥‥‥‥‥(上)47, 137, 194
最判昭45.10.30(民集24巻11号1667頁)
　　　‥‥‥‥‥‥(上)604, (下)19, 56, 462, 472
最判昭45.11.11(民集24巻12号1854頁)
　　　‥‥‥‥‥‥‥‥‥‥‥‥‥‥‥‥(上)370
最決昭45.12.16(民集24巻13号2099頁)
　　　‥‥‥‥‥‥‥‥‥‥‥‥‥‥‥‥(下)629

〔昭和46年〕
高松高決昭46.1.23(下民22巻1・2号49
　　　頁)‥‥‥‥‥‥‥‥‥‥‥‥‥‥(上)108
最判昭46.2.23(民集25巻1号151頁)
　　　‥‥‥‥‥‥‥‥‥‥‥‥‥‥‥‥(上)546
最判昭46.2.23(判時622号102頁)‥‥‥(上)520
広島高裁岡山支決昭46.4.26(判時635号
　　　116頁)‥‥‥‥‥‥‥‥‥‥‥‥‥(上)812
最判昭46.7.16(民集25巻5号779頁)
　　　‥‥‥‥‥‥‥‥‥‥‥(上)516, (下)97, 116
新潟地裁長岡支判昭46.11.15(判時681号
　　　72頁)‥‥‥‥‥‥‥‥‥‥‥‥‥(上)466
東京地決昭46.12.24(判時659号85頁)
　　　‥‥‥‥‥‥‥‥‥‥‥‥‥‥‥‥(下)93

〔昭和47年〕
福岡高判昭47.1.24(判時669号102頁)
　　　‥‥‥‥‥‥‥‥‥‥‥‥‥‥‥‥(下)782
福岡地判昭47.3.16(判時667号64頁)
　　　‥‥‥‥‥‥‥‥‥‥‥‥‥‥‥‥(下)204
最判昭47.6.15(民集26巻5号1036頁)
　　　‥‥‥‥‥‥‥‥‥‥‥‥‥‥‥‥(下)102

名古屋地判昭47.6.29（判時682号49頁）
　　　………………………………………（上）303
最判昭47.9.7（民集26巻7号1301頁）
　　　………………………………………（上）573
名古屋地判昭47.9.28（金判337号17頁）
　　　………………………………………（上）804
和歌山地判昭47.12.15（判時697号76頁）
　　　………………………………………（下）450
最判昭47.12.26（判時702号103頁）……（上）811

〔昭和48年〕
最判昭48.2.16（金法678号21頁）
　　　………………………………（上）517,（下）530
最判昭48.4.6（民集27巻3号483頁）
　　　………………………………………（下）146
最判昭48.4.24（民集27巻3号596頁）
　　　………………………………………（上）105
最決昭48.7.10（刑集27巻7号1205頁）
　　　………………………………………（上）592
最判昭48.10.30（民集27巻9号1289頁）
　　　………………………………………（下）37
最判昭48.11.22（民集27巻10号1435頁）
　　　………………………………………（下）178
大阪高判昭48.12.4（金法710号38頁）
　　　………………………………………（下）204
最判昭48.12.21（金法714号39頁）………（下）95

〔昭和49年〕
岡山地判昭49.2.8（刑月6巻2号145頁）
　　　………………………………………（下）785
大阪地判昭49.5.31（判時759号111頁）
　　　………………………………………（下）798
最判昭49.6.27（民集28巻5号641頁）
　　　………………………………………（下）745
東京地判昭49.9.30（判タ318号267頁）
　　　………………………………………（上）671
最判昭49.12.12（金法743号31頁）
　　　………………………………（上）323,（下）186

〔昭和50年〕
名古屋高決昭50.8.11（金判485号43頁）
　　　………………………………………（上）106
大阪高決昭50.10.8（判時810号40頁）
　　　………………………………（上）55, 244,（下）640
東京地判昭50.10.29（判時818号71頁）
　　　………………………………（上）325,（下）206
大阪高判昭50.12.18（判時814号122頁）
　　　………………………………（上）248, 736,（下）450, 710

〔昭和51年〕
名古屋高決昭51.5.17（判時837号51頁）
　　　………………………………………（下）481

〔昭和52年〕
最判昭52.2.17（民集31巻1号67頁）
　　　………………………………………（下）276, 319
神戸地判昭52.2.28（金法838号34頁）
　　　………………………………………（下）95
大阪高判昭52.5.30（判時873号107頁）
　　　………………………………………（下）769, 778
東京高判昭52.7.19（判時865号52頁）
　　　………………………………………（上）351
最判昭52.11.24（民集31巻6号943頁）
　　　………………………………………（下）692
最判昭52.12.6（民集31巻7号961頁）
　　　………………………………………（上）497, 498

〔昭和53年〕
大阪地判昭53.3.17（金判555号23頁）
　　　………………………………………（上）384
最判昭53.5.2（金法861号31頁）………（上）477
最判昭53.5.25（金法867号46頁）………（下）97
名古屋高判昭53.5.29（金法877号33頁）
　　　………………………………………（上）458
最判昭53.6.23（金法875号29頁）………（上）359
大阪高判昭53.12.21（金法918号33頁）
　　　………………………………………（上）566

〔昭和54年〕
最判昭54.1.25(民集33巻1号1頁)
....(上)334
最判昭54.2.15(民集33巻1号51頁)
....(上)454
最判昭54.7.10(民集33巻5号562頁)
....(下)174
大阪高判昭54.11.29(判タ408号120頁)
....(下)204

〔昭和55年〕
東京地判昭55.2.4(判タ416号157頁)
....(上)447
最判昭55.7.11(民集34巻4号628頁)
....(上)423, 579
名古屋地判昭55.12.12(判タ440号139頁)
....(下)689

〔昭和56年〕
大阪地判昭56.2.12(判タ452号140頁)
....(上)482
最判昭56.2.17(金法967号36頁)
....(上)358, 359
東京高決昭56.5.6(金法979号54頁)
....(上)299
大阪高判昭56.6.23(金法986号58頁)
....(上)478
大阪高判昭56.6.25(判時1031号165頁)
....(上)830
東京高決昭56.9.7(金法996号46頁)
....(上)100
最判昭56.10.26(民集35巻7号1224頁)
....(上)29
東京地判昭56.11.16(金法993号41頁)
....(上)458
最判昭56.12.22(金法1005号48頁)
....(上)350, 459

〔昭和57年〕
最判昭57.1.22(民集36巻1号92頁)
....(上)452, (下)265
最判昭57.1.29(民集36巻1号105頁)
....(上)726, 811
東京高決昭57.3.18(判タ471号218頁)
....(上)812
最判昭57.3.30(民集36巻3号484頁)
....(上)189, 355
最判昭57.3.30(金法1011号46頁)........(下)95
東京高判昭57.7.15(金法1046号44頁)
....(上)456
東京地判昭57.9.28(ジュリ799号6頁)
....(下)86
最判昭57.10.7(判時1061号118頁).....(下)43
東京高判昭57.11.30(判時1063号184頁)
..................................(上)110, 209(下)582
名古屋高判昭57.12.22(判時1073号91頁)
....(上)501

〔昭和58年〕
最決昭58.3.11(刑集37巻2号54頁)
....(下)845, 846
最判昭58.3.22(金法1050号41頁)
......................(上)257, 336, 516(下)530
最決昭58.5.24(刑集37巻4号437頁)
....(下)804
名古屋高判昭58.7.13(金法1063号39頁)
....(下)707
東京高判昭58.9.27(金法1053号44頁)
....(下)102
最判昭58.10.6(民集37巻8号1041頁)
....(上)264, 312, 578
大阪高決昭58.11.2(金法1072号35頁)
....(上)325, (下)203
大阪高決昭58.11.9(判タ524号230頁)
....(上)110
最判昭58.11.25(民集37巻9号1430頁)
....(下)90

最判昭58.12.19（民集37巻10号1532頁）
　………………………（上）421, 422,（下）163

〔昭和59年〕
大阪高決昭59. 1 .23（判タ523号164頁）
　…………………………………………（下）672
最判昭59. 2 . 2（民集38巻 3 号431頁）
　………………………………（上）446, 450, 521
最判昭59. 3 .29（訟月30巻 8 号1495頁）
　…………………………………………（上）858
最判昭59. 5 .17（金法1083号32頁）
　………………………………（上）315, 577, 822
福岡高判昭59. 6 .25（判タ535号213頁）
　…………………………………………（上）187

〔昭和60年〕
最判昭60. 2 .14（金法1100号82頁）
　………………………………（上）96, 97,（下）143
最判昭60. 2 .26（金法1094号38頁）
　…………………………………………（上）497
東京地判昭60. 9 .19（金判751号30頁）
　…………………………………………（下）161
東京地判昭60.10.22（判時1207号78頁）
　…………………………………………（上）456
最判昭60.11.15（民集39巻 7 号1487頁）
　………………………………………（上）262, 368
最判昭60.11.28（判時1178号149頁）……（下）43

〔昭和61年〕
札幌高決昭61. 3 .26（金法1149号42頁）
　…………………………………………（上）459
最判昭61. 4 . 3（判時1198号110頁）
　………………………………（下）164, 174, 176
最判昭61. 4 .11（民集40巻 3 号558頁）
　………………………………（上）315, 823, 825
大阪地判昭61. 5 .16（判時1210号97頁）
　………………………………………（上）448, 601
東京高判昭61. 5 .28（金法1175号27頁）
　…………………………………………（下）100
最判昭61. 7 .18（金法1137号29頁）……（上）564

名古屋高裁金沢支判昭61. 7 .28（判タ620号207頁）
　……………………………………………（下）41
東京高判昭61.10.30（高刑速報昭和61年198頁）
　…………………………………………（下）780
名古屋地判昭61.11.17（判時1233号110頁）
　………………………………………（上）448, 601
最判昭61.11.20（金法1147号34頁）……（上）396
東京高判昭61.11.27（金法1169号34頁）
　…………………………………………（下）161

〔昭和62年〕
最判昭62. 2 .12（民集41巻 1 号67頁）
　…………………………………………（上）452
東京高判昭62. 3 .30（金法1196号38頁）
　…………………………………………（下）146
最判昭62. 4 .21（民集41巻 3 号329頁）
　……………………（上）657,（下）21, 24, 25, 26
最判昭62. 6 . 2（民集41巻 4 号769頁）
　…………………………………………（上）698
東京高決昭62. 6 .17（判時1258号73頁）
　…………………………………………（下）673
最判昭62. 7 . 3（民集41巻 5 号1068頁）
　………………………………………（下）111, 112
最判昭62. 7 .10（金法1171号25頁）……（下）111
最判昭62.11.10（民集41巻 8 号1559頁）
　…………………………………………（上）454
最判昭62.11.26（民集41巻 8 号1585頁）
　………………………………（上）350, 359, 360, 374

〔昭和63年〕
横浜地判昭63. 2 .29（金法1208号30頁）
　…………………………………………（下）689
大阪高判昭63. 3 . 8（判時1273号127頁）
　…………………………………………（上）272
静岡地裁富士支決昭63. 4 .22（金法1220号38頁）
　…………………………………………（下）464
大阪高判昭63. 7 .29（金法1221号30頁）
　…………………………………………（下）523
最判昭63.10.18（民集42巻 8 号575頁）
　…………………………………………（上）497

最決昭63.11.21（刑集42巻9号1251頁）
....（下）788, 806

〔平成元年〕
名古屋高判平元.2.21（判タ702号259頁）
....（上）578
東京地判平元.5.31（判タ719号203頁）
....（上）806, 808
最判平元.6.5（民集43巻6号355頁）
....（下）276, 319
仙台高決平元.6.20（判タ722号274頁）
....（上）204,（下）640
大阪高決平元.8.2（金法1239号30頁）
....（下）673
神戸地判平元.9.7（判時1336号116頁）
....（下）675, 696
東京高判平元.9.25（金法1235号29頁）
....（下）33
東京高判平元.10.19（金法1246号32頁）
....（下）144
東京高判平元.12.14（金法1249号24頁）
....（下）100

〔平成2年〕
千葉家審平2.2.9（家月43巻2号143頁）
....（上）412
最判平2.3.20（民集44巻2号416頁）
....（下）647
大阪高決平2.6.11（金法1281号26頁）
....（下）673
最判平2.6.28（民集44巻4号785頁）
....（上）751
最判平2.7.19（民集44巻5号837頁）
....（下）123
最判平2.7.19（民集44巻5号853頁）
....（下）96
東京高決平2.9.17（金法1279号32頁）
....（上）412
最判平2.9.27（金法1272号33頁）
....（上）422, 730

最判平2.10.2（金法1278号36頁）........（下）96
最判平2.11.26（民集44巻8号1085頁）
....（下）96, 123
東京地判平2.12.20（判時1389号79頁）
....（上）352

〔平成3年〕
東京地判平3.2.13（金法1294号22頁）
....（上）448, 561, 602
最決平3.2.21（金法1285号21頁）
....（上）48, 50,（下）629, 679
大阪高判平3.3.28（判タ791号258頁）
....（下）780
東京地判平3.5.1（判タ1383号143頁）
....（上）812
東京地判平3.7.25（金法1313号30頁）
....（下）111
東京地判平3.12.16（金判903号39頁）
....（上）668
最判平3.12.17（民集45巻9号1435頁）
....（上）735

〔平成4年〕
東京高判平4.6.29（金法1348号34頁）
....（下）111
大分地判平4.8.4（判タ794号263頁）
....（下）695
最判平4.10.20（判時1439号120頁）
....（下）25
大阪地判平4.11.6（判タ823号248頁）
....（下）364

〔平成5年〕
最判平5.1.25（民集47巻1号344頁）
....（下）97, 124
仙台高決平5.2.9（判時1476号126頁）
....（下）684
名古屋高判平5.2.23（判タ859号260頁）
....（下）31

仙台高決平5.3.19(判時1476号126頁)
………………………………………………(下)684
札幌地判平5.3.26(判タ847号286頁)
………………………………………………(下)111
最判平5.6.25(民集47巻6号4557頁)
…………………………(上)272, 317, (下)437, 488
最判平5.11.11(民集47巻9号5255頁)
……………………………………(上)108, 803
最判平5.11.25(金法1395号49頁)……(上)461

〔平成6年〕
東京高決平6.2.7(金法1438号38頁)
………………………………………………(上)466
最判平6.2.10(集民171号445頁)
………………………………(上)97, (下)144
大阪高決平6.7.18(金法1399号31頁)
………………………………………………(下)691
大阪高決平6.8.15(高民47巻2号149頁)
………………………………………………(上)55
大阪高判平6.10.11(金法1437号45頁)
………………………………………………(上)307
東京高決平6.12.19(判タ890号254頁)
………………………………………………(上)466
大阪高決平6.12.26(判タ1535号90頁)
………………………………………………(上)243

〔平成7年〕
東京高決平7.2.3(判時1537号127頁)
………………………………………………(下)676
最判平7.2.22(刑集49巻2号1頁)
………………………………………………(下)829
最判平7.3.23(民集49巻3号984頁)
……………………………………(上)726, 746
最判平7.4.14(民集49巻4号1063頁)
……………………………(上)351, 461, (下)275
東京地判平7.5.29(判時1555号89頁)
………………………………(上)96, (下)142
東京地判平7.5.29(判時1561号71頁)
………………………………………………(下)100

東京地判平7.9.28(判時1568号68頁)
………………………………………………(下)142
東京高決平7.12.7(判時1558号33頁)
………………………………………………(上)812

〔平成8年〕
福岡高決平8.1.26(判タ924号281頁)
………………………………………………(下)671
最決平8.2.6(刑集50巻2号129頁)
………………………………………………(下)804
最決平8.3.22(金法1480号55頁)……(下)113
東京高判平8.3.28(判時1595号66頁)
………………………………………………(下)142
東京地決平8.3.28(判時1558号3頁)
………………………………………………(上)101
高松高決平8.5.15(判時1586号79頁)
………………………………………………(下)638
大阪地判平8.5.31(金法1480号55頁)
………………………………………………(下)113
最判平8.7.12(民集50巻7号1918頁)
………………………………………………(下)142
東京地判平8.9.30(判タ933号168頁)
………………………………………………(上)600
東京地判平8.9.30(金判1023号38頁)
………………………………………………(下)695
最判平8.10.17(民集50巻9号2454頁)
……………………………………(下)141, 155
東京地判平8.10.29(判時1597号153頁)
……………………………………(下)784, 789
最判平8.11.28(判時1589号136頁)……(下)42

〔平成9年〕
最判平9.1.20(民集51巻1号1頁)
………………………………………………(下)363
最判平9.2.25(金法1518号38頁)
……………………………(下)632, 688, 693
福岡高決平9.2.25(判時1604号76頁)
………………………………………………(下)682
東京地判平9.3.25(判時1621号113頁)
………………………………………………(下)109

福岡高決平 9．4．22（判タ956号291頁）
……………………………（上）100, 107
東京地判平 9．4．28（判時1628巻60号）
……………………………（上）97
東京高判平 9．5．29（判タ981号164頁）
……………………………（上）600
東京高判平 9．6．10（判時1636号52頁）
……………………………（上）117
福岡高決平 9．8．22（判時1619号83頁）
……………………………（下）682
最判平 9．9．9（金法1503号80頁）
……………………………（上）726, 746
最判平 9．9．9（判時1624号96頁）
……………………………（上）315, 823
最決平 9．10．7（刑集51巻9号716頁）
……………………………（下）845
東京地判平 9．10．13（金法1513号60頁）
……………………………（下）695
東京地判平 9．10．28（判時1650号96頁）
……………………………（上）601
神戸地裁伊丹支判平 9．10．30（判タ974号242頁）……………………（下）142
最判平 9．11．11（民集51巻10号4055頁）
……………………………（上）29
最判平 9．11．28（民集51巻10号4172頁）
……………………（上）308, 674,（下）10, 650
広島高判平 9．12．2（判タ1008号258頁）
……………………………（上）825
最判平 9．12．18（民集51巻10号4210頁）
……………………………（下）97
最判平 9．12．18（金法1509号26頁）
……………………（上）308, 674,（下）10, 650
大阪地判平 9．12．18（金法1518号40頁）
……………………………（下）95

〔平成10年〕
東京高判平10．2．25（金判1043号42頁）
……………………………（下）695
広島地裁福山支判平10．3．6（判時1660号112頁）……………………（上）668

最判平10．3．26（民集52巻2号513頁）
……………………（上）844,（下）342
最判平10．4．14（民集52巻3号813頁）
……………………………（上）503
最判平10．7．14（民集52巻5号1261頁）
……………………（上）465, 466,（下）249, 330
東京地判平10．7．31（金法1529号61頁）
……………………………（下）132
東京地判平10．9．21（金法1550号48頁）
……………………………（下）109
最決平10．11．25（刑集52巻8号570頁）
……………………………（下）806
東京高決平10．11．27（金法1540号61頁）
……………………（上）359, 465, 467
東京高決平10．12．11（金法1540号61頁）
……………………………（上）466

〔平成11年〕
東京地判平11．2．26（金判1076号33頁）
……………………………（下）36
東京高判平11．3．17（金法1547号46頁）
……………………………（下）698
最判平11．3．25（金法1553号43頁）……（下）255
最決平11．4．16（民集53巻4号740頁）
……………………（上）105, 447, 727
最判平11．6．11（民集53巻5号898頁）
……………………（上）579,（下）544
東京地判平11．8．25（金判1109号55頁）
……………………………（下）696
最判平11．9．9（民集53巻7号1173頁）
……………………（上）260, 367
最判平11．11．9（民集53巻8号1403頁）
……………………（下）488, 632, 688, 698
最判平11．12．17（判時1707号62頁）……（上）322

〔平成12年〕
東京地決平12．1．27（金判1120号58頁）
……………………（上）314, 322
最判平12．1．28（金判1093号15頁）……（下）695

東京地判平12.2.24(金判1092号22頁)
....(上)359
最判平12.2.29(民集54巻2号553頁)
................................(上)350, 351, 353, 390
最判平12.3.9(民集54巻3号1013頁)
................................(上)422,(下)163
最判平12.4.21(民集54巻4号1562頁)
....(上)456
名古屋高判平12.4.27(判時1748号134頁)
................................(上)354, 387
最決平12.4.28(金法1587号57頁)
................(上)271, 440, 565, 580,(下)261
最決平12.7.26(民集54巻6号1981頁)
................................(上)55, 176,(下)686
大阪高判平12.8.23(金法1593号69頁)
....(上)703
東京高判平12.11.21(金法1600号86頁)
....(上)703
東京地決平12.12.8(金法1600号94頁)
....(下)231
東京高判平12.12.26(判時1750号112頁)
....(下)113

〔平成13年〕
名古屋高判平13.1.30(金法1631号97頁)
....(上)741
最決平13.3.23(金法1615号64頁)
................................(上)55, 176, 244
東京地判平13.3.29(判時1750号40頁)
....(上)727
東京地判平13.5.29(判タ1087号264頁)
....(下)695
東京高決平13.5.31(金判1144号16頁)
....(下)701
大阪高決平13.6.22(金法1671号51頁)
....(上)368
最判平13.7.19(金法1628号47頁)......(上)577
大阪地決平13.7.19(金法1636号58頁)
....(下)276

東京高決平13.8.15(金判1132号39頁)
....(下)682
最判平13.11.22(民集55巻6号1033頁)
....(上)578
最判平13.11.22(民集55巻6号1056頁)
....(上)457
東京高決平13.12.5(金判1138号45頁)
....(上)891
大阪高決平13.12.21(公刊物未登載)
....(下)113

〔平成14年〕
最判平14.1.17(民集56巻1号20頁)
....(上)417
最判平14.1.22(刑集56巻1号1頁)
................(下)74, 780, 811, 818, 819
東京地判平14.2.27(金法1656号60頁)
....(下)696
東京地判平14.3.13(判時1792号78頁)
....(上)671
最判平14.3.28(民集56巻3号689頁)
....(上)388
東京高決平14.5.30(判時1797号157頁)
....(上)43
広島高決平14.9.11(金判1162号23頁)
....(上)152
最判平14.9.24(民集56巻7号1524頁)
....(上)703

〔平成15年〕
大阪高決平15.2.14(判タ1138号302頁)
....(下)701
最判平15.2.21(民集57巻2号95頁)
....(上)418
最判平15.3.14(民集57巻3号286頁)
............(上)271, 852,(下)341, 488, 624, 637
最判平15.6.12(民集57巻6号563頁)
....(上)418
東京高決平15.6.19(金法1695号105頁)
....(上)451

東京地判平15.6.24(金法1698号102頁)
....(下)675, 696
鳥取地判平15.7.1(公刊物未登載)
....(下)696
東京地判平15.9.12(公刊物未登載)
....(下)696
東京地決平15.11.10(公刊物未登載)
....(下)222
東京高判平15.12.4(金法1710号52頁)
....(上)573, 671
東京地判平15.12.22(金法1705号50頁)
....(上)463

〔平成16年〕
東京地判平16.1.27(金法1717号81頁)
....(上)671
東京高決平16.2.9(判タ1160号296頁)
....(下)676
東京高判平16.2.25(金法1712号69頁)
....(上)190
東京地判平16.2.27(金法1722号92頁)
....(上)186
最判平16.6.10(民集58巻5号1178頁)
....................(上)270, 281, 289, 395
最判平16.7.16(民集58巻5号1744頁)
....(下)132, 146
最判平16.9.14(金法1728号60頁)
....(下)132, 146
札幌高決平16.9.28(金法1757号42頁)
....(下)277
最決平16.10.1(金法1731号56頁)
..............(上)271, 440, (下)261, 452
東京地判平16.10.12(判時1886号111頁)
....(下)237
仙台高判平16.12.28(判時1925号106頁)
....(上)830

〔平成17年〕
最判平17.1.17(民集59巻1号1頁)
....(上)475, 492

東京地判平17.3.9(金法1747号84頁)
....(上)20, (下)12
東京地判平17.4.15(金法1754号85頁)
....(上)20
名古屋地判平17.5.27(判時1900号135頁)
....(下)693
札幌高判平17.6.29(判タ1226号333頁)
....(下)701
東京高判平17.6.30(金法1752号54頁)
....(上)20, (下)12
最決平17.10.7(刑集59巻8号779頁)
....(下)806
最決平17.10.11(民集59巻8号2243頁)
....(上)579
大阪地判平17.10.28(判時1956号88頁)
....(下)237
最判平17.11.8(民集59巻9号2333頁)
....(下)163
大阪地判平17.11.29(判時1945号72頁)
....(上)295

〔平成18年〕
最判平18.1.23(民集60巻1号228頁)
..........(上)265, 294, 479, 673, (下)654, 689
福岡高判平18.3.28(判タ1222号310頁)
....(下)274
最判平18.4.14(民集60巻4号1497頁)
....(上)735
福岡高決平18.5.18(判タ1223号298頁)
....(上)266
東京地判平18.6.26(判時1948号111頁)
....(上)351, 352
神戸地裁明石支判平18.6.28(判タ1229号339頁)
....(下)695
大阪高判平18.7.5(判時1956号84頁)
....(上)237, 740
最判平18.7.20(民集60巻6号2499頁)
....(上)452, (下)127
最判平18.7.20(判時1944号111頁)
....(上)452

判例索引　933

東京高判平18.8.30（金判1277号21頁）
　……………………………………（上）186
最決平18.9.11（民集60巻7号2622頁）
　……………………………………（上）803
東京地判平18.10.16（公刊物未登載）
　……………………………………（上）415
最判平18.12.21（民集60巻10号3964頁）
　…（上）447, 454, 596, 597, 598, 600,（下）35
東京地判平18.12.22（判タ1238号331頁）
　……………………………………（下）112

〔平成19年〕

最判平19.2.15（民集61巻1号243頁）
　……………………………………（下）127
東京地判平19.2.28（公刊物未登載）
　……………………………………（上）415
東京地判平19.3.15（判タ1269号314頁）
　……………………………………（下）101
東京地判平19.3.29（金法1819号40頁）
　……………………………（上）23, 97,（下）144
最判平19.6.28（判時1979号158頁）……（下）42
最決平19.9.27（金判1277号19頁）……（上）186
新潟地判平19.9.28（判タ1260号289頁）
　……………………………………（下）159
神戸地裁伊丹支決平19.11.28（判時2001号88頁）…………………………（上）119,（下）109

〔平成20年〕

東京地判平20.1.29（金法1877号43頁）
　……………………………………（上）457
最決平20.3.13（民集62巻3号860頁）
　……………………………………（下）833
福岡地裁小倉支判平20.3.28（判時2012号95頁）……………………………（上）726
東京高判平20.4.15（判タ1292号313頁）
　………………………………（下）785, 791
東京高判平20.4.30（金判1304号38頁）
　……………………………………（下）694
名古屋高裁金沢支判平20.6.16（金法1873号71頁）………………（上）342,（下）27

東京地判平20.7.22（判時2025号67頁）
　……………………………………（下）695
東京地判平20.7.29（金法1855号30頁）
　……………………………………（上）467
東京地判平20.8.18（金法1855号48頁）
　………………………（上）354, 386, 387（下）34
東京高判平20.9.11（金法1877号37頁）
　……………………………（上）457,（下）36
東京地判平20.11.10（金法1864号36頁）
　……………………………（上）388,（下）35
最判平20.12.16（民集62巻10号2561頁）
　…（上）189, 355, 365, 462, 463,（下）263, 275

〔平成21年〕

東京高決平21.1.8（金法1868号59頁）
　……………………………………（下）652
東京地判平21.1.16（金法1892号55頁）
　………………………………（上）354, 355, 387
大阪地判平21.1.29（判時2037号74頁）
　………………………………（上）354, 387, 388
東京地判平21.2.13（判時2036号43頁）
　………………………………（上）113, 119
東京高判平21.2.24（金法1875号88頁）
　……………………………………（上）467
最判平21.3.10（民集63巻3号385頁）
　……………………………………（上）460
東京高決平21.3.30（金法1885号56頁）
　……………………………………（上）451
福岡高判平21.4.10（金法1906号104頁）
　……………………………………（上）418
大阪地判平21.4.16（金法1880号41頁）
　………………………（上）97,（下）131, 144
最判平21.4.17（金法1878号39頁）
　…………………（上）270, 289, 395, 580,（下）78
東京地判平21.4.21（公刊物未登載）
　……………………………………（下）696
大阪高決平21.6.3（金法1886号59頁）
　……………………………………（上）186

東京高判平21.6.25（金法1976号107頁）
　…………………………（上）386,（下）34
名古屋高判平21.6.30（裁判所ホームページ）……………………………（下）463
名古屋高判平21.7.16（裁判所ホームページ）……………………………（下）463
名古屋高裁金沢支判平21.7.22（金法1892号45頁）………………………（上）418
東京地判平21.11.10（金法1889号54頁）
　………………………………………（上）494
福岡地判平21.11.27（金法1911号84頁）
　…………………………………………（下）94

〔平成22年〕
大阪高判平22.2.18（金法1895号99頁）
　……………………………（下）111, 112
大阪地判平22.3.15（判時2090号69頁）
　…………………（上）494,（下）132, 145
最判平22.3.16（民集64巻2号523頁）
　………………（上）690, 694, 705, 884
最判平22.3.16（金法1902号120頁）
　………………………………………（上）695
大阪高判平22.4.9（金法1934号98頁）
　………………………………………（上）497
最判平22.6.4（民集64巻4号1107頁）
　………………………（上）437, 459, 517
東京地判平22.7.8（判時2094号69頁）
　………………………（上）23,（下）131
東京地判平22.8.25（判タ1387号364頁）
　………………………………………（上）498
東京地判平22.9.8（判タ1350号246頁）
　………………………………………（上）424
東京高決平22.9.9（金法1912号95頁）
　………………………………………（上）466
高松高判平22.9.28（金法1941号158頁）
　…………………………………………（下）131
福岡地判平22.9.30（金法1911号71頁）
　……………………………（下）94, 117
東京地判平22.10.14（判タ1340号83頁）
　…………………（上）119,（下）100, 109

東京高決平22.10.21（金法1917号118頁）
　………………………………（上）53, 738
名古屋地判平22.10.29（金法1915号114頁）
　………………………………………（上）497
東京地判平22.11.12（判時2109号70頁）
　………………（上）97,（下）132, 145
東京地決平22.11.30（金判1368号54頁）
　…………………………………（下）93, 101
神戸地裁伊丹支決平22.12.15（判時2107号129頁）………………………（下）100
福岡高裁宮崎支判平22.12.22（判時2100号50頁）………………（上）111,（下）701

〔平成23年〕
最判平23.1.14（民集65巻1号1頁）
　………………（上）613,（下）28, 29, 30
東京地判平23.3.1（判時2116号91頁）
　……………………………（下）111, 113
福岡高決平23.3.16（判タ1373号245頁）
　…………………………………………（上）104
最判平23.3.22（民集65巻2号735頁）
　…………………………………………（下）30
東京地裁立川支判平23.4.25（判時2117号28頁）…………………………（上）118
名古屋高判平23.6.2（金法1944号127頁）
　………………………………………（上）354
東京地判平23.7.27（判時2144号99頁）
　…………………（上）354, 387,（下）108
東京地決平23.8.15（判タ1382号349頁①事件）…………（上）98,（下）145, 148
東京地決平23.8.15（判タ1382号349頁②事件）…………（上）98,（下）145, 148
東京地判平23.9.12（金法1942号136頁）
　…………………………………………（下）174
東京高決平23.9.16（金判1381号33頁）
　…………………………………………（上）100
東京地判平23.9.29（金法1934号110頁）
　……………………………（上）810,（下）369
東京地判平23.10.24（判時2140号23頁）
　……………………………（上）119,（下）109

判例索引　935

東京高判平23.10.27（金法1942号105頁）
　………………………………（下）145
東京地判平23.11.17（金法1960号148頁）
　………………………………（下）701
最判平23.11.22（民集65巻8号3165頁）
　…………（上）20, 676（下）11, 12, 48, 697
最判平23.11.24（民集65巻8号3213頁）
　…………………………（上）20,（下）11
東京地決平23.11.24（金法1940号148頁）
　……………………（上）98,（下）145, 148
最判平23.12.15（民集65巻9号3511頁）
　……………………………（上）467,（下）170
大阪高決平23.12.27（金法1942号97頁）
　……………………………（上）104,（下）145

〔平成24年〕
東京地判平24.1.26（金法1945号120頁）
　………………………………（下）184
東京地判平24.1.27（金法1981号108頁）
　………………………………（上）522
名古屋高判平24.1.31（金法1941号133頁）
　………………………………（上）497
岐阜地判平24.2.1（判時2143号113頁）
　………………………………（上）528
札幌高判平24.2.17（金法1965号130頁）
　………………（上）445, 603, 605,（下）362, 374
大阪地判平24.2.17（裁判所ホームページ）
　………………………………（上）858
東京地判平24.2.27（金法1957号150頁）
　………………………………（上）671
東京高判平24.3.14（金法1943号119頁）
　………………………………（上）467
東京地判平24.3.23（金法1969号122頁）
　………………………………（上）360
札幌地判平24.3.29（判時2152号58頁）
　……………………………（上）261, 369
東京地判平24.3.30（判時2193号107頁）
　………………………………（上）362
東京地判平24.4.19（公刊物未登載）
　……………………………（下）154, 155

東京地判平24.5.16（金法1960号148頁）
　……………………………（下）465, 701
東京高決平24.5.24（金法1948号107頁）
　………………………………（下）309
最判平24.5.28（民集66巻7号3123頁）
　……………………………（上）18, 501
大分地判平24.5.30（公刊物未登載）
　………………………………（下）696
東京高判平24.5.31（金法1981号97頁）
　………………………………（上）522
東京高判平24.6.6（金法1981号106頁）
　………………………………（上）522
東京高判平24.6.20（金法1960号143頁）
　……………………（下）94, 165, 174, 184
東京高判平24.8.30（判時1442号26頁）
　………………………………（上）111
東京高決平24.9.7（金判1410号57頁）
　………………………………（上）203
東京高決平24.9.12（金法1963号100頁）
　……………………（上）261, 369,（下）76
最判平24.10.12（民集66巻10号3311頁）
　………………………………（下）94
最判平24.10.19（金法1962号60頁）
　……………………（上）97, 98,（下）143
東京地判平24.11.27（判時2188号66頁）
　………………………………（上）111
東京地決平24.11.28（金法1976号125頁）
　………………………………（上）66
東京高判平24.12.13（判タ1392号353頁）
　………………………………（上）387

〔平成25年〕
金沢地判平25.1.29（金判1420号52頁）
　………………………………（下）100
東京地判平25.2.6（判時2177号72頁）
　………………………………（上）113
釧路地決平25.2.13（公刊物未登載）
　………………………………（下）123
東京地判平25.2.14（判タ1392号343頁）
　………………………………（下）133

長崎地判平25.3.4（判時2207号98頁）
　……………………………………（下）695
東京高決平25.3.19（金法1973号115頁）
　………………………（上）204,（下）464, 640
東京地判平25.4.15（判タ1393号360頁）
　……………………………………（上）518
最判平25.4.16（民集67巻4号1049頁）
　………………………………（上）111, 117
福岡地決平25.4.26（金法1978号138頁）
　………………………………（上）152, 202
東京高判平25.5.17（金法1989号142頁）
　……………………………………（上）658
最判平25.7.18（金法1989号130頁）
　……………………………………（上）822
東京高判平25.7.18（金法1982号120頁）
　…………………………（下）111, 113, 139, 158
東京地判平25.10.30（公刊物未登載）
　……………………………………（下）695
東京地判平25.11.6（判タ1401号174頁）
　……………………………………（上）203
最決平25.11.13（民集67巻8号1483頁）
　……………………………………（上）316
最判平25.11.21（民集67巻8号1618頁）
　………………………………（上）735, 804
千葉地判平25.11.27（金判1440号54頁）
　………………………………………（下）99
東京高判平25.12.5（金判1433号16頁）
　……………………………………（下）118
東京地判平25.12.11（公刊物未登載）
　………………………………（下）465, 701

〔平成26年〕
東京高決平26.2.25（金法1995号110頁）
　………………………（下）453, 654, 691
東京高決平26.3.5（金法1997号112頁）
　………………………（上）286,（下）658, 671
大阪高判平26.3.20（債管145号97頁）
　……………………………………（上）261
東京地判平26.4.17（判時2230号48頁）
　……………………………………（上）114
東京高判平26.4.24（公刊物未登載）
　……………………………………（上）203
最判平26.4.24（民集68巻4号380頁）
　…………………（上）802,（下）454, 495, 692
大阪高裁平26.5.30（金法2013号141頁）
　………………………（上）828,（下）456, 463
東京高判平26.6.3（労旬1819号39頁）
　……………………………………（上）362
最判平26.6.5（民集68巻5号462頁）
　……………………………………（上）497
東京高判平26.6.5（労旬1819号78頁）
　……………………………………（上）362
東京高決平26.7.11（判タ1407号109頁）
　……………………………………（下）680
東京地判平26.7.11（公刊物未登載）
　……………………………………（下）696
東京地判平26.8.22（判時2242号96頁）
　……………………………………（上）114
最判平26.10.28（民集68巻8号1325頁）
　……………………………………（上）521

注釈破産法（上）

平成27年12月15日　第1刷発行

監修者　田　原　睦　夫
　　　　山　本　和　彦
編　者　全国倒産処理
　　　　弁護士ネットワーク
発行者　小　田　　　徹
印刷所　奥村印刷株式会社

〒160-8520　東京都新宿区南元町19
発　行　所　一般社団法人 金融財政事情研究会
　編　集　部　TEL 03（3355）1758　FAX 03（3355）3763
販　　売　株式会社きんざい
　販売受付　TEL 03（3358）2891　FAX 03（3358）0037
　　　　　　URL http://www.kinzai.jp/

・本書の内容の一部あるいは全部を無断で複写・複製・転訳載すること、および磁気または光記録媒体、コンピュータネットワーク上等へ入力することは、法律で認められた場合を除き、著作者および出版社の権利の侵害となります。
・落丁・乱丁本はお取替えいたします。価格はカバーに表示してあります。

ISBN978-4-322-12833-8